教育部哲学社会科学发展报告项目资助

中国证据法治发展报告
2017-2018

顾　　问	陈光中　刘　耀　樊崇义
主　　编	张保生　王　旭
副 主 编	褚福民　袁　丽
编写组成员	张保生　王　旭　张　中　房保国　吴丹红　褚福民
	吴洪淇　李训虎　施鹏鹏　袁　丽　王世凡　马长锁
	郝红霞　李　冰　王元凤　朱海标　于天水　许晓东
	刘　晋　曾令华　刘一文　于　洋　袁　泉　盛　卉
	郭晶晶　冯俊伟　简乐伟　戴　锐　张洪铭　黄　石
	樊传明　郑　飞　尚　华　张　伟　谢步高　袁　赫

中国政法大学出版社

2022·北京

Biennial Report on the Evidence and the Rule of Law in China

2017 – 2018

Editors-in-Chief
Baosheng Zhang and Xu Wang

Associate Editors-in-Chief
Fumin Chu and Li Yuan

China University of Political Science and Law Press

前 言
Foreword

　　证据是法治的基石，是实现司法公正的基石。党的十八届四中全会《中共中央关于全面推进依法治国若干重大问题的决定》把"保证公正司法，提高司法公信力"作为全面推进依法治国的六大任务之一，提出"公正是法治的生命线。司法公正对社会公正具有重要引领作用，司法不公对社会公正具有致命破坏作用"。法治以司法制度为基础，司法制度以证据制度为基础，证据制度建设是我国司法改革的首要任务。司法要摆脱人治的束缚，必须坚持证据裁判原则，实现证据法治。

　　证据制度建设是一项长期而艰巨的任务，需要法学理论界与法律实务界密切合作、共同努力。本发展报告（蓝皮书）试图从立法、司法和法学研究的全景视角，展现中国证据制度发展的总体脉络，总结证据立法的完善和司法实践的经验，梳理证据科学的学术研究成果，记录中国证据法治的实践发展轨迹，并预测其未来走向。同时，本发展报告也试图为法学理论界和法律实务界进一步开展证据科学研究、创新我国证据制度，做一些基础性、资料性和评价性的工作。我们相信，无论是立法机关、司法机关和法律服务部门的法律实务工作者，还是高等学校、科研机构的教师、学生和研究人员，都能从本书受益。

　　本蓝皮书从 2015 年起改为双年卷，本卷基本结构如下：

　　第一篇 2017—2018 年中国证据立法与司法进展，由如下四部分内容组成：

一是证据立法进展综述，从证据立法的五个层面（法律、司法解释、行政法规与部门规章、地方性证据规定及国际条约），回顾总结证据立法的进展情况。

二是证据司法实践发展综述，分别回顾总结人民法院、人民检察院、公安机关和监察机关证据制度建设的实践经验。

三是司法鉴定制度建设综述，包括六个方面：监察机关司法鉴定工作制度建设、人民法院司法技术管理工作制度建设；人民检察院司法鉴定工作制度建设；公安机关司法鉴定工作制度建设；司法行政机关的司法鉴定工作制度建设；与司法鉴定有关的其他法律法规与行业规范。

四是司法实践中的证据制度建设：相关案例证据分析。

第二篇2017—2018年中国证据科学学术进展，由五部分内容组成：

一是证据科学研究进展：循证社会科学的理论与实践意义、从证据教义学到证据科学的转型、证明科学促进证据法转型、证据科学国际会议综述。

二是证据法学研究进展（10个研究领域）述评：证据法理论基础和体系、证据属性与事实认定、证据开示、科学证据与司法鉴定、言词证据、证据排除规则、证明责任与证明标准、法院取证与证据保全、质证与认证、推定与司法认知。

三是法庭科学研究进展（12个研究领域）述评：法医病理学、法医临床学、法医精神病学、法医生物学、文件检验学、毒物毒品检验学、微量物证检验学、痕迹检验学、交通事故鉴定、声像资料鉴定、电子数据检验学、医疗损害司法鉴定。

四是证据科学教育进展述评：证据科学研究项目、学科建设和人才培养、课程和教材建设的进展情况。

五是证据科学研究成果选介：具有代表性的证据法学著作、论文和法庭科学著作。

附录收集了2017—2018年发表的证据科学期刊论文目录、证据科学研究生学位论文目录、证据科学学术著作目录，以及证据科学学术会议、研究项目和法庭科学标准一览表。

本卷研究报告（蓝皮书）坚持了资料整理和评价功能并重的编写原则，在资料梳理的基础上，加强了分析评论在发展报告中的分量。

本卷研究报告（蓝皮书）的编写，特别感谢如下校外作者：

清华大学：袁泉

湖北省襄阳市人民检察院：简乐伟

山东大学法学院：冯俊伟

北京交通大学法学院：郑飞

北方工业大学文法学院：尚华

华东师范大学法学院：樊传明

福建江夏学院法学院：黄石

福建师范大学法学院：谢步高

西藏民族学院法学院：张伟

甘肃省高级人民法院：王世凡

靖霖律师事务所（北京）：张洪铭

公安部物证鉴定中心：刘晋、盛卉、郭晶晶

四川省达州市开江县公安局：曾令华

天津市公安局物证鉴定中心：刘一文

南京市公安局物证鉴定中心：于洋

中国人民公安大学：戴锐

本书的编写得到"教育部哲学社会科学发展报告项目"资助，由"双一流计划"司法文明协同创新中心、中国政法大学证据科学研究院（证据科学教育部重点实验室）和有关合作单位的 36 位教师、研究人员和法律实务工作者集体编写，体现了证据科学研究创新团队在教育部重点实验室和"双一流计划"（2011 计划）司法文明协同创新中心科研平台上开展交叉学科研究的协同优势。

编写组成员具体分工详见后记。全书由张保生、王旭修改统稿。

本书的错误或疏漏之处，恳请各位识者提出宝贵的批评意见。

张保生　王　旭*

2020 年 2 月 6 日

---

* 作者均为司法文明协同创新中心、中国政法大学证据科学教育部重点实验室教授。

序言
Introduction

2017—2018 年中国证据法治前进的步伐

2017—2018 年，我国证据法治建设继续稳步前行，在证据规则的完善、证据司法和证据科学研究等方面取得许多进展。以下从六个方面作简要的概括和评述。

一、证据规则在完善中暴露出理论薄弱的问题

（一）最高人民法院《关于全面推进以审判为中心的刑事诉讼制度改革的实施意见》[1] 提出保障质证权

该实施意见第 11 条要求："证明被告人有罪或者无罪、罪轻或者罪重的证据，都应当在法庭上出示，依法保障控辩双方的质证权。"这与 2012 年《刑事诉讼法》第 59 条关于"证人证言必须在法庭上经过公诉人、被害人和被告人、辩护人双方质证并且查实以后，才能作为定案的根据"的规定是一致的，但其第一次提出保障质证权，具有积极意义。第 12 条规定："证据未经当庭出示、辨认、质证等法庭调查程序查证属实，不得作为定案的根据。"这与最高人民法院《刑诉法解释》第 63 条的规定一致。第 18 条规定："法庭应当依法

---

〔1〕 法发〔2017〕5 号。

保障控辩双方在庭审中的发问、质证、辩论等诉讼权利。"质证权是一个相对中国化的概念，它在外延上应该涵盖交叉询问权（right of cross-examination）和对质权（right of confrontation）。在当代世界各国和国际公约重视诉讼当事人基本权利保障的背景下，保障质证权对推进庭审实质化有重要法治意义。

但上述有关规定和 2012 年《刑事诉讼法》第 59 条关于质证权性质的表述尚有值得商榷之处，即质证权是控辩双方的平等权利，还是刑事被告的基本权利？如果说交叉询问是控辩双方相对平等的权利［"交叉询问的机会是一种权利（right）"[1]］，那么，对质权显然是指刑事被告人与证人对质的权利，它是《公民权利和政治权利国际公约》确定的刑事被告的基本权利，[2]也是美国宪法第六修正案确立的刑事诉讼被告人"与对己不利的证人进行对质"的权利。当然，在对质权与交叉询问权相通的意义上，"被告的对质权给予他对任何作证反对他利益的人进行交叉询问的权力"[3]。因此，我国证据法需要进一步明确刑事被告的质证权是人权司法保障的一个重要内容，而不能仅仅停留在一般性地赋予控辩双方质证权。"因为国家专门机关以国家强制力为后盾，在追究和惩罚犯罪的过程中，往往自觉或不自觉地超越权限，甚至滥用权力，进而侵犯被追诉者的权利"[4]，在这种情况下，对控辩双方权利义务的分配可能出现系统性失衡，因此需要罗尔斯两个正义原则中的第二原则来发挥补偿作用。[5]从这个意义上来检视我国有关证据法规的合理性，例如，《刑诉法解释》第 199 条只规定了"必要时，可以传唤同案被告人等到庭对质"，就有两个局限性：其一，对质权是被告人与证人对质的权利，它的范围显然比同案被告人的对质权要宽，若局限于此，就会剥夺刑事被告人与对己不利的证人进行对质的基本权利。其二，对质权是刑事被告的基本权利，因此，不能用"必要时"来限定其主张该基本权利，法官应当在权利人主张对质权的任何时候，都无条件地传唤作出对被告不利证言的证人出庭对质。

---

〔1〕 ［美〕罗纳德·J. 艾伦等：《证据法：文本、问题和案例》（第 3 版），张保生、王进喜、赵滢译，满运龙校，高等教育出版社 2006 年版，第 114 页。

〔2〕 参见《公民权利和政治权利国际公约》第 14 条第 3 款。

〔3〕 ［美〕亚历克斯·斯坦：《宪法化证据法》，郑飞、樊传明译，载《法律方法》2014 年第 1 期。

〔4〕 陈光中：《应当如何完善人权刑事司法保障》，载《法制与社会发展》2014 年第 1 期。

〔5〕 ［美〕约翰·罗尔斯：《正义论》，何怀宏、何包钢、廖申白译，中国社会科学出版社 1988 年版，第 57、96 页。

（二）"两院三部"《严格排除非法证据规定》[1] 要求侦查人员出庭作证

该规定第 27 条关于"被告人及其辩护人申请人民法院通知侦查人员或者其他人员出庭，人民法院认为现有证据材料不能证明证据收集的合法性，确有必要通知上述人员出庭作证或者说明情况的，可以通知上述人员出庭"的规定，具有以下进步意义：其一，确定了侦查办案人员出庭的证人身份，这是对《刑事诉讼法》证据合法性调查程序的重大发展。该条明确规定了侦查办案人员出庭的身份是"出庭作证或者说明情况"。这里虽然还留下了一句"说明情况"的尾巴，但这已无足轻重，因为前文"出庭作证"已明确无误地将他们的出庭身份界定为证人。侦查办案人员作为案件侦查情况的知情人，对证据收集是否合法拥有亲身知识，因而负有作证义务。其二，辩方申请侦查办案人员出庭作证的权利得到保障。该条关于"被告人及其辩护人申请人民法院通知侦查人员或者其他人员出庭"的规定，在我国刑事司法史上第一次赋予了辩方申请法院通知侦查办案人员出庭作证的程序启动权，这维护了控辩双方的诉讼权利平等。不过，在辩方申请人民法院通知侦查办案人员出庭的情况下，该条仍然沿用了人民法院认为"确有必要通知上述人员出庭作证或者说明情况的，可以通知上述人员出庭"的传统规定，这是一个令人遗憾的缺陷。既然"确有必要通知"，对上述人员出庭作证之合乎逻辑的规定，该是人民法院"应当通知"，而不是"可以通知"。其三，侦查办案人员作为证人出庭作证，应该以"问-答"方式作证，而不是单向"说明情况"后就走，首先应该由检控方以直接询问方式提供证言，然后要经过辩护人交叉询问和被告人对质的方式接受辩方质证，这才算完成一个完整的出庭作证过程。

（三）最高人民法院《人民法院办理刑事案件第一审普通程序法庭调查规程（试行）》[2] 细化质证规则

1. 对质规则不断增强可操作性

（1）被告人之间的对质应该明确谁是权利拥有者。第 8 条第 2 款规定："被告人供述之间存在实质性差异的，法庭可以传唤有关被告人到庭对质。"上述规定是对《刑诉法解释》第 199 条"必要时，可以传唤同案被告人等到庭对质"规定的细化，即同案被告人供述之间存在实质性差异，被视为法庭

---

〔1〕 法发〔2017〕15 号。
〔2〕 法发〔2017〕31 号。

传唤被告人到庭对质的必要条件。但该规定的问题是，没有区分谁是主张该对质权的被告人，因而不利于这种基本权利的保障。须知，对质权是刑事被告"与对己不利的证人进行对质"的基本权利，具有不可剥夺性，因而应当由主张该权利的被告人，来启动与作出对己不利证言的被告人的对质程序，而不应当由审判长根据被告人供述之间是否存在实质性差异，自行决定是否传唤有关被告人到庭对质。

（2）关于被告人与证人、被害人的对质。第8条第3款规定："根据案件审理需要，审判长可以安排被告人与证人、被害人依照前款规定的方式进行对质。"对质权本质上是被告人与证人对质的权利，因此，上述所谓被告人之间的对质，本质上也是被告人与作出对其不利证言的（另一被告人）证人对质的权利。换言之，如果其他被告人没有作出对其不利的证言，该被告人的对质权便失去了主张的基础。

（3）关于证人之间的对质。第24条规定："证人证言之间存在实质性差异的，法庭可以传唤有关证人到庭对质。审判长可以分别询问证人，就证言的实质性差异进行调查核实。经审判长准许，控辩双方可以向证人发问。审判长认为有必要的，可以准许证人之间相互发问。"在大陆法系国家，根据现代证据法理念，对质已不局限于被告人与证人之间，还扩展到证人与证人之间。例如，《德国刑事诉讼法典》第58条第2款规定："证言相互矛盾的几个证人，可以使之互相对质。"《法国刑事诉讼法典》第338条规定："审判长可以随时根据检察长、民事当事人或被告人的要求，责令证人暂时退离审判厅，以便在其他证人作证后，重新传唤上庭陈述或对质。"[1]就是说，只要是矛盾证言的陈述者都可以进行对质。从这个意义上说，第24条规定的审判长可以分别询问证人，控辩双方可以向证人发问，也可以准许证人之间相互发问，这三种形式的询问方式也是对质方法。证人之间的对质如何进行，需要在理论和方法上进行深入的研究。

2. 交叉询问规定的逻辑混乱与原理错误继续存在

（1）关于交叉询问与直接询问规则的逻辑混乱。第19条第1款规定："证人出庭后，先向法庭陈述证言，然后先由举证方发问；发问完毕后，对方也可以发问。根据案件审理需要，也可以先由申请方发问。"第2款规定：

---

〔1〕《法国刑事诉讼法典》，余叔通、谢朝华译，中国政法大学出版社1998年版，第129条。

"控辩双方向证人发问完毕后，可以发表本方对证人证言的质证意见。控辩双方如有新的问题，经审判长准许，可以再行向证人发问。"第3款规定："审判人员认为必要时，可以询问证人。法庭依职权通知证人出庭的情形，审判人员应当主导对证人的询问。经审判长准许，被告人可以向证人发问。"上述三款规定的逻辑混乱之处在于：一是第1款中，"证人出庭后，先向法庭陈述证言，然后先由举证方发问"，这里应该规定：证人出庭后，先由举证方通过问-答方式陈述证言。因为这是直接询问，不应该让证人自己"先向法庭陈述证言"，以免证人在法庭上漫无边际地进行陈述。二是第1款说"发问完毕后，对方也可以发问"，这应该是交叉询问，但第2款又说"控辩双方向证人发问完毕后，可以发表本方对证人证言的质证意见"，这里的质证意见和第1款的对方发问、第2款的控辩双方向证人发问，完全混淆在一起了。相比之下，第3款的规定是正确的，其中"被告人可以向证人发问"是对质。针对第19条的逻辑混乱，修改建议如下："证人出庭后，应以问答方式向法庭陈述证言，先由举证方发问，然后由对方发问，审判人员认为必要时也可以发问。被告人要求与证人对质时，审判长应当允许。"

（2）关于交叉询问方法的原理错误。第20条规定："向证人发问应当遵循以下规则：……②不得采用诱导方式发问；……"这是一个长期不改的常识性错误，所以我们援引2013年的评论再次评价一下这个错误："'不得以诱导方式发问'的错误仍未纠正。交叉询问之所以能成为'揭示事实真相之最伟大的法律引擎'，[1]就在于允许以诱导方式发问。然而，遗憾的是，作为一个专门规制'适用质证程序'的司法解释，它并未纠正最高人民法院2012年《刑诉法解释》第213条关于询问证人'不得以诱导方式发问'的原理性错误。这种司法解释错误造成的后果，就是中国没有交叉询问。因为，'以诱导方式发问'是交叉询问的规定性特征之一。"[2]对第20条的修改建议是："向证人发问应当遵循以下规则：……②对本方证人不得采用诱导方式发问；……"

---

〔1〕［美］约翰·亨利·威格莫尔：《论普通法审判中的证据制度》。转引自［美］罗纳德·J.艾伦等：《证据法：文本、问题和案例》（第3版），张保生、王进喜、赵滢译，满运龙校，高等教育出版社2006年版，第114页注释4。

〔2〕张保生、常林：《2013年中国证据法治前进的步伐》，载张保生、常林主编：《中国证据法治发展报告2013》，中国政法大学出版社2015年版，序言第5~6页。

（四）最高人民检察院有关证据规定调整了证据属性表述

最高人民检察院有关证据规定对证据属性表述的调整分为两种情况：

1. 用合法性取代客观性作为证据第一属性

2018 年《人民检察院刑事抗诉工作指引》[1]，改变了过去将证据属性表述为"客观性、关联性和合法性"的传统顺序，在第 11 条规定："审查刑事抗诉案件，……重点审查抗诉主张在事实、法律上的依据以及支持抗诉主张的证据是否具有合法性、客观性和关联性。"2018 年《人民检察院办理死刑第二审案件和复核监督工作指引（试行）》第 59 条规定："检察人员质证应当注意以下方面：……发表质证意见……一般应当围绕证据的合法性、客观性、关联性进行"（参见表 1 序号 1~5 栏内容）。这种排序变化，虽然改变了过去将客观性视为证据第一属性的错误表述，但把关联性的地位进一步降低而将合法性视为证据第一属性，更违背了相关性（关联性）是证据根本属性的基本原理，以及相关性乃现代证据制度的基本原则。

2. 用真实性取代客观性作为证据第一属性

2018 年《人民检察院公诉人出庭举证质证工作指引》第 13 条规定："公诉人在开庭前，应当……围绕证据的真实性、关联性、合法性……有针对性地制作和完善质证提纲。"第 40 条第 2 款规定："质证阶段的辩论，一般应当围绕证据本身的真实性、关联性、合法性，针对证据能力有无以及证明力大小进行。"参见表 1 序号 7 栏内容。这种将客观性从证据三性中彻底删除的变化，反映了最高人民检察院有关证据规定完全摒弃了将客观性视为证据基本属性的传统观念。

表 1　最高人民检察院有关证据属性的规定之变化走势（2001—2018）

序　号	最高人民检察院发文名称	关于证据基本属性的规定
1	最高人民检察院《关于严禁将刑讯逼供获取的犯罪嫌疑人供述作为定案依据的通知》（高检发诉字〔2001〕2号）	"各级人民检察院要……把好审查事实关、判断证据关……从证据的客观性、关联性和合法性等方面进行全面的审查、把关。"

---

[1]　高检发诉字〔2018〕2 号。

续表

序　号	最高人民检察院发文名称	关于证据基本属性的规定
2	最高人民检察院《关于在审查逮捕和审查起诉工作中加强证据审查的若干意见》（高检诉发〔2006〕47号）	"高度重视证据审查工作……既要重视对证据客观性、关联性的审查，又要注重对证据合法性的审查……"
3	最高人民检察院《关于适用〈关于办理死刑案件审查判断证据若干问题的规定〉和〈关于办理刑事案件排除非法证据若干问题的规定〉的指导意见》（高检发研字〔2010〕13号）	"着力强化证据意识，严格依照两个《规定》收集、固定、审查、判断和运用证据……既要认真审查证据的客观性、关联性，也要认真审查证据的合法性。"
4	最高人民检察院《未成年人刑事检察工作指引（试行）》（高检发未检字〔2017〕1号）	第161条第2款第2项："证据不足不批准逮捕案件……重点围绕证据客观性、关联性、合法性进行说理。"
5	最高人民检察院《人民检察院刑事抗诉工作指引》（高检发诉字〔2018〕2号）	第11条："审查刑事抗诉案件……重点审查……支持抗诉主张的证据是否具有合法性、客观性和关联性。"
6	最高人民检察院《人民检察院办理死刑第二审案件和复核监督工作指引（试行）》（高检发诉二字〔2018〕1号）	第59条："检察人员质证应当注意以下方面：……发表质证意见……一般应当围绕证据的合法性、客观性、关联性进行"。
7	最高人民检察院《人民检察院公诉人出庭举证质证工作指引》（2018年5月2日最高人民检察院第十三届检察委员会第一次会议通过）	第13条："公诉人在开庭前，应当……围绕证据的真实性、关联性、合法性……有针对性地制作和完善质证提纲。"
		第40条第2款："质证阶段的辩论，一般应当围绕证据本身的真实性、关联性、合法性，针对证据能力有无以及证明力大小进行。"

我国证据法理论体系正在经历一场从客观性哲学理念向相关性逻辑证明的观念转型，最高人民检察院有关证据规定以"合法性"或"真实性"取代

"客观性"作为证据第一属性，也许反映了这种观念转型正在经历一个过渡阶段。我们期望，未来能够进一步以相关性取代客观性（或合法性、真实性）作为证据的第一属性，将相关性视为证据法的逻辑主线。因为，相关性才是证据的根本属性，也是现代世界各国证据制度的基本原则。

二、证据司法在细化中寻求制度创新

（一）人民法院重点推进刑事证据制度建设

1. 最高人民法院持续推进刑事证据制度建设

2017 年最高人民法院发布的《人民法院办理刑事案件庭前会议规程（试行）》《人民法院办理刑事案件排除非法证据规程（试行）》和《人民法院办理刑事案件第一审普通程序法庭调查规程（试行）》三项规程，[1] 是近年来刑事证据制度建设的一个重要进展。我们对其主要内容、意义和存在的问题作一些简要评述：

（1）《人民法院办理刑事案件庭前会议规程（试行）》对庭前会议主要解决的证据问题作了系统规定，包括出庭证人名单，非法证据排除，组织控辩双方展示证据（应为"开示证据"），归纳争议焦点，申请提供新的证据材料，申请重新鉴定或者勘验，申请证人、鉴定人、侦查人员、有专门知识的人出庭等。对于上述可能导致庭审中断的事项，人民法院应当依法作出处理，在开庭审理前告知处理决定，并说明理由。这里存在的一个问题是"展示证据"概念，这是对"开示证据"概念的误述，前者又称为"证据出示"（presentation of evidence），是指审判的举证程序；后者又称"证据开示"（discovery），是一种审前程序。最高人民法院的有关证据规定，在这个问题上屡屡发生混淆。

（2）《人民法院办理刑事案件排除非法证据规程（试行）》除重复之前有关非法证据排除的规定之外，有如下一些新规定：其一，第 5 条第 1 款进一步明确了被告人及其辩护人申请排除非法证据时提供相关线索或者材料的具体含义。"线索"是指内容具体、指向明确的涉嫌非法取证的人员、时间、地点、方式等；"材料"是指能够反映非法取证的伤情照片、体检记录、医院病

---

〔1〕　法发〔2017〕31 号。

历、讯问笔录、讯问录音录像或者同监室人员的证言等。其二，第8条第2款规定了非法证据排除程序中的指定辩护制度：被告人申请排除非法证据，但没有辩护人的，人民法院应当通知法律援助机构指派律师为其提供辩护。其三，第18~26条详细规定了庭审中对证据合法性的调查程序，其中的亮点包括：一是第19条第3、4项规定："……③公诉人出示证明证据收集合法性的证据材料，被告人及其辩护人可以对相关证据进行质证，经审判长准许，公诉人、辩护人可以向出庭的侦查人员或者其他人员发问；④控辩双方对证据收集的合法性进行辩论。"二是第20条第1款规定了侦查机关不得以侦查人员签名并加盖公章的说明材料替代侦查人员出庭。三是第23条第2款规定了经人民法院通知，侦查人员不出庭说明情况，不能排除以非法方法收集证据情形的，对有关证据应当予以排除。四是第26条细化了经法庭审理后应当排除相关证据的五种具体情形。

（3）《人民法院办理刑事案件第一审普通程序法庭调查规程（试行）》有以下亮点：其一，第1条明确了法庭认定并依法排除的非法证据，不得宣读、质证。其二，第8条第2款和第3款进一步完善了对质规定，被告人供述之间存在实质性差异的，法庭可以传唤有关被告人到庭对质；根据案件审理需要，审判长可以安排被告人与证人、被害人进行对质。但这里存在的问题是，仍然没有赋予被告人对质权。其三，第20条关于向证人发问应当遵循的规则增加了一项规定：不得泄露证人个人隐私。其四，第21条明确规定了发问的异议规则：控辩一方发问方式不当或者内容与案件事实无关，违反有关发问规则的，对方可以提出异议。对方当庭提出异议的，发问方应当说明发问理由，审判长判明情况予以支持或者驳回；对方未当庭提出异议的，审判长也可以根据情况予以制止。其五，第25条规定了刷新记忆规则，即"证人出庭作证的，其庭前证言一般不再出示、宣读，但下列情形除外：①证人出庭作证时遗忘或者遗漏庭前证言的关键内容，需要向证人作出必要提示的；②证人的当庭证言与庭前证言存在矛盾，需要证人作出合理解释的。为核实证据来源、证据真实性等问题，或者帮助证人回忆，经审判长准许，控辩双方可以在询问证人时向其出示物证、书证等证据"。其六，第50条第2款规定了法庭应当结合讯问录音录像对讯问笔录进行全面审查。讯问笔录记载的内容与讯问录音录像存在实质性差异的，以讯问录音录像为准。

2. 裁判文书认证理由公开对司法实践具有重要指导意义

在事实认定的三个阶段即举证、质证和认证中，认证是指法官对庭审中经过质证的证据进行审查判断，依据经验常识、逻辑和法律规则确定其相关性、可采性、证明力和可信性等属性，据以认定待证要件事实的诉讼活动。与认证相关的概念包括证据评价、证据审查判断和采信。认证的一般要求，一是要遵循关于证据相关性、可采性、证明力和可信性的证据规则，二是要遵循法定诉讼程序要求，三是要确保认证过程符合逻辑规则和经验常识，四是应公开认证的理由和结果，即所谓心证公开原则。

最高人民法院《关于加强和规范裁判文书释法说理的指导意见》[1]对认证理由的公开作出如下规定：①总体要求："裁判文书释法说理，要阐明事理，说明裁判所认定的案件事实及其根据和理由，展示案件事实认定的客观性、公正性和准确性……要围绕证据审查判断、事实认定、法律适用进行说理，反映推理过程，做到层次分明；要针对诉讼主张和诉讼争点、结合庭审情况进行说理，做到有的放矢。"②认证理由公开的主要内容："裁判文书中对证据的认定，应当结合诉讼各方举证质证以及法庭调查核实证据等情况，根据证据规则，运用逻辑推理和经验法则，必要时使用推定和司法认知等方法，围绕证据的关联性、合法性和真实性进行全面、客观、公正的审查判断，阐明证据采纳和采信的理由。"③非法证据排除的理由公开："刑事被告人及其辩护人提出排除非法证据申请的，裁判文书应当说明是否对证据收集的合法性进行调查、证据是否排除及其理由。"④"民事、行政案件涉及举证责任分配或者证明标准争议的，裁判文书应当说明理由。"⑤证据推理过程的公开："裁判文书应当结合庭审举证、质证、法庭辩论以及法庭调查核实证据等情况，重点针对裁判认定的事实或者事实争点进行释法说理。依据间接证据认定事实时，应当围绕间接证据之间是否存在印证关系、是否能够形成完整的证明体系等进行说理。采用推定方法认定事实时，应当说明推定启动的原因、反驳的事实和理由，阐释裁断的形成过程。"⑥二审或再审认证理由公开的要求。

上述关于证据认证理由公开的规定，对于提高认证规则适用的可操作性具有实践指导意义。当然，上述规定中也有一些值得商榷的原理错误：①在

[1] 法发〔2018〕10 号。

总体要求中："说明裁判所认定的案件事实及其根据和理由，展示案件事实认定的客观性、公正性和准确性"，这里，前一句是正确的，后一句没必要规定展示案件事实认定的"客观性"，因为事实认定的客观性是难以展示的。可以将后一句修改为"展示案件事实认定的准确性和公正性，以及是否遵循关于证据相关性、可采性、证明力和可信性的证据规则"。②在认证理由公开的主要内容中："裁判文书中对证据的认定……围绕证据的关联性、合法性和真实性进行全面、客观、公正的审查判断，阐明证据采纳和采信的理由。"对该规定将关联性奉为证据审查判断的第一要素，应给予高度评价。这体现了相关性是证据根本属性的理念正在深入人心。但是，第一句"裁判文书中对证据的认定"，则反映了一个经常被人们重复的概念错误，"认定"这个概念应该针对"事实"，如"对事实的认定"或"事实认定"；"认证"概念则针对"证据"，因此，此句应该修改为"裁判文书中对证据的认证"。

3. 互联网法院和知识产权法庭证据制度有所创新

2017—2018 年度，民事与行政诉讼的一般证据制度建设乏善可陈，但在互联网法院和知识产权法庭的证据制度建设中有所创新。

（1）最高人民法院《关于互联网法院审理案件若干问题的规定》[1]对互联网法院证据制度作出了一些新规定。其一，明确规定了在线证据交换和举证方式："互联网法院组织在线证据交换的，当事人应当将在线电子数据上传、导入诉讼平台，或者将线下证据通过扫描、翻拍、转录等方式进行电子化处理后上传至诉讼平台进行举证，也可以运用已经导入诉讼平台的电子数据证明自己的主张。"其二，规定了电子化处理后的证据一般视为符合原件形式要求："当事人及其他诉讼参与人通过技术手段将身份证明、营业执照副本、授权委托书、法定代表人身份证明等诉讼材料，以及书证、鉴定意见、勘验笔录等证据材料进行电子化处理后提交的，经互联网法院审核通过后，视为符合原件形式要求。对方当事人对上述材料真实性提出异议且有合理理由的，互联网法院应当要求当事人提供原件。"其三，规定了电子数据的审查判断要求："当事人对电子数据真实性提出异议的，互联网法院应当结合质证情况，审查判断电子数据生成、收集、存储、传输过程的真实性，并着重审查以下内容：①电子数据生成、收集、存储、传输所依赖的计算机系统等硬

---

[1]　法释〔2018〕16 号。

件、软件环境是否安全、可靠；②电子数据的生成主体和时间是否明确，表现内容是否清晰、客观、准确；③电子数据的存储、保管介质是否明确，保管方式和手段是否妥当；④电子数据提取和固定的主体、工具和方式是否可靠，提取过程是否可以重现；⑤电子数据的内容是否存在增加、删除、修改及不完整等情形；⑥电子数据是否可以通过特定形式得到验证。当事人提交的电子数据，通过电子签名、可信时间戳、哈希值校验、区块链等证据收集、固定和防篡改的技术手段或者通过电子取证存证平台认证，能够证明其真实性的，互联网法院应当确认。当事人可以申请具有专门知识的人就电子数据技术问题提出意见。互联网法院可以根据当事人申请或者依职权，委托鉴定电子数据的真实性或者调取其他相关证据进行核对。"

（2）知识产权法庭证据制度的完善。2017 年最高人民法院《知识产权法院技术调查官选任工作指导意见（试行）》[1]进一步明确了技术调查官的三种来源，一是按照聘任制公务员管理有关规定，以合同形式聘任技术调查官；二是由符合技术调查官资格条件的专利行政管理等部门的专业技术人员到知识产权法院挂职交流，担任技术调查官；三是其他符合技术调查官资格条件的专业技术人员，经行业协会、有关单位推荐和知识产权法院审核，兼职担任技术调查官。据 2017 年《最高人民法院关于知识产权法院工作情况的报告》显示，[2]北京、上海、广州三个知识产权法院均设立了技术调查室，共聘任 61 名技术调查官。广州知识产权法院在原有技术调查官调查机制的基础上，还通过引入技术顾问建立了"技术调查官+技术顾问"双顾问模式[3]。技术顾问主要是聘任国家知识产权局专利局专利审查协作广东中心的审查员，技术顾问定期在法院坐班与技术调查官一同协助法官，为其提供技术咨询。上述情况表明，知识产权案件中技术性事实查明机制开始多样化，包括司法鉴定、专家辅助人、专家咨询（技术顾问）和技术调查官等，这有助于提高"技术事实查明的科学性、专业性和中立性"[4]。此外，最高人民法院《关于

---

[1]　法发〔2017〕24 号。

[2]　周强：《最高人民法院关于知识产权法院工作情况的报告》，载中国法院网：https://www.chinacourt.org/article/detail/2017/09/id/2988073.shtml，最后访问日期：2019 年 7 月 26 日。

[3]　《广州知产法院破解技术调查难题，打造"双顾问"技术审查合作新模式》，载最高人民法院网站：http://www.court.gov.cn/zixun-xiangqing-61762.html，最后访问日期：2019 年 7 月 26 日。

[4]　2017 年 4 月最高人民法院《中国知识产权司法保护纲要（2016—2020）》。

知识产权法庭若干问题的规定》[1]，对证据材料的网上送达和网上证据交换作出规定。第 4 条规定了证据材料的网上送达："经当事人同意，知识产权法庭可以通过电子诉讼平台、中国审判流程信息公开网以及传真、电子邮件等电子方式送达诉讼文件、证据材料及裁判文书等。"第 5 条规定了网上证据交换："知识产权法庭可以通过电子诉讼平台或者采取在线视频等方式组织证据交换、召集庭前会议等。"

（二）人民检察院健全完善以证据为核心的刑事犯罪指控体系

2017—2018 年，是检察机关对权力重新定位、内设机构进行改革的关键时期。伴随国家监察体制改革，特别是《监察法》颁布实施和 2018 年《刑事诉讼法》修改，检察机关不再拥有职务犯罪侦查权。面对这一重大变革，最高人民检察院积极适应反贪转隶、检察职能调整，采取一系列举措加强刑事、民事、行政、公益诉讼"四大检察"法律监督，积极推进内设机构改革，并试图通过加强证据制度建设来因应检察职能发生的重大变革。

1. 最高人民检察院提出证据制度建设五年总体要求

最高人民检察院发布《2018—2022 年检察改革工作规划》，提出"健全完善以证据为核心的刑事犯罪指控体系"的目标，着力构建诉讼以审判为中心、审判以庭审为中心、庭审以证据为中心的刑事诉讼新格局，完善证据收集、审查、判断工作机制，建立健全符合庭审和证据裁判要求、适应各类案件特点的证据收集、审查指引，深化书面审查与调查复核相结合的亲历性办案模式，确保审查起诉的案件事实证据经得起法律检验。

2. 通过证据制度建设推动监检衔接机制建设

2018 年 4 月，《国家监察委员会与最高人民检察院办理职务犯罪案件工作衔接办法》和《国家监察委员会移送最高人民检察院职务犯罪案件证据收集审查基本要求与案件材料移送清单》发布，对证据收集及审查标准提出了总体要求，特别是因应监察体制改革，推动《监察法》和《刑事诉讼法》的衔接。当然，由最高人民检察院大力推进监检衔接，能否真正对监察机关形成制约是一个问题。例如，在审查起诉期间，对于监察委调查获取的证据如何适用非法证据排除规则，就成为一个难题。尽管《监察法》第 33 条第 3 款明确规定了"以非法方法收集的证据应当依法予以排除，不得作为案件处置的

---

[1] 法释〔2018〕22 号。

依据"，为监察委所办案件的非法证据排除提供了法律依据，但在实践中，当职务犯罪被追诉人向检察机关提出非法证据排除申请时，却难以获得有效回应。

3. 积极发挥检察机关排除非法证据的主体作用

与域外非法证据排除实践相比，我国检察机关在非法证据排除程序中发挥着主体作用，有学者将其称为中国特色的非法证据排除模式。[1] 2017 年"两院三部"《严格排除非法证据规定》第 16~18 条规定了检察机关在审查逮捕、审查起诉阶段的非法证据排除规则，第 14 条第 1 款还规定了"犯罪嫌疑人及其辩护人在侦查期间可以向人民检察院申请排除非法证据"，这强化了检察机关在侦查期间对侦查机关取证合法性的监督。第 14 条第 3 款还强化了检察机关对重大案件讯问合法性的监督，由驻所检察人员对讯问合法性进行核查，有利于将监督关口前移，对非法收集的证据早核查、早发现、早排除。根据最高人民检察院 2018 年工作报告，检察机关"充分发挥审前主导和过滤作用，督促侦查机关立案 9.8 万件、撤案 7.7 万件，追加逮捕 12.4 万人、追加起诉 14.8 万人，对不构成犯罪或证据不足的不批捕 62.5 万人、不起诉 12.1 万人，其中因排除非法证据不批捕 2864 人、不起诉 975 人"[2]。我们期待检察机关在非法证据排除实践中发挥更大作用。

（三）公安机关注重规范某些领域的调查原则和证据标准

1. 规范经济犯罪案件侦查取证规则

《最高人民检察院、公安部关于公安机关办理经济犯罪案件的若干规定》[3]对经济犯罪案件侦查取证原则作出具体规定：其一，应当及时进行侦查，依法全面、客观、及时地收集、调取、固定、审查能够证实犯罪嫌疑人有罪或者无罪、罪重或者罪轻以及与涉案财物有关的各种证据，并防止犯罪嫌疑人逃匿、销毁证据或者转移、隐匿涉案财物。其二，严禁调取与经济犯罪案件无关的证据材料，不得以侦查犯罪为由滥用侦查措施为他人收集民事诉讼证据。该规定还对电子数据收集、提取，技术侦查措施的使用，抽样勘

---

〔1〕 杨宇冠、蓝向东：《确立检察机关排除非法证据的主体地位》，载《检察日报》2017 年 6 月 14 日，第 3 版。

〔2〕 曹建明：《最高人民检察院工作报告》，载新华网：http://www.xinhuanet.com/politics/2018lh/2018-03-25/c_1122587415.htm，最后访问日期：2019 年 7 月 26 日。

〔3〕 公通字〔2017〕25 号。

验、鉴定，非法证据排除等作出具体规定。

2. 规范道路交通事故调查原则

《道路交通事故处理程序规定》对道路交通事故调查原则作出如下规定：其一，除简易程序外，公安机关交通管理部门对道路交通事故进行调查时，交通警察不得少于2人。交通警察调查时应当向被调查人员出示《人民警察证》，告知被调查人依法享有的权利和义务，向当事人发送联系卡。联系卡载明交通警察姓名、办公地址、联系方式、监督电话等内容。其二，交通警察调查道路交通事故时，应当合法、及时、客观、全面地收集证据。其三，对发生一次死亡3人以上道路交通事故的，公安机关交通管理部门应当开展深度调查；对造成其他严重后果或者存在严重安全问题的道路交通事故，可以开展深度调查。

3. 规范侵犯民警执法权威案件证据标准和责任认定标准

2018年，公安部《公安机关维护民警执法权威工作规定》[1] 对办理这类案件的证据标准和责任认定标准等作出规定：其一，证据标准：公安机关办理侵犯民警执法权威的刑事案件、治安案件时，应确保案件办理事实清楚、证据确凿、程序合法、法律适用准确。其二，考虑情节：公安机关应当根据行为事实、情节、后果，综合考虑主客观因素，客观评价民警行为性质，区分执法过错、瑕疵、意外，依法依规作出责任认定。对于民警依法履职尽责，受主观认知、客观条件、外来因素影响造成一定损失和负面影响的行为或者出现的失误，以及民警非因故意违法违规履职，及时发现并主动纠正错误，积极采取措施避免或者减轻危害后果与影响的，公安机关应当从轻、减轻或免于追究民警的责任，或者向检察机关、审判机关提出从轻、减轻或者免于追究民警刑事责任的建议。其三，专家论证意见：对于民警行为是否属于依法履行职责、行使职权行为，以及执法是否存在过错等问题存在较大争议的，公安机关维护民警执法权威工作委员会应当组织相关专业人员成立专家组进行审查，出具书面论证意见，作为公安机关内部责任认定的重要参考依据。纪检监察机关、检察机关介入调查的，公安机关应当及时提供论证意见，加强沟通。

---

〔1〕 公安部令第153号。

（四）监察机关证据制度建设呈现四阶段特点

2017—2018 年监察机关的证据制度建设可以分为如下四个阶段：

1. 前期试点阶段

在这一阶段，《浙江省监察留置措施操作指南》明确了留置条件必须是已立案并且案件具有重大、复杂等四种情形，同时对留置审批、备案、期限、被留置人合法权益保障等方面作出规定。[1]《北京市纪检监察机关监督执纪工作规则（试行）》《调查措施使用规范》等，规范了监察委员会 12 项措施的审批流程，为监督、调查、处置职能的履行提供了依据和遵循。[2]

2. 全面试点阶段

在这一阶段，针对"怎样确保监察机关调查取得的证据符合刑事诉讼证据标准"，国家监察委解答指出：监察机关应依照法定程序，参照《刑事诉讼法》对证据形式要件和实质要件的要求，全面、客观地收集被调查人有无违法犯罪以及情节轻重的证据，包括物证、书证、证人证言、被调查人供述和辩解、视听资料、电子数据等证据材料。收集、固定、审查、运用证据时，应当与刑事审判关于证据的要求和标准相一致。各级监察委员会要主动对接以审判为中心的司法体制改革方向，按照《关于办理刑事案件排除非法证据若干问题的规定》要求，以更高的标准、更严的要求，进一步规范监察人员调查职务犯罪的取证行为，对以非法方法收集的证据应当予以排除，确保调查所取得的证据符合刑事诉讼证据标准。[3]

3. 监察法颁布阶段

本阶段有两点值得一提：

一是《监察法》对证据问题作出有关规定，例如第 18 条对监察机关收集证据一般原则，第 26 条对勘验、检查，第 27 条对鉴定，第 28 条对技术调查，第 33 条对证据转化、证据要求、非法证据排除规则，第 40 条对监察机关调查取证工作要求作出规定。尽管有些条文相对粗疏，但《监察法》的颁布标志着监察证据在法律层面完成建构。

二是《中央纪委国家监委监督检查审查调查措施使用规定（试行）》规

---

〔1〕 丁谨之：《蹄疾步稳探新路》，载《浙江日报》2017 年 6 月 22 日，第 10 版。

〔2〕 王少伟：《从一开始就把监察权关进笼子——北京开展国家监察体制改革试点工作纪实》（下），载《中国纪检监察报》2017 年 6 月 2 日，第 1 版。

〔3〕 参见中央纪委国家监委网站"回复选登"栏目"监察体制改革试点工作权威答疑"。

定，留置措施应当按照法律规定的条件、程序要求从严掌握、慎重采取，不得越权使用留置措施，不得变相使用留置措施。留置过程中，应当保障被留置人员的人身权、财产权和申辩权等合法权益。

4. 监察法实施阶段

由于立法水平、技术等诸多方面的原因，监察证据与刑事证据的衔接、转化问题在司法实践中逐渐暴露：

第一，《监察法》和《刑事诉讼法》关于监察证据与刑事证据转化使用中的冲突。尽管《监察法》第33条第1款通过概括性授权解决了监察证据的刑事证据资格问题，但这并不意味着监察证据无需审查认定就可作为刑事案件的定案依据，监察证据也需经过查证属实才能作为定案依据。[1]然而，该款规定的监察证据除实物证据外，还包括证人证言、被调查人供述和辩解等言词证据，这突破了《刑事诉讼法》第54条第2款的规定，但该款并未说明这种立法突破的正当性，[2]由此导致《监察法》与《刑事诉讼法》出现显而易见的冲突。

第二，监察非法证据排除规则的实施问题。《监察法》中的非法证据排除规则，高度概括而缺乏可操作性，导致司法实践无所适从。对此，学术界有三种主张：一是直接适用刑事非法证据排除规则；[3]二是借鉴刑事非法证据排除规则，承认监察非法证据排除规则的独立性，但可依刑事非法证据排除规则来建构；[4]三是制定独立的监察非法证据排除规则，认为《监察法》的规定超越刑事非法证据排除规则，可不受其制约。[5]

第三，监察案件的证据标准问题：一是党纪监督、违法调查和犯罪调查应否适用同一证据标准；二是职务犯罪案件监察调查终结的证据标准与刑事证据标准的衔接问题。

---

〔1〕 韩旭：《监察委员会调查收集的证据材料在刑事诉讼中使用问题》，载《湖南科技大学学报（社会科学版）》2018年第2期。

〔2〕 高通：《论监察机关收集和运用证据的要求与标准——基于〈监察法〉第三十三条第二款的分析》，载《政法学刊》2019年第1期。

〔3〕 潘金贵、王志坚：《以审判为中心背景下监察调查与刑事司法的衔接机制研究——兼评〈刑事诉讼法（修正草案）〉相关条文》，载《社会科学研究》2018年第6期。

〔4〕 刘艳红：《职务犯罪案件非法证据的审查与排除——以〈监察法〉与〈刑事诉讼法〉之衔接为背景》，载《法学评论》2019年第1期。

〔5〕 高通：《监察程序中非法证据的法解释学分析》，载《证据科学》2018年第4期。

　　总体而言，随着《监察法》的实施，监察证据制度存在的问题逐渐显现，如何化解法律冲突、消除立法缺陷将成为未来监察证据制度建设需要直面的问题。

三、司法实践中的证据制度建设：两个案件证据分析

（一）齐某强奸、猥亵儿童案[1]证据分析

1. 案情概述

　　2013 年 4 月，某市检察院以齐某犯强奸罪、猥亵儿童罪提起公诉：被告人齐某，男，某县某小学教师。2011—2012 年，被告人齐某在担任班主任期间，利用午休、晚自习及宿舍查寝等机会，在学校办公室、教室、洗澡堂、男生宿舍等处多次对被害女童 A（10 岁）、B（10 岁）实施奸淫、猥亵，并以带 A 女童外出看病为由，将其带回家中强奸。齐某还在女生集体宿舍等地多次猥亵被害女童 C（11 岁）、D（11 岁）、E（10 岁），猥亵被害女童 F（11 岁）、G（11 岁）各一次。

　　2013 年 9 月，该市中院经审理后判决，齐某犯强奸罪，判处死刑缓期二年执行，剥夺政治权利终身；犯猥亵儿童罪，判处有期徒刑 4 年 6 个月；决定执行死刑缓期二年执行，剥夺政治权利终身。被告人未上诉，判决生效后，报省高级法院复核。2013 年 12 月，省高院以原判认定部分事实不清为由，裁定撤销原判，发回重审。2014 年 11 月，该市中院经重新审理判决，齐某犯强奸罪，判处无期徒刑，剥夺政治权利终身；犯猥亵儿童罪，判处有期徒刑 4 年 6 个月；决定执行无期徒刑，剥夺政治权利终身。齐某不服提出上诉。2016 年 1 月，省高院经审理，终审判决齐某犯强奸罪，判处有期徒刑 6 年，剥夺政治权利 1 年；犯猥亵儿童罪，判处有期徒刑 4 年 6 个月；决定执行有期徒刑 10 年，剥夺政治权利 1 年。

　　该省检察院认为该案终审判决确有错误，提请最高人民检察院抗诉。最高检经审查，认为该案适用法律错误，量刑不当，应予纠正。2017 年 3 月，最高人民检察院依照审判监督程序向最高人民法院提出抗诉。2017 年 12 月，最高人民法院依法不公开开庭审理本案，最高人民检察院指派检察员出庭，

〔1〕　最高人民检察院第十一批指导性案例，第 42 号案例。

辩护人出庭为原审被告人进行辩护。2018 年 7 月 27 日，最高人民法院终审判决，原审被告人齐某犯强奸罪，判处无期徒刑，剥夺政治权利终身；犯猥亵儿童罪，判处有期徒刑 10 年；决定执行无期徒刑，剥夺政治权利终身。2018年 11 月，最高人民检察院《关于印发最高人民检察院第十一批指导性案例的通知》将本案列入指导性案例（检例第 42 号），涉及证据问题的要点是：在性侵未成年人犯罪案件中，被害人陈述稳定自然，对于细节的描述符合正常记忆认知、表达能力，被告人辩解没有证据支持，结合生活经验对全案证据进行审查，能够形成完整证明体系的，可以认定案件事实。

2. 证据分析

最高人民法院开庭审理本案时，针对原审被告人不认罪的情况，检察官着重就齐某辩解与在案证据是否存在矛盾，以及有无其他证据或线索支持其辩解进行发问和举证，重点核实了以下问题：案发前齐某与被害人及其家长关系如何，是否到女生宿舍查寝，是否多次单独将女生叫出教室，是否带女生回家过夜。齐某当庭供述与被害人及其家长没有矛盾，承认曾到女生宿舍查寝，为女生揉肚子，单独将女生叫出教室问话，带女生外出看病以及回家过夜。通过当庭询问，进一步证实了被害人陈述细节的可信性。

在法庭辩论阶段，检察官提出，原审被告人齐某的犯罪事实清楚，证据确实充分：①各被害人及其家长和齐某在案发前没有矛盾。报案及时，无其他介入因素，可以排除诬告的可能性。②各被害人陈述内容自然合理，可信度高，且有同学的证言印证。被害人对于细节的描述符合正常记忆认知、表达能力，如齐某实施性侵害的大致时间、地点、方式、次数等内容基本一致。因被害人年幼、报案及作证距案发时间较长等客观情况，具体表达存在不尽一致之处，完全正常。③各被害人陈述的基本事实得到本案其他证据印证，如齐某卧室勘验笔录、被害人辨认现场的笔录、现场照片、被害人生理状况诊断证明等。

原审被告人及其辩护人坚持事实不清、证据不足的辩护意见：①认定犯罪的直接证据只有被害人陈述，齐某始终不认罪，其他证人证言均是传来证据，没有物证，证据链条不完整。②被害人陈述前后有矛盾，不一致。且其中一个被害人在第一次陈述中只讲到被猥亵，第二次又讲到被强奸，前后有重大矛盾。

针对辩护意见，检察官答辩：①被害人陈述的一些细节，如强奸的地点、姿势等，结合被害人年龄及认知能力，不亲身经历，难以编造。②齐某性侵次数多、时间跨度长，被害人年龄小，前后陈述有些细节上的差异和模糊是正常的，恰恰符合被害人的记忆特征。且被害人对基本事实和情节的描述是稳定的。有的被害人虽然在第一次询问时没有陈述被强奸，但在此后对没有陈述的原因作了解释，即当时学校老师在场，不敢讲。这一理由符合孩子的心理。③被害人同学证言虽然是传来证据，但其是在犯罪发生之后即得知有关情况，因此证明力较强。④齐某及其辩护人对其辩解没有提供任何证据或者线索的支持。

综上，本案用于认定齐某犯罪事实的证据有以下特点：①被告人未承认犯罪事实，缺少认罪证据；②本案主要证据是多位被害人陈述，被害人是年龄在 10～11 岁间的未成年人；③存在一些支持被害人陈述的证人证言和实物证据。因此，本案证据分析的重点，是未成年人被害人陈述的证据效力问题。由于我国刑事诉讼法规要求对被害人陈述的审查判断参照证人证言，本案证据问题涉及未成年人证言的审查判断。结合证据法基本原理，对此分析如下：

（1）关于未成年人被害人陈述及证人证言的证据能力。我国《刑事诉讼法》第 62 条规定："凡是知道案件情况的人，都有作证的义务。生理上、精神上有缺陷或者年幼，不能辨别是非、不能正确表达的人，不能作证人。"可见我国的证人资格条款没有否定未成年人陈述的证据能力，仅仅设置了"年幼"而"不能辨别是非、不能正确表达"这样一个弹性例外。这要求在具体案件中，结合未成年人的年龄和作证事项等具体内容，判断其是否具有作证能力。本案被害人和证人（被害人的同学）是 10～11 岁的未成年人，作证事项是描述齐某的外部行为，主要是肢体动作，不属于"年幼""不能辨别是非、不能正确表达"的人，因此，本案被害人陈述和证人证言的证据能力应该得到认可。

（2）关于未成年人被害人陈述及证人证言的可信性和证明力。根据"证言三角形理论"[1]，感知能力、记忆能力、诚实性、叙述能力是被害人陈述或证言的四种品质。所以，被害人或证人观察、记忆和表达的准确性，是否存在撒谎的动机，应成为本案证据审查重点。

---

[1]　关于证言三角形理论，参见 Ronald J. Allen, et al., *An Analytical Approach to Evidence：Text, Problems, and Cases* (6th Edition), New York：Wolters Kluwer, 2016, p. 446.

第一，公诉方指出被害人陈述内容符合观察、记忆和表达的规律："被害人对于细节的描述符合正常记忆认知、表达能力，如齐某实施性侵害的大致时间、地点、方式、次数等内容基本一致。""被害人陈述的一些细节，如强奸的地点、姿势等，结合被害人年龄及认知能力，不亲身经历，难以编造。"

第二，公诉方关于"各被害人及其家长和齐某在案发前没有矛盾"的意见，旨在说明被害人陈述无撒谎动机。当然，诚实性问题并不局限于此，其他因素也可能构成撒谎动机。

第三，辩护人提出"被害人陈述前后有矛盾，不一致"旨在弹劾被害人陈述的可信性。弹劾内容还包括："且其中一个被害人在第一次陈述中只讲到被猥亵，第二次又讲到被强奸，前后有重大矛盾。"公诉方对此作出解释，旨在给被害人的观察、记忆、表达能力正誉："齐某性侵次数多、时间跨度长，被害人年龄小，前后陈述有些细节上的差异和模糊是正常的，恰恰符合被害人的记忆特征。且被害人对基本事实和情节的描述是稳定的。有的被害人虽然在第一次询问时没有陈述被强奸，但在此后对没有陈述的原因作了解释，即当时学校老师在场，不敢讲。这一理由符合孩子的心理。"

第四，辩护人提出"其他证人证言均是传来证据"，旨在攻击其缺乏观察的亲历性，且转述过程会影响证言的可信性，但这句话充满语病。对此，公诉方错上加错的意见是："被害人同学证言虽然是传来证据，但其是在犯罪发生之后即得知有关情况，因此证明力较强。"其中提到，证人听到案件事实与案件发生之间的时间间隔很短，说明因时间关系而使原始陈述人（即本案被害人）记忆失真的风险较小，因此转述者（即本案证人）的陈述较为可靠。这里，辩护人说"其他证人证言均是传来证据"，公诉人说"被害人同学证言虽然是传来证据"，这些表述都违反了证据法基本原理。从来源上说，证人证言是证人对亲自感知之事所作的陈述。"如果证人证言仅是道听途说，或纯系推测、猜测"，就不是证言了。[1] 显然，这里辩方关于"缺乏观察的亲历性""其他证人证言均是传来证据"的辩论，其逻辑错误在于，缺乏亲历性的就不是证人证言，而是传闻证据；换言之，证人证言不是传来证据，反之亦然。再看公诉人关于"被害人同学证言虽然是传来证据，但其是在犯罪发生之后即得知有关情况，因此证明力较强"的辩解，这个辩解之所以错上加错，是

———————————

[1] 张保生主编：《证据法学》（第3版），中国政法大学出版社2018年版，第210页。

因为它不仅犯了辩方混淆证言与传闻的错误，而且，还混淆了道听途说与"即时感觉印象"或"激愤话语"之传闻例外。后者作为传闻例外，只能是同学证人听到的被害人受到侵害时发出的激愤话语，而不能是其离开犯罪现场之后才对同学证人所作的事后描述。所以，被害人的同学听到被害人事后陈述而作出的陈述依然是传闻证据，而不是描述亲身知识的证言，因而不能说其"证明力较强"。

（3）对未成年人被害人陈述的补强。综合全案证据认定犯罪事实，必须达到证明标准。本案主要证据是多名被害人陈述，其他证据主要用于补强被害人的陈述。根据《刑诉法解释》第 104 条的规定："证据之间具有内在联系，共同指向同一待证事实，不存在无法排除的矛盾和无法解释的疑问的，才能作为定案的根据。"本案辩护人指出："认定犯罪的直接证据只有被害人陈述，齐某始终不认罪，其他证人证言均是传来证据，没有物证，证据链条不完整。"这里，如上所述，其基本错误在于，证人证言与传来证据水火不容，是证人证言就不是传来证据，是传来证据就不是证人证言。公诉方的意见为："各被害人陈述的基本事实得到本案其他证据印证，如齐某卧室勘验笔录、被害人辨认现场的笔录、现场照片、被害人生理状况诊断证明等。"这里的表述起码存在两个错误：其一，在刑事诉讼中，要给被告人定罪，只说"被害人陈述的基本事实得到本案其他证据印证"是不够的，因为要证明被告人有罪，必须有充足的证据证明其达到确信无疑的证明标准。其二，公诉人不能以举例方式说各种笔录、照片、诊断证明等使被害人陈述的基本事实得到印证，这样说完全没有履行说服责任，而应该具体说明每一种补强证据在多大程度上补强了被害人陈述。

（二）礼来公司诉常州华生制药公司侵害专利权纠纷案[1]

1. 案情概述

2013 年 7 月，礼来公司（又称"伊莱利利公司"）向江苏省高级人民法院诉称，礼来公司拥有涉案 91103346.7 号方法发明专利权，涉案专利方法制备的药物奥氮平为新产品。常州华生制药有限公司（以下简称"华生公司"）使用落入涉案专利权保护范围的制备方法生产药物奥氮平并面向市场销售，侵害了礼来公司的涉案方法发明专利权，请求法院判令：①华生公司赔偿礼

---

〔1〕　最高人民法院第十六批指导性案例，第 84 号案例。

来公司经济损失人民币 151 060 000 元、礼来公司为制止侵权所支付的调查取证费和其他合理开支人民币 28 800 元；②华生公司在其网站及《医药经济报》刊登声明，消除因其侵权行为给礼来公司造成的不良影响；③华生公司承担礼来公司因本案发生的律师费人民币 1 500 000 元；④华生公司承担本案的全部诉讼费用。

江苏省高院经审理于 2014 年 10 月作出（2013）苏民初字第 0002 号民事判决：①常州华生制药有限公司赔偿礼来公司经济损失及为制止侵权支出的合理费用人民币计 350 万元；②驳回礼来公司的其他诉讼请求。案件受理费人民币 809 744 元，由礼来公司负担 161 950 元，常州华生制药有限公司负担 647 794 元。礼来公司、常州华生制药有限公司均不服，提起上诉。

最高人民法院二审，根据《民事诉讼法》第 79 条、最高人民法院《民诉法解释》第 122 条，对礼来公司的专家辅助人出庭申请予以准许；根据《民诉法解释》第 117 条，对华生公司的证人出庭申请予以准许；根据《民事诉讼法》第 78 条、《民诉法解释》第 227 条，通知出具（2014）司鉴定第 02 号《技术鉴定报告》的江苏省科技咨询中心工作人员出庭；根据《最高人民法院关于知识产权法院技术调查官参与诉讼活动若干问题的暂行规定》第 2、10 条，首次指派技术调查官出庭，就相关技术问题与各方当事人分别询问了专家辅助人、证人及鉴定人。最高人民法院 2016 年 5 月 31 日作出（2015）民三终字第 1 号民事判决：①撤销江苏省高级人民法院（2013）苏民初字第 0002 号民事判决；②驳回礼来公司的诉讼请求。一、二审案件受理费各人民币 809 744 元，由礼来公司负担 323 897 元，常州华生制药有限公司负担 1 295 591 元。

2017 年 3 月 6 日，最高人民法院将本案发布为第 84 号指导案例。

2. 证据分析

作为指导性案例，本案有两项裁判要点：①药品制备方法专利侵权纠纷中，在无其他相反证据情形下，应当推定被诉侵权药品在药监部门的备案工艺为其实际制备工艺；有证据证明被诉侵权药品备案工艺不真实的，应当充分审查被诉侵权药品的技术来源、生产规程、批生产记录、备案文件等证据，依法确定被诉侵权药品的实际制备工艺。②对于被诉侵权药品制备工艺等复杂的技术事实，可以综合运用技术调查官、专家辅助人、司法鉴定以及科技专家咨询等多种途径进行查明。第一项裁判要点涉及举证责任的倒置与推定规则，第二项裁判要点涉及科学证据在司法证明中的作用。我们重点讨论一下第二项裁判要点。

（1）关于鉴定意见和专家辅助人意见的性质。本案先后提交了两份鉴定意见，分别是上海市科技咨询服务中心出具的（2010）鉴字第19号《技术鉴定报告书》和江苏省科技咨询中心出具的（2014）司鉴定第02号《技术鉴定报告》。根据《民事诉讼法》第78条关于"当事人对鉴定意见有异议或者人民法院认为鉴定人有必要出庭的，鉴定人应当出庭作证"的规定，鉴定人出庭作证介绍了鉴定意见。根据《民事诉讼法》第79条关于"当事人可以申请人民法院通知有专门知识的人出庭，就鉴定人作出的鉴定意见或者专业问题提出意见"的规定，在最高人民法院二审开庭审理时，法院准许了礼来公司的专家辅助人出庭申请，就鉴定意见或专业问题提出了意见。然而，根据《民诉法解释》第122条的规定，专家辅助人出庭是"代表当事人对鉴定意见进行质证，或者对案件事实所涉及的专业问题提出意见。具有专门知识的人在法庭上就专业问题提出的意见，视为当事人的陈述"。这个将专家辅助人意见"视为当事人的陈述"的规定，有如下值得商榷之处：其一，专家辅助人意见与当事人陈述的知识基础不同，前者是经科学推论而提出的意见证据，后者则是案件事实亲历者对所见所闻之亲身知识的陈述，不允许掺杂个人意见。其二，专家辅助人和当事人二者的诉讼立场不同，后者因争诉而具有较强的主观性与利己性，而前者的职业角色则要求其持有科学、客观、中立的立场。其三，专家辅助人并不持有当事人的诉讼主张，而只是为支持或反对当事人的主张而提供支撑性科学证据。其四，拒绝陈述的法律后果不同。《民事诉讼法》第75条第2款规定："当事人拒绝陈述的，不影响人民法院根据证据认定案件事实。"然而，专家辅助人若拒绝陈述，就无法在法庭上就专业问题提出意见。上述四个问题，只有在专家辅助人回归为专家证人角色之后，才能从根本上解决。

（2）关于技术调查官参与知识产权纠纷案件事实调查的意义。本案在司法实践中的创新在于，首次根据《最高人民法院关于知识产权法院技术调查官参与诉讼活动若干问题的暂行规定》第2、10条，指派技术调查官出庭参与诉讼活动，就相关技术问题与各方当事人分别询问专家辅助人、证人及鉴定人。定位于法院技术顾问的技术调查官角色设置，比鉴定人、专家辅助人的活动范围更自由，不需要遵循关于法定证据形式、出庭作证程序等刚性规定，从而为发挥科学证据在司法证明中的作用提供了新途径。当然，目前立法对于技术调查官的规定比较原则，还处在初步探索中。有两个问题尚待深入研究：一是技术调查官在法庭中的角色，其与法官、鉴定人和专家辅助人是什么关系？二是法庭专门化（包括环境法庭、知识产权法庭、互联网法庭）或司法专门化，还是法庭一体化或司法综合化，哪一个才是司法审判的未来发展趋势？在这一点上，目前中国与国外的走向似乎相反。

（3）关于法官之科学证据"守门人"的作用。这个问题涉及科学证据可采性、采信或认证规则。科学证据具有"双刃剑"作用，因此，法官不能被科学证据牵着鼻子走，对科学证据不能迷信、盲从，而应该不断提高自己审查判断各种专家意见证据的能力，特别是对不相关、不可靠科学证据的排除能力，以及在互相冲突的专家意见之间作出选择的裁判能力。另外，专家意见证据通常是片断性的间接证据，需要法官综合审查判断，填补证据推理的空隙。

四、证据科学研究进展

（一）循证社会科学的理论与实践意义

循证社会科学是应用循证医学的理念、思想和方法，在管理、教育、法律、社会工作等社会科学领域开展科学研究、科学决策和实践应用的新兴交叉学科。其研究特点是，基于当前可获得的最佳证据，充分考虑服务对象的价值意愿和具体条件及环境因素，进行基于证据的科学决策和实践。鉴于证据是循证医学的核心概念，生产、评价和转化应用高质量的证据是循证医学的重要任务，循证社会科学实际上是一种"以证据为本"的社会科学研究模式，利用 meta 分析等定量研究方法，遵循社会科学研究的最佳证据进行社会实践，将决策过程和实践效果放在阳光下进行评价审查，促进以高质量的证据为解决经济和社会发展领域问题的决策提供科学的证据依据。[1]基于循证矫正和循证犯罪预防的既有研究成果，有硕士学位论文开展了《基于循证方法的刑事错案预防研究》[2]。基于循证方法是将人的理性融入社会实践的实

---

〔1〕 杨克虎：《循证社会科学的产生、发展与未来》，载《图书与情报》2018 年第 3 期。

〔2〕 夏霏璠：《基于循证方法的刑事错案预防研究》，燕山大学 2017 年硕士学位论文。

证研究方法，有硕士学位论文开展了《循证警务侦查应用研究》[1]。

（二）从证据教义学到证据科学的转型

有学者通过伦敦大学学院研究者的 UCL 模型与中国政法大学证据科学研究院研究者的 CUPL 模型，比较了东西方的证据科学研究模型。这两种理论模型包含不同的研究理念和方法，但都突破了传统证据学的认识论基础，引发了证据与证明研究领域的根本性改变。按照舒姆（David Schum）教授的描述，证据科学概念涵盖了概率和统计学、法学、医学、地理学、教育学、哲学、古代史学、经济学、心理学和计算机科学在内的众多学科领域。与伦敦大学学院（UCL）开展"整合性"证据科学专项研究同一年（2005 年），中国政法大学（CUPL）证据科学研究院开展了"实践性"证据科学研究。在证据科学概念下，一切指向证据问题的人文社会科学和自然科学研究都属于证据科学的范围。[2]有学者认为，证据法教义学在应对证据法问题时的力不从心，为证据法跨学科研究的兴起提供了历史契机。证据法似乎是跨学科研究的天然场域，证据法关注司法证明过程中证据的采纳和应用问题，而司法证明过程本身就是一个对案件事实进行认知的过程。这个过程共享着人类认知活动的基本规律。当规范无法把握司法证明规律的时候，人们只能借助与认知过程有关的学科来理解和把握司法证明过程。证据法跨学科研究的基本特征：一是从研究对象和研究范围来看，跨学科研究涵盖了从取证到举证（如威格莫尔图示法、叙事研究）到认证（如有关陪审团的心证研究）的整个过程，关注对象也不仅仅局限于证据法规范，更是关注发生于司法证明过程中的现实问题；二是从研究方法和研究视角来看，证据法的跨学科研究方法更侧重于外部视角，借助心理学、经济学、概率论和叙事学等多学科方法进行实证研究；三是从学科的紧密程度来看，证据法跨学科研究的学科来源和视角众多、学科方法多样，导致彼此之间还无法有效进行知识整合。[3]

（三）证明科学促进证据法转型

关于证明科学，有学者认为，证明科学是指方法论意义上的证据科学，

---

〔1〕　王康庆：《循证警务侦查应用研究——从经验侦查到循证侦查的变革》，中国人民公安大学 2017 年硕士学位论文。

〔2〕　巩寒冰：《证据科学：UCL 模型与 CUPL 模型中的跨学科趋势研究》，载《师大法学》2017 年第 2 期。

〔3〕　吴洪淇：《证据法的理论面孔》，法律出版社 2018 年版，第 198~244 页。

即采用跨学科方法解决法律语境中证据问题的方法论路径。运用法律之外其他学科（如心理学、逻辑学、概率论等）的理论和方法，有助于理解证据推理的认知过程，为构建和改善规制证明过程的证据法规则，以及为证明主体更好地实现诉讼目标提供基础。威格莫尔（Wigmore）的《司法证明科学》预测了证明科学对证据法研究带来的挑战，即证明科学的研究会逐渐降低证据法及证据法学的地位，这表明证明科学和证据法学之间存在竞争关系。证明科学的发展对证据评价和证据法产生了什么样的影响？尽管从历史的角度看，20世纪中后期证明科学兴起和证据法学研究（指传统的注释性或教义性研究）相对停滞是两个相伴的事实，但这在很大程度上是因为证据法学研究的高度成熟，而非证据规则在司法审判中的重要性降低。从逻辑上讲，证明科学研究不会导致证据法的消亡和衰微，而是推动证据法和证据法学的转型，即以经验常识为基础的证据法，将会逐渐转变为以证明科学为基础的证据法。随着证明科学的发展，那些作为证据法基础的潜在常识性假设将受到检验。比如，"法律外行更容易高估传闻证明力"的假设，就被心理学实验所证伪。如果某个常识性假设被证伪，基于该假设而建立的证据规则模型就面临被修改或废除。随着证明科学的发展，证据法不是走向消亡，而是随着常识性假设被证成、证伪或修正，进而开始法律规则上的调整。对证据法的研究不能仅仅以常识性假设为依据，而应当吸收证明科学的成果，以经过证明科学验证的规律为论据。概言之，以经验常识为基础的证据法，将逐渐转变为以证明科学为基础的证据法。[1]

五、证据法学研究进展

（一）证据法理论基础和体系

2017—2018年度，学者们对证据法理论基础的研究可归纳为四种观点：一是"一论基础说"，认为认识论是证据法的理论基础；[2]二是"两论基础说"，认为辩证唯物主义认识论和程序正义论构成证据法的理论基础；[3]三是

---

〔1〕　樊传明：《证据评价论：证据法的一个阐释框架》，中国政法大学出版社2018年版，第211~219页。

〔2〕　易延友：《证据法学：原则·规则·案例》，法律出版社2017年版，第70页以下。

〔3〕　樊崇义主编：《证据法学》（第6版），法律出版社2017年版，第60~61页。

"三论基础说",认为认识论、价值论和概率论构成证据法的理论基础;[1]四是"多论基础说",认为证据法的理论基础具有多元性,提出"平衡论"的主张。[2]我们认为,证据法的理论基础不限于认识论,从求真和求善的双重功能看,仅靠认识论不能解决诉讼证明的价值选择问题。"两论基础说"的问题是,辩证唯物主义认识论和程序正义论作为证据规则体系的理论支撑,可能基础过窄。"多论基础说"又有将证据法理论基础泛化的危险,证据法的理论基础应该是狭义的,即对证据法概念体系和基本原则具有基础性、解释性的相关理论,而非任何与证据、证据法有关的自然科学和社会科学理论。如果什么都能成为证据法的理论基础,等于说证据法没有什么理论基础。

关于证据法理论体系的研究主要体现为三种观点:第一种观点是对传统"证据论+证明论"证据法体系的修正,[3]但仍未改变其静态概念论的特点或摆脱"证据"与"证明"割裂的基本格局,其主要缺陷是割裂了证据与证明的互动关系,导致了证据法学具体知识内容上的断裂、学术研究与司法实践的断裂。证据的取得以证明为目的,证据的运用也必须在证明过程中进行;证明的核心并非证明主体、证明对象、证明责任、证明标准等静态内容,而是如何运用证据推理认定待证事实的动态过程。我国证据法理论体系的构建应该对事实、证据、事实认定等知识领域作整体把握,才能构建科学的理论体系。在这方面,"一条逻辑主线(相关性),两个证明端口(证明责任和证明标准),三个法定阶段(举证、质证、认证),四个价值支柱(准确、公正、和谐、效率)"的动态过程论证据法学理论体系,[4]对我国证据法学理论体系建设具有参考意义。第二种观点是对刑事证据规则体系的探索,[5]第三种观点是对民事证据规则体系的探索,[6]这两种理论体系仍与传统"证据论+证明论"证据法体系较为接近。首先应该肯定,关于刑事证据规则体系和民事证据规则体系分立的主张,在证据法学研究中具有重要意义;同时也应该

---

[1] 张保生主编:《证据法学》(第 3 版),中国政法大学出版社 2018 年版,第 48 页。

[2] 高家伟:《证据法基本范畴研究》,中国人民公安大学出版社、群众出版社 2018 年版,第 389~391 页。

[3] 樊崇义主编:《证据法学》(第 6 版),法律出版社 2017 年版。另参见高家伟:《证据法基本范畴研究》,中国人民公安大学出版社、群众出版社 2018 年版,第 431~432 页。

[4] 张保生主编:《证据法学》(第 3 版),中国政法大学出版社 2018 年版,第 91~93 页。

[5] 陈瑞华:《刑事证据法》(第 3 版),北京大学出版社 2018 年版,第 8~9 页。

[6] 张卫平:《民事证据法》,法律出版社 2017 年版,第 4~5 页。

承认，刑事与民事诉讼领域的证据规则尽管存在一定差异，如自认制度、证据保全制度、举证时限制度等，但证据法基本原理在刑事与民事诉讼领域具有很多共同性，而且从一些国家建立统一证据制度的实践来看，具体诉讼制度上的差异尚不能构成刑事证据与民事证据一定要分立、各自构建理论体系的支撑理由。

（二）证据属性与事实认定

关于证据属性，一些教材沿袭了传统的"三性说"观点（客观性、关联性和合法性）。[1]有学者论述证据客观性包括三个方面的客观存在：证据资料、证据资料合法性和关联性的客观存在。[2]有学者对证据"属性说"持否定态度，认为证据不但不具有合法性，而且也没有客观性；就其本质属性而言，也不存在关联性——关联性只是证据的外部属性。当我们试图给一个事物下定义的时候，如果想通过这个定义把握它的本质，其实并不容易。因此，不必试图以揭示事物本质的方式给证据下定义，把证据定义为证明的材料和根据即可。[3]张保生主编《证据法学》（第3版）教材继续坚持"新四性说"（相关性、可采性、证明力和可信性），认为相关性是证据根本属性，也是现代证据制度的基本原则。可采性规则设置了两个条件：一是必要条件，即不相关的证据不可采；二是其他条件，即相关证据不一定采纳。证明力是相关性的程度。可信性是证据值得相信的特性，质证是检验证据可信性的有效手段。作者对证据"客观性"提出质疑，首先，证据的"客观性"没有检验标准，其审查既无法实现，也没有认识论意义。其次，证据"客观说"认为证据既有客观性的一面，也有主观性的一面，这又使其陷入了以偏概全的困境。最后，证据有真假之分，"客观说"无法回答诸如"真假证据中哪一个具有客观性"这样棘手的问题。[4]

关于事实认定，有学者撰文认为，事实是人通过感官和思维所把握的真实存在，经验性是其本质特性。按照"证据之镜"原理，"有的放矢"意义上的实事求是在事实认定中是行不通的，因为后者之"矢"所射之"的"不是

---

〔1〕　樊崇义主编：《证据法学》（第6版），法律出版社2017年版，第126~130页。另参见吴高庆主编：《证据法原理与案例教程》，清华大学出版社2017年版，第10~18页。

〔2〕　张卫平：《民事证据法》，法律出版社2017年版，第15~17页。

〔3〕　易延友：《证据法学：原则·规则·案例》，法律出版社2017年版，第11~13页。

〔4〕　张保生主编：《证据法学》（第3版），中国政法大学出版社2018年版，第14~32页。

现在的事实，而是过去事实留下的证据，因而事实认定的基本模式是"实证求是"。事实认定是一个归纳推理过程，包括举证、质证和认证，事实真相产生于控辩审三方相互作用的合力。证据的不完全性、非结论性、模糊性、不完美的可信性等，都决定了事实认定的盖然性或可错性。司法证明理论从精确概率走向似真性理论的发展趋势，对我国司法改革和证据法学研究具有借鉴意义。按照似真性理论，最佳解释推论是一种整体解释方法，它不局限于一个个具体证据，而是关注由证据拼合出的完整案情或故事。[1] 有学者研究了事实认定的不确定性，认为证据裁判原则下的三个关键性概念，即事实、证据和事实认定，在逻辑上它们是一种命题、论据与结论的关系。作为司法证明的逻辑起点，案件事实不同于哲学意义上的事实，它有法律上的规定性；作为认定事实根据的证据，更强调形式上的相关性和合法性；事实认定是司法证明的逻辑终点，虽然它是一种理性的、严格的证明，但案件事实是过去发生的事实，法官能够看到的只是证据，只能凭借证据来认定事实，这就决定了事实认定具有不确定性。[2] 有学者认为，协同型事实认定模式和竞争型事实认定模式是两种基本的事实认定模式，前者以"犯罪故事"为主线，检察院的"控诉故事"和法院的"裁判故事"都是对侦查版"犯罪故事"的确认和完善；后者存在多个故事版本的比较、选择和竞争，并以此推动事实认定进程。我国刑事诉讼程序虽然具有对抗色彩，但事实认定模式仍属于协同型。为完善我国刑事防错机制，有必要改良事实认定模式，允许证据解释和推论存在多样性，鼓励多个故事版本之间的比较和竞争，重视最佳解释和似真推理，落实被告人对质权，强化辩方审前获取证据的能力。[3] 有学者讨论事实认定的准确性问题，认为，由于人的认知能力、主观偏见及司法活动本身的时效性、政策性等一系列因素的影响，导致准确认定事实成了司法裁判的难题。借鉴培根主义、波普尔"证伪主义"理论以及怀疑主义的研究进路，探讨事实认定的认知性、重构性等本质特性，有助于揭示导致事实认定不确定性的内在因素，促进人们反思事实认定的模糊性。[4]

---

〔1〕　张保生：《事实、证据与事实认定》，载《中国社会科学》2017 年第 8 期。

〔2〕　张中：《法官眼里无事实：证据裁判原则下的事实、证据与事实认定》，载《浙江工商大学学报》2017 年第 5 期。

〔3〕　尚华：《事实认定模式与我国刑事防错机制的完善》，载《环球法律评论》2017 年第 3 期。

〔4〕　张伟：《论事实认定的模糊性——一种怀疑主义研究进路》，载《河北法学》2017 年第 3 期。

关于人民陪审员在事实认定中的作用，有学者认为，我国人民陪审员制度改革的一个重要方面，是将陪审员职能限缩在事实认定上，由此引出了陪审员的事实认定能力问题。陪审员在事实认定方面的优势和劣势聚焦于两类特征：一类是陪审员的个体身份特征，如不受科层权力管制、缺乏法教义学训练、秉持常识性正义观、怀有对当事人的共情式关怀等；另一类是陪审员裁决的结构性特征，如团体评议结构、二元式法庭结构、实际上的裁决终局性等。评价司法事实认定之优劣，除准确性外，还有裁决的可接受性、事实推论的正当性等维度。中国现行陪审员制度设计方案能否发挥陪审员事实认定的优势，取决于这些要素性特征与事实认定各评价维度之间的功能性关联。[1] 有学者认为，深化人民陪审员制度改革所面临的一大难题是如何让普通公民准确进行案件事实认定。为解决这一难题，一些大陆法系国家设计了刑事问题列表制度，由更具专业经验的审判长进行要件事实分解，降低陪审员事实认定的难度，取得了较好的效果。刑事问题列表制度为我国人民陪审员制度的有效运行提供了可借鉴的技术方案。[2]

关于自由心证原则对事实认定的制约与保障，有学者撰文认为，自由心证作为一项事实认定的审理原则已经为世界各国所认同，我们没有必要予以拒斥。人们真正顾虑的是自由心证的"自由"会否导致审判者的主观臆断。一方面，面对复杂的案件事实，无法依赖法定证据保证案件事实认定的真实性，只有让审判者根据具体的案件情形加以判断，而这种判断必须是自由的；另一方面，给予这种自由则可能导致主观随意，为获取私利提供方便。要打破这种悖论，就只能从法官制度和诉讼制度两方面着手：一是通过建构现代法官制度以保障法官的素质，提升法官的操行和品行，使法官这一职业群体能够充分获得社会信赖；二是通过完善诉讼程序和制度防止法官在事实认定中的主观随意。这就包括必要的法定证据制度，建立约束性辩论原则、公开原则、言词原则、直接原则等审理原则，以及明确经验法则、论理法则对案件事实认定的制约作用，使这种程序原则和制度能够成为保障自由心证原则

---

[1]　樊传明：《陪审员裁决能力问题研究——优秀的还是拙劣的事实认定者?》，载《中国刑事法杂志》2018 年第 2 期。

[2]　施鹏鹏：《刑事问题列表制度研究——以完善人民陪审员事实认定机制为切入点》，载《北方法学》2017 年第 6 期。

合理运行的制度保障体系。[1]

（三）证据开示

关于美国无罪证据开示制度及其启示，有学者撰文认为，美国法律虽然也要求检察官承担追求正义的客观义务，但在对抗式诉讼模式下，作为对抗一方，检察官"几乎将警察视为他们的客户，并且与警察紧密合作以挖掘证据、查找证人、为庭审作证训练证人"，想尽办法在与辩护律师的对抗中获胜。因此，美国通过宪法判例确定了布雷迪规则（无罪证据开示制度）：检察官基于辩护方请求，应将有利于被告人的无罪证据（包括罪轻的证据）开示给被告人，否则就是违反正当程序条款，被告人可以据此获得重审机会。在1995 年"凯乐斯诉怀特里"（Kyles v. Whitley）案中，联邦最高法院又明确了"无论负责案件的检察官是否实际知晓该证据的存在，所有具有实质性的无罪证据都被认为是布雷迪案所要求开示的无罪证据"。但是，对检察官无罪证据开示义务的规制主要还是判例法，检察官在实践中不愿意遵守布雷迪规则，甚至通过与关键证人的私密协议、拖延证据开示的时间等方式，规避布雷迪规则而达到胜诉目的。这些行为也导致了依据布雷迪规则申请重新审判的成功率较低。美国无罪证据开示制度对于我国有两点启示：其一，检察官（控方）隐瞒无罪证据，是导致刑事错案的主要原因；其二，如果没有严厉的惩罚措施，检察官（控方）是不愿意开示无罪证据的。关于我国构建无罪证据开示制度的建议：其一，完善证据全部移送制度；其二，建立不向辩护方提供无罪证据、罪轻证据的责任追究制度；其三，加强检察官的职业道德教育，从意识上改变检察官片面追求胜诉的心态。[2]

关于日本刑事证据开示制度，有学者指出，其已经历三次调整，从于法无据的判例指引到依附于争点整理的制度创设，进而形成了目前以证据一览表为开示范围，赋予被告请求权的刑事证据开示制度。2016 年日本《刑事诉讼法》修订对证据开示制度再次完善，该制度逐渐从争点整理程序中脱离出来，向提高被告实质防御权方向转变。在我国审判中心的诉讼改革中，刑事证据开示理应为庭前程序改革中的一环，但一方面，与刑事证据开示对应的

---

〔1〕　张卫平：《自由心证原则的再认识：制约与保障——以民事诉讼的事实认定为中心》，载《政法论丛》2017 年第 4 期。

〔2〕　王新清、张瀚文：《美国无罪证据开示制度研究》，载《证据科学》2017 年第 3 期。

阅卷权无法辐射到检察机关未提交或未随案移送的证据；另一方面，庭前会议制度虽然为刑事证据开示提供了运用的程序空间，但实际上其地位远未得到重视，具体模式也未形成。我国刑事诉讼带有明显职权主义特征，注重法官诉讼主导权，英美法系基于当事人意志的完全刑事证据开示制度，在我国因缺乏配套制度而难以实施。因此，汲取日本刑事证据开示制度的先进改革理念，明确我国刑事证据开示制度的独立价值，可在一定程度上改变其依附于庭前会议而启动的现状。[1]

（四）科学证据与司法鉴定

关于科学证据的表述，有美国学者的译文认为，种类繁多的科学证据并不都具备科学所要求的标准，尤其是指纹、笔迹等图形比对的科学证据，传统的假设——诸如被检测物具有独特图形而使专家能够准确判断其来源——已遭到挑战，并正被一种新的司法鉴定报告逻辑所取代。这种新逻辑要求专家去评估和衡量可能性，而非去主张必然性。似然比、匹配频率/随机匹配的概率、来源概率，正不断被接受和使用。法庭科学家现在必须节制对其自身准确性的主张，而要更频繁地使用数字来描述其结论的强度。这些变化给律师和法官带来挑战。[2]

关于专家辅助人制度，有学者从分析《人民法院办理刑事案件第一审普通程序法庭调查规程（试行）》有关专家辅助人的规定出发，指出当前我国专家辅助人制度中存在着专家辅助人身份多重性的弊端、专家辅助人意见"性质"之争、专家辅助人角色的转变等问题，提出了应该让专家辅助人回归专家证人本色的建议。[3]有学者认为，公权力垄断专业问题判断的传统格局正逐步瓦解，司法鉴定环节错误的频发并导致错案催生了专家辅助人制度。在司法实践中，专家辅助人制度基本定位、基础性材料获取、准入标准、专家辅助人在法庭上的基本程序等问题还亟待进一步完善。[4]

---

〔1〕　马方、吴桐：《日本刑事证据开示制度发展动向评析及启示》，载《证据科学》2018年第4期。

〔2〕　［美］William C. Thompson 等：《独特性之后：法庭科学意见的演进》，汪诸豪译，载《证据科学》2018年第4期。

〔3〕　张保生：《关于专家辅助人角色规定的变化》，载《证据科学》2018年第5期。

〔4〕　吴洪淇：《刑事诉讼中的专家辅助人：制度变革与优化路径》，载《中国刑事法杂志》2018年第5期。

（五）言词证据

关于被告人口供。在现代刑事诉讼中，被告人不再是诉讼的客体，刑事被告口供不再是判决有罪的必要条件。但口供依赖问题依然存在，在未对口供进行合法性及相关性等严格证明程序审查前，对口供自愿性的调查实质上是对侦查合法性的调查。与此相关的问题，如相互印证规则是否为合法的证据调查方法，借由补强证据来补强被告口供的可信度，是法官主观的认定，还是适当的证据调查方法，均需认真检讨。为此，口供须通过严格证明，供述笔录不能证明口供内容的真实性。在补强规则的适用方面，应该以构成要件为补强对象，除了客观构成要件以外，还应包含被告与行为人同一性的补强，借以避免冤案的产生；在补强程度方面，补强证据不能仅依附于被告人供述，其本身应具有独立证明犯罪的高度盖然性，方符合补强规则的目的。[1]2012 年《刑事诉讼法》第 37 条规定辩护律师自案件移送审查起诉之日起，可向犯罪嫌疑人、被告人核实有关证据，但实践中律师"核实证据"的具体范围和方式迥异、法院对所核实的证据认定困难等问题，也引发关于辩护人权利行使空间以及被追诉人权利应然范围的探讨。其中，最具争议的问题莫过于律师能否向犯罪嫌疑人、被告人披露同案犯口供。未来我国既应在制度层面保障辩护律师向委托被告人告知同案犯供述的权利，也应正确认识相应规范适用的合理边界。[2]我国刑事诉讼法及相关司法解释已确立了审查判断被告人翻供的采信规则，即被告人庭前供述一致、庭审中翻供的采信规则，庭前多次翻供、庭审中供认的采信规则，庭前多次翻供、庭审中继续翻供的采信规则，以及虽然翻供但根据供述提取到关键物证、书证的采信规则。但这些规则本身存在模糊、审查判断内容过于狭隘等缺陷。为此，需要从确立采信规则有效运作的前提，增加采信规则中的实质审查因素。[3]

关于证人证言，有学者揭示了自 1979 年以来我国法律规定经历了从"未到庭证人的证言"到"庭前证言"的变化过程，要推进审判中心的诉讼制度

〔1〕　姜振业：《口供证据能力再检讨》，载《证据科学》2018 年第 5 期。
〔2〕　孟婕：《"核实同案犯供述"的正当性证成与制度完善路径——基于对〈刑事诉讼法〉第 37 条第 4 款的规范展开》，载《法学杂志》2018 年第 10 期。本篇文章发表于 2018 年《刑事诉讼法》修改之前，所以文章中所称的"《刑事诉讼法》第 37 条"实为"2012 年《刑事诉讼法》第 37 条"。——编者注
〔3〕　王海、杨琳：《论我国被告人翻供的采信规则》，载《云南警官学院学报》2018 年第 3 期。

改革，还需经历一个从"庭前证言"被普遍允许进入法庭时期到严格规范"庭前证言"运用及其限制时期，即在确立直接言词原则的基础上，严格限制能够进入法庭的庭前证言范围，以确保法官心证主要建立在当庭证言基础之上。[1]陈光中教授等通过试点和调研发现，证人出庭率低是导致实体错误和程序不公的主要风险。根据试点经验，作者提出从六个方面入手改变当前证人出庭作证的困境：其一，对证人应当出庭情形的法律规定进行改革，修改2012年《刑事诉讼法》第187条第1款和第190条之规定，重新确定必须出庭证人的范围。其二，明确证人无需出庭作证的案件类型，规定被告人认罪认罚从宽的案件和刑事速裁程序中证人原则上可以无需出庭作证，并规定此类案件中不出庭证人庭外证言的采纳方式。其三，完善强制证人出庭作证制度，删去2012年《刑事诉讼法》第190条中关于允许当庭宣读不出庭证人证言笔录的规定，加强法院依法强制证人出庭的主动性，加强法治宣传，提高公民的作证意识。其四，规定完整的亲属免证特权，明确其是指免受强迫作证，既不排斥其自愿作证，也不排斥其作有利于被告人的证言。其五，加强证人作证的保障制度。其六，将伪证罪的适用限于针对故意作出的庭上伪证。[2]

关于作证特免权，我国刑事诉讼法规定了被告人的配偶、父母和子女享有免于强制出庭作证的权利，但有人认为，该条并非亲属作证特免权的确立，其实质是对被告人近亲属"强制出庭"的豁免。这种"作证却免于出庭"的制度设计，使其维护家庭关系的作用受限，并在实质上剥夺了被告人的当庭质证权，既不利于庭审实质化，也不利于准确判断证言的可信性。应当以证据法"求真"与"求善"的价值导向为指导真正确立亲属作证特免权；若权利人放弃亲属作证特免权，则应当出庭作证接受当庭质询；近亲属无理由拒绝出庭时，原则上应当排除其庭外证言。[3]有人认为，"亲亲相隐"和亲属拒证权都是要实现对人伦亲情的优先保护，但二者在具体制度上存在重大差异。我国2012年《刑事诉讼法》规定的"出庭豁免"式亲属拒证权，不仅无法实

〔1〕 史立梅：《庭审实质化背景下证人庭前证言的运用及其限制》，载《环球法律评论》2017年第6期。

〔2〕 陈光中、郑曦、谢丽珍：《完善证人出庭制度的若干问题探析——基于实证试点和调研的研究》，载《政法论坛》2017年第4期。

〔3〕 于美溪：《我国亲属作证特免权制度建构思考——以证据法的"求真"与"求善"为视角》，载《研究生法学》2017年第3期。

现保护人伦亲情的立法目标，还会损害被告人的正当程序权利。采取"证言豁免"模式的亲属拒证权制度，赋予亲属证人拒绝陈述对被告人不利证言的权利，但仍应承担出庭义务是比较合理的选择。[1]有人关注线人的作证特免权，并讨论了我国线人的拒证特权等问题。[2]

我国刑事诉讼法未规定污点证人作证豁免制度，虽然司法实践中迫不得已出现了污点证人刑事责任豁免的做法，但其合法性值得怀疑。司法实践的默许和法律规定的缺位，反映了污点证人作证豁免制度这种"退而求其次的做法"存在的必要性。有人通过分析污点证人作证豁免制度及相关理论，就该制度的构建在适用对象、适用范围、适用类型、适用程序、作证豁免保障机制五个方面提出建议。例如，在适用对象方面，其证言必须对侦诉机关指控严重犯罪起关键作用，能够支撑侦诉机关掌握的其他指控严重犯罪的证据，达到排除合理怀疑的证明标准；污点证人的污点，即使不满足犯罪情节轻微，但只要满足依照刑法规定不需要判处刑罚或者免除刑罚都是可以接受的。在适用范围方面，与指控的犯罪无关的罪行不得豁免。[3]

（六）证据排除规则

1. 证据排除规则基础理论研究

从比较法视角对证据排除规则进行的讨论，有学者从制度结构这一相对抽象的理论范畴对刑事证据审查基本制度进行讨论，认为现代刑事证据审查体系是以"证据准入—证据评估相分离"为核心特征，从而确保刑事证据规则的有效实施。我国最新刑事证据立法已通过"材料—证据—定案根据"三个基本概念确立起证据准入的两道审查门槛，但当前的证据审查制度还是一种相对扁平化的线性制度结构，缺乏来自主体分离、程序设置和适用标准层面的支撑与保障，需要作出相应的调适。[4]有学者从制度发展史的角度，探讨证据排除规则的历史动因，认为排除规则体系主要是英国司法制度变革的产物。18—19 世纪初的一些诉讼程序变动为以排除规则筛选庭审证据这种管控方式提供了发展动因。首先，陪审团的转型造就了二元管控结构和处于信息弱势地位的事实认定者，这为排除规则的发展确立了制度空间。其次，证

---

〔1〕　谢登科：《亲属拒证权的中国模式与反思》，载《江汉论坛》2017 年第 7 期。
〔2〕　安政：《线人拒证特权的比较法研究》，载《河南警察学院学报》2018 年第 3 期。
〔3〕　吴杰、仇征：《污点证人豁免价值分析及建构》，载《中国检察官》2017 年第 8 期（上）。
〔4〕　吴洪淇：《刑事证据审查的基本制度结构》，载《中国法学》2017 年第 6 期。

据成为危险性信息源，产生了排除规则立法的实践需求。最后，激励对抗式举证和支撑言词论辩式庭审的需要，成为排除规则得以长远发展的程序驱动。这些发展动因的制度史解释，可为反思我国排除规则立法的可行性和必要性提供参照。[1]

关于中国化证据排除规则体系，有学者认为，其包括以执行外部政策，如以遏制刑讯逼供、维护司法公正和保障基本权利为目的而建立的"非法证据排除规则"；以发现案件真相、涤除虚假证据为目的而设置的"不可靠证据排除规则"；以改进技术性、细节性不规范取证行为为目的而创设的"瑕疵证据排除规则"。未来证据排除规则应当逐步解决不同排除规则的位阶效力错位、解释造法的问题；调整非法实物证据排除规则的适用范围和设置模式；同时，在排除规则的设计上应将更多目光从"探求真相"投向"权利保障"。[2]

2. 非法证据排除规则研究

（1）非法证据排除规则基础理论研究。有学者通过对该规则与我国现有刑事证明模式的兼容性研究，认为我国非法证据排除规则没有关注法官评价证据的心证过程。英美法系国家的排除规则体现了"原子主义"思维方式，但我国的排除规则却是将"整体主义"和"相互印证"的逻辑表达于规范和实务层面。这种"整体主义"的证据评价方式源自对案件实体真实的追求，其本质是用"印证"思维来解决证据能力问题。这会导致实体事实影响法官准确认定非法证据，也会致使印证证明模式在一定程度上架空排除规则。此外，心理学中"以融贯性为基础"的推理和相关法律实验表明，"整体主义"会引导法官倾向于不排除非法证据。我们应当在审判中心的改革中逐步弥合两者冲突，其中，最低限度的改革要求是，不能以"相互印证"来处理取证合法性的问题。[3]有学者基于法教义学方法对2012年《刑事诉讼法》进行分析，认为第54条的"等非法方法"，应当是指侵犯了公民基本权利的方法，而不仅仅是"冻、饿、晒、烤、疲劳审讯"等与刑讯逼供在形式上完全类似、性质上同出一辙的方法。此外，根据该条的表述，间接渊源于违法行为的证据，也应当予以排除。换句话说，"毒树之果"原理在我国刑事诉讼中同样适

---

〔1〕 樊传明：《证据排除规则的发展动因：制度史解释》，载《中外法学》2018年第3期。

〔2〕 董坤：《中国化证据排除规则的范性梳理与反思》，载《政法论坛》2018年第2期。

〔3〕 牟绿叶：《论非法证据排除规则和印证证明模式的冲突及弥合路径》，载《中外法学》2017年第4期。

用。同时，结合 2012 年《刑事诉讼法》第 57 条的规定，第 54 条关于非法证据排除的规则并不适用于辩护方提供的证据。但是，纪委收集的证据却显然受第 54 条的约束。[1]有论文对重复供述规则进行了法教义学分析，认为重复性供述不包括重复性辩解，与刑讯逼取的首次供述在内容上相同或包容，在表现形式上包括讯问笔录、自书供词以及录音录像等材料。《严格排除非法证据规定》第 5 条规定了在原则上对重复性供述进行排除，但在更换讯问人员，转换讯问情境，充分履行告知义务的情况下，不排除的"原则加例外"排除模式。实践中，要对例外情形严格把关，明确转换人员的身份，全面、准确地告知诉讼权利和法律后果。[2]

（2）非法证据排除规则运行的程序基础。陈瑞华教授提出，在审前阶段，检察机关通过侦查监督、核查、审查逮捕和审查起诉，主导着非法证据排除程序。在审判阶段，法律对非法证据排除程序的启动作了一些限制，确立了程序性审查前置、先行调查以及当庭裁决等原则，对非法证据排除的初步审查和正式调查作出了程序上的规范，强化了庭前会议的诉讼功能，确立了完整的正式调查程序构造，确立了两种程序救济方式。非法证据排除程序的有效实施，取决于一系列制度的保障，其中检察机关的主导地位、律师辩护权的有效保障、法院自由裁量权的限制以及法院审判独立性和权威性的加强，属于其中最为重要的制约因素。[3]彭海青认为，我国应彻底革新证据合法性证明制度。首先，在证明责任方面，确立由检察机关的主要证明责任、公安机关的连带证明责任与有关知情人员的协助证明责任等构成的共同责任模式；其次，在证明方式方面，分别确立记录类证据与当庭说明类证据的证明规则；最后，在证明标准方面，确立"程序规范标准"作为证据合法性的证明标准。[4]

（3）非法供述的相关研究。

第一，从比较法角度对口供自愿性的研究。施鹏鹏提出，受欧洲人权法院的压力，法国于 2011 年出台了《刑事拘留法》，明确了口供的自由、自愿

---

〔1〕 易延友：《非法证据排除规则的立法表述与意义空间——〈刑事诉讼法〉第 54 条第 1 款的法教义学分析》，载《当代法学》2017 年第 1 期。

〔2〕 董坤：《重复性供述排除规则之规范解读》，载《华东政法大学学报》2018 年第 1 期。

〔3〕 陈瑞华：《非法证据排除程序的理论展开》，载《比较法研究》2018 年第 1 期。

〔4〕 彭海青：《证据合法性证明与程序性证据法理论》，载《法学杂志》2018 年第 12 期。

原则，包括权利告知、获取口供的合法性限制以及非法口供排除的自由评价。从制度设计上，法国式的口供自由、自愿原则具有三大特点：以判例为主导的非法口供排除规则体系、"相对无效为主、绝对无效为辅"的排除标准以及以中立司法官为主要的权力监督机构。它仍带有浓厚的职权主义色彩。从根本而论，"社会利益优先""国家权力主导""追求实质真实"等核心目标在法国刑事诉讼中未发生根本变化，公权力在刑事司法体系中还处于较优势的地位。[1]

第二，对特殊情形下的供述进行探讨。董坤对疲劳审讯下的供述之可采性进行探讨，认为疲劳审讯不仅会对被讯问人的身体造成伤害，还可能催生虚假口供，诱发错案，因此应当明确禁止，排除由此所获证据。世界各国和地区对疲劳审讯的认定可归结为三种模式：强制性认定模式、裁量性认定模式和原则加例外的认定模式。我国对疲劳审讯的认定应采原则加例外的模式，规定除法律设定的特殊情形外，连续讯问超过 24 小时应被认定为疲劳审讯，所获供述亦应排除。[2]纵博对指供问题进行讨论，认为指供是极易导致冤假错案的一种取证方法，在实践中大多与刑讯逼供、威胁、引诱等方法合并使用。指供使虚假口供与其他证据形成印证，因而使虚假口供难以被识别和剔除，同时也导致非法口供更难被排除，所以指供有造成冤假错案的高度危险性。是否可能使无辜嫌疑人承认自己有罪并按照审讯人员意图而作出犯罪事实细节的虚假口供，是指供所获口供的判断标准。具体而言，应当从审讯人员是否透露不应透露的证据或信息、嫌疑人是否会受审讯人员指供内容影响而虚假供述两个方面进行判断。[3]

（4）监察程序中的非法证据排除规则。有人对监察程序中的非法证据进行了法解释学分析，提出，监察非法证据排除规则独立于刑事非法证据排除规则而存在，其设定必须充分考虑在打击腐败与防范权力滥用间达至小心的平衡。可依据权力违法的程度以及公民基本权利被侵犯的程度，来设定监察非法证据的排除标准。[4]郑曦认为，非法证据排除规则适用于监察委办案具

〔1〕 施鹏鹏：《口供的自由、自愿原则研究——法国模式及评价》，载《比较法研究》2017 年第 3 期。

〔2〕 董坤：《论疲劳审讯的认定及其所获证据之排除》，载《现代法学》2017 年第 3 期。

〔3〕 纵博：《指供及其证据排除问题》，载《当代法学》2017 年第 2 期。

〔4〕 高通：《监察程序中非法证据的法解释学分析》，载《证据科学》2018 年第 4 期。

有正当性。然而由于监察委内部权责不明确、与法检地位相差悬殊、程序惯性影响、非法取证行为难以查证等原因，在监察委办理案件中适用非法证据排除规则存在自我排除难以实现、后续刑事诉讼程序排除乏力等困难。因此，应对监察委内部机构权责进行明确划分，保障讯问中的全程录音录像，并在《刑事诉讼法》中明确规定该规则的适用，再强化审判中心主义，以实现非法证据排除规则在监察案件中的有效实施。[1]

3. 笔录类证据的可采性问题

有学者对笔录证据的功能进行探讨，认为笔录证据是取证主体固定、保全证据的一种基本方法，同时具有证明取证行为合法性和实质证据真实性或相关性的辅助功能。笔录证据的瑕疵会导致所记载的取证行为的合法性受到质疑，还会导致所获证据的真实性或相关性受到影响，但不同缺陷所采用的补救措施存在区别。笔录证据证明功能的实现，一方面要对其证据能力和证明力作出某些限制，另一方面要完善其正当性保障措施。[2]有人对刑事辨认笔录的证据效力进行了探讨。辨认人的感知、记忆、辨识以及辨认笔录的制作均可能存在错误，而辨认错误是导致刑事误判的一项重要原因。英美法国家建立了较为完善的辨认笔录证据能力规则，我国辨认笔录的证据能力规则则不够完善，辨认人及辨认笔录制作人员出庭作证制度亦存在疏漏。为此，有必要从准入规则与排除规则两个层面对辨认笔录的证据能力规则予以建构。[3]

4. 被害人陈述的证据能力问题

卫跃宁教授等认为，基于被害人陈述的独立地位，我国应当探索并确立与被害人陈述特点相适应的证据能力与证明力规则。被害人辨认属于被害人陈述，可以通过辩护律师在场来监督辨认程序的合法性与结果的准确性。同时，要检讨被害人陈述的补强规则，在建立科学的人证可信性检验机制的基础上，允许单独依靠被害人陈述慎重地定罪。[4]有人考察了性侵案中儿童被害人陈述的审查判断问题，认为性侵儿童案件的证据往往呈现以儿童被害人

〔1〕　郑曦：《论非法证据排除规则对监察委办理案件的适用》，载《证据科学》2018 年第 4 期。
〔2〕　王景龙：《论笔录证据的功能》，载《法学家》2018 年第 2 期。
〔3〕　宋维彬：《论刑事辨认笔录的证据能力》，载《当代法学》2017 年第 2 期。
〔4〕　卫跃宁、宋振策：《被害人陈述的证据能力与证明力规则——一个比较证据法的视角》，载《证据科学》2017 年第 3 期。

陈述为主的证据构造，其陈述真实性的审查判断对事实的认定起着决定性作用。英美法系国家就性侵儿童被害人的创后症状以及对儿童被害人采取的询问程序和方法，对被害人陈述真实性的影响展开所谓社会科学研究，为审查判断儿童被害人陈述的真实性提供了科学依据。在借鉴基础上，我国性侵儿童案件证据的审查判断规则应作出以下改革：其一，引入专家证言辅助裁判者对被害人陈述进行审查判断；其二，对性侵儿童被害人延迟揭发犯罪事实、撤回指控以及陈述不一致、缺乏细节等现象要区别对待；其三，对使用具有强暗示性询问方法获取的儿童被害人陈述予以排除。[1]

（七）证明责任与证明标准

1. 关于证明责任研究

（1）证明责任基本理论研究。李浩教授研究证明责任作为裁判规则的本质，认为法官适用《民事诉讼法》第 112 条处置疑似虚假诉讼案件，如果最终是否为虚假诉讼无法确定，法官就不能适用该条驳回诉讼请求并对当事人进行制裁。这表明，法官适用了证明责任的裁判规则，也表明证明责任可以与当事人的主张无关、与当事人提供证据的责任无关。[2]有学者认为，证明责任之所以成为"民事诉讼的脊梁"，在于其作为民事案件基本裁判方法的功能。证明责任是法律适用理论的一部分，而法律适用的核心是对案件事实作必要的判断，证明责任实质上是裁判规范的援引问题，即实体法问题。[3]有学者认为，证明责任分配不能套用民法理论，而是亟须建立特有的规范分层体系。规范说与"谁主张谁举证"之间的紧张关系在举证证明责任概念中得到了部分缓解，其将二者统合为"谁主张于己有利事实谁举证"。具体举证责任在实践中的难题，并不能得出罗氏证明责任论在我国无法适用的结论。[4]关于我国举证责任论与罗森贝克证明责任论的关系，有学者认为，只有坚持证明责任对应法律问题和具体举证责任对应事实问题的二元结构，才能实现

---

〔1〕　向燕：《论性侵儿童案件中被害人陈述的审查判断》，载《环球法律评论》2018 年第 6 期。

〔2〕　李浩：《民事证明责任本质的再认识——以〈民事诉讼法〉第 112 条为分析对象》，载《法律科学》2018 年第 4 期。

〔3〕　胡学军：《论证明责任作为民事裁判的基本方法——兼就"人狗猫大战"案裁判与杨立新教授商榷》，载《政法论坛》2017 年第 3 期。

〔4〕　任重：《罗森贝克证明责任论的再认识——兼论〈民诉法解释〉第 90 条、第 91 条和第 108 条》，载《法律适用》2017 年第 15 期。

正确分配诉讼风险前提下对"证明难"和恣意事实认定的克服。[1]

（2）民事诉讼证明责任研究。关于诉讼法要件的证明责任，有学者认为在民事诉讼法的适用中，同样存在着证明责任问题。民事诉讼法中的证明责任呈现出一系列不同于民事实体法的特点。当事人对有利于自己的要件事实承担证明责任这一原则也同样适用于民事诉讼法中的要件事实。[2]

（3）刑事诉讼证明责任研究。其一，关于精神障碍的证明责任。有学者认为，精神障碍的证明责任分配始终是一个困扰刑事司法理论与实务的难题，公诉方固然应当对此事项承担结果意义上的证明责任，但辩护一方也需要完成适当的举证行为，以支持自己的主张。[3]其二，关于三阶段犯罪论体系中的证明责任分配。有学者认为，应明确证明责任分配的首要依据是刑事诉讼法的相关内容，在此前提下，犯罪论体系与证明责任具有如下关系：在宏观上，犯罪论体系可以划定证明责任所指向的实体法事实范围；在微观上，不同性质的构成要件要素会影响证明责任中证明标准的高低，甚至在特殊情况下会影响证明责任的分配。[4]

2. 关于证明标准研究

（1）证明标准基本理论研究。有学者认为，2012 年《刑事诉讼法》的证明标准确立了中体西用的立法模式，但在体系、逻辑方面存在瑕疵并在司法适用中难遂人意。制度设计者实用主义的立法策略是促成中体西用立法模式的直接诱因，但深层次的原因则是对于认识论的僵化理解及对刑事证明标准定位的失当。未来的改革应当厘清刑事证明标准的定位，明晰其可能的作用与限度；超越体用思维的束缚，尊重实践智慧，实现法律体系的融贯。[5]有学者认为，以审判为中心的诉讼制度改革为我国刑事证明标准的主观转向提供了事实基础和程序保障，未来应把印证规则与刑事证明标准相剥离，确立并强化排除合理怀疑证明标准的地位及其应用，并明确印证作为证据分析方

---

〔1〕　任重：《论中国"现代"证明责任问题——兼评德国理论新进展》，载《当代法学》2017 年第 5 期。

〔2〕　李浩：《民事诉讼法适用中的证明责任》，载《中国法学》2018 年第 1 期。

〔3〕　孙皓：《论刑事诉讼中精神病问题的证明责任分配》，载《法学杂志》2017 年第 1 期。

〔4〕　李会彬：《犯罪论体系的证明责任分配功能辨析》，载《政治与法律》2018 年第 9 期。

〔5〕　李训虎：《刑事证明标准"中体西用"立法模式审思》，载《政法论坛》2018 年第 3 期。

法的功能及走向。[1]

（2）刑事诉讼证明标准研究。其一，公诉证明标准。有学者认为，我国刑事诉讼法将"证据确实、充分"作为检察机关提起公诉的证明标准，这一理想化的证明标准源于对辩证唯物主义认识论的认识偏差。在当前司法语境下，宜以"'形式有罪'＋'内心确信'"作为检察官提起公诉所参考的证明标准。[2]其二，认罪认罚案件的证明标准。孙长永教授认为，我国实务界和理论界围绕应否降低认罪认罚案件的证明标准产生了一定争议，多数试点地区出台的实施细则实际上降低了证明标准。在认罪认罚案件中，检察机关在法庭上的举证责任及其证明标准被显著降低，但法院认定被告人有罪的心证门槛不能降低。法庭应当一并审查认罪认罚的自愿性、合法性与真实性，确保法定证明标准得到落实。[3]汪海燕教授认为，认罪认罚从宽与审判中心具有理论交织中的耦合性，其适用的证明标准与其他案件并无实质性差异，只是基于被告人认罪认罚证明程序或要求相应简化。为了回归审判中心的证明标准定位，速裁程序应当避免书面审理之倾向，口供应在简化且有限的程序空间接受有效的严格证明审查。[4]其三，关于排除合理怀疑的定罪标准。杨宇冠教授阐述了"排除合理怀疑"在英美法系中的适用情况，探讨合理怀疑的概念和适用规则，结合中国刑事司法制度和相关规定，分析了"排除合理怀疑"与刑事诉讼其他证明标准之间的关系，提出我国刑事诉讼不同阶段的证明标准应当存在不同层次性。[5]其四，死刑案件证明标准。有学者认为，我国应当遵循人的认识活动规律和刑事诉讼证明活动规律，建立递进型的死刑案件证明标准，将"合理根据"作为侦查阶段的死刑证明标准，"充分确信"作为审查起诉阶段的死刑证明标准，"确定无疑"作为审判阶段的死刑证明标准。[6]

---

〔1〕 杨波：《我国刑事证明标准印证化之批判》，载《法学》2017 年第 8 期。

〔2〕 李辞：《再论提起公诉证明标准》，载《东南学术》2018 年第 6 期。

〔3〕 孙长永：《认罪认罚案件的证明标准》，载《法学研究》2018 年第 1 期。

〔4〕 汪海燕：《认罪认罚从宽案件证明标准研究》，载《比较法研究》2018 年第 5 期。

〔5〕 杨宇冠：《论中国刑事诉讼定罪证明标准——以排除合理怀疑为视角》，载《浙江工商大学学报》2017 年第 5 期。

〔6〕 徐建新：《死刑案件证明标准探析》，载《法律适用》2017 年第 9 期。

（八）法院取证与证据保全

1. 法院取证

（1）法院调取证据的发展脉络。有学者考察法院调取证据制度产生的背景，是建立在"司法为民"的基础上，当时我国法院并不遵循"不告不理"原则，而是主动寻找案件、调取证据、查明事实真相，这在相当程度上突破了司法的被动性。改革开放后，基于民事纠纷数量激增，为了减轻法院的负担，1991 年《民事诉讼法》强调了当事人对自己事实主张的举证负担。法院对证据的收集仅限于审理的需要，尽管这样的规定依然不是很明确清晰，但已表明法院收集证据查明案件事实具有裁量性，而不再是必须为之的一种义务。这一规定也同样被认为是民事诉讼模式或体制转型的一种征兆。[1]有学者从更微观的角度，以 20 世纪 90 年代中后期的民事审判方式改革为分水岭，将我国民事诉讼证据收集制度的发展分为两个阶段：第一阶段是"超职权主义"，表现为法院包揽大部分调查收集证据的工作。第二阶段则是旨在加强当事人举证责任的审判方式改革，其改革成果又可分为三部分：一是 1991 年修订《民事诉讼法》初步形成了以当事人收集证据为主体，当事人申请法院调查收集证据和人民法院依职权调查收集证据为补充的证据收集模式；二是2001 年最高人民法院《民事诉讼证据规定》明确和强调了当事人的证据收集主体地位，将法院从繁重的调查收集证据的负担下解救出来；三是 2012 年实施的《民事诉讼法》，进一步明确了证据收集的方式和范围，增加和明确了法院调查收集证据的种类，适度明确了法院依职权调查收集证据的权力或责任，同时扩大了当事人收集证据的途径。[2]

（2）民事诉讼中的法院取证。有学者认为，在民事公益诉讼中，法院对证据的审查认定不以当事人提出为限。为了维护公共利益的需要，法院可以依职权主动调查收集证明案件事实所需的证据。[3]有学者认为，测谎协议目前在我国司法实践中的不规范主要体现在：一是法院仅凭一方当事人申请，未征求对方当事人意见启动测谎程序；二是法院征求双方当事人意见，在一

---

〔1〕　张卫平：《中国民事诉讼法立法四十年》，载《法学》2018 年第 7 期。
〔2〕　吴伟华、李素娟：《民事诉讼证据收集制度的演进与发展——兼评环境公益诉讼证明困境的克服》，载《河北法学》2017 年第 7 期。
〔3〕　石春雷：《职权主义非讼法理在民事公益诉讼中的适用》，载《中南大学学报（社会科学版）》2017 年第 2 期。

方当事人明确表示不同意的情况下，仍然启动测谎程序；三是法院在未征求当事人意见的情况下，依职权启动测谎。作者认为，测谎契约须由双方当事人达成，法院不得作为契约主体，不得直接依职权进行测谎鉴定。[1]有学者在当事人自行收集证据和法院依职权调查收集证据中间展开了对第三条道路的探索，即民事证据调查令制度。其一，现阶段民事证据调查令的主体应当是律师，而持令主体则应当是第三方主体；其二，申请条件不宜过于严苛，只要当事人的诉讼代理人（律师）提出申请，并在申请书中载明了无法自行调查收集证据的原因、证据的线索及所要证明的案件事实等内容，人民法院就应当对当事人提出的证据委托调查令的申请予以受理、审查；其三，调查令的司法审查应着重考虑所涉证据与待证事实的关联性、所涉证据与待证事实的实质意义、所涉证据的必要性等因素。

（3）刑事诉讼中的法院取证。有学者认为，《严格排除非法证据规定》第22条只规定人民法院经审查认为犯罪嫌疑人、被告人及其辩护人申请调取的证据材料与证明证据收集的合法性有联系的，应当予以调取，而对上述证据材料调取之后，人民法院是否有义务立即将其交付犯罪嫌疑人、被告人及其辩护人查阅、复制和摘抄未予明确。针对这一问题，应当肯定讯问录音录像、体检记录等作为辅助证据，允许辩护律师依据刑事诉讼法赋予的调查取证权依法向公安机关、国家安全机关、人民检察院以及看守所等调取上述证据材料。若相关机关不予配合的，辩护人有权向人民法院申请调取上述证据材料。人民法院调取上述材料后，应当立即通知辩护人查阅、复制和摘抄。[2]有学者论及未成年人社会调查报告的证明责任时指出，鉴于社会调查报告既可由控辩双方提供，也可由法院或者法院委托的第三方制作提出，第一种情况由提出方承担证明责任，而在第二种情况中由于法院并不应当承担证明责任，因此，需要限缩法院依职权取证的权力，将其视为一种补充调查责任，仅在控辩双方均未提供有关证据且该证据关乎重大量刑利益时方可启动职权调查程序。[3]

---

〔1〕 赵小军：《论测谎契约在我国民事诉讼中的应用及规制》，载《东方法学》2017年第2期。

〔2〕 万毅：《何为非法　如何排除？——评〈关于办理刑事案件严格排除非法证据若干问题的规定〉》，载《中国刑事法杂志》2017年第4期。

〔3〕 刘计划、孔祥承：《未成年人社会调查报告法律性质之辨——兼谈建构量刑证据规则的可能路径》，载《法学杂志》2018年第4期。

（4）知识产权审判中的技术调查官制度。有学者就知识产权审判中的技术调查官制度进行归纳总结：其一，技术调查官实施调查的对象只能是某些复杂知识产权诉讼中的技术事实，即不仅必须属于技术领域的难题，而且只限于提供事实层面的意见；其二，技术调查官是隶属于法院的编内常职工作人员，追求的是技术难题由司法内部解决，而无需借助外力干预，以此形成一个自给自足的案件审理闭环体系；其三，技术调查官是佐官而非主官，只能在法官指派下行使调查权，不能以任何直接或变相方式行使审判权，对案件的结果有影响力而无决断力。技术调查官制度具有以下几点优势：一是技术调查官参与案件审理的全过程，可以查阅全部诉讼文书以及直接向当事人提问，体现了司法的亲历性与过程性；二是技术调查官作为法院正式职员，受到司法机关内部纪律规定和告知回避等法律规则的约束，体现了形式上的公正性与规范性；三是技术调查官的工作性质为全职，其调查所需时间在审限以内，且不需要法院和当事人为使用技术调查官支付额外的费用，体现了知识产权诉讼所追求的时效性与低成本。技术调查官制度目前存在的三个问题是：在选任方面，由于技术调查官编制有限，工资待遇与职业前景使其"应该是具有编制的法院全职常任工作人员"这项规定难以贯彻执行，目前在三家知识产权法院里在编的技术调查官极为少见，多为交流和兼职。在身份方面，我国知识产权法院目前对技术审查意见的采纳率是 100%，不少法官有意或无意地让渡审判权，技术调查官越来越多地扮演了"影子法官"的角色，即有法官之权，而无法官之责；此外，不提示调查内容，不公布审查意见，不接受公开质询的工作模式，也不符合当前司法公开的要求。在定位方面，技术调查官制度的引入，对技术鉴定造成了不小的冲击，体现在申请鉴定的频次有所降低，对鉴定意见的重视程度也在降低。[1]

2. 证据保全

（1）证据保全的性质及改良。有学者认为，证据保全在我国的性质定位有误，新法虽在外观上细化了证据保全的程序规则，却引发了保全效果不佳、欠缺程序保障及诉前证据保全功能单一的问题。[2]证据保全的本质是证据调

---

〔1〕 李响：《知识产权审判中的技术调查官制度刍议》，载《南京大学学报（哲学·人文科学·社会科学）》2017 年第 6 期。

〔2〕 段文波、李凌：《证据保全的性质重识与功能再造》，载《南京社会科学》2017 年第 5 期。

查，对证据的固定保存则是表象。由于对证据保全定位的偏差，导致实务中的证据保全存在上述问题。[1]

（2）医疗纠纷中的证据保全。有学者认为，在医疗纠纷中建立证据保管链制度有助于克服证据保全的缺陷。患方可以质疑医方保管证据不利，可能会篡改证据、伪造证据或销毁证据，从而免除证明证据"可能灭失或者以后难以取得"的负担。证据保全只是一种手段，我国民事诉讼法并未规定相应的法律后果，尤其是在证据保管职责不清的情况下证据灭失，很难追究有关人员或组织的责任。医疗纠纷证据保管链制度明确了医疗机构的保管职责，如果证据保管链条断裂，相应的法律后果就由作为保管方的医疗机构承担。[2]

（3）电子证据的保全。有学者主张，鉴于电子邮件、手机短信、聊天记录和微博等电子证据的真实性与其所依赖的计算机系统、运营商网络、传输网络等密切相关，因此，当证明其真实性时不仅要关注电子证据内容本身，还要关注电子证据生成、传输和存储的整个过程，甚至包括电子证据形成后至开庭时证据的完整性。这种完整性的证明，需要相应的技术手段来实现，如电子证据的保全和公证，需要相应的安全可靠的技术手段，才能被法庭采信。因此，有关机构在制定相关指引时，应根据不同电子证据的特性，确定哪些保全和公证手段可以被采信、保全和公证的范围是多大、包含哪些要素等。[3]

（九）质证与认证

1. 质证

（1）对我国引入交叉询问制度的批评与评论。有学者认为，在审问制下，法官处于主导地位，并有权对证人进行询问，控辩双方须经法官同意方可对证人进行质证，处于较被动的地位，这与当事人主义交叉询问制度形成鲜明对比。在学理上，审问制主要立足裁判事实国家垄断的诉讼传统、实质真实的诉讼价值观以及以证实为导向的积极心证，这与交叉询问的内在机理存在严重冲突。尽管审问制也面临着一些批评，但职权主义各代表性国家对引入

---

〔1〕 许士宦：《起诉前之证据保全》，载《台大法学论丛》2003年第6期。转引自段文波、李凌：《证据保全的性质重识与功能再造》，载《南京社会科学》2017年第5期。
〔2〕 高鹏志：《医疗纠纷证据保管链制度研究》，载《证据科学》2018年第4期。
〔3〕 汪闽燕：《电子证据的形成与真实性认定》，载《法学》2017年第6期。

交叉询问制度均持十分谨慎的态度。中国亦奉行审问制传统，故引入交叉询问制度并不能解决时下控辩失衡、庭审虚化的现象，反而可能导致制度的排斥效应。因此，中国时下引入交叉询问制度的尝试既无必要，也无可能。[1]

对于"中国时下引入交叉询问制度的尝试既无必要，也无可能"的观点，我们作如下三点评论：其一，"无必要说"，过于武断。从认识论上说，法治国家的法院奉行证据裁判原则，这与审判方式是当事人主义还是审问制没有多大关系。即便在审问制下，法官要形成内心确信，也不能闭着眼睛胡思乱想，若能基于控辩双方的证明来对证据的可信性和证明力进行评价，无疑有助于兼听则明。因为，"交叉盘问是检验证人可信性并证明其说法可能存在另一面的有效方式。"[2] "不容怀疑的是，它仍然是我们曾经发明的揭示事实真相之最伟大的法律引擎。"[3]其二，"无可能说"，无视事实。随着我国民事审判方式改革的深入，已在保留职权主义的同时吸收了当事人主义对抗制因素；[4]1996 年《刑事诉讼法》修订也引入对抗制因素，改变以往法官包揽法庭调查的方式，控辩双方在庭审中发挥更大作用，规定了交叉询问规则。[5]至此，中国现行法律已确认了交叉询问所依赖的对抗制诉讼环境，具有了混合法系的特征。因此，"中国亦奉行审问制传统"之说，乃罔顾我国司法改革的事实。再看 2012 年《刑事诉讼法》第 59 条关于"证人证言必须在法庭上经过公诉人、被害人和被告人、辩护人双方质证并且查实以后，才能作为定案的根据"的规定，这里所谓"质证"涵盖了交叉询问（cross-examination）和对质（confrontation）。《刑诉法解释》进一步明确了未经质证不得认证的原则，第 63 条规定："证据未经当庭出示、辨认、质证等法庭调查程序查证属实，不得作为定案的根据"。因此，说中国引入交叉询问制度的尝试"也无可

---

〔1〕 施鹏鹏：《职权主义与审问制的逻辑——交叉询问技术的引入及可能性反思》，载《比较法研究》2018 年第 4 期。

〔2〕 〔美〕罗纳德·J. 艾伦等：《证据法：文本、问题和案例》（第 3 版），张保生、王进喜、赵滢译，满运龙校，高等教育出版社 2006 年版，第 114~115 页。

〔3〕 〔美〕罗纳德·J. 艾伦等：《证据法：文本、问题和案例》（第 3 版），张保生、王进喜、赵滢译，满运龙校，高等教育出版社 2006 年版，第 114 页注释 4。

〔4〕 齐树洁、钟胜荣：《论民事审判方式改革对我国证据制度的影响》，载《法学评论》1998 年第 4 期。

〔5〕 樊崇义、罗国良：《〈刑事诉讼法〉修改后证据制度的变化和发展》，载《中国刑事法杂志》1999 年第 4 期。

能"，也完全无视了我国立法的事实。其三，交叉询问作为质证权的组成部分，是人权作为抵抗权的集中体现。因此，在中国大力加强人权司法保障的背景下，非但不能说"中国时下引入交叉询问制度"没有必要，反而应该说恰逢其时。特别是在刑事诉讼中，交叉询问作为一种质证权，属于刑事被告的基本权利。其法治价值在于，它以言辞方式为事实真相的查明提供了理性的认知手段，"至少从某种意义上，它取代了我们在中世纪占统治地位的刑讯制度"〔1〕。这里须强调一下对质权与交叉询问权利互相界定的特性，对质权是《公民权利和政治权利国际公约》确定的刑事被告的基本权利，〔2〕它与交叉询问的权利在本质上是一致的，因而可以互相界定，即"被告的对质权给予他一种对任何作证反对他利益的人进行交叉询问的权力"〔3〕。因此，2012年《刑事诉讼法》第59条（2018年《刑事诉讼法》第61条）关于"证人证言必须在法庭上经过……被告人……质证并且查实以后，才能作为定案的根据"的规定，已包含了对质的含义，赋予了被告人与证人对质的基本权利。

（2）鉴定意见的质证。杜鸣晓认为，鉴定意见的质证包括对其合法性的形式质证和对其内容可靠性的实质质证。我国法律比较注重形式审查，实质审查的依据却不够明确具体，增加了因鉴定意见不可靠或者适用不当而形成错案的风险。要降低这种风险，法庭需要鉴定人和专家辅助人出庭对实质问题进行质证。鉴定意见质证应包括与鉴定意见可靠性相关的全部问题，即与鉴定意见产生过程有关的全部问题。〔4〕陈邦达考察了美国科学证据质证程序相关的证据开示、交叉询问两个阶段，他认为，在侦查中心案卷笔录主义的惯性思维作用下，我国科学证据开示的程序功能屡弱，质证效果不理想，须构建与审判中心相适应的质证程序，健全科学证据质证与采信规则指引质证程序，发挥专家辅助人强化质证的积极作用，最终完善我国科学证据的质证程序。〔5〕黄金华认为，2012年《刑事诉讼法》第192条虽然有"有专门知识

---

〔1〕［美］罗纳德·J. 艾伦等：《证据法：文本、问题和案例》（第3版），张保生、王进喜、赵滢译，满运龙校，高等教育出版社2006年版，第114页。

〔2〕《公民权利和政治权利国际公约》第14条第3款。

〔3〕［美］亚历克斯·斯坦：《宪法化证据法》，郑飞、樊传明译，载《法律方法》2014年第1期。

〔4〕杜鸣晓：《论我国刑事诉讼鉴定意见质证的完善》，载《证据科学》2017年第5期。

〔5〕陈邦达：《科学证据质证程序研究——基于中美两国的比较》，载《现代法学》2017年第4期。

的人"参与鉴定意见质证的规定,但由于该法条及其司法解释中没有专家辅助人出庭质证的细则,专家辅助人该如何实施对鉴定意见的质证既是理论研究热点,也是司法实践中亟须突破的难点。因此,可以通过对图尔敏论证模式的研究,并运用该论证工具来完成刑事法庭专家辅助人质证模式的初步构建,以增强专家辅助人对鉴定意见质证的可操作性。[1]刘波针对电子数据鉴定意见的质证困难,从法律和技术结合的角度论述了破解这个难题的五大要点,包括重视及利用庭前证据开示程序取得对原始数据或复制件进行检验和分析的机会、通过庭前书面质询了解鉴定的关键性细节、从专家适格性找出鉴定中可能存在的漏洞、重视数据取证部分对鉴定意见结论部分的影响、对数据来源作不同的解读。[2]

2. 认证(聚焦印证研究)

(1) 印证模式的改革方向是加强心证功能研究。龙宗智教授认为,刑事印证证明是指在诉讼中利用不同证据内含信息的同一性来证明待证事实,这里的同一性包括信息内容的同一与指向的同一。印证证明的作用机理:一是真理(真实)融贯论,二是真理(真实)符合论,三是归纳逻辑与溯因推理。实践中对印证证明的误用表现为:违法取证,强求印证;只看印证事实,忽略对案件的"综观式验证";违背证明规律,忽略心证功能。[3]

(2) 印证方法和规则均不足以支撑我国证明模式为印证证明模式这一结论。汪海燕教授认为,刑事诉讼中的印证可以作三个层次的解读:一是作为经验法则层面的印证方法;二是作为立法层面的印证规则;三是作为证明模式层面的印证模式。作为经验法则的印证是保障证据证明力的有效手段,与冤错案件的形成没有直接关系。法律层面的印证规则虽然在很大程度上是经验的总结,发挥了证据指引、限制司法权滥用的作用,但其将审前证据与庭审证据等而视之,烙上了"阶段论"的印迹。[4]

(3) 为避免印证功能扩张的风险,需对其功能范围作必要的限定。吴洪淇认为,从自然形态上说,印证是证据间相互协同关系的一种混杂形态。印

---

〔1〕　黄金华:《刑事诉讼专家辅助人质证模式初探》,载《理论月刊》2017 年第 6 期。

〔2〕　刘波:《电子数据鉴定意见质证难的破解之道》,载《重庆邮电大学学报(社会科学版)》2018 年第 1 期。

〔3〕　龙宗智:《刑事印证证明新探》,载《法学研究》2017 年第 2 期。

〔4〕　汪海燕:《印证:经验法则、证据规则与证明模式》,载《当代法学》2018 年第 4 期。

证的核心特征包括证据之间的补强、聚合以及对证据间相互冲突与矛盾的排除。印证入法和规制范围的扩展以及印证标准效力的强化，都代表着印证功能已经进一步扩张，这种扩张带来诸多潜在的风险。[1]

（4）印证并非证明模式或证明标准，而是一种证据分析方法或证据审查判断方法。王星译认为，"印证理论"的核心命题"印证是证明模式（方法）"，是对印证属性的错误界定，从而造成了与自由心证、证明标准等相关概念的混淆。印证从证据直接跨越到事实，未通过法律推理、诉讼认识论等裁判机制建立并证立二者之间的联系。裁判者片面依据印证来择选适用证据、认定事实的做法有违合法律性，并缺乏正当性。印证理论低估了事实认定的复杂性，亦无法满足证据裁判主义的要求。"证据互相印证"的效果既不能充足证据的真实性，也不必然意味着高证明力，更不等同于证明标准已达成、证明负担被卸除。尽管融合了"心证"的因素，但"印证理论"仍过于强调并追求证明标准的具体化与客观化，否定事实认定标准的主观性，拒斥裁判主体的主体性。[2]

（5）关于印证模式之正当性的质疑与新证明模式的探讨。罗维鹏认为，印证一直被学界和实务界普遍接受为我国的刑事证明模式，但近期的研究对其正当性提出了质疑，印证在其定义、效果和方法等方面受到学者的批判。要解决以上问题，首先需要搁置不必要的语义争议，其次是完善印证模式运行的制度环境，此外是探索新的证明模式。最佳解释推理由于可检验印证、解释孤证和加强心证，且与印证具有相容性，在一定条件下可引入司法领域作为弥补印证模式缺陷的一种新的证明模式。[3]

（6）刑事证明标准的印证化虚化了证明标准的制度功能，削弱了庭审证明的实质化，伴随审判中心的诉讼制度改革，印证应退出证明模式的舞台。杨波认为，现代刑事证明标准是衡量裁判者内心主观信念程度的标尺，是主观范畴。我国刑事证明标准从确立之初就选择了客观化立场，以实事求是对抗自由心证，以客观验证代替裁判者内心的主观信念程度，使刑事证明标准

---

〔1〕　吴洪淇：《印证的功能扩张与理论解析》，载《当代法学》2018年第3期。

〔2〕　王星译：《"印证理论"的表象与实质——以事实认定为视角》，载《环球法律评论》2018年第5期。

〔3〕　罗维鹏：《印证与最佳解释推理——刑事证明模式的多元发展》，载《法学家》2017年第5期。

印证化。由"供证一致"到印证规则的法定化，掩盖了事实认定的主观性，虚化了证明标准的制度功能，异化了印证证据分析方法的运用，加剧了庭审证明的形式化，最终影响了我国刑事诉讼制度的合理构建。以审判为中心的诉讼制度改革为我国刑事证明标准的主观转向提供了事实基础和程序保障，未来应把印证规则与刑事证明标准相剥离，确立并强化排除合理怀疑证明标准的地位及其应用，并明确印证作为证据分析方法的功能及走向。[1]伴随以审判为中心的诉讼制度改革，以及庭审证明实质化，应让法官的裁判方式回归自由心证，并通过弱化对证明力规则的依赖，强化控方的严格证明，强调辩护权的行使和保障，改造合议庭的构成，强化裁判文书的公开和说理等制度改革实现法官的自由心证。同时，印证应退出证明模式的舞台，作为一种证据分析方法，其本身的精细化、科学化应该得到特别的强调。[2]

（7）关于诉讼证明的去印证化改革。周洪波认为，刑事庭审实质化改革主要适配于印证之外的其他证明方法，为此，应当在认同或然真实这种证明标准的前提下，对诉讼证明进行一种"去印证化"改革。其一，"去印证化"的根本着力点是在一般性证明标准上抛弃对"结论具有唯一性"这一真实标准的依赖。只有实现这一突破，才能为适应于庭审实质化的证据调查方法提供制度的容许空间。其二，尽管可以对某些类型的证据设定一定的附加证据条件的限制性采信规则，但这种限制性采信规则应该重新被定位为补强规则，而非印证规则。[3]

（十）推定与司法认知

关于推定规则之程序制度的构建。杨宁提出，按照逻辑结构和内在关系，推定规则的构成可以分为四个要件：基础事实、常态联系、推定事实和反驳。将我国刑事、民事、行政领域的法律推定和事实推定作为研究样本，可以发现我国现行推定规则的整体缺陷，即欠缺科学合理的推定规则体系、内在结构缺陷、外在表现缺陷，以及缺少规范推定规则的程序。据此，应从民事、刑事、行政领域分别进行具体的推定规则构建，设计我国推定规则的程序制度。[4]

---

〔1〕　杨波：《我国刑事证明标准印证化之批判》，载《法学》2017 年第 8 期。

〔2〕　杨波：《审判中心下印证证明模式之反思》，载《法律科学》2017 年第 3 期。

〔3〕　周洪波：《刑事庭审实质化视野中的印证证明》，载《当代法学》2018 年第 4 期。

〔4〕　杨宁：《推定规则研究》，法律出版社 2018 年版。

关于推定制度的理论障碍。阮堂辉认为，为了在逻辑上理顺推定与证明的关系，推定只能被界定为一种法律规则，而所谓"事实推定"本质上是间接证据推论过程，应属于证明概念。推定制度的现代意义在于解决证明困难，促进案件事实认定的程序公正；推定制度的理论障碍包括：违反事实认定自由主义原则，与事实认定领域的实体公正要求不能完全契合。现代司法应根据司法实践需要和可能性两方面来考虑推定规则的创制与运用。[1]

聚焦主观明知的刑事推定研究。梁坤对毒品犯罪中主观明知推定规则进行实证研究，发现现有规则存在四个突出问题：一是部分列举条款中基础事实与推定事实的常态联系存疑；二是混同于推定规则体系中的兜底条款，因适用困难而难以发挥效用；三是推定实现方式所内含的证明机制存在实质矛盾；四是举证责任的非常态分配未得到理论及规范层面的充分支撑。完善毒品犯罪主观明知推定规则，需要回归推定方法的基本法理，重塑基础事实的列举条款，准确把握允许性推定的法律性质，并避免举证责任的非常态设置，根据列举条款之形成机理另行安排兜底条款的运用。[2]古加锦认为，"明知毒品"是毒品犯罪的主观构成要件，包括知道肯定是毒品和可能是毒品，不要求认识到毒品的种类、含量等具体要求。使用事实推定的方法认定行为人明知毒品，降低了证明标准、转移了证明责任、改变了证明对象，与无罪推定原则相冲突，与存疑有利于被告人的原则相矛盾。毒品犯罪中主观明知的认定，仍然属于证据证明的范畴，因为基础事实需要证明，证据证明的依据是直接证据或者间接证据与待证事实之间的经验、逻辑联系，被告要推翻推定必须通过举证证明，而推定的证明标准是自由心证。[3]

关于民事领域共同危险行为的因果关系认定问题。有人提出，共同危险行为的既有理论无法回答一些边缘性案件能否适用《侵权责任法》第10条。通过考察美国法上的择一责任制度可知，各个行为人实施的危险行为相互作用，使原告陷于无法辨别谁是真正加害人的困境，这种困境不能由无辜的受害人承担，而应该由行为人负担，故在举证上应当对受害人予以优待；即应

〔1〕 阮堂辉：《论推定的概念及其规则运用——从对一起借贷案的审判谈起》，载《证据科学》2017年第4期。

〔2〕 梁坤：《毒品犯罪主观明知推定规则之实证检讨——以2000—2015年间的14份办案规范为考察对象》，载《证据科学》2018年第5期。

〔3〕 古加锦：《明知毒品的推定风险与证据证明》，载《西南政法大学学报》2017年第1期。

当允许用整体行为与损害的因果关系来推定个别行为因果关系成立。这种理论一方面符合证明妨碍的法律思想，也能完美地解释行为人承担连带责任的原因；另一方面也没有不当地限缩典型性案例的适用，还可以恰当地处理边缘性案例。[1]

关于司法认知问题，有学者从司法压力机制、司法指引机制、司法替代机制等角度着手，剖析了司法认知规避现象的深层次根源。从司法认知规则重构、司法认知案例库体系建设和司法认知责任及其豁免三大方面，建构司法认知激励制度，颇具必要性与可行性。关于司法认知规则重构，应坚持简约主义，使其简约、明确并具有可操作性；关于司法认知案例库建设，应建立一套从指导性案例到精品案件的多层次案例库体系，建立案例库反馈机制和动态调整机制；关于司法认知责任及其豁免，应坚持不当行为作为法官惩戒的主要事由，错案惩戒需要结合客观结果与主观状态来分析，并建立影响性后果错案的豁免制度。[2]有学者认为，大数据分析为众所周知及规律、定理的判断提供了可能，有利于解决实务中"当认不认"以及"过度认知"的问题。但是，引入大数据分析，需要解决大数据的性质、是否真实客观，以及平衡大数据分析结果与法官经验理性之间的关系等问题。大数据分析引入司法认知，能够优化法官的认知能力，将司法认知的过程和大数据分析的结果、依据展现于阳光之下，对其应用和采用过程进行可视化的程序规制，使当事人有所准备，补充资料，充分抗辩。大数据分析不能取代法官的经验理性，而是通过提供完全数据的方式，对法官经验理性的一种补充和辅助。据此，应当构建大数据分析引入司法认知的程序规则。[3]

六、法庭科学研究进展

2017—2018 年度，法庭科学/司法鉴定实务、科学研究蓬勃发展，以法医

---

〔1〕阮神裕：《共同危险行为理论基础的重构与阐释》，载《法学评论》2018 年第 3 期。

〔2〕徐钝、詹王镇：《论司法认知的制度激励——基于民事审判实践认知规避现象的反思》，载《北方法学》2018 年第 5 期。

〔3〕杨庭轶、郑慧媛：《从经验依赖到程序规制——大数据分析在司法认知中的应用探索》，载贺荣主编：《深化司法改革与行政审判实践研究（上）——全国法院第 28 届学术讨论会获奖论文集》，人民法院出版社 2017 年版。

学研究为引领向基础研究、新兴鉴定类别技术发展；法庭科学/司法鉴定技术标准化工作卓有成效，行政管理放手"四类外"机构业务量持续增长。在管理与使用相衔接的政策以及审判中心的诉讼制度改革背景下，司法行政管理受到审判机关对外委托业务庭室工作的制约，管理边界的界定、领域之争在所难免。司法鉴定管理者作为科学技术的外行，以及处于与案件相对遥远的距离，对实务问题的把握迟缓且缺乏技术敏感性，致使管理手段单一的弱点显现。

（一）司法行政新规频出、管理范围开始调整

1. 司法行政管理提出"双严格"方针

2017 年，根据中央全面深化改革领导小组第三十七次会议审议通过的《关于健全统一司法鉴定管理体制的实施意见》，司法部制定了《关于严格准入 严格监管 提高司法鉴定质量和公信力的意见》[1]（简称"双严十二条"），要求各级司法行政机关采取有效措施，整顿司法鉴定执业不规范行为，全面提升司法鉴定质量和公信力。从准入范围角度，对没有法律、法规依据的司法鉴定机构，一律不予准入登记。[2] 从准入条件角度，申请人必须自有必备的、符合使用要求的仪器设备，自有开展司法鉴定业务必需的依法通过计量认证或者实验室认可的检测实验室；支持依托大专院校、科研院所设立集教学、科研、鉴定于一体的鉴定机构发展；大幅度降低鉴定人数少于 5 人的鉴定机构数量。根据上述精神，全国经司法行政机关登记管理的"四类外"机构开始缩减。统计数据显示，2017 年，全国经司法行政机关登记管理的鉴定机构共 4338 家，比上年减少 10.96%。其中，从事"四大类"（法医、物证、声像资料和环境损害）业务的鉴定机构 2606 家，"四类外"鉴定机构 1732家。因"四类外"鉴定机构减少，全国经司法行政机关登记管理的鉴定人比上年减少 8.67%，全国鉴定人总数达 49 498 人。全年完成各类鉴定业务 227万余件，比上年增长 6.66%；业务收费约 40 亿元，比上年增长 11.02%。[3]

---

〔1〕 司发〔2017〕11 号，对登记范围、准入条件、日常监管等提出 12 条要求。

〔2〕 2005 年《全国人大常委会关于司法鉴定管理问题的决定》第 2 条规定："国家对从事下列司法鉴定业务的鉴定人和鉴定机构实行登记管理制度：①法医类鉴定；②物证类鉴定；③声像资料鉴定；④根据诉讼需要由国务院司法行政部门商最高人民法院、最高人民检察院确定的其他应当对鉴定人和鉴定机构实行登记管理的鉴定事项。"

〔3〕 党凌云、张效礼：《2017 年度全国司法鉴定情况统计分析》，载《中国司法鉴定》2018 年第3 期。

2018 年，全年完成鉴定业务 230 余万件，全国经司法行政机关登记管理的"四类外"机构比 2017 年度继续减少 26.2%（剩余 1278 家），从事"四类外"鉴定的鉴定人比 2017 年度减少 28.2%（剩余 14 104 人）。这表明，司法鉴定行政管理的边界开始厘清，管理范围开始调整。

2. 司法行政管理新规频出、环境损害司法鉴定的发展成为亮点

除"双严十二条"外，2017 年，中办、国办印发《关于健全统一司法鉴定管理体制的实施意见》[1]；2018 年，司法部印发《关于加快推进司法行政改革的意见》[2]《关于做好公民非正常死亡法医鉴定机构遴选工作的通知》[3]，研究修订《司法鉴定执业活动投诉处理办法》《司法鉴定机构登记管理办法》《司法鉴定人登记管理办法》，进一步健全鉴定人和鉴定机构登记管理制度。[4]司法部印发《关于进一步做好环境损害司法鉴定机构和司法鉴定人准入登记有关工作的通知》；司法部与生态环境部联合印发《环境损害司法鉴定机构登记评审细则》[5]，研究制定《环境损害司法鉴定执业分类规定》；司法部会同市场监管总局印发《关于规范和推进司法鉴定认证认可工作的通知》[6]。环境损害司法鉴定的发展成为 2017—2018 年度亮点，全国共准入登记环境损害司法鉴定机构 100 多家，鉴定人达到 1600 余人。

3. 司法鉴定行政管理的弱势开始呈现

（1）技术问题行政管理的弱势。自 2016 年我国司法鉴定实行管理与使用相衔接的政策[7]以来，各地法院与司法行政部门纷纷联合出台有关法规文件，例如，甘肃《关于建立司法鉴定管理与使用衔接机制的意见》[8]、四川

---

〔1〕　明确提出科学设置、细化各类别鉴定人和鉴定机构准入条件，建立完善鉴定人执业能力考核制度和鉴定机构准入专家评审制度，严格审核登记程序，确保鉴定人和鉴定机构具备与从事鉴定活动相适应的条件和能力。参见 http：//www.gov.cn/xinwen/2017-07/19/content_5211833.htm，最后访问日期：2020 年 1 月 30 日。

〔2〕　司发〔2018〕1 号。

〔3〕　司发通〔2018〕77 号。

〔4〕　《规范 创新 提升——2018 年司法鉴定工作盘点》，载 http：//www.moj.gov.cn/Department/content/2019-01/08/612_226201.html，最后访问日期：2020 年 1 月 30 日。

〔5〕　司发通〔2018〕54 号，具体规定了环境损害司法鉴定机构登记评审的程序、评分标准、专业能力要求、实验室和仪器设备配置要求等。

〔6〕　司发通〔2018〕89 号。

〔7〕　最高人民法院、司法部《关于建立司法鉴定管理与使用衔接机制的意见》，司发通〔2016〕98 号。

〔8〕　甘司发〔2017〕190 号。

《关于规范司法鉴定工作建立管理与使用衔接机制的实施意见》[1]。伴随近年来以审判为中心的诉讼制度改革，各级法院纷纷设立诉讼服务办公室以及开展智慧法院的诉讼服务平台建设，例如，北京市高级人民法院推出《关于对外委托鉴定评估工作的规定（试行）》[2]，反映出法院在诉讼阶段对司法鉴定进行管理的意向，进而带来行政管理权威性降低的问题，司法鉴定管理者与使用者（法官）领域之争在所难免。究其原因，司法鉴定行政管理者作为科学技术外行，以及处于与案件相对遥远的距离，导致其对司法鉴定实务问题的迟钝、技术敏感性的欠缺，以及管理手段的单一与不切实际，促使技术问题行政管理的弱势开始呈现。

（2）多头管理带来的弱势。2017—2018 年，北京、上海、广州、湖北、贵州、青海等地开始尝试司法鉴定属地或分级管理。2017 年，北京市司法局印发《关于全面试行司法鉴定分级管理的通知》[3]；2018 年，上海市司法局制定《上海市司法鉴定管理条例》，推动司法鉴定管理体制改革实施方案和分级管理办法的信息公开。然而，在鉴定机构不分级的情况下，管理职能却被多级司法行政管理部门分割，鉴定机构"婆婆多"、不同司法行政管理部门"扯皮多"的问题开始突出，管理的边界不清，加之法院系统的对外委托管理，多头管理的矛盾逐渐呈现。

（二）法庭科学/司法鉴定技术标准化建设卓有成效

在我国推行标准化国家战略的大背景下，法庭科学/司法鉴定标准建设工作也得到了空前的关注与重视，但仍处于初步阶段，应该清晰把握当前的新形势与新局面，理性认识现实中存在的问题，不断总结经验。[4] 2017 年修订的《中华人民共和国标准化法》自 2018 年 1 月 1 日起正式施行，标准化工作有了法律保障。

1. 法庭科学国家标准与公共安全行业标准建设取得进展

（1）发布公安部相关部门提出并归口的法庭科学国家标准。两年间，发

---

〔1〕　川司法发〔2018〕106 号。

〔2〕　北京市高级人民法院 2018 年制定，参见 https://mp.weixin.qq.com/s/rH0ardzpVdiHMn
FQzWkehw，最后访问日期：2020 年 2 月 4 日。

〔3〕　京司发〔2017〕110 号。

〔4〕　陈军、王旭：《法庭科学/司法鉴定标准化建设工作的探索与思考》，载《中国司法鉴定》
2018 年第 6 期。

布由全国刑事技术标准化技术委员会（SAC/TC179）归口的国家标准 3 项。司法鉴定科学研究院牵头制定的 11 项国家标准于 2018 年颁布实施。

（2）公告发布 2016 年版公共安全行业标准。2017 年，公安部《关于发布公共安全行业标准的公告（2016 年度）》公布 2016 年经审查批准并报国家质量监督检验检疫总局备案的 104 项公共安全行业标准。其中，与司法鉴定相关的标准 19 项。

（3）公告发布 2017 年版公共安全行业标准。2018 年，公安部《关于发布公共安全行业标准的公告（2017 年度）》公布 2017 年经审查批准并报国家质量监督检验检疫总局备案的 133 项公共安全行业标准。其中，与司法鉴定相关的标准 34 项。

（4）废止部分公共安全行业标准。2017 年，公安部发布《关于废止 213 项公共安全行业标准的公告》，213 项标准自公告发布之日起停止施行。其中，与司法鉴定相关的标准 28 项。

2. 法庭科学/司法鉴定标准研究和研讨不断深入

伴随 2017 年中央全面深化改革领导小组《关于健全统一司法鉴定管理体制的实施意见》明确提出司法鉴定标准化统一管理要求，在标准法制建设、标准化管理、专业标准体系建设研究等方面取得了一系列研究成果，标志着我国法庭科学/司法鉴定的标准化工作进入了一个新阶段。

中国政法大学证据科学研究院率先于 2017 年 7 月、2018 年 5 月在北京主办首届和第二届法庭科学标准体系建设研讨会，吸引全国公安、检察、法院、司法、卫生、高校、律师、保险等学术界和实务界的代表，以"跨专业、跨领域、跨地区"的合作方式，从不同视角对法庭科学标准问题展开探讨，产生良好影响。[1]

"两院三部"《人体损伤致残程度分级》于 2017 年 1 月 1 日起正式实施，同年，《道路交通事故受伤人员伤残评定》（GB 18667-2002）废止，全国范围内统一的人身损害赔偿领域伤残评定标准得以推进。

（三）法医学研究仍为法庭科学研究的主力军

从 2017—2018 年法医学在国家自然科学基金获得资助情况看，与法医学

---

〔1〕 王旭、陈军：《2018'中国的法庭科学/司法鉴定标准建设与步伐》，载《中国司法鉴定》2019 年第 2 期。

相关的 4 个子领域共获资助 31 项（法医毒理、病理及毒物分析 17 项，法医精神病学及法医临床学 4 项，法医物证学与法医人类学 8 项，法医学其他科学问题 2 项）。

1. 法医病理学

2017—2018 年，法医病理学者获 7 项国家自然科学面上项目，这些资助领域代表了近年研究热点，包括心脏性猝死机制、损伤时间推断、死亡时间推断、脑损伤及交通损伤成伤机制研究。中山大学成建定教授团队在夜间猝死综合征（SUNDS）研究中，发现心脏钠离子通道编码基因 SCN10A 遗传变异，并认为可以成为我国 3%SUNDS 死亡的分子病因。[1] 同时，在兰尼碱受体 2（RYR2）[2]、富含亮氨酸重复蛋白 10（LRRC10）[3]、缝隙连接蛋白 α1（GJA1）[4]、黏着斑蛋白（VCL）[5]、原发性心肌症相关蛋白 1（CMYA1）[6]、窖蛋白（CAV）[7] 及 I 型胶原蛋白 α2（COL1A2）[8] 的分子病理学研究中，发现多个基因变异位点，这些遗传变异与 SUNDS 的发生部分存在关联性。心脏性猝死（SCD）的另一研究，即根据交感神经芽生标志物生长相关蛋白-43（GAP-43）及成熟交感神经标志物酪氨酸羟化酶（TH）在人体心肌梗死区域的表达，提出交感

---

〔1〕 Zhang L. et al., "Association of Common and Rare Variants of SCN10A Gene with Sudden Unexplained Nocturnal Death Syndrome in Chinese Han Population", *International Journal of Legal Medicine*, 2017, 131 (1): 53-60.

〔2〕 Wang S. et al., "An Insertion/Deletion Polymorphism within 3'UTR of RYR2 Modulates Sudden Unexplained Death Risk in Chinese Populations", *Forensic Science International*, 2017, 270: 165-172.

〔3〕 Huang L. et al., "Molecular Pathological Study on LRRC10 in Sudden Unexplained Nocturnal Death Syndrome in the Chinese Han Population", *International Journal of Legal Medicine*, 2017, 131 (3): 621-628.

〔4〕 Wu Q. et al., "GJA1 Gene Variations in Sudden Unexplained Nocturnal Death Syndrome in the Chinese Han Population", *Forensic Science International*, 2017, 270: 178-182.

〔5〕 Cheng J. et al., "Vinculin Variant M94I Identified in Sudden Unexplained Nocturnal Death Syndrome Decreases Cardiac Sodium Current", *Scientific Reports*, 2017, 7: 42953.

〔6〕 Huang L. et al., "Critical Roles of Xirp Proteins in Cardiac Conduction and Their Rare Variants Identified in Sudden Unexplained Nocturnal Death Syndrome and Brugada Syndrome in Chinese Han Population", *Journal of the American Heart Association*, 2018, 7 (1): e006320.

〔7〕 午方宇等:《窖蛋白基因变异及多态性与不明原因猝死的相关性》，载《法医学杂志》2017 年第 2 期。

〔8〕 Yin Z. et al., "Association between an Indel Polymorphism in the 3'UTR of COL1A2 and the Risk of Sudden Cardiac Death in Chinese Populations", *Legal Medicine* (*Tokyo, Japan*), 2017, 28: 22-26.

神经重构所致室性快速型心律失常（VT）等可能是冠心病猝死的发生机制。[1]王振原教授团队利用傅里叶变换红外（FTIR）光谱技术，对死后时间间隔（PMI）推断作了系统性研究。[2]死亡微生物组学用于 PMI 的推断，也是近年来的一个新概念。[3]陈忆九研究员团队利用多刚体动力学对道路交通事故进行重建，对人-自行车-汽车碰撞前的运动状态、碰撞致伤过程进行重建，模拟结果与事故真实情况吻合，为法医学死因鉴定提供了生物力学依据。[4]

2. 法医临床学

在法医临床学研究中，热点主要是客观评定技术、肢体功能的评定方法、鉴定标准、致伤方式和损伤时间等研究。客观评定技术主要手段依然为神经电生理技术，重点在视觉、听觉、男性功能方面。与此同时，研究者积极开拓形态学方法，试图在客观评定技术方面达到功能与形态结合与并重。项剑、王旭、卢韦华琳等[5]提出了 mfVEP 联合 mfERG、FVEP 视觉电生理检测范式，结合颅脑 CT、视网膜视盘光学相干断层扫描（OCT），客观评价视野；并认为，[6]视网膜神经纤维厚度（RNFL）检测有望成为评估视野的一种新的形态学辅助检查手段。孙婧等[7]研究了应用嗅觉事件相关电位（OERP）客观评定嗅觉的难题，同时期，嗅觉功能评定的技术标准出台；杨天潼等[8]对美国医学会《永久性残损评定指南》（GEPI）的评定原则进行系统梳理，对我国开展肢体功能评定研究具有引领意义；姜琼璇等[9]对掌骨骨折致伤方式

〔1〕　Yu TS. et al. , "Evaluation of Specific Neural Marker GAP-43 and TH Combined with Masson-trichrome Staining for Forensic Autopsy Cases with Old Myocardial Infarction", *International Journal of Legal Medicine*, 2018, 132（1）: 187-195.

〔2〕　王磊等：《温度对死后大鼠肾组织 FTIR 光谱特征的影响》，载《法医学杂志》2018 年第 3 期。

〔3〕　李欢等：《大鼠死后肠道菌群演替规律》，载《法医学杂志》2018 年第 5 期。

〔4〕　Sun J. et al. , "Identification of Pre-impact Conditions of a Cyclist Involved in a Vehicle-Bicycle Accident Using an Optimized MADYMO Reconstruction Combined with Motion Capture", *Journal of Forensic and Legal Medicine*, 2018, 56: 99-107.

〔5〕　项剑等：《法医学视野客观评定范式研究——以视网膜、视神经及高位视路损伤致视野缺损为例》，载《中国法医学杂志》2018 年第 4 期。

〔6〕　卢韦华琳等：《视盘 RNFL 厚度改变与视野缺损的关系》，载《中国法医学杂志》2017 年第 3 期。

〔7〕　孙婧等：《嗅觉事件相关电位研究进展及法医学应用展望》，载《法医学杂志》2017 年第 5 期。

〔8〕　杨天潼等：《〈永久性残损评定指南〉下肢关节活动度评定原则》，载《中国法医学杂志》2018 年第 1 期。

〔9〕　姜琼璇、王耀：《41 例掌骨骨折致伤方式分析》，载《中国法医学杂志》2018 年第 5 期。

予以分析，此类损伤中拳击手骨折是近年法庭审判事实认定的一个难点。朱海标、王旭[1]、陈瑶清等[2]，综述了国内外关于骨折愈合时间的研究进展，提出了包括影像学片观察法、振动分析法、骨密度定量检测法、分子生物学检测法、MRI 检查法等可量化的方法，综合应用，来解决客观推断骨折形成时间的学术热点与难题。

3. 法医精神病学

该领域的研究与进展主要集中在鉴定标准建设、能力验证的广泛深入开展、精神卫生法的实施、刑事责任能力鉴定的理论构建等方面。此外，司法精神病学鉴定的体制问题、基因诊断在精神鉴定中的应用等问题也引起了关注。司法精神病学鉴定对鉴定人的能力要求高，能力验证是检验鉴定人员能力、提高结果一致性的重要手段和方法。虽然在能力验证的方式、评价结果的标准上还存在争议，但是，能力验证活动在规范鉴定业务、提高鉴定人员的执业能力方面的重要作用已受到重视。[3] 铁常乐等[4]以人格责任论为起点，提出当精神障碍者的病态表现反映出人格的整体性受损时，即病理动机、混合动机、不明动机导致了行为的发生，或在现实动机下对行为的性质和后果缺乏判断时，则患者的辨认能力受损；当症状反映了人格的一致性受损时，则患者不能对自己的行为施以控制。此时，即使本人能够对行为进行适当评价，也不具备完全刑事责任能力。该理论以人格作为责任能力评定的核心问题，以精神症状对人格的影响程度作为判断责任能力的参考，有一定借鉴价值。周雪等[5]从基因-心理-社会模型的角度探讨犯罪行为的成因，论述了如何提高鉴定的科学性。

4. 法医生物学

围绕个人识别和亲子鉴定两大主题，法医生物学者从 DNA 提取、试剂盒

---

[1] 朱海标、王旭：《骨折愈合时间的研究进展及其法医学意义》，载《河南科技大学学报（医学版）》2017 年第 1 期。

[2] 陈瑶清、李剑波、戴朝晖：《磁共振成像技术在法医临床鉴定中的应用价值分析》，载《中国全科医学》2017 年第 20 期。

[3] 樊慧雨等：《司法精神病鉴定人员质量控制模式初探》，载《国际精神病学杂志》2018 年第 6 期。

[4] 铁常乐、张琳、黄青：《人格责任论对于刑事司法精神病鉴定的应用价值》，载《中国法医学杂志》2017 年第 5 期。

[5] 周雪等：《HTR1A 基因与相应精神疾病的关联及法医学意义》，载《中国法医学杂志》2017 年第 6 期。

研制、群体遗传学调查、亲缘关系鉴定等方面开展工作。周如华等[1]使用 Chelex-100 方法对接触性生物检材 DNA 进行载体分离和纯化，建立起一种自动化 DNA 提取方法。孙帅等[2]探究布料载体上潜掌纹经真空镀膜显现后的 DNA 提取技术。俞卫东等[3]利用激光捕获显微切割系统分离上皮细胞和精子细胞，获得正确且完整的 STR 分型。学者们还报道了多篇 Y-STR 遗传多态性，部分进行了人群之间的遗传距离分析[4]等。同时，通过信使 RNA（mRNA）的分析对体液鉴定的研究也取得了进展，以 mRNA 技术为基础的鉴定血痕来源的方法已基本可行。[5]

（四）医疗损害鉴定学术研究热度高与司法实务界态度冷形成对照

2017 年，最高人民法院颁布《关于审理医疗损害责任纠纷案件适用法律若干问题的解释》（以下简称《解释》），2018 年，国务院颁布《医疗纠纷预防和处理条例》（以下简称《条例》），对医疗损害鉴定的实施、医疗损害鉴定专家库、医疗损害鉴定书的内容、鉴定咨询专家回避、虚假鉴定的法律责任等作出相应规定。这两个法律文件均规定了医疗损害鉴定，但未能解决医疗事故技术鉴定与法医学司法鉴定并轨的问题。[6]吴凌放等从卫生管理者的角

〔1〕　周如华等：《自动化 Chelex-100 法在接触性检材 DNA 提取中的应用研究》，载《刑事技术》2017 年第 3 期。

〔2〕　孙帅等：《布料上掌纹的真空镀膜显现及 DNA 检验的研究》，载《中国法医学杂志》2017 年第 5 期。

〔3〕　俞卫东、连昌舟、孙大鹏：《激光捕获显微切割技术在强奸案中的检验研究》，载《刑事技术》2017 年第 1 期。

〔4〕　Zheng Wang, et al. , "Forensic Characteristics and Phylogenetic Analysis of Hubei Han Population in Central China Using 17 Y-STR Loci", *Forensic Science International：Genetics*, 2017, 29：e4-e8; Guangyao Fan, et al. , "Haplotype Diversity of 17 Y-chromosome STR Loci in Han Population from Different Areas of Sichuan Province, Southwest China", *Legal Medicine*, 2017, 26：73-75; 陶晓岚等：《甘南藏族人群 17 个 Y-STR 基因座遗传多态性》，载《中国法医学杂志》2017 年第 1 期；陈琨、唐荣权、周璐：《广西壮族人群 17 个 Y-STR 基因座遗传多态性》，载《中国法医学杂志》2017 年第 4 期；杨敏等：《南通汉族人群 17 个 Y-STR 基因座的遗传多态性》，载《法医学杂志》2017 年第 4 期；Hui Wang , et al. , "Genetic Polymorphisms of 17 Y-chromosomal STRs in the Chengdu Han Population of China", *International Journal of Legal Medicine*, 2017, 131：967-968; 张家硕等：《德州地区汉族人群 27 个 Y-STR 基因座多态性分析》，载《法医学杂志》2017 年第 4 期；姚军等：《辽宁汉族 27 个 Y-STR 基因座的遗传多态性》，载《法医学杂志》2017 年第 6 期；许淑君、于海龙：《宿迁地区汉族人群 25 个 Y-STR 遗传标记的遗传多态性》，载《法医学杂志》2017 年第 3 期。

〔5〕　Hemiao Zhao, et al. , "Identification of Aged Bloodstains through mRNA Profiling: Experiments Results on Selected Markers of 30- and 50-year-old Samples", *Forensic Science International*, 2017, 272：e1-e6.

〔6〕　宋红章：《医疗损害纠纷案件反复鉴定现象的思考》，载《中国卫生法制》2018 年第 3 期。

度对《条例》进行分析，认为其进一步强调和明确了医疗机构和医生的责任，明确了患者对诊疗方案的知情同意权，明确了病历的管理和处置要求，明确了医方对纠纷处理途径的告知义务。在法律责任设定上，将对医疗机构的行政处罚与对医务人员的行政处罚、对管理者的行政处分相结合，强调调解的作用，优先鼓励采用人民调解方式。

《条例》在鉴定方面的创新可以归纳如下：[1] ①专家库的建立与规范；②"同行评议"原则的确立；③鉴定机构实行审核登记制；④法医学鉴定人实行资格准入制；⑤明确了鉴定"委托事项"；⑥统一赔偿标准；⑦人民调解委员会可以委托鉴定。

《条例》在建立统一的医疗损害鉴定专家库，规定医疗损害鉴定实行"同行评议"原则等方面，为建立统一的医疗损害鉴定体制做出了贡献，促使医疗损害鉴定开始由对峙走向融合。但是，不完备的制度设计带来的只是学术研究的热度，与此形成鲜明对照的却是司法实务的冷漠态度。究其原因，一是《条例》规范的是审前鉴定行为，但作为医疗纠纷的终极解决途径却是司法审判，而鉴定作为一种专业性判断，重在解决事实层面技术问题，理论上是不区分诉前还是诉中的。同时，诉前的行为解决不了诉讼问题。二是《条例》规定了两类机构均使用共同的专家库，但司法鉴定机构很难使用专家库。三是现实中的"二元化"鉴定问题没有改变，司法鉴定占主导的总格局没有改变。四是制度设计不彻底，《医疗事故处理条例》没有废止，两个条例并行，角色不清。五是两类鉴定机构管理困难。六是"同行评议"可能带来"鸟儿不啄同类眼睛"的问题，故而公正性受到质疑。七是《条例》未对技术标准予以规定，而缺乏技术标准带来了司法实务的混乱。

（五）传统物证技术研究仍呈现出经验性较强的特点

1. 文件检验学

文件检验领域仍旧围绕传统的笔迹检验、印章印文检验、印刷文件检验、篡改文件检验、朱墨时序检验、文件制成时间检验等几大类别展开。屈音璇等[2]研究了站姿电子屏手写签名笔迹的特征和规律，指出站姿电子屏手写笔

---

〔1〕 吴凌放：《对〈医疗纠纷预防和处理条例〉实施的若干思考》，载《卫生软科学》2018年第12期。

〔2〕 屈音璇、付文波、翟金良：《站姿电子屏手写签名笔迹实验研究》，载《广东公安科技》2017年第3期。

迹中，书写水平、运笔等概貌特征和运笔特征均会发生显著变化。朱毅等[1]
介绍了同源印章印文间差异特征的出现原理和鉴别方法，以及鉴别同源印章
时应该注意的问题。马晓赟等[2]提出利用信息技术和光电技术对印章印文机
型检验，利用 Photoshop 图像软件直观进行重合比对。郭兴飞[3]利用紫
外——可见光谱法对常见的 28 种印油进行了定性分析。刘荣等[4]发现运用
飞行时间质谱法（L2MS）可以对被篡改文件的颜料墨水和分子成像进行特征
描述，为分辨多样的颜料提供支持。

2. 微量物证检验学

微量物证检验学研究在新的研究对象、新的检验检测方法层出不穷的同
时，统计学在各类微量物证检验中逐渐渗透，多样化的微量物证检验理念与
不同类型案件融合。针对纤维种类问题，吕金峰等[5]、何林等[6]系统评价
了显微镜法、光谱法、色谱法、热分析法的检验效果。针对纤维染料问题，
学者们将其视为纤维物证载体上的重要标识，并对其系统检验法进行了探索。
陈媛媛[7]针对植物证据在刑事案件中的应用进行了系统展示。于颖超等[8]
以泥土物证为研究对象，系统探讨了基于粒度分布、密度、颜色的泥土物证
物理特性，以及基于显微镜法、阴极射线发光法、X 射线衍射法（XRD）和
扫描电子显微镜/X 射线能谱法的泥土物证矿物学特性。王剑侠等[9]使用 FT-
IR 法对 30 个可发性聚苯乙烯泡沫塑料（EPS 泡沫塑料）样品进行了区分检
验。务瑞杰等[10]使用扫描电镜/能谱法对 30 种塑料拖鞋样本进行元素种类及

---

〔1〕　朱毅、肖华土、李彪：《刍议同源印章印文检验》，载《广东公安科技》2018 年第 1 期。

〔2〕　马晓赟、王彪：《Photoshop 在印章印文检验中的应用性研究》，载《广东公安科技》2017 年
第 3 期。

〔3〕　郭兴飞：《紫外——可见光谱法鉴别印油的种类》，载《广东公安科技》2017 年第 2 期。

〔4〕　Rong Liu, et al. , "Confirmatory Surface Analysis of Equivocal Documents with Pigment-based Gel
Inks via Laser Desorption Laser Postionization Mass Spectrometry Imaging", *Analytical and Bioanalytical Chemis-
try*, 2018, 410（5）：1445-1452.

〔5〕　吕金峰、李重阳、王俪睿：《法庭纤维物证检验研究进展》，载《丝绸》2018 年第 9 期。

〔6〕　何林等：《纤维物证检验的研究进展》，载《现代纺织技术》2018 年第 3 期。

〔7〕　陈媛媛：《植物证据在我国刑事案件中的应用探析》，西南政法大学 2018 年硕士学位论文。

〔8〕　于颖超、王元凤：《法庭科学领域中泥土物证的发展综述》，载《中国司法鉴定》2018 年第
1 期。

〔9〕　王剑侠、姜红、张晓璐：《傅里叶变换红外光谱法检验 EPS 泡沫塑料的研究》，载《上海塑
料》2017 年第 3 期。

〔10〕　务瑞杰、姜红：《扫描电镜/能谱法检验塑料拖鞋》，载《上海塑料》2017 年第 1 期。

含量的测定，实现了96%的区分度。张若曦等[1]全面汇总了Py-GC法在各类微量物证检验中的具体应用范例，认为Py-GC法可以对涂料（油漆）物证中的成膜物质、颜料和各种助剂的热解产物进行准确定性。

3. 痕迹检验学

痕迹检验技术的广度和深度在不断扩展，在痕迹显现发现原理与技术方法、痕迹形态学基础研究、基于痕迹物证的供体特征推断技术等方向发展迅速。蔡能斌等[2]研究了利用短波紫外线激光器激发长波紫外荧光（300~400nm）检测潜在指纹的光学方法。在红外热成像领域，张治国等[3]研究了利用转印法和红外加热法对本色木上汗潜手印的显现技术。赵悦岑[4]探寻了"502"胶熏显手印染色增强反差的最佳试剂及方法。陈虹宇等[5]制备出荧光磁性双功能粉末，有效提高潜在手印的显出率和可鉴定率。

（六）新兴物证技术领域发展迅速

1. 毒物毒品检验学

药物毒物分析新技术的不断涌现，推动了毒品检测技术的发展。研究的热点主要集中在对毒品检测生物检材的选择和前处理方法两个方面。吸毒后血液是常用且比较理想的检材，但在现场快速检测方面血液检测会受到一定限制。为此，方威等[6]制备了一种SERS活性微滴管作为检测基底，实现了分离、富集、检测一体化，能够对血液中的毒品进行快速、定量检测。沈敏等[7]指出，玻璃体液性质稳定，在死后毒物学检验中具有潜在应用价值。李

---

[1]　张若曦、王岩：《裂解气相色谱/质谱联用技术在法庭科学领域中的应用》，载《辽宁化工》2017年第5期。

[2]　Nengbin Cai, et al. , "Inherent Fluorescence Detection of Latent Fingermarks by Homemade Shortwave Ultraviolet Laser", *Journal of Forensic Sciences*, 2017, 62: 209-212.

[3]　张治国等：《本色木上汗潜手印显现提取方法研究》，载《中国刑警学院学报》2018年第4期。

[4]　赵悦岑：《"502"胶熏显后手印染料增强反差技术的研究》，载《山东化工》2018年第19期。

[5]　陈虹宇、尹晓婧、刘丽：《新型荧光磁性双功能粉末应用于潜手印的显现》，载《四川警察学院学报》2018年第4期。

[6]　方威等：《SERS活性微滴管基底用于血液中毒品的快速、定量检测》，载中国物理学会光散射专业委员会：《第十九届全国光散射学术会议摘要集》，2017年。

[7]　沈敏、向平：《玻璃体液在法医毒物学实践中的价值评析》，载《中国司法鉴定》2017年第1期。

双等[1]通过高分辨质谱对人体尿液中常见的 5 种毒品（吗啡、单乙酰吗啡、苯丙胺、甲基苯丙胺、氯胺酮）进行快速筛查测定。王伟等[2]建立了用超高效液相色谱－质谱法对人血浆中吗啡类、氯胺酮和苯丙胺类 9 种毒品同时进行定性定量检测的方法，此方法 10 分钟内可完成一个样品多个成分的定性定量分析。白冰等[3]通过傅里叶红外光谱技术建立了咖啡因及其添加物的红外谱图库，实现了对咖啡因制毒现场未知样品的勘查及快速检测。

2. 交通事故鉴定

交通事故的研究主要集中于六个方面：交通事故车速鉴定、交通事故痕迹鉴定、交通事故车辆鉴定、交通事故再现研究、交通事故法医学鉴定、交通事故鉴定宏观研究。Woo T. H. 等[4]通过提取轮胎痕迹图案、轮胎印模方向等相关信息，重建两车追尾碰撞初始状态。夏兵等[5]注意到碰撞后路面痕迹及人-车最终距离是可测的，根据行人运动方式及碰撞点，利用理论模型与 Matlab 分析，计算得出的车辆行驶速度误差值能够控制在 5% 以内。何烈云[6]通过运用直接线性变换法，实现了对目标车辆的行驶速度测算。钱宇彬等[7]研究了 EDR 数据在交通事故重建中的应用：EDR 数据中包含了车辆在碰撞前 5s 或 2.5s 的速度，可直接应用于车速重建。马彬等[8]提出了一种基于车路耦合的事故现场轮胎可视印迹强度参数化研究方法，为事故现场轮胎印迹特征的提取和分析提供理论基础。张杰等[9]分析了车内人员驾驶位置与

〔1〕　李双等：《高分辨质谱快速检测人体尿液中常见毒品》，载《分析试验室》2017 年第 2 期。

〔2〕　王伟等：《液-质联用法对人血浆中吗啡类、氯胺酮和苯丙胺类 9 种毒品的定性定量检测》，载《中国运动医学杂志》2017 年第 7 期。

〔3〕　白冰等：《利用红外光谱技术对咖啡因制毒现场未知样品进行勘查并快速检测》，载《临床医药文献电子杂志》2018 年第 3 期。

〔4〕　Woo T. H., Wu CL., "Determining the Initial Impact of Rear-end Collisions by Trace Evidence Left on the Vehicle from Tires: A Case Report", *Forensic Science International*, 2018, 291: 17-22.

〔5〕　夏兵等：《基于人车碰撞最终位置的速度计算理论分析》，载《重庆理工大学学报（自然科学）》2018 年第 2 期。

〔6〕　何烈云：《直接线性变换法在车载式视频图像车速测算中的应用》，载《中国人民公安大学学报（自然科学版）》2018 年第 4 期。

〔7〕　钱宇彬、李威、冯浩：《车辆 EDR 数据分析及应用》，载《汽车技术》2017 年第 12 期。

〔8〕　马彬等：《基于车路系统的事故现场轮胎印迹强度参数化研究》，载《中国公路学报》2018 年第 4 期。

〔9〕　张杰、张建军、孙振文：《通过人体损伤和车内痕迹判断驾乘关系》，载《刑事技术》2017 年第 1 期。

人体损伤情况，并采用红外光谱仪、扫描电镜、DNA 测序仪等设备对车内痕迹（血迹、鞋底痕迹、纤维、毛发以及指纹）进行技术鉴定，最终通过法医损伤特点和车内痕迹综合判断驾乘关系，实现了证据的相互佐证。李立等[1]应用 PC-Crash 软件再现碰撞过程，分析车辆与行人碰撞时的车速及人体损伤的部位、程度、成伤方式等特点。

3. 声像资料鉴定

声纹检验鉴定研究在说话人鉴定/说话人自动识别、语音降噪、录音真实性检验、语音人身分析等多个方面均有较大的发展。代表性研究成果包括：申小虎等[2]研究了假声伪装语音同一认定的可行性问题。王昕等[3]提出了一种将基于深度神经网络特征映射的回归分析模型应用到身份认证矢量/概率线性判别分析说话人系统模型中的方法，通过拟合含噪语音和纯净语音 i-vector 之间的非线性函数关系，得到纯净语音 i-vector 的近似表征，从而达到降低噪声对系统性能影响的目的。严思伟等[4]针对短波信道中噪声谱的时变问题，提出了改进的连续谱估计谱减法，有效抑制"音乐噪声"，获得更好的语音可懂度和清晰度。孙蒙蒙[5]针对录音的真实性辨识和数字语音的重翻录检测，提出了适用于音频的幅度共生向量特征，该方法检测准确率可达 95%。

图像检验鉴定在图像处理、同一认定、真实性鉴定和图像内容分析等方面均发展迅速。刘玉勇等[6]研究了耳廓观测指标的个体特征，提出了一种利用耳廓特征识别点进行个体同一认定的研究方法。孙鹏等[7]针对视频侦查工作中跨摄像头实时精确查找犯罪嫌疑车辆的难题，提出了基于尺度不变特征

---

〔1〕 李立等：《基于 PC-Crash 软件的道路交通事故再现技术研究》，载《中国法医学杂志》2018年第 5 期。

〔2〕 申小虎等：《假声伪装语音同一认定的可行性分析》，载《中国刑警学院学报》2018 年第 2期。

〔3〕 王昕、张洪冉：《基于 DNN 处理的鲁棒性 I-Vector 说话人识别算法》，载《计算机工程与应用》2018 年第 22 期。

〔4〕 严思伟、屈晓旭、娄景艺：《基于连续噪声谱估计的谱减法语音增强算法》，载《通信技术》2018 年第 6 期。

〔5〕 孙蒙蒙：《录音真实性辨识和重翻录检测》，深圳大学 2017 年硕士学位论文。

〔6〕 刘玉勇、穆日磊：《耳廓的同一认定研究》，载《中国法医学杂志》2017 年第 5 期。

〔7〕 孙鹏等：《面向视频侦查应用的跨摄像头车辆比对方法》，载《中国刑警学院学报》2018 年第 6 期。

变换（SIFT）特征匹配算法的跨摄像头车辆快速自动比对方法。付文波等[1]针对不雅图图像篡改问题进行了特征分析。谢俊仪[2]对于伪造视频图像的 4 种检验方法进行了综述研究。杨洪臣等[3]提出了一种人体动态特征曲线提取算法，该算法使用一种背景自适应算法实现了视频背景的自适应更新，通过背景帧差法实现了前景提取，进一步利用一种目标定位算法实现了运动目标的实时定位，结果发现该算法可以实现视频中人体运动目标动态特征自动提取的目的。

4. 电子数据检验学

电子数据取证的研究重点是：①移动终端取证研究；②计算机硬件取证研究；③网络数据取证研究；④物联网取证研究。秦玉海等[4]从 Android 平台移动设备的电子数据取证角度出发，使用 ADB 命令对检材中木马文件进行提取，结合通讯电话号码等线索，解决了对 Android 平台进行疑似木马提取的难题。黄平等[5]提出一种利用 Android 手机微信语音存放路径找到微信语音聊天文件，并通过还原解码得到相应的微信语音数据的方法，解决了取证人员获取聊天消息记录关联信息的难题。康艳荣等[6]提出一种通过解决未知符号错误，实现基于相似内核提取 Android 手机动态内存的方法，证明 LiME 是有效提取完整的 Android 手机动态内存的取证工具。胡颖[7]研究了数据库恢复在"伪基站"取证中的应用，达到利用数据库文件成功恢复提取出"伪基站"中未覆盖的发送任务记录的目的。

（七）高校司法鉴定机构逐步成为行业引领者

纵观全球，权威法庭科学/司法鉴定机构都与高等院校有诸多联系。2017—2018 年，我国高校设立的司法鉴定机构在国家健全统一司法鉴定管理

---

[1] 付文波、邵珠镇：《不雅图图像篡改的特征分析》，载《广东公安科技》2017 年第 4 期。

[2] 谢俊仪：《伪造视频图像的检验方法研究》，载《云南化工》2017 年第 6 期。

[3] 杨洪臣等：《一种基于骨架算法的人体动态特征曲线提取算法》，载《中国刑警学院学报》2017 年第 6 期。

[4] 秦玉海、杨嵩、候世恒：《Android 平台木马的检验鉴定》，载《中国司法鉴定》2017 年第 3 期。

[5] 黄平、周俊峰、陶远辉：《Android 手机微信语音聊天数据提取研究》，载《警察技术》2017 年第 2 期。

[6] 康艳荣等：《基于相似内核的 Android 手机动态内存提取技术研究》，载《刑事技术》2018 年第 2 期。

[7] 胡颖：《数据库恢复在"伪基站"取证中的应用》，载《刑事技术》2017 年第 5 期。

体制和推进公共法律服务体系建设中，借助人才、设备及政策等优势，获得了更多的机遇，得到了长足发展，成为我国社会性鉴定机构的生力军。

高校司法鉴定机构的设置主要有两种模式，一种是以学校或者院系为母体承担教学、科研和鉴定职能的机构，管理相对集中；另一种是依托校内多学科、多个实验室部门资源共享，管理相对松散。我国高校司法鉴定机构主要集中在医学院校（法医学）、公安院校、政法院校。随着电子数据、环境损害等新兴领域鉴定及门类的发展，越来越多的理工科高校纷纷成立司法鉴定机构，并纳入司法鉴定管理。

据《中国司法鉴定》杂志刊登党凌云等对 2017 年全国司法鉴定情况统计数据显示，高校鉴定机构总数在 160 家左右，占全国社会性鉴定机构总数的 6.5%。高校司法鉴定机构因国家或地方教育系统的支持，在人员、设备、环境等方面具有资源优势。据苏红亮等统计，[1] 1997—2016 年法医学获国家自然科学基金资助项目 267 项，高等院校法医学科获资助项目达 160 项，项目依托单位主要集中在高等院校（共 160 项，占 60%），项目数排名前 10 位的单位除第 3 位为司法鉴定科学研究院（25 项，占 9.4%）外，其余均为高等院校。其中，四川大学基础与法医学院第一，获 31 项（占 11.6%）；中国政法大学第十，获 11 项（占 4.1%）。在创新驱动发展战略实施背景下，近年来，高校鉴定机构把学科建设、科技发展放在首位，高度重视产学研协同创新，并积极探索科技成果转化途径，产学研用相结合，已成为高校鉴定机构可持续发展的有效路径。[2]

张保生　王　旭

2020 年 2 月

---

〔1〕 苏红亮、贠克明：《1997—2016 年法医学领域获国家自然科学基金资助情况分析》，载《法医学杂志》2017 年第 6 期。

〔2〕 赵渊、朱苏飞：《产学研合作中的大学定位和角色主体关系初探》，载《浙江传媒学院学报》2008 年第 1 期。

缩略语词表
Abbreviations

全　　　称	简　　　称
《中华人民共和国刑事诉讼法》	《刑事诉讼法》
《中华人民共和国民事诉讼法》	《民事诉讼法》
《中华人民共和国行政诉讼法》	《行政诉讼法》
《中华人民共和国监察法》	《监察法》
《中华人民共和国刑法》	《刑法》
《中华人民共和国禁毒法》	《禁毒法》
《中华人民共和国民法总则》	《民法总则》
《中华人民共和国电子商务法》	《电子商务法》
《中华人民共和国精神卫生法》	《精神卫生法》
《中华人民共和国侵权责任法》	《侵权责任法》
《中华人民共和国食品安全法》	《食品安全法》
《中华人民共和国国家安全法》	《国家安全法》
《中华人民共和国反恐怖主义法》	《反恐怖主义法》
《中华人民共和国职业病防治法》	《职业病防治法》
《中华人民共和国固体废物污染环境防治法》	《固体废物污染环境防治法》
《中华人民共和国水污染防治法》	《水污染防治法》
《中华人民共和国海洋环境保护法》	《海洋环境保护法》

续表

全　　　称	简　　　称
《中华人民共和国公证法》	《公证法》
《中华人民共和国仲裁法》	《仲裁法》
《中华人民共和国国际刑事司法协助法》	《国际刑事司法协助法》
《中华人民共和国行政处罚法》	《行政处罚法》
《中华人民共和国行政强制法》	《行政强制法》
《中华人民共和国行政复议法》	《行政复议法》
《中华人民共和国道路交通安全法》	《道路交通安全法》
《中华人民共和国律师法》	《律师法》
《中华人民共和国银行业监督管理法》	《银行业监督管理法》
《中华人民共和国民用航空法》	《民用航空法》
《中华人民共和国药品管理法》	《药品管理法》
《中华人民共和国母婴保健法》	《母婴保健法》
最高人民法院《关于民事诉讼证据的若干规定》	最高人民法院《民事诉讼证据规定》
最高人民法院《关于适用〈中华人民共和国民事诉讼法〉的解释》	最高人民法院《民诉法解释》
最高人民法院《关于适用〈中华人民共和国刑事诉讼法〉的解释》	最高人民法院《刑诉法解释》
最高人民法院《关于适用〈中华人民共和国行政诉讼法〉若干问题的解释》	最高人民法院《行政诉讼法解释》
最高人民法院《关于适用〈中华人民共和国行政诉讼法〉的解释》	新《行政诉讼法解释》
最高人民法院《关于审理环境侵权责任纠纷案件适用法律若干问题的解释》	最高人民法院《审理环境侵权案件适用法律的解释》
最高人民法院《关于适用〈中华人民共和国婚姻法〉若干问题的解释》	最高人民法院《婚姻法解释》
最高人民法院《关于适用〈中华人民共和国侵权责任法〉若干问题的通知》	最高人民法院《侵权法若干问题的通知》

全　称	简　称
最高人民法院《关于审理医疗损害责任纠纷案件适用法律若干问题的解释》	最高人民法院《审理医疗损害责任纠纷案件的解释》
最高人民法院《人民法院办理刑事案件第一审普通程序法庭调查规程（试行)》	最高人民法院《刑事一审普通程序法庭调查规程（试行)》
最高人民法院《关于全面推进以审判为中心的刑事诉讼制度改革的实施意见》	最高人民法院《全面推进审判中心刑诉制度改革意见》
最高人民法院、最高人民检察院、公安部、国家安全部、司法部《关于办理死刑案件审查判断证据若干问题的规定》	"两院三部"《死刑案件证据规定》
最高人民法院、最高人民检察院、公安部、国家安全部、司法部《关于办理刑事案件排除非法证据若干问题的规定》	"两院三部"《排除非法证据规定》
最高人民法院、最高人民检察院、公安部、国家安全部、司法部《关于办理刑事案件严格排除非法证据若干问题的规定》	"两院三部"《严格排除非法证据规定》
第×届全国人民代表大会第×次会议	×届全国人大×次会议
全国人民代表大会常务委员会	全国人大常委会
最高人民法院、最高人民检察院、公安部、国家安全部、司法部	"两院三部"
最高人民法院、最高人民检察院	"两院"
××省高级人民法院	××省高院

目 录
Contents

Part 1

第一篇

2017—2018 年中国证据立法与司法进展

一、证据立法进展综述

（一）法律

1. 《民法总则》[1]

（1）自然人出生和死亡时间的证明。第 15 条规定："自然人的出生时间和死亡时间，以出生证明、死亡证明记载的时间为准；没有出生证明、死亡证明的，以户籍登记或者其他有效身份登记记载的时间为准。有其他证据足以推翻以上记载时间的，以该证据证明的时间为准。"该条规定的户籍登记以外的其他有效身份登记，包括我国公民居住证、港澳同胞回乡证、台湾居民的有效旅行证件、外国人居留证等。出生证明、死亡证明以及户籍登记或者其他有效身份登记记载的时间由于各种原因，也有可能出现记载错误的情况。如果有其他证据足以推翻出生证明、死亡证明以及户籍登记或者其他有效身份登记记载的时间的，应以该证据证明的时间为准。

（2）自然人失踪和死亡的推定。该法第二章第三节规定了宣告失踪和宣告死亡。在证据法上，这两种制度均属于可反驳的推定。按照第 40 条的规定，自然人下落不明满 2 年的，人民法院可以根据利害关系人的申请，宣告该自然人为失踪人。根据第 46 条的规定，自然人下落不明满 4 年，或者因意外事件下落不明满 2 年，人民法院可以依据利害关系人的申请，推定该自然人死亡，并作出宣告。因意外事件下落不明，经有关机关证明该自然人不可能生存的，申请宣告死亡不受 2 年时间的限制。按照第 45 条第 1 款的规定，

---

[1] 2017 年 3 月 15 日十二届全国人大五次会议通过，2017 年 3 月 15 日中华人民共和国主席令第 66 号公布，自 2017 年 10 月 1 日起施行。

失踪人重新出现，经本人或者利害关系人申请，人民法院应当撤销失踪宣告；第50条规定，被宣告死亡的人重新出现，经本人或者利害关系人申请，人民法院应当撤销死亡宣告。

2.《水污染防治法》[1]

（1）水污染的举证责任。为了保护和改善环境，防治水污染，保护水生态，保障饮用水安全，维护公众健康，推进生态文明建设，该法加强了排污方的举证责任。第98条规定："因水污染引起的损害赔偿诉讼，由排污方就法律规定的免责事由及其行为与损害结果之间不存在因果关系承担举证责任。"据此，因水污染引起的损害赔偿诉讼案件，实行举证责任倒置，即排污方作为被告，如果不能提供足够的证据证明存在免责事由，或者不能证明其排污行为与原告的损害结果之间不存在因果关系，就要承担败诉的后果。

（2）当事人取证与委托取证。按照第23条第1款和第24条第1款的规定，排污单位和其他生产经营者对排放的水污染物自行监测，并保存原始监测记录，并对监测数据的真实性和准确性负责。此外，按照第100条的规定，因水污染引起的损害赔偿责任和赔偿金额的纠纷，当事人可以委托环境监测机构提供监测数据。环境监测机构应当接受委托，如实提供有关监测数据。需要说明的是，环境监测机构不同于鉴定机构，其所出具的监测数据报告不是鉴定意见书，在司法实践中通常作为书证使用。

3.《行政处罚法》[2]

（1）行政机关的证明责任。第36条规定，行政机关"必须全面、客观、公正地调查，收集有关证据"。按照第30条和第31条的规定，依法应当给予行政处罚的，行政机关必须查明事实，并在作出行政处罚决定之前，应当告知当事人作出行政处罚决定的事实、理由及依据。

（2）行政处罚的证明标准。按照第30条的规定，行政处罚的证明标准是违法事实清楚；违法事实不清的，不得给予行政处罚。

---

〔1〕2017年6月27日十二届全国人大常委会二十八次会议通过了《关于修改〈中华人民共和国水污染防治法〉的决定》第二次修正，2017年6月27日中华人民共和国主席令第70号公布，自2018年1月1日起施行。

〔2〕2017年9月1日十二届全国人大常委会第二十九次会议通过了《关于修改〈中华人民共和国法官法〉等八部法律的决定》第二次修正，2017年9月1日中华人民共和国主席令第76号公布，自2018年1月1日起施行。

（3）当事人的举证权利。第 32 条规定了当事人的举证权利。对于行政处罚，当事人有权进行陈述和申辩。对当事人提出的事实、理由和证据，行政机关应当进行复核。如果当事人提出的事实、理由或者证据成立的，行政机关应当采纳。

（4）证据保全。第 37 条第 2 款规定，在证据可能灭失或者以后难以取得的情况下，经行政机关负责人批准，可以先行登记保存，并应当在 7 日内及时作出处理决定，在此期间，当事人或者有关人员不得销毁或者转移证据。

4. 《公证法》[1]

第 36 条规定了公证文书的预决效力，即经公证的民事法律行为、有法律意义的事实和文书，除有相反证据足以推翻该项公证的以外，人民法院应当作为认定事实的根据。

5. 《仲裁法》[2]

（1）举证责任。对于举证责任的分配，第 43 条第 1 款确立了"谁主张，谁举证"的一般原则，即"当事人应当对自己的主张提供证据"。

（2）仲裁庭依职权收集证据。为了弥补当事人收集证据能力的不足，第 43 条第 2 款赋予了仲裁庭依职权收集证据的权力，即"仲裁庭认为有必要收集的证据，可以自行收集"。

（3）证据保全。按照第 46 条的规定，在证据可能灭失或者以后难以取得的情况下，当事人可以申请证据保全。不过，当事人申请证据保全的，并不是由仲裁委员会或者仲裁庭进行证据保全，而是仲裁委员会将当事人的申请提交证据所在地的基层人民法院，由法院采取保全措施。第 68 条还规定涉外仲裁的证据保全，同样由涉外仲裁委员会将当事人的申请提交证据所在地的中级人民法院进行证据保全。

（4）鉴定及鉴定人出庭作证。按照第 44 条的规定，对专门性问题认为需要鉴定的，仲裁庭可以决定进行鉴定。鉴定机构有两种选择方式：①交由当

---

〔1〕 2017 年 9 月 1 日十二届全国人大常委会第二十九次会议通过了《关于修改〈中华人民共和国法官法〉等八部法律的决定》第二次修正，2017 年 9 月 1 日中华人民共和国主席令第 76 号公布，自 2018 年 1 月 1 日起施行。

〔2〕 2017 年 9 月 1 日十二届全国人大常委会第二十九次会议通过了《关于修改〈中华人民共和国法官法〉等八部法律的决定》第二次修正，2017 年 9 月 1 日中华人民共和国主席令第 76 号公布，自 2018 年 1 月 1 日起施行。

事人约定；②由仲裁庭指定。根据当事人的请求或者仲裁庭的要求，鉴定部门应当派鉴定人参加开庭。当事人经仲裁庭许可，可以向鉴定人提问。

（5）证据的出示与质证。第45条规定："证据应当在开庭时出示，当事人可以质证。"仲裁庭开庭时的举证质证规则基本上参照民事案件法庭审理的程序和规则。

（6）仲裁案件的证明标准。该法对仲裁案件证明标准没有作出明确规定，但第55条规定："仲裁庭仲裁纠纷时，其中一部分事实已经清楚，可以就该部分先行裁决。"据此，仲裁庭作出仲裁时，应当查清案件事实。同时，按照第58条的规定，当事人提出证据证明裁决所根据的证据是伪造的或对方当事人隐瞒了足以影响公正裁决的证据的，可以向仲裁委员会所在地的中级人民法院申请撤销裁决。据此，仲裁案件的证明标准应当是"案件事实清楚，具有高度可能性"。

6.《律师法》[1]

（1）律师查阅案卷证据的权利。第34条规定："律师担任辩护人的，自人民检察院对案件审查起诉之日起，有权查阅、摘抄、复制本案的案卷材料。"辩护律师查阅案卷材料是获取证据的重要途径之一。

（2）律师的调查取证权。按照第35条的规定，律师取证有两种方式：①申请取证，即申请人民检察院、人民法院收集和调取证据；②自行取证，即凭律师执业证书和律师事务所证明，律师可以向有关单位或者个人调查与承办法律事务有关的情况。与《刑事诉讼法》的规定相比，《律师法》没有规定辩护律师收集证据需要"经证人或者其他有关单位和个人同意"这种限制条件。

（3）律师申请证人出庭作证的权利。按照第35条第1款的规定，受委托的律师根据案情的需要，可以申请人民法院通知证人出庭作证。

（4）律师在提供证据等方面的义务。按照第40条的规定，律师在执业活动中不得故意提供虚假证据或者威胁、利诱他人提供虚假证据，不得妨碍对方当事人合法取得证据。

---

〔1〕 2017年9月1日十二届全国人大常委会第二十九次会议通过了《关于修改〈中华人民共和国法官法〉等八部法律的决定》第三次修正，2017年9月1日中华人民共和国主席令第76号公布，自2018年1月1日起施行。

7.《行政复议法》[1]

（1）被申请人的举证责任。按照第 23 条第 1 款的规定，被申请人应当自收到申请书副本或者申请笔录复印件之日起 10 日内，提出书面答复，并提交当初作出具体行政行为的证据、依据和其他有关材料。第 24 条进一步规定，在行政复议过程中，被申请人不得自行向申请人和其他有关组织或者个人收集证据。此外，第 28 条第 1 款第 4 项规定，被申请人不按照上述规定提出书面答复、提交当初作出具体行政行为的证据、依据和其他有关材料的，视为该具体行政行为没有证据、依据，决定撤销该具体行政行为。

（2）申请人、第三人的证据权利。按照第 23 条第 2 款的规定，申请人、第三人可以查阅被申请人提出的书面答复、作出具体行政行为的证据、依据和其他有关材料，除涉及国家秘密、商业秘密或者个人隐私外，行政复议机关不得拒绝。

（3）行政复议机关的取证职权。按照第 3 条的规定，行政复议机关负责法制工作的机构在具体办理行政复议事项时，可以向有关组织和人员调查取证，查阅文件和资料。

（4）行政复议决定的证明标准。按照第 28 条第 1 款第 1 项的规定，行政复议决定的证明标准是"具体行政行为认定事实清楚，证据确凿"。该款第 3 项进一步规定，主要事实不清、证据不足的，行政复议机关应当决定撤销、变更或者确认该具体行政行为违法。

8.《海洋环境保护法》[2]

（1）海洋环境监管部门的调查取证权。第 19 条赋予了海洋环境监管部门的调查取证职权，即行使海洋环境监督管理权的部门可以依照本法规定，在海上实行联合执法，在巡航监视中发现海上污染事故或者违反本法规定的行为时，应当予以制止并调查取证；有权对管辖范围内排放污染物的单位和个人进行现场检查。

---

〔1〕　根据 2017 年 9 月 1 日十二届全国人大常委会第二十九次会议《关于修改〈中华人民共和国法官法〉等八部法律的决定》第二次修正，2017 年 9 月 1 日中华人民共和国主席令第 76 号公布，自 2018 年 1 月 1 日起施行。

〔2〕　根据 2017 年 11 月 4 日十二届全国人大常委会第三十次会议《关于修改〈中华人民共和国会计法〉等十一部法律的决定》第三次修正，2017 年 11 月 4 日中华人民共和国主席令第 81 号公布，自公布之日起施行。

（2）排污者的证据协助义务。第19条第2款规定，当海洋环境监管部门对排放污染物的单位和个人进行现场检查时，被检查者应当如实反映情况，提供必要的资料。

9.《母婴保健法》[1]

（1）医学鉴定证明的一般要求。第11条规定，接受婚前医学检查的人员对检查结果持有异议的，可以申请医学技术鉴定，取得医学鉴定证明。第12条进一步规定，男女双方在结婚登记时，应当持有婚前医学检查证明或者医学鉴定证明。

（2）医学鉴定组织及其职责。第25条规定，县级以上地方人民政府可以设立医学技术鉴定组织，负责对婚前医学检查、遗传病诊断和产前诊断结果有异议的进行医学技术鉴定。

（3）医学鉴定人员的资质。第26条第1款规定，从事医学技术鉴定的人员，必须具有临床经验和医学遗传学知识，并具有主治医师以上的专业技术职务。

（4）医学鉴定人员规避制度。为保障医学鉴定的中立性和公正性，第27条确立了医学鉴定人员的回避制度，即"凡与当事人有利害关系，可能影响公正鉴定的人员，应当回避"。

（5）胎儿性别鉴定禁止规则。第32条第2款规定："严禁采用技术手段对胎儿进行性别鉴定，但医学上确有需要的除外。"这主要是考虑到当前个别地方的重男轻女思想严重，在产前对胎儿进行性别鉴定，并根据鉴定结果选择是否终止妊娠，容易造成人口性别失调等社会问题。

10.《监察法》[2]

（1）监察机关的取证权及其要求。第18条第1款规定，监察机关行使监督、调查职权，有权依法向有关单位和个人了解情况，收集、调取证据。该法第四章专门规定了监察机关收集证据的方式，包括谈话、讯问被调查人、询问证人、查询、冻结、搜查、查封、扣押、勘验、检查、鉴定、技术调查

---

[1] 根据2017年11月4日十二届全国人大常委会第三十次会议《关于修改〈中华人民共和国会计法〉等十一部法律的决定》第二次修正，2017年11月4日中华人民共和国主席令第81号公布，自公布之日起施行。

[2] 2018年3月20日十三届全国人大一次会议通过，2018年3月20日中华人民共和国主席令第3号公布，自公布之日起施行。

等。第 40 条第 1 款进一步规定，监察机关应当收集被调查人有无违法犯罪以及情节轻重的证据，查明违法犯罪事实，形成相互印证、完整稳定的证据链。

（2）证人的证据协助义务。按照第 18 条第 1 款的规定，监察机关收集证据时，"有关单位和个人应当如实提供。"该条第 3 款进一步规定："任何单位和个人不得伪造、隐匿或者毁灭证据。"第 63 条还规定了相应的法律责任，即不按要求提供有关材料，拒绝、阻碍调查措施实施等拒不配合监察机关调查的；提供虚假情况，掩盖事实真相的；串供或者伪造、隐匿、毁灭证据的；阻止他人揭发检举、提供证据的等，由其所在单位、主管部门、上级机关或者监察机关责令改正，依法给予处理。

（3）证据种类。第 33 条第 1 款规定："监察机关依照本法规定收集的物证、书证、证人证言、被调查人供述和辩解、视听资料、电子数据等证据材料，在刑事诉讼中可以作为证据使用。"与《刑事诉讼法》规定的八种证据种类相比，《监察法》对证据种类的规定没有被害人陈述，鉴定意见，勘验、检查、辨认、侦查实验等笔录等证据形式。不过，这里使用的"等证据材料"，可以理解为也包括被害人陈述、鉴定意见以及各种笔录类证据。对于上述第 33 条第 1 款的规定，按照有关的解释，"这是对监察机关证据作为刑事诉讼证据资格的规定"，意思是指"这些证据具有进入刑事诉讼的资格，不需要刑事侦查机关再次履行取证手续"，而"这些证据能否作为定案的根据，还需要根据刑事诉讼法的其他规定进行审查判断"。[1]

（4）监察证据与刑事诉讼证据的衔接。第 33 条第 2 款规定："监察机关在收集、固定、审查、运用证据时，应当与刑事审判关于证据的要求和标准相一致。"《刑事诉讼法》及相关司法解释对于证据的种类、收集证据的程序以及各类证据审查与认定的具体要求和标准都作了详细的规定，在推进以审判为中心的刑事诉讼制度改革大背景下，监察机关收集证据必须要与其相衔接、相一致。[2]

（5）非法证据排除规则。第 40 条第 2 款规定："严禁以威胁、引诱、欺骗及其他非法方式收集证据，严禁侮辱、打骂、虐待、体罚或者变相体罚被

---

〔1〕　中共中央纪律检查委员会法规室、中华人民共和国国家监察委员会法规室编写：《〈中华人民共和国监察法〉释义》，中国方正出版社 2018 年版，第 168~169 页。

〔2〕　中共中央纪律检查委员会法规室、中华人民共和国国家监察委员会法规室编写：《〈中华人民共和国监察法〉释义》，中国方正出版社 2018 年版，第 168~169 页。

调查人和涉案人员。"第 33 条第 3 款规定："以非法方法收集的证据应当依法予以排除，不得作为案件处置的依据。"该法确立的非法证据排除规则具有以下两个特征：①排除范围没有任何限制；②排除非法证据没有设任何附加条件。按照有关解释，监察机关应当以更高的标准、更严的要求，进一步规范监察人员调查职务犯罪的取证行为，对以非法方法收集的证据应当予以排除。[1]

（6）全程录音录像制度。第 41 条第 2 款规定："调查人员进行讯问以及搜查、查封、扣押等重要取证工作，应当对全过程进行录音录像，留存备查。"全程录音录像制度的实施，有助于促进监察机关合法取证，减少或避免刑讯逼供等非法讯问情况的发生，同时也有利于贯彻非法证据排除规则。

（7）鉴定。第 27 条规定，监察机关在调查过程中，对于案件中的专门性问题，可以指派、聘请有专门知识的人进行鉴定。第 25 条第 2 款还规定："对价值不明物品应当及时鉴定。"与过去纪检办案，对于价值不明物品由价格认证中心作出评估和认定这种带有明显行政色彩的价格认定相比，鉴定更加科学、合理。

（8）监察案件调查终结的证明标准。第 45 条第 1 款第 4 项规定："对涉嫌职务犯罪的，监察机关经调查认为犯罪事实清楚，证据确实、充分的，制作起诉意见书，连同案卷材料、证据一并移送人民检察院依法审查、提起公诉。"这与《刑事诉讼法》第 162 条公安机关侦查终结证明标准的表述是完全一致的。

11.《精神卫生法》[2]

（1）精神障碍医学鉴定的情形。第 32 条规定，精神障碍患者有已经发生危害他人安全的行为，或者有危害他人安全的危险的，患者或者其监护人对需要住院治疗的诊断结论有异议，不同意对患者实施住院治疗的，可以要求再次诊断和鉴定。对再次诊断结论有异议的，可以自主委托依法取得执业资

---

〔1〕　中央纪委研究室：《怎样确保监察机关调查取得的证据符合刑事诉讼证据标准？》，载 http://www.ccdi.gov.cn/special/sdjjs/pinglun_sdjxs/20180124_162438，最后访问日期：2018 年 11 月 25 日。

〔2〕　根据 2018 年 4 月 27 日十三届全国人大常委会第二次会议《关于修改〈中华人民共和国国境卫生检疫法〉等六部法律的决定》修正，2018 年 4 月 27 日中华人民共和国主席令第 6 号公布，自公布之日起施行。

质的鉴定机构进行精神障碍医学鉴定。接受委托的鉴定机构应当指定本机构具有该鉴定事项执业资格的2名以上鉴定人共同进行鉴定，并及时出具鉴定报告。

（2）鉴定人回避制度。第33条第2款规定，鉴定人本人或者其近亲属与鉴定事项有利害关系，可能影响其独立、客观、公正进行鉴定的，应当回避。

（3）精神障碍医学鉴定的基本原则。第34条第1款规定，鉴定机构、鉴定人应当遵守有关法律、法规、规章的规定，尊重科学，恪守职业道德，按照精神障碍鉴定的实施程序、技术方法和操作规范，依法独立进行鉴定，出具客观、公正的鉴定报告。

12.《反恐怖主义法》[1]

（1）证人的证据协助义务。第9条规定，任何单位和个人都有协助、配合有关部门开展反恐怖主义工作的义务，发现恐怖活动嫌疑或者恐怖活动嫌疑人员的，应当及时向公安机关或者有关部门报告。第18条和第19条第1款进一步规定，电信业务经营者、互联网服务提供者应当为公安机关、国家安全机关依法进行防范、调查恐怖活动提供技术接口和解密等技术支持和协助；发现含有恐怖主义、极端主义内容的信息的，应当立即停止传输，保存相关记录，删除相关信息，并向公安机关或者有关部门报告。第51条还规定，公安机关调查恐怖活动嫌疑，有权向有关单位和个人收集、调取相关信息和材料。有关单位和个人应当如实提供。

（2）反恐怖主义情报信息的搜集及其证据使用。第45条规定，公安机关、国家安全机关、军事机关在其职责范围内，因反恐怖主义情报信息工作的需要，根据国家有关规定，经过严格的批准手续，可以采取技术侦察措施。依照前款规定获取的材料，只能用于反恐怖主义应对处置和对恐怖活动犯罪、极端主义犯罪的侦查、起诉和审判，不得用于其他用途。

（3）恐怖主义犯罪的证据调查。第49条规定，公安机关接到恐怖活动嫌疑的报告或者发现恐怖活动嫌疑，需要调查核实的，应当迅速进行调查。本法第五章规定了公安机关调查恐怖犯罪的多项取证措施，包括对嫌疑人员进

---

〔1〕　根据2018年4月27日十三届全国人大常委会第二次会议《关于修改〈中华人民共和国国境卫生检疫法〉等六部法律的决定》修正，2018年4月27日中华人民共和国主席令第6号公布，自公布之日起施行。

行盘问、检查、传唤，可以提取或者采集肖像、指纹、虹膜图像等人体生物识别信息和血液、尿液、脱落细胞等生物样本，查询嫌疑人员的存款、汇款、债券、股票、基金份额等财产，可以采取查封、扣押、冻结措施。

（4）证人保护。第76条规定，因报告和制止恐怖活动，在恐怖活动犯罪案件中作证，或者从事反恐怖主义工作，本人或者其近亲属的人身安全面临危险的，经本人或者其近亲属提出申请，公安机关、有关部门应当采取下列一项或者多项保护措施：①不公开真实姓名、住址和工作单位等个人信息；②禁止特定的人接触被保护人员；③对人身和住宅采取专门性保护措施；④变更被保护人员的姓名，重新安排住所和工作单位；⑤其他必要的保护措施。公安机关、有关部门应当采取不公开被保护单位的真实名称、地址，禁止特定的人接近被保护单位，对被保护单位办公、经营场所采取专门性保护措施，以及其他必要的保护措施。

13.《电子商务法》[1]

第62规定了电子商务争议的证明责任，即在电子商务争议处理中，电子商务经营者应当提供原始合同和交易记录。因电子商务经营者丢失、伪造、篡改、销毁、隐匿或者拒绝提供前述资料，致使人民法院、仲裁机构或者有关机关无法查明事实的，电子商务经营者应当承担相应的法律责任。

14.《刑事诉讼法》[2]

（1）适用速裁程序审理的刑事案件证明标准。第222条第1款规定："基层人民法院管辖的可能判处3年有期徒刑以下刑罚的案件，案件事实清楚，证据确实、充分，被告人认罪认罚并同意适用速裁程序的，可以适用速裁程序，由审判员一人独任审判。"这与普通程序的证明标准完全一致，并不因被告人认罪认罚而降低证明标准。

（2）缺席审判案件提起公诉的证明标准。第291条第1款规定："对于贪污贿赂犯罪案件，以及需要及时进行审判，经最高人民检察院核准的严重危害国家安全犯罪、恐怖活动犯罪案件，犯罪嫌疑人、被告人在境外，监察机

---

〔1〕 2018年8月31日十三届全国人大常委会第五次会议通过，2018年8月31日中华人民共和国主席令第7号公布，自2019年1月1日起施行。

〔2〕 根据2018年10月26日十三届全国人大常委会第六次会议《关于修改〈中华人民共和国刑事诉讼法〉的决定》第三次修正，2018年10月26日中华人民共和国主席令第10号公布，自公布之日起施行。

关、公安机关移送起诉，人民检察院认为犯罪事实已经查清，证据确实、充分，依法应当追究刑事责任的，可以向人民法院提起公诉。"这与对席审判案件提起公诉的证明标准完全一致，并不因被告人缺席审判而降低证明标准。

15.《国际刑事司法协助法》[1]

（1）调查取证。

一是向外国请求调查取证。第 25 条规定，办案机关需要外国协助调查取证的，应当制作刑事司法协助请求书并附相关材料，经所属主管机关审核同意后，由对外联系机关及时向外国提出请求。需要外国协助调查取证的事项包括：①查找、辨认有关人员；②查询、核实涉案财物、金融账户信息；③获取并提供有关人员的证言或者陈述；④获取并提供有关文件、记录、电子数据和物品；⑤获取并提供鉴定意见；⑥勘验或者检查场所、物品、人身、尸体；⑦搜查人身、物品、住所和其他有关场所；⑧其他事项。请求外国协助调查取证时，办案机关可以同时请求在执行请求时派员到场。

二是向我国请求调查取证。按照互惠对等原则，第 28、29 条规定，外国可以就上述第 25 条规定的事项请求我国协助调查取证，也可以同时请求在执行请求时派员到场。

（2）安排证人作证或者协助调查。

一是向外国请求安排证人作证或者协助调查。第 31 条规定，办案机关需要外国协助安排证人、鉴定人来我国作证或者通过视频、音频作证，或者协助调查的，应当制作刑事司法协助请求书并附相关材料，经所属主管机关审核同意后，由对外联系机关及时向外国提出请求。第 32 条进一步规定了请求书需要载明的事项，包括：①证人、鉴定人的姓名、性别、住址、身份信息、联系方式和有助于确认证人、鉴定人的其他资料；②作证或者协助调查的目的、必要性、时间和地点等；③证人、鉴定人的权利和义务；④对证人、鉴定人的保护措施；⑤对证人、鉴定人的补助；⑥有助于执行请求的其他材料。

二是向我国请求安排证人作证或者协助调查。按照互惠对等原则，第 36 条规定外国可以请求我国协助安排证人、鉴定人赴外国作证或者通过视频、音频作证，或者协助调查。请求书及所附材料也应当载明上述第 32 条规定的

---

[1]　2018 年 10 月 26 日十三届全国人大常委会第六次会议通过，2018 年 10 月 26 日中华人民共和国主席令第 13 号公布，自公布之日起施行。

事项。从维护国家利益考虑，第 37 条第 2 款规定，安排证人、鉴定人通过视频、音频作证的，主管机关或者办案机关应当派员到场，发现有损害我国主权、安全和社会公共利益以及违反我国法律的基本原则的情形的，应当及时制止。

16. 《职业病防治法》[1]

（1）职业病的推定。第 46 条第 2 款规定，没有证据否定职业病危害因素与病人临床表现之间的必然联系的，应当诊断为职业病。

（2）职业病诊断证明书的形式要件。第 46 条第 3 款规定，职业病诊断证明书应当由参与诊断的取得职业病诊断资格的执业医师签署，并经承担职业病诊断的医疗卫生机构审核盖章。

（3）用人单位和劳动者的证据协助义务。第 47 条第 1 款规定，用人单位应当如实提供职业病诊断、鉴定所需的劳动者职业史和职业病危害接触史、工作场所职业病危害因素检测结果等资料；劳动者和有关机构也应当提供与职业病诊断、鉴定有关的资料。该条第 2 款进一步规定，职业病诊断、鉴定机构需要了解工作场所职业病危害因素情况而对工作场所进行现场调查时，用人单位不得拒绝、阻挠。

（4）职业病的鉴定。第 52 条第 1 款规定，当事人对职业病诊断有异议的，可以向作出诊断的医疗卫生机构所在地地方人民政府卫生行政部门申请鉴定。按照第 48 条第 1 款的规定，职业病鉴定过程中，用人单位不提供工作场所职业病危害因素检测结果等资料的，鉴定机构应当结合劳动者的临床表现、辅助检查结果和劳动者的职业史、职业病危害接触史，并参考劳动者的自述、卫生行政部门提供的日常监督检查信息等，作出职业病鉴定结论。第 52 条第 3 款规定，当事人对鉴定结论不服的，可以向省、自治区、直辖市人民政府卫生行政部门申请再鉴定。

（5）举证责任。第 49 条第 2 款规定，当事人在仲裁过程中对自己提出的主张，有责任提供证据。劳动者无法提供由用人单位掌握管理的与仲裁主张有关的证据的，仲裁庭应当要求用人单位在指定期限内提供；用人单位在指定期限内不提供的，应当承担不利后果。

---

〔1〕 根据 2017 年 11 月 4 日十二届全国人大常委会第三十次会议《关于修改〈中华人民共和国会计法〉等十一部法律的决定》第三次修正，根据 2018 年 12 月 29 日十三届全国人大常委会第七次会议《关于修改〈中华人民共和国劳动法〉等七部法律的决定》第四次修正，中华人民共和国主席令第 24 号公布，自公布之日起生效。

17.《民用航空法》〔1〕

（1）航空货运单的证据性质及其效力。第 118 条规定，航空货运单是航空货物运输合同订立和运输条件以及承运人接受货物的初步证据。航空货运单上关于货物的重量、尺寸、包装和包装件数的说明具有初步证据的效力。除经过承运人和托运人当面查对并在航空货运单上注明经过查对或者书写关于货物的外表情况的说明外，航空货运单上关于货物的数量、体积和情况的说明不能构成不利于承运人的证据。

（2）特定行为的证据性质。第 134 条第 1 款规定，旅客或者收货人收受托运行李或者货物而未提出异议，为托运行李或者货物已经完好交付并与运输凭证相符的初步证据。

（3）航空运输期间的损失推定。第 125 条第 6 款规定，航空运输期间，不包括机场外的任何陆路运输、海上运输、内河运输过程；但是，此种陆路运输、海上运输、内河运输是为了履行航空运输合同而装载、交付或者转运，在没有相反证据的情况下，所发生的损失视为在航空运输期间发生的损失。

（4）赔偿责任限额的除外证明。按照第 132 条的规定，经证明，航空运输中的损失是由于承运人或者其受雇人、代理人的故意或者明知可能造成损失而轻率地作为或者不作为造成的，承运人无权援用有关赔偿责任限制的规定；证明承运人的受雇人、代理人有此种作为或者不作为的，还应当证明该受雇人、代理人是在受雇、代理范围内行事。第 133 条第 3 款进一步规定，经证明，航空运输中的损失是由于承运人的受雇人、代理人的故意或者明知可能造成损失而轻率地作为或者不作为造成的，承运人无权援用有关赔偿责任限制的规定。

（二）司法解释

1.“两院”《关于适用犯罪嫌疑人、被告人逃匿、死亡案件违法所得没收程序若干问题的规定》〔2〕

（1）关于“逃匿”的推定。第 3 条第 2 款规定，犯罪嫌疑人、被告人因

----

〔1〕 根据 2017 年 11 月 4 日十二届全国人大常委会第三十次会议《关于修改〈中华人民共和国会计法〉等十一部法律的决定》第四次修正，根据 2018 年 12 月 29 日十三届全国人大常委会第七次会议《关于修改〈中华人民共和国劳动法〉等七部法律的决定》第五次修正，中华人民共和国主席令第 24 号公布，自公布之日起生效。

〔2〕 2016 年 12 月 26 日由最高人民法院审判委员会第 1705 次会议、最高人民检察院第十二届检察委员会第 59 次会议通过，2017 年 1 月 4 日公布（法释〔2017〕1 号），自 2017 年 1 月 5 日起施行。

意外事故下落不明满 2 年，或者因意外事故下落不明，经有关机关证明其不可能生存的，应当认定为逃匿。

（2）"有证据证明有犯罪事实"的认定标准。按照第 10 条的规定，同时具备以下情形的，应当认定"有证据证明有犯罪事实"：①有证据证明发生了犯罪事实；②有证据证明该犯罪事实是犯罪嫌疑人、被告人实施的；③证明犯罪嫌疑人、被告人实施犯罪行为的证据真实、合法。

（3）利害关系人的举证责任。按照第 13 条第 1 款的规定，利害关系人申请参加诉讼的，应当提供与犯罪嫌疑人、被告人关系的证明材料或者证明其可以对违法所得及其他涉案财产主张权利的证据材料。第 17 条第 2 款进一步规定，在巨额财产来源不明犯罪案件中，利害关系人对违法所得及其他涉案财产虽然主张权利但提供的相关证据没有达到相应证明标准的，应当视为"申请没收的财产属于违法所得及其他涉案财产"。

（4）证据出示与质证。按照第 15 条的规定，在违法所得没收程序法庭调查阶段，出庭的检察人员应当就申请没收的财产属于违法所得及其他涉案财产等相关事实出示、宣读证据。对于确有必要出示但可能妨碍正在或者即将进行的刑事侦查的证据，针对该证据的法庭调查不公开进行。利害关系人及其诉讼代理人对申请没收的财产属于违法所得及其他涉案财产等相关事实及证据有异议的，可以提出意见；对申请没收的财产主张权利的，应当出示相关证据。

2. 最高人民法院《关于审理商标授权确权行政案件若干问题的规定》[1]

（1）证明商标标志的证据。第 19 条第 2、3 款规定，商标标志构成受著作权法保护的作品的，当事人提供的涉及商标标志的设计底稿、原件、取得权利的合同、诉争商标申请日之前的著作权登记证书等，均可以作为证明著作权归属的初步证据。商标公告、商标注册证等可以作为确定商标申请人为有权主张商标标志著作权的利害关系人的初步证据。

（2）新证据的效力。按照第 29 条第 1 款的规定，当事人依据在原行政行为之后新发现的证据，或者在原行政程序中因客观原因无法取得或在规定的期限内不能提供的证据，可以再次提出评审申请。

---

〔1〕 2016 年 12 月 12 日由最高人民法院审判委员会第 1703 次会议通过，2017 年 1 月 10 日公布（法释〔2017〕2 号），自 2017 年 3 月 1 日起施行。

3. 最高人民法院《全面推进审判中心刑诉制度改革意见》[1]

(1) 证据裁判原则。第 1 条规定,坚持证据裁判原则,认定案件事实,必须以证据为根据。重证据,重调查研究,不轻信口供,没有证据不得认定案件事实。

(2) 非法证据排除原则。第 2 条规定,坚持非法证据排除原则,不得强迫任何人证实自己有罪。经审查认定的非法证据,应当依法予以排除,不得作为定案的根据。第 21 条进一步规定,采取刑讯逼供、暴力、威胁等非法方法收集的言词证据,应当予以排除。收集物证、书证不符合法定程序,可能严重影响司法公正,不能补正或者作出合理解释的,对有关证据应当予以排除。

(3) 疑罪从无原则。第 3 条规定,坚持疑罪从无原则,认定被告人有罪,必须达到犯罪事实清楚,证据确实、充分的证明标准。第 8 条第 1 款规定,人民法院在庭前会议中听取控辩双方对案件事实证据的意见后,对明显事实不清、证据不足的案件,可以建议人民检察院补充侦查或者撤回起诉。第 30 条第 2 款规定,定罪证据不足的案件,不能认定被告人有罪,应当作出证据不足、指控的犯罪不能成立的无罪判决。定罪证据确实、充分,量刑证据存疑的,应当作出有利于被告人的认定。

(4) 庭审实质化原则。第 4 条规定,发挥庭审在查明事实、认定证据、保护诉权、公正裁判中的决定性作用,确保诉讼证据出示在法庭、案件事实查明在法庭、诉辩意见发表在法庭、裁判结果形成在法庭。

(5) 庭前会议与证据开示。第 5 条第 1 款规定了庭前会议的条件,即对被告人及其辩护人申请排除非法证据,证据材料较多、案情重大复杂,或者社会影响重大等案件,人民法院可以召开庭前会议。第 6 条第 1 款规定,人民法院可以在庭前会议中组织控辩双方展示证据,听取控辩双方对在案证据的意见,并梳理存在争议的证据。对控辩双方在庭前会议中没有争议的证据,可以在庭审中简化举证、质证。

(6) 庭前会议中申请非法证据排除。第 7 条第 2 款规定,对案件中被告人及其辩护人申请排除非法证据的情形,人民法院可以在庭前会议中核实情况、听取意见。被告人及其辩护人可以撤回排除非法证据的申请;撤回申请

[1] 2017 年 2 月 17 日公布(法发〔2017〕5 号),自公布之日起施行。

后，没有新的线索或者材料，不得再次对有关证据提出排除申请。

（7）控方对证据的撤回及其效力。按照第 7 条第 2 款的规定，在庭前会议中，人民检察院可以决定撤回有关证据；撤回的证据，没有新的理由，不得在庭审中出示。

（8）证据出示与质证。第 11 条规定，证明被告人有罪或者无罪、罪轻或者罪重的证据，都应当在法庭上出示，依法保障控辩双方的质证权。对影响定罪量刑的关键证据和控辩双方存在争议的证据，一般应当单独质证。第 12 条进一步规定，证据未经当庭出示、辨认、质证等法庭调查程序查证属实，不得作为定案的根据。

（9）技侦证据的使用及特殊证人保护。第 13 条规定，采取技术侦查措施收集的证据，当庭质证可能危及有关人员的人身安全，或者可能产生其他严重后果的，应当采取不暴露有关人员身份、不公开技术侦查措施和方法等保护措施。法庭决定在庭外对技术侦查证据进行核实的，可以召集公诉人、侦查人员和辩护律师到场。在场人员应当履行保密义务。

（10）证人出庭作证。①证人出庭作证的条件。第 14 条第 1 款规定，控辩双方对证人证言有异议，人民法院认为证人证言对案件定罪量刑有重大影响的，应当通知证人出庭作证。②强制证人出庭作证。第 14 条第 2 款规定，证人没有正当理由不出庭作证的，人民法院在必要时可以强制证人到庭。③证人作证的特殊方式。第 14 条第 3 款规定，根据案件情况，可以实行远程视频作证。④证人保护措施。第 16 条第 1 款规定，证人因出庭作证，本人或者其近亲属的人身安全面临危险的，人民法院应当采取不公开其真实姓名、住址、工作单位和联系方式等个人信息，或者不暴露其外貌、真实声音等保护措施。必要时，可以建议有关机关采取专门性保护措施。⑤证人经济补偿。第 16 条第 2 款规定，人民法院应当建立证人出庭作证补助专项经费机制，对证人出庭作证所支出的交通、住宿、就餐等合理费用给予补助。

（11）鉴定人出庭作证。第 15 条规定，控辩双方对鉴定意见有异议，人民法院认为鉴定人有必要出庭的，应当通知鉴定人出庭作证。第 29 条第 2 款进一步规定，经人民法院通知，鉴定人拒不出庭作证的，鉴定意见不得作为定案的根据。

（12）质证权保障。第 18 条第 1 款规定，法庭应当依法保障控辩双方在庭审中的发问、质证、辩论等诉讼权利。

（13）证据采纳与排除的理由。第 20 条规定，法庭应当加强裁判说理，通过裁判文书展现法庭审理过程。对控辩双方的意见和争议，应当说明采纳与否的理由。对证据采信、事实认定、定罪量刑等实质性问题，应当阐释裁判的理由和依据。

（14）侦查终结前对证据合法性的调查。第 22 条规定，被告人在侦查终结前接受检察人员对讯问合法性的核查询问时，明确表示侦查阶段不存在刑讯逼供、非法取证情形，在审判阶段又提出排除非法证据申请，法庭经审查对证据收集的合法性没有疑问的，可以驳回申请。检察人员在侦查终结前未对讯问合法性进行核查，或者未对核查过程全程同步录音录像，被告人在审判阶段提出排除非法证据申请，人民法院经审查对证据收集的合法性存在疑问的，应当依法进行调查。

（15）先行当庭调查及其例外。第 23 条规定，法庭决定对证据收集的合法性进行调查的，应当先行当庭调查。但为防止庭审过分迟延，也可以在法庭调查结束前进行调查。

（16）对讯问过程录音录像的审查及其采信。第 24 条规定，法庭对证据收集的合法性进行调查的，应当重视对讯问过程录音录像的审查。讯问笔录记载的内容与讯问录音录像存在实质性差异的，以讯问录音录像为准。对于法律规定应当对讯问过程录音录像的案件，公诉人没有提供讯问录音录像，或者讯问录音录像存在选择性录制、剪接、删改等情形，现有证据不能排除以非法方法收集证据情形的，对有关供述应当予以排除。

（17）侦查人员出庭作证。第 25 条规定，现有证据材料不能证明证据收集合法性的，人民法院可以通知有关侦查人员出庭说明情况。不得以侦查人员签名并加盖公章的说明材料替代侦查人员出庭。经人民法院通知，侦查人员不出庭说明情况，不能排除以非法方法收集证据情形的，对有关证据应当予以排除。

（18）实物证据的辨认、鉴定。第 27 条规定，通过勘验、检查、搜查等方式收集的物证、书证等证据，未通过辨认、鉴定等方式确定其与案件事实的关联的，不得作为定案的根据。

（19）瑕疵证据的补正。第 28 条规定，收集证据的程序、方式存在瑕疵，严重影响证据真实性，不能补正或者作出合理解释的，有关证据不得作为定案的根据。

（20）证人证言的采信与排除。第 29 条第 1 款规定，证人没有出庭作证，其庭前证言真实性无法确认的，不得作为定案的根据。证人当庭作出的证言与其庭前证言矛盾，证人能够作出合理解释，并与相关证据印证的，可以采信其庭审证言；不能作出合理解释，而其庭前证言与相关证据印证的，可以采信其庭前证言。

（21）证明标准。第 30 条第 1 款规定，人民法院作出有罪判决，对于定罪事实应当综合全案证据排除合理怀疑。

4. 最高人民法院《关于内地与香港特别行政区法院就民商事案件相互委托提取证据的安排》[1]

（1）委托取证的机构。第 2 条规定，双方相互委托提取证据，须通过各自指定的联络机关进行。其中，内地指定各高级人民法院为联络机关；香港特别行政区指定香港特别行政区政府政务司司长办公室辖下行政署为联络机关。最高人民法院可以直接通过香港特别行政区指定的联络机关委托提取证据。

（2）委托取证的范围。

一是内地人民法院委托香港特别行政区法院提取证据的范围。按照第 6 条第 1 款的规定，委托取证的范围包括：①讯问证人；②取得文件；③检查、拍摄、保存、保管或扣留财产；④取得财产样品或对财产进行试验；⑤对人进行身体检验。

二是香港特别行政区法院委托内地人民法院提取证据的范围。按照第 6 条第 2 款的规定，委托取证的范围包括：①取得当事人的陈述及证人证言；②提供书证、物证、视听资料及电子数据；③勘验、鉴定。

（3）委托取证的使用限制。第 5 条规定，委托方获得的证据材料只能用于委托书所述的相关诉讼。

5. 最高人民法院《关于依法妥善审理涉及夫妻债务案件有关问题的通知》[2]

（1）证人出庭作证。第 2 条规定，在审理以夫妻一方名义举债的案件中，

---

〔1〕 2016 年 10 月 31 日由最高人民法院审判委员会第 1697 次会议通过，2017 年 2 月 27 日公布（法释〔2017〕4 号），自 2017 年 3 月 1 日起生效。

〔2〕 2017 年 2 月 28 日公布（法〔2017〕48 号），自公布之日起生效。

需要证人出庭作证的，除法定事由外，应当通知证人出庭作证，并要求证人签署保证书，以保证证人证言的真实性。

（2）法院取证。第 2 条规定，在审理以夫妻一方名义举债的案件中，未具名举债一方不能提供证据，但能够提供证据线索的，人民法院应当根据当事人的申请进行调查取证。

（3）对证据的证明力限制。按照第 3 条第 1 款的规定，债权人主张夫妻一方所负债务为夫妻共同债务的，不能仅凭借条、借据等债权凭证就认定存在债务。

（4）自认的效力。按照第 3 条第 2 款的规定，当事人自认并不自动产生自认的法律效力，要求法院在当事人举证基础上，注意依职权查明举债一方作出有悖常理的自认的真实性。

6. 最高人民检察院《未成年人刑事检察工作指引（试行）》[1]

（1）调查笔录的证据规格。第 37 条规定，调查情况应当制作笔录，并由被调查人进行核对。被调查人确认无误，签名后捺手印。以单位名义出具的证明材料，由材料出具人签名，并加盖单位印章。以个人名义出具的证明材料，由材料出具人签名，并附个人身份证复印件。

（2）犯罪记录的证据禁止。第 85 条第 2 款规定，除司法机关为办案需要或者有关单位根据国家规定进行查询的以外，人民检察院不得向任何单位和个人提供封存的犯罪记录，并不得提供未成年人有犯罪记录的证明。

（3）出具无犯罪记录的证明。按照第 88 条的规定，被封存犯罪记录的未成年人本人或者其法定代理人申请为其出具无犯罪记录证明的，公安机关、人民检察院、人民法院应当出具无犯罪记录的证明。

（4）录音录像。

一是讯问嫌疑人录音录像。第 104 条规定，有下列情形之一的，可以对讯问未成年犯罪嫌疑人的过程进行录音录像：①犯罪嫌疑人不认罪的；②犯罪嫌疑人前后供述不一的；③辩护人提出曾受到刑讯逼供、诱供的；④其他必要的情形。录音录像应当全程不间断进行，保持完整性，不得选择性地录制，不得剪接、删改。

二是询问被害人录音录像。第 132 条规定，询问未成年被害人时，一般

〔1〕　2017 年 3 月 2 日公布（高检发未检字〔2017〕1 号），自公布之日起生效。

应当对询问过程进行录音录像，录音录像应当全程不间断进行，保持完整性，不得选择性地录制，不得剪接、删改。

（5）自书供述。第116条规定，未成年犯罪嫌疑人请求自行书写供述的，办案人员应当准许。必要时，办案人员也可以要求其亲笔书写供述。

（6）作证能力评估。按照第138条和第143条的规定，询问年幼的未成年被害人、证人，要认真评估其理解能力和作证能力，并制定交流的基本规则。

（7）未成年人年龄的证据及其认定。第152条规定，对于未成年人年龄证据，一般应当以公安机关加盖公章、附有未成年人照片的户籍证明为准。当户籍证明与其他证据存在矛盾时，应当遵循以下原则：①可以调取医院的分娩记录、出生证明、户口簿、户籍登记底卡、居民身份证、临时居住证、护照、入境证明、港澳居民来往内地通行证、台湾居民来往大陆通行证、中华人民共和国旅行证、学籍卡、计生台帐、防疫证、（家）族谱等证明文件，收集接生人员、邻居、同学等其他无利害关系人的证言，综合审查判断，排除合理怀疑，采纳各证据共同证实的相对一致的年龄。②犯罪嫌疑人不讲真实姓名、住址，年龄不明的，可以委托进行骨龄鉴定或者其他科学鉴定。经审查，鉴定意见能够准确确定犯罪嫌疑人实施犯罪行为时的年龄的，可以作为判断犯罪嫌疑人年龄的证据参考。若鉴定意见不能准确确定犯罪嫌疑人实施犯罪行为时的年龄，而且显示犯罪嫌疑人年龄在法定应负刑事责任年龄上下，但无法查清真实年龄的，应当作出有利于犯罪嫌疑人的认定。

（8）对未成年犯罪嫌疑人批捕的证据审查。第153条规定，人民检察院在审查批准逮捕过程中，应当着重查清以下事实：①现有证据是否足以证明有犯罪事实的发生；②现有证据是否足以证实发生的犯罪事实是犯罪嫌疑人所为；③证明犯罪嫌疑人实施犯罪行为的证据是否已经查证属实。

（9）逮捕的证明标准。第164条第1款规定，人民检察院对有证据证明有犯罪事实，可能判处徒刑以上刑罚的未成年犯罪嫌疑人，采取取保候审尚不足以防止发生下列情形的，应当予以逮捕。本条第2款对"有证据证明有犯罪事实"作出明确解释，是指同时具备下列情形：①有证据证明发生了犯罪事实；②有证据证明该犯罪事实是犯罪嫌疑人实施的；③证明犯罪嫌疑人实施犯罪行为的证据已经查证属实的。

（10）证据不足的处理。①审查批捕时证据不足。第159条第1款规定，对于现有证据不足以证明有犯罪事实，或者不足以证明犯罪行为系未成年犯罪嫌疑人所为的，应当作出不批准逮捕决定。按照第 161 条第 2 款第 2 项的规定，证据不足不批准逮捕案件，人民检察院应当重点围绕证据客观性、关联性、合法性进行说理。证据不足的，应当向公安机关提出补充侦查建议；存在瑕疵证据的，应当要求公安机关说明情况予以补证；因非法证据而予以排除的，应当指出违法行为，并说明排除的理由。②审查起诉时证据不足。第 175 条规定，人民检察院对于二次退回补充侦查的案件，仍然认为证据不足，不符合起诉条件的，经检察长或者检察委员会决定，应当作出不起诉决定。人民检察院对于经过一次退回补充侦查的案件，认为证据不足，不符合起诉条件，且没有退回补充侦查必要的，可以作出不起诉决定。

（11）精神病鉴定。第 172 条规定，在审查起诉过程中，发现未成年犯罪嫌疑人可能存在精神疾患或者智力发育严重迟滞的，人民检察院应当退回公安机关委托或者自行委托鉴定机构对未成年犯罪嫌疑人进行精神病鉴定。未成年犯罪嫌疑人的法定代理人、辩护人或者近亲属以该未成年犯罪嫌疑人可能患有精神疾病而申请对其进行鉴定的，人民检察院应当委托鉴定机构对未成年犯罪嫌疑人进行鉴定，鉴定费用由申请方承担。

（12）提起公诉的证明标准。按照第 206 条的规定，人民检察院对未成年人犯罪案件提起公诉的证明标准犯罪事实清楚，证据确实、充分。按照第 213 条的规定，人民检察院建议人民法院适用简易程序审理的证明标准也是案件事实清楚，证据确实、充分。

7. 最高人民法院《关于国家赔偿监督程序若干问题的规定》[1]

（1）申诉人的举证责任。按照第 5 条第 1 款的规定，赔偿请求人或者赔偿义务机关以有新的证据证明原决定认定的事实确有错误为由提出申诉的，应当同时提交相关证据材料。

（2）新证据及其效力。按照第 12 条的规定，申诉人在申诉阶段提供新的证据，应当说明逾期提供的理由。申诉人提供的新的证据，能够证明原决定认定的基本事实或者处理结果错误的，赔偿委员会应当决定重新审理。

---

[1] 2017 年 2 月 27 日由最高人民法院审判委员会第 1711 次会议通过，2017 年 4 月 20 日公布（法释〔2017〕9 号），自 2017 年 5 月 1 日起施行。

8. 最高人民法院《中国知识产权司法保护纲要（2016—2020)》[1]

本纲要为建立明确统一的知识产权裁判证据效力采信规则体系，提出要适时制定知识产权诉讼证据规则。主要内容包括：根据知识产权自身的无形性、时间性和地域性等特点，借鉴发达国家和地区经验，制定与之相适应的诉讼证据规则，引导当事人诚信诉讼。通过明确举证责任倒置等方式合理分配举证责任，完善诉前诉中证据保全制度，支持当事人积极寻找证据，主动提供证据。探索建立证据披露、证据妨碍排除等规则，明确不同诉讼程序中证据相互采信、司法鉴定效力和证明力等问题，发挥专家辅助人的作用，适当减轻当事人的举证负担，着力破解当事人举证难、司法认定难等问题。

9. "两院三部"《严格排除非法证据规定》[2]

（1）不得强迫自证其罪。第 1 条规定，严禁刑讯逼供和以威胁、引诱、欺骗以及其他非法方法收集证据，不得强迫任何人证实自己有罪。

（2）非法供述排除规则。①刑讯逼供获得供述的排除。第 2 条规定，采取殴打、违法使用戒具等暴力方法或者变相肉刑的恶劣手段，使犯罪嫌疑人、被告人遭受难以忍受的痛苦而违背意愿作出的供述，应当予以排除。②威胁方法获得供述的排除。第 3 条规定，采用以暴力或者严重损害本人及其近亲属合法权益等进行威胁的方法，使犯罪嫌疑人、被告人遭受难以忍受的痛苦而违背意愿作出的供述，应当予以排除。③非法限制人身自由方法获得供述的排除。第 4 条规定，采用非法拘禁等非法限制人身自由的方法收集的犯罪嫌疑人、被告人供述，应当予以排除。

（3）重复性供述的排除及其例外。第 5 条规定，采用刑讯逼供方法使犯罪嫌疑人、被告人作出供述，之后犯罪嫌疑人、被告人受该刑讯逼供行为影响而作出的与该供述相同的重复性供述，应当一并排除，但下列情形除外：①侦查期间，根据控告、举报或者自己发现等，侦查机关确认或者不能排除以非法方法收集证据而更换侦查人员，其他侦查人员再次讯问时告知诉讼权利和认罪的法律后果，犯罪嫌疑人自愿供述的；②审查逮捕、审查起诉和审判期间，检察人员、审判人员讯问时告知诉讼权利和认罪的法律后果，犯罪嫌疑人、被告人自愿供述的。

---

〔1〕 2017 年 4 月 20 日公布（法发〔2017〕13 号），自公布之日起生效。

〔2〕 2017 年 6 月 20 日公布（法发〔2017〕15 号），自 2017 年 6 月 27 日起施行。

（4）非法的证人证言、被害人陈述的排除。第 6 条规定，采用暴力、威胁以及非法限制人身自由等非法方法收集的证人证言、被害人陈述，应当予以排除。

（5）非法物证、书证的排除。第 7 条规定，收集物证、书证不符合法定程序，可能严重影响司法公正的，应当予以补正或者作出合理解释；不能补正或者作出合理解释的，对有关证据应当予以排除。

（6）录音录像。第 10 条第 1 款规定侦查人员在讯问犯罪嫌疑人的时候，可以对讯问过程进行录音录像；对于可能判处无期徒刑、死刑的案件或者其他重大犯罪案件，应当对讯问过程进行录音录像。第 11 条进一步规定，对讯问过程录音录像，应当不间断进行，保持完整性，不得选择性地录制，不得剪接、删改。

（7）侦查阶段的非法证据排除。第 14 条第 1、2 款规定，犯罪嫌疑人及其辩护人在侦查期间可以向人民检察院申请排除非法证据。对犯罪嫌疑人及其辩护人提供相关线索或者材料的，人民检察院应当调查核实。对确有以非法方法收集证据情形的，人民检察院应当向侦查机关提出纠正意见。侦查机关对审查认定的非法证据，应当予以排除，不得作为提请批准逮捕、移送审查起诉的根据。第 15 条第 1 款进一步规定，对侦查终结的案件，侦查机关应当全面审查证明证据收集合法性的证据材料，依法排除非法证据。排除非法证据后，证据不足的，不得移送审查起诉。

（8）审查逮捕、审查起诉阶段的非法证据排除。第 16 条规定，人民检察院审查逮捕、审查起诉期间讯问犯罪嫌疑人，应当告知其有权申请排除非法证据。第 17 条规定，犯罪嫌疑人及其辩护人申请排除非法证据，并提供相关线索或者材料的，人民检察院应当调查核实。发现侦查人员以刑讯逼供等非法方法收集证据的，应当依法排除相关证据并提出纠正意见，必要时人民检察院可以自行调查取证。人民检察院对审查认定的非法证据，应当予以排除，不得作为批准或者决定逮捕、提起公诉的根据。被排除的非法证据应当随案移送，并写明为依法排除的非法证据。

（9）审判阶段的非法证据排除。

一是申请排除非法证据的时间。第 23 条第 2 款规定，被告人及其辩护人申请排除非法证据，应当在开庭审理前提出，但在庭审期间发现相关线索或者材料等情形除外。第 29 条第 1 款进一步规定，被告人及其辩护人在开庭审理前未申请排除非法证据，在法庭审理过程中提出申请的，应当说明理由。

二是被告方的初步举证责任。第 20 条规定，犯罪嫌疑人、被告人及其辩护人申请排除非法证据，应当提供涉嫌非法取证的人员、时间、地点、方式、内容等相关线索或者材料。第 24 条进一步规定，被告人及其辩护人在开庭审理前申请排除非法证据，未提供相关线索或者材料，不符合法律规定的申请条件的，人民法院对申请不予受理。

三是庭前会议排除非法证据。第 25 条第 1 款规定，被告人及其辩护人在开庭审理前申请排除非法证据，按照法律规定提供相关线索或者材料的，人民法院应当召开庭前会议。人民检察院应当通过出示有关证据材料等方式，有针对性地对证据收集的合法性作出说明。人民法院可以核实情况，听取意见。第 26 条规定，公诉人、被告人及其辩护人在庭前会议中对证据收集是否合法未达成一致意见，人民法院对证据收集的合法性有疑问的，应当在庭审中进行调查；人民法院对证据收集的合法性没有疑问，且没有新的线索或者材料表明可能存在非法取证的，可以决定不再进行调查。

四是侦查人员出庭作证。第 27 条规定，被告人及其辩护人申请人民法院通知侦查人员或者其他人员出庭，人民法院认为现有证据材料不能证明证据收集的合法性，确有必要通知上述人员出庭作证或者说明情况的，可以通知上述人员出庭。第 31 条第 3 款规定，侦查人员或者其他人员出庭，应当向法庭说明证据收集过程，并就相关情况接受发问。

五是先行当庭调查及其例外。第 30 条规定，庭审期间，法庭决定对证据收集的合法性进行调查的，应当先行当庭调查。但为防止庭审过分迟延，也可以在法庭调查结束前进行调查。

六是证据合法性的证明方式。第 31 条第 1 款规定，公诉人对证据收集的合法性加以证明，可以出示讯问笔录、提讯登记、体检记录、采取强制措施或者侦查措施的法律文书、侦查终结前对讯问合法性的核查材料等证据材料，有针对性地播放讯问录音录像，提请法庭通知侦查人员或者其他人员出庭说明情况。本条第 2 款规定，被告人及其辩护人可以出示相关线索或者材料，并申请法庭播放特定时段的讯问录音录像。

七是证据合法性的庭外调查。第 32 条规定，法庭对控辩双方提供的证据有疑问的，可以宣布休庭，对证据进行调查核实。必要时，可以通知公诉人、辩护人到场。第 33 条进一步规定，法庭对证据收集的合法性进行调查后，应当当庭作出是否排除有关证据的决定。在法庭作出是否排除有关证据的决定前，不得对有关证据宣读、质证。

八是排除非法证据的证明标准。第 34 条第 1 款规定："经法庭审理，确认存在本规定所规定的以非法方法收集证据情形的，对有关证据应当予以排除。"

九是证据的非法性推定。第 34 条第 1 款规定："法庭根据相关线索或者材料对证据收集的合法性有疑问，而人民检察院未提供证据或者提供的证据不能证明证据收集的合法性，不能排除存在本规定所规定的以非法方法收集证据情形的，对有关证据应予以排除。"据此，当证据的合法性难以或者不能证明时，可以推定该证据为非法，对有关证据予以排除。

十是排除非法证据的效力。第 34 条第 2 款规定，对依法予以排除的证据，不得宣读、质证，不得作为判决的根据。

十一是非法证据排除与无罪判决。第 35 条规定："人民法院排除非法证据后，案件事实清楚，证据确实、充分，依据法律认定被告人有罪的，应当作出有罪判决；证据不足，不能认定被告人有罪的，应当作出证据不足、指控的犯罪不能成立的无罪判决；案件部分事实清楚，证据确实、充分的，依法认定该部分事实。"据此，排除非法证据后并不意味着判决被告人无罪，但这里没有说明，被排除的非法证据对有罪事实认定是否会产生影响。

（10）第二审程序中的非法证据排除。第 38 条规定，人民检察院、被告人及其法定代理人提出抗诉、上诉，对第一审人民法院有关证据收集合法性的审查、调查结论提出异议的，第二审人民法院应当审查。被告人及其辩护人在第一审程序中未申请排除非法证据，在第二审程序中提出申请的，应当说明理由。第二审人民法院应当审查。人民检察院在第一审程序中未出示证据证明证据收集的合法性，第一审人民法院依法排除有关证据的，人民检察院在第二审程序中不得出示之前未出示的证据，但在第一审程序后发现的除外。第 40 条第 2 款规定，第一审人民法院对依法应当排除的非法证据未予排除的，第二审人民法院可以依法排除非法证据。

（11）审判监督程序、死刑复核程序中的非法证据排除。按照第 41 条的规定，审判监督程序、死刑复核程序中对证据收集合法性的审查、调查，参照上述规定。

10. 最高人民法院、司法部《关于开展刑事案件律师辩护全覆盖试点工作的办法》[1]

（1）保障辩护律师取证、举证和质证的证据权利。第 13 条规定，人民法院应当依法保障辩护律师的知情权、申请权、申诉权，以及会见、阅卷、收集证据和发问、质证、辩论等方面的执业权利，为辩护律师履行职责，包括查阅、摘抄、复制案卷材料等提供便利。

（2）申请法院取证。第 16 条规定，辩护律师申请人民法院收集、调取证据的，人民法院应当在 3 日以内作出是否同意的决定，并通知辩护律师。人民法院同意的，应当及时收集、调取相关证据。人民法院不同意的，应当说明理由；辩护律师要求书面答复的，应当书面说明理由。

（3）申请证人、鉴定人、有专门知识的人出庭作证。第 17 条规定，被告人、辩护律师申请法庭通知证人、鉴定人、有专门知识的人出庭作证的，法庭认为有必要的应当同意；法庭不同意的，应当书面向被告人及辩护律师说明理由。

（4）辩护律师的证据性义务。第 21 条规定，辩护律师不得帮助被告人隐匿、毁灭、伪造证据或者串供，威胁、引诱证人作伪证。

11. 最高人民法院《人民法院办理刑事案件庭前会议规程（试行）》[2]

（1）召开庭前会议的条件。第 1 条第 1、3 款规定，人民法院适用普通程序审理刑事案件，对于证据材料较多、案情疑难复杂、社会影响重大或者控辩双方对事实证据存在较大争议等情形的，可以决定在开庭审理前召开庭前会议。被告人及其辩护人在开庭审理前申请排除非法证据，并依照法律规定提供相关线索或者材料的，人民法院应当召开庭前会议。

（2）庭前会议解决的证据事项。第 2 条规定，庭前会议中，人民法院可以依法处理出庭证人名单、非法证据排除等可能导致庭审中断的事项，组织控辩双方展示证据。第 10 条第 1 款进一步规定，庭前会议中，承办法官可以就下列事项向控辩双方了解情况，听取意见：是否申请排除非法证据；是否申请提供新的证据材料；是否申请重新鉴定或者勘验；是否申请调取在侦查、审查起诉期间公安机关、人民检察院收集但未随案移送的证明被告人无罪或

---

[1] 2017 年 10 月 9 日公布（司发通〔2017〕106 号），自公布之日起生效。

[2] 2017 年 11 月 27 日公布（法发〔2017〕31 号），自 2018 年 1 月 1 日起试行。

者罪轻的证据材料；是否申请向证人或有关单位、个人收集、调取证据材料；是否申请证人、鉴定人、侦查人员、有专门知识的人出庭，是否对出庭人员名单有异议。

（3）非法证据排除。第 14 条规定，被告人及其辩护人在开庭审理前申请排除非法证据，并依照法律规定提供相关线索或者材料的，人民检察院应当在庭前会议中通过出示有关证据材料等方式，有针对性地对证据收集的合法性作出说明。被告人及其辩护人可以撤回排除非法证据的申请，撤回申请后，没有新的线索或者材料，不得再次对有关证据提出排除申请。控辩双方在庭前会议中对证据收集的合法性未达成一致意见，人民法院应当开展庭审调查，但公诉人提供的相关证据材料确实、充分，能够排除非法取证情形，且没有新的线索或者材料表明可能存在非法取证的，庭审调查举证、质证可以简化。

（4）证据撤回。第 14 条第 2 款规定，人民检察院可以撤回有关证据，撤回的证据，没有新的理由，不得在庭审中出示。

（5）法院取证。第 16 条规定，被告人及其辩护人书面申请调取公安机关、人民检察院在侦查、审查起诉期间收集但未随案移送的证明被告人无罪或者罪轻的证据材料，并提供相关线索或者材料的，人民法院应当调取，并通知人民检察院在收到调取决定书后 3 日内移交。被告人及其辩护人申请向证人或有关单位、个人收集、调取证据材料，应当说明理由。人民法院经审查认为有关证据材料可能影响定罪量刑的，应当准许；认为有关证据材料与案件无关或者明显重复、没有必要的，可以不予准许。

（6）证人、鉴定人、侦查人员、有专门知识的人出庭作证。第 17 条规定，控辩双方申请证人、鉴定人、侦查人员、有专门知识的人出庭，应当说明理由。人民法院经审查认为理由成立的，应当通知有关人员出庭。控辩双方对出庭证人、鉴定人、侦查人员、有专门知识的人的名单有异议，人民法院经审查认为异议成立的，应当依法作出处理；认为异议不成立的，应当依法驳回。人民法院通知证人、鉴定人、侦查人员、有专门知识的人等出庭后，应当告知控辩双方协助有关人员到庭。

（7）证据开示。①证据开示的范围。按照第 18 条第 1 款的规定，控方负全面开示义务，即"召开庭前会议前，人民检察院应当将全部证据材料移送人民法院"。辩方负有限开示义务，即"被告人及其辩护人应当将收集的有关被告人不在犯罪现场、未达到刑事责任年龄、属于依法不负刑事责任的精神病人等证明被告人无罪或者依法不负刑事责任的全部证据材料提交人民法院"。②证据开示的效力。第19条第2款规定，对于控辩双方在庭前会议中没有争议的证据材料，庭审时举证、质证可以简化。

（8）证据不足的处理。第22条规定，人民法院在庭前会议中听取控辩双方对案件事实证据的意见后，对于明显事实不清、证据不足的案件，可以建议人民检察院补充材料或者撤回起诉。建议撤回起诉的案件，人民检察院不同意的，人民法院开庭审理后，没有新的事实和理由，一般不准许撤回起诉。

12. 最高人民法院《人民法院办理刑事案件排除非法证据规程（试行）》[1]

（1）非法供述的排除。第1条第1款规定，采用下列非法方法收集的被告人供述，应当予以排除：①采用殴打、违法使用戒具等暴力方法或者变相肉刑的恶劣手段，使被告人遭受难以忍受的痛苦而违背意愿作出的供述；②采用以暴力或者严重损害本人及其近亲属合法权益等进行威胁的方法，使被告人遭受难以忍受的痛苦而违背意愿作出的供述；③采用非法拘禁等非法限制人身自由的方法收集的被告人供述。

（2）重复性供述的排除及其例外。第1条第2款规定，采用刑讯逼供方法使被告人作出供述，之后被告人受该刑讯逼供行为影响而作出的与该供述相同的重复性供述，应当一并排除，但下列情形除外：①侦查期间，根据控告、举报或者自己发现等，侦查机关确认或者不能排除以非法方法收集证据而更换侦查人员，其他侦查人员再次讯问时告知诉讼权利和认罪的法律后果，被告人自愿供述的；②审查逮捕、审查起诉和审判期间，检察人员、审判人员讯问时告知诉讼权利和认罪的法律后果，被告人自愿供述的。

（3）非法证人证言、被害人陈述的排除。第2条规定，采用暴力、威胁以及非法限制人身自由等非法方法收集的证人证言、被害人陈述，应当予以排除。

（4）非法物证、书证的排除。第3条规定，采用非法搜查、扣押等违反法定程序的方法收集物证、书证，可能严重影响司法公正的，应当予以补正或者作出合理解释；不能补正或者作出合理解释的，对有关证据应当予以排除。

---

〔1〕 2017年11月27日公布（法发〔2017〕31号），自2018年1月1日起试行。

（5）排除非法证据的效力。第4条规定，依法予以排除的非法证据，不得宣读、质证，不得作为定案的根据。

（6）辩方的初步举证责任。第5条第1款规定，被告人及其辩护人申请排除非法证据，应当提供相关线索或者材料。"线索"是指内容具体、指向明确的涉嫌非法取证的人员、时间、地点、方式等；"材料"是指能够反映非法取证的伤情照片、体检记录、医院病历、讯问笔录、讯问录音录像或者同监室人员的证言等。第10条第2款进一步规定，被告人及其辩护人申请排除非法证据，未提供相关线索或者材料的，人民法院应当告知其补充提交。被告人及其辩护人未能补充的，人民法院对申请不予受理。

（7）证据合法性的举证责任。第6条规定，证据收集合法性的举证责任由人民检察院承担。人民检察院未提供证据，或者提供的证据不能证明证据收集的合法性，经过法庭审理，确认或者不能排除以非法方法收集证据情形的，对有关证据应当予以排除。

（8）申请排除非法证据的时间。第9条规定，被告人及其辩护人申请排除非法证据，应当在开庭审理前提出，但在庭审期间发现相关线索或者材料等情形除外。

（9）开庭前对证据的合法性审查。第7条第1款规定，开庭审理前，承办法官应当阅卷，并对证据收集的合法性进行审查，内容包括：①被告人在侦查、审查起诉阶段是否提出排除非法证据申请；提出申请的，是否提供相关线索或者材料；②侦查机关、人民检察院是否对证据收集的合法性进行调查核实；调查核实的，是否作出调查结论；③对于重大案件，人民检察院驻看守所检察人员在侦查终结前是否核查讯问的合法性，是否对核查过程同步录音录像；进行核查的，是否作出核查结论；④对于人民检察院在审查逮捕、审查起诉阶段排除的非法证据，是否随案移送并写明为依法排除的非法证据。

（10）庭前会议。

一是对证据的合法性审查的步骤。第12条规定，在庭前会议中，人民法院对证据收集的合法性进行审查的，一般按照以下步骤进行：①被告人及其辩护人说明排除非法证据的申请及相关线索或者材料；②公诉人提供证明证据收集合法性的证据材料；③控辩双方对证据收集的合法性发表意见；④控辩双方对证据收集的合法性未达成一致意见的，审判人员归纳争议焦点。

二是证据合法性的证明方式。第13条规定，在庭前会议中，人民检察院应当通过出示有关证据材料等方式，有针对性地对证据收集的合法性作出说明。人民法院可以对有关材料进行核实，经控辩双方申请，可以有针对性地播放讯问录音录像。

三是证据撤回。第 14 条第 1 款规定，在庭前会议中，人民检察院可以撤回有关证据。撤回的证据，没有新的理由，不得在庭审中出示。

四是非法证据排除申请的撤回。第 14 条第 2 款规定，被告人及其辩护人可以撤回排除非法证据的申请。撤回申请后，没有新的线索或者材料，不得再次对有关证据提出排除申请。

五是对证据合法性无争议之合意的效力。第 15 条规定，控辩双方在庭前会议中对证据收集的合法性达成一致意见的，法庭应当在庭审中向控辩双方核实并当庭予以确认。对于一方在庭审中反悔的，除有正当理由外，法庭一般不再进行审查。控辩双方在庭前会议中对证据收集的合法性未达成一致意见，人民法院应当在庭审中进行调查，但公诉人提供的相关证据材料确实、充分，能够排除非法取证情形，且没有新的线索或者材料表明可能存在非法取证的，庭审调查举证、质证可以简化。

（11）对庭上申请排除非法证据的限制。第 17 条规定，被告人及其辩护人在开庭审理前未申请排除非法证据，在庭审过程中提出申请的，应当说明理由。人民法院经审查，对证据收集的合法性有疑问的，应当进行调查；没有疑问的，应当驳回申请。人民法院驳回排除非法证据的申请后，被告人及其辩护人没有新的线索或者材料，以相同理由再次提出申请的，人民法院不再审查。

（12）先行当庭调查及其例外。第 18 条第 1 款规定，人民法院决定对证据收集的合法性进行法庭调查的，应当先行当庭调查。对于被申请排除的证据和其他犯罪事实没有关联等情形，为防止庭审过分迟延，可以先调查其他犯罪事实，再对证据收集的合法性进行调查。为防止误导，本条第 2 款规定，在对证据收集合法性的法庭调查程序结束前，不得对有关证据宣读、质证。

（13）法庭对证据合法性调查的步骤。第 19 条规定，法庭决定对证据收集的合法性进行调查的，一般按照以下步骤进行：①召开庭前会议的案件，法庭应当在宣读起诉书后，宣布庭前会议中对证据收集合法性的审查情况，以及控辩双方的争议焦点；②被告人及其辩护人说明排除非法证据的申请及相关线索或者材料；③公诉人出示证明证据收集合法性的证据材料，被告人及其辩护人可以对相关证据进行质证，经审判长准许，公诉人、辩护人可以向出庭的侦查人员或者其他人员发问；④控辩双方对证据收集的合法性进行辩论。

（14）庭审中证据合法性的证明方式。第 20 条第 1 款规定，公诉人对证据收集的合法性加以证明，可以出示讯问笔录、提讯登记、体检记录、采取强制措施或者侦查措施的法律文书、侦查终结前对讯问合法性的核查材料等证据材料，也可以针对被告人及其辩护人提出异议的讯问时段播放讯问录音录像，提请法庭通知侦查人员或者其他人员出庭说明情况。不得以侦查人员签名并加盖公章的说明材料替代侦查人员出庭。

（15）辩方举证和申请取证。第 21 条第 1、2 款规定，被告人及其辩护人可以出示相关线索或者材料，并申请法庭播放特定讯问时段的讯问录音录像。被告人及其辩护人向人民法院申请调取侦查机关、人民检察院收集但未提交的讯问录音录像、体检记录等证据材料，人民法院经审查认为该证据材料与证据收集的合法性有关的，应当予以调取；认为与证据收集的合法性无关的，应当决定不予调取，并向被告人及其辩护人说明理由。

（16）法庭对证据合法性的调查。第 22 条规定，法庭对证据收集的合法性进行调查的，应当重视对讯问录音录像的审查，重点审查以下内容：①讯问录音录像是否依法制作。对于可能判处无期徒刑、死刑的案件或者其他重大犯罪案件，是否对讯问过程进行录音录像。②讯问录音录像是否完整。是否对每一次讯问过程录音录像，录音录像是否全程不间断进行，是否有选择性录制、剪接、删改等情形。③讯问录音录像是否同步制作。录音录像是否自讯问开始时制作，至犯罪嫌疑人核对讯问笔录、签字确认后结束；讯问笔录记载的起止时间是否与讯问录音录像反映的起止时间一致。④讯问录音录像与讯问笔录的内容是否存在差异。对与定罪量刑有关的内容，讯问笔录记载的内容与讯问录音录像是否存在实质性差异，存在实质性差异的，以讯问录音录像为准。

（17）侦查人员出庭作证。按照第 20 条第 1 款和第 21 条第 3 款的规定，公诉人、被告人及其辩护人均有权申请人民法院通知侦查人员或者其他人员出庭说明情况。人民法院认为确有必要的，可以通知上述人员出庭。第 23 条规定，侦查人员或者其他人员出庭的，应当向法庭说明证据收集过程，并就相关情况接受发问。对发问方式不当或者内容与证据收集的合法性无关的，法庭应当制止。经人民法院通知，侦查人员不出庭说明情况，不能排除以非法方法收集证据情形的，对有关证据应当予以排除。

（18）庭外调查核实证据。第 24 条规定，人民法院对控辩双方提供的证据来源、内容等有疑问的，可以告知控辩双方补充证据或者作出说明；必要时，可以宣布休庭，对证据进行调查核实。法庭调查核实证据，可以通知控辩双方到场，并将核实过程记录在案。对于控辩双方补充的和法庭庭外调查核实取得的证据，未经当庭出示、质证等法庭调查程序查证属实，不得作为证明证据收集合法性的根据。第 25 条规定，人民法院对证据收集的合法性进行调查后，应当当庭作出是否排除有关证据的决定。

（19）非法证据排除的标准，第 26 条规定，经法庭审理，具有下列情形之一的，对有关证据应当予以排除：①确认以非法方法收集证据的；②应当对讯问过程录音录像的案件没有提供讯问录音录像，或者讯问录音录像存在选择性录制、剪接、删改等情形，现有证据不能排除以非法方法收集证据的；③侦查机关除紧急情况外没有在规定的办案场所讯问，现有证据不能排除以非法方法收集证据的；④驻看守所检察人员在重大案件侦查终结前未对讯问合法性进行核查，或者未对核查过程同步录音录像，或者录音录像存在选择性录制、剪接、删改等情形，现有证据不能排除以非法方法收集证据的；⑤其他不能排除存在以非法方法收集证据的。

（20）第二审程序中的非法证据排除。

一是启动非法证据排除程序的情形。第 29 条规定，人民检察院、被告人及其法定代理人提出抗诉、上诉，对第一审人民法院有关证据收集合法性的审查、调查结论提出异议的，第二审人民法院应当审查。第 30 条规定，被告人及其辩护人在第一审程序中未提出排除非法证据的申请，在第二审程序中提出申请，有下列情形之一的，第二审人民法院应当审查：①第一审人民法院没有依法告知被告人申请排除非法证据的权利的；②被告人及其辩护人在第一审庭审后发现涉嫌非法取证的相关线索或者材料的。

二是控方举证及其限制。第 31 条规定，人民检察院应当在第一审程序中全面出示证明证据收集合法性的证据材料。人民检察院在第一审程序中未出示证明证据收集合法性的证据，第一审人民法院依法排除有关证据的，人民检察院在第二审程序中不得出示之前未出示的证据，但在第一审程序后发现的除外。

　　三是排除非法证据。第 34 条规定，第一审人民法院对依法应当排除的非法证据未予排除的，第二审人民法院可以依法排除相关证据。

　　四是排除非法证据的后果。第 34 条规定，排除非法证据后，应当按照下列情形分别作出处理：①原判决认定事实和适用法律正确、量刑适当的，应当裁定驳回上诉或者抗诉，维持原判；②原判决认定事实没有错误，但适用法律有错误，或者量刑不当的，应当改判；③原判决事实不清或者证据不足的，可以在查清事实后改判；也可以裁定撤销原判，发回原审人民法院重新审判。

　　（21）审判监督程序、死刑复核程序中的非法证据排除。按照第 35 条的规定，审判监督程序、死刑复核程序中对证据收集合法性的审查、调查，参照上述规定。

　　13. 最高人民法院《刑事一审普通程序法庭调查规程（试行）》[1]

　　（1）证据裁判原则。第 1 条规定，法庭应当坚持证据裁判原则。认定案件事实，必须以证据为根据。法庭调查应当以证据调查为中心，法庭认定并依法排除的非法证据，不得宣读、质证。证据未经当庭出示、宣读、辨认、质证等法庭调查程序查证属实，不得作为定案的根据。

　　（2）举证责任分配的原则。第 2 条规定，人民检察院依法承担被告人有罪的举证责任，被告人不承担证明自己无罪的责任。

　　（3）自白任意性规则。第 7 条第 1 款规定，对于被告人当庭认罪的案件，应当核实被告人认罪的自愿性和真实性，听取其供述和辩解。

　　（4）对质。①被告人之间的对质。第 8 条第 1、2 款规定，有多名被告人的案件，对被告人的讯问应当分别进行。被告人供述之间存在实质性差异的，法庭可以传唤有关被告人到庭对质。审判长可以分别讯问被告人，就供述的实质性差异进行调查核实。经审判长准许，控辩双方可以向被告人讯问、发问。审判长认为有必要的，可以准许被告人之间相互发问。②被告人与证人、被害人的对质。本条第 3 款规定，根据案件审理需要，审判长可以安排被告人与证人、被害人进行对质。③证人之间的对质。第 24 条规定，证人证言之间存在实质性差异的，法庭可以传唤有关证人到庭对质。审判长可以分别询问证人，就证言的实质性差异进行调查核实。经审判长准许，控辩双方可以

---

　　[1]　2017 年 11 月 27 日公布（法发〔2017〕31 号），自 2018 年 1 月 1 日起试行。

向证人发问。审判长认为有必要的，可以准许证人之间相互发问。

（5）申请证人出庭作证。第 12 条规定，控辩双方可以申请法庭通知证人出庭。被害人及其法定代理人、诉讼代理人，附带民事诉讼原告人及其诉讼代理人也可以申请证人出庭作证。

（6）法院依职权通知证人出庭。按照第 13 条第 4 款的规定，为查明案件事实、调查核实证据，人民法院可以依职权通知证人到庭。

（7）证人出庭作证的条件。第 13 条第 1 款规定，控辩双方对证人证言有异议，申请证人出庭，人民法院经审查认为证人证言对案件定罪量刑有重大影响的，应当通知证人出庭。

（8）证人作证特殊方式。第 14 条第 1、2 款规定，应当出庭作证的证人，在庭审期间因身患严重疾病等客观原因确实无法出庭的，可以通过视频等方式作证。证人视频作证的，发问、质证参照证人出庭作证的程序进行。

（9）强制证人到庭。第 15 条规定，人民法院通知出庭的证人，无正当理由拒不出庭的，可以强制其出庭，但是被告人的配偶、父母、子女除外。强制证人出庭的，应当由院长签发强制证人出庭令，并由法警执行。必要时，可以商请公安机关协助执行。

（10）证人保护。按照第 16 条第 1 款规定证人因出庭作证，本人或者其近亲属的人身安全面临危险的，人民法院应当采取不公开其真实姓名、住址和工作单位等个人信息，或者不暴露其外貌、真实声音等保护措施。

（11）证人经济补偿。第 17 条规定，证人出庭作证所支出的交通、住宿、就餐等合理费用，除由控辩双方支付的以外，列入出庭作证补助专项经费，在出庭作证后由人民法院依照规定程序发放。

（12）证人作证能力审查。按照第 18 条第 1 款规定，证人出庭，法庭应当当庭核实其身份、与当事人以及本案的关系，审查证人的作证能力，并告知其有关作证的权利义务和法律责任。

（13）签署如实作证保证书。第 18 条第 2 款规定，证人作证前，应当保证向法庭如实提供证言，并在保证书上签名。

（14）对证人的交叉询问。第 19 条规定，证人出庭后，先向法庭陈述证言，然后先由举证方发问；发问完毕后，对方也可以发问。根据案件审理需要，也可以先由申请方发问。控辩双方向证人发问完毕后，可以发表本方对证人证言的质证意见。控辩双方如有新的问题，经审判长准许，可以再行向证人发问。审判人员认为必要时，可以询问证人。法庭依职权通知证人出庭的情形，审判人员应当主导对证人的询问。经审判长准许，被告人可以向证人发问。

（15）向证人发问应当遵循的规则。第20条规定，向证人发问应当遵循以下规则：①发问内容应当与案件事实有关；②不得采用诱导方式发问；③不得威胁或者误导证人；④不得损害证人人格尊严；⑤不得泄露证人个人隐私。第21条规定，控辩一方发问方式不当或者内容与案件事实无关，违反有关发问规则的，对方可以提出异议。对方当庭提出异议的，发问方应当说明发问理由，审判长判明情况予以支持或者驳回；对方未当庭提出异议的，审判长也可以根据情况予以制止。第22条规定，审判长认为证人当庭陈述的内容与案件事实无关或者明显重复的，可以进行必要的提示。

（16）多名证人出庭作证。第23条第1、2款规定，有多名证人出庭作证的案件，向证人发问应当分别进行。多名证人出庭作证的，应当在法庭指定的地点等候，不得谈论案情，必要时可以采取隔离等候措施。证人出庭作证后，审判长应当通知法警引导其退庭。证人不得旁听对案件的审理。

（17）庭前证言的使用限制及其例外。第25条规定，证人出庭作证的，其庭前证言一般不再出示、宣读，但下列情形除外：①证人出庭作证时遗忘或者遗漏庭前证言的关键内容，需要向证人作出必要提示的；②证人的当庭证言与庭前证言存在矛盾，需要证人作出合理解释的。为核实证据来源、证据真实性等问题，或者帮助证人回忆，经审判长准许，控辩双方可以在询问证人时向其出示物证、书证等证据。

（18）被害人、鉴定人、侦查人员出庭作证。按照第12～14、16～18、27条等条文的规定，被害人、鉴定人、侦查人员、有专门知识的人出庭作证及对他们的发问，参照适用证人的有关规定。

（19）专家辅助人出庭。第26条规定，控辩双方可以申请法庭通知有专门知识的人出庭，协助本方就鉴定意见进行质证。有专门知识的人可以与鉴定人同时出庭，在鉴定人作证后向鉴定人发问，并对案件中的专门性问题提出意见。申请有专门知识的人出庭，应当提供人员名单，并不得超过2人。有多种类鉴定意见的，可以相应增加人数。第27条第2款规定，同一鉴定意见由多名鉴定人作出，有关鉴定人以及对该鉴定意见进行质证的有专门知识的人，可以同时出庭，不受分别发问规则的限制。

（20）举证、质证顺序。第28条规定，开庭讯问、发问结束后，公诉人先行举证。公诉人举证完毕后，被告人及其辩护人举证。公诉人出示证据后，经审判长准许，被告人及其辩护人可以有针对性地出示证据予以反驳。控辩一方举证后，对方可以发表质证意见。必要时，控辩双方可以对争议证据进行多轮质证。被告人及其辩护人认为公诉人出示的有关证据对本方诉讼主张有利的，可以在发表质证意见时予以认可，或者在发表辩护意见时直接援引有关证据。

（21）对证据的合法性审查。第30条规定，法庭应当重视对证据收集合法性的审查，对证据收集的合法性有疑问的，应当调查核实证明取证合法性的证据材料。对于被告人及其辩护人申请排除非法证据，依法提供相关线索或者材料，法庭对证据收集的合法性有疑问，决定进行调查的，一般应当先行当庭调查。

（22）举证、质证方式。第31条规定，对于可能影响定罪量刑的关键证据和控辩双方存在争议的证据，一般应当单独举证、质证，充分听取质证意见。对于控辩双方无异议的非关键性证据，举证方可以仅就证据的名称及其证明的事项作出说明，对方可以发表质证意见。召开庭前会议的案件，举证、质证可以按照庭前会议确定的方式进行。根据案件审理需要，法庭可以对控辩双方的举证、质证方式进行必要的提示。

（23）原始证据优先规则。第32条规定，物证、书证、视听资料、电子数据等证据，应当出示原物、原件。取得原物、原件确有困难的，可以出示照片、录像、副本、复制件等足以反映原物、原件外形和特征以及真实内容的材料，并说明理由。对于鉴定意见和勘验、检查、辨认、侦查实验等笔录，应当出示原件。

（24）实物证据的出示。第33条规定，控辩双方出示证据，应当重点围绕与案件事实相关的内容或者控辩双方存在争议的内容进行。出示证据时，可以借助多媒体设备等方式出示、播放或者演示证据内容。

（25）言词证据的提出。第34条规定，控辩双方对证人证言、被害人陈述、鉴定意见无异议，有关人员不需要出庭的，或者有关人员因客观原因无法出庭且无法通过视频等方式作证的，可以出示、宣读庭前收集的书面证据材料或者作证过程录音录像。被告人当庭供述与庭前供述的实质性内容一致的，可以不再出示庭前供述；当庭供述与庭前供述存在实质性差异的，可以出示、宣读庭前供述中存在实质性差异的内容。

（26）技侦证据的出示与质证。第 35 条规定，采用技术侦查措施收集的证据，应当当庭出示。当庭出示、辨认、质证可能危及有关人员的人身安全，或者可能产生其他严重后果的，应当采取不暴露有关人员身份、不公开技术侦查措施和方法等保护措施。法庭决定在庭外对技术侦查证据进行核实的，可以召集公诉人和辩护律师到场。在场人员应当履行保密义务。

（27）庭外调查核实证据。第 36 条规定，法庭对证据有疑问的，可以告知控辩双方补充证据或者作出说明；必要时，可以在其他证据调查完毕后宣布休庭，对证据进行调查核实。法庭调查核实证据，可以通知控辩双方到场，并将核实过程记录在案。对于控辩双方补充的和法庭庭外调查核实取得的证据，应当经过庭审质证才能作为定案的根据。但是，对于不影响定罪量刑的非关键性证据和有利于被告人的量刑证据，经庭外征求意见，控辩双方没有异议的除外。

（28）新证据的提出。第 37 条第 1 款规定，控辩双方申请出示庭前未移送或提交人民法院的证据，对方提出异议的，申请方应当说明理由，法庭经审查认为理由成立并确有出示必要的，应当准许。第 38 条规定，法庭审理过程中，控辩双方申请通知新的证人到庭，调取新的证据，申请重新鉴定或者勘验的，应当提供证人的基本信息、证据的存放地点，说明拟证明的案件事实、要求重新鉴定或者勘验的理由。法庭认为有必要的，应当同意，并宣布延期审理；不同意的，应当说明理由并继续审理。

（29）证据调查的不公开方式。第 39 条规定，公开审理案件时，控辩双方提出涉及国家秘密、商业秘密或者个人隐私的证据的，法庭应当制止。有关证据确与本案有关的，可以根据具体情况，决定将案件转为不公开审理，或者对相关证据的法庭调查不公开进行。

（30）向人民检察院调取证据。第 41 条规定，人民法院向人民检察院调取需要调查核实的证据材料，或者根据被告人及其辩护人的申请，向人民检察院调取在侦查、审查起诉期间收集的有关被告人无罪或者罪轻的证据材料，应当通知人民检察院在收到调取证据材料决定书后 3 日内移交。第 43 条第 1 款规定，审判期间，被告人及其辩护人提出有自首、坦白、立功等法定量刑情节，或者人民法院发现被告人可能有上述法定量刑情节，而人民检察院移送的案卷中没有相关证据材料的，应当通知人民检察院移送。

（31）认证的一般原则。第 45 条规定，经过控辩双方质证的证据，法庭应当结合控辩双方质证意见，从证据与待证事实的关联程度、证据之间的印证联系、证据自身的真实性程度等方面，综合判断证据能否作为定案的根据。证据与待证事实没有关联，或者证据自身存在无法解释的疑问，或者证据与待证事实以及其他证据存在无法排除的矛盾的，不得作为定案的根据。

（32）物证、书证等证据的排除。第 46 条第 1 款规定，通过勘验、检查、搜查等方式收集的物证、书证等证据，未通过辨认、鉴定等方式确定其与案件事实的关联的，不得作为定案的根据。第 47 条规定，收集证据的程序、方式不符合法律规定，严重影响证据真实性的，人民法院应当建议人民检察院予以补正或者作出合理解释；不能补正或者作出合理解释的，有关证据不得作为定案的根据。

（33）证人证言的排除。第 48 条第 1 款规定，证人没有出庭作证，其庭前证言真实性无法确认的，不得作为定案的根据。

（34）证人证言前后不一致的处理。第 48 条第 2 款规定，证人当庭作出的证言与其庭前证言矛盾，证人能够作出合理解释，并与相关证据印证的，应当采信其庭审证言；不能作出合理解释，而其庭前证言与相关证据印证的，可以采信其庭前证言。

（35）被告人供述前后不一致的处理。第 50 条规定，被告人的当庭供述与庭前供述、自书材料存在矛盾，被告人能够作出合理解释，并与相关证据印证的，应当采信其当庭供述；不能作出合理解释，而其庭前供述、自书材料与相关证据印证的，可以采信其庭前供述、自书材料。法庭应当结合讯问录音录像对讯问笔录进行全面审查。讯问笔录记载的内容与讯问录音录像存在实质性差异的，以讯问录音录像为准。

（36）鉴定意见的采信与排除。第 49 条规定，经人民法院通知，鉴定人拒不出庭作证的，鉴定意见不得作为定案的根据。有专门知识的人当庭对鉴定意见提出质疑，鉴定人能够作出合理解释，并与相关证据印证的，应当采信鉴定意见；不能作出合理解释，无法确认鉴定意见可靠性的，有关鉴定意见不能作为定案的根据。

（37）证明标准。第 52 条规定，法庭认定被告人有罪，必须达到犯罪事实清楚，证据确实、充分，对于定罪事实应当综合全案证据排除合理怀疑。

（38）疑罪从无与疑刑从轻。第 52 条规定，定罪证据不足的案件，不能认定被告人有罪，应当作出证据不足、指控的犯罪不能成立的无罪判决。定罪证据确实、充分，量刑证据存疑的，应当作出有利于被告人的认定。

14. 最高人民法院《审理医疗损害责任纠纷案件的解释》[1]

（1）患者的举证责任。

一是医疗损害后果的举证责任。①按照第4条第1款的规定，患者就其在诊疗活动中因医疗机构及其医务人员有过错受到损害而依法主张医疗机构承担赔偿责任的，应当提交到该医疗机构就诊（医患法律关系的证据）、受到损害的证据（损害后果的证据）。同时，按照第5条第1款的规定，实施手术、特殊检查、特殊治疗造成损害，患者主张医疗机构承担赔偿责任的，应当提交到该医疗机构就诊、受到损害的证据。②医疗产品损害的举证责任。医疗产品损害虽实行无过错原则，但按照第7条第1款的规定，因药品、消毒药剂、医疗器械的缺陷，或者输入不合格的血液造成患者损害，患者请求赔偿的，应当提交使用医疗产品或者输入血液、受到损害的证据。

二是医疗损害中关于医疗过错以及因果关系的举证责任。按照第4条第2款的规定，患者无法提交医疗机构及其医务人员有过错、诊疗行为与损害之间具有因果关系的证据，依法提出医疗损害鉴定申请的，人民法院应予准许。按照第7条第2款的规定，患者无法提交使用医疗产品或者输入血液与损害之间具有因果关系的证据，依法申请鉴定的，人民法院应予准许。

（2）医疗机构的举证责任。

一是对于抗辩事由的举证责任。第4条第3款规定，医疗机构主张不承担责任的，应当就《侵权责任法》第60条第1款规定情形等抗辩事由承担举证证明责任，具体包括：①患者或者其近亲属不配合医疗机构进行符合诊疗规范的诊疗；②医务人员在抢救生命垂危的患者等紧急情况下已经尽到合理诊疗义务；③限于当时的医疗水平难以诊疗。

二是对于履行说明义务的举证责任。按照第5条第2款的规定，除法定情形外，对于实施手术、特殊检查、特殊治疗的，医疗机构应当承担说明义务并取得患者或者患者近亲属书面同意。只要医疗机构提交患者或者患者近亲属书面同意证据的，人民法院即可以认定医疗机构尽到说明义务，但患者

---

[1]　2017年3月27日由最高人民法院审判委员会第1713次会议通过，2017年12月13日公布（法释〔2017〕20号），自2017年12月14日起施行。

有相反证据足以反驳的除外。

三是医疗产品损害的举证责任。按照第 7 条第 3 款的规定，医疗机构，医疗产品的生产者、销售者或者血液提供机构主张不承担责任的，应当对医疗产品不存在缺陷或者血液合格等抗辩事由承担举证证明责任。

（3）医疗损害鉴定。

一是鉴定启动方式有两种，即依申请启动和依职权启动。第 8 条规定，当事人依法申请对医疗损害责任纠纷中的专门性问题进行鉴定的，人民法院应予准许。当事人未申请鉴定，人民法院对前款规定的专门性问题认为需要鉴定的，应当依职权委托鉴定。

二是鉴定人的选任。第 9 条规定，当事人申请医疗损害鉴定的，由双方当事人协商确定鉴定人。当事人就鉴定人无法达成一致意见，人民法院提出确定鉴定人的方法，当事人同意的，按照该方法确定；当事人不同意的，由人民法院指定。鉴定人应当从具备相应鉴定能力、符合鉴定要求的专家中确定。

三是委托鉴定。第 10 条规定，委托医疗损害鉴定的，当事人应当按照要求提交真实、完整、充分的鉴定材料。提交的鉴定材料不符合要求的，人民法院应当通知当事人更换或者补充相应材料。在委托鉴定前，人民法院应当组织当事人对鉴定材料进行质证。第 11 条第 1、3 款规定，委托鉴定书，应当有明确的鉴定事项和鉴定要求。鉴定人应当按照委托鉴定的事项和要求进行鉴定。鉴定要求包括鉴定人的资质、鉴定人的组成、鉴定程序、鉴定意见、鉴定期限等。

四是鉴定意见的因果关系表述。第 12 条规定，鉴定意见可以按照导致患者损害的全部原因、主要原因、同等原因、次要原因、轻微原因或者与患者损害无因果关系，表述诊疗行为或者医疗产品等造成患者损害的原因力大小。

五是鉴定人出庭作证。第 13 条规定，鉴定意见应当经当事人质证。当事人申请鉴定人出庭作证，经人民法院审查同意，或者人民法院认为鉴定人有必要出庭的，应当通知鉴定人出庭作证。双方当事人同意鉴定人通过书面说明、视听传输技术或者视听资料等方式作证的，可以准许。鉴定人因健康原因、自然灾害等不可抗力或者其他正当理由不能按期出庭的，可以延期开庭；经人民法院许可，也可以通过书面说明、视听传输技术或者视听资料等方式作证。无上述理由，鉴定人拒绝出庭作证，当事人对鉴定意见又不认可的，对该鉴定意见不予采信。

六是专家辅助人出庭。第 14 条规定，当事人申请通知 1 至 2 名具有医学专门知识的人出庭，对鉴定意见或者案件的其他专门性事实问题提出意见，人民法院准许的，应当通知具有医学专门知识的人出庭。具有医学专门知识的人提出的意见，视为当事人的陈述，经质证可以作为认定案件事实的根据。

七是自行委托鉴定的效力。第 15 条规定，当事人自行委托鉴定人作出的医疗损害鉴定意见，其他当事人认可的，可予采信。当事人共同委托鉴定人作出的医疗损害鉴定意见，一方当事人不认可的，应当提出明确的异议内容和理由。经审查，有证据足以证明异议成立的，对鉴定意见不予采信；异议不成立的，应予采信。

15. 最高人民法院新《行政诉讼法解释》[1]

（1）被告延期举证及逾期举证的后果。第 34 条规定，被告申请延期提供证据的，应当在收到起诉状副本之日起 15 日内以书面方式向人民法院提出。人民法院准许延期提供的，被告应当在正当事由消除后 15 日内提供证据。逾期提供的，视为被诉行政行为没有相应的证据。

（2）原告延期举证及逾期举证的后果。第 35 条规定，原告或者第三人应当在开庭审理前或者人民法院指定的交换证据清单之日提供证据。因正当事由申请延期提供证据的，经人民法院准许，可以在法庭调查中提供。逾期提供证据的，人民法院应当责令其说明理由；拒不说明理由或者理由不成立的，视为放弃举证权利。原告或者第三人在第一审程序中无正当事由未提供而在第二审程序中提供的证据，人民法院不予接纳。

（3）举证期限延长。第 36 条规定，当事人申请延长举证期限，应当在举证期限届满前向人民法院提出书面申请。申请理由成立的，人民法院应当准许，适当延长举证期限，并通知其他当事人。申请理由不成立的，人民法院不予准许，并通知申请人。

（4）补充证据。第 37 条规定，对当事人无争议，但涉及国家利益、公共利益或者他人合法权益的事实，人民法院可以责令当事人提供或者补充有关证据。

---

〔1〕　2017 年 11 月 13 日最高人民法院审判委员会第 1726 次会议通过，2018 年 2 月 6 日公布（法释〔2018〕1 号），自 2018 年 2 月 8 日起施行。

（5）证据交换及其效力。第 38 条规定，对于案情比较复杂或者证据数量较多的案件，人民法院可以组织当事人在开庭前向对方出示或者交换证据，并将交换证据清单的情况记录在卷。当事人在庭前证据交换过程中没有争议并记录在卷的证据，经审判人员在庭审中说明后，可以作为认定案件事实的依据。

（6）申请法院取证。第 39 条规定，当事人申请调查收集证据，但该证据与待证事实无关联、对证明待证事实无意义或者其他无调查收集必要的，人民法院不予准许。

（7）证人出庭作证。①证人如实作证。第 40 条第 1 款规定，人民法院在证人出庭作证前应当告知其如实作证的义务以及作伪证的法律后果。②证人出庭作证费用的承担。第 40 条第 2 款规定，证人因履行出庭作证义务而支出的交通、住宿、就餐等必要费用以及误工损失，由败诉一方当事人承担。

（8）行政执法人员出庭作证。第 41 条规定，有下列情形之一，原告或者第三人要求相关行政执法人员出庭说明的，人民法院可以准许：①对现场笔录的合法性或者真实性有异议的；②对扣押财产的品种或者数量有异议的；③对检验的物品取样或者保管有异议的；④对行政执法人员身份的合法性有异议的；⑤需要出庭说明的其他情形。第 44 条第 1 款规定，人民法院认为有必要的，可以要求行政机关执法人员到庭，就案件有关事实接受询问。

（9）定案证据的属性。第 42 条规定："能够反映案件真实情况、与待证事实相关联、来源和形式符合法律规定的证据，应当作为认定案件事实的根据。"据此，作为定案根据的证据，应当具有真实性、关联性和合法性。

（10）非法证据的范围。第 43 条规定，下列证据属于"以非法手段取得的证据"：①严重违反法定程序收集的证据材料；②以违反法律强制性规定的手段获取且侵害他人合法权益的证据材料；③以利诱、欺诈、胁迫、暴力等手段获取的证据材料。

（11）如实陈述保证书。按照第 44 条的规定，当事人本人或者行政机关执法人员到庭就案件有关事实接受询问之前，人民法院可以要求其签署保证书。保证书应当载明据实陈述、如有虚假陈述愿意接受处罚等内容。当事人或者行政机关执法人员应当在保证书上签名或者捺印。负有举证责任的当事人拒绝到庭、拒绝接受询问或者拒绝签署保证书，待证事实又欠缺其他证据加以佐证的，人民法院对其主张的事实不予认定。

（12）原告举证禁止。第 45 条规定，被告有证据证明其在行政程序中依照法定程序要求原告或者第三人提供证据，原告或者第三人依法应当提供而没有提供，在诉讼程序中提供的证据，人民法院一般不予采纳。

（13）持有证据拒不提供的不利推定。第 46 条规定，原告或者第三人确有证据证明被告持有的证据对原告或者第三人有利的，可以在开庭审理前书面申请人民法院责令行政机关提交。申请理由成立的，人民法院应当责令行政机关提交，因提交证据所产生的费用，由申请人预付。行政机关无正当理由拒不提交的，人民法院可以推定原告或者第三人基于该证据主张的事实成立。持有证据的当事人以妨碍对方当事人使用为目的，毁灭有关证据或者实施其他致使证据不能使用行为的，人民法院可以推定对方当事人基于该证据主张的事实成立，并可依照《行政诉讼法》的有关规定追究法律责任。

（14）行政赔偿、补偿案件的举证责任。第 47 条规定，在行政赔偿、补偿案件中，因被告的原因导致原告无法就损害情况举证的，应当由被告就该损害情况承担举证责任。对于各方主张损失的价值无法认定的，应当由负有举证责任的一方当事人申请鉴定，但法律、法规、规章规定行政机关在作出行政行为时依法应当评估或者鉴定的除外；负有举证责任的当事人拒绝申请鉴定的，由其承担不利的法律后果。当事人的损失因客观原因无法鉴定的，人民法院应当结合当事人的主张和在案证据，遵循法官职业道德，运用逻辑推理和生活经验、生活常识等，酌情确定赔偿数额。

16. 最高人民检察院《人民检察院刑事抗诉工作指引》[1]

（1）事实认定错误抗诉的情形。按照第 9 条第 1 款第 1 项的规定，事实认定错误是指以下情形：①刑事判决、裁定认定的事实与证据证明的事实不一致的；②认定的事实与裁判结论有矛盾的；③有新的证据证明原判决、裁定认定的事实确有错误的。

（2）证据采信错误抗诉的情形。按照第 9 条第 1 款第 2 项的规定，证据采信错误是指以下情形：①刑事判决、裁定据以认定案件事实的证据不确实的；②据以定案的证据不足以认定案件事实，或者所证明的案件事实与裁判结论之间缺乏必然联系的；③据以定案的证据依法应当作为非法证据予以排

---

〔1〕　2017 年 7 月 4 日最高人民检察院第十二届检察委员会第 66 次会议通过，2018 年 2 月 14 日公布（高检发诉字〔2018〕2 号），自公布之日起执行。

除而未被排除的；④不应当排除的证据作为非法证据被排除或者不予采信的；⑤据以定案的主要证据之间存在矛盾，无法排除合理怀疑的；⑥因被告人翻供、证人改变证言而不采纳依法收集并经庭审质证为合法、有效的其他证据，判决无罪或者改变事实认定的；⑦犯罪事实清楚，证据确实、充分，但人民法院以证据不足为由判决无罪或者改变事实认定的。

（3）认定事实、采信证据一般不抗诉的情形。按照第10条第1款第1项的规定，原审判决或裁定认定事实、采信证据有下列情形之一的一般不提出抗诉：①被告人提出罪轻、无罪辩解或者翻供后，认定犯罪性质、情节或者有罪的证据之间的矛盾无法排除，导致人民法院未认定起诉指控罪名或者相关犯罪事实的；②刑事判决改变起诉指控罪名，导致量刑差异较大，但没有足够证据或者法律依据证明人民法院改变罪名错误的；③案件定罪事实清楚，因有关量刑情节难以查清，人民法院在法定刑幅度内从轻处罚的；④依法排除非法证据后，证明部分或者全部案件事实的证据达不到确实、充分的标准，人民法院不予认定该部分案件事实或者判决无罪的。

（4）对事实和证据的审查原则。第11条规定，审查刑事抗诉案件，应当坚持全案审查和重点审查相结合原则，并充分听取辩护人的意见。重点审查抗诉主张在事实、法律上的依据以及支持抗诉主张的证据是否具有合法性、客观性和关联性。

（5）对事实的审查。按照第12条第1项的规定，对刑事抗诉案件的事实，应当重点审查以下内容：①犯罪动机、目的是否明确；②犯罪手段是否清楚；③与定罪量刑有关的事实、情节是否查明；④犯罪的危害后果是否查明；⑤行为和结果之间是否存在刑法上的因果关系。

（6）按照第12条第2项的规定，对刑事抗诉案件的证据，应当重点审查以下内容：①认定犯罪主体的证据是否确实、充分；②认定犯罪事实的证据是否确实、充分；③涉及犯罪性质、认定罪名的证据是否确实、充分；④涉及量刑情节的证据是否确实、充分；⑤提出抗诉的刑事案件，支持抗诉意见的证据是否具备合法性、客观性和关联性；⑥抗诉证据之间、抗诉意见与抗诉证据之间是否存在矛盾；⑦抗诉证据是否确实、充分。

（7）补充调查核实证据。第14条规定，办理刑事抗诉案件，应当讯问原审被告人，并根据案件需要复核或者补充相关证据。需要原侦查机关补充收集证据的，可以要求原侦查机关补充收集。被告人、辩护人提出自首、立功等可能影响定罪量刑的材料和线索的，人民检察院可以依照管辖规定交侦查机关调查核实，也可以自行调查核实。发现遗漏罪行或者同案犯罪嫌疑人的，应当建议侦查机关侦查。根据案件具体情况，可以向侦查人员调查了解原案的发破案、侦查取证活动等情况。在对涉及专门技术问题的证据材料进行审查时，可以委托检察技术人员或者其他具有专门知识的人员进行文证审查，或者请其提供咨询意见。检察技术人员、具有专门知识的人员出具的审查意见或者咨询意见应当附卷，并在案件审查报告中说明。

（8）死刑案件的证据调查核实。第15条规定，人民检察院办理死刑抗诉案件，应当重点开展下列工作：①讯问原审被告人，听取原审被告人的辩解；②必要时听取辩护人的意见；③复核主要证据，必要时询问证人；④必要时补充收集证据；⑤对鉴定意见有疑问的，可以重新鉴定或者补充鉴定；⑥根据案件情况，可以听取被害人的意见。

（9）讯问被告人。第43条第1~3款规定，检察员在审判长的主持下讯问被告人。讯问应当围绕抗诉理由以及对原审判决、裁定认定事实有争议的部分进行，对没有异议的事实不再全面讯问。讯问时应当先就原审被告人过去所作的供述和辩解是否属实进行讯问。如果被告人回答不属实，应当讯问哪些不属实。针对翻供，可以讯问翻供理由，利用被告人供述的前后矛盾进行讯问，或者适时举出相关证据予以反驳。对被告人供述和辩解不清、不全、前后矛盾，或者供述和辩解明显不合情理，或者供述和辩解与已查证属实的证据相矛盾的问题，应当讯问。与案件无关、被告人已经供述清楚或者无争议的问题，不再讯问。

（10）证人、鉴定人、有专门知识的人出庭作证。第44条规定，证人、鉴定人、有专门知识的人需要出庭的，人民检察院应当申请人民法院通知并安排出庭作证。对于经人民法院通知而未到庭的证人或者出庭后拒绝作证的证人的证言笔录，检察员应当当庭宣读。对于经人民法院通知而未到庭的证人的证言笔录存在疑问、确实需要证人出庭作证，且可以强制其到庭的，检察员应当建议人民法院强制证人到庭作证和接受质证。向证人发问，应当先由提请通知的一方进行；发问时可以要求证人就其所了解的与案件有关的事实进行陈述，也可以直接发问。发问完毕后，经审判长准许，对方也可以发问。检察员对证人发问，应当针对证言中有遗漏、矛盾、模糊不清和有争议的内容，并着重围绕与定罪量刑紧密相关的事实进行。发问应当采取一问一答的形式，做到简洁清楚。证人进行虚假陈述的，应当通过发问澄清事实，必要时还应当出示、宣读证据配合发问。询问鉴定人、有专门知识的人参照询问证人的规定进行。

（11）证据出示与质证。第45条第1款规定，需要出示、宣读、播放原审期间已移交人民法院的证据的，出庭的检察员可以申请法庭出示、宣读、播放。第47条规定，检察员对辩护人在法庭上出示的证据材料，应当积极参与质证。质证时既要对辩护人所出示证据材料的真实性发表意见，也要注意辩护人的举证意图。如果辩护人运用该证据材料所说明的观点不能成立，应当及时予以反驳。对辩护人、当事人、原审被告人出示的新的证据材料，检察员认为必要时，可以进行讯问、质证，并就该证据材料的合法性、证明力提出意见。

（12）新证据的出示与质证。第46条规定，审判人员通过调查核实取得并当庭出示的新证据，检察员应当进行质证。

17. 最高人民法院《关于人民法院办理仲裁裁决执行案件若干问题的规定》[1]

（1）案外人的举证责任。第9条第1项规定，案外人向人民法院申请不予执行仲裁裁决或者仲裁调解书的，应当提交申请书以及证明其请求成立的证据材料，并有证据证明仲裁案件当事人恶意申请仲裁或者虚假仲裁，损害其合法权益。

（2）裁决所根据的证据是伪造的情形。按照第15条的规定，符合下列条件的，人民法院应当认定为《民事诉讼法》第237条第2款第4项规定的"裁决所根据的证据是伪造的"情形：①该证据已被仲裁裁决采信；②该证据属于认定案件基本事实的主要证据；③该证据经查明确属通过捏造、变造、提供虚假证明等非法方式形成或者获取，违反证据的客观性、关联性、合法性要求。

（3）足以影响公正裁决的证据的情形。第16条规定，符合下列条件的，人民法院应当认定为《民事诉讼法》第237条第2款第5项规定的"对方当事人向仲裁机构隐瞒了足以影响公正裁决的证据的"情形：①该证据属于认

---

[1] 2018年1月5日由最高人民法院审判委员会第1730次会议通过，2018年2月22日公布（法释〔2018〕5号），自2018年3月1日起施行。

定案件基本事实的主要证据；②该证据仅为对方当事人掌握，但未向仲裁庭提交；③仲裁过程中知悉存在该证据，且要求对方当事人出示或者请求仲裁庭责令其提交，但对方当事人无正当理由未予出示或者提交。当事人一方在仲裁过程中隐瞒已方掌握的证据，仲裁裁决作出后以己方所隐瞒的证据足以影响公正裁决为由申请不予执行仲裁裁决的，人民法院不予支持。

18. "两院"《关于检察公益诉讼案件适用法律若干问题的解释》[1]

（1）收集证据。第 6 条规定，人民检察院办理公益诉讼案件，可以向有关行政机关以及其他组织、公民调查收集证据材料；有关行政机关以及其他组织、公民应当配合；需要采取证据保全措施的，依照民事诉讼法、行政诉讼法相关规定办理。

（2）民事公益诉讼的举证责任。第 14 条规定，人民检察院提起民事公益诉讼应当提交下列材料：①民事公益诉讼起诉书，并按照被告人数提出副本；②被告的行为已经损害社会公共利益的初步证明材料；③检察机关已经履行公告程序的证明材料。

（3）行政公益诉讼的举证责任。第 22 条规定，人民检察院提起行政公益诉讼应当提交下列材料：①行政公益诉讼起诉书，并按照被告人数提出副本；②被告违法行使职权或者不作为，致使国家利益或者社会公共利益受到侵害的证明材料；③检察机关已经履行诉前程序，行政机关仍不依法履行职责或者纠正违法行为的证明材料。

19. 最高人民法院、最高人民检察院、公安部、司法部《关于办理恐怖活动和极端主义犯罪案件适用法律若干问题的意见》[2]

（1）主观故意中"明知"的推定。第 1 条第 7 款第 4 项规定，非法持有宣扬恐怖主义、极端主义物品罪主观故意中的"明知"，应当根据案件具体情况，以行为人实施的客观行为为基础，结合其一贯表现，具体行为、程度、手段、事后态度，以及年龄、认知和受教育程度、所从事的职业等综合审查判断。具有下列情形之一，行为人不能做出合理解释的，可以认定其"明知"，但有证据证明确属被蒙骗的除外：①曾因实施恐怖活动、极端主义违法

---

〔1〕　2018 年 2 月 23 日最高人民法院审判委员会第 1734 次会议、2018 年 2 月 11 日最高人民检察院第十二届检察委员会第 73 次会议通过，2018 年 3 月 1 日公布（法释〔2018〕6 号），自 2018 年 3 月 2 日起施行。

〔2〕　2018 年 3 月 16 日公布（高检会〔2018〕1 号），自公布之日起施行。

犯罪被追究刑事责任，或者 2 年内受过行政处罚，或者被责令改正后又实施的；②在执法人员检查时，有逃跑、丢弃携带物品或者逃避、抗拒检查等行为，在其携带、藏匿或者丢弃的物品中查获宣扬恐怖主义、极端主义的物品的；③采用伪装、隐匿、暗语、手势、代号等隐蔽方式制作、散发、持有宣扬恐怖主义、极端主义的物品的；④以虚假身份、地址或者其他虚假方式办理托运，寄递手续，在托运、寄递的物品中查获宣扬恐怖主义、极端主义的物品的；⑤有其他证据足以证明行为人应当知道的情形。

（2）电子数据。第 2 条第 4 款规定，恐怖活动和极端主义犯罪案件初查过程中收集提取的电子数据，以及通过网络在线提取的电子数据，可以作为证据使用。对于原始存储介质位于境外或者远程计算机信息系统上的恐怖活动和极端主义犯罪电子数据，可以通过网络在线提取。必要时，可以对远程计算机信息系统进行网络远程勘验。立案后，经设区的市一级以上公安机关负责人批准，可以采取技术侦查措施。对于恐怖活动和极端主义犯罪电子数据量大或者提取时间长等需要冻结的，经县级以上公安机关负责人或者检察长批准，可以进行冻结。对于电子数据涉及的专门性问题难以确定的，由具备资格的司法鉴定机构出具鉴定意见，或者由公安部指定的机构出具报告。

20. 最高人民检察院《关于指派、聘请有专门知识的人参与办案若干问题的规定（试行）》[1]

（1）有专门知识的人和专门知识的定义。第 2 条规定，"有专门知识的人"是指运用专门知识参与人民检察院的办案活动，协助解决专门性问题或者提出意见的人，但不包括以鉴定人身份参与办案的人。"专门知识"是指特定领域内的人员理解和掌握的、具有专业技术性的认识和经验等。

（2）有专门知识的人的选任。第 3 条规定，人民检察院可以指派、聘请有鉴定资格的人员，或者经本院审查具备专业能力的其他人员，作为有专门知识的人参与办案。有下列情形之一的人员，不得作为有专门知识的人参与办案：①因违反职业道德，被主管部门注销鉴定资格、撤销鉴定人登记，或者吊销其他执业资格、近 3 年以内被处以停止执业处罚的；②无民事行为能力或者限制民事行为能力的；③近 3 年以内违反本规定第 18 条至第 21 条规定

---

[1] 2018 年 2 月 11 日最高人民检察院第十二届检察委员会第 73 次会议通过，2018 年 4 月 3 日公布（高检发释字〔2018〕1 号），自公布之日起试行。

的；④以办案人员等身份参与过本案办理工作的；⑤不宜作为有专门知识的人参与办案的其他情形。

（3）资格审查。第 4 条规定，人民检察院聘请检察机关以外的人员作为有专门知识的人参与办案，应当核实其有效身份证件和能够证明具有鉴定资格或者经本院审查具备专业能力的材料。

（4）专家库。第 5 条规定，具备条件的人民检察院可以明确专门部门，负责建立有专门知识的人推荐名单库。

（5）回避。第 6 条规定，有专门知识的人的回避，适用有关鉴定人回避的规定。

（6）职责范围。

一是收集证据。第 7 条规定，人民检察院办理刑事案件需要收集证据的，可以指派、聘请有专门知识的人开展下列工作：①在检察官的主持下进行勘验或者检查；②就需要鉴定、但没有法定鉴定机构的专门性问题进行检验；③其他必要的工作。

二是出具审查意见。第 8 条规定，人民检察院在审查起诉时，发现涉及专门性问题的证据材料有下列情形之一的，可以指派、聘请有专门知识的人进行审查，出具审查意见：①对定罪量刑有重大影响的；②与其他证据之间存在无法排除的矛盾的；③就同一专门性问题有两份或者两份以上的鉴定意见，且结论不一致的；④当事人、辩护人、诉讼代理人有异议的；⑤其他必要的情形。

三是协助公诉人做好出庭准备工作。第 9 条规定，人民检察院在人民法院决定开庭后，可以指派、聘请有专门知识的人，协助公诉人做好下列准备工作：①掌握涉及专门性问题证据材料的情况；②补充审判中可能涉及的专门知识；③拟定讯问被告人和询问证人、鉴定人、其他有专门知识的人的计划；④拟定出示、播放、演示涉及专门性问题证据材料的计划；⑤制定质证方案；⑥其他必要的工作。

（7）出庭作证。第 10 条规定，刑事案件法庭审理中，人民检察院可以申请人民法院通知有专门知识的人出庭，就鉴定人作出的鉴定意见提出意见。

（8）法庭审理中的辅助工作。第 11 条规定，刑事案件法庭审理中，公诉人出示、播放、演示涉及专门性问题的证据材料需要协助的，人民检察院可以指派、聘请有专门知识的人进行操作。

（9）公益诉讼中的职责。

一是收集证据。第 12 条规定，人民检察院在对公益诉讼案件决定立案和调查收集证据时，就涉及专门性问题的证据材料或者专业问题，可以指派、聘请有专门知识的人协助开展下列工作：①对专业问题进行回答、解释、说明；②对涉案专门性问题进行评估、审计；③对涉及复杂、疑难、特殊技术问题的鉴定事项提出意见；④在检察官的主持下勘验物证或者现场；⑤对行政执法卷宗材料中涉及专门性问题的证据材料进行审查；⑥其他必要的工作。

二是出庭作证。第 13 条规定，公益诉讼案件法庭审理中，人民检察院可以申请人民法院通知有专门知识的人出庭，就鉴定人作出的鉴定意见或者专业问题提出意见。

（10）参与其他案件。除了上述刑事诉讼和公益诉讼案件外，按照第 14 条的规定，人民检察院在下列办案活动中，需要指派、聘请有专门知识的人的，可以适用本规定：①办理控告、申诉、国家赔偿或者国家司法救助案件；②办理监管场所发生的被监管人重伤、死亡案件；③办理民事、行政诉讼监督案件；④检察委员会审议决定重大案件和其他重大问题；⑤需要指派、聘请有专门知识的人的其他办案活动。

（11）参与办案享有的必要条件。第 15 条规定，人民检察院应当为有专门知识的人参与办案提供下列必要条件：①介绍与涉案专门性问题有关的情况；②提供涉及专门性问题的证据等案卷材料；③明确要求协助或者提出意见的问题；④有专门知识的人参与办案所必需的其他条件。

（12）本人及其近亲属的安全保护。第 16 条规定，人民检察院依法保障接受指派、聘请参与办案的有专门知识的人及其近亲属的安全。对有专门知识的人及其近亲属进行威胁、侮辱、殴打、打击报复等，构成违法犯罪的，人民检察院应当移送公安机关处理；情节轻微的，予以批评教育、训诫。

（13）必要的费用和报酬。第 17 条规定，有专门知识的人因参与办案而支出的交通、住宿、就餐等费用，由人民检察院承担。对于聘请的有专门知识的人，应当给予适当报酬。上述费用从人民检察院办案业务经费中列支。

（14）法律责任。①遵守法律，恪守职业道德。第 18 条规定，有专门知识的人参与办案，应当遵守法律规定，遵循技术标准和规范，恪守职业道德，坚持客观公正原则。②保密义务。第 19 条规定，有专门知识的人应当保守参与办案中所知悉的国家秘密、商业秘密、个人隐私以及其他不宜公开的内容。

③保管义务。第20条规定，有专门知识的人应当妥善保管、使用并及时退还参与办案中所接触的证据等案卷材料。④利益冲突禁止。第21条规定，有专门知识的人不得在同一案件中同时接受刑事诉讼当事人、辩护人、诉讼代理人，民事、行政诉讼对方当事人、诉讼代理人，或者人民法院的委托。

21. 最高人民检察院《人民检察院办理死刑第二审案件和复核监督工作指引（试行)》[1]

（1）核查证据。第10条规定，对于影响定罪或者量刑的主要证据应当进行复核，重点核查证据是否客观、真实，取证程序是否合法以及证据之间是否存在矛盾。

（2）对物证、书证等证据的审查。第11条规定，加强对物证、书证等证据的审查。物证、书证的收集、送检、保管等不符合法定程序，可能严重影响司法公正的，应当要求侦查机关予以补正或者作出合理解释；不能补正或者无法作出合理解释的，应当予以排除，不能作为定案的根据。

（3）对鉴定意见的审查。第12条规定，对鉴定意见应当重点审查以下内容：①鉴定机构和鉴定人是否具有法定资质，鉴定人是否存在应当回避的情形；②检材的收集、取得、保管、送检是否符合法律及有关规定，与相关提取笔录、扣押物品清单等记载的内容是否相符，检材是否充足、可靠；③鉴定程序是否符合法律及有关规定，鉴定的过程和方法是否符合相关专业的规范要求，鉴定意见是否告知被告人和被害人及其法定代理人或者近亲属；④鉴定意见形式要件是否完备，鉴定意见是否明确，鉴定意见与案件待证事实有无关联，鉴定意见与勘验、检查笔录及相关照片等其他证据是否矛盾，鉴定意见是否存在无法排除的合理怀疑，检验分析是否科学、全面；⑤有利于被告人和不利于被告人的鉴定意见是否移送。

（4）对勘验、检查笔录的审查。第13条规定，对勘验、检查笔录应当重点审查以下内容：①勘验、检查是否依法进行，笔录的制作是否符合法律及有关规定，勘验、检查人员和见证人是否签名或者盖章；②勘验、检查笔录的内容是否全面、详细、准确、规范，文字记载与实物或者绘图、录像、照片是否相符，固定证据的形式、方法是否科学、规范，现场、物品、痕迹等

---

〔1〕　2018年1月11日最高人民检察院第十二届检察委员会第72次会议通过，2018年3月31日公布（高检发诉二字〔2018〕1号），自公布之日起试行。

是否被破坏或者伪造，人身特征、伤害情况、生理状况有无伪装或者变化；③补充进行勘验、检查的，前后勘验、检查的情况是否有矛盾，是否说明了再次勘验、检查的理由；④勘验、检查笔录中记载的情况与被告人供述、被害人陈述、鉴定意见等其他证据能否印证，有无矛盾。

（5）讯问被告人。第14条规定，讯问被告人应当按照以下要求进行：①讯问应当由两名以上检察人员进行；②讯问前认真制作讯问提纲，明确讯问目的，拟定重点解决的问题；③核对被告人的基本情况，告知诉讼权利和义务；④听取被告人的上诉理由、辩解和供述，核查是否有新证据、是否有自首和立功等情节、是否有刑讯逼供等非法取证情况，以及其他需要核实的问题；⑤规范制作讯问笔录，笔录首部内容应当填写完整，讯问人员应当在讯问笔录上签名；⑥远程视频提讯的，应当制作同步录音录像。对讯问过程中出现翻供或者在一审阶段曾经翻供的，应当详细讯问翻供的原因和理由，并重点讯问作案动机、目的、手段、工具以及与犯罪有关的时间、地点、人员等细节。

（6）对技术侦查措施收集证据的审查。第15条规定，侦查机关采取技术侦查措施收集的物证、书证、电子数据等证据材料没有移送，影响定罪量刑的，检察人员可以要求侦查机关将相关证据材料连同批准采取技侦措施的法律文书一并移送，必要时可以到侦查机关技术侦查部门核查原始证据。

（7）调查核实证据合法性。第16条规定，经审查，发现侦查人员以非法方法收集证据的，或者被告人及其辩护人申请排除非法证据，并提供相关线索或者材料的，应当依照相关规定，及时进行调查核实。调查核实证据合法性可以采取以下方式：①讯问被告人；②询问办案人员；③询问在场人员及证人；④听取辩护律师意见；⑤调取讯问笔录、讯问录音录像；⑥调取、查询被告人出入看守所的身体检查记录及相关材料；⑦调取、查询驻看守所检察人员在侦查终结前的核查材料；⑧调取、查阅、复制相关法律文书或者案件材料；⑨进行伤情、病情检查或者鉴定；⑩其他调查核实方式。

（8）同步录音录像的审查。第17条规定，检察人员对取证合法性产生疑问的，可以审查相关的录音录像，对于重大、疑难、复杂的案件，必要时可以审查全部录音录像。第18条规定，对同步录音录像应当重点审查以下内容：①是否全程、连续、同步，有无选择性录制，有无剪接、删改；②是否与讯问笔录记载的起止时间一致；③与讯问笔录记载的内容是否存在差异；

④是否存在刑讯逼供、诱供等违法行为。讯问录音录像存在选择性录制、剪接、删改等情形，或者与讯问笔录存在实质性差异，不能排除以非法方法收集证据情形的，对相关证据应当予以排除。

（9）对自首、立功等可能影响定罪量刑的材料和线索的审查。第 21 条规定，被告人、辩护人提出被告人自首、立功或者受到刑讯逼供等可能影响定罪量刑的材料和线索的，人民检察院可以依照管辖规定交侦查机关调查核实，也可以自行调查核实。发现遗漏罪行或者同案犯罪嫌疑人的，应当建议侦查机关侦查。

（10）案件线索来源存疑、侦破过程不清楚的案件的审查。第 22 条规定，对于案件线索来源存疑、侦破过程不清楚的，应当要求侦查机关提供相关法律文书或者作出详细的情况说明。

（11）补充收集证据。第 23 条规定，对死刑第二审案件自行补充收集证据的，应当由两名以上检察人员进行，可以要求侦查机关提供协助，也可以申请本院司法警察协助。上级人民检察院通过下级人民检察院通知侦查机关补充收集证据的，下级人民检察院应当提供协助。第 24 条规定，死刑第二审案件具有下列情形之一的，可以自行补充收集证据：①侦查机关以刑讯逼供等非法方法收集的被告人供述和采用暴力、威胁等非法手段取得的被害人陈述、证人证言，被依法排除后，侦查机关未另行指派侦查人员重新调查取证的；②被告人作出无罪辩解或者辩护人提出无罪辩护意见，经审查后，认为侦查机关取得的言词证据不全面或者有遗漏，或者经审查后认为存在疑问的；③案件在定罪量刑方面存在明显分歧或者较大争议，需要补充关键性言词证据，特别是影响案件定罪量刑的被告人供述、证人证言、被害人陈述等言词类证据的；④认为需要补充收集的事项，侦查机关未补充收集或者补充收集后未达到要求，且自行补充收集具有可行性的；⑤案件主要事实清楚，主要证据确实、充分，尚需要查明个别事实、情节或者补充个别证据材料的；⑥其他需要自行补充收集证据的情形。

（12）申请证人、鉴定人、侦查人员、有专门知识的人出庭作证。第 42 条规定，具有下列情形，检察人员可以在庭前会议中申请人民法院通知证人、鉴定人、侦查人员、有专门知识的人出席法庭：①对证人证言有异议，且该证人证言对案件定罪量刑有重大影响的；②对鉴定意见有异议的；③需要侦查人员就相关证据材料的合法性说明情况的；④需要有专门知识的人就鉴定意见或者专门性问题提出意见的。

（13）非法证据排除。

一是非法证据排除范围。第19条规定，对采用下列非法方法收集的被告人供述，应当提出依法排除的意见：①采取殴打、违法使用戒具等暴力方法或者变相肉刑的恶劣手段，使被告人遭受难以忍受的痛苦而违背意愿作出的供述；②采用以暴力或者严重损害本人及其近亲属合法权益等进行威胁的方法，使被告人遭受难以忍受的痛苦而违背意愿作出的供述；③采用非法拘禁等非法限制人身自由的方法收集的供述。采用暴力、威胁以及非法限制人身自由等非法方法收集的证人证言、被害人陈述，应当予以排除。

二是重复自白的排除及除外情形。第20条规定，采用刑讯逼供方法使被告人作出供述，之后被告人受该刑讯逼供行为影响而作出的与该供述相同的重复性供述，应当提出依法排除的意见，但下列情形除外：①侦查期间，根据控告、举报或者自己发现等，侦查机关确认或者不能排除以非法方法收集证据而更换侦查人员，其他侦查人员再次讯问时告知诉讼权利和认罪的法律后果，犯罪嫌疑人自愿供述的；②审查逮捕、审查起诉和审判期间，检察人员、审判人员讯问时告知诉讼权利和认罪的法律后果，犯罪嫌疑人、被告人自愿供述的。

三是庭前会议对非法证据进行说明。第43条规定，被告人及其辩护人在庭前会议中提出证据系非法取得，人民法院认为可能存在以非法方法收集证据情形的，检察人员应当通过出示有关证据材料等方式，有针对性地对证据收集的合法性作出说明。

四是对已认定为非法证据的处理。第50条规定，人民检察院认定的非法证据，应当予以排除。被排除的非法证据应当随案移送，并写明为依法排除的证据。

五是对当事人在法庭审理中申请排除非法证据的处理。第51条规定，被告人及其辩护人在开庭审理前未申请排除非法证据，在法庭审理过程中提出申请的，检察人员应当建议法庭要求其说明理由。

六是建议驳回排除非法证据申请的情形。第52条规定，对于被告人及其辩护人法庭审理中申请排除非法证据，但没有提供相关线索或者材料的，或者申请排除的理由明显不符合法律规定的，检察人员可以建议法庭当庭驳回申请。

七是建议对排除非法证据申请进行审查的情形。第 53 条规定，被告人及其辩护人在法庭审理期间发现相关线索或者材料，在法庭审理中申请排除非法证据的，检察人员可以建议合议庭对相关证据的合法性进行审查。

八是对证据合法性的证明方式。第 54 条规定，对于被告人及其辩护人在法庭审理期间申请排除非法证据，法庭决定进行调查的，检察人员可以出示讯问笔录、提讯登记、体检记录、采取强制措施或者侦查措施的法律文书、侦查终结前对讯问合法性的核查材料等证据材料，有针对性地播放讯问录音录像，提请法庭通知侦查人员或者其他人员出席法庭说明情况。

（14）禁止诱导性及不当的讯问、发问。第 56 条规定，检察人员讯问被告人，应当避免可能影响陈述客观真实的诱导性讯问或者其他不当讯问。辩护人采用诱导性发问或者其他不当发问可能影响陈述的客观真实的，检察人员应当提请审判长予以制止或者要求对该项发问所获得的当庭供述不予采信。

（15）举证质证的一般规定。第 57 条规定，检察人员举证质证应当围绕对抗诉、上诉意见及理由具有重要影响的关键事实和证据进行。上诉案件先由被告人及其辩护人举证；抗诉案件以及既有上诉又有抗诉的案件，先由检察人员举证。

（16）举证。第 58 条规定，检察人员举证应当注意以下方面：①对于原判决已经确认的证据，如果检察人员、被告人及其辩护人均无异议，可以概括说明证据的名称和证明事项；②对于有争议且影响定罪量刑的证据，应当重新举证；③对于新收集的与定罪量刑有关的证据，应当当庭举证。

（17）质证。第 59 条规定，检察人员质证应当注意以下方面：①对于诉讼参与人提交的新证据和原审法院未经质证而采信的证据，应当要求当庭质证；②发表质证意见、答辩意见应当简洁、精练，一般应当围绕证据的合法性、客观性、关联性进行；③对于被告人及其辩护人提出的与证据证明无关的质证意见，可以说明理由不予答辩，并提请法庭不予采纳；④被告人及其辩护人对证人证言、被害人陈述提出质疑的，应当根据证言、陈述情况，针对证言、陈述中有争议的内容重点答辩；⑤被告人及其辩护人对物证、书证、勘验检查笔录、鉴定意见提出质疑的，应当从证据是否客观、取证程序是否合法等方面有针对性地予以答辩。

（18）举证质证特殊方式。第 60 条规定，采取技术侦查措施收集的物证、书证及其他证据材料，如果可能危及特定人员的人身安全、涉及国家秘密，或者公开后可能暴露侦查秘密或者严重损害商业秘密、个人隐私的，检察人员应当采取或者建议法庭采取避免暴露有关人员身份、技术方法等保护措施。在必要的时候，可以建议不在法庭上质证，由审判人员在庭外对证据进行核实。

（19）询问证人。第61条规定，检察人员应当按照审判长确定的顺序询问证人。询问时应当围绕与定罪量刑紧密相关的事实进行，对证人证言中有虚假、遗漏、矛盾、模糊不清、有争议的内容，应当重点询问，必要时宣读证人在侦查、审查起诉阶段提供的证言笔录或者出示、宣读其他证据。询问证人应当避免可能影响证言客观真实的诱导性询问以及其他不当询问。

（20）侦查人员出庭作证。第62条规定，对于侦查人员就其执行职务过程中目击的犯罪情况出庭作证的，检察人员可以参照证人出庭有关规定进行询问；侦查人员为证明证据收集的合法性出庭作证的，检察人员应当主要围绕证人证言、被告人供述、被害人陈述的取得，物证、书证的收集、保管及送检等程序、方式是否符合法律及有关规定进行询问。

（21）鉴定人出庭作证。第63条规定，对于鉴定人出庭作证的，检察人员应当重点围绕下列问题发问：①鉴定人所属鉴定机构的资质情况，包括核准机关、业务范围、有效期限等；②鉴定人的资质情况，包括执业范围、执业证使用期限、专业技术职称、执业经历等；③委托鉴定的机关、时间以及事项，鉴定对象的基本情况，鉴定时间，鉴定程序等；④鉴定意见及依据。

（22）有专门知识的人出庭作证。第64条规定，有专门知识的人出庭对鉴定意见发表意见的，检察人员应当重点询问鉴定的程序、方法、分析过程是否符合本专业的检验鉴定规程和技术方法要求，鉴定意见是否科学等内容。

（23）证据出现新情况的处理。第68条规定，第二审开庭后宣告裁判前，检察人员发现被告人有立功情节、与被害方达成赔偿协议、取得谅解等情形，或者案件证据发生重大变化的，应当及时调查核实，并将有关材料移送人民法院。上述情形经查证，可能对被告人定罪量刑有影响，可以补充举证质证；也可以变更处理意见，报请检察长审批后，书面送达人民法院。

22. 最高人民检察院《人民检察院公诉人出庭举证质证工作指引》[1]

（1）举证的概念。第2条第1款规定，举证是指在出庭支持公诉过程中，

---

〔1〕 2018年5月2日最高人民检察院第十三届检察委员会第1次会议通过，2018年7月3日公布，自印发之日起施行。

公诉人向法庭出示、宣读、播放有关证据材料并予以说明，对出庭作证人员进行询问，以证明公诉主张成立的诉讼活动。

（2）质证的概念。第 2 条第 2 款规定，质证是指在审判人员的主持下，由控辩双方对所出示证据材料及出庭作证人员的言词证据的证据能力和证明力相互进行质疑和辩驳，以确认是否作为定案依据的诉讼活动。

（3）举证质证的宗旨。第 3 条规定，公诉人出庭举证质证，应当以辩证唯物主义认识论为指导，以事实为根据，以法律为准绳，注意运用逻辑法则和经验法则，有力揭示和有效证实犯罪，提高举证质证的质量、效率和效果，尊重和保障犯罪嫌疑人、被告人和其他诉讼参与人诉讼权利，努力让人民群众在每一个司法案件中感受到公平正义。

（4）举证质证的原则。第 4 条规定公诉人举证质证，应当遵循下列原则：①实事求是，客观公正；②突出重点，有的放矢；③尊重辩方，理性文明；④遵循法定程序，服从法庭指挥。

（5）举证质证模式。第 5 条规定，公诉人可以根据被告人是否认罪，采取不同的举证质证模式。被告人认罪的案件，经控辩双方协商一致并经法庭同意，举证质证可以简化。被告人不认罪或者辩护人作无罪辩护的案件，一般应当全面详细举证质证。但对辩护方无异议的证据，经控辩双方协商一致并经法庭同意，举证质证也可以简化。

（6）举证质证方式。第 6 条规定，公诉人举证质证，应当注重与现代科技手段相融合，积极运用多媒体示证、电子卷宗、出庭一体化平台等，增强庭审指控犯罪效果。

（7）举证质证的准备。

一是参加庭前会议。第 10 条第 1 款规定，公诉人应当通过参加庭前会议，及时掌握辩护方提供的证据，全面了解被告人及其辩护人对证据的主要异议，并在审判人员主持下，就案件的争议焦点、证据的出示方式等进行沟通，确定举证顺序、方式。根据举证需要，公诉人可以申请证人、鉴定人、侦查人员、有专门知识的人出庭，对辩护方出庭人员名单提出异议。

二是证据开示。第 10 条第 2 款规定，审判人员在庭前会议中组织展示证据的，公诉人应当出示拟在庭审中出示的证据，梳理存在争议的证据，听取被告人及其辩护人的意见。

三是证据合法性说明。第 10 条第 3 款规定，被告人及其辩护人在开庭审理前申请排除非法证据，并依照法律规定提供相关线索或者材料的，公诉人经查证认为不存在非法取证行为的，应当在庭前会议中通过出示有关证据材料等方式，有针对性地对证据收集的合法性作出说明。

四是证据撤回。第 10 条第 4 款规定，公诉人可以在庭前会议中撤回有关证据。撤回的证据，没有新的理由，不得在庭审中出示。

五是证据合法性审查。第 11 条规定，公诉人在开庭前收到人民法院转交或者被告人及其辩护人、被害人、证人等递交的反映证据系非法取得的书面材料的，应当进行审查。对于审查逮捕、审查起诉期间已经提出并经查证不存在非法取证行为的，应当通知人民法院，或者告知有关当事人和辩护人，并按照查证的情况做好庭审准备。对于新的材料或者线索，可以要求侦查机关对证据收集的合法性进行说明或者提供相关证明材料，必要时可以自行调查核实。

六是新证据的移送和审查。第 12 条规定，公诉人在庭前会议后依法收集的证据，在开庭前应当及时移送人民法院，并了解被告人或者其辩护人是否提交新的证据。如果有新的证据，公诉人应当对该证据进行审查。

（8）举证的要求。第 14 条规定，公诉人举证，一般应当遵循下列要求：①公诉人举证，一般应当全面出示证据；出示、宣读、播放每一份（组）证据时，一般应当出示证据的全部内容。根据普通程序、简易程序以及庭前会议确定的举证方式和案件的具体情况，也可以简化出示，但不得随意删减、断章取义。没有召开庭前会议的，公诉人可以当庭与辩护方协商，并经法庭许可确定举证方式。②公诉人举证前，应当先就举证方式作出说明；庭前会议对简化出示证据达成一致意见的，一并作出说明。③出示、宣读、播放每一份（组）证据前，公诉人一般应当先就证据证明方向，证据的种类、名称、收集主体和时间以及所要证明的内容向法庭作概括说明。④对于控辩双方无异议的非关键性证据，举证时可以仅就证据的名称及所证明的事项作出说明；对于可能影响定罪量刑的关键证据和控辩双方存在争议的证据，以及法庭认为有必要调查核实的证据，应当详细出示。⑤举证完毕后，应当对出示的证据进行归纳总结，明确证明目的。⑥使用多媒体示证的，应当与公诉人举证同步进行。

（9）证明对象。第 15 条规定，公诉人举证，应当主要围绕下列事实，重点围绕控辩双方争议的内容进行：①被告人的身份；②指控的犯罪事实是否存在，是否为被告人所实施；③实施犯罪行为的时间、地点、方法、手段、结果，被告人犯罪后的表现等；④犯罪集团或者其他共同犯罪案件中参与犯罪人员的各自地位和应负的责任；⑤被告人有无刑事责任能力，有无故意或者过失，行为的动机、目的；⑥有无依法不应当追究刑事责任的情形，有无法定从重或者从轻、减轻以及免除处罚的情节；⑦犯罪对象、作案工具的主要特征，与犯罪有关的财物的来源、数量以及去向；⑧被告人全部或者部分否认起诉书指控的犯罪事实的，否认的根据和理由能否成立；⑨与定罪、量刑有关的其他事实。

（10）证据合法性的证明方法。第 18 条规定，公诉人、被告人及其辩护人对收集被告人供述是否合法未达成一致意见，人民法院在庭审中对证据合法性进行调查的，公诉人可以根据讯问笔录、羁押记录、提讯登记、出入看守所的健康检查记录、医院病历、看守管教人员的谈话记录、采取强制措施或者侦查措施的法律文书、侦查机关对讯问过程合法性的证明材料、侦查机关或者检察机关对证据收集合法性调查核实的结论、驻看守所检察人员在侦查终结前对讯问合法性的核查结论等，对庭前讯问被告人的合法性进行证明，可以要求法庭播放讯问同步录音、录像，必要时可以申请法庭通知侦查人员或者其他人员出庭说明情况。控辩双方对收集证人证言、被害人陈述、收集物证、书证等的合法性以及其他程序事实发生争议的，公诉人可以参照前款规定出示、宣读有关法律文书、侦查或者审查起诉活动笔录等予以证明。必要时，可以建议法庭通知负责侦查的人员以及搜查、查封、扣押、冻结、勘验、检查、辨认、侦查实验等活动的见证人出庭陈述有关情况。

（11）举证要求。第 19 条规定，举证一般应当一罪名一举证、一事实一举证，做到条理清楚、层次分明。

（12）举证顺序。第 20 条规定，举证顺序应当以有利于证明公诉主张为目的，公诉人可以根据案件的不同种类、特点和庭审实际情况，合理安排和调整举证顺序。一般先出示定罪证据，后出示量刑证据；先出示主要证据，后出示次要证据。公诉人可以按照与辩护方协商并经法庭许可确定的举证顺序进行举证。

（13）举证方式。第 21 条规定，根据案件的具体情况和证据状况，结合被告人的认罪态度，举证可以采用分组举证或者逐一举证的方式。案情复杂、同案被告人多、证据数量较多的案件，一般采用分组举证为主、逐一举证为辅的方式。对证据进行分组时，应当遵循证据之间的内在逻辑关系，可以将证明方向一致或者证明内容相近的证据归为一组；也可以按照证据种类进行分组，并注意各组证据在证明内容上的层次和递进关系。第 22 条规定，对于可能影响定罪量刑的关键证据和控辩双方存在争议的证据，应当单独举证。被告人认罪的案件，对控辩双方无异议的定罪证据，可以简化出示，主要围绕量刑和其他有争议的问题出示证据。

（14）对被告人不认罪的举证。第 23 条规定，对于被告人不认罪案件，应当立足于证明公诉主张，通过合理举证构建证据体系，反驳被告人的辩解，从正反两个方面予以证明。重点一般放在能够有力证明指控犯罪事实系被告人所为的证据和能够证明被告人无罪辩解不成立的证据上，可以将指控证据和反驳证据同时出示。对于被告人翻供的，应当综合运用证据，阐明被告人翻供的时机、原因、规律，指出翻供的不合理、不客观、有矛盾之处。

（15）"零口供"案件的举证。第 24 条第 1 款规定，"零口供"案件的举证，可以采用关键证据优先法。公诉人根据案件证据情况，优先出示定案的关键证据，重点出示物证、书证、现场勘查笔录等客观性证据，直接将被告人与案件建立客观联系，在此基础上构建全案证据体系。

（16）辩点较多案件的举证。第 24 条第 2 款规定，辩点较多案件的举证，可以采用先易后难法。公诉人根据案件证据情况和庭前会议了解的被告人及辩护人的质证观点，先出示被告人及辩护人没有异议的证据或者分歧较小的证据，后出示控辩双方分歧较大的证据，使举证顺利推进，为集中精力对分歧证据进行质证作准备。

（17）依靠间接证据定案的不认罪案件的举证。第 24 条第 3 款规定，依靠间接证据定案的不认罪案件的举证，可以采用层层递进法。公诉人应当充分运用逻辑推理，合理安排举证顺序，出示的后一份（组）证据与前一份（组）证据要紧密关联，环环相扣，层层递进，通过逻辑分析揭示各个证据之间的内在联系，综合证明案件已经排除合理怀疑。

（18）单一犯罪事实的举证。第 25 条规定，对于一名被告人有一起犯罪事实或者案情比较简单的案件，可以根据案件证据情况按照法律规定的证据种类举证。

（19）多重犯罪事实的举证。第 26 条规定，对于一名被告人有数起犯罪事实的案件，可以以每一起犯罪事实为单元，将证明犯罪事实成立的证据分组举证或者逐一举证。其中，涉及每起犯罪事实中量刑情节的证据，应当在对该起犯罪事实举证中出示；涉及全案综合量刑情节的证据，应当在全案的最后出示。

（20）共同犯罪单一事实的举证。第 27 条规定，对于数名被告人有一起犯罪事实的案件，根据各被告人在共同犯罪中的地位、作用及情节，一般先出示证明主犯犯罪事实的证据，再出示证明从犯犯罪事实的证据。

（21）共同犯罪多重事实的举证。第 28 条规定，对于数名被告人有数起犯罪事实的案件，可以采用不同的分组方法和举证顺序，或者按照作案时间的先后顺序，或者以主犯参与的犯罪事实为主线，或者以参与人数的多少为标准，并注意区分犯罪集团的犯罪行为、一般共同犯罪行为和个别成员的犯罪行为，分别进行举证。

（22）单位犯罪案件的举证。第 29 条规定，对于单位犯罪案件，应当先出示证明单位构成犯罪的证据，再出示对其负责的单位主管人员或者其他直接责任人员构成犯罪的证据。对于指控被告单位犯罪与指控单位主管人员或者其他直接责任人员犯罪的同一份证据可以重复出示，但重复出示时仅予以说明即可。

（23）原始证据优先规则。第 30 条第 1 款规定，出示的物证一般应当是原物。原物不易搬运、不易保存或者已返还被害人的，可以出示反映原物外形和特征的照片、录像、复制品，并向法庭说明情况及与原物的同一性。该条第 2 款规定，出示的书证一般应当是原件，获取书证原件确有困难的，可以出示书证副本或者复制件，并向法庭说明情况及与原件的同一性。

（24）物证书证的辨认与鉴定。第 30 条第 3 款规定，出示物证、书证时，应当对物证、书证所要证明的内容、收集情况作概括说明，可以提请法庭让当事人、证人等诉讼参与人辨认。物证、书证经过技术鉴定的，可以宣读鉴定意见。

（25）询问证人规则。第 31 条规定，询问出庭作证的证人，应当遵循以下规则：①发问应当单独进行；②发问应当简洁、清楚；③发问应当采取一问一答形式，不宜同时发问多个内容不同的问题；④发问的内容应当着重围绕与定罪、量刑紧密相关的事实进行；⑤不得以诱导方式发问；⑥不得威胁或者误导证人；⑦不得损害证人的人格尊严；⑧不得泄露证人个人隐私；⑨询问未成年人，应当结合未成年人的身心特点进行。

（26）对证人的询问。

一是要求证人如实陈述。第 32 条第 1 款规定，证人出庭的，公诉人可以要求证人就其了解的与案件有关的事实进行陈述，也可以直接发问。对于证人采取猜测性、评论性、推断性语言作证的，公诉人应当提醒其客观表述所知悉的案件事实。

二是证人翻证的处理。第 32 条第 3 款规定，证人出庭作证的证言与庭前提供的证言相互矛盾的，公诉人应当问明理由，并对该证人进行询问，澄清事实。认为理由不成立的，可以宣读证人在改变证言前的笔录内容，并结合相关证据予以反驳。第 33 条规定，公诉人申请出庭的证人当庭改变证言，公诉人可以询问其言词发生变化的理由，认为理由不成立的，可以择机有针对性地宣读其在侦查、审查起诉阶段的证言，或者出示、宣读其他证据，予以反驳。

三是宣读证言笔录。第 32 条第 4 款规定，对未到庭证人的证言笔录，应当当庭宣读。宣读前，应当说明证人和本案的关系。对证人证言笔录存在疑问、确实需要证人出庭陈述或者有新的证人的，公诉人可以要求延期审理，由人民法院通知证人到庭提供证言和接受质证。本条第 6 款规定，控辩双方对证人证言无异议，证人不需要出庭的，或者证人因客观原因无法出庭且无法通过视频等方式作证的，公诉人可以出示、宣读庭前收集的书面证据材料或者作证过程录音、录像。

四是证人远程作证。第 32 条第 5 款规定，根据案件情况，公诉人可以申请实行证人远程视频作证。

（27）对被害人、鉴定人、侦查人员、有专门知识的人的询问。第 34 条规定，对上述人员的询问，参照适用询问证人的规定。

（28）宣读被告人的庭前供述。第 35 条规定，宣读被告人供述，应当根据庭审中被告人供述的情况进行。被告人有多份供述且内容基本一致的，一般选择证明力最充分的一份或者几份出示。被告人当庭供述与庭前供述的实质性内容一致的，可以不再宣读庭前供述，但应当向法庭说明；被告人当庭供述与庭前供述存在实质性差异的，公诉人应当问明理由，认为理由不成立的，应当就存在实质性差异的内容宣读庭前供述，并结合相关证据予以反驳。

（29）被告人翻供的处理。第 36 条规定，被告人作无罪辩解或者当庭供述与庭前供述内容不一致，足以影响定罪量刑的，公诉人可以有针对性地宣读被告人庭前供述笔录，并针对笔录中被告人的供述内容对被告人进行讯问，或者出示其他证据进行证明，予以反驳，并提请法庭对其当庭供述不予采信。对翻供内容需要调查核实的，可以建议法庭休庭或者延期审理。

（30）鉴定意见及勘验、检查、辨认和侦查实验等笔录的宣读。第 37 条规定，鉴定意见以及勘验、检查、辨认和侦查实验等笔录应当当庭宣读，并对鉴定人、勘验人、检查人、辨认人、侦查实验人员的身份、资质、与当事人及本案的关系作出说明，必要时提供证据予以证明。鉴定人、有专门知识的人出庭，公诉人可以根据需要对其发问。发问时适用对证人询问的相关要求。

（31）视听资料的播放。第 38 条规定，播放视听资料，应当首先对视听资料的来源、制作过程、制作环境、制作人员以及所要证明的内容进行概括说明。播放一般应当连续进行，也可以根据案情分段进行，但应当保持资料原貌，不得对视听资料进行剪辑。播放视听资料，应当向法庭提供视听资料的原始载体。提供原始载体确有困难的，可以提供复制件，但应当向法庭说明原因。出示音频资料，也可以宣读庭前制作的附有声音资料语言内容的文字记录。

（32）电子数据的出示。第 39 条规定，出示以数字化形式存储、处理、传输的电子数据证据，应当对该证据的原始存储介质、收集提取过程等予以简要说明，围绕电子数据的真实性、完整性、合法性，以及被告人的网络身份与现实身份的同一性出示证据。

（33）质证的原则。第 40 条规定，公诉人质证应当根据辩护方所出示证据的内容以及对公诉方证据提出的质疑，围绕案件事实、证据和适用法律进行。质证应当一证一质一辩。质证阶段的辩论，一般应当围绕证据本身的真实性、关联性、合法性，针对证据能力有无以及证明力大小进行。对于证据与证据之间的关联性、证据的综合证明作用问题，一般在法庭辩论阶段予以答辩。

（34）质证的类型。①单独质证。第 41 条第 1 款规定，对影响定罪量刑的关键证据和控辩双方存在争议的证据，一般应当单独质证。②简化质证。该条第 2 款规定，对控辩双方没有争议的证据，可以在庭审中简化质证。③免于质证。该条第 3 款规定，对于被告人认罪案件，主要围绕量刑和其他有争议的问题质证，对控辩双方无异议的定罪证据，可以不再质证。

（35）质证与举证的结合。第42条规定，公诉人可以根据需要将举证质证、讯问询问结合起来，在质证阶段对辩护方观点予以适当辩驳，但应当区分质证与辩论之间的界限，重点针对证据本身的真实性、关联性、合法性进行辩驳。

（36）质证后的认证。第43条规定，在每一份（组）证据或者全部证据质证完毕后，公诉人可以根据具体案件情况，提请法庭对证据进行确认。

（37）对辩方质证的答辩原则。第44条规定，辩护方对公诉方当庭出示、宣读、播放的证据的真实性、关联性、合法性提出的质证意见，公诉人应当进行全面、及时和有针对性的答辩。辩护方提出的与证据的证据能力或者证明力无关、与公诉主张无关的质证意见，公诉人可以说明理由不予答辩，并提请法庭不予采纳。公诉人答辩一般应当在辩护方提出质证意见后立即进行。在不影响庭审效果的情况下，也可以根据需要在法庭辩论阶段结合其他证据综合发表意见，但应当向法庭说明。第45条规定，对辩护方符合事实和法律的质证，公诉人应当实事求是、客观公正地发表意见。辩护方因对证据内容理解有误而质证的，公诉人可以对证据情况进行简要说明。

（38）对辩方质证的答辩要点。第46条规定，公诉人对辩护方质证的答辩，应当重点针对可能动摇或者削弱证据能力、证明力的质证观点进行答辩，对于不影响证据能力、证明力的质证观点可以不予答辩或者简要答辩。

（39）辩方质疑言词证据存在矛盾的答辩。第47条规定，辩护方质疑言词证据之间存在矛盾的，公诉人可以综合全案证据，立足证据证明体系，从认知能力、与当事人的关系、客观环境等角度，进行重点答辩，合理解释证据之间的矛盾。

（40）对辩护人不当询问的处理。第48条规定，辩护人询问证人或者被害人有下列情形之一的，公诉人应当及时提请审判长制止，必要时应当提请法庭对该项陈述或者证言不予采信：①以诱导方式发问的；②威胁或者误导证人的；③使被害人、证人以推测性、评论性、推断性意见作为陈述或者证言的；④发问内容与本案事实无关的；⑤对被害人、证人带有侮辱性发问的；⑥其他违反法律规定的情形。对辩护人询问侦查人员、鉴定人和有专门知识的人的质证，参照前述规定。

（41）对辩方质疑证人翻证的处理。第49条规定，辩护方质疑证人当庭证言与庭前证言存在矛盾的，公诉人可以有针对性地对证人进行发问，也可以提请法庭决定就有异议的内容由被告人与证人进行对质诘问，在发问或对质诘问过程中，对前后矛盾或者疏漏之处作出合理解释。

（42）对辩方质疑供述合法性的证明。第 50 条规定，辩护方质疑被告人庭前供述系非法取得的，公诉人可以综合采取以下方式证明取证的合法性：①宣读被告人在审查（决定）逮捕、审查起诉阶段的讯问笔录，证实其未曾供述过在侦查阶段受到刑讯逼供，或者证实其在侦查机关更换侦查人员且再次讯问时告知诉讼权利和认罪的法律后果后仍自愿供述，或者证实其在检察人员讯问并告知诉讼权利和认罪的法律后果后仍自愿供述；②出示被告人的羁押记录，证实其接受讯问的时间、地点、次数等符合法律规定；③出示被告人出入看守所的健康检查记录、医院病历，证实其体表和健康情况；④出示看守管教人员的谈话记录；⑤出示与被告人同监舍人员的证言材料；⑥当庭播放或者庭外核实讯问被告人的录音、录像；⑦宣读重大案件侦查终结前讯问合法性核查笔录，当庭播放或者庭外核实对讯问合法性进行核查时的录音、录像；⑧申请侦查人员出庭说明办案情况。公诉人当庭不能证明证据收集的合法性，需要调查核实的，可以建议法庭休庭或者延期审理。

（43）对辩方质疑瑕疵供述的补正。第 51 条规定，辩护人质疑收集被告人供述存在程序瑕疵申请排除证据的，公诉人可以宣读侦查机关的补正说明。没有补正说明的，也可以从讯问的时间地点符合法律规定，已进行权利告知，不存在威胁、引诱、欺骗等情形，被告人多份供述内容一致，全案证据能够互相印证，被告人供述自愿性未受影响，程序瑕疵没有严重影响司法公正等方面作出合理解释。必要时，可以提请法庭播放同步录音录像，从被告人供述时情绪正常、表达流畅、能够趋利避害等方面证明庭前供述自愿性，对瑕疵证据作出合理解释。

（44）对辩方质疑物证、书证的答辩。第 52 条规定，辩护方质疑物证、书证的，公诉人可以宣读侦查机关收集物证、书证的补正说明，从此类证据客观、稳定、不易失真以及取证主体、程序、手段合法等方面有针对性地予以答辩。

（45）对辩方质疑鉴定意见的答辩。第 53 条规定，辩护方质疑鉴定意见的，公诉人可以从鉴定机构和鉴定人的法定资质、检材来源、鉴定程序、鉴定意见形式要件符合法律规定等方面，有针对性地予以答辩。第 54 条规定，辩护方质疑不同鉴定意见存在矛盾的，公诉人可以阐释不同鉴定意见对同一问题得出不同结论的原因，阐明检察机关综合全案情况，结合案件其他证据，采信其中一份鉴定意见的理由。必要时，可以申请鉴定人、有专门知识的人出庭。控辩双方仍存在重大分歧，且辩护方质疑有合理依据，对案件有实质性影响的，可以建议法庭休庭或者延期审理。

（46）对辩方质疑勘验、检查、搜查笔录的答辩。第55条规定，辩护方质疑勘验、检查、搜查笔录的，公诉人可以从勘验、检查、搜查系依法进行，笔录的制作符合法律规定，勘验、检查、搜查人员和见证人有签名或者盖章等方面，有针对性地予以答辩。

（47）对辩方质疑辨认笔录的答辩。第56条规定，辩护方质疑辨认笔录的，公诉人可以从辨认的过程、方法，以及辨认笔录的制作符合有关规定等方面，有针对性地予以答辩。

（48）对辩方质疑侦查实验笔录的答辩。第57条规定，辩护方质疑侦查实验笔录的，公诉人可以从侦查实验的审批、过程、方法、法律依据、技术规范或者标准、侦查实验的环境条件与原案接近程度、结论的科学性等方面，有针对性地予以答辩。

（49）对辩方质疑视听资料的答辩。第58条规定，辩护方质疑视听资料的，公诉人可以从此类证据具有不可增添性、真实性强，内容连续完整，所反映的行为人的言语动作连贯自然，提取、复制、制作过程合法，内容与案件事实关联程度等方面，有针对性地予以答辩。

（50）对辩方质疑电子数据的答辩。第59条规定，辩护方质疑电子数据的，公诉人可以从此类证据提取、复制、制作过程、内容与案件事实关联程度等方面，有针对性地予以答辩。

（51）对辩方质疑技侦证据的答辩。第60条规定，辩护方质疑采取技术侦查措施获取的证据材料合法性的，公诉人可以通过说明采取技术侦查措施的法律规定、出示批准采取技术侦查措施的法律文书等方式，有针对性地予以答辩。第74条第2款规定，辩护方质疑采取技术侦查措施获取的证据材料合法性的，必要时，公诉人可以建议法庭采取不暴露有关人员身份、不公开技术侦查措施和方法等保护措施，在庭外对证据进行核实，并要求在场人员履行保密义务。

（52）对辩方庭审中再次提出排除非法证据申请的处理。第61条规定，辩护方在庭前提出排除非法证据申请，经审查被驳回后，在庭审中再次提出排除申请的，或者辩护方撤回申请后再次对有关证据提出排除申请的，公诉人应当审查辩护方是否提出新的线索或者材料。没有新的线索或者材料表明可能存在非法取证的，公诉人可以建议法庭予以驳回。

（53）对辩方发表片面意见的处理。第 62 条规定，辩护人仅采用部分证据或者证据的部分内容，对证据证明的事项发表不同意见的，公诉人可以立足证据认定的全面性、同一性原则，综合全案证据予以答辩。必要时，可以扼要概述已经法庭质证过的其他证据，用以反驳辩护方的质疑。

（54）单个证据质证时的论证。第 63 条规定，对单个证据质证的同时，公诉人可以简单点明该证据与其他证据的印证情况，以及在整个证据链条中的作用，通过边质证边论证的方式，使案件事实逐渐清晰，减轻辩论环节综合分析论证的任务。

（55）对辩方证据的审查与申请排除。第 64 条第 1 款规定，公诉人应当认真审查辩护方向法庭提交的证据。对于开庭 5 日前未提交给法庭的，可以当庭指出，并根据情况，决定是否要求查阅该证据或者建议休庭；属于下列情况的，可以提请法庭不予采信：①不符合证据的真实性、关联性、合法性要求的证据；②辩护人提供的证据明显有悖常理的；③其他需要提请法庭不予采信的情况。

（56）对无罪证据的质疑。第 64 条第 2 款规定，对辩护方提出的无罪证据，公诉人应当本着实事求是、客观公正的原则进行质证。对于与案件事实不符的证据，公诉人应当针对辩护方证据的真实性、关联性、合法性提出质疑，否定证据的证明力。

（57）对存疑证据的处理。第 64 条第 3 款规定，对被告人的定罪、量刑有重大影响的证据，当庭难以判断的，公诉人可以建议法庭休庭或者延期审理。

（58）对辩方证人的质证。第 65 条规定，对辩护方提请出庭的证人，公诉人可以从以下方面进行质证：①证人与案件当事人、案件处理结果有无利害关系；②证人的年龄、认知、记忆和表达能力、生理和精神状态是否影响作证；③证言的内容及其来源；④证言的内容是否为证人直接感知，证人感知案件事实时的环境、条件和精神状态；⑤证人作证是否受到外界的干扰或者影响；⑥证人与案件事实的关系；⑦证言前后是否矛盾；⑧证言之间以及与其他证据之间能否相互印证，有无矛盾。

（59）申请辩方证人出庭。第66条第1款规定，辩护方证人未出庭的，公诉人认为其证言对案件的定罪量刑有重大影响的，可以提请法庭通知其出庭。

（60）对未出庭辩方证人证言的质疑。第66条第2款规定，对辩护方证人不出庭的，公诉人可以从取证主体合法性、取证是否征得证人同意、是否告知证人权利义务、询问未成年人时其法定代理人或者有关人员是否到场、是否单独询问证人等方面质证。质证中可以将证言与已经出示的证据材料进行对比分析，发现并反驳前后矛盾且不能作出合理解释的证人证言。证人证言前后矛盾或者与案件事实无关的，应当提请法庭注意。

（61）对辩方鉴定意见的质证。第67条规定，对辩护方出示的鉴定意见和提请出庭的鉴定人，公诉人可以从以下方面进行质证：①鉴定机构和鉴定人是否具有法定资质；②鉴定人是否存在应当回避的情形；③检材的来源、取得、保管、送检是否符合法律和有关规定，与相关提取笔录、扣押物品清单等记载的内容是否相符，检材是否充足、可靠；④鉴定意见的形式要件是否完备，是否注明提起鉴定的事由、鉴定委托人、鉴定机构、鉴定要求、鉴定过程、鉴定方法、鉴定日期等相关内容，是否由鉴定机构加盖司法鉴定专用章并由鉴定人签名、盖章；⑤鉴定程序是否符合法律和有关规定；⑥鉴定的过程和方法是否符合相关专业的规范要求；⑦鉴定意见是否明确；⑧鉴定意见与案件待证事实有无关联；⑨鉴定意见与勘验、检查笔录及相关照片等其他证据是否矛盾；⑩鉴定意见是否依法及时告知相关人员，当事人对鉴定意见有无异议。必要时，公诉人可以申请法庭通知有专门知识的人出庭，对辩护方出示的鉴定意见进行必要的解释说明。

（62）对辩方物证、书证的质证。第68条规定，对辩护方出示的物证、书证，公诉人可以从以下方面进行质证：①物证、书证是否为原物、原件；②物证的照片、录像、复制品，是否与原物核对无误；③书证的副本、复制件，是否与原件核对无误；④物证、书证的收集程序、方式是否符合法律和有关规定；⑤物证、书证在收集、保管、鉴定过程中是否受损或者改变；⑥物证、书证与案件事实有无关联。

（63）对辩方视听资料的质证。第69条规定，对辩护方出示的视听资料，公诉人可以从以下方面进行质证：①收集过程是否合法，来源及制作目的是否清楚；②是否为原件，是复制件的，是否有复制说明；③制作过程中是否存在威胁、引诱当事人等违反法律、相关规定的情形；④内容和制作过程是否真实，有无剪辑、增加、删改等情形；⑤内容与案件事实有无关联。

（64）对辩方电子数据的质证。第 70 条规定，对辩护方出示的电子数据，公诉人可以从以下方面进行质证：①是否随原始存储介质移送，在原始存储介质无法封存、不便移动等情形时，是否有提取、复制过程的说明；②收集程序、方式是否符合法律及有关技术规范；③电子数据内容是否真实，有无删除、修改、增加等情形；④电子数据制作过程中是否受到暴力胁迫或者引诱因素的影响；⑤电子数据与案件事实有无关联。

（65）向有专门知识的人咨询意见。第 71 条规定，对于因专门性问题不能对有关证据发表质证意见的，可以建议休庭，向有专门知识的人咨询意见。必要时，可以建议延期审理，进行鉴定或者重新鉴定。

（66）对质。第 72 条规定，控辩双方针对同一事实出示的证据出现矛盾的，公诉人可以提请法庭通知相关人员到庭对质。第 74 条第 1 款规定，辩护方质疑物证、书证、鉴定意见、勘验、检查、搜查、辨认、侦查实验等笔录、视听资料、电子数据的，必要时，公诉人可以提请法庭通知鉴定人、有专门知识的人、侦查人员、见证人等出庭。

（67）被告人与证人的对质。第 73 条第 1 款规定，被告人、证人对同一事实的陈述存在矛盾需要对质的，公诉人可以建议法庭传唤有关被告人、证人同时到庭对质。

（68）被告人之间的对质。第 73 条第 2 款规定，各被告人之间对同一事实的供述存在矛盾需要对质的，公诉人可以在被告人全部陈述完毕后，建议法庭当庭进行对质。

（69）鉴定人与专门知识的人对质。第 74 条第 3 款规定，对辩护方出示的鉴定意见等技术性证据和提请出庭的鉴定人，必要时，公诉人可以提请法庭通知有专门知识的人出庭，与辩护方提请出庭的鉴定人对质。

（70）对质过程中的发问。第 75 条规定，在对质过程中，公诉人应当重点就证据之间的矛盾点进行发问，并适时运用其他证据指出不真实、不客观、有矛盾的证据材料。

23. 最高人民法院《关于互联网法院审理案件若干问题的规定》[1]

（1）身份认证。第 6 条规定，当事人及其他诉讼参与人使用诉讼平台实

---

[1]　2018 年 9 月 3 日由最高人民法院审判委员会第 1747 次会议通过，2018 年 9 月 6 日公布（法释〔2018〕16 号），自 2018 年 9 月 7 日起施行。

施诉讼行为的，应当通过证件证照比对、生物特征识别或者国家统一身份认证平台认证等在线方式完成身份认证，并取得登录诉讼平台的专用账号。使用专用账号登录诉讼平台所作出的行为，视为被认证人本人行为，但因诉讼平台技术原因导致系统错误，或者被认证人能够证明诉讼平台账号被盗用的除外。

（2）案件关联和身份验证。第8条第1款规定，互联网法院受理案件后，可以通过原告提供的手机号码、传真、电子邮箱、即时通讯账号等，通知被告、第三人通过诉讼平台进行案件关联和身份验证。

（3）证据交换。第9条规定，互联网法院组织在线证据交换的，当事人应当将在线电子数据上传、导入诉讼平台，或者将线下证据通过扫描、翻拍、转录等方式进行电子化处理后上传至诉讼平台进行举证，也可以运用已经导入诉讼平台的电子数据证明自己的主张。

（4）证据提交方式。第10条规定，当事人及其他诉讼参与人通过技术手段将身份证明、营业执照副本、授权委托书、法定代表人身份证明等诉讼材料，以及书证、鉴定意见、勘验笔录等证据材料进行电子化处理后提交的，经互联网法院审核通过后，视为符合原件形式要求。对方当事人对上述材料真实性提出异议且有合理理由的，互联网法院应当要求当事人提供原件。按照第15条的规定，当事人提交的证据材料可以通过诉讼平台、手机短信、传真、电子邮件、即时通讯账号等电子方式。

（5）证据的真实性审查。第11条规定，当事人对电子数据真实性提出异议的，互联网法院应当结合质证情况，审查判断电子数据生成、收集、存储、传输过程的真实性，并着重审查以下内容：①电子数据生成、收集、存储、传输所依赖的计算机系统等硬件、软件环境是否安全、可靠；②电子数据的生成主体和时间是否明确，表现内容是否清晰、客观、准确；③电子数据的存储、保管介质是否明确，保管方式和手段是否妥当；④电子数据提取和固定的主体、工具和方式是否可靠，提取过程是否可以重现；⑤电子数据的内容是否存在增加、删除、修改及不完整等情形；⑥电子数据是否可以通过特定形式得到验证。当事人提交的电子数据，通过电子签名、可信时间戳、哈希值校验、区块链等证据收集、固定和防篡改的技术手段或者通过电子取证存证平台认证，能够证明其真实性的，互联网法院应当确认。当事人可以申请具有专门知识的人就电子数据技术问题提出意见。互联网法院可以根据当事人申请或者依职权，委托鉴定电子数据的真实性或者调取其他相关证据进行核对。

24. 最高人民检察院《检察机关办理电信网络诈骗案件指引》[1]

（1）有证据证明发生了电信网络诈骗犯罪事实。

一是证明电信网络诈骗案件发生。第1条第1款第1项第1目规定，证明电信网络诈骗案件发生的证据主要包括：报案登记、受案登记、受案笔录、立案决定书、破案经过、证人证言、被害人陈述、犯罪嫌疑人供述和辩解、被害人银行开户申请、开户明细单、银行转账凭证、银行账户交易记录、银行汇款单、网银转账记录、第三方支付结算交易记录、手机转账信息等证据。跨国电信网络诈骗还可能需要有国外有关部门出具的与案件有关的书面材料。

二是证明电信网络诈骗行为的危害结果。第1条第1款第1项第2目规定，证明诈骗数额达到追诉标准的证据：证人证言、被害人陈述、犯罪嫌疑人供述和辩解、银行转账凭证、汇款凭证、转账信息、银行卡、银行账户交易记录、第三方支付结算交易记录以及其他与电信网络诈骗关联的账户交易记录、犯罪嫌疑人提成记录、诈骗账目记录等证据以及其他有关证据。证明发送信息条数、拨打电话次数以及页面浏览量达到追诉标准的证据：QQ、微信、Skype等即时通讯工具聊天记录、CDR电话清单、短信记录、电话录音、电子邮件、远程勘验笔录、电子数据鉴定意见、网页浏览次数统计、网页浏览次数鉴定意见、改号软件、语音软件的登录情况及数据、拨打电话记录内部资料以及其他有关证据。

（2）有证据证明诈骗行为是犯罪嫌疑人实施的。

一是言词证据。第1条第1款第2项第1目规定，证明诈骗行为是犯罪嫌疑人实施的言词证据包括：证人证言、被害人陈述、犯罪嫌疑人供述和辩解等，注意审查犯罪嫌疑人供述的行为方式与被害人陈述的被骗方式、交付财物过程或者其他证据是否一致。对于团伙作案的，要重视对同案犯罪嫌疑人供述和辩解的审查，梳理各个同案犯罪嫌疑人的指证是否相互印证。

二是有关资金链条的证据。第1条第1款第2项第2目规定，证明诈骗行为是犯罪嫌疑人实施的有关资金链条的证据包括：银行转账凭证、交易流水、

---

[1] 2018年8月24日最高人民检察院第13届检察委员会第5次会议通过，2018年11月9日公布（高检发侦监字〔2018〕12号），自公布之日起施行。

第三方支付交易记录以及其他关联账户交易记录、现场查扣的书证、与犯罪关联的银行卡及申请资料等，从中审查相关银行卡信息与被害人存款、转移赃款等账号有无关联，资金交付支配占有过程；犯罪嫌疑人的短信以及 QQ、微信、Skype 等即时通讯工具聊天记录，审查与犯罪有关的信息，是否出现过与本案资金流转有关的银行卡账号、资金流水等信息。要注意审查被害人转账、汇款账号、资金流向等是否有相应证据印证赃款由犯罪嫌疑人取得。对诈骗集团租用或交叉使用账户的，要结合相关言词证据及书证、物证、勘验笔录等分析认定。

三是有关信息链条的证据。第 1 条第 1 款第 2 项第 3 目规定，证明诈骗行为是犯罪嫌疑人实施的有关信息链条的证据包括：侦查机关远程勘验笔录，远程提取证据笔录，CDR 电话清单、查获的手机 IMEI 串号、语音网关设备、路由设备、交换设备、手持终端等。要注意审查诈骗窝点物理 IP 地址是否与所使用电话 CDR 数据清单中记录的主叫 IP 地址或 IP 地址所使用的线路（包括此线路的账号、用户名称、对接服务器、语音网关、手持终端等设备的 IP 配置）一致，电话 CDR 数据清单中是否存在被害人的相关信息资料，改号电话显示号码、呼叫时间、电话、IP 地址是否与被害人陈述及其他在案证据印证。在电信网络诈骗窝点查获的手机 IMEI 串号以及其他电子作案工具，是否与被害人所接到的诈骗电话显示的信息来源一致。

四是其他证据。第 1 条第 1 款第 2 项第 4 目规定，证明诈骗行为是犯罪嫌疑人实施的其他证据包括：跨境电信网络诈骗犯罪案件犯罪嫌疑人出入境记录、户籍证明材料、在境外使用的网络设备及虚拟网络身份的网络信息，证明犯罪嫌疑人出入境情况及身份情况。诈骗窝点的纸质和电子账目报表，审查时间、金额等细节是否与被害人陈述相互印证。犯罪过程中记载被害人身份、诈骗数额、时间等信息的流转单，审查相关信息是否与被害人陈述、银行转账记录等相互印证。犯罪嫌疑人之间的聊天记录、诈骗脚本、内部分工、培训资料、监控视频等证据，审查犯罪的具体手法、过程。购买作案工具和资源（手机卡、银行卡、POS 机、服务器、木马病毒、改号软件、公民个人信息等）的资金流水、电子数据等证据。

（3）有证据证明犯罪嫌疑人具有诈骗的主观故意。

一是证明犯罪嫌疑人具有诈骗的主观故意的证据。第 1 条第 1 款第 3 项第 1 目规定，证明犯罪嫌疑人具有诈骗的主观故意包括：犯罪嫌疑人的供述和辩解、证人证言、同案犯指证；诈骗脚本、诈骗信息内容、工作日记、分工手册、犯罪嫌疑人的具体职责、地位、参与实施诈骗行为的时间等；赃款的账册、分赃的记录、诈骗账目记录、提成记录、工作环境、工作形式等；短信、QQ、微信、Skype 等即时通讯工具聊天记录等，审查其中是否出现有关诈骗的内容以及诈骗专门用的黑话、暗语等。

二是证明提供帮助者的主观故意的证据。第 1 条第 1 款第 3 项第 2 目规定，证明提供帮助者的主观故意的证据包括：提供帮助犯罪嫌疑人供述和辩解、电信网络诈骗犯罪嫌疑人的指证、证人证言；双方短信以及 QQ、微信、Skype 等即时通讯工具聊天记录等信息材料；犯罪嫌疑人的履历、前科记录、行政处罚记录、双方资金往来的凭证、犯罪嫌疑人提供帮助、协助的收益数额、取款时的监控视频、收入记录、处罚判决情况等。第 1 条第 2 款第 3 项规定，证明犯罪嫌疑人及提供帮助者主观故意的证据类型同审查逮捕证据类型相同。需要注意的是，由于犯罪嫌疑人各自分工不同，其供述和辩解也呈现不同的证明力。一般而言，专门行骗人对于单起事实的细节记忆相对粗略，只能供述诈骗的手段和方式；专业取款人对于取款的具体细目记忆也粗略，只能供述大概经过和情况，重点审查犯罪手段的同类性、共同犯罪人之间的关系及各自分工和作用。

（4）有确实充分的证据证明发生了电信网络诈骗犯罪事实。

一是证明电信网络诈骗事实发生。第 1 条第 2 款第 1 项第 1 目规定，除审查逮捕要求的证据类型之外，证明跨国电信网络诈骗事实发生的证据包括出入境记录、飞机铁路等交通工具出行记录，必要时需国外有关部门出具的与案件有关的书面证据材料，包括原件、翻译件、使领馆认证文件等。

二是证明电信网络诈骗行为的危害结果。第 1 条第 2 款第 1 项第 2 目规定，证明诈骗数额达到追诉标准的证据包括：能查清诈骗事实的相关证人证言、被害人陈述、犯罪嫌疑人供述和辩解、银行账户交易明细、交易凭证、第三方支付结算交易记录以及其他与电信网络诈骗关联的账户交易记录、犯罪嫌疑人的诈骗账目记录以及其他有关证据。证明发送信息条数、拨打电话次数以及页面浏览量达到追诉标准的证据类型与审查逮捕的证据类型相同。

（5）有确实充分的证据证明诈骗行为是犯罪嫌疑人实施的。

一是有关资金链条的证据。第 1 条第 2 款第 2 项第 1 目规定，重点审查被害人的银行交易记录和犯罪嫌疑人持有的银行卡及账号的交易记录，用于查明被害人遭受的财产损失及犯罪嫌疑人诈骗的犯罪数额；重点审查犯罪嫌疑人的短信，以及 QQ、微信、Skype 等即时通讯工具聊天记录，用于查明是否出现涉案银行卡账号、资金流转等犯罪信息，赃款是否由犯罪嫌疑人取得。此外，对诈骗团伙或犯罪集团租用或交叉使用多层级账户洗钱的，要结合资金存取流转的书证、监控录像、辨认笔录、证人证言、被害人陈述、犯罪嫌疑人供述和辩解等证据分析认定。

二是有关人员链条的证据。第 1 条第 2 款第 2 项第 2 目规定，电信网络诈骗多为共同犯罪，在审查刑事责任年龄、刑事责任能力方面的证据基础上，应重点审查犯罪嫌疑人供述和辩解、手机通信记录等，通过自供和互证，以及与其他证据之间的相互印证，查明各自的分工和作用，以区分主、从犯。对于分工明确、有明显首要分子、较为固定的组织结构的 3 人以上固定的犯罪组织，应当认定为犯罪集团。

三是言词证据及有关信息链条的证据。与上述第 1 条第 1 款第 2 项第 1 目和第 3 目规定的证据类型相同。

（6）电子数据真实性的审查。第 2 条第 6 款第 1 项规定，审查内容包括：①是否移送原始存储介质；在原始存储介质无法封存、不便移动时，有无说明原因，并注明收集、提取过程及原始存储介质的存放地点或者电子数据的来源等情况。②电子数据是否具有数字签名、数字证书等特殊标识。③电子数据的收集、提取过程是否可以重现。④电子数据如有增加、删除、修改等情形的，是否附有说明。⑤电子数据的完整性是否可以保证。

（7）电子数据合法性的审查。第 2 条第 6 款第 2 项规定，审查内容包括：①收集、提取电子数据是否由 2 名以上侦查人员进行，取证方法是否符合相关技术标准。②收集、提取电子数据，是否附有笔录、清单，并经侦查人员、电子数据持有人（提供人）、见证人签名或者盖章；没有持有人（提供人）签名或者盖章的，是否注明原因；对电子数据的类别、文件格式等是否注明清楚。③是否依照有关规定由符合条件的人员担任见证人，是否对相关活动进行录像。④电子数据检查是否将电子数据存储介质通过写保护设备接入到检查设备；有条件的，是否制作电子数据备份，并对备份进行检查；无法制作备份且无法使用写保护设备的，是否附有录像。⑤通过技术侦查措施，利用远程计算机信息系统进行网络远程勘验收集到电子数据，作为证据使用的，是否随案移送批准采取技术侦查措施的法律文书和所收集的证据材料，是否对其来源等作出书面说明。⑥对电子数据作出鉴定意见的鉴定机构是否具有司法鉴定资质。

（8）电子数据的采信。第 2 条第 6 款第 3 项规定，经过公安机关补正或者作出合理解释可以采信的电子数据包括：未以封存状态移送的；笔录或者清单上没有侦查人员、电子数据持有人（提供人）、见证人签名或者盖章的；对电子数据的名称、类别、格式等注明不清的；有其他瑕疵的。不能采信的电子数据包括：电子数据系篡改、伪造或者无法确定真伪的；电子数据有增加、删除、修改等情形，影响电子数据真实性的；其他无法保证电子数据真实性的情形。

（9）境外证据的审查。

一是证据来源合法性的审查。第 2 条第 7 款第 1 项规定，境外证据的来源包括：外交文件（国际条约、互助协议）；司法协助（刑事司法协助、平等互助原则）；警务合作（国际警务合作机制、国际刑警组织）。由于上述来源方式均需要有法定的程序和条件，对境外证据的审查要注意：证据来源是否是通过上述途径收集，审查报批、审批手续是否完备，程序是否合法；证据材料移交过程是否合法，手续是否齐全，确保境外证据的来源合法性。

二是证据转换的规范性审查。第 2 条第 7 款第 2 项规定，对于不符合我国证据种类和收集程序要求的境外证据，侦查机关要重新进行转换和固定，才能作为证据使用。注重审查以下内容：①境外交接证据过程的连续性，是否有交接文书，交接文书是否包含接收；②接收移交、开箱、登记时是否全程录像，确保交接过程的真实性，交接物品的完整性；③境外证据按照我国证据收集程序重新进行固定的，依据相关规定进行，注意证据转换过程的连续性和真实性的审查；④公安机关是否对境外证据来源、提取人、提取时间或者提供人、提供时间以及保管移交的过程等作出说明，有无对电子数据完整性等专门性问题的鉴定意见等；⑤无法确认证据来源、证据真实性、收集程序违法无法补正等境外证据应予排除。

三是其他来源的境外证据的审查。第 2 条第 7 款第 3 项规定，通过其他渠道收集的境外证据材料，作为证据使用的，应注重对其来源、提供人、提供时间以及提取人、提取时间进行审查。能够证明案件事实且符合刑事诉讼法规定的，可以作为证据使用。

25. "两院"《关于办理妨害信用卡管理刑事案件具体应用法律若干问题的解释》[1]

（1）"有效催收"的认定。第 7 条第 2 款规定，对于是否属于有效催收，应当根据发卡银行提供的电话录音、信息送达记录、信函送达回执、电子邮件送达记录、持卡人或者其家属签字以及其他催收原始证据材料作出判断。

（2）书证的形式要件。第 7 条第 3 款规定，发卡银行提供的相关证据材料，应当有银行工作人员签名和银行公章。第 9 条第 3 款也作了相同规定。

（3）恶意透支数额的认定。第 9 条第 2 款规定，检察机关在审查起诉、提起公诉时，应当根据发卡银行提供的交易明细、分类账单（透支账单、还款账单）等证据材料，结合犯罪嫌疑人、被告人及其辩护人所提辩解、辩护意见及相关证据材料，审查认定恶意透支的数额；恶意透支的数额难以确定的，应当依据司法会计、审计报告，结合其他证据材料审查认定。人民法院在审判过程中，应当在对上述证据材料查证属实的基础上，对恶意透支的数额作出认定。

26. 最高人民法院《关于审理建设工程施工合同纠纷案件适用法律问题的解释（二）》[2]

（1）举证责任。第 3 条第 1 款规定，建设工程施工合同无效，一方当事人请求对方赔偿损失的，应当就对方过错、损失大小、过错与损失之间的因果关系承担举证责任。

（2）申请鉴定。第 13 条规定，当事人在诉讼前共同委托有关机构、人员对建设工程造价出具咨询意见，诉讼中一方当事人不认可该咨询意见申请鉴定的，人民法院应予准许，但双方当事人明确表示受该咨询意见约束的除外。第 14 条规定，当事人对工程造价、质量、修复费用等专门性问题有争议，人民法院认为需要鉴定的，应当向负有举证责任的当事人释明。当事人经释明未申请鉴定，虽申请鉴定但未支付鉴定费用或者拒不提供相关材料的，应当

---

〔1〕　2009 年 10 月 12 日最高人民法院审判委员会第 1475 次会议、2009 年 11 月 12 日最高人民检察院第十一届检察委员会第 22 次会议通过，根据 2018 年 7 月 30 日最高人民法院审判委员会第 1745 次会议、2018 年 10 月 19 日最高人民检察院第十三届检察委员会第 7 次会议通过的《最高人民法院、最高人民检察院关于修改〈关于办理妨害信用卡管理刑事案件具体应用法律若干问题的解释〉的决定》修正，2018 年 11 月 28 日公布（法释〔2018〕19 号），自 2018 年 12 月 1 日起施行。

〔2〕　2018 年 10 月 29 日由最高人民法院审判委员会第 1751 次会议通过，2018 年 12 月 29 日公布（法释〔2018〕20 号），自 2019 年 2 月 1 日起施行。

承担举证不能的法律后果。一审诉讼中负有举证责任的当事人未申请鉴定，虽申请鉴定但未支付鉴定费用或者拒不提供相关材料，二审诉讼中申请鉴定，人民法院认为确有必要的，应当认定原判决认定基本事实不清，裁定撤销原判决，发回原审人民法院重审，或者查清事实后改判。

（3）委托鉴定。第 15 条规定，人民法院准许当事人的鉴定申请后，应当根据当事人申请及查明案件事实的需要，确定委托鉴定的事项、范围、鉴定期限等，并组织双方当事人对争议的鉴定材料进行质证。

（4）对鉴定意见的质证。第 16 条规定，人民法院应当组织当事人对鉴定意见进行质证。鉴定人将当事人有争议且未经质证的材料作为鉴定依据的，人民法院应当组织当事人就该部分材料进行质证。经质证认为不能作为鉴定依据的，根据该材料作出的鉴定意见不得作为认定案件事实的依据。

（三）行政法规与部门规章

1. 国务院《融资担保公司监督管理条例》[1]

（1）取证方式。监督管理部门可以采取五种取证方式。其中，第 28 条第 1 款规定了四种：①进入融资担保公司进行检查；②询问融资担保公司的工作人员，要求其对有关检查事项作出说明；③检查融资担保公司的计算机信息管理系统；④查阅、复制与检查事项有关的文件、资料，对可能被转移、隐匿或者毁损的文件、资料、电子设备予以封存。第 29 条第 1 款规定了第五种：与融资担保公司的董事、监事、高级管理人员进行监督管理谈话，要求其就融资担保公司业务活动和风险管理的重大事项作出说明。

（2）取证原则。监督管理部门应当遵守的取证原则包括：①非现场监管和现场检查并重原则。第 24 条规定，监督管理部门应当建立健全监督管理工作制度，运用大数据等现代信息技术手段实时监测风险，加强对融资担保公司的非现场监管和现场检查，并与有关部门建立监督管理协调机制和信息共享机制。②合法原则。第 28 条第 2 款规定，进行现场检查，应当经监督管理部门负责人批准。检查人员不得少于 2 人，并应当出示合法证件和检查通知书。③保守商业秘密原则。第 35 条规定，监督管理部门及其工作人员对监督管理工作中知悉的商业秘密，应当予以保密。

---

〔1〕　2017 年 8 月 2 日中华人民共和国国务院令第 683 号公布，自 2017 年 10 月 1 日起施行。

2. 国务院《人力资源市场暂行条例》[1]

（1）取证原则。人力资源社会保障行政部门应当遵守的取证原则包括：①合法原则。第 34 条第 2 款规定，人力资源社会保障行政部门实施监督检查时，监督检查人员不得少于 2 人，应当出示执法证件。②保守商业秘密原则。第 34 条第 2 款后半段规定，人力资源社会保障行政部门对被检查单位的商业秘密予以保密。

（2）取证方式。第 34 条第 1 款规定，人力资源社会保障行政部门监督检查可以采取五种措施：①进入被检查单位进行检查；②询问有关人员，查阅服务台账等服务信息档案；③要求被检查单位提供与检查事项相关的文件资料，并作出解释和说明；④采取记录、录音、录像、照相或者复制等方式收集有关情况和资料；⑤法律、法规规定的其他措施。

3. 国务院《医疗纠纷预防和处理条例》[2]

（1）取证原则。卫生主管部门应当遵守两个取证原则：①公平、公正、及时原则。第 4 条规定，处理医疗纠纷，应当遵循公平、公正、及时的原则，实事求是，依法处理。②保守个人隐私原则。第 42 条第 1 款规定，医疗纠纷人民调解委员会及其人民调解员、卫生主管部门及其工作人员应当对医患双方的个人隐私等事项予以保密。

（2）病历资料的封存、启封。第 24 条第 1 款规定，发生医疗纠纷需要封存、启封病历资料的，应当在医患双方在场的情况下进行。封存的病历资料可以是原件，也可以是复制件，由医疗机构保管。病历尚未完成需要封存的，对已完成病历先行封存；病历按照规定完成后，再对后续完成部分进行封存。医疗机构应当对封存的病历开列封存清单，由医患双方签字或者盖章，各执一份。

（3）现场实物的封存、启封。第 25 条第 1 款规定，疑似输液、输血、注射、用药等引起不良后果的，医患双方应当共同对现场实物进行封存、启封，封存的现场实物由医疗机构保管。第 25 条第 2 款规定，疑似输血引起不良后果，需要对血液进行封存保留的，医疗机构应当通知提供该血液的血站派员到场。

---

〔1〕　2018 年 6 月 29 日中华人民共和国国务院令第 700 号公布，自 2018 年 10 月 1 日起施行。
〔2〕　2018 年 7 月 31 日中华人民共和国国务院令第 701 号公布，自 2018 年 10 月 1 日起施行。

（4）专家的抽取。第 41 条第 1 款规定，卫生主管部门调解医疗纠纷需要进行专家咨询的，可以从本条例规定的专家库中抽取专家。第 35 条规定，医疗损害鉴定专家库由设区的市级以上人民政府卫生、司法行政部门共同设立。专家库应当包含医学、法学、法医学等领域的专家。聘请专家进入专家库，不受行政区域的限制。

（5）鉴定程序要求。第 41 条规定，医患双方认为需要进行医疗损害鉴定以明确责任的，参照本条例规定进行鉴定。①鉴定机构选择。参照第 34 条第 1 款规定，由医患双方共同委托医学会或者司法鉴定机构进行鉴定，也可以经医患双方同意，由医疗纠纷人民调解委员会委托鉴定。②专业人员资质。参照第 34 条第 2 款规定，医学会或者司法鉴定机构接受委托从事医疗损害鉴定，应当由鉴定事项所涉专业的临床医学、法医学等专业人员进行鉴定；医学会或者司法鉴定机构没有相关专业人员的，应当从本条例规定的专家库中抽取相关专业专家进行鉴定。

（6）鉴定意见要求。第 36 条规定，医学会、司法鉴定机构作出的医疗损害鉴定意见应当载明并详细论述下列四项内容：①是否存在医疗损害以及损害程度；②是否存在医疗过错；③医疗过错与医疗损害是否存在因果关系；④医疗过错在医疗损害中的责任程度。

4. 国家互联网信息办公室《互联网信息内容管理行政执法程序规定》[1]

（1）取证原则。互联网信息内容管理部门应当遵守如下取证原则：①公开、公平、公正原则。第 3 条规定，互联网信息内容管理部门实施行政执法，应当遵循公开、公平、公正的原则，做到事实清楚、证据确凿、程序合法、法律法规规章适用准确适当、执法文书使用规范。②合法原则。第 18 条第 1 款规定，互联网信息内容管理部门进行案件调查取证时，执法人员不得少于 2 人，并应当出示执法证。必要时，也可以聘请专业人员进行协助。③权利告知原则。第 18 条第 2 款规定，首次向案件当事人收集、调取证据的，应当告知其有申请办案人员回避的权利。④保密原则。第 18 条第 4 款规定，执法人员对在办案过程中知悉的国家秘密、商业秘密、个人隐私、个人信息应当依法保密。⑤最佳证据原则。第 26 条第 2 款规定，调取的书证、物证应当是原件、原物。调取原件、原物确有困难的，可以由提交证据的有关单位、个人

---

〔1〕　2017 年 5 月 2 日国家互联网信息办公室令第 2 号公布，自 2017 年 6 月 1 日起施行。

在复制品上签字或者盖章，注明"此件由×××提供，经核对与原件（物）无异"的字样或者文字说明，并注明出证日期、证据出处，并签名或者盖章。第 26 条第 3 款规定，调取的视听资料、电子数据应当是原始载体或备份介质。调取原始载体或备份介质确有困难的，可以收集复制件，并注明制作方法、制作时间、制作人等情况。

（2）证据资格。①形式要件。第 20 条第 1 款规定，办案人员应当依法收集与案件有关的证据，主要有 11 种：电子数据、视听资料、书证、物证、证人证言、当事人的陈述、鉴定意见、检验报告、勘验笔录、现场笔录、询问笔录等。此外，根据第 20 条第 4 款的规定，存储在电子介质中的录音资料和影像资料，适用电子数据的规定。②实质要件。第 21 条第 2 款规定，电子数据的收集、提取应当符合法律法规规章、国家标准、行业标准和技术规范，并保证所收集、提取的电子数据的完整性、合法性、真实性、关联性。否则，不得作为认定事实的依据。③证据准入。第 21 条第 1 款规定，互联网信息内容管理部门在立案前调查或者检查过程中依法取得的证据，可以作为认定事实的依据。通过网络巡查等技术手段获取的、具有可靠性的电子数据可以作为认定事实的依据。

（3）取证方式。互联网信息内容管理部门可以采取六种取证方式。①询问证人。第 23 条第 2 款规定，执法人员进行询问的，应当制作《询问笔录》，载明时间、地点、有关事实、经过等内容。询问笔录应当交询问对象或者有关人员核对并确认。②勘验、检查。第 24 条规定，互联网信息内容管理部门对于涉及互联网信息内容违法的场所、物品、网络应当进行勘验、检查，及时收集、固定书证、物证、视听资料以及电子数据。③委托司法鉴定。第 25 条规定，互联网信息内容管理部门可以委托司法鉴定机构就案件中的专门性问题出具鉴定意见；不属于司法鉴定范围的，可以委托有能力或者条件的机构出具检测报告或者检验报告。④调取证据材料。第 26 条第 1 款规定，互联网信息内容管理部门可以向有关单位、个人调取能够证明案件事实的证据材料，并且可以根据需要拍照、录像、复印和复制。⑤先行登记保存。第 27 条规定，在证据可能灭失或者以后难以取得的情况下，经互联网信息内容管理部门负责人批准，执法人员可以依法对涉案计算机、服务器、硬盘、移动存储设备、存储卡等涉嫌实施违法行为的物品先行登记保存，制作《登记保存物品清单》，向当事人出具《登记保存物品通知书》。⑥电子取证。第 29 条规定，为了收集、保全电子数据，互联网信息内容管理部门可以采取现场取证，远程取证，责令有关单位、个人固定和提交等措施。现场取证、远程取证结束后应当制作《电子取证工作记录》。

（4）证据先行登记保存后续处理。

一是 7 日内处理规定。第 28 条第 1 款规定，互联网信息内容管理部门对先行登记保存的证据，应当在 7 日内作出以下四种处理决定：①需要采取证据保全措施的，采取记录、复制、拍照、录像等证据保全措施后予以返还；②需要检验、检测、鉴定的，送交具有相应资质的机构检验、检测、鉴定；③违法事实成立的，依法应当予以没收的，作出行政处罚决定，没收违法物品；④违法事实不成立，或者违法事实成立但依法不应当予以没收的，解除先行登记保存。

二是逾期未处理规定。第 28 条第 2 款规定，逾期未作出处理决定的，应当解除先行登记保存。

5. 国家保密局《泄密案件查处办法》[1]

（1）取证原则。保密行政管理部门应当遵守如下取证原则：①教育和惩处相结合原则。第 3 条规定，查处泄密案件，应当坚持教育和惩处相结合，以事实为依据，以法律为准绳，做到事实清楚，证据确实、充分，定性准确，程序合法，处理适当。②保密原则。第 10 条规定，保密行政管理部门及其办案人员对案件查处工作中获取的国家秘密、工作秘密、商业秘密及个人隐私，应当保密。③合法及时客观全面原则。第 18 条规定，保密行政管理部门在案件调查过程中，应当合法、及时、客观、全面地收集、调取证据材料，并予以审查、核实。第 35 条规定，保密行政管理部门直接调查、检查时，办案人员不得少于 2 人，并应当出示证件，表明身份。④最佳证据原则。第 19 条规定，收集、调取的物证应当是原物。在原物不便搬运、不易保存，依法应当由有关机关、单位保管、处理或者依法应当返还时，可以拍摄或者制作足以反映原物外形或者内容的照片、录像。第 20 条第 1 款规定，收集、调取的书证应当是原件。在取得原件确有困难时，可以使用副本或者复制件。第 21 条规定，办案人员应当收集电子数据的原始载体。收集原始载体确有困难时，可以拷贝复制或者进行镜像备份。

---

〔1〕　2017 年 12 月 29 日国家保密局令 2017 年第 2 号公布，自 2018 年 1 月 1 日起施行。

（2）证据资格。

一是形式要件。第 17 条规定了七种证据形式，包括：①物证；②书证；③证人证言；④案件当事人陈述；⑤视听资料、电子数据；⑥保密检查、勘验笔录，技术核查报告；⑦密级鉴定书。

二是实质要件，详述如下：①关联性要件。第 17 条规定，可以用于证明案件事实的材料，都是证据。②真实性要件。第 19 条规定，物证的照片、录像，经与原物核实无误或者经鉴定证明为真实的，可以作为证据使用。第 20 条第 2 款规定，书证的副本、复制件，经与原件核实无误的，可以作为证据使用。书证有更改或者更改迹象不能作出合理解释的，或者书证的副本、复制件不能反映书证原件及其内容的，不能作为证据使用。

（3）需用证据证明的事实。第 34 条规定，案件调查内容包括五项：①案件当事人的基本情况；②案件当事人是否实施违反保密法律法规行为；③实施违反保密法律法规行为的时间、地点、手段、后果以及其他情节；④有无法定从重、从轻、减轻或者免予处理的情形；⑤与案件有关的其他事实。

（4）取证方式。保密行政管理部门可以采取如下六种取证方式：①询问案件当事人、证人或者其他案件关系人。第 38 条规定，办案人员在案件调查过程中可以询问案件当事人、证人或者其他案件关系人，并制作询问笔录。询问应当个别进行（第 39~42 条具体规定了询问内容、询问笔录、权利保障等内容）。②查阅、复制与案件有关的材料。第 43 条规定，办案人员在案件调查过程中可以查阅、复制与案件有关的文件资料、会议记录、工作笔记等材料，查阅、了解案件当事人的身份信息、现实表现情况等信息，有关机关、单位和个人应当予以配合。③检查与案件有关的场所、物品。第 44 条规定，办案人员在案件调查过程中可以对与泄密案件有关的场所、物品进行检查。检查时，被检查人或者见证人应当在场。办案人员可以根据检查情况制作检查笔录。检查笔录由办案人员、被检查人或者见证人签名；被检查人或者见证人不在场、拒绝签名的，办案人员应当在检查笔录中注明。④登记保存。第 45 条规定，在案件调查过程中对国家秘密载体或者相关设施、设备、文件资料等登记保存，依照《行政强制法》相关规定进行。办案人员应当会同持有人或者见证人查点清楚，当场开列登记保存清单一式二份，写明登记保存对象的名称、规格、数量、特征、登记保存地点等，由办案人员和持有人或者见证人签名后，各执一份。对于登记保存在有关机关、单位的设施、设备，应当采取足以防止有关证据灭失或者转移的措施。⑤技术核查取证。第 46 条规定，对涉及计算机、移动存储介质等信息设备的泄密案件，保密行政管理部门可以组织或者委托具有技术核查取证职能的部门或者单位进行技术核查取证。⑥鉴定。第 47 条规定，案件调查过程中，需要对有关事项是否属于国家秘密以及属于何种密级进行鉴定的，应当及时提请具有密级鉴定权的保密行政管理部门鉴定。

6. 国土资源部《国土资源执法监督规定》[1]

（1）取证原则。国土资源主管部门应当遵守两个取证原则：①依法规范严格公正文明原则。第 3 条规定，国土资源执法监督，遵循依法、规范、严格、公正、文明的原则。②合法原则。第 10 条第 3 款规定，执法人员不得超越法定职权使用执法证件，不得将执法证件用于国土资源执法监督以外的活动。第 16 条规定，国土资源执法人员依法履行执法监督职责时，应当主动出示执法证件，并且不得少于 2 人。

（2）取证方式。第 19 条规定，县级以上国土资源主管部门可以采取四种取证方式：①要求被检查的单位或者个人提供有关文件和资料，进行查阅或者予以复制；②要求被检查的单位或者个人就有关问题作出说明，询问违法案件的当事人、嫌疑人和证人；③进入被检查单位或者个人违法现场进行勘测、拍照、录音和摄像等；④法律法规规定的其他措施。

（3）行政执法全过程记录制度。第 25 条规定，县级以上国土资源主管部门实行行政执法全过程记录制度，在以下三种情形下使用：①将行政执法文书作为全过程记录的基本形式；②对现场检查、随机抽查、调查取证、听证、行政强制、送达等容易引发争议的行政执法过程，进行音像记录；③对直接涉及重大财产权益的现场执法活动和执法场所，进行音像记录。

7. 商务部《行政处罚实施办法》[2]

（1）取证原则。商务部调查机关应当遵守三个取证原则：①及时原则。第 9 条规定，商务部有关部门发现公民、法人或者其他组织有违反行政管理秩序的行为时，应及时展开调查工作。②全面客观公正原则。第 10 条第 1 款规定，调查机关应当全面、客观、公正进行调查，收集有关证据。必要时，

---

〔1〕 2018 年 1 月 2 日国土资源部令第 79 号公布，自 2018 年 3 月 1 日起施行。
〔2〕 2018 年 12 月 10 日商务部令 2018 年第 8 号公布，自 2019 年 1 月 11 日起施行。

依照法律法规的规定，可以进行检查。③合法原则。第 10 条第 2 款规定，调查或检查时，执法人员不得少于 2 人，并应向当事人或者有关人员出示证件。相关询问或者检查应当制作笔录。

（2）法制机构证据审查。对调查机关移交的行政处罚案件，法制机构在证据审查过程中可以采取三种处理方式：①进一步核实。第 13 条规定，法制机构认为案件中个别事实不清的，可以要求调查机关作出解释、说明。必要时，法制机构可以直接向有关单位及人员调查、了解情况。②退回补充调查。第 14 条规定，法制机构经过审查，认为案件事实不清、证据不足的可以退回调查机关补充调查。③制作《案件审查报告》。第 15 条规定，法制机构经审查，认为案件主要事实清楚、证据充分的，应当制作《案件审查报告》。

8. 国家市场监督管理总局《市场监督管理行政处罚程序暂行规定》[1]

（1）取证原则。市场监督管理部门应当遵守如下取证原则：①全面客观公正及时原则。第 18 条第 1 款规定，办案人员应当全面、客观、公正、及时进行案件调查，收集、调取证据，并依照法律、法规、规章的规定进行检查。②权利告知原则。第 18 条第 2 款规定，首次向当事人收集、调取证据的，应当告知其享有陈述权、申辩权以及申请回避的权利。③保密原则。第 18 条第 3 款规定，市场监督管理部门及参与案件办理的有关人员对调查过程中知悉的国家秘密、商业秘密和个人隐私应当依法保密。④合法原则。第 19 条规定，办案人员调查或者进行检查时不得少于 2 人，并应当向当事人或者有关人员出示执法证件。⑤最佳证据原则。第 21 条规定，收集、调取的书证、物证应当是原件、原物。调取原件、原物有困难的，可以提取复制件、影印件或者抄录件，也可以拍摄或者制作足以反映原件、原物外形或者内容的照片、录像。第 22 条规定，收集、调取的视听资料应当是有关资料的原始载体。调取视听资料原始载体有困难的，可以提取复制件，并注明制作方法、制作时间、制作人等。第 23 条第 1 款规定，收集、调取的电子数据应当是有关数据的原始载体。收集电子数据原始载体有困难的，可以采用拷贝复制、委托分析、书式固定、拍照录像等方式取证，并注明制作方法、制作时间、制作人等。

（2）证据资格。

一是形式要件。第 20 条第 1 款规定了八种证据形式，包括：①书证；

---

〔1〕 2018 年 12 月 21 日国家市场监督管理总局令第 2 号公布，自 2019 年 4 月 1 日起施行。

②物证；③视听资料；④电子数据；⑤证人证言；⑥当事人的陈述；⑦鉴定意见；⑧勘验笔录、现场笔录。

二是实质要件。主要是合法性规定：第 20 条第 1 款规定，办案人员应当依法收集证据；第 20 条第 4 款规定，证据（形式），应当符合法律、法规、规章关于证据的规定。

三是证据准入。①一般规定。第 20 条第 2 款规定，立案前核查或者监督检查过程中依法取得的证据材料，可以作为案件的证据使用。第 20 条第 3 款规定，对于移送的案件，移送机关依职权调查收集的证据材料，可以作为案件的证据使用。②特殊规定。第 24 条规定，从中华人民共和国领域外取得的证据，应当说明来源，经所在国公证机关证明，并经中华人民共和国驻该国使领馆认证，或者履行中华人民共和国与证据所在国订立的有关条约中规定的证明手续。在中华人民共和国香港特别行政区、澳门特别行政区和台湾地区取得的证据，应当具有按照有关规定办理的证明手续。外文书证或者外国语视听资料等证据应当附有由具有翻译资质的机构翻译的或者其他翻译准确的中文译本，由翻译机构盖章或者翻译人员签名。

（3）取证方式。

一是一般规定。市场监督管理部门可以采取如下十种取证方式：①收集、调取书证、物证（第 21 条）。②收集、调取视听资料（第 22 条）。③收集、调取电子数据（第 23 条）。④对有违法嫌疑的物品或者场所进行检查。第 25 条规定，对有违法嫌疑的物品或者场所进行检查时，应当通知当事人到场。办案人员应当制作现场笔录，载明时间、地点、事件等内容，由办案人员、当事人签名或者盖章。⑤询问当事人及其他有关单位和个人。第 26 条规定，办案人员可以询问当事人及其他有关单位和个人。询问应当个别进行。询问应当制作笔录，询问笔录应当交被询问人核对；对阅读有困难的，应当向其宣读。笔录如有差错、遗漏，应当允许其更正或者补充。涂改部分应当由被询问人签名、盖章或者以其他方式确认。经核对无误后，由被询问人在笔录上逐页签名、盖章或者以其他方式确认。办案人员应当在笔录上签名。⑥辨认。第 27 条第 2 款规定，市场监督管理部门在查处侵权假冒等案件过程中，可以要求权利人对涉案产品是否为权利人生产或者其许可生产的产品进行辨认，也可以要求其对有关事项进行鉴别。⑦抽样取证。第 28 条规定，市场监督管理部门抽样取证时，应当通知当事人到场。办案人员应当制作抽样记录，对样品加贴封条，开具清单，由办案人员、当事人在封条和相关记录上签名或者盖章。通过网络、电话购买等方式抽样取证的，应当采取拍照、截屏、录音、录像等方式对交易过程、商品拆包查验及封样等过程进行记录。法律、法规、规章或者国家有关规定对实施抽样机构的资质或者抽样方式有明确要求的，市场监督管理部门应当委托相关机构或者按照规定方式抽取样品。⑧检测、检验、检疫、鉴定。第29条规定，为查明案情，需要对案件中专门事项进行检测、检验、检疫、鉴定的，市场监督管理部门应当委托具有法定资质的机构进行；没有法定资质机构的，可以委托其他具备条件的机构进行。检测、检验、检疫、鉴定结果应当告知当事人。⑨先行登记保存。第30条第1款规定，在证据可能灭失或者以后难以取得的情况下，市场监督管理部门可以对与涉嫌违法行为有关的证据采取先行登记保存措施。采取或者解除先行登记保存措施，应当经市场监督管理部门负责人批准。第31条第1款规定，先行登记保存有关证据，应当当场清点，开具清单，由当事人和办案人员签名或者盖章，交当事人一份，并当场交付先行登记保存证据通知书。⑩查封、扣押。第33条第1款规定，市场监督管理部门可以依据法律、法规的规定采取查封、扣押等行政强制措施。采取或者解除行政强制措施，应当经市场监督管理部门负责人批准。第34条第1款规定，市场监督管理部门实施行政强制措施应当依照《行政强制法》第18条规定的程序进行，并当场交付实施行政强制措施决定书和清单。

二是特殊规定。第41条规定，进行现场检查、询问当事人及其他有关单位和个人、抽样取证、采取先行登记保存措施、实施查封或者扣押等行政强制措施时，按照有关规定采取拍照、录音、录像等方式记录现场情况。

（4）证据先行登记保存后的处理。

一是7日内处理规定。第32条第1款规定，市场监督管理部门对先行登记保存的证据，应当在7日内作出以下五种处理决定：①根据情况及时采取记录、复制、拍照、录像等证据保全措施；②需要检测、检验、检疫、鉴定的，送交检测、检验、检疫、鉴定；③依据有关法律、法规规定可以采取查封、扣押等行政强制措施的，决定采取行政强制措施；④违法事实成立，应当予以没收的，作出行政处罚决定，没收违法物品；⑤违法事实不成立，或者违法事实成立但依法不应当予以查封、扣押或者没收的，决定解除先行登记保存措施。

二是逾期未处理规定。第 32 条第 2 款规定，逾期未采取相关措施的，先行登记保存措施自动解除。

（5）查封扣押后续处理。①检测、检验、检疫、鉴定。第 35 条第 3 款规定，对物品需要进行检测、检验、检疫、鉴定的，查封、扣押的期间不包括检测、检验、检疫、鉴定的期间。检测、检验、检疫、鉴定的期间应当明确，并书面告知当事人。②拍卖或者变卖。第 38 条第 3 款规定，对鲜活物品或者其他不易保管的财物，法律、法规规定可以拍卖或者变卖的，或者当事人同意拍卖或者变卖的，经市场监督管理部门负责人批准，在采取相关措施留存证据后可以依法拍卖或者变卖。拍卖或者变卖所得款项由市场监督管理部门暂予保存。③解除查封、扣押。第 39 条第 1 款规定了应当解除查封、扣押的五种情形。第 39 条第 2 款规定，解除查封、扣押应当立即退还财物，并由办案人员和当事人在财物清单上签名或者盖章。已将鲜活物品或者其他不易保管的财物拍卖或者变卖的，退还拍卖或者变卖所得款项。变卖价格明显低于变卖时市场价格，给当事人造成损失的，应当给予补偿。

（四）地方性证据规定

1. 浙江省《关于防范和打击虚假诉讼的若干意见》[1]

（1）人民法院、人民检察院在办理案件过程中，根据证据反映的情况，发现当事人有虚假诉讼犯罪嫌疑的，应当将案件材料移送公安机关或者有关侦查机关。

（2）对存在虚假诉讼可能的案件，人民法院在审理过程中可以采取下列措施：①传唤当事人本人到庭；②通知当事人提交原始证据或者其他证据；③通知证人出庭作证；④依职权调查取证；⑤依职权追加与案件处理结果可能存在法律上利害关系的当事人；⑥要求当事人签署据实陈述保证书、证人签署如实作证保证书；⑦依法可以采取的其他措施。

（3）公证机关在办理转让、借贷、委托、执行证书等涉财产处分公证时，发现当事人冒充他人或者使用伪造证件、文书，涉嫌虚构事实、伪造证据骗取公证书的，应当依照《公证法》的相关规定，向公安机关报案，公安机关应当依法处理。公证机关应当将在公证活动中查实的虚构事实、伪造证据的

---

[1]　浙江省高级人民法院、浙江省人民检察院、浙江省公安厅、浙江省司法厅《关于防范和打击虚假诉讼的若干意见》，浙检发民字〔2017〕5 号。

当事人列入黑名单报司法行政机关。

（4）人民检察院在办理民事监督案件过程中，对有虚假诉讼嫌疑的案件，可以采取下列措施开展调查：①就案件事实向当事人及其他相关人员进行询问；②要求案件当事人提供原始证据或者其他证据；③向有关部门和单位及证人调查取证；④依法可以采取的其他措施。

人民检察院经审查认为民事案件存在虚假诉讼行为，可能导致原审裁判、调解或者执行错误的，应当依法提请上级人民检察院抗诉或者向同级人民法院提出检察建议。

2. 四川省高院《关于民事审判、执行阶段适用调查令的办法（试行）》[1]

（1）概念。调查令是指民事诉讼一审、二审、再审当事人因客观原因不能自行调查取证，或者在执行程序中，当事人提供被执行人财产信息确有困难，经申请并获人民法院批准，由人民法院签发给当事人的代理律师，由其向协助调查人收集相关证据的法律文书。协助调查人是指调查令载明的需向持令律师提供指定证据的组织或者个人。

（2）主体。①调查令的持令人必须是经当事人委托并已向法院提交相关代理手续、取得有效执业证书、由律师事务所指派参加审判或者执行程序的律师。②调查令的申请人须是人民法院已经立案受理的民事案件一审、二审、再审以及执行程序中的当事人。执行程序中的当事人包括申请执行人和履行义务顺位在后的被执行人。执行程序中，当事人的代理律师代为申请的，应当由当事人特别授权。

（3）时间。①民事案件一审、二审和再审程序中，申请人必须在举证期限内向人民法院提交调查令的书面申请；②持令调查的证据系与本案有关、当事人确因客观原因不能自行收集、经法官审核内容固定明确、载体稳定、便于封存转交的书证、视听资料、电子数据、鉴定意见和勘验笔录等特定证据。

（4）范围。当事人申请调查令的范围包括：①当事人的诉讼主体资格证据，包括但不限于向公安部门调取当事人（自然人）户籍登记信息和向工商

---

〔1〕 四川省高级人民法院《关于民事审判、执行阶段适用调查令的办法（试行）》，川高法〔2017〕214 号。

行政部门调取当事人（法人及其他组织）工商登记、变更、注销等相关信息；②受诉法院对案件有管辖权的证据，包括但不限于向物业公司、村（居）委会及街道办事处等组织机构调查一方当事人居住情况的证据；③被执行人的财产信息；④被执行人对第三人享有到期或者未到期债权的信息；⑤证明被执行人履行能力的信息；⑥被执行人转移、变卖、毁损责任财产的信息；⑦其他与案件事实相关的或者人民法院认为有必要调查收集的证据。

（5）决定。人民法院应当自当事人提出申请之日起 5 日内决定是否签发调查令。调查令由业务庭独任法官或合议庭审判长审查、签发。确有必要的，调查令经合议庭审查后，由审判长签发。不符合申请条件的，口头告知不予准许的理由。人民法院向当事人或者当事人的代理律师送达调查令的同时，应向其送达《调查令使用须知》。具有下列情形之一的，人民法院不予签发调查令：①涉及国家机密的；②涉及商业秘密或者个人隐私的；③与本案无关的；④其他不宜持令调查的。涉及上述情形的证据，当事人可提交线索，申请人民法院依法调查收集。

（6）程序。①调查令的有效期一般不超过 15 日，因不可抗力或者其他特殊情形导致调查令失效的，在障碍消除后 3 日内，当事人可以向人民法院申请重新签发调查令。②持令人持令调查时应当主动向协助调查人出示律师证与调查令，并将调查令交协助调查人。持令人凭调查令获取证据后应当在调查令有效期届满之日起 5 日内将该证据以及协助调查人填写的调查令回执提交人民法院。持令人因故未使用调查令或者协助调查人未提供证据的，持令人应当在调查令有效期届满之日起 5 日内将调查令交还人民法院并书面说明原因。③持令人持令调查时，协助调查人应当提供调查令所指定的证据。不能当即提供的，应当在收到调查令之日起 5 日内提供。协助调查人有权拒绝提供调查令指定证据以外的其他材料。协助调查人应当在提供的材料上注明与原件核对无异，在回执上注明材料的名称、页数等，并签名、盖章。协助调查人不能按时提供材料、无材料提供或者拒绝提供调查令指定材料的，应当在调查令回执中注明原因。

（7）效力。①执行程序中，对持令调查取得的证据，人民法院应当在 5 日内审查、核实。情况紧急的，应当立即核查。②民事一审、二审或再审程序中，对持令调查取得的证据，人民法院应组织质证后，依法确定是否予以采信。执行程序中，对持令调查取得的证据，人民法院认为有必要的，也可以组织相关当事人进行质证。③持令人持令取得的证据，经人民法院审查、核实后，可以作为认定案件事实或者采取执行措施的依据。

3. 福建省高院《关于民事诉讼调查令的实施意见（试行）》[1]

调查令的相关文书样式：（略）。注意事项包括：

（1）代理律师持调查令调查时，应当主动出示调查令和执业证等相关证件。调查取证后，5 日内将调查收集的全部证据及接受调查人填写的回执提交人民法院。

（2）代理律师因故未使用调查令或者接受调查人未提供证据的，应当在调查令载明的有效期限届满后 5 日内，将调查令向人民法院缴存入卷。

（3）代理律师持调查令调查获得的证据及信息，不得不当使用。

（4）代理律师持调查令调查时，接受调查人核对调查令和相关证件无误后，应当提供调查令所指定的证据。不能当即提供的，应当在收到调查令之日起 5 日内提供。

（5）接受调查人有权拒绝提供调查令指定证据以外的其他材料。

（6）接受调查人应当在提供的证据材料上注明与原件核对无异，在回执上注明证据材料的名称、页数等，并签名、盖章或捺印，提供的证明材料为两页以上的，应当骑缝盖章。

（7）接受调查人不能按时提供证据、无证据提供或者拒绝提供调查令指定证据的，应当在调查令回执中注明原因。

4. 四川省什邡市《关于重大刑事案件非法证据发现的若干规定（试行）》[2]

（1）提前介入。①检察人员应当提前介入重大刑事案件侦查，并引导、规范侦查。②检察机关可以派员参与现场取证，发现违法侦查行为，及时督促纠正，但不能代替、干预侦查机关（部门）的侦查活动。③驻所检察室检察人员发现在押犯罪嫌疑人身体存在外伤，初步认定存在刑讯逼供嫌疑时，应当及时向提前介入检察人员发出非法证据排除建议函，并同时提供相关调查材料。④重大刑事案件拟移送审查起诉前，侦查人员对犯罪嫌疑人最后一

---

〔1〕　福建省高级人民法院《关于民事诉讼调查令的实施意见（试行）》，闽高法〔2017〕15 号。

〔2〕　四川省什邡市人民检察院、什邡市公安局《关于印发〈关于重大刑事案件非法证据发现的若干规定（试行）〉的通知》，什检会〔2017〕1 号。

次讯问时，检察人员应当在场，并讯问犯罪嫌疑人是否被非法取证、是否申请非法证据排除等问题。整个讯问过程进行同步录音录像，并附卷随案移送。

（2）审查起诉。①检察人员讯问犯罪嫌疑人时，应当告知其在审查起诉阶段有权申请排除非法证据，把非法证据排除申请权利作为一项独立权利纳入《犯罪嫌疑人权利义务告知书》；②检察人员讯问犯罪嫌疑人时，应当核查其在侦查阶段的供述是否以非法方法收集的；③当事人及辩护人、诉讼代理人申请检察机关排除以非法方法收集的证据的，应当提供涉嫌非法取证的人员名字、时间、地点、方式、内容等相关线索或者材料，检察机关应当受理并审查；④检察人员在审查案件证据时，着重审查各种证据的收集主体、条件、方式、程序等是否符合法律规定。

（3）审查言词证据。审查犯罪嫌疑人供述、被害人陈述、证人证言等言词证据，应着重审查以下几个方面：①有无以刑讯逼供、暴力、威胁等非法方法收集的情形；②笔录是否经犯罪嫌疑人、被害人、证人核对确认并签名、捺指印；③应当提供通晓聋、哑手势的人员、翻译人员是否提供；④讯问、询问是否个别进行；⑤讯问犯罪嫌疑人是否依法全程录音录像；⑥重视言词证据之间、言词证据与其他证据能否相互印证，有无重大矛盾；⑦讯问未成年犯罪嫌疑人，询问未成年被害人、证人，是否通知其法定代理人或有关人员到场，其法定代理人或有关人员是否到场；⑧讯问、询问女性未成年人，是否有女工作人员在场。

（4）勘验检查笔录。①在勘验、检查、搜查过程中提取、扣押的物证、书证，着重审查有无证明物证、书证来源的笔录或者清单。未随案移送原物的情况，物证的照片、录像、复制品，能否反映原物的外形和特征；书证的副本、复制件能否反映原件及其内容。②勘验、检查笔录着重审查是否有现场保护人、见证人，补充进行勘验、检查的，前后情况有无矛盾。

（5）辨认笔录。审查辨认笔录应着重审查以下几个方面：①辨认是否在侦查人员主持下个别进行；②辨认前辨认人有无见到辨认对象；③辨认中辨认人有无受到明显暗示或者明显有指认嫌疑的；④辨认对象是否混杂在具有类似特征的其他对象中，或者供辨认的对象数量是否符合规定。

（6）侦查实验笔录。侦查实验笔录着重审查侦查实验时的条件与事件发生时的条件是否有明显差异，是否存在影响实验结论科学性的其他情形。

（7）鉴定意见。审查鉴定意见应着重审查以下几个方面：①鉴定对象与送检材料、样本是否一致；②送检材料、样本来源是否明确、未受污染，是否具备鉴定条件；③鉴定程序是否符合规定；④鉴定过程和方法是否符合相关专业的规范要求；⑤鉴定机构是否具备法定资质，鉴定事项是否在该鉴定机构业务范围、技术条件内；⑥鉴定人是否具备法定资质、相关专业技术或者职称，是否具有回避情形。

（8）视听资料电子数据：视听资料、电子数据着重审查制作、取得的时间、地点、方式等有无说明，内容是否真实，有无剪辑、拼凑、篡改、添加等伪造、变造情形。

（9）辩护人意见：辩护人、诉讼代理人向检察人员提供书面意见，或当面陈述形成笔录的，检察人员应当审查是否存在非法证据线索。已在侦查阶段同犯罪嫌疑人会见、通信的辩护律师提供的意见，应当着重审查。

（10）翻供：犯罪嫌疑人翻供的，公诉部门应当与侦查监督部门、侦查机关（部门）沟通交流，审查犯罪嫌疑人供述有无以刑讯逼供等非法方法收集的情形。

5. 安徽省《部分刑事案件证据指引工作意见》[1]

（1）概念和特征。①刑事诉讼证据是指可以用于证明案件事实的材料，即在办理刑事案件中依法调查、收集的与案件有关、能够证明案件事实的一切材料。②刑事诉讼证据应当符合客观性、合法性、关联性的要求，能够全面、准确、客观的反映案件情况。经查证属实且具有证明力的证据，才能作为认定案件事实的根据。

（2）证据提取。①收集、固定证据应当由两名以上侦查人员进行。侦查人员取证时应当出示有关证件、履行相关手续和法定告知义务，并在所取证据或取证说明上签名或者盖章。②对扭送人、报案人、控告人、举报人、自动投案人提供的有关证据材料应当登记，制作接受证据材料清单，由提供人签名，并妥善保管。必要时应当对接受的证据以及接受证据的过程拍照或录音、录像。

（3）现场取证原则。侦查人员现场取证，应当遵循及时、全面、合法原则。及时是指第一时间到达现场，当场收集、提取、固定证据，防止事后取

---

[1] 安徽省高级人民法院、安徽省人民检察院、安徽省公安厅《关于印发〈部分刑事案件证据指引工作意见〉的通知》，皖公通〔2017〕79 号。

证不能。全面是指凡是可能与案件有关联的证据，都要收集、提取、固定，不得随意取舍。合法是指取证主体合法、程序合法，由侦查人员依照法定程序收集、提取、固定证据。

（4）录音录像。侦查人员在犯罪现场调查取证时，应当依法开展下列现场取证工作，并对取证过程全程录音录像。开展现场取证的视音频资料按照相关规定保存：①询问被害人及其他在场证人，对案件基本情况进行了解的，当场制作《询问笔录》。对不便现场询问的，可以通知被害人及其他在场证人到侦查机关执法办案场所或者其他适当场所进行询问。对不能及时询问的在场证人，应当问清其姓名、单位、住址、联系方式等基本信息，以便后续进行调查取证。②立即保护现场，避免关键证据灭失，并根据现场情况判断能否自行对现场进行勘验、检查，如现场情况复杂应当通知专业技术人员到场勘查。现场勘验、检查应当制作《现场勘验、检查笔录》，按照相关技术规范的要求提取证据，并填写相关登记文书。③现场发现有人身伤亡情况的，应当当场对伤者的伤情进行拍照、录像，制作《检查笔录》并及时开展救助工作。④调取现场及周边的监控录像，以及现场人员使用手机等个人录音录像设备记录犯罪过程的视音频资料，并使用《调取证据通知书》《调取证据清单》等文书对调取的证据登记固定。

6. 江苏省《医疗损害鉴定管理办法》[1]

（1）鉴定专家库的设置与专家遴选。①省卫生计生行政部门会同省司法行政部门组建医疗损害鉴定专家库。专家库按照医学相关二级学科分类设置，增设卫生管理、法医等类，并依据学科专业组名录设置学科专业组。医疗卫生机构或者医学教学科研机构、医药卫生专业学会应当按照要求推荐专家库成员候选人，符合条件的医疗卫生专业技术人员和法医经所在单位同意后也可以直接向组建专家库的行政部门申请，作为专家库成员候选人。②参与鉴定的专家应当从医疗损害鉴定专家库相关学科专业组中选择。专家库专家有义务参与医疗损害鉴定机构的鉴定工作。③省卫生计生行政部门和司法行政部门应当对专家库实行动态监管，适时调整。

（2）鉴定的委托。在诉讼过程中，人民法院需要进行医疗损害鉴定的，

---

〔1〕　江苏省高级人民法院、江苏省卫生和计划生育委员会、江苏省司法厅《关于印发〈江苏省医疗损害鉴定管理办法〉的通知》，苏卫规（医政）〔2017〕1 号。

按照法律、法规及最高人民法院、国家有关部门的规定，委托医学会或者司法鉴定机构进行。人民法院委托司法鉴定机构进行鉴定的，可以根据案情需要优先选择与案件审理要求相适应的符合下列条件之一的司法鉴定机构进行鉴定：①法医临床鉴定或者法医病理鉴定业务通过国家级资质认定、认可；②相关专业具有5名以上高级技术职称的司法鉴定人，其中至少两名具有法医专业高级技术职称。

（3）鉴定委托的不予受理。具有下列情形之一的鉴定委托，医疗损害鉴定机构不予受理，书面告知委托人，并说明理由：①医方或者患方单方面委托的；②委托事项超出本机构业务范围的；③经补充，委托人提交的材料仍不能满足鉴定需要的；④委托人未按要求提供鉴定材料，或者提供的鉴定材料未经医患双方确认或者人民法院质证确认的；⑤因药品、医疗设备、医疗器械存在质量缺陷争议需要鉴定的；⑥委托人已就同一鉴定事项委托其他鉴定机构鉴定，且鉴定意见尚未出具的；⑦鉴定机构存在应当回避情形，可能影响公正鉴定的；⑧存在不符合法律、法规、规章及国家规定的其他情形的。

（4）鉴定听证会。医疗损害鉴定机构进行鉴定应当召开鉴定听证会，听取医患双方陈述。医学会组织的鉴定专家、有关工作人员以及司法鉴定机构的鉴定人、邀请的专家应当参加鉴定听证会。医学会进行医疗损害鉴定涉及死亡原因、伤残评定的，应当有法医参与。

（5）鉴定意见的出具。①鉴定合议时，专家应当根据鉴定的材料、医患双方陈述、现场检查情况等，结合卫生管理、医疗专业理论知识、技术和临床经验，依据医疗专业领域的技术标准、技术规范、操作规范、技术指南、药品说明书等，对委托鉴定事项相关的关键性问题进行综合分析，出具专业技术性判断意见。医疗损害鉴定机构应当如实记录鉴定听证会过程和专家合议意见，对委托事项或者争议要点未予明确的，应当要求专家予以明确并签名。②医学会根据鉴定专家合议意见出具医疗损害鉴定意见书。意见书由全体专家签名，并加盖医学会医疗损害鉴定专用章。司法鉴定机构结合鉴定人、受邀的专家意见出具医疗损害鉴定意见书。意见书应当附参加鉴定听证会的专家签名的咨询意见。鉴定人与专家咨询意见不一致的，鉴定人应当进行针对性分析，并在鉴定意见书中予以说明。

（6）医疗过错认定。医疗过错行为在产生损害后果中的原因力分为以下几种情形：①完全因素，即患者损害后果完全由医疗过错行为造成；②主要因素，即患者损害后果主要由医疗过错行为造成，其他因素起次要作用；③同等因素，即医疗过错行为和其他因素难分主次；④次要因素，即患者损害后果主要由其他因素造成，医疗过错行为起次要作用；⑤轻微因素，即患者损害后果主要由其他因素造成，医疗过错行为起轻微作用；⑥无因果关系，指患者损害后果与医疗过错行为无关。

损害后果包括对疾病治疗后的自然转归造成的组织器官缺损和功能障碍，也包括医疗过错行为造成的不良后果。医疗损害后果及伤残等级的评定意见，应当按照国家规定和有关规范、标准进行检查、分析后作出。

（7）补充鉴定。具有下列情形之一的，在出具医疗损害鉴定意见书之前，医疗损害鉴定机构可以根据委托人的要求进行补充鉴定：①原委托鉴定事项有遗漏的；②委托人就原委托鉴定事项提供新的鉴定材料足以影响鉴定意见的；③其他需要补充鉴定的情形。

补充鉴定是原委托鉴定的组成部分，一般应当由原医疗损害鉴定人或者鉴定专家进行。

（8）鉴定人出庭。①在诉讼过程中，人民法院要求鉴定人、鉴定专家出庭的，应当在开庭前 7 日将出庭通知书和鉴定意见异议材料等送达鉴定机构，鉴定机构应当指派鉴定人或者鉴定专家出庭。②鉴定人或者鉴定专家确因特殊原因无法出庭的，经人民法院准许，可以书面答复质询或者通过视听传输技术等远程在线方式出庭作证。

7. 浙江省高院《关于刑事诉讼中技术侦查证据材料使用若干问题的指导意见》[1]

（1）关于使用技术侦查证据材料的基本原则。对技术侦查证据材料应依法审慎使用，坚持重罪使用、最后使用和安全保密的原则。公安机关、人民检察院、人民法院应建立健全沟通协商机制，确保技术侦查证据材料规范使用。①重罪使用原则。技术侦查证据材料的使用应限于可能判处 7 年以上有期徒刑、无期徒刑、死刑的重大案件。②最后使用原则。一般情况下，对技术侦查措施收集的材料，关系到认定罪与非罪、是否判处无期徒刑、死刑等定罪量刑的关键问题，且其他证据不足以充分印证的，才作为证据使用。

---

[1]　浙江省高级人民法院、浙江省人民检察院、浙江省公安厅、浙江省司法厅《关于刑事诉讼中技术侦查证据材料使用若干问题的指导意见》，浙高法〔2018〕45 号。

③安全保密原则。诉讼流转中要加强对技术侦查证据材料的安全管理。对于可能危及有关人员的人身安全，或者可能产生其他严重后果的，应当采取不暴露有关人员身份、技术方法等保护措施，防止泄露技术侦查工作秘密。对于作为认定案件事实证据的技术侦查证据，人民法院应当在裁判文书中予以表述，对其中可能危及特定人员人身安全、涉及国家秘密或者暴露侦查秘密、严重损害商业秘密、个人隐私的内容，应予隐去。通过互联网公布裁判文书时，应当删除涉及技术侦查措施的信息。

（2）关于技术侦查证据材料的制作、移送和调取。①对于作为定案证据使用的技术侦查证据材料，侦查机关应按照省公安厅制作保密卷的要求，将批准实施技术侦查措施的法律文书和技术侦查证据单独装卷，标注密级。批准实施技术侦查措施的法律文书应当反映批准实施技术侦查的措施种类、适用对象和执行期限。侦查机关在移送审查起诉、公诉机关在提起公诉时，应将单独装卷的保密卷连同其他案卷材料一并随案移送。②对于监听录音作为技术侦查证据材料使用的，侦查机关应当选取能够证明犯罪过程重要环节、核心事实、关键内容的监听录音，转换成书面材料，并标记重要内容的起止时间，由经办人签名并加盖印章，与同步录音光盘一并移送。③人民检察院发现应当移送的技术侦查证据材料没有移送的，可以向公安机关调取。人民法院发现应当移送的技术侦查证据材料没有移送的，可以书面通知人民检察院调取。④侦查过程中收集的电信业务经营者、互联网服务提供者和邮政、快递等物流运营单位的系统留存数据，包括用户注册信息、身份认证信息、通信记录信息、登录日志，以及公共区域的录音录像等，不作为技术侦查证据材料使用。⑤审查、核实技术侦查证据材料过程中，需要对相关技术侦查资料等进行鉴定的，人民法院、人民检察院和公安机关应当进行会商，确有必要的，按照有关法律规定，指派或者委托有资质的机构进行。

（3）关于技术侦查证据材料的当庭质证和庭外核实。①人民法院开庭审理案件，因审查技术侦查证据材料涉及国家秘密或者个人隐私的，应当不公开审理。涉及商业秘密，当事人申请不公开审理的，可以不公开审理。②技术侦查证据材料，经当庭出示、辨认、质证等法庭调查程序查证属实的，可以作为定案的根据。对于采取不暴露有关人员身份、技术方法等保护措施，仍不足以保护特定人员人身安全，或者不足以防止泄露国家秘密、侦查秘密、商业秘密、个人隐私，以及可能产生其他严重后果的，人民法院应当在庭外对技术侦查证据材料进行核实。③公安机关移送审查起诉、检察机关提起公诉中，可以结合具体情况向人民法院提出庭外核实的意见建议。人民法院应当在充分听取意见建议的基础上，决定当庭质证或是庭外核实。除听取公安机关、检察机关意见建议外，人民法院还可以通过召开庭前会议的方式，就当庭质证或是庭外核实，听取控辩双方的意见。人民法院应当在开庭 3 日前作出是否当庭质证或是庭外核实的决定，并在开庭时说明理由。④对技术侦查证据材料当庭质证的，除司法机关工作人员、当事人和辩护律师外，其他诉讼参与人需要参加的，应当签署保密承诺书，明确泄露技术侦查证据内容的法律责任。对技术侦查证据材料庭外核实的，除司法机关工作人员外，其他人员不得参加。经人民法院许可并通知，辩护律师、被告人可以参加庭外核实。辩护律师参加的，须签署保密承诺书。⑤庭外核实技术侦查证据材料后，控辩双方可以另行向人民法院提交书面质证意见。

（4）对技术侦查措施收集的材料，仅是出于彼此补强、相互印证等需要的，根据最后使用原则，一般不作为证据使用。确有必要的，人民检察院、人民法院可以派员通过庭下查阅的方式以进一步了解案件事实和背景，公安机关应当予以配合。

8. 浙江省高院《关于妥善审理涉夫妻债务纠纷案件的通知》[1]

通知要求，注意举证证明责任分配，妥善把握利益平衡。案件审理过程中，要充分注意《最高人民法院关于审理涉及夫妻债务纠纷案件适用法律有关问题的解释》（以下简称《解释》）在不同负债情形下举证证明责任的分配。这里的举证证明责任是指结果意义上的证明责任，即若事实真伪不明，则由承担证明责任的一方承担不利后果，对其构成或不构成夫妻共同债务的诉讼主张不予支持。

（1）对夫妻存在举债合意的证明责任分配。对《解释》第 1 条规定的夫妻共同意思表示，证明责任在债权人。夫妻双方共同签字的借款合同、借条以及短信、微信、QQ 聊天记录、邮件等其他能够体现夫妻共同举债意思表示或事后追认的有关证据，都是债权人用以证明债务系夫妻共同债务的有力证据。

（2）为家庭日常生活需要负债情形下的证明责任分配。对《解释》第 2

---

〔1〕 浙江省高级人民法院《关于妥善审理涉夫妻债务纠纷案件的通知》，浙高法〔2018〕89 号。

条规定的夫妻一方为家庭日常生活所负的债务，原则上应当推定为夫妻共同债务，债权人无需举证证明该债务是否实际用于家庭日常生活。若配偶抗辩债务不属于夫妻共同债务的，应由其举证证明所负债务并非用于夫妻共同生活。

（3）超出家庭日常生活需要负债情形下的证明责任分配。对超出家庭日常生活范围的债务是否属于夫妻共同债务，《解释》第3条将证明责任分配给了债权人，即此时应由债权人举证证明该债务用于夫妻共同生活、共同生产经营或基于共同意思表示。

（4）全省各级法院要重视《解释》对之前裁判规则特别是证明责任分配规则带来的改变，正确理解，准确适用。具体案件审理中，既要适用《解释》对于举证证明责任的分配，也要强化法院职权探知，确有必要的，可依当事人申请或依职权主动调查案件事实。同时，在适用《解释》第3条时，也要认识到债权人对夫妻内部关系举证的客观难度，案件审理过程中要注意运用法官心证，如果凭借日常生活经验或逻辑推理，能够对"债务用于夫妻共同生活、共同生产经营或基于共同意思表示"形成高度可能性判断的，则不存在对债权人适用结果责任的余地，以避免对举债人夫妻过度救济，致显失公平。

9.浙江省《电信网络诈骗犯罪案件证据收集审查判断工作指引》[1]

（1）主体证明。①证明电信网络诈骗犯罪嫌疑人、被告人身份情况的证据除身份证，户籍证明等材料外，还应当调取犯罪嫌疑人、被告人的虚拟身份信息，包括网络注册信息身份认证信息、网络社区登录密码等。②认定犯罪嫌疑人、被告人网络身份与现实身份的同一性，可通过核查相关IP地址、网络活动记录、上网终端归属、相关证人证言以及犯罪嫌疑人、被告人供述和辩解等进行综合判断。

（2）主观故意的证明。

一是认定电信网络诈骗犯罪主观故意的主要证据是书证、电子证据、证人证言、犯罪嫌疑人、被告人的供述和辩解及其他有助于判断主观故意的材料。

---

〔1〕 浙江省高级人民法院、浙江省人民检察院、浙江省公安厅《电信网络诈骗犯罪案件证据收集审查判断工作指引的通知》，浙检发诉三字〔2018〕6号。

二是关于明知的推定。电信网络诈骗犯罪主观故意中的"明知",是指行为人知道或应当知道其实施的行为系诈骗犯罪。具有下列身份或行为已被查证属实,且犯罪嫌疑人、被告人不能作出合理解释,可以认定其主观故意为"明知",确有证据证明犯罪嫌疑人、被告人不知道其行为系诈骗除外:①行为人系诈骗团伙发起股东、业务主管或小组长的;②行为人系诈骗软件、网站、支付链接的研发、销售提供者、技术支持者或维护者,诈骗话术剧本编写者或诈骗技能培训者;③行为人具有电信网络诈骗前科劣迹的;④拨打电话时冒充国家工作人员、企事业单位人员等非真实身份的;⑤将电话号码使用改号软件进行更改后拨打电话的;⑥现场查扣到伪基站、改号软件等诈骗设备或工具,或查扣到超过正常数量的非本人名下通讯工具、手机卡或资金支付结算账户,银行卡的;⑦在行为人实际控制的车辆、住所或随身查获正在发送诈骗信息的伪基站、猫池、电脑、手机等电子设备的;⑧仅从事拨打电话、发送短信或发布虚假广告等行为而获取不同寻常的高额或者不等值报酬的;⑨行为人知晓所在公司因诈骗客户被处罚或有同类从业者因诈骗被刑罚而导致公司更名后继续经营相同业务,仍在该公司工作的;⑩从事诈骗营销推广、销售或善后业务,入职工作时间在 2 个月以上的;⑪多次参加交流诈骗经营模式、引诱增加被骗客户、赃款赃物洗钱、处理投诉、善后安抚被害人的业务会议、培训的;⑫公安机关抓捕时试图毁坏电脑、U 盘等存储介质,或试图进行格式化等删除操作,在存储介质中提取到话术剧本、交易信息、资金往来、客户信息、财务报表等电子数据的;⑬其他足以认定行为人主观上明知其行为是诈骗的情形。

三是证明诈骗团伙的普通成员主观明知是诈骗行为的,应当结合书证(包括但不限于业绩单、话术剧本、培训记录、座谈会记录、工作日记)、电子数据(包括但不限于短信记录、网络聊天记录)、证人证言,同案犯的指认及犯罪嫌疑人、被告人供述等证据综合认定。证明诈骗团伙成员是"明知他人实施电信网络诈骗犯罪"而提供帮助的,应当结合犯罪嫌疑人、被告人的认知能力,既往经历,行为次数和手段,与电信网络诈骗犯罪实施者之间的关系,获利情况,是否曾因电信网络诈骗受过处罚,是否故意规避调查等主客观因素进行综合分析认定。

四是证明标准(略)。

(3)客观方面的证明(略)。

（4）案件侦破经过说明（略）。

（5）犯罪嫌疑人、被告人自首（略）。

（6）办案人员应当加强对物证、书证、电子数据等客观性证据的收集、固定、挖掘与审查、判断、运用。

严格遵循法定程序收集、提取和固定证据。经检察机关、审判机关审查或审理，确认或不能排除存在非法取证情形的，对有关非法证据应当予以排除。

（7）物证、书证。

一是提取、扣押物证、书证的侦查人员不得少于 2 人，并应持有相关法律文书及侦查人员工作证件。对于提取、扣押的物证、书证应当会同在场见证人和被提取、扣押物证的持有人进行查点确认，当场开列扣押物品清单，写明物品的名称、编号规格、数量、特征及来源，由侦查人员、见证人和持有人签名或者盖章，必要时以拍照、录像固定。

二是对有条件提取的原始储存介质，应当进行扣押并封存，确保在不解除原始封存状态下，无法对储存介质内的数据进行增加、删除、修改。

三是侦查机关调取银行交易记录、支付转账记录、通话通信记录，一般应当加盖书证出具单位印章；从公安机关入驻的反诈中心内银行调取的交易记录，加盖反诈中心印章或银行专用业务印章的可以作为书证使用；从银行调取的电子数据，可以在调取证据通知书回执上注明文件大小、文件名称、最后修改时间等信息。对于涉案的银行卡、支付宝、财付通等支付结算工具内的资金，应当及时查询、冻结、止付。

四是侦查机关提取通话记录，应当有通讯双方号码主叫被叫、通话时长、通话时间等信息；提取转账交易记录，应当有交易双方账号、交易金额、交易时间等信息；提取网络聊天记录，应当有聊天者虚拟身份、时间以及传输文件等信息。

五是重视物证、书证在定罪体系中的证明作用，特别注重运用经营账本、财务报表、业绩表单、银行记录、书面合同、话术资料、会议记录、通讯记录等书证来证明犯罪。注重审查用于记录犯罪数额、分赃数额的账本、业绩表等是否与犯罪嫌疑人、被告人供述、转账记录、电子数据等证据相印证。

（8）勘验、检查、搜查、辨认笔录。

一是侦查机关在诈骗活动场所抓获犯罪嫌疑人的，应当注重保护现场证据，对现场进行勘验、检查，制作勘验、检查笔录时，有条件的应当进行同步录音录像。侦查机关对犯罪所用的服务器进行网络远程勘验、检查时，有条件的应当进行同步录音录像。

二是现场提取的物证、书证应当在现场勘验、检查笔录中有反映并附有扣押物品清单、照片；从犯罪嫌疑人随身、住处或其供述、指认的场所发现并提取的物证、书证以及从第三人处提取的物证、书证均应当附有人身检查笔录、搜查笔录、辨认笔录并附扣押物品清单、照片。扣押物品清单应当详细记录被扣押物品的名称、规格、数量特征及来源等，并由侦查人员、物品持有人和见证人签名或者盖章。

三是侦查机关在对犯罪嫌疑人的身体、物品、处所和其他有关地方进行搜查时，应持搜查证。在搜查中应全面、细致，及时提取、扣押可疑的物证、书证，并制作搜查笔录，由侦查人员、被搜查人员或其家属、邻居或者其他见证人签名或者盖章，对与案件无关的物品应及时发还。

（9）电子数据。

一是收集、提取、保存电子数据，应当由两名以上具备相关专业知识的侦查人员依照相关技术标准进行提取，并制作提取笔录、清单。提取笔录、清单应当注明电子数据的名称、类别、文件格式，并由侦查人员、数据持有人签名或盖章。数据持有人无法签名或者拒绝签名的，应当在笔录中注明，由见证人签名或者盖章。没有符合条件的人员担任见证人的，应当在笔录中注明，并对相关活动进行录像。

二是对原始存储介质进行电子数据检查时，应当对原始存储介质拆封过程进行录像，并通过写保护设备接入到检查设备，制作电子数据备份，同时计算电子数据的完整性校验值。

三是应当及时对被扣押的手机、电脑及其他技术设备等存储介质提取与案件有关的电子数据，包括短信、图片、微信、QQ 聊天记录、通话记录，支付宝、财付通、网银等交易记录网站页面、IP 地址、MAC 地址、上网记录、电子邮件、电子账册等数据。对案件定罪量刑起关键作用的录音包等录音内容，应当转化为一定的媒介储存在案。

四是原始存储介质不便提取、扣押、封存的，应及时提取原始存储介质内的涉案电子数据，并注明原始存储介质存放地点、不能提取、扣押的原因。对于原始存储介质位于境外或远程计算机信息系统上的涉案电子数据，可以通过网络在线提取电子数据，应当注明网络在线提取电子数据情况以及电子数据来源的真实性。通过数据恢复，破解等技术方式获取被存储介质内被删除、隐藏或者加密的电子数据，应当对恢复、破解过程和方法作出说明。案件初查过程中收集，提取、封存的电子数据，可以作为诉讼证据使用。

五是在无法封存、无法备份或无法使用写保护设备等可能导致电子数据被增加、删除、修改的情况下，一般应当对存储介质进行扣押、电子数据进行提取以及电子设备、电子数据进行指认等过程进行录音录像。但犯罪嫌疑人正在销毁电子数据或犯罪用电脑装有还原精灵、启动 U 盘等情况，侦查员来不及录音录像，或者来不及等到专业人员到场进行现场勘查，搜集到的电子数据，应出具证据来源说明。

六是向电商平台等数据提供者调取电子数据时，应当向数据提供者详细说明需要调取的电子数据的起始时间、格式种类等限定条件。电子数据涉及云服务器的，应调取云服务器分布点的相关明材料。

（10）鉴定意见。①对同一事项存在多份鉴定意见、检验报告，且鉴定意见、检验报告之间内容差异较大的；对鉴定意见或检验报告中检材的可鉴定条件、鉴定依据、论证分析过程有较大争议的；对鉴定或检验过程的合法性有异议的；控辩双方认为有必要申请鉴定人或有专门知识的人出庭的，审判机关应当通知鉴定人或有专门知识的人出庭作证。②鉴定人或有专门知识的人有正当理由不能出庭的，审判机关可以根据情况决定延期审理。经审判机关通知，鉴定人拒不出庭的，鉴定意见不得作为定案的依据。有专门知识的人当庭对鉴定意见提出质疑，鉴定人能够做出合理解释，并与相关证据印证的，可以采信鉴定意见；不能做出合理解释，无法确定鉴定意见可靠性的，有关鉴定意见不能作为定案依据。

（11）被害人陈述。①被害人数量在百人以内的，应当对所有被害人进行调查核实，并制作笔录。确因客观原因无法联系上被害人，或被害人拒绝作证的，应当记录在案。②被害人数量超过百人，且书证、电子证据等证据充足，已能查明各犯罪嫌疑人的诈骗行为、诈骗数额等犯罪事实，对被害人进行抽样取证不影响对各犯罪嫌疑人具体行为及诈骗数额的认定的，可以进行抽样取证。但因物证、书证、电子数据等客观性证据不充足，只能依靠被害人陈述来认定诈骗金额的案件除外。对于只能依靠被害人陈述认定诈骗金额的案件，应当根据网上投诉记录、聊天记录、交易记录、财务记录等信息尽可能寻找并联系被害人进行调查取证。③对被害人进行抽样取证，应该重点选取被骗资金量大、空间距离相对较近、被害特殊群体、已经报案或涉案方法有代表性的被害人作为证据样本。侦查机关应当对被害人数量抽样情况进行详细论证和说明检察机关、审判机关审查认为抽样情况不具有科学性、代表性或全面性的，可以要求侦查机关进行补充取证，涉及案件定罪量刑的，侦查机关应当补充取证。

（五）国际条约

1. 落实《国家人权行动计划（2016—2020 年）》

2017—2018 年，中国政府在落实《国家人权行动计划（2016—2020 年）》方面，继续强化刑事司法领域的人权保障。该计划第二部分"公民权利和政治权利"中规定的"人身权利""获得公正审判的权利"，是《联合国禁止酷刑公约》《公民权利和政治权利国际公约》的规定和要求。在获得公正审判权利方面，主要改革举措是进一步推进以审判为中心的诉讼制度改革。2017 年，最高人民法院印发了《全面推进审判中心刑诉制度改革意见》，进一步明确了证据裁判原则、非法证据排除原则、程序公正等基本原则。为了推进以审判为中心的诉讼制度改革，促进庭审实质化，2017 年，最高人民法院发布了"三项规程"，即《人民法院办理刑事案件庭前会议规程（试行）》《人民法院办理刑事案件排除非法证据规程（试行）》和《刑事一审普通程序法庭调查规程（试行）》。

2. 出台《严格排除非法证据规定》

根据《联合国禁止酷刑公约》第 1 条，酷刑是指为了向某人或第三者取得情报或供状，为了他或第三者所作或涉嫌的行为对他加以处罚，或为了恐吓或威胁他或第三者，或为了基于任何一种歧视的任何理由，蓄意使某人在肉体或精神上遭受剧烈疼痛或痛苦的任何行为，而这种疼痛或痛苦是由公职人员或以官方身份行使职权的其他人所造成或在其唆使、同意或默许下造成的。纯因法律制裁而引起或法律制裁所固有或附带的疼痛或痛苦不包括在内。第15 条规定，每一缔约方应确保在任何诉讼程序中，不得援引任何业经确定系以酷刑取得的口供为证据，但这类口供可用作对被控施用酷刑逼供者刑讯逼供的证据。2012 年《刑事诉讼法》第 54 条确立了非法证据排除规则，其第 1款规定采用刑讯逼供等非法方法收集的犯罪嫌疑人、被告人供述和采用暴力、威胁等非法方法收集的证人证言、被害人陈述，应当予以排除。收集物证、书证不符合法定程序，可能严重影响司法公正的，应当予以补正或者作出合理解释；不能补正或者作出合理解释的，对该证据应当予以排除。但从司法实践角度观察，我国非法证据排除规则运行状况不佳，在实践中存在着"补正易""排除难"的问题。

2017年，"两院三部"颁布了《严格排除非法证据规定》，进一步明确了非法证据排除的范围和程序适用：①扩大了非法证据排除的范围，一是采用以暴力或者严重损害本人及其近亲属合法权益等进行威胁的方法，使犯罪嫌疑人、被告人遭受难以忍受的痛苦而违背意愿作出的供述，应当予以排除；二是采用非法拘禁等非法限制人身自由的方法收集的犯罪嫌疑人、被告人供述，应当予以排除；三是采用刑讯逼供方法使犯罪嫌疑人、被告人作出供述，之后犯罪嫌疑人、被告人受该刑讯逼供行为影响而作出的与该供述相同的重复性供述，原则上应当排除。②完善了非法证据排除规则的适用程序：非法证据排除规则在侦查、审查逮捕、审查起诉、辩护、审判等不同诉讼环节均适用，并规定了先行调查原则、当庭裁决原则等重要原则。[1]《严格排除非法证据规定》的实施，对于履行《联合国禁止酷刑公约》的条约义务具有重要意义。

3. 出台《国际刑事司法协助法》

2018年，全国人大常委会通过的《国际刑事司法协助法》第1条、第3条第1款规定，为了保障国际刑事司法协助的正常进行，加强刑事司法领域的国际合作，有效惩治犯罪，保护个人和组织的合法权益，维护国家利益和社会秩序，制定本法。中国和外国之间开展刑事司法协助，依照本法进行。该法对"刑事司法协助请求的提出、接收和处理""送达文书""调查取证""安排证人作证或者协助调查""查封、扣押、冻结涉案财物""没收、返还违法所得及其他涉案财物""移管被判刑人"七个方面，分别规定了外国向我国申请协助和我国向外国申请协助的程序和要求。该法对于中国和国际社会共同打击跨境犯罪，促进中国履行《联合国反腐败公约》《联合国打击跨国有组织犯罪公约》中规定的国际合作义务具有重要意义。

---

[1] 参见陈瑞华：《新非法证据排除规则的八大亮点》，载《人民法院报》2017年6月29日，第2版。

二、证据司法实践发展综述

（一）人民法院证据制度建设

1. 最高人民法院证据制度建设逐渐细化

（1）最高人民法院《关于加强和规范裁判文书释法说理的指导意见》[1]从以下几方面规范了裁判文书的心证公开制度：①心证公开的总体要求："裁判文书释法说理，要阐明事理，说明裁判所认定的案件事实及其根据和理由，展示案件事实认定的客观性、公正性和准确性；……要围绕证据审查判断、事实认定、法律适用进行说理，反映推理过程，做到层次分明；要针对诉讼主张和诉讼争点、结合庭审情况进行说理，做到有的放矢。"②证据认定的基本要求及其理由公开："裁判文书中对证据的认定，应当结合诉讼各方举证质证以及法庭调查核实证据等情况，根据证据规则，运用逻辑推理和经验法则，必要时使用推定和司法认知等方法，围绕证据的关联性、合法性和真实性进行全面、客观、公正的审查判断，阐明证据采纳和采信的理由。"③非法证据排除的理由公开："刑事被告人及其辩护人提出排除非法证据申请的，裁判文书应当说明是否对证据收集的合法性进行调查、证据是否排除及其理由。"④有关民事、行政案件举证责任分配和证明标准争议的裁判理由公开："民事、行政案件涉及举证责任分配或者证明标准争议的，裁判文书应当说明理由。"⑤证据推理过程的公开："裁判文书应当结合庭审举证、质证、法庭辩论以及法庭调查核实证据等情况，重点针对裁判认定的事实或者事实争点进行释法说理。依据间接证据认定事实时，应当围绕间接证据之间是否存在印证关系、是否能够形成完整的证明体系等进行说理。采用推定方法认定事实时，应当说明推定启动的原因、反驳的事实和理由，阐释裁断的形成过程。"⑥二审或再审心证公开的具体要求："二审或者再审裁判文书应当针对上诉、抗诉、申请再审的主张和理由强化释法说理。二审或者再审裁判文书认定的事实与一审或者原审不同的，或者认为一审、原审认定事实不清、适用法律错误的，应当在查清事实、纠正法律适用错误的基础上进行有针对性的说理；针对一审或者原审已经详尽阐述理由且诉讼各方无争议或者无新证据、新理

---

〔1〕　法发〔2018〕10 号，2018 年 6 月 1 日公布。

由的事项，可以简化释法说理。"⑦证据过多时证据链的呈现方式："为便于释法说理，裁判文书可以选择采用下列适当的表达方式：……证据过多的，采用附录的方式呈现构成证据链的全案证据或证据目录。"

（2）最高人民法院提出《网上诉讼服务应用技术要求》[1]对网上诉讼服务中的证据制度作了一定程度的创新，主要表现在两个方面：①网上证据交换与质证的功能、步骤和细节标准："双方当事人及其诉讼代理人可在网上提交证据材料法院相关工作人员可对双方当事人提交的证据进行证据交换。证据交换后，一方当事人可查看另一方当事人提交的证据，可填写质证意见，并可上传反证材料：对证据的质证意见，法院相关工作人员可决定是否允许对方当事人进行再次质证。……法院相关工作人员可设置举证期限，案件当事人及其诉讼代理人可以在举证期间内进行证据交换与质证的各项活动。"②除此之外，该文件还对在网上申请延期举证、申请调查取证、申请证人出庭等证据程序问题的功能、步骤和细节标准作了详细规定。

（3）最高人民法院《关于内地与香港特别行政区法院就民商事案件相互委托提取证据的安排》[2]进一步完善了内地与香港地区的区际取证协助制度，主要内容包括：一是明确规定"委托方获得的证据材料只能用于委托书所述的相关诉讼"。二是"内地人民法院根据本安排委托香港特别行政区法院提取证据的，请求协助的范围包括：①讯问证人；②取得文件；③检查、拍摄、保存、保管或扣留财产；④取得财产样品或对财产进行试验；⑤对人进行身体检验"。三是"香港特别行政区法院根据本安排委托内地人民法院提取证据的，请求协助的范围包括：①取得当事人的陈述及证人证言；②提供书证、物证、视听资料及电子数据；③勘验、鉴定"。四是委托取证的方式："受委托方应当根据本辖区法律规定安排取证。委托方请求按照特殊方式提取证据的，如果受委托方认为不违反本辖区的法律规定，可以按照委托方请求的方式执行。如果委托方请求其司法人员、有关当事人及其诉讼代理人（法律代表）在受委托方取证时到场，以及参与录取证言的程序，受委托方可以按照其辖区内相关法律规定予以考虑批准。批准同意的，受委托方应当将取证时

[1]　参见最高人民法院网站：http://www.court.gov.cn/fabu-xiangqing-95372.html，最后访问日期：2019年7月26日。
[2]　法释[2017] 4号，2017年2月27日公布，自2017年3月1日起生效。

间、地点通知委托方联络机关。"

2. 刑事证据制度建设持续推进

刑事证据制度建设最大的进展是 2017 年 11 月最高人民法院发布《人民法院办理刑事案件庭前会议规程（试行）》《人民法院办理刑事案件排除非法证据规程（试行）》和《刑事一审普通程序法庭调查规程（试行）》三项规程。[1]

（1）《人民法院办理刑事案件庭前会议规程（试行）》规定了以下证据事项：①第 1 条和第 2 条规定了在庭前会议中主要解决的证据问题，包括可能导致庭审中断的出庭证人名单、非法证据排除等事项，组织控辩双方展示证据[2]，归纳争议焦点。②第 3 条规定了被告人申请排除非法证据的，人民法院应当通知被告人到场，如果被告人没有辩护人的，人民法院应当通知法律援助机构指派律师为被告人提供帮助。③第 8 条第 2 款规定了被告人及其辩护人在开庭审理前申请排除非法证据的，人民法院应当在召开庭前会议 3 日前，将申请书及相关线索或者材料的复制件送交人民检察院。④第 10 条规定了庭前会议中，主持人可以就下列证据事项向控辩双方了解情况，听取意见：一是是否申请排除非法证据；二是是否申请提供新的证据材料；三是是否申请重新鉴定或者勘验；四是是否申请调取在侦查、审查起诉期间公安机关、人民检察院收集但未随案移送的证明被告人无罪或者罪轻的证据材料；五是是否申请向证人或有关单位、个人收集、调取证据材料；六是是否申请证人、鉴定人、侦查人员、有专门知识的人出庭；七是是否对出庭人员名单有异议。对于上述可能导致庭审中断的事项，人民法院应当依法作出处理，在开庭审理前告知处理决定，并说明理由。

（2）《人民法院办理刑事案件排除非法证据规程（试行）》除重复之前有关非法证据排除的相关规定之外，还有一些新规定：

第一，第 5 条第 1 款进一步明确了被告人及其辩护人申请排除非法证据时提供相关线索或者材料的具体含义。"线索"是指内容具体、指向明确的涉嫌非法取证的人员、时间、地点、方式等；"材料"是指能够反映非法取证的

---

〔1〕　法发〔2017〕31 号，2017 年 11 月 27 日公布，自 2018 年 1 月 1 日起试行。

〔2〕　审前阶段应为"证据开示"，因为证据展示是证据出示或举证的一种方法，但最高人民法院屡屡在这个问题上发生混淆。

伤情照片、体检记录、医院病历、讯问笔录、讯问录音录像或者同监室人员的证言等。

第二，第5条第2款明确了被告方申请排除非法证据的方式——以书面为主、口头为辅：被告人及其辩护人申请排除非法证据，应当向人民法院提交书面申请。被告人书写确有困难的，可以口头提出申请，但应当记录在案，并由被告人签名或者捺印。

第三，第7条规定了在开庭审理前应当对取证的合法性进行审查：开庭审理前，承办法官应当阅卷，并对证据收集的合法性进行审查，审查后认为需要补充证据材料的，应当通知人民检察院在3日内补送。

第四，第8条第2款规定了非法证据排除程序中的指定辩护制度：被告人申请排除非法证据，但没有辩护人的，人民法院应当通知法律援助机构指派律师为其提供辩护。

第五，第10~16条详细规定了庭前会议中对非法证据的处理程序，其中的亮点：一是第10条第1款规定法院应当在召开庭前会议3日前将申请书和相关线索或者材料的复制件送交检察院。二是第10条第2款规定被告人及其辩护人申请排除非法证据，未提供相关线索或者材料的，法院应当告知其补充提交。三是第11条第1款规定对于重大案件，检察人员应对讯问的合法性进行核查，如果被告人当时明确表示侦查阶段没有刑讯逼供等非法取证情形，在审判阶段又提出排除非法证据申请的，应当说明理由。法院经审查对证据收集的合法性没有疑问的，可以驳回申请。四是第12条规定了法院对证据合法性的一般审查步骤："①被告人及其辩护人说明排除非法证据的申请及相关线索或者材料；②公诉人提供证明证据收集合法性的证据材料；③控辩双方对证据收集的合法性发表意见；④控辩双方对证据收集的合法性未达成一致意见的，审判人员归纳争议焦点。"五是第13条规定了经控辩双方申请，在庭前会议中可针对性地播放讯问时的录音录像。六是第15条规定控辩双方对取证合法性达成一致意见的，如果被告方反悔，须有正当理由，否则法院不再进行审查；如果控辩双方未达成一致意见的，应在庭审中进行调查。七是第16条规定法官所制作的庭前会议报告中应当说明对取证合法性的审查情况。

第六，第18~26条详细规定了庭审中对证据合法性的调查程序，其中的亮点在于：

其一，第 19 条详细列举了调查的步骤：①召开庭前会议的案件，法庭应当在宣读起诉书后，宣布庭前会议中对证据收集合法性的审查情况，以及控辩双方的争议焦点；②被告人及其辩护人说明排除非法证据的申请及相关线索或者材料；③公诉人出示证明证据收集合法性的证据材料，被告人及其辩护人可以对相关证据进行质证，经审判长准许，公诉人、辩护人可以向出庭的侦查人员或者其他人员发问；④控辩双方对证据收集的合法性进行辩论。

其二，第 20 条第 1 款规定了侦查机关不得以侦查人员签名并加盖公章的说明材料替代侦查人员出庭。

其三，第 20 条第 2 款规定了公诉人当庭不能举证或者为提供新的证据需要补充侦查，建议延期审理的，法庭可以同意。

其四，第 22 条规定了对讯问时的录音录像的审查重点包括：①讯问录音录像是否依法制作。对于可能判处无期徒刑、死刑的案件或者其他重大犯罪案件，是否对讯问过程进行录音录像。②讯问录音录像是否完整。是否对每一次讯问过程录音录像，录音录像是否全程不间断进行，是否有选择性录制、剪接、删改等情形。③讯问录音录像是否同步制作。录音录像是否自讯问开始时制作，至犯罪嫌疑人核对讯问笔录、签字确认后结束；讯问笔录记载的起止时间是否与讯问录音录像反映的起止时间一致。④讯问录音录像与讯问笔录的内容是否存在差异。对与定罪量刑有关的内容，讯问笔录记载的内容与讯问录音录像是否存在实质性差异，存在实质性差异的，以讯问录音录像为准。

其五，第 23 条第 2 款规定了经人民法院通知，侦查人员不出庭说明情况，不能排除以非法方法收集证据情形的，对有关证据应当予以排除。原来对侦查人员不出庭时如何处理，缺乏明确规定。

其六，第 24 条第 1 款规定法院对控辩双方提供的证据来源、内容等有疑问的，可以告知控辩双方补充证据或者作出说明。

其七，第 24 条第 2 款规定对于控辩双方补充的和法庭庭外调查核实取得的证据，未经当庭出示、质证等法庭调查程序查证属实，不得作为证明证据收集合法性的根据。

其八，第 26 条进一步细化规定了经法庭审理后应当排除相关证据的具体情形：①确认以非法方法收集证据的；②应当对讯问过程录音录像的案件没有提供讯问录音录像，或者讯问录音录像存在选择性录制、剪接、删改等情形，现有证据不能排除以非法方法收集证据的；③侦查机关除紧急情况外没有在规定的办案场所讯问，现有证据不能排除以非法方法收集证据的；④驻看守所检察人员在重大案件侦查终结前未对讯问合法性进行核查，或者未对核查过程同步录音录像，或者录音录像存在选择性录制、剪接、删改等情形，现有证据不能排除以非法方法收集证据的；⑤其他不能排除存在以非法方法收集证据的。

第七，第30条明确规定了二审程序中应当进行证据合法性审查的情形，"被告人及其辩护人在第一审程序中未提出排除非法证据的申请，在第二审程序中提出申请，有下列情形之一的，第二审人民法院应当审查：①第一审人民法院没有依法告知被告人申请排除非法证据的权利的；②被告人及其辩护人在第一审庭审后发现涉嫌非法取证的相关线索或者材料的。"

（3）《刑事一审普通程序法庭调查规程（试行）》相对于以往的规定，主要有以下亮点：

第一，第1条明确了法庭认定并依法排除的非法证据，不得宣读、质证。

第二，第3条明确规定了法庭应当坚持集中审理原则：规范庭前准备程序，避免庭审出现不必要的迟延和中断。承办法官应当在开庭前阅卷，确定法庭审理方案，并向合议庭通报开庭准备情况。召开庭前会议的案件，法庭可以依法处理可能导致庭审中断的事项，组织控辩双方展示证据，归纳控辩双方争议焦点。

第三，第8条第2款和第3款进一步完善了对质规定，但仍然没有赋予被告人对质权：被告人供述之间存在实质性差异的，法庭可以传唤有关被告人到庭对质；根据案件审理需要，审判长可以安排被告人与证人、被害人依照前款规定的方式进行对质。

第四，第14条特别规定了证人视频作证的方式：应当出庭作证的证人，在庭审期间因身患严重疾病等客观原因确实无法出庭的，可以通过视频等方式作证。证人视频作证的，发问、质证参照证人出庭作证的程序进行。前款规定适用于被害人、鉴定人、侦查人员。

第五，第20条关于向证人发问应当遵循的规则增加了一项规定：不得泄露证人个人隐私。

第六，第21条明确规定了发问的异议规则：控辩一方发问方式不当或者内容与案件事实无关，违反有关发问规则的，对方可以提出异议。对方当庭提出异议的，发问方应当说明发问理由，审判长判明情况予以支持或者驳回；对方未当庭提出异议的，审判长也可以根据情况予以制止。

第七，第 25 条规定了刷新记忆规则，"证人出庭作证的，其庭前证言一般不再出示、宣读，但下列情形除外：①证人出庭作证时遗忘或者遗漏庭前证言的关键内容，需要向证人作出必要提示的；②证人的当庭证言与庭前证言存在矛盾，需要证人作出合理解释的。为核实证据来源、证据真实性等问题，或者帮助证人回忆，经审判长准许，控辩双方可以在询问证人时向其出示物证、书证等证据。"

第八，第 36 条规定了法庭对证据有疑问时的处理方式："法庭对证据有疑问的，可以告知控辩双方补充证据或者作出说明；必要时，可以在其他证据调查完毕后宣布休庭，对证据进行调查核实。法庭调查核实证据，可以通知控辩双方到场，并将核实过程记录在案。对于控辩双方补充的和法庭庭外调查核实取得的证据，应当经过庭审质证才能作为定案的根据。但是，对于不影响定罪量刑的非关键性证据和有利于被告人的量刑证据，经庭外征求意见，控辩双方没有异议的除外。"

第九，第 44 条规定了量刑证据规则："被告人当庭不认罪或者辩护人作无罪辩护的，法庭对定罪事实进行调查后，可以对与量刑有关的事实、证据进行调查。被告人及其辩护人可以当庭发表质证意见，出示证明被告人罪轻或者无罪的证据。被告人及其辩护人参加量刑事实、证据的调查，不影响无罪辩解或者辩护。"

第十，第 50 条第 2 款规定了法庭应当结合讯问录音录像对讯问笔录进行全面审查。讯问笔录记载的内容与讯问录音录像存在实质性差异的，以讯问录音录像为准。

3. 民事与行政诉讼证据制度的创新

2017—2018 年度，民事与行政诉讼的一般证据制度建设乏善可陈，但在互联网法院和知识产权法庭的证据制度建设中有所创新与突破。

（1）最高人民法院《关于互联网法院审理案件若干问题的规定》[1]对互联网法院证据制度做出了一些新规定：

第一，明确规定了在线证据交换和举证方式："互联网法院组织在线证据

---

〔1〕　法释〔2018〕16 号，2018 年 9 月 6 日公布，自 2018 年 9 月 7 日起施行。

交换的，当事人应当将在线电子数据上传、导入诉讼平台，或者将线下证据通过扫描、翻拍、转录等方式进行电子化处理后上传至诉讼平台进行举证，也可以运用已经导入诉讼平台的电子数据证明自己的主张。"

第二，规定电子化处理后的证据，一般视为符合原件形式要求："当事人及其他诉讼参与人通过技术手段将身份证明、营业执照副本、授权委托书、法定代表人身份证明等诉讼材料，以及书证、鉴定意见、勘验笔录等证据材料进行电子化处理后提交的，经互联网法院审核通过后，视为符合原件形式要求。对方当事人对上述材料真实性提出异议且有合理理由的，互联网法院应当要求当事人提供原件。"

第三，规定了电子数据的审查判断要求："当事人对电子数据真实性提出异议的，互联网法院应当结合质证情况，审查判断电子数据生成、收集、存储、传输过程的真实性，并着重审查以下内容：①电子数据生成、收集、存储、传输所依赖的计算机系统等硬件、软件环境是否安全、可靠；②电子数据的生成主体和时间是否明确，表现内容是否清晰、客观、准确；③电子数据的存储、保管介质是否明确，保管方式和手段是否妥当；④电子数据提取和固定的主体、工具和方式是否可靠，提取过程是否可以重现；⑤电子数据的内容是否存在增加、删除、修改及不完整等情形；⑥电子数据是否可以通过特定形式得到验证。当事人提交的电子数据，通过电子签名、可信时间戳、哈希值校验、区块链等证据收集、固定和防篡改的技术手段或者通过电子取证存证平台认证，能够证明其真实性的，互联网法院应当确认。当事人可以申请具有专门知识的人就电子数据技术问题提出意见。互联网法院可以根据当事人申请或者依职权，委托鉴定电子数据的真实性或者调取其他相关证据进行核对。"

（2）知识产权法庭证据制度的完善。2014 年最高人民法院《关于知识产权法院技术调查官参与诉讼活动若干问题的暂行规定》[1]正式建立了技术调查官制度，以解决知识产权民事和行政案件中的专门性问题。2017 年最高人民法院《知识产权法院技术调查官选任工作指导意见（试行）》[2]则进一步

----

〔1〕 起草者对该暂行规定的详细解读，参见宋晓明、王闯、吴蓉：《〈关于知识产权法院技术调查官参与诉讼活动若干问题的暂行规定〉的理解与适用》，载《人民司法》2015 年第 7 期。

〔2〕 法〔2017〕24 号，2017 年 8 月 8 日公布。

明确了技术调查官的三种来源：①按照聘任制公务员管理有关规定，以合同形式聘任的技术调查官；②由符合技术调查官资格条件的专利行政管理等部门的专业技术人员到知识产权法院挂职交流，担任技术调查官；③其他符合技术调查官资格条件的专业技术人员，经行业协会、有关单位推荐和知识产权法院审核，兼职担任技术调查官。此外，《最高人民法院 2018 年度司法解释立项计划》还提出要在 2019 年上半年制定《人民法院关于技术调查官参与诉讼活动的若干规定》。另据 2017 年《最高人民法院关于知识产权法院工作情况的报告》[1]显示，北京、上海、广州三个知识产权法院均设立了技术调查室，共聘任 61 名技术调查官。此外，广州知识产权法院在原有技术调查官调查机制的基础上，还通过引入技术顾问建立了"技术调查官+技术顾问"双顾问模式[2]。技术顾问主要是聘任国家知识产权局专利局专利审查协作广东中心的审查员，技术顾问定期在法院坐班与技术调查官一同为法官提供技术咨询。上述情况表明，知识产权案件中技术性事实查明机制开始多样化，包括司法鉴定、专家辅助人、专家咨询（技术顾问）和技术调查官等，提高了"技术事实查明的科学性、专业性和中立性"[3]。

最高人民法院《关于知识产权法庭若干问题的规定》[4]对证据材料的网上送达和网上证据交换作出规定。第 4 条规定了证据材料的网上送达："经当事人同意，知识产权法庭可以通过电子诉讼平台、中国审判流程信息公开网以及传真、电子邮件等电子方式送达诉讼文件、证据材料及裁判文书等。"第 5 条规定了网上证据交换："知识产权法庭可以通过电子诉讼平台或者采取在线视频等方式组织证据交换、召集庭前会议等。"

4. 地方法院证据制度建设的成效

多省法院试点统一规范律师调查令。天津、湖南、辽宁等多省市高院出台了统一的律师调查令规定，如《天津市高级人民法院关于在民事诉讼中实

〔1〕 2017 年 8 月 29 日，最高人民法院院长周强在十二届全国人大常委会第二十九次会议上所作的《最高人民法院关于知识产权法院工作情况的报告》，载 https：//www.chinacourt.org/article/detail/2017/09/id/2988073.shtml，最后访问日期：2019 年 7 月 26 日。

〔2〕《广州知产法院破解技术调查难题，打造"双顾问"技术审查合作新模式》，载 http：//www.court.gov.cn/zixun-xiangqing-61762.html，最后访问日期：2019 年 7 月 26 日。

〔3〕 2017 年 4 月最高人民法院《中国知识产权司法保护纲要（2016—2020）》。

〔4〕 法释〔2018〕22 号，2018 年 12 月 27 日公布，自 2019 年 1 月 1 日起施行。

行律师调查令的若干规定（试行）》[1]，全文共 18 条，从律师调查令的申请、
签发、使用和管理等阶段入手，界定了律师调查令的概念，明确了申请期限
和条件、适用的证据材料范围、审查规则、不予签发调查令的情形，细化了
调查令的签发程序和使用规则、接受调查人义务，并增加了持令人罚则、接
受调查人罚则等内容，以确保调查令制度的有效运行。律师调查令虽然不是
一个新概念，但统一规范调查令却是一次新的尝试。

（二）人民检察院证据制度建设

2017—2018 年，对于检察机关而言，是检察权力重新定位及内设机构进
行系统性、重构性改革的关键时期。伴随国家监察体制改革试点及全面推行，
特别是《监察法》颁布实施和 2018 年《刑事诉讼法》修改，检察机关不再拥
有职务犯罪侦查权。面对这一重大变革，最高人民检察院积极适应反贪转隶、
检察职能调整，采取一系列举措，加强刑事、民事、行政、公益诉讼"四大
检察"法律监督，并积极推进内设机构改革在各级各地检察机关落地。各级
检察机关在推进上述改革的同时，试图通过证据制度建设来因应检察职能发
生的重大变革。

1. 最高人民检察院关于证据制度建设的总体要求

最高人民检察院发布《2018—2022 年检察改革工作规划》，提出"健全
完善以证据为核心的刑事犯罪指控体系"的目标，着力构建诉讼以审判为中
心、审判以庭审为中心、庭审以证据为中心的刑事诉讼新格局，完善证据收
集、审查、判断工作机制，建立健全符合庭审和证据裁判要求、适应各类案
件特点的证据收集、审查指引，深化书面审查与调查复核相结合的亲历性办
案模式，确保审查起诉的案件事实证据经得起法律检验。建立健全技术性证
据专门审查制度，完善对鉴定意见、电子数据、视听资料等技术性证据审查
机制，发挥技术性证据审查对办案的支持作用。完善举证、质证和公诉意见
当庭发表机制，提高揭示犯罪本质、运用证据证明犯罪的能力，充分运用刑
事司法政策，引导法庭增强对指控犯罪的本质、危害性及证据证明意义的认
同，更好发挥指控、证明犯罪的有效性。

2. 通过证据制度建设推动监检衔接机制建设

因应监察体制改革，推动《监察法》《刑事诉讼法》的衔接，成为这一

---

[1]《依法保障民事诉讼中律师权益，天津高院规范律师调查令制度》，载 http：//www.court.gov.cn/
zixun-xiangqing-71842.html，最后访问日期：2019 年 7 月 26 日。

时期人民检察院工作的一项重要任务。2018 年 4 月,《国家监察委员会与最高人民检察院办理职务犯罪案件工作衔接办法》和《国家监察委员会移送最高人民检察院职务犯罪案件证据收集审查基本要求与案件材料移送清单》发布,对证据收集及审查标准提出了总体要求。

需要指出的是,尽管最高人民检察院大力推进监检衔接,但其能否真正对监察机关形成制约仍令人怀疑。例如,在审查起诉期间,对于监察委调查获取的证据如何适用非法证据排除规则,就成为一个难题。尽管《监察法》第 33 条第 3 款明确规定了"以非法方法收集的证据应当依法予以排除,不得作为案件处置的依据",为监察委办理案件中的非法证据排除提供了法律依据。然而,在司法实践中,当职务犯罪被追诉人向检察机关提出非法证据排除申请时,往往难以获得有效回应。

3. 积极发挥检察机关排除非法证据的主体作用

2017 年"两院三部"《严格排除非法证据规定》不仅在第 16～18 条对检察机关在审查逮捕、审查起诉阶段的非法证据排除规则作出规定,而且第 14 条第 1 款规定了"犯罪嫌疑人及其辩护人在侦查期间可以向人民检察院申请排除非法证据",强化了检察机关在侦查期间对侦查机关取证合法性的监督,赋予犯罪嫌疑人及其辩护人在侦查期间向人民检察院申请排除非法证据的权利,进一步强化了检察机关对侦查取证活动的监督。同时,第 14 条第 3 款强化了检察机关对重大案件讯问合法性的监督,由驻所检察人员对讯问合法性进行核查,有利于将监督关口前移,有利于对采取非法方法收集的证据早核查、早发现、早排除。

与域外非法证据排除实践相比,检察机关在非法证据排除程序中发挥的主体作用已成为我国的一个特色,有学者将其称为中国特色的非法证据排除模式。[1] 在各级人民检察院的努力下,据最高人民检察院 2018 年工作报告显示,"检察机关充分发挥审前主导和过滤作用,督促侦查机关立案 9.8 万件、撤案 7.7 万件,追加逮捕 12.4 万人、追加起诉 14.8 万人,对不构成犯罪或证据不足的不批捕 62.5 万人、不起诉 12.1 万人,其中因排除非法证据不批捕

---

〔1〕　参见杨宇冠、蓝向东:《确立检察机关排除非法证据的主体地位》,载《检察日报》2017 年 6 月 14 日,第 3 版。

2864 人、不起诉 975 人。"[1]由此可见，检察机关发挥非法证据排除的主体作用，取得积极成效，对此，我们乐见其成，同时期待检察机关在未来非法证据排除实践中能够发挥更大作用。

4. 运用现代科技手段加强证据制度建设

2017 年全国司法体制改革推进会要求司法机关"发挥人工智能在数据采集、整理、分析、综合方面的优势，帮助司法人员依法、全面、规范收集和审查证据，统一司法尺度，保障司法公正"[2]。各级检察机关积极推进人工智能与刑事司法的融合，2017 年 7 月，最高人民检察院检察长曹建明在大检察官研讨班上强调，各级检察机关要坚持诉讼规律和认识规律相统一，推动建立科学可行的基本证据标准，深入运用大数据、人工智能等技术实现证据标准数据化、模型化。[3]一些地方检察院研发了"智能辅助办案系统"，如江苏省检察院研发的"案管机器人"，可根据规则查找疑点，比人工阅卷审查更细致全面；可在程序和证据合法性方面克服人工审查中能力、责任心、工作习惯不同等主观因素带来的误差，并通过系统的证据回溯等功能，把证据中的重点内容直接推送到承办人面前，方便讯问和审查。[4]当然，证据收集、审查、判断领域的人工智能应用，也面临着许多需要研究的法律与技术问题。

5. 地方检察机关积极出台刑事案件证据审查指引

2018 年江苏省检察院出台《江苏省检察机关刑事案件证据审查指引（试行）》，以及故意杀人案件、盗窃案件逮捕、起诉证据审查指引等五个刑事案件证据审查指引。故意杀人案件、盗窃案件证据审查指引涵盖了审查逮捕和审查起诉两个阶段、案件实体和程序两个方面的内容，对每个证明对象所需的证据列出清单，对这些证据如何审查判断作出了明确规定。其中，江苏省人民检察院制定的《江苏省检察机关刑事案件证据审查指引（试行）》，共 13 章 99 条，分别对物证、书证等八类法定证据的审查进行细化规定，明确了审

〔1〕 最高人民检察院 2018 年工作报告。

〔2〕 孙春英、蔡长春：《主动拥抱新一轮科技革命 全面深化司法体制改革 努力创造更高水平的社会主义司法文明》，载《法制日报》2017 年 7 月 12 日，第 1 版。

〔3〕 王治国等：《推动建立科学可行的基本证据标准》，载《检察日报》2017 年 7 月 13 日，第 2 版。

〔4〕 蔡长春等：《政法机关迎来人工智能"好帮手"》，载《法制日报》2017 年 12 月 6 日，第 3 版。

查证据的一般方法和不同证据的审查思路。[1]

此外，云南省检察院发布了《云南省检察机关公诉部门非法证据排除工作指引》等规范性文件。[2]天津市检察院第二分院与天津海关缉私局共同签署的《走私犯罪案件证据收集审查指引》，重点从犯罪主体、单位犯罪、主要证据收集、言词证据以及部分程序衔接等几方面提出指引意见，以保证全面、客观、及时地收集、获取、固定证据。[3]通过发布证据审查指引，规制检察机关审查判断证据的活动，有助于检察人员统一把握尺度，防范可能的滥权，但可能无法摆脱既往地方性刑事证据规则曾经遭受的合法性质疑。[4]

（三）公安机关证据制度建设

2017 年和 2018 年，公安机关单独或者联合相关部门出台的相关规章、制度较为丰富，其中涉及证据立法的代表性文件有：《环境保护行政执法与刑事司法衔接工作办法》《严格排除非法证据规定》《道路交通事故处理程序规定》《关于公安机关办理经济犯罪案件的若干规定》《公安部关于修改〈公安机关办理行政案件程序规定〉的决定》等。

1.《环境保护行政执法与刑事司法衔接工作办法》[5]

（1）案件移送与法律监督。

第一，移送标准。环保部门在查办环境违法案件过程中，向公安机关移送的涉嫌环境犯罪案件，应当符合下列条件：①实施行政执法的主体与程序合法；②有合法证据证明有涉嫌环境犯罪的事实发生。

第二，移送材料。①案件移送书，载明移送机关名称、涉嫌犯罪罪名及主要依据、案件主办人及联系方式等。案件移送书应当附移送材料清单，并加盖移送机关公章。②案件调查报告，载明案件来源、查获情况、犯罪嫌疑人基本情况、涉嫌犯罪的事实、证据和法律依据、处理建议和法律依据等。

---

〔1〕　除此之外，江苏省人民检察院还针对非法集资、侵犯知识产权、毒品以及涉邪教等犯罪，继续制定相关证据指引。参见卢志坚、疏银露：《江苏：出台刑案证据审查指引》，载《检察日报》2018 年 7 月 4 日，第 1 版。

〔2〕　参见邓智津、王翠云：《审前过滤，防止案件"带病"前行》，载《检察日报》2018 年 3 月 25 日，第 1 版。

〔3〕　参见陶强、李一旭、胡家宝：《查办走私犯罪有了"独门秘籍"》，载《检察日报》2018 年 1 月 6 日，第 2 版。

〔4〕　参见姜振业：《中国地方性刑事证据规则的形成逻辑》，载《证据科学》2019 年第 1 期。

〔5〕　环环监〔2017〕17 号，环境保护部、公安部、最高人民检察院 2017 年 1 月 25 日公布。

③现场检查（勘察）笔录、调查询问笔录、现场勘验图、采样记录单等。④涉案物品清单，载明已查封、扣押等采取行政强制措施的涉案物品名称、数量、特征、存放地等事项，并附采取行政强制措施、现场笔录等表明涉案物品来源的相关材料。⑤现场照片或者录音录像资料及清单，载明需证明的事实对象、拍摄人、拍摄时间、拍摄地点等。⑥监测、检验报告、突发环境事件调查报告、认定意见。⑦其他有关涉嫌犯罪的材料。对环境违法行为已经作出行政处罚决定的，还应当附行政处罚决定书。

第三，案件接受。对环保部门移送的涉嫌环境犯罪案件，公安机关应当依法接受，并立即出具接受案件回执或者在涉嫌环境犯罪案件移送书的回执上签字。

第四，检察院监督。人民检察院发现环保部门不移送涉嫌环境犯罪案件的，可以派员查询、调阅有关案件材料，认为涉嫌环境犯罪应当移送的，应当提出建议移送的检察意见。环保部门应当自收到检察意见后3日内将案件移送公安机关，并将执行情况通知人民检察院。

（2）证据的收集与使用。①证据效力。环保部门在行政执法和查办案件过程中依法收集制作的物证、书证、视听资料、电子数据、监测报告、检验报告、认定意见、鉴定意见、勘验笔录、检查笔录等证据材料，在刑事诉讼中可以作为证据使用。环保部门、公安机关、人民检察院收集的证据材料，经法庭查证属实，且收集程序符合有关法律、行政法规规定的，可以作为定案的根据。②认定意见。环保部门或者公安机关依据《国家危险废物名录》或者组织专家研判等得出认定意见的，应当载明涉案单位名称、案由、涉案物品识别认定的理由，按照"经认定，……属于/不属于……危险废物，废物代码……"的格式出具结论，加盖公章。

（3）协作机制。①咨询制度。环保部门、公安机关、人民检察院应当建立双向案件咨询制度。环保部门对重大疑难复杂案件，可以就刑事案件立案追诉标准、证据的固定和保全等问题咨询公安机关、人民检察院；公安机关、人民检察院可以就案件办理中的专业性问题咨询环保部门。受咨询的机关应当认真研究，及时答复；书面咨询的，应当在7日内书面答复。②技术支持。公安机关、人民检察院办理涉嫌环境污染犯罪案件，需要环保部门提供环境监测或者技术支持的，环保部门应当按照上述部门刑事案件办理的法定时限要求积极协助，及时提供现场勘验、环境监测及认定意见。所需经费，应当列入本机关的行政经费预算，由同级财政予以保障。③及时调查。在办案过程中，环保部门、公安机关应当依法及时启动相应的调查程序，分工协作，防止证据灭失。④联合调查。在联合调查中，环保部门应当重点查明排污者严重污染环境的事实，污染物的排放方式，及时收集、提取、监测、固定污染物种类、浓度、数量、排放去向等。公安机关应当注意控制现场，重点查明相关责任人身份、岗位信息，视情节轻重对直接负责的主管人员和其他责任人员依法采取相应强制措施。两部门均应规范制作笔录，并留存现场摄像或照片。⑤出庭作证。涉及移送的案件在庭审中，需要出庭说明情况的，相关执法或者技术人员有义务出庭说明情况，接受庭审质证。

（4）专业支持。环保部门、公安机关和人民检察院应当加强对重大案件的联合督办工作，适时对重大案件进行联合挂牌督办，督促案件办理。同时，要逐步建立专家库，吸纳污染防治、重点行业以及环境案件侦办等方面的专家和技术骨干，为查处打击环境污染犯罪案件提供专业支持。

2.《关于公安机关办理经济犯罪案件的若干规定》[1]

（1）侦查取证原则。①公安机关办理经济犯罪案件，应当及时进行侦查，依法全面、客观、及时地收集、调取、固定、审查能够证实犯罪嫌疑人有罪或者无罪、罪重或者罪轻以及与涉案财物有关的各种证据，并防止犯罪嫌疑人逃匿、销毁证据或者转移、隐匿涉案财物；②严禁调取与经济犯罪案件无关的证据材料，不得以侦查犯罪为由滥用侦查措施为他人收集民事诉讼证据。

（2）电子数据。①公安机关办理经济犯罪案件，应当遵守法定程序，遵循有关技术标准，全面、客观、及时地收集、提取电子数据；人民检察院应当围绕真实性、合法性、关联性审查判断电子数据。②依照规定程序通过网络在线提取的电子数据，可以作为证据使用。

（3）技术侦查。公安机关办理经济犯罪案件，需要采取技术侦查措施的，应当严格依照有关法律、规章和规范性文件规定的范围和程序办理。

（4）人数众多的处理。公安机关办理非法集资、传销以及利用通讯工具、互联网等技术手段实施的经济犯罪案件，确因客观条件的限制无法逐一收集被害人陈述、证人证言等相关证据的，可以结合已收集的言词证据和依法收集并查证属实的物证、书证、视听资料、电子数据等实物证据，综合认定涉

---

〔1〕　公通字〔2017〕25 号，最高人民检察院、公安部 2017 年 11 月 24 日公布。

案人员人数和涉案资金数额等犯罪事实，做到证据确实、充分。

（5）抽样勘验、鉴定。公安机关办理生产、销售伪劣商品犯罪案件、走私犯罪案件、侵犯知识产权犯罪案件，对同一批次或者同一类型的涉案物品，确因实物数量较大，无法逐一勘验、鉴定、检测、评估的，可以委托或者商请有资格的鉴定机构、专业机构或者行政执法机关依照程序按照一定比例随机抽样勘验、鉴定、检测、评估，并由其制作取样记录和出具相关书面意见。有关抽样勘验、鉴定、检测、评估的结果可以作为该批次或者该类型全部涉案物品的勘验、鉴定、检测、评估结果，但是不符合法定程序，且不能补正或者作出合理解释，可能严重影响案件公正处理的除外。法律、法规和规范性文件对鉴定机构或者抽样方法另有规定的，从其规定。

（6）与行政执法的衔接。①公安机关办理经济犯罪案件应当与行政执法机关加强联系、密切配合，保证准确有效地执行法律；②公安机关应当根据案件事实、证据和法律规定依法认定案件性质，对案情复杂、疑难，涉及专业性、技术性问题的，可以参考有关行政执法机关的认定意见；③行政执法机关对经济犯罪案件中有关行为性质的认定，不是案件进入刑事诉讼程序的必经程序或者前置条件。法律、法规和规章另有规定的，从其规定。

（7）检察院监督。①公安机关办理重大、疑难、复杂的经济犯罪案件，可以听取人民检察院的意见，人民检察院认为确有必要时，可以派员适时介入侦查活动，对收集证据、适用法律提出意见，监督侦查活动是否合法。对人民检察院提出的意见，公安机关应当认真审查，并将结果及时反馈人民检察院。没有采纳的，应当说明理由。②公安机关办理跨区域性的重大经济犯罪案件，应当向人民检察院通报立案侦查情况，人民检察院可以根据通报情况调度办案力量，开展指导协调等工作。需要逮捕犯罪嫌疑人的，公安机关应当提前与人民检察院沟通。

（8）非法证据排除。①人民检察院在审查逮捕、审查起诉中发现公安机关办案人员以非法方法收集犯罪嫌疑人供述、被害人陈述、证人证言等证据材料的，应依法排除非法证据并提出纠正意见。需要重新调查取证的，经县级以上公安机关负责人批准，应当另行指派办案人员重新调查取证。必要时，人民检察院也可以自行收集犯罪嫌疑人供述、被害人陈述、证人证言等证据材料。②公安机关发现收集物证、书证不符合法定程序，可能严重影响司法公正的，应当要求办案人员予以补正或者作出合理解释；不能补正或者作出合理解释的，应当依法予以排除，不得作为提请批准逮捕、移送审查起诉的依据。③人民检察院发现收集物证、书证不符合法定程序，可能严重影响司法公正的，应当要求公安机关予以补正或者作出合理解释，不能补正或者作出合理解释的，应当依法予以排除，不得作为批准逮捕、提起公诉的依据。

（9）民事证据的效力。对民事诉讼中的证据材料，公安机关在立案后应当依照刑事诉讼法以及相关司法解释的规定进行审查或者重新收集。未经查证核实的证据材料，不得作为刑事证据使用。

（10）避免重复追究。人民检察院已经作出不起诉决定的案件，公安机关不得针对同一法律事实的同一犯罪嫌疑人继续侦查或者补充侦查，但是有新的事实或者证据的，可以重新立案侦查。

3. 《道路交通事故处理程序规定》[1]

（1）调查原则。①除简易程序外，公安机关交通管理部门对道路交通事故进行调查时，交通警察不得少于 2 人。交通警察调查时应当向被调查人员出示《人民警察证》，告知被调查人依法享有的权利和义务，向当事人发送联系卡。联系卡载明交通警察姓名、办公地址、联系方式、监督电话等内容。②交通警察调查道路交通事故时，应当合法、及时、客观、全面地收集证据。③对发生一次死亡 3 人以上道路交通事故的，公安机关交通管理部门应当开展深度调查；对造成其他严重后果或者存在严重安全问题的道路交通事故，可以开展深度调查。

（2）调查内容。交通警察应当对事故现场开展下列调查工作：①勘查事故现场，查明事故车辆、当事人、道路及其空间关系和事故发生时的天气情况；②固定、提取或者保全现场证据材料；③询问当事人、证人并制作询问笔录；现场不具备制作询问笔录条件的，可以通过录音、录像记录询问过程；④其他调查工作。

（3）现场勘查。①交通警察勘查道路交通事故现场，应当按照有关法规和标准的规定，拍摄现场照片，绘制现场图，及时提取、采集与案件有关的痕迹、物证等，制作现场勘查笔录。现场勘查过程中发现当事人涉嫌利用交通工具实施其他犯罪的，应当妥善保护犯罪现场和证据，控制犯罪嫌疑人，

---

[1]　公安部令第 146 号，2017 年 7 月 22 日公布，自 2018 年 5 月 1 日起施行。

并立即报告公安机关主管部门。②发生一次死亡 3 人以上事故的，应当进行现场摄像，必要时可以聘请具有专门知识的人参加现场勘验、检查。③现场图、现场勘查笔录应当由参加勘查的交通警察、当事人和见证人签名。当事人、见证人拒绝签名或者无法签名以及无见证人的，应当记录在案。

（4）证据保全。痕迹、物证等证据可能因时间、地点、气象等原因导致改变、毁损、灭失的，交通警察应当及时固定、提取或者保全。

（5）检验。①对涉嫌饮酒或者服用国家管制的精神药品、麻醉药品驾驶车辆的人员，公安机关交通管理部门应当按照《道路交通安全违法行为处理程序规定》及时抽血或者提取尿样等检材，送交有检验鉴定资质的机构进行检验。②车辆驾驶人员当场死亡的，应当及时抽血检验。不具备抽血条件的，应当由医疗机构或者鉴定机构出具证明。③因调查需要，公安机关交通管理部门可以向有关单位、个人调取汽车行驶记录仪、卫星定位装置、技术监控设备的记录资料以及其他与事故有关的证据材料。

（6）辨认。①因调查需要，公安机关交通管理部门可以组织道路交通事故当事人、证人对肇事嫌疑人、嫌疑车辆等进行辨认。②辨认应当在交通警察的主持下进行。主持辨认的交通警察不得少于 2 人。多名辨认人对同一辨认对象进行辨认时，应当由辨认人个别进行。③辨认时，应当将辨认对象混杂在特征相类似的其他对象中，不得给辨认人任何暗示。辨认肇事嫌疑人时，被辨认的人数不得少于 7 人；对肇事嫌疑人照片进行辨认的，不得少于 10 人的照片。辨认嫌疑车辆时，同类车辆不得少于 5 辆；对肇事嫌疑车辆照片进行辨认时，不得少于 10 辆的照片。④对尸体等特定辨认对象进行辨认，或者辨认人能够准确描述肇事嫌疑人、嫌疑车辆独有特征的，不受数量的限制。⑤对肇事嫌疑人的辨认，辨认人不愿意公开进行时，可以在不暴露辨认人的情况下进行，并应当为其保守秘密。⑥对辨认经过和结果，应当制作辨认笔录，由交通警察、辨认人、见证人签名。必要时，应当对辨认过程进行录音或者录像。

（7）检验、鉴定。①需要进行检验、鉴定的，公安机关交通管理部门应当按照有关规定，自事故现场调查结束之日起 3 日内委托具备资质的鉴定机构进行检验、鉴定。尸体检验应当在死亡之日起 3 日内委托。对交通肇事逃逸车辆的检验、鉴定自查获肇事嫌疑车辆之日起 3 日内委托。对现场调查结束之日起 3 日后需要检验、鉴定的，应当报经上一级公安机关交通管理部门批准。对精神疾病的鉴定，由具有精神病鉴定资质的鉴定机构进行。②检验、鉴定费用由公安机关交通管理部门承担，但法律法规另有规定或者当事人自行委托伤残评定、财产损失评估的除外。③公安机关交通管理部门应当与鉴定机构确定检验、鉴定完成的期限，确定的期限不得超过 30 日。超过 30 日的，应当报经上一级公安机关交通管理部门批准，但最长不得超过 60 日。④尸体检验解剖：尸体检验不得在公众场合进行。为了确定死因需要解剖尸体的，应当征得死者家属同意。死者家属不同意解剖尸体的，经县级以上公安机关或者上一级公安机关交通管理部门负责人批准，可以解剖尸体，并且通知死者家属到场，由其在解剖尸体通知书上签名。死者家属无正当理由拒不到场或者拒绝签名的，交通警察应当在解剖尸体通知书上注明。对身份不明的尸体，无法通知死者家属的，应当记录在案。⑤申请重新检验、鉴定：当事人对检验报告、鉴定意见有异议，申请重新检验、鉴定的，应当自公安机关交通管理部门送达之日起 3 日内提出书面申请，经县级以上公安机关交通管理部门负责人批准，原办案单位应当重新委托检验、鉴定。检验报告、鉴定意见不具有本规定情形的，经县级以上公安机关交通管理部门负责人批准，由原办案单位作出不准予重新检验、鉴定的决定，并在作出决定之日起 3 日内书面通知申请人。同一交通事故的同一检验、鉴定事项，重新检验、鉴定以一次为限。重新检验、鉴定应当另行委托鉴定机构。

（8）简易程序。①交通警察适用简易程序处理道路交通事故时，应当在固定现场证据后，责令当事人撤离现场，恢复交通。拒不撤离现场的，予以强制撤离。当事人无法及时移动车辆影响通行和交通安全的，交通警察应当将车辆移至不妨碍交通的地点。②撤离现场后，交通警察应当根据现场固定的证据和当事人、证人陈述等，认定并记录道路交通事故发生的时间、地点、天气、当事人姓名、驾驶证号或者身份证号、联系方式、机动车种类和号牌号码、保险公司、保险凭证号、道路交通事故形态、碰撞部位等，并根据本规定确定当事人的责任，当场制作道路交通事故认定书。不具备当场制作条件的，交通警察应当在 3 日内制作道路交通事故认定书。③道路交通事故认定书应当由当事人签名，并现场送达当事人。当事人拒绝签名或者接收的，交通警察应当在道路交通事故认定书上注明情况。

（9）疑难复杂案件。发生死亡事故以及复杂、疑难的伤人事故后，公安机关交通管理部门应当在制作道路交通事故认定书或者道路交通事故证明前，召集各方当事人到场，公开调查取得的证据。

（10）事实不清的处理。道路交通事故基本事实无法查清、成因无法判定的，公安机关交通管理部门应当出具道路交通事故证明，载明道路交通事故发生的时间、地点、当事人情况及调查得到的事实，分别送达当事人，并告知申请复核、调解和提起民事诉讼的权利、期限。

4.《公安机关办理国家赔偿案件程序规定》[1]

（1）申请。申请赔偿除提交赔偿申请书外，还应当提交下列材料：①赔偿请求人的身份证明材料。赔偿请求人不是受害人本人的，提供与受害人关系的证明。赔偿请求人委托他人代理赔偿请求事项的，提交授权委托书，以及代理人的身份证明；代理人为律师的，同时提交律师执业证明及律师事务所证明。②赔偿请求所涉职权行为的法律文书或者其他证明材料。③赔偿请求所涉职权行为造成损害及其程度的证明材料。不能提交前款第2项、第3项所列材料的，赔偿请求人应当书面说明情况和理由。

（2）接收凭证。赔偿义务机关法制部门收到当面递交赔偿申请的，应当当场出具接收凭证。赔偿义务机关其他部门遇有赔偿请求人当面递交或者口头提出赔偿申请的，应当当场联系法制部门接收；收到以邮寄或者其他方式递交的赔偿申请，应当自收到之日起2个工作日内转送法制部门。

（3）审查内容。赔偿义务机关应当全面审查赔偿请求的事实、证据和理由。重点查明下列事项：①赔偿请求所涉职权行为的合法性；②侵害事实、损害后果及因果关系；③是否具有国家不承担赔偿责任的法定情形。

（4）调查取证。①赔偿审查期间，赔偿义务机关法制部门可以调查核实情况，收集有关证据。有关单位和人员应当予以配合；②对赔偿请求所涉职权行为，有权机关已经作出生效法律结论，该结论所采信的证据可以作为赔偿审查的证据。

（5）决定。对受理的赔偿申请，赔偿义务机关应当自受理之日起两个月内，经本机关负责人批准，分别作出下列决定：①违法行使职权造成侵权的事实清楚，应当予以赔偿的，作出予以赔偿的决定，并载明赔偿方式、项目和数额；②违法行使职权造成侵权的事实不成立，或者具有国家不承担赔偿责任法定情形的，作出不予赔偿的决定。按照前款第1项作出决定，不限于

---

[1] 公安部令第150号，2018年9月1日公布，自2018年10月1日起施行。

赔偿请求人主张的赔偿方式、项目和数额。

（6）事实不清的处理。依法应当予以赔偿但赔偿请求人所受损害的程度因客观原因无法确定的，赔偿数额应当结合赔偿请求人的主张和在案证据，运用逻辑推理和生活经验、生活常识等酌情确定。

（7）不计入期限。下列情形所需时间，不计入国家赔偿审查期限：①向赔偿请求人调取证据材料的；②涉及专门事项委托鉴定、评估的。赔偿请求人在国家赔偿审查期间变更请求的，审查期限从公安机关收到之日起重新计算。

5.《关于修改〈公安机关办理行政案件程序规定〉的决定》[1]

2012 年 12 月公安部《公安机关办理行政案件程序规定》专设"证据"和"调查取证"两章，分别于 2014 年 6 月和 2018 年 11 月进行了修订，2018年修订涉及证据的内容：

（1）证据调取。①需要向有关单位和个人调取证据的，经公安机关办案部门负责人批准，开具调取证据通知书，明确调取的证据和提供时限。被调取人应当在通知书上盖章或者签名，被调取人拒绝的，公安机关应当注明。必要时，公安机关应当采用录音、录像等方式固定证据内容及取证过程。②需要向有关单位紧急调取证据的，公安机关可以在电话告知人民警察身份的同时，将调取证据通知书连同办案人民警察的人民警察证复印件通过传真、互联网通讯工具等方式送达有关单位。

（2）副本、复制件。将"书证的副本、复制件，视听资料、电子数据的复制件，物证的照片、录像"修改为"物证的照片、录像，书证的副本、复制件，视听资料的复制件"。

（3）电子数据。①收集电子数据，能够扣押电子数据原始存储介质的，应当扣押。无法扣押原始存储介质的，可以提取电子数据。提取电子数据，应当制作笔录，并附电子数据清单，由办案人民警察、电子数据持有人签名。持有人无法或者拒绝签名的，应当在笔录中注明。②由于客观原因无法或者不宜依照前两款规定收集电子数据的，可以采取打印、拍照或者录像等方式固定相关证据，并附有关原因、过程等情况的文字说明，由办案人民警察、电子数据持有人签名。持有人无法或者拒绝签名的，应当注明情况。③对电

---

[1]　公安部令第 149 号，2018 年 11 月 25 日公布，自 2019 年 1 月 1 日起施行。

子数据涉及的专门性问题难以确定的，由司法鉴定机构出具鉴定意见，或者由公安部指定的机构出具报告。④对扣押的电子数据原始存储介质，应当封存，保证在不解除封存状态的情况下，无法增加、删除、修改电子数据，并在证据保全清单中记录封存状态。

（4）快速程序。①快速办理行政案件前，公安机关应当书面告知违法嫌疑人快速办理的相关规定，征得其同意，并由其签名确认。对符合快速办理条件的行政案件，违法嫌疑人在自行书写材料或者询问笔录中承认违法事实、认错认罚，并有视音频记录、电子数据、检查笔录等关键证据能够相互印证的，公安机关可以不再开展其他调查取证工作。②对快速办理的行政案件，公安机关可以根据不同案件类型，使用简明扼要的格式询问笔录，尽量减少需要文字记录的内容。被询问人自行书写材料的，办案单位可以提供样式供其参考。使用执法记录仪等设备对询问过程录音录像的，可以替代书面询问笔录，必要时，对视听资料的关键内容和相应时间段等作文字说明。③公安机关快速办理行政案件时，发现不适宜快速办理的，转为一般案件办理。快速办理阶段依法收集的证据，可以作为定案的根据。

（5）人数。公安机关进行询问、辨认、检查、勘验，实施行政强制措施等调查取证工作时，人民警察不得少于2人，并表明执法身份。接报案、受案登记、接受证据、信息采集、调解、送达文书等工作，可以由1名人民警察带领警务辅助人员进行，但应当全程录音录像。

（6）行政强制措施。办理行政案件时，可以依法采取下列行政强制措施：①对物品、设施、场所采取扣押、扣留、查封、先行登记保存、抽样取证、封存文件资料等强制措施，对恐怖活动嫌疑人的存款、汇款、债券、股票、基金份额等财产还可以采取冻结措施；②对违法嫌疑人采取保护性约束措施、继续盘问、强制传唤、强制检测、拘留审查、限制活动范围，对恐怖活动嫌疑人采取约束措施等强制措施。

（7）笔录。勘验、检查时实施行政强制措施，制作勘验、检查笔录的，不再制作现场笔录。实施行政强制措施的全程录音录像，已经具备规定的实质要素的，可以替代书面现场笔录，但应当对视听资料的关键内容和相应时间段等作文字说明。

（8）强制采样。对违法嫌疑人，可以依法提取或者采集肖像、指纹等人体生物识别信息；涉嫌酒后驾驶机动车、吸毒、从事恐怖活动等违法行为的，可以依照《道路交通安全法》《禁毒法》《反恐怖主义法》等规定提取或者采集血液、尿液、毛发、脱落细胞等生物样本。人身安全检查和当场检查时已经提取、采集的信息，不再提取、采集。

（9）检查录音录像。检查时的全程录音录像可以替代书面检查笔录，但应当对视听资料的关键内容和相应时间段等作文字说明。

（10）解除证据保全。有下列情形之一的，公安机关应当立即退还财物，并由当事人签名确认；不涉及财物退还的，应当书面通知当事人解除证据保全：①当事人没有违法行为的；②被采取证据保全的场所、设施、物品、财产与违法行为无关的；③已经作出处理决定，不再需要采取证据保全措施的；④采取证据保全措施的期限已经届满的；⑤其他不再需要采取证据保全措施的。作出解除冻结决定的，应当及时通知金融机构。

（11）异地协作。①异地保全。需要异地办理检查、查询，查封、扣押或者冻结与案件有关的财物、文件的，应当持相关的法律文书、办案协作函件和人民警察证，与协作地公安机关联系，协作地公安机关应当协助执行。在紧急情况下，可以将办案协作函件和相关的法律文书传真或者通过执法办案信息系统发送至协作地公安机关，协作地公安机关应当及时采取措施。办案地公安机关应当立即派员前往协作地办理。②远程询问。需要进行远程视频询问、处罚前告知的，应当由协作地公安机关事先核实被询问、告知人的身份。办案地公安机关应当制作询问、告知笔录并传输至协作地公安机关。询问、告知笔录经被询问、告知人确认并逐页签名或者捺指印后，由协作地公安机关协作人员签名或者盖章，并将原件或者电子签名笔录提供给办案地公安机关。办案地公安机关负责询问、告知的人民警察应当在首页注明收到日期，并签名或者盖章。询问、告知过程应当全程录音录像。③委托询问。办案地公安机关可以委托异地公安机关代为询问、向有关单位和个人调取电子数据、接收自行书写材料、进行辨认、履行处罚前告知程序、送达法律文书等工作。委托代为询问、辨认、处罚前告知的，办案地公安机关应当列出明确具体的询问、辨认、告知提纲，提供被辨认对象的照片和陪衬照片。④责任承担。协作地公安机关依照办案地公安机关的要求，依法履行办案协作职责所产生的法律责任，由办案地公安机关承担。

（12）发现新证据。对已经作出不予行政处罚决定的案件，又发现新的证据的，应当依法及时调查；违法行为能够认定的，依法重新作出处理决定，并撤销原不予行政处罚决定。

（13）财物、证据保管。①对价值较低、易于保管，或者需要作为证据继续使用，以及需要先行返还被侵害人的涉案财物，可以由办案部门设置专门的场所进行保管。办案部门应当指定不承担办案工作的民警负责本部门涉案财物的接收、保管、移交等管理工作；严禁由办案人员自行保管涉案财物。②有关违法行为查证属实后，对有证据证明权属明确且无争议的被侵害人合法财物及其孳息，凡返还不损害其他被侵害人或者利害关系人的利益，不影响案件正常办理的，应当在登记、拍照或者录像和估价后，及时发还被侵害人。办案人民警察应当在案卷材料中注明返还的理由，并将原物照片、清单和被侵害人的领取手续附卷。③对于作案工具，除非有证据表明属于他人合法所有，可以直接认定为违法行为人本人所有。对明显无价值的，可以不作出收缴决定，但应当在证据保全文书中注明处理情况。

（14）电子签名、电子指纹。公安机关可以使用电子签名、电子指纹捺印技术制作电子笔录等材料，可以使用电子印章制作法律文书。对案件当事人进行电子签名、电子指纹捺印的过程，公安机关应当同步录音录像。

6. 《公安机关维护民警执法权威工作规定》[1]

据统计，改革开放40年来，全国共有1.3万余名民警因公牺牲。2013—2017年，全国公安民警因公牺牲2003人，因公负伤或致残2.5万人，其中2017年牺牲361人，平均年龄43.5岁。其中有相当一部分是由于民警在执法执勤过程中受到暴力袭击、报复伤害、妨害阻碍所造成的。鉴于此，2018年12月7日，公安部发布了《公安机关维护民警执法权威工作规定》，涉及证据的内容有：

（1）证据标准。公安机关办理侵犯民警执法权威的刑事案件、治安案件时，应确保案件办理事实清楚、证据确凿、程序合法、法律适用准确。

（2）考虑情节。公安机关应当根据行为事实、情节、后果，综合考虑主客观因素，客观评价民警行为性质，区分执法过错、瑕疵、意外，依法依规作出责任认定。对于民警依法履职尽责，受主观认知、客观条件、外来因素影响造成一定损失和负面影响的行为或者出现的失误，以及民警非因故意违法违规履职，及时发现并主动纠正错误，积极采取措施避免或者减轻危害后

---

〔1〕 公安部令第153号，2018年12月19日公布，自2019年2月1日起施行。

果与影响的，公安机关应当从轻、减轻或免于追究民警的责任，或者向检察机关、审判机关提出从轻、减轻或者免于追究民警刑事责任的建议。

（3）专家论证意见。对于民警行为是否属于依法履行职责、行使职权行为，以及执法是否存在过错等问题存在较大争议的，公安机关维护民警执法权威工作委员会应当组织相关专业人员成立专家组进行审查，出具书面论证意见，作为公安机关内部责任认定的重要参考依据。纪检监察机关、检察机关介入调查的，公安机关应当及时提供论证意见，加强沟通。

（4）心理干预、治疗。公安机关应当聘请专业人员，在必要时对因依法履行职责、行使职权受到侵害的民警及其近亲属开展心理干预和治疗，缓解和疏导心理压力、负担。

（四）监察机关证据制度建设

2017—2018 年监察机关的证据制度建设可以分为如下四个阶段：前期试点阶段、全面试点阶段、《监察法》颁布阶段及《监察法》实施阶段。下文从上述四个阶段分别予以介绍：

1. 前期试点阶段

第十二届全国人大常委会第二十五次会议决定在北京市、山西省、浙江省开展国家监察体制改革试点工作。在前期试点阶段，《浙江省监察留置措施操作指南》明确了留置条件必须是已立案并且案件具有重大、复杂等四种情形，同时对留置审批、备案、期限、被留置人合法权益保障等方面作出详细规定。[1]《北京市纪检监察机关监督执纪工作规则（试行）》《调查措施使用规范》等相关文件，逐一规范了监察委员会 12 项措施的审批流程，为监督、调查、处置职能的履行提供了依据和遵循。[2]

2. 全面试点阶段

2017 年 11 月，第十二届全国人大常委会第三十次会议决定在全国各地推广国家监察体制改革试点工作。在全面试点阶段，国家监察委在解答"怎样确保监察机关调查取得的证据符合刑事诉讼证据标准？"时指出：监察机关应依照法定程序，参照《刑事诉讼法》对证据形式要件和实质要件的要求，全

---

〔1〕 参见丁谨之等：《蹄疾步稳探新路》，载《浙江日报》2017 年 6 月 22 日，第 10 版。

〔2〕 参见王少伟：《从一开始就把监察权关进笼子——北京开展国家监察体制改革试点工作纪实（下）》，载《中国纪检监察报》2017 年 6 月 2 日，第 1 版。

面、客观地收集被调查人有无违法犯罪以及情节轻重的证据，包括物证、书证、证人证言、被调查人供述和辩解、视听资料、电子数据等证据材料。收集、固定、审查、运用证据时，应当与刑事审判关于证据的要求和标准相一致。各级监察委员会要主动对接以审判为中心的司法体制改革方向，按照《排除非法证据规定》要求，以更高的标准、更严的要求，进一步规范监察人员调查职务犯罪的取证行为，对以非法方法收集的证据应当予以排除，确保调查所取得的证据符合刑事诉讼证据标准。[1]

3.《监察法》颁布阶段

2018 年 3 月 20 日，第十三届全国人大一次会议表决通过了《监察法》。《监察法》对于证据制度作出较为全面的规定，例如，第 18 条对监察机关收集证据的一般原则，第 26 条对勘验、检查，第 27 条对鉴定，第 28 条对技术调查，第 33 条对证据转化、证据要求、非法证据排除规则，第 40 条对监察机关调查取证工作要求，等等。尽管有些条文相对粗疏，但《监察法》的颁布标志着监察证据在法律层面完成建构。

2018 年 4 月 16 日，《国家监察委员会管辖规定（试行）》《国家监察委员会与最高人民检察院办理职务犯罪案件工作衔接办法》和《国家监察委员会移送最高人民检察院职务犯罪案件证据收集审查基本要求与案件材料移送清单》三个"内部文件"同日颁行，对证据收集及审查标准提出了总体要求，并建立了与最高法、最高检就职务犯罪指定管辖等事项沟通协调机制。

2018 年 6 月 24 日，《中央纪委国家监委监督检查审查调查措施使用规定（试行）》出台。以留置措施为例，留置措施应当按照法律规定的条件、程序要求从严掌握、慎重采取，不得越权使用留置措施，不得变相使用留置措施，留置过程中，应当保障被留置人员的人身权、财产权和申辩权等合法权益。

2018 年 7 月，中央纪委国家监委制定《中管干部违纪违法案件审理流程及文书规范（试行）》，围绕案件审核受理、提前介入审理、审理报告及起诉意见书制作、案件呈报审批、处分决定及通知函告、与司法机关衔接等 15 个关键环节和重点问题提出规范性意见，并附有审理中管干部违纪违法案件常

---

　〔1〕　为积极回应社会关切，适应全国推开国家监察体制改革试点工作需要，中央纪委监察部网站"回复选登"栏目推出"监察体制改革试点工作权威答疑"，特请中央纪委研究室陆续解答相关问题。

用的 17 类 23 种文书式样。另外，中央纪委、监察委还出台了《中央纪委国家监委留置场所同步录音录像系统建设技术规范》等一系列制度规范。

4.《监察法》实施阶段

由于立法水平、技术等诸多方面的原因，监察证据与刑事证据的衔接、转化问题在司法实践中逐渐暴露。

首先，监察证据与刑事证据转化使用中的冲突。尽管《监察法》第 33 条第 1 款通过概括性授权解决了监察证据的刑事证据资格问题，但这并不意味着监察证据无需审查认定就可作为刑事案件的定案依据，监察证据也需经过查证属实才能作为定案依据。[1] 然而，第 33 条第 1 款规定的监察证据不仅包括物证、书证、电子数据等实物证据，还包括证人证言、被调查人供述和辩解等言词证据，这一规定已突破了《刑事诉讼法》第 54 条第 2 款的规定，但第 33 条第 1 款并未说明这种立法突破的正当性问题，[2] 由此导致《监察法》与《刑事诉讼法》出现显而易见的冲突。

其次，监察非法证据排除规则的建构问题。《监察法》中的非法证据排除规则，高度概括而缺乏可操作性，导致司法实践无所适从。对此，学术界有的主张直接适用刑事非法证据排除规则；[3] 有的主张借鉴刑事非法证据排除规则，承认监察非法证据排除规则的独立性，但可依刑事非法证据排除规则来建构；[4] 亦有人主张建构独立的监察非法证据排除规则，认为《监察法》的规定超越刑事非法证据排除规则，可不受其制约。[5]

最后，监察案件的证据标准问题。①党纪监督、违法调查和犯罪调查应否适用同一证据标准；②职务犯罪案件监察调查终结的证据标准与刑事证据标准的衔接问题。

对于上述问题，地方监察机关及司法机关通过颁布实施细则、工作指引

---

〔1〕　参见韩旭：《监察委员会调查收集的证据材料在刑事诉讼中使用问题》，载《湖南科技大学学报（社会科学版）》2018 年第 2 期。

〔2〕　参见高通：《论监察机关收集和运用证据的要求与标准——基于〈监察法〉第三十三条第二款的分析》，载《政法学刊》2019 年第 1 期。

〔3〕　参见潘金贵、王志坚：《以审判为中心背景下监察调查与刑事司法的衔接机制研究——兼评〈刑事诉讼法（修正草案）〉相关条文》，载《社会科学研究》2018 年第 6 期。

〔4〕　参见刘艳红：《职务犯罪案件非法证据的审查与排除——以〈监察法〉与〈刑事诉讼法〉之衔接为背景》，载《法学评论》2019 年第 1 期。

〔5〕　参见高通：《监察程序中非法证据的法解释学分析》，载《证据科学》2018 年第 4 期。

等方式，在一定程度上进行了化解工作。例如，重庆市纪委、监察委案件审理室会同市高院刑事审判二庭、市检察院公诉二处在《重庆市监委机关收集职务犯罪案件证据规则（试行）》的基础上，制定了《关于办理贪污贿赂刑事案件收集、审查证据工作指引（试行）》，从收集、审查证据的基本原则、基本要求入手，对常见的职务犯罪罪名从犯罪构成、犯罪情节、证据合法性等方面规范调查取证工作；并制定了《关于办理职务犯罪案件排除非法证据的若干意见（试行）》，明确非法证据排除情形、举证责任、排除的具体程序等，倒逼依法取证。[1]再如，内蒙古自治区监察委重视与司法机关的工作衔接，根据《刑事诉讼法》的相关规定，制定了《自治区监察委证据收集指引》，要求严格依照法定程序和法定要求收集、固定和运用证据。[2]地方监察机关的上述努力无疑有助于监察证据制度的完善，但不免让人担心地方性监察证据规则的正当性及可能存在的错误。

总体而言，随着《监察法》的深入实施，监察证据制度存在的问题在逐渐显现，如何化解法律冲突、消除立法缺陷将成为未来监察证据制度建设需要直面的问题。

三、司法鉴定制度建设综述

（一）监察机关司法鉴定工作制度建设

1. 监察机关依职权勘验检查和鉴定的职能

2017 年，全国人大常委会《关于在全国各地推开国家监察体制改革试点工作的决定》第 2 条规定：监察委员会按照管理权限，对本地区所有行使公权力的公职人员依法实施监察；履行监督、调查、处置职责。……为履行上述职权，监察委员会可以采取谈话……勘验检查、鉴定、留置等措施。

2. 监察机关的调查取证和鉴定程序

2018 年，《监察法》第 27 条规定，监察机关在调查过程中，对于案件中的专门性问题，可以指派、聘请有专门知识的人进行鉴定。鉴定人进行鉴定

---

〔1〕 参见重庆市纪委监委案件审理室：《案件审理如何把好事实证据关》，载《中国纪检监察报》2018 年 7 月 11 日，第 8 版。

〔2〕 参见邹太平、李娜娜：《以刑事审判为标准收集证据》，载《中国纪检监察报》2018 年 6 月 19 日，第 1 版。

后，应当出具鉴定意见，并且签名。

3. 监察与检察工作衔接相关鉴定事项处置程序

2018 年，《国家监察委员会与最高人民检察院办理职务犯罪案件工作衔接办法》[1]第 3 条第 1 款第 1 项规定，被调查人涉嫌职务犯罪的案卷材料一般应包括全部证据材料，含鉴定意见等。第 30 条第 1 款规定，被指定的人民检察院可以采取以下方式进行调查核实：……④进行伤情、病情检查或者鉴定。

（二）人民法院司法技术管理工作制度建设

1. 以审判为中心的诉讼制度改革与鉴定制度建设

2017 年，最高人民法院《全面推进审判中心刑诉制度改革意见》[2]对司法鉴定作出系统规定。第 15 条规定，控辩双方对鉴定意见有异议，人民法院认为鉴定人有必要出庭的，应当通知鉴定人出庭作证。第 16 条第 1 款规定，证人、鉴定人、被害人因出庭作证，本人或者其近亲属的人身安全面临危险的，人民法院应当采取必要保护措施。第 27 条规定，通过勘验、检查、搜查等方式收集的物证、书证等证据，未通过辨认、鉴定等方式确定其与案件事实的关联的，不得作为定案的根据。第 29 条第 2 款规定，经人民法院通知，鉴定人拒不出庭作证的，鉴定意见不得作为定案的根据。

2. 关于内地与香港法院相互协助委托鉴定程序

2017 年，最高人民法院《关于内地与香港特别行政区法院就民商事案件相互委托提取证据的安排》[3]第 6 条规定，香港特别行政区法院根据本安排委托内地人民法院提取证据的，请求协助的范围包括：……勘验、鉴定。第 9 条第 2 款规定，……受委托方因执行受托事项产生的翻译费用、专家费用、鉴定费用、应委托方要求的特殊方式取证所产生的额外费用等非一般性开支，由委托方承担。

3. 审理环境公益诉讼中的鉴定事项

2017 年，最高人民法院《关于审理环境公益诉讼案件的工作规范（试行）》中与司法鉴定有关的内容包括：

（1）庭前合议。第 14 条规定，合议庭组成后应及时组织庭前合议，评议

---

〔1〕　国监办发〔2018〕1 号，2018 年 4 月 16 日公布。

〔2〕　法发〔2017〕5 号，2017 年 2 月 17 日公布。

〔3〕　法释〔2017〕4 号，自 2017 年 3 月 1 日起施行。

确定下列事项：……⑤是否需要委托鉴定。⑥是否需要听取技术专家的意见以及是否需要向当事人释明可以申请有专门知识的人出庭。

（2）鉴定事项和鉴定机构。第 25 条规定，对于损害结果、因果关系、生态环境修复方案和费用、生态环境服务功能损失等专门性问题，可由具备相应资质的司法鉴定机构出具鉴定意见；没有司法鉴定机构的，可由国务院环境保护主管部门推荐的机构或者其他依法成立的科研机构出具意见。

（3）技术专家。第 26 条规定，人民法院认为有必要的，可以听取技术专家的意见。技术专家可以参加庭审，对鉴定意见或者案件涉及的专门性问题提出意见，可以在人民法院的组织下参与证据的保全和调取以及调解、执行等程序。

（4）庭前会议。第 27 条规定，根据案件具体情况，庭前会议可以包括下列内容：……④根据当事人的申请或者依职权调查收集证据，委托鉴定，进行勘验，进行证据保全、诉讼保全；⑤根据当事人申请通知有专门知识的人出庭或者依职权聘请技术专家；……⑨组织当事人、鉴定人、技术专家等进行调解。

（5）诉前鉴定。第 52 条规定，检察机关在起诉前委托作出的鉴定意见，被告有证据足以反驳并申请重新鉴定的，人民法院应予准许。

（6）调解公告与鉴定费。第 28 条规定，当事人达成调解协议或者自行达成和解协议的，人民法院应将协议内容同时在法院公告栏、受诉人民法院官网或者其他相应媒体公告，并通知负有环境保护监督管理职责的部门。调解协议或者和解协议一般应包括以下内容：……⑥确定被告承担的检验、鉴定费用……

4. 庭前会议中的鉴定事项

2017 年，最高人民法院《人民法院办理刑事案件庭前会议规程（试行）》[1] 第 10 条规定，庭前会议中，主持人可以就下列事项向控辩双方了解情况，听取意见：……⑥是否申请重新鉴定或者勘验；……⑨是否申请证人、鉴定人、侦查人员、有专门知识的人出庭，是否对出庭人员名单有异议。第 12 条第 1 款规定，被告人及其辩护人申请……鉴定人回避，应当说明理由。人民法院经审查认为申请成立的，应当依法决定有关人员回避；认为申请不

---

〔1〕 法发〔2017〕31 号，自 2018 年 1 月 1 日起试行。

成立的，应当依法驳回申请。第 15 条规定，控辩双方申请重新鉴定或者勘验，应当说明理由。第 17 条规定，控辩双方申请证人、鉴定人、侦查人员、有专门知识的人出庭，应当说明理由。人民法院经审查认为理由成立的，应当通知有关人员出庭。控辩双方对出庭证人、鉴定人、侦查人员、有专门知识的人的名单有异议，人民法院经审查认为异议成立的，应当依法作出处理；认为异议不成立的，应当依法驳回。人民法院通知证人、鉴定人、侦查人员、有专门知识的人等出庭后，应当告知控辩双方协助有关人员到庭。

5. 法庭调查中的鉴定事项

2017 年，最高人民法院《刑事一审普通程序法庭调查规程（试行）》[1]中与司法鉴定有关的内容包括：

（1）出庭作证申请。第 12 条规定，控辩双方可以申请法庭通知证人、鉴定人、侦查人员和有专门知识的人等出庭。被害人及其法定代理人、诉讼代理人，附带民事诉讼原告人及其诉讼代理人也可以提出上述申请。第 13 条第 2、5 款规定，控辩双方对鉴定意见有异议，申请鉴定人或者有专门知识的人出庭，人民法院经审查认为有必要的，应当通知鉴定人或者有专门知识的人出庭。人民法院通知证人、被害人、鉴定人、侦查人员、有专门知识的人等出庭的，控辩双方协助有关人员到庭。

（2）特殊作证方式。第 14 条规定，应当出庭作证的证人，在庭审期间因身患严重疾病等客观原因确实无法出庭的，可以通过视频等方式作证。证人视频作证的，发问、质证参照证人出庭作证的程序进行。前款规定适用于被害人、鉴定人、侦查人员。

（3）出庭作证保护。第 16 条规定，证人、鉴定人、被害人因出庭作证，本人或者其近亲属的人身安全面临危险的，人民法院应当采取必要的保护措施。审判期间，证人、鉴定人、被害人提出保护请求的，人民法院应当立即审查，确有必要的，应当及时决定采取相应的保护措施。必要时，可以商请公安机关采取专门性保护措施。

（4）出庭作证费用。第 17 条规定，证人、鉴定人和有专门知识的人出庭作证所支出的交通、住宿、就餐等合理费用，除由控辩双方支付的以外，列入出庭作证补助专项经费，在出庭作证后由人民法院依照规定程序发放。

---

〔1〕　法发〔2017〕31 号，自 2018 年 1 月 1 日起试行。

（5）专家辅助人出庭。第 26 条规定，控辩双方可以申请法庭通知有专门知识的人出庭，协助本方就鉴定意见进行质证。有专门知识的人可以与鉴定人同时出庭，在鉴定人作证后向鉴定人发问，并对案件中的专门性问题提出意见。申请有专门知识的人出庭，应当提供人员名单，并不得超过 2 人。有多种类鉴定意见的，可以相应增加人数。

（6）出庭发问规则。第 27 条规定，对被害人、鉴定人、侦查人员、有专门知识的人的发问，参照适用证人的有关规定。同一鉴定意见由多名鉴定人作出，有关鉴定人以及对该鉴定意见进行质证的有专门知识的人，可以同时出庭，不受分别发问规则的限制。

（7）举证质证。第 32 条第 2 款规定，对于鉴定意见和勘验、检查、辨认、侦查实验等笔录，应当出示原件。第 34 条规定，控辩双方对证人证言、被害人陈述、鉴定意见无异议，有关人员不需要出庭的，或者有关人员因客观原因无法出庭且无法通过视频等方式作证的，可以出示、宣读庭前收集的书面证据材料或者作证过程录音录像。第 38 条规定，法庭审理过程中，控辩双方……申请重新鉴定或者勘验的，应当提供……要求重新鉴定或者勘验的理由。法庭认为有必要的，应当同意，并宣布延期审理；不同意的，应当说明理由并继续审理。

（8）认证规则。第 46 条规定，通过勘验、检查、搜查等方式收集的物证、书证等证据，未通过辨认、鉴定等方式确定其与案件事实的关联的，不得作为定案的根据。法庭对鉴定意见有疑问的，可以重新鉴定。第 49 条规定，经人民法院通知，鉴定人拒不出庭作证的，鉴定意见不得作为定案的根据。有专门知识的人当庭对鉴定意见提出质疑，鉴定人能够作出合理解释，并与相关证据印证的，应当采信鉴定意见；不能作出合理解释，无法确认鉴定意见可靠性的，有关鉴定意见不能作为定案的根据。

6. 鉴定评估等流程信息互联网公开制度

2018 年，最高人民法院《关于人民法院通过互联网公开审判流程信息的规定》[1]第 8 条第 1 款规定，回避、管辖争议、保全、先予执行、评估、鉴定等流程信息，应当通过互联网向当事人及其法定代理人、诉讼代理人、辩护人公开。

---

〔1〕　法释〔2018〕7 号，自 2018 年 9 月 1 日起施行。

7. 互联网法院案件审理中的鉴定事项

2018 年，最高人民法院《关于互联网法院审理案件若干问题的规定》[1] 中与司法鉴定有关的内容包括：

（1）视为证据原件。第 10 条规定，当事人及其他诉讼参与人通过技术手段……鉴定意见、勘验笔录等证据材料进行电子化处理后提交的，经互联网法院审核通过后，视为符合原件形式要求。对方当事人对上述材料真实性提出异议且有合理理由的，互联网法院应当要求当事人提供原件。

（2）电子数据真实性审查判断。第 11 条第 3 款规定，当事人可以申请具有专门知识的人就电子数据技术问题提出意见。互联网法院可以根据当事人申请或者依职权，委托鉴定电子数据的真实性或者调取其他相关证据进行核对。

（三）人民检察院司法鉴定工作制度建设

1. 未成年人刑事检察工作中的鉴定事项

2017 年，最高人民检察院《未成年人刑事检察工作指引（试行）》中与司法鉴定有关的内容包括：

（1）精神病鉴定。第 150 条规定，人民检察院发现未成年犯罪嫌疑人可能存在精神疾患或者智力发育严重迟滞的，应当作出不批准逮捕决定，并通知公安机关依法进行鉴定。第 172 条规定，在审查起诉过程中，发现未成年犯罪嫌疑人可能存在精神疾患或者智力发育严重迟滞的，人民检察院应当退回公安机关委托或者自行委托鉴定机构对未成年犯罪嫌疑人进行精神病鉴定。未成年犯罪嫌疑人的法定代理人、辩护人或者近亲属以该未成年犯罪嫌疑人可能患有精神疾病而申请对其进行鉴定的，人民检察院应当委托鉴定机构对未成年犯罪嫌疑人进行鉴定，鉴定费用由申请方承担。

（2）年龄审查。第 152 条第 2 款第 2 项规定，犯罪嫌疑人不讲真实姓名、住址，年龄不明的，可以委托进行骨龄鉴定或者其他科学鉴定。经审查，鉴定意见能够准确确定犯罪嫌疑人实施犯罪行为时的年龄的，可以作为判断犯罪嫌疑人年龄的证据参考。若鉴定意见不能准确确定犯罪嫌疑人实施犯罪行为时的年龄，而且显示犯罪嫌疑人年龄在法定应负刑事责任年龄上下，但无法查清真实年龄的，应当作出有利于犯罪嫌疑人的认定。

---

[1] 法释〔2018〕16 号，自 2018 年 9 月 7 日起施行。

2. 互联网金融犯罪案件的鉴定事项

2017年，最高人民检察院《关于办理涉互联网金融犯罪案件有关问题座谈会纪要》[1]中与司法鉴定有关的内容包括：

（1）金额认定。第11条规定，负责或从事吸收资金行为的犯罪嫌疑人非法吸收公众存款金额，根据其实际参与吸收的全部金额认定。吸收金额经过司法会计鉴定的，可以将前述不计入部分直接扣除。但是，前述两项所涉金额仍应计入相对应的上一级负责人及所在单位的吸收金额。

（2）第16条规定，证明主观上是否具有非法占有目的，可以重点收集、运用与实施集资诈骗整体行为模式相关的证据及与归还能力相关的证据等；司法会计鉴定机构对相关数据进行鉴定时，办案部门可以根据查证犯罪事实的需要提出重点鉴定的项目，保证司法会计鉴定意见与待证的构成要件事实之间的关联性。

3. 办理侵犯公民个人信息案件中的鉴定事项

2018年，最高人民检察院《检察机关办理侵犯公民个人信息案件指引》[2]中与司法鉴定有关的内容包括：

（1）证明出售、提供行为的证据。如果犯罪嫌疑人系通过信息网络发布方式提供公民个人信息，证明该行为的证据还包括远程勘验笔录、扣押笔录、扣押物品清单、对手机、电脑存储介质、云盘、FTP等的司法鉴定意见等。

（2）证明犯罪嫌疑人或公民个人信息购买者、收受者控制涉案信息的证据：搜查笔录、扣押笔录、扣押物品清单，对手机、电脑存储介质等的司法鉴定意见等。

（3）证明违反国家规定，通过窃取、购买、收受、交换等方式非法获取公民个人信息的证据：主要证据与上述以出售、提供方式侵犯公民个人信息行为的证据基本相同，还包括侦查机关从被害公司数据库中发现入侵电脑IP地址情况、从犯罪嫌疑人电脑中提取的侵入被害公司数据的痕迹等现场勘验检查笔录，以及涉案程序（木马）的司法鉴定意见等。

（4）证明犯罪嫌疑人积极实施窃取、出售、提供、购买、交换、收受公民个人信息的行为，主要证据除了证人证言、犯罪嫌疑人供述和辩解外，还

---

[1]　高检诉〔2017〕14号，2017年6月2日公布。

[2]　高检发侦监字〔2018〕13号，2018年11月9日公布。

包括远程勘验笔录、手机短信记录、即时通讯工具聊天记录、电子数据司法鉴定意见等。

（5）证明"情节严重"或"情节特别严重"的证据。主要包括：……④远程勘验笔录、电子数据司法鉴定意见书、最高人民检察院或公安部指定的机构对电子数据涉及的专门性问题出具的报告、公民个人信息资料等。……⑥死亡证明、伤情鉴定意见、医院诊断记录、经济损失鉴定意见、相关案件起诉书、判决书等。

4. 强制医疗决定程序监督工作中的鉴定事项

2018 年，最高人民检察院《人民检察院强制医疗决定程序监督工作规定》[1]中与司法鉴定有关的内容包括：

（1）鉴定意见审查。第 3 条规定，人民检察院办理公安机关移送的强制医疗案件，应当审查公安机关移送的强制医疗意见书，以及鉴定意见等证据材料，并注意发现和纠正以下违法情形：①对涉案精神病人的鉴定程序违反法律规定的；②对涉案精神病人采取临时保护性约束措施不当的；③其他违反法律规定的情形。

（2）委托鉴定。第 4 条规定，人民检察院办理公安机关移送的强制医疗案件，可以会见涉案精神病人，询问办案人员、鉴定人，听取涉案精神病人法定代理人、诉讼代理人意见，向涉案精神病人的主治医生、近亲属、邻居、其他知情人员或者基层组织等了解情况，向被害人及其法定代理人、近亲属等了解情况，就有关专门性技术问题委托具有法定资质的鉴定机构、鉴定人进行鉴定，开展相关调查。相关调查情况应当记录并附卷。

（3）重新鉴定。第 6 条规定，人民检察院办理公安机关移送的强制医疗案件，发现公安机关对涉案精神病人进行鉴定的程序有下列情形之一的，应当依法提出纠正意见：①鉴定机构不具备法定资质，或者精神病鉴定超出鉴定机构业务范围、技术条件的；②鉴定人不具备法定资质，精神病鉴定超出鉴定人业务范围，或者违反回避规定的；③鉴定程序违反法律、有关规定，鉴定的过程和方法违反相关专业的规范要求的；④鉴定文书不符合法定形式要件的；⑤鉴定意见没有依法及时告知相关人员的；⑥鉴定人故意作虚假鉴定的；⑦其他违反法律规定的情形。人民检察院对精神病鉴定程序进行监督，

---

〔1〕 高检发诉字〔2018〕1 号，自 2018 年 2 月 1 日起施行。

可以要求公安机关补充鉴定或者重新鉴定，必要时，可以询问鉴定人并制作笔录，或者委托具有法定资质的鉴定机构进行补充鉴定或者重新鉴定。

5. 刑事抗诉工作中的鉴定事项

2018 年 2 月，最高人民检察院《人民检察院刑事抗诉工作指引》[1] 第 15 条规定，人民检察院办理死刑抗诉案件，除依照本指引第 13 条、第 14 条规定审查外，还应当重点开展下列工作：……⑤对鉴定意见有疑问的，可以重新鉴定或者补充鉴定。第 40 条规定，出庭预案一般应当包括：……②询问证人、被害人、鉴定人、有专门知识的人、侦查人员提纲。第 44 条第 1 款规定，证人、鉴定人、有专门知识的人需要出庭的，人民检察院应当申请人民法院通知并安排出庭作证。第 44 条第 6 款规定，询问鉴定人、有专门知识的人参照询问证人的规定进行。

6. 死刑二审案件和复核监督工作中的鉴定事项

2018 年，最高人民检察院《人民检察院办理死刑第二审案件和复核监督工作指引（试行）》[2] 中与司法鉴定有关的内容包括：

（1）对鉴定意见的审查。第 12 条规定，对鉴定意见应当重点审查以下内容：①鉴定机构和鉴定人是否具有法定资质，鉴定人是否存在应当回避的情形；②检材的收集、取得、保管、送检是否符合法律及有关规定，与相关提取笔录、扣押物品清单等记载的内容是否相符，检材是否充足、可靠；③鉴定程序是否符合法律及有关规定，鉴定的过程和方法是否符合相关专业的规范要求，鉴定意见是否告知被告人和被害人及其法定代理人或者近亲属；④鉴定意见形式要件是否完备，鉴定意见是否明确，鉴定意见与案件待证事实有无关联，鉴定意见与勘验、检查笔录及相关照片等其他证据是否矛盾，鉴定意见是否存在无法排除的合理怀疑，检验分析是否科学、全面；⑤有利于被告人和不利于被告人的鉴定意见是否移送。

（2）对出庭鉴定人的发问。第 63 条规定，对于鉴定人出庭作证的，检察人员应当重点围绕下列问题发问：①鉴定人所属鉴定机构的资质情况，包括核准机关、业务范围、有效期限等；②鉴定人的资质情况，包括执业范围、执业证使用期限、专业技术职称、执业经历等；③委托鉴定的机关、时间以

---

[1]　高检发诉字〔2018〕2 号，自 2018 年 2 月 14 日起执行。

[2]　高检发诉二字〔2018〕1 号。

及事项，鉴定对象的基本情况，鉴定时间，鉴定程序等；④鉴定意见及依据。

（3）对专家辅助人的询问。第 64 条规定，有专门知识的人出庭对鉴定意见发表意见的，检察人员应当重点询问鉴定的程序、方法、分析过程是否符合本专业的检验鉴定规程和技术方法要求，鉴定意见是否科学等内容。

7. 公诉人举证质证中的鉴定事项

2018 年，最高人民检察院《人民检察院公诉人出庭举证质证工作指引》[1]中与司法鉴定有关的内容包括：

（1）询问规则。第 34 条规定，对被害人、鉴定人、侦查人员、有专门知识的人的询问，参照适用询问证人的规定。

（2）鉴定意见宣读。第 37 条规定，鉴定意见以及勘验、检查、辨认和侦查实验等笔录应当当庭宣读，并对鉴定人、勘验人、检查人、辨认人、侦查实验人员的身份、资质、与当事人及本案的关系作出说明，必要时提供证据予以证明。鉴定人、有专门知识的人出庭，公诉人可以根据需要对其发问。发问时适用对证人询问的相关要求。

（3）证人发问规则。第 48 条规定，辩护人询问证人或者被害人有下列情形之一的，公诉人应当及时提请审判长制止，必要时应当提请法庭对该项陈述或者证言不予采信：①以诱导方式发问的；②威胁或者误导证人的；③使被害人、证人以推测性、评论性、推断性意见作为陈述或者证言的；④发问内容与本案事实无关的；⑤对被害人、证人带有侮辱性发问的；⑥其他违反法律规定的情形。对辩护人询问侦查人员、鉴定人和有专门知识的人的质证，参照前款规定。

（4）质疑答辩。第 53 条规定，辩护方质疑鉴定意见的，公诉人可以从鉴定机构和鉴定人的法定资质、检材来源、鉴定程序、鉴定意见形式要件符合法律规定等方面，有针对性地予以答辩。第 54 条规定，辩护方质疑不同鉴定意见存在矛盾的，公诉人可以阐释不同鉴定意见对同一问题得出不同结论的原因，阐明检察机关综合全案情况，结合案件其他证据，采信其中一份鉴定意见的理由。必要时，可以申请鉴定人、有专门知识的人出庭。控辩双方仍存在重大分歧，且辩护方质疑有合理依据，对案件有实质性影响的，可以建议法庭休庭或者延期审理。

---

〔1〕 2018 年 5 月 2 日最高人民检察院第十三届检察委员会第 1 次会议通过。

（5）鉴定意见质证。第67条规定，对辩护方出示的鉴定意见和提请出庭的鉴定人，公诉人可以从以下方面进行质证：①鉴定机构和鉴定人是否具有法定资质；②鉴定人是否存在应当回避的情形；③检材的来源、取得、保管、送检是否符合法律和有关规定，与相关提取笔录、扣押物品清单等记载的内容是否相符，检材是否充足、可靠；④鉴定意见的形式要件是否完备，是否注明提起鉴定的事由、鉴定委托人、鉴定机构、鉴定要求、鉴定过程、鉴定方法、鉴定日期等相关内容，是否由鉴定机构加盖司法鉴定专用章并由鉴定人签名、盖章；⑤鉴定程序是否符合法律和有关规定；⑥鉴定的过程和方法是否符合相关专业的规范要求；⑦鉴定意见是否明确；⑧鉴定意见与案件待证事实有无关联；⑨鉴定意见与勘验、检查笔录及相关照片等其他证据是否矛盾；⑩鉴定意见是否依法及时告知相关人员，当事人对鉴定意见有无异议。必要时，公诉人可以申请法庭通知有专门知识的人出庭，对辩护方出示的鉴定意见进行必要的解释说明。

（6）专家辅助人。第71条规定，对于因专门性问题不能对有关证据发表质证意见的，可以建议休庭，向有专门知识的人咨询意见。必要时，可以建议延期审理，进行鉴定或者重新鉴定。

（7）鉴定人出庭。第74条第1、3款规定，辩护方质疑物证、书证、鉴定意见、勘验、检查、搜查、辨认、侦查实验等笔录、视听资料、电子数据的，必要时，公诉人可以提请法庭通知鉴定人、有专门知识的人、侦查人员、见证人等出庭。对辩护方出示的鉴定意见等技术性证据和提请出庭的鉴定人，必要时，公诉人可以提请法庭通知有专门知识的人出庭，与辩护方提请出庭的鉴定人对质。

（四）公安机关司法鉴定工作制度建设

1. 公安部归口司法鉴定国家标准与公共安全行业标准建设

（1）发布公安部相关部门提出并归口的司法鉴定国家标准。2017—2018年，由全国刑事技术标准化技术委员会（SAC/TC179）归口的国家标准共3项，详见附录6.1。

（2）公告2016年新版公共安全行业标准。2017年，公安部《关于发布公共安全行业标准的公告（2016年度）》，公布经公安部审查批准并报国家质量监督检验检疫总局备案的104项公共安全行业标准。其中，司法鉴定相关标准共19项，详见附录6.2。

（3）公告发布 2017 版公共安全行业标准。2018 年 3 月，公安部《关于发布公共安全行业标准的公告（2017 年度）》，公布经公安部审查批准并报国家质量监督检验检疫总局备案的 133 项公共安全行业标准。其中，与司法鉴定相关的标准共 34 项，详见附录 6.3。

（4）废止部分公共安全行业标准。2017 年 7 月，公安部《关于废止 213 项公共安全行业标准的公告》，决定废止《军工产品储存库风险等级和安全防护级别的规定》（GA26-1992）等 213 项公共安全行业标准（强制性标准 104 项、推荐性标准 109 项）。其中，与司法鉴定相关的标准共 28 项，详见附录 6.4。

2. 鉴定人证人作证保护工作程序

2017 年，公安部《公安机关办理刑事案件证人保护工作规定》[1]第 2 条规定，对危害国家安全犯罪、恐怖活动犯罪、黑社会性质的组织犯罪、毒品犯罪案件，证人、鉴定人、被害人因在侦查过程中作证，本人或者其近亲属的人身安全面临危险，确有必要采取保护措施的，公安机关应当依法采取相应的保护措施，保障有关人员安全。第 24 条规定，证人、鉴定人、被害人因在本规定第 2 条规定的案件范围以外的案件中作证，本人或者其近亲属的人身安全面临危险，确有保护必要的，参照本规定执行。

3. 公安机关鉴定工作程序规则

2017 年，公安部发布《公安机关鉴定规则》[2]，共 12 章 60 条。本规则对公安机关鉴定、鉴定机构与鉴定人等进行明确界定，并对鉴定人的权利与义务、鉴定人的回避、鉴定的委托、鉴定的受理、鉴定的实施、补充鉴定与重新鉴定、鉴定文书、鉴定资料和检材样本的管理、出庭作证、鉴定工作纪律与责任等作出系统规范。

4. 道路交通事故处理相关鉴定事项处置程序

2017 年，公安部修订的《道路交通事故处理程序规定》[3]，其中与司法鉴定有关的内容包括：

（1）死亡证明。第 31 条规定，道路交通事故造成人员死亡的，应当经急

---

[1]　公通字〔2017〕2 号，自 2017 年 3 月 1 日起施行。

[2]　公通字〔2017〕6 号，自 2017 年 2 月 16 日起施行。

[3]　公安部令第 146 号，自 2018 年 5 月 1 日起施行。

救、医疗人员或者法医确认，并由具备资质的医疗机构出具死亡证明。尸体应当存放在殡葬服务单位或者医疗机构等有停尸条件的场所。

（2）酒检与毒检。第 34 条规定，痕迹、物证等证据可能因时间、地点、气象等原因导致改变、毁损、灭失的，交通警察应当及时固定、提取或者保全。对涉嫌饮酒或者服用国家管制的精神药品、麻醉药品驾驶车辆的人员，公安机关交通管理部门应当按照《道路交通安全违法行为处理程序规定》及时抽血或者提取尿样等检材，送交有检验鉴定资质的机构进行检验。车辆驾驶人员当场死亡的，应当及时抽血检验。不具备抽血条件的，应当由医疗机构或者鉴定机构出具证明。

（3）鉴定委托。第 49 条规定，需要进行检验、鉴定的，公安机关交通管理部门应当按照有关规定，自事故现场调查结束之日起 3 日内委托具备资质的鉴定机构进行检验、鉴定。尸体检验应当在死亡之日起 3 日内委托。对交通肇事逃逸车辆的检验、鉴定自查获肇事嫌疑车辆之日起 3 日内委托。对现场调查结束之日起 3 日后需要检验、鉴定的，应当报经上一级公安机关交通管理部门批准。对精神疾病的鉴定，由具有精神病鉴定资质的鉴定机构进行。

（4）鉴定费用。第 50 条规定，检验、鉴定费用由公安机关交通管理部门承担，但法律法规另有规定或者当事人自行委托伤残评定、财产损失评估的除外。

（5）鉴定期限。第 51 条规定，公安机关交通管理部门应当与鉴定机构确定检验、鉴定完成的期限，确定的期限不得超过 30 日。超过 30 日的，应当报经上一级公安机关交通管理部门批准，但最长不得超过 60 日。

（6）尸体解剖。第 52 条规定，尸体检验不得在公众场合进行。为了确定死因需要解剖尸体的，应当征得死者家属同意。死者家属不同意解剖尸体的，经县级以上公安机关或者上一级公安机关交通管理部门负责人批准，可以解剖尸体，并且通知死者家属到场，由其在解剖尸体通知书上签名。死者家属无正当理由拒不到场或者拒绝签名的，交通警察应当在解剖尸体通知书上注明。对身份不明的尸体，无法通知死者家属的，应当记录在案。

（7）鉴定意见出具。第 54 条规定，鉴定机构应当在规定的期限内完成检验、鉴定，并出具书面检验报告、鉴定意见，由鉴定人签名，鉴定意见还应当加盖机构印章。检验报告、鉴定意见应当载明以下事项：①委托人；②委托日期和事项；③提交的相关材料；④检验、鉴定的时间；⑤依据和结论性意见，通过分析得出结论性意见的，应当有分析证明过程。检验报告、鉴定意见应当附有鉴定机构、鉴定人的资质证明或者其他证明文件。

（8）鉴定意见审核与重新鉴定，第 55 条规定，公安机关交通管理部门应当对检验报告、鉴定意见进行审核，并在收到检验报告、鉴定意见之日起 5 日内，将检验报告、鉴定意见复印件送达当事人，但有下列情形之一的除外：①检验、鉴定程序违法或者违反相关专业技术要求，可能影响检验报告、鉴定意见公正、客观的；②鉴定机构、鉴定人不具备鉴定资质和条件的；③检验报告、鉴定意见明显依据不足的；④故意作虚假鉴定的；⑤鉴定人应当回避而没有回避的；⑥检材虚假或者检材被损坏、不具备鉴定条件的；⑦其他可能影响检验报告、鉴定意见公正、客观的情形。检验报告、鉴定意见有前款规定情形之一的，经县级以上公安机关交通管理部门负责人批准，应当在收到检验报告、鉴定意见之日起 3 日内重新委托检验、鉴定。

（9）当事人申请重新鉴定。第 56 条规定，当事人对检验报告、鉴定意见有异议，申请重新检验、鉴定的，应当自公安机关交通管理部门送达之日起 3 日内提出书面申请，经县级以上公安机关交通管理部门负责人批准，原办案单位应当重新委托检验、鉴定。检验报告、鉴定意见不具有本规定第 55 条第 1 款情形的，经县级以上公安机关交通管理部门负责人批准，由原办案单位作出不准予重新检验、鉴定的决定，并在作出决定之日起 3 日内书面通知申请人。同一交通事故的同一检验、鉴定事项，重新检验、鉴定以一次为限。第 57 条规定，重新检验、鉴定应当另行委托鉴定机构。

（10）涉外鉴定。（略）

（11）回避。第 105 条规定，在调查处理道路交通事故时，交通警察或者公安机关检验、鉴定人员有下列情形之一的，应当回避：①是本案的当事人或者是当事人的近亲属的；②本人或者其近亲属与本案有利害关系的；③与本案当事人有其他关系，可能影响案件公正处理的。交通警察或者公安机关检验、鉴定人员需要回避的，由本级公安机关交通管理部门负责人或者检验、鉴定人员所属的公安机关决定。公安机关交通管理部门负责人需要回避的，由公安机关或者上一级公安机关交通管理部门负责人决定。对当事人提出的回避申请，公安机关交通管理部门应当在 2 日内作出决定，并通知申请人。

5. DNA 鉴定文书格式规范

2018 年，公安部《DNA 鉴定文书规范》[1]，分别从适用范围、引用文件、鉴定文书分类、鉴定文书的格式、鉴定文书内容、鉴定文书生效等方面进行了系统规范。

6. 电子物证检验实验室建设

2018 年，公安部第五局发布《电子物证检验实验室建设规范》[2]，分别规范适用范围、引用标准、实验室分级、业务范围、实验室区域设置、建设设施要求、设备配置等方面进行了系统规范。

7. 公安机关办理行政案件相关鉴定事项处置程序

2018 年，公安部发布第二次修正后的《公安机关办理行政案件程序规定》[3]，其中与司法鉴定有关的内容包括：

（1）回避。第 23 条规定，在行政案件调查过程中，……鉴定人、翻译人员的回避，由指派或者聘请的公安机关决定。第 25 条规定，被决定回避的公安机关负责人、办案人民警察、鉴定人和翻译人员，在回避决定作出前所进行的与案件有关的活动是否有效，由作出回避决定的公安机关根据是否影响案件依法公正处理等情况决定。

（2）证据收集。第 29 条规定，收集调取的物证应当是原物。在原物不便搬运、不易保存或者依法应当由有关部门保管、处理或者依法应当返还时，可以拍摄或者制作足以反映原物外形或者内容的照片、录像。物证的照片、录像，经与原物核实无误或者经鉴定证明为真实的，可以作为证据使用。第 30 条规定，收集、调取的书证应当是原件。在取得原件确有困难时，可以使用副本或者复制件。书证的副本、复制件，经与原件核实无误或者经鉴定证明为真实的，可以作为证据使用。

（3）鉴定委托。第 87 条规定，为了查明案情，需要对专门性技术问题进行鉴定的，应当指派或者聘请具有专门知识的人员进行。需要聘请本公安机关以外的人进行鉴定的，应当经公安机关办案部门负责人批准后，制作鉴定聘请书。第 88 条规定，公安机关应当为鉴定提供必要的条件，及时送交有关

---

[1] 公刑〔2018〕349 号，自 2018 年 1 月 17 日起施行。
[2] 公刑〔2018〕2883 号，自 2018 年 6 月 25 日起施行。
[3] 公安部令第 149 号，自 2019 年 1 月 1 日起施行。

检材和比对样本等原始材料，介绍与鉴定有关的情况，并且明确提出要求鉴定解决的问题。办案人民警察应当做好检材的保管和送检工作，并注明检材送检环节的责任人，确保检材在流转环节中的同一性和不被污染。禁止强迫或者暗示鉴定人作出某种鉴定意见。

（4）法医鉴定。第89条规定，对人身伤害的鉴定由法医进行。卫生行政主管部门许可的医疗机构具有执业资格的医生出具的诊断证明，可以作为公安机关认定人身伤害程度的依据，但具有本规定第90条规定情形的除外。对精神病的鉴定，由有精神病鉴定资格的鉴定机构进行。第90条规定，人身伤害案件具有下列情形之一的，公安机关应当进行伤情鉴定：①受伤程度较重，可能构成轻伤以上伤害程度的；②被侵害人要求作伤情鉴定的；③违法嫌疑人、被侵害人对伤害程度有争议的。第91条规定，对需要进行伤情鉴定的案件，被侵害人拒绝提供诊断证明或者拒绝进行伤情鉴定的，公安机关应当将有关情况记录在案，并可以根据已认定的事实作出处理决定。经公安机关通知，被侵害人无正当理由未在公安机关确定的时间内作伤情鉴定的，视为拒绝鉴定。

（5）电子数据鉴定。第92条规定，对电子数据涉及的专门性问题难以确定的，由司法鉴定机构出具鉴定意见，或者由公安部指定的机构出具报告。

（6）价格鉴定。第93条规定，涉案物品价值不明或者难以确定的，公安机关应当委托价格鉴证机构估价。根据当事人提供的购买发票等票据能够认定价值的涉案物品，或者价值明显不够刑事立案标准的涉案物品，公安机关可以不进行价格鉴证。

（7）毒检酒检。第94条规定，对涉嫌吸毒的人员，应当进行吸毒检测，被检测人员应当配合；对拒绝接受检测的，经县级以上公安机关或者其派出机构负责人批准，可以强制检测。采集女性被检测人检测样本，应当由女性工作人员进行。对涉嫌服用国家管制的精神药品、麻醉药品驾驶机动车的人员，可以对其进行体内国家管制的精神药品、麻醉药品含量检验。第95条规定，对有酒后驾驶机动车嫌疑的人，应当对其进行呼气酒精测试，对具有下列情形之一的，应当立即提取血样，检验血液酒精含量：①当事人对呼气酒精测试结果有异议的；②当事人拒绝配合呼气酒精测试的；③涉嫌醉酒驾驶机动车的；④涉嫌饮酒后驾驶机动车发生交通事故的。当事人对呼气酒精测试结果无异议的，应当签字确认。事后提出异议的，不予采纳。

（8）鉴定意见要件。第 96 条规定，鉴定人鉴定后，应当出具鉴定意见。鉴定意见应当载明委托人、委托鉴定的事项、提交鉴定的相关材料、鉴定的时间、依据和结论性意见等内容，并由鉴定人签名或者盖章。通过分析得出鉴定意见的，应当有分析过程的说明。鉴定意见应当附有鉴定机构和鉴定人的资质证明或者其他证明文件。鉴定人对鉴定意见负责，不受任何机关、团体、企业、事业单位和个人的干涉。多人参加鉴定，对鉴定意见有不同意见的，应当注明。鉴定人故意作虚假鉴定的，应当承担法律责任。

（9）鉴定意见审查与告知。第 97 条规定，办案人民警察应当对鉴定意见进行审查。对经审查作为证据使用的鉴定意见，公安机关应当在收到鉴定意见之日起 5 日内将鉴定意见复印件送达违法嫌疑人和被侵害人。医疗机构出具的诊断证明作为公安机关认定人身伤害程度的依据的，应当将诊断证明结论书面告知违法嫌疑人和被侵害人。违法嫌疑人或者被侵害人对鉴定意见有异议的，可以在收到鉴定意见复印件之日起 3 日内提出重新鉴定的申请，经县级以上公安机关批准后，进行重新鉴定。同一行政案件的同一事项重新鉴定以一次为限。当事人是否申请重新鉴定，不影响案件的正常办理。公安机关认为必要时，也可以直接决定重新鉴定。

（10）重新鉴定。第 98 条规定，具有下列情形之一的，应当进行重新鉴定：①鉴定程序违法或者违反相关专业技术要求，可能影响鉴定意见正确性的；②鉴定机构、鉴定人不具备鉴定资质和条件的；③鉴定意见明显依据不足的；④鉴定人故意作虚假鉴定的；⑤鉴定人应当回避而没有回避的；⑥检材虚假或者被损坏的；⑦其他应当重新鉴定的。不符合前款规定情形的，经县级以上公安机关负责人批准，作出不准予重新鉴定的决定，并在作出决定之日起的 3 日以内书面通知申请人。第 99 条规定，重新鉴定，公安机关应当另行指派或者聘请鉴定人。

（11）鉴定费用。第 100 条规定，鉴定费用由公安机关承担，但当事人自行鉴定的除外。

（五）司法行政机关登记管理与备案登记的司法鉴定工作制度建设

1. 司法部归口司法鉴定国家标准与技术规范建设取得新进展

（1）首次发布司法部提出并归口的司法鉴定国家标准。2018 年，国家市场监督管理总局、国家标准化管理委员会发布《关于批准发布〈农产品基本

信息描述 谷物类〉等国家标准和国家标准修改单的公告》[1]，其中，发布首次由司法部提出并归口的国家标准共 11 项，详见附录 6.5。

（2）颁布和废止部分司法鉴定技术规范。2018 年，司法部办公厅发布《关于颁布和废止部分司法鉴定技术规范的通知》[2]，其中，新颁布司法鉴定技术规范共 36 项，详见附录 6.6；废止司法鉴定技术规范共 2 项，详见附录 6.7。

2. 环境损害司法鉴定登记管理

（1）发布评审专家库名单。2017 年环境保护部、司法部公告发布《全国环境损害司法鉴定机构登记评审专家库（国家库）专家名单》[3]，共有 298 名专家通过遴选被纳入该国家库。

（2）建立跨省市专家库。2017 年，环境保护部办公厅、司法部办公厅发布《关于组建京津冀环境损害司法鉴定机构登记评审专家库有关请示的复函》[4]，同意京津冀环境保护主管部门、司法行政机关共同组建京津冀环境损害司法鉴定机构登记评审专家库。

（3）发布相关评审细则。2018 年，司法部、生态环境部发布《环境损害司法鉴定机构登记评审细则》[5]，具体规定了环境损害司法鉴定机构登记评审的程序、评分标准、专业能力要求、实验室和仪器设备配置要求等内容。附录包括：《环境损害司法鉴定机构登记评审评分标准》《环境损害司法鉴定机构和人员专业能力要求》《环境损害司法鉴定机构实验室和仪器设备配置要求》《环境损害司法鉴定机构登记专家评审意见书》《环境损害司法鉴定机构登记评审工作方案（参考模板）》。2018 年，司法部办公厅发布《关于进一步做好环境损害司法鉴定机构和司法鉴定人准入登记有关工作的通知》。

3. 发布了司法鉴定指导案例

2018 年，司法部发布三个司法鉴定指导案例：指导案例 07 号《张大山同卵双胞胎的 DNA 鉴定》、指导案例 08 号《王惠医疗损害责任纠纷鉴定》及指导案例 09 号《马冰法医精神病鉴定》。

---

〔1〕 2018 年第 17 号，自 2018 年 12 月 28 日起施行。
〔2〕 司办通〔2018〕139 号，自 2018 年 11 月 8 日起施行。
〔3〕 2017 年第 17 号，自 2017 年 4 月 24 日起施行。
〔4〕 环办政法函〔2017〕1502 号，自 2017 年 9 月 22 日起施行。
〔5〕 司发通〔2018〕54 号，自 2018 年 6 月 14 日起施行。

4. 车辆驾驶人员血液中酒精含量测定适用标准

2018 年，司法部司法鉴定管理局发布《关于车辆驾驶人员血液中酒精含量测定适用标准有关意见的函》[1]，明确规定：司法鉴定机构接受委托对车辆驾驶人员血液中酒精含量进行检测，是司法鉴定机构服务诉讼和行政执法活动的一项重要职责任务。为正确适用标准，保障诉讼和行政执法活动顺利进行，司法鉴定机构对车辆驾驶人员血液中酒精含量进行检测时，应当按照国家标准 GB19522 的要求，采用 GA/T1073 或者 GA/T842 的规定。

5. 长江经济带司法鉴定协同发展

2018 年，司法部发布《关于全面推动长江经济带司法鉴定协同发展的实施意见》。

6. 推进司法鉴定认证认可工作

2018 年，司法部、国家市场监管总局发布《关于规范和推进司法鉴定认证认可工作的通知》[2]，该通知明确规定，对于法人或者其他组织申请从事的司法鉴定业务范围需要检测实验室的，申请人应当具备相应的检测实验室，并且该检测实验室应当通过资质认定（包括计量认证）或者实验室认可；对于申请从事的司法鉴定业务范围不是必需具备检测实验室的，可不必须通过资质认定或者实验室认可。结合司法鉴定管理和认证认可工作实践，法人或者其他组织申请从事法医物证、法医毒物、微量物证、环境损害鉴定业务的，应当具备相应的通过资质认定或者实验室认可的检测实验室。

7. 2017 年[3]司法行政机关登记管理的司法鉴定情况统计[4]

（1）司法鉴定机构数。截至 2017 年底，全国经司法行政机关登记管理的鉴定机构共 4338 家，比上年减少 10.96%。其中，从事法医、物证、声像资料和环境损害（以下简称"四大类"）鉴定业务的机构为 2606 家（其中包括业务范围既有"四大类"又有"其他类"的综合机构 327 家），超过机构总数的 60%。仅从事知识产权、司法会计、建设工程、产品质量、价格类等

---

〔1〕 司鉴函〔2018〕5 号，自 2018 年 5 月 3 日起施行。
〔2〕 司发通〔2018〕89 号，自 2018 年 8 月 22 日起施行。
〔3〕 因司法部机构改革职能变化后，不再公开发布年度全国司法鉴定情况统计分析报告，因此 2018 年度相关数据暂时缺如，这里仅收录 2017 年度相关数据。
〔4〕 参见党凌云、张效礼：《2017 年度全国司法鉴定情况统计分析》，载《中国司法鉴定》2018 年第 3 期。

"其他类"（以下简称"其他类"）鉴定业务的机构为 1732 家，约占总数的 40%。机构总数比上年减少近 11%。其中"四大类"机构增长 0.93%，"其他类"机构减少 24.37%。

（2）司法鉴定人数。截至 2017 年底，全国经司法行政机关登记管理的鉴定人共计 49 498 人，比上年减少 8.67%。其中"四大类"鉴定人比上年增长 2.49%，"其他类"鉴定人比上年减少 21.10%。全国司法鉴定人中 50 岁以下的鉴定人占鉴定人总数的 57.13%；51～60 岁的占 29.75%；60 岁以上的占 14.45%，比上年降低 1.3 个百分点；70 岁以上的占 2.30%，比上年降低 0.14 个百分点。具有本科以上学历的占总数的 78.39%，比上年提高近 1 个百分点；具有硕士以上学历的占 16.10%，比上年提高 1.15 个百分点。具有正高级专业技术职称的占总数的 23.44%，比上年提高 0.6 个百分点；具有副高级专业技术职称的占 31.15%，比上年提高近 1 个百分点；尚未取得专业技术职称的占 5.55%，比上年略有降低。

（3）司法鉴定检案数。2017 年度，全国经司法行政机关登记管理的鉴定机构完成各类鉴定业务共计 2 273 453 件，业务收费约 40 亿元，分别比上年增长 6.66%、11.02%。司法鉴定援助业务量 30 860 件，比上年增长 27.60%。其中，"四大类"鉴定占业务总量的 92.49%，"其他类"占 7.51%。两类业务收入分别占总收入的 77.41%、25.59%。"四大类"鉴定比上年增长 10.13%，"其他类"鉴定比上年减少 23.13%。"四大类"鉴定中，法医类占 88.47%，比上年增长近 7 个百分点。法医临床类鉴定仍然是"四大类"鉴定中最主要的业务，占 52.50%，其次是法医毒物占 15.68%，法医物证占 13.68%。公安机关委托的业务最多，占总业务量的 41.08%；其次是个人委托的占 27.99%；法院委托的占 21.05%；其他主体委托的占 8.87%；检察院委托的最少，占 1.01%。公检法机关委托的共占 63.14%。民事诉讼中委托的最多，占 40.10%；行政诉讼中委托的最少，占 0.98%；三大诉讼中委托的共占 54.65%。完成业务量最多的仍然是广东（204 687 件），其次是四川（139 267 件）、浙江（136 506 件）。全国鉴定机构所均业务量 524 件/家，比上年提高 19.91%。所均业务量最多的仍是浙江（2677 件/家），其次是广东（1137 件/家）、天津（1085 件/家）。"四大类"业务的情况是，全国所均 807 件/家，比上年提高 9.2%。"四大类"所均业务量最多的仍是浙江（2677 件/家），其次是上海（1906 件/家）、天津（1705 件/家）；最少的是甘肃（262 件/家），其次是吉林（282 件/家）、西藏（304 件/家）。全国鉴定人人均业务量为 46 件/人，比上年提高 17.95%。人均业务量最多的是浙江（170 件/人），其次为湖北（118 件/人）、广东（109 件/人）。"四大类"业务的情况是，全国人均 69 件/人，比上年提高 7.81%。人均业务量最多的仍是浙江（170 件/人），其次是上海（142 件/人）、天津（136 件/人）；最少的是青海（19 件/人），其次是海南（22 件/人）、山西（23 件/人）。

（4）鉴定人出庭作证案件数。2017 年度，经司法行政机关登记管理的司法鉴定人接到出庭通知 14 917 次，其中 14 691 次司法鉴定人依法出庭，应出尽出率为 98.48%，比上年提高约 2.5 个百分点。法院向鉴定人发出出庭通知的次数占民事诉讼、刑事诉讼、行政诉讼中委托业务量的比率为 1.20%，比上年的 1.43% 有所降低。

（5）司法鉴定投诉与处理情况。2017 年度投诉发生率为万分之 7.1，比上年略有增长。"四大类"业务投诉率为万分之 6.6，比上年略有降低，保持了持续降低的良好态势。从投诉处理情况看，2017 年度共对司法鉴定机构、司法鉴定人作出行政处罚 68 项，与上年基本持平，而只对 9 件投诉给予了行业处分。这表明，各地司法鉴定行业协会在行业惩戒方面的作用有待加强。从引发的行政复议、行政诉讼情况看，2017 年度共引发行政复议 205 件，占投诉总量的 12.62%，比上年增长 2.5 个百分点；引发行政诉讼 149 件，占 9.17%，比上年降低近 1 个百分点。总体上，仍持续处于较高比率。这反映出，公民运用法律手段表达诉求的意识增强，有关行政复议、行政诉讼应诉等工作应进一步加强并改进。

（六）与司法鉴定有关的其他法律法规与行业规范

1. 仲裁法与鉴定

2017 年修正的《仲裁法》第 44 条规定，仲裁庭对专门性问题认为需要鉴定的，可以交由当事人约定的鉴定部门鉴定，也可以由仲裁庭指定的鉴定部门鉴定。根据当事人的请求或者仲裁庭的要求，鉴定部门应当派鉴定人参加开庭。当事人经仲裁庭许可，可以向鉴定人提问。

2. 公证法与鉴定

2017 年修正的《公证法》第 31 条规定，有下列情形之一的，公证机构不予办理公证：①无民事行为能力人或者限制民事行为能力人没有监护人代理申请办理公证的；……③申请公证的事项属专业技术鉴定、评估事项的。

3. 行政处罚法与鉴定

2017 年修正的《行政处罚法》第 19 条规定，受委托组织必须符合以下条件：①依法成立的管理公共事务的事业组织；②具有熟悉有关法律、法规、规章和业务的工作人员；③对违法行为需要进行技术检查或者技术鉴定的，应当有条件组织进行相应的技术检查或者技术鉴定。

4. 母婴保健法与鉴定

2017 年修正的《母婴保健法》[1]中与司法鉴定有关的内容包括：

（1）婚前医学鉴定证明。第 11 条规定，接受婚前医学检查的人员对检查结果持有异议的，可以申请医学技术鉴定，取得医学鉴定证明。第 12 条规定，男女双方在结婚登记时，应当持有婚前医学检查证明或者医学鉴定证明。

（2）医学技术鉴定组织。第 25 条规定，县级以上地方人民政府可以设立医学技术鉴定组织，负责对婚前医学检查、遗传病诊断和产前诊断结果有异议的进行医学技术鉴定。第 26 条规定，从事医学技术鉴定的人员，必须具有临床经验和医学遗传学知识，并具有主治医师以上的专业技术职务。医学技术鉴定组织的组成人员，由卫生行政部门提名，同级人民政府聘任。第 27 条规定，医学技术鉴定实行回避制度。凡与当事人有利害关系，可能影响公正鉴定的人员，应当回避。

（3）行政许可。第 32 条第 2 款规定，严禁采用技术手段对胎儿进行性别鉴定，但医学上确有需要的除外。

（4）法律责任。第 37 条规定，从事母婴保健工作的人员违反本法规定，出具有关虚假医学证明或者进行胎儿性别鉴定的，由医疗保健机构或者卫生行政部门根据情节给予行政处分；情节严重的，依法取消执业资格。

5. 行政诉讼法与鉴定

2018 年，最高人民法院新《行政诉讼法解释》[2]中与司法鉴定有关的内容包括：

（1）鉴定申请。第 47 条第 2、3 款规定，对于各方主张损失的价值无法认定的，应当由负有举证责任的一方当事人申请鉴定，但法律、法规、规章规定行政机关在作出行政行为时依法应当评估或者鉴定的除外；负有举证责

---

〔1〕 中华人民共和国主席令第 81 号，自 2017 年 11 月 5 日起施行。
〔2〕 法释〔2018〕1 号，自 2018 年 2 月 8 日起施行。

任的当事人拒绝申请鉴定的，由其承担不利的法律后果。当事人的损失因客观原因无法鉴定的，人民法院应当结合当事人的主张和在案证据，遵循法官职业道德，运用逻辑推理和生活经验、生活常识等，酌情确定赔偿数额。

（2）出庭通知。第71条规定，人民法院适用普通程序审理案件，应当在开庭3日前用传票传唤当事人。对证人、鉴定人、勘验人、翻译人员，应当用通知书通知其到庭。当事人或者其他诉讼参与人在外地的，应当留有必要的在途时间。

（3）延期审理。第72条规定，有下列情形之一的，可以延期开庭审理：……需要通知新的证人到庭，调取新的证据，重新鉴定、勘验，或者需要补充调查的；……

（4）再审鉴定。第115条第1款规定，审查再审申请期间，再审申请人申请人民法院委托鉴定、勘验的，人民法院不予准许。

6. 国际刑事司法协助法与鉴定

2018年，《国际刑事司法协助法》中与司法鉴定有关的内容包括：

（1）协助调查取证。第25条第1款规定，办案机关需要外国就下列事项协助调查取证的，应当制作刑事司法协助请求书并附相关材料，经所属主管机关审核同意后，由对外联系机关及时向外国提出请求：……④获取并提供有关文件、记录、电子数据和物品；⑤获取并提供鉴定意见；⑥勘验或者检查场所、物品、人身、尸体。第26条规定，向外国请求调查取证的，请求书及所附材料应当根据需要载明下列事项：……⑥需要鉴定的对象的具体信息；……

（2）鉴定人作证。第31条规定，办案机关需要外国协助安排证人、鉴定人来中华人民共和国作证或者通过视频、音频作证，或者协助调查的，应当制作刑事司法协助请求书并附相关材料，经所属主管机关审核同意后，由对外联系机关及时向外国提出请求。

（3）请求书载明事项。第32条规定，向外国请求安排证人、鉴定人作证或者协助调查的，请求书及所附材料应当根据需要载明下列事项：①证人、鉴定人的姓名、性别、住址、身份信息、联系方式和有助于确认证人、鉴定人的其他资料；②作证或者协助调查的目的、必要性、时间和地点等；③证人、鉴定人的权利和义务；④对证人、鉴定人的保护措施；⑤对证人、鉴定人的补助；⑥有助于执行请求的其他材料。

（4）犯罪不追诉。第 33 条规定，来中华人民共和国作证或者协助调查的证人、鉴定人在离境前，其入境前实施的犯罪不受追诉；除因入境后实施违法犯罪而被采取强制措施的以外，其人身自由不受限制。证人、鉴定人在条约规定的期限内或者被通知无需继续停留后 15 日内没有离境的，前款规定不再适用，但是由于不可抗力或者其他特殊原因未能离境的除外。

（5）协助调查补助。第 34 条规定，对来中华人民共和国作证或者协助调查的证人、鉴定人，办案机关应当依法给予补助。

（6）外国请求程序。第 36 条规定，外国可以请求中华人民共和国协助安排证人、鉴定人赴外国作证或者通过视频、音频作证，或者协助调查。外国向中华人民共和国请求安排证人、鉴定人作证或者协助调查的，请求书及所附材料应当根据需要载明本法第 32 条规定的事项。请求国应当就本法第 33 条第 1 款规定的内容作出书面保证。

（7）外国请求的作证。第 37 条规定，证人、鉴定人书面同意作证或者协助调查的，办案机关应当及时将证人、鉴定人的意愿、要求和条件通过所属主管机关通知对外联系机关，由对外联系机关通知请求国。安排证人、鉴定人通过视频、音频作证的，主管机关或者办案机关应当派员到场，发现有损害中华人民共和国的主权、安全和社会公共利益以及违反中华人民共和国法律的基本原则的情形的，应当及时制止。

7. 社会保险法与鉴定

2018 年修正的《社会保险法》第 36 条规定，职工因工作原因受到事故伤害或者患职业病，且经工伤认定的，享受工伤保险待遇；其中，经劳动能力鉴定丧失劳动能力的，享受伤残待遇。工伤认定和劳动能力鉴定应当简捷、方便。第 38 条规定，因工伤发生的下列费用，按照国家规定从工伤保险基金中支付：……⑨劳动能力鉴定费。第 43 条规定，工伤职工有下列情形之一的，停止享受工伤保险待遇：①丧失享受待遇条件的；②拒不接受劳动能力鉴定的；③拒绝治疗的。

8. 扰乱无线电通讯管理秩序等刑事案件与鉴定

2017 年，最高人民法院、最高人民检察院《关于办理扰乱无线电通讯管理秩序等刑事案件适用法律若干问题的解释》[1]第 9 条规定，对案件所涉的

〔1〕 法释〔2017〕11 号，自 2017 年 7 月 1 日起施行。

有关专门性问题难以确定的，依据司法鉴定机构出具的鉴定意见，或者下列机构出具的报告，结合其他证据作出认定：①省级以上无线电管理机构、省级无线电管理机构依法设立的派出机构、地市级以上广播电视主管部门就是否系"伪基站""黑广播"出具的报告；②省级以上广播电视主管部门及其指定的检测机构就"黑广播"功率、覆盖范围出具的报告；③省级以上航空、铁路、船舶等主管部门就是否干扰导航、通信等出具的报告。对移动终端用户受影响的情况，可以依据相关通信运营商出具的证明，结合被告人供述、终端用户证言等证据作出认定。

9. 经济犯罪案件与鉴定

2017 年，最高人民检察院、公安部《关于公安机关办理经济犯罪案件的若干规定》[1]第 18 条第 1 款规定，在立案审查中，发现案件事实或者线索不明的，经公安机关办案部门负责人批准，可以依照有关规定采取询问、查询、勘验、鉴定和调取证据材料等不限制被调查对象人身、财产权利的措施。第 39 条规定，公安机关办理生产、销售伪劣商品犯罪案件、走私犯罪案件、侵犯知识产权犯罪案件，对同一批次或者同一类型的涉案物品，确因实物数量较大，无法逐一勘验、鉴定、检测、评估的，可以委托或者商请有资格的鉴定机构、专业机构或者行政执法机关依照程序按照一定比例随机抽样勘验、鉴定、检测、评估，并由其制作取样记录和出具相关书面意见。有关抽样勘验、鉴定、检测、评估的结果可以作为该批次或者该类型全部涉案物品的勘验、鉴定、检测、评估结果，但是不符合法定程序，且不能补正或者作出合理解释，可能严重影响案件公正处理的除外。法律、法规和规范性文件对鉴定机构或者抽样方法另有规定的，从其规定。

10. 医疗损害纠纷案件与鉴定

2017 年，最高人民法院《关于审理医疗损害责任纠纷案件适用法律若干问题的解释》[2]，其中与司法鉴定有关的内容包括：

（1）鉴定申请与依职权委托。第 4 条第 1、2 款规定，患者依据《侵权责任法》第 54 条规定主张医疗机构承担赔偿责任的，应当提交到该医疗机构就诊、受到损害的证据。患者无法提交医疗机构及其医务人员有过错、诊疗行

---

〔1〕　公通字〔2017〕25 号，自 2018 年 1 月 1 日起施行。
〔2〕　法释〔2017〕20 号，自 2017 年 12 月 14 日起施行。

为与损害之间具有因果关系的证据，依法提出医疗损害鉴定申请的，人民法院应予准许。第7条第1、2款规定，患者依据《侵权责任法》第59条规定请求赔偿的，应当提交使用医疗产品或者输入血液、受到损害的证据。患者无法提交使用医疗产品或者输入血液与损害之间具有因果关系的证据，依法申请鉴定的，人民法院应予准许。第8条规定，当事人依法申请对医疗损害责任纠纷中的专门性问题进行鉴定的，人民法院应予准许。当事人未申请鉴定，人民法院对前款规定的专门性问题认为需要鉴定的，应当依职权委托鉴定。

（2）鉴定人的选择与指定。第9条规定，当事人申请医疗损害鉴定的，由双方当事人协商确定鉴定人。当事人就鉴定人无法达成一致意见，人民法院提出确定鉴定人的方法，当事人同意的，按照该方法确定；当事人不同意的，由人民法院指定。鉴定人应当从具备相应鉴定能力、符合鉴定要求的专家中确定。

（3）鉴定委托。第10条规定，委托医疗损害鉴定的，当事人应当按照要求提交真实、完整、充分的鉴定材料。提交的鉴定材料不符合要求的，人民法院应当通知当事人更换或者补充相应材料。在委托鉴定前，人民法院应当组织当事人对鉴定材料进行质证。第11条规定，委托鉴定书，应当有明确的鉴定事项和鉴定要求。鉴定人应当按照委托鉴定的事项和要求进行鉴定。下列专门性问题可以作为申请医疗损害鉴定的事项：①实施诊疗行为有无过错；②诊疗行为与损害后果之间是否存在因果关系以及原因力大小；③医疗机构是否尽到了说明义务、取得患者或者患者近亲属书面同意的义务；④医疗产品是否有缺陷、该缺陷与损害后果之间是否存在因果关系以及原因力的大小；⑤患者损伤残疾程度；⑥患者的护理期、休息期、营养期；⑦其他专门性问题。鉴定要求包括鉴定人的资质、鉴定人的组成、鉴定程序、鉴定意见、鉴定期限等。

（4）鉴定意见的表述。第12条规定，鉴定意见可以按照导致患者损害的全部原因、主要原因、同等原因、次要原因、轻微原因或者与患者损害无因果关系，表述诊疗行为或者医疗产品等造成患者损害的原因力大小。

（5）鉴定人与专家辅助人出庭。第13条规定，鉴定意见应当经当事人质证。当事人申请鉴定人出庭作证，经人民法院审查同意，或者人民法院认为鉴定人有必要出庭的，应当通知鉴定人出庭作证。双方当事人同意鉴定人通过书面说明、视听传输技术或者视听资料等方式作证的，可以准许。鉴定人因健康原因、自然灾害等不可抗力或者其他正当理由不能按期出庭的，可以延期开庭；经人民法院许可，也可以通过书面说明、视听传输技术或者视听资料等方式作证。无前款规定理由，鉴定人拒绝出庭作证，当事人对鉴定意见又不认可的，对该鉴定意见不予采信。第14条规定，当事人申请通知1~2名具有医学专门知识的人出庭，对鉴定意见或者案件的其他专门性事实问题提出意见，人民法院准许的，应当通知具有医学专门知识的人出庭。前款规定的具有医学专门知识的人提出的意见，视为当事人的陈述，经质证可以作为认定案件事实的根据。

（6）鉴定意见采信。第15条规定，当事人自行委托鉴定人作出的医疗损害鉴定意见，其他当事人认可的，可予采信。当事人共同委托鉴定人作出的医疗损害鉴定意见，一方当事人不认可的，应当提出明确的异议内容和理由。经审查，有证据足以证明异议成立的，对鉴定意见不予采信；异议不成立的，应予采信。

11. 海洋自然资源与生态环境损害纠纷案件与鉴定

2017年12月，最高人民法院《关于审理海洋自然资源与生态环境损害赔偿纠纷案件若干问题的规定》[1]第8条第1、2款规定，恢复费用，限于现实修复实际发生和未来修复必然发生的合理费用，包括制定和实施修复方案和监测、监管产生的费用。未来修复必然发生的合理费用和恢复期间损失，可以根据有资格的鉴定评估机构依据法律法规、国家主管部门颁布的鉴定评估技术规范作出的鉴定意见予以确定，但当事人有相反证据足以反驳的除外。

12. 虚假诉讼与虚假鉴定

2018年，最高人民法院、最高人民检察院《关于办理虚假诉讼刑事案件适用法律若干问题的解释》[2]第6条规定，诉讼代理人、证人、鉴定人等诉讼参与人与他人通谋，代理提起虚假民事诉讼、故意作虚假证言或者出具虚假鉴定意见，共同实施《刑法》第307条之一前3款行为的，依照共同犯罪的规定定罪处罚；同时构成妨害作证罪，帮助毁灭、伪造证据罪等犯罪的，依照处罚较重的规定定罪从重处罚。

---

〔1〕　法释〔2017〕23号，自2018年1月15日起施行。

〔2〕　法释〔2018〕17号，自2018年10月1日起施行。

13. 审理建设工程施工合同纠纷案件与鉴定

2018 年，最高人民法院《关于审理建设工程施工合同纠纷案件适用法律问题的解释（二）》[1]中与司法鉴定有关的内容包括：

（1）鉴定申请。第 12 条规定，当事人在诉讼前已经对建设工程价款结算达成协议，诉讼中一方当事人申请对工程造价进行鉴定的，人民法院不予准许。第 13 条规定，当事人在诉讼前共同委托有关机构、人员对建设工程造价出具咨询意见，诉讼中一方当事人不认可该咨询意见申请鉴定的，人民法院应予准许，但双方当事人明确表示受该咨询意见约束的除外。第 14 条规定，当事人对工程造价、质量、修复费用等专门性问题有争议，人民法院认为需要鉴定的，应当向负有举证责任的当事人释明。当事人经释明未申请鉴定，虽申请鉴定但未支付鉴定费用或者拒不提供相关材料的，应当承担举证不能的法律后果。一审诉讼中负有举证责任的当事人未申请鉴定，虽申请鉴定但未支付鉴定费用或者拒不提供相关材料，二审诉讼中申请鉴定，人民法院认为确有必要的，应当依照《民事诉讼法》第 170 条第 1 款第 3 项的规定处理。

（2）鉴定委托。第 15 条规定，人民法院准许当事人的鉴定申请后，应当根据当事人申请及查明案件事实的需要，确定委托鉴定的事项、范围、鉴定期限等，并组织双方当事人对争议的鉴定材料进行质证。

（3）鉴定意见质证。第 16 条规定，人民法院应当组织当事人对鉴定意见进行质证。鉴定人将当事人有争议且未经质证的材料作为鉴定依据的，人民法院应当组织当事人就该部分材料进行质证。经质证认为不能作为鉴定依据的，根据该材料作出的鉴定意见不得作为认定案件事实的依据。

14. 文物管理与鉴定

（1）文物出境与鉴定。2017 年，国务院修订后的《文物保护法实施条例》[2]第 44 条规定，国务院文物行政主管部门指定的文物进出境审核机构，应当有 5 名以上取得中级以上文物博物专业技术职务的文物进出境责任鉴定人员。第 45 条第 2、3 款规定，文物进出境审核机构审核文物，应当有 3 名以上文物博物专业技术人员参加；其中，应当有 2 名以上文物进出境责任鉴定人员。文物出境审核意见，由文物进出境责任鉴定人员共同签署；对经审核，

---

[1]　法释〔2018〕20 号，自 2019 年 2 月 1 日起施行。

[2]　国务院令第 687 号，自 2017 年 10 月 7 日起施行。

文物进出境责任鉴定人员一致同意允许出境的文物，文物进出境审核机构方可作出允许出境的决定。

（2）涉案文物与鉴定评估。2018年，最高人民法院、最高人民检察院、国家文物局、公安部、海关总署《涉案文物鉴定评估管理办法》[1]，对涉案文物鉴定评估的相关定义和基本原则、涉案文物鉴定评估的范围内容、涉案文物鉴定评估的机构条件和人员标准、涉案文物鉴定评估的委托受理组织和实施程序、涉案文物鉴定评估的监督管理以及相关执行等方面问题作了全面系统的规定，并附有涉案文物鉴定评估报告格式文本和涉案文物鉴定评估委托书参考文本，全面构建了涉案文物鉴定评估的基础管理制度。

四、司法实践中的证据制度建设

（一）齐某强奸、猥亵儿童案[2]证据分析

1. 案情概述

2013年4月14日，某市检察院以齐某犯强奸罪、猥亵儿童罪对其提起公诉。指控的事实如下：被告人齐某，男，1969年1月出生，原系某县某小学班主任。2011年夏天至2012年10月，被告人齐某在担任班主任期间，利用午休、晚自习及宿舍查寝等机会，在学校办公室、教室、洗澡堂、男生宿舍等处多次对被害女童A（10岁）、B（10岁）实施奸淫、猥亵，并以带A女童外出看病为由，将其带回家中强奸。齐某还在女生集体宿舍等地多次猥亵被害女童C（11岁）、D（11岁）、E（10岁），猥亵被害女童F（11岁）、G（11岁）各一次。

2013年5月9日，某市中级人民法院依法不公开开庭审理本案。同年9月23日，该市中院作出判决，认定齐某犯强奸罪，判处死刑缓期二年执行，剥夺政治权利终身；犯猥亵儿童罪，判处有期徒刑4年6个月；决定执行死刑缓期二年执行，剥夺政治权利终身。被告人未上诉，判决生效后，报省高院复核。

2013年12月24日，省高院以原判认定部分事实不清为由，裁定撤销原

---

[1]　文物博发〔2018〕4号，自2018年6月20日起施行。

[2]　参见最高人民检察院第十一批指导性案例，第42号案例。

判，发回重审。2014 年 11 月 13 日，某市中院经重新审理，作出判决，认定齐某犯强奸罪，判处无期徒刑，剥夺政治权利终身；犯猥亵儿童罪，判处有期徒刑 4 年 6 个月；决定执行无期徒刑，剥夺政治权利终身。齐某不服提出上诉。2016 年 1 月 20 日，省高院经审理，作出终审判决，认定齐某犯强奸罪，判处有期徒刑 6 年，剥夺政治权利 1 年；犯猥亵儿童罪，判处有期徒刑 4 年 6 个月；决定执行有期徒刑 10 年，剥夺政治权利 1 年。

该省检察院认为该案终审判决确有错误，提请最高人民检察院抗诉。最高检经审查，认为该案适用法律错误，量刑不当，应予纠正。2017 年 3 月 3 日，最高人民检察院依照审判监督程序向最高人民法院提出抗诉。2017 年 12 月 4 日，最高人民法院依法不公开开庭审理本案，最高人民检察院指派检察员出席法庭，辩护人出庭为原审被告人进行辩护。2018 年 7 月 27 日，最高人民法院作出终审判决，认定原审被告人齐某犯强奸罪，判处无期徒刑，剥夺政治权利终身；犯猥亵儿童罪，判处有期徒刑 10 年；决定执行无期徒刑，剥夺政治权利终身。

2018 年 11 月 9 日，最高人民检察院《关于印发最高人民检察院第十一批指导性案例的通知》，将齐某强奸、猥亵儿童案列入第十一批指导性案例（检例第 42 号），指出了本案三个要点：

第一，性侵未成年人犯罪案件中，被害人陈述稳定自然，对于细节的描述符合正常记忆认知、表达能力，被告人辩解没有证据支持，结合生活经验对全案证据进行审查，能够形成完整证明体系的，可以认定案件事实。

第二，奸淫幼女具有最高人民法院、最高人民检察院、公安部、司法部《关于依法惩治性侵害未成年人犯罪的意见》的从严处罚情节，社会危害性与《刑法》第 236 条第 3 款第 2~4 项规定的情形相当的，可以认定为该款第 1 项规定的"情节恶劣"。

第三，行为人在教室、集体宿舍等场所实施猥亵行为，只要当时有多人在场，即使在场人员未实际看到，也应当认定犯罪行为是在"公共场所当众"实施。

上述第二和第三个要点涉及实体法适用，即法定量刑情节。第一个要点则涉及证据问题，即在性侵未成年人的刑事案件中，被害人陈述的证据效力问题，我们对此进行一些分析。

2. 证据分析

2017年12月4日，最高人民法院开庭审理本案，在法庭调查阶段，针对原审被告人不认罪的情况，检察官着重就齐某辩解与在案证据是否存在矛盾，以及有无其他证据或线索支持其辩解进行发问和举证，重点核实了以下问题：案发前齐某与被害人及其家长关系如何，是否到女生宿舍查寝，是否多次单独将女生叫出教室，是否带女生回家过夜。齐某当庭供述与被害人及其家长没有矛盾，承认曾到女生宿舍查寝，为女生揉肚子，单独将女生叫出教室问话，带女生外出看病以及回家过夜。通过当庭询问，进一步证实了被害人陈述细节的可信性。

在法庭辩论阶段，检察官提出，原审被告人齐某犯强奸罪、猥亵儿童罪的犯罪事实清楚，证据确实充分：①各被害人及其家长和齐某在案发前没有矛盾。报案及时，无其他介入因素，可以排除诬告的可能性。②各被害人陈述内容自然合理，可信度高，且有同学的证言印证。被害人对于细节的描述符合正常记忆认知、表达能力，如齐某实施性侵害的大致时间、地点、方式、次数等内容基本一致。因被害人年幼、报案及作证距案发时间较长等客观情况，具体表达存在不尽一致之处，完全正常。③各被害人陈述的基本事实得到本案其他证据印证，如齐某卧室勘验笔录、被害人辨认现场的笔录、现场照片、被害人生理状况诊断证明等。

原审被告人及其辩护人坚持事实不清、证据不足的辩护意见，理由是：①认定犯罪的直接证据只有被害人陈述，齐某始终不认罪，其他证人证言均是传来证据，没有物证，证据链条不完整。②被害人陈述前后有矛盾，不一致；且其中一个被害人在第一次陈述中只讲到被猥亵，第二次又讲到被强奸，前后有重大矛盾。

针对辩护意见，检察官答辩：①被害人陈述的一些细节，如强奸的地点、姿势等，结合被害人年龄及认知能力，不亲身经历，难以编造。②齐某性侵次数多、时间跨度长，被害人年龄小，前后陈述有细节上的差异和模糊是正常的，恰恰符合被害人的记忆特征；且被害人对基本事实和情节的描述是稳定的。有的被害人虽然在第一次询问时没有陈述被强奸，但在此后对没有陈述的原因作了解释，即当时学校老师在场，不敢讲。这一理由符合孩子的心理。③被害人同学证言虽然是传来证据，但其是在犯罪发生之后即得知有关情况，因此证明力较强。④齐某及其辩护人对其辩解没有提供任何证据或者线索的支持。

综上，本案用于认定齐某犯罪事实的证据有以下特点：首先，被告人未承认犯罪事实，缺少认罪证据。其次，本案主要证据是多位被害人陈述，被害人是年龄在 10~11 岁间的未成年人。最后，存在一些可以支持被害人陈述的证人证言和实物证据。因此，本案证据分析的重点是未成年被害人陈述的证据效力问题。由于被害人陈述属于言词证据，而且我国《刑事诉讼法》要求对被害人陈述的收集和审查判断参照证人证言，因此本案的证据问题也涉及未成年人证言的审查判断。结合证据法基本原理，将本案的证据问题分析如下：

（1）关于未成年被害人陈述及证人证言的证据能力。我国《刑事诉讼法》第 62 条规定："凡是知道案件情况的人，都有作证的义务。生理上、精神上有缺陷或者年幼，不能辨别是非、不能正确表达的人，不能作证人。"可见我国的证人资格条款没有否定未成年人陈述的证据能力，仅仅设置了"年幼"而"不能辨别是非、不能正确表达"这样一个弹性例外。这要求在具体案件中，结合未成年人的年龄和作证事项等具体内容，判断其是否具有作证能力。本案中，被害人和证人（被害人的同学）是 10~11 岁的未成年人，作证事项是描述齐某的外部行为，主要是肢体动作，不属于"年幼""不能辨别是非、不能正确表达的人"，因此，本案被害人陈述和证人证言的证据能力应该得到认可。

（2）关于未成年被害人陈述及证人证言的可信性和证明力。根据"证言三角形理论"[1]，感知能力、记忆能力、诚实性、叙述能力是被害人陈述或证言的四种品质，所以被害人或证人观察、记忆和表达的准确性，以及是否存在撒谎的动机，应该成为本案证据审查的重点。

第一，公诉方指出了被害人陈述内容符合观察、记忆和表达的规律："被害人对于细节的描述符合正常记忆认知、表达能力，如齐某实施性侵害的大

---

〔1〕　证言三角形的概念是由劳伦斯·特赖布（Laurence Tribe）教授在其文章《对传闻的三角形测量》〔"Triangulating Hearsay", 87 *Harvard Law Review* 957（1974）〕和理查德·O. 伦珀特（Richard O. Lempert）与斯蒂芬·A. 萨尔茨伯格（Stephen A. Saltzburg）在《证据法的一个现代进路》〔*A Modern Approach to Evidence*（1977）〕中论述之后，才开始在法学界流行起来。关于该理论及以下论述，参见 Ronald J. Allen, Eleanor Swift, David S. Schwartz, Michael S. Pardo, and Alex Stein, *An Analytical Approach to Evidence: Text, Problems, and Cases*（6th Edition）, Wolters Kluwer（New York）, 2016, p. 446.

致时间、地点、方式、次数等内容基本一致。""被害人陈述的一些细节，如强奸的地点、姿势等，结合被害人年龄及认知能力，不亲身经历，难以编造。"

第二，公诉方关于"各被害人及其家长和齐某在案发前没有矛盾"的意见，旨在说明被害人陈述无撒谎动机。当然，诚实性问题并不局限于被告人与被害人亲属"案发前没有矛盾"，其他因素也可能构成撒谎动机。

第三，辩护人提出"被害人陈述前后有矛盾，不一致"旨在弹劾被害人陈述的可信性。这些弹劾用语还包括："且其中一个被害人在第一次陈述中只讲到被猥亵，第二次又讲到被强奸，前后有重大矛盾。"公诉方对此作出以下解释，旨在给被害人的观察、记忆、表达能力正誉："齐某性侵次数多、时间跨度长，被害人年龄小，前后陈述有些细节上的差异和模糊是正常的，恰恰符合被害人的记忆特征；且被害人对基本事实和情节的描述是稳定的。有的被害人虽然在第一次询问时没有陈述被强奸，但在此后对没有陈述的原因作了解释，即当时学校老师在场，不敢讲。这一理由符合孩子的心理。"

第四，辩护人提出"其他证人证言均是传来证据"，是想说其缺乏观察的亲历性，且转述过程会影响证言的可信性，但这句话充满语病。对此，公诉方错上加错的意见是："被害人同学证言虽然是传来证据，但其是在犯罪发生之后即得知有关情况，因此证明力较强。"其中提到，证人听到案件事实与案件发生之间的时间间隔很短，说明因时间关系而使原始陈述人（即本案被害人）记忆失真的风险较小，因此转述者（即本案证人）的陈述较为可靠。这里，辩护人说"其他证人证言均是传来证据"，公诉人说"被害人同学证言虽然是传来证据"，这些表述都违反了证据法基本原理。从来源上说，证人证言是证人对亲自感知之事所作的陈述。"如果证人证言仅是道听途说，或纯系推测、猜测"，就不是证言了。[1] 显然，这里辩方关于"缺乏观察的亲历性""其他证人证言均是传来证据"的辩论，其逻辑错误在于，缺乏亲历性的就不是证人证言，而是传闻证据；换言之，证人证言不是传来证据，反之亦然。再看公诉人关于"被害人同学证言虽然是传来证据，但其是在犯罪发生之后即得知有关情况，因此证明力较强"的辩解，这个辩解之所以错上加错，是因为它不仅犯了辩方混淆证言与传闻的错误，而且还混淆了道听途说与"即

---

[1] 参见张保生主编：《证据法学》（第3版），中国政法大学出版社2018年版，第210页。

时感觉印象"或"激愤话语"之传闻例外。后者作为传闻例外，只能是同学证人听到的被害人受到侵害时发出的激愤话语，而不能是其离开犯罪现场之后才对同学证人所作的事后描述。所以，被害人的同学听到被害人事后陈述而作出的陈述依然是传闻证据，而不是描述亲身知识的证言，因而不能说其"证明力较强"。

（3）对未成年被害人陈述的补强。综合全案证据认定犯罪事实，必须达到法定的证明标准。本案的主要证据是多名被害人的陈述，其他证据主要用于补强被害人的陈述。根据最高人民法院《刑诉法解释》第104条第3款的规定："证据之间具有内在联系，共同指向同一待证事实，不存在无法排除的矛盾和无法解释的疑问的，才能作为定案的根据。"本案辩护人指出："认定犯罪的直接证据只有被害人陈述，齐某始终不认罪，其他证人证言均是传来证据，没有物证，证据链条不完整。"这里，如上所述，其基本错误在于，证人证言与传来证据水火不容，是证人证言就不是传来证据，是传来证据就不是证人证言。公诉方的意见为："各被害人陈述的基本事实得到本案其他证据印证，如齐某卧室勘验笔录、被害人辨认现场的笔录、现场照片、被害人生理状况诊断证明等。"这里的表述起码存在两个错误：其一，在刑事诉讼中，要给被告人定罪，只说"被害人陈述的基本事实得到本案其他证据印证"是不够的，因为要证明被告人有罪，必须有充足的证据证明其达到了确信无疑的证明标准；其二，公诉人不能以举例方式说各种笔录、照片、诊断证明等使被害人陈述的基本事实得到印证，这样说完全没有履行说服责任，而应该具体说明每一种补强证据在多大程度上补强了被害人陈述。

（二）礼来公司诉常州华生制药公司侵害专利权纠纷案[1]证据分析

1. 案情概述

2013年7月25日，礼来公司（又称"伊莱利利公司"）向江苏省高院诉称，礼来公司拥有涉案91103346.7号方法发明专利权，涉案专利方法制备的药物奥氮平为新产品。常州华生制药有限公司（以下简称"华生公司"）使用落入涉案专利权保护范围的制备方法生产药物奥氮平并面向市场销售，侵害了礼来公司的涉案方法发明专利权。为此，礼来公司提起本案诉讼，请求法院判令：①华生公司赔偿礼来公司经济损失人民币151 060 000元、礼来公

---

〔1〕　参见最高人民法院第十六批指导性案例，第84号案例。

司为制止侵权所支付的调查取证费和其他合理开支人民币 28 800 元；②华生公司在其网站及《医药经济报》刊登声明，消除因其侵权行为给礼来公司造成的不良影响；③华生公司承担礼来公司因本案发生的律师费人民币1 500 000 元；④华生公司承担本案的全部诉讼费用。

江苏高院一审查明：涉案专利为英国利利工业公司 1991 年 4 月 24 日申请的名称为"制备一种噻吩并苯二氮杂化合物的方法"的第 91103346.7 号中国发明专利申请，授权公告日为 1995 年 2 月 19 日。2011 年 4 月 24 日涉案专利权期满终止。1998 年 3 月 17 日，涉案专利的专利权人变更为英国伊莱利利有限公司；2002 年 2 月 28 日专利权人变更为伊莱利利公司。涉案专利授权公告的权利要求为：一种制备 2-甲基-10-（4-甲基-1-哌嗪基）-4H-噻吩并[2，3，-b][1，5]苯并二氮杂，或其酸加成盐的方法。

2001 年 7 月，中国医学科学院药物研究所（以下简称"医科院药物所"）和华生公司向国家药监局申请奥氮平及其片剂的新药证书。2003 年 5 月 9 日，医科院药物所和华生公司获得国家药监局颁发的奥氮平原料药和奥氮平片《新药证书》，华生公司获得奥氮平和奥氮平片《药品注册批件》。新药申请资料中《原料药生产工艺的研究资料及文献资料》记载了制备工艺，即加入 4-氨基-2-甲基-10-苄基-噻吩并苯并二氮杂、盐酸盐、甲基哌嗪及二甲基甲酰胺搅拌，得粗品，收率 94.5%；加入 2-甲基-10-苄基-（4-甲基-1-哌嗪基）-4H-噻吩并苯并二氮杂、冰醋酸、盐酸搅拌，然后用氢氧化钠中和后得粗品，收率 73.2%；再经过两次精制，总收率为 39.1%。从反应式分析，该过程就是以式四化合物与甲基哌嗪反应生成式五化合物，再对式五化合物脱苄基，得式一化合物。2003 年 8 月，华生公司向青岛市第七人民医院推销其生产的"华生-奥氮平"5mg-新型抗精神病药，其产品宣传资料记载，奥氮平片主要成分为奥氮平，其化学名称为 2-甲基-10-（4-甲基-1-哌嗪）-4H-噻吩并苯并二氮杂。

在另案审理中，受江苏高院委托，2011 年 8 月 25 日，上海市科技咨询服务中心出具（2010）鉴字第 19 号《技术鉴定报告书》。该鉴定报告称，按华生公司备案的"原料药生产工艺的研究资料及文献资料"中记载的工艺进行实验操作，不能获得原料药奥氮平。鉴定意见为：华生公司备案资料中记载的生产原料药奥氮平的关键反应步骤缺乏真实性，该备案的生产工艺不可行。经质证，伊莱利利公司认可该鉴定报告，华生公司对该鉴定报告亦不持异议，但其坚持认为采取两步法是可以生产出奥氮平的，只是因为有些内容涉及商业秘密没有写入备案资料中，故专家依据备案资料生产不出来。

华生公司认为其未侵害涉案专利权，理由是：2003 年至今，华生公司一直使用 2008 年补充报批的奥氮平备案生产工艺，该备案文件已于 2010 年 9 月 8 日获国家药监局批准，具备可行性。在礼来公司未提供任何证据证明华生公司的生产工艺的情况下，应以华生公司 2008 年奥氮平备案工艺作为认定侵权与否的比对工艺。

江苏省高院于 2014 年 10 月 14 日作出（2013）苏民初字第 0002 号民事判决：①华生公司赔偿礼来公司经济损失及为制止侵权支出的合理费用人民币计 350 万元；②驳回礼来公司的其他诉讼请求。案件受理费人民币 809 744 元，由礼来公司负担 16 1950 元，华生公司负担 647 794 元。礼来公司、华生公司均不服，提起上诉。

最高人民法院二审，根据《民事诉讼法》第 79 条、最高人民法院《民诉法解释》第 122 条，对礼来公司的专家辅助人出庭申请予以准许；根据最高人民法院《民诉法解释》第 117 条，对华生公司的证人出庭申请予以准许；根据《民事诉讼法》第 78 条、最高人民法院《民诉法解释》第 227 条，通知出具（2014）司鉴定第 02 号《技术鉴定报告》的江苏省科技咨询中心工作人员出庭；根据《最高人民法院关于知识产权法院技术调查官参与诉讼活动若干问题的暂行规定》第 2、10 条，首次指派技术调查官出庭，就相关技术问题与各方当事人分别询问了专家辅助人、证人及鉴定人。最高人民法院 2016 年 5 月 31 日作出（2015）民三终字第 1 号民事判决：①撤销江苏省高院（2013）苏民初字第 0002 号民事判决；②驳回礼来公司的诉讼请求。一、二审案件受理费各人民币 809 744 元，由礼来公司负担 323 897 元，华生公司负担 1 295 591 元。

2017 年 3 月 6 日，最高人民法院将本案发布为第 84 号指导案例。

2. 证据分析

作为指导性案例，本案有两项裁判要点：①药品制备方法专利侵权纠纷中，在无其他相反证据情形下，应当推定被诉侵权药品在药监部门的备案工艺为其实际制备工艺；有证据证明被诉侵权药品备案工艺不真实的，应当充分审查被诉侵权药品的技术来源、生产规程、批生产记录、备案文件等证据，依法确定被诉侵权药品的实际制备工艺。②对于被诉侵权药品制备工艺等复杂的技术事实，可以综合运用技术调查官、专家辅助人、司法鉴定以及科技专家咨询等多种途径进行查明。第一项裁判要点涉及举证责任的倒置与推定规则，第二项裁判要点涉及科学证据在司法证明中的作用。

（1）举证责任倒置与推定规则。在专利纠纷案件中，在证明新产品制造方法是否侵权时，适用举证责任倒置规则。《专利法》第 61 条第 1 款规定："专利侵权纠纷涉及新产品制造方法的发明专利的，制造同样产品的单位或者个人应当提供其产品制造方法不同于专利方法的证明。"即被告应当对此承担举证责任。本案争议事实为：被告华生公司实际使用的奥氮平制备工艺，是否侵犯了原告礼来公司的方法发明专利权。双方当事人对奥氮平为专利法中所称的新产品不持异议。根据上述举证责任倒置规定，被告华生公司应就其奥氮平制备工艺不同于涉案专利方法承担举证责任，即应当提供证据证明其实际使用的奥氮平制备工艺反应路线未落入涉案专利权保护范围，否则，将因其举证不能而承担推定礼来公司侵权指控成立的法律后果。

为履行举证责任，华生公司主张其自 2003 年至今一直使用 2008 年向国家药监局补充备案工艺生产奥氮平，并提交了其 2003 年和 2008 年奥氮平批生产记录（一审补充证据 6），2003 年、2007 年和 2013 年生产规程（一审补充证据 7），《药品补充申请批件》（一审补充证据 12）等证据证明其实际使用的奥氮平制备工艺。法院认定，现有在案证据能够形成完整证据链，证明华生公司 2003 年至涉案专利权到期日期间一直使用其 2008 年补充备案工艺的反应路线生产奥氮平。

法院在裁判说理中提出一个推定规则："华生公司 2008 年补充备案工艺经过药监部门的现场检查，具备可行性。基于此，2010 年 9 月 8 日，国家药监局向华生公司颁发了《药品补充申请批件》，同意华生公司奥氮平'变更生产工艺并修订质量标准'。对于华生公司 2008 年补充备案工艺的可行性，礼来公司专家辅助人在二审庭审中予以认可，江苏省科技咨询中心出具的（2014）司鉴字第 02 号《技术鉴定报告》在其鉴定结论部分也认为'华生公司 2008 年向国家药监局备案的奥氮平制备工艺是可行的'。因此，在无其他相反证据的情形下，应当推定华生公司 2008 年补充备案工艺即为其取得《药品补充申请批件》后实际使用的奥氮平制备工艺。"

在上述事实认定中，法院提出"在无其他相反证据情形下，应当推定被诉侵权药品在药监部门的备案工艺为其实际制备工艺"这样一个推定规则。

如果将该规则放在上述举证责任倒置框架下，我们可以理解为：《专利法》第61条第1款的举证责任倒置，给被告施加了很重的证明负担；在本案以及类似的情形中，被告虽然能够证明其备案的工艺可以制造出产品，却很难证明其实际上也使用了备案的工艺（而不是原告专利权保护工艺）制造产品；如果严格适用举证责任倒置规则，可能在举证责任分配上不公正，因此通过创造一个推定规则，又适当减轻了被告的举证责任。本案被确定为指导性案例，意味着这种推定做法得到了肯定，对类似案件具有了参考性效力。

（2）科学证据在司法证明中的作用。本案涉及复杂的技术性问题。在认定案件事实的过程中，科学证据发挥了重要的作用。

第一，关于鉴定意见和专家辅助人意见的性质。本案中先后提交了两份鉴定意见，分别是上海市科技咨询服务中心出具的（2010）鉴字第19号《技术鉴定报告书》及江苏省科技咨询中心出具的（2014）司鉴定第02号《技术鉴定报告》。根据《民事诉讼法》第78条关于"当事人对鉴定意见有异议或者人民法院认为鉴定人有必要出庭的，鉴定人应当出庭作证"的规定，本案鉴定人出庭作证介绍了鉴定意见。根据《民事诉讼法》第79条关于"当事人可以申请人民法院通知有专门知识的人出庭，就鉴定人作出的鉴定意见或者专业问题提出意见"的规定，在本案最高人民法院二审开庭审理时，法院准许了礼来公司的专家辅助人出庭申请，就鉴定意见或专业问题提出了意见。然而，根据最高人民法院《民诉法解释》第122条第1、2款的规定，专家辅助人出庭是"代表当事人对鉴定意见进行质证，或者对案件事实所涉及的专业问题提出意见。具有专门知识的人在法庭上就专业问题提出的意见，视为当事人的陈述"。这个将专家辅助人意见"视为当事人的陈述"之规定，有如下值得商榷之处：首先，专家辅助人意见与当事人陈述的知识基础不同，前者是经科学推论而提出的意见证据，后者则是案件事实亲历者对所见所闻之亲身知识的陈述，不允许掺杂个人意见。其次，专家辅助人和当事人二者的诉讼立场不同，后者因争诉而具有较强的主观性与利己性，而前者的职业角色则要求其持有科学、客观、中立的立场。再次，专家辅助人并不持有当事人的诉讼主张，而只是为支持或反对当事人的主张而提供支撑性科学证据。最后，拒绝陈述的法律后果不同。《民事诉讼法》第75条第2款规定："当事人拒绝陈述的，不影响人民法院根据证据认定案件事实。"然而，专家辅助人若拒绝陈述，就无法在法庭上就专业问题提出意见。上述问题，只有在专家辅助人恢复为专家证人角色之后，才能从根本上解决。

第二，关于技术调查官参与知识产权纠纷案件事实调查的意义。本案在司法实践中的创新在于，首次根据《最高人民法院关于知识产权法院技术调查官参与诉讼活动若干问题的暂行规定》第2、10条，指派技术调查官出庭参与诉讼活动，就相关技术问题与各方当事人分别询问专家辅助人、证人及鉴定人。定位于法院技术顾问的技术调查官角色设置，比鉴定人、专家辅助人的活动范围更自由，不需要遵循关于法定证据形式、出庭作证程序的刚性规定，从而为科学证据在司法证明中发挥作用提供了新的途径。当然，目前立法对于技术调查官的规定比较原则，还处在初步探索中。有两个问题尚待深入研究：①技术调查官在法庭中的角色，其与法官、鉴定人和专家辅助人是什么关系？②法庭专门化（包括环境法庭、知识产权法庭、互联网法庭）或司法专门化，还是法庭一体化或司法综合化，才是司法审判的未来发展趋势？

第三，关于法官之科学证据"守门人"的作用。这个问题涉及科学证据可采性规则。科学证据具有"双刃剑"作用，因此，法官不能被科学证据牵着鼻子走，不能对科学证据迷信、盲从，而应该不断提高自己审查判断各种专家意见证据的能力，特别是对不相关、不可靠的科学证据进行排除的能力，以及在互相冲突的专家意见之间做出选择的能力。另外，专家意见证据通常是片断性的间接证据，需要法官综合审查判断，填补证据推理中的空隙。例如，前述推定规则的创设，实际上就是为了填补这种空隙：包括专家意见在内的证据仅能证明备案工艺的可行性；法院推定了备案工艺即为所使用的生产工艺。

Part 2

第二篇

2017—2018 年中国证据科学学术进展

一、证据科学研究进展

（一）循证社会科学的理论与实践意义

循证社会科学是应用循证医学的理念、思想和方法，在管理、教育、法律、社会工作等社会科学领域开展研究、科学决策和实践应用的新兴交叉学科。该交叉学科的研究特点是，基于当前可获得的最佳证据，充分考虑服务对象的价值意愿和具体条件及环境因素，进行基于证据的科学决策和实践。鉴于证据是循证医学的核心概念，生产、评价和转化应用高质量的证据是循证医学的重要任务，循证社会科学实际上是一种"以证据为本"的社会科学研究模式，利用 meta 等定量研究方法，遵循社会科学研究的最佳证据进行社会实践，将决策过程和实践效果放在阳光下进行评价审查，促进以高质量的证据为解决经济、教育、管理、法律、社会发展、人类健康幸福等领域问题的决策提供科学的证据依据。[1]

基于循证矫正和循证犯罪预防的既有研究成果，有硕士学位论文开展了《基于循证方法的刑事错案预防研究》[2]，针对刑事错案中的事实错案预防，在研究证据分类分级的基础上，构建错案预防研究的"证据金字塔（从上往下依次为：实践指南、系统综述、随机对照试验、案例系列研究和个案研究及专家意见和实践中的经验）"，旨在促进司法人员对高质量的研究证据进行分析和考量，确定最佳研究证据，有效预防刑事错案。

基于循证方法是将人的理性融入社会实践的实证研究方法，有硕士学位

---

〔1〕 杨克虎：《循证社会科学的产生、发展与未来》，载《图书与情报》2018 年第 3 期。
〔2〕 夏霏璠：《基于循证方法的刑事错案预防研究》，燕山大学 2017 年硕士学位论文。

论文《循证警务侦查应用研究》，[1]提出了循证侦查之"发现问题—证据生产成—评价证据—反应证据—效果评估"的理想模型。作者认为，通过构建循证侦查的理想模型，可以改变传统侦查只局限于"三级证据"的不足，使侦查可以聚焦更多最佳证据，促进理性侦查文化和最佳决策思维。

（二）从证据教义学到证据科学的转型

有学者撰文以伦敦大学学院研究者的 UCL 模型与中国政法大学证据科学研究院研究者的 CUPL 模型，比较了东西方证据理论研究者们提出的证据科学研究模型。这两种理论模型包含了不同的研究者构成、不同的研究理念和方法，但都突破了传统证据学研究的认识论基础，由此引发了证据与证明研究领域的根本性改变。按照戴维·舒姆（David Schum）教授的描述，证据科学概念应当涵盖包括概率和统计学、法学、医学、地理学、教育学、哲学、古代史学、经济学、心理学和计算机科学在内的众多学科领域。与伦敦大学学院（UCL）立项开展"整合性"证据科学专项研究同一年（2005 年），中国政法大学（CUPL）证据科学研究院开展了"实践性"证据科学研究。在证据科学概念下，一切指向证据问题的人文社会科学和自然科学研究都属于证据科学的范围。[2]

吴洪淇著的《证据法的理论面孔》一书指出，证据法教义学在应对证据法问题时的力不从心，为证据法跨学科研究的兴起提供了历史契机。证据法似乎是跨学科研究的天然场域，这与证据法本身的学科特性有很大的关系：首先，证据法关注司法证明过程中证据的采纳和应用问题，而司法证明过程本身就是一个对案件事实进行认知的过程。这个过程共享着人类认知活动的基本规律。在一种反规范的趋势之下，如何去把握对人类纠纷解决至关重要的司法证明问题，便成为法学和其他学科都需要去应对的问题。当规范无法把握司法证明规律的时候，人们只能借助与认知过程有关的学科来理解和把握司法证明过程。证据法跨学科研究的基本特征：①从研究对象和研究范围来看，跨学科研究涵盖了从取证（如审讯）到举证（如威格莫尔图示法、叙事研究）到认证（如有关陪审团的心证研究）的整个过程，关注对象也不仅

---

[1] 王康庆：《循证警务侦查应用研究》，中国人民公安大学 2017 年硕士学位论文。

[2] 巩寒冰：《证据科学：UCL 模型与 CUPL 模型中的跨学科趋势研究》，载《师大法学》2017年第 2 期。

仅局限于证据法规范，更是关注发生于司法证明过程中的现实问题；②从研究方法和研究视角来看，证据法的跨学科研究方法更侧重于外部视角，借助心理学、经济学、概率论和叙事学等多学科方法进行实证研究；③从学科的紧密程度来看，证据法跨学科研究的学科来源众多、学科视角众多、学科方法多元，导致彼此之间还无法有效地进行知识整合。[1]

（三）证明科学促进证据法转型

樊传明著的《证据评价论：证据法的一个阐释框架》[2]一书指出，证明科学指的是方法论意义上的证据科学，即采用跨学科方法解决法律语境中证据问题的方法论路径。对于司法证明程序中涉及证据的问题，运用法律之外其他学科（如心理学、逻辑学、概率论等）的理论和方法进行研究，有助于理解证据推理的认知过程，为构建和改善规制证明过程的证据法规则，以及为证明主体更好地实现诉讼目标提供基础。约翰·H. 威格莫尔（John H. Wigmore）教授 1937 年出版的《司法证明科学》预测了证明科学研究会对证据法研究带来的挑战，即证明科学的研究会逐渐降低证据法及证据法学的地位，这表明证明科学和证据法学之间存在竞争关系。作者以"证明科学的发展对证据评价和证据法产生什么样的影响？"为问题导向，对威格莫尔关于证明科学的论断进行了反思：尽管从历史考察的角度来看，在 20 世纪中后期证明科学兴起和证据法学研究（指传统的注释性或教义性研究）相对停滞是两个相伴的事实，但这在很大程度上是因为证据法学研究的高度成熟，而非证据规则在司法审判中的重要性的降低。从逻辑上讲，证明科学研究不会导致证据法的消亡和衰微，而是将推动证据法和证据法学的转型，即以经验常识为基础的证据法，将会逐渐转变为以证明科学为基础的证据法。随着证明科学的发展，那些作为证据法基础的潜在常识性假设将受到检验。比如，关于"法律外行更容易高估传闻证明力的假设"，就被心理学实验所证伪。如果某个常识性假设被证伪，基于这一假设而建立的证据规则就面临被修改或废除的危险。该书呈现出的核心观点是，证明科学研究和证据法学发展并非对立关系，而是相互促进和融合。随着证明科学研究的发展，证据法并不是走向

---

[1]　吴洪淇：《证据法的理论面孔》，法律出版社 2018 年版，第 198～244 页。

[2]　樊传明：《证据评价论：证据法的一个阐释框架》，中国政法大学出版社 2018 年版，第 211～219 页。

消亡，而是随着常识性假设被证成、证伪或修正，进行法律规则上的调整。对证据法的研究不能仅仅以常识性假设为依据，而应当吸收证明科学的成果，以经过证明科学验证的规律为论据。概言之，以经验常识为基础的证据法，将逐渐转变为以证明科学为基础的证据法。

樊传明、郑飞等译的《证据法的根基》，[1]首先从认识论维度，借助概率学、逻辑学和哲学怀疑论等交叉学科知识，揭示出基于证据信息而重构的案件事实存在错误风险，这使得司法裁判活动必须对事实认定的错误风险进行分配，这构成了司法证明的道德维度。当一个证据法规则促进法律制度并按照社会所欲方式分配错误风险时，政策制定者应当将这一收益与该规则的成本相权衡。为了论证经济学上的这一成本-收益理论，作者运用了统计学、科学和工程学中的"信噪比"方法，即当证据的信号强于噪音，法律制度应当采纳该证据；相反，当证据产生的噪音淹没了信号时，该证据就是无效的，法律制度应该排除这样的证据。

（四）证据科学国际会议

1. 第六届证据理论与科学国际研讨会

由中国政法大学证据科学研究院、国际证据科学协会共同主办，美国马里兰州法医局承办的"第六届证据理论与科学国际研讨会"于2017年8月14—16日在美国马里兰州巴尔的摩市召开。与会代表围绕"证据法学与法庭科学的关系"这个会议主题，进行了广泛而深入的交流。大会主题发言阶段，六位主题发言人发表如下英文演讲：美国西北大学法学院罗纳德·J. 艾伦（Ronald J. Allen）教授——《证据法与法庭科学的复杂关系》（The Complex Relationship between Evidence and Forensic Science）；美国加州大学戴维斯分校爱德华·伊姆温克尔里德（Edward Imwinkelried）教授——《改革模式：在原则、法典和操作细则之间重新选择》（The Form of Reform: Revisiting the Choice among a Creed, a Code and a Catalogue）；英国诺丁汉大学保罗·罗伯茨（Paul Roberts）教授——《法庭科学挑战》（The Forensic Challenge）；美国联邦证据规则咨询委员会主席、福特汉姆大学丹尼尔·卡普拉（Daniel Capra）教授——《立法可能性：美国联邦证据规则咨询委员会致力于应对解决法庭专家证人证言挑战的努力》（Rulemaking Possibilities: Efforts of the United States

〔1〕 ［美］亚历克斯·斯坦：《证据法的根基》，樊传明、郑飞等译，中国人民大学出版社2018年版。

Judicial Conference on Evidence Rules to Address the Challenge to Forensic Expert Testimony）；中国政法大学张保生教授——《中国证据法理论反思与证据规则体系重建："中国证据法的珍珠链"》（Rethinking Chinese Evidence Theories and Reconstructing System of Evidence：A Thread for the Pearls of Chinese Evidence）；美国法庭科学协会前主席、美国乔治华盛顿大学法庭科学系主任维克多·威登（Victor Weedn）教授——《科学与法律之可溶性》（Science and Law-Miscible）。大会由两个分会场十二个主题单元组成：①追求真相：科学与法律的视角（Search for Truth：Scientific & Legal Perspectives）；②纠纷解决中的未决科学（Unsettled Science in the Midst of Conflict Resolution）；③终局性：科学探究与司法终局性（Finality：Scientific Quest & Judicial Finality）；④法庭关注事项（What Matters in Court）；⑤基于人口数据的科学证据（Population Data-Based Scientific Evidence）；⑥司法证明标准（Standards of Judicial Proof）；⑦法律框架内的科学应用（Scientific Application within a Legal Framework）；⑧科学证据的进步（Advancement of Scientific Evidence）；⑨中国司法改革中的热点问题（Hot Issues in China's Judicial Reform）；⑩科学与法律之桥（Bridging the Gap between Science and the Law）；⑪专家意见与合理的科学确定性（Expert Opinion & Reasonable Scientific Certainty）；⑫证据前沿问题（Frontiers of Evidentiary Issues）。与前五届会议相比，本次国际研讨会进一步强调了证据法学与法庭科学融合对于真相探求的促进作用。

2. 第三届中瑞证据科学国际研讨会

第三届中瑞证据科学国际研讨会 2018 年 6 月 25—27 日在中国杭州举行。研讨会围绕"不同视角下的真相探求"（Pursue of Truth from Different Perspectives）的主题进行了深入探讨。美国西北大学艾伦教授做了《证据与法庭科学的未来》（The Future of Evidence and Forensic Science）的主题发言，以复杂适应系统为引言，对证据科学和法庭科学所面临的问题以及未来进路作出了阐释。中国政法大学张保生教授做了《从专家辅助人到专家证人的角色转换趋势》（On Trends of the Role Transition from Expert Assistant to Expert Witness）的主题发言。瑞士洛桑大学克里斯托弗·尚波德（Christophe Champod）教授、澳大利亚阿德莱德大学大卫·卡鲁索（David Caruso）教授、北京大学国际法学院满运龙教授，分别做了《专家、法庭和确定性探索》（The Expert, the Court and the Quest for Certainty）、《无人机安全、隐私和监管：由无管制的平民经营者收集证据》（Unmanned Aerial Vehicles Safety, Privacy and Surveillance in Evidence Collection by Unregulated Civilian Operators），以及《从新的法庭科学技术视角辨别真相》（Identifying Truth from the Perspective of New Forensic Technologies）的主题发言，并同与会代表进行了热烈讨论。在研讨会分节讨论阶段，中瑞 24 位专家和学者"从司法角度追求真相"（Pursuing Truth from a Juridical Perspective）、"从自然科学角度识别真相"（Identifying Truth from the Perspective of Natural Science）以及"从社会科学角度追求真相"（Chasing Truth from the Perspective of Social Science）进行了深入研讨。本届研讨会正式召开前一天举办了工作坊，瑞士洛桑大学法学、刑事科学与公共行政学院院长莫雷伦（Laurent Moreillon）教授以《瑞士法律中的专家证据》（Expert Evidence in Swiss Law）为题、澳大利亚阿德莱德大学卡鲁索教授以《澳大利亚普通法专家证据》（Expert Evidence in Australia "Common Law"）为题，为与会嘉宾进行了重点讲解和深入讨论。

二、证据法学研究进展

（一）证据法理论基础和体系

1. 关于证据法理论基础的研究

2017—2018 年度，学者们对证据法理论基础的研究可归纳为四种观点：①"一论基础说"，认为认识论是证据法的理论基础；②"两论基础说"，认为辩证唯物主义认识论和程序正义论构成证据法的理论基础；③"三论基础说"，认为认识论、价值论和概率论构成证据法的理论基础；④"多论基础说"，认为证据法的理论基础具有多元性，提出"平衡论"的主张。

（1）"一论基础说"。易延友著的《证据法学：原则 规则 案例》一书提出，证据法的理论基础应当是认识论而非价值论，具体言之，是英美证据法学者提出的乐观理性主义认识论。证据法的核心内容、证据法的目的与证据法的理论基础问题密切相关，"既然证据法的核心内容的直接目的是促进真实的发现，其理论基础自然就应当是认识论而非价值论"。立足于可知论，证据规则的设计和运行体现了乐观理性主义的理念。[1]这种观点完全无视证据法

---

〔1〕 参见易延友：《证据法学：原则 规则 案例》，法律出版社 2017 年版，第 70 页以下。

求真求善的双重功能以及将求真实现公正之手段的理性主义传统，很容易重蹈历史上法定证据制度不择手段地追求真相的覆辙。

（2）"两论基础说"。樊崇义主编的《证据法学》（第 6 版）坚持了该书的一贯观点，认为诉讼认识论构成了证据法的理论基础。"研究诉讼认识论，可以认识证据法的基本价值，明确证据法的目的和调整范围，为证据法的研究、立法和司法实践提供正确的理论指南。"具体言之，诉讼认识论包括辩证唯物主义认识论和程序正义论两个方面，前者主要为诉讼认识的内在过程提供指导，促进诉讼认识具有真理性；后者主要为诉讼的外在过程提供指导，以保障诉讼认识的正当性。[1]因此，这一观点应当属于"两论基础说"。

（3）"三论基础说"。张保生主编的《证据法学》（第 3 版）也坚持该书的一贯主张，认为证据法的理论基础包括认识论、价值论和概率论。具体言之，"证据法建立在承认事实认定具有规律性之认识论基础上，反映了诉讼活动中不同认识主体加工证据信息、进行证据推论的互动关系，事实真相则产生于这种相互作用的合力；法庭认识论的任务是求真，动力是控辩审三方互动，形式是理由论证。证据法的价值论基础反映了求真与人权保障、公正、和谐等价值的竞合。证据法具有促进法学事实真相和维护社会普遍价值的双重功能。证据法的概率论基础解释了事实认定的或然性，以及事实认定从精确性概率走向模糊概率或似真性解释的发展趋势。"[2]

（4）"多论基础说"。高家伟著的《证据法基本范畴研究》[3]一书，对一论基础说、两论基础说、多论基础说等不同观点作了细致梳理，最后提出："现代证据法的理论基础是无限宽广的，任何有助于揭示法律证据内在规律的科学理论都可以也应当成为建构和完善我国证据法体系的理论基础。"作者在此基础上提出了"平衡论"的主张。具体而言，包括事实发现过程与规范适用过程之间的平衡、不同法律价值之间的冲突协调、不同法律利益之间的均衡三个方面。

我们认为，证据法的理论基础不限于认识论，证据法是求真和求善的统一，仅靠认识论并不能解决诉讼证明的价值选择、价值实现问题。"两论基础

〔1〕 参见樊崇义主编：《证据法学》（第 6 版），法律出版社 2017 年版，第 60~61 页。
〔2〕 张保生主编：《证据法学》（第 3 版），中国政法大学出版社 2018 年版，第 48 页。
〔3〕 参见高家伟：《证据法基本范畴研究》，中国人民公安大学出版社 2018 年版，第 389~391页。

说"面临的难题是，辩证唯物主义认识论作为一般哲学理论和程序正义论作为一般诉讼理论，并不能为复杂的证据规则体现提供具体的理论支撑。"多论基础说"有将证据法理论基础泛化的危险，证据法的理论基础应当是狭义的，即对证据法的概念体系、基本原则具有基础性、解释性的相关理论，而非任何与证据、证据法相关的自然科学、社会科学理论。如果说什么理论都可以成为证据法的理论基础，那等于说证据法没有什么理论基础。

2. 关于证据法理论体系的研究

2017—2018 年度，学者对证据法理论体系的研究主要体现为三种观点：①对传统"证据论+证明论"证据法体系的修正；②对刑事证据规则体系的探索；③对民事证据规则体系的探索。

（1）传统"证据论+证明论"理论体系的修正。在"证据论+证明论"二分的体系中，前者主要包括证据概念、证据种类等内容；后者主要是对证明概念、证明主体、证明对象、证明责任、证明标准等的论述。本年度新版教材对这一传统体系有所微调。以樊崇义主编的《证据法学》（第 6 版）[1]为例，对原来占据较大篇幅的证据论部分，在该书中仅保留了两章，约占全书1/4 的内容，书中对于证明论的内容也作了适当压缩；特别是极大地压缩了关于证据种类的内容，强化了证据法学的学术性。高家伟著的《证据法基本范畴研究》[2]一书，将证据法的体系结构分为总则和分则两部分。总则部分包括术语解释规范、基本原则规范、证据资格规则、证明力规则、证明责任规则、证明方法规则；分则包括刑事证据规则、民事证据规则、行政证据规则三方面。上述体系结构的修正，是由于其认识到传统"证据论+证明论"的局限，因而强化了对证据法原理、证据规则的阐释，但这一做法仍未能改变其静态概念论的特点或摆脱"证据"与"证明"割裂的基本格局，这与张保生教授主编的《证据法学》（第 3 版）[3]继续秉持"一条逻辑主线（相关性）、两个证明端口（证明责任和证明标准）、三个法定阶段（举证、质证、认证）、四个价值支柱（准确、公正、和谐、效率）"之动态过程论的证据法学理论体系，形成了鲜明的时代反差。

---

〔1〕　参见樊崇义主编：《证据法学》（第 6 版），法律出版社 2017 年版，第 125~300 页。

〔2〕　参见高家伟：《证据法基本范畴研究》，中国人民公安大学出版社 2018 年版，第 431~432页。

〔3〕　参见张保生主编：《证据法学》（第 3 版），中国政法大学出版社 2018 年版，第 91~93 页。

（2）刑事证据规则体系的探索。陈瑞华著的《刑事证据法》（第 3 版），专门讨论了刑事证据问题。作者提出："刑事证据法所调整的主要是单个证据的法律资格以及认定案件事实的法律标准问题，这部法律主要是为法庭审理所确立的游戏规则。"[1] 证明能力规则和司法证明规则构成了刑事证据法的规则体系。循沿上述立场，该书的逻辑结构是：第一部分证据法导论（包括刑事证据法概述、渊源、基本原则）；第二部分证明力与证据能力（包括证据概念、理论分类、证明力与证据能力、证明力的法律限制、非法证据排除规则、实物证据的鉴真）；第三部分证据的法定形式（包括概述、物证与书证、视听资料与电子数据、笔录证据、鉴定意见、证人证言等）；第四部分司法证明（包括概念、证明对象、证明责任、证明标准、推定）等。整体而言，这一理论体系仍与传统"证据论+证明论"证据法体系较为接近。

（3）民事证据规则体系的探索。张卫平著的《民事证据法》[2] 提出，虽然制定统一的证据法有一定的理论支撑，但是否有必要制定单行的部门证据法，与证据制度的规模大小、人们对证据制度的相对独立性的认识两个因素密切相关，前一个因素的影响更为重要。就我国而言，制定统一的证据法的必要性、迫切性并不明显。本书在具体的理论体系设计上，沿袭了修正的"证据论+证明论"理论体系。第一章民事证据法引论讨论民事证据法、证据法学的一些基本问题；第二章到第七章是"证据论"部分，讨论了书证、证人证言、鉴定意见等法定证据种类；第八章到第十五章，讨论了自认、证据收集、证据保全、举证时限、公证证明等民事证据制度；第十六章到第十九章是"证明论"部分，讨论了证明与证明标准、证明责任、证明责任分配等制度。

上述关于刑事证据规则体系和民事证据规则体系分立的主张，在证据法学研究中有重要启发意义，然而，刑事与民事诉讼领域的证据规则尽管存在一定差异，如自认制度、证据保全制度、举证时限制度等，但是，证据法基本原理在刑事与民事诉讼领域具有更多的共同性，具体制度上的差异尚不能构成刑事证据与民事证据分立、各自构建理论体系的支撑理由。

此外，将证据法的理论体系分为"证据论+证明论"，其主要缺陷是割裂

---

〔1〕　参见陈瑞华：《刑事证据法》（第 3 版），北京大学出版社 2018 年版，第 8~9 页。

〔2〕　参见张卫平：《民事证据法》，法律出版社 2017 年版，第 4~5 页。

了证据与证明的互动关系，导致了证据法学具体知识内容上的断裂、学术研究与司法实践的断裂。证据的取得以证明为目的、证据的运用也必须在证明过程中进行；证明的核心并非证明主体、证明对象、证明责任、证明标准等静态内容，而是如何运用证据推理认定待证事实的动态过程。我国证据法理论体系的构建必须对事实、证据、事实认定等知识领域作整体把握，才能构建科学的理论体系。

（二）证据属性与事实认定

1. 关于证据属性

（1）樊崇义主编的《证据法学》（第6版）教材沿袭了其第5版教材关于证据基本属性的传统"三性说"观点（客观性、关联性和合法性）。作者认为，客观性和关联性是证据的内容，合法性是证据的形式，三者正确说明了证据的基本要素，表明了证据内容和形式的统一。证据的内容需要通过诉讼程序加以审查、检验和鉴定来确定。合法性是证据真实性和相关性的法律保证。[1]

吴高庆、张卫平在其证据法教材中也秉持了传统"三性说"。[2]张卫平在论及证据的客观性时特别指出，证据的客观性并非仅指证据资料必须是客观存在的事实，不以人们的主观愿望为转移，证据的客观性也并不排斥证据的合法性和关联性。证据的客观性本身包括三个方面的客观存在：证据资料的客观存在、证据资料合法性的客观存在和关联性的客观存在。所谓证据合法性的客观存在，是指证据资料所具有的合法性是实际存在的，而非人们杜撰和编造的。关联性的客观存在就更容易理解，因为关联性自身已经表明一种客观存在。[3]

（2）易延友在《证据法学：原则 规则 案例》教材中对证据"属性说"持否定态度。他认为，证据不但不具有合法性，而且也没有客观性；就其本质属性而言，也不存在关联性——关联性只是证据的外部属性。就客观性而言，证据并不都是事实，那些不是事实的证据、伪造的证据、虚假的证言，都没有客观性，所以说证据具有客观性这一论断本身就不客观。至于办案人

---

[1] 樊崇义主编：《证据法学》（第6版），法律出版社2017年版，第126~130页。

[2] 吴高庆主编：《证据法原理与案例教程》，清华大学出版社2017年版，第10~18页。

[3] 张卫平：《民事证据法》，法律出版社2017年版，第15~17页。

员或者诉讼参与人收集证据要符合客观事实，这不是证据的属性，而是对参与程序的主体提出的一种要求，与证据本身并无关系。客观性不是证据的内在属性，甚至连外部属性也不是。就合法性而言，针对有学者认为证据应当主体合法、内容合法、形式合法等程序合法，他认为，收集证据的主体无所谓合法与不合法，法律没有规定证据一定只能来自哪一个特定主体。内容合法及形式合法的主张也不成立。所以说证据的形式无所谓合法不合法。就关联性而言，这是所有学者都没有争议的证据属性。但是关联性只是证据的外部属性，不是其内部属性或本质属性。作者认为，人们之所以热衷于探讨证据的本质属性，无非是想借证据的属性给证据下一个定义。主张两性说的学者，无非是想把证据定义为证明案件真实情况的事实，因此证据就是事实，客观性无疑是证据的本质属性；证据应当能够证明案件真实情况，因此关联性也是证据的本质属性。但是，当我们试图给一个事物下定义的时候，如果想通过这个定义把握它的本质，其实并不容易。因此，不必试图以揭示事物本质的方式给证据下定义，把证据定义为证明的材料和根据即可。[1]

（3）张保生主编的《证据法学》（第 3 版）教材继续坚持了其第 2 版的"新四性说"（相关性、可采性、证明力和可信性）。[2]相关性是证据的根本属性，也是现代证据制度的基本原则。相关性是证据有助于证明或反驳某个待证事实（或事实主张）的属性，证据如果有助于证明或反驳某个待证要件事实，它就是相关的。证据的可采性是指"在听审、审判或其他程序中被允许进入证据的品质或状况"。可采性规则设置了两个条件：①必要条件，即不相关的证据不可采；②其他条件，即相关证据不一定采纳。证明力是相关性的程度，它是相关性的派生概念。一个证据对待证事实发生的可能性有无证明作用，意味着有无相关性，而证明作用的强弱则属于证明力问题。任何证据均无预设的证明力。自由证明制度不是由法律预先规定某种证据的证明力，而是允许法官对证明力进行自由评价。可信性是证据值得相信的特性，是证据或其来源可被事实认定者相信的程度。交叉询问和对质是检验证据可信性的有效手段。作者对证据"客观性"提出质疑，首先，证据的"客观性"没

---

〔1〕　易延友：《证据法学：原则 规则 案例》，法律出版社 2017 年版，第 11~13 页。
〔2〕　张保生主编：《证据法学》（第 3 版），中国政法大学出版社 2018 年版，第 14~32 页。

有检验标准，其审查既无法实现，也没有认识论意义；其次，证据"客观说"认为证据既有客观性的一面，也有主观性的一面，这又使其陷入了以偏概全的困境；最后，证据有真假之分，"客观说"无法回答诸如"真假证据中哪一个具有客观性"这样棘手的问题。总之，不依赖人的主观意识的客观性只具有本体论意义，在认识论领域，一切都是主客体的相互作用。

（4）阳平的《从客观性到相关性：中国证据法学四十年回顾与展望》一文，否定了证据根本属性是客观性的观点，理由有三：其一，证据"客观说"混淆了事实与存在这两个不同层次的概念；其二，证据"客观说"是将证据与事实混为一谈，事实具有真实性，而证据有真假之分；其三，证据"客观说"没有认识到证据具有不完全性、非结论性、含糊性、不和谐性和不完美的可信性等级五个特点，从而不理解基于证据得出的结论必然具有盖然性。自 1996 年以后，证据立法、司法实践和学术研究开始出现了从客观性向相关性转型的趋势，这一转变趋势的出现具有重要法治意义，有利于实现证据制度的体系化和理性裁判。但是，这种转型还未完成，为推动这一转型的彻底实现，应通过立法和指导性案例明确相关性的定义及内涵，以更好指引司法和证据法学研究；以相关性为逻辑主线，构建体系化的证据规则和证据理论。[1]

2. 关于事实认定

（1）事实与证据的特性及其关系。张保生的《事实、证据与事实认定》一文认为，与存在的客观性相比，经验性是事实的本质特性。事实是人通过感官和思维所把握的真实存在。"有的放矢"意义上的实事求是在事实认定中是行不通的，因为后者之"矢"所射之"的"不是现在的事实，而是过去事实留下的证据，因而事实认定的基本模式是"实证求是"。法庭认识论研究控辩审三方的证据信息加工过程，事实真相产生于三方相互作用的合力。事实认定是一个归纳推理过程，包括举证、质证和认证。证明标准是一个概率标准，这向"不枉不纵""有错必纠""终身追究"的司法理念提出了挑战。按照"证据之镜"原理，证据的不完全性、非结论性、模糊性、不完美的可信性等，都决定了事实认定的盖然性或可错性。司法证明理论从精确概率走向

---

[1]　阳平：《从客观性到相关性：中国证据法学四十年回顾与展望》，载《浙江工商大学学报》2018 年第 6 期。

似真性理论的发展趋势，对我国司法改革和证据法学研究具有借鉴意义。按照似真性理论，最佳解释推论是一种整体解释方法，它不局限于一个个具体证据，而是关注由证据拼合出的完整案情或故事。[1]

（2）关于事实认定的不确定性。张中的《法官眼里无事实：证据裁判原则下的事实、证据与事实认定》一文认为，证据裁判是诉讼进步与司法文明的重要标志之一。在证据裁判原则下有三个关键性概念，即事实、证据和事实认定，在逻辑上它们是一种命题、论据与结论的关系。作为司法证明的逻辑起点，案件事实不同于哲学意义上的事实，也不同于作为裁判基础的事实，它有法律上的规定性；作为认定事实根据的证据，更强调形式上的相关性和合法性；事实认定是司法证明的逻辑终点，虽然它是一种理性的、严格的证明，但案件事实是过去发生的事实，法官能够看到的只是证据，只能凭借证据来认定事实，这就决定了事实认定具有不确定性。[2]

（3）关于如何防范刑事案件的事实认定产生错误。尚华的《事实认定模式与我国刑事防错机制的完善》一文认为，刑事错案严重损害了司法公正和司法权威。协同型事实认定模式和竞争型事实认定模式是两种基本的事实认定模式，前者是以一个"犯罪故事"为主线，检察院的"控诉故事"和法院的"裁判故事"都是对侦查版"犯罪故事"的确认和完善；后者是指在事实认定模式中，存在多个故事版本的比较、选择和竞争，并以此推动事实认定进程。我国刑事诉讼程序虽然具有对抗色彩，但事实认定模式仍属于协同型。为了完善我国刑事防错机制，有必要改良事实认定模式，允许证据解释和推论存在多样性，鼓励多个故事版本之间的比较和竞争，重视最佳解释和似真推理，落实被告人的对质权，强化辩护方审前获取案件信息和证据的能力，谨慎对待"排除合理怀疑"的证明标准。[3]

（4）关于事实认定的准确性问题。张伟的《论事实认定的模糊性——一种怀疑主义研究进路》一文认为，准确裁判是司法公正的基本蕴含。在司法证明中，由于人的认知能力缺陷、人的主观偏见及司法活动本身的时效性、政策性等一系列因素的影响，导致准确认定事实成了司法裁判的难题。近年

---

〔1〕 张保生：《事实、证据与事实认定》，载《中国社会科学》2017 年第 8 期。

〔2〕 张中：《法官眼里无事实：证据裁判原则下的事实、证据与事实认定》，载《浙江工商大学学报》2017 年第 5 期。

〔3〕 尚华：《事实认定模式与我国刑事防错机制的完善》，载《环球法律评论》2017 年第 3 期。

来，随着一系列冤假错案的曝光，事实认定的准确性问题逐渐引起人们的关注和反思。从培根主义及波普尔"证伪主义"理论中获得启示，从怀疑主义研究进路出发，对事实认定的认知性、重构性等本质特性展开探讨，从根源上剖析导致事实认定不确定性的内在因素，促进人们反思并警惕事实认定的模糊性，尽力实现准确裁判和理性裁判，促进司法公正。[1]

（5）关于人民陪审员在事实认定中的作用。樊传明的《陪审员裁决能力问题研究——优秀的还是拙劣的事实认定者?》一文认为，我国人民陪审员制度改革的一个重要方面，是将陪审员职能限缩在事实认定上，由此引出了陪审员的事实认定能力问题。陪审员在事实认定方面的优势和劣势的分析应聚焦两类特征：一类是陪审员的个体身份特征，如不受科层权力管制、缺乏法教义学训练、秉持常识性正义观、怀有对当事人的共情式关怀等；另一类是陪审员裁决的结构性特征，如团体评议结构、二元式法庭结构、实际上的裁决终局性等。这两方面的特征对司法事实问题的解决有重要影响。评价司法事实认定之优劣，除准确性外，还有裁决的可接受性、事实推论的正当性等维度，需要在这些维度上分别论证陪审员裁决的价值。中国现行陪审员制度设计方案能否发挥陪审员事实认定的优势，取决于这些要素性特征与事实认定各评价维度之间的功能性关联。[2]施鹏鹏的《刑事问题列表制度研究——以完善人民陪审员事实认定机制为切入点》一文认为，深化人民陪审员制度改革所面临的一大难题是如何让普通公民准确进行案件事实认定。为解决这一难题，大陆法系一些国家设计了刑事问题列表制度，由更具专业经验的审判长进行要件事实分解，降低陪审员事实认定的难度，取得了较好的效果。刑事问题列表制度为我国人民陪审员制度的有效运行，提供了可借鉴的技术方案。[3]高翔的《陪审员参与民事案件事实认定程序构建论》一文认为，实证考察发现，以陪审员主要负责事实认定为主旨的人民陪审员制度改革试点，并未从根本上破解"陪而不审"难题，应从体系上构建符合陪审员认知规律和民事诉讼机理的陪审员参与民事案件事实认定程序。程序构建应以法系意

---

〔1〕 张伟:《论事实认定的模糊性——一种怀疑主义研究进路》，载《河北法学》2017 年第 3 期。

〔2〕 樊传明:《陪审员裁决能力问题研究——优秀的还是拙劣的事实认定者?》，载《中国刑事法杂志》2018 年第 2 期。

〔3〕 施鹏鹏:《刑事问题列表制度研究——以完善人民陪审员事实认定机制为切入点》，载《北方法学》2017 年第 6 期。

识为基本遵循，以陪审员参审的利弊衡量为适用前提，以不同于职业法官审
理制的程序差异性为设置规则。程序构建由事实认定权、参审范围、审理对
象构成。陪审员事实认定权主要限于庭审核心判断权，形成符合诉讼法规范
的陪审员参与事实认定范围，探索建立事实问题与法律问题的最低限度区分
标准。陪审员参与事实认定由法官进行准备程序，构建适宜陪审员形成心证
的集中高效的庭审程序。[1]

（6）关于自由心证原则对事实认定的制约与保障。张卫平的《自由心证
原则的再认识：制约与保障——以民事诉讼的事实认定为中心》一文认为，
自由心证作为一项事实认定的审理原则已经为世界各国所认同，我们没有必
要予以拒斥。人们真正顾虑的是自由心证的"自由"会否导致审判者的主观
臆断：一方面，面对复杂的案件事实，无法依赖法定证据保证案件事实认定
的真实性，只有让审判者根据具体的案件情形加以判断，而这种判断必须是
自由的；另一方面，给予这种自由则可能导致主观随意，为获取私利提供方
便。要打破这种悖论，就只能从法官制度和诉讼制度两方面着手：①通过建
构现代法官制度以保障法官的素质，提升法官的操行和品行，使法官这一职
业群体能够充分获得社会信赖；②通过完善诉讼程序和制度防止法官在事实
认定中的主观随意。这就包括必要的法定证据制度，建立约束性辩论原则、
公开原则、言词原则、直接原则等审理原则，以及明确经验法则、论理法则
对案件事实认定的制约作用，使这种程序原则和制度能够成为保障自由心证
原则合理运行的制度保障体系。[2]罗兆英的《事实认定中自由心证的作用及
其制约》一文认为，自由心证是现代大部分国家采取的事实认定规则。其强
调法官在进行裁判时，基于经过审理的全部资料以及各种情况，依其知识经
验和良心自由判断所形成的心证而认定主要事实。当事人提出的事实内容约
束着法官自由心证的范围，而法官的自由心证决定着判决事实的认定，两者
是相辅相成的。依据自由心证原则并不是说法官对事实的认定具有完全的主
观性，法律需要对自由心证进行制约，自由心证必须在法律规定的范围内，
才能保证判决事实认定的正确性。自由心证的制约包括外部制约和内部制约。

---

〔1〕 高翔：《陪审员参与民事案件事实认定程序构建论》，载《现代法学》2018 年第 3 期。
〔2〕 张卫平：《自由心证原则的再认识：制约与保障——以民事诉讼的事实认定为中心》，载
《政法论丛》2017 年第 4 期。

外部制约包括司法独立以及法官资格和法官素质；内部制约包括诉讼程序、心证公开、判决书理由说明制度和文书公开制度四方面。[1]

（7）关于印证规则对事实认定的作用。王星译的《"印证理论"的表象与实质——以事实认定为视角》一文认为，"印证理论"的核心命题"印证是证明模式（方法）"，是对印证属性的错误界定，进一步造成与自由心证、证明标准等相关概念的淆乱。究其实质，印证既非证明模式，亦非证明标准，而是一种证据分析方法，也可作为一种证据审查判断方法。印证从证据直接跨越到事实，未通过法律推理、诉讼认识论等裁判机制建立并证立二者之间的联系。裁判者片面依据印证来择选适用证据、认定事实的做法有违合法律性，并缺乏正当性。印证低估了事实认定的复杂性，亦无法充足证据裁判主义的要求。"证据互相印证"的效果既不能充足证据的真实性，也不必然意味着高的证明力，更不等同于证明标准已达成、证明负担被卸除。尽管融合了"心证"的因素，但"印证理论"仍过于强调并追求证明标准的具体化与客观化，否定事实认定标准的主观性，拒斥裁判主体的主体性。[2]向燕的《"印证"证明与事实认定——以印证规则与程序机制的互动结构为视角》一文认为，印证证明的理论自从其被提出以来就饱受学术界争议，近年来更被指无力防范错案的发生。印证规则与程序机制存在相互限制、相互作用的能动关系。为防范事实认定错误的风险，程序规则的不足推动了诉讼终端的印证规则的产生。印证规则在我国司法适用中的问题与其粗疏的理论建构难脱干系，但问题的根源却在于我国刑事诉讼程序机制的缺陷及公安司法机关对印证规则的不当适用。针对印证规则在司法适用中的弊端，片面地引入自由心证或是正当程序都是不可行的。对印证规则与程序机制的运用应扬长避短，寻求兼顾真实发现与诉讼效率的最优资源分配方案。[3]

（8）关于事实认定在刑民交叉案件中的交互影响。龙宗智的《刑民交叉案件中的事实认定与证据使用》一文认为，生效裁判事实认定的预决性证明效力，与既判力、争点效等概念既有联系又有区别。刑民交叉案件中，预决

---

〔1〕　罗兆英：《事实认定中自由心证的作用及其制约》，载《福建行政学院学报》2018 年第 2 期。

〔2〕　王星译：《"印证理论"的表象与实质——以事实认定为视角》，载《环球法律评论》2018 年第 5 期。

〔3〕　向燕：《"印证"证明与事实认定——以印证规则与程序机制的互动结构为视角》，载《政法论坛》2017 年第 6 期。

效力及证据使用制度的设置，应考虑司法的统一性与诉讼的独立性、效率与公正、刑事优先与民事诉讼自身规律等因素，同时注意我国司法制度与诉讼机制的特殊性。应确认刑事生效裁判事实认定的特别效力，但要受制于"必要事实原则"与"确定事实原则"。民事生效裁判可作为书证，交由刑事法庭判断并说明采纳与否的理由。刑事法庭判断民事诉讼判定的同一事实，应慎用"穿透原则"否定其合法性及有效性，即使否定亦应采用适当方式。对于特殊类型案件，刑事法庭应将民事诉讼判定的事实作为预决事实。对于证据交互使用，应区别裁判已生效与未生效、定案根据与非定案根据、人证与物证等不同情形进行处理。民事诉讼使用刑事诉讼中形成的人证，应遵循民事诉讼规律。对讯问、询问笔录、鉴定意见均应依法审查，注意证据方法与证据形成要素而作适当使用。[1]

（9）关于如何减少案件事实认定中法官的前见偏差。资琳的《案件事实认定中法官前见偏差的修正及控制》一文认为，在案件事实认定过程中，基于个人经验和知识结构等各种前见的差异，法官可能作出不同的认定。受先入为主、司法理念混乱等因素的影响，法官在事实认定过程中可能会被不合理的前见遮蔽视阈，产生前见偏差。要减少前见偏差，需要法官自身予以反思以及外部制度的督促约束。法官在反省修正自我的前见偏差时，首先要把事实认定中潜在的逻辑推理过程呈现出来，然后要对推论前提和推论过程进行反省。在外部制度的设置上，可以通过设置案件事实论证制度和法官事实裁量权制度来防范和控制法官前见偏差的产生。[2]

（10）关于庭审过程中控辩双方在事实认定中的证据叙事方式。尹洪阳的《事实认定过程中的证据叙事分析》一文认为，事实认定的过程即证据推论的过程，需要对证据及其背后的主张进行完备的叙事。任何法律制度或规章条文都通过叙事提供其背景并赋予其意义。综合全案的证据叙事，对有关事实争议的裁决是必要的，即证据叙事能够在遵循证据规则的基础上实现推论的多重功能，为裁判提供一个易于理解和接受的事实认定版本，从而让人更容易理解、接受事实认定的过程和结果。同时，规避危险的程式设计，可以避

---

〔1〕　龙宗智：《刑民交叉案件中的事实认定与证据使用》，载《法学研究》2018 年第 6 期。
〔2〕　资琳：《案件事实认定中法官前见偏差的修正及控制》，载《法商研究》2018 年第 4 期。

免因叙事陷阱而导致事实认定出现错误的可能性。[1]

（三）证据开示

1. 美国无罪证据开示制度研究

王新清、张瀚文的《美国无罪证据开示制度研究》一文认为，美国法律虽然也要求检察官承担追求正义的客观义务，但在对抗式的诉讼模式下，作为庭审对抗的一方，检察官"几乎将警察视为他们的客户，并且与警察紧密合作以挖掘证据、查找证人、为庭审作证训练证人"，想尽办法在与辩护律师的对抗中获胜，容易偏离其本应有的追求正义的属性。因此，美国通过宪法判例确定了布雷迪规则（无罪证据开示制度）：检察官基于辩护方的请求，应将有利于被告人的无罪证据（包括趋于证明被告人无罪或罪轻的证据）开示给被告人，否则就是违反正当程序条款，被告人可以据此获得重新审判的机会。在 1995 年的"凯乐斯诉怀特里"（Kyles v. Whitley）案中，联邦最高法院又明确了"无论负责案件的检察官是否实际知晓该证据的存在，所有具有实质性的无罪证据都被认为是布雷迪案所要求开示的无罪证据"。但是，《简克斯法》《联邦刑事诉讼规则》《美国检察官手册》《美国律师协会职业道德模范规则》等规范对于无罪证据开示均未有强制性规范，对检察官无罪证据的开示义务的规制主要还是依据判例法的规定，检察官在实践中更倾向于遵守有利于检察官的成文法规定，不愿意遵守布雷迪规则。更有甚者，检察官可能通过与关键证人之间的私密协议、开放全部案卷策略、否定证据实质性、对布雷迪规则的证据视而不见、故意隐瞒被告人可能知晓的证据、拖延证据开示的时间等方式，规避布雷迪规则而达到己方胜诉的目的。这些行为也确实导致了依据布雷迪规则申请重新审判的成功率较低。美国无罪证据开示制度对于我国的两点启示：其一，检察官（控方）隐瞒无罪证据，是导致刑事错案的主要原因；其二，如果没有严厉的惩罚措施，检察官（控方）是不愿意开示无罪证据的。关于我国构建无罪证据开示制度的建议：其一，完善证据全部移送制度；其二，建立不向辩护方提供无罪证据、罪轻证据的责任追究制度；其三，加强检察官的职业道德教育，从意识上改变检察官片面追求胜诉的心态。[2]

---

〔1〕　尹洪阳：《事实认定过程中的证据叙事分析》，载《中国政法大学学报》2018 年第 2 期。

〔2〕　王新清、张瀚文：《美国无罪证据开示制度研究》，载《证据科学》2017 年第 3 期。

2. 日本刑事证据开示制度研究

马方、吴桐的《日本刑事证据开示制度发展动向评析及启示》一文指出，日本刑事证据开示制度经历了三次调整，从于法无据的判例指引到依附于争点整理的制度创设，进而形成了目前以证据一览表为开示范围，赋予被告请求权的刑事证据开示制度。2016 年日本《刑事诉讼法》修订着重对刑事证据开示制度再次进行完善，可以发现该制度逐渐从争点整理程序中脱离出来，向提高被告实质防御权方向转变。在我国审判中心的诉讼改革中，刑事证据开示为控辩双方在庭审前提供了知悉、质疑的机会，理应为庭前程序改革中的一环。但实际上，一方面，传统意义上与刑事证据开示对应的阅卷权无法辐射到检察机关未提交或未随案移送之证据；另一方面，庭前会议制度虽然为刑事证据开示提供了运用的程序空间，但实际上其地位远未得到应有的重视，具体模式也未形成。而且，我国目前庭前会议制度在其承载功能上的"缺省"与"溢出"，使其并未如日本审前整理程序一般形成逻辑自洽的体系，在其本身运作过程中存在对于内在功能措施的逻辑排列不明及实体审查与程序处理混杂等问题。我国刑事诉讼带有明显的职权主义特征，法庭审判注重法官的诉讼主导权，传统英美法系的所谓基于当事人意志的完全刑事证据开示制度，在我国因缺乏配套制度的支持而难以实施。因此，汲取日本刑事证据开示的先进改革理念，明确我国刑事证据开示制度的独立价值，通过充分的刑事证据开示，保障被告的知情权，降低不适时的非法证据排除对庭审效率的不利影响，可以在一定程度上改变其依附于庭前会议而启动的现状。[1]

（四）科学证据与司法鉴定

1. 关于科学证据的表述

种类繁多的科学证据类别并不都具备科学所要求的标准，尤其是指纹、鞋印、刀痕、笔迹及诸如此类图形比对的科学证据。在图形比对科学证据中，传统的假设——诸如指纹和刀痕等被检测物具有独特图形而使专家能够准确判断其来源——已遭到挑战，并正被一种新的司法鉴定报告逻辑所取代。这种新逻辑要求专家去评估和衡量可能性，而非去主张必然性。似然比、匹配

---

〔1〕　马方、吴桐：《日本刑事证据开示制度发展动向评析及启示》，载《证据科学》2018 年第 4 期。

频率/随机匹配的概率、来源概率，正不断被接受和使用。法庭科学家现在必须节制对其自身准确性的主张，而要更频繁地使用数字来描述其结论的强度。威廉·C. 汤普森（William C. Thompson）等详细地阐述了这些变化，及其给律师和法官们带来的挑战。[1]

2. 科学证据采信问题研究

贾治辉等借助中国裁判文书网，通过对裁判文书中笔迹鉴定意见具体采信情况，以代表性的鉴定机构为解析对象，经分析后总结出笔迹鉴定意见的采信现状——相关年份的采信率基本在 90% 左右，对不采信的缘由进行了统计分析，以此实证调研数据为基础，归纳总结了当下笔迹鉴定意见采信窘境及缘由的七个方面，并提出从提高笔迹鉴定意见的可靠性与可接受性，以及构建辅助机制以完善笔迹鉴定意见采信机制。[2]王星译对"法庭科学证据在诉讼中的采纳"进行研究，选取四类科学证据作为研究对象，分析在 NAS 报告对其有效性与可靠性提出强烈质疑之后，法庭对证据可采性的认定情况。结果发现在 NAS 报告发布 8 年后，法院采纳法庭科学证据的一贯做法并未发生根本变化。未来深化法庭科学改革的举措可从三个方面入手：重视法庭科学领域中诉讼参与主体的作用、发挥国家法庭科学委员会（NCFS）在未来深入推进法庭科学改革中的作用、认真对待联邦最高法院把法庭科学证据可采性纳入对质条款规制范畴的司法实践。[3]

3. 关于法庭科学家的认知偏差

在杰夫·库库克（Jeff Kukuckaa）等的《认知偏见与盲测：法证科学检验人员全球调查》一文中，课题组为了评估法庭科学检验人员关于认知偏见范围和性质的信念，调查了 21 个国家 403 名有经验的检验人员。总的来看，检验人员认为他们自己的判断几乎是绝对可靠的，表现出的仅仅是对认知偏见的有限理解和认识。这些调查结果强化了程序改革的必要性，即将法庭科学检验人员屏蔽于可能有偏见的信息。[4]贾治辉等的《鉴定人了解案情的合

---

〔1〕 ［美］William C. Thompson 等：《独特性之后：法庭科学意见的演进》，汪诸豪译，载《证据科学》2018 年第 4 期。

〔2〕 贾治辉、官胜男：《笔迹鉴定意见采信实证研究》，载《证据科学》2018 年第 3 期。

〔3〕 王星译：《美国法庭科学加强之路回顾（2009—2017）——以"科学证据在诉讼中的采纳"为对象》，载《证据科学》2017 年第 6 期。

〔4〕 ［美］Jeff Kukuckaa 等：《认知偏见与盲测：法证科学检验人员全球调查》，王进喜译，载《证据科学》2018 年第 6 期。

理性分析——以庭审中的物证鉴定意见为视角》一文，针对"鉴定人了解案情是否对鉴定意见的客观性和鉴定人的中立性造成影响"这一立法和实务中的困境问题，从学理上进行了分析探讨，论述了鉴定人了解的"案情"范围界限与程序禁止，并在鉴定人证人属性探讨的基础上，提出了鉴定人的相关规制措施。[1]

4. 专家辅助人制度研究

张保生从《刑事一审普通程序法庭调查规程（试行）》中关于专家辅助人的相关规定出发，结合司法实务，指出当前我国专家辅助人制度中存在着专家辅助人身份多重性的弊端、专家辅助人意见"性质"之争、专家辅助人角色的转变等问题，在分析专家辅助人职业特点和诉讼角色功能的基础上，提出了让专家辅助人回归专家证人本色的建议。[2]吴洪淇认为，公权力垄断专业问题判断的传统格局在司法鉴定体制改革中正逐步瓦解，司法鉴定环节错误的频发并导致错案催生了专家辅助人制度。在司法实践中，专家辅助人制度基本定位、基础性材料获取、准入标准、专家辅助人在法庭上的基本程序等问题还亟待进一步完善。[3]宋远升提出，我国专家辅助人在制度设计方面存在着一定的误区，也与一些基本原理相违背——与知识性/技术性权力原理冲突、与技术价值中立原理相悖，就此提出我国专家辅助人制度的重构应当以确立专家辅助人的地位为核心——赋予专家辅助人独立的诉讼参与人地位，并在专家辅助人启动程序、在刑事诉讼审前和庭审中的参与程度、专家辅助人意见独立的证据资格、专家辅助人的资格审查予以完善。[4]李永泉认为，最高人民法院《民诉法解释》第 122 条关于有专门知识的人在法庭上提出的意见的规定，系误解了专家辅助人的诉讼地位。专家辅助人所承载的特定功能，使其有别于鉴定人和大陆法系上的诉讼辅佐人，专家辅助人的当事人化不利于最大限度地发挥专家辅助人的预期作用。从庭审质证模式及与鉴

〔1〕 贾治辉、薛楠：《鉴定人了解案情的合理性分析——以庭审中的物证鉴定意见为视角》，载《证据科学》2017 年第 6 期。

〔2〕 张保生：《关于专家辅助人角色规定的变化》，载《证据科学》2018 年第 5 期。

〔3〕 吴洪淇：《刑事诉讼中的专家辅助人：制度变革与优化路径》，载《中国刑事法杂志》2018 年第 5 期。

〔4〕 宋远升：《专家辅助人制度适用迷思与建构——以法学与社会学为视角》，载《中国司法鉴定》2017 年第 2 期。

定人的对立关系上指出，我国专家辅助人兼具从属与独立之双重属性。[1]

5. 法庭科学标准化研究

中国政法大学证据科学研究院于 2017 年 7 月 25 日、2018 年 5 月 8 日，在北京主办了两届法庭科学标准体系建设研讨会。来自公安、司法、中国保险行业协会等实务界代表，以及中国政法大学、华中科技大学同济医学院、中国人民大学、世界卫生组织分类家族中国合作中心等学术界代表参加了研讨。陈军等在剖析我国法庭科学/司法鉴定标准化建设的新形势后，梳理了目前存在的问题：技术标准的归口管理单位/部门各自为政，现行标准整体适用性水平不高，新领域的标准缺乏或具有局限性，整体上仍缺乏完善的标准体系。加强标准管理框架的设计，强化技术标准与认证认可的联系，构建技术标准的战略联盟，是当下法庭科学/司法鉴定标准建设工作的核心内容。[2]朱晋峰等认为，司法鉴定标准法制化是司法鉴定标准化工作能否顺利运行的关键，因此，有必要对司法鉴定标准、司法鉴定标准化、司法鉴定标准化工作、司法鉴定标准化法制等相近概念予以厘清。针对目前司法鉴定标准化过程中存在的诸多问题，作者提出了相应对策。[3]

6. 司法鉴定管理研究

2017 年 2 月 8 日，重庆晨报报道了《四川现天价司法鉴定费：签名、指纹和印章需 17 万》，引起广泛关注和讨论。同年 3 月 12 日，司法部部长张军对"天价鉴定费"事件进行回应，介绍建立司法鉴定统一管理体制、提高质量鉴定标准，建立司法鉴定人行业协会，以及司法鉴定国家标准机构等是下一步工作重点内容。[4]同年 3 月 22 日，司法部办公厅发布《关于进一步加强司法鉴定收费管理的通知》[5]，要求各地司法行政机关抓紧制定、科学制定司法鉴定收费标准，加强司法鉴定收费专项管理，加大处罚工作力度，严厉惩处乱收费行为。截至 2017 年 6 月 30 日，全国 31 省（市、自治区）全部制

---

〔1〕 李永泉：《功能主义视角下专家辅助人诉讼地位再认识》，载《现代法学》2018 年第 1 期。
〔2〕 陈军、王旭：《法庭科学/司法鉴定标准化建设工作的探索与思考》，载《中国司法鉴定》2018 年第 6 期。
〔3〕 朱晋峰、沈敏：《司法鉴定标准化法制机制建设研究》，载《中国司法鉴定》2018 年第 1 期。
〔4〕 http://news.ifeng.com/a/20170312/50771948_0.shtml，最后访问日期：2019 年 8 月 10 日。
〔5〕 司办通〔2017〕22 号。

定出台了新的司法鉴定收费标准。[1]2017 年 7 月 19 日，中央全面深化改革领导小组《关于健全统一司法鉴定管理体制的实施意见》要求，健全统一司法鉴定管理体制，要适应以审判为中心的诉讼制度改革，完善工作机制，严格执业责任，强化监督管理，加强司法鉴定与办案工作的衔接，不断提高司法鉴定质量和公信力，保障诉讼活动顺利进行，促进司法公正。对此，有学者认为，这打破了以往简单定位"法律服务"性质的界定，将其确认为"司法保障制度"，意义重大，也是司法鉴定管理规范化、法治化、科学化发展的关键一步。[2]邹明理在回顾近十年来"统管体制"（即统一司法鉴定管理体制）未予健全的基础上，探索了"司法鉴定体制"与"统管体制"的关系，设计了其中主管、自管、参管、协管方各自的权责；根据当前统管工作的状况，认为"统管体制"需要做好 12 项涉及全国性重大鉴定工作事项。同时主张，坚持司法鉴定应当以服务诉讼活动为主、服务执法执纪活动为辅的方向，坚持社会司法鉴定机构的发展要以公立型机构为主、民营型机构为补充的方向。[3]

（五）言词证据

1. 当事人陈述

我国当事人陈述制度因缺乏程序外观而呈现出体系凌乱和相应制度功能弱化的困境。为改善这种状况，保障当事人民事诉讼话语权的实现，有学者提出，当事人陈述制度正当化势在必行。立法上，宜将当事人陈述制度细化为①在法庭辩论阶段，具有阐明案情功能的陈述；以及②在证据调查阶段，具有证明案件事实功能的陈述；并为不同制度功能的当事人陈述设置相应的程序机制。具体方法是，以当事人对法官在法庭辩论和证据调查阶段发问和讯问的陈述为基础，以大陆法系民事诉讼有关当事人陈述制度的通行理论为正当化根据，为我国当事人陈述制度的正当化寻求可行方案。[4]针对当事人陈述的证据功能"边缘化"，在诉讼中收集、审查与运用存在障碍，虚假陈述

---

〔1〕《各地出台司法鉴定收费新标准》，载《政府法制》2017 年第 22 期。

〔2〕 郭华：《健全统一司法鉴定管理体制的实施意见的历程及解读》，载《中国司法鉴定》2017年第 5 期。

〔3〕 邹明理：《健全统一司法鉴定管理体制研究》，载《中国司法鉴定》2017 年第 1 期。

〔4〕 肖建华、王勇：《民事诉讼当事人陈述制度的正当化》，载《检察官学院学报》2017 年第 1期。

泛滥等问题，有学者认为其原因主要在于：当事人陈述的范围不明，证据性陈述与主张性陈述作用不明；法律规定的矛盾，导致司法实践的混乱；收集与审查程序处于真空状态；当事人虚假陈述预防与制裁失范。建议首先理顺和完善相关立法，增加程序性规定，引入大陆法系国家的当事人询问程序，并加强对虚假陈述的惩戒力度。[1]针对虚假陈述问题，有人指出，民事诉讼当事人虚假陈述增加了法官正确认定案件事实的难度，易导致法官误判。司法实践中虽已出现认定与规制当事人虚假陈述的裁决，但由于当事人虚假陈述内涵模糊、法律规定有限以及认定的难度与成本较高，导致法院对虚假陈述的处理较为消极。为进一步规制虚假陈述，需要重塑当事人陈述的地位与功能，即以询问当事人作为获取证据性陈述的手段，并科以真实陈述义务，将宣誓制度设定为询问当事人的前置程序。[2]

2. 被害人陈述

由于被害人具有证人的某些特征，这造成了被害人角色分配紧张，法庭质证程序出现乱象：作为当事人之被害人，有权参与法庭审理的全过程，有权以发问的方式对其他证据进行质证；作为被害人陈述主体之被害人，实际上承担证人功能，而法庭审理是禁止证人旁听的。有人认为，《刑事诉讼法》修改应当以"精细化"为立法技术思维模式，在进一步明确被害人诉讼地位的基础上，完善被害人陈述法庭质证程序。[3]有人认为，我国应当探索并确立与被害人陈述的特点相适应的证据能力与证明力规则。被害人辨认属于被害人陈述，可以通过辩护律师在场来监督被害人辨认程序的合法性与结果的准确性。我们要辩证地评价被害人陈述的证明力，检讨对被害人陈述的补强规则，在建立科学的人证可信性检验机制的基础上，允许单独依靠被害人陈述慎重地定罪。[4]在侦查理论和实践中，有学者通过实证研究调查统计发现，刑事案件被害人询问存在的问题主要表现为被害人陈述不准确、不完整和侦

---

〔1〕 梁琨、魏玉娃：《当事人陈述的异化困境与矫正路径》，载《大连理工大学学报（社会科学版）》2018年第6期。

〔2〕 熊跃敏、陈亢睿：《当事人虚假陈述的认定与规制——以司法裁决为中心的考察》，载《山东大学学报（哲学社会科学版）》2018年第6期。

〔3〕 赵珊珊：《被害人陈述法庭质证程序反思——以完善对质制度为视角的分析》，载《中国政法大学学报》2017年第4期。

〔4〕 卫跃宁、宋振策：《被害人陈述的证据能力与证明力规则——一个比较证据法的视角》，载《证据科学》2017年第3期。

查人员未严格遵照法定程序进行询问等多个方面。[1] 司法实践中，公诉案件被害人出庭作证的比率很低，即便出庭的也未能通过庭审对裁判结果产生实质影响。为此，有人提出，需借鉴多地公检法现有证人、鉴定人和警察出庭作证制度，从实体和程序方面构建被害人出庭的具体规则：确立被害人出庭作证的具体范围及例外情形，对被害人出庭作证的必要性进行审慎评估，保障被害人出庭作证的相关程序权利，完善法庭发问和质证的方式，并注重从权利保障和惩戒两方面督促被害人履行出庭作证义务。[2]

3. 被告人口供

在现代刑事诉讼中，被告人不再是诉讼的客体，刑求被告口供不再是判决有罪的必要条件。但口供依赖问题依然存在，甚至修法后矛盾仍未解决。在未对口供进行合法性及相关性等严格证明程序审查前，对口供自愿性的调查实质上是对侦查合法性的调查。与此相关的问题，如相互印证规则是否是合法的证据调查方法，借由补强证据来补强被告口供的可信度，是法官主观的认定，还是适当的证据调查方法，均需认真检讨。为此，有人提出，作为定罪量刑证据的口供须通过严格证明，供述笔录不能证明口供内容的真实性，在补强规则的适用方面，应该以构成要件为补强对象，除了客观构成要件以外，还应包含被告与行为人同一性的补强，借以避免冤案的产生；在补强程度方面，补强证据不能仅依附于被告人供述，其本身应具有独立证明犯罪的高度盖然性，方符合补强规则的目的。[3]

《刑事诉讼法》第 39 条第 4 款规定辩护律师自案件移送审查起诉之日起，可向犯罪嫌疑人、被告人核实有关证据。但对"核实证据"的具体范围和方式却语焉不详，这种不周延导致现实中律师核实证据的方式迥异、法院对所核实的证据认定困难等问题，也引发了学界关于辩护人权利行使空间以及被追诉人权利应然范围的深度探讨。其中，最具争议的问题莫过于律师能否向犯罪嫌疑人、被告人披露同案犯口供。未来我国既应立足于在制度层面保障辩护律师向委托被告人告知同案犯供述的权利，也应正确认识相应规范适用

〔1〕　刘启刚、李学成：《刑事案件被害人询问对策的实证研究——以我国中部某地区为分析样本》，载《中国人民公安大学学报（社会科学版）》2018 年第 1 期。

〔2〕　王小光、李琴：《被害人出庭作证的实证分析和制度构建》，载《法律适用》2017 年第 1 期。

〔3〕　姜振业：《口供证据能力再检讨》，载《证据科学》2018 年第 5 期。

的合理边界。[1]

为应对被告人翻供，我国《刑事诉讼法》及相关司法解释已确立了审查判断被告人翻供的采信规则，即被告人庭前供述一致、庭审中翻供的采信规则，庭前多次翻供、庭审中供认的采信规则，庭前多次翻供、庭审中继续翻供的采信规则，以及虽然翻供但根据供述提取到关键物证、书证的采信规则。但这些规则均建立在口供印证规则的基础上，未明确规定其有效运作的前提，规则本身存在模糊、审查判断内容过于狭隘等缺陷。为此，有人提出，需要从确立采信规则有效运作的前提，明确"印证"概念，增加采信规则中的实质审查因素，强化经验法则判断方法，以及注重从正反两方面收集证据、弥补该规则固有局限等方面不断完善。[2]

4. 证人证言

自 1979 年以来，证人在审前向公安司法机关提供的证言在我国法律规定中经历了从"未到庭证人的证言"到"庭前证言"的变化，这种称谓上的变迁体现着我国立法和司法机关在证人出庭作证和证人证言运用方面的态度逐渐趋于合理化。要推进以审判为中心的诉讼制度改革，实现庭审实质化，还需经历一个从"庭前证言"被普遍允许进入法庭时期到严格规范"庭前证言"运用及其限制时期，即在确立直接言词原则的基础上，对证人不出庭情况下的庭前证言和证人出庭情况下的庭前证言的证据资格予以规范，严格限制能够进入法庭的庭前证言范围，以确保法官的心证主要建立在当庭证言基础之上。[3]

关于证人出庭制度的完善，陈光中教授等通过试点和调研发现，证人出庭率低等问题具有导致实体错误和程序不公的风险。试点法院证人出庭人数显著增加、类型不断丰富，通过视频作证、遮蔽容貌或不披露身份作证等证人出庭的新方式，强化证人出庭，在补强指控证据、强化法官内心确信以及防范冤假错案方面，均发挥了明显作用，提升了案件审理质量。根据试点经验，作者提出从六个方面入手改变当前证人出庭作证的困境：其一，对证人

〔1〕　孟婕：《"核实同案犯供述"的正当性证成与制度完善路径——基于对〈刑事诉讼法〉第37条第4款的规范展开》，载《法学杂志》2018年第10期。
〔2〕　王海、杨琳：《论我国被告人翻供的采信规则》，载《云南警官学院学报》2018年第3期。
〔3〕　史立梅：《庭审实质化背景下证人庭前证言的运用及其限制》，载《环球法律评论》2017年第6期。

应当出庭情形的法律规定进行改革，修改现行《刑事诉讼法》第 192 条第 1 款和第 195 条之规定，重新确定必须出庭证人的范围；其二，明确证人无需出庭作证的案件类型，规定被告人认罪认罚从宽的案件和刑事速裁程序中证人原则上无需出庭作证，并规定此类案件中不出庭证人庭外证言的采纳方式；其三，完善强制证人出庭作证制度，删去《刑事诉讼法》第 195 条中关于允许当庭宣读不出庭证人证言笔录的规定，加强法院依法强制证人出庭的主动性，加强法治宣传，提高公民的作证意识；其四，规定完整的亲属免证特权，明确亲属免证是指免受强迫作证，既不排斥其自愿作证，也不排斥其作有利于被告人的证言；其五，加强证人作证的保障制度；其六，将伪证罪的适用限于针对故意作出的庭上伪证。[1]

有人通过对某地"庭审实质化"试点的刑事示范庭案件进行实证分析发现，虽然在试点示范效应下证人出庭率有显著提高，但出庭证人以控方证人为主，且依然存在关键证人出庭标准模糊、证人询问规则不详、当庭证言采信规则缺失等问题。未来改革不应仅停留在强化证人出庭、提高证人出庭率的单一视角，而应在诉讼制度改革框架下，以改变案卷笔录中心主义的审判模式及法官印证证明模式为前提要件，进一步明晰证人出庭必要性的审查标准，将司法资源集中于疑难、复杂或有争议的刑事案件关键证人出庭，确立出庭证言的询问及认证规则，以实现证人出庭效果的最优。[2]但也有人通过实证研究提出相反观点。一般认为，证人出庭作证有助于实现庭审实质化。然而，实证研究表明，受制于"法官控权"的消极影响，被告方的质证权难以在庭审中得到充分保障，证人出庭并不必然推动庭审实质化。解决这一困境的现实选择应当是尊重法官的庭审主导权，并给予被告方与证人充分对质的机会——从"法官控权"走向"有限的控辩主导"。中国庭审实质化语境下的证人出庭作证，并非仅指证人与被告人、辩护律师共同出席法庭审判，还应包括被告人及其辩护律师在庭审中有机会对证人进行质证，并且这种机会的给予必须是充分的、公正的以及不受无理干预的。[3]

---

〔1〕 陈光中、郑曦、谢丽珍：《完善证人出庭制度的若干问题探析——基于实证试点和调研的研究》，载《政法论坛》2017 年第 4 期。

〔2〕 安琪：《刑事证人出庭问题实证研究——基于 A 市"庭审实质化"示范庭为分析样本》，载《河南财经政法大学学报》2018 年第 2 期。

〔3〕 尹泠然：《刑事证人出庭作证与庭审实质化》，载《华东政法大学学报》2018 年第 1 期。

庭审实质化不仅要求证人出庭作证，更要求对证人进行实质性的询问以防止虚假作证。证人弹劾作为法庭质证的方式之一，通过争辩证人证言的证明力可以提高证人的可信度，包括证人出庭作证、对抗式诉讼构造下的交叉询问制度。我国在一定程度上已经具备构建证人弹劾的基础，例如证据裁判原则的确立、直接言词原则的吸收等，应当从确立实质上的控辩平等关系、明确证人弹劾的理由、弹劾规则及后果方面着手，合理构建中国特色的证人弹劾规则。[1]

有学者认为，《民事诉讼法》规定的庭外作证，其程序功能已经异化为降低司法成本为主，弱化了证据调查的作用，致使庭外证言的正当性、可信性严重不足，程序运作流于形式。相应的制度完善应当坚持证人调查为中心的转向，将庭外作证的条件、作证方式两部构造模式，充实为条件、作证方式、调查措施三部构造模式，以使庭外作证程序功能回归到事实查明的根本。通过委托调查等手段扩充证人调查的司法资源，针对不同庭外作证方式运用直接与间接的证人调查措施，为庭外作证情况下各项程序价值的平衡提供有效的制度保障。[2]

5. 作证特免权

我国《刑事诉讼法》规定了被告人的配偶、父母和子女享有免于强制出庭作证的权利，但有人认为，该条并非亲属作证特免权的确立，其实质是对被告人近亲属"强制出庭"的豁免。这种"作证却免于出庭"的制度设计，使其维护家庭关系的作用受限，并在实质上剥夺了被告人的当庭质证权，既不利于庭审实质化，也不利于准确判断证言的可信性。应当以证据法"求真"与"求善"的价值导向为指导，探究该立法的实质和内在缺陷，从准确价值与和谐价值两个方面阐释构建我国亲属作证特免权的必要性，并在此基础上真正确立亲属作证特免权，维护和谐的家庭关系；若权利人放弃亲属作证特免权，则应当出庭作证接受当庭质询；近亲属作证无理由拒绝出庭时，原则上应当排除其庭外证言。[3]有人认为，"亲亲相隐"和亲属拒证权都是要实现对人伦亲情的优先保护，但二者在具体制度上存在重大差异。我国 2012 年修

---

[1] 车雅璇：《庭审实质化背景下的证人弹劾》，载《理论界》2018 年第 12 期。

[2] 李峰：《证人调查：民事庭外作证的立法向度》，载《法律科学》2017 年第 1 期。

[3] 于美溪：《我国亲属作证特免权制度建构思考——以证据法的"求真"与"求善"为视角》，载《研究生法学》2017 年第 3 期。

订后的《刑事诉讼法》规定的"出庭豁免"模式的亲属拒证权,不仅无法实现保护人伦亲情的立法目标,还会损害被告人的正当程序权利。采取"证言豁免"模式的亲属拒证权制度,赋予亲属证人拒绝陈述对被告人不利证言的权利,但仍应承担出庭义务是比较合理的选择。被害人亦应成为亲属拒证权的主体,但对亲属范围需予以合理界定。对侵害亲属拒证权的违法行为,需通过程序性制裁的方式予以相应救济。[1]有人关注线人的作证特免权,并讨论了线人是否享有拒证特权,线人享有何种拒证特权,以及我国线人的拒证特权等问题。[2]

6. 作证豁免权

我国《刑事诉讼法》未规定污点证人作证豁免制度,虽然在司法实践中迫不得已出现了污点证人刑事责任豁免的做法,但这种做法的合法性值得怀疑。司法实践的默许和法律规定的缺位,反映了污点证人豁免制度这种"退而求其次的做法"存在的必要性。有人通过分析污点证人作证豁免制度及相关理论,结合当前法律规定和司法实践,就该制度的构建在适用对象、适用范围、适用类型、适用程序、作证豁免保障机制五个方面提出建议。例如,在适用对象方面,其证言必须对侦诉机关指控严重犯罪起关键作用,能够支撑侦诉机关掌握的其他指控严重犯罪的证据,达到排除合理怀疑的证明标准;污点证人的污点,即使不满足犯罪情节轻微,但只要满足依照《刑法》规定不需要判处刑罚或者免除刑罚都是可以接受的。在范围方面,认为我国应当实行罪行豁免,但限于豁免污点证人证言所用于指控的犯罪,与指控的犯罪无关的罪行不得豁免。[3]

(六) 证据排除规则

1. 证据排除规则的基础理论研究

(1) 从比较法视角对证据排除规则进行的讨论。吴洪淇从制度结构这一相对抽象的理论范畴对刑事证据审查基本制度进行讨论。他认为,现代刑事证据审查体系是以"证据准入-证据评估相分离"为核心特征,由术语范畴、审查主体、审查标准与程序保障等多维度构成的立体制度结构。多层次的立

---

〔1〕　谢登科:《亲属拒证权的中国模式与反思》,载《江汉论坛》2017 年第 7 期。

〔2〕　安政:《线人拒证特权的比较法研究》,载《河南警察学院学报》2018 年第 3 期。

〔3〕　吴杰、仇征:《污点证人豁免价值分析及建构》,载《中国检察官》2017 年第 15 期。

体制度结构体系有利于保障证据准入与证据评估的相对分离，从而确保刑事证据规则的有效实施。我国最新刑事证据立法已通过"材料－证据－定案根据"三个基本概念确立起证据准入的两道审查门槛。证据审查规范与相关审查范畴的对接彰显了对刑事证据审查的进一步强化。但当前的证据审查制度还是一种相对扁平化的线性制度结构，缺乏来自主体分离、程序设置和适用标准层面的支撑与保障。随着审判中心诉讼制度改革的推进，我国刑事证据审查的制度体系也需要作出相应的调适。[1]在类似进路上，樊传明从制度发展史的角度对证据排除规则的历史动因作了更为细致的探究。他认为，排除规则体系主要是英国司法制度变革的产物。18 世纪到 19 世纪初的一些诉讼程序变动为以排除规则筛选庭审证据这种管控方式提供了发展动因：首先，陪审团的转型造就了二元管控结构和处于信息弱势地位的事实认定者，这为排除规则的发展确立了制度空间；其次，证据成为危险性信息源，产生了排除规则立法的实践需求；最后，激励对抗式举证和支撑言词论辩式庭审的需要，成为排除规则得以长远发展的程序驱动。对这些发展动因的制度史解释，能够为反思当代我国排除规则立法的可行性和必要性提供参照。[2]

（2）有关证据规则的体系化清理工作。从 2010 年"两院三部"《死刑案件证据规定》《排除非法证据规定》颁布实施，到 2012 年《刑事诉讼法》修改，再到 2013 年最高人民法院《关于建立健全防范刑事冤假错案工作机制的意见》出台，我国刑事证据立法和刑事证据制度改革进入了一个"快车道"。但这些规则总体还是十分松散，来源也非常复杂，亟待进一步整理。继 2016 年樊崇义、郑曦等对我国刑事证据规则进行系统梳理后，董坤对中国化证据排除规则进行了比较系统的梳理。他认为，我国通过立法和司法解释构建起中国特色的证据排除规则，包括以执行外部政策，如以遏制刑讯逼供、维护司法公正和保障基本权利为目的而建立的"非法证据排除规则"；以发现案件真相、涤除虚假证据为目的而设置的"不可靠证据排除规则"；以改进技术性、细节性不规范取证行为为目的而创设的"瑕疵证据排除规则"。由于目的各有侧重，三类排除规则在实践中对非法证据、不可靠证据以及瑕疵证据的排除思路、排除程序、补正或合理解释的方向各有不同，实践中的应用逻辑

---

〔1〕　吴洪淇：《刑事证据审查的基本制度结构》，载《中国法学》2017 年第 6 期。

〔2〕　樊传明：《证据排除规则的发展动因：制度史解释》，载《中外法学》2018 年第 3 期。

必须导源于立法目的。虽然中国特色的证据排除规则在司法实践中发挥了重要作用，但仍有"硬伤"和"软肋"。未来证据排除规则应当逐步解决不同排除规则的位阶效力错位、解释造法的问题；调整非法实物证据排除规则的适用范围和设置模式；同时，在排除规则的设计上应将更多目光从"探求真相"投向"权利保障"。[1] 可以预见，随着刑事证据规则的不断增加，刑事证据规则的系统化阐释工作将是未来学术研究的热点。

（3）审判中心的诉讼制度改革对侦查机关起获证据之证据能力审查的影响。张鹏莉和李尧的论文认为，以审判为中心的刑事诉讼制度改革需要全面贯彻证据裁判规则。依此项改革对侦查取证的指引作用，需要矫正已往侦查中心主义刑事诉讼实践中存在的取证质量粗糙问题，使侦查取证有针对性地围绕审判程序的要求展开。基于现代刑事证据审查的双层机制，审判阶段的证据能力与证明标准规范对侦查取证具有双重指引作用。在第一重指引作用中，基于程序公正和实体公正的目标，"以审判为中心"对侦查获取证据之证据能力的审查态度趋于严格，侦查主体要重视审判要求、恪守取证规范，确保取证的程序质量。在第二重指引作用中，"以审判为中心"要求侦查主体参照法定证明标准的相关要求收集证据、形塑证据体系，侦查主体要重点关注证据的全面性与全案证据"排除合理怀疑"的标准，充分保障取证的实体质量。依靠上述指引作用，在证据层面实现侦查与审判的正向配合、审判对侦查的反向制约，推动形成以审判为中心的现代化刑事诉讼模式。[2] 在另一篇论文中，作者认为，在以审判为中心的刑事诉讼制度改革背景下，立法对证据能力的审查门槛总体上将愈发提高，司法机关对证据能力审查标准的执行将愈发严格。相应地，侦查主体应着力规范取证程序，积极维护证据材料的证据能力，避免非法取证、增强执法公信力：①取证者应主动、及时对重复供述采取"稀释措施"修复其证据能力；②取证者要避免"牵强取证"，摒弃"由'非法取供'到证"的取证陋习；③取证者须严格落实各项取证规范，减少因程序粗疏导致的证据能力瑕疵。由比较研究可知，美国警讯自白可采性审查制度的历史发展脉络，对我国讯问程序规范化建设有启发作用；

---

〔1〕　董坤：《中国化证据排除规则的范性梳理与反思》，载《政法论坛》2018年第2期。

〔2〕　张鹏莉、李尧：《论"以审判为中心"对侦查取证的指引作用》，载《证据科学》2018年第2期。

德国法中对人身实施"有损检查"的条件限制及比例原则的适用，可为完善我国相关程序提供借鉴。[1]

2. 非法证据排除规则研究

（1）非法证据排除规则基础理论研究。

一是关于非法证据排除规则的理论基础。林志毅认为，我国非法证据排除规则的理论基础，通常被认为是或应当是遏制刑讯逼供或人权保障。从理论上说，我国并不具备美国那样产生和运作遏制警察违法或人权保障理论的条件。从实践上看，我国审判阶段非法证据排除规则的实践逻辑亦非如此。结合我国实际情况，"规范-权衡说"或许是指导我国审判阶段非法证据排除规则的合适理论原则。[2]

二是非法证据排除规则与我国现有刑事诉讼构造的兼容性。闫召华从证据排除的效果来展开论述，他认为非法证据排除规则的实施不一定必须通过刚性适用规则、正式作出排除决定这一种方式。专门机关通过主动弃用或者撤回有关证据即所谓"柔性排除"，可柔化"刚性排除"，保障了非法证据排除规则最低限度的实效性，是我国非法证据排除制度的一大特点。它契合我国职权信赖的刑诉理念和对非法证据排除规则的特殊定位，也是层层把关式刑事诉讼构造的必然要求。当然，这并不能掩盖其对构筑"以审判为中心"的刑事诉讼新格局等可能存在的负面影响。当务之急，应通过合理规制，增强"柔性排除"的程序正当性，避免"柔性排除"的乱用与滥用。[3]孙远认为，问题导向、控诉原则、自由裁量是对于非法证据排除规则有效适用不可或缺的三个要素。我国《刑事诉讼法》采用的公检法三机关在各自诉讼阶段分别承担排除非法证据义务的方案，由此导致的后果是：一方面，我国非法证据排除规则的发展被局限在排除刑讯口供这一较初级的层面上裹足不前；另一方面，即使就刑讯所获口供的排除而言，此种方案亦难有实质效果。从刑事诉讼构造角度来看，现行法贯彻的适用方案沿袭了传统"流水作业"的诉讼模式，而具备前述三要素的方案，则是一种"以审判为中心"的模式。

---

〔1〕　李尧、张鹏莉：《侦查取证程序规范研究——以维护证据能力为切入》，载《证据科学》2018年第5期。

〔2〕　林志毅：《论我国审判阶段非法证据排除规则的理论基础》，载《中外法学》2017年第4期。

〔3〕　闫召华：《刑事非法证据"柔性排除"研究》，载《中外法学》2018年第4期。

非法证据排除规则唯有在"以审判为中心"的模式之下，才能得到严格适用。[1]

三是非法证据排除规则与我国现有刑事证明模式的兼容性。牟绿叶提出，我国非法证据排除规则没有关注法官评价证据的心证过程。英美法系国家的排除规则体现了"原子主义"思维方式，但我国的排除规则却是将"整体主义"和"相互印证"的逻辑表达于规范和实务层面。这种"整体主义"的证据评价方式源自对案件实体真实的追求，其本质是用"印证"思维来解决证据能力问题。这会导致实体事实影响法官准确认定非法证据，也会致使印证证明模式在一定程度上架空排除规则。此外，心理学中"以融贯性为基础"的推理和相关法律实验表明，"整体主义"会引导法官倾向于不排除非法证据。我们应当在以审判为中心的改革中逐步弥合两者冲突，其中，最低限度的改革要求是不能以"相互印证"来处理取证合法性的问题。[2]

（2）非法证据排除规则的立法进展。2017 年，"两院三部"《严格排除非法证据规定》和最高人民法院《人民法院办理刑事案件排除非法证据规程（试行）》得以颁布。杨宇冠认为，我国《刑事诉讼法》和"两院三部"《严格排除非法证据规定》构建了中国特色的非法证据排除规则，其特点是以排除非法言词证据为重点，以遏制刑讯逼供等非法取证现象为目标，以侦查和司法部门主动排除和被告方申请排除相结合为方法等。该规则在实体和程序方面可进一步完善的方面包括：确定非法实物证据范围，排除"毒树之果"，建立非法证据排除的听证程序，与刑事司法其他规则相协调。[3]郭旭提出了我国非法证据排除规则的发展与隐忧。他认为，"两院三部"《严格排除非法证据规定》推动了非法证据排除规则的进一步发展和完善，改变了非法言词证据的界定规则，解释了重复自白的可采性问题及例外等，但在证人证言、被害人陈述的排除、非法实物证据界定和范围以及证据排除后的"借尸还魂"

---

〔1〕 孙远：《论非法证据排除规则有效适用的三个要素——以侦查追诉阶段排除非法证据为视角》，载《政治与法律》2018 年第 4 期。

〔2〕 牟绿叶：《论非法证据排除规则和印证证明模式的冲突及弥合路径》，载《中外法学》2017 年第 4 期。

〔3〕 杨宇冠：《我国非法证据排除规则的特点与完善》，载《法学杂志》2017 年第 9 期。

等方面仍存在着需要进一步解决的问题。[1]

（3）非法证据排除规则的法教义学分析。易延友认为，认真对待《刑事诉讼法》有关非法证据排除规则的方法就是努力把《刑事诉讼法》解释好，而不是一味地批评它，或修改它。这样，才能使规则更加明确和具体，从而具有可操作性。基于法教义学方法对《刑事诉讼法》第56条进行分析，不难发现，该条规定中的"等非法方法"，应当是指侵犯了公民基本权利的方法，而不仅仅是"冻、饿、晒、烤、疲劳审讯"等与刑讯逼供在形式上完全类似、性质上同出一辙的方法。同样，对物证、书证等实物证据的排除，传统的裁量排除思维模式并不符合《刑事诉讼法》立法本意；相反，对于实质性程序瑕疵，立法实际上采取了强制排除的立场。所谓"实质性程序瑕疵"，就是指侵犯了犯罪嫌疑人、被告人基本权利的程序瑕疵，具体包括反对强迫自我归罪的权利、获得律师帮助的权利、住宅不受任意侵犯的权利等。此外，根据《刑事诉讼法》第56条的表述，间接渊源于违法行为的证据，也应当予以排除。换句话说，"毒树之果"原理在我国刑事诉讼中同样适用。同时，结合《刑事诉讼法》第57条的规定，第56条关于非法证据排除的规则并不适用于辩护方提供的证据。但是，纪委收集的证据却显然受第56条的约束。[2]还有论文对重复供述规则进行了法教义学分析。董坤提出，重复性供述不包括重复性辩解，与刑讯逼取的首次供述在内容上相同或包容，在表现形式上包括讯问笔录、自书供词以及录音录像等材料。《严格排除非法证据规定》第5条规定了在原则上对重复性供述进行排除，但在更换讯问人员，转换讯问情境，充分履行告知义务的情况下不排除的"原则加例外"排除模式。实践中，要对例外情形严格把关，明确转换人员的身份，全面、准确地告知诉讼权利和法律后果。此外，鉴于重复性供述在实践中的复杂样态，对于重复性供述的诱因是否仅限于刑讯逼供一种形式，对刑讯之后多次讯问获取的不同供述，以及重复性的证人证言、被害人陈述等言词证据是否也需设定排除规则仍需进一步研究。[3]

---

〔1〕 郭旭：《我国非法证据排除规则的发展与隐忧——评"两高三部"〈严格排除非法证据规定〉》，载《证据科学》2017年第6期。

〔2〕 易延友：《非法证据排除规则的立法表述与意义空间——〈刑事诉讼法〉第54条第1款的法教义学分析》，载《当代法学》2017年第1期。

〔3〕 董坤：《重复性供述排除规则之规范解读》，载《华东政法大学学报》2018年第1期。

（4）非法证据排除规则运行的程序基础。程序场域和证明问题是非法证据排除规则有效实施的前提条件。陈瑞华提出，在审前阶段，检察机关通过侦查监督、核查、审查逮捕和审查起诉来主导非法证据排除程序。在审判阶段，法律对非法证据排除程序的启动作了一些限制，确立了程序性审查前置、先行调查以及当庭裁决等原则，对非法证据排除的初步审查和正式调查作出了程序上的规范，强化了庭前会议的诉讼功能，确立了完整的正式调查程序构造，确立了两种程序救济方式。非法证据排除程序的有效实施，取决于一系列制度的保障，其中检察机关的主导地位、律师辩护权的有效保障、法院自由裁量权的限制以及法院审判独立性和权威性的加强，属于其中最为重要的制约因素。[1]彭海青从非法证据之证明的角度认为，证据合法性证明规范的确立具有重要意义，然而司法实践表明检察机关却因此陷入了证据合法性证明的困境。在局部完善难以奏效的情况下，我国应彻底革新证据合法性证明制度。首先，在证明责任方面，确立由检察机关的主要证明责任、公安机关的连带证明责任与有关知情人员的协助证明责任等构成的共同责任模式；其次，在证明方式方面，分别确立记录类证据与当庭说明类证据的证明规则；最后，在证明标准方面，确立"程序规范标准"作为证据合法性的证明标准。我们应以证据合法性证明制度的革新为契机，在已有程序性裁判的证据理论的基础上进一步探索程序性证据法理论的创设。[2]宋远升提出，非法证据规则本身是作为刑事诉讼中限制国家权力而设计的实体性/程序性规则，其目的是调整侦控权力与被告人权利过于失衡的对比关系，从而达到被告人权利保障之目的。对于非法证据排除规则上述目的的实现效果如何，司法中心主义或者审判中心主义的制度设计至关重要。在美国，证据排除规则基本运作良好，这有赖于上述权力/权利构架的有序及稳定。在我国，非法证据排除规则却呈现出与制度设计者预期不符的消极现象。这其中有非法证据排除规则制度设计缺失的因素，包括对非法证据"违法手段"界定模糊，以及上述缺失都与其背后的支撑性理论——审判中心主义及控辩平衡原理有着直接的勾连。因此，应当结合/溯及非法证据排除规则在我国运作失灵表象背后的制度设计及支撑性理论，以法律实用主义为指导原则确立我国行之有效的非法证据排除

〔1〕　陈瑞华：《非法证据排除程序的理论展开》，载《比较法研究》2018 年第 1 期。
〔2〕　彭海青：《证据合法性证明与程序性证据法理论》，载《法学杂志》2018 年第 12 期。

规则。[1]

（5）非法证据排除与侦查办案人员出庭作证规则。张保生认为，"两院三部"《严格排除非法证据规定》有关侦查办案人员出庭作证的规定，是对《刑事诉讼法》证据合法性调查程序的重大发展，有效地促进了控辩平等：其一，辩方申请侦查办案人员出庭作证的权利得到保障。《严格排除非法证据规定》第27条关于"被告人及其辩护人申请人民法院通知侦查人员或者其他人员出庭，人民法院认为现有证据材料不能证明证据收集的合法性，确有必要通知上述人员出庭作证或者说明情况的，可以通知上述人员出庭"的规定，在我国刑事司法史上第一次赋予辩方申请法院通知侦查办案人员出庭作证的程序启动权，这是对《刑事诉讼法》第57条第2款规定的重大发展，其法治意义在于维护了控辩双方的诉讼权利平等。当然，在辩方申请人民法院通知侦查办案人员出庭的情况下，《严格排除非法证据规定》第27条仍然沿用了人民法院认为"确有必要通知上述人员出庭作证或者说明情况的，可以通知上述人员出庭"的规定，这是一个令人遗憾的缺陷。既然是"确有必要通知"，合乎逻辑的规定该是人民法院"应当通知"，而不是"可以通知"上述人员出庭作证。其二，侦查办案人员出庭的证人身份与作证内容。《严格排除非法证据规定》第27条明确规定了侦查办案人员出庭的身份是"出庭作证或者说明情况"。这里虽然还留下了一句"说明情况"的尾巴，但这已无足轻重，因为前文"出庭作证"已明确无误地将他们的出庭身份界定为证人。侦查办案人员作为案件侦查情况的知情人，显然负有证人之一般作证义务，但具体而言，又可分为目击证人、程序证人、辨认鉴真证人三种情况。其三，侦查办案人员出庭作证的方式。侦查办案人员无论是以何种证人身份（目击证人、程序证人或辨认鉴真证人）出庭，都应该以"问-答"方式作证：首先由控方以直接询问方式提供证言；然后，以辩护人交叉询问和被告人对质的方式接受辩方质证。其四，以《严格排除非法证据规定》实施为契机，让警察等侦查办案人员出庭作证成为常态：①要求警察和其他办案人员作为取证知情证人出庭，经过必要的宣誓程序，对证据收集的合法性加以证明，同时接受被告人及其辩护人的质证，这对提高警察等办

---

〔1〕 宋远升：《非法证据排除规则的虚化与实化——以法律实用主义为指导的证据排除规则的出路》，载《证据科学》2017年第1期。

案人员的证据法治意识可以起到积极的教育作用；②侦查办案人员作为一般辨认鉴真证人出庭作证应该常态化；③警察和其他办案人员应当树立以出庭作证为本职工作的观念。未来"国家监察法"也应明确规定出庭作证是监察人员的重要职责。[1]

（6）非法供述的相关研究。其一，关于口供一般性证据能力的研究。关于口供在刑事诉讼中的地位和作用，纷争已久。姜振业认为，在现代刑事诉讼制度下，被告人不再是诉讼客体，口供不再是判决有罪的必要条件。但口供依赖问题依然客观存在，甚至修法后矛盾仍未解决。在未对口供进行合法性及相关性等严格证明程序审查前，对口供自愿性的调查实质上是对侦查合法性的调查。与此相关的系列问题，如相互印证规则是否为合法的证据调查方法，借由补强证据来补强被告口供的可信度，需认真检讨。[2]其二，从比较法角度对口供自愿性的研究。施鹏鹏提出，受欧洲人权法院的压力，法国于 2011 年出台了《刑事拘留法》，明确了口供的自由、自愿原则，包括权利告知、获取口供的合法性限制以及非法口供排除的自由评价。从制度设计上，法国式的口供自由、自愿原则具有三大特点：以判例为主导的非法口供排除规则体系、"相对无效为主、绝对无效为辅"的排除标准以及以中立司法官为主要的权力监督机构。它仍带有浓厚的职权主义色彩。从根本而论，"社会利益优先""国家权力主导""追求实质真实"等核心目标在法国刑事诉讼中未发生根本变化，公权力在刑事司法体系中还处于较优势的地位。[3]其三，对特殊情形下的供述进行探讨。董坤对疲劳审讯下的供述之可采性进行探讨认为，疲劳审讯不仅会对被讯问人的身体造成伤害，还可能催生虚假口供，诱发错案，因此应当明确禁止，排除由此所获之证据。世界各国和地区对疲劳审讯的认定可归结为三种模式：强制性认定模式、裁量性认定模式和原则加例外的认定模式。基于当前的刑事诉讼结构、辩护制度的发展以及既有的侦讯环境，我国对疲劳审讯的认定应采原则加例外的模式，规定除法律设定的

---

〔1〕　张保生：《非法证据排除与侦查办案人员出庭作证规则》，载《中国刑事法杂志》2017 年第 4 期。

〔2〕　姜振业：《口供证据能力再检讨》，载《证据科学》2018 年第 5 期。

〔3〕　施鹏鹏：《口供的自由、自愿原则研究——法国模式及评价》，载《比较法研究》2017 年第 3 期。

特殊情形外，连续讯问超过 24 小时应被认定为疲劳审讯，所获供述亦应排除。[1]纵博对指供问题进行讨论认为，指供是极易导致冤假错案的一种取证方法，在实践中大多与刑讯逼供、威胁、引诱等方法合并使用。指供使虚假口供与其他证据形成印证，因而使虚假口供难以被识别和剔除，同时也导致非法口供更难被排除，所以指供有造成冤假错案的高度危险性。是否可能使无辜嫌疑人承认自己有罪并按照审讯人员意图而作出犯罪事实细节的虚假口供，是指供所获口供的判断标准。具体而言，应当从审讯人员是否透露不应透露的证据或信息、嫌疑人是否会受审讯人员指供内容影响而虚假供述两个方面进行判断。[2]

（7）监察程序中的非法证据排除规则。高通对监察程序中的非法证据进行了法解释学分析。他提出，监察非法证据虽然与刑事非法证据具有密切联系，但二者之间也存在明显分野，监察非法证据排除规则独立于刑事非法证据规则而存在。监察非法证据的设定必须要充分考虑我国监察实践，并在打击腐败与防范权力滥用之间达至小心的平衡。监察机关在推进法治化进程中的特殊定位、监察非法证据排除规则在防范监察权滥用方面的作用、打击腐败行为的需求以及监察权作用领域不同，是界定非法证据时着重考虑的几个因素。可依据权力违法的程度以及公民基本权利被侵犯的程度，来设定监察非法证据的排除标准。[3]郑曦从另一角度分析了非法证据排除规则对监察委办案的适用状况。他认为，非法证据排除规则具有彰显司法公正、提供救济手段和震慑违法取证的价值。中国式非法证据排除规则虽有自身特点，但仍具有这三项价值，适用于监察委办案具有正当性。然而由于监察委内部权责不明确、与法检地位相差悬殊、程序惯性影响、非法取证行为难以查证等原因，在监察委办理案件中适用非法证据排除规则存在自我排除难以实现、后续刑事诉讼程序排除乏力等困难。因此应对监察委内部机构权责进行明确划分，保障讯问中的全程录音录像，并在《刑事诉讼法》中明确规定该规则的适用，再强化审判中心主义，以实现非法证据排除规则在监察委办理案件中的有效实施。[4]

---

〔1〕 董坤：《论疲劳审讯的认定及其所获证据之排除》，载《现代法学》2017 年第 3 期。
〔2〕 纵博：《指供及其证据排除问题》，载《当代法学》2017 年第 2 期。
〔3〕 高通：《监察程序中非法证据的法解释学分析》，载《证据科学》2018 年第 4 期。
〔4〕 郑曦：《论非法证据排除规则对监察委办理案件的适用》，载《证据科学》2018 年第 4 期。

3. 笔录类证据的可采性问题

王景龙对笔录证据的功能进行了探讨。他认为，2012 年《刑事诉讼法》以"列举未尽"的方式规定了一类独立的法定证据——笔录证据。笔录证据是以书面文字记录取证活动的一种证据形式，也是取证主体固定、保全证据的一种基本方法。笔录证据同时具有证明取证行为合法性和实质证据真实性或相关性的辅助功能。就言词证据而言，记载取证活动的书面笔录与言词证据本身合二为一，当然具有证明犯罪事实成立与否的实质功能。笔录证据的瑕疵会导致所记载的取证行为的合法性受到质疑，还会导致所获证据的真实性或相关性受到影响，但不同缺陷所采用的补救措施存在区别。笔录证据证明功能的实现，一方面要对其证据能力和证明力作出某些限制，另一方面要完善其正当性保障措施。[1] 宋维彬对刑事辨认笔录的证据效力进行了探讨。辨认人的感知、记忆、辨识以及辨认笔录的制作均可能存在错误，而辨认错误是导致刑事误判的一项重要原因。英美法国家建立了较为完善的辨认笔录证据能力规则，其中，美国以传闻法则、律师帮助权和正当法律程序对审判外辨认进行规制，英国则通过传闻法则与证据排除规则对先前辨认陈述予以规制。我国辨认笔录的证据能力规则不够完善，辨认人及辨认笔录制作人员出庭作证制度亦存在疏漏。为此，有必要从准入规则与排除规则两个层面对辨认笔录的证据能力规则予以建构。[2]

4. 被害人陈述的证据能力问题

卫跃宁和宋振策认为，基于被害人陈述的独立地位，我国应当探索并确立与被害人陈述的特点相适应的证据能力与证明力规则。被害人辨认属于被害人陈述，可以通过辩护律师在场来监督被害人辨认程序的合法性与结果的准确性。我们要辩证地评价被害人陈述的证明力，检讨对被害人陈述的补强规则，在建立科学的人证可信性检验机制的基础上，允许单独依靠被害人陈述慎重地定罪。[3] 向燕考察了性侵案中儿童被害人陈述的审查判断问题。她提出，性侵儿童案件的证据往往呈现以儿童被害人陈述为主的证据构造，其陈述真实性的审查判断对事实的认定起着决定性作用。英美法系国家就性侵

〔1〕 王景龙：《论笔录证据的功能》，载《法学家》2018 年第 2 期。

〔2〕 宋维彬：《论刑事辨认笔录的证据能力》，载《当代法学》2017 年第 2 期。

〔3〕 卫跃宁、宋振策：《被害人陈述的证据能力与证明力规则——一个比较证据法的视角》，载《证据科学》2017 年第 3 期。

儿童被害人的创后症状以及对儿童被害人采取的询问程序和方法，对被害人陈述真实性的影响展开研究，又称社会科学研究。此类研究成果已被广泛运用于性侵儿童诉讼中，为审查判断儿童被害人陈述的真实性提供了科学依据。在借鉴这些实践的基础上，应对我国性侵儿童案件证据的审查判断规则作出以下改革：其一，引入专家证言辅助裁判者对被害人陈述进行审查判断；其二，对性侵儿童被害人延迟揭发犯罪事实、撤回指控以及陈述不一致、缺乏细节等现象要区别对待；其三，对使用具有强暗示性询问方法获取的儿童被害人陈述予以排除。[1]

（七）证明责任与证明标准

1. 关于证明责任的研究

（1）证明责任基本理论研究。

第一，关于证明责任作为裁判规则的本质。李浩认为，法官适用《民事诉讼法》第112条处置疑似虚假诉讼案件，如果最终是否为虚假诉讼无法确定，法官就不能适用该条驳回诉讼请求并对当事人进行制裁。这表明，法官适用了证明责任的裁判规则，也表明证明责任可以与当事人的主张无关、与当事人提供证据的责任无关。正是在这一过程中，证明责任的本质得到了充分体现。[2]有学者认为，在进一步明确证明责任为裁判规范的同时，应当设定具体的适用程序，避免证明责任理论的空设，以及在运用时需重新纳入事实认定程序的不当做法。[3]有学者认为，证明责任之所以成为"民事诉讼的脊梁"，在于其作为民事案件基本裁判方法的功能。证明责任是法律适用理论的一部分，而法律适用的核心是对案件事实作必要的判断，证明责任实质上是裁判规范的援引问题，即实体法问题。[4]

第二，证明责任分配的基本理论。有学者认为，"规范说"与"修正规范说"存在着形式与实质的区别，但依两种理论分配证明责任的结果基本是一致的。尊重实体法的立法宗旨与目的以分配证明责任是两种学说一贯坚持的

---

〔1〕 向燕：《论性侵儿童案件中被害人陈述的审查判断》，载《环球法律评论》2018年第6期。

〔2〕 参见李浩：《民事证明责任本质的再认识——以〈民事诉讼法〉第112条为分析对象》，载《法律科学》2018年第4期。

〔3〕 参见许尚豪：《作为裁判规范的证明责任》，载《当代法学》2017年第5期。

〔4〕 参见胡学军：《论证明责任作为民事裁判的基本方法——兼就"人狗猫大战"案裁判与杨立新教授商榷》，载《政法论坛》2017年第3期。

核心思想，也是该派学说与其他竞争性学说的本质区别。[1]有学者认为，证明责任分配不能套用民法理论，而是亟须建立特有的规范分层体系。"规范说"与"谁主张谁举证"之间的紧张关系在举证证明责任概念中得到了部分缓解，其将二者统合为"谁主张于己有利事实谁举证"。具体举证责任在实践中的难题并不能得出莱奥·罗森贝克（Leo Rosenberg）教授证明责任论在我国无法适用的结论。[2]有学者立足中国民诉语境，从证明责任的"中国问题"出发，阐明了证明责任的基本法理和运用的基本技术。[3]关于我国举证责任论与罗森贝克证明责任论的关系，有学者认为，只有坚持证明责任对应法律问题和具体举证责任对应事实问题的二元结构，才可能实现正确分配诉讼风险前提下对"证明难"和恣意事实认定的克服。德国实质性解释的新进展主要针对权利妨碍规范，且是在立法论而非解释论语境下展开的。[4]

第三，关于举证责任、主客观证明责任的概念界分。针对客观证明责任在实务中适用率较低的问题，有学者认为，客观证明责任虽然揭示了该制度的本质，但其比较复杂，主观证明责任对该制度的说明简单明了，这是立法、司法解释、裁判文书无法使用客观证明责任概念的原因。主观证明责任在诉讼实务中的适用率远远超过客观证明责任，也是主要原因之一。[5]关于举证责任概念的细分及矛盾的调和，有学者认为，举证责任的对象是具体生活事实的"模糊不清"，而证明责任针对的是作为裁判前提条件的法律构成要件"真伪不明"。[6]

第四，客观证明责任与证明标准的关系。有学者认为，作为客观证明责任的逻辑前提，真伪不明在事实层面和制度层面上皆真实存在，其真正含义是指法官的心证程度在证明标准附近上下波动，而不能用优势盖然性至高度盖然性证明标准之间的固定区域来表示。客观证明责任是抽象而模糊的证明标准，无法帮助法官形成主观心证，因此不能将真伪不明的独立心证状态归

〔1〕　参见胡学军：《证明责任"规范说"理论重述》，载《法学家》2017 年第 1 期。

〔2〕　参见任重：《罗森贝克证明责任论的再认识——兼论〈民诉法解释〉第 90 条、第 91 条和第 108 条》，载《法律适用》2017 年第 15 期。

〔3〕　参见霍海红：《证明责任的法理与技术》，北京大学出版社 2018 年版。

〔4〕　参见任重：《论中国"现代"证明责任问题——兼评德国理论新进展》，载《当代法学》2017 年第 5 期。

〔5〕　参见李浩：《证明责任的概念——实务与理论的背离》，载《当代法学》2017 年第 5 期。

〔6〕　参见胡学军：《举证证明责任的内部分立与制度协调》，载《法律适用》2017 年第 15 期。

为未达到证明标准。[1]

第五，国外基础理论引介。庄敬华教授翻译了罗森贝克教授的《证明责任论》（第 5 版）。该书是证明责任的经典论述，对我国民诉立法及司法实践有巨大影响，具有很高的学术价值。主要内容包括：证明责任的概念意义，证明责任分配的原则，法律推定，对法律行为的成立、有效内容产生争议时的证明责任分配，一般意义上的具体证明责任问题。[2]有学者认为，德国法上的事案解明义务，是解决民事诉讼信息-证据偏在问题的有效手段。我国未来民事诉讼应在例外性事案解明义务的基础上引入这一制度，同时将事案解明义务的设计和推进纳入我国民诉证明责任的制度体系，以免带来意料之外的负面效应。[3]

（2）民事诉讼证明责任研究。

第一，关于各类基础事实的证明责任探讨。关于诉讼法要件的证明责任，有学者认为在《民事诉讼法》的适用中，同样存在着证明责任问题。《民事诉讼法》中的证明责任呈现出一系列不同于民事实体法的特点。当事人对有利于自己的要件事实承担证明责任这一原则也同样适用于《民事诉讼法》中的要件事实。[4]关于消极事实的证明责任分配，有学者认为根据最高人民法院新《民诉法解释》第 91 条确立的规则来分配消极事实的证明责任，对于负举证责任一方当事人而言显然过于严苛。为此，通过举证责任倒置、举证责任转换、表见证明、证明度降低、强化相对人的具体义务及事案解明义务等方式加以缓和，殊为必要。[5]

第二，民间借贷诉讼中的申请鉴定责任分配。吴泽勇认为，在民间借贷诉讼的司法实务中，申请鉴定责任不能一概而论地分配给原告或者被告，而应根据客观证明责任的分配，以及当前法官的心证状态来确定提出证据责任

---

〔1〕 参见曹建军：《再论我国客观证明责任：制度回归与适用考察》，载《甘肃政法学院学报》2017 年第 4 期。

〔2〕 参见 [德] 莱奥·罗森贝克：《证明责任论》（第 5 版），庄敬华译，中国法制出版社 2018 年版，第 1~3 页。

〔3〕 参见吴泽勇：《不负证明责任当事人的事案解明义务》，载《中外法学》2018 年第 5 期。

〔4〕 参见李浩：《民事诉讼法适用中的证明责任》，载《中国法学》2018 年第 1 期。

〔5〕 参见陈贤贵：《论消极事实的举证证明责任——以〈民诉法解释〉第 91 条为中心》，载《当代法学》2017 年第 5 期。

的归属，并由负担提出证据责任的当事人负责提出鉴定申请。[1]该学者还认为，我国民间借贷司法实践中经常出现事实认定困境，解决问题的出路是在坚持规范说确立的证明责任分配方法的基础上，引入主张责任、主张的具体化、证明的必要性、提出证据责任的转移、本证和反证的区分等理论，对事实调查的流程作更精细的划分，对当事人在各阶段的任务作更具体的分配。[2]

第三，关于案外人执行异议之诉。有学者认为，案外人执行异议之诉应该增加被执行人的举证义务，明确规定案外人免除证明责任的情形，法官加强释明，并充分考虑案件的具体情况灵活分配证明责任，以期对司法实践中审理案外人执行异议之诉有所裨益。[3]

第四，关于代理权诉讼中的证明责任分配。有学者认为，在代理权纠纷中实质涉及三层法律关系并存在三种可能的诉讼模式，应然的代理权证明责任归属模式应当符合法律要件分类说的基本内容并体现实体请求权的作用空间，通过彻底解构现有的制度规定，进而内在契合式地确立原告为对代理权是否存在事实负担证明责任的一方。[4]

第五，关于劳动争议中的证明责任分配。有学者认为，应区分劳动争议主观证明责任和客观证明责任。在规范及修正理论基础上，结合管理权滥用预防需求，明确劳动争议客观证明责任分配规则。以证明责任减轻等具体证明技术规则予以补充，实现具体个案的实质公正。[5]有学者认为，采用修正规范说，并结合对实体法规范的解释，完全可以为劳动争议的证明责任问题提供恰当解决方案。为此，应当修订《劳动合同法》相关法条，通过主文/但书的区分等方式恰当地表达证明责任分配。[6]

（3）刑事诉讼证明责任研究。

---

〔1〕　参见吴泽勇：《证明责任视角下民间借贷诉讼中的借款单据鉴定问题研究》，载《法律适用》2018 年第 9 期。

〔2〕　参见吴泽勇：《民间借贷诉讼中的证明责任问题》，载《中国法学》2017 年第 5 期。

〔3〕　参见邓和军、罗娜：《论案外人执行异议之诉的证明责任》，载《海南大学学报（人文社会科学版）》2018 年第 5 期。

〔4〕　参见李潇潇：《代理权是否存在问题的证明责任分配模式研究》，载《甘肃政法学院学报》2017 年第 2 期。

〔5〕　参见侯玲玲：《劳动争议证明责任理论思考和制度重构》，载《法学评论》2017 年第 3 期。

〔6〕　参见袁中华：《劳动争议证明责任倒置说之批判》，载《环球法律评论》2017 年第 3 期。

第一，关于精神障碍的证明责任。有学者认为，精神障碍的证明责任分配始终是一个困扰刑事司法理论与实务的难题，公诉方固然应当对此事项承担结果意义上的证明责任，但辩护一方也需要完成适当的举证行为，以支持自己的主张。[1]

第二，关于三阶段犯罪论体系中的证明责任分配。有学者认为，应明确证明责任分配的首要依据是《刑事诉讼法》的相关内容，在此前提下，犯罪论体系与证明责任具有如下关系：在宏观上，犯罪论体系可以划定证明责任所指向的实体法事实范围；在微观上，不同性质的构成要件要素会影响证明责任中证明标准的高低，甚至在特殊情况下会影响证明责任的分配。[2]

2. 关于证明标准研究

（1）证明标准基本理论研究。

第一，关于刑事诉讼证明标准中体西用的立法模式。有学者认为，2012年刑事诉讼证明标准确立了中体西用的立法模式，但在体系、逻辑方面的存在瑕疵并在司法适用中的难遂人意，制度设计者实用主义的立法策略是促成中体西用立法模式的直接诱因，但深层次的原因则是对于认识论的僵化理解及对刑事证明标准定位的失当。未来的改革应当厘清刑事证明标准的定位，明晰其可能的作用与限度；超越"体用"思维的束缚，尊重实践智慧，实现法律体系的融贯。[3]

第二，刑事证明标准的法经济学分析。有学者认为，按法经济学分析框架，在可获信息量能够发生变化的情况下，刑事证明标准的设定应使该标准使用时仍存在的错误成本及为达到该证明标准而付出的行政成本之和最小化。但我国现有相关研究尚未系统和准确地分析影响刑事证明标准设定的因素，在解释力和说服力上存在较大不足，而法经济学分析模式可在一定程度上弥补上述不足。[4]

第三，刑事证明标准理论的反思。

其一，关于刑事证明标准印证化的反思，有学者认为，以审判为中心的

---

〔1〕 参见孙皓：《论刑事诉讼中精神病问题的证明责任分配》，载《法学杂志》2017年第1期。

〔2〕 参见李会彬：《犯罪论体系的证明责任分配功能辨析》，载《政治与法律》2018年第9期。

〔3〕 参见李训虎：《刑事证明标准"中体西用"立法模式审思》，载《政法论坛》2018年第3期。

〔4〕 参见张卿：《刑事证明标准的经济学反思》，载《东南学术》2018年第2期。

诉讼制度改革为我国刑事证明标准的主观转向提供了事实基础和程序保障，未来应把印证规则与刑事证明标准相剥离，确立并强化排除合理怀疑证明标准的地位及其应用，并明确印证作为证据分析方法的功能及走向。[1]

其二，关于刑事证明标准层次化的反思。有学者认为，鉴于公检法等诉讼主体的程序控制能力，"确实、充分"标准自有其相对合理的一面。如果不能准确把握"确实、充分"的基本内涵，并无偏倚地辨析中国刑事司法涉及证明模式的若干特别关系，"层次化"的改造方案恐怕就是盲目且又不甚妥当的。[2]

第四，刑事诉讼证明标准的实务适用。有学者认为我国刑事诉讼证明标准在实践中往往会被降格适用，法律制度上的"高标准"并没有在实践中做到"严要求"，造成这一悖反现象的根本原因在于裁判者制度角色和制度能力之间的矛盾。司法改革应重视制度角色和制度能力的互动关系，以避免表达与实践的悖反现象，真正实现改革的目标。[3]

第五，第三层次有罪判决证明标准的技术性构建。有学者认为，通过探寻并确立庭审证据分析与证据评价之科学有效方法和规则，能够找到满足证据分析与证据评价的科学且精细化之指标，运用这些指标最终能够塑造出第三层次有罪判决证明标准这样一个"动态模具"。该标准在性质上属于或然性标准，具体包含四项科学且精细化的指标。裁判者通过运用有效的方法能够合理判断庭审证明是否符合这四项指标，并据此获得精确且正当、可接受的裁判事实。[4]

第六，关于刑事诉讼证明标准的实质性递进。有学者认为推进"以审判为中心"的刑事诉讼制度改革并不意味着要统一证明标准或定罪标准前移，反而需要通过递进式诉讼程序形塑递进式证明标准：厘清"一条纵向主线"、搭建"多条横向分支"，以技术化的方式将程序重心从侦查程序逐步推进到审

〔1〕　参见杨波：《我国刑事证明标准印证化之批判》，载《法学》2017 年第 8 期。

〔2〕　参见孙皓：《论刑事证明标准的"层次化"误区》，载《当代法学》2017 年第 4 期。

〔3〕　参见陈虎：《制度角色与制度能力：论刑事证明标准的降格适用》，载《中国法学》2018 年第 4 期。

〔4〕　参见周洪波、熊晓彪：《第三层次有罪判决证明标准的技术性构建——基于现代证明科学进路的探索》，载《证据科学》2017 年第 2 期。

判程序，实现从"以侦查为中心"向"以审判为中心"的转变。[1]

（2）刑事诉讼证明标准研究。

第一，公诉证明标准。有学者认为，我国《刑事诉讼法》将"证据确实、充分"作为检察机关提起公诉的证明标准，这一理想化的证明标准源于对辩证唯物主义认识论的认识偏差。在当前司法语境下，宜以"'形式有罪'＋'内心确信'"作为检察官提起公诉所参考的证明标准。[2]还有学者认为，在自由心证认知规律的统领下，增强刑事诉讼证明标准的可操作性是法律解释难以完成的任务。增强刑事诉讼证明标准操作过程的规范性可从明确证据运用中的技术规范、颁布证明标准适用的指导性案例、设置证明标准适用中更严格的程序操作规范三个方面着手。[3]

第二，认罪认罚案件的证明标准。孙长永认为，我国实务界和理论界围绕应否降低认罪认罚案件的证明标准产生了一定争议，多数试点地区出台的实施细则实际上降低了证明标准。在认罪认罚案件中，检察机关在法庭上的举证责任及其证明标准被显著降低，但法院认定被告人有罪的心证门槛不能降低。法庭应当一并审查认罪认罚的自愿性、合法性与真实性，确保法定证明标准得到落实。[4]有学者认为，认罪认罚从宽与审判中心具有理论交织中的耦合性，其适用的证明标准与其他案件并无实质性差异，只是基于被告人认罪认罚证明程序或要求相应简化。为了回归审判中心的证明标准定位，速裁程序应当避免书面审理之倾向，口供应在简化且有限的程序空间接受有效的严格证明审查。[5]有学者认为，有关认罪认罚案件的证明标准，理论界与实务界存在坚持说、差异说、降低说三种观点，争论极大。有必要以防范冤假错案为底线，把握认罪认罚案件对口供补强的不同力度，摒弃"只能做，不能说"的证明标准潜规则，构建认罪认罚案件的差异化证明标准。[6]还有

---

〔1〕　参见谢澍：《论刑事证明标准之实质递进性——"以审判为中心"语境下的分析》，载《法商研究》2017 年第 3 期。

〔2〕　参见李辞：《再论提起公诉证明标准》，载《东南学术》2018 年第 6 期。

〔3〕　参见徐阳：《我国刑事诉讼证明标准适用观念之思考——从增强可操作性到增强操作过程的规范性》，载《法商研究》2017 年第 2 期。

〔4〕　参见孙长永：《认罪认罚案件的证明标准》，载《法学研究》2018 年第 1 期。

〔5〕　参见汪海燕：《认罪认罚从宽案件证明标准研究》，载《比较法研究》2018 年第 5 期。

〔6〕　参见闫丰锦：《多维度与差异化：认罪认罚案件的证明标准探析》，载《证据科学》2017 年第 4 期。

学者认为，认罪认罚案件大多因被告人自愿认罪而事实清楚、证据扎实，这类案件由于容易达到证明标准而使程序相应简化，并非程序简化故而可以降低证明标准。[1]

第三，关于排除合理怀疑的定罪标准。杨宇冠阐述了"排除合理怀疑"在英美法系中的适用情况，探讨合理怀疑的概念和适用规则，结合中国刑事司法制度和相关规定，分析了"排除合理怀疑"与刑事诉讼其他证明标准之间的关系，提出我国刑事诉讼不同阶段的证明标准应当存在不同层次性。[2]

第四，刑事简易程序中的证明标准。有学者认为，就是否适用低于普通程序的标准，正反双方观点对立且各有依据。在我国由于独特印证证明模式的影响，在简易程序中适用"证据确实、充分"的标准并不适当，对此，可以通过主观性的"排除合理怀疑"标准予以补正。[3]

第五，死刑案件证明标准。有学者认为，我国应当遵循人的认识活动规律和刑事诉讼证明活动规律，建立递进型的死刑案件证明标准，将"合理根据"作为侦查阶段的死刑证明标准，"充分确信"作为审查起诉阶段的死刑证明标准，"确定无疑"作为审判阶段的死刑证明标准。[4]

第六，刑事速裁程序证明标准。有学者认为，刑事速裁程序证明标准的降低具有不可避免性。设置分层次的刑事速裁证明标准，对被告人供述自愿性的证明须达至"排除合理怀疑"的程度，其他犯罪事实和量刑事实证明达至"大致的心证"即可。[5]

第七，刑事扣押的证明标准。有学者认为，刑事扣押证明标准的"相当理由"，是根据当时的事实和条件，"合理注意程度之人"有足够的理由相信，在某些特定的地方存有扣押物。[6]

---

〔1〕　参见谢澍：《认罪认罚从宽制度中的证明标准——推动程序简化之关键所在》，载《东方法学》2017 年第 5 期。

〔2〕　参见杨宇冠：《论中国刑事诉讼定罪证明标准——以排除合理怀疑为视角》，载《浙江工商大学学报》2017 年第 5 期。

〔3〕　参见张璐：《试论刑事简易程序中的证明标准问题》，载《河南社会科学》2017 年第 4 期。

〔4〕　参见徐建新：《死刑案件证明标准探析》，载《法律适用》2017 年第 9 期。

〔5〕　参见高通：《刑事速裁程序证明标准研究》，载《法学论坛》2017 年第 2 期。

〔6〕　参见谭秀云：《刑事扣押的"相当理由"证明标准及其规制路径》，载《证据科学》2018 年第 2 期。

（八）法院取证与证据保全

1. 法院取证

（1）法院调取证据的发展脉络。有学者从产生背景来考察法院调取证据制度，该制度产生之初是建立在"司法为民"的基础上，当时我国法院并不遵循"不告不理"原则，而是主动寻找案件、调取证据、查明事实真相，这在相当程度上突破了司法的被动性。改革开放后，基于民事纠纷数量激增，继续按照这种传统审判方式，法院面临的审判压力越来越大。1982年《民事诉讼法（试行）》第56条第2款规定，"人民法院应当按照法定程序，全面地、客观地收集和调查证据。"这虽然是要全心全意地对案件事实真相负责，却是不切实际的规定。为了减轻法院的负担，也适应民事诉讼的特性，1991年《民事诉讼法》强调了当事人对自己事实主张的举证负担。法院对证据的收集仅限于审理的需要，尽管这样的规定依然不是很明确清晰，但已表明法院收集证据查明案件事实具有裁量性，而不再是必须为之的一种义务。这一规定也同样被认为是民事诉讼模式或体制转型的一种征兆。[1]

有学者从更微观的角度对一般民事诉讼证据收集制度的发展脉络进行梳理，以20世纪90年代中后期的民事审判方式改革为分水岭，将我国民事诉讼证据收集制度的发展分为两个阶段：第一阶段是"超职权主义"，表现为法院包揽大部分调查收集证据的工作。第二阶段则是旨在加强当事人举证责任的审判方式改革，其改革成果又可分为三部分：①1991年修订《民事诉讼法》初步形成了以当事人收集证据为主体，当事人申请法院调查收集证据和人民法院依职权调查收集证据为补充的证据收集模式；②2001年最高人民法院《民事诉讼证据规定》明确和强调了当事人的证据收集主体地位，将法院从繁重的调查收集证据的负担下解救出来；③2012年实施的新《民事诉讼法》进一步明确了证据收集的方式和范围，增加和明确了法院调查收集证据的种类，适度明确了法院依职权调查收集证据的权力或责任，同时扩大了当事人收集证据的途径。[2]

---

〔1〕 张卫平：《中国民事诉讼法立法四十年》，载《法学》2018年第7期。

〔2〕 吴伟华、李素娟：《民事诉讼证据收集制度的演进与发展——兼评环境公益诉讼证明困境的克服》，载《河北法学》2017年第7期。

（2）民事诉讼中的法院取证。

第一，民事公益诉讼中的法院取证。有学者认为，在民事公益诉讼中，法院可采用职权探知主义，其体现在以下几个方面：①当事人未主张或主张后又撤回的事实，法院可依职权展开调查，并可以此作为裁判依据。②当事人之间没有争议的事实，不论自认与否对法院都不产生拘束力。当事人对事实的自认不能替代证据，法院应当依职权查明案件事实，只有经法院调查的证据，才能作为定案依据。③当事人未申明和提出的证据，法院可依职权调查收集，并判断是否采用，举证不仅仅是当事人的责任，也是法院的义务。[1]在民事公益诉讼中，法院对证据的审查认定不以当事人提出为限。为了维护公共利益的需要，法院可以依职权主动调查收集证明案件事实所需的证据。[2]

第二，民事诉讼中的测谎证据。有学者认为，测谎协议目前在我国司法实践中的不规范主要体现在：①法院仅凭一方当事人申请，未征求对方当事人意见启动测谎程序；②法院征求双方当事人意见，在一方当事人明确表示不同意的情况下，仍然启动测谎程序；③法院在未征求当事人意见的情况下，依职权启动测谎。作者认为，测谎契约须由双方当事人达成，法院不得作为契约主体，不得直接依职权进行测谎鉴定。[3]因此，测谎目前只能经由当事人协议启动，而法院则不能将其作为一种依职权收集证据的手段。

第三，举证责任分配与法院取证。有学者提出，个案诉讼利益衡平方法是指在现行法律规范体系下，《民事诉讼法》及相关司法解释已为举证责任分配提供了两种个案诉讼利益衡平方法：①举证责任转移；②当事人申请法院调取证据。这两种个案诉讼利益衡平法都具有法定性，只有具备相应的法定条件方得适用。[4]

第四，家事审判中的法院取证。有学者认为家事审判具有一定的特殊性，应酌情采职权探知原则，并非要绝对地抛弃辩论主义：其一，家事审判奉行"一揽子"解决的司法政策，审判中可能同时涉及婚姻、亲子、收养等身份关

---

〔1〕　廖中洪：《制定单行〈民事非讼程序法〉的建议与思考》，载《现代法学》2007 年第 3 期。转引自石春雷：《职权主义非讼法理在民事公益诉讼中的适用》，载《中南大学学报（社会科学版）》2017 年第 2 期。

〔2〕　石春雷：《职权主义非讼法理在民事公益诉讼中的适用》，载《中南大学学报（社会科学版）》2017 年第 2 期。

〔3〕　赵小军：《论测谎契约在我国民事诉讼中的应用及规制》，载《东方法学》2017 年第 2 期。

〔4〕　于四伟：《民事举证责任规则适用难题及其规制》，载《法律适用》2017 年第 15 期。

系事实，也可能涉及财产分割、损害赔偿等事实认定问题，在非身份关系事实方面仍有遵循辩论主义的必要。其二，即便法官在身份关系事实认定方面可以考虑当事人未提出的事实，"而'必须'在多大程度上搜寻这一事实则是另一个问题。"[1]对此，应当采用"法官释明、当事人根据释明进行举证"为主、法官职权调查为补充的方式，既有利于调动当事人的取证积极性，也能避免给法院带来沉重的查证负担，是更为合理的做法。其三，即便强调法官的职权调查，也不应恢复到传统的职权主义诉讼模式，由审判法官包揽审理权、调查权和裁判权。更为合适的做法是，设置专职的法官助理或者调查官，在审判法官认为需要调查收集证据时，由其履行具体的调查取证的职责，并在法庭上接受质证，以最大限度地保持裁判法官中立的属性。[2]

第五，民事证据调查令制度。有学者在当事人自行收集证据和法院依职权调查收集证据中间展开了对第三条道路的探索，即民事证据调查令制度。他认为，证据委托调查令的名称相较于律师调查令、法院调查令的名称更为合理并指出了其公权力的性质，其本质上是一种司法行为：①现阶段民事证据调查令的主体应当是律师，而持令主体则应当是第三方主体；②申请条件不宜过于严苛，只要当事人的诉讼代理人（律师）提出申请，并在申请书中载明了无法自行调查收集证据的原因、证据的线索及所要证明的案件事实等内容，人民法院就应当对当事人提出的证据委托调查令的申请予以受理、审查；③调查令的司法审查应着重考虑所涉证据与待证事实的关联性、所涉证据与待证事实的实质意义、所涉证据的必要性等因素。

（3）行政诉讼中的法院取证。

第一，职权探知主义与法院取证。有学者指出，中国行政诉讼是以当事人举证为主，法院的调查取证为辅，即我国的职权主义是一种有限的职权主义。最高人民法院《行政诉讼证据规定》第 22 条限制了人民法院调查的权利，且虽然有"人民法院有权向有关行政机关以及其他组织、公民调取证据"的规定，但结合第 34 条和第 38 条的规定，法院是否进行职权探知是有自由裁量权的，且只能是在当事人不能举证或者举证涉及公共利益时才可以启动。

---

〔1〕〔日〕谷口安平：《程序的正义与诉讼》，王亚新、刘荣军译，中国政法大学出版社 2002 年版，第 77~78 页。

〔2〕王德新：《家事审判改革的理念革新与路径调适》，载《当代法学》2018 年第 1 期。

如果个案中的行政诉讼涉及公共利益，应本着平衡、效率和公平的原则，果断地放弃证据失权的制裁。如果行政机关逾期举证或者不举证，同时行政行为涉及公共利益或者国家利益和第三人利益，此情形下法院就要进行职权调查来查明行政行为的合法性，以保障三者利益。[1]

第二，行政公益诉讼中的法院取证。有学者认为，在行政公益诉讼中，由法院调取证据是最佳方案，理由有两点：其一，人民法院调查取证有成本优势。而检察机关为了确保在个案中获得胜诉判决，完成考核任务，可能不计成本地搜寻证据，使行政公益诉讼的成本难以得到控制。若赋予法院更多的庭外调查权，或者直接将搜寻证据的工作交由法院承担，则可大幅度降低检察机关和行政机关的"交易成本"，实现以最小公益成本获得最大公益收益的目标，真正达到维护国家和公共利益的目的。[2]其二，行政公益诉讼中法院调取证据具有合法性、正当性和可行性的特点，最能胜任取证工作。可行性体现在法院能够适用一定的强制措施对行政机关取证，而检察机关则不能使用强制手段取证，因此在实践中法院取证更具优势。

（4）刑事诉讼中的法院取证。

第一，取证主体上国家司法职权垄断出现的原因。有学者指出，我国刑事诉讼立法对刑事公诉案件的取证主体有非常严格的限制。基本上采取的是国家司法职权垄断，即授权公、检、法等司法人员。这种模式有三方面原因：①对苏联苏式"职权原则"理论的接受，相较于职权主义，该理论更加强调国家权力积极性，强调国家权力对侦查、起诉和审判的绝对掌握与垄断；[3]②我国刑事诉讼制度的纠问化倾向，侦查中心主义的诉讼构造和案卷笔录中心主义的审判方式对案卷材料尤为依赖，这必然导致对案卷制作主体的严格要求；[4]③侦查模式上的单轨制，国家控制和垄断刑事侦查权，对其他主体

---

〔1〕　李傲、上官腾飞：《行政诉讼证据失权的理论探讨与制度完善》，载《山东师范大学学报（人文社会科学版）》2017 年第 3 期。

〔2〕　王玎：《行政公益诉讼证据制度建构——以法经济学为分析视角》，载《青海社会科学》2018 年第 3 期。

〔3〕　左卫民：《刑事诉讼的中国图景》，生活·读书·新知三联书店 2010 年版，第 173 页。转引自赵旭光：《生态环境执法与刑事司法衔接中的证据问题及解决》，载《证据科学》2017 年第 5 期。

〔4〕　吴思远：《对取证主体合法性理论的思考》，《黑龙江省政法管理干部学院学报》2013 年第 5 期。转引自赵旭光：《生态环境执法与刑事司法衔接中的证据问题及解决》，载《证据科学》2017 年第 5 期。

尤其是辩护律师和私人侦查有着严格的限制和排斥。[1]

第二，审判中心主义与法院取证。有学者认为，我国的调查主义初具雏形，但在实践中常常不能令人满意，即审判对控诉的制约作用在证据调查范围问题上发挥不力，从而促使审判中心地位的进一步丧失。其原因亦非"相互制约"原则存在问题，而在于一系列具体程序与规则的缺失，导致《宪法》和法律要求的"相互制约"原则未能充分实现。完善规范则应当从三个方面开展：其一，明确调查义务启动之前提。正常情况下，法官的职权调查仅仅在"有罪判决的高度可能性"与作为定罪条件的"排除合理怀疑"之间的区域展开。我国的问题在于，庭审之前并无实质审查把关，导致大量未达起诉条件的案件涌入法庭。法院职权调查权启动的前提应当是案件已经达到起诉标准。其二，明确职权调查义务之启动方式和标准。其三，保障职权调查义务违反之救济。法官违反职权调查义务是指当存在某一符合上述启动标准的证据时，法官却决定不予调查。只有对此种程序违法提供有效的事后救济机制，方可保障调查原则的切实贯彻。我国现行《刑事诉讼法》的关键问题在于，尽管规定了第 227 条这种针对程序违法的裁判方式，但未在审判对象与审理方式上提供与该条相匹配之规定，无论任何上诉案件均统一适用第 222 条全面审查原则，以及第 223 条的开庭审判标准，违背了上诉审构造之基本原理，从而导致程序问题的上诉审查丧失存在的空间。[2]

第三，非法证据排除与法院取证。有学者认为，《严格排除非法证据规定》第 22 条只规定人民法院经审查认为犯罪嫌疑人、被告人及其辩护人申请调取的证据材料与证明证据收集的合法性有联系的，应当予以调取，而对上述证据材料调取之后，人民法院是否有义务立即将其交付犯罪嫌疑人、被告人及其辩护人查阅、复制和摘抄未予明确。针对这一问题，应当肯定讯问录音录像、体检记录等作为辅助证据，允许辩护律师依据《刑事诉讼法》赋予的调查取证权依法向公安机关、国家安全机关、人民检察院以及看守所等调取上述证据材料。若相关机关不予配合的，辩护人有权向人民法院申请调取上述证据材料。人民法院调取上述材料后，应当立即通知辩护人查阅、复制

〔1〕 赵旭光:《生态环境执法与刑事司法衔接中的证据问题及解决》，载《证据科学》2017 年第 5 期。

〔2〕 孙远:《"分工负责、互相配合、互相制约"原则之教义学原理 以审判中心主义为视角》，载《中外法学》2017 年第 1 期。

和摘抄。[1]

第四，未成年人社会调查报告与法院取证。有学者论及未成年人社会调查报告的证明责任时指出：鉴于社会调查报告既可由控辩双方提供，也可由法院或者法院委托的第三方制作提出，第一种情况由提出方承担证明责任，而在第二种情况中由于法院并不应当承担证明责任，因此，需要限缩法院依职权取证的权力，将其视为一种补充调查责任，仅在控辩双方均未提供有关证据且该证据关乎重大量刑利益时方可启动职权调查程序。[2]

（5）知识产权审判中的技术调查官制度。有学者就知识产权审判中的技术调查官制度的特征进行归纳总结：其一，技术调查官实施调查的对象只能是某些复杂知识产权诉讼中的技术事实，即不仅必须属于技术领域的难题，而且只限于提供事实层面的意见；其二，技术调查官是隶属于法院的编内常职工作人员，追求的是技术难题由司法内部解决，而无需借助外力干预，以此形成一个自给自足的案件审理闭环体系；其三，技术调查官是佐官而非主官，只能在法官指派下行使调查权，不能以任何直接或变相方式行使审判权，对案件的结果有影响力而无决断力。技术调查官制度具有以下几点优势：①技术调查官参与案件审理的全过程，可以查阅全部诉讼文书以及直接向当事人提问，体现了司法的亲历性与过程性；②技术调查官作为法院正式职员，受到司法机关内部纪律规定和告知回避等法律规则的约束，体现了形式上的公正性与规范性；③技术调查官的工作性质为全职，其调查所需时间在审限以内，且不需要法院和当事人为使用技术调查官支付额外的费用，体现了知识产权诉讼所追求的时效性与低成本。技术调查官制度目前存在的三个问题是：在选任方面，由于技术调查官编制有限，工资待遇与职业前景使其"应该是具有编制的法院全职常任工作人员"这项规定难以贯彻执行，目前在三家知识产权法院里在编的技术调查官极为少见，多为交流和兼职。在身份方面，我国知识产权法院目前对技术审查意见的采纳率是100%，不少法官有意或无意地让渡审判权，技术调查官越来越多地扮演了"影子法官"的角色，即有法官之权，而无法官之责；此外，不提示调查内容、不公布审查意见、

〔1〕万毅：《何为非法　如何排除？——评〈关于办理刑事案件严格排除非法证据若干问题的规定〉》，载《中国刑事法杂志》2017 年第 4 期。

〔2〕刘计划、孔祥承：《未成年人社会调查报告法律性质之辨——兼谈建构量刑证据规则的可能路径》，载《法学杂志》2018 年第 4 期。

不接受公开质询的工作模式也不符合当前司法公开的要求。在定位方面，技术调查官制度的引入，对技术鉴定造成了不小的冲击，体现在申请鉴定的频次有所降低，对鉴定意见的重视程度也在降低。[1]

2. 证据保全

（1）证据保全的性质及改良。有学者认为，证据保全在我国的性质定位有误，新法虽在外观上细化了证据保全的程序规则，本质上却将其指向了错误的轨道，引发了保全效果不佳、欠缺程序保障及诉前证据保全功能单一的问题。[2]证据保全的本质是证据调查，对证据的固定保存则是表象。由于对证据保全定位的偏差，导致实务中的证据保全存在如下问题：其一，证据保全的制度效果不佳。根据我国现行立法的规定，证据保全参照财产保全适用查封、扣押、冻结等方法。从表面上看，这些措施可以对证据予以固定，然而实际上却无法真正发挥保全证据的效果。其二，保全过程欠缺程序保障。被申请人通常不会有机会参加证据保全程序，无法对证据保全程序提出自己的意见及理由。其三，大陆法系均开始了扩大证据保全功能的改革。在传统保全证据的基础之上，确定事证资料、促进审理集中化以及多样化纠纷解决也成了现代证据保全制度的应有功能。[3]但是，我国证据保全制度由于存在一定的误读，推进其功能多样化显得更加不现实。从改进角度来讲，应当先明确争取保全制度的功能定位，具体而言，未来的证据保全制度应当演化出以下功能：①证据资料的固定；②当事人事证收集能力的强化；③集中审理的促进；④多样化纠纷解决的达成。

（2）医疗纠纷中的证据保全。有学者认为，医疗纠纷中建立证据保管链制度有助于克服证据保全的缺陷。保全证明其所涉及的医疗纠纷中的证据"可能灭失或者以后难以取得"，但患方证明此事项难度较大。证据保管链制度可以很好地弥补该情形，患方可以质疑医方保管证据不利，认为医方可能会篡改证据、伪造证据或销毁证据，从而免除证明证据"可能灭失或者以后难以取得"的负担。证据保全只是一种手段，我国《民事诉讼法》并没有规

---

〔1〕 李响：《知识产权审判中的技术调查官制度刍议》，载《南京大学学报（哲学·人文科学·社会科学）》2017年第6期。

〔2〕 段文波、李凌：《证据保全的性质重识与功能再造》，载《南京社会科学》2017年第5期。

〔3〕 参见许士宦：《起诉前之证据保全》，载《台大法学论丛》2003年第6期。转引自段文波、李凌：《证据保全的性质重识与功能再造》，载《南京社会科学》2017年第5期。

定相应的法律后果，尤其是在证据保管职责不清的情况下证据灭失，很难追究有关人员或组织的责任。而医疗纠纷证据保管链制度就明确了医疗机构的保管职责，如果证据保管链条断裂，相应的法律后果就由作为保管方的医疗机构承担。[1]

（3）电子证据的保全。微博作为电子证据的主要形式之一，其内容可以随时被账户所有人删除和更改，因此对某个内容的证据及时进行保全就显得尤为重要。对某微博内容可以通过截屏、摄像、下载、公证等手段进行证据保全。此外，公证的网页证据具有较强的证明力。有学者主张，鉴于电子邮件、手机短信、聊天记录和微博等电子证据的真实性与其所依赖的计算机系统、运营商网络、传输网络等密切相关，因此，当证明其真实性时不仅要关注电子证据内容本身，还要关注电子证据生成、传输和存储的整个过程，甚至包括电子证据形成后至开庭时证据的完整性。而完整性的证明，则需要相应的技术手段来实现，如电子证据的保全和公证，需要相应的安全可靠的技术手段，才能被法庭采信。该学者认为，有关机构在制定相关指引时，应根据不同电子证据的特性，确定哪些保全和公证手段可以被采信、保全和公证的范围是多大、包含哪些要素等。同时，根据对技术快速发展的预期，当新型电子证据出现之后，应当及时研究新型电子证据的特点及证据保全和公证的要素。[2]

（九）质证与认证

1. 质证

（1）交叉询问。戴晓东认为，交叉询问制度有其固有缺陷，盲目引入并不能真正促进庭审中心主义发挥实效。在交叉询问制度的构建过程中，一方面，要发挥交叉询问在事实查明方面的优势，引进相关的程序和规则；另一方面，必须意识到交叉询问制度所存在的问题，通过采取各种程序性限制手段去防止律师对交叉询问制度的滥用。交叉询问制度在我国的构建，既要通过引入交叉询问制度融合对抗制的优点弥补现有的制度缺陷，也要充分利用现有的制度优势限制交叉询问制度的滥用，例如充分发挥法官参与对律师不当询问的控制。[3]施鹏鹏认为，在审问制下，法官处于主导地位，并有权对

---

〔1〕　高鹏志：《医疗纠纷证据保管链制度研究》，载《证据科学》2018 年第 4 期。

〔2〕　汪闽燕：《电子证据的形成与真实性认定》，载《法学》2017 年第 6 期。

〔3〕　戴晓东：《交叉询问制度合理性反思——Jill Hunter 教授〈颠覆美好的认知：反思证据法的失败〉述评》，载《证据科学》2017 年第 1 期。

证人进行询问，控辩双方须经法官同意方可对证人进行质证，处于较被动的地位，这与当事人主义交叉询问制度形成鲜明对比。在学理上，审问制主要立足裁判事实国家垄断的诉讼传统、实质真实的诉讼价值观以及以证实为导向的积极心证，这与交叉询问的内在机理存在严重冲突。尽管审问制也面临着一些批评，但职权主义各代表性国家对引入交叉询问均持十分谨慎的态度。中国亦奉行审问制传统，故引入交叉询问制度并不能解决时下控辩失衡、庭审虚化的现象，反而可能导致制度的排斥效应。因此，中国时下引入交叉询问制度的尝试既无必要，也无可能。[1]

我们认为，关于"中国时下引入交叉询问制度的尝试既无必要，也无可能"的观点值得商榷。首先，"无必要说"过于武断。从认识论上说，法治国家的法院均奉行证据裁判原则，这与审判方式是当事人主义还是审问制没什么关系。即使在审问制下，法官要形成心证，也不能闭着眼睛胡思乱想，通过控辩双方的证明活动来对证据的可信性和证明力进行评价，无疑有助于实现兼听则明。因为，"交叉盘问是检验证人可信性并证明其说法可能存在另一面的有效方式。"[2] "至少从某种意义上，它取代了我们在中世纪占统治地位的刑讯制度……不容怀疑的是，它仍然是我们曾经发明的揭示事实真相之最伟大的法律引擎。"[3] 其次，"无可能说"不符合中国国情。随着20世纪末我国民事审判方式改革的深入，已在保留职权主义的同时吸收了当事人主义对抗制因素；[4] 加之1996年《刑事诉讼法》修订也引入对抗制因素，改变以往法官包揽法庭调查的方式，控辩双方在庭审中发挥更大作用，规定了交叉询问规则；[5] 因此，中国现行法律已确认了交叉询问所依赖的对抗制诉讼环境，具有了混合法系的特征。"中国亦奉行审问制传统"的说法，并不确切。再看

---

〔1〕 施鹏鹏：《职权主义与审问制的逻辑——交叉询问技术的引入及可能性反思》，载《比较法研究》2018年第4期。

〔2〕 ［美］罗纳德·J. 艾伦等：《证据法：文本、问题和案例》（第3版），张保生、王进喜、赵滢译，满运龙校，高等教育出版社2006年版，第114~115页。

〔3〕 参见［美］罗纳德·J. 艾伦等：《证据法：文本、问题和案例》（第3版），张保生、王进喜、赵滢译，满运龙校，高等教育出版社2006年版，第114页。

〔4〕 齐树洁、钟胜荣：《论民事审判方式改革对我国证据制度的影响》，载《法学评论》1998年第4期。

〔5〕 樊崇义、罗国良：《〈刑事诉讼法〉修改后证据制度的变化和发展》，载《中国刑事法杂志》1999年第4期。

2012 年《刑事诉讼法》第 59 条关于"证人证言必须在法庭上经过公诉人、被害人和被告人、辩护人双方质证并且查实以后，才能作为定案的根据"的规定，这里所谓"质证"是一个相对中国化的概念，它涵盖了交叉询问（cross-examination）和对质（confrontation）。最高人民法院《刑诉法解释》进一步明确了未经质证不得认证的原则，第 63 条规定："证据未经当庭出示、辨认、质证等法庭调查程序查证属实，不得作为定案的根据。"最后，质证权包括交叉询问和对质的权利，是人权作为抵抗权的集中体现，因此，在中国大力加强人权司法保障的背景下，尤其不能说"中国时下引入交叉询问制度"没有必要。特别是在刑事诉讼中，质证权属于刑事被告的基本权利。交叉询问作为一种质证权，其价值主要在于，它以言词方式为事实真相的查明提供了理性认知手段。这里还要强调一下对质权，它是《公民权利和政治权利国际公约》确定的刑事被告的基本权利。[1]对质权与交叉询问的权利在本质上是一致的，因而可以互相界定，即被告的对质权给予他一种对任何作证反对他利益的人进行交叉询问的权力（power）。[2]因此，2012 年《刑事诉讼法》第 59 条（2018 年《刑事诉讼法》第 61 条）关于"证人证言必须在法庭上经过……被告人……质证并且查实以后，才能作为定案的根据"的规定，已包含了对质的含义，赋予了被告人与证人对质的基本权利。

（2）鉴定意见的质证。杜鸣晓认为，鉴定意见的质证包括对其合法性的形式质证和对其内容可靠性的实质质证。我国法律比较注重形式审查，实质审查的依据却不够明确具体，增加了因鉴定意见不可靠或者适用不当而形成错案的风险。要降低这种风险，法庭需要鉴定人和专家辅助人出庭对实质问题进行质证。鉴定意见质证应包括与鉴定意见可靠性相关的全部问题，即与鉴定意见产生过程有关的全部问题。[3]陈邦达考察了美国科学证据质证程序相关的证据开示、交叉询问两个阶段，他认为，在侦查中心案卷笔录主义的惯性思维作用下，我国科学证据开示的程序功能羸弱，质证效果不理想，需

---

〔1〕《公民权利和政治权利国际公约》第 14 条第 3 款规定："在判定对他提出的任何刑事指控时，人人完全平等地有资格享受以下的最低限度的保证：……（戊）讯问或业已讯问对他不利的证人，并使对他有利的证人在与对他不利的证人相同的条件下出庭和受讯问。"

〔2〕［美］亚历克斯·斯坦：《宪法化证据法》，郑飞、樊传明译，载《法律方法》2014 年第 1 期。

〔3〕杜鸣晓：《论我国刑事诉讼鉴定意见质证的完善》，载《证据科学》2017 年第 5 期。

构建与审判中心相适应的质证程序，健全科学证据质证与采信规则指引质证程序，发挥专家辅助人强化质证的积极作用，最终完善我国科学证据的质证程序。[1]黄金华认为，《刑事诉讼法》第197条虽然有"有专门知识的人"参与鉴定意见质证的规定，但由于该法条及其司法解释中没有专家辅助人出庭质证的细则，专家辅助人该如何实施对鉴定意见的质证既是理论研究热点，也是司法实践中亟须突破的难点。因此，可以通过对图尔敏论证模式的研究，并运用该论证工具来完成刑事法庭专家辅助人质证模式的初步构建，以增强专家辅助人对鉴定意见质证的可操作性。[2]刘波针对电子数据鉴定意见的质证困难，从法律和技术结合的角度论述了破解这个难题的五大要点，包括重视及利用庭前证据开示程序取得对原始数据或复制件进行检验和分析的机会、通过庭前书面质询了解鉴定的关键性细节、从专家适格性找出鉴定中可能存在的漏洞、重视数据取证部分对鉴定意见结论部分的影响、对数据来源作不同的解读。[3]

2. 认证

（1）印证问题研究。

第一，印证模式的改革方向是加强心证功能研究。龙宗智认为，刑事印证证明是指在诉讼中利用不同证据内含信息的同一性来证明待证事实，这里的同一性包括信息内容的同一与指向的同一。印证证明的作用机理一是真理（真实）融贯论，二是真理（真实）符合论，三是归纳逻辑与溯因推理。实践中对印证证明的误用表现为：违法取证，强求印证；只看印证事实，忽略对案件的"综观式验证"；违背证明规律，忽略心证功能。[4]

第二，印证方法和规则均不足以支撑我国证明模式为印证证明模式这一结论。汪海燕认为，刑事诉讼中的印证可以作三个层次的解读：①作为经验法则层面的印证方法；②作为立法层面的印证规则；③作为证明模式层面的印证模式。作为经验法则的印证是保障证据证明力的有效手段，与冤错案件

---

〔1〕 陈邦达：《科学证据质证程序研究——基于中美两国的比较》，载《现代法学》2017 年第 4 期。

〔2〕 黄金华：《刑事诉讼专家辅助人质证模式初探》，载《理论月刊》2017 年第 6 期。

〔3〕 刘波：《电子数据鉴定意见质证难的破解之道》，载《重庆邮电大学学报（社会科学版）》2018 年第 1 期。

〔4〕 龙宗智：《刑事印证证明新探》，载《法学研究》2017 年第 2 期。

的形成没有直接关系。法律层面的印证规则虽然在很大程度上是经验的总结，发挥了证据指引、限制司法权滥用的作用，但其将审前证据与庭审证据等同视之，烙上了"阶段论"的印迹。[1]

第三，为避免印证功能扩张的风险，需对其功能范围作必要的限定。吴洪淇认为，从自然形态上说，印证是证据间相互协同关系的一种混杂形态。印证的核心特征包括证据之间的补强、聚合以及对证据间相互冲突与矛盾的排除。印证入法和规制范围的扩展以及印证标准效力的强化，都代表着印证功能已经进一步扩张，这种扩张带来诸多潜在的风险。[2]

第四，印证并非证明模式或证明标准，而是一种证据分析方法或证据审查判断方法。王星译认为，"印证理论"的核心命题——"印证是证明模式（方法）"是对印证属性的错误界定，从而造成了与自由心证、证明标准等相关概念的混淆。印证从证据直接跨越到事实，未通过法律推理、诉讼认识论等裁判机制建立并证立二者之间的联系。裁判者片面依据印证来择选适用证据、认定事实的做法有违合法律性，并缺乏正当性。印证理论低估了事实认定的复杂性，亦无法满足证据裁判主义的要求。"证据互相印证"的效果既不能充足证据的真实性，也不必然意味着高证明力，更不等同于证明标准已达成、证明负担被卸除。尽管融合了"心证"的因素，但"印证理论"仍过于强调并追求证明标准的具体化与客观化，否定事实认定标准的主观性，拒斥裁判主体的主体性。[3]

第五，关于印证模式之正当性的质疑与新证明模式的探讨。罗维鹏认为，印证一直被学界和实务界普遍接受为我国的刑事证明模式，但近期的研究对其正当性提出了质疑，印证在其定义、效果和方法等方面受到学者的批判。要解决以上问题，首先需要搁置不必要的语义争议，其次是完善印证模式运行的制度环境，最后是探索新的证明模式。最佳解释推理由于可检验印证、解释孤证和加强心证，且与印证具有相容性，在一定条件下可引入司法领域

〔1〕 汪海燕：《印证：经验法则、证据规则与证明模式》，载《当代法学》2018 年第 4 期。
〔2〕 吴洪淇：《印证的功能扩张与理论解析》，载《当代法学》2018 年第 3 期。
〔3〕 王星译：《"印证理论"的表象与实质——以事实认定为视角》，载《环球法律评论》2018年第 5 期。

作为弥补印证模式缺陷的一种新的证明模式。[1]

第六，刑事证明标准的印证化虚化了证明标准的制度功能，削弱了庭审证明的实质化，伴随审判中心的诉讼制度改革，印证应退出证明模式的舞台。杨波认为，现代刑事证明标准是衡量裁判者内心主观信念程度的标尺，是主观范畴。我国刑事证明标准从确立之初就选择了客观化立场，以实事求是对抗自由心证，以客观验证代替裁判者内心的主观信念程度，使刑事证明标准印证化。由"供证一致"到印证规则的法定化，掩盖了事实认定的主观性，虚化了证明标准的制度功能，异化了印证证据分析方法的运用，加剧了庭审证明的形式化，最终影响了我国刑事诉讼制度的合理构建。以审判为中心的诉讼制度改革为我国刑事证明标准的主观转向提供了事实基础和程序保障，未来应把印证规则与刑事证明标准相剥离，确立并强化排除合理怀疑证明标准的地位及其应用，并明确印证作为证据分析方法的功能及走向。[2]伴随以审判为中心的诉讼制度改革，以及庭审证明实质化，应让法官的裁判方式回归自由心证，并通过弱化对证明力规则的依赖，强化控方的严格证明，强调辩护权的行使和保障，改造合议庭的构成，强化裁判文书的公开和说理等制度改革以实现法官的自由心证。同时，印证应退出证明模式的舞台，作为一种证据分析方法，其本身的精细化、科学化应该得到特别的强调。[3]

第七，关于诉讼证明的去印证化改革。周洪波认为，刑事庭审实质化改革主要适配于印证之外的其他证明方法，为此，应当在认同或然真实这种证明标准的前提下，对诉讼证明进行一种"去印证化"改革：其一，"去印证化"的根本着力点是在一般性证明标准上抛弃对"结论具有唯一性"这一真实标准的依赖。只有实现这一突破，才能为适应于庭审实质化的证据调查方法提供制度的容许空间。其二，尽管可以对某些类型的证据设定一定的附加证据条件的限制性采信规则，但这种限制性采信规则应该重新被定位为补强规则，而非印证规则。[4]

（2）电子证据认证。

―――――――――――

〔1〕　罗维鹏：《印证与最佳解释推理——刑事证明模式的多元发展》，载《法学家》2017年第5期。

〔2〕　杨波：《我国刑事证明标准印证化之批判》，载《法学》2017年第8期。

〔3〕　杨波：《审判中心下印证证明模式之反思》，载《法律科学》2017年第3期。

〔4〕　周洪波：《刑事庭审实质化视野中的印证证明》，载《当代法学》2018年第4期。

第一，关于电子证据真实性的三个层面。褚福民认为，这三个层面是指电子证据载体的真实性、电子数据的真实性和电子证据内容的真实性。从这三个层面进行分析，可以发现我国立法和司法实践中有关电子证据真实性的规则存在四个问题：真实性审查规则没有区分三个层面及其彼此之间的审查顺序；对各层面的审查规则缺乏系统、明确的规定；对不同层面同类问题的规则没有作出区分；电子证据真实性的保障措施和审查方式亟须完善。未来相关规则的完善，应从四个方面进行：①区分电子证据真实性的三个层面，并明确审查顺序；②针对不同层面建立系统、明确的审查规则；③明确区分不同层面同类问题的规则；④实现技术措施与程序规则的有效配置与衔接，并确保电子证据在庭审中通过直接言词方式进行质证。重构电子证据真实性的保障和审查规则，应以取证人、制作人、保管人、持有人、见证人、鉴定人、检查人等出庭作证为基础；诉讼过程中制作的笔录、作出的鉴定意见、拍照、录像等，只应当是证明电子证据真实性的辅助手段。当控辩双方对电子证据的真实性存疑时，应有权要求相关人员出庭作证，法院应当充分保障控辩双方的质证权，只有如此，电子证据的真实性才能得到有效的审查和认定。[1]

第二，关于电子证据真实性认定规则体系。汪闽燕认为，鉴于电子证据不同于传统证据的特性，有必要建立电子证据真实性认定规则体系：①确立"视同原件"标准，根据不同电子证据的特性，确定哪些保全和公证手段可以被采信、保全和公证的范围是多大、包含哪些要素等；②发送或发布电子数据的主体身份认定，对采用了可靠电子签名的，可直接认定电子证据的主体身份；对没有使用电子签名或可靠电子签名的，法庭则需要结合案件其他证据进行认定，如电子证据所涉技术等级、账号的使用情况等；③不同来源之电子证据的真实性判定方式；④证据认证的规范化。[2]

第三，关于电子证据的客观量化采信机制。刘品新认为，要破解电子证据的专业性同自由心证原则之间的体制性障碍，应当构建客观化采信机制。这一要求暗合我国强调印证证明模式的传统，但必须着手理论再造，即通过

---

〔1〕　褚福民：《电子证据真实性的三个层面——以刑事诉讼为例的分析》，载《法学研究》2018 年第 4 期。

〔2〕　汪闽燕：《电子证据的形成与真实性认定》，载《法学》2017 年第 6 期。

创设关于电子证据的"孤证绝对否定""不同节点印证""属性痕迹补强""区间权衡"等规则，打造虚拟空间的印证体系。在数据科学时代，还可以基于概率的乘积规则设计电子证据印证公式，进一步实现电子证据的概率化采信。从注重经验判断转向追求客观量化，是电子证据采信的未来走向。[1]

第四，电子证据认证规则构建须以证据能力为核心，构建以关联性、合法性及真实性为内容的认证规则。周新认为，具体规定认定电子证据关联性、合法性与真实性的规则方法：①确立电子证据最佳证据规则。考虑到电子证据的可复制性，采"拟制原件说"既能解决原件出示难的问题，又能在一定程度上保证法制统一，值得立法者考虑。②建立明确的电子证据排除规则。③设置电子数据之传闻规则例外。对于一些其生成难以受到外界人为主观干涉的电子数据，即使来自传闻亦具有作为证据使用之资格。[2]

（3）笔录类证据的认证。

第一，关于辨认笔录证据能力规则构建。宋维彬认为，辨认人的感知、记忆、辨识以及辨认笔录的制作均可能存在错误，而辨认错误是导致刑事误判的一项重要原因。英美法国家建立了较为完善的辨认笔录证据能力规则，其中，美国以传闻法则、律师帮助权和正当法律程序对审判外辨认进行规制，英国则通过传闻法则与证据排除规则对先前辨认陈述予以规制。我国辨认笔录的证据能力规则不够完善，辨认人及辨认笔录制作人员出庭作证制度亦存在疏漏。为此，有必要从准入规则与排除规则两个层面对辨认笔录的证据能力规则予以建构。准入规则是辨认笔录具备证据能力的第一道门槛，符合准入规则的辨认笔录方具备可采性。原则上只有辨认人出庭作证，庭前辨认笔录才具备可采性。但在某些特殊情况下，辨认人即使未出庭，庭前辨认笔录亦可作为例外情形而具备可采性。排除规则是辨认笔录具备证据能力的第二道门槛，只有未被排除规则所排除的庭前辨认笔录，才最终具备证据能力。辨认笔录的排除规则主要包括违反正当程序之排除、侵犯律师帮助权之排除与瑕疵证据之补正三种类型。[3]

第二，关于勘验笔录的证明力评价规则。李明认为，在司法实践中，法

---

〔1〕 刘品新：《印证与概率：电子证据的客观化采信》，载《环球法律评论》2017年第4期。

〔2〕 周新：《刑事电子证据认证规范之研究》，载《法学评论》2017年第6期。

〔3〕 宋维彬：《论刑事辨认笔录的证据能力》，载《当代法学》2017年第2期。

官对勘验笔录的审查判断存在诸多问题，有必要明确勘验笔录的证明力规则，从而倒逼侦查人员强化证据意识，防止将不具备证据要求的勘验笔录提供为证据。对勘验笔录证明力的评价主要包括两个方面：①勘验笔录与案件事实关联程度的强弱；②勘验笔录的真实性、可靠性，即考查证据的来源和证据内容的可信度。[1]

（十）推定与司法认知

1. 推定基本理论

（1）关于推定规则之程序制度的构建。杨宁提出，推定的适用规则包括置后适用规则、严格适用规则、公正适用规则、公开适用规则。按照逻辑结构和内在关系，推定规则的构成可以分为四个要件：基础事实、常态联系、推定事实和反驳。将我国刑事、民事、行政领域的法律推定和事实推定作为研究样本，可以发现我国现行推定规则的整体缺陷，即欠缺科学合理的推定规则体系、内在结构缺陷、外在表现缺陷，以及缺少规范推定规则的程序。据此，应从民事、刑事、行政领域分别进行具体的推定规则构建，设计我国推定规则的程序制度。[2]

（2）关于推定制度的理论障碍。阮堂辉认为，为了在逻辑上理顺推定与证明的关系，推定只能被界定为一种法律规则，而所谓"事实推定"本质上是间接证据推论过程，应属于证明概念。推定制度的现代意义在于解决证明困难，促进案件事实认定的程序公正；推定制度的理论障碍包括：违反事实认定自由主义原则及与事实认定领域的实体公正要求不能完全契合。现代司法应根据司法实践需要和可能性两方面来考虑推定规则的创制与运用。[3]

2. 刑事推定

关于刑事推定问题的研究集中于主观明知的推定。梁坤对毒品犯罪中主观明知推定规则进行实证研究，发现现有规则存在四个突出问题：①部分列举条款中基础事实与推定事实的常态联系存疑；②混同于推定规则体系中的兜底条款，因适用困难而难以发挥效用；③推定实现方式所内含的证明机制存在实质矛盾；④举证责任的非常态分配未得到理论及规范层面的充分支撑。

〔1〕 李明、孙连钟：《勘验笔录证明力的认证规则探讨》，载《证据科学》2018 年第 2 期。

〔2〕 参见杨宁：《推定规则研究》，法律出版社 2018 年版。

〔3〕 参见阮堂辉：《论推定的概念及其规则运用——从对一起借贷案的审判谈起》，载《证据科学》2017 年第 4 期。

完善毒品犯罪主观明知推定规则，需要回归推定方法的基本法理，重塑基础事实的列举条款，准确把握允许性推定的法律性质，并避免举证责任的非常态设置，根据列举条款之形成机理另行安排兜底条款的运用。[1]古加锦认为，"明知毒品"是毒品犯罪的主观构成要件，包括知道肯定是毒品和可能是毒品，不要求认识到毒品的种类、含量等毒品的具体要求。使用事实推定的方法认定行为人明知毒品，降低了证明标准、转移了证明责任、改变了证明对象，与无罪推定原则相冲突，与存疑有利于被告人的原则相矛盾。毒品犯罪中主观明知的认定，仍然属于证据证明的范畴，因为基础实施需要证明，证据证明的依据是直接证据或者间接证据与待证事实之间的经验、逻辑联系，被告要推翻推定必须通过举证证明，而推定的证明标准是自由心证。[2]薛思瑜认为，假冒伪劣烟草制品运输者的入罪，关键在于其主观是否明知运载物品为烟草，但运输者的拒不供述及现有法律文本的空白，使得惩治犯罪陷入困境。刑事推定作为认定法律事实的辅助性手段，有利于破解"主观明知"证明困难造成的诉讼僵局。结合假冒伪劣烟草制品犯罪特点，建议借鉴毒品运输相关规定，明文列举可推定运输者"主观明知"的数种情形，在实现惩治犯罪的社会保护机能的同时，严格规制刑事推定的适用。[3]

3. 夫妻共同债务推定规则

缪宇提出，最高人民法院《婚姻法解释（二）》第24条确立了夫妻共同债务推定规则，即以日常家事代理权为理论基础，将夫妻共同债务等同于夫妻连带债务。依据夫妻共同债务推定规则，该债务又被推定为夫妻共同债务，以夫妻共同财产和夫妻一方的个人财产清偿。配偶是否对夫妻共同债务负连带责任，按照夫妻日常家事代理权规则进行认定。不过，日常家事代理权旨在维持夫妻生活共同体，并非夫妻共同债务推定规则的理论基础。配偶对用于夫妻日常生活的借款不负连带责任；用于生产、经营的借款是否属于夫妻共同债务，则应当结合借款收益、企业性质和经营控制权等因素综合认

---

〔1〕 参见梁坤：《毒品犯罪主观明知推定规则之实证检讨——以 2000—2015 年间的 14 份办案规范为考察对象》，载《证据科学》2018 年第 5 期。

〔2〕 参见古加锦：《明知毒品的推定风险与证据证明》，载《西南政法大学学报》2017 年第 1 期。

〔3〕 参见薛思瑜：《假冒伪劣烟草制品运输者"主观明知"之推定》，载《中国检察官》2017 年第 22 期。

定。[1]王雷分析《婚姻法》中夫妻共同债务推定规范认为，对第 24 条普遍存在采取身份推定标准的形式主义理解，即只要发生在婚姻关系存续期间的债务就推定为夫妻共同债务，这导致当事人之间利益衡量显失公平。结合目的性限缩解释和举证责任分配规则，对夫妻共同债务推定规范可以作请求原因、抗辩、再抗辩的动态化解释，以明晰不同要件事实及相应举证责任分配。主张适用夫妻共同债务推定规范的当事人应对该债务基于"夫妻共同生活所负"这一"基础事实"承担举证责任，非举债方可以反驳相关"基础事实"不存在或者举证证明存在第 24 条后段所规定之情形。针对非举债方的抗辩，债权人可以继续证明该债务的形成符合夫妻日常家事代理、表见代理或者非举债方配偶同意，这就构成债权人的再抗辩。[2]叶名怡提出，家事代理权的行使范围仅限于日常生活交易，其无法成为第 24 条关于"夫妻共同债务推定"之泛化规定的正当性基础。该第 24 条就夫妻共同债务的认定以"婚内标准"取代《婚姻法》第 41 条所规定的"共同生活"标准，有违夫妻共同债务的本质规律性。审判实践证明，该第 24 条规定的"夫妻共同债务推定"几乎无法被推翻，对非举债方的夫妻一方极其不公。"证明责任内外有别论"或会导致矛盾判决，且往往沦为仅有外部规则被适用的理论依据。以"夫妻共同债务推定"的规定遏制"假离婚、真逃债"现象，手段极端且错误，致使恶意债务、非法债务及虚假夫妻债务急剧增加。因此，应立即废除该第 24 条，建立健全日常家事代理、超范围债务"共债共签"以及夫妻单方紧急举债权等制度。[3]

孙若军认为，夫妻共同债务"时间"推定规则的法理基础，并非《婚姻法》第 41 条，也不是家事代理权，而是夫妻财产制，对夫妻共同债务区分对内对外不同标准的法理基础则是财产共有理论，优先保护债权人是遵循法律价值选择的结果。最高人民法院《婚姻法解释（二）》第 24 条存在的问题，并非源于抗辩事由过少，而是该规定在文字表述上存在重大漏洞，未能完全体现出原本的设计意图，欠缺超出日常生活需要所负债务应当依据表见代理

---

[1]　参见缪宇：《走出夫妻共同债务的误区——以〈婚姻法司法解释（二）〉第 24 条为分析对象》，载《中外法学》2018 年第 1 期。

[2]　参见王雷：《〈婚姻法〉中的夫妻共同债务推定规范》，载《法律适用》2017 年第 3 期。

[3]　参见叶名怡：《〈婚姻法解释（二）〉第 24 条废除论——基于相关统计数据的实证分析》，载《法学》2017 年第 6 期。

规定处理的规定，以致法院在具体适用时，免除了债权人对超出日常生活需要所负债务应当承担有理由相信举债具有夫妻"合意"或"为"夫妻共同生活的证明责任，从而导致夫妻共同债务的范围被无限扩大，这是"造成审判结果的实质不公平，将举债方的配偶置于不利地位"的根本原因。[1]汪金兰、龙御天认为，夫妻共同债务的认定是审判实践中争议较多的热点问题。针对夫妻共同债务，《婚姻法》及其司法解释在坚持"债务目的论"的同时，确立了否认共同债务的推定规则。推定规则的法理基础是法定的夫妻共同财产制，而非家事代理。最高人民法院《婚姻法解释（二）》第24条所确立的夫妻共同债务推定规则，不能脱离《婚姻法》第41条的规定加以适用，其在制度设计和价值取向上具有合理性。法官在适用该推定规则时应正确理解其适用前提，合理分配当事人的证明责任，同时应完善夫妻间的追偿制度和共同债务清偿责任制度。[2]

4. 民事领域因果关系的推定规则

关于共同危险行为的因果关系认定问题，阮神裕提出，共同危险行为的既有理论无法回答一些边缘性案件能否适用《侵权责任法》第10条这一难题。作者考察了美国法上的择一责任制度，提出了基于证据损害现象的证据整体化理论，即各个行为人实施的危险行为相互作用，使原告陷于无法辨别谁是真正加害人的困境，这种困境不能由无辜的受害人承担，而应该由行为人负担，故在举证上应当对受害人予以优待，即应当允许用整体行为与损害的因果关系来推定个别行为因果关系成立。这种理论一方面符合证明妨碍的法律思想，也能完美地解释行为人承担连带责任的原因；另一方面也没有不当地限缩典型性案例的适用，还可以恰当地处理边缘性案例。[3]郭辉认为，共同危险侵权中，无法确定损害后果是哪个具体行为人的行为造成的，学界对这种特殊因果关系的性质存在择一因果、相当因果、推定因果、结合因果学说等争论。推定因果关系既保护了受害人利益，也维护了具体行为人的自由，该种因果关系是对共同危险侵权因果关系的准确定性。采纳推定因果关系说并免除能够证明自己行为与损害后果没有因果关系的行为人的责任承担

---

[1] 参见孙若军：《论夫妻共同债务"时间"推定规则》，载《法学家》2017年第1期。

[2] 参见汪金兰、龙御天：《我国夫妻共同债务推定规则的法理基础与适用》，载《安徽大学学报（哲学社会科学版）》2018年第2期。

[3] 参见阮神裕：《共同危险行为理论基础的重构与阐释》，载《法学评论》2018年第3期。

是世界立法通例，也符合法理。[1]

廖升认为，在操纵证券市场侵权领域，不宜采纳美国的事实因果关系和法律因果关系两分法，也不宜移植德国的责任成立因果关系和责任范围因果关系两分法。司法实践中，根据直接因果关系或必然因果关系标准认定操纵证券市场侵权责任是不合理的。部分学者提出的相当因果关系理论，无法有效适用于操纵证券市场侵权案件。操纵证券市场侵权案件应当实行因果关系推定，其理论基础为证明责任分配的有关理论，并非美国的"欺诈市场理论"。[2]

倪培根介绍，德国环境侵权因果关系要件的证明策略是推定规则。该规则属于法律上的事实推定，具有分配客观证明责任的功能。进一步考察即可发现，推定规则是基于德国实体法中客观证明责任的分配规范而创设，并通过相关配套设施的辅助，及法官综合运用多种证明评价方法得以有效实施的。考虑到我国既有法律体系与制度环境均不同于德国，直接引入推定规则的方案并不可行，但其解决问题的思路及遵循的规则却具启发意义，即我国对环境侵权因果关系的证明策略安排，也应立足于实体法规范中的客观证明责任分配，着重强调法官运用证明评价方法的能力，以达到缓解因果关系要件举证困难的最终目的。[3]

5. 司法认知问题

徐钝、詹王镇认为，剖析司法认知规避现象的根源并进行制度激励，在当前民事审判实践中极具现实意义。从司法压力机制、司法指引机制、司法替代机制等角度着手，司法认知规避的深层次根源得以发现。从司法认知规则重构、司法认知案例库体系建设和司法认知责任及其豁免三大方面建构司法认知激励制度，颇具必要性与可行性。关于司法认知规则重构，应坚持简约主义，使司法认知规则简约、明确并具有可操作性；关于司法认知案例库建设，应建立一套从指导性案例到精品案件的多层次案例库体系，建立案例库反馈机制和动态调整机制；关于司法认知责任及其豁免，坚持不当行为作

---

〔1〕 参见郭辉：《共同危险侵权因果关系的性质及对责任承担的影响》，载《河北法学》2017 年第 4 期。

〔2〕 参见廖升：《操纵证券市场侵权责任之因果关系》，载《法学评论》2017 年第 1 期。

〔3〕 参见倪培根：《论德国环境侵权因果关系要件的证明策略及其启示》，载《法律适用》2017 年第 15 期。

为法官惩戒的主要事由，错案惩戒需要结合客观结果与主观状态来分析，并建立影响性后果错案的豁免制度。[1]

　　杨庭轶、郑慧媛认为，司法认知的目的在于集中证明范围，减少诉讼成本，对于其功能的探讨不宜过分关注于实体结果，而应关注何种事实应当作为司法认知的对象。大数据分析为众所周知及规律、定理的判断提供了可能，有利于解决实务中"当认不认"以及"过度认知"的问题。但是，引入大数据分析，需要解决大数据的性质、是否真实客观，以及平衡大数据分析结果与法官经验理性之间的关系等问题。大数据分析引入司法认知，能够优化法官的认知能力，使法官在司法认知时的心证显现化，将司法认知的过程和大数据分析的结果、依据展现于阳光之下，对其应用和采用过程进行可视化的程序规制，使当事人有所准备，补充资料，充分抗辩，积极对抗，以发挥大数据分析的应用价值。在诉讼这样一个严肃的司法活动中，大数据不能取代法官的经验理性，而是通过提供完全数据的方式，对法官经验理性的一种补充和辅助。据此，应当构建大数据分析引入司法认知的程序规则。[2]

三、法庭科学研究进展

（一）法医病理学

1. 心脏性猝死相关研究

（1）遗传变异与 SUNDS 相关性研究。SUNDS 是一种原因不明的猝死，常见于青壮年睡眠中。迄今 SUNDS 尸体仍缺乏特征性病理组织学改变，仅根据形态学无法明确其死亡原因。近十年来，中山大学成建定教授科研团队对不明原因猝死尤其是 SUNDS 展开了系统性分子病理学研究，旨在搜寻与 SUNDS 有关的基因变异，从而确定 SUNDS 发病原因。前期，该课题组已在 SUNDS 死者中发现了心脏钠离子通道及其相关蛋白编码基因 SCN5A、SCN1B - 4B、MOG1、GPD1L 及 PKP2 遗传变异。2017 年在 SUNDS 死者中又发现一种心脏

---

〔1〕　参见徐钝、詹王镇：《论司法认知的制度激励——基于民事审判实践认知规避现象的反思》，载《北方法学》2018 年第 5 期。

〔2〕　参见杨庭轶、郑慧媛：《从经验依赖到程序规制——大数据分析在司法认知中的应用探索》，载贺荣主编：《深化司法改革与行政审判实践研究（上）——全国法院第 28 届学术讨论会获奖论文集》，人民法院出版社 2017 年版。

钠离子通道编码基因 SCN10A 遗传变异，可成为我国 3% SUNDS 的分子病因。[1]此外，还有科研人员研究人心脏钙离子通道相关基因发现，心肌最重要的钙离子通道组成部分兰尼碱受体 2（ryanodine receptor type-2，RYR2）遗传变异，并且与 SUNDS 发生具有相关性。[2]由此，提示除了心脏钠离子通道编码基因外，SUNDS 的发病原因还有可能与其他通道基因相关，为该领域研究提供了新的思路。同时，在富含亮氨酸重复蛋白 10（LRRC10）[3]、缝隙连接蛋白 α1（GJA1）[4]、黏着斑蛋白（VCL）[5]、原发性心肌症相关蛋白 1（CMYA1）[6]、窖蛋白（CAV）[7]及 I 型胶原蛋白 α2（COL1A2）[8]的分子解剖学研究中又发现了多个基因变异位点，这些遗传变异与部分 SUNDS 的发生可能存在关联性。

（2）冠心病猝死的检验方法和发生机制研究。目前，冠心病猝死的法医病理鉴定主要依据是尸检时发现冠状动脉管壁粥样硬化斑块形成、管腔狭窄需达Ⅲ级以上，并且存在心肌缺血性改变。由于苏木素-伊红（H-E）染色对于早期心肌缺血改变着色不特异，所以大部分关于冠心病猝死的法医学研究

〔1〕　Zhang L. et al.，"Association of Common and Rare Variants of SCN10A Gene with Sudden Unexplained Nocturnal Death Syndrome in Chinese Han Population"，*International Journal of Legal Medicine*，2017，131（1）：53-60.

〔2〕　Wang S. et al.，"An Insertion/Deletion Polymorphism within 3'UTR of RYR2 Modulates Sudden Unexplained Death Risk in Chinese Populations"，*Forensic Science International*，2017，270：165-172.

〔3〕　Huang L. et al.，"Molecular Pathological Study on LRRC10 in Sudden Unexplained Nocturnal Death Syndrome in the Chinese Han Population"，*International Journal of Legal Medicine*，2017，131（3）：621-628.

〔4〕　Wu Q. et al.，"GJA1 Gene Variations in Sudden Unexplained Nocturnal Death Syndrome in the Chinese Han Population"，*Forensic Science International*，2017，270：178-182.

〔5〕　Cheng J. et al.，"Vinculin Variant M94I Identified in Sudden Unexplained Nocturnal Death Syndrome Decreases Cardiac Sodium Current"，*Scientific Reports*，2017，7：42953；Cheng J. et al.，"An East Asian Common Variant Vinculin P. Asp841His Was Associated with Sudden Unexplained Nocturnal Death Syndrome in the Chinese Han Population"，*Journal of the American Heart Association*，2017，6（4）：e005330.

〔6〕　Huang L. et al.，"Critical Roles of Xirp Proteins in Cardiac Conduction and Their Rare Variants Identified in Sudden Unexplained Nocturnal Death Syndrome and Brugada Syndrome in Chinese Han Population"，*Journal of the American Heart Association*，2018，7（1）：e006320.

〔7〕　午方宇等：《窖蛋白基因变异及多态性与不明原因猝死的相关性》，载《法医学杂志》2017 年第 2 期。

〔8〕　Yin Z. et al.，"Association between an Indel Polymorphism in the 3'UTR of COL1A2 and the Risk of Sudden Cardiac Death in Chinese Populations"，*Legal Medicine*（*Tokyo*，*Japan*），2017，28：22-26.

是致力于寻找某些蛋白可以在早期心肌缺血处特异性表达，如脑钠肽前体（proBNP）[1]、脑钠肽（BNP）[2]、间隙连接蛋白 43（connexin43，Cx43）、Cx45 及肿瘤坏死因子-α（TNF-α）[3]、缺氧诱导因子-1α（HIF-1α）及血管内皮生长因子-A（VEGF-A）[4]；或者某种生物学指标可以在早期心肌缺血后各种体液中显著性表达，如血液中 N 端脑钠肽前体（NT-proBNP）[5]、心包液中缺血修饰白蛋白（IMA）[6]；或者某种新的检测仪器可以更好地显示病变血管及心肌缺血继发改变，如死后 CT 血管造影检验冠状动脉[7]和傅里叶变换红外光谱法检测肺水肿液中蛋白含量[8]，以求为冠心病猝死法医学鉴定提供证据。

但是，有些冠心病猝死案例经系统解剖及病理组织学检验后仅可见左、右冠状动脉轻微病变，管腔狭窄程度低于 Ⅱ 级。如果死者生前存在明显诱因，则高度怀疑为冠状动脉痉挛导致死亡。最新研究显示，异常内质网应激（ERS）经肌球蛋白轻链激酶（MLCK）/磷酸化的肌球蛋白轻链 2（p-MLC2）通路启动血管平滑肌的收缩，从而造成冠状动脉痉挛。[9]因此，p-MLC2 在冠状动脉平滑肌细胞中的表达水平升高，可用于预测急性心肌梗死。除了 p-

〔1〕 曾强等：《proBNP 和 NT-proBNP 在冠心病猝死者体内的表达》，载《法医学杂志》2017 年第 5 期。

〔2〕 雒心怡等：《脑钠肽在心脏性猝死与非心脏性猝死心肌组织中的表达》，载《法医学杂志》2017 年第 6 期。

〔3〕 王祁等：《Cx45、Cx40 及 TNF-α 在梗死心肌中表达及作用》，载《中国法医学杂志》2017 年第 4 期。

〔4〕 张圆等：《HIF-1α、VEGF-A 在心律失常大鼠心肌组织中的变化》，载《法医学杂志》2017 年第 3 期。

〔5〕 曾强等：《proBNP 和 NT-proBNP 在冠心病猝死者体内的表达》，载《法医学杂志》2017 年第 5 期。

〔6〕 张咏萍等：《大鼠慢性心衰致死的代谢特征与标记物研究》，载《中国法医学杂志》2018 年第 4 期。

〔7〕 Shao Y. et al. , "Post-mortem Computed Tomography Angiography Using Left Ventricle Cardiac Puncture: A Whole-body, Angiographic Approach", *PLoS One*, 2017, 12 (8): e0183408；钱辉等：《死后 CT 血管造影对冠状动脉粥样硬化的诊断价值》，载《法医学杂志》2017 年第 2 期。

〔8〕 Lin H. et al. , "Identification of Pulmonary Edema in Forensic Autopsy Cases of Sudden Cardiac Death Using Fourier Transform Infrared Microspectroscopy: A Pilot Study", *Analytical Chemistry*, 2018, 90 (4): 2708-2715.

〔9〕 Xue A. et al. , "Aberrant Endoplasmic Reticulum Stress Mediates Coronary Artery Spasm through Regulating MLCK/MLC2 Pathway", *Experimental Cell Research*, 2018, 363 (2): 321-331.

MLC2，一氧化氮和内皮素-1（ET-1）也有望成为潜在的冠状动脉痉挛诊断指标。未来需要更多研究加以证实，并在高度怀疑冠状动脉痉挛猝死案例中用以佐证。

值得关注的是，大多情况下，法医不能获得冠心病猝死发病时的缺血性心电图或心室壁运动异常的影像学证据，无法评估死者生前心脏节律及心功能等心脏电生理情况，也就无法将其所患冠心病与心功能障碍（衰竭）建立直接联系。2018 年，法医病理工作者收集 24 例冠心病猝死者心脏标本（急性/陈旧性心肌梗死），研究交感神经芽生标志物生长相关蛋白-43（GAP-43）及成熟交感神经标志物酪氨酸羟化酶（TH）在人体心肌梗死区域的表达情况，发现心肌梗死后在梗死灶周边区域会出现神经芽生和交感神经分布密度增高，并且 GAP-43 与 TH 免疫阳性面积明显大于感染性休克、羊水栓塞、支气管肺炎、颅脑损伤、缢死及高坠等对照组。由此，提出交感神经重构所致室性心动过速（VT）等可能是冠心病猝死的发生机制。[1]

2. 损伤时间推断与死亡时间推断相关研究

（1）生物化学。

第一，蛋白质作为生物组织的重要组成成分，广泛参与组织损伤修复的病理生理学过程，很多与伤后经过时间具有相关性，因此常被应用于损伤时间推断。多位研究人员应用免疫组织化学染色及蛋白质印迹法（Western blot）分别对大鼠脑挫伤后细胞周期素依赖蛋白激酶 5（Cdk5）蛋白[2]和胱硫醚β合成酶（CBS）蛋白[3]、大鼠骨骼肌挫伤后核因子 E2 相关因子 2（Nrf2）蛋白[4]和卷曲蛋白受体 2（Fzd2）蛋白[5]、大鼠肝挫伤后基质金属蛋白酶 2

---

〔1〕 Yu TS. et al. , "Evaluation of Specific Neural Marker GAP-43 and TH Combined with Masson-tri-chrome Staining for Forensic Autopsy Cases with Old Myocardial Infarction", *International Journal of Legal Medicine*, 2018, 132（1）：187-195.

〔2〕 王正印等：《大鼠局灶性脑挫伤后 Cdk5 的表达变化》，载《中国法医学杂志》2017 年第 2 期。

〔3〕 褚洋等：《CBS 在脑挫伤后损伤时间推断中的作用》，载《法医学杂志》2017 年第 3 期。

〔4〕 张小红等：《Nrf2 蛋白在骨骼肌损伤修复中的时序性表达及作用》，载《法医学杂志》2018 年第 1 期。

〔5〕 董塔娜等：《大鼠骨骼肌挫伤后 Fzd2 表达与损伤时间的关系》，载《法医学杂志》2017 年第 4 期。

（MMP-2）和 MMP-9 蛋白[1]、小鼠皮肤切除后叉头框 O1（FoxO1）蛋白[2] 进行检测，发现其均具有一定的伤后时序性变化规律，可以为损伤时间推断提供新的参考依据。此外，中国医科大学官大威教授科研团队继续深入研究了组织损伤修复机制，发现激活 2 型大麻素受体（CB2R）能明显减少小鼠皮肤切创区 I 型巨噬细胞浸润和其相应细胞因子（白介素 6、白介素 12、CD86 和诱导型一氧化氮合酶）的表达，从而减轻炎症反应；拮抗 CB2R 后结果则相反。[3] 此外，激活 α7 烟碱型乙酰胆碱受体（α7-nAChR）可以促进小鼠皮肤切创区上皮组织和新生血管再生，有利于组织损伤修复。[4]

　　第二，与蛋白质相比，RNA 不太稳定，但随着研究的深入，研究人员已体会到生物体内广泛存在的 RNA 物质在推断损伤时间和死亡时间（PMI）方面的潜力。在大鼠骨骼肌损伤模型中，金属硫蛋白（MT）1A mRNA 和 MT2A mRNA 相对表达量于损伤后 1 小时、6 小时、12 小时、18 小时呈现逐渐上升的趋势，又于损伤后 24 小时明显减少，损伤后 30 小时再次上升，随后下降。[5] 还有研究人员检测大鼠骨骼肌挫伤后 Pumilio 相关蛋白 2（PUM2）、转化生长因子 β 活化激酶 1 相关结合蛋白 2（TAB2）、间隙连接蛋白 45（Cx45）和烟碱型乙酰胆碱受体 α1 亚型（CHRNA1）mRNA 的相对表达量，计算每个损伤组不同个体间的相对表达量的变异系数（coefficient of variation，CV），并比较 CV 极值、累积变异度等，发现 PUM2、CHRNA1 mRNA 相对表达量个体间同质性最低，其次为 TAB2 mRNA，参与细胞结构组成的 Cx45、CHRNA1 mRNA 相对表达量个体间同质性较高，在今后筛选用于损伤时间推断的 mRNA

〔1〕 王昌亮等：《大鼠撞击性肝挫伤后 MMP-2 和 MMP-9 蛋白时序性表达》，载《法医学杂志》2017 年第 6 期。

〔2〕 陈扬等：《皮肤切创愈合过程中 FoxO1 表达与损伤时间关系》，载《法医学杂志》2018 年第 1 期。

〔3〕 Du Y. et al., "Cannabinoid 2 Receptor Attenuates Inflammation during Skin Wound Healing by Inhibiting M1 Macrophages rather than Activating M2 Macrophages", *Journal of Inflammation* (London), 2018, 15: 25.

〔4〕 Li JY. et al., "α7-nAChR Activation Has an Opposite Effect on Healing of Covered and Uncovered Wounds", *Inflammation*, 2018, 41 (2): 474-484.

〔5〕 范浩亮等：《金属硫蛋白 1A 和 2A 的 mRNA 时序性表达（英文）》，载《法医学杂志》2017 年第 1 期。

指标时应注意其功能分类。[1]同时，联合上述四种指标（PUM2、TAB2、Cx45 及 CHRNA1）mRNA 可以推断早期 PMI。[2]此外，在小鼠皮肤损伤模型及人体皮肤损伤标本中，趋化因子生长调节蛋白 1［chemokine（C-X-C motif）ligand 1，CXCL1］和趋化因子生长调节蛋白受体 2［chemokine（C-X-C motif）receptor 2，CXCR2］[3]mRNA、白细胞介素 6（interleukin 6，IL-6）和 IL-20[4]mRNA 皆有望成为判断生前伤与死后伤的指标。

近年来，利用 mRNA 降解规律推断 PMI 逐渐成为法医学研究的焦点。研究人员利用芯片技术对大鼠死后 24 小时内心肌组织中的 217 种 mRNA 进行筛选，发现细胞分裂周期蛋白 25B（Cdc25B）与早期 PMI 具有最好相关性，并与之建立一种新的数学模型，推断 PMI 的错误率小于 15%；[5]在脑组织中，β-actin 与 PMI 具有最好相关性。[6]在晚期 PMI 推断的研究中，发现脑组织仍是较适宜的检材，脑组织中琥珀酸脱氢酶复合体亚基 A（SDHA）、核糖体蛋白 L32（RPL32）及 TATA 盒结合蛋白（TBP）mRNA 的相对表达量变化与 PMI 有一定的线性关系，有望成为推断 PMI 的辅助指标。[7]

第三，除了蛋白质和 RNA 等生物大分子，研究人员还对死后不同组织或体液中离子等物质的变化情况做了一定研究。目前主要关注的是玻璃体液内不同离子浓度的变化情况。研究人员应用全自动生化分析仪检测不同温度下（5℃、15℃、25℃、35℃）在死后 0 小时至 120 小时范围内家兔尸体玻璃体液内 K^+ 浓度，利用插值函数拟合法可将环境温度作为参数，实现在环境温度

---

〔1〕　杜秋香等：《不同功能基因 mRNA 推断损伤时间的指标同质性》，载《法医学杂志》2018 年第 5 期。

〔2〕　Sun JH. et al. ，"An 'Up, No Change, or Down' System：Time-dependent Expression of mRNAs in Contused Skeletal Muscle of Rats Used for Wound Age Estimation"，*Forensic Science International*，2017，272：104-110.

〔3〕　He JT. et al. ，"CXCL1 and CXCR2 as Potential Markers for Vital Reactions in Skin Contusions"，*Forensic Science Medicine and Pathology*，2018，14（2）：174-179.

〔4〕　Ye MY. et al. ，"IL-6 and IL-20 as Potential Markers for Vitality of Skin Contusion"，*Journal of Forensic and Legal Medicine*，2018，59：8-12.

〔5〕　Tao L. et al. ，"Early Postmortem Interval Estimation Based on Cdc25b mRNA in Rat Cardiac Tissue"，*Legal Medicine*（*Tokyo，Japan*），2018，35：18-24.

〔6〕　Lv YH. et al. ，"Estimation of the Human Postmortem Interval Using an Established Rat Mathematical Model and Multi-RNA Markers"，*Forensic Science Medicine and Pathology*，2017，13（1）：20-27.

〔7〕　刘志杰等：《大鼠死后管家基因 mRNA 稳定性及其时序性降解与 PMI 相关性研究》，载《中国法医学杂志》2017 年第 5 期。

变化条件下进行 PMI 推断。[1]在此基础上，同时检测 K⁺、P、Mg²⁺、Ca²⁺、肌酐（CRE）及尿素氮（UN）浓度，并以上述六种物质浓度为因变量，温度及 PMI 为固定效应进行模型拟合，所得结果证实，外界环境温度对物质的死后变化具有较大影响作用，各温度组 K⁺、P、Mg²⁺、CRE 及 UN 浓度随 PMI 延长均呈上升趋势，Ca²⁺ 则呈下降趋势。利用混合效应模型拟合的方法可实现温度和玻璃体液物质浓度双参数推断 PMI，具有一定的参考价值。[2]

（2）傅里叶变换红外光谱技术。西安交通大学王振原教授科研团队等利用 FTIR 光谱技术对 PMI 推断做了系统研究，分别对兔死后不同时间的玻璃体液[3]、心包液[4]和血浆[5]进行 FTIR 光谱检测，同时结合贝叶斯岭回归（BRR）、支持向量回归（support vector regression）、人工神经网络（ANN）算法或偏最小二乘法（PLS），可以成为推断 PMI 有效方法。此外，在大鼠死后（0～168 小时）脾组织光谱吸收峰强随 PMI 延长发生变化，同时结合数据挖掘方法可对大鼠脾组织进行有效定性和定量分析，可建立分类判别和 PLS 回归模型，对 PMI 进行准确推断。[6]因为有多种因素影响 PMI 的推断，其中环境温度是主要因素，所以目前国内研究人员重点探讨在环境温度变化条件下利用 FTIR 推断 PMI 的可行性。有研究发现，大鼠死后肾组织在不同温度下的 FTIR 光谱特征具有差异，温度对 FTIR 光谱 PLS 回归模型性能具有重要影响，因此在利用光谱法推断 PMI 的研究中需要考虑温度对模型的影响，以提高

　〔1〕　杨明真等：《不同温度下兔玻璃体液 K⁺ 浓度与死亡时间的关系研究》，载《中国法医学杂志》2017 年第 3 期。

　〔2〕　杨明真等：《混合效应模型在玻璃体液推断死亡时间中的应用》，载《法医学杂志》2018 年第 1 期；Yang M. et al., "A Study on the Estimation of Postmortem Interval Based on Environmental Temperature and Concentrations of Substance in Vitreous Humor", *Journal of Forensic Sciences*, 2018, 63 (3): 745-751.

　〔3〕　Zhang J. et al., "Attenuated Total Reflectance Fourier Transform Infrared (ATR-FTIR) Spectral Prediction of Postmortem Interval from Vitreous Humor Samples", *Analytical and Bioanalytical Chemistry*, 2018, 410 (29): 7611-7620.

　〔4〕　Zhang J. et al., "Application of Fourier Transform Infrared Spectroscopy with Chemometrics on Postmortem Interval Estimation Based on Pericardial Fluids", *Scientific Reports*, 2017, 7 (1): 18013.

　〔5〕　Zhang J. et al., "Characterization of Postmortem Biochemical Changes in Rabbit Plasma Using ATR-FTIR Combined with Chemometrics: A Preliminary Study", *Spectrochimica Acta Part A: Molecular and Biomolecular Spectroscopy*, 2017, 173: 733-739.

　〔6〕　王磊等：《FTIR 光谱结合数据挖掘方法构建死亡时间推断数学模型》，载《法医学杂志》2018 年第 1 期。

PMI 推断的准确性。[1]另外，FTIR 光谱技术联合红外光谱（IR microscopy）和 PLS，还可用于外伤性轴索损伤（TAI）时间推断。[2]

（3）代谢组学及蛋白组学。有研究以代谢组学为依据，尝试利用尸体组织化学和动物实验数据来推断 PMI。研究人员将窒息死大鼠置于 25℃、75% 湿度的恒温恒湿箱中，分别于 0 小时、24 小时、48 小时、72 小时、96 小时、120 小时 6 个时间点提取脾组织，检测各时间点脾脏组织中代谢物变化。Kruskal-Wallis 检验共筛选出 17 种重要的代谢物，其中，L-亮氨酸、L-脯氨酸、L-丙氨酸、L-赖氨酸、L-谷氨酸、亚油酸、L-色氨酸、磷酸等 8 种物质与 PMI 进行多元逐步线性回归分析，初步建立 $Y_{PMI}=2.138+15.537X$ 谷氨酸+ $123.225X$ 脯氨酸（$R^2=0.886$）多元回归方程，为窒息死大鼠脾脏腐败代谢物推测 PMI 提供更准确的回归方程。[3]还有研究人员利用 GC-MS 检测大鼠死后肌肉挥发性有机化合物（VOC），发现其与 PMI 存在一定的相关性。[4]不同于传统单一参数或指标推断 PMI 的方法，代谢组学技术主要使用多变量分析方法对死后不同代谢产物的整体轮廓进行分析，可以利用大量数据挖掘出更多有用的信息。在蛋白组学方面，研究人员利用基质辅助激光解吸电离飞行时间质谱（MALDI-TOF MS）法及 FTIR 光谱技术研究死后人和大鼠肝组织[5]、人骨组织[6]及大鼠肌肉组织[7]中蛋白质组时序性变化情况，发现不同 PMI 中，质谱图在相对峰位、出峰数目及相对峰强上均存在明显差异，有望被用于 PMI 推断。

〔1〕　王磊等：《温度对死后大鼠肾组织 FTIR 光谱特征的影响》，载《法医学杂志》2018 年第 3 期。

〔2〕　Zhang J. et al., "Application of FTIR Spectroscopy for Traumatic Axonal Injury: A Possible Tool for Estimating Injury Interval", *Bioscience Reports*, 2017, 37（4）：BSR20170720.

〔3〕　蔡山青等：《基于 GC-MS 检测机械性窒息死大鼠脾组织代谢物时序性变化推断死亡时间》，载《中国法医学杂志》2018 年第 3 期。

〔4〕　刘蓓蓓等：《大鼠肌肉挥发性有机化合物变化规律与死亡时间的关系》，载《法医学杂志》2017 年第 2 期。

〔5〕　Li C. et al., "MALDI-TOF MS as a Novel Tool for the Estimation of Postmortem Interval in Liver Tissue Samples", *Scientific Reports*, 2017, 7（1）：4887.

〔6〕　Wang Q. et al., "Estimation of the Late Postmortem Interval Using FTIR Spectroscopy and Chemometrics in Human Skeletal Remains", *Forensic Science International*, 2017, 281：113-120.

〔7〕　Li C. et al., "Application of MALDI-TOF MS for Estimating the Postmortem Interval in Rat Muscle Samples", *Journal of Forensic Sciences*, 2017, 62（5）：1345-1350.

（4）死亡微生物组学。有研究发现，死后雄性 SD 大鼠第 1~30 天的菌群多样性呈现减少趋势，组内相似性呈现下降趋势；第 1 天指纹图谱条带数、组内相似性系数（Cs）高于其他组，第 5 天与第 25、30 天组内 Cs 比较差异有统计学意义。[1] 上述结果显示，大鼠处死后不同时间点之间肠道菌群都有各自组成特点和结构特征。除肠道外，还可以增加皮肤、口腔等部位的菌群样本，以寻找最能体现 PMI 的特征菌群，在此基础上增加时间点和样本数量，提高 PMI 推断的准确性。

（5）法医昆虫学。利用嗜尸性昆虫的发育或演替规律推断 PMI 是法医昆虫学研究的重点内容之一，如大头金蝇[2]、野亚麻蝇[3]、亮绿蝇[4] 及家蝇[5]。近年来还有科研人员将差异基因表达技术用于推断嗜尸性蝇类年龄，如细胞色素 C 氧化酶亚型 I（COI）基因。[6] 未来，形态学和差异基因表达相结合有望实现更加精确的 PMI 推断。

（6）物理化学。莫耀南教授科研团队分别应用电阻抗技术测定大鼠死后脑、肺、肝、脾及骨骼肌的电导率（EC）值，建立与 PMI 关系的回归方程，揭示了电化学相关方法在 PMI 推断方面的潜在价值。[7] 此外，在 25℃ 环境温度下大鼠死后 10 天内分别检测脑、肺、肝和骨骼肌 pH 值，发现大鼠死后 1 天内肝、肺两种组织的 pH 值逐渐下降，1~10 天 pH 值逐渐上升，此二种组

---

〔1〕　李欢等：《大鼠死后肠道菌群演替规律》，载《法医学杂志》2018 年第 5 期。

〔2〕　Wang Y. et al., "Insect Succession on Pig Carcasses Using Different Exposure Time—A Preliminary Study in Guangzhou, China", *Journal of Forensic and Legal Medicine*, 2017, 52: 24-29.

〔3〕　Yang L. et al., "Temperature-dependent Development of Parasarcophaga Similis (Meade 1876) and Its Significance in Estimating Postmortem Interval", *Journal of Forensic Sciences*, 2017, 62 (5): 1234-1243.

〔4〕　Wang Y. et al., "Estimating the Age of Lucilia Illustris during the Intrapuparial Period Using Two Approaches: Morphological Changes and Differential Gene Expression", *Forensic Science International*, 2018, 287: 1-11.

〔5〕　Wang Y. et al., "Development of Musca Domestica at Constant Temperatures and the First Case Report of Its Application for Estimating the Minimum Postmortem Interval", *Forensic Science International*, 2018, 285: 172-180.

〔6〕　Ren L. et al., "The Application of COI Gene for Species Identification of Forensically Important Muscid Flies (Diptera: Muscidae)", *Journal of Medical Entomology*, 2018, 55 (5): 1150-1159; Chen W. et al., "Developing a MtSNP-based Genotyping System for Genetic Identification of Forensically Important Flesh Flies (Diptera: Sarcophagidae)", *Forensic Science International*, 2018, 290: 178-188.

〔7〕　郑哲等：《大鼠死后不同组织电导率与死亡时间关系的研究》，载《中国法医学杂志》2017 年第 3 期；夏志远等：《大鼠死后肌肉电导率与腐败程度的关系》，载《法医学杂志》2017 年第 1 期；郑哲等：《大鼠死后肝、脾、肾电导率与早期死亡时间的关系》，载《法医学杂志》2018 年第 5 期。

织的 pH 值与晚期 PMI 相关性较好，其中，肺组织 pH 值与 PMI 的相关系数更高；骨骼肌 pH 值同样在 1 天内出现下降，但 1~3 天迅速上涨，3~10 天基本保持稳定；但是脑组织 pH 值曲线拟合关系最差。[1]因此，死后 10 天内，大鼠肝、肺、骨骼肌三种组织 pH 值在晚期 PMI 推断中具有一定参考价值。

3. 创伤性脑损伤相关研究

陈庆等应用相对和绝对定量同位素标记结合液相色谱-串联质谱法（iTRAQ-LC-MS/MS）从 SD 大鼠弥漫性轴索损伤（DAI）脑组织中共定量检测出 2016 种蛋白质，其中，16 种蛋白质在打击致死组具有差异表达，包括 1 种表达上调蛋白质和 15 种表达下调蛋白质，为 DAI 的诊断提供了潜在生物标志物。[2]苏州大学陶陆阳教授科研团队致力于创伤性脑损伤（TBI）病理生理机制的研究。首先，发现了 3-巯基丙酮酸转硫酶（3-MST）和自噬标志物微管相关蛋白轻链 3（LC3）蛋白表达皆在伤后第一天即达到峰值。同时，免疫组织化学染色显示，3-MST 与部分 LC3 共定位表达，但未与细胞死亡标志物碘化丙啶（propidium iodide）共定位。上述表明 3-MST 主要表达于存活神经元中，并且参与了 TBI 后神经元的自噬。[3]此后研究还发现，线粒体分裂抑制剂 1（Mdivi-1）通过抑制 TBI 后线粒体分裂和 PTEN 诱导激酶 1（Pink1）/Parkin 所介导的线粒体自噬，在一定程度上减轻了 TBI 后血脑屏障破坏和细胞死亡。[4]中国医科大学赵锐教授科研团队发现，姜黄素（curcumin）通过激活 Nrf2 通路起到神经保护作用，有可能成为 TBI 治疗药物。[5]

4. 道路交通事故重建与损伤相关研究

司法鉴定科学研究院陈忆九研究团队利用多刚体动力学对道路交通事故进行重建，这是目前较主流的道路交通事故计算机仿真方法。同时，利用 3D

〔1〕 郑哲等：《大鼠死后不同组织 pH 值与晚期死亡时间的关系》，载《中国法医学杂志》2018 年第 5 期。

〔2〕 陈庆、白洁、张文芳：《应用 iTRAQ-LC-MS/MS 方法筛选大鼠 DAI 后脑组织差异表达蛋白质》，载《法医学杂志》2017 年第 4 期。

〔3〕 Zhang M. et al., "Upregulation of 3-MST Relates to Neuronal Autophagy after Traumatic Brain Injury in Mice", *Cellular and Molecular Neurobiology*, 2017, 37（2）: 291-302.

〔4〕 Wu Q. et al., "Mdivi-1 Alleviates Blood-brain Barrier Disruption and Cell Death in Experimental Traumatic Brain Injury by Mitigating Autophagy Dysfunction and Mitophagy Activation", *International Journal of Biochemistry & Cell Biology*, 2018, 94: 44-55.

〔5〕 Dong W. et al., "Curcumin Plays Neuroprotective Roles against Traumatic Brain Injury Partly via Nrf2 Signaling", *Toxicology and Applied Pharmacology*, 2018, 346: 28-36.

激光扫描技术和遗传算法优化，对人-自行车-汽车碰撞前的运动状态、碰撞致伤过程进行重建，模拟结果与事故真实情况吻合，为法医学死因鉴定提供了生物力学依据。[1]

5. 机械性窒息相关研究

水中尸体是法医学尸体解剖中常见的类型，由于其常处于腐败甚至高度腐败状态，根据尸表检查、尸体解剖以及组织病理学检验有时很难鉴别水中尸体的死因。因此，硅藻检验仍是一种鉴定溺死的有效辅助手段。其中，微波消解-真空抽滤-自动扫描电子显微镜（MD-VF-Auto SEM）法硅藻检出率较高。[2]近年来，随着分子生物学技术的发展和多学科技术的交叉应用，国内外许多法医工作者通过 PCR 扩增和变性梯度凝胶电泳方法对水体和人体器官中硅藻核糖体 DNA5.8S 部分序列、第二内转录间隔区（ITS2）序列的长度多态性差异进行检验，可以辅助判断溺水死亡案件中受害人的落水地点以及受害人系生前落水还是死后被抛尸入水。[3]此外，研究人员对死于机械性窒息的人体心脏组织进行 mRNAs 筛选，发现双特异性磷酸酶 1（DUSP1）和内向整流钾通道 Kir2.1α 亚单位 mRNA 表达明显升高，可能会成为辅助诊断机械性窒息有用的生物学指标。[4]

6. 高温与低温损伤相关研究

研究人员对高低温死者大脑组织中 MMP2、MMP9、封闭蛋白 5（CLDN5）、紧密连接蛋白（OCLN）、闭锁小带蛋白 1（ZO1）、水通道蛋白 1/4（aquaporins 1/4，AQP1/4）[5]以及 IL-1β、TNF-α、诱导型一氧化氮合

---

〔1〕 Sun J. et al., "Identification of Pre-impact Conditions of a Cyclist Involved in a Vehicle-Bicycle Accident Using an Optimized MADYMO Reconstruction Combined with Motion Capture", *Journal of Forensic and Legal Medicine*, 2018, 56: 99-107.

〔2〕 Zhao J. et al., "The Diagnostic Value of Quantitative Assessment of Diatom Test for Drowning: An Analysis of 128 Water-related Death Cases Using Microwave Digestion-Vacuum Filtration-Automated Scanning Electron Microscopy", *Journal of Forensic Sciences*, 2017, 62（6）: 1638-1642.

〔3〕 袁文勇等：《藻类 rDNA 特异性片段长度多态性在溺死鉴定中的应用》，载《法医学杂志》2018 年第 5 期。

〔4〕 Zeng Y. et al., "DUSP1 and KCNJ2 mRNA Upregulation Can Serve as a Biomarker of Mechanical Asphyxia-induced Death in Cardiac Tissue", *International Journal of Legal Medicine*, 2018, 132（3）: 655-665.

〔5〕 Du Y. et al., "Increased Cerebral Expressions of MMPs, CLDN5, OCLN, ZO1 and AQPs Are Associated with Brain Edema Following Fatal Heat Stroke", *Scientific Reports*, 2017, 7（1）: 1691.

酶（iNOS）、Nrf2[1]mRNA 进行检测。Real-time PCR 结果显示，除了 AQP1 和 Nrf2，其他所有指标 mRNA 均在高温死者大脑皮质中表达增加，并且推测 MMP2、MMP9、CLDN5、OCLN、ZO1 及 AQP4 表达增加可能与高温后脑水肿有关；Nrf2 mRNA 则在低温死者大脑组织中表达增加。

（二）法医临床学

1. 法医临床学客观评定技术研究

（1）视觉功能客观评定技术研究。

第一，关于视野的客观评估。视野是衡量视觉功能的重要指标之一，其客观检测是法庭科学、眼科学界迄今面临的疑难问题。视觉诱发电位（VEP）是国际上公认的具有客观反映视觉传导通路功能的电生理技术。光学相干断层扫描（OCT）为客观、精确测量视网膜神经纤维层（RNFL）厚度提供了有效手段。联合应用上述功能学、形态学方法来综合评定视野功能鲜见报道。项剑、王旭等[2]选择外伤性视网膜病变、视神经损伤及高位视路损伤所致视野缺损典型案例，分别进行闪光视觉诱发电位（FVEP）、多焦视网膜电图（mfERG）、多焦视觉诱发电位（mfVEP）检查及颅脑 CT、视网膜 OCT 检查，并对上述视觉电生理指标及形态结构指标进行综合分析，结果发现，视网膜病变可表现为特定区域 RNFL 厚度变薄等形态学改变，其所致视野损害的电生理学表现为相应部位的 mfERG 异常及 mfVEP 异常，FVEP 正常或异常；视神经损伤后期可出现视盘 RNFL 厚度明显变薄，其所致视野损害的电生理学表现为 mfVEP 异常，FVEP 异常，而 mfERG 正常；高位视路损伤，常伴有颅脑 CT 枕叶脑软化灶形成，其所致视野损害的电生理学表现为双眼偏盲型 mfVEP 异常，FVEP 无明显异常，mfERG 正常。认为 mfVEP 联合 mfERG、FVEP 视觉电生理检测范式，结合颅脑 CT、视网膜视盘 OCT，有助于全面、客观评价视野，并有望实现视野损害的损伤定位（即明确损伤部位在视网膜、

---

〔1〕　Du SH. et al.，"Molecular Pathology of Cerebral TNF-α, IL-1β, iNOS and Nrf2 in Forensic Autopsy Cases with Special Regard to Deaths due to Environmental Hazards and Intoxication"，*Forensic Science Medicine and Pathology*，2017, 13（4）：409-416.

〔2〕　项剑等：《法医学视野客观评定范式研究——以视网膜、视神经及高位视路损伤致视野缺损为例》，载《中国法医学杂志》2018 年第 4 期。

视神经，还是高位视路）。卢韦华琳、王旭等[1]采用偏振激光扫描仪联合个体化角膜补偿技术（GDxVCC）和 Octopus 自动视野计对外伤视神经病变 52 例进行检查，发现平均 RNFL 厚度与视野有效值、平均敏感度（MS）呈正相关，平均 RNFL 厚度与视野平均缺损（MD）、丢失方差的平方根（sLV）呈负相关，认为 RNFL 厚度检测具有客观评定视野的法医学价值，有望成为评估视野的一种客观、形态学新方法。

第二，视觉事件相关电位研究。视敏度（visual acuity，又称视力）的检查需要受试者主观理解和主动配合，在司法鉴定实践中因缺乏客观性而受到限制。事件相关电位（ERP）是一种特殊的脑诱发电位，通过赋予刺激特殊的心理意义，利用多个或多样的刺激所引起的脑电位活动，反映了认知过程中大脑的神经电生理改变。ERP 作为一种更高层次的电生理学技术应用于视敏度评估具有其可能性和意义。孟欢欢等[2]以视敏度图标作为视觉信息刺激范式，以志愿者作为研究对象，嘱其在视觉刺激注意状态下对视敏度图标进行计数，在视觉刺激非注意状态下认真收听有声故事并在实验结束后回答故事相关问题，应用 32 导 ERP 系统记录两种不同注意状态下受试者 ERP 结果，研究不同注意状态对视敏度相关视觉信息刺激所产生 ERP 成分的影响，发现在两种注意状态下，阈上视敏度图标均引出了 P_1 和 P_{300} 成分，但阈下刺激图标只引出 P_1 成分，未引出 P_{300} 波形；在阈上图标所引出的 ERP 波形中，视觉刺激注意时的 P_1、P_{300} 振幅高于非注意时的 P_1、P_{300} 振幅。认为注意状态影响视敏度检测，ERP 的 P_{300} 成分可以用于视觉刺激非注意状态下阈上及阈下视敏度水平的鉴别。

第三，应用 CT 测量法测量眼球突出度。目前，法医鉴定中测量眼球突出度常用的方法为目测法、Hertel 突眼度计测量法及 CT 测量法。檀思蕾等[3]用实际案例比较 Hertel 突眼度计及 CT 测量两种眼球突出度测量方法的差异，发现 CT 测量法能直观观察眼眶骨折并同时进行眼球突出度测量，能弥补单用 Hertel 突眼度计测量引起的误差，并且能够观察到眼球突出度细微的改变。

---

〔1〕 卢韦华琳等：《视盘 RNFL 厚度改变与视野缺损的关系》，载《中国法医学杂志》2017 年第 3 期。

〔2〕 孟欢欢等：《不同注意状态对视敏度 ERP 检测的影响》，载《法医学杂志》2017 年第 2 期。

〔3〕 檀思蕾等：《眼球突出度测量方法的比较及其法医学意义》，载《法医学杂志》2017 年第 4 期。

CT 测量法对于诉讼案件的认定证据及固定证据具有无可替代的价值。同时，两种测量方法具有较好的一致性，可以相互印证、相互支持。在处理眼眶骨折伴眼球内陷相关的鉴定案件中，建议结合采用两种测量方法，进行综合判定、综合分析。此种方法，与项剑等[1]在文献中的案例报道异曲同工。

第四，关于高频彩色多普勒超声的诊断价值。超声作为影像学检查中不可或缺的工具，可用于浅表器官、心脏、肢体血管、腹部等多种器官组织的检查。梁锋[2]回顾性分析了 2016 年 1 月至 2018 年 1 月在其中心鉴定的 86 例（95 患眼）眼外伤患者的医学资料，患者受伤后均予以高频彩色多普勒超声检查，并予以手术治疗，以手术结果为对照组，显示高频彩色多普勒超声对严重眼外伤的诊断价值，诊断符合率为 98.85%。认为高频彩色多普勒超声对于眼外伤诊断的符合率高，并具有安全、无创、方便、重复性强的特点，可作为眼外伤（后节损伤）的首选辅助检查方式。

第五，鉴定标准中的视力指标选择问题。视力损害可分为单眼损害和双眼损害，单眼视力分别对个体视觉功能的影响尚不清楚，国内研究报道罕见。宰超等[3]研究了伤残评定中视力指标的选择问题，认为阅读视力、双眼视力与好眼视力相关性较高，与差眼视力相关性低。双眼视力和阅读视力具有独立的视功能评价作用。双眼视力和阅读视力能较好反映两单眼视力的综合整体情况，无法由单眼视力预计双眼视力或阅读视力，配比计算不是解决之道，应增加功能性视力作为残疾指标。

第六，对比度视诱发电位研究。对比度视力（CVA）是选定固定对比度，改变空间频率以找到阈值，得到视力的测量方法。对比度视力是决定人们生活与工作中视觉质量的重要指标之一。基于不同对比度条件下的对比度视诱发电位（CVEP）是否具有客观评价对比度视力的功能的研究报道目前尚不多见。王萌等[4]选取司法鉴定科学研究院鉴定中心行法医临床学鉴定的 60 例眼损伤者，根据最佳矫正视力分为 0.2～0.3（A 组）、0.3～0.5（B 组）、

〔1〕 项剑、王旭、郭兆明：《眶壁骨折致眼球内陷法医学鉴定 1 例》，载《中国法医学杂志》2017 年第 3 期。

〔2〕 梁锋：《高频彩色多普勒超声在严重眼外伤中的法医临床应用》，载《中国医疗器械信息》2018 年第 21 期。

〔3〕 宰超等：《阅读视力、双眼及单眼视力关系的实验性研究》，载《中国法医学杂志》2018 年第 5 期。

〔4〕 王萌等：《眼损伤图形刺激对比度视诱发电位》，载《法医学杂志》2017 年第 1 期。

≥0.5（C 组）三组。分别观察 100%、25%、10%对比度条件下的对比度视诱发电位波的振幅及潜伏期变化特征，并行统计学分析，研究眼损伤者对比度视诱发电位的特征，结果发现：①相同对比度时，P_{100} 波振幅随刺激视角的减小而降低。②相同刺激视角时，P_{100} 波振幅随对比度降低而降低，组间差异有统计学意义（$P<0.05$）。③100%、25%对比度时，相同刺激视角（100% 7′视角除外），A 组与 B 组差异无统计学意义（$P>0.05$），A 组与 C 组、B 组与 C 组随视力提高，P_{100} 波振幅增高（$P<0.05$）；10%对比度 15′刺激视角，P_{100} 波振幅随视力提高而增高（$P<0.05$）。④相同对比度下，相同刺激视角时，P_{100} 波潜伏期随视力提高而缩短，但组间差异无统计学意义（$P>0.05$）；相同刺激视角时，随对比度降低，P_{100} 波潜伏期延长，但差异无统计学意义（$P>0.05$）。认为对比度视诱发电位有望成为评估对比度视力的方法之一。

（2）等速肌力、神经电生理等检测方法用于客观判断肌力。卓佩佩等[1]综述了肌肉功能评估方法进展及其法医学应用前景，针极肌电图（nEMG）可检测肌肉中的失神经电位，复合肌肉动作电位（CMAP）波幅、潜伏期、募集反应等指标，以更加直观、准确地体现肌肉功能，可识别伪装，值得在鉴定实践中大力推广。运动单位数目估计（MUNE）技术是检测运动单位（MU）数目减少或是否有神经源性损害的理想手段，可以对某肌肉中有功能的 MU 数目进行有效测定。与 nEMG 相比，MUNE 最大的优点是无创，该方法同样不需要被鉴定人的配合，可识别伪装，是一项适合应用于法医临床学鉴定中的检测方法。运动单位数目指数（MUNIX）技术不需要借助电刺激完成，受检者不会有任何不适，但是需要受检者的主动配合，在法医学中的发展具有一定的局限性。nEMG 相关指标、MUNE 及 MUNIX 均与肌力存在某种相关性，但如何量化肌群肌力与电生理指标之间的关联程度并应用于实践，有待更加广泛、深入的研究。

（3）嗅觉事件相关电位（OERP）客观评定嗅觉。2018 年底，司法部司法鉴定管理局颁布了技术规范 SF/Z JD0103012-2018 "嗅觉障碍的法医学评定"。该技术规范规定了嗅觉障碍的相关术语和定义、总则、不同类型嗅觉障碍判定标准、嗅觉障碍评定方法，并规定了外伤性嗅觉障碍的评定流程及伪

---

〔1〕 卓佩佩等：《肌肉功能评估方法进展及其法医学应用前景》，载《法医学杂志》2018 年第 6 期。

装嗅觉丧失的判断原则等，适用于人体损伤程度鉴定、伤残等级鉴定中涉及嗅觉功能的法医学鉴定，其他相关法律规定涉及嗅觉功能的法医学鉴定亦可参照使用。嗅觉功能有主观、客观多种检测方法，其中 OERP 是一种较为客观的嗅觉检测方法。由气味刺激诱发生物电反应，在头皮特定部位收集放大的特异脑电信号，应用计算机叠加技术，获得 OERP，包括 P1、N1、P2、N2、P3 以及迟发正电位复合波，根据 OERP 反应波的潜伏期及波幅进行嗅觉功能正常、嗅觉功能下降或嗅觉功能丧失的判断。OERP 是嗅觉障碍法医学评定的重要检查方法，其结果是嗅觉功能的重要评定依据。孙婧等[1]研究认为，OERP 作为一项客观、灵敏、无创的嗅觉检查方法，弥补了传统嗅功能检查技术主要依靠被鉴定人自诉的不足，尤其是对于婴幼儿、诈病者等嗅觉功能评定有着重要意义。OERP 测试结果显示，嗅觉正常组与嗅觉障碍组均可以引出 N1、P2、N2 波，正常组较障碍组 N1、P2、N2 振幅抬高，潜伏期缩短，失嗅患者无法测出波形。但目前 OERP 在法医学应用的报道和实验并不多见，尚缺乏数据库与测试方法的建立，因此将成为法医学领域中的研究重点。

（4）高频超声检查准确定位神经损伤。高东等[2]在处理某医疗损害案件时，利用高频超声定位神经损伤，最终客观、准确、可靠地证实了被鉴定人的神经损伤系外伤（刀刺伤）所致，而非医院手术操作所致。在该案例中所采用的高频超声检查对神经损伤的准确定位提供了一份可视化的、可以追溯的超声影像证据，与神经肌电图检查相结合，最终为审判提供了技术支持，也充分显示出高频超声准确定位神经损伤对于法医学鉴定具有极大价值。

2. 法医临床学功能评定技术研究

（1）手足功能评定。高建勋等[3]认为，《手功能评定标准专题讨论会纪要》和《手功能评定标准的改进》为手功能的量化评定提供了相对科学、实用的技术方法。与之相比，《人体损伤程度鉴定标准》（以下简称《损伤标准》）存在如下问题：其规定"手感觉丧失功能的计算按相应手功能丧失程度

---

〔1〕　孙婧等:《嗅觉事件相关电位研究进展及法医学应用展望》，载《法医学杂志》2017 年第 5 期。

〔2〕　高东、叶钻、程亦斌:《高频超声定位神经损伤医疗损害鉴定 1 例》，载《法医学杂志》2018 年第 6 期。

〔3〕　高建勋、俞定羊、张斌:《人体损伤程度鉴定中手功能评定方法浅述》，载《法医学杂志》2017 年第 1 期。

的50%计算"，未对手各部位感觉失能量化赋值，鉴定人对感觉失能量化计算难以把握，迫于操作困难，在鉴定时出现忽略手感觉失能，仅评定手缺失、运动失能的现象，往往伤重评轻。另外，其未对运动失能如何计算做出规定，鉴定人在计算手运动障碍程度时难以操作，无所适从。其手损伤条款之间不平衡，在手损伤程度鉴定时，建议在综合评判损伤的基础上，分别与手离断或者缺失条款、手挛缩畸形条款、手功能丧失条款对比，取其中最高级别作为损伤程度鉴定结果。夏晴等[1]通过对"两院三部"《人体损伤致残程度分级》(以下简称《致残分级》)[2]中手损伤标准条款的梳理与分析，遵循《致残分级》及其适用指南[3]的编制原意，详细阐述手损伤评定的技术要点，包括结构缺失水平线的含义及评分方法、功能障碍中受累部位的理解、双手损伤并存时 AB 复合法的计算、"特别规定条款优先"原则等，并对可能存在不易统一理解或者产生争议的问题做出进一步的分析说明：如在同一手指中结构缺失与功能障碍并存时不适合直接相加、同一手指远侧与近侧指间关节同时受累的评分应以丧失分值高者为准等。代滨滨等[4]通过对我国《致残分级》和美国医学会《永久性残损评定指南》（GEPI）中关于足踝损伤评定的内容进行比较研究，发现：①在足弓结构破坏方面，《致残分级》规定"双足足弓结构完全破坏"可评定为七级，而依据 GEPI 复合计算后只能评定为十级；"一足足弓结构部分破坏"可评定为十级，而 GEPI 转化的结果为 5% WPI，不能评定致残分级。②在足趾功能方面，GEPI 残损率均在 10% 以内，不宜评定致残分级，而《致残分级》规定的最高致残率为 20%～29%，可评定为九级。由此可见，在足弓结构破坏和足趾功能评定方面，《致残分级》与 GEPI 对应性差，评定的致残率明显高于 GEPI，需要进一步进行完善。

---

〔1〕 夏晴、夏文涛:《〈人体损伤致残程度分级〉之手损伤条款的理解与应用》，载《法医学杂志》2017 年第 4 期。

〔2〕 2016 年 4 月，"两院三部"联合发布《人体损伤致残程度分级》，自 2017 年 1 月 1 日起正式实施。

〔3〕 参见司法部司法鉴定管理局、最高人民法院司法行政装备管理局组织编写:《〈人体损伤致残程度分级〉适用指南》，法律出版社 2016 年版。

〔4〕 代滨滨等:《〈人体损伤致残程度分级〉与 GEPI 对足踝伤残评定的比较》，载《中国法医学杂志》2018 年第 6 期。

（2）肢体功能评定。杨天潼等[1]撰文指出，GEPI 自 1958 年首次发表以来，已历经 6 次修订。最新的第六版 GEPI 整合了世界卫生组织《国际功能、残疾和健康分类》（ICF）的理念，具有权威性，代表了当今国际功能评定的最高水平。与 ICF 的"个性化"评定原则相比，GEPI 的残损值概念更加符合我国伤残评定实践，区域性残损、疼痛相关残损和复合残损值等理论和方法，可有效完善我国伤残评定体系。我国《致残分级》标准在手足功能评定方面认可多项伤残综合评定的原则，并不排斥伤残的复合计算。但是，在更为重要、应用更为广泛的其他功能评定领域内，却不要求以整体功能表示致残率，令人费解。多项伤残的复合计算和晋级原则是伤残评定的重要组成部分，不可轻言废立。杨天潼等[2]对 GEPI 有关下肢致残残损评定原则进行研究，介绍了 GEPI 下肢评定中活动度评定的理念，并对活动度检查和评定过程进行了说明。GEPI 虽然强调客观评定，但并不排斥关节活动度（ROM）主观评定的方式。GEPI 通过"循诊残损""孤立"评定，以及在 ROM 检查和评定方面的一系列规定，在保证评定客观性的基础上，最大限度地发挥了 ROM 在下肢功能评定中的价值。

3. 法医临床学鉴定标准研究

杨天潼等[3]结合 ICF 相关内容，介绍了 GEPI 下肢评定中区域残损、循诊残损和校正因子等新概念。其认为，如能借鉴 GEPI 残损评定体系，将各项区域残损和循诊残损转化为人体整体残损（WPI），进而与我国"十等级"伤残评定体系相对应，将提高我国伤残评定体系的全面性和客观性，使我国伤残评定实践迅速与国际水平接轨。刘鑫等[4]认为，相较以往的残疾标准，《致残分级》规定的具体残疾情形数量适中，客观性条款增多、柔性条款减少增加了鉴定等的可操作性和科学客观性等。但是，分级延续以往标准点、线、面的结构模式，使得其存在无法穷尽所有的残疾情形、无法反映某一残疾对

〔1〕 杨天潼、向思阳：《GEPI 关于多项残损的复合计算溯源——兼谈〈伤残分级〉晋级问题》，载《证据科学》2017 年第 3 期。

〔2〕 杨天潼等：《〈永久性残损评定指南〉下肢关节活动度评定原则》，载《中国法医学杂志》2018 年第 1 期。

〔3〕 杨天潼等：《〈永久性残损评定指南〉下肢残损评定原则》，载《中国法医学杂志》2017 年第 6 期。

〔4〕 刘鑫、赵彩飞：《残疾标准制定与实施中的基本问题研究——以〈人体损伤致残程度分级〉为例》，载《证据科学》2017 年第 3 期。

人体功能的整体影响等问题。王旭等[1]认为，晋级原则是伤残赔偿中的关键的技术问题，虽然《致残分级》在具体条款（手功能）中有"晋级原则"的体现，但其在总则中舍弃"晋级原则"可能会带来赔偿中的实务问题，并呼吁相关部门联合制定多种损伤致残案件的伤残综合计算的"晋级方法"，以解决实践中的迫切之需。其后，在北京司法鉴定业协会临床专业委员会专业讨论论证推动下，2018 年 8 月 21 日，北京市高级人民法院、北京市司法局印发《关于伤残评定问题研讨会会议纪要》[2]，解决了司法实务中多发损伤的伤残晋级与赔偿额计算问题，实现了区域性的规范化、标准化，被认为是司法鉴定以技术助力审判的一个创举，标志着这一问题的"北京模式"已经形成，并引领全国。[3]范飞等[4]研究认为，既往残疾标准及职业噪声聋的诊断均是参照 1980 年世界卫生组织（WHO）听力损失标准，《致残分级》则参照较新的 1997 年 WHO 听力损失标准，并结合 1980 年 WHO 听力损失标准中极重度听力损失听阈值，符合国际潮流并与国际接轨，亦考虑当下中国国情和标准本身滞后性。但《致残分级》未体现耳鸣对听力和日常生活的影响，及不同频率在日常生活中的比重差异，因此还有待完善。向思阳等[5]对《损伤标准》和《致残分级》有关脊柱四肢评定方面的条款进行比较研究，发现两个标准之间存在一定不对称性，重伤一级对应四级以上致残程度，重伤二级对应七级以下致残程度，而五、六级致残程度则无损伤程度对应。在"结构破坏"方面，《损伤标准》和《致残分级》对"两节以上椎体骨折"和"股骨头坏死、骨折不愈合或慢性骨髓炎"的认识并不一致；在"功能障碍"方面，《损伤标准》认为踝关节与其他四肢大关节具有同等重要性，而《致残分级》则认为踝关节重要性弱于其他四肢大关节。认为无论是损伤程度还是伤残程度，其本质均是对人体伤害程度的一种评定体系，因此，在以"结构破坏"，尤其是以"功能障碍"作为评定原则时，二者应具有良好的对称关系和平衡

〔1〕　王旭、周晶：《人体损伤致残程度鉴定标准中晋级原则研究》，载《证据科学》2017 年第 3 期。

〔2〕　京高法发〔2018〕522 号。

〔3〕　《要闻：北京地区就伤残评定相关问题出台新规定》，载法大鉴定：http://fdfs.cupl.edu.cn/info/1051/1165.htm，最后访问时间：2019 年 7 月 10 日。

〔4〕　范飞等：《听力减退及相关残疾标准比较研究》，载《证据科学》2017 年第 3 期。

〔5〕　向思阳等：《〈损伤程度〉与〈致残分级〉关于脊柱四肢评定条款的比较》，载《中国法医学杂志》2017 年第 5 期。

性。高东等[1]对周围神经损伤的鉴定条款、鉴定要求及相关重要原则加以梳理，认为《致残分级》整合了《损伤标准》、《周围神经损伤鉴定实施规范》、GEPI 等标准的相关内容，取长补短、反复论证，在周围神经损伤方面进行了非常大幅度的增加、调整，不仅在具体条款上等级更为平衡、覆盖更为广泛，而且在附录之中针对条款适用提出了更为具体的指导意见，有利于今后周围神经损伤鉴定时争议的减少。

4. 致伤方式和损伤时间研究

（1）成伤机制及致伤方式研究。姜琼璇等[2]通过对 41 例掌骨骨折鉴定案例进行汇总，分析比较不同致伤方式下伤者的损伤形态、骨折部位、骨折形态。结果发现：直接暴力导致的掌骨骨折，骨折发生于暴力作用处，骨折部位的皮肤软组织可见损伤，骨折形态与致伤物种类有关；间接暴力导致的掌骨骨折，骨折位于暴力作用处远端，好发于掌骨颈及基底部，骨折部位无相应皮肤损伤，骨折形态与外力传导方式相关；肌肉拉力导致的掌骨骨折，骨折位于掌骨隆起部位的肌肉附着点处，骨折部位皮肤软组织无明显损伤，骨折形态为撕脱性骨折。认为不同致伤方式下，掌骨骨折部位、形态及手部的体表损伤情况存在差异。周晓蓉等[3]对 19 例 Bennett 骨折与 12 例 Rolando 骨折的致伤方式进行归类、整理，并对各种致伤方式进行分类统计，研究 Bennett 骨折与 Rolando 骨折的致伤方式。结果发现致伤方式包括三种：拳击他人过程中第一掌骨头撞击硬物、摔倒过程中手握拳时第一掌骨头撞击硬物以及被他人持硬物击打中握拳时的第一掌骨头。Bennett 骨折与 Rolando 骨折的致伤机制多为握拳时暴力作用于第一掌骨头，并沿掌骨纵轴方向传导至基底部形成。涂丽芳等[4]收集并回顾性分析 32 例腰椎峡部崩裂工伤案例的一般资料、致伤方式、临床治疗经过以及影像学检查，根据创伤与损害后果的参与程度，做出因果关系的鉴别和认定。研究认为，腰椎峡部崩裂的形成与

〔1〕 高东等：《〈人体损伤致残程度分级〉之四肢周围神经损伤条款的理解与应用》，载《法医学杂志》2017 年第 6 期。

〔2〕 姜琼璇、王耀：《41 例掌骨骨折致伤方式分析》，载《中国法医学杂志》2018 年第 5 期。

〔3〕 周晓蓉、冉聃：《31 例 Bennett 骨折与 Rolando 骨折的致伤方式分析》，载《法医学杂志》2018 年第 3 期。

〔4〕 涂丽芳、陈倚平、张四平：《腰椎峡部崩裂法医学鉴定 32 例分析》，载《法医学杂志》2017 年第 3 期。

年龄、解剖、职业、致伤方式等因素有关，因腰部椎体峡部的生理和解剖特点，在身体遭暴力作用时最容易造成峡部急性损伤。并认为在慢性损伤基础上发生急性损伤，是造成腰椎峡部崩裂较为常见的原因。Pilon 骨折是指波及胫距关节面穹窿部的胫骨远端骨折，其发生率较低，在胫骨和踝关节骨折中约占 4%~10%，项剑等[1]通过案例介绍了 Pilon 骨折的成伤机制，认为其主要由两种基本的成伤机制形成：一类是以旋转和剪切应力为主的低能量损伤，如滑雪跌伤，关节面破坏较轻，移位较小；另一类是以纵向冲击为主的高能量损伤，如高处跌落等，纵向暴力经距骨传递至胫骨远端，致胫骨远端关节面破坏严重，移位明显。

（2）活体损伤时间研究。朱海标、王旭[2]综述近年来国内外关于骨折愈合时间的研究进展，发现骨折愈合时间的评估方法包括影像学片观察法、振动分析法、骨密度定量检测法、分子生物学检测法等，运用可量化的方法推断骨折具体形成时间成为近年来研究骨折愈合时间的热点。在法医学鉴定中，骨折愈合时间的研究有助于明确骨折与外伤的关联性，并为法医鉴定标准的完善提供技术支持。王龙龙等[3]通过综述影像学技术、振动分析及骨矿密度测定等方法，以测定骨折处骨痂的量、骨密度、刚度及骨代谢变化等，列出各类技术方法的特点，并评估这些技术方法在评估骨折愈合程度中的应用及其法医学意义。陈瑶清等[4]选取近年法医临床司法鉴定中运用磁共振成像（MRI）技术对伤者进行复查诊断的案例，判定损伤的性质、时间及新鲜程度，分析其在法医临床司法鉴定中的应用价值。通过 MRI 检查判断损伤时间、隐匿性损伤及积液性质，可靠性高，可为法医司法鉴定提供更多的客观依据。龚威等[5]认为，通过影像技术推断骨折时间还受到很多因素的影响，例如，伤者个体差异、骨折部位、骨折形态、骨折类型、治疗方式、射线剂量、辐射时间、设备以及阅片人的主观因素等都会影响骨折时间的推断，通过影像

〔1〕　项剑等：《胫骨 Pilon 骨折致伤方式推断 1 例》，载《中国法医学杂志》2017 年第 5 期。

〔2〕　朱海标、王旭：《骨折愈合时间的研究进展及其法医学意义》，载《河南科技大学学报（医学版）》2017 年第 1 期。

〔3〕　王龙龙等：《法医学骨折愈合时间评估的研究进展》，载《中国司法鉴定》2017 年第 3 期。

〔4〕　陈瑶清、李剑波、戴朝晖：《磁共振成像技术在法医临床鉴定中的应用价值分析》，载《中国全科医学》2017 年第 20 期。

〔5〕　龚威、王彦涛：《骨折经过时间推断的研究现状与展望》，载《中国法医学杂志》2018 年第 6 期。

片反映出来的病理形态及生化信息可以推断出骨折的大概时间，并不精确。在日常工作中，法医在推断骨折时间时不仅要掌握客观影像资料，还要掌握治疗过程，结合案情、损伤过程、致伤工具、致伤方式综合分析，以得出科学准确的意见。

（三）法医精神病学

1. 法医精神病学鉴定能力验证相关问题

法医精神病学（又称司法精神病学）鉴定是对鉴定人能力要求最高的鉴定项目之一。[1]其原因在于，精神医学缺乏医学诊断的"金标准"，司法精神病学缺乏公认、行之有效的鉴定理论和鉴定标准，这使得精神鉴定的科学性、准确性高度依赖于鉴定人员的能力。自 2005 年司法部司法鉴定科学研究所开展司法精神病学鉴定能力验证以来，能力验证使现有的鉴定机构和鉴定人员的鉴定能力得以提升。但是，不同于其他司法鉴定项目的能力验证，司法精神病学鉴定能力验证又有其特殊性：[2] ①鉴定诊断的特殊性：司法精神病学鉴定要求鉴定人的亲历性，因而仅凭精神检查的文字记录即得出精神医学诊断不符合行业特点和要求；②鉴定意见正确的相对性：因缺乏诊断和法律能力评定的"金标准"，包括鉴定诊断、法律能力评定都是在概率上具有相对的正确性，这意味着司法精神病学鉴定意见的正确具有相对性；③法律能力鉴定理念的不同，也可能带来评定结果的不一致。因而，有学者对能力验证的结果评价提出了不同意见。[3]

2.《精神卫生法》的实施问题

自 2013 年《精神卫生法》实施以来，司法实践证明，中国当前精神卫生工作的主要问题并不是"被精神病"，而是如何使那些缺医少药、得不到基本医疗服务的严重精神疾病患者得到合理的医疗措施，进一步提高基层精神卫生服务水平。对于一些病情严重的精神病人，对其实施强制医疗本身就是对其权益的最好保护。在我国现有社会发展程度和医疗条件下，不能完全仿效

〔1〕 张健、魏绍义：《关于司法精神病学鉴定的实践和思考》，载《人民司法（应用）》2018 年第 28 期。

〔2〕 贾汝静等：《司法鉴定/法庭科学领域能力验证标准化现状与建议》，载《中国司法鉴定》2018 年第 1 期。

〔3〕 樊慧雨等：《司法精神病鉴定人员质量控制模式初探》，载《国际精神病学杂志》2018 年第 6 期。

西方国家，给予精神疾病患者彻底的自主权，完全由其决定自己是否需要治疗、住院等医疗措施，而是应该将重点放在如何对需要救济的重性精神病人给予合理、有效的医疗，对于具有危害社会、伤害其本人和他人危险性的肇事肇祸精神病人给予充分、必要的强制医疗措施。[1]很多案例表明，精神病人对社会和公众的危害远远超过数量有限的"被精神病"个案。在此问题上，我国有必要充分借鉴德国对于危险精神疾病患者实施"保安处分"的有关法律规定，制定出更加完善的相关法规。[2]刘鑫等[3]指出，一般认为《精神卫生法》有两个主要的立法目的：一是保障精神障碍患者得到及时的治疗，二是防止"被精神病"。精神障碍医学鉴定就是为了实现第二个立法目的。但这一制度在实践中没有很强的可行性，并且实践中也没有得到适用。我国法律实际上已经规定了非自愿住院治疗的救济程序。《侵权责任法》规定了医疗损害责任，若患者或其家属认为医院的诊断和治疗存在问题，可以通过司法程序途径追究医疗机构责任。

3. 法医精神病学鉴定的科学性和一致性

被公认为标志着司法精神病学辩护制度诞生、具有里程碑意义的判例——麦克诺顿规则，已被近二百年的司法实践证实行之有效，但其中有关条款在中国仍得不到鉴定学界的一致认同。在全国司法精神病学多次学术会议中，关于"有病推定"还是"无病推定"之争仍无定论。[4]以刑事责任能力评定理论为例，老一辈专家提出的鉴定理论，如田祖恩的"动机论"、李从培的"整体关联度论"等，鉴定界也多有批评，并未得到学界的一致认同。[5]

铁常乐等[6]以人格责任论为出发点，提出了评定责任能力的观点：当精神障碍患者的病态表现反映了人格的整体性受损，即病理动机、混合动机、不明动机导致行为的发生，或在现实动机下对行为的性质和后果缺乏判断，

---

〔1〕 麦智杰：《〈精神卫生法〉实施后的若干问题研究》，载《中国卫生法制》2018年第4期。

〔2〕 顾辰：《司法精神病鉴定及强制医疗研究》，载《法制博览》2018年第36期。

〔3〕 刘鑫、赵彩飞、马长锁：《精神障碍医学鉴定的不可行性分析》，载《中国司法鉴定》2018年第1期。

〔4〕 储陈城：《刑事司法精神鉴定规则的体系性缺陷及其重构》，载《法治研究》2018年第2期。

〔5〕 王君炜：《我国刑事强制医疗程序研究》，社会科学文献出版社2018年版。

〔6〕 铁常乐、张琳、黄青：《人格责任论对于刑事司法精神病鉴定的应用价值》，载《中国法医学杂志》2017年第5期。

则患者的辨认能力受损；当症状反映了人格的一致性受损，即现实动机下行为愿望的强度发生了变化，则患者不能对自己的行为施以控制。此时，即使本人能够对行为进行适当的评价，但其作为具有主观能动性的"行动者"的身份受到影响时，就不具备完全刑事责任能力。反之，当症状对行为的影响以及行为愿望的强度不足以改变"行为人"即"行动者"这一特征时，例如症状与行为无关或人格的特殊性异常，患者就应当对其行为负责。该理论以人格作为责任能力评定的核心问题，以精神症状对人格的影响程度作为判断责任能力的参考，具有一定的参考借鉴价值。

周雪等[1]从遗传基因角度论述了提高鉴定的科学性之可能：通过对 HTR1A 基因遗传学多态性与部分精神系统疾病的关系进行综述，研究 HTR1A 基因与抑郁、恐慌、冲动易怒等情绪变化的关联在司法精神病学鉴定中的意义，并从基因-心理-社会模型的角度探讨了犯罪行为的成因。司法精神病学的突破性进展必然基于精神医学的发展，如果今后能发现诊断精神疾病的基因学指标，将给司法精神病学鉴定带来划时代的变革。

陈军等[2]从证据法角度对提高鉴定质量和公信力提出意见：大量重新鉴定案件争议和矛盾的焦点往往归结于鉴定材料的可靠性，没有坚持证据意识的"专家经验结论"是难以体现科学公正的。法医精神病学鉴定结论属于言辞证据，具有主客观双重性及性质上的真实和失真的双重性，在采信前需要对影响其可靠性的各种因素进行审查，以提升法官对该鉴定意见形成内心确信的准确度。加强培养鉴定人的循证思维模式和证据意识，科学规范地"求证"和"用证"，是提高法医精神病学鉴定社会公信力的重要举措。

（四）法医生物学

1. 疑难检材 DNA 检验

（1）骨骼和牙齿的 DNA 检验。对于陈旧性骨骼，由于细胞含量少，以及长时间受埋葬环境的影响，其 DNA 的提取仍然是鉴定工作的难点。丁少成等[3]采用电钻钻取骨屑，使用 PrepFiler Express BTA™ 裂解液进行裂解消化

---

〔1〕 周雪等：《HTR1A 基因与相应精神疾病的关联及法医学意义》，载《中国法医学杂志》2017 年第 6 期。

〔2〕 陈军、马长锁：《论法医精神病鉴定中的证据意识》，载《中国法医学杂志》2018 年第 6 期。

〔3〕 丁少成、张怀才、高林林：《PrepFiler Express BTA™ 裂解液联合硅珠法快速提取骨骼 DNA》，载《法医学杂志》2017 年第 5 期。

后，应用手工硅珠吸附纯化进行 DNA 提取检验。陈国林等[1]也使用 PrepFiler BTA™DNA 试剂盒提取骨骼 DNA，37 份骨骼样本均获得完整 STR 分型。而 Qiqi Liu 等[2]则比对 PrepFiler BTA™DNA 试剂盒和自己建立的简单方法（使用 EDTA、PK 和 DTT 等）对陈旧性骨骼和牙齿进行 DNA 提取纯化，认为后者更有效。李斌等[3]则建立起利用 AutoMate Express™ 系统提取陈旧性骨骼 DNA 的方法，能在 3 小时内完成 DNA 提取，10 例骨骼样本有 8 例获得完整 STR 分型。任文彦等[4]比较硅珠法和硅胶膜法对骨骼和牙齿的纯化效果，发现硅胶膜法在骨骼及牙齿的纯化中能满足实际常规检案的要求，且和硅珠法无明显差异，但在操作上更具优势，缺点是成本较高。宋振等[5]利用 Handy-Eco 仪器和 Freezer Mill 冷冻研磨仪结合 Kingfisher 自动化提取系统，提取骨骼和牙齿 DNA。刘光仁[6]对比了博坤微量生物物证 DNA 自动化提取系统（整合版）和 Automate Express BTA 自动化法医 DNA 提取系统对牙齿的纯化效果。刘峰等[7]采用超敏 DNA 提取试剂盒提取牙齿 DNA。对于碎小且损毁严重的骨骼，难以与其他动物骨骼区分开，是法医 DNA 鉴定的一大难题。李永久等[8]利用扫描电镜进行骨骼种属鉴定，通过哈氏系统的形态学特征区分人骨与其他动物骨骼，大大减少了 DNA 检验的工作量。秦海燕等[9]对一颗保存 90 年的上磨牙采用高通量组织研磨仪研磨牙体至粉末状，在脱钙过程中添加研磨珠并不断震荡，防止牙粉在 EDTA 溶液中粘连沉淀，保证了 ETDA 脱钙时的作用面积，提高了脱钙的效率，成功获得了牙体的 DNA 分型。

（2）人体脱落细胞的 DNA 分析。在犯罪现场中接触性检材所占的比例很

---

[1] 陈国林、王学为、李芳：《骨骼 DNA 快速检验方法》，载《刑事技术》2018 年第 5 期。

[2] Qiqi L. et al., "A Simple and Efficient Method of Extracting DNA from Aged Bones and Teeth", *Journal of Forensic Sciences*, 2018, 63 (3): 824-828.

[3] 李斌、吕政：《利用 AutoMate Express™ 系统提取陈旧性骨骼 DNA》，载《法医学杂志》2017 年第 4 期。

[4] 任文彦等：《两种骨骼及牙齿纯化方法的比较分析》，载《中国法医学杂志》2017 年第 1 期。

[5] 宋振等：《两种提取骨骼、牙齿 DNA 的方法》，载《刑事技术》2018 年第 1 期。

[6] 刘光仁：《两种提取系统对牙齿 DNA 检验效果比较》，载《中国法医学杂志》2018 年第 5 期。

[7] 刘峰等：《用超敏 DNA 提取试剂盒提取牙齿 DNA》，载《刑事技术》2018 年第 3 期。

[8] 李永久等：《陈旧碎骨组织 DNA 检验》，载《刑事技术》2017 年第 3 期。

[9] 秦海燕、梁玲琳、张浩：《保存 90 年牙 DNA 成功检验 1 例》，载《中国法医学杂志》2018 年第 6 期。

大，对于案件的侦破也发挥着重要作用。周如华等[1]使用 Chelex-100 方法在核酸载体分离板（96 孔）上对接触性生物检材 DNA 进行载体分离和纯化，并将其与 TECAN Freedom EVO150-8 自动化工作站进行结合，建立起一种自动化、快速、灵敏、高效的 DNA 提取方法。衣物类检材属于接触性生物检材，王凤宽等[2]对实际案例 100 例检材进行实验研究，用 EZ1® DNA Investigator 试剂盒中的 Buffer G2 消化液、蛋白酶 K 和 1M DTT 对衣物类生物检材大体系消化裂解，裂解液用 EZ1® Advanced XL 工作站的 Large-Volume 程序（大体积法）对检材进行提取纯化，认为此种富集和纯化 DNA 方法是较好的选择。汗潜指印的 DNA 提取也是一难点。李忠杰等[3]对黑色塑料袋上潜在指印经"502"胶熏显后，观察比较 5 种脱落细胞转移方法对 STR 分型影响。在黑色塑料袋上捺印手印，经"502"胶熏显后分别采用实物剪取、去离子水、无水乙醇、丙酮、解胶剂等 5 种方法转移脱落细胞。结果发现，去离子水组检出率最高（82.6%），解胶剂组次之（78.3%），实物剪取组最低（34.8%），以每例样品 RFU 值≥5000 为检验满意标准，解胶剂组的检验满意度最高（26.1%）。此外，李忠杰等[4]观察了磁粉刷显后联合硅珠法对光滑非渗透性客体汗潜指印 STR 分型检验的影响；孙帅等[5]探究布料载体上潜掌纹经真空镀膜显现后，掌纹 DNA 提取相关影响因素与检出基因座数目的关系，认为真空镀膜技术能够很好地应用于掌纹 DNA 的检测。

磁珠法是提取脱落细胞的常见方法。王珂等[6]以纺织品（主要为衣物）和作案工具（刀柄、老虎钳）为研究对象，分别用 ML-超微量磁珠法（KingFisher Flex）和 Chelex-100 法对脱落细胞进行提取，采用平行比对的方法，以

〔1〕周如华等：《自动化 Chelex-100 法在接触性检材 DNA 提取中的应用研究》，载《刑事技术》2017 年第 3 期。

〔2〕王凤宽等：《衣物类生物检材 DNA 检验的研究》，载《中国法医学杂志》2018 年第 4 期。

〔3〕李忠杰等：《"502"胶熏显指印后 5 种脱落细胞转移方法对 STR 分型影响观察》，载《中国法医学杂志》2018 年第 4 期。

〔4〕李忠杰、廖长青、吴海军：《光滑非渗透性客体磁粉刷显法对汗潜指印 STR 分型影响》，载《中国法医学杂志》2018 年第 5 期。

〔5〕孙帅等：《布料上掌纹的真空镀膜显现及 DNA 检验的研究》，载《中国法医学杂志》2017 年第 5 期。

〔6〕王珂等：《ML-超微量磁珠法和 Chelex-100 法提取脱落细胞的比较研究》，载《中国司法鉴定》2017 年第 2 期。

比较检出差异，结果认为 ML-超微量磁珠法提取脱落细胞更具有优势。孙帅等[1]采用 King Fisher 磁珠提取纯化系统结合植绒拭子、擦拭 1 号、普通棉签提取指纹 DNA，发现当 STR 基因座检出百分比≥60%时，采用植绒拭子擦拭、King Fisher 法提取 DNA 的检出样本数最多，且样本检出个数随时间递减，因此为防止指纹 DNA 降解，建议 3 天内提取。此外，王颖希等[2]、袁家龙等[3]研究了基于 Kingfisher FLEX 自动工作站的大批量提取实验室日常检案受理的脱落细胞检材的 DNA 的方法。杨电等[4]用 1 滴提取液湿润的生物检材采集与保存套管的棉签尖头反复擦拭，采集后室温放置，1 周内进行检验，发现生物检材采集与保存套管的棉签为尖头，以此擦拭衣物上可能黏附脱落细胞的部位，细胞集中在棉签尖头上，因棉签悬空放置在试管中没有损失，剪取部分进行直接扩增，对衣物接触 DNA 的检出率虽然和粘取磁珠法相当，但可以简化实验步骤。

对于脱落细胞的检验，市售商品化试剂盒品种多，但所选基因座以及数量不同，即使在相同基因座的引物设计上也有区别，因此检验效率也有差异。王琴等[5]比较 GlobalFiler、PowerPlex 21 及 Identifiler Plus 3 种 PCR 扩增试剂盒对陈旧口腔拭子的检验效率。经比较研究，对于陈旧口腔拭子检材，Identifiler Plus 检验成功率最高，需要更多基因座时，GlobalFiler 优于 PowerPlex 21。

（3）混合斑检验。在强奸案件的检验中，经常会出现男女物质混合的检材，采用传统的差异裂解法常难以将女性成分去除干净，致使得到的混合分型难以判定。俞卫东等[6]以去离子水处理样本，苏木素或甲基紫染色制备样本，并利用激光捕获显微切割系统分离上皮细胞和精子细胞，能从 15 个上皮细胞、50 个精子细胞中较为稳定地获得正确且完整的 STR 分型。此外，张子

---

[1]　孙帅等:《King Fisher 法提取指纹 DNA 的法医学应用研究》，载《刑事技术》2017 年第 4 期。

[2]　王颖希等:《接触性检材的 DNA 自动化提取》，载《刑事技术》2018 年第 2 期。

[3]　袁家龙、袁红:《Kingfisher FLEX 自动工作站在批量提取脱落细胞检材 DNA 中的应用》，载《刑事技术》2017 年第 1 期。

[4]　杨电、陈俊璋、李越:《擦拭直扩法和粘取磁珠法检测衣物脱落细胞 DNA 的比较》，载《法医学杂志》2017 年第 5 期。

[5]　王琴、李佑英、王丹萍:《3 种常见 PCR 扩增试剂盒对陈旧口腔拭子检验效率比较》，载《中国法医学杂志》2018 年第 5 期。

[6]　俞卫东、连昌舟、孙大鹏:《激光捕获显微切割技术在强奸案中的检验研究》，载《刑事技术》2017 年第 1 期。

阳等[1]开展了对混合拭子优化提取法的研究，与常规混合拭子 DNA 的提取方法主要区别在于消化条件的变化：消化液中的 SDS 由 1%提高至 2%，蛋白酶 K 浓度由 100μg/mL 提高至 200μg/mL，同时孵育温度由 37℃提高至 56℃，振荡离心力由 200×g 提升至 300×g，使其加速了女性 DNA 成分的完全裂解及消化。在操作上，检材消化后直接离心即可使男性精子成分与检材一起置于离心管的下层，达到分离的目的。同时只需采用 Chelex-100 法就能在高温下粗提精子 DNA，省去了 DNA IQ™ System 提取时的烦琐步骤，缩短了提取时间。饶旼等[2]基于二代测序平台进行混合检材精细化 STR 分型。该项目组收集性侵案件中混合检材及其比对样本，采用 M48 磁珠提取纯化试剂盒提取样本 DNA，使用 ForenSeq™ DNA Signature Prep 试剂盒制备文库，MiSeq FGx 平台进行测序，将 STR 序列多态分型与长度多态分型进行比较，成功对 3 例混合检材 STR 分型进行拆分。Haijun He 等[3]则分析了 X 染色体上的遗传标记在 2 名男性混合斑中分型，认为 X 连锁标记在男性混合物的个体鉴别中具有显著优势。

　　混合样本组分数是混合样本所包含的信息量的重要指标，不同组分数的混合样本似然率计算方法也完全不同，因此评估组分数是混合样本分析的首要步骤。但相同组分的混合样本在 STR 图谱上却可能表现为不同组分的混合样本。周密等[4]以随机模拟法分析混合样本的表观组分数，探讨混合样本组分数的测算规律。苏艳佳等[5]模拟男女二组分混合样本，制备 007 和 9947A 模板 DNA 混合样本，扩增检测后观察 8 个均来源于杂合子的重叠等位基因峰高比值变化率，进行初步的重叠等位基因拆分研究。

　　2. DNA 定量及检测平台

　　（1）DNA 定量。DNA 定量是为了评价 DNA 样品的可用性，即对含量、

〔1〕　张子阳、聂世昌、马奇兴：《DNA 检案中混合拭子提取方法的优化》，载《法医学杂志》2017 年第 5 期。

〔2〕　饶旼等：《基于二代测序的混合检材精细化分型研究》，载《中国法医学杂志》2018 年第 1 期。

〔3〕　Haijun He, et al. , "The Forensic Value of X-linked Markers in Mixed-male DNA Analysis", *International Journal of Legal Medicine*, 2018, 132: 1281-1285.

〔4〕　周密、汪军：《混合 DNA 样本的组分数分析》，载《刑事技术》2017 年第 1 期。

〔5〕　苏艳佳等：《二组分混合样本重叠等位基因拆分研究》，载《刑事技术》2017 年第 2 期。

纯度进行粗略估计。李亚琴等[1]报道了一种利用"咖啡环"效应测量 DNA 含量的简单方法，该法用 EB 显示固着性液滴蒸发后环状沉积的 DNA，通过荧光环的亮度粗略估计样品 DNA 含量，只需简单的条件（紫外灯、载玻片），就能同步测试大量样品。詹飞等[2]开展了样品中 SDS、NaCl 等常见成分对"咖啡环"法 DNA 检测影响的调查，其结果显示，样品成分对 DNA 的荧光沉积形貌和计算积分光密度均有影响，但不影响 DNA 含量的粗略估计，且能提供样品纯度和残留物信息。

（2）DNA 自动化分析技术。RapidHIT™200 系统应用微流控芯片技术，集 DNA 提取、扩增、电泳和分析四大功能于一体，可实现样品检测自动化，减少人为操作，降低产生污染的风险，且大幅缩短了检验时间，全部检验可在 2h 内完成。鉴于该平台目前在法医物证学实验室尚未大规模使用，孙帅等[3]探讨该系统对法医学四类常见检材（口腔拭子、血痕、烟蒂和器官组织）的检测效能以及两次重复检测运行中模板、模板 DNA 和 PCR 产物的再利用效能，以期为同行提供参考。

（3）二代测序。相比传统的 PCR-CE 技术，二代测序技术能够获得 STR 基因座等位基因的核酸序列，可鉴定长度相同但序列存在差异的等位基因，进而提高基因座的系统效能。[4]同时，样品中的 DNA 分子含量最终以数字化形式表示，这使得二代测序技术在混合检材分析中更具有优势。然而，二代测序技术的读长较短，限制了其对于一些长片段遗传标记的检测；并且，二代测序技术获得的信息含量多及测序过程中可能出现的测序错误，增加了遗传标记分析的难度。[5]

---

〔1〕　李亚琴、赵贵森、詹飞：《用"咖啡环"法估测 DNA 含量》，载《中国法医学杂志》2017年第 4 期。

〔2〕　詹飞等：《样品成份对"咖啡环"法 DNA 检测的影响》，载《中国法医学杂志》2018 年第 2期。

〔3〕　孙帅等：《RapidHIT™200 系统在法医学中的应用》，载《法医学杂志》2018 年第 2 期。

〔4〕　Fei Guo, et al., "Massively Parallel Sequencing of Forensic STRs and SNPs Using the Illumina® ForenSeq™ DNA Signature Prep Kit on the MiSeq FGx™ Forensic Genomics System", *Forensic Science International: Genetics*, 2017, 31: 135-148; Zheng Wang, et al., "Massively Parallel Sequencing of 32 Forensic Markers Using the Precision ID GlobalFiler™ NGS STR Panel and the Ion PGM™ System", *Forensic Science International: Genetics*, 2017, 31: 126-134.

〔5〕　刘宝年等：《二代测序技术在法医遗传学中的应用研究进展（2011—2016）》，载《中国法医学杂志》2017 年第 5 期。

3. DNA 遗传标记检测体系研究及遗传多态性调查

（1）常染色体 STR 基因座。商品化的短串联重复序列（STR）扩增试剂越来越多，包含的基因座为 16~25 个。杨乐等[1]应用 DNATyper19™ 试剂盒和 Identifiler™ Plus 试剂盒对骨骼、牙齿和脱落细胞等疑难检材 DNA 进行平行扩增，从分型结果一致性、检出率等方面进行分析，探讨 DNATyper19™ 试剂盒在疑难检材检验中应用的可行性。马沁雅等[2]从灵敏度、耐受性、一致性、种属特异性、遗传多态性共五个方面对 Identifiler™ 和 GlobalFiler™ 试剂盒进行检测，认为 GlobalFiler™ 试剂盒在对陈旧、污染、基因变异的检材进行个体识别、亲缘鉴定中有更为广泛的应用价值。

华夏™ 白金 PCR 扩增试剂盒是美国 Thermo Fisher 公司推出的新一代六色荧光 STR 检测试剂盒，共包含 25 个基因座，其中涵盖了美国联邦调查局（FBI）强制要求的 CODIS 全部核心基因座（13 个 CODIS 基因座+D1S1656、D2S441、D2S1338、D10S1248、D12S391、D19S433、D22S1045），同时包含了我国公安部国家 DNA 数据库常见的 21 个基因座。王亚丽等[3]对该试剂盒在中国汉族人群中的法医学应用价值进行了评估。Xiang Sheng 等[4]也对该试剂盒在中国汉族和蒙古族中进行了法医学应用调查。SiFa™ 23 Plex 试剂盒（提取测试版）由司法鉴定科学研究院研制。该试剂盒可一次检测 22 个 STR基因座和一个性别鉴定位点 Amelogenin（AMEL）。巩五虎等[5]在汉族人群中、包云等[6]在华东汉族人群中对该试剂盒进行了法医学应用调查。SureID® PanGlobal 人类 DNA 身份鉴定试剂盒是国产六色荧光标记 STR 复合扩增试剂盒，可同时检测 24 个常染色体 STR 基因座、2 个 Y 染色体 STR 基因座

---

〔1〕 杨乐等：《DNATyper19™ 与 Identifiler™ Plus 试剂盒对疑难检材检验比较》，载《中国法医学杂志》2017 年第 6 期。

〔2〕 马沁雅、康贵荣：《Identifiler™ 和 GlobalFiler™ 试剂盒的比较研究》，载《中国司法鉴定》2017 年第 4 期。

〔3〕 王亚丽等：《华夏™ 白金 PCR 扩增试剂盒的法医学应用评估》，载《法医学杂志》2017 年第 2 期。

〔4〕 Xiang Sheng, et al., "Forensic Investigation of 23 Autosomal STRs and Application in Han and Mongolia Ethnic Groups", *Forensic Science Research*, 2018, 3（2）：138-144.

〔5〕 巩五虎等：《SiFa™23 Plex 试剂盒（提取测试版）在汉族人群中的法医学调查》，载《法医学杂志》2017 年第 5 期。

〔6〕 包云等：《SiFaSTR™23 Plex DNA 身份鉴定系统在华东汉族人群中的法医学应用》，载《法医学杂志》2018 年第 2 期。

及 Amelogenin，其涵盖了美国 FBI 推荐的 CODIS 核心基因座、欧洲的 ESS 核心基因座及常用商品试剂盒中的 PentaE、PentaD、D2S1338、D19S433、D6S1043 基因座，同时针对少数男性个体存在 AmelY 染色体片段缺失及引物结合区突变而导致的性别误判，该试剂盒增加了 Y-indel 和 DYS391 基因座以补充验证。韩文明等[1]从检测灵敏度和准确性、峰均衡性、常见动物的种属特异性、各种常见检材的适应性和一致性、对酶切降解和混有抑制剂检材的耐受性、不同批次间试剂的稳定性及混合样本的检测等 9 个方面对 SureID® PanGlobal 试剂盒进行测试，结果达到了目前常用 STR 检测试剂盒的技术水平。

毕钢等[2]采用 EX16+10Y 试剂盒对 4620 份新疆维吾尔族男性个体血样同时检测 15 个常染色体 STR 基因座和 10 个 Y 染色体 STR（Y-STR）基因座，评估 EX16+10Y 试剂盒的检测效能。传统扩增反应几乎需要 3 小时才能完成，Junping Han 等[3]研制了一个包含 15 个基因座的快速复合扩增反应体系，可将 PCR 时间压缩至 37min。顾丽华等[4]建立 15 个常染色体、18 个 Y 染色体 STR 基因座和性别基因座的六色荧光标记复合 PCR 直扩检测体系，并评估其法医学应用价值。Weian Du 等[5]建立了 18 个常染色体、14 个 Y 染色体 STR 基因座和性别基因座的六色荧光标记复合 PCR 直扩检测体系，并评估其法医学应用价值。Shuanglin Li 等[6]对 EX27 体系（24 个常染色体+DYS391+YIndel+Amelogenin）进行法医学验证。对于非 CODIS 系统 STR 基因座复合扩增体系，2017—2018 年度报道了阅微 Microreader™ 23sp ID system 试剂[7]的法

〔1〕 韩文明等：《SureID® PanGlobal 试剂盒的法医学验证》，载《刑事技术》2018 年第 3 期。

〔2〕 毕钢等：《EX16+10Y 试剂盒检测新疆维吾尔族人群的效能》，载《法医学杂志》2018 年第 2 期。

〔3〕 Junping Han, et al., "Validation Study of a 15-plex Rapid STR Amplification System for Human Identification", Forensic Science International: Genetics, 2017, 28: 71-81.

〔4〕 顾丽华等：《15 个常染色体和 18 个 Y 染色体 STR 基因座复合扩增检测体系及法医学应用》，载《刑事技术》2018 年第 1 期。

〔5〕 Weian Du, et al., "Developmental Validation of the HomyGene19+14Y System", International Journal of Legal Medicine, 2017, 131: 605-620.

〔6〕 Shuanglin Li, et al., "Developmental Validation of a 6-dye STR Kit with 27 Loci", International Journal of Legal Medicine, 2018, 132: 335-342.

〔7〕 Jienan Li, et al., "Validation of the Microreader™ 23sp ID System: A New STR 23-plex System for Forensic Application", Forensic Science International: Genetics, 2017, 27: 67-73.

医学应用评估，其中有 21 个常染色体 STR 基因座是非 CODIS 基因座，包括 D6S477、D18S535、D19S253、D15S659、D11S2368、D20S470、D1S1656、D22-GA-TA198B05、D7S3048、D8S1132、D4S2366、D21S1270、D13S325、D9S925、D3S3045、D14S608、D10S1435、D12S391、D2S1338、D17S1290、D5S2500。

（2）Y-STR 基因座。自从 1997 年 Kayser 首次报道 DYS19 基因座以来，越来越多的 Y-STR 基因座被发现和利用，目前商品化试剂盒中包含的 Y-STR 基因座数目由以往的十多个增加到 20~40 个。李敏等[1]建立了 24 个 Y-STR 基因座体系，并在山东济南 139 对父子样本中进行法医学的评估；吴微微等[2]自行研发了由 30 个中低突变率、具有中高识别能力的 Y-STR 基因座组成的复合扩增体系，并在中国汉族人群中调查其多态性和突变率；莫晓婷等[3]在之前开发 DNATyper™ Y21 试剂盒的基础上，升级优化建立了 DNATy-per™ Y24 试剂盒。Wenqiong Zhang 等[4]构建了一个 13 快速变异 Y-STR 复合扩增体系，并在中国汉族中调查了该体系 Y-STR 的突变率。大部分 Y-STR 基因座只有一个核心重复序列，即单拷贝 Y-STR，而少数 Y-STR 基因座回文区域有重复拷贝存在，有两个或多个核心重复序列在基因座的不同位置上，这样的 Y-STR 基因座命名为多拷贝 Y-STR，如 DYS385、DYS459、DYS464、DYS527、DYF399S1 等。在法医学应用中，多拷贝 Y-STR 较单拷贝 Y-STR 有一定的优势，但也有其局限性。安雷雷等[5]从多拷贝 Y-STR 基因座的命名、分型技术、法医学应用等几个方面进行综合评述；而尚蕾等[6]则从多拷贝 Y-STR 基因座的结构特点、突变特点、遗传多态性及复合扩增研究等多方面进行了综合评述，并提出了未来多拷贝 Y-STR 基因座的研究方向，为 Y-STR 技术更好地应用于法庭科学领域进行了初步探索。

〔1〕 李敏等：《24 个 Y-STR 基因座的法医学应用评估》，载《法医学杂志》2018 年第 3 期。

〔2〕 吴微微等：《30 个中低突变 Y-STR 基因座复合扩增体系的建立》，载《中国法医学杂志》2018 年第 1 期；吴微微等：《30 个 Y-STR 基因座在中国汉族人群中的多态性与突变》，载《法医学杂志》2018 年第 4 期。

〔3〕 莫晓婷等：《DNATyper™ Y24 试剂盒技术指标测试及应用研究》，载《刑事技术》2017 年第 2 期。

〔4〕 Wenqiong Zhang, et al., "Multiplex Assay Development and Mutation Rate Analysis for 13 RM Y-STRs in Chinese Han Population", *International Journal of Legal Medicine*, 2017, 131：345-350.

〔5〕 安雷雷、黄艳梅、张小莉：《Y 染色体多拷贝短串联重复序列及其法医学应用研究进展》，载《中国法医学杂志》2018 年第 3 期。

〔6〕 尚蕾等：《多拷贝 Y-STR 基因座在法庭科学领域的研究》，载《刑事技术》2018 年第 2 期。

　　（3）X-STR 基因座。2017—2018 年度报道的 X-STR 遗传多态性有：应用 AGCU X19 调查四川汉族[1]、四川藏族[2]遗传多态性并与其他中国群体进行比较；应用 AGCU X12 调查陕西汉族[3]、广西京族和仫佬族[4]；应用 Argus X-12 调查北方汉族[5]、延边朝鲜族[6]。此外，Chuncao Deng 等[7]应用 19 个 X-STR 调查维吾尔族和藏族，Guanglin He 等[8]应用 19 个 X-STR 调查彝族，郝宏蕾等[9]应用自行建立的 19 个 X-STR 荧光复合扩增体系，对浙江无关个体进行扩增、检测，并对等位基因频率、PD 值、连锁不平衡等与亲缘关系鉴定相关的数据进行计算。

　　（4）SNPs。单核苷酸多态性（single nucleotide polymorphisms，SNPs）遗传标记因其突变率低、扩增子短等优势而备受法医遗传学界关注，有望在高度降解检材检验、特殊亲权关系鉴定和表型特征推断等方面发挥独特作用。常见的 SNP 分型检验方法有 SNaPshot 微测序、TaqMan 探针、DNA 芯片、焦磷酸测序、高通量测序和 DNA 质谱等技术。李亚男等[10]采用多重 PCR 联合基质辅助激光解吸/电离-飞行时间质谱（MALDI-TOF-MS）技术检验华东地

---

〔1〕　Guanglin He, et al., "Genetic Polymorphisms for 19 X-STR Loci of Sichuan Han Ethnicity and Its Comparison with Chinese Populations", *Legal Medicine*, 2017, 29: 6-12.

〔2〕　Guanglin He, et al., "X-chromosomal STR-based Genetic Structure of Sichuan Tibetan Minority Ethnicity Group and Its Relationships to Various Groups", *International Journal of Legal Medicine*, 2018, 132: 409-413.

〔3〕　Mao Sun, et al., "Genetic Polymorphisms of 12 X STR Loci in Shaanxi Han Population from China", *Legal Medicine*, 2017, 26: 76-78.

〔4〕　唐剑频等：《广西京族和仫佬族 12 个 X-STR 的遗传多态性》，载《中国法医学杂志》2017 年第 2 期。

〔5〕　Fei Guo, "Population Genetic Data for 12 X-STR Loci in the Northern Han Chinese and StatsX Package as Tools for Population Statistics on X-STR", *Forensic Science International: Genetics*, 2017, 26: e1-e8.

〔6〕　李书越等：《中国延边朝鲜族人群 12 个 X-STR 基因座遗传多态性》，载《中国法医学杂志》2017 年第 3 期。

〔7〕　Chuncao Deng, et al., "Forensic Parameters of 19 X-STR Polymorphisms in Two Chinese Populations", *International Journal of Legal Medicine*, 2017, 131: 975-977.

〔8〕　Guanglin He, et al., "Forensic Characteristics and Phylogenetic Analyses of the Chinese Yi Population via 19 X-chromosomal STR Loci", *International Journal of Legal Medicine*, 2017, 131: 1243-1246.

〔9〕　郝宏蕾等：《浙江汉族人群 19 个 X-STR 基因座的遗传多态性统计分析》，载《刑事技术》2018 年第 6 期。

〔10〕　李亚男等：《43 个 SNP 遗传标记复合检验体系的建立及其法医学应用》，载《法医学杂志》2018 年第 2 期。

区 123 名汉族无关个体在 43 个 SNP 位点的分型，并根据 43 个 SNP 复合检验体系的群体遗传学参数评估其应用价值。宋雨桐等[1]也采用 MALDI-TOF-MS 技术对华东地区汉族人群 Y 染色体上 66 个二等位基因遗传标记进行多态性分布调查。Suhua Zhang 等[2]采用 Ion Torrent PGM 大规模平行测序技术，建立了包括 273 个 SNPs 的检验体系，Ran Li 等[3]则对 HID-Ion AmpliSeq™ Identity Panel 系统进行法医学检验和调查。Zehua Gao 等[4]从北京汉族和四川汉族中筛选出 11 个四等位基因单核苷酸，并与另外 8 个三等位基因单核苷酸构建成一个 19 SNPs 检测体系。Liming Li 等[5]从全基因组中筛选出适合于个人识别的具有高识别力的 175 个 SNPs，并采用 Ion Torrent PGM 二代测序技术，在 54 个世界人群中进行法医学匹配概率调查。Jing Liu 等[6]也是在 Ion Torrent PGM 二代测序技术基础上，调查美国赛默飞公司 Precision ID Identity Panel（包括 124 个 SNPs）在 3 个东亚群体中的信息。Yu Tan 等[7]筛选出 11 个 SNP-STR 基因座，在西南汉族群体中对其进行遗传多态性调查，并对两个个体 DNA 混合斑进行分析和解释。

（5）mRNA、miRNA、rRNA 和 circRNA。近年来，通过信使 RNA（mRNA）分析对体液鉴定的研究取得了显著进展。林清峦等[8]筛选了 5 个外周血标记：HBA、HBB、GYPA、SPTB、ALAS2，2 个月经血标记：MMP7、MMP11，构建了一个囊括外周血、月经血特异标记的荧光复合扩增体系，其

---

〔1〕　宋雨桐等：《MALDI-TOF-MS 对 Y 染色体上 66 个二等位基因的检测》，载《法医学杂志》2017 年第 3 期。

〔2〕　Suhua Zhang, et al. , "Developmental Validation of a Custom Panel including 273 SNPs for Forensic Application Using Ion Torrent PGM", *Forensic Science International*：*Genetics*, 2017, 27：50-57.

〔3〕　Ran Li, et al. , "SNP Typing Using the HID-Ion AmpliSeq™ Identity Panel in a Southern Chinese Population", *International Journal of Legal Medicine*, 2018, 132：997-1006.

〔4〕　Zehua Gao, et al. , "Forensic Genetic Informativeness of an SNP Panel Consisting of 19 Multiallelic SNPs", *Forensic Science International*：*Genetics*, 2018, 34：49-56.

〔5〕　Liming Li, et al. , "Genome-wide Screening for Highly Discriminative SNPs for Personal Identification and Their Assessment in World Populations", *Forensic Science International*：*Genetics*, 2017, 28：118-127.

〔6〕　Jing Liu, et al. , "Massively Parallel Sequencing of 124 SNPs Included in the Precision ID Identity Panel in Three East Asian Minority Ethnicities", *Forensic Science International*：*Genetics*, 2018, 35：141-148.

〔7〕　Yu Tan, et al. , "Two-person DNA Mixture Interpretation Based on a Novel set of SNP-STR Markers", *Forensic Science International*：*Genetics*, 2018, 37：37-45.

〔8〕　林清峦等：《血痕特异性 mRNA 标记研究》，载《中国法医学杂志》2018 年第 6 期。

结果显示以 mRNA 技术为基础的鉴定血痕来源的方法是可行的。Hemiao Zhao 等[1]研究了 mRNA 用于分析陈旧血痕的可能性，结果表明 HBA 和 HBB 是陈旧血痕中稳定的标志物，80%以上的 50 年血痕和 90%以上的 30 年血痕样本获得阳性结果。王冲等[2]收集正常、少精症及无精症的精液样本，制备精斑样本后提取细胞总 RNA，利用逆转录 PCR 技术扩增 2 个精子特异 mRNA 标记（PRM1、PRM2）、2 个精浆特异 mRNA 标记（TGM4、SEMG1）和 2 个管家基因 mRNA 标记（TEF、UCE），其结论是利用 mRNA 荧光复合扩增系统可以实现对正常和无精症精液的区分，而正常精液和少精症精液相比差异无统计学意义。

同卵双生子（MZ）是由一个受精卵分裂发育而成的双胞胎，约占活产婴儿的 1/250。MZ 间因具有完全相同的 DNA 序列，使用包括 STR 在内的现有法医 DNA 分析手段均不能对其进行有效的甄别。因此，MZ 个体的甄别长期以来成为困扰法医学界的一个世界性难题。肖超等[3]应用 miRNA（microRNA）芯片技术检测两对不同年龄和性别的 MZ 间 miRNAs 的表达并对其表达谱进行差异性分析，同时采用实时定量 RT-PCR（qRT-PCR）技术对差异表达的 miRNAs 进行验证，研究初步证实了 MZ 个体间存在 miRNAs 表达差异，有望作为甄别 MZ 个体的新生物学指标。方晨等[4]探索了同卵双生子外周血 miRNA 表达谱差异，筛选并验证可用于鉴别同卵双生子的 miRNA。Zhilong Li 等[5]使用芯片技术筛选区分月经血和外周血的特异性 miRNA 标记，最终用 TaqMan 确认三个（miR-141-3p，miR-143-5p 和 miR-497-5p），用 SYBR Green 确认一个（miR-141-3p），这些标记有望区分月经血和外周血。Huan

〔1〕 Hemiao Zhao, et al. , "Identification of Aged Bloodstains through mRNA Profiling: Experiments Results on Selected Markers of 30- and 50-year-old Samples", *Forensic Science International*, 2017, 272: e1-e6.

〔2〕 王冲等:《mRNA 荧光复合扩增系统鉴别正常和异常精液初探》，载《中国法医学杂志》2017 年第 5 期。

〔3〕 肖超等:《2 对同卵双生子 microRNAs 表达谱差异分析》，载《中国法医学杂志》2018 年第 3 期。

〔4〕 方晨等:《同卵双生子外周血 miRNA 表达差异初步研究》，载《中国法医学杂志》2018 年第 3 期。

〔5〕 Zhilong Li, et al. , "Screening and Confirmation of microRNA Markers for Distinguishing between Menstrual and Peripheral Blood", *Forensic Science International: Genetics*, 2017, 30: 24-33.

Tian 等[1]使用具有特定荧光的实时定量 PCR 技术评估一组精液特异性 miR-NA 标记物（miR-10a，miR-10b，miR-135a，miR-135b，miR-888 和 miR-891a）的表达水平，用于区分正常精液和其他四种不育精液样本，包括弱精子症、少精子症、无精子症、少精子症和弱精子症精液。李冉冉等[2]以 miR-NA 为研究对象，选取 6 条研究较为成熟并且特异性良好的 miRNA，分别是外周血特异性标记 miRNA451、miRNA144；月经血特异性标记 miRNA214；唾液特异性标记 miRNA205；精液特异性标记 miRNA888、miRNA891，基于荧光定量平台，建立了 SYBR Green 染料法检测技术，并进行了实际样本的检测验证，效果良好。

在法医微生物研究领域，16S rRNA 基因由于其保守性与特异性并存的特点，是法医学鉴定的理想标记。伴随着高通量测序技术的快速发展，对微生物的研究已逐步应用于环境、医疗等多个领域。在法医学领域，以 16S rRNA 基因测序为代表的法医微生物研究成果也逐步应用于法医学实践中的生物检材鉴定、个体识别、死亡时间推断、地域推断等方面，为案件的侦查提供线索，作为传统方法的补充和辅助。宋国庆等[3]阐述了 16S rRNA 基因测序应用于法医学领域的研究方法和相关测序技术，综述了其在法医学领域的研究进展，探讨了 16S rRNA 在法医学中的应用价值和潜力。

环状 RNA（circRNA）因其具备组织特异性，且广泛存在于人体各组织中，具备潜在的体液斑迹鉴定价值。赵禾苗等[4]利用 circRNA 检测技术，制备精液、唾液、阴道分泌物三种体液斑迹样本，以 Qiagen RNeasy Micro 试剂盒提取总 RNA，经 RNase R 消化后得到 circRNA，进行逆转录 PCR 扩增，琼脂糖凝胶电泳检测分析。结果显示，制备的体液斑迹样本均可检测到 circRNA 分子，提示 circRNA 普遍存在于法医常见体液斑迹中，具备一定的应用价值。

---

〔1〕　Huan Tian, et al., "Semen-specific miRNAs: Suitable for the Distinction of Infertile Semen in the Body Fluid Identification?", *Forensic Science International: Genetics*, 2018, 33: 161-167.

〔2〕　李冉冉等：《体液法医学鉴定 miRNA 检测方法的建立与应用》，载《中国法医学杂志》2018 年第 1 期。

〔3〕　宋国庆等：《16S rRNA 基因测序在法医学中的研究进展》，载《法医学杂志》2018 年第 5 期。

〔4〕　赵禾苗等：《circRNA 应用于体液斑鉴定的技术可行性研究》，载《中国法医学杂志》2018 年第 1 期。

Yaqi Zhang 等[1]研究了在体液鉴定 mRNA 分型中，加入 circRNA 是否能提高包括 δ-氨基酮戊酸合成酶 2（ALAS2）和基质金属蛋白酶 7（MMP7）在内的生物标记物的检测效率。

（6）InDel。插入/缺失（insertion/deletion，InDel）多态性遗传标记是指基因组中插入或缺失不同大小的 DNA 片段所形成的多态性遗传标记。InDel 遗传标记具备较低的突变率，适用于 DNA 微量及高度降解检材，且能够与普遍使用的 STR 分型技术平台相兼容，因此该遗传标记可以用于个体识别，作为常规 STR 检验的补充，也可以作为祖先相关信息位点区分人群。王玮等[2]利用 dbSNP 数据库，筛选出 30 个在中国人群中有高度遗传多态性的 InDel 位点，建立复合多重 PCR 扩增体系，并对汉族、哈萨克族、傣族、苗族与瑶族进行遗传多态性调查。Xiaohong Zhao 等[3]构建了一个包含 11 个常染色体单倍型的复合体系，其中包含了 22 个三等位基因 InDel 基因座，并对该体系进行遗传学研究。Yu Tan 等[4]在中国西南汉族人群中选择了 10 个与 STR 位置相邻的 InDel，组合成 DIP-STR 基因座，并利用该组合分析 DNA 混合斑中成分来源。

德国 QIAGEN 公司 Investigator® DIPplex 试剂盒包括了 30 个 InDel 遗传标记，2017—2018 年度，有学者应用该试剂盒对中国人群进行遗传多态性调查，包括：对广西壮族、蒙古族、哈萨克族的无关个体调查[5]；对内蒙古鄂温克

[1] Yaqi Zhang, et al., "Evaluation of the Inclusion of Circular RNAs in mRNA Profiling in Forensic Body Fluid Identification", *International Journal of Legal Medicine*, 2018, 132: 43-52.

[2] 王玮等：《用于中国人群个体识别的 InDel 多重 PCR 系统的构建》，载《刑事技术》2017 年第 1 期。

[3] Xiaohong Zhao, et al., "Construction and Forensic Genetic Characterization of 11 Autosomal Haplotypes Consisting of 22 Tri-allelic Indels", *Forensic Science International: Genetics*, 2018, 34: 71-80.

[4] Yu Tan, et al., "An Investigation of a set of DIP-STR Markers to Detect Unbalanced DNA Mixtures among the Southwest Chinese Han Population", *Forensic Science International: Genetics*, 2017, 31: 34-39.

[5] 赵蕾等：《中国壮、蒙、哈萨克族群体 30 个 InDels 的遗传多态性》，载《中国法医学杂志》2017 年第 1 期。

族人群调查[1]；对江苏汉族人群调查[2]；对新疆回族人群调查[3]。Hui Sun 等[4]利用已发表的 InDel 数据文献，比较分析了 Investigator® DIPplex 试剂盒在人群中的法医学应用价值。

（7）ABO 血型基因。ABO 血型是法庭科学检测最早的遗传标记之一，不仅存在于血液中，还存在于唾液、毛发、指甲等其他生物检材中，传统的血清学方法抗原抗体反应仅能检测血液中的 ABO 血型，而 SNaPshot 技术则可检测除血液之外的如唾液斑、毛发、指甲等各种生物检材的 ABO 基因型。根据前人研究，控制 ABO 血型的相关基因位于第 9 号染色体上，ABO 基因包含长度范围为 28~688bp 的 7 个外显子和长度约为 19514bp 的 6 个内含子。于书欣等[5]选取第 6 外显子 261、297 和第 7 外显子 681、703、802、和 803 共 6 个 SNP 位点研究应用 SNaPshot 技术对 107 例外周血进行检测，检出 A、B、O^A、O^G4 个等位基因，A^G 和顺式 AB 未检出。Enzhu Jiang 等[6]则建立 4 个 SNPs 复合扩增体系检验 ABO 的基因（c. 261delG、c. 297A > G、c. 1009A > G 和 c. 1061delC），在 92 个样本中发现 14 个基因型（A/A、A/O01、A/O02、A201/O01、A205/O01、B/B、B/O01、B/O02、A/B、A201/B、A205/B、O01/O01、O02/O02、O01/O02）。

（8）微单倍型。微单倍型是在较短片段内（例如 200bp），包含 2 个或以上 SNP，具有单倍型多态性的序列。相较于 STR，微单倍型突变率低，在混合斑鉴定中具有一定优势；与 SNP 相比较，微单倍型的多态性更高。选择含

〔1〕　靳小业等：《内蒙古鄂温克族人群 30 个 InDel 位点遗传多态性》，载《法医学杂志》2017 年第 3 期。

〔2〕　潘猛等：《江苏汉族人群 30 个插入/缺失位点的遗传多态性》，载《法医学杂志》2017 年第 6 期。

〔3〕　Tong Xie, et al. , "A set of Autosomal Multiple InDel Markers for Forensic Application and Population Genetic Analysis in the Chinese Xinjiang Hui Group", *Forensic Science International：Genetics*, 2018, 35：1-8.

〔4〕　Hui Sun, et al. , "The Evaluation of Insertion and Deletion Polymorphism in Population and Personal Identification Amidst Chinese Populations", *Journal of Forensic Science and Medicine*, 2018, 4（3）：115-121.

〔5〕　于书欣等：《SNaPshot 技术应用于云南省部分人群 ABO 血型基因分型》，载《法医学杂志》2017 年第 3 期。

〔6〕　Enzhu Jiang, et al. , "Establishment of an Alternative Efficiently Genotyping Strategy for Human ABO Gene", *Legal Medicine*, 2017, 29：72-76.

有祖先信息特征的微单倍型，在种群分析鉴定中具有应用价值。[1] Peng Chen 等[2]建立了一个微单倍型的组合，并以此来评价微单倍型在混合斑鉴定中的应用价值。

（9）线粒体 DNA。线粒体全长 16569bp，与核基因组 DNA 相比，线粒体 DNA 具有母系遗传及拷贝数目多的特点，特别适合用于降解检材的母系亲缘鉴定。杨幸怡等[3]采用线粒体二代测序 Early Access Mitochondrial Panel 试剂排除了张某与坟墓中挖出的尸骨存在母子关系。Ke Ma 等[4]基于 PGM 测序系统对线粒体 DNA 全序列的测序，对 194 个母亲-孩子对进行分析，在 388 名个体上观察到在 891 个核苷酸位置上出现 14 332 次变异。曹禹等[5]应用 Ion Torrent PGM™ 测序系统对线粒体 DNA 全序列进行分析检测，研究不同组织间线粒体 DNA 序列异质性。

（10）DNA 甲基化。DNA 甲基化是表观遗传标记的重要组成部分，参与基因表达的调控，在生物发育、衰老以及肿瘤学等领域受到广泛关注。由于具有相对稳定性、可遗传、含量丰富、随年龄变化等特点，在法医学领域，DNA 甲基化可以作为 DNA 序列相关经典遗传标记的有效补充，用于年龄推断、组织体液来源检测、同卵双生子的鉴定等。[6] DNA 甲基化是表观遗传学重要的遗传修饰形式，是指在 DNA 甲基转移酶的作用下，以 S-腺苷甲硫氨酸为甲基供体，将甲基添加到 CpG 二核苷酸 5′端的胞嘧啶上，形成 5-甲基胞嘧啶。在人基因组中，约有 $3×10^7$ 个 CpG 位点，据估计，约 60% ~ 90% 的 CpG 处于甲基化状态，而处于去甲基化状态的 CpG 大都成簇出现，被称为 CpG

---

〔1〕 陈鹏等：《遗传标记微单倍型在法医学中的研究进展》，载《中国法医学杂志》2017 年第 5 期；饶旼等：《微单倍型遗传标记及其法医遗传学应用》，载《刑事技术》2017 年第 4 期。

〔2〕 Peng Chen, et al., "Evaluation of the Microhaplotypes Panel for DNA Mixture Analyses", *Forensic Science International: Genetics*, 2018, 35: 149-155.

〔3〕 杨幸怡、李中红、刘超：《线粒体二代全测序在陈旧检材亲缘鉴定中应用 1 例》，载《中国法医学杂志》2017 年第 6 期。

〔4〕 Ke Ma, et al., "Massive Parallel Sequencing of Mitochondrial DNA Genomes from Mother-child Pairs Using the Ion Torrent Personal Genome Machine (PGM)", *Forensic Science International: Genetics*, 2018, 32: 88-93.

〔5〕 曹禹等：《基于 Ion Torrent PGM™ 测序系统的人 mtDNA 全测序分析》，载《法医学杂志》2017 年第 4 期。

〔6〕 聂燕钗等：《DNA 甲基化检测方法及其法医学应用研究进展》，载《法医学杂志》2017 年第 3 期。

岛，位于基因启动子区，参与基因表达的调控。Lei Shi 等[1]通过将年龄相关的 DNA 甲基化与骨骼推断年龄和牙齿推断年龄方法相结合，估计儿童年龄，可显著提高中国儿童年龄估计的准确性。Lei Feng 等[2]构建了一个包含 9 个 CpG 位点的组合，并探讨其在法医学应用中推断年龄的可行性，并与之前建立的方法准确性进行比较研究。

4. 突变及分型

（1）STR 基因座的突变。作为目前亲子鉴定中常用的常染色体遗传标记 STR，其突变率在 $0 \sim 7 \times 10^{-3}$ 之间，平均约 2×10^{-3}，突变对亲子关系的判定会造成一定的困扰。较多学者采用 Goldeneye™ 20A 试剂盒进行突变研究。毕洁等[3]对北方汉族 20 723 例肯定亲权关系的案件筛选等位基因突变事件，19 个 STR 基因座共发现 548 例突变，观察到 557 个突变事件，基因座的突变率为 0.07‰~2.23‰。父系突变与母系突变的比例为 3.06：1。突变以一步突变为主，增加与减少重复单位的情况相当；二步以上（含二步）突变更易出现重复单位减少。突变主要发生于中等位基因，重复单位增减比例相当，长等位基因突变中重复单位减少显著多于增加。Cheng Xiao 等[4]观察广东汉族人群中的突变率，基因座突变率在 0.078‰至 2.745‰之间，来源于父亲的突变要多于母亲，并且随着父亲的年龄增加，突变更容易发生。Qiuling Liu 等[5]观察 9508 个三联体家庭，发现有 14 个家庭出现 2 个基因座突变。

张林等[6]采用 PowerPlex® 21 试剂对河南汉族群体 20 个常用 STR 基因座突变情况进行分析，发现不同基因座的突变率存在明显的地区差异。Xiufeng

〔1〕　Lei Shi, et al. , "DNA Methylation Markers in Combination with Skeletal and Dental Ages to Improve Age Estimation in Children", *Forensic Science International：Genetics*, 2018, 33：1-9.

〔2〕　Lei Feng, et al. , "Systematic Feature Selection Improves Accuracy of Methylation-based Forensic Age Estimation in Han Chinese Males", *Forensic Science International：Genetics*, 2018, 35：38-45.

〔3〕　毕洁等：《20723 例亲子鉴定中 19 个 STR 基因座的突变分析》，载《法医学杂志》2017 年第 3 期。

〔4〕　Cheng Xiao, et al. , "Mutation Analysis of 19 Commonly Used Short Tandem Repeat Loci in a Guangdong Han Population", *Legal medicine*, 2018, 32：92-97.

〔5〕　Qiuling Liu, et al. , "Two Loci Concurrent Mutations in Non-exclusion Parentage Cases Using 19 STR Profiles", *Legal Medicine*, 2018, 35：73-76.

〔6〕　张林等：《河南汉族群体 20 个常用 STR 基因座突变分析》，载《中国法医学杂志》2017 年第 1 期。

Zhang 等[1]则用该试剂在云南汉族群体 6578 次减数分裂中观察到 164 次突变。吴微微等[2]采用 AGCU 21+1、AGCU EX22、GlobalFiler Express™ 系统扩增 41 个 STR 基因座分型，观察 1932 个三联体家系，其中 150 个三联体在 32 个基因座共发生 154 次突变，平均突变率为 1.0×10^{-3}，突变率最高的是基因座 SE33。其中一步突变 152 次（98.7%），两步突变 2 次（1.3%）；146 个三联体仅 1 个基因座发生突变（97.3%），4 个三联体在 2 个基因座发生突变（2.7%）；父、母来源突变比率约为 4.7:1。Qiong Lan 等[3]则报道了 AGCU 21+1 kit 在中国汉族群体中的突变情况。Weiwei Wu 等[4]在 1160 个父-子对中观察 42 个 Y-STR 的突变情况，平均每代人突变率为 0.0041（95% CI 0.0036-0.0047），单个基因座突变率从 0.0000 到 0.0190，DYS388、DYS437、DYS448、DYS531 和 GATA H4 没有观察到突变，DYS627、DYS570、DYS576 和 DYS449 突变率超过 1.0×10^{-2}。

（2）三带型、四带型。孙溢华等[5]报道了 1 例 D1S1656 基因座三带型等位基因，并分析三带型的来源。刘芳等[6]则探讨三联体亲子鉴定中常染色体 STR 三带型基因座父权指数的计算方法，对其父-母-子表型作分析研究而将相关三带型分为五类，根据孟德尔遗传规律和常规三联体父权指数的计算原理，推算各类型的父权指数。付颖等[7]报道了 D12S391 基因座四带型 1 例，在该例父子关系鉴定中，被检父血样和毛发的 D12S391 基因座 STR 分型一致，均为 20，21，22，23，且四个峰的峰高均衡，其他基因座分型均为一个或两

〔1〕 Xiufeng Zhang, et al., "Population Data and Mutation Rates of 20 Autosomal STR Loci in a Chinese Han Population from Yunnan Province, Southwest China", *International Journal of Legal Medicine*, 2018, 132: 1083-1085.

〔2〕 吴微微等：《中国汉族人群 41 个 STR 基因座突变情况的观察分析》，载《中国法医学杂志》2017 年第 1 期。

〔3〕 Qiong Lan, et al., "Mutability Analysis towards 21 STR Loci Included in the AGCU 21+1 kit in Chinese Han Population", *International Journal of Legal Medicine*, 2018, 132: 1287-1291.

〔4〕 Weiwei Wu, et al., "Mutation Rates at 42 Y Chromosomal Short Tandem Repeats in Chinese Han Population in Eastern China", *International Journal of Legal Medicine*, 2018, 132: 1317-1319.

〔5〕 孙溢华等：《D1S1656 基因座三带型等位基因分析 1 例》，载《中国法医学杂志》2017 年第 4 期。

〔6〕 刘芳等：《三联体常染色体 STR 三带型基因座父权指数计算》，载《刑事技术》2017 年第 6 期。

〔7〕 付颖等：《D12S391 基因座检出四等位基因 1 例》，载《法医学杂志》2018 年第 1 期。

个峰。由于该案例中被检父与孩子之间排除亲子关系，被检父拒绝进一步检验，也无法获得被检父直系亲属的数据，故无法进一步研究 D12S391 基因座等位基因的遗传方式以及出现四等位基因的具体原因。

（3）等位基因缺失。在使用 STR 试剂盒检验时，有可能出现等位基因丢失现象，这是由于模板 DNA 在引物结合处的 3′ 端附近存在核苷酸多态性或插入/缺失，PCR 扩增中相应引物无法退火所致。任静妮等[1]报道了使用 Gold-eneye™ 20A、AGCU EX20、PowerPlex Fusion System 三种试剂盒进行鉴定时在 D2S1338 基因座发生等位基因丢失 1 例；兰菲菲等[2]采用 PowerPlex® 21 试剂观察到分别在 D5S818 和 D8S1179 基因座上有等位基因丢失；易敏等[3]亦观察到 PowerPlex® 21 试剂在 D8S1179 基因座上出现等位基因丢失 1 例。等位基因丢失时，亲代与子代在该基因座会出现不符合遗传规律的现象，增加了被错误排除的风险。在实际工作中发现怀疑等位基因丢失的特殊案件时，可以尽量采用几种不同的 STR 试剂盒进行复核检验，如果采用多种 STR 试剂盒亦无法验证，可采用测序技术加以验证。

Amelogenin 等位基因丢失也时有报道。毕洁等[4]观察并分析亲权鉴定案件中 Amelogenin 等位基因丢失的案例，探讨 Amelogenin 等位基因丢失的类型、机制以及对性别鉴定的影响和应对方法。女性有两条 X 染色体，同时发生突变的概率非常低，所以女性 Amelogenin X 等位基因的丢失不容易被发现，对性别判定的影响也较小。对于男性个体，若发生 Amelogenin Y 等位基因的丢失，容易被误判为女性，而发生 Amelogenin X 等位基因丢失则很容易被发现，对性别判定的影响也较小。Amelogenin X 等位基因丢失的常见原因是引物结合区突变，可通过 X-STR 初步判断、Amelogenin X 测序验证。包含 Amelogenin Y 在内的 Yp11.2 区域的 Y 染色体微缺失是 Amelogenin 丢失的主要原因，可能造成性别误判，可通过检测 Y-STR 或 SRY（睾丸决定因子最关键的基

〔1〕　任静妮等：《D2S1338 基因座引物结合区突变致等位基因丢失一例》，载《中国法医学杂志》2018 年第 6 期。

〔2〕　兰菲菲等：《PowerPlex® 21 体系基因座等位基因丢失 2 例》，载《中国法医学杂志》2018 年第 1 期。

〔3〕　易敏等：《亲子鉴定中 D8S1179 基因座等位基因丢失分析 1 例》，载《中国法医学杂志》2018 年第 2 期。

〔4〕　毕洁、畅晶晶、余纯应：《疑似 Amelogenin 等位基因丢失的检测与分析 12 例》，载《法医学杂志》2018 年第 4 期。

因）来明确性别。袁涛秀等[1]报道了某个体的血样、口腔拭子、毛囊 Amelo-genin 基因座分型为 XY，与社会性别矛盾，通过加做 Y-STR、X-STR 及 SRY 基因座进行检验，29 个 Y-STR 基因座均检测出分型结果，每个 X-STR 基因座均检测出 1 个等位基因，且 SRY 基因检测结果为阳性，判断为 46，XY 女性性反转。

（4）先天性嵌合体。先天性嵌合体是指个体通过遗传获得的同时存在 2 个或以上不同细胞系细胞的现象。与骨髓移植、组织器官移植、异体外周血造血干细胞移植等形成的获得性嵌合体不同，先天性嵌合体是指由遗传获得的，在胚胎或妊娠期形成的嵌合体。王祥等[2]报道了 1 例女性嵌合体，经对该嵌合体的血液、头发（毛囊）、指甲、皮肤、口腔上皮、阴道上皮、肛管上皮以及其部分家族成员进行常染色体 STR 遗传分析，发现该嵌合体为胚胎早期女性-男性的异卵双生子发生融合发育而成，随生长逐渐遍布至全身组织器官。由于细胞系分布不均，先天性嵌合体不同组织可呈现不同的 STR 基因型，一些 STR 基因座还会出现多等位基因嵌合现象。

5. 亲缘关系鉴定

（1）亲缘关系指数的计算。亲缘关系鉴定中，引入亲缘关系指数（KI）这一参数来表示两个个体间存在特定的亲缘关系可能性的大小。马冠车等[3]对不同情况下 KI 的统一计算公式进行推导与总结，然后通过特殊代入的方法，推导二联体和三联体父权指数的统一计算公式，发现相同鉴定条件下，不论参与鉴定的个体的基因型组合如何变化，他们之间的 KI 均可代入统一的公式进行计算。

（2）三联体非父排除率计算。非父排除率（PE）指不是小孩生父的男子能被遗传标记排除的概率，是衡量遗传标记系统在亲子鉴定中实用价值大小的指标。标准三联体 PE 计算公式最早见于 1965 年贾米森（Jamieson）的理论

---

〔1〕 袁涛秀、陈芳：《亲子鉴定中女性 Amelogenin 性别基因座异常 1 例》，载《法医学杂志》2017 年第 4 期。

〔2〕 王祥等：《一起伤害案中的先天性嵌合体法医学分析》，载《刑事技术》2017 年第 5 期。

〔3〕 马冠车、李淑瑾、丛斌：《常染色体遗传标记直系亲缘关系指数的统一算法》，载《中国法医学杂志》2018 年第 3 期。

推导，除此以外还有 4 个其他版本的公式，包括近似值公式。周密等[1]对各公式的精确性进行研究，重新推导了标准三联体 PE 公式，与已报道的 PE 公式进行对比，并对公式计算结果进行双重实验验证。

（3）单亲祖孙关系鉴定研究。祖孙双单亲排除率（PE_{GDS}）指单基因座，随机亲生祖孙与随机个体排除祖孙双单亲关系的概率。周密等[2]自行推导 PE_{GDS} 的数学公式，依据 19 个基因座上的数据计算 PE_{GDS} 的公式值，以随机模拟法设计实验，计算 19 个基因座上 PE_{GDS} 的模拟值，并以模拟值对比公式值的方式，对公式进行实验验证。马冠车等[3]依据河北汉族人群 38 个常染色体短串联重复序列遗传学数据，用计算机模拟 8000 个祖孙家系，选择生母及不同数量父辈个体作为参考样本进行单亲祖孙关系鉴定，应用家系基因型重建法的三种不同计算思路——期望值法、最小概率值法及改良的最小概率值法计算祖孙关系指数（GI），通过诊断实验设定累积祖孙关系指数（CGI）界值，并用 60 例实际案例进行验证。

（4）争议人与生父（母）存在近亲血缘关系鉴定。①姨与外甥鉴定。付光平等[4]在一对声称是姨与外甥关系的鉴定中，检测的 45 个常染色体 STR 基因座和 12 个 X 染色体 STR 基因座中，除 D8S1132、D10S1435、SE33、DXS7132 基因座之外，张某与孙某至少有一个等位基因相同。为进一步明确母子关系与姨甥关系的可能性，计算了两者的比值，结果发现 Gold-eneye™DNA 身份鉴定系统 20A 试剂盒 19 个基因座累积似然比为 120.3501，即孙某为张某生物学母亲可能性是孙某为张某生物学姨母可能性的 120.3501 倍，不能排除孙某与张某具有生物学母子关系；而 4 种试剂盒 45 个 STR 基因座的累积似然比值为 7.1074×10^{-9}，即孙某为张某生物学母亲可能性是孙某为张某生物学姨母的可能性的 7.1074×10^{-9} 倍，支持孙某与张某为姨甥关系。即随着检测位点的增加，结果由倾向于认定母子关系转向倾向于认定姨甥关系。

---

〔1〕　周密、张韩秋、汪军：《标准三联体非父排除率计算公式的推导和验证》，载《法医学杂志》2017 年第 4 期。

〔2〕　周密、章俊、汪军：《祖孙双单亲鉴定的系统效能分析》，载《中国法医学杂志》2017 年第 6 期。

〔3〕　马冠车等：《家系基因型重建法在单亲祖孙关系鉴定中的应用研究》，载《中国法医学杂志》2018 年第 6 期。

〔4〕　付光平等：《姨与外甥亲缘关系鉴定 1 例》，载《法医学杂志》2017 年第 5 期。

②争议父与生父存在近亲血缘关系鉴定。陈芳等[1]报道 1 起当事人王某怀疑孩子为其妻与父亲所生的案例。提取了王某、王某父亲、孩子母亲与孩子的血样，分析常染色体 STR 基因分型及 Y-STR 基因分型结果，发现王某与孩子在 D19S433、D3S1358 基因座不符合遗传规律，且不符合等位基因之间均只存在增加或者减少一个重复单位差异的遗传定律。王某父亲与孩子在 27 个常染色体 STR 基因座均符合遗传定律。在 20 个 Y-STR 基因座的分型检测中，王某、王某父亲及孩子 Y-STR 分型结果均一致。在 30 个常染色体 InDel 位点上，王某与孩子在 D40、D125、D64 三个 InDel 位点不符合遗传规律。王某父亲与孩子在 30 个常染色体 InDel 位点检测结果均符合遗传规律。结合常染色体 STR 分型结果及 InDel 分型结果，可以排除当事人王某与孩子之间存在亲生血缘关系。

（5）同父姐妹亲缘关系鉴定。由于女性个体含有两条 X 染色体，男性个体只有一条 X 染色体，母亲可将两条 X 染色体上的等位基因随机地遗传给子女，而父亲 X 染色体上的等位基因则只能遗传给女儿。理论上同父姐妹样本在 X 染色体上遗传标记必然会检见一个相同的等位基因。巩五虎等[2]报道 1 起父母均已过世、要求进行同父半同胞姐妹亲缘关系鉴定的案例。在 X-STR 上发现 DXS8378 和 HPRTB 两个基因座存在突变的可能性，采用含有 18 个 X 染色体上 Indel 位点的复合扩增体系进行检测，均检见一个相同的等位基因。为进一步获取遗传信息量，以更好地做出结果判断，采用高通量并行测序体系对 29 个 X-SNP 位点进行分型检测。测序在 Ion Torrent PGM 检验平台上完成，两份样本在 29 个 X-SNP 位点分型均检见一个相同的等位基因。该案例为如何在常规 X-STR 基因座检测发生突变情况时进一步获取遗传证据提供了新的遗传标记及新的技术手段。

（6）全同胞关系鉴定。Li Yuan 等[3]探讨了检测基因座数目和选择的 STR 基因座的个人识别能力（DP）对全同胞关系鉴定的影响。对 342 对全同胞和两两随机组合的 3900 对无关个体进行了 51 个 STR 基因座的检验，根据

---

〔1〕　陈芳等：《争议父与生父存在近亲血缘关系 1 例》，载《法医学杂志》2018 年第 3 期。

〔2〕　巩五虎等：《联合 X 染色体多类遗传标记应用于同父姐妹亲缘关系鉴定实例》，载《中国司法鉴定》2018 年第 4 期。

〔3〕　Li Yuan, et al., "Study of Autosomal STR Loci with IBS Method in Full Sibling Identification", *Legal Medicine*, 2017, 26：14-17.

基因座的 DP 进行分组，通过组间比较得出：当 DP 值一致时，检测 STR 基因座的数目越多，越有利于区别全同胞和无关个体；当检测 STR 基因座的数目一致时，平均 DP 值越高，越有利于区别全同胞和无关个体。

（7）2 号染色体父系单亲二倍体遗传。何汝雯等[1]报道 1 例亲子鉴定，在 16 个 2 号染色体基因座中没有一个能肯定是母亲遗传的，而且这 16 个基因座涵盖了 2 号染色体上不同区段，基本上能代表整个 2 号染色体的基因类型，由此分析女儿的 2 号染色体属于父系单亲二倍体遗传，母亲没有将 2 号染色体的基因遗传给女儿。

（8）完全性葡萄胎鉴定。葡萄胎受精类型的鉴别一直是临床医学研究的难点。葡萄胎（HM）是异常受精所致的妊娠滋养细胞疾病，遗传学上分为完全性葡萄胎（CHM）和部分性葡萄胎（PHM）。CHM 受精形式又分为单精子空卵受精和双精子空卵受精，DNA 常染色体 STR 检测结果分别显示为"纯合子型"与"杂合子型"，单精子空卵受精葡萄胎 STR 分型结果表现为等位基因与父方一半相同，双精子空卵受精葡萄胎等位基因与父方完全相同；PHM 受精形式为单倍体卵子与两个单倍体精子或一个减数分裂缺陷的精子受精，DNA 常染色体检测结果为三倍体"杂合子型"。陶晓岚等[2]报道了联合应用常染色体、X 染色体亲权鉴定完全性葡萄胎 1 例。

（五）文件检验学

1. 笔迹检验

（1）签名笔迹检验。近年来，触屏手写电子签名成为一种新的签名方式，由于此类签名与传统纸笔签名存在区别，对其能否进行鉴定还需要更深一步的探讨。欧阳国亮[3]对触屏手写电子签名和传统纸笔签名进行比较，借助触屏手写电子签名的形成原理，以及电阻触屏技术和电容触屏技术，梳理了触屏手写电子签名的字迹特点，并结合笔迹检验现状对触屏手写电子签名带来的若干问题进行了分析，认为触屏手写电子签名字迹在运笔特征与笔痕特征

〔1〕 何汝雯等：《2 号染色体父系单亲二倍体遗传亲子鉴定 1 例》，载《法医学杂志》2018 年第 5 期。

〔2〕 陶晓岚：《联合应用常染色体、X 染色体亲权鉴定完全性葡萄胎 1 例》，载《中国法医学杂志》2018 年第 1 期。

〔3〕 欧阳国亮：《文检视域下对触屏手写电子签名若干问题的思考》，载《中国人民公安大学学报（自然科学版）》2017 年第 4 期。

两方面有其特殊性，给传统笔迹检验带来了挑战。屈音璇等[1]对 100 份实验样本进行分析，研究总结了站姿电子屏手写签名笔迹的本质特征和一般规律，探讨了导致笔迹特征变化的主要原因，并指出站姿电子屏手写笔迹中，书写水平、运笔等概貌特征和运笔特征均会发生显著变化。陈晓红等[2]在收集了大量真实签名及各种摹仿签名后，运用主成分分析法来研究两个签名样本之间的相似性，和利用 SigComp2011 的静态特征检验方式相比，这种利用了动态特征的方法在准确性、错误接受率、错误拒识率和计算似然比方面更胜一筹。陈如超[3]给出当前笔迹鉴定样本存在的问题，并结合鉴定人经验、观察以及鉴定人与委托人的业务来往，分析了产生笔迹鉴定样本问题的各种主观原因。

（2）条件变化笔迹检验。书写速度、书写环境和书写人内在因素等条件的变化，都可能对被检查的笔迹产生一定的影响。由于实际案例中书写者本人的醉酒笔迹经常被认为是他人的摹仿笔迹，区分醉酒笔迹和摹仿笔迹具有重要意义。录强强等[4]通过采集醉酒笔迹实验样本，比较与正常书写笔迹的差异性和稳定性，为醉酒笔迹的鉴定提供理论指导，并指出此类识别通常包含从整体上观察分析、局部特征分析和细节特征分析。

（3）非汉字检验。李江春等[5]指出中英文笔迹检验的理论与实践朝着相互融合的趋势发展，在对以往中英文笔迹特征比较研究回顾的基础上，从笔迹特征的研究方法、特征分类和特征评断三个方面进行了深入比较。

（4）笔迹鉴定意见。王俪睿等[6]通过对实践中制作的笔迹鉴定意见书存在的问题的分析，根据笔迹鉴定的原理、步骤、规则，以及鉴定意见的证据规则，提出四条规范笔迹鉴定意见书制作的建议，即分别检验过程要详细记

---

〔1〕 屈音璇、付文波、翟金良：《站姿电子屏手写签名笔迹实验研究》，载《广东公安科技》2017 年第 3 期。

〔2〕 Xiaohong Chen, et al. , "Assessment of Signature Handwriting Evidence via Score-based Likelihood Ratio Based on Comparative Measurement of Relevant Dynamic Features", *Forensic Science International*, 2018, 282: 101-110.

〔3〕 陈如超：《当前笔迹鉴定样本存在的问题及其解决方案》，载《中国人民公安大学学报（自然科学版）》2017 年第 3 期。

〔4〕 录强强、于海峰：《基于系统论对醉酒笔迹的检验》，载《山东化工》2018 年第 12 期。

〔5〕 李江春、罗芳：《中英文笔迹特征比较的再认识》，载《北京警察学院学报》2018 年第 3 期。

〔6〕 王俪睿、沙万中、逯新秦：《浅析制作笔迹鉴定意见书的规范化》，载《甘肃警察职业学院学报》2017 年第 4 期。

录，比较论证要注重逻辑，鉴定意见的表述应当更明确化，笔迹特征比对表的制作要严格遵守技术规范。李念等[1]通过阐述笔迹鉴定在美国的发展与挑战、笔迹鉴定科学理论的发展、笔迹鉴定的相关误区、巩固笔迹鉴定意见科学性的措施、笔迹鉴定意见审查在实践中的质疑与挑战以及未来之路等几个方面，探讨了笔迹鉴定意见的现状。贾治辉等[2]为总结笔迹鉴定意见的采信现状、存在的问题及缘由，并找出相对合理的笔迹鉴定意见采信机制，借助了中国裁判文书网平台，通过对其公布的裁判文书中笔迹鉴定意见具体采信情况，分析了代表性的鉴定机构。李冰等[3]对文件检验鉴定人进行了问卷调查，发现多数鉴定人相信笔迹鉴定受主观性因素影响，但资深（鉴定经验丰富）鉴定人所受的主观性因素影响很小，而经验较少的鉴定人所受的主观性因素影响相对较大，且在受到明显诱导性信息时，鉴定人易产生较明显的主观性偏差。

2. 印章印文检验

（1）印章印文特征检验。张延霞[4]为解决渗透型印章的种属认定和同一认定的问题，比较了原子印章和光敏印章在印文图文特征、笔画露白特征、外壳边框特征、底纹特征、挤墨特征等众多细节特征方面的差异点，旨在根据印文特征对激光雕刻原子印章和光敏印章这两种常见渗透型印章进行种类判别。姚朋华等[5]利用 2 枚同源原子印章在相同的盖印条件下制作了 1 次至25 000 次的实验印文样本，每间隔 5000 次左右取一次样本，实验结果表明，因为同源原子印章印文在宏观整体形状、尺寸大小方面相似度很高，出现个体性特征少，此类特征在检验鉴定同源印章时要谨慎选用；五角星图案、五角星尖端露白、文字笔画细节等微观特征相对稳定时，才可能区分同源印章印文；印文底纹痕迹、空白区域油墨疵点的形成不能作为认定同一枚印章印

---

〔1〕　李念、李冰：《质疑还是挑战：Daubert 规则下的笔迹鉴定》，载《证据科学》2018 年第 3 期。

〔2〕　贾治辉、官胜男：《笔迹鉴定意见采信实证研究》，载《证据科学》2018 年第 3 期。

〔3〕　Bing Li, et al. , "Research on Subjective Bias Cognition Effect in Handwriting Identification", *Journal of Forensic Science and Medicine*, 2018, 4: 203-212.

〔4〕　张延霞：《从印文特征判断渗透型印章类别》，载《新疆警察学院学报》2017 年第 1 期。

〔5〕　姚朋华、王相臣、徐国鹏：《同源原子印章历时性变化规律实验研究》，载《广东公安科技》2018 年第 3 期。

文的特征依据。韩伟[1]采用形态学研究方法，比较研究了盖印、非制版印刷和制版印刷印文的点迹特征，结果显示，印文点迹所呈现的微观特征的种类差异不仅能够显著区分这三者，还能够进一步细化区分制版印刷与盖印、非制版印刷印文形成方式的次种类。刘敬杰等[2]通过对橡胶印坯的制作方法、流程及不同生产阶段在印面上产生的加工特征的研究，归纳出橡胶印章印面微结构特征的类型及印迹反映规律。

（2）条件变化印文检验。叶靖[3]提出印章印文的特征会在保管使用过程中产生一系列变化，印章印文的阶段性特征也具有个体差异性、外在反映性与相对稳定性，而通过厘清这些特征在印章印文鉴定中的作用，可以提高印章印文鉴定能力，避免鉴定意见偏离事实。杨进友等[4]通过在实验条件下模拟各种常见的盖印条件，发现盖印条件的变化均可导致光敏印章印文的变化，因为这种变化是反映形象的改变且不是特征的本质差异，所以不能作为否定同一的依据；还提出通常盖印条件下的印文之间、印文与章面图文之间整体呈现包含与被包含的重叠关系，此特征可以为同一认定提供依据。王宁等[5]通过控制变量的实验方法，探究了光敏印章在不同的盖印压力下印文直径的变化规律，结果表明：同一枚光敏印章在恒定或不同的盖印压力下，其印文直径变化都非常小，因此印文直径与盖印次数和盖印压力之间没有直接的相关性。

（3）印章的仿造。胡迎梅等[6]研究了利用针式打印机雕刻纸板伪造印章盖印形成的印文，总结出该类伪造印文的仿真程度略低于扫描后使用激光雕

---

〔1〕　韩伟：《基于微观点迹特征鉴别印章印文形成方式研究》，载《中国司法鉴定》2018年第6期。

〔2〕　刘敬杰、林红、沈青青：《橡胶印章印面微结构特征的形成机理与应用》，载《中国刑警学院学报》2017年第6期。

〔3〕　叶靖：《浅议利用印章印文阶段性特征进行的印文鉴定》，载《江苏警官学院学报》2017年第5期。

〔4〕　杨进友、吕梦婷：《光敏印章印文盖印变化研究》，载《中国司法鉴定》2017年第6期。

〔5〕　王宁、郝红光、王晓光：《不同盖印压力下光敏印章印文直径变化规律研究》，载《刑事技术》2018年第3期。

〔6〕　胡迎梅、甘涛、付磊：《利用针式打印机雕刻纸板伪造印章1例》，载《广东公安科技》2018年第2期。

刻伪造的印章，但远高于手工雕刻印章。周光磊等[1]为分析不同高仿真光敏印章的伪造方法对于印文特征的影响，使用了常见的扫描打印伪造法、拓印设计伪造法仿制光敏印章，并将仿制出的印章印文与真实印章印文进行比较，发现这两种伪造法制作的高仿真光敏印章易出现多种印文特征，并指出伪造的高仿真光敏印章印文在规格特征及某些细节特征上与真实印章印文非常相似，需要鉴定人仔细甄别。

3. 印刷文件检验

印刷文件检验是常见的鉴定项目。郭兴飞[2]为对印油的种类进行有效区分，利用紫外——可见光谱法对市场上常见的 28 种印油进行了定性分析，结果表明，不同种类的印油，其光谱图的特征吸收峰的个数、峰位和峰高比不同。该技术方法操作简单，分析迅速，对检材损坏较小，可以为文件检验鉴定中印文的真伪鉴别提供依据。

（1）激光打印机检验。数字水印技术为文件的真伪鉴定提供了可靠的技术支持。朱毅等[3]对彩色激光打印文件暗记特征的相关文献进行了归纳和总结，综述了利用暗记特征对彩色激光打印文件鉴别的现状和最新发展，以及有待进一步完善的方面。李江春[4]通过光学显现法和扫描显现法对收集的 9 种品牌 30 种型号不同时间形成样本进行检验，以研究暗记点阵形态轮廓是否具有唯一性，暗记点阵形态特征是否会随着时间推移而发生变化。其实验结果显示，不同品牌彩色激光打印或复印文件暗记点阵形态轮廓图存在差异，同一机台在不同时间段生成的暗记点阵形态轮廓图未见差异，从而确认利用暗记点阵形态特征鉴别彩色激光打印或复印文件是有理论依据的。王洁等[5]介绍利用跟踪代码进行彩色激光打印机鉴别的历史与现状，指出该项研究进展缓慢的原因之一是缺乏有效的分析手段和充足的打印样本，以此引入一种新的分析工具和方法对富士施乐品牌彩色激光打印机的跟踪代码进行深度全

---

〔1〕　周光磊等：《高仿真光敏印章的伪造方法与检验鉴定研究》，载《中国司法鉴定》2018 年第 5 期。

〔2〕　郭兴飞：《紫外——可见光谱法鉴别印油的种类》，载《广东公安科技》2017 年第 2 期。

〔3〕　朱毅、万英：《彩色激光打印文件暗记检验的现状与发展》，载《科教导刊》2017 年第 21 期。

〔4〕　李江春：《暗记点阵形态特征鉴别彩色激光印刷文件的可行性研究》，载《刑事技术》2018 年第 2 期。

〔5〕　王洁等：《富士施乐彩色激光打印机跟踪代码研究》，载《刑事技术》2017 年第 4 期。

面的研究，揭示出富士施乐品牌彩色激光打印机跟踪代码的点阵结构，可为利用跟踪代码进行富士施乐品牌彩色激光打印机鉴别提供理论依据。刘猛等[1]利用可见-近红外高光谱成像仪采集 400～1000nm 波段内的光谱数据，采用 Savitzky Golay 平滑、标准化、多元散射校正和标准正态变量变换 4 种方法分别对光谱数据进行预处理，而后分别建立五种模型，进而实现激光打印墨粉的种类鉴别。其实验结果显示，支持向量机（SVM）和偏最小二乘判别分析（PLS-DA）模型的效果最佳，准确率为 100%，拒识率和误识率为 0，从而得出结论：基于可见-近红外高光谱图像技术可以实现激光打印墨粉的快速种类鉴别。刘奕霏等[2]采用热裂解气相色谱-质谱法对不同激光打印机的黑白打印墨迹进行检验，通过质谱图对其中主要成分进行定性分析，根据主要成分及其相对含量对样品进行分类，12 个品牌 18 种型号激光打印机打印出的黑色墨迹样品的区分率达到 81%。

（2）复印纸检验。陈维娜等[3]利用扫描电镜-电子能谱仪对不同品牌和型号的静电复印纸进行检验，依据 BSE 中无机填料的相对百分含量，样本能谱图中钙、碳元素的相对百分含量，碳、氧元素的相对百分含量，以及氯元素的含量，可对不同品牌和型号的复印纸进行鉴别，结果表明，该方法可对静电复印纸进行快速、准确、有效的检验。申思等[4]利用装备有衰减全反射附件的红外光谱仪对不同产地、不同品牌的复印纸进行了实验研究，并建立了纤维素和无机填料峰面积的比值这一新方法来区分鉴别复印纸，区分效果直观且区分度达到 90% 以上。

4. 篡改文件检验

连园园等[5]运用高光谱成像技术对被遮盖的字迹进行快速无损的还原，结果显示，只有当重叠部分的墨迹和原始墨迹的反射光的光谱特征不同且不

---

〔1〕 刘猛、申思、王楠：《可见-近红外高光谱图像技术快速鉴别激光打印墨粉》，载《发光学报》2017 年第 5 期。

〔2〕 刘奕霏等：《热裂解气相色谱-质谱联用技术检验激光打印黑色墨迹》，载《刑事技术》2017 年第 6 期。

〔3〕 陈维娜等：《使用扫描电镜-电子能谱仪检验鉴别静电复印纸》，载《中国造纸》2017 年第 10 期。

〔4〕 申思等：《红外光谱法分析检验复印纸》，载《光散射学报》2017 年第 3 期。

〔5〕 Yuanyuan Lian, et al., "Hyperspectral Imaging Technology for Revealing the Original Handwritings Covered by the Same Inks", *Journal of Forensic Science and Medicine*, 2018, 210 (3): 210-216.

相似时，原始笔迹可以被显现出来。刘荣等[1]发现，运用飞行时间质谱法（L2MS）可以对被篡改文件的颜料墨水和分子成像进行明确的特征描述，相比于激光沉积质谱法，此方法可以以近乎无损的方式得到更多的关键分子信息，以此为分辨多样的颜料提供更有效、可靠的支持。吴晓等[2]利用反射变换成像（RTI）技术来显现笔迹压痕与打印文字交错部位的细节特征，从而将文件背面笔迹压痕与打印文字交错部位的细节特征清晰呈现出来，以此解决是先打印后签名还是先签名后打印的时序问题。杨博等[3]从计算机打印系统入手，检验打印变更伪造文件的方法，分析并研究了不同打印机打印的文本特点和同类型打印机不同次打印的文本特点。Francisco Cruz 等[4]展现了一个基于分类的方法，用均匀的局部二值模式来捕获篡改位置常见的纹理特征，结果显示，在利用支持向量机（SVM）对连接部位的图块进行分类后，多种篡改方式都可以在大范围的文件类型中检测出来。Ramesh Kumar Pandey 等[5]利用织物分析镜、立体显微镜和 VSC 6000 文检仪对 10 份样本进行检验，查看文件是否存在修改、删除或涂抹，结果显示，如果做出修改的是同样的墨水笔，则 VSC 6000 文检仪不能检测出墨水，也不能发现修改。韩星周等[6]参与调查了一次国内 20 家综合实力较强的文件检验实验室检验现状，结果表明，这些实验室均做出了正确的检验意见，二次添加打印文件检验的现状较好，但在检验能力上各家实验室存在一定差异。

5. 特种文件鉴定

（1）货币鉴定。郑晓旭[7]列举了点钞机的若干种鉴别技术，分析了磁性

〔1〕 Rong Liu, et al., "Confirmatory Surface Analysis of Equivocal Documents with Pigment-based Gel Inks via Laser Desorption Laser Postionization Mass Spectrometry Imaging", *Analytical and Bioanalytical Chemistry*, 2018, 410（5）：1445-1452.

〔2〕 吴晓、林红：《反射变换成像技术在打印变造文件中的应用》，载《科教导刊》2018 年第 8 期。

〔3〕 杨博、孙泽恩：《论打印变更伪造文件的检验原理及方法》，载《科技经济导刊》2017 年第 31 期。

〔4〕 Francisco Cruz, et al., "Local Binary Patterns for Document Forgery Detection", *2017 14th IAPR International Conference on Document Analysis and Recognition（ICDAR）*.

〔5〕 Ramesh Kumar Pandey, et al., "Forensic Investigation of Suspected Document for Alteration, Erasures & Obliteration", *Galore International Journal of Applied Sciences and Humanities*, 2018, 2（1）：46-50.

〔6〕 韩星周等：《二次添加打印文件检验现状》，载《刑事技术》2018 年第 6 期。

〔7〕 郑晓旭：《浅谈点钞机的若干种鉴别技术》，载《中国科技纵横》2017 年第 11 期。

油墨鉴别、安全线鉴别、荧光鉴别和红外透射鉴别这四种方法。邹积鑫等[1]以仿 2005 版百元面额假人民币为主要研究对象，对 86 组冠字号码不同的仿2005 版百元面额假人民币进行分析，在假币票样的冠字号码串并—形成方式分析—印版版本确定—油墨特性比对的"四步走"区分方法下，利用红外文检仪等检验设备，以假币的版纹细节特征和不同位置油墨的荧光现象为依据，方法的区分率为 73%，在实现了假币票样的无损检测外，还检测了假币的红外特征及油墨磁性特征，并利用其结果对假币进行补充验证。M. A. Zamalloa Jara 等[2]用便携式 X 射线荧光（pXRF）对秘鲁纸钞进行检测，真钞之间的光谱相关性为 1，而假钞之间没有相关性，pXRF 还证明伪造者可以复制两种防伪措施。Vanessa da Silva Oliveira 等[3]展现了一个运用便携式光谱仪测量的近红外光谱、多元变量统计分析软件（SIMCA）和 SPA-LDA 模型的分析方法，来研究面值为 20、50 和 100 的巴西纸币，证明此方法可以有效、快速、无损地衡量纸币的真实性。

（2）票据合同鉴定。曾宪红[4]对票据的检验进行了研究，归纳出使用频率较高的四种检验方法：对比纸张纸纹，对比纸张、油墨等相关材料，对比印刷版型以及对比图文内容、结构体系确定票据真实性，并提出对票面整体的识别和对票面文字的检验这两条策略。周学文等[5]从打印合同的类型，特点，伪造、变造方式及系统检验的角度，详细介绍了对该类案件检验鉴定的心得体会，并重点阐述了合同文件的形成时间和形成方式检验。Archana Singh 等[6]展现了两起对合同上日期做修改的案例，利用仪器和软件对数字变化进行的检测显示出数字的大小、空间、倾斜度、字符和笔压等特征，以此说明图像处理技术可以协助文件真实性的评估和检测。

---

〔1〕　邹积鑫等：《仿 2005 版百元面额假人民币光学无损检验》，载《刑事技术》2018 年第 4 期。

〔2〕　M. A. Zamalloa Jara, et al. , "Exploratory Analysis for the Identification of False Banknotes Using Portable X-ray Fluorescence Spectrometer", *Applied Radiation and Isotopes*, 2018, 135: 212-218.

〔3〕　Vanessa da Silva Oliveira, et al. , "Authenticity Assessment of Banknotes Using Portable near Infrared Spectrometer and Chemometrics", *Forensic Science International*, 2018, 286: 121-127.

〔4〕　曾宪红：《变造票据检验的实证研究》，载《科技经济导刊》2018 年第 8 期。

〔5〕　周学文等：《打印合同案件的系统检验》，载《广东公安科技》2017 年第 2 期。

〔6〕　Archana Singh, et al. , "Detection of Alteration in Suspected Documents—A Case Study", *Malaysian Journal of Forensic Sciences*, 2018, 8 (1): 21-23.

（3）证件鉴定。Małgorzata Król 等[1]用激光诱导击穿光谱（LIBS）对波兰身份证件进行初步检测，通过比较不同测量位置记录的光谱识别出不同的元素组成，实验结果表明，根据文件类型、发布日期和评估区域，可以识别多个元素的特征原子发射，此方法显示 LIBS 可以有效地检验波兰身份证件。Josep De Alcaraz-Fossoul 等[2]探讨了一个提升可疑文件分析信息化的路径方法，其模型主要分为七部分：获取可疑文件、特定文件筛选、编码伪造模型、供给数据库、特殊数据分析、伪造情报及调查情报。

6. 朱墨时序检验

衡磊等[3]阐述了基于颜色数字化特征的朱墨时序研判方法，此方法采用 RGB、Lab 两种颜色模式方法，将颜色信息转化为数字，应用多元参数的方法进行颜色表征，利用统计学的原理得到朱墨时序的判定结论。通过黑色签字笔书写字迹、打印字迹分别与印泥、印油印文的朱墨时序实验表明，在选定适当的颜色模式表参数的情况下，根据显著性差异 P 值就可以进行朱墨时序的研判。其美次仁[4]根据通过定量分析染料成分在提取剂中的溶解量与书写时间所建立的比例关系，达到鉴定书写时间的目的的原理，利用薄层色谱-染料比值法对一起印章印文的形成时间进行了鉴定，并总结出，尽管薄层色谱-染料比值法属于有损检验，但它在相对书写时间鉴定方面具有一定的优势。王圣江[5]根据激光能够激发印泥、印油产生荧光的原理，利用激光荧光法检验朱墨时序，此方法对于激光打印机打印字迹与印泥、印油形成的各种朱墨时序问题均取得了明显的效果。李彪等[6]运用荧光检验技术来确定由墨水、印泥、圆珠笔、中性笔、钢笔、碳纸颜料、激光打印机和喷墨打印机所形成

〔1〕　Małgorzata Król, et al. , "Examination of Polish Identity Documents by Laser-Induced Breakdown Spectroscopy", *Analytical Letters*, 2018, 51：10.

〔2〕　Josep De Alcaraz-Fossoul, et al. , "Forensic Intelligence Applied to Questioned Document Analysis：A Model and Its Application against Organized Crime", *Science and Justice*, 2017, 57（4）：314-320.

〔3〕　衡磊、孟朝阳：《基于颜色数字化特征的朱墨时序判断研究》，载《中国人民公安大学学报（自然科学版）》2017 年第 1 期。

〔4〕　其美次仁：《利用薄层色谱-染料比值法鉴定相对书写时间 1 例》，载《西藏科技》2018 年第 2 期。

〔5〕　王圣江：《激光荧光法检验朱墨时序的技术分析——以朱墨时序仪检验为视角》，载《公安海警学院学报》2018 年第 5 期。

〔6〕　Biao Li, et al. , "Preliminary Study on Determining the Sequence of Intersecting Lines by Fluorescence Technique", *Journal of Forensic Sciences*, 2018, 63（2）：577-582.

的非均匀交叉线的时序，结果显示此方法在大多情况下有效，但不适用于对融合在一起的交叉线的时序检验。

（1）激光打印文件。陶玉等[1]使用 ZEISS Discovery. V20 荧光显微镜，选择合适的激发光源对实验样本的交叉部位和非交叉部位进行照射，观察、分析、比较和归纳两种时序下的荧光现象，其实验结果显示先朱后墨和先墨后朱在很多方面表现形式不同，从而认定利用荧光检验法可以准确判定激光打印文件朱墨时序，为判定朱墨时序提供一种新途径。魏松等[2]借助 LEICA DM12000 M 显微镜，发现偏振光显微镜检验法对普通显微镜检验中难以观察到的印文色料形态分布特征具有较为明显的检验效果，且先墨后朱和先朱后墨两种时序样本的偏振光显微观察特征有明显不同，从而确认偏振光显微镜观察可以有效无损地判断激光打印文件朱墨时序。谢硕玥[3]通过实验发现，观察印泥、印油与激光打印字迹笔画朱墨交叉部位的胶着现象以及胶着现象的历史变化规律，最终能够达到判断部分激光打印文件朱墨时序的目的，从而得出结论：激光打印字迹与印泥印文或激光打印字迹与原子印油印文形成时序能够在一定时间范围内根据胶着现象的不同区分出来。

（2）印泥手印与笔迹。付文波等[4]对沾染印泥的指印和中性笔、圆珠笔的朱墨时序进行实验研究，总结出两种笔与盖印手印先朱后墨和先墨后朱的各种特征。班智慧[5]通过观察比较在三种手指捺印压力情况下印文与笔画交叉部位的特征，对压力大小的变化对鉴定朱墨时序的影响进行初步探索，结果显示手指捺印压力的大小对交叉部位的细节特征有很大的影响。

7. 文件制成时间检验

欧阳国亮等[6]通过一起案件，阐述了在无法从理化角度进行检验的情况

　　[1]　陶玉、武立志、谢朋：《荧光检验法判定激光打印文件朱墨时序》，载《中国人民公安大学学报（自然科学版）》2017 年第 1 期。

　　[2]　魏松等：《偏振光显微镜判断激光打印文件朱墨时序实验初探》，载《中国司法鉴定》2018 年第 4 期。

　　[3]　谢硕玥：《采用胶着现象法判断激光打印文件朱墨时序的实验探索》，载《四川警察学院学报》2018 年第 5 期。

　　[4]　付文波、代雪晶：《中性笔、圆珠笔与指印的朱墨时序实验研究》，载《广东公安科技》2017 年第 2 期。

　　[5]　班智慧：《三种压力下印泥手印与签字笔笔迹先后顺序的实验研究》，载《广东公安科技》2017 年第 2 期。

　　[6]　欧阳国亮等：《运用系统分析法判定文件制成时间》，载《刑事技术》2017 年第 1 期。

下，如何利用系统分析法从非理化角度对受质疑文件的形成时间进行推断。Oscar Díaz-Santana 等[1]介绍了目前实验室主要使用的测定时间的方法，并将其应用于 6 种不同的蓝色和黑色墨水，这些方法分别基于气相色谱-质谱法（GC-MS）和高压液相色谱-二极管阵列检测法（HPLC-DAD）测定溶剂和染料。测定年代方法可以使用单个或多个参数，从而可以在不考虑样品数量的情况下确定浓度比，结果显示，测定溶剂和染料的组合方法是在油墨沉积较长时间后呈现出最具重现性结果的方法。孙其然等[2]通过液相色谱-高分辨率质谱仪研究黑色碳基中性笔的 PEG 低聚物，发现在拉曼光谱下看似一致的墨水在液相色谱-高分辨率质谱仪下呈现出不同的 PEG 低聚物分布，以此证明此方法不仅可以分辨碳基中性笔成分，也可以为研究碳基中性笔墨水的相对年代测定提供一种新方法。

（六）毒物毒品检验学

1. 毒物检测前处理生物检材相关研究

（1）毒物毒品检测中常用的生物检材。吸毒后，血液中会含有较高浓度的毒品及其代谢物，血液是常用且比较理想的检材，但其采集需要专业的人员进行培训和指导，且易污染、变质，前处理复杂，在现场快速检测方面血液检测会受到一定限制。为此，方威等[3]制备了一种 SERS 活性微滴管作为检测基底，实现了分离、富集、检测一体化，能够对血液中的不同毒品进行快速、定量检测，以期能用于毒品的现场快速检测。大多数毒品会通过尿液进行排泄，尿液中会含有较高浓度的毒品及其代谢物，且采集方便，对被采集者无损害，是目前毒品检测和确证中应用最多的检材。因此，有关尿液中多种毒品一站式检测和快速检测的研究应运而生。吴健美等[4]建立了应用高效液相色谱-串联质谱（HPLC-MS/MS）同时测定尿液中的 6 种毒品及其代谢物以及 40 种常见药物的方法。唾液检材也越来越受到重视和采用，主要原

〔1〕 Oscar Díaz-Santana, et al., "Comparison of the Main Dating Methods for Six Ball-Point Pen Inks", *Microchemical Journal*, 2018, 138: 550-561.

〔2〕 Qiran Sun, et al., "Analysis of PEG Oligomers in Black Gel Inks: Discrimination and Ink Dating", *Forensic Science International*, 2017, 277: 1-9.

〔3〕 方威等：《SERS 活性微滴管基底用于血液中毒品的快速、定量检测》，载中国物理学会光散射专业委员会：《第十九届全国光散射学术会议摘要集》，2017 年。

〔4〕 吴健美、刘培培、樊颖锋：《HPLC-MS/MS 法同时测定尿液中的常见毒品及其代谢物和常见药物》，载《警察技术》2018 年第 1 期。

因是尿液的采集受到涉及隐私、易污染、被采集者配合程度等条件的限制，易造假，对于检测结果的真实性不利。而唾液检材中药物检测也具有可行性，主要是因为药物可以通过血液渗透到唾液，大多数毒品可以通过唾液被检测出来，且唾液的采集对被采集者无损害，被采集者也难以造假，因此唾液是一种比较理想的检材。赵蒙等[1]应用超高效液相色谱-串联质谱法（UPLC-MS/MS）同时检测唾液中的甲基苯丙胺、氯胺酮和吗啡成分，检出限和定量限分别为 0.2μg/L 和 4μg/L。

（2）毛发检材。肖瑞森等[2]对毛发作为甲基苯丙胺吸毒成瘾的证据进行了研究。通过对 560 名参与吸食甲基苯丙胺嫌疑人的毛发和尿液进行检测，发现毛发作为检测样本的甲基苯丙胺检出率明显高于尿液，尤其是在距离末次吸毒时间较长的情况下。该具有统计学意义的结果说明毛发作为生物检材有利于准确率的提高。毛发作为毒品检测的生物检材已经日渐成熟，认可度日渐增强。李军[3]对毛发中常见毒品分析的研究进展进行了综述，毛发中常见毒品的检测方法有气相色谱法、液相色谱法、气质联用法、液相色谱-质谱联用法、免疫分析法等。毛发作为检材进行毒品分析的发展与检测方法灵敏度、准确度的提高密切相关。王伟等[4]对人毛发中吗啡类毒品的色谱检测方法进行了综述，为相关领域研究提供了参考。唐晓欢等[5]探索对头发样本中的吗啡和甲基苯丙胺进行胶体金法定性检测的可行性，对强制隔离戒毒所内近三个月内有毒品使用史人员进行分析，结果显示，采集长度达到 2cm 以上的吸毒人员的头发，检测总阳性率为 93%。段彩灵[6]对头发中海洛因和甲基苯丙胺同时检测技术进行了综述，指出液相色谱-电喷雾电离串联质谱（LC-ESI-MS/MS）的检测灵敏度高，准确性好，样品前处理简单、快速，适

---

〔1〕 赵蒙等：《UPLC-MS/MS 测定唾液中的 3 种毒品成分》，载《中国法医学杂志》2018 年第 1 期。

〔2〕 肖瑞森等：《毛发作为甲基苯丙胺吸毒成瘾生物检材证据的研究》，载《中国药物滥用防治杂志》2017 年第 2 期。

〔3〕 李军：《毛发中常见毒品分析的研究进展》，载《铁道警察学院学报》2017 年第 4 期。

〔4〕 王伟、徐唯哲、李清艳：《人毛发中吗啡类毒品的色谱检测方法文献分析》，载《中国法医学杂志》2018 年第 4 期。

〔5〕 唐晓欢等：《对头发样本中的吗啡和甲基苯丙胺进行胶体金法定性检测的探索研究》，载《中国药物依赖性杂志》2018 年第 5 期。

〔6〕 段彩灵：《头发中海洛因和甲基苯丙胺同时检测技术进展》，载《生物化工》2018 年第 1 期。

合头发中海洛因和甲基苯丙胺的检测需求。

甲基苯丙胺（MA）和苯丙胺（AM）是广泛被滥用的药物。Ting Wang 等[1]开发并验证了通过液相色谱-串联质谱法（LC-MS/MS）手性分离和测定头发样品中 MA 及其代谢物 AM 对映体的简单方法。所有分析物的检出限和定量限分别为 0.02ng/mg 和 0.05ng/mg，该方法成功应用于慢性 MA 使用者及其停用后毛发标本的检测。58 个头发样本中总 MA 和总 AM 的浓度范围分别为 7.8~521.0ng/mg 和 0.3~84.0ng/mg。在 58 个样本中，有 7 个样本中 MA 和/或 AM 的两种对映体均被检测到。头发标本来自 13 名已知有 MA 滥用史的女性，她们去了康复中心并停止服用 MA 毒品 4~5 个月。利用所开发的方法，可以在药物停用后约 4 个月内的吸毒者头发中检测到 R/S-MA 和 R/S-AM。

（3）玻璃体液检材。沈敏等[2]对玻璃体液在毒物定性定量分析中的应用进行了综述，对其在法医毒物学实践中的价值进行了评析，与血液等检材相比，玻璃体液性质稳定，受尸体腐败及内外部污染影响小，较少发生死后再分布，在死后毒物学检验实践中具有潜在的应用价值。目前将玻璃体液作为毒品检测生物检材的研究比较匮乏，有待于进一步加强。

2. 毒物毒品前处理方法研究

（1）超高效液相色谱-串联质谱法（UHPLC-MS/MS）。彭毅侯等[3]对公安部毒驾行业标准 GA1333-2017 的 11 种毒品采用超高效液相色谱-串联质谱法（UHPLC-MS/MS）进行检测，以三重四极杆液质联用系统进行分析，以 C_{18} 色谱柱对化合物进行分离并对质谱条件进行优化，11 种化合物都有极好的保留与良好的分离，可同时进行测定。

（2）固相萃取技术（SPE）。固相萃取是利用固体吸附剂对液体样品中的目标化合物进行吸附，使之与干扰物分离，再通过洗脱液洗脱或者加热解吸

〔1〕　Ting Wang, et al., "Disappearance of R/S-Methamphetamine and R/S-Amphetamine from Human Scalp Hair after Discontinuation of Methamphetamine Abuse", *Forensic Science International*, 2018, 284: 153-160.

〔2〕　沈敏、向平：《玻璃体液在法医毒物学实践中的价值评析》，载《中国司法鉴定》2017 年第 1 期。

〔3〕　彭毅侯等：《基于公安部毒驾行业标准 GA1333-2017 的 11 种毒品 LC-MS/MS 检测方法》，载《环境化学》2018 年第 9 期。

附，从而分离和富集目标化合物。李雪枫等[1]对固相萃取技术在毒物分析中的应用进行了探讨，认为固相萃取具有较高的回收率，且简单、便捷，是一项十分重要的样品前处理技术，为刑事毒物分析提供了一定的参考。宋爱英等[2]对固相微萃取在苯丙胺类毒品分析中的应用进展进行了综述。固相微萃取技术（SPME）可用于测定尿液、血液、毛发、唾液和组织等生物检材中的毒品及其代谢物。SPME集采样、萃取、浓缩、进样于一体，快速方便，节省样品，无需有机溶剂，易于实现自动化，作为一种新型样品前处理技术已经得到广泛关注。

（3）基于液-液萃取（LLE）的相关技术研究。

第一，液相微萃取技术（LPME）。陈秀娟等[3]对中空纤维膜液相微萃取、分散液液微萃取、悬浮固化液相微萃取等LPME技术进行了介绍，并就其在毒物分析中的应用进展进行了综述。金广庆等[4]对液相微萃取技术在毒物分析中的应用进行了探讨，得到最优实验条件为以三氯甲烷为萃取剂，萃取时间为25min，振荡速度为200r/min。在该条件下对人体尿液中三唑仑成分进行检测，回收率在88.0%～90.0%，操作简单，结果快速准确。中空纤维液相微萃取（HF-LPME）是液相微萃取的其中一种模式，将多孔的中空纤维作为有机溶剂的载体，能够避免复杂样品中基质对分析物或萃取剂的污染，起到微过滤和样品净化的作用。王丹[5]将中空纤维液-液-液三相微萃取技术与高效液相色谱分析技术相结合，用以分析吸毒嫌疑人尿液中海洛因的微量代谢物。目标分析物富集倍数在85～165之间，检出限为10～50ng/mL，回收率在58%～86%，已成功用于海洛因吸毒嫌疑人与口服含可待因成分止咳药水后尿液的检测。采用不同萃取模式并对效果进行比较，确定分析物最优的中空

---

〔1〕 李雪枫、叶波、黄霜:《毒物分析中固相萃取技术的应用探讨》，载《中国市场》2017年第18期。

〔2〕 宋爱英等:《固相微萃取在苯丙胺类毒品分析中的应用》，载《中国法医学杂志》2018年第6期。

〔3〕 陈秀娟等:《液相微萃取技术在毒物分析中的应用进展》，载《药学服务与研究》2017年第1期。

〔4〕 金广庆、简万贤、何文芬:《液相微萃取技术在毒物分析中的实际应用》，载《法制博览》2017年第12期。

〔5〕 王丹:《中空纤维液相微萃取在检测阿片类毒品中的应用研究》，中国人民公安大学2017年博士学位论文。

纤维萃取模式，将中空纤维液相微萃取与高效液相色谱联用，以尿液中微量合成阿片类毒品美沙酮、曲马多为目标分析物，富集倍数高于 100 倍，检出限为 10ng/mL，回收率在 54%~80%。之后又选择离子液体作为新型萃取溶剂，建立了中空纤维辅助离子液体液-液-液三相微萃取的方法，用于萃取和富集尿液中的吗啡、曲马多、可待因、美沙酮四种阿片类毒品，富集倍数在 98~178 之间，检出限低于 10ng/mL。王丹[1]还建立了以离子液体作为萃取溶液，聚丙烯中空纤维膜作为支载体，三相微萃取尿液中的目标物质的方法。以吗啡、曲马多、可待因、美沙酮四种阿片类毒品为研究对象，对 HF-LPME 的萃取条件进行优化：萃取剂为 3-辛基-3-甲基咪唑六氟磷酸离子液体加 15%三辛基氧化膦；接收相为 pH = 1，加入 2mol/L 的 NaCl，搅拌速度为 1000r/min，萃取时间为 60min。以优化后的方法对四种阿片类物质进行检测，富集倍数为 98~178，检测限为 10~50ng/mL，相对标准偏差小于 10%。

第二，固相支持液-液萃取技术（SLE）。Xue Gao 等[2]采用 SLE 技术对 9 种杀虫剂的样品进行前处理，经实验检测，乙酸乙酯对 9 种药品的洗脱率分别可达 60%~110%，在 pH 为 6 时，所有分析物的回收率均达到最大值（70%~110%）。

3. 毒物毒品检测技术相关研究

（1）色谱-串联质谱法。气质串联质谱法是目前国内最常用的毒品检测方法，但该方法通常需要将尿液水解进行衍生化，样品处理较烦琐。李双等[3]通过高分辨质谱对人体尿液中常见的 5 种毒品（吗啡、单乙酰吗啡、苯丙胺、甲基苯丙胺、氯胺酮）进行快速筛查测定。通过比较保留时间、质荷比以及同位素丰度比进行定性、定量分析，避免了复杂的前处理过程，目标物在 0.5~20ng/mL 范围内线性关系良好，定量限为 1.0μg/kg，可用于尿液样品中常见毒品的快速检测。

〔1〕 王丹：《中空纤维支载离子液体液相微萃取检测尿液中阿片类毒品》，载《基因组学与应用生物学》2017 年第 7 期。

〔2〕 Xue Gao, et al., "Sensitive Determination of Nine Anticoagulant Rodenticides in Blood by High Resolution Mass Spectrometry with Supported Liquid Extraction Pretreatment", *Forensic Science International*, 2018, 292: 39-44.

〔3〕 李双等：《高分辨质谱快速检测人体尿液中常见毒品》，载《分析试验室》2017 年第 2 期。

　　刘艳等[1]对薄层色谱-质谱联用、气相色谱-质谱联用以及液相色谱-质谱联用技术在国内外毒品检验中的应用进展进行了综述。王平等[2]利用固相萃取-气相色谱-质谱联用方法，对人体尿液中甲卡西酮、4-甲基甲卡西酮和3,4-亚甲二氧基甲卡西酮进行定性定量分析，在 $25\sim200$ng/mL 质量浓度范围内线性关系良好，检出限为 2.0ng/mL，定量限为 25.0ng/mL，准确性及特异性较好。王伟等[3]建立了用超高效液相色谱-质谱法对人血浆中吗啡类、氯胺酮和苯丙胺类 9 种毒品同时进行定性定量检测的方法，分析时间短、简单便捷、准确度高、灵敏性好、重复性好，10min 内可完成一个样品多个成分的定性定量分析，能满足实际检测的需要。

　　中国很多市售药品中都含有吗啡和可待因，Bin-bin Guo 等[4]以中国传统药物强力枇杷露为样本，分析其中的吗啡和可待因在人体中的代谢。实验表明，吗啡和可待因的血检出量与给药剂量成正比。这意味着，在给药剂量范围超过 $15\sim60$mL 后，人体全身暴露于吗啡和可待因的程度是可以预测的。实验发现，强力枇杷露的其他成分可能影响药物的生物利用度，特别是对可待因的影响更大。多次用药不改变药物代谢和消除，但会改变药物积累量，所以长期服用可能会产生很大影响。

　　（2）拉曼光谱技术。赵璟悠等[5]对近红外激光拉曼、共聚焦显微拉曼、表面增强拉曼、空间位移拉曼在毒品检测应用中的研究进展进行了综述，为拉曼技术在禁毒领域的深度应用提供了参考。李树平等[6]采用柠檬酸钠还原 $HAuCl_4$，结合种子生长法合成了 AuNPs，利用 CTAB 进行改性及组装，作为 SERS 基底，结合便携式拉曼光谱仪，对不同浓度的冰毒水溶液及含不同浓度

　　〔1〕　刘艳等：《色谱及色谱-质谱联用技术在国内外毒品检验中的应用进展》，载《山东化工》2018 年第 9 期。

　　〔2〕　王平等：《人体尿液中卡西酮类毒品的 SPE-GC-MS 定性定量分析》，载《法医学杂志》2018 年第 6 期。

　　〔3〕　王伟等：《液-质联用法对人血浆中吗啡类、氯胺酮和苯丙胺类 9 种毒品的定性定量检测》，载《中国运动医学杂志》2017 年第 7 期。

　　〔4〕　Bin-bin Guo, et al. , "The Pharmacokinetics of Morphine and Codeine in Human Plasma and Urine after Oral Administration of Qiangli Pipa Syrup", *Journal of Forensic Sciences*, 2018, 63（4）: 1221-1228.

　　〔5〕　赵璟悠、王勇、张冠男：《拉曼光谱技术在毒品检测应用中的研究进展》，载《中国刑警学院学报》2018 年第 3 期。

　　〔6〕　李树平等：《基于便携式拉曼光谱仪的疑似吸毒人员尿液中毒品的 SERS 快速检测》，载《光散射学报》2018 年第 2 期。

冰毒的尿液进行检测，检测限分别为 100ppb 和 500ppb。李开开等[1]将拉曼光谱与 R 软件结合，对不同种类的毒品进行检测，可以实现对分子结构相似的样品的区分，获得毒品颗粒在指纹上的分布情况，在物证的现场检验中具有良好的应用前景。

孟娟[2]开发了一种尿液中可卡因快速分离和纯化的前处理方法。用液液微萃取的方法对尿液中的毒品进行处理，以己烷为有机溶剂，在弱碱性的条件下使可卡因从尿液中萃取出来。整个纯化过程可以在 3min 内完成，萃取率高达 75% 以上。构筑纳米粒子间距在 10nm 以下的 2D GNPs 膜，以之作为 SERS 基底，用于对尿液中的可卡因进行检测，灵敏性、均一性及重现性优异。之后又以对尿液中毒品的前处理方法为基础，开发了人体血清中毒品的前处理方法，以金纳米棒为 SERS 基底对之进行检测，对血清中可卡因、冰毒、摇头丸、甲卡西酮的检出限分别为 500ppb、500ppb、1ppm、500ppb。

于博荣[3]对不同体系下毒品的 SERS 解析方法进行了研究：①开发了氯化钠晶体诱导的 SERS 毒品检测方法。利用场发射扫描电子显微镜和 X 射线衍射仪对样品的形貌和微观结构进行表征，通过经典的 Lee & Meisal 化学还原 $AgNO_3$ 制备银纳米溶胶。分别以银溶胶直接作为 SERS 基底、银溶胶中加入 NaCl 溶液作为 SERS 基底来对海洛因进行检测，海洛因的检测限由 20ppm 降至 1ppm。之后又用该 NaCl 晶体诱导的 SERS 平台对冰毒、可卡因进行检测，得到 5ppm 待测物谱图，特征峰均能清晰辨认。②建立了 TCL-SERS 联用技术鉴别掺杂海洛因样品。其开发的这种基于硅藻土生物芯片的 TCL-SERS 传感器成功解析出了海洛因及其主要掺杂物的 SERS 信号，简单易行且成本低廉。③利用 LLME-SERS 联用法对吸毒人尿液中的吗啡进行检测，开发出了一款简单、灵敏、可靠的 SERS 检测尿液中吗啡的试剂盒，并成功应用于实际吸毒人员的尿液检测。④将 LLME-SERS 与前处理技术进行结合用于鉴别毛发中的毒品。先通过清洗、研磨、水解对毛发进行前处理，破坏毛发的本身结构，使

〔1〕　李开开、苗翠英、王登魁：《利用拉曼光谱对毒品的检验及基于 R 软件的数据分析》，载《光散射学报》2018 年第 2 期。

〔2〕　孟娟：《基于表面增强拉曼光谱技术对人体体液中毒品的快速检测》，安徽大学 2017 年硕士学位论文。

〔3〕　于博荣：《不同体系下毒品的 SERS 解析方法研究》，中国科学技术大学 2018 年博士学位论文。

毛髓质中的苯丙胺类分子进入水解液中，再通过液液微萃取（LLME）提取目标分子。以 AuNRs 作为 SERS 基底进行检测，能够成功检测出 500ppb 甚至 200ppb 的冰毒分子谱信号。

（3）免疫和红外检测等技术。免疫分析法是利用抗原抗体间的特异性反应来对毒品进行筛选和确证，近年来发展较为迅速。万红楠[1]对放射免疫分析法、酶免疫分析法、荧光偏振免疫分析法、免疫胶体金技术在毒品检测中的应用及发展进行了综述。免疫分析法不需大型设备，适合于现场快速检测，且检材不局限于尿液，具有很好的发展前景。

红外光谱技术是一项发展成熟的光谱分析方法，白冰等[2]通过傅里叶红外光谱技术建立咖啡因及其添加物的红外谱图库，将未知样品的红外谱图与之对比，从而实现对咖啡因制毒现场未知样品的勘查及快速检测。刘翠梅[3]对红外光谱在禁毒领域的应用进行了简要介绍，国家毒品实验室发布了首个采用中红外光谱法对常见毒品、易制毒化学品和非药用类麻醉药品和精神药品进行定性分析的系列规范，并建立了可用于甲基苯丙胺、海洛因和氯胺酮快速定量分析的近红外光谱法。

实时直接分析（DART）离子源是近几年兴起的质谱离子化技术，对检测物质的极性没有特殊要求，与质谱联用时，产生的质谱图干净，离子信号单纯，易于解析，具有很高的实用性。连茹等[4]对 DART-MS 法在法医毒物分析中的应用进行了介绍，指出了其在法庭科学物证检验方面的广阔前景。

太赫兹波是指频率介于 0.1~10 THz 的电磁波，具有分子指纹谱性、强穿透性、高安全性等特性。一定频宽的太赫兹波透射后，不同的毒品分子会吸收不同频率处的光子能量，在分子振动或转动能级层面上产生分子从基态到激发态的跃迁，产生特征吸收峰，不同毒品由于分子结构不同，特征吸收峰所在的太赫兹频率不同，可据此进行识别。郑晓雨等[5]对太赫兹技术在毒品检验中的研究进展进行了综述，介绍了太赫兹光谱技术和太赫兹成像技术在

---

〔1〕 万红楠：《免疫分析法在毒品检验鉴定中的应用及发展》，载《辽宁警察学院学报》2018 年第 2 期。

〔2〕 白冰等：《利用红外光谱技术对咖啡因制毒现场未知样品进行勘查并快速检测》，载《临床医药文献电子杂志》2018 年第 3 期。

〔3〕 刘翠梅：《红外光谱在禁毒领域的应用前景》，载《光谱学与光谱分析》2018 年第 S1 期。

〔4〕 连茹等：《实时直接分析-质谱在法医毒物分析中的应用》，载《刑事技术》2018 年第 3 期。

〔5〕 郑晓雨等：《太赫兹技术在毒品检验中的研究进展》，载《刑事技术》2017 年第 6 期。

毒品现场快速检测、实验室定性定量分析等方面的应用，展望了太赫兹技术在毒品检验领域未来的研究方向。张平鹤[1]利用 RBF、SVM、RBM 神经网络对于同种毒品不同样本差异性较大的太赫兹指纹吸收光谱样本进行训练和识别，并根据训练好的 RBF 与 SVM 神经网络，使用 Matlab 编写识别太赫兹指纹吸收光谱的小程序，输入太赫兹指纹吸收光谱便可得到经程序判别后的毒品种类。

周晓迪等[2]利用延迟发光技术检测血清中的痕量毒品，在自行构建的超微弱发光检测系统上测得了血清、含 1×10^{-5} mol/L 冰毒的血清和含 1×10^{-5} mol/L 海洛因的血清的延迟发光衰减曲线并计算得到了每个样品的本征的发光寿命。本征的发光寿命对血清中存在的痕量毒品具有灵敏的指示作用。钟永红等[3]采用核磁共振氢谱对案件毒品进行定性分析，准确检测出了毒品组分，避免了传统毒品检测操作复杂且易受温度影响的情况。张凌燕等[4]对传感器在毒品检测中的应用进行了介绍，目前有利用悬臂梁、石英晶振、表面等离子共振、荧光、电流等对毒品进行检测的传感器。传感器具有高通量、灵敏度高等优点，虽然传感器技术的研究目前仍处于基础性阶段，但其在毒品检测方面有着广阔的应用前景。

4. 新型毒品检测技术研究

崔国文[5]在对毒品快速筛查方法的研究中指出，全国多地戒毒所接收病人以吸食新型毒品为主，病床使用率达 150%。由于新型毒品获得相对容易，滥用流行率逐渐升高，对公共安全和社会秩序造成了严重威胁，对生物样品中毒品检测方法提出了新的要求。

（1）合成大麻素检测研究。李静等[6]通过体外人肝微粒体模型模拟 5F-

〔1〕 张平鹤：《基于太赫兹时域光谱技术的毒品识别平台的建立与使用》，北京邮电大学 2018 年硕士学位论文。

〔2〕 周晓迪等：《延迟发光技术检测血清中的痕量毒品》，载《光电子·激光》2018 年第 10 期。

〔3〕 钟永红等：《核磁共振氢谱定性分析案件毒品》，载《广西大学学报（自然科学版）》2018 年第 2 期。

〔4〕 张凌燕、王凯莉：《传感器在毒品检测中的应用研究》，载《中国人民公安大学学报（自然科学版）》2017 年第 3 期。

〔5〕 崔国文：《吸毒人员快速筛查方法的研究》，载《山东化工》2017 年第 16 期。

〔6〕 李静、花镇东、王优美：《超高效液相色谱-高分辨质谱联用分析新型毒品 5F-AMB 的体外肝微粒体代谢物及代谢途径》，载《药学学报》2017 年第 11 期。

AMB 的人体代谢，建立了有效的肝微粒体体外代谢模型基质中新型毒品 5F-AMB 代谢物的 UPLC-HR-MS 分析法。实验共发现 5F-AMB 的 9 种体外代谢物，其主要代谢途径为酯键水解、酯键水解合并脱氟氧化、酯键水解合并戊烷基链羟化和酯键水解合并吲唑环羟化，为临床和法庭案例中滥用此新型活性物质的检测的尿液标志物的确定提供了研究方向。李静等[1]还对新型毒品 THJ-018 ［1-戊基-3-（1-萘甲酰基）吲唑］ 的体外代谢物及代谢途径进行研究，利用高分辨质谱对代谢产物进行分析，共发现其在人肝微粒体中的 12 种代谢产物，为该新型毒品的检测提供了依据。苗翠英等[2]建立了同时检验合成大麻素 JWH-073 与 JWH-018 的气相色谱-质谱检验方法。林宽等[3]建立了同时测定全血中合成大麻素 JWH-018、JWH-250 和 AM-2201 超高效液相色谱-三重四极杆质谱（UPLC-TQ/MS）快速检验方法，检出限在 0.01～0.05ng/mL 范围内，定量限在 0.05～0.1ng/mL 范围内。

（2）苯丙胺类兴奋剂检测研究。宋爱英等[4]使用电场促进下的单滴微萃取结合气相色谱技术测定尿中 6 种苯丙胺类兴奋剂，20～1000μg/L 范围内呈良好的线性关系，检出限为 3.2～7.6μg/L，回收率为 91.6%～111.2%，灵敏度高，重复性好，线性范围宽。王朝虹等[5]建立了同时测定尿中 6 种苯丙胺类毒品的固相萃取结合超高效液相色谱质谱方法，在 0.1～20ng/mL 范围内线性关系良好，可用于检测尿液中痕量苯丙胺类毒品。蒋华宇等[6]通过对 GC/MS 的检测条件进行优化，实现了 10 分钟快速检测甲基苯丙胺、氯胺酮、海洛因 3 种常见毒品。钱振华等[7]分别用气相色谱质谱联用法（GC-MS）、液

---

〔1〕 李静、花镇东、王优美：《新型毒品 THJ-018 的体外代谢物及代谢途径》，载《中国司法鉴定》2018 年第 3 期。

〔2〕 苗翠英、卢程皓：《气相色谱-质谱法同时检验合成大麻素 JWH-018 和 JWH-073》，载《中国人民公安大学学报（自然科学版）》2018 年第 2 期。

〔3〕 林宽等：《超高效液相色谱串联质谱法检验全血中三种合成大麻素》，载《分析试验室》2017 年第 8 期。

〔4〕 宋爱英、杨晶：《电场促进下的单滴微萃取-气相色谱法测定尿中 6 种苯丙胺类兴奋剂》，载《色谱》2018 年第 8 期。

〔5〕 王朝虹等：《固相萃取结合超高效液相色谱质谱方法同时测定尿中的 6 种苯丙胺类毒品（英文）》，载《刑事技术》2017 年第 2 期。

〔6〕 蒋华宇、李岩：《GC/MS10 分钟快速检验甲基苯丙胺、氯胺酮、海洛因 3 种常见毒品》，载《化工管理》2017 年第 32 期。

〔7〕 钱振华、李静、花镇东：《麻黄碱、伪麻黄碱及（1S，2S）-β-氯代甲基苯丙胺、（1R，2S）-β-氯代甲基苯丙胺的分析方法研究》，载《中国司法鉴定》2017 年第 5 期。

相色谱质谱联用法（LC-MS）和液相色谱紫外检测法（LC-UV）对麻黄碱、伪麻黄碱及（1S，2S）-β-氯代甲基苯丙胺、（1R，2S）-β-氯代甲基苯丙胺进行检测，通过比较，LC-MS 可同时对这几种物质进行痕量分析，LC-UV 适用于常量分析。

稳定同位素比值的效用能够区分天然、半合成和合成麻黄素，研究表明这种方法也同样可以适用于甲基苯丙胺中。Cuimei Liu 等[1]采用 δ^{13}C、δ^{15}N 稳定同位素比值分析方法对麻黄素、甲基苯丙胺前体信息进行跟踪，即通过测定 C、N 稳定同位素的值确定甲基苯丙胺合成前体来源。对内蒙古不同产地采集的 30 种天然麻黄植物、12 种合成麻黄碱/伪麻黄碱（麻黄碱）、14 种天然麻黄碱和 987 种缉获的甲基苯丙胺样品进行了 C、N 稳定同位素比值分析比较。实验以二甲苯为萃取剂萃取麻黄素，用 GC-MS 法对 200mg 甲基苯丙胺进行杂质分析，用 IRMS 进行同位素比值分析，建立了推断麻黄碱合成来源的标准，初步推断了由 Emde 和 Nagai 方法合成的缉获的甲基苯丙胺样品的前体来源。受不同前体细胞的影响，从 P2P 合成的缉获甲基苯丙胺样品的 δ^{13}C 值也显示出很大差异。

由特定的压片机所赋予的物理特性可用于检测甲基苯丙胺，Tao Li 等[2]介绍了带标志的甲基苯丙胺片剂及其在毒品情报方面的应用，为具有大写字母标志的甲基苯丙胺片剂开发了一种简单有效的物理特征分析方法。实验使用了从 12 起案件中缴获的甲基苯丙胺药品，每起案件中选择 20 片药片，构建起一个由 240 片药片组成的样本。将同一案件和不同案件的片剂分别作为对照品和非对照品，17 个定点代表了字母药片组的形状及其在压片机上的相对位置，通过数字成像系统在平板照片上进行测量，确定这些药片是否来自相同的生产地。这种方法的重要性在于可将其扩大到几百个类似情况的比较并将其数字化和智能化。

（3）卡西酮类精神活性物质检测研究。合成卡西酮类新精神活性物质具

〔1〕　Cuimei Liu, et al. , "Carbon and Nitrogen Stable Isotope Analyses of Ephedra Plant and Ephedrine Samples and Their Application For Methamphetamine Profiling", *Journal of Forensic Sciences*, 2018, 63（4）：1053-1058.

〔2〕　Tao Li, et al. , "A Simple and Effective Physical Characteristic Profiling Method for Methamphetamine Tablet Seized in China", *Journal of Forensic Sciences*, 2018, 63（2）：541-547.

有中枢神经兴奋作用，合成简单，易于获得。赵丹等[1]对卡西酮类精神活性物质研究进展进行了综述，对其理化性质、毒理作用、提取与检验技术等进行了介绍。目前卡西酮类新精神活性物质的检测方法主要为薄层色谱法、气相色谱-质谱联用法（GC-MS）、液相色谱法、液相色谱-质谱联用法（LC-MS）、核磁共振法（NMR）等。刘冬娴等[2]建立了气相色谱-质谱分析尿液中甲卡西酮的方法，检出限为 $0.01\mu g/mL$，操作简单，灵敏度高。吕昱帆等[3]对卡西酮类策划药及其检测方法的研究进展进行了综述，对其检测方法的发展进行了展望。同时，吕昱帆等[4]使用 QuEChERS 方法对样品进行前处理，通过超高效液相色谱-三重四极杆串联质谱法（UPLC-MS/MS）对腐败血中4-甲基甲卡西酮和甲卡西酮进行检测，快速、简便，但腐败血样品检验分析的结果仍不及新鲜血样品分析结果理想，仍需进一步优化。

（4）其他新型毒品检测相关研究。陈建华等[5]通过对一例服用新型混合毒品中毒死亡案件进行分析，指出新型混合毒品的大量出现给法医学检验鉴定带来了巨大挑战。滕傲雪等[6]用超高效液相色谱-三重四极杆串联质谱（UPLC-MS/MS）对血样中甲卡西酮、右美托咪啶、甲苯噻嗪、氯胺酮、哌替啶、氟哌啶醇和丁丙诺啡7种常见毒品进行同时检测。7种目标物在 $1\sim 200ng/mL$ 范围内线性关系良好，检出限和定量限分别为 $0.05\sim 0.1ng/mL$ 和 $0.2\sim 0.5ng/mL$，为毒品中毒的医疗抢救和案件死因判定等提供了简单、快速的技术方法。

Hei Hwa Lee 等[7]尝试通过液相色谱-串联质谱法对126个性侵犯受害者尿液样本中的滥用药物进行同时识别，鉴定了性侵犯受害者尿液中的滥用药

---

〔1〕 赵丹、滕姣、陈学国：《卡西酮类精神活性物质研究进展》，载《福建分析测试》2018年第3期。

〔2〕 刘冬娴、赵明明：《GC-MS分析尿液中甲卡西酮》，载《法医学杂志》2017年第5期。

〔3〕 吕昱帆、王继芬、林宽：《卡西酮类策划药及其检测方法的研究进展》，载《理化检验（化学分册）》2018年第8期。

〔4〕 吕昱帆等：《QuEChERS结合超高效液相色谱-串联质谱法检验腐败血中4-甲基甲卡西酮和甲卡西酮》，载《分析试验室》2018年第9期。

〔5〕 陈建华等：《服用新型混合毒品中毒死亡1例》，载《法医学杂志》2018年第6期。

〔6〕 滕傲雪、廖晓曦、何洪源：《超高效液相色谱-三重四极杆串联质谱法同时测定血样中7种常见毒品》，载《化学研究与应用》2018年第9期。

〔7〕 Hei Hwa Lee, et al., "Simultaneous Drug Identification in Urine of Sexual Assault Victims by Using Liquid Chromatography Tandem Mass Spectrometry", *Forensic Science International*, 2018, 282: 35-40.

物、苯二氮䓬类药物和新型精神活性物质。该仪器在多反应监测下以电喷雾正电离模式操作，用 ACE5 C_{18} 柱在乙腈梯度上分离色谱图。在液-液萃取后，样品在注入系统之前通过 0.22μm PVDF 过滤器过滤。定量限为 0.2~10ng/mL，日内准确度为 84.8%~121.0%，日间准确度为 72.0%~117.3%。其中 29 个（23.0%）尿液样本药物呈阳性。最常见的药物是氟硝西泮（11.1%），其次是尼美西泮和氯胺酮（7.9%），还鉴定了一些新的精神活性物质，如 2C-B、甲氧麻黄酮、甲基酮、PMA 和 PMMA。

张春水等[1]建立了对新型毒品"神仙水"进行定性定量分析的高效液相色谱方法。将样品以甲醇稀释，振荡，通过滤膜过滤进行前处理，建立了甲基苯丙胺、MDMA、氯胺酮的有机相初始浓度-理论塔板数模型和梯度陡度-理论塔板数模型。用单因素实验方法，对目标物液相色谱参数进行优化。该 3 种主要目标成分色谱行为良好，前处理及分析过程快捷、高效。隋成华等[2]采用拉曼光谱仪检测了冰毒、K 粉、麻古三种常见的新型毒品，并通过拉曼频率计算，利用密度泛函理论，获得了此三种毒品样品的理论拉曼光谱，结果与实验数据相符，拉曼频率的理论计算可以为今后新型毒品实验拉曼光谱特征峰的归属提供参考。

苄基哌嗪是一种拟交感神经兴奋剂，与其他精神药物混合会产生类似于"摇头丸"的效果。苗翠英等[3]建立了气相色谱-质谱联用法用于苄基哌嗪的检测。通过对进样口温度、柱温箱初始温度、柱温箱保持温度、分流比、柱流速、全扫描质谱范围及升温速率 7 个参数进行优化，建立苄基哌嗪检测的最优方法，检出限为 0.3243μg/mL，操作简单，结果准确。

赵彦彪等[4]首次对中国大陆出现的新型毒品 N-甲基-N-异丙基-5-甲氧基色胺片剂进行了报道，并建立了气相色谱-质谱法对其进行定性分析，方法

〔1〕张春水、翟晚枫：《高效液相色谱检验"神仙水"的方法研究》，载《刑事技术》2017 年第 1 期。

〔2〕隋成华等：《拉曼光谱在新型毒品快速检测中的应用》，载《光谱学与光谱分析》2018 年第 11 期。

〔3〕苗翠英、余城圆、钱尊磊：《气相色谱-质谱联用法检测新型毒品苄基哌嗪》，载《中国人民公安大学学报（自然科学版）》2017 年第 4 期。

〔4〕赵彦彪等：《新型毒品 N-甲基-N-异丙基-5-甲氧基色胺片剂的 GC/MS 检验方法研究》，载《刑事技术》2017 年第 3 期。

简单且准确度高。钱振华等[1]首次报道了中国出现的新精神活性物质滥用制品"尖叫龟粮"，使用气相色谱-质谱法对其进行定性检测，发现"尖叫龟粮"由多种新精神活性物质组成，包括合成大麻素类、合成阿片类、苯环利啶类等。

5. 环境损害鉴定中毒物检测相关研究

面对严峻的禁毒形势，我国毒品案件侦查工作正由信息主导向情报主导转变。王波等[2]对环境污水毒品检测技术进行了综述，展望了其在禁毒情报中的应用前景。周绍伦等[3]以邻苯二甲醛为衍生化试剂，采用在线衍生液相色谱法检测环境水样中的 6 种生物胺，可在 20min 内迅速分离水样中的生物胺，检出限为 $14\sim70\mu g/L$，相对标准偏差<5%，满足水样检测的要求。微囊藻毒素是有毒水华暴发过程中释放的主要次级代谢物，是水环境中潜在的危险物质，样品的前处理对于水中微囊藻毒素检测的精确性具有决定性作用。田程[4]对水中微囊藻毒素高效液相色谱检测的前处理条件进行了优化，主要优化对象为洗脱液、固相萃取柱、淋洗剂和浓缩定容过程。周倩如等[5]建立了水中微囊藻毒素的超高效液相色谱-四极杆-静电场轨道阱高分辨质谱测定法，使用电热板加热浓缩水样，以 $0.22\mu m$ 滤膜过滤，采用 BEH C_{18} 色谱柱进行分离，采用电喷雾电离源正离子模式进行检测，灵敏度高，重现性好。

邵国健等[6]建立了自动固相萃取-超高效液相色谱串联质谱法测定太湖水和饮用水中 9 种微囊藻毒素的分析方法。经 HLB 固相萃取柱净化浓缩，氮吹挥去溶剂，用 1:1 的甲醇-水（0.04%甲酸）溶解，经 $0.2\mu m$ 微孔滤膜过滤，梯度洗脱条件下经 BEH C_{18} 柱分离，对样本进行前处理。采用超高效液

〔1〕 钱振华等：《新精神活性物质滥用制品"尖叫龟粮"的定性检验方法研究》，载《中国法医学杂志》2018 年第 4 期。

〔2〕 王波等：《环境污水毒品检测技术在禁毒情报中的应用》，载《中国法医学杂志》2018 年第 6 期。

〔3〕 周绍伦等：《高效液相色谱法检测环境水样中的生物胺》，载《中国卫生检验杂志》2017 年第 8 期。

〔4〕 田程：《应用高效液相色谱仪检测水中微囊藻毒素的前处理条件优化研究》，载《科技创新导报》2018 年第 25 期。

〔5〕 周倩如等：《水中微囊藻毒素的超高效液相色谱-四极杆-静电场轨道阱高分辨质谱测定法》，载《环境与健康杂志》2018 年第 6 期。

〔6〕 邵国健等：《自动固相萃取-超高效液相色谱串联质谱法测定太湖水和饮用水中 9 种微囊藻毒素》，载《中国卫生检验杂志》2018 年第 18 期。

相色谱-串联质谱法多离子反应监测双电荷模式检测。9 种微囊藻毒素在 5～200ng/mL 质量浓度范围内线性关系良好，检出限为 0.074～1.65ng/L，定量限为 0.25～5.51ng/L。该方法可应用于太湖水和饮用水中 9 种微囊藻毒素的同时检测。

孙艳芳等[1]建立了用超高效液相色谱-串联质谱法同时测定水中的呋喃丹、莠去津和微囊藻毒素的方法。对样品的前处理采用将水样直接经 0.22μm 微孔滤膜过滤的方法，以 0.1%甲酸水溶液为流动相 A，乙腈为流动相 B 经 BEH C$_{18}$ 柱梯度洗脱分离。以电喷雾正离子作为离子源对呋喃丹、莠去津和微囊藻毒素含量同时测定，在 0.5～50ng/mL 范围内，三种化合物均线性关系良好。以 3 倍信噪比计，检出限均为 0.1ng/mL。该方法简单、灵敏，结果准确，线性范围宽。

张蓓蓓等[2]建立了在线固相萃取-液相色谱-四极杆/飞行时间质谱快速筛查分析水体中农药、激素、抗生素等 60 种有机毒物的方法。以甲醇：乙腈（1∶1）为有机相，对不同的化合物选用 ESI 正离子模式或负离子模式作为色谱条件，质谱扫描模式为全扫 50～1000m/z，采集并处理数据，通过 PCDL 软件建立 60 种新型有机毒物数据库。目标物检出限可达 0.2～4.8ng/L，准确度范围为 70.5%～129%，相对标准偏差为 1.4%～15.4%。之后采集太湖流域水样进行分析，获得了新型污染物的浓度水平、分布状况等基本数据，为太湖流域环境管理和防污治理提供了一定的依据。

（七）微量物证检验学

1. 经典微量物证问题综述

（1）聚合物材料类。由于聚合物材料往往是现代工业批量化生产的产物，所以其天生带有相似度高、差异度小、区分度差的特点，同批次的产品之间以及不同批次的产品之间的区分难度较大，[3]这为微量物证作为证据的使用带来了很大的不确定性。为此，建立由多种方法手段汇集而成的系统检验方法，从多个视角审视挖掘微量物证之间的差异，综合提升微量物证的证明力，

〔1〕 孙艳芳等：《超高效液相色谱-串联质谱法同时测定水中的呋喃丹、莠去津和微囊藻毒素》，载《食品安全质量检测学报》2018 年第 15 期。

〔2〕 张蓓蓓等：《在线固相萃取-液相色谱-四极杆/飞行时间质谱法快速筛查水体中 60 种有机毒物》，载《环境化学》2018 年第 10 期。

〔3〕 连俊青、温馨：《塑料物证的检验现状》，载《山东化工》2018 年第 2 期。

成为聚合物材料在微量物证检验领域的发展趋势。针对纤维种类问题，吕金峰等[1]、何林等[2]系统评价了显微镜法、光谱法、色谱法、热分析法的检验效果。针对纤维染料问题，学者们将其视为纤维物证载体上的重要标识，并对其系统检验法进行了探索。值得一提的是，表面增强拉曼光谱法（SERS）、基质辅助激光解吸法（MALDI）也在深度挖掘纤维物证载体上的染料证据信息时，映入了人们的视野。[3]

（2）文书材料类。于孟娇等[4]综合探讨了化学显色法、色谱分析法和光谱分析法在喷墨打印机墨水检验方面的研究进展，并指出在激光打印机墨粉检验方法日趋成熟的同时，喷墨打印机墨水的检验方法还有待进一步完善。刘彤彤等[5]针对纸张这种检材，重点介绍了物理性质检验、色谱法、光谱法、微波消解电感耦合等离子体质谱法和仪器联用分析法，并总结出：其一，物理方法具有设备简单、操作简便的优点，但受主观因素、纸张保存条件的影响较大；其二，光谱法无需前处理，对于检材的损害程度小，但是往往难以表达纸张样品的特殊性；其三，色谱法可以实现纸张萃取物中多种物质的分离、分析和比对。此外，对文件材料及文件形成时间这一文书材料鉴定领域的瓶颈问题，孙其然等[6]从我国常见文件材料样品库及检测数据库建设、典型文件材料历时样品库和历时数据库、文件材料及文件形成时间鉴定技术的应用研究等方面进行了系统的梳理。

（3）植物物证。陈媛媛[7]针对植物证据在我国刑事案件中的应用情况进行了系统的展示。一方面，她汇总了植物物证的基础理论，并从种属鉴定原理、生境分析原理、个体认定原理探讨了植物物证在案件中应用的理论依据；另一方面，她也深入剖析了目前植物物证在刑事案件中的应用现状与困境，并从意识层面、技术层面和制度层面探讨了未来植物物证的应用发展路径。

---

〔1〕 吕金峰、李重阳、王俪睿：《法庭纤维物证检验研究进展》，载《丝绸》2018 年第 9 期。

〔2〕 何林等：《纤维物证检验的研究进展》，载《现代纺织技术》2018 年第 3 期。

〔3〕 胡灿等：《纤维染料分析方法的研究进展》，载《色谱》2017 年第 2 期。

〔4〕 于孟娇、张振宇：《喷墨打印机墨水检验方法研究进展》，载《广东化工》2018 年第 1 期。

〔5〕 刘彤彤、李建邦：《案件中纸张检验方法的研究综述》，载《广东化工》2017 年第 20 期。

〔6〕 孙其然、杨旭：《〈文件材料及文件形成时间鉴定技术研究〉课题研究进展》，载《中国司法鉴定》2018 年第 2 期。

〔7〕 陈媛媛：《植物证据在我国刑事案件中的应用探析》，西南政法大学 2018 年硕士学位论文。

吕宙等[1]肯定了法医植物学的法学交叉学科地位，并从地点推断、植物种属的 DNA 分子鉴定及原产地溯源、作案时间/死亡时间/埋尸时间推断的角度，综合展现了植物物证的应用现状，为相关领域的学者和从业人员拓展了新的证明理念。张琪等[2]则聚焦司法孢粉学，并通过若干案例生动展示了孢粉证据在确定嫌疑人与犯罪现场的关系、推翻不在场的证供、确定毒品来源及运输路线、确定犯罪现场、确定案发时间、缩小调查范围、确定死亡原因等方面的应用价值。

（4）矿物物证。于颖超等[3]以泥土物证作为研究主题，系统探讨了基于粒度分布、密度、颜色的泥土物证物理特性，基于 pH 值、有机物、孢粉和元素分析的泥土物证化学特性，以及基于显微镜法、阴极射线发光法、X 射线衍射法（XRD）和扫描电子显微镜/X 射线能谱法（SEM/EDX）的泥土物证矿物学特性。这为我们全面审视矿物物证的证据价值提供了系统路径。王萍等[4]则从土壤比对信息和土壤来源判断两个角度强调了矿物物证检验的重要意义，并提出了矿物的整体分析、针对矿物颗粒和粘土矿物等不同粒径矿物分别分析的新型矿物物证研究思路，进一步扩展了学者们的思路和视野。

2. 多样化的微量物证研究对象

（1）基于傅里叶变换红外光谱法（FTIR）的研究。FTIR 法主要聚焦物质在 $400 \sim 4000 cm^{-1}$ 中红外光区范围内的特征吸收。该类特征吸收指向分子振动能级和转动能级的跃迁，对有机物结构的表征尤为有效。王剑侠等[5]使用 FTIR 法对 30 个可发性聚苯乙烯泡沫塑料（EPS 泡沫塑料）样品进行区分检验，并可从谱图的 $800 \sim 1000 cm^{-1}$、$1500 \sim 1800 cm^{-1}$、$2800 \sim 3100 cm^{-1}$ 和 $3500 \sim 3950 cm^{-1}$ 这 4 个区域进行特征峰比对而加以区分。吴清华等[6]使用 FTIR 法对 29 种皮鞋类黑色鞋底材料进行了检验，并依据其红外吸收特征将样

〔1〕吕宙等：《植物证据在刑事案件侦破中的应用》，载《刑事技术》2018 年第 5 期。

〔2〕张琪等：《司法孢粉学在司法鉴定中的应用》，载《刑事技术》2018 年第 6 期。

〔3〕于颖超、王元凤：《法庭科学领域中泥土物证的发展综述》，载《中国司法鉴定》2018 年第 1 期。

〔4〕王萍等：《矿物物证检验技术研究进展》，载《刑事技术》2018 年第 2 期。

〔5〕王剑侠、姜红、张晓璐：《傅里叶变换红外光谱法检验 EPS 泡沫塑料的研究》，载《上海塑料》2017 年第 3 期。

〔6〕吴清华、张振宇：《鞋底材料的傅立叶变换红外光谱类型分析》，载《分析测试技术与仪器》2017 年第 1 期。

品组划分为热塑性弹性体橡胶、再生革 PU 以及合成树脂类三个类别。周娟等[1]使用 FTIR 法对 24 个黑色鞋带的纤维种类进行了检验，并发现红外光谱的微弱差异会反映出不同厂家生产同类纺织纤维时，因生产工艺和原料的差异而导致纤维大分子的分子量、聚合度、结晶度等有所不同。韩瑞等[2]和李红等[3]依据相似的研究思路，分别使用 FTIR 法对快递塑料包裹袋和一次性筷子塑料包装袋进行了系统检验，为新种类微量物证的判别提供依据。

（2）基于 SEM/EDX 法的研究。SEM/EDX 法集合了显微形态分析与微区元素分析，可以综合实现对于样品的微观观察与检测。在国内微量物证检验学领域，SEM/EDX 法与 FTIR 法并列为微量物证的两大检验方法，分别表征混合样品的无机组分和有机组分。[4]务瑞杰等[5]使用 SEM/EDX 法对 30 种塑料拖鞋样本进行元素种类及含量的测定，并实现了 96% 的区分度。此外，付钧泽等[6]、吴清华等[7]、陈煜太等[8]分别使用 SEM/EDX 法系统检验了香烟水松纸、香烟灰以及香烟内衬纸。其中，香烟水松纸的研究结果表明，我们可以依据水松纸微观纤维形态以及 Ca、Ti、Si、Al、Fe 等元素的含量而对样品进行有效区分；香烟灰的研究结果表明，依据香烟灰中钙元素与钾元素的相对含量可以将 25 个香烟灰样品分为三大类；90 个香烟内衬纸的研究结果表明，其聚类分析结果与定性半定量分析结果比较吻合，将聚类分析结果进行处理后，可以得到 4 个判别分析的类别，利用判别分析功能可以推导出 4 个类别的判别函数。

（3）基于 X 射线荧光法（XRF）的研究。近年来，XRF 法因其灵敏度高、分析元素范围宽、分析精密度高、分析速度快，而一跃成为法庭科学领

---

[1] 周娟等：《黑色鞋带纤维种类的分析鉴别》，载《中国司法鉴定》2018 年第 3 期。

[2] 韩瑞、姜红、陈煜太：《红外光谱检验快递塑料包裹袋的研究》，载《上海塑料》2018 年第 4 期。

[3] 李红等：《利用红外光谱技术检验一次性筷子塑料包装袋》，载《红外与激光工程》2018 年第 7 期。

[4] 胡灿等：《SEM/EDS 法和 XRD 法检测磷化铝》，载《刑事技术》2017 年第 5 期。

[5] 务瑞杰、姜红：《扫描电镜/能谱法检验塑料拖鞋》，载《上海塑料》2017 年第 1 期。

[6] 付钧泽等：《扫描电镜/能谱法检验香烟水松纸的研究》，载《黑龙江造纸》2017 年第 3 期。

[7] 吴清华、李军、张振宇：《扫描电镜/能谱法鉴别香烟灰的初探》，载《中国司法鉴定》2018 年第 1 期。

[8] 陈煜太、姜红：《扫描电镜能谱法鉴别香烟内衬纸的种类》，载《黑龙江造纸》2017 年第 4 期。

域进行微量元素分析的重要方法之一。基于 XRF 法，透视微量物证的元素种类和含量，从而实现定性分析或者比对分析，这一研究思路被广泛应用于各种微量物证的研究过程中。姜红等[1]使用 XRF 法，在电压为 45kV，电流为 40μA，功率为 1.8kW，样品量为 1.5cm×1.5cm，测试时间为 60s 的条件下，对 40 个橡胶鞋底样品中的无机元素进行定性和半定量分析，且利用 SPSS 聚类分析-重心法作为类间定义距离，取得了较好的聚类效果。此外，该研究团队还基于相似的研究思路，使用 XRF 法对 31 个塑料拖鞋样品中的 Cl、Ca、Ti、Fe、Cu、Zn、Br、Sr、Cd、Sn、Ba 和 Pb 进行了系统检测，并依据所含元素的种类及含量的不同，成功实现了对塑料拖鞋样品的区分。[2]除此之外，纸张中的填料因其特殊的矿物学属性也成为 XRF 的重要检测对象。[3]尹宝华等[4]对纸张的厚度、白度、克重、纤维种类和元素成分进行了检验，并通过计量学统计，对 26 种纸张样品实现了 99.1% 的区分率（物理参数检验区分率为 93.8%，元素检验区分率为 95.1%）。

（4）基于拉曼光谱法（Raman）的研究。Raman 法是基于对与入射光频率不同的散射光谱进行分析，以得到分子振动、转动能级跃迁信息，并用于分子结构研究的一种分析方法。近年来，表面增强拉曼光谱（SERS）技术的发展解决了既往拉曼光谱信号弱、灵敏度差的问题，为拉曼光谱技术在法庭科学领域的广泛应用带来了曙光。姜红等[5]使用拉曼光谱法，在激光光源波段为 785nm、功率为 50mW、积分时间为 5000ms 的条件下，通过点扫描方式对 31 个一次性纸杯的内壁进行检验，并最终实现通过拉曼光谱图特征，对不同品牌、同一品牌不同用途以及同一品牌同一用途不同批次的一次性纸杯样品进行区分。依据相似的研究思路，该研究团队先后依据拉曼光谱特征（包括峰位、峰形和峰数）对塑料打包带（绳）（40 个）[6]、香烟盒外包装薄膜

〔1〕 姜红等：《X 射线荧光光谱法检验橡胶鞋底的研究》，载《红外与激光工程》2017 年第 10 期。

〔2〕 姜红等：《X 射线荧光光谱法检验塑料拖鞋样品》，载《上海塑料》2017 年第 3 期。

〔3〕 陈壮等：《X 射线荧光光谱法检验一次性纸杯的研究》，载《中华纸业》2018 年第 22 期。

〔4〕 尹宝华等：《基于理化检验的纸张物证的比对和分类研究》，载《刑事技术》2017 年第 2 期。

〔5〕 姜红等：《拉曼光谱法检验一次性纸杯的研究》，载《黑龙江造纸》2018 年第 4 期。

〔6〕 马枭等：《拉曼光谱法检验塑料打包带（绳）的研究》，载《上海塑料》2018 年第 4 期。

（48 个）[1]以及热敏纸（70 种）[2]进行了有效区分，并结合降维与相关性分析法进一步优化了样品间的区分度。

（5）基于电感耦合（ICP-MS）的研究。ICP-MS 是以电感耦合等离子体作为离子源，以质谱进行检测的无机多元素分析技术，已成为针对微量元素成分进行定性定量分析的最为普遍使用的方法。钟宇等[3]选择烟灰样品作为研究对象，使用 HNO_3/HCl 混合液溶解样品并进行微波消解，供 ICP-MS 法分析，并使用主成分分析法和偏最小二乘判别分析法对实验结果进行深入解读，获得了理想的烟灰样品区分效果。徐渭聪等[4]建立了浮法玻璃材料 13 种目标元素的 LA-ICP-MS 定量分析方法，并考察目标元素的鉴别能力。实验结果表明，该方法检测限为 0.02mg/kg（Co）~2.27mg/kg（Sr），定量限为 0.05mg/kg（Co）~7.55mg/kg（Sr），准确度为 90.16%（Hf）~103.02%（Sr），日间精密度为 1.55%（Zr）~6.50%（Pb），日内精密度为 2.30%（V）~7.56%（Ba）。通过指纹元素的配对比较，成功鉴别超过 88% 的配对样品，并证明该方法具有灵敏度高、精密度良好、简便快速、鉴别能力出色、对样品损害微弱等显著优势。

（6）基于气相色谱法（GC）的研究。针对涉案检材是否与自然水发生接触的事实证明问题，徐欣[5]使用 GC-MS 联用技术建立了触水衣物样本中微藻脂肪酸的检验方法，并发现触水衣物样本中特有的脂肪酸为 C20：0，实验所建立的方法可以确认触水后 5 天以内的衣物样本。针对新型书写工具可擦笔，林如意等[6]使用 GC 法对 38 种可擦笔字迹样品中甘油、乙二醇、二甘醇以及 1，3-丙二醇等溶剂组分进行检测，并依据溶剂的组成及相对含量将样品分为五大类。张冠男等[7]针对纵火现场纵火剂种类判断问题，使用 GC/MS

[1] 陆一帆等：《拉曼光谱法检验香烟盒外包装薄膜的研究》，载《上海塑料》2017 年第 4 期。

[2] 苏航等：《拉曼光谱法检验热敏纸的研究》，载《中华纸业》2017 年第 16 期。

[3] 钟宇等：《电感耦合等离子体质谱法分析烟灰中的微量元素》，载《微量元素与健康研究》2017 年第 6 期。

[4] 徐渭聪：《浮法玻璃材料的 LA-ICP-MS 定量分析方法研究》，载《中国司法鉴定》2018 年第 4 期。

[5] 徐欣：《衣物上粘附微藻的脂肪酸和色素分析》，中国人民公安大学 2017 年硕士学位论文。

[6] 林如意、吕茵妮：《可擦笔字迹色痕的鉴定研究》，载《中国司法鉴定》2017 年第 2 期。

[7] 张冠男：《汽油残留物的 GC/MS 分析研究》，载中国化学会：《第三届全国质谱分析学术报告会摘要集——分会场 7：环境与食品安全分析》，2017 年。

法对汽油中苯系物等挥发性轻组分进行检测，并确认以 C3 和 C4 苯作为研判指标，该方法可以对 100μL 残留在敞口塑料瓶中 20 天内的汽油进行有效识别。针对射击残留物检测领域中发射药及其残留物检测的盲区，李阳等[1]使用热分离进样杆技术和气相色谱质谱联用仪（TSP-GC/MS），探索了涉案枪支发射药及其残留物的提取检测方法。实验结果表明，苯噻唑和二苯胺这两种组分可以作为是否射击的特征化合物。除了上述检验对象之外，吴晨等[2]还探索了 GC/MS 法检验染发剂中的苯二胺类物质。

（7）基于液相色谱法（LC）的研究。对于在纤维比对方面具有重要判别意义的纤维染料，胡灿等[3]探索了液相色谱-串联质谱法（LC-MS/MS），并最终实现酸性、碱性、活性、分散、直接染料等 10 种染料的基线分离，且检出限最低可达 0.01ng/mL。魏显峰等[4]也在探索黑色签字笔墨水综合检验方法过程中，使用 LC 法，在流动相为乙腈-水-冰乙酸（60∶40∶0.5）、流速为 0.8mL/min、检测波长为 580nm、柱温为 30℃的条件下，基于分解速率不同的两种染料的相对含量，对同一样品字迹色痕的不同书写时间进行了有效识别。

3. 新型仪器分析方法的研究进展

（1）裂解气相色谱法（Py-GC）。张若曦等[5]全面汇总了 Py-GC 法在各类微量物证检验中的具体应用范例。对于涂料（油漆）物证，Py-GC 法可以对其中的成膜物质、颜料和各种助剂的热解产物进行准确定性，因此解决了传统红外光谱检验涂料物证时的不足。针对以双组分丙烯酸交联树脂为主要成分的汽车清漆，Py-GC 法可以在 550℃、0.2min 的裂解条件下对其中的苯乙烯、丙烯酸树脂以及 N，N-二甲基三聚氰胺共聚物的裂解产物进行有效的

〔1〕 李阳等：《涉案枪支发射药特征残留物的 TSP-GC/MS 检测方法的分析研究》，载《中国司法鉴定》2018 年第 4 期。

〔2〕 吴晨等：《不同品牌、色号染发剂中对苯二胺定量分析比较》，载《山东化工》2017 年第 9 期。

〔3〕 胡灿等：《HPLC-MS/MS 方法分析常见的纤维染料》，载中国化学会：《第三届全国质谱分析学术报告会摘要集——分会场 5：有机/生物质谱新方法》，2017 年。

〔4〕 魏显峰、王静雯、胡祖平：《黑色签字笔字迹色痕相对形成时间的实验分析》，载《中国人民公安大学学报（自然科学版）》2018 年第 3 期。

〔5〕 张若曦、王岩：《裂解气相色谱/质谱联用技术在法庭科学领域中的应用》，载《辽宁化工》2017 年第 5 期。

识别和区分。此外，针对纺织纤维、复印墨粉、木屑等高分子聚合物类的物证，Py-GC法都已经得到了有效的应用。吴国萍等[1]针对10种常见塑料制品中的高聚物，使用Py-GC法对其进行区分识别，并确认其中9种塑料制品的裂解总离子流图，确认其主体成分分别为聚丙烯、聚苯乙烯、聚碳酸酯、ABS塑料、聚氯乙烯、乙烯-乙酸乙烯共聚物。上述定性解析与标准谱库的匹配度均在81%以上。

（2）全二维气相色谱法（GC×GC）。GC×GC法是近年来发展起来的一种分析复杂混合物的多维色谱技术，该技术在微量物证检验领域中较为成熟的应用范例为可燃性液体的检验[2]。郭亚坤等[3]使用GC×GC法实现了对于柴油的分离定性。他们全面考察了不同程序升温速率、调制解调周期、色谱柱极性等实验条件对于分离结果的影响；并发现在同一色谱柱条件下，调制解调周期的改变对一维方向上分离情况影响不大，对二维方向上分离情况影响较为明显。上述研究成果为今后不同型号、产地柴油样品的区分打下了基础。时秋娜等[4]先后使用GC×GC技术探索了植物油和动物油的鉴别技术。其研究结果表明，在植物油检测过程中，不同品牌同一种类植物油的脂肪酸成分基本一致，而不同种类植物油（如花生油、大豆油、山茶油等）的脂肪酸成分差异明显；在动物油检测过程中，不同地区同一种类动物油的脂肪酸成分基本一致，而不同种类动物油（如猪油、牛羊油、鸡油等）的脂肪酸成分差异明显；使用甲酯化衍生技术对样品进行预处理后，动植物油在同一实验条件下会出现不同的二维色谱。

（3）高效液相色谱/蒸发光散射检测法（HPLC/ELSD）。乔杰等[5]使用HPLC/ELSD法对植物油掺假前后甘油三酯的组成和色谱特征进行了比对分

　　[1]　吴国萍、周亚红：《裂解气相色谱-质谱法检测常见塑料制品高聚物》，载《中国司法鉴定》2018年第1期。

　　[2]　郭亚坤等：《全二维气相色谱在法庭科学物证鉴定中的应用（英文）》，载《刑事技术》2018年第3期。

　　[3]　郭亚坤等：《全二维气相色谱质谱联用检验柴油》，载《分析试验室》2018年第3期。

　　[4]　时秋娜、刘占芳、田菲菲：《不同动物油中脂肪酸成分的全二维气相色谱-质谱法检验》，载《中国刑警学院学报》2017年第4期；时秋娜等：《常见植物油的全二维气相色谱-质谱法检验》，载《环境化学》2017年第1期；时秋娜等：《全二维气相色谱-质谱法检测动植物油》，载《中国油脂》2017年第6期。

　　[5]　乔杰等：《油脂种属鉴别法检验掺假植物油》，载《中国刑警学院学报》2017年第4期。

析，并发现掺假后植物油谱图特征出现明显变化，普遍趋向于含甘油三酯种类较多的大豆油、花生油、米糠油的色谱特征。王岩等[1]使用 HPLC/ELSD 法对油脂的酸败老化特征进行了跟踪，并发现，该方法适合区分不同载体上老化后的油脂；油脂老化特征峰的保留时间短，能够与识别油脂种属的主色谱峰区分开；不同老化因素对于油脂的检验影响程度不同，按照由大到小的顺序依次为紫外灯照射、干燥条件下红外加热、户外阳光直射、高湿度下红外加热；随着油脂老化的进行，油脂的主成分色谱峰逐渐消耗直至无法辨识，与此同时，老化组分色谱峰逐渐变高，但随着主成分消耗殆尽之后，老化组分也出现损耗直至消失。

（4）光学相干层析技术（OCT）。刘康康等[2]利用分辨率约为 $5\mu m$ 的光谱频域 OCT 系统，选择中心波长为 832nm 的宽带 SLED 近红外光作为系统光源，对来自不同厂家、不同品牌的 73 种电工胶带进行实验研究；从电工胶带的二维 OCT 图像中提取光程、散射强度比、信号峰个数、衰减系数等特征参数，比较各参数在不同样品之间的统计学显著性差异。研究结果表明，利用 OCT 技术对红、白两种颜色的电工胶带样本的区分率分别可以达到 99.60% 和 90.55%。通过 OCT 的三维成像能力，能够对多层电工胶带粘面指纹进行成功显现。OCT 技术的无损、原位成像优势符合法庭科学物证检验的要求，在实际工作中有望和传统的检验方法相互结合、互相补充，提高检验效率。

（5）高分辨质谱法（HRMS）。HRMS 法因质谱质量分析器分辨率的显著提升，而大幅度优化了质谱碎片质量识别精度。近年来，HRMS 法在疑难微量物证检验分析中的应用日益广泛。王悦等[3]应用实时直接分析-高分辨质谱（DART-HRMS）技术，对 67 个不同品牌不同种类的红色印泥印油进行直接无损分析，并依据偏最小二乘判别分析法及系统聚类法对样品进行分类。实验结果表明，依据高分辨质谱信息及标准物对照可实现印泥印油中颜料红21、罗丹明 B、聚丙烯醇和聚乙二醇类物质的快速定性分析；67 种印泥印油

［1］　王岩、黄浩博：《犯罪现场微量油脂物证酸败老化特征分析》，载《中国刑警学院学报》2017 年第 4 期。

［2］　刘康康：《光学相干层析技术在电工胶带检验中的实验研究》，中国人民公安大学 2018 年硕士学位论文。

［3］　王悦等：《基于实时直接分析串联高分辨质谱的红色印泥油种类鉴别》，载《中国司法鉴定》2017 年第 6 期。

进一步划分为 12 类，其中第一类样品中均检出颜料红 21（均为印台样品），第二类样品中均检出罗丹明 B（均为原子印油），第三类均含有聚丙烯醇类，第五类均含有聚乙二醇类。上述研究结果为法庭科学领域印泥印油的鉴别提供了重要的参考依据。[1]孙其然等[2]使用液相色谱－高分辨质谱（LC－HRMS）法，系统考察了光照、温度和湿度对于中性笔墨迹中 PEG 低聚物降解变化的影响。实验选用 PEG 分布不同的 6 支黑色中性笔平行制样，分别放置在 250 W/m² 辐照强度（40℃）的光照环境、80%RH（25℃）的高湿度环境和 40℃高温环境下老化，应用 LC-HRMS 法定期检测样品中 PEG 各低聚物的相对含量比值 R。实验结果表明，6 支中性笔墨迹中 R 值变化趋势相同。在光照老化条件下，PEG 降解最快。在同样避光的情况下，高温环境下 PEG 的降解速度比高湿度环境下快。高湿度环境下 PEG 的降解主要是微生物对其产生的生物降解。上述研究成果为字迹色痕形成时间的判定奠定了基础。

（6）色差法。叶卓龙等[3]针对 36 种印泥印油样品，使用显微分光光度计检验样品的色度数据并计算出色差 ΔE。以 ΔE 等于 6NBS 为阈值，判断 ΔE 小于 6 为同种印泥印油，ΔE 大于等于 6 则为不同种印泥印油。实验结果表明，ΔE 小于 6，其色差符合率为 87.79%；ΔE 大于等于 6，其色差区分率为 90.16%。除了上述定性判别之外，赵鹏程等[4]还深入探索了 10 种黑色中性笔和 9 种蓝色中性笔字迹色痕的色差随书写时间的变化规律。其研究结果表明，中性笔字迹色痕相对于纸张的色度差值随形成时间增加存在一定递变规律，符合研究预期。但是，变化规律中仍包含一些突变情况，需要通过增加实验样本和变化检测方式进行更为深入的探索，以排除不确定因素。[5]王正豪等[6]使用显微分光光度计对 26 种常见黑色圆珠笔字迹进行了色度学分析。

---

〔1〕 张清华等：《基于实时直接分析串联高分辨质谱的红色印泥印油种类识别》，载中国化学会：《第三届全国质谱分析学术报告会摘要集——分会场 5：有机/生物质谱新方法》，2017 年。

〔2〕 孙其然等：《环境因素对黑色中性笔墨迹中 PEG 低聚物降解的影响研究》，载《中国司法鉴定》2018 年第 2 期。

〔3〕 叶卓龙等：《色差法区分印油印泥种类的研究》，载《广东化工》2017 年第 17 期。

〔4〕 赵鹏程等：《中性笔字迹色度差值递变规律初探》，载《中国刑警学院学报》2018 年第 6 期。

〔5〕 吕荫妮等：《显微分光光度法检验蓝黑墨水字迹形成时间的适用性研究》，载《刑事技术》2018 年第 1 期。

〔6〕 王正豪、崔岚、赵鹏程：《显微分光光度法测定常见黑色圆珠笔字迹》，载《广东化工》2018 年第 10 期。

实验结果表明，样品之间色差小于 0.5 的数据共有 5 份。因此，以色差等于 0.5 为阈值，该方法对于黑色圆珠笔油墨的区分率可以达到 98.462%。这为黑色圆珠笔字迹色痕的区分提供了一种具有可行性的路径。

4. 化学计量学与微量物证检验的融合

（1）聚类分析法。在过去两年中，数位学者先后基于红外光谱数据、拉曼光谱数据[1]、X 射线能谱数据以及 X 射线荧光光谱数据，使用聚类分析法，对微量物证检验结果进行深度证据信息挖掘，涉及的微量物证种类包括弹头遗留金属颗粒[2]、香烟水松纸[3]、塑钢窗[4]、塑料饮料瓶[5]、汽车前保险杠塑料[6]、爆炸装置金属碎片[7]等。这些基础数据的积累为微量物证检验领域中深入挖掘样品材料的多样化提供了有力支撑。

（2）主成分分析（PCA）法。PCA 法是对于原先提出的所有变量，将具有相关性、重复表达信息的变量删减，建立尽可能少的新变量。[8]一方面，新变量之间应尽可能不相关；另一方面，新变量应尽可能全面地反映原有信息。PCA 法也是数学上常用的降维方法。针对纵火现场易燃液体的种类鉴别问题，程芳彬等[9]针对 9 种汽油、14 种柴油、4 种煤油、9 种植物油、5 种含氧有机溶剂、3 种苯系化合物和 4 种常见有机溶剂，分别使用 ATR-FTIR 法收集样品的红外光谱图，并先后重点选择 1136～976cm^{-1} 范围内和 837～400cm^{-1} 范围内的红外特征吸收峰，使用 PCA 法对数据进行处理，从而实现

〔1〕　何欣龙等：《拉曼光谱结合聚类分析法区分检验塑钢窗》，载《化学研究与应用》2017 年第 9 期。

〔2〕　刘全忠等：《八种弹头遗留金属颗粒的成分分析》，载《中国司法鉴定》2018 年第 3 期。

〔3〕　付钧泽等：《傅里叶变换红外光谱法检验香烟水松纸的研究》，载《中华纸业》2017 年第 20 期。

〔4〕　何欣龙等：《傅里叶红外光谱法结合化学计量学方法区分鉴别塑钢窗》，载《理化检验（化学分册）》2018 年第 11 期。

〔5〕　姜红等：《聚类分析法的塑料饮料瓶光谱分析》，载《红外与激光工程》2018 年第 8 期。

〔6〕　何欣龙等：《拉曼光谱结合系统聚类法检验汽车前保险杠》，载《光散射学报》2018 年第 2 期。

〔7〕　刘亚昌等：《快速检验技术在爆炸装置金属碎片中的应用》，载《工程爆破》2018 年第 1 期。

〔8〕　Tsang-Sen Liu, et al., "Discrimination of Geographical Origin of Asian Garlic Using Isotopic and Chemical Datasets under Stepwise Principal Component Analysis", *Journal of Forensic Sciences*, 2018, 63: 1366-1373.

〔9〕　程芳彬等：《衰减全反射红外光谱对易燃液体的快速筛选》，载《光谱学与光谱分析》2018 年第 8 期。

了对不同种类易燃液体的区分。何欣龙等[1]基于相似的研究思路，针对交通
肇事逃逸案件中常见的汽车保险杠碎片检测难的问题，采用 FTIR 法对项目组
收集的 31 种汽车前保险杠样本进行数据采集和分类，并使用主成分分析和判
别分析两种方法，实现了 92.5% 的正确表达率。

（3）相关系数。相关系数是按积差方法计算，以两变量与各自平均值的
离差为基础，通过两个离差相乘来反映两变量之间的相关程度。对于具有高
度相似程度的微量物证，相关系数的引入更为重要。如刘涵钰等[2]使用相关
系数法，对 27 种印章印油的 720~1800cm^{-1} 范围内的红外光谱图进行比对分
析，并发现部分样品与其他样品之间存在明显的区分度，相关系数值在
0.01~0.51 之间；部分样品具有相近的官能团，相关系数值在 0.8~0.9 之间，
但仍然具有一定的区分度。吴国萍等[3]基于相似的研究思路，对 42 种汽车
机油 650~1800cm^{-1} 范围内的指纹区红外光谱信息进行了比对分析，并发现不
同来源同品牌同型号机油、不同品牌同一型号、同一品牌不同型号样品之间
相似度均存在一定的差异性。上述研究成果可以为司法鉴定中机油比对分析
和环境损害案件中机油翻新案件的侦办提供新方法与新思路。

（八）痕迹检验学

1. 痕迹显现发现原理与技术方法

（1）光学显现技术。在激光显现方面，徐秀明[4]推出了生物物证激光发
现仪应用于汗潜指纹的发现提取的方法，考察了不同材质承痕体上的显现效
果，以及指纹形成时间对显现效果的影响，结果表明该方法无需进行化学预
处理，可直接发现提取非光滑、漫反射条件较好的白墙表面的汗潜指纹，为
汗潜指纹的发现提取提供一种有效方法。Nengbin Cai 等[5]研究了利用短波紫

〔1〕　何欣龙、刘文浩、王继芬：《红外光谱结合多元统计学检验汽车前保险杠》，载《光散射学报》2018 年第 1 期。

〔2〕　刘涵钰等：《相关系数法对印章印油中红外指纹区研究初析》，载《山东化工》2018 年第 9 期。

〔3〕　吴国萍、任博：《汽车机油 ATR 中红外指纹区相关系数比对分析》，载《中国刑警学院学报》2018 年第 2 期。

〔4〕　徐秀明：《生物物证激光发现仪应用于汗潜指纹的显现》，载《辽宁警察学院学报》2018 年第 1 期。

〔5〕　Nengbin Cai, et al. , "Inherent Fluorescence Detection of Latent Fingermarks by Homemade Short-wave Ultraviolet Laser", *Journal of Forensic Sciences*, 2017, 62: 209-202.

外线激光器激发长波紫外荧光（300~400nm）检测潜在指纹的光学方法，结果表明，在无前处理情况下，可使用 266nm 短波紫外激光激发各类纸张表面潜在指纹，从而通过其在长波紫外荧光域（约 340nm）中发光实现可视化。该方法指纹显出率与 DFO 显现方法相当，且具有无损、不受背景干扰的优点。

在红外热成像领域，张治国等[1]研究了利用转印法和红外加热法对本色木上汗潜手印进行显现，发现该方法能显著提升本色木上汗潜手印的显现效果。实验发现，遗留 1d 以内的新鲜汗潜手印，各种方法都具有较好的显现效果；遗留 3d 以内的汗潜手印，传统的磁性粉和 502 胶法显现效果明显下降；遗留 7d 的陈旧汗潜手印，只有转印胶和红外加热法才有良好的显现效果；遗留 30d 的汗潜手印，红外加热法能较好显现，在电烤箱加热温度 250℃（保持 8~10min），显出汗潜手印用激光物证勘查仪拍照提取效果最好，为本色木上汗潜手印显现工作提供了新的方法。张迪迪等[2]探索了 TFD-2 纸张快速显现系统适用纸张类型以及对常见纸张上汗潜手印最佳显现方法，选用了 7 类常见纸张客体作为研究对象，利用 TFD-2 纸张快速显现系统对纸张客体进行热成像处理。结果表明，对 TFD-2 的操作应首先以 2000mm/min 流速进行，且依次逐步递减，多数纸张客体操作 2 次效果最佳，不宜超过 3 次。证实 TFD-2 纸张快速显现系统操作简便快捷，灵敏度高，对卫生纸和人民币这些较为疑难的客体均有不错的显现效果。张迪迪等[3]进一步对于纸张上陈旧性汗潜手印显现时间进行了探究，运用 TFD-2 对 A4 纸、笔记本内页纸、报纸、卫生纸 4 类纸张上 1d 后、4d 后、8d 后、13d 后、20d 后的汗潜手印显现观察，结果表明，TFD-2 可以显现 A4 纸上遗留 20d 以上的手印，笔记本内页纸上遗留一周左右的手印，报纸上遗留 4d 左右的手印，卫生纸上遗留 8d 以内的手印。

Ning Zhang 等[4]对利用光学相干层析技术（OCT，法庭科学中的一种新

〔1〕　张治国等：《本色木上汗潜手印显现提取方法研究》，载《中国刑警学院学报》2018 年第 4 期。

〔2〕　张迪迪、刘良兵、李成兵：《TFD-2 显现常见纸张上汗潜手印实验》，载《四川警察学院学报》2018 年第 3 期。

〔3〕　张迪迪等：《TFD-2 显现纸张上陈旧汗潜手印时间研究》，载《广东公安科技》2018 年第 2 期。

〔4〕　Ning Zhang, et al. , "Detection of Latent Fingerprint Hidden Beneath Adhesive Tape by Optical Coherence Tomography", *Forensic Science International*, 2018, 287：81-87.

型应用技术，其能快速、无损地检验以获得物质原始、高分辨率横截面结构图）获取胶带上潜在指纹图像进行了研究，其应用带有手持式探头的定制光谱域 OCT（SD-OCT）系统检测了不同类型胶带上的潜在指纹，进行三维 OCT 重建显现指纹。结果表明，OCT 能够快速检测和显现胶带上的潜在指纹图像，而且不会改变原始状态，能够保持证据的完整性。

　　灰尘足迹是室内现场最为常见的物证之一，现勘人员采用常规方法拍摄现场灰尘足迹时受地板背景和其他灰尘等的影响大，不同的配光及拍摄方法依然是研究重点。邵营[1]提出全波段 CCD 物证照相系统可有效提取地板革上灰尘足迹，在波长 254nm 的光谱下，利用紫外光照射，能有效地将地板革表面的背景杂色去掉，显现效果最佳。录强强等[2]阐述了配光检验方法与偏振光摄影方法，采用掠入射配光摄影加偏振光摄影的方法，得到了明显优于单纯掠入射配光摄影的灰尘足迹拍摄效果，可以达到司法鉴定的要求。对于常见彩色纸张和彩色地板砖表面遗留灰尘足迹，吴家聪等[3]提出利用数码照相机"白平衡-选择色温"模式改变色温值增强提取效果。其选用多种颜色光滑纸张和地板砖表面遗留灰尘足迹进行实验，利用数码照相机"白平衡-选择色温"模式通过改变色温值获取影像，并与手持十三波段多波段光源拍摄的影像相比较，分析观察两种方法拍照的影像效果，找出了客体表面遗留灰尘足迹提取最佳影像效果时所选择的色温值。实验结果表明，对常见彩色纸张和彩色地板砖表面遗留灰尘足迹的提取，利用单反数码相机"白平衡-选择色温"模式改变色温值，可以达到使用手持十三波段多波段光源拍照的同样效果。

　　（2）荧光显现技术。

　　第一，荧光试剂显现技术。尼罗蓝类化合物是灵敏度高、生物毒性较低的吩恶嗪类荧光试剂。赵雅彬等[4]从尼罗蓝 A（Nile blue A）的光学性能入

---

　　〔1〕 邵营：《地板革上灰尘足迹提取的新方法——全波段 CCD 物证照相系统显现技术》，载《中国刑警学院学报》2017 年第 2 期。

　　〔2〕 录强强、唐豫东：《掠入射配光加偏振光拍摄地板上灰尘足迹方法研究》，载《科技创新与生产力》2018 年第 7 期。

　　〔3〕 吴家聪、杨玉柱：《采用数码照相机提取纸张和地砖表面灰尘足迹》，载《四川警察学院学报》2018 年第 2 期。

　　〔4〕 赵雅彬等：《新型 Nile blue 材料对多种客体上潜在手印显现研究》，载《化工新型材料》2018 年第 12 期。

手，考察了 Nile blue A 显现潜在手印时的最佳适用条件及在不同客体上的显现效果，通过实验证实该方法在潜在手印显现时具有较高的显现灵敏度和广泛的客体适用性，在 Nile blue A 质量浓度为 0.03mg/mL 时达到最佳，其显现手印具有显色和荧光双重效果，能够适用于大多数渗透性与非渗透性客体表面潜在手印的显现，对于潮湿及复杂背景客体仍具有良好的效果，为犯罪现场潜在手印的显现提供了更有效的方法。

赵悦岑[1]选取荧光绿、荧光黄 II、荧光红 G、荧光橘红 GG 以及龙胆紫等染料针对"502"胶熏显后手印增强反差技术方面进行了研究，探寻"502"胶熏显手印染色增强反差的最佳试剂及方法。实验结果表明，浓度为 0.6% 的荧光红 G 乙醇溶液、浓度为 0.6% 的荧光绿乙醇溶液、浓度为 0.6% 的荧光黄 II 甲醇溶液有较好的增强效果，显现纹线的连贯性、清晰度高，且客体背景无染色或轻微染色，整体反差较大。对于非渗透性客体来说，浓度为 0.6% 的荧光黄 II 甲醇溶液，染色增强的总体效果突出，增强效果明显，反差比较大，染色效果最好。

"502"胶显现法显现浅色背景以及复杂背景的客体时对比度较低，进行二次染色处理不仅烦琐、荧光效果不理想且容易破坏手印。新型荧光"502"胶——Lumicyano™ 的出现弥补了传统"502"胶显现法的缺憾，由于其在不同显现条件下手印的显现效果不同，耿荫福等[2]研究了新型荧光"502"胶——Lumicyano™ 显现手印的最佳条件，从加热温度、加热时间和激发光源方面进行研究，得出显现非渗透性客体上汗潜手印的最佳条件是加热温度100℃、加热 20 分钟、532nm 激光；显现半渗透性客体上汗潜手印的最佳条件是加热温度 110℃、加热 20 分钟、532nm 激光，用橙色滤镜片观察呈黄色荧光。

EOS 是一种分子量较大的弱酸性红色荧光染料，具有较强的橙红色荧光，染色液中的有机溶剂对血有较强的固定作用，不会使血痕扩散，染料分子与

〔1〕　赵悦岑：《"502"胶熏显后手印染料增强反差技术的研究》，载《山东化工》2018 年第 19期。

〔2〕　耿荫福、冀劲舟、张晓梅：《Lumicyano™ 显现汗潜手印的最佳条件研究》，载《云南警官学院学报》2018 年第 1 期。

蛋白质结合而使血痕显色，并加大与背景的反差。高文渊等[1]通过对 EOS 试剂与蓝星试剂显现血手印的比较研究，发现 EOS 试剂对固定、显现血痕方面有优势，而蓝星试剂对发现血痕方面具有灵敏度高的优势。提出在运用时应该根据案发现场血痕的具体情况，利用这两种试剂的各自优势和特点，优化使用方案，以取得最佳显现效果。

新型荧光钙血迹蓝钠试剂是近年发现的显现足迹的新方法。王跃等[2]探索了使用复合试剂荧光钙血迹蓝钠增强地板表面上潜血、灰尘及其混合足迹技术的可行性，其将配制好的复合试剂荧光钙血迹蓝钠酒精显现液用超声波破碎仪喷显地板表面上的潜血、灰尘及其混合足迹样本。实验结果表明，荧光钙血迹蓝钠显现液接触地板表面上形成足迹的介质（灰尘、血）部位即时呈现蓝色图案，介质外的背景部位基本没有颜色变化，从而将潜血、灰尘及其混合足迹显现。因此，复合试剂荧光钙血迹蓝钠显现液能有效增强地板上潜血、灰尘及其混合足迹，提高足迹与承载背景的反差。刘晋等[3]探究了使用新型荧光钙血迹蓝钠试剂结合高压微雾雾化法显现常见非渗透性地板上的微量灰尘、尿渍、血足迹，并与自然光下拍照提取效果进行比较。实验结果表明，荧光钙血迹蓝钠试剂适用于显现常见非渗透性浅色地板上的灰尘足迹、尿渍足迹和潜血足迹。

第二，荧光粉末显现技术。张战胜等[4]分别以邻、间、对甲基苯甲酸（o-、m-、p-MA）为第一配体、邻菲罗啉（o-Phen）为第二配体，利用沉淀法合成了一系列稀土铕的三元荧光配合物，并对该系列稀土铕荧光配合物的合成条件（配体种类、配体用量、体系 pH、反应温度、反应时间）进行了优化。将最优条件下合成的 ［Eu（m-MA）$_3$（o-Phen）］ 荧光配合物粉末应用到常见光滑客体表面潜在手印的显现技术中，从显现的对比度、灵敏度、选择性等方面对手印显现效果进行了详细考察，发现显现后的手印在 254nm

〔1〕 高文渊、林翔、潘杰财：《EOS 试剂与蓝星试剂显现血手印的比较》，载《中国刑警学院学报》2018 年第 4 期。

〔2〕 王跃等：《复合试剂增强地板上血、灰尘及其混合足迹实验研究》，载《警察技术》2017 年第 6 期。

〔3〕 刘晋等：《荧光钙血迹蓝钠试剂显现潜在灰尘、尿渍和血足迹》，载《刑事技术》2017 年第 5 期。

〔4〕 张战胜等：《铕荧光配合物的合成及其在手印显现中的应用》，载《影像科学与光化学》2018 年第 6 期。

紫外光的激发下，手印与客体间对比反差强烈，乳突纹线连贯清晰，细节特征反映明显，粉末只与乳突纹线部位吸附，基本不与小犁沟部位吸附，得出基于铕荧光配合物的手印显现具有较强的对比度、灵敏度、选择性的结论。陈虹宇等[1]将荧光桃红粉末（配粉）、还原铁粉（载粉）按一定比例混合，制备了荧光磁性双功能粉末并将其应用于常见指印显现，以探究其在显现犯罪现场手印方面的应用效果。结果表明，该新型荧光磁性双功能粉末荧光性能稳定，放置 60 天之久荧光强度依然无明显变化。该粉末可以清晰显现常见渗透性和非渗透性客体上的新鲜汗潜手印和皮脂手印，甚至对陈旧皮脂手印也有较好的显现效果，显出的手印纹线清晰流畅、荧光强度高，可有效提高潜在手印的显出率和可鉴定率。

第三，荧光雾化显现技术。广东省公安厅科技信息化处科技管理科[2]研究推出"隐潜手印痕迹冷熏显现法"，该方法破解了潮湿、粗糙客体表面痕迹显现的难题，突破了对物证表面痕迹提取与 DNA 提取无法兼得的现状，实现了基层民警在现场提取高质量隐潜痕迹的现勘需求。"隐潜手印痕迹冷熏显现法"运用超声波雾化原理，使用便携式冷熏设备，采用灌注成本低、灵敏度高、无毒无害的痕迹显现液体试剂（酸性 R7、尼罗红、京尼平等试剂），可对遗留隐潜手印的部位进行快速冷熏显现。"冷熏法"所用的试剂适用于绝大多数汗潜、血潜痕迹的显现，现场温度、湿度、生成时间等条件因素对显现效果影响很小，适用全国各地区的环境。根据其显现原理，还可设计多功能冷熏显现柜，改变当前单纯使用"502"熏显、DFO、茚三酮显现柜的局面。随着人工合成的蛋白荧光试剂、脂肪荧光染色剂、细胞荧光染色剂品种日益增多，高效能、低毒害的适用试剂将会越来越多，为手印显现试剂的开发运用提供了全新的思路和广阔的发展前景。侯福林等[3]探索了胶带粘面上潜在手印新型显现技术的可行性，以 7 种常用胶带为实验客体，在胶粘面上制作潜在汗潜手印样本，荧光亮黄雾化手印样本后，再使用 445nm 激光激发，橙色滤光片观察，发现荧光亮黄雾化处理后的样本，手印纹线呈亮黄色荧光，

〔1〕　陈虹宇、尹晓婧、刘丽：《新型荧光磁性双功能粉末应用于潜手印的显现》，载《四川警察学院学报》2018 年第 4 期。

〔2〕　广东省公安厅科技信息化处科技管理科：《隐潜手印痕迹冷熏显现法》，载《广东公安科技》2017 年第 4 期。

〔3〕　侯福林、王泳辉：《胶带粘面手印显现新技术研究》，载《科学技术创新》2018 年第 30 期。

纹线清晰连贯，反差明显。证明荧光亮黄雾化法能够有效显现胶带粘面上的潜在手印。

　　第四，化学显现技术。韩国强等[1]研究了茚二酮溶液不同配方对常见渗透性客体手印显现效果的影响，以探索能长时间保存、显现效果好的最佳配方。结果表明，茚二酮配方中加入氯化锌，溶剂选择 HFE-7100 的情况下显现效果较好，具有很强的荧光，并且 1，2-茚二酮与 5，6-茚二酮（全名 5，6-二甲氧基-1，2-茚二酮）溶液对常见渗透性客体上的手印均能很好地显现，应用范围广泛，能够推广和普及。王明超[2]考察了浸泡时间、浸泡液体、溶液储存时间和使用次数对油红 O 显现不同纸张上潜在手印的效果的影响，证实了油红 O 显现手印时，浸泡液体对显现效果影响较小；样本在水中浸泡会影响手印物质中脂肪含量以及客体本身结构，造成手印质量下降；配制后储存时间的增长不影响手印显现效果，5 个月保质期内的染液显现能力无明显变化；使用次数可能造成染液质量变化，对使用过多次的染液，可以延长显现时间来保证显现效果，但染液颜色变成橙色时不建议使用。王丹华等[3]比较油红 O（ORO）单独使用以及与 DFO、茚三酮（NIN）、物理显影液（PD）等联合使用时显现 7 种常见纸张上指印的显现结果。研究证实，使用 ORO 对同一样本进行两次处理比一次处理的效果好；多方法联用显现的序列——白色复印纸上和稿纸上手印使用 DFO→NIN→ORO→PD 序列，粉色复印纸上手印使用 DFO→NIN→ORO 序列，胶版纸上手印使用 DFO→NIN 序列，牛皮纸上手印使用 DFO→NIN→PD→ORO 序列，报纸上手印使用 DFO→NIN→PD 或 DFO→NIN→PD→ORO 两种序列方法——可以有效提高手印的显出率；热敏纸上手印单用 DFO 方法显现效果最好。胡逸南等[4]提出利用海藻酸盐制模提取不同客体上潜血足迹及化学增强显现方法。根据海藻酸盐能和不同承载客体上潜血足迹中的血结合的原理，利用多种海藻酸盐制模材料提取不同客体表面潜血足迹，并通过氨基黑、ABTS 试剂加以化学显现，以增强

---

〔1〕　韩国强等：《茚二酮显现手印最佳配方研究》，载《中国人民公安大学学报（自然科学版）》2018 年第 2 期。

〔2〕　王明超：《油红 O 显现潜在手印的影响因素分析》，载《化学世界》2018 年第 8 期。

〔3〕　王丹华、王明超、郝晓明：《油红 O 在纸张上潜在手印序列显现中的应用》，载《刑事技术》2018 年第 5 期。

〔4〕　胡逸南、李浩：《使用海藻酸盐提取血足迹及增强显现的方法研究》，载《江苏科技信息》2017 年第 2 期。

反差。实验结果表明，海藻酸盐制模材料能够完整提取承痕客体上的潜血足迹，显现后可以观察到清晰的细节特征。马晓赟等[1]研究了偶氮荧光桃红原溶液、隐色偶氮荧光桃红溶液、四甲基联苯胺溶液三种溶液显现地板革、木地板、瓷砖三类客体上遗留的潜血足迹的方法及效果。实验结果表明，除地板革外，隐色偶氮荧光桃红溶液的显现效果要不同程度地优于其他两种方法，且隐色偶氮荧光桃红溶液无毒无害，有利于保证勘查人员的健康。因此，将其作为新方法用于现场潜血足迹的显现是值得推广的。盗窃变压器等案件中常常会出现金属铜表面油潜手印，为解决金属铜表面油潜手印显现技术难题，张晓顺等[2]研究了电化学显现的方法，利用金属离子在阴极表面的还原反应，探究瓦特镀镍体系中金属铜表面油潜手印的显现工艺，发现利用金属铜基体与金属镍镀层存在的明显色差可清晰显出金属铜表面的油潜手印，确定在瓦特镀镍体系中，控制阴极电流密度为 $2.5A/dm^2$，电解时间为 300s 是比较适宜的显现工艺参数，可应用于实际工作中金属铜表面油潜手印显现。传统"502"胶熏显法显现发射后弹壳表面的潜在手印时无明显效果，姬忠远等[3]通过实验研究发现电化学腐蚀法能够用于显现发射过弹壳表面的潜手印，显出效果较好，手印遗留时间距发射时间较长（8～15 天）的手印，发射后潜手印的显现率较高；电化学腐蚀法不影响射击过程中形成的枪弹痕迹，但会破坏火药烟晕痕迹，建议电化学腐蚀法应放在枪弹痕迹检验之后进行。

第五，"502"熏显技术。林大波等[4]通过实践研究总结出一种"502"胶熏显现场汗液手印的方法：在对客体进行密封包装的同时使用简便的方法对"502"胶进行现场加热来熏显客体上的手印。该方法灵活性强、熏显速度快、效果好，适用于熏显犯罪现场诸如仪器设备、家具电器、栏杆、车内固

---

〔1〕 马晓赟、张杰：《隐色偶氮荧光桃红在潜血足迹显现中的应用》，载《山东化工》2017 年第12 期。

〔2〕 张晓顺、田巍：《瓦特镀镍技术显现金属铜表面油潜手印工艺探析》，载《中国司法鉴定》2018 年第 1 期。

〔3〕 姬忠远、慕玉玲、王少城：《电化学腐蚀法与"502"胶显现发射过弹壳表面手印的比较研究》，载《中国司法鉴定》2018 年第 2 期。

〔4〕 林大波等：《502 胶简易加热熏显法》，载《刑事技术》2018 年第 5 期。

定部件等形态结构复杂的非渗透性客体上的汗潜手印。Xiaochun Zheng 等[1]研究了"502"胶和碘同时熏显皮革上潜在指纹的方法，并设计研发了一种新型的快速、高效熏显室，用于同时进行"502"胶和碘的熏显。结果表明，相比其他处理方法，"502"胶和碘同时熏显法对浅色皮革客体上的潜在指纹显现增强效果显著，但对深色皮革的增强效果不明显，单一"502"胶对深色皮革上新鲜指纹显现效果更好。

第六，真空镀膜显现技术。王万新等[2]通过实验证实，真空金属镀膜技术显现手印指纹，适用大部分平滑非渗透性客体，对陈旧手印，水浸泡的指纹及油脂手印、汗潜手印等疑难客体上手印的显现，此方法优于其他方法，不破坏生物检材，而且保留生物检材和微量物证，所显现指纹纹线清晰连贯、反差分明。张晓梅等[3]运用真空金属镀膜技术，分别对不同种类客体表面的手印、不同种类的物质手印、不同遗留时间的手印及不同捺印次数的手印等进行金、锌两层喷镀，比较手印显现效果，确定真空金属镀膜技术可适用于光滑非渗透性客体、半渗透性客体、部分渗透性客体表面及人民币、画报纸等花色或具有背景荧光的客体表面的汗液、各类油脂、血及灰尘等物质手印的显现。该技术对新鲜及半年以内遗留的手印及连续捺印手印具有较好的显现效果。陈振乾等[4]对高真空镀膜方法（VMD）显现手印和"502"方法显现手印及组合方法显现手印进行了研究，实验证实，VMD 适用于非渗透性客体及渗透能力较小的纸张等客体上手印的显现；VMD 对于陈旧性手印的显现效果，通常优于"502"方法，仅少数客体（如黑色塑料袋等）用"502"加强效果较好；"502"显现手印后再用 VMD 进行后处理多具有增强作用，优于VMD 独立显现。

〔1〕　Xiaochun Zheng, et al. , "The Effectiveness and Practicality of Using Simultaneous Superglue & Iodine Fuming Method for Fingermark Development on 'Low Yield' Leather Surfaces: A Feasibility Study", *Forensic Science International*, 2017, 281: 152-160.

〔2〕　王万新、刘波、马东奇：《利用真空金属镀膜发现提取痕迹物证在检验中的应用》，载《信息记录材料》2018 年第 11 期。

〔3〕　张晓梅等：《真空金属镀膜技术在手印检验领域的应用》，载《中国刑警学院学报》2018 年第 3 期。

〔4〕　陈振乾、王琳璟：《高真空镀膜与"502"熏显组合方法显现手印研究》，载《中国人民公安大学学报（自然科学版）》2018 年第 2 期。

第七，物理悬浮液显现技术。张丽梅等[1]为筛选用于显现胶带粘面上手印的二硫化钼微粒悬浮液最佳配制方案，考察了不同表面活性剂对二硫化钼微粒表面的修饰性差异，以及二硫化钼粉末的粒度对于悬浮液显现效果的影响，通过实验对各类胶带粘面上的汗潜手印进行显现及结果分析。结果表明，十二烷基硫酸钠作为表面活性剂对二硫化钼微粒表面修饰效果最好，配制出的悬浮液分散均匀，易于喷显，显现出的手印纹线清晰、流畅；粒度为 4.5μm 的二硫化钼微粒配制出的悬浮液吸附性最优，适用于各种胶带粘面。周鹏等[2]通过碳素墨水显现胶带粘面指印的对比试验，发现碳素墨水中以上海 214 牌显现胶带粘面汗潜指印的效果最佳，显出的纹线清晰连贯，且对一个月内的汗潜手印都能有效地显出。

第八，特殊客体上痕迹显现与提取技术。贾东兴[3]研究了热敏纸上常见手印的显现方法，并对遗留不同时间的潜在手印显现效果进行探讨。实验表明，使用金粉、磁性粉末刷显，"502"胶熏显，碘熏以及红外加热法和真空镀膜等方法对热敏纸正面潜在手印均能有效显出，得到较清晰连贯纹线；使用金粉刷显，"502"胶熏显后染色对客体反面手印显现可以增强纹线和背景的反差，得到较好显现效果。王跃等[4]通过实验发现，TFD-2 纸张手印快速显现系统、HPS 热敏纸快速手印显现仪均无法有效显现热敏纸上潜在手印，其推出了对潜在手印物质反应非常灵敏的 IDEA 雾化并碘熏显现法，即利用 IDEA 雾化热敏纸手印样本后，再加热碘晶体，升华的气体弥漫整个熏显柜箱体，碘气体与手印介质发生颜色增强反应来实现对潜在手印显现的方法。通过实验证实，IDEA 雾化并碘升华熏显（有效控制熏显时间）能有效显现出热敏纸上潜在手印，得到清晰连贯的手印纹线。

重叠手印为常见疑难手印，在手印鉴定中，重叠手印由于纹线之间的相

〔1〕　张丽梅等：《基于材料表面修饰技术的二硫化钼微粒悬浮液显现胶带粘面上手印》，载《刑事技术》2018 年第 5 期。

〔2〕　周鹏、刘丽、王文琛：《基于碳素墨水品牌在胶带粘面指印显现中的探究》，载《广东化工》2018 年第 14 期。

〔3〕　贾东兴：《热敏磁票纸表面潜在手印显现方法研究》，载《山东化工》2018 年第 14 期。

〔4〕　王跃、马铮、庄京伟：《热敏磁票纸上的潜在手印显现技术》，载《中国刑警学院学报》2018 年第 1 期。

互干扰往往难于被利用。高峰等[1]通过自制手印提取胶片对载玻片上不同遗留时间的正常油汗混合重叠手印进行分离提取，提出一种新的重叠手印的分离提取方法。其使用凝胶（Gel）材料、聚氨酯（PU）基布及聚对苯二甲酸乙二酯（PET）膜制备新型手印提取胶片，利用所制胶片连续粘取分离重叠手印的方法能克服不同遗留时间重叠手印之间的相互干扰，获得质量较好的单一手印图像。

人体皮肤表面潜在手印的显现是一项难题，沈敦璞等[2]探究了以热敏纸、收据纸、普通打印纸为载体，利用转印法对人体皮肤表面潜在手印进行提取，然后分别采用茚三酮法、磁性粉末法对已提取的潜在手印进行显现的方法。实验发现，在手印提取过程中，转印提取过程要一次完成，转印力度要大小适中，避免转印后的手印出现重叠、模糊、缺损等。使用普通打印纸提取潜在手印时，选择茚三酮显现潜在手印的效果更佳；使用热敏纸提取潜在手印时，选择磁性粉末显现潜在手印的效果更佳。

侦查工作中经常遇到要提取手机屏幕上指纹的情况，吴晨华等[3]研究了钢化玻璃膜和高清软膜上的汗潜指纹的显现方法，比较了荧光粉-多波段光源显现法、粉末显现法、"502"胶显现法的显现效果，证实粉末显现法的显现效果最佳。粉末显现法、荧光粉-多波段光源显现法显现的汗潜指纹都具有鉴定价值。金粉显现法显现手机屏幕贴膜上的汗潜指纹效果最好；荧光粉-多波段光源显现法效果较好，但是操作相对烦琐；"502"胶显现法显现效果一般，易熏显过度而损坏指纹，不易操作。

三维扫描发现提取现场痕迹因其操作简单、快速、无损、智能等特点，也是近年国内外刑事技术研究的热点领域，市场上已有多款足迹提取设备。施明智[4]开发了一种三维激光扫描足迹识别设备及其应用程序和算法，设计基于激光三角法测距原理的三维激光扫描方法完成足迹图像采集，然后通过

---

〔1〕　高峰等：《新型手印提取胶片对不同遗留时间重叠手印的分离》，载《刑事技术》2018年第6期。

〔2〕　沈敦璞、赵幼鸣、王猛：《人体皮肤表面潜在手印的显现方法研究》，载《湖南警察学院学报》2018年第2期。

〔3〕　吴晨华、李茜茜：《手机膜上的常用汗潜指纹显现方法比较》，载《河北公安警察职业学院学报》2018年第1期。

〔4〕　施明智：《三维激光扫描足迹识别技术应用研究》，载《安徽电子信息职业技术学院学报》2018年第5期。

足迹识别、足迹图像区域的提取、足迹图像降噪与特征提取、图像二值化与层次聚类等关键步骤完成足迹图像识别。该方法采集的足迹图像目标明确，取得了较好的识别效果。

工具痕迹提取方面，随着科学技术的发展，将拍照建模、三维扫描建模等方法引入工具痕迹提取已成趋势，为工具痕迹检验向规范化、智能化转变提供帮助。刘燕等[1]尝试将 3D 打印引入工具痕迹的检验鉴定中，利用 3D 打印的个性化制造优势，探究 3D 打印在提取立体痕迹，尤其是工具痕迹的提取及样本制作方面应用的可能性。实验发现，3D 打印制模应用具有数据化保存和还原现场、无损化提取、利于长期保存、能解决一些疑难客体上的工具痕迹提取的优势。马晓赟[2]也通过实验及应用研究，证实三维激光扫描及 3D 打印技术等数字化制模技术具备无损提取痕迹、特征稳定不变形、制模精度高、反映直观易于分析等显著优势，将其应用于工具痕迹的提取与检验，能提升现场工具痕迹的提取率和分析的准确率。王战红[3]提出用工具痕迹采集箱的仿真实现来解决铁路犯罪工具痕迹采集及检验问题。工具痕迹采集箱使用 SketchUp 3D 仿真软件实现，是一套直接面向设计方案创作过程的设计工具，具有简单易用、建模快速、即见即得、即时交流、直接输出的优点。

案件现场不同环境会出现许多特殊客体上的足迹，成为现场提取的难题。李宗海[4]提出对有粘性的厨房瓷砖表面利用磁性粉显现提取。刷显后着粉厚的纹线为鞋底凹纹，反之为凸纹，与磁性粉显现瓷砖上平面油渍足迹鞋底花纹相反。王彪等[5]提出"502"胶熏显木质地板上汗液足迹，可以替代粉末显现汗液足迹，从而避免出现足迹边缘出现粉末堆积导致足迹尺寸变大的问题。针对现场常见衣物、床单、布艺沙发等纺织物上的踩踏痕迹，王明月

---

〔1〕　刘燕等：《3D 打印技术在工具痕迹提取中的应用探究》，载《云南警官学院学报》2018 年第 6 期。

〔2〕　马晓赟：《三维激光扫描及 3D 打印技术在工具痕迹提取检验中的应用》，载《警察技术》2018 年第 1 期。

〔3〕　王战红：《铁路犯罪工具痕迹采集箱的研究与仿真实现》，载《铁道警察学院学报》2017 年第 3 期。

〔4〕　李宗海：《浅析厨房瓷砖上灰尘足迹的显现研究》，载《森林公安》2017 年第 2 期。

〔5〕　王彪、韩景峰：《502 胶熏显法显现汗液足迹的探究》，载《山东化工》2017 年第 13 期。

等[1]采用照相法、胶带法、静电复印法、赤血盐溶液法、多波段光源法分别对棉布、羊毛、涤纶、腈纶几类纺织物上的灰尘足迹进行提取和显现。实验结果表明，在羊毛纺织物上的足迹，利用多波段光源显现法提取效果最佳；在涤纶纺织物上的足迹，利用静电吸附法提取效果最佳；在棉纺织物上的足迹，利用胶带法提取效果最佳；在单一颜色纺织物上的足迹，利用多波段光源显现法提取效果最佳；在复杂颜色纺织物上的足迹，利用静电吸附法提取效果最佳。

2. 痕迹形态学与比对检索技术

（1）痕迹形态学。Shiquan Liu 等[2]研究评估了国内指纹鉴定人员在指纹检验中（无比对样本情况下）对指纹特征点标记的准确性和可靠性，分析了指纹鉴定人员在特征点标记中的可重复性和可再现性。杨敏等[3]以斧子为例说明凹陷痕迹的个别特征模型，认为可将其推广至其他类型工具。将给定理论上的检验假设误差率，从理论上探讨痕迹比对检验的特征数量和痕迹尺寸的价值条件作为解决问题的思路，证实理论计算分析结果与实际经验结论一致，提出的理论分析方法可行，对凹陷工具痕迹检验鉴定的理论解释和法庭证据的科学说明具有一定意义。枪弹痕迹检验由人工比对显微镜检验逐步向定量化、数字化方向发展，尹丽兰等[4]研究了枪击子弹弹壳上的痕迹特征，尝试用一种似然比方法表达枪弹痕迹认定枪支的概率，得出认定枪支概率差异较大，组合特征概率更明显的结论。SONG 等[5]介绍了近年来发展起来的一致性匹配单元（CMC）图像比对算法，列举算法在枪弹痕迹检验中的应用以及错误率估计的使用方法和初步测试，利用检验结果建立了两种 CMC 相关系数概率质量函数统计模型，对该模型在大样本数据和实际案例工作中的应用前景进行了展望，为预测枪弹痕迹检验鉴定错误率提供了统计学依据。

---

〔1〕 王明月、姬瑞军：《提高纺织物上灰尘足迹显现清晰度技术研究》，载《山东化工》2017 年第 9 期。

〔2〕 Shiquan Liu, et al., "Accuracy and Reliability of Feature Selection by Chinese Fingerprint Examiners", *Forensic Sciences Research*, 2017, 2 (4): 203-209.

〔3〕 杨敏、牟丽：《凹陷工具痕迹比对检验条件的理论探讨》，载《中国人民公安大学学报（自然科学版）》2017 年第 2 期。

〔4〕 尹丽兰等：《试探基于似然比的枪弹痕迹检验鉴定》，载《广东化工》2017 年第 1 期。

〔5〕 John Song, et al., "Estimating Error Rates for Firearm Evidence Identifications in Forensic Science", *Forensic Science International*, 2018, 284: 15-32.

（2）比对检索技术。

枪弹痕迹检验鉴定领域，张凯峰等[1]运用 Evofinder® 枪弹自动识别系统研究了射击弹壳击针头痕迹的稳定性，发现在枪支使用寿命内，射击弹壳击针头痕迹因击发次数增加产生的差异小于不同枪支间的个体差异。随枪支击发次数增加，击针头痕迹会发生微小变化，出现极个别产生显著变化的情形，但并不影响其稳定性。李岳松等[2]借助 Evofinder® 枪弹自动识别系统建档弹头痕迹数据库分析坡膛痕迹、阳膛线痕迹、阴膛线痕迹，发现三种痕迹检索结果中，阳膛线痕迹检索结果最佳，提出运用 Evofinder® 枪弹自动识别系统构建弹头痕迹检索准确、高效，可为建档枪支数字化管理提供参考。

指纹自动识别领域，袁颖[3]使用基于纹理识别的技术和深度学习的方法，结合先进的描述符将指纹作为图像进行识别，识别指纹的局部或者全局纹理信息和指纹三级特征信息。研究显示，基于纹理的指纹识别可提取更多丰富的指纹信息，降低人工标注细节特征点环节的误差，使对特征点较少的残缺指纹的识别成为可能。使用纹理识别和深度学习方法相结合的指纹识别技术精度高、速度快，与其他系统的耦合性高，应用前景广阔。

足迹自动识别领域，金益锋等[4]研究各地足迹自动识别系统的应用情况，通过足迹数据提取、系统数据处理和系统利用成果三个方面对应用数据进行分析研究，并提出有关建议。史力民等[5]将深度学习方法引入足迹分析领域，以二分类的性别分析作为开端，对深度学习方法在赤足迹分析方面的应用进行研究尝试，旨在为足迹分析领域探索新的思路和方法。应用深度学习 Caffe 平台下的 Alex Net 卷积神经网络对男女性赤足图像进行训练和测试，得到的分析模型及模型分析平均准确率为 92.2%。该方法对性别分析的准确

〔1〕　张凯峰等：《运用 Evofinder® 枪弹自动识别系统研究射击弹壳击针头痕迹的稳定性》，载《刑事技术》2017 年第 3 期。

〔2〕　李岳松、罗亚平：《运用 Evofinder® 枪弹自动识别系统对建档手枪弹头数字化建档的研究》，载《刑事技术》2018 年第 5 期。

〔3〕　袁颖：《基于非特征点的指纹自动识别方法研究进展》，载《中国刑警学院学报》2018 年第 6 期。

〔4〕　金益锋、白艳平、刘寰：《全国 16 个省份足迹自动识别系统应用情况分析》，载《刑事技术》2017 年第 6 期。

〔5〕　史力民、李硕、赵悦岑：《基于深度学习的赤足迹性别自动分析研究》，载《中国刑警学院学报》2018 年第 3 期。

率高于人工分析的准确率，对赤足图像进行性别分析有较好的效果。

3. 痕迹形成属性参数和特征鉴定技术

（1）工具痕迹。高峰鹏等[1]对羊角锤打击人体组织和颅骨、金属客体和木质客体形成的痕迹进行了研究与类比分析，对于分析工具的种类和作用方式与客体关系及串并同类案件都具有现实指导意义。魏育新等[2]对普通断线钳和液压断线钳在铅丝、铁丝和铜丝等不同硬度的客体上的剪切痕迹进行了检验分析，总结出普通断线钳和液压断线钳作用于不同客体时所产生的痕迹种类特征和个体特征，提出断线钳和液压钳形成的剪切痕迹在断头立顶和断面上存在很大差异，可以利用其形成痕迹特征推断该两类作案工具的种类规格。谭铁君[3]研究了案件现场常见的橡胶、塑料类等高弹性客体的力学性质及其特殊痕迹反映，研究表明，弹性客体的砍切痕迹的形成原理类似非弹性固态客体，痕迹擦拭沿宽度与工具劈侧厚度和刃口厚度有线性关系；砍切断面上的线条，痕止缘部位的小眼、腱鞘等痕迹能稳定反映刃口特征。橡胶、塑料类材料弹性系数不同，同等条件下的擦拭沿宽度不同，对工具细小特征反映差异较大，且材料弹性越大，对工具细小特征反映越差，擦拭沿宽度越大。可见，痕迹反映与材料弹性系数也有相关关系。

（2）足迹。

第一，步态及步幅特征研究。吴宝平等[4]将步态特征与体质状况相结合，利用足底压力测试系统进行自然行走时步态特征的参数测试，分析对比了不同体质的大学生自然行走时步态特征的差异性和规律。结果表明，在自然行走时不同体质受试者足轴角的大小差异具有统计学意义。时光[5]对同一人穿着运动鞋、皮鞋、拖鞋、休闲鞋时在同一承痕客体上所形成的成趟足迹的步幅特征进行测量与分析，研究了穿着不同鞋种的同一人的步幅特征变化及差异性，为现场足迹分析提供了一定参考依据。

---

〔1〕 高峰鹏、丁健：《羊角锤在几种常见客体上的打击痕迹比较研究》，载《河北公安警察职业学院学报》2017年第3期。

〔2〕 魏育新等：《断线钳和液压钳剪切痕迹比较研究》，载《中国人民公安大学学报（自然科学版）》2017年第3期。

〔3〕 谭铁君：《弹性客体砍切痕迹的实验研究》，载《中国司法鉴定》2017年第2期。

〔4〕 吴宝平等：《体质不同的大学生自然行走时足底压力特征的差异性分析》，载《北京生物医学工程》2018年第3期。

〔5〕 时光：《不同鞋种形成的步幅特征差异性研究》，载《辽宁警察学院学报》2018年第3期。

　　第二，足底压力特征研究。穿增高鞋垫会对行走时的足底动力形态特征造成影响，为对利用行走习惯特征和动力形态特征进行人身分析或同一认定提供科学依据，马晓赟等[1]对此进行了研究，结果表明，穿用增高鞋垫前后足底 7 个分区的压力相关参数呈现差异，对足底动力形态特征的反映会产生影响，在检验鉴定中利用足底动力形态特征时应充分考虑鞋垫和跟高的影响。马晓赟等[2]研究将配对样本 T 检验方法应用于赤足迹与穿鞋足迹的同一认定，按足底压力轻重分级，再把各压力中心连接后测量距离并进行统计，计算出各种特征在赤足（穿鞋）足迹中出现的概率，进行配对样本 T 检验。对赤足迹与穿鞋足迹对应特征进行比较，相关性越大的证据效力越强，将数据量化分析后得出检验结果，用于赤足迹和穿鞋足迹的同一认定。佟苏洋等[3]以青年为测试对象，分别采用足底压力步态分析系统和油墨捺印法进行行走足底压力数据和步态特征数据的采集与统计分析，并与捺印足迹步态特征进行综合分析。结果表明，足底峰值压强变化稳定区域与捺印足迹步态特征所处位置具有相似性，在一定程度上说明行走步态特征出现的科学性。张万松等[4]利用贝叶斯判别法，以足底压力特征为研究对象建立了个体识别模型，验证了同一个体的足底压力特征组合具有相对稳定性，不同个体的足底压力特征组合具有特定性，且个体间的识别率可达 92%，为利用足底压力特征的人身识别研究提供了理论基础。薛傲等[5]研究了运用动态足底压力变化数据来进行人身识别的可行性，其利用压力信息采集系统采集赤足动态压力数据，通过计算机对数据进行叠加获得压力峰值数据。归一化处理数据后对压力峰值数据进行特征提取，并在动态足底压力数据库上训练分类器进行分类识别，能获得较好识别率，用该方法进行人身识别具有较好的效果。

　　[1]　马晓赟、姚力：《不同跟高的增高鞋垫对人体足底压力和稳定极限的影响研究》，载《中国人民公安大学学报（自然科学版）》2017 年第 3 期；俞文、马晓赟：《穿增高鞋垫后的足底动力形态特征分析》，载《中国刑警学院学报》2018 年第 3 期。

　　[2]　马晓赟、王彪：《配对样本 T 检验在赤足迹与穿鞋足迹同一认定中的应用性研究》，载《河南司法警官职业学院学报》2017 年第 3 期。

　　[3]　佟苏洋、和焕胤、汤澄清：《基于足底压力分析系统对青年人行走步态特征稳定性的研究》，载《四川警察学院学报》2017 年第 6 期。

　　[4]　张万松、姚力、姬瑞军：《贝叶斯判别法在基于足底压力特征个体识别研究中的应用》，载《中国人民公安大学学报（自然科学版）》2017 年第 4 期。

　　[5]　薛傲、韩成顺、张俊豪：《基于动态足底压力的步态识别》，载《中国刑警学院学报》2018 年第 3 期。

第三，鞋穿用特征研究。于小勇等[1]研究鞋底内面的省料槽结构，以及这种结构在鞋印中的痕迹反映，进行解剖鞋底实验，分析和总结了鞋底省料槽结构痕迹的特征属性，解决了省料槽结构痕迹特征中哪些是种类特征，哪些是细节特征问题，充分阐明了此类特征的鉴定利用方法，为足迹鉴定更准确地进行提供了技术支撑。

（3）特殊痕迹。

第一，技术开锁及增配钥匙痕迹。技术开锁方面，赵啸威等[2]对轴向弹子锁的结构、开锁原理及方法、成痕规律以及不同开锁工具方式形成痕迹间的区别等进行了研究，发现技术开启轴向弹子锁会在圆头弹子头部上形成点状压痕或划痕，在平头弹子柱面相应位置遗留剪切擦痕，在锁芯卡口与锁芯边缘留下挤压痕迹，在锁芯外侧柱面留下擦划痕迹，该四类痕迹出现率高，特征清晰、稳定，能够反映轴向弹子锁技术性开启的特点。蒋焕等[3]根据采用撬压、割削、剪切方式对挂锁进行破坏形成的痕迹来判断破坏工具种类，实验发现，撬棍破坏挂锁时会使锁扣发生形变，与锁体发生划擦，使锁体上的油漆脱落；钢锯破坏挂锁时断面上会有阶梯纹，并遗留防护油、油漆等微量物质；角磨机破坏挂锁时痕迹特征与钢锯相似，但其阶梯纹清晰、整齐；断线钳破坏挂锁时在断头线条痕迹的下方有断裂痕迹。增配钥匙痕迹方面，为研究钥匙被不同工具多次配制后的留痕特点，苏斌等[4]以平板状凹坑类钥匙为实验对象，用扁形铣刀与螺旋形铣刀工具分别以原配钥匙为母本配制子一代钥匙，再以子一代钥匙为母本配制出子二代钥匙。实验研究展示了原配钥匙、子一代钥匙、子二代钥匙上的配制痕迹特点，配以超景深显微镜拍摄的清晰图片，为检验凹坑类钥匙是否被配制提供了指导。

第二，玻璃破碎痕迹。董必强等[5]实验模拟低速状态下弹丸倾斜撞击玻璃场景，对不同射击角度下的玻璃破碎痕迹二维平面的形态及三维立体结构

〔1〕 于小勇、鲁昕：《鞋底省料槽结构痕迹的特征属性分析及鉴定实例》，载《广东公安科技》2018年第3期。

〔2〕 赵啸威、马川、毕京：《轴向弹子锁技术性开启痕迹的研究》，载《警察技术》2017年第4期。

〔3〕 蒋焕、李松、刘发福：《挂锁破坏方式及其痕迹特征实验研究》，载《赤峰学院学报（自然科学版）》2017年第2期（下）。

〔4〕 苏斌、杨清臣：《凹坑类钥匙多次配制后的痕迹研究》，载《广东公安科技》2017年第4期。

〔5〕 董必强等：《倾斜角度射击与玻璃破碎痕迹分析》，载《刑事技术》2018年第5期。

进行分析，并为弹着点痕迹、圆台形张应力作用区痕迹和张应力衰减区痕迹做出定义，研究发现，二维平面下随射击角度改变玻璃破碎痕迹有弹着点呈椭圆状、痕迹下沿光滑上沿陡峭、圆台形张应力区痕迹与弹着点上沿距离较小等形态特征；三维立体结构中在倾斜角度射击环境下玻璃破碎痕迹内部各结构间存在倾斜关系，且倾斜度与角度相关，达到通过分析玻璃破碎痕迹形态判断出弹丸射击角度的目的。为在砸车窗盗窃财物案件中快速区分破窗方式，丁轩等[1]采取尖锥敲击、钢珠弹射、工具撬压、砖石敲击、斧锤敲击几种常见破窗方式进行实验，对破碎玻璃整体形态、作用点位置、放射裂纹分布、破洞边缘形态进行综合分析判别，将常见破窗方式区别开来，有助于提高串并案件的准确性。普通平板玻璃破碎裂纹痕迹特征方面的研究已趋于成熟，钢化玻璃破碎痕迹与抛射物飞行速度相关性分析研究尚待开展。梁帅[2]通过对钢珠抛击、铁块抛击的定量化分析，研究钢化玻璃裂纹的种类和裂纹形态，以判断抛击物飞行的速度，推断抛击物的客体种类，对抛击破坏钢化玻璃案件性质判断和提供线索具有指导意义。梁帅[3]还利用不同动能区间的枪支枪击钢化玻璃制作样本，测量和分析弹孔直径、弹孔形态，总结钢化玻璃弹孔特征，得出钢化玻璃弹孔直径、弹孔形态与发射枪种的弹头动能、弹头材质和弹头速度具有相关性的结论。

第三，枪弹痕迹。Kaifeng Zhang[4]用 Evofinder®枪弹自动识别系统客观地考察了弹壳上痕迹的稳定性与差异性，系统导出击针头痕迹检索列表和弹底窝痕迹检索列表进行分析。对于痕迹的稳定性，分别用每支枪的第一枚弹壳与其同源弹壳均可以比中，同源弹壳的相似度随枪支击发顺序增加有微小变化，但该变化对系统评价的影响很小。对于痕迹的差异性，同源弹壳中弹壳的击发顺序越接近的痕迹相似度越高，同一支枪痕迹的微小变化远小于不

〔1〕　丁轩、王劲松、张杰:《盗窃车内财物案件破窗方式的判别》，载《刑事技术》2018 年第 4 期。

〔2〕　梁帅:《钢化玻璃破碎裂纹特征实验研究》，载《四川警察学院学报》2017 年第 2 期。

〔3〕　梁帅:《中远距离枪击钢化玻璃弹孔特征研究》，载《刑事技术》2017 年第 2 期。

〔4〕　Kaifeng Zhang, Yaping Luo, "Slight Variations of Breech Face Marks and Firing Pin Impressions over 3070 Consecutive Firings Evaluated by Evofinder®", *Forensic Science International*, 2018, 283: 85 - 93; Kaifeng Zhang, Yaping Luo, Peng Zhou, "Reproducibility of Characteristic Marks on Fired Cartridge Cases from Five Chinese Norinco QSZ-92 9×19mm Pistols", *Forensic Science International*, 2017, 278: 78 - 86.

同枪支痕迹的固有差异。范恒胜等[1]对64式手枪弹于不同距离射击墙体后弹头的损伤程度进行研究，探索弹头损伤程度与射击距离的关系。实验用不同装药量的64式子弹射击墙体，利用测速仪测量子弹的发射速度并换算得到射击距离，观察弹头损伤形态，测量子弹撞击面直径、弹头长度并计算得出变形系数。研究发现，弹头变形系数随射击距离变大而减小，且其下降速率随射击距离增大（当射击距离超过300m时）显著减小。

第四，基于痕迹物证的供体特征推断技术。在足迹的供体特征推断技术研究方面，乔胜男等[2]采用多种测量指标对同质人群赤足迹长度特征与身高进行相关性分析，借助统计软件及使用多元分析建立相应的数学模型得出足迹长度特征与身高之间的回归方程。余梦娜等[3]研究了基于灰度质心算法来提高利用足迹进行身高分析的能力。利用图像灰度质心算法计算出足迹样本拇指区、跖区、跟区压痕区域的灰度质心点及各质点间的欧式距离，利用线性回归方法对实验对象身高进行单因素及多因素分析，探讨了其身高分析方法的可行性及各因素对身高分析的影响。孙野等[4]总结出了利用5种常见鞋印推断身高的测量方法和公式；归纳了几种鞋印与身高的对应关系，提出"鞋种常数"的概念并对若干种鞋进行分析，得出将足迹长度代入即可分析出案犯身高的公式。现场遗留的足迹多不完整，足迹残缺导致足迹分析受限，高毅等[5]探究了利用残缺足迹进行身高分析的参数方程。通过在足迹跖区和跟区这两个留痕较稳定的区域选取特征测量并进行回归分析，研究证实利用该两个区域的6个特征与身高的相关性得出参数方程可解决残缺足迹分析身高的局限性问题。史力民等[6]探索了利用残缺足迹分析身高的方法，采用

---

〔1〕 范恒胜、黄炜、胡孙林：《64式手枪弹弹头损伤程度与射击距离关系的研究》，载《中国公共安全（学术版）》2017年第1期。

〔2〕 乔胜男：《赤足足迹多元分析同质人群身高初探》，载《警察技术》2017年第6期；乔胜男、朱玉婷：《运用赤足足迹多元回归分析同质人群身高》，载《湖南警察学院学报》2017年第5期。

〔3〕 余梦娜、罗勇、李朋：《基于灰度质心算法对低龄人群平面穿鞋足迹进行身高分析》，载《警察技术》2017年第5期。

〔4〕 孙野、张伟：《五种常见鞋足迹分析身高的研究》，载《净月学刊》2017年第3期；孙野、张志刚：《通过特定鞋种分析鞋的内外差与放余量的技巧》，载《科学中国人》2017年第20期。

〔5〕 高毅、王彪、马越：《运用多元回归分析法估算残缺赤足迹的身高》，载《中国人民公安大学学报（自然科学版）》2018年第1期。

〔6〕 史力民、朱玉婷、班茂森：《足迹不同部位测量值与身高之间的相关性》，载《中国刑警学院学报》2017年第6期。

SPSS 软件比较多个赤足足迹测量值与身高之间的相关性，得出测量值与身高间的一元、二元回归方程，比较方程标准估计的误差以及准确率，得出利用赤足足迹测量值科学分析身高的回归方程，为赤足残缺足迹分析身高提供了思路。利用足迹推断体型、年龄、性别等方面，张鹏等[1]利用平面赤足足迹的足长、足宽、身高、体重等数据，对赤足足迹与体态进行了统计分析，探索建立了新的函数关系，即男性足宽与体态呈明显的线性关系。史洪飞等[2]结合统计学知识对步幅特征、身高、体重与年龄进行了相关分析，得出上述因素与年龄在 95% 的置信水平下显著相关；由于模型存在多重共线性问题，因此利用主成分分析法，将自变量进行"去相关"降维后导入模型计算，得出主成分后进行逻辑回归的建模，得出推断年龄的 3 个公式。汤澄清等[3]利用步态分析系统采集了人自然行走时足与地面间相互作用的时间、空间和力学参数，对足-地接触全过程进行了量化分析，对踏痕形态特征研究发现，不同年龄人群的落足动作、踏痕反映均有明显差异，综合分析踏痕形成过程的足-地相互作用、生物力学参数和足迹特征反映，有助于正确应用踏痕分析年龄。在工具痕迹供体特征推断方面，马竞等[4]以大量案例为基础，结合国内外文献，对利用能反映颅骨致伤钝器打击面的形态特征来推断致伤物进行了研究。通过对斧背及方形锤击面、圆形锤击面、多角锤击面损伤在颅骨上形成的痕迹进行比较，确定了斧、锤类客体致伤颅骨的痕迹形态。付伟等[5]通过实验探索了剪切痕迹形态特征与造痕工具刃口形态结构之间的关系，建立了一套根据现场剪切断头种类与细节特征推断造痕工具种类的方法，提高了工具种类推断的准确度与可靠性。

第五，基于痕迹信息的现场分析重建技术。刘晋等[6]对基于三维激光扫

〔1〕　张鹏、翁桂鑫：《赤足足迹与体态的关系》，载《法制博览》2017 年第 16 期。

〔2〕　史洪飞、许宏福：《基于步幅与体质特征推断年龄的研究》，载《中国人民公安大学学报（自然科学版）》2017 年第 2 期。

〔3〕　汤澄清等：《基于生物力学的踏痕形成与特点研究》，载《中国刑警学院学报》2018 年第 4 期。

〔4〕　马竞、李爽：《斧、锤类工具致伤颅骨的痕迹分析与研究》，载《中国人民公安大学学报（自然科学版）》2018 年第 1 期。

〔5〕　付伟等：《钳、剪工具刃口形态及其剪切痕迹形态特征》，载《刑事技术》2017 年第 5 期。

〔6〕　刘晋等：《基于三维激光扫描技术的犯罪现场重建》，载《刑事技术》2017 年第 6 期；刘晋、税午阳、任镁：《犯罪现场三维建模技术研究进展》，载《刑事技术》2017 年第 3 期。

描技术的现场重建进行了研究，根据不同犯罪现场提出了不同重建方案，介绍了基于软件的交互建模、基于图像的建模和三维扫描建模三种建模技术，通过分析与应用比较了三种技术的优势与不足。基于现场痕迹时空信息检验分析方面，Yinming Zhang 等[1]使用 ATR-FTIR 研究了老鼠和人的血样干燥后某些波长的吸光度变化，实验证实，在该时间段内 3308/cm（A3308）的吸光度与 TSD 密切相关，且在相同受控条件下老鼠和人的血滴干燥期间 A3308 的变化显示具有类似结果。研究表明，ATR-FTIR 光谱学可能作为血液沉积早期阶段估计 TSD 的方法，用于对现场遗留血迹的形成时间进行分析。

（九）交通事故鉴定

1. 交通事故车速鉴定

（1）基于物证痕迹的车速鉴定。可视轮胎印迹是交通事故重建的重要痕迹物证，能够对车辆行驶轨迹、制动措施、碰撞速度等进行有效判定。Woo T. H. 等[2]通过提取轮胎痕迹图案、轮胎印模方向等相关信息，重建两车追尾碰撞初始状态，重建过程为车速鉴定提供了有价值的思路。在大量的人车碰撞事故中，由于各种因素，路面往往未留有车辆轮胎印迹，这种情况下可以根据行人抛距估计出汽车撞击行人时的瞬时速度。夏兵等[3]注意到碰撞后路面痕迹及人-车最终距离是可测的，根据行人运动方式及碰撞点，在理论上得出了人-车最终位置之间的距离与碰撞车速的关系，利用理论模型与 Matlab 分析，通过人-车最终距离计算碰撞车速。结果显示，采用该方法计算得出的车辆行驶速度误差值可控制在 5% 以内。

（2）基于视频图像的车速鉴定。为克服传统的车辆运动状态重建方法不能全面反映视频图像中车辆运动状态，且使用条件受限较大的问题，冯浩等[4]基于近景摄影测量中的直接线性变换原理，结合车身外廓特征信息，提出一种完整重建视频中车辆运动状态的有效方法。该方法中的特征标定信息

---

〔1〕 Yinming Zhang, et al. , "Changes in Attenuated Total Reflection Fourier Transform Infrared Spectra as Blood Dries Out", *Journal of Forensic Sciences*, 2017, 62（3）：761-767.

〔2〕 Woo T. H. , Wu CL. , "Determining the Initial Impact of Rear-end Collisions by Trace Evidence Left on the Vehicle from Tires: A Case Report", *Forensic Science International*, 2018, 291：17-22.

〔3〕 夏兵等：《基于人车碰撞最终位置的速度计算理论分析》，载《重庆理工大学学报（自然科学）》2018 年第 2 期。

〔4〕 冯浩等：《基于一维直接线性变换的视频中车辆运动状态重建》，载《中国公路学报》2018 年第 4 期。

全部取自目标车辆的外廓特征，不受路面和环境标定条件影响，扩大了使用范围；标定区域覆盖车辆在视频中的整个运动过程，最大限度地保证了车辆行驶轨迹的空间完整性。使用该方法计算的视频中车辆速度和行驶距离精度较高，在交通事故司法鉴定领域具有较高的应用价值。何烈云[1]通过运用直接线性变换法，观测车载式视频图像中处于运动状态车辆的绝对行驶距离或相对行驶距离，可以实现对目标车辆的行驶速度测算。将直接线性变换法应用到车载式视频图像车速测算中，不仅可以提高车速精度，还可以进一步观测道路上不同车辆之间的方位关系，为道路交通事故取证、成因及再现分析提供依据。Liu S. 等[2]提出了一种基于像素的方法对车辆瞬时速度进行估计，截取 CCTV 视频图像并分帧进行验证，计算出间隔时间内车辆的瞬时速度，研究结果显示所构建的方法计算车速准确度更高。

（3）基于电子数据的车速鉴定。钱宇彬等[3]总结了事故数据记录仪（EDR）数据在交通事故重建中的应用。EDR 记录的车速来源于车速传感器，该传感器一般安装在变速器上，读取变速器输出轴的齿轮转速，产生一个与车速成比例的电压信号，输出给动力控制模块。动力控制模块将其转化为变速器输出轴的转速，然后根据不同的驱动轮胎尺寸和最终传动齿轮比计算出车辆速度。EDR 数据中包含了车辆在碰撞前 5s 或 2.5s 的速度，因此，可直接应用于车速重建。利用这些数据还原出碰撞前车辆行驶速度的变化过程，从而推断出车辆在事故前的行驶速度。邱金龙等[4]通过分析 EDR 的功能以及技术规范，阐述了数据采集范围、数据存储格式与规则以及车辆 EDR 数据可读取性，并验证了 EDR 所记录的 ΔV 数据、碰撞前速度数据、安全带以及气囊点爆状态数据的有效性。

---

〔1〕 何烈云：《直接线性变换法在车载式视频图像车速测算中的应用》，载《中国人民公安大学学报（自然科学版）》2018 年第 4 期。

〔2〕 Liu S. et al., "A Novel Pixel-based Method to Estimate the Instantaneous Velocity of a Vehicle from CCTV Images", *Journal of Forensic Sciences*, 2017, 62 (4): 1071-1074.

〔3〕 钱宇彬、李威、冯浩：《车辆 EDR 数据分析及应用》，载《汽车技术》2017 年第 12 期。

〔4〕 邱金龙等：《汽车事故数据记录器数据规范及应用进展综述》，载《汽车工程学报》2017 年第 2 期。

2. 交通事故痕迹鉴定

（1）车体痕迹。张培锋等[1]通过研究轿车发动机舱盖上所承载的各类型痕迹，包括刮擦痕迹、凹陷变形、弯折变形、加层痕迹和减层痕迹以及其他类型痕迹，并详细分析痕迹形成机理，判断与嫌疑造痕客体之间的相关性。通过对发动机舱盖痕迹进行鉴定，可以为碰撞先后关系、速度关系、碰撞接触角度等碰撞过程鉴定提供信息支撑，从而为交通事故鉴定提供有价值的参考证据。李丽莉[2]对常见两轮车与其他典型车辆发生碰撞产生的特征性痕迹进行了研究，通过对实验采集数据以及事故案例数据进行研究，提取常见两轮车与其他典型车辆发生碰撞满足同一认定条件的特征性痕迹，并构建碰撞特征性痕迹资料库，使得道路交通事故痕迹鉴定从部分主观评价转变为客观评价。沈鸿斌[3]对碰撞过程中车辆痕迹之间的非本质差异属性进行了探究，包括被检痕迹与造痕体对应部位距地高度的差异、痕迹形态与造痕体形态的差异、承痕体与造痕体碰撞部位受损变形程度的差异、承痕体表面微量附着物与造痕体表面剥脱物颜色的差异、受损金属部件表面锈蚀氧化程度的差异。通过探索痕迹之间的差异，有利于对事故发生过程进行全面科学的分析判断。

（2）地面痕迹。轮胎印迹是交通事故重建的重要痕迹物证之一，然而，事故现场可视轮胎印迹通常表现出很强的不规则特征，对其形成特性进行综合分析是十分必要的。马彬等[4]提出了一种基于车路耦合的事故现场轮胎可视印迹强度参数化研究方法。首先，结合轮胎动态特性模型，建立车辆路面系统9DOF非线性系统能量模型，确定车辆、轮胎和路面特性对胎面摩擦力的影响，运用VBOX惯性测量技术验证模型的有效性。其次，通过建立胎面磨损能量模型、印迹强度特征模型来分析胎面橡胶磨损量及印迹强度。最后，提出轮胎印迹可视化研究方法，对印迹进行可视化研究，从车路系统耦合角度分析印迹显隐特征与车辆动力学、轮胎和道路特性之间的关联特性，为事

---

〔1〕　张培锋、张辉、李丽莉：《轿车类车辆发动机舱盖常见痕迹明晰》，载《中国司法鉴定》2018年第4期。

〔2〕　李丽莉：《常见两轮车与其他典型车辆发生碰撞特征性痕迹研究》，载《中国司法鉴定》2018年第6期。

〔3〕　沈鸿斌：《车辆痕迹鉴定常见差异非本质属性的探讨》，载《中国司法鉴定》2018年第2期。

〔4〕　马彬等：《基于车路系统的事故现场轮胎印迹强度参数化研究》，载《中国公路学报》2018年第4期。

故现场轮胎印迹特征提取和分析提供理论基础。

（3）人体痕迹。驾驶人的认定是涉及多人死伤的交通事故处理的重要环节，通过技术鉴定准确判断人体痕迹有助于驾乘关系的分析。张杰等[1]分析了车内人员驾驶位置与人体损伤情况，包括头面损伤、胸腹部伤、双上肢伤、双下肢伤等特征以及损伤程度，并采用红外光谱仪、扫描电镜、DNA测序仪等设备对车内痕迹（血迹、鞋底痕迹、纤维、毛发以及指纹）进行技术鉴定，最终通过法医损伤特点和车内痕迹综合判断驾乘关系，从而实现证据的相互佐证，提高鉴定结论的准确性和可靠性。王淳浩[2]通过对行人衣物上的轮胎印痕进行鉴定，发现由于作为承痕体的人体为软性客体，而作为造痕体的车轮轮胎质地较为坚硬，在碰撞过程中两者之间存在相对运动，在承痕体表面的法向和切向均有力的作用，可以通过检验行人衣物上的轮胎印痕，从而认定交通事故肇事逃逸车辆。道路交通事故现场存在的痕迹不仅可以分析认定事故发生车辆，还可判断分析肇事驾驶人。赵明辉等[3]提出了一种基于关键证据综合分析汽车驾驶人的鉴定方法，鉴定人首先应明确事故形态，再根据痕迹物证分析碰撞形态及车内乘员的运动，既明晰"一次碰撞（车外碰撞）"及"二次碰撞（车内碰撞）"，并以此指导痕迹、物证、损伤勘查检验的重点区域，发现关键证据；同时，对痕迹物证及时固定、提取和送检，充分利用人体特征性损伤、车辆特征性痕迹以及物质交换、转移等具有同一性认定条件的检验结果来验证前期的分析判断，从而对汽车驾驶人进行综合认定。谢华为等[4]通过识别交通事故中的路面痕迹、车体痕迹、人体体表痕迹以及人体衣着痕迹，结合运动学、力学、交通工程学、车辆工程学以及法医学等相关专业知识，形成相互印证的动态信息逻辑链，从而确定事故肇事驾驶人。

（4）其他痕迹。红外差谱技术具有辨别混合物中不同成分的功能，王延

---

〔1〕　张杰、张建军、孙振文：《通过人体损伤和车内痕迹判断驾乘关系》，载《刑事技术》2017年第1期。

〔2〕　王淳浩：《利用行人衣物上的轮胎印痕认定交通事故肇事逃逸车辆1例》，载《中国司法鉴定》2018年第3期。

〔3〕　赵明辉、冯浩：《基于关键证据综合判断汽车驾驶人》，载《中国司法鉴定》2018年第5期。

〔4〕　谢华为、江涛：《基于痕迹物证动态分析的交通事故驾驶人识别研究》，载《中国司法鉴定》2018年第6期。

等[1]通过模拟交通事故现场，分别制备受机油和/或血液污染的纤维和漆片检材，利用傅里叶变换红外光谱仪对污染检材以及控制样品进行分析，借助红外差谱技术对红外谱图进行处理，排除污染物的干扰。将处理后得到的谱图与控制样品的谱图进行比对，结果显示，两者的主要官能团吸收峰位置完全相同，峰形基本一致，各主要官能团在其吸收位置的峰强度也基本一致，可以出具比对一致的结论。研究结果表明，无论检材是否受到污染，红外差谱技术都可为交通事故案件提供证据支持以及信息参考。

3. 交通事故车辆鉴定

（1）车辆属性鉴定。车辆属性鉴定是通过对涉案车辆的特征、技术参数及其他相关技术条件进行检验、分析，从而作出确定车辆定义、是否符合车辆技术标准的鉴定。李丽莉[2]通过分析 2005 例车辆属性鉴定实际案例，研究了车辆属性鉴定的鉴定依据、鉴定方法以及鉴定适用性，在详细技术参数和技术要求的基础上对比分析了电驱动两轮车、三轮车、四轮车以及燃油两轮车、三轮车、四轮车之间的属性特征差异，为车辆属性鉴定提供了更加科学客观的依据。张志勇等[3]依据现有法规标准，提出了基于参数（最高车速、整车质量、电动机功率、蓄电池的标称电压等）检测的电动车属性评判流程，并给出了小型滚筒检测台架多参数综合性解决方案，实现了电动车属性评判的具体化、参数化以及可操作化，为电动车属性的认定提供了技术解决方案。

（2）车辆质量鉴定。EDR 数据是发生碰撞事故时刻对车辆单元内不同控制模块客观数据的真实记录，可以准确反映事故车辆碰撞前的行驶状态，以及驾驶员采取的各种驾驶操作，不仅可以直接用于具体案件的司法鉴定工作，也可利用 EDR 数据开展关于道路交通事故再现技术的科学研究。谷阳阳等[4]通过研究 EDR 在车辆质量司法鉴定中的应用，分别分析了 EDR 在车辆

---

〔1〕 王延等：《红外差谱技术在交通事故物证比对中的应用研究》，载《刑事技术》2017 年第 3 期。

〔2〕 李丽莉：《车辆属性鉴定的主要问题研究》，载《中国司法鉴定》2017 年第 4 期。

〔3〕 张志勇等：《两轮与三轮电动车参数检测与属性判定探究》，载《中国司法鉴定》2017 年第 5 期。

〔4〕 谷阳阳、柴智勇、全宝强：《事故数据记录系统 EDR 在车辆质量司法鉴定中的应用》，载《电子测量技术》2018 年第 18 期。

被动安全系统质量鉴定以及 EDR 在车辆失控原因鉴定中的数据应用与鉴定方法，研究结果表明，EDR 数据的分析应用能够为车辆被动安全系统质量鉴定、车辆失控原因鉴定等科技含量高、技术难度大的疑难复杂案件的鉴定提供有效可行的鉴定手段，解决了车辆质量司法鉴定工作中的难点问题。郭顶龙[1]对行车记录仪的电子数据鉴定进行了研究，依据《GB/T 29362-2012 电子物证数据搜索检验规程》以及《GB/T 29360-2012 电子物证数据恢复检验规程》等标准规范，阐述了事故发生之后行车记录仪的处置方法与鉴定方法。

（3）汽车火灾鉴定。柴智勇等[2]分析了汽车火灾特点以及鉴定行业现状，对不同类型的汽车火灾所对应的鉴定方法进行了研究，并针对电路故障引发火灾的一类案例，对于现场提取的导线熔痕，从宏观、微观、金相组织和表面成分等几方面进行检测、分析，判断火烧熔痕、一次短路熔痕或二次短路熔痕，鉴定汽车火灾原因。鉴定人员应在充分了解火灾基本信息、掌握车辆技术情况后，根据火灾类型相对应的鉴定方法，对现场进行细致的勘验，判断车辆初始起火部位，从而鉴定汽车火灾原因。

4. 交通事故再现研究

（1）基础方法研究。交通事故发生之后，事故现场可能受其他车辆和行人等外界环境的影响，导致痕迹产生不确定性，从而使得事故再现过程并不是十分可信。邹铁方等[3]提出了一种分析事故再现仿真结果不确定性的多响应面-均匀设计法，首先用均匀设计生成实验样本点并进行实验，然后借助正交设计中的极差分析法分析实验结果而找出可能产生极值的子空间域，再在子空间域内生成新的样本点，并依托实验结果分析各子空间域及整个定义域空间内事故再现结果的极值，最终综合这些极值给出再现结果的取值区间，以便从不确定痕迹定义域空间内找到事故再现仿真结果的取值区间，提高事故再现结果的精度。胡林等[4]为确定对轿车-行人碰撞事故再现结果有显著影响的参数，建立了轿车碰撞行人模型，筛选出对事故再现结果影响较大的

〔1〕 郭顶龙：《行车记录仪的电子数据鉴定》，载《第三届全国公安院校网络安全与执法专业主任论坛暨教师研修班论文集》，2017 年。

〔2〕 柴智勇、张元、席明：《汽车火灾原因的鉴定方法研究》，载《中国司法鉴定》2017 年第 5 期。

〔3〕 邹铁方等：《一种分析事故再现仿真结果不确定性的多响应面-均匀设计法》，载《汽车工程》2017 年第 1 期。

〔4〕 胡林等：《轿车-行人碰撞事故再现模型参数敏感性研究》，载《汽车工程》2017 年第 2 期。

敏感性参数。研究结果表明，对事故再现结果有显著影响的参数为轿车碰撞前速度、驾驶员反应时间、减速度、轿车转弯偏角和接触位置。针对性地调整这些参数，能够提高事故再现的精度。Yuan Q. 等[1]收集了北京市发生的180例乘用车与弱势道路使用者之间的碰撞事故，包括60例汽车-行人，60例汽车-自行车，60例汽车-电动自行车的碰撞案例数据。基于事故再现和鉴定结果，运用逻辑回归建模对碰撞数据进行统计和对比研究，提取人、车、路、环境等变量对事故影响的主要因素，为此类事故的场景构建及安全评价提供依据。Yuan Q. 等[2]对我国近年发生的100多起严重交通事故数据进行聚类和因子分析，提取事故场景包含的23个因素，面向人-车-路系统，深入分析了各因素对事故发生的影响程度。

（2）应用方法研究。李立等[3]选取14例人车碰撞道路交通事故案件，应用PC-Crash软件再现碰撞过程，分析车辆与行人碰撞时的车速及人体损伤的部位、程度、成伤方式等特点。重建结果表明，基于PC-Crash软件的道路交通事故虚拟再现技术具有建模简单、模拟时间短、再现精度高、模拟界面形象逼真等特点。计算机仿真技术可再现车辆与行人碰撞过程，对人车碰撞道路交通事故法医学司法鉴定中的车速判断和人体损伤分析具有重要的现实意义。童小波等[4]基于摩托车-行人碰撞的交通事故现场痕迹，通过PC-Crash软件重建摩托车交通事故过程，清晰再现碰撞事故中的关键细节，从而弥补传统鉴定方法可能遗漏的关键信息。何永旺等[5]同时提出，PC-Crash软件在道路交通事故重现中的应用还存在诸多问题，例如，事故重现时的行人抛距和碰撞时车辆的速度受到现场勘验、痕迹物证提取和损伤分析完整性和准确性的影响；对国内大型车辆仍然缺乏建模及相应的数据库支撑，进而对

---

〔1〕 Yuan Q. , et al. , "Factor Comparison of Passenger-vehicle to Vulnerable Road User Crashes in Beijing, China", *International Journal of Crashworthiness*, 2017, 22（3）：260-270.

〔2〕 Yuan Q. et al. , "Cluster and Factor Analysis on Data of Fatal Traffic Crashes in China", *International Conference on Transportation Information & Safety*, *IEEE*, 2017.

〔3〕 李立等：《基于PC-Crash软件的道路交通事故再现技术研究》，载《中国法医学杂志》2018年第5期。

〔4〕 童小波等：《基于PC Crash的摩托车-行人碰撞事故分析重建》，载《重庆理工大学学报（自然科学）》2018年第2期。

〔5〕 何永旺等：《基于PC-Crash软件的道路交通事故再现技术研究进展》，载《法医学杂志》2018年第3期。

大型车辆交通事故现场重现效果不佳等。因此，基于事故再现方法与计算机模拟技术开发适合我国道路交通事故鉴定需求的再现软件，是解决当前事故再现难题的理想方法。

孙杰等[1]利用 3D 激光扫描技术对肇事车辆进行测量，根据测量数据建立人-自行车-汽车多刚体模型，并设置优化变量的取值范围，利用多目标遗传算法，带精英策略的快速非支配排序遗传算法求最优近似解，并与事故现场附近监控视频记录进行比较。结果显示，对事故车辆进行激光扫描的重建效果良好，通过遗传算法优化收敛所获得的最优近似解中的假人、自行车、汽车的动力学行为与监控视频中所记录的三者动力学行为相符合，假人的损伤参数也与事故中骑车人的损伤情况及部位相一致。通过静态图片或者动态视频进行虚拟事故场景重建也是新的重建技术手段。Jiao P. 等[2]通过视频截图重建三维空间车辆与行人模型，并利用计算机虚拟现实技术恢复其动态运动轨迹，研究结果表明，利用此种方法重建精度高，操作简便，用时较短。

5. 交通事故法医学鉴定

（1）损伤特征研究。胡林等[3]为探究轿车-自行车事故中骑车人的骑行姿态对其头部损伤的影响规律，分别建立了自行车、骑车人以及轿车模型，并通过实际事故案例构建坐姿对头部动力学响应的影响。研究结果表明，骑车人头部的损伤程度随轿车碰撞速度的升高而增大，但随骑车人背角的增大而减小。该研究结果有助于降低弱势道路使用者在交通事故中的伤亡风险。邹铁方等[4]选取与汽车碰撞事故发生后人体与发动机罩接触并被抛出的 57 例电动自行车事故和 64 例行人事故进行损伤特征对比研究，结果表明，同等条件下，骑车人头部损伤风险低于行人；在大多数速度工况下，骑车人下肢损伤风险均高于行人；损伤来源方面，骑车人和行人头部损伤大体上均来源于车辆撞击，骑车人胸部损伤的来源没有明显的倾向性，而行人胸部损伤在

〔1〕 孙杰等：《基于 3D 激光扫描、多刚体重建和遗传算法优化的车-人碰撞事故再现模拟与损伤分析》，载《法医学杂志》2017 年第 6 期。

〔2〕 Jiao P. et al. , "A Virtual Reality Method for Digitally Reconstructing Traffic Accidents from Videos or Still Images", *Forensic Science International*, 2018, 292: 176-180.

〔3〕 胡林等：《轿车-自行车事故中骑车人头部损伤的影响因素研究》，载《汽车工程》2018 年第 11 期。

〔4〕 邹铁方等：《基于事故再现的骑车人与行人各部位损伤的对比研究》，载《汽车工程》2018 年第 3 期。

车速低于 42km/h 时主要来源于地面撞击，车速高于 42km/h 时主要来源于车辆撞击。该研究结果为道路弱势群体伤残评定提供了参考依据。在上述研究基础上，可建立相关弱势道路使用者损伤验证模型，并用于交通事故鉴定分析。

Cheng WC. 等[1]通过选取分析 2006—2015 年事故中的 223 名致死驾驶员作为样本案例，数据分析显示其中 60 例检测到血液内含有酒精、40 例检测到血液内含有药物，其中酒驾造成的事故损伤程度较为严重，氯胺酮是死亡驾驶员体内最常检测到的药物。通过对血液数据挖掘分析，可探索道路交通事故中驾驶人死亡原因，并为法医学鉴定提供理论依据。在交通事故发生过程中，老年人发生各类损伤、伤后致死率或伤后致残率均高于其他年龄组人群，随着老龄化社会的发展，老年人交通伤残鉴定逐渐成为交通事故法医学鉴定的重要占比部分。张德雨等[2]基于老年人交通伤残鉴定的一般原则，区分交通伤残与原有伤病之间的关系，从而判定交通事故原因力大小；同时充分考虑退行性变因素，对老年人退行性变器官进行伤残鉴定，有利于保障老年人交通事故法医学鉴定的公正性以及科学性。

（2）伤残评定研究。钟增平[3]对实际事故案例中伤残人员胫腓骨多段骨折并发骨髓炎进行了伤残评定，通过病案资料、医学影像、病理报告以及化验报告，从而形成伤残人员伤残评定完整的证据链，可有效提高交通事故法医学鉴定意见的客观性与公信力。为了深入研究不同颅脑损伤准则对道路交通事故中行人颅脑损伤的预测与评价性能，王方等[4]从已有的交通事故调查数据库中选取可以用于进行事故虚拟重建且具有详细人体颅脑伤情记录的 10 例车辆碰撞行人事故案例，采用多刚体动力学和有限元分析方法，对事故中人和车辆运动学响应及行人颅脑损伤情况进行虚拟重建。研究结果表明，基于脑组织应变的颅脑损伤准则中，累计应变损伤测量准则（CSDM）相对于最大主应变准则（MPS）能更有效地评价典型弥散性脑损伤（DAI），而扩张损

---

〔1〕　Cheng WC. , Dao KL. , "The Occurrence of Alcohol/Drugs by Toxicological Examination of Selected Drivers in Hong Kong", *Forensic Science International*, 2017, 275：242-253.

〔2〕　张德雨等：《老年人交通伤法医临床学鉴定》，载《中国司法鉴定》2018 年第 3 期。

〔3〕　钟增平：《交通事故中胫腓骨多段骨折并发骨髓炎的评残 1 例》，载《中国司法鉴定》2018 年第 1 期。

〔4〕　王方等：《基于行人碰撞事故重建的颅脑损伤准则效能研究》，载《中国公路学报》2018 年第 4 期。

伤测量准则（DDM）所反映的脑挫伤程度远低于真实的损伤状况。该研究结果可为优化汽车碰撞中的颅脑损伤评价体系，促进行人颅脑损伤防护研究以及行人颅脑损伤法医学鉴定提供理论依据。姚恒江[1]采用 CT 扫描结合多平面重建和容积再现技术进行交通事故尸体检验，将损伤的局部和整体结合，对损伤器官进行立体、多角度、综合性的分析，从而更有利于分析器官组织的损伤机制、对冲伤的形成机制、不同器官组织间损伤的关联性等情况，可以在保证检验质量的同时，提升法医学鉴定检验效率。

6. 交通事故鉴定宏观研究

（1）鉴定标准体系研究。冯浩等[2]通过分析我国道路交通事故鉴定的技术现状与管理现状，梳理了目前道路交通事故鉴定涉及的相关标准，并总结了目前交通事故鉴定标准存在的主要问题，包括缺少专用性标准、缺少部分重要标准、标准规划缺乏系统性以及标准之间缺乏协调性。同时，基于道路交通事故鉴定标准构建的目标和原则，建议将道路交通事故鉴定作为独立的鉴定专业进行规划发展，从而形成一套科学、完整的道路交通事故鉴定标准体系。规范化、标准化以及公正化地进行道路交通事故现场取证、车速鉴定、痕迹鉴定、车辆鉴定、法医学鉴定等，对道路交通事故鉴定行业发展起着至关重要的作用。

（2）事故案例统计研究。基于交通事故大数据及鉴定数据开展针对性的统计分析与挖掘研究具有重要的实用价值。牛志鹏等[3]通过分析云南省2010—2015 年道路交通事故数据统计资料，从时间分布特征、空间分布特征以及事故形态特征等方面鉴别高原地区公路交通事故发生特征，以百万车公里事故率和当量事故次数为指标，采用系统聚类分析方法，构建系统聚类模型，从而为高原地区的公路交通事故预防以及事故多发点的鉴别提供了新的思路。Yuan Q. 等[4]分析了 2011—2013 年北京市 100 例商用车追尾碰撞事故案例，结果显示，在商用车追尾碰撞事故中，碰撞事故的严重程度与司机的

〔1〕 姚恒江：《CT 扫描在交通事故尸体检验中的应用》，载《法医学杂志》2017 年第 6 期。

〔2〕 冯浩等：《道路交通事故鉴定标准体系构建的探索》，载《中国司法鉴定》2018 年第 6 期。

〔3〕 牛志鹏等：《考虑系统聚类的公路交通事故多发点鉴别研究》，载《中国安全科学学报》2018 年第 11 期。

〔4〕 Yuan Q. et al. , "Investigation on Occupant Injury Severity in Rear-end Crashes Involving Trucks as the Front Vehicle in Beijing Area, China", *Chinese Journal of Traumatology*, 2017, 20（1）: 20-26.

年龄和居住地相关。同时，Yuan Q. 等[1]还分析了 2009—2015 年北京市 150
例车辆与电动自行车碰撞数据，以确定车辆对电动自行车碰撞的伤害程度的
影响因素，结果显示，郊区、十字路口和机动车道是电动自行车易发碰撞事
故的地点，并且大部分车辆与电动自行车事故的现场均存在明显的碰撞痕迹。
上述研究能为典型碰撞事故的鉴定分析提供参考。

　　李国良等[2]分析了 200 例轿车间前部碰撞事故中驾驶员和前排乘车人员
的损伤特征，结果表明，驾乘人员损伤程度轻微，造成头、胸部、腹部及盆
部、四肢损伤的发生率低。但与前排乘车人相比，易造成驾驶人左颈部、右
膝部的体表损伤；与驾驶人相比，易造成前排乘车人右侧颈部的体表损伤。
王福江等[3]通过分析 2015—2017 年 401 例道路交通事故死亡案例，统计分析
碰撞事故中受害者死亡原因以及损伤特点。统计结果表明，受害者年龄多为
40~60 岁，男性受害者多于女性，肇事方式中机动车与机动车碰撞类型占比
最多，且受害者死亡原因多为颅脑损伤，部分为胸腹脏器破裂或急性创伤性
失血性休克死亡，损伤原因多为碰撞伤。

　　（十）声像资料鉴定

　　根据党凌云等[4]的统计，2017 年度全国声像资料鉴定业务约为 13 641 件，
较 2015 年（8754 件）增长了约 55.8%，约占全年鉴定业务总量的 0.6%。

　　1. 声纹检验技术

　　（1）语音/说话人鉴定。狭义的声纹检验即说话人鉴定、语音同一认定，
该项检验为声纹检验的核心项目。在特征挖掘方面，Wang L. 等[5]研究了汉
语复合元音的动态特征，结果表明，复合元音也具备较高的声纹鉴定价值。

　　[1]　Yuan Q. et al., "What Factors Impact Injury Severity of Vehicle to Electric Bike Crashes in China?", *Advances in Mechanical Engineering*, 2017, 9（8）：49-56.

　　[2]　李国良、丁润涛：《轿车与轿车前部碰撞驾驶员和前排乘车人员损伤特征的比较研究》，载《中国司法鉴定》2018 年第 5 期。

　　[3]　王福江、许耀雪、于砚田：《401 例道路交通事故死亡的法医学分析》，载《中国卫生法制》2018 年第 5 期。

　　[4]　党凌云、张效礼：《2017 年度全国司法鉴定情况统计分析》，载《中国司法鉴定》2018 年第 3 期。

　　[5]　Wang L. et al., "Speaker-specific Dynamic Features of Diphthongs in Standard Chinese", *Proceedings of IAFPA 2017*, Split, Croatia：IAFPA, 2017：91-95.

Honglin Cao 等[1]认为，法庭科学中的说话人识别不只是对两个个体语音之间的相似性进行评估，还应该研究相关人群特征的典型性，以 100 位年轻男性发音人使用普通话进行朗读和自述语音为语料，对每位发音人的基频进行统计分析，计算基频的均值、中位数、众数、标准差和变异系数，并用柱状图和散点图表示，结果表明，五类指标均呈现正态分布。本研究所得的基频统计结果可用于说话人识别研究中针对中国青年男性基频特征研究的参考资料。陈维娜等[2]研究得出，利用长时平均功率谱（LTAS）的稳定性和特殊性来进行声纹鉴定具有一定的可行性，但前提条件是涉案的检材语音与样本语音的录音环境、录音条件要相近，发音内容要相同，特别是录音信道需要保持一致。

在影响因素的排除方面，申小虎等[3]对假声伪装语音进行同一认定的可行性进行了研究，以男女各 15 人正常发音和假声伪装进行实验，分析语谱图的共振峰、基频、音强等指标差异并进行成对 T 检验，同时利用自动话者辨别系统进行验证。研究发现，假声语音检材与正常语音样本的各项指标参数存在较大差异，相同伪装方式下的假声语音检材与样本间的某些指标参数具备稳定性，具备进行同一认定的可行性。陈维娜等[4]以 5 位不同发音人在 4 类不同环境下发相同语音的实验，通过听觉分析、视谱比较和声学参数测量等方法研究了不同录音环境对同一人发音产生的影响，总结归纳出易受和不易受环境因素影响的语音特征，尝试为声纹鉴定实践提供参考依据。在已有研究表明语音的长时共振峰分布特征可以很好地区分不同说话人的基础上，贾丽文[5]研究了音量增大时语音的长时共振峰分布特征变化规律及其对声纹

〔1〕 Honglin Cao, Yingjing Lei, "Fundamental Frequency Statistics for Young Male Speakers of Mandarin", *Journal of Forensic Science and Medicine*, 2017, 3（4）: 217-222.

〔2〕 陈维娜、李同、张肖肖:《长时平均功率谱在声纹鉴定中的应用研究》, 载《中国人民公安大学学报（自然科学版）》2017 年第 2 期。

〔3〕 申小虎等:《假声伪装语音同一认定的可行性分析》, 载《中国刑警学院学报》2018 年第 2 期。

〔4〕 陈维娜、曾庆发:《不同录音环境对语音特征的影响研究》, 载《中国人民公安大学学报（自然科学版）》2018 年第 4 期。

〔5〕 贾丽文:《音量增大时语音的长时共振峰分布特征变化及其对声纹鉴定的影响》, 载《山西大同大学学报（自然科学版）》2017 年第 1 期。

鉴定的影响。贾丽文等[1]还以山西交城方言为例，研究长时共振峰特性在方言与普通话之间进行语音同一性检验的价值，并得出鉴定价值不高的结论。张红兵[2]进一步研究了耳语特征变化及其对声纹鉴定的影响，通过语音参数统计和图谱比对，对比分析过零率曲线、共振峰特征、FFT 长时平均曲线、LPC 谱等，认为可以利用耳语检材与正常样本或者耳语样本进行话者比对分析，但需要提高样本量以减少发音不稳定性以及其他内外部因素所带来的干扰。

　　针对说话人自动识别的研究依旧是近两年的研究热点。在高斯混合模型-通用背景模型（GMM-UBM）基础上，基于身份认证矢量（i-vector）的概率线性判别分析（PLDA）说话人识别系统模型应用成熟，而各种算法的引进和改进仍在不断地推陈出新。但现阶段噪声干扰、信道失配、语音过短仍是干扰说话人识别性能的主要障碍，各家研究的开展也主要是从这几个方面寻找突破点。

　　在主要应对噪声干扰方面，林海波等[3]提出的算法是在分析人耳听觉模型的基础上，选择伽玛通（gammatone）滤波器和等响曲线模拟人耳听觉感知特性，结合倒谱提升对特征参数进行改进，可以降低易受噪声干扰的低阶分量，同时提高了数值相对小的中高阶分量，得到更稳健的特征参数。实验表明，该特征参数的识别率及鲁棒性优于传统的特征参数。程小伟等[4]则提出一种基于正规化线性预测功率谱的说话人识别特征，得到说话人识别特征正规化线性预测伽马通滤波器倒谱系数（RLP-GFCC），在噪声环境说话人辨认实验中，相比传统的梅尔频率倒谱系数（MFCC）和伽马通滤波器倒谱系数（GFCC）的系统识别率得到了明显提高，对噪声环境的鲁棒性得到了增强。

　　在主要应对信道失配方面，闫富荣[5]针对语者训练和测试语音环境不匹配和编码方式不匹配导致的识别系统性能严重下降的问题，进行了深入的研

　　[1]　贾丽文、杨俊杰：《长时共振峰特性在普通话与方言之间的应用探究——以山西交城方言为例》，载《山西警察学院学报》2017 年第 3 期。
　　[2]　张红兵：《耳语特征变异分析》，载《中国刑警学院学报》2017 年第 1 期。
　　[3]　林海波、王可佳：《一种新的听觉特征提取算法研究》，载《南京邮电大学学报（自然科学版）》2017 年第 2 期。
　　[4]　程小伟等：《噪声环境下稳健的说话人识别特征研究》，载《声学技术》2017 年第 5 期。
　　[5]　闫富荣：《语者识别鲁棒性技术的研究》，北京邮电大学 2017 年博士学位论文。

究并提出了相应的算法及解决方案，针对采集环境不匹配问题，提出了缺失数据技术、特征弯折技术；针对编码方式不匹配问题，提出了基于模型失真的补偿方法、基于未编码语音特征和失真特征的结合模型的补偿方法。

在主要应对语音过短方面，目前的说话人识别的特征大多是语音识别中所用的声学特征，如梅尔倒谱特征（MFCC）、感知线性预测特征（PLP）、线性预测倒谱系数（LPCC）等，这些特征容易受到语音内容的影响。为解决这一问题，张涛涛等[1]提出借助语音识别中的声学模型深度神经网络来提取一种对发音内容相关性较弱的特征并用于短时说话人确认任务。采用单音素深度神经网络（DNN）来提取语音信号中的 DN 特征，即去除了发音内容信息，提取出来语音隐层均值特征中的说话人信息得到的说话人特征。该研究在 RSR2015 数据库上开展的实验表明，不论在文本无关还是文本相关的实验中，DN 特征相对于传统的 MFCC 特征在性能上都有较大幅度的提升，说明 DN 特征相对于 MFCC 特征具有更强的抗文本信息干扰和抗信道信息干扰的能力。王昕等[2]、张洪冉[3]提出了一种将深度神经网络（DNN）用于说话人识别后端对 i-vector 进行增强的方法，DNN 通过拟合含噪语音和纯净语音 i-vector 之间的非线性函数关系，得到纯净语音 i-vector 的近似表征，达到降低噪声对系统性能影响的目的。在 TIMIT 数据集上的实验验证了该方法的可行性和有效性。林舒都等[4]以深度神经网络机器学习的特征提取器为基础，在 i-vector 特征之上提取维数更高的 i-supervector 特征，避免信息的不必要损失，再结合深度神经网络模型的说话人识别方法，实验表明，说话人识别同等错误率有 30% 的降低。

为了提升说话人识别系统识别性能，还有学者通过融合特征、改进模型、引入新的理论来解决问题。潘怡霖[5]引入 KL 散度作为 i-vector 高斯规整的

---

〔1〕 张涛涛等：《采用深度神经网络的说话人特征提取方法》，载《小型微型计算机系统》2017年第 1 期。

〔2〕 王昕、张洪冉：《基于 DNN 处理的鲁棒性 I-Vector 说话人识别算法》，载《计算机工程与应用》2018 年第 22 期。

〔3〕 张洪冉：《噪声环境下说话人识别的鲁棒性研究》，南京邮电大学 2018 年硕士学位论文。

〔4〕 林舒都、邵曦：《基于 i-vector 和深度学习的说话人识别》，载《计算机技术与发展》2017年第 6 期。

〔5〕 潘怡霖：《基于 i-vector 特征规整的概率线性判别分析说话人确认方法研究》，哈尔滨工业大学 2017 年硕士学位论文。

衡量标准，通过联合使用边缘高斯化和空间旋转矩阵，对 i-vector 的分布进行高斯规整，提高基于 i-vector 的 PLDA 方法对短语音说话人确认的性能。茅正冲等[1]将变分法求 KL 散度近似值的方法运用到说话人模型的聚类中，提出基于分层识别模型的快速说话人识别方法，解决实时性要求较高的说话人识别。杨莹春等[2]提出了一种基于 GMM 托肯配比相似度校正得分（GTRSR）对说话人识别中测试得分加权校正的方法以提高识别性能。刘俊坤等[3]在传统矢量量化方法的基础上，提出基于自动编码深度置信网络与矢量量化方法相结合的算法。雷磊等[4]提出一种基于小波倒谱系数（WCC）和概率神经网络（PNN）的取证说话人识别模型。赵艳等[5]提出一种改进的 FKT 变换方法，并将其与高斯混合模型有机结合。李荟等[6]引入支持向量机（SVM）解决 GMM-UBM 导致的系统鲁棒性差的问题，并对应用于 SVM 的单核函数进行线性加权组合，构建具有良好的泛化能力与良好的学习能力的组合核函数，实验表明组合核函数 SVM 的识别率和等错误率都明显优化。李琳等[7]对比了 GMM-UBM、绑定混合模型-通用背景模型（TMM-UBM）和 GMM-SVM 的性能差异，发现基于 GMM-SVM 的文本相关系统在跨信道语音数据上具有更好的鲁棒性与识别效果。

值得注意的是，随着移动互联网技术的广泛应用，智能手机快速普及，不同于传统的基于固定电话信道和麦克风信道采集的语音，智能手机的说话

〔1〕 茅正冲、涂文辉：《基于分层识别的快速说话人识别研究》，载《计算机工程与科学》2018年第7期。

〔2〕 杨莹春、邓立才：《基于 GMM 托肯配比相似度校正得分的说话人识别》，载《清华大学学报（自然科学版）》2017年第1期。

〔3〕 刘俊坤、李燕萍、凌云志：《基于 AutoEncoder DBN-VQ 的说话人识别系统》，载《计算机技术与发展》2018年第2期。

〔4〕 雷磊、佘堃：《基于小波倒谱系数和概率神经网络的取证说话人识别模型》，载《计算机应用研究》2018年第4期。

〔5〕 赵艳、吕亮、赵力：《基于修正 Fukunaga-Koontz 变换的说话人识别方法》，载《电子器件》2018年第4期。

〔6〕 李荟、赵云敏：《GMM-UBM 和 SVM 在说话人识别中的应用》，载《计算机系统应用》2018年第1期。

〔7〕 李琳等：《基于 GMM-SVM 的文本相关说话人确认系统》，载《第十四届全国人机语音通讯学术会议（NCMMSC'2017）论文集》，2017年。

人识别应用场景越来越多，黄艺驰等[1]、徐利敏等[2]分别从数据库建设和算法改进的角度开展此场景下的说话人识别研究，为说话人识别研究领域的拓宽做好了准备。

此外，电子伪装语音识别研究仍在继续发展。针对电子伪装变声语音，李燕萍等[3]选取梅尔倒谱系数（MFCC）作为语音特征参数，研究了一种基于高斯混合模型（GMM）的方法，该方法将 MFCC 与 GMM 相结合，以 GMM 模型均值组合特征向量作为 SVM 分类器训练和鉴别的特征参数，经实验结果证明，这种方法对于电子伪装语音的鉴定正确率达到 90%。李燕萍等[4]还研究了一种基于动态时间规整（DTW）模型的方法，该方法主要针对常用的利用矢量量化（VQ）说话人识别模型对电子伪装语音的识别率低的问题，利用 DTW 模型匹配出测试语音的伪装程度，再将 VQ 模型训练语音的伪装程度调整至与测试语音同一伪装程度层面，实现对该模型的补偿，使其性能得到明显改善，结果表明，经过补偿之后的 VQ 模型对电子伪装语音的识别性能显著提升，识别效果良好。

（2）语音降噪处理。语音降噪处理可为语音同一认定做好必要准备，但在降噪的同时不免会造成重叠的有效语音特征损失，如何在降噪的同时尽可能多地保留有效语音特征一直以来是个难题。崔刘虎等[5]在对大量案件进行检验和研究的基础上，介绍了多种常见噪音的处理方法，包括周期性噪音源、相对稳定频域的噪音源和低电平录音，并提出了一种针对有源噪音的新技术方法，获取与主声道中噪音类相同的音源作为参考信道，通过特征校准，精确定位主声道信号和参考声道信号，再进行有效抑制，该方法对主声道语音信号损害低，降噪效果好，并能为进一步的同一认定创造条件。

〔1〕 黄艺驰、邹月娴、柳俊宏：《面向智能手机信道的中文说话人识别数据库 MTDSR》，载《第十四届全国人机语音通讯学术会议（NCMMSC'2017）论文集》，2017 年。

〔2〕 徐利敏、魏翔：《Android 平台说话人认证系统的并行计算与设计》，载《计算机工程与应用》2017 年第 3 期。

〔3〕 李燕萍、林乐、陶定元：《基于 GMM 统计特性的电子伪装语音鉴定研究》，载《计算机技术与发展》2017 年第 1 期。

〔4〕 李燕萍、陶定元、林乐：《基于 DTW 模型补偿的伪装语音说话人识别研究》，载《计算机技术与发展》2017 年第 1 期。

〔5〕 崔刘虎、黄晓春、张亚恒：《试论视听资料中录音取证要素及相关方法》，载《科技创新与应用》2017 年第 36 期。

　　在语音降噪处理实践中，谱减法是最传统也最有效的方法。大部分的自动语音降噪的思路都是在谱减法基础上进行优化。姚远等[1]采用多窗谱自适应谱减法结合递归神经网络的语音增强算法，降噪效果明显。该方法采取正交的多窗谱估计对语音功率谱平滑处理，有效减小信息丢失和估计波动，利用自适应谱减系数调整谱增益和谱下限来控制残留噪声，利用优化的最小值控制递归平均算法（IMCRA）对噪声及时更新来判决语音段和静音段，同时借助特性良好的 BP 神经网络方法进行训练，语音和噪声谱通过谱减后，波形重构获取增强的语音信号。张青等[2]将多窗谱带噪语音功率谱估计和改进维纳滤波算法相结合，得到增强语音的频谱，并采用重叠相加法将其合成语音信号。仿真实验结果表明，该方法相比基于维纳滤波的语音增强以及基于多窗谱估计的改进谱减法语音增强，在增强效果方面有一定的提高。蔡文坚等[3]针对低信噪比环境下谱减算法的局限性，提出了一种基于随机共振理论与谱减算法的复合语音增强算法，利用随机共振预处理减小噪声与纯净信号间的相位差，降低谱减法中相位噪声对语音质量影响，通过与谱减法的对比实验发现，在低信噪比（<0dB）情况下，该方法可以得到更高的分段信噪比增益与感知语音质量评估得分，获得更优的语音增强效果，提高语音信号输出质量。唐鹏[4]针对高噪声输入、低信噪比的情况，将带噪语音信号经过改进型阈值函数小波去噪后作为先验信息，再结合卡尔曼滤波算法，得到最终的增强信号，利用 MATLAB 平台进行实验，其结果表明该结合法能在高噪声输入条件下取得更好的增强效果。王莹[5]主要研究了将自适应成分分解方法与自适应滤波器相结合的降噪方法，引入成分分解方法——经验小波变换（EWT）和经验模态分解（EMD），并采用多元模态分解（MEMD）对混合信

　　〔1〕　姚远等：《改进谱减法结合神经网络的语音增强研究》，载《电子测量技术》2017 年第 7 期。

　　〔2〕　张青、吴进：《基于多窗谱估计的改进维纳滤波语音增强》，载《计算机应用与软件》2017年第 3 期。

　　〔3〕　蔡文坚等：《基于随机共振的微弱语音谱减降噪方法》，载《计算机工程与设计》2018 年第 2 期。

　　〔4〕　唐鹏：《基于改进小波阈值函数的语音增强算法研究》，深圳大学 2017 年硕士学位论文。

　　〔5〕　王莹：《基于成分分解的自适应滤波降噪方法研究》，哈尔滨工业大学 2017 年硕士学位论文。

号与参考噪声信号同步分解，再与自适应滤波结合，提升降噪效果。王青[1]围绕用回归 DNN 来拟合语音和噪声间的复杂非线性关系，着力解决低信噪比语音可懂度不高、噪声非平稳问题，然后通过多目标学习和融合技术，设计适用于实时应用的紧凑和低延时模型，最后在最大似然估计的框架下对基于时频掩蔽的 DNN 进行参数优化，从而缓解语音失真，保留更多语音高频部分。

连续噪声谱的干扰和影响是语音降噪的一个典型场景，严思伟等[2]针对短波信道中噪声谱的时变问题，提出了改进的连续谱估计谱减法，通过在连续噪声谱中进行反复连续的端点检测和噪声估计，选取合适的降噪系数，在降噪和提高信噪比的同时，有效抑制"音乐噪声"，得到更好的语音可懂度和清晰度。邵虹等[3]为提升噪声估计的准确度，并及时跟踪非平稳噪声，在最小值控制递归平均算法的基础之上，提出了连续频谱最小值跟踪的改进最小值控制递归平均算法，通过对含噪语音功率谱的每一个频点进行连续平滑，然后再在子窗内采用最小值搜索的方法来实现噪声谱的估计，仿真实验结果表明，改进后的算法相对于原算法，在输出信噪比上提高 0.8 ~ 2.1dB，能够更加准确地估计噪声谱，提升语音质量。

一些新的信号处理方法被应用到语音降噪处理中。周伟力等[4]从信号稀疏重构的角度提出一种基于自适应逼近残差的稀疏表示语音降噪方法，在字典学习阶段基于 K 奇异值分解（K-SVD）算法获得干净语音谱的过完备字典，在稀疏表示阶段基于权重因子调整后的噪声谱和估计的交叉项对逼近残差持续自适应地更新，并采用正交匹配追踪（OMP）方法对干净语音谱进行稀疏重构，最后结合估计的干净语音谱与带噪语音相位，通过傅里叶逆变换获得重构的干净语音。实验结果表明，在不同噪声和信噪比条件下，相比标准的谱减法，稀疏表示语音降噪算法和基于自回归隐马尔可夫模型的降噪方

〔1〕　王青：《基于深层神经网络的多目标学习和融合的语音增强研究》，中国科学技术大学 2018 年博士学位论文。

〔2〕　严思伟、屈晓旭、娄景艺：《基于连续噪声谱估计的谱减法语音增强算法》，载《通信技术》2018 年第 6 期。

〔3〕　邵虹、王杰：《基于连续频谱最小值跟踪的语音增强算法》，载《电子测量技术》2018 年第 14 期。

〔4〕　周伟力等：《基于自适应逼近残差的稀疏表示语音降噪方法》，载《电子与信息学报》2017 年第 2 期。

法有更好的降噪效果。甘振业等[1]针对传统语音增强算法的缺陷及 K-SVD 算法在低信噪比的情况下不能较好地稀疏表示带噪语音信号的问题，提出一种总体平均经验模态分解（EEMD）与 K-SVD 字典训练相结合的语音增强算法。首先将带噪语音进行 EEMD 分解，得到的各本征模式分量（IMF）分别与纯净语音和噪声做互相关分析，对疑似噪声 IMF 分量做自相关分析，从而去除噪声 IMF 分量。同时，将过渡 IMF 分量再次进行 EEMD 分解，去除噪声成分。将去噪后的过渡 IMF 分量与剩余 IMF 分量组合成新的带噪语音，并在采用纯净语音训练得到的过完备字典上进行稀疏表示，通过稀疏系数重构得到增强之后的语音信号。童仁杰[2]针对在时域呈现稀疏和非平稳特性，且在时间上随机分布、幅度任意大的冲击噪声，在实际环境中存在的方向性、无方向噪声等，对单通道和多通道语音增强问题提出了几种行之有效的语音增强算法。

（3）录音真实性鉴定。录音真实性鉴定现在主要是检验数字音频是否经过剪辑处理。王华朋[3]总结了几类常见的音频编辑加工出现的痕迹及检验方法，并给出了一定的理论依据，包括抹除类痕迹检验、剪切类痕迹检验、插入拼接类痕迹检验以及频响范围更改痕迹检验。申小虎等[4]在系统分析数字音频文件篡改方法的基础上，使用多种频谱分析方法，如平均频谱分析、区域平均频谱对比、采样直方图分析、DC 偏移检验、相位分析、采样一致点分析等，针对不同的篡改手段采用不同的方法寻找篡改痕迹，建立了有效的频谱检验手段。随着音频特征提取的多样和自动识别算法的优化，对录音真实性的自动检验也在不断发展。操文成[5]在分析音频伪造及被动取证的基础上，提出了一种基于语音线性倒谱系数与共振峰的音调篡改盲检测算法，设计了一种基于峰度统计矩阵的语音音调篡改盲检测算法，两种算法的漏检率均低于 10%。孙蒙蒙[6]针对录音的真实性辨识和数字语音的重翻录检测，提

〔1〕 甘振业、陈浩、杨鸿武：《结合 EEMD 与 K-SVD 字典训练的语音增强算法》，载《清华大学学报（自然科学版）》2017 年第 3 期。

〔2〕 童仁杰：《基于信号稀疏特性的语音增强算法研究》，中国科学技术大学 2018 年博士学位论文。

〔3〕 王华朋：《常见语音被编辑加工痕迹的检验方法》，载《警察技术》2017 年第 3 期。

〔4〕 申小虎等：《录音资料真实性鉴定的频谱检验技术研究》，载《刑事技术》2017 年第 3 期。

〔5〕 操文成：《语音伪造盲检测技术研究》，西南交通大学 2017 年硕士学位论文。

〔6〕 孙蒙蒙：《录音真实性辨识和重翻录检测》，深圳大学 2017 年硕士学位论文。

出了适用于音频的幅度共生向量特征，即将语音信号进行量化操作，再对相邻多个样本点之间形成的共生向量进行概率分布的计算，应用基于该特征的方法检测准确率可达 95%。梁富文[1]研究了两种语义篡改方式的检测——同段音频复制粘贴篡改和异源音频拼接篡改，针对同段音频复制粘贴篡改，提出一种基于 DTW 算法的检测方法；针对异源音频拼接篡改，提出一种基于静音段的检测方法。张立[2]针对隐马尔可夫模型参数合成语音，提出了基于低频小波系数特征的参数合成语音鉴别算法；针对拼接合成语音，选择高频子带的信息量作为鉴别特征，分别采用支持向量机和高斯混合模型作为分类器进行鉴别，检测准确率可达 97.1%。数字语音的篡改往往会导致双压缩过程，陶表犁[3]研究了语音的双压缩检测，提出一种基于压缩历史不一致性的语音篡改检测方法并对其进行了优化，利用编码的量化特性进行篡改定位，将零值频谱系数作为特征分析其量化前后的变化特征，提取了一种有效的特征，实现了对篡改的检测。

（4）语音人身分析。近年来，随着说话人自动识别算法的演进，语音人身分析也从单纯依赖语言学知识进行专家分析走向基于统计分析的自动化识别。

在地域分析方面，张洁[4]分析了韩国人使用汉语普通话的语音特点，总结出容易发生偏误的区别特征，同时与相近的汉语方言发音对比，并依据汉语水平的不同对区别特征的价值进行分析。邱远航[5]在特征层面将表征方言种属信息 i-vector 与韵律特征相融合，提升方言类属特性的全局表征效果，增强方言语音的可区分性；在模型层面，在后端分类模型方面引入深度关注神经网络。这两种方法分别将汉语方言辨识等错误率相对降低 56.32% 和 28.3%。

在性别分析方面，黄珊[6]提出了基于误差反向传播（BP）神经网络和卷积神经网络的说话人性别识别模型，结合语音信号的基频、共振峰、MFCC 等

〔1〕 梁富文：《用于音频篡改检测的数字音频取证技术》，华南理工大学 2017 年硕士学位论文。

〔2〕 张立：《计算机合成语音与自然语音鉴别技术的研究》，宁波大学 2017 年硕士学位论文。

〔3〕 陶表犁：《数字语音拼接篡改检测技术研究》，宁波大学 2017 年硕士学位论文。

〔4〕 张洁：《韩国人使用汉语的语音特点及分析时的注意事项》，载《中国司法鉴定》2017 年第 3 期。

〔5〕 邱远航：《基于深度关注神经网络的汉语方言辨识》，江苏师范大学 2017 年硕士学位论文。

〔6〕 黄珊：《基于深度学习的说话人性别特征识别研究》，昆明理工大学 2018 年硕士学位论文。

特征进行说话人的性别识别，取得了良好的实验结果。耿浦洋等[1]分析了不同性取向男性发音人的普通话声学特征，包括单音节词的基频、元音共振峰及声学空间、元音时长、擦音或送气阻塞音的除阻及摩擦段时长，以及语篇中的时长和基频等，并得出一定规律。

在年龄分析方面，杜先娜[2]提出了以有效频带多分辨率特征参数作为输入数据，基于特征子空间量化与深度置信网络结合模型的说话人年龄识别方法，利用小波包变换的多分辨率分解特性，同时也利用深度置信网络非凡的非线性映射能力，取得了较好的年龄识别结果。彭去桀[3]从违法犯罪人员声纹数据库中选取近 30 000 条语音文件形成实验样本库，基本覆盖公安领域涉及的违法犯罪人员全年龄段，提取每条语音中三个不同位置元音［A］的 14 个声纹特征参数进行统计分析，研究发现，基频值、音强值、共振峰频率三个特征与说话人年龄高度正相关，年龄对共振峰带宽的影响相对较弱。闫杰等[4]使用 DNN 作为特征提取器提取瓶颈特征，和传统声学特征串联拼接后进行 i-vector 的建模和提取，通过查找点积距离最近的分段模型作为分类结果，该系统的总体分类正确率达到 56.11%，比仅使用传统声学特征的系统相对提高 18%。但要指出的是，说话人年龄分类正确率停留在较低水平

2. 图像鉴定技术

（1）图像处理技术。夜间监控视频图像质量分析与处理是视频侦查实战中亟待解决的难点，是充分实现视频监控系统效力最大化的关键，也是图像处理、模式识别、机器视觉等领域的研究热点。李博等[5]对夜间视频图像处理技术在视频侦查中的应用进行研究，通过分析公安实战中夜间监控视频图像的曝光不足、局部曝光过度、光照不均、反光、雨雪雾等疑难类别，进而

---

〔1〕 耿浦洋、顾文涛：《不同性取向男性发音人的普通话语音特征》，载《第十四届全国人机语音通讯学术会议（NCMMSC'2017）论文集》，2017 年。

〔2〕 杜先娜：《基于特征子空间量化与深度置信网络的说话人年龄识别》，苏州大学 2017 年硕士学位论文。

〔3〕 彭去桀：《［A］元音声纹特征与说话人年龄的相关性研究》，中国人民公安大学 2017 年硕士学位论文。

〔4〕 闫杰等：《基于 Bottleneck 特征和 i-vector 的说话人年龄分类》，载《第十四届全国人机语音通讯学术会议（NCMMSC'2017）论文集》，2017 年。

〔5〕 李博、刘雨杰、杨木：《夜间视频图像处理技术在视频侦查中的应用研究》，载《信息系统工程》2017 年第 9 期。

提出针对不同类型夜间光线问题图像的图像增强、去模糊、去噪声、直方图调整等常规处理方法，从而为视频侦查人员对涉案夜间视频资料进行质量研判、增强处理、辨认识别提供参考和技术支持。潘庆娜等[1]探析了视频侦查在多发性侵财案件中的应用。

（2）同一认定技术。关于同一认定技术理论相关的研究，张大治等[2]对视频人像检验鉴定面临的诸多理论与实践上的问题进行了探讨，首先剖析了人体外貌、人像、人像特征的概念及其关系，然后分析了人像鉴定具有的特殊性，最后阐明了人像鉴定的科学性。研究表明，人体外貌是视频人像鉴定的客体，人像的实质是被记录的人体外貌现象，人像特征是具体条件下的特征；视频人像鉴定的特殊性表现在人像形成与记录方式、对人体外貌特性表现方式，以及人像特征内涵的丰富性、人像检验鉴定的综合性；视频人像鉴定的科学性体现为鉴定理论与方法的科学性。

关于人像同一认定技术的一些研究，刘玉勇等[3]为了研究耳廓观测指标的变化特征，提出利用耳廓特征识别点进行个体同一认定的研究方法，为法医学个体识别及对视频图片中的个体进行同一认定提供一种科学、准确、简便易行的方法。通过对 19~22 岁的汉族成人拍摄耳廓侧位图像，选取 148 人照片中的相应指标进行观测和数据收集，经 SPSS 统计软件处理，分析各种因素对测量结果的影响，计算出各指标识别能力及两批照片各指标之间的差值，最终得出各指标差值的参考值范围。10 项观测指标经统计检验分析，最终保留 6 项指标，重复测量结果稳定。各指标的变异系数相差不大，结果稳定可靠。研究表明，通过制定 6 项观测指标差值的参考范围，确定指标是否同一，最终认定照片中耳廓是否属于同一个体的方法准确可行。人体体态特征的刻画是视频资料检验的关键环节，关乎侦查方向和范围的划定，但由于时间、经济、技术、经验等各种主客观因素制约，往往使得技术人员对于作案人身高特征的刻画操作较难且不精确。马晓赟[4]针对该问题，指出了对视频监控

〔1〕　潘庆娜、万顺、聂元麒：《视频侦查在多发性侵财案件的应用探析》，载《湖南警察学院学报》2018 年第 4 期。

〔2〕　张大治、郭勇：《视频人像鉴定相关概念、特点及其科学性》，载《中国刑警学院学报》2018 年第 5 期。

〔3〕　刘玉勇、穆日磊：《耳廓的同一认定研究》，载《中国法医学杂志》2017 年第 5 期。

〔4〕　马晓赟：《视频监控中人体身高识别关键技术研究》，载《河北公安警察职业学院学报》2008 年第 1 期。

中人体身高识别的重要性，并提出视频监控中人体身高特征如何构建、其识别要点和具体测算方法，即确定条件较好的图像帧、寻找空间六面体结构或矩形、现场测量、收集样本并测算误差、估算实际身高等，对侦查破案和诉讼审判具有重要意义。陈景洲等[1]针对一起实际案件，运用基于形变模型的三维人像重建技术进行大姿态单张二维正面人像重建，通过抠图、关键点调整、边缘调整等步骤，将一张半侧面图像重建恢复出正面图像。通过对视频中人脸图像进行姿态转正，使其符合人像比对的条件。将重建后的正面人像输入人像比对系统，成功比中犯罪嫌疑人。研究表明，大姿态人像转正技术可以有效解决非正面人像检索比对难的问题，提高人像比对准确率和排查效率，增强视频人像线索运用效能。王彬[2]论述了大数据在杀人案件侦查中的运用形式，即作为线索之运用和作为证据材料之运用；大数据在杀人案件侦查中的运用方法，即数据搜索、数据碰撞、数据挖掘、数据画像。大数据时代，杀人案件侦查中，运用大数据进行同一认定主要有以下几种情形：一是对人身的同一认定，主要是通过指纹、足迹、外貌、牙齿、行为及动作习惯的特征比较，以及 DNA、Y-STR 检验结果的类型比较来进行的；二是对尸体的同一认定，主要是根据被害人的相貌、衣着、牙齿、身体的某些特殊标记、特征，内脏的解剖病理特征和生前的手术特征等方面来进行的，也可以通过 DNA、Y-STR 检验结果入库搜索、比对来实现；三是对痕迹、物品、气味的同一认定，主要是对杀人案件现场搜集、提取到的痕迹、物品和气味等，通过其形象特征、物质成分特征、物品断离方式等来进行的；四是对场所的同一认定，就是依据场所的综合特征来判断其是否为同一场所的一种认识活动。

（3）真伪检验技术。

第一，伪造图像检验方面。付文波等[3]针对不雅图图像篡改进行了特征分析，在对大量篡改照片进行观察分析的基础上，对于不雅图的画质特征表现进行总结，如像素较低、曝光不足、颜色失真、景深不一致现象等，还总结了伪造不雅图图像的人物动态特征，对于伪造图像进行画质特征、人物动态特征、光影特征等分析并给出鉴定结论。结合案例和实验，实例分析并阐

---

〔1〕 陈景洲等：《大姿态人像转正技术在视频人像比对中的应用》，载《刑事技术》2018 年第 6 期。

〔2〕 王彬：《杀人案件侦查中的大数据运用研究》，载《广西警察学院学报》2017 年第 6 期。

〔3〕 付文波、邵珠镇：《不雅图图像篡改的特征分析》，载《广东公安科技》2017 年第 4 期。

述了如何系统全面地进行不雅图图像的真实性检验，为图像真实性检验提供参考。

柴建伟等[1]针对当前图像伪造检测算法进行图像伪造检测时主要通过设定比例阈值来实现特征匹配，存在检测误差大、鲁棒性不强等不足，提出了改进的 SIFT 耦合特征点集群的图像伪造检测算法。首先，采用二进小波变换提取伪造图像的低频子带以用于特征点检测；其次，基于特征点邻域旋转不变纹理特性，改进了 SIFT 机制，生成新的特征描述子对其进行描述，减少误匹配，并提出了自适应匹配策略，通过搜索最优比例阈值，以提高算法检测精度及鲁棒性；最后，通过构建特征点的均值漂移向量，对特征点均值和特征点的偏差进行度量，实现特征点的集群，从而完成图像的伪造检测。仿真结果显示，跟当前的伪造检测方法相比，该方法具有更高的检测精度与鲁棒性，呈现出较好的 ROC 特性。

刘琴琴等[2]为提高图像伪造内容的检测精度，对向量点积耦合相似聚类的图像伪造检测算法进行研究。利用 Forstner 检测算子提取图像的特征点，将特征点作为中心，建立不同步长的同心圆区域，以 30°角为步长构建角度盘，求取梯度累计直方图，改进 SURF 生成特征向量的过程，输出特征描述符；求取特征描述符之间的余弦，形成向量点积，构造双阈值匹配机制，完成特征点的匹配；利用归一化互相关函数，度量特征点的相似性，根据其相似度完成特征点的聚类。仿真分析结果表明，与当前图像伪造检测算法相比，该算法具有更高的检测效率与精度。

程伟等[3]为减少图像伪造检测的计算复杂度并提高精度，设计了一种基于扩展块与随机样本一致性的建筑图像伪造检测方案。利用建筑图像轮廓，通过块扩展技术提取建筑图像特征；将图像划分为相同尺寸的重叠块，提取每个块的显著特征；根据得到的特征对块进行分组，将组中相邻 3 个块组合成一个储存区；通过构建一个连接矩阵，将不符合要求的子块删除；从储存

〔1〕　柴建伟、刘婷：《改进的 SIFT 耦合特征点集群的图像伪造检测算法》，载《西南师范大学学报（自然科学版）》2018 年第 3 期。

〔2〕　刘琴琴、邱建林：《基于向量点积与相似聚类的图像伪造检测算法》，载《计算机工程与设计》2018 年第 6 期。

〔3〕　程伟、孟聪龄、李业学：《基于扩张块的建筑图像伪造检测》，载《计算机工程与设计》2018 年第 5 期。

区剩余的块中，计算块的总面积，检测伪造子块；引入随机抽样一致性（RANSAC）算法，对匹配结果进行优化。实验结果表明，与当前图像伪造检测方案相比，该方案的精度与效率更高，对模糊、噪声、JPEG 压缩等伪造具有更强的检测性能。

闻凯[1]为解决当前图像伪造检测技术仅局限于单一伪造形式的检测，提出多尺度特征提取耦合双分类器的图像伪造检测算法。分别利用 Curvelet 变换、Gabor 变换、局部二值模式（LBP）与离散余弦变换（DCT）采集输入图像的特征信息，融合这些提取特征，形成图像的多尺度特征；引入隐马尔可夫和支持向量机，设计双分类器的真伪决策模型，将多尺度特征视为识别依据，利用双分类器决策出真实图像和篡改图像。实验结果表明，与当前伪造检测算法相比，该算法具有更高的检测精度与鲁棒性，能够有效地对复制区发生旋转、模糊和噪声的复制-粘贴和拼接伪造完成精确检测。

李晓红等[2]针对当前图像伪造检测方法的检测精度不佳的问题，提出了旋转灰度特征耦合位移约束的图像伪造检测算法。首先，根据图像像素点，构造十字约束法则，对 FAST 算法予以改进，以提取待检测图像中的特征点。其次，利用像素点的梯度特征形成直方图，通过直方图峰值获取特征点的主方向；再用特征点的灰度值来构造旋转灰度特征模型，用于获取特征向量，生成特征描述子；用特征点的位置以及角度特征，构造了位移约束规则，并且在位移约束规则下，通过归一化互相关函数对特征点的相似性进行度量，完成特征点匹配。最后，引入均值漂移模型，对图像中的伪造内容完成区域定位，实现图像的伪造检测。实验结果表明，与当前图像伪造检测算法相比，该算法具有更高的检测精度和检测效率，以及更好的鲁棒性能。

张晓琪等[3]提出了基于圆形均分法耦合双重制约的图像伪造检测算法，采用 Forstner 算子对图像中的特征点进行检测，使得算法的检测精度得以提升。利用 Haar 小波响应值，设计圆形均分法，对 SURF 生成特征描述子进行

〔1〕 闻凯：《多尺度特征耦合双分类器的图像伪造检测算法》，载《计算机工程与设计》2017 年第 10 期。

〔2〕 李晓红、杨玉香、姜春峰：《基于旋转灰度特征与位移约束的图像伪造检测算法》，载《新疆大学学报（自然科学版）》2018 年第 3 期。

〔3〕 张晓琪、侯世英：《基于圆形均分法耦合双重制约的图像伪造检测算法》，载《西南师范大学学报（自然科学版）》2018 年第 1 期。

改进，改善算法的检测效率。随后，利用特征点及其对应的特征向量，构造双重制约模型，对特征点进行正确匹配。最后，利用余弦度量规则对特征点进行归类，完成对图像的伪造检测。实验测试结果表明，与当前图像伪造检测算法相比较，该算法具有更高的检测精度以及较强的鲁棒性。

孙鹏等[1]对拼接篡改这种常见的伪造图像方法进行研究，根据拼接篡改伪造图像中拼接区域与原始区域之间存在的色彩偏移量的差异，提出一种基于偏色估计的拼接篡改伪造图像自动检测方法。首先将图像分为 n×n 大小的图像子块，利用改进的平均色差计算方法估计每一个子块的色彩偏移量；其次将分块之后的待检验图像的上、左、右 3 个径向方向上的尺度边缘子块的集合设定为参考区域，计算每一个子块与参考区域之间的偏色距离；最后与设定的偏色距离阈值进行比较后定位图像中的拼接区域，从而揭示拼接篡改图像中存在的色彩偏移量不一致现象。实验结果表明，该方法能够自动检测拼接篡改图像中的色彩偏移量不一致并定位拼接篡改区域，为拼接篡改伪造图像的取证提供了一类科学量化的检验依据。

如先姑力·阿布都热西提等[2]针对图像中复制-移动和拼接形式的图像伪造检测，提出一种基于离散小波变换（DWT）和形态学滤波的图像伪造检测方法。首先，将图像转换为灰度图，通过应用 DWT 获得 LH、HL 和 HH 子带；其次，通过阈值判断来获得伪造图像区域的边缘，并通过形态学滤波来连接边缘使其清晰化；最后，提取伪造区域的 SIFT 特征，并通过相似性检测来寻找图像中与伪造区域相似的区域，以此来确定伪造类型。实验结果表明，该方法能够准确检测出伪造区域和伪造类型。

高慧等[3]为了解决当前图像伪造检测算法在内容识别过程中易丢失色彩信息而导致不理想的检测精度与鲁棒性等问题，提出基于梯度直方图耦合密度度量模型的图像伪造检测算法。仿真实验结果表明，与当前图像伪造检测算法相比，该算法具有更高的检测正确度，高达 99.6%；并且具有较高的检

〔1〕　孙鹏等：《拼接篡改伪造图像的色彩偏移量不一致取证方法》，载《计算机辅助设计与图形学学报》2017 年第 8 期。

〔2〕　如先姑力·阿布都热西提、亚森·艾则孜：《基于 DWT 和形态学滤波的图像伪造检测方法》，载《计算机测量与控制》2018 年第 8 期。

〔3〕　高慧、曾庆尚、韩明峰：《基于梯度直方图与密度度量模型的图像伪造检测算法》，载《包装工程》2017 年第 23 期。

测精度与鲁棒性，在图像信息、包装印刷等领域具有良好的应用价值。肖渝梅等[1]对非对称特征图像的伪造区域进行准确检测，提出基于傅里叶变换的非对称特征图像伪造检测方法。采用傅里叶-梅林变换提取非对称特征图像块特征，采用随机样本一致性算法对非对称特征图像区域特征匹配对之间的仿射变换参数进行估计并消除错配，依据构建非对称特征图像区域关联图确定完整的非对称特征图像伪造区域。实验结果表明，该方法可有效定位出伪造区域，对复制区域的旋转、亮度变化后处理操作具有较强的鲁棒性。

付军[2]针对数字图像伪造检测，提出构造放射场景测量单视图像算法，并对单视图像进行测量及伪造图像进行检测。结果表明，算法检测准确有效。史二颖等[3]为了解决当前图像伪造检测算法在对图像进行伪造检测时，主要依靠全局搜索的方式来完成特征点匹配，导致其检测效率较低，且在对复杂伪造图像进行检测时，易出现检测精度不高和检测错误的不足，提出基于最近邻搜索耦合近邻损耗聚类的图像伪造检测算法。首先引入积分图像的方法，对图像进行预处理，借助 Hessian 矩阵行列式来提取特征点，利用特征点构建圆形区域，通过求取圆形区域内 Haar 小波响应获取特征点的特征描述符；其次通过特征描述符建立 KD 树索引，利用最近邻搜索方法代替 SURF 中全局搜索的方法，对 SURF 进行改进，完成特征点的匹配；最后利用特征点间的近邻关系求取近邻函数值，通过近邻函数值对特征点进行聚类，完成图像的伪造检测。实验结果显示，与当前图像伪造检测算法相比，该算法具有更高的检测效率和检测正确度。

孙鹏等[4]基于图像中原始区域与拼接篡改区域所反映的光源色温的差异性，提出一种自动色温距离阈值分类的图像拼接篡改检测与定位方法。首先，变换待检验图像至 YCbCr 色彩空间，并按照 Grid-based 方式结构化分解为相同大小的子图像块；其次，利用自动白平衡（AWB）中的白点检测原理对每一个子图像块进行色温估计，计算子图像块与参考区域之间的色温距离；最

〔1〕 肖渝梅、于海：《非对称特征图像区域伪造准确检测方法仿真》，载《计算机仿真》2018 年第 3 期。

〔2〕 付军：《基于单视图像测量的伪造区域检测方法研究》，载《阴山学刊（自然科学版）》2018 年第 2 期。

〔3〕 史二颖、朱家群、杨长春：《基于最近邻搜索耦合近邻损耗聚类的图像伪造检测算法》，载《包装工程》2018 年第 5 期。

〔4〕 孙鹏等：《图像拼接篡改的自动色温距离分类检验方法》，载《自动化学报》2018 年第 7 期。

后，采用最大类间方差法自适应地求取色温距离分类的最佳阈值，对子图像块进行分类标注，实现了图像拼接篡改区域的自动检测与精确定位。实验表明，该方法具有较高的量化检测精度。

第二，伪造视频检验方面。睢悦[1]针对监控视频内容伪造的问题，提出基于脆弱水印的监控视频伪造检测算法，融合视频帧序号和时间戳作为水印信息，能够保证内容真实可靠；将 PRNU 噪声的统计特征作为密钥，能够保证视频来源可追溯；将水印嵌入 I 帧的亮度分量 4×4 分块的非零量化 AC 交流分量系数中，实现了对监控视频伪造的检测。实验表明，该算法具有良好的隐蔽性和鲁棒性。

谢俊仪[2]对于伪造视频图像的检验方法研究做了综述，将伪造视频的检验方法分为视频图像预处理、伪造视频图像的实例、视频图像的真伪检验三个方面进行阐述，其中真伪检验的方法又分为检验透视比例关系、检验照明光线的一致性、检验复制粘贴和图像拼接以及检验有无违背常理现象等。

孙鹏等[3]针对现在视频篡改检测中对涉案视频定义模糊、缺少科学量化描述标准与规范的问题，对常见的视频篡改方法进行分类（包括帧间篡改和帧内篡改），并根据篡改前后视频的时空域变化分别建立时域模型，最后通过时域模型研究常见视频篡改方法的时空域变化特征。研究成果可以为视频内容真伪性检测的一般方法的研究提供理论依据。

李晓丽等[4]提出了一种基于非负矩阵分解（NMF）和加速稳健特征（SURF）的视频帧间复制粘贴伪造盲检测算法。通过对视频帧进行小波变换，提取低频系数矩阵进行非负矩阵分解，将得到的系数矩阵作为视频帧的特征表示衡量帧间的相似性，根据相似度变化趋势判断视频帧间的连续性，从而确定疑似伪造复制粘贴序列的首帧及尾帧，并通过 SURF 特征匹配进行二次判定。实验结果表明，该算法对连续多帧的复制粘贴伪造具有较好的检测效果，避免了逐帧比对，降低了时间复杂度。

---

〔1〕　睢悦：《面向监控系统的视频源识别及伪造检测技术研究》，西安电子科技大学 2018 年硕士学位论文。

〔2〕　谢俊仪：《伪造视频图像的检验方法研究》，载《云南化工》2017 年第 6 期。

〔3〕　孙鹏等：《视频伪造篡改类型及时域模型》，载《中国刑警学院学报》2018 年第 2 期。

〔4〕　李晓丽、杜振龙：《基于 NMF 和 SURF 的视频帧间复制粘贴伪造盲检测》，载《数据采集与处理》2017 年第 4 期。

　　李然等[1]提出一种主动混噪取证算法，解决了现有方法依靠被动分析视频统计特征发现 MC-FRUC 篡改，而视频统计特性的非平稳性影响了取证性能的稳定性的问题。该算法通过预先混入统计特性已知的高斯白噪声，提高 MC-FRUC 取证的准确度。首先，利用伪随机序列生成高斯白噪声，加入原始视频序列；其次，由小波系数的绝对中位差预测各视频帧中混入高斯噪声的标准差；最后，检测高斯噪声标准差的时域变化周期性，通过硬阈值判决，自动甄别 MC-FRUC 篡改。实验结果表明，针对不同的 MC-FRUC 伪造方法，该算法均表现出良好的取证性能，尤其是当采用去噪、压缩等操作后处理视频后，仍能确保较高的检测准确度。

　　（4）图像分析技术。在监控视频质量低下的时候，利用人体动态特征可以解决一些实际问题，对于案件的侦查和诉讼有一定的效果。杨洪臣等[2]为了实现一种人体动态特征曲线提取算法，以达到视频中人体运动目标动态特征自动提取的目的，使用一种背景自适应算法实现了视频背景的自适应更新，通过背景帧差法实现了前景提取，进一步利用一种目标定位算法实现了运动目标的实时定位，最后通过将传统的几种骨架提取方法运用到目标骨架化操作上，并比较了各种方法在目标骨架提取上的效果，最终发现 Zhang 等提到的 Zhang-suen 骨架提取算法运用在人体动态特征曲线提取上具有较好的效果。该算法的研究在以人体动态特征为突破点的视频侦查中具有重要意义。

　　马晓赟等[3]针对步法特征在视频影像检验中的应用进行了相关研究，将步法特征分析技术延伸到视频影像检验中，通过对现场或关联现场的监控设备得到作案人的视频痕迹提取特征，分析步幅、步态，进行系统化、综合化的分析研判，再通过对犯罪嫌疑人的样本所反映的特征或行走动作数据进行比对，就能进行人身识别。有些视频影像具有模糊性特征，无法准确分析出犯罪嫌疑人的面部、生理结构等细节信息，因此需要在视频侦查中更多地运

　　〔1〕　李然等：《针对视频运动补偿帧率提升篡改的主动混噪取证算法》，载《电子与信息学报》2018年第3期。

　　〔2〕　杨洪臣等：《一种基于骨架算法的人体动态特征曲线提取算法》，载《中国刑警学院学报》2017年第6期。

　　〔3〕　马晓赟、张万松、王彪：《步法特征在视频影像检验中的应用》，载《云南警官学院学报》2017年第2期。

用足迹分析技术来解决这些问题。王彪等[1]发现，利用足迹分析技术中的步态特征，可以准确地分析出经过伪装或戴帽嫌疑人的人身特点。

（十一）电子数据检验学

1. 移动终端数据检验

（1）手机木马检验技术。电信诈骗案中木马类电信诈骗案件持续高发，由于 Android 平台的开放性，其涉及木马的案件更多，而木马的检验鉴定技术难度较大。秦玉海等[2]对 Android 平台的结构以及木马的相关原理进行简要介绍，使用 ADB 命令对检材中木马文件进行提取，再利用逆向分析技术对木马窃取信息的方法、传播的方式、工作机制等内容进行分析。利用此方法将示例中受害人手机的木马成功提取，并分析出此木马的传播方式、工作机制，以及与嫌疑人保持通讯的电话号码等重要线索。结果表明，利用该检验鉴定方法可对 Android 平台进行疑似木马提取，但该方法均为手工操作，对检验人员的技术水平有较高的要求，这无疑降低了检验鉴定效率。因此，该研究团队正在研发一套基于 Android 平台木马的检验系统，拟将木马程序文件上传到系统后，自动逆向分析，得出木马程序的功能，最后打印出规范的检验报告。

（2）恶意 APP 和应用检验技术。秦玉海等[3]对目前 Android 平台上的 APP 现状进行了简要阐述，并通过对实际案例"违章查询. apk"的 APP 进行检验，分别利用静态检验和动态检验两种鉴定方法对案件中涉及的 APP 进行检验分析。静态检验是指利用逆向分析技术对 APP 采用反汇编成 Smali 语言程序的方法得到源代码，通过分析源代码进一步了解该程序的主要功能以及该程序控制者的相关信息，如邮箱账户和联系电话等信息；动态检验是指将程序安装在 Android 虚拟器或 Android 系统手机中，程序运行后通过提取配置文件或使用 Wireshark 分析数据包的方式实现对 APP 相关信息的了解。为了提高 Android 平台中恶意 APP 的检测效率和降低系统开销，陈泽峰等[4]提出了

〔1〕 王彪、张万松、马晓赟：《浅析视频侦查中步态特征的应用》，载《辽宁警察学院学报》2017 年第 5 期。

〔2〕 秦玉海、杨嵩、候世恒：《Android 平台木马的检验鉴定》，载《中国司法鉴定》2017 年第 3 期。

〔3〕 秦玉海、候世恒、杨嵩：《Android 平台恶意 APP 的检验方法》，载《中国刑警学院学报》2017 年第 3 期。

〔4〕 陈泽峰等：《基于多维特征的 Android 恶意应用检测系统》，载《信息安全研究》2018 年第 2 期。

基于多维特征的 Android 恶意应用检测系统，采用操作码等多个独立的数据源作为机器学习的训练集，仅在级别 1 无法提供可靠检测时，将级别 2 作为最终检测结果，并在关注申请权限的同时，研究运行时权限之间的关联性，使用 n-gram 处理操作码序列。这种方法可以有效用于未知应用的恶意代码检测。

（3）微信 APP 检验技术。黄平等[1]提出一种通过 Android 手机微信语音存放路径找到微信语音聊天文件，再通过与消息记录进行关联和还原解码，实现微信语音数据提取的方法。此方法利用逻辑算法将微信语音与对应的消息记录进行关联，并通过还原解码得到相应的微信语音数据。康艳荣等[2]以微信聊天记录的时间信息为研究对象，利用分层聚类和 K-均值聚类分析技术，发现通信时间特征与人物关系之间的关联关系，将微信联系人按照"亲疏远近"的人物关系进行分类，从而为案件侦查过程中快速寻找犯罪团伙、重点嫌疑对象提供一种新的技术手段。

（4）Android 手机动态内存检验技术。目前关于 Android 手机动态内存提取技术的研究是在 LiME 工具基础上，通过编译源内核进行提取。由于 Android 系统手机开放源代码的不完整性，很难获取到与目标手机相匹配的内核源码。因此，康艳荣等[3]提出一种通过解决未知符号错误实现基于相似内核提取 Android 手机动态内存的方法。该方法通过分析 Linux 下 ELF 格式与内核符号机制，在内核源码中找到未知符号函数定义并取消其在内核中的配置，编译内核时产生不具有指定的符号引用信息的模块，最后将相似内核成功加载至目标手机并提取到动态内存数据。

2. 计算机硬件检验研究

（1）"伪基站"检验技术。在手机设备连入"伪基站"过程中，手机信号会暂时性脱离原有网络，无法正常使用运营商提供的服务，直到重新回到运营商正常网络后才能恢复使用。针对"伪基站"发现难的现状，金美顺

---

〔1〕　黄平、周俊峰、陶远辉：《Android 手机微信语音聊天数据提取研究》，载《警察技术》2017年第 2 期。

〔2〕　康艳荣等：《基于微信聊天记录时间信息的人物关系刻画技术研究》，载《刑事技术》2018年第 3 期。

〔3〕　康艳荣等：《基于相似内核的 Android 手机动态内存提取技术研究》，载《刑事技术》2018年第 2 期。

等[1]研究建立一套"伪基站"动态防控体系,对城市的重点敏感地段进行全天候监测。该系统利用前端侦测模块对周边基站信号的变化进行实时监控,当发生基站异常变化及收到可疑短信时,将信息上报到动态监测系统后端分析展示云平台,进行实时报警,并结合视频监控快速对目标进行定位及追踪。

徐炼等[2]梳理了第一代至第三代"伪基站"技术的特点,详述了"伪基站"数据取证面临的问题:①实验室检验模式不再适用。新型"伪基站"取证只能在开机情况下进行,如果对新型"伪基站"设备不了解,实践中很难保证"带电"状态送检,所以要求电子取证专业人员现场提取相关数据。②缺乏成熟第二代和第三代"伪基站"数据提取工具,目前多采用手工提取方法,取证工具尚处于测试阶段。③无法阻止使用无线遥控关断电源,尚无有效控制这种情况发生的设备和方法。④缺乏综合性提取设备,现场取证需携带多种用于缉查"伪基站"的设备。⑤没有完备的提取方法。该研究团队设计了两种提取方案,一种是通过无线接口远程方式提取,另一种是通过本地接口方式提取。

针对"伪基站"数据提取难题,胡颖[3]研究了数据库恢复在"伪基站"取证中的应用,着重介绍了"伪基站"后台数据库文件的数据存储结构,并通过实例分析,对数据库保存的发送记录在删除前后的数据变化进行了仔细比对,证明了数据库中删除文件恢复的可行性。针对"伪基站"断电后其用户数量统计即中断的特点和难点,赖世锋等[4]研究了伪基站中断用户数的电子数据提取,提出当前存在缺乏用户数据关联分析、中断用户数计数错误、提取数据不全和容易重复多计算中断用户数的问题,并形成以 gsm_business 表、SendData、OpenBTS. log 三者数据关联分析的取证思路,得出中断用户总数的方法。

(2) Microsoft Office 数据提取技术。刘晓丽等[5]针对 Microsoft Office 2010

---

〔1〕 金美顺等:《"伪基站"动态监测系统研究》,载《中国刑警学院学报》2017 年第 6 期。

〔2〕 徐炼等:《"伪基站"数据现场取证方法》,载《中国人民公安大学学报(自然科学版)》2017 年第 3 期。

〔3〕 胡颖:《数据库恢复在"伪基站"取证中的应用》,载《刑事技术》2017 年第 5 期。

〔4〕 赖世锋、郑伟力:《伪基站中断用户数的电子数据取证》,载《警察技术》2018 年第 3 期。

〔5〕 刘晓丽、王燕燕、罗文华:《Microsoft Office 文档数据隐藏与检测》,载《中国刑警学院学报》2017 年第 3 期。

电子文档办公套件，从此类文档的 OOXML 文档格式结构出发，研究现有取证工具难以检测的基于结构特征的数据隐藏方法，并通过取证实践提出了有效快捷的检测方法。徐国天[1]尝试建立一种手工提取残留 Excel 数据碎片的检验方法。该方法首先确定原始 Excel 文件中的一组数据作为搜索特征值，之后使用 winhex 在磁盘空间内定位这组特征值，再通过人工分析方式排除误报，提取有效数据。使用该方法可以准确定位 Excel 数据碎片中的某个字段值，由于 Excel 的数据内容都在相邻扇区内存储，因此可以从相邻扇区提取出所有残留的字段值，再根据这些字段值之间的逻辑关系确定这是否为一个有效的 Excel 碎片。最后，利用各个字段值的具体内容和不同字段值之间的逻辑关系来还原原始的 Excel 表格。经试验，该手工分析方法可有效提取磁盘内残留的 Excel 数据碎片，恢复某些现有工具所不能提取的 Excel 数据。

3. 网络数据采集研究

（1）暗网爬虫采集研究。汤艳君等[2]在分析暗网匿名通信系统 Tor 技术原理基础上，设计了一套基于 Selenium 的暗网爬虫，通过定义的流程自动化地采集暗网网页的数据，有助于进一步分析和研究涉案信息，最终实现对暗网的数据采集。

（2）大数据环境下电子证据采集研究。张玉强等[3]从大数据的内在特质出发，剖析电子证据采集当下面临的主要问题，提出了一个二维电子证据采集框架。该框架首先利用案例推理（CBR）对待采集的电子证据定位，以过往类似案例为经验，限定电子证据采集的位置；然后通过基于本体（Ontology）的专家知识库，借助本体描述，解决证据源多样问题，借助知识库推理机，挖掘出证据间关联关系，同时划定电子证据采集的内容。二者结合，从电子证据采集的位置和内容双重维度，最大限度地剔除了无关数据，提高了采集效率。

---

〔1〕　徐国天：《Excel 2003 文件碎片检验方法研究》，载《刑事技术》2018 年第 1 期。

〔2〕　汤艳君、安俊霖：《暗网案件的爬虫取证技术研究》，载《中国刑警学院学报》2018 年第 5 期。

〔3〕　张玉强、顾辰：《大数据环境下电子证据采集：一个二维采集框架》，载《刑事技术》2018 年第 4 期。

4. 物联网数据采集研究

田庆宜等[1]通过对小型消费级无人机的架构进行研究，构建了一套无人机取证模型。赵露等[2]通过对智能手表进行数据提取和解析的实验，总结出了可被迅速投入实战的可行取证方法。

（十二）医疗损害司法鉴定

1. 医疗损害技术鉴定的历史沿革与制度研究

（1）医疗损害技术鉴定的历史沿革。我国医疗损害技术鉴定经历了三个重要时期：第一个时期为 1949—1987 年，属于缺乏统一鉴定体系阶段。第二个时期为 1987—1998 年，全国统一的医疗事故技术鉴定体系初步建立，但属于单一鉴定体系阶段。1987 年国务院《医疗事故处理办法》，是我国首部专门处理医疗纠纷的行政法规，之后通过《医疗事故分级标准（试行）》《关于〈医疗事故处理办法〉若干问题的说明》等配套性法律文件，确立了省级、地市级、县级三级医疗事故技术鉴定委员会，并隶属于卫生行政部门。第三个时期为 1998 年至今，可以概括为双轨制鉴定体系阶段，即由原单一的医疗事故技术鉴定体系向医疗事故技术鉴定和法医司法鉴定并存的双轨制鉴定体系转变。1998 年国务院办公厅《关于印发司法部职能配置内设机构和人员编制规定的通知》[3]，明确规定了司法部的职责之一是指导"面向社会服务的司法鉴定工作"。2000 年司法部《关于下发〈司法鉴定执业分类规定（试行）〉的通知》[4]，将医疗纠纷鉴定纳入司法鉴定的范畴。2002 年 9 月 1 日《医疗事故处理条例》正式开始施行，医疗事故由负责医疗事故技术鉴定工作的医学会组织鉴定，医疗纠纷鉴定双轨制开始形成；2003 年最高人民法院《关于参照〈医疗事故处理条例〉审理医疗纠纷民事案件的通知》，以司法解释的形式奠定了司法鉴定机构在医疗损害纠纷鉴定中的合法化。[5]医疗损害鉴定双轨制，对患者一方有其有利的一面，即经医学会鉴定不构成医疗事故但医疗机构确有过错且与医疗损害之间具有因果关系的患者，能够根据《民法通则》

〔1〕 田庆宜、李保顺：《小型无人机电子数据取证方法研究》，载《信息网络安全》2017 年第 9 期。

〔2〕 赵露等：《智能手表电子物证取证方法研究》，载《刑事技术》2018 年第 1 期。

〔3〕 国办发〔1998〕90 号。

〔4〕 司发通〔2000〕159 号。

〔5〕 刘炫麟：《论我国医疗损害鉴定的基本原则》，载《证据科学》2018 年第 4 期。

的过错责任原则获得相应的救济，这在某种程度上体现了法律的公平。医疗损害鉴定双轨制的劣势，主要体现在司法鉴定机构组织的医疗损害鉴定与医学会组织的医疗损害鉴定在认定医疗机构过错方面存在差异，司法鉴定机构的过错认定率明显高于医学会的过错认定率，损害司法鉴定的严肃性和统一性。[1]

2010 年实施的《侵权责任法》第七章专门对医疗损害责任做出法律规定，最高人民法院《侵权法若干问题的通知》第 3 条对医疗损害鉴定进行了原则性规定。在名义上将原来的医疗事故技术鉴定与医疗过错司法鉴定统一为医疗损害鉴定，并使医学会与司法鉴定机构在从事具体的鉴定工作时，都要围绕医疗机构是否有过错以及医疗过错与医疗损害之间是否存在因果关系进行鉴定，回归了鉴定的本源，即围绕案件事实真相的专门性问题进行鉴定。目前，仍无法解决医疗损害鉴定双轨制问题。医学会与司法鉴定机构在《侵权责任法》生效后，在各自的权限与规范下，均可独立进行医疗损害鉴定。在鉴定实务中，形成了以北京为代表的优先考虑司法鉴定模式和以江苏为代表的优先考虑医学会鉴定模式。[2]

2017 年最高人民法院《审理医疗损害责任纠纷案件的解释》，2018 年国务院《医疗纠纷预防和处理条例》，对医疗损害鉴定的实施、医疗损害鉴定专家库、医疗损害鉴定书的内容、鉴定咨询专家回避、虚假鉴定的法律责任等内容均做出了相应的规定。虽然这两个法律文件均规定了医疗损害鉴定，但仍未消除医疗事故技术鉴定与法医司法鉴定双轨制的局面。[3]

（2）医疗损害鉴定制度研究。肖柳珍[4]提出完善医疗损害鉴定制度的主要对策建议，认为应该做到以下几点：①统一医疗损害异地鉴定制度的具体规范；②设立患者决定权优先的听证制度并增设患方专家辅助人制度；③厘清鉴定机构、鉴定人、鉴定专家在鉴定中的定位；④进一步规范医疗过错与原因力的判定规则。陈婧雯等[5]对医疗损害鉴定制度改革提出以下观点：

〔1〕 吴单、顾加栋：《医疗损害鉴定制度优化的实证研究——以 2016 年 N 市及 H 市两级法院审判数据为基础》，载《中国卫生事业管理》2018 年第 2 期。
〔2〕 陈婧雯、仇永贵：《我国医疗损害鉴定制度改革研究》，载《证据科学》2017 年第 3 期。
〔3〕 宋红章：《医疗损害纠纷案件反复鉴定现象的思考》，载《中国卫生法制》2018 年第 3 期。
〔4〕 肖柳珍：《统一医疗损害鉴定的共识及对策研究——以三部门颁发文件的问题为视角》，载《证据科学》2018 年第 4 期。
〔5〕 陈婧雯、仇永贵：《我国医疗损害鉴定制度改革研究》，载《证据科学》2017 年第 3 期。

①明确辨析医疗纠纷相关鉴定的概念，统一法律适用和鉴定文书；②建立以医学会为主，社会司法鉴定机构为辅的医疗损害鉴定模式；③建立医疗损害鉴定专家、鉴定人及鉴定机构退出机制，鉴定意见复审结果为错误的满一定次数后，应及时被清退出专家库；④建立医疗损害鉴定文书上传平台。刘鑫等[1]认为，国务院《医疗纠纷预防和处理条例》第 34 条规定了国务院卫生、司法行政部门共同制定医疗损害鉴定管理办法，该管理办法应当进一步解决或者明确以下问题：①医疗损害鉴定专家库的建立与使用问题，既要强调专家库的维护、更新工作，也要允许鉴定机构对鉴定专家抽取和遴选，同时还要保障医疗纠纷案件当事人对鉴定专家的抽取；②医疗损害鉴定机构和鉴定人的条件问题，相关部门必须加强对鉴定机构和鉴定人实施医疗损害鉴定的准入管理；③医疗损害鉴定的理论、标准和方法问题，有关部门在制定医疗损害鉴定管理办法的同时，还应当考虑制定与管理办法相配套的医疗损害鉴定技术指南、技术规范等，以弥补医疗损害鉴定领域的空白，让医疗损害鉴定真正回归到技术评价的轨道；④规定和审定鉴定收费项目与标准问题，制定符合国情、反映鉴定成本、弥补鉴定专家劳务付出的收费标准。

2. 国务院《医疗纠纷预防和处理条例》颁布

（1）概况。2018 年国务院《医疗纠纷预防和处理条例》作为医疗损害鉴定相关的重要法律文件，相关学者及机构对其做了深入研究和相应规定。

吴凌放[2]从卫生管理者的视角认为，国务院《医疗纠纷预防和处理条例》在内容设定上存在以下特点：①进一步强调和明确了医疗机构和医生的责任，包括患者对诊疗方案知情同意权的操作方法、病历的管理和处置要求、医方对医疗纠纷处理途径的告知义务；②关于法律责任的规定较严格且具操作性，将对医疗机构的行政处罚与对医务人员的行政处罚、对管理者的行政处分相结合，使有关条款更易落地；③对协商、调解和诉讼三种方法的采用都做了规定，且优先鼓励采用人民调解方式。

〔1〕 刘鑫、单靖雯：《开启医疗损害鉴定的新篇章——〈医疗纠纷预防和处理条例〉医疗损害鉴定模式》，载《中国法医学杂志》2018 年第 4 期。

〔2〕 吴凌放：《对〈医疗纠纷预防和处理条例〉实施的若干思考》，载《卫生软科学》2018 年第 12 期。

王亮等[1]从医院的角度认为，国务院《医疗纠纷预防和处理条例》侧重于医疗纠纷的预防和非诉讼解决，可以有效强化病案法制化进程。医疗机构质控部门要努力提高病案内涵质量，完善医疗告知，杜绝书写低级错误；纠纷处理部门要完善纠纷处理信息公示，设计病案封存清单；病案管理部门要增加病案阅读设施，按照新规范的要求进一步完善病案管理流程。

王岳[2]从学者的角度认为，"人民调解+风险分担+暴力零容忍"是国务院《医疗纠纷预防和处理条例》的核心。具体体现在：①其坚持协同联动原则，通过司法部门主管下的第三方人民调解机制提高医疗纠纷处理效率，提高医疗纠纷处理的公信力。②其第7条规定："国家建立完善医疗风险分担机制，发挥保险机制在医疗纠纷处理中的第三方赔付和医疗风险社会化分担的作用，鼓励医疗机构参加医疗责任保险，鼓励患者参加医疗意外保险。"③其第29条第1款强调："医患双方应当依法维护医疗秩序。任何单位和个人不得实施危害患者和医务人员人身安全、扰乱医疗秩序的行为。"

（2）国务院《医疗纠纷预防和处理条例》在鉴定方面的创新。该创新包含以下两个方面：①设立并规范专家库的建立。这改变了目前医学会所建专家库的现状，也改变了司法鉴定专家库建立不规范的现状。规定"由设区的市级以上人民政府卫生、司法行政部门共同设立"医疗损害鉴定专家库，也就是设立统一的专家库。这在很大程度上解决了在司法审判中医疗专业咨询不足的问题，即司法鉴定在进行医疗损害鉴定时，因临床医学专业咨询不足，可能带来公正性偏倚。由卫生、司法行政部门共同决定聘用专家人选，以行政机关行使权力的方式，提升专家库咨询意见的中立性和权威性，更带有要求专家履行义务的准强制的意味。②确立"同行评议"原则。同行评议是科学评价过程中采用的最重要、最普遍的方式，在论文评审、基金遴选、职称评定、学术荣誉等众多科学评价过程中被广泛采用。[3]绝大多数美国法院都能认可相同行业的专家出具的意见书，一般认为，出具意见者应与所发生事件者的行业相同，而且具有足够的经验。确立"同行评议"原则是在医疗损害鉴定领域具有历史意义的创新，不仅确立了医疗纠纷案件处理中涉及专门

---

〔1〕 王亮、马云波：《〈医疗纠纷预防和处理条例〉实施后病案管理的应对》，载《中国病案》2018年第12期。

〔2〕 王岳：《解析〈医疗纠纷预防与处理条例〉》，载《中国医院院长》2018年第20期。

〔3〕 徐志英：《科学文章同行评议研究进展》，载《中国科技期刊研究》2014年第11期。

性问题时需坚持同行评议的原则，也解决了现实司法鉴定中临床专家遴选困难的问题。

（3）关于鉴定"委托事项"。最高人民法院《审理医疗损害责任纠纷案件的解释》第 11 条规定："委托鉴定书，应当有明确的鉴定事项和鉴定要求……下列专门性问题可以作为申请医疗损害鉴定的事项：①实施诊疗行为有无过错；②诊疗行为与损害后果之间是否存在因果关系以及原因力大小；③医疗机构是否尽到了说明义务、取得患者或者患者近亲属书面同意的义务；④医疗产品是否有缺陷、该缺陷与损害后果之间是否存在因果关系以及原因力的大小；⑤患者损伤残疾程度；⑥患者的护理期、休息期、营养期；⑦其他专门性问题。"对此，国务院《医疗纠纷预防和处理条例》第 36 条规定："医学会、司法鉴定机构作出的医疗损害鉴定意见应当载明并详细论述下列内容：①是否存在医疗损害以及损害程度；②是否存在医疗过错；③医疗过错与医疗损害是否存在因果关系；④医疗过错在医疗损害中的责任程度。"这些医疗损害鉴定委托事项，与最高人民法院的司法解释是一致的，也是多年司法鉴定实践的经验总结。

（4）关于统一赔偿标准。国务院《医疗纠纷预防和处理条例》第 44 条规定："发生医疗纠纷，需要赔偿的，赔付金额依照法律的规定确定。"这改变了 1987 年《医疗事故处理办法》以来，行政法规仅规定给予患方经济补偿的状况；也改变了 2002 年《医疗事故处理条例》规定的项目和标准与一般的人身损害赔偿相比明显过低的状况。医疗损害赔偿的金额依照法律的规定予以确定，意味着医疗损害赔偿与一般人身损害赔偿适用相同的赔偿标准，即以医疗损害侵权责任予以诉讼的医疗纠纷案件，共同适用《侵权责任法》予以赔偿。

3. 关于 2018 年国务院《医疗纠纷预防和处理条例》的评价

（1）国务院《医疗纠纷预防和处理条例》的亮点，是建立统一的医疗损害鉴定专家库，规定医疗损害鉴定实行"同行评议"原则，这是未来建立统一医疗损害鉴定体制的必由举措，有助于推动医疗损害鉴定由对峙走向融合。

第一，谋划"诉前"医疗损害鉴定体制，具体表现在：首先，提出了多元化的纠纷解决途径，第 22 条规定："发生医疗纠纷，医患双方可以通过下列途径解决：①双方自愿协商；②申请人民调解；③申请行政调解；④向人民法院提起诉讼；⑤法律、法规规定的其他途径。"这几种途径可以进一步划分为诉前阶段及诉讼阶段两种。其次，诉前阶段的鉴定内容及委托鉴定程序。包括人民调解及行政调解的专家咨询和委托鉴定程序、医疗损害鉴定人员的组成、医疗损害鉴定的原则、医疗损害鉴定费的收取和承担、医疗损害鉴定专家库的设立、医疗损害鉴定意见书内容、咨询专家以及鉴定人员的回避、医学会和司法鉴定机构的法律责任等，这些内容涉及鉴定的程序、专家遴选、鉴定机构法律责任、鉴定需遵循的基本原则等内容，当然也适用于医患双方自愿协商的情形。作为行政法规，该条例虽然没有对诉讼阶段鉴定的内容予以规范，但规范诉前的内容，一定会对诉讼阶段的鉴定带来积极的、有益的影响。

第二，规定两类机构均使用共同的专家库。首先，无论是医学会还是司法鉴定机构均可从中抽取相关临床专家进行鉴定。这旨在综合两类鉴定的优势，即借鉴医学会的医学专家"同行评议"的优势、结合司法鉴定的程序与实体"合法"的优势，建立统一医疗损害鉴定体制，使得二元化的双方由对峙走向融合与统一。当然，需要指出的是，这也是我国的医疗卫生行政法规中，首次把司法鉴定机构作为合法机构写入法律条文中予以认同，是我国医疗卫生行政法规与侵权法律法规在医疗纠纷鉴定问题上的首次接轨。其次，推动鉴定机构转型-专业化。"医疗损害鉴定机构"涵盖了资质良好的医学会的鉴定机构以及司法鉴定机构，受司法行政、卫健委双重管理，成为医疗损害鉴定的组织者。借用现有两类鉴定机构的优势，进行政策引导，优势互补，程序完善，以及推行"同行专家评议"制度，资深鉴定人成为"专家库"成员，履行专家的法定义务。最后，将倒逼医疗损害司法鉴定流程的完善。"同行评议原则"的规定，要求必须邀请临床专家参与医疗纠纷听证，以满足同行评议的机制。同时，医疗纠纷尸检的司法鉴定流程也得到完善。从这些内容看，无疑起到倒逼医疗损害司法鉴定完善鉴定流程的作用。

（2）国务院《医疗纠纷预防和处理条例》存在的问题：

第一，"二元化"鉴定体制问题没有从根本上改变，司法鉴定的总格局没有改变。医疗损害鉴定将走向融合的大趋势是毋庸置疑的，最佳的组合将是这样的模式：技术上遵从"同行评议"，程序上遵从"司法鉴定相关程序"的规定。但短期内还难以达到改变"医疗损害鉴定"二元化现状的目的。该条例所管辖、规制的都是诉前的"鉴定活动"，这种"鉴定活动"不是严格意义上的司法鉴定活动，其程序设计也未完全遵循《司法鉴定程序通则》《司法鉴定人登记管理办法》《司法鉴定机构登记管理办法》，故法院受理的医疗纠纷案件，其鉴定依然以司法鉴定为主。

第二，制度设计不彻底。主要表现在以下三个方面：①2002年国务院《医疗事故处理条例》没有废止，而且《医疗纠纷预防和处理条例》第55条规定，对诊疗活动中医疗事故的行政调查处理，依照《医疗事故处理条例》的相关规定执行。由此可见，这两部条例都属现行有效法规。虽然二者部分内容的冲突，将按照法律适用中"新法优于旧法"的原则，以《医疗纠纷预防和处理条例》中规定的内容优先适用，但不可否认，依然会带来概念上的混乱。②没有产生新的机构组织形式。鉴定机构的选择在医学会或司法鉴定机构中遴选，但并未建立全新的医疗损害鉴定机构。与此同时，原机构的原职能也没有改变，也就是说，"医疗事故"的鉴定由医学会进行，"医疗损害司法鉴定"由司法鉴定机构进行，而"医疗损害鉴定（诉前）"由从两者之一中遴选的"医疗损害鉴定机构"进行，但机构不独立，也就没有真正意义上的新机制。[1]③无财政上的保障，没有建立如工伤保险基金那样的国家专项基金，以保障鉴定机构与人员运营。就是说，在鉴定的问题上，国家依然近乎没有投入，无经费确保鉴定活动的有效开展。

第三，鉴定机构双重身份，角色混乱，管理困难。主要表现在以下三个方面：①医学会作为医疗事故鉴定的部门，既做医疗事故鉴定，又做医疗损害鉴定，且没有专职的鉴定人员，如何厘清相互的关系？如何管理真正的鉴定人员？如何在鉴定发生瑕疵或错误时承担"雇主"赔偿责任？[2]②虽有统一的初衷，却似乎带来了新的混乱。既往的鉴定是双轨制，未来的鉴定也许是三轨制（医疗事故、医疗损害鉴定、司法鉴定）。司法鉴定机构既做医疗损害鉴定（诉前），又做医疗损害司法鉴定（诉中），如何区分哪个是司法鉴定，哪个是医疗损害鉴定？医学专家作为鉴定人，如何厘清各自的法律责任？医学专家来自不同的医院，如何共同完成鉴定书的书写并签字？医调委作为调解组织若对外委托鉴定，作为委托方，它将如何对材料的真实性负责？如何开展病历资料的"质证"？③管理部门既有卫健委又有司法局，如何共同管理医疗损害鉴定？尤其是如何处罚？当然，也可以卫健委管医学会、司法局

---

〔1〕　刘鑫、梁俊超：《论我国医疗损害技术鉴定制度构建》，载《证据科学》2011年第3期。

〔2〕　张永伟：《医疗损害鉴定：医学会准备好了吗》，载《健康报》2018年9月13日，第6版。

管司法鉴定机构，但如何确定统一的尺度？

第四，"同行评议"需防范"鸟儿不啄同类的眼睛"。医学会作为行业自律性组织，实质为医生群体的代表，若仅由医学会决定专家聘请名单，难免出现医生间互相关照的情形，从而使在医疗损害案件中本处于弱势地位的患者被推向更为不利的处境。因此，医学会的鉴定，虽然有专家"同行评议"的亮点，但医学会鉴定办公室的设立、编制、人员均在卫健委下，其法律地位不中立，如何作为"中立的第三方"保障其结论的中立、客观？

第五，未对技术标准予以规定。鉴定标准是保持鉴定的稳定性、可靠性的关键所在。可以说，没有或缺乏技术标准的鉴定，都是伪鉴定。多年来，医疗损害的司法鉴定之所以备受诟病，主要原因之一即是没有技术标准。因此，对于医疗损害鉴定，最为重要的是制定相关鉴定事项的技术标准。现实中，依据相同的标准进行鉴定，尚且可能得出不同的结论，可以想象，如果没有标准，没有尺度，司法鉴定中的混乱便不可避免。

四、证据科学教育进展

（一）证据科学研究项目

2017—2018 年，省部级以上证据法学研究项目立项总数为 76 项，详见附录 5。其中，项目类别参见下表：

项目类别	证据法学立项数
国家社科基金项目	30
教育部人文社科研究项目	11
司法部国家法治与法学理论研究项目	11
最高人民检察院检察理论研究课题	12
最高人民法院课题	0
中国法学会部级法学研究课题	12
合　计	76

从项目立项数量来看，与前五年相比，在证据法学研究项目立项数量上没有显著波动，呈现出比较稳定的态势。这说明证据法作为一个研究领域在法学界得到持续而稳定的关注，并呈现出以下特点：

第一，从项目获得者单位来看，立项单位分布较广，除了几所政法类院校之外（中国政法大学 8 项，西南政法大学 6 项，华东政法大学和中国人民公安大学各 5 项），绝大部分立项单位都只有 1 项。

第二，吉林大学闵春雷教授担任首席专家的国家社科重大项目"中国特色刑事证据理论体系研究"立项。该课题旨在探究符合我国诉讼实际的理论模型和分析工具，回应"以审判为中心"的诉讼制度改革要求，在程序与证据的融贯互动中，服务于事实认定的证据规则及证明规则体系，具有重大的理论价值和现实意义；课题围绕原理论、事实论、证据论、证明论、融贯论等问题开展研究，预期在发现凝练中国问题、建构中国特色刑事证据理论体系方面取得重大突破。[1]

第三，从项目的具体内容来看，主要涵盖了基础理论、审判中心主义背景下的证据法改革、证明责任与证明标准、司法鉴定与科学证据、网络电子证据、取证规则等主题。参见下表：

主　　题	项目数	所占比例
基础理论研究	13	17.1%
审判中心主义背景下的证据法改革	10	13.2%
证明责任与证明标准	5	6.6%
司法鉴定与科学证据	13	17.1%
网络电子证据	9	11.8%
取证规则	14	18.4%
认罪认罚中的证据制度	1	1.3%
民事证据	3	3.9%

---

〔1〕 参见赵徐州、曾江、刘茵琪：《国家社科基金重大项目"中国特色刑事证据理论体系研究"开题》，载中国社会科学网：http://www.cssn.cn/gd/gd_rwdb/xhlt/201903/t20190325_4852925.shtml.

主　　题	项目数	所占比例
监察证据	3	3.9%
域外证据	2	2.6%
其　　他	3	3.9%

上述研究主题的侧重点存在以下三个方面的特点：

首先，一些传统研究热点得到延续。除基础理论外，一是取证规则研究依然是重要领域，共有 14 个项目与这一主题相关，涉及"公安执法规范化建设对侦查取证机制影响之实证研究""重大案件侦查终结前讯问合法性核查制度构建""警察现场执法录音录像实证研究"等。这说明在"以审判为中心"的改革背景下，刑事侦查感受到这一改革所传导的压力。二是司法鉴定与科学证据，共有 13 个项目与这一主题相关，涉及"检察环节刑事涉案物品鉴定实务研究""从静态准入到动态监管的司法鉴定质量重塑研究""基于学科维度的鉴定意见采信问题研究"等。三是审判中心主义背景下的证据法改革，共有 10 个项目与这一主题相关，涉及"笔录证据的证据规则研究""侦查人员出庭作证制度研究""起诉标准与定罪标准关系研究"等。四是网络电子证据，共有 9 个项目与这一主题相关，涉及"网络犯罪证据的审查与运用""云环境下电子证据的鉴真问题研究"等。这四个主题占了这两年立项主题的将近 2/3，也是 2015—2016 年立项四个主题的延续。

其次，一些新的研究热点逐步形成，比较突出的有以下四个话题：一是人工智能和大数据中的证据问题，涉及"大数据证据研究""人工智能在刑事证据判断中的运用及其界限研究"等；二是监察体制改革背景下的证据问题，涉及"纪检监察程序中的证据调查规则研究""国家监察体制改革中的证据制度完善研究"等；三是域外证据问题；四是认罪认罚制度改革背景下的证据问题，主要是证据审查问题。这些主题代表着证据法未来一段时间的发展前沿。

最后，非法证据排除规则作为一个研究主题基本消失。曾经占据证据法研究半壁江山的非法证据排除规则，在 2017—2018 年度居然完全没有涉及。随着 2017 年"两院三部"《严格排除非法证据规定》的颁布，相关的立项却越发趋于沉寂，这种反差耐人寻味。

（二）证据科学学科建设和人才培养

1. 研究机构

（1）中外研究机构联合主办"中瑞证据科学创新之夜"。2018 年 6 月 28 日，由中国政法大学证据科学研究院和瑞士洛桑大学法学、刑事科学与公共行政学院联合主办，瑞士联邦政府科技文化中心等机构共同承办的"中瑞证据科学创新之夜"（Sino-Swiss Evidence Science Innovation Night）活动在瑞士联邦政府科技文化中心（上海）成功举行。该活动旨在邀请中瑞两国知名学者、前沿技术供应商以及相关领域的杰出同行，展示其通过证据科学领域的国际合作路径促进两国司法文明创新的成果。

司法文明协同创新中心联席主任张保生教授以《中瑞证据科学与超越：过去、现在和未来》（Sino-Swiss Evidence Science and Beyond：Past，Present and the Future）为题，回顾了中瑞两国在世界法庭科学发展的不同历史时期所取得的辉煌成就，介绍了近几年司法文明协同创新中心·中瑞证据科学联合研究中心所取得的业绩，包括中国学者访瑞 34 人次、瑞士学者访华 44 人次、在华举办高端学术讲座 43 场、法庭科学课程 5 门次 32 学时以及多人次研究生交换等。他指出，证据法学和法庭科学的相互影响，正塑造着我们未来的司法方法。中瑞学者应积极解决证据科学的未来问题。出席此次活动的包括中国政法大学代表团、瑞士洛桑大学代表团、瑞士联邦政府科技文化中心、澳大利亚阿德莱德大学、华东政法大学、卡塔尔警察学院、司法部司法鉴定科学研究院、上海市公安局以及国内其他相关机构共 50 余人。

（2）英文国际专业期刊 *Journal of Forensic Science and Medicine*（《法庭科学与法医学杂志》，JFSM）编辑出版工作有序推进。由"2011 计划"司法文明协同创新中心和中国政法大学证据科学研究院共同主办的该英文国际专业期刊于 2017 年 8 月 14 日在美国巴尔的摩举行 2017 年编委会会议。该期刊于 2015 年正式出版发行两期之后，2016 年起以季刊发行（ISSN：2349-5014，E-ISSN：2455-0094；http：//www.jfsmonline.com）。该期刊自 2017 年 4 月 26 日起被收录于开放获取期刊索引系统（Directory of Open Access Journals，DOAJ）。

创办英文期刊 JFSM 的主旨是"让世界了解中国法庭科学，让中国法庭科学走向世界"。JFSM 编委会于 2014 年 6 月在北京成立，现有成员 66 人（中国 33 人，外国 33 人），在主编李玲教授带领下，每位编委会成员均为期刊发展在组稿审稿等方面做出了贡献。参加 JFSM 2017 年编委会会议的国内外编委共 13 人，包括"2011 计划"司法文明协同创新中心联席主任张保生教授和中国政法大学证据科学研究院院长王旭教授。参会人员探讨了促进 JFSM 发展，发表高质量文章，编委会成员以及编辑部应承担的工作与可能面临的挑战等问题，并为编委会成员调整以增加地域和专业覆盖等问题提出了建议。

（3）国际学术期刊集中刊发证据科学论文。2017 年，《国际证据与证明杂志》（*The International Journal of Evidence & Proof*，Volume 21，Issue 1-2，2017）同时刊登了 6 篇第六届证据理论与科学国际研讨会中国学者文章：

	作　者	单位、职称	论文题目
1	孟　丽 张鲁平	中国政法大学外国语学院英语/法律双学士、中国政法大学副教授	An Investigation into Translation Criterion and Strategies—Based on the English Translation of "物证"
2	郭志媛	中国政法大学教授	Exclusion of Illegally Obtained Confessions in China—An Empirical Perspective
3	汪诸豪 卡鲁索	中国政法大学副教授、澳大利亚阿德莱德大学法学院高级讲师	Is an Oral-evidence Based Criminal Trial Possible in China?
4	杜鸣晓	中国政法大学证据科学研究院博士生	Legal Control of Expert Witness Bias
5	张保生 曹　佳	中国政法大学教授、中国政法大学证据科学研究院博士生	The "Mirror of Evidence" and the Plausibility of Judicial Proof
6	许慧君	中国政法大学诉讼法学研究院博士	Using Sentencing Evidence to Effectively Establish the Balanced Application of the Death Penalty in China

同期发表的还有美国西北大学法学院艾伦（Ronald J. Allen）教授，瑞士洛桑大学彼得曼（Alex Biedermann）副教授、山普（Christophe Champod）教

授，澳大利亚阿德莱德大学法学院高级讲师卡鲁索（David R. A. Caruso）等共 5 篇第六届证据理论与科学国际研讨会参会文章。上述 11 篇文章均经过两轮严格双匿名评审程序。2017 年 6 月，由"2011 计划"司法文明协同创新中心和"111 计划"证据科学创新引智基地联合资助，两部集中反映第五届证据理论与科学国际研讨会中国证据法学和法庭科学研究成果的英文文集，*Proof in Modern Litigation—Evidence Law & Forensic Science Perspective*（《现代诉讼中的证明——证据法学与法庭科学视角》，ISBN：9781925261486）和 *Judicial Civilization in Contemporary China：Reviews of Evidence Law and Forensic Science*（《当代中国司法文明——证据法学与法庭科学评论》，ISBN：9781921207273）分别由澳大利亚阿德莱德大学巴尔·史密斯出版社（Barr Smith Press）和大卫·卡鲁索出版社（David R. A. Caruso Publishing）正式出版。

2. 国际学术会议

（1）第六届证据理论与科学国际研讨会于 2017 年 8 月 14—16 日在美国马里兰州巴尔的摩市召开。本届研讨会由"2011 计划"司法文明协同创新中心、"111 计划"证据科学创新引智基地联合资助，中国政法大学证据科学研究院、国际证据科学协会共同主办，美国马里兰州法医局承办。来自四大洲包括中、美、英、荷、日、瑞士、澳大利亚等国近百名证据法学者和法庭科学家参加了此次会议。大会中方发言人 28 人，分别来自中国政法大学、北京航空航天大学、北京外国语大学、北京交通大学、华东政法大学、四川大学、西南政法大学、河南财经政法大学、南京师范大学、大连海事大学、中国刑事警察学院、浙江警察学院、北方工业大学、成都市龙泉驿公安局、浙江迪安诊断等单位。司法文明协同创新中心联席主任张保生教授率中国政法大学代表团共 17 人出席了会议。各国专家学者围绕本次会议主题"证据法学与法庭科学的关系"进行了广泛而深入的交流。

当地时间 2017 年 8 月 14 日上午 9 点举行了大会开幕式，会议首先奏中华人民共和国国歌和美利坚合众国国歌，组委会美方负责人、美国马里兰州法医局局长富勒（David R. Fowler）先生，马里兰州总检察长弗洛斯（Brian Frosh）先生，马里兰市警察局长戴维斯（Kevin Davis）先生，"2011 计划"司法文明协同创新中心联席主任、中国政法大学张保生教授，国际证据科学协会主席、美国西北大学法学院艾伦教授分别发表了热情洋溢的致辞。

　　主题发言阶段，六位大会主题发言人依次登台发表演讲：美国西北大学法学院艾伦（Ronald J. Allen）教授《证据法与法庭科学之间的复杂关系》（The Complex Relationshipbetween Evidence and Forensic Science）；美国加州大学戴维斯分校伊姆温克尔里德（Edward Imwinkelried）教授《改革的模式：在原则、法典和操作细则之间重新选择》（The Form of Reform：Revisiting the Choice among a Creed, a Code and a Catalogue）；英国诺丁汉大学罗伯茨（Paul Roberts）教授《法庭科学挑战》（The Forensic Challenge）；美国联邦证据规则咨询委员会主席、福特汉姆大学卡普拉（Daniel Capra）教授《立法的可能性：美国联邦证据规则咨询委员会致力于应对解决法庭专家证人证言挑战的努力》（Rulemaking Possibilities：Efforts of the United States Judicial Conference on Evidence Rules to Address the Challenge to Forensic Expert Testimony）；中国政法大学张保生教授《中国证据法学理论的反思与证据规则体系的重建："中国证据法的珍珠链"》（Rethinking Chinese Evidence Theories and Reconstructing System of Evidence：A Thread for the Pearls of Chinese Evidence）；美国法庭科学协会前主席、乔治华盛顿大学威登（Victor Weedn）教授《科学与法律之可溶性》（Science and Law-Miscible）。

　　开幕日下午举行了"起草、实施和更新证据法改革立法策略"（Strategies for Drafting, Implementing and Updating Comprehensive Evidence Reform Legislation）专场研讨，美国艾伦教授、伊姆温克尔里德教授、卡普拉教授与英国罗伯茨教授登台展开巅峰对话，并与现场听众积极互动，围绕一国是否应构建"统一证据规则"各方观点激烈交锋、现场气氛热烈。

　　在接下来的两天里，大会分两个分会场、十二个分主题单元进行：①对真相的追寻：科学与法律的视角（Search for Truth：Scientific & Legal Perspectives）；②纠纷解决中的未决科学（Unsettled Science in the Midst of Conflict Resolution）；③终局性：科学探究与司法终局性（Finality：Scientific Quest & Judicial Finality）；④法庭关注的对象（What Matters in Court）；⑤基于人口数据的科学证据（Population Data-Based Scientific Evidence）；⑥司法证明标准（Standards of Judicial Proof）；⑦法律框架内的科学应用（Scientific Application within a Legal Framework）；⑧科学证据的进步（Advancement of Scientific Evidence）；⑨中国司法改革中的热点问题（Hot Issues in China's Judicial Reform）；⑩连接科学与法律之桥（Bridging the Gap between Science and the

Law）；⑪专家意见与合理的科学确定性（Expert Opinion & Reasonable Scientific Certainty）；⑫证据领域的前沿问题（Frontiers of Evidentiary Issues）。共 44 位发言人（16 人来自中国政法大学）在大会上分别做 15～20 分钟英文报告发言，并现场回答提问，其中四位中方学者（包括中国政法大学赵东教授、杨天潼副教授）兼任了四个分主题单元的主持人。

（2）第三届中瑞证据科学国际研讨会（3rd International Symposium on Sino Swiss Evidence Science）于 2018 年 6 月 25—27 日在杭州举行。本届研讨会由司法文明协同创新中心·中瑞证据科学研究中心（Sino Swiss Evidence Science Research Center）主办，中国政法大学证据科学研究院承办，浙江大学光华法学院协办。来自中国、瑞士、美国、澳大利亚等 70 多名证据法学学者和法庭科学家参加了此次会议，与会嘉宾围绕"不同视角下的真相探求"（Pursue of Truth from Different Perspectives）这一主题进行了深入讨论。中方参会代表分别来自中国政法大学、北京大学、浙江大学、华东政法大学、西北政法大学、燕山大学、公安部国家毒品实验室、中国刑事警察学院、辽宁省公安厅、浙江警察学院以及辽宁省警察学院等单位。在主题发言阶段，美国西北大学艾伦教授做了《证据与法庭科学的未来》（The Future of Evidence and Forensic Science）的发言，他以复杂适应系统为引，对证据科学和法庭科学所面临的问题以及未来进路做出了阐释。中国政法大学张保生教授做了《从专家辅助人到专家证人的角色转换趋势》（On Trends of the Role Transition from Expert Assistant to Expert Witness）的发言，探讨了专家辅助人到专家证人的角色转换趋势，并指出了这一趋势的内生动能及基本要求。瑞士洛桑大学山普教授、澳大利亚阿德莱德大学卡鲁索教授、北京大学满运龙教授以及卡塔尔警察学院李成龙教授也围绕大会主题，分别做了《专家、法庭和确定性寻求》（The Expert, the Court and the Quest for Certainty），《无人机安全、隐私和监管：由无管制的平民经营者收集证据》（Unmanned Aerial Vehicles Safety, Privacy and Surveillance in Evidence Collection by Unregulated Civilian Operators），《中国商事诉讼中的举证责任：法律规定与司法实践》（Burden of Proof in Chinese Commercial Litigation：Statutory Provisions and Judicial Practices）以及《从新的法庭科学技术视角辨别真相》（Identifying Truth from the Perspective of New Forensic Technologies）的发言。会议分节讨论阶段的议题主要包括"从社会科学的角度追求真理"（Pursuing Truth from a Juridical Perspective）、"从自然科学的角度识别真相"（Identifying Truth from the Perspective of Natural Science）以及"从司法的角度追求真相"（Chasing Truth from the Perspective of Social Science）。国家毒品实验室徐鹏副研究员在国际禁毒日（6月26日）介绍的国内新精神活性物质发展状况的话题，吸引了与会嘉宾的深切关注。中瑞两国法庭科学团队在微量物证鉴定［马森奈特（Massonnet）教授与王元凤副教授］、可疑文件检验［马兹拉（Mazzella）博士与李冰副教授］领域的合作研究成果也成为研讨会亮点之一。本次国际研讨会以多学科、多视角为特色，勾联起中瑞等不同法系国家的专家学者对于真相探知问题的交流，进一步深化了证据科学的研究。

（3）中国政法大学张保生教授出席"证据法律推理世界大会"并做主题发言。2018年6月5—8日，张保生教授出席在西班牙举行的"证据法律推理世界大会"。出席该世界大会的330多位来宾，分别来自中、英、美、西、意、荷、瑞士、墨西哥、阿根廷、智利、哥伦比亚、新加坡、澳大利亚等国家和地区。会议由西班牙赫罗纳（Girona）大学法律文化中心举办，邀请了来自四大洲9个国家的18位主题发言人，围绕司法过程中的证据推理问题，每人演讲和回答问题80分钟，包括：英国祖克曼（Adrian Zuckerman）；墨西哥阿马亚（Amalia Amaya）；中国张保生；西班牙卡门（Carmen Vázquez）、乔迪（Jordi Ferrer）、马丽娜（Marina Gascón）、丹尼尔（Daniel González Lagier）、杜斯（Mauricio Duce）；澳大利亚埃德蒙（Gary Edmond）；美国艾伦（Ronald J. Allen）、南希（Dale Nance）、肖尔（Frederick Schauer）；新加坡何福来（Ho Hock Lai）；意大利塔鲁夫（Michele Taruffo）、退菌特（Giovanni Tuzet）；瑞士萨默斯（Sarah J. Summers）；英国杰克逊（John Jackson）、特文宁（William Twining）。张保生教授在大会上做了《中国证据理论和证据制度转型：从客观性到相关性》（The Transformation of Chinese Evidence Theories and System：From Objectivity to Relevancy，Co-author：Ping Yang）35分钟主题发言，并用45分钟回答了听众的问题。

（4）中国政法大学张保生教授出席"第17届世界诉讼法学大会"并做主题发言。2017年11月8—10日，由国际诉讼法学会、中国法学会联合主办，中国民事诉讼法学研究会、天津大学联合承办的"第17届世界诉讼法学大会"在天津大学召开。会议主题为"比较视野下的司法管理"。来自中、美、英、俄、法、日、韩、荷、巴西、阿根廷、智利等20多个国家的250余名专家学者出席了会议。中国政法大学张保生教授受邀在大会"第五单元:事实认定与法律推理"做了题为《事实认定在法律推理中的角色》(The Role of Fact-Finding in Legal Reasoning) 的 30 分钟英文报告。针对法律推理研究中热衷于探究法律适用中的实质推理问题、忽视事实认定对法律适用的决定作用等倾向,他探讨了法庭认识论中事实认定的特点,法庭认识论的归纳推理性质及控辩审三方互动;论述了事实认定是一个发现法律推理小前提的操作,并深入讨论了事实认定和法律推理的正当理由。该报告引发与会者热烈讨论,会场气氛十分活跃。

(5) 中国政法大学袁丽副教授出席第八届欧洲法庭科学大会并做口头报告。2018 年 8 月 27—31 日,第八届欧洲法庭科学大会 (European Academy of Forensic Science Conference,EAFS2018) 在法国里昂召开。中国政法大学证据科学研究院袁丽副教授参加了大会。本届大会由法国国家警察科学研究所承办,参会人数高达 805 人,来自 57 个国家,有法庭科学家、法官、警察、学者以及学生等。会议分为四个主题:法庭情报,法医人类,法庭科学对恐怖主义的反应和法庭科学面临的挑战。袁丽副教授在 Discussed E-Poster 区域口头介绍了《IBS 法和判别函数法鉴别全同胞研究》(Application of the Method of Alleles Identical by State and Discriminant Functions in Full Sibling Identification),并回答了与会者的提问。

(6) 中国政法大学胡纪念教授参加第 35 届国际法律与精神卫生大会、第 18 届国际司法精神卫生服务协会年会并做论文报告。第 35 届国际法律与精神卫生大会于 2017 年 7 月 9—14 日在捷克布拉格查尔斯大学法学院召开。会议由国际法律与精神卫生协会 (International Academy of Law and Mental Health,IALMH) 主办。胡纪念教授参加会议并报告了题为《中国在肇事肇祸精神病人的医疗与社会再融入方面面临巨大挑战》的论文。第 18 届国际司法精神卫生服务协会年会于 2018 年 6 月 12—14 日在比利时安特卫普召开。本次会议的主题是"发展是司法精神卫生服务的实验室:将科学与治疗整合为结果"。会议涵盖司法精神卫生服务的传统领域,包括暴力危险性评估与管理、精神病人的社会再融入、社区精神卫生服务、干预结果的评估等。会上还介绍了司法精神卫生服务的国际比较,以及欧洲国家间的合作项目等。与会代表大约 400 名,来自 30 多个国家和地区。胡纪念教授参加会议并报告了题为《精神病司法鉴定程序实施细则(建议稿)(草案)起草情况》的论文。

3. 人才培养

2017—2018 年，全国证据法学专业（证据法学和法庭科学两个研究方向）的硕士、博士研究生已招收第十一、十二届，注重交叉学科和国际化视野是两个重要特点。

（1）证据科学人才培养的国际化进一步加强。2017 年 6 月 6 日，美国马里兰州法医局法医、马里兰大学教授李玲博士作为项目负责人，对中国政法大学与美国马里兰大学的"中美双硕士学位（MS-JM）研究生项目"进行宣讲，对法大有意申报该项目的学生所关切问题进行答疑。该项目是跨学科双硕士学位研究生项目，通过共享两所大学的课程学分，学生将从马里兰大学获得法医学方向理学硕士（MS）学位，并从中国政法大学获得法庭科学方向法律硕士（JM）学位。2017 年 7 月 8 日，美国西弗吉尼亚大学莫里斯（Keith Brian Morris）教授和芮妮（Kelly Renee）教授一行到法大法庭科学技术鉴定研究所访问，中国政法大学证据科学研究院院长王旭教授主持召开了座谈交流会，双方进一步就人才培养、学科建设等方面达成合作共识，美方就法庭科学专业在西弗吉尼亚大学的发展现状以及美国法庭科学培训情况做了介绍。

（2）国外教授讲座。2017 年 3 月 15 日，英国罗伯茨（Paul Roberts）教授在中国政法大学做了主题为《对普通法系证据法的五个根本性误解》（Five Foundational Fallacies of Common Law Evidence）的讲座。张保生教授主持了讲座，中国政法大学终身教授陈光中先生致辞，诉讼法学研究院副院长李本森教授点评。罗伯茨教授首先对什么是普通法视角下的证据法做了讲解，普通法中的证据法渊源主要包括：判例、立法文件；系统证据法典；学术论文及著作等。他阐释了关于普通法系证据法的五个误区：①证据法被认为是统一的，不区分民事诉讼与刑事诉讼，他认为民事诉讼和刑事诉讼中的证据规则不同，二者共同的证据规则很少；②证据法只关注事实认定（fact-finding），他认为证据法以追求正义（Justice）为最高价值追求，同时致力于事实认定；③证据法可轻易地从程序法中剥离出来，他认为要从刑事诉讼全过程来考察证据规则，如刑事侦查中的取证问题等，而不是局限于审判；④证据法只是实体法的工具，他认为证据法是法治的基石，而非诉讼法的附属，即事实先于权利和义务，并且是权利义务的决定因素；⑤普通法系对于诉讼双方都是平等对待，他认为刑事证据的逻辑起点是不平等的，并不平等适用于刑事诉讼双方。

2017 年 5 月 3 日，艾伦教授主讲了由证据科学研究院和诉讼法学研究院联合主办的《证据科学的研究路径与挑战》（Approaches to and Challenges for Evidence Science）专题讲座。张保生教授主持讲座，中国政法大学终身教授陈光中先生致辞，诉讼法学研究院副院长杨宇冠教授、顾永忠教授做了点评。艾伦教授首先对 15 年来中国证据法研究取得的成就表示赞赏。他认为，下一阶段证据科学的发展需要区分证据法和证据领域。证据法的知识大家都已经比较熟悉，而证据领域的范围更大，涉及很多科学方法，如逻辑学、认知科学、政治学、经济学等多领域的知识结合在一起。艾伦教授主要介绍了三种研究方法：①主流的研究方法，即规范性研究（normative research）；②分析性研究（analytical research）；③实证性研究（empirical research）。他认为，未来证据科学的重点是实证性研究。他指出，证据领域主要是以最优方法解决以下五大问题：①认识论问题，这是证据领域最传统的问题，即如何精确地进行事实认定；②组织问题，即如何分配权力，庭审角色的分配以及如何处理庭审角色与政府部门之间的关系；③管理问题，也是最重要的问题，这涉及诉讼行为和日常行为之间的关系；④社会问题；⑤执行问题，其中一个重要观点是如何处理书本上的法律和行动中的法律之间的关系。此外，还有三点分析性要点需要考虑：①法律分析者需要考虑实体法和程序法之间的关系；②需要考虑经济因素，虽然司法公正很重要，但社会资源是需要平衡的；③庭审机制对社会来说是理想化机制还是会对社会造成更大的负担。综合上述研究成果，他总结了证据法的七个主要原则：①证据法应该帮助高效认定事实；②证据法不决定事实，实体法决定事实；③证据法应当遵循自然推理方法，而不应设置人为的排除规则；④证据法存在的价值是辅助争议解决，而非遵守证据法，证据法是为了辅助实体法；⑤设置证据法的导向是为了减少民事案件中的错误，保护刑事案件被告人的权利；⑥证据法应当防止歧视；⑦证据法应当尊重本地习惯。上述七个原则应当被严格遵守，如出现例外情况，这些例外应当合理、清晰并且理由充分。

（3）全国性证据法学师资培训。值《证据法学》被教育部高等学校法学类专业教学指导委员会纳入法学核心课程之际，由教育部高等学校法学类专业教学指导委员会主办，"2011 计划"司法文明协同创新中心、中国政法大学证据科学研究院、司法文明协同创新中心南方基地（海南大学）协办的首届高等学校法学类专业证据法学高级师资研讨培训班于 2018 年 1 月 9—13 日在海南大学举行，来自全国 57 个高校、8 个司法实务部门的 110 人参加了培训。培训课程包括：张保生教授《事实、证据与事实认定》，张中教授《证据开示》，王进喜教授《证人证言及其应用》，吴洪淇副教授《非法证据排除规则的渐进式改革之路》，施鹏鹏教授《证据法的基本理论及核心范畴》，褚福民副教授《刑事推定问题》。培训结束后，承办方受教育部高等学校法学类专业教学指导委员会委托向全体学员颁发了培训证书。

（4）国外学者继续来华讲授证据科学课程。英国诺丁汉大学罗伯茨教授 2017 年 3 月和 2018 年 3 月分别在中国政法大学讲授了为期 10 天的《英国普通法视角下的刑事证据、法庭科学和专家证人证言》（Criminal Evidence, Forensic Science & Expert Witness Testimony: An English Common Law Perspective）课程。两次授课的 4 个主题依次递进，分别为：①比较方法与刑事裁判；②英国刑事证据的基础概念、法学方法与制度环境；③法庭科学、专家证据与刑事司法制度环境与挑战；④英国普通法中的专家证据制度。澳大利亚阿德莱德大学高级讲师卡鲁索 2017 年 4 月 19 日起在中国政法大学昌平校区做了为期 9 天的授课，讲授主题为"西方法律制度下的误判：原因、审查和效果"。此课程含 5 个专题，涉及指控与诉讼主体、诉讼基本原则、刑事诉讼中的陪审团、英联邦国家内刑事上诉的历史与发展、二次上诉等。美国西北大学法学院艾伦教授 2017 年 5 月和 2018 年 3 月在中国政法大学证据科学研究院连续两年讲授 36 课时《证据法高阶课程》（Advanced Lectures on Evidence Law），该课程不仅包括对证据法中证据规则的讲解，更涉及了证据科学（Evidence Science）的前沿问题。国际刑事法庭余留机制（MICT）法官，联合国前南斯拉夫问题国际刑事法庭（ICTY）副庭长，卢旺达问题国际刑事法庭法官，中国政法大学司法文明协同创新中心刘大群教授 2017 年 12 月和 2018 年 12 月分别在中国政法大学讲授《国际刑事审判》课程，包括国际刑法的原则、国际刑事法庭的设置、种族灭绝罪、战争罪、危害人类罪、侵略罪、个人责任和责任形式以及国际刑事法庭审判的证据和程序规则与公平审判等国际刑法诸多方面的内容。北京大学国际法学院教授、中国政法大学兼职教授满运龙 2018 年 5—6 月在中国政法大学昌平校区讲授《美国法律、宪法、律师职业与实务课程》（Law-Constitution-Legal Profession and Practices）。澳大利亚阿德莱德大学利格特伍德（Andrew Ligertwood）教授 2018 年 10 月在中国政法大学研究生院讲授为期 6 天的《普通法刑事程序与法庭科学证据》课程，包括普通法事实认定和对抗式证明程序，证人证言和法庭科学证据。

（5）国内证据科学论坛。2017 年 5 月 11 日，证据科学春季论坛系列讲座之"化学在法庭科学微量物证检验中的应用"在中国政法大学昌平校区举行，由公安部物证鉴定中心微量物证检验技术处处长、第二届全国刑事技术特长专家朱军主讲。他认为，由于理论上难以对微量物证进行准确定义，可从微量物证的特点出发，包括出现概率，潜在性，提取、分析难度大等特性予以界定。除此之外，他还介绍了微量物证的不同类别，包括助燃剂及其燃烧残留物（涉火）、油漆塑料和橡胶高分子聚合物（涉车）和其他微量物证等；开展侦查破案和微量物证应用的物质交换基础理论；微量物证常出现的重点部位，包括案发中心现场、被侵害客体、现场物体变动处、犯罪行为人本身、作案工具及其现场遗留物、进出现场的路径、犯罪行为人隐匿处等；微量物证对于案件定性、查明案情、完善证据链条的作用，以及微量物证涉及的案件种类、案件性质等。

2018 年 12 月 1 日，司法文明协同创新中心主办、中国政法大学法律与精神医学研究中心承办第六届法律与精神医学论坛。浙江省司法厅司法鉴定管理处潘广俊处长做《深化法医精神病鉴定改革的路径思考》专题报告，司法鉴定科学研究院张钦廷博士做《法医精神病鉴定全程质量管理——以能力验证活动为视角》专题报告，四川华西法医鉴定中心胡峻梅教授做《精神病司法鉴定人的教育培养》专题报告。2018 年 12 月 21 日，中国政法大学证据科学研究院、北京交通大学、北京数字认证股份有限公司等联合举办"从司法鉴定角度探讨网络存证技术"交流会。2018 年 9 月 7 日最高人民法院《关于互联网法院审理案件若干问题的规定》第 11 条提及"当事人提交的电子数据，通过电子签名、可信时间戳、哈希值校验、区块链等证据收集、固定和防篡改的技术手段或者通过电子取证存证平台认证，能够证明其真实性的，互联网法院应当确认"，这是我国首次以司法解释形式对时间戳、区块链等存证技术进行法律确认，意味着电子存证技术在司法层面的应用迎来重要突破。论坛交流讨论了网络存证中的关键技术要素，如"电子签名""时间戳""哈希值""区块链"等。

（三）证据科学课程建设和教材建设

1. 证据科学课程建设概况

2017 年，教育部高等学校法学类专业教学指导委员会提出关于"法学专业核心课程"的调整方案，普通高校法学类本科专业"法学专业核心课程"迎来改革和调整，采取"10+X"的课程设置，证据法课程进入法学专业核心课程 B 类。

为了适应法学课程体系的新变化，证据法学的教学大纲也有了相应修订。以中国政法大学为例，证据法学教学大纲内容主要包括：

（1）课程性质：证据法是法治的基石，是实现司法公正的基石。《证据法学》作为法学学科体系和法学教育的一个重要组成部分，旨在培养具有证据法治意识、拥有证据法学知识的法律人才。《证据法学》是为具有一定法学理论基础的高年级本科生开设的专业必修课程，一般应在讲授过《刑事诉讼法学》《民事诉讼法学》《行政诉讼法学》等课程的基础上开设。教学或学习中应注意本课程与上述学科课程的相互衔接、区别与联系，以便更好地学习和掌握本门课程所传授的基础知识。

（2）教学目的：通过本课程教学，应使学生比较全面、系统地掌握证据法学的基本概念、基础理论和各项证据规则的具体内容、具体要求，熟悉证据规则的理论体系、法律条文及司法解释，培养和提高学生运用证据法学知识分析和解决具体问题的能力，具备一定的证据法学理论素养，以适应未来司法实践、法律服务和有关理论研究的需要。

（3）教学要求：学生课前必须按"预习阅读计划"阅读本课程选用教材张保生主编《证据法学》（第 3 版，中国政法大学出版社 2018 年版）相关章节内容。阅读时请注意各节要点和思考题。本课程授课教师将以研讨式教学引领大家学习，用 2/3 课时做引导性讲授，1/3 课时组织讨论、互动、答疑。授课教师将在课堂上以提问方式抽查学生预习阅读情况，抽查结果以及学生主动提问情况将记入平时考核成绩。

（4）教学方式：教学方式以教师课堂讲授为主，学生课前预习、课堂讨论和课后阅读为辅。课堂讲授应着重于要点的归纳、难点的讲解及案例分析。尤其要重视两点：①要重视比较与借鉴的教学方法。本课程教学一要注意古往今来证据制度、证据理论的比较；二要注意三大诉讼证据规则之间的比较；三要注意中外证据法学之间的比较，以及对国外证据法理念与制度的借鉴。

②要重视案例教学的方法。证据法学作为一门实践性很强的学科，需要将其学科理论与司法实践案例结合起来，以案例分析解析证据法理，以证据法理剖析实践问题，最终在教学中实现理论与实践的结合。

（5）学时数、学分数及学时数具体分配：《证据法学》学时数：讲授 64学时；学分数：4 学分；详见下表。

《证据法学》课程学时分配表

周　次	教学章节	教学内容	学　时
1	第一章	事实、证据与事实认定（1）	4
2	第一章	事实、证据与事实认定（2）	4
3	第二章	证据法理论基础和体系	4
4	第三章	证据制度历史沿革	4
5	第四章	证据开示	4
6	第五章	法院取证与证据保全	4
7	第六章	言词证据的提出	4
8	第七章	实物证据的出示	4
9	第七章第二节	鉴　定	4
10	第八章	质证与认证（1）	4
11	第八章	质证与认证（2）	4
12	第九章	证据排除及其例外（1）	4
13	第九章	证据排除及其例外（2）	4
14	第十章	证明责任和证明标准（1）	4
15	第十章	证明责任和证明标准（2）	4
16	第十一章	推定与司法认知	4

2. 证据科学教材建设概况

2017—2018 年，一些证据法学和证据科学的教材问世。修订版教材包括：

张保生《证据法学（第 3 版）》、陈瑞华《刑事证据法（第 3 版）》、樊崇义《证据法学（第 6 版）》、郭华《法学原理与案例讲堂——证据法（第 2 版）》；新编教材包括：张卫平《民事证据法》，易延友《证据法学：原则·规则·案例》，吴高庆、封利强《证据法原理与案例教程》，廖永安《诉讼证据法学》，周章金《证据法学》，郑金玉《证据法学》，缪伟君《证据法原理与实务》，许爱东《公安技术实验教程》。详见下表（按出版时间顺序）：

《证据法学》教材一览表

序　号	作　者	教材名称	出版社	出版日期
1	吴高庆 封利强	证据法原理与案例教程	清华大学出版社	2017 年 3 月
2	廖永安	诉讼证据法学	高等教育出版社	2017 年 4 月
3	张卫平	民事证据法	法律出版社	2017 年 6 月
4	樊崇义	证据法学（第 6 版）	法律出版社	2017 年 6 月
5	周章金	证据法学	科学出版社	2017 年 10 月
6	易延友	证据法学：原则·规则·案例	法律出版社	2017 年 11 月
7	郭　华	法学原理与案例讲堂——证据法（第 2 版）	北京师范大学出版社	2017 年 12 月
8	缪伟君	证据法原理与实务	中国政法大学出版社	2018 年 1 月
9	郑金玉	证据法学	郑州大学出版社	2018 年 2 月
10	许爱东	公安技术实验教程	法律出版社	2018 年 3 月
11	张保生	证据法学（第 3 版）	中国政法大学出版社	2018 年 7 月
12	陈瑞华	刑事证据法（第 3 版）	北京大学出版社	2018 年 9 月

　　在上述教材中，张保生主编《证据法学（第 3 版）》具有代表性。本版教材修订的主要原因之一是，由中国政法大学证据科学研究院起草并由中国政法大学提交的《关于将〈证据法学〉列为法学本科生核心课程的申请》，经教

育部高校法学类专业教学指导委员会讨论通过，从 2017 年起将《证据法学》列为全国法学本科生核心课程 B 类，本版修订旨在满足法学本科生培养和核心课程教学的需要。本版修订坚持了第一、二版编写的指导思想，即理论与实践相结合，应然与实然相结合，中国与世界相结合。在保持前两版教材重视证据法学原理阐释的基础上，进一步聚焦"中国证据法学"的构建，将中国证据规则有机嵌入证据法学基本原理框架，使学生不仅能够掌握证据法条文，还能进一步理解这些条文背后的理念和理由，把握证据法的精神实质。针对前两版中对域外证据理论和证据制度的考察偏重于英美法系的问题，本版修订加强了对欧洲大陆法系证据制度的论述及不同证据制度之间的比较研究。本版教材对每节思考题做了重点修改，以满足课堂上进行讨论式教学的需要；为拓展学生的知识领域，对每章后面的阅读参考书目也做了更新。

五、证据科学研究成果选介

（一）证据法学著作选介

1.《证据法学（第 3 版）》（张保生主编，中国政法大学出版社 2018 年版）

本版教材试图按事实认定的内在逻辑和实际过程，进一步完善证据法学理论体系。根据逻辑与历史相统一的原则，全书十一章分为五个板块：第一板块即前三章为理论篇。第一章以事实为证据法学逻辑起点，分节论述了事实、证据和事实认定的概念及"证据之镜"原理。第二章前三节分别考察了证据法的认识论、价值论和概率论基础，阐明了证据法求真、求善的双重功能；新的第四节论述了证据法的特征，以及由一条逻辑主线、两个证明端口、三个法定阶段、四个价值支柱构成的证据法理论体系。第三章对证据制度历史沿革进行系统考察，提出了中国当代证据制度构建的思路。第二板块即第四、五章为特定取证篇。本版第四章与证据保全拆分后，专论证据开示，对其特征、意义、效力以及刑事与民事诉讼证据开示的区别作了系统论述。第五章由第二版第九章第二节法院取证与第四章第五节证据保全合并而成。第三板块由第六、七、八章组成，论述了事实认定三阶段之举证、质证和认证规则。第六、七章可称举证姊妹篇，分别论述了言词证据与实物证据的举证方法。第六章言词证据的提出，对当事人陈述、证人证言和作证特免权作了论述。第七章实物证据的出示，考察了实物证据辨认、鉴真和鉴定等举证方法，它们都具有同一性认定和真实性证明的共性，但鉴定具有科学证据的特性。第八章质证与认证，是将第二版第五板块第九章第三、四节独立出来专设的一章，旨在适应审判中心和庭审实质化的需要。本章加强了交叉询问方法的论述。第四板块为第九章证据排除及其例外，集中论述了构成审判能力之核心的证据采纳和排除规则。根据准确、公正、和谐价值的排序，第二、三、四节传闻证据、意见证据、品性证据的排除规则及其例外，体现了准确价值和直接言词原则在证据法中的优先地位；第五节非法证据排除规则及其例外，强调了公正是非法证据排除规则的唯一正当理由；第六节不能用以证明过错或责任的证据，体现了市场经济理念与和谐价值。第五板块即第十、十一章，可称为广义证明责任篇。第十章论述了两个证明端口，即证明责任与证明标准。第十一章推定与司法认知，作为认证的特殊方法，其运用在一定程度上转移或免除了当事人的证明责任。（张保生撰稿）

2. 《司法证明方法与推定规则》（何家弘著，法律出版社 2018 年版）

《司法证明方法与推定规则》一书，是作者对其先前出版的证据学论文集萃——《短缺证据与模糊事实：证据学精要》进行内容调整、体例重构及逻辑梳理等工作基础上推出的。本书基于司法证明及推定两个主题展开。就司法证明而言，作者论及了司法证明的难题、历史、方法、规则、责任及标准。证据的短缺造成了司法证明的难题。司法证明的历史进程贯穿"自由证明"与"法定证明"两种基本模式。作者提出，具有公正性、权威性及可预见性的法定证明模式与司法证明更为契合。中国证据制度应走向以法定证明为主，自由证明为辅的"相对法定证明"。司法证明方法依托于宏观的科学理论，在中观层面表现为不同方法的学理分类，同一认定与逻辑推理是更为具体的证明方法。与证明的不同阶段相对应，司法证明规则大致分为取证、举证、质证和认证规则。司法证明的责任及标准均依赖于待证事实展开。作者搭建了刑事案件的基本证明要素——"七何"。在不同的诉讼形态中，证明责任分配均具有一般规则与特殊规则。通过区分司法证明的目的与标准，可以有效化解客观真实与法律真实之争。就推定而言，作者论及了推定的概念、种类、范式、创设及适用。并非全部案件事实均可被直接认定，这也使推定这一间接认定事实的方法成为本书的主题之一。英文 presumption 与中文语境下的推定并不等同，前者具有"预先假定"之义，而后者意指"推断认定"。推定规则同样具有法律规则的一般逻辑结构。我国现有的推定规则可被分为事态、权利、行为、原因、过错、意思、明知、目的推定八种范式。对于刑讯逼供、贪污罪非法占有目的等"认定难题"可尝试创设推定规则。推定规则适用将导致证明责任倒置；有关基础事实和推定事实的证明标准适用则应分情况讨论。（黄健撰稿）

3.《事实认定的逻辑解构》（张南宁著，中国人民大学出版社 2017 年版）

本书基于事实认定是法官心理活动的特点，探讨了事实认定的认知基础。它包括以证据力的评判为核心内容的证据认知逻辑、以证据为基础的证明逻辑、以事实认定者的信念变化为思维过程的信念确证逻辑以及以事实确认为目的的心证合议逻辑。在探讨这些基础性问题之前，第一章先针对真理、事实与法律中的真理论等问题进行了深入分析。第二章回顾了目前学术界讨论的事实认定方法，针对性地概括了自由心证的范围及不同证据形式在心证范围上的差异，建设性地提出了自由心证的心理归纳推理模式。众所周知，法官的自由心证始于当事人提供的证据，由于不同证据形式在心证范围上存有差异，因此，从第三章开始选择心证范围最宽广的一类证据——证人证言——为中心展开对证据认知问题的讨论。当然，对证人证言的认识方法具有一般性，同样适用于其他形式的证据。第三章首先利用认知心理学的有关成果阐述了证人对案件信息的感知规律，这些规律对于法官评估证人的可信性具有重要意义。接着探讨了法官评估证人证言证明力的方法，包括传统的帕斯卡主义方法与培根概率方法，并对这些方法作了比较。证据的另一个属性就是可信性。随着社会进步和科技发展，专家意见作为证据主要是协助法庭对某些专业知识的认识，从而发现事实真相。专家证据的特殊决定了法庭对它的接受和评估不同于普通证人证言。本书第四章探讨专家证据的可靠性。第五章在介绍证明过程的基础上，探讨了证明力评估的帕斯卡传统方法与培根概率方法，并对证明的有效性进行了概括。在第六章的信念确证逻辑中，探讨了信念度量的兰姆赛（F. P. Ramsey）方法、证据支持的信念函数方法之后，着重对目前学术界颇有争议的传闻证据问题从主观逻辑的角度进行了分析，认为传闻证据排除规则是缺乏认识论基础的。随着庭审的继续进行，新的证据信息会不断进入事实认定者的视野，为了保持信念的一致，事实认定者必须对自己的信念进行修正。信念修正在逻辑学中也是一个全新的研究领域，但法庭上法官信念的修正具有其制度特征。通过对信念的内心确证，按照不同的确证标准，法官就要对案件事实作出最后的裁定，即达到标准就作出事实确认的裁定，没有达到标准就作出事实不存在的裁定。第七章的心证合议逻辑，分析了案件事实的发现模式以及法庭合议方式。（张南宁撰稿）

4.《证据法学：原则·规则·案例》（易延友著，法律出版社 2017 年版）

本书共十五章，分总论、证据和证明三编。总论三章，阐述证据法学的研究对象、证据制度的历史沿革和证据法的理论基础。证据七章，阐述关联性、品格证据、证人证言、鉴定意见、传闻、特免权、实物证据验真、文书的原始性要求等规则。证明五章，阐述证明责任分配、推定、司法认知、自认与自白以及证明标准等内容。本教材的特点在于，其内容编排体现了作者的一贯主张，即证据法学的知识体系应当以可采性为中心，教材和课程体系也应当以可采性规则为主要内容。除可采性规则以外，其他与证据有关的规则要么属于自然科学，要么依附于法学的其他门类。因此，这是一本以证据可采性为核心内容的证据法教材，它以英美证据规则为统领，以规则背后的原理为基础，结合英美法系及我国在相关领域的经典案例，完整而生动地展现证据规则的精致奥妙。在如何传授证据法知识上有两种路径：一种是把英美证据法知识贯穿到中国相关证据规则中；另一种是把中国证据法知识融入英美证据法中。由于我国法律中关于可采性的证据规则尚不成体系，如果按照第一种路径，也就是以中国法为中心来建构证据法学的知识体系，这个学科很可能就是支离破碎的。以此为框架来传授证据法知识，学生学到的证据法知识必然是碎片化和不成体系的，其对知识的运用也必将是一知半解的和毫无章法的。因此，作为一门法学学科，证据法学仍然应当而且只能以英美证据法为核心，在英美证据法的知识框架内，对照我国的相应规定加以讲述。本教材分为"规则""案例""评注""思考"等板块。规则及其原理的介绍是基本内容。评注主要是对规则或案例的反思与评价。思考则是对某一个规则或案例所体现问题的进一步追问。由于证据规则本身比较复杂，为便于学习和理解，本教材用了大量案例来说明规则的含义，基本上每一个规则之下都有一个案例。2/3 左右的案例是美国案例，1/3 是中国案例。证据法课程体系化程度高，逻辑性强，知识量大，再加上课堂讲授以案例为主，就显得这门课既有理论含量，又有实务内容。（易延友撰稿）

5.《作为正当程序的非法证据排除规则》(马明亮著，中国政法大学出版社 2017 年版)

即便在非法证据排除规则诞生地美国，该规则也不断遭遇学界质疑，背后直指其正当性基础，是起到遏制功能还是基于司法纯洁性的需要？21 世纪初，美国法院不断传出非法证据排除的例外，更视排除规则为过时的副产品，尤其是警察的不专业、不敬业与过于激情的执法成为常态时。非法证据排除规则的完善不是浅层的技术性完善，而是从深层讨论该排除规则的功能目的。目前，多数国家对非法证据排除的目的与功能已达成基本共识：侵犯公民宪法权利而获取的证据应予以排除，即以基本权利保障和程序正当为规则的价值取向。这种本源性问题在我国学界的讨论尚不足，目前更多的是围绕严格实施排除规则的技术性问题。我国目前虽然在法律文本上确立了非法证据排除规则，但该规则却遭遇来自不同方向的压力：一方面，司法实务部门不敢或者不愿意排除非法证据，而是寻找各种理由与借口不断地架空排除规则；另一方面，最高决策层与地方司法实务部门日益重视排除规则的功用并强化其适用。顶层设计的美好愿景与现实中的无声抵抗，使得排除规则在我国前景扑朔迷离：如果仍满足于技术讨论，将很难摆脱目前的困窘局面，必须从根本上寻找勃兴之路。本书提出的破解之道是，视排除规则为正当程序的内在要求、当事人正当权利的保护机制。这不仅会引发排除规则的"重心调整"——从防止冤假错案到正当程序的实现、正当程序权利的保障，而且可以实现其多元价值：其一，推动制度改革的视角发生变化，不是以为了确保司法机关正常办案为视角来推动制度改革，而是从如何更有效地保障当事者的权利入手。其二，以正当程序为视角，以宪法性权利为具体标准，可以合理地整合排除规则的适用范围，提升整体程序法治水平。其三，可以把更多非法证据纳入审查与排除的范围。当然，把排除规则视为正当程序的内在需求，这是激活排除规则的第一步，保障排除规则的正当程序功能得以发挥，还需要健全、完善的配套制度，如用好指导性案例制度、搭建更为周密的排除程序、构建更为合理的证明机制等。(马明亮撰稿)

6.《证明责任的法理与技术》(霍海红著，北京大学出版社 2018 年版)

本书以证明责任为主题，内容不仅包括证明责任的典型问题，如功能、概念、分配等，也包括证明责任的"关联"问题，如自认、证明标准等，甚至包括证明责任的"边缘"问题，如证据意识、客观真实理念等，力图全面展示中国法语境下的民事证明责任问题。本书在指导思想上有三个"坚持"：其一，坚持中国问题的解释与解决的研究立场。着眼于中国法应如何确定和使用证明责任概念，如何面对既有的"举证责任"概念；试图解释中国法语境下人们（尤其是实务界）为何更多认同主观证明责任的概念和逻辑。证明责任配置裁量权之反思、共同危险行为规则中的无因果关系免责、自认撤销规则的"意思主义"重构、提高民事诉讼证明标准的理论反思四章，均以现行法律或司法解释的具体条文为中心展开，或提供理论解释，或提出制度方案。其二，坚持程序法与实体法相结合的研究方法。证明责任配置裁量权之反思一章对《民事诉讼证据规定》第7条的反思之一是，该规定未将"规范说"作为一般证明责任分配原则，而是仅仅作为"补充"，忽视了规范说实际上属于民事实体法中证明责任规范内置之体现和总结的事实；共同危险行为规则中的无因果关系免责一章围绕《侵权责任法》第10条引发的无因果关系"免责"与"不免责"争议，从民事诉讼法和民法的双重立场批判不免责立场，论证免责立场的正当性。其三，坚持反思与重构的研究思路。证明责任概念的分立论一章反思客观（结果）证明责任（举证责任）与主观（行为）证明责任（举证责任）的术语选择，建议以"证明责任"和"提供证据责任"来固定双重含义说的"革命成果"。证明责任配置裁量权之反思一章从立法、公众、法官三个视角，反思《民事证据规定》第7条，主张制定法赋予法官证明责任配置自由裁量权应缓行，建议目前采取"谨慎默许而非大张旗鼓鼓励"的立场。自认撤销规则的"意思主义"重构一章反思《民事证据规定》第8条第4款，认为自认撤销规则有过分加重自认人证明责任，鼓励欺诈、胁迫之嫌，主张以"意思主义"为中心重构；《民诉法解释》第109条将欺诈、胁迫、恶意串通、口头遗嘱等证明标准从高度盖然性提高到排除合理怀疑，提高民事诉讼证明标准的理论反思一章对此进行系统反思，建议取消该条文。（霍海红撰稿）

7.《检察机关排除非法证据问题研究》（董坤著，中国检察出版社2018年版）

本书对检察机关排除非法证据问题进行了全面探讨。对于《刑事诉讼法》确定的检察机关排除非法证据义务有很多质疑，认为域外一般是法官排除非法证据，检察机关作为控诉机关缺乏排除非法证据的动力。本书在绪论，从我国检察机关的功能定位、法律地位、实践角色及理论创新等角度，论证了检察机关排除非法证据的正当性和可能性。第一编以解释学方法对我国《刑事诉讼法》和司法解释中确立的非法证据排除实体性规则进行了探讨。我国非法证据排除规则较为粗疏、难以适用，所以司法解释在尝试进行细化、补充，但仍存在如威胁、引诱、欺骗获得证据的证据能力问题，疲劳审讯的认定问题，重复自白的认定问题等，因为在实际的证据判断中难以用具体规则整齐划一，只能付诸法律解释方法去寻求具体解决方案。第二编用较大篇幅对检察机关排除非法证据的程序机制进行构建。通过实证研究发现，非法证据排除强化了检察机关的监督功能，但仍存在如总体排除率不高、非法证据审查主要依靠书面证据、瑕疵证据补正或合理解释的泛化等问题。针对这些问题，本书提出一些理念和方法上的改革设想，包括"控诉文化"的改变、"权利文化"的引入、检警关系的重构等。没有这种观念和制度的改变，检察机关排除非法证据可能就会如学者所批评的那样，成为镜中花、水中月。第三编探讨了检察阶段非法证据的发现机制，因为其前提是发现非法证据的存在，而与此相关的非法证据排除权利告知、控告申诉处理机制、控辩的信息交流和处理机制、录音录像等材料的保管移送制度等都是必要之举，否则就无从在检察阶段有效发现、审查和排除非法证据。第四编对行刑衔接案件中检察机关排除非法证据问题进行了探讨，在《刑事诉讼法》允许行政证据在刑事诉讼中使用之后，如何对行政证据进行筛选和审查，依然存在一些模糊不明之处，如审查的法律依据、审查的具体程序、各种行政证据认定的异同等。因此，本部分从规范、实践角度对行政证据在刑事诉讼中的证据能力问题进行探讨，为检察机关审查这类证据提供了理论依据。另外，对两类特殊证据——行政笔录和行政鉴定还进行了专门探讨，并提出了一些值得实务部门关注和借鉴的观点。（董坤撰稿）

8.《排除合理怀疑的中国叙事》（李训虎著，法律出版社 2018 年版）

排除合理怀疑从被排斥的对象到被崇拜的偶像，进而进入地方性证据规定并最终升格为刑事诉讼法，演绎了一条波折的上升之路。改革者认为，现行刑事证明标准存在难以克服的缺陷，事实认定过程中问题百出，甚至冤错案件的出现在相当程度上都可归结于此。提高事实认定准确性的动力、避免冤狱的压力、程序改革以及其他证据制度建设难以真正有所作为等因素，使得改革者将去意识形态化、逐渐被认可的排除合理怀疑作为改革的重要选项。尽管该改革不乏可指摘之处，成效亦待检验，但作为观察法律移植的样本，排除合理怀疑的上升之路，作为改革共识的渐进改革观可为未来刑事司法改革提供参照，并促进刑事诉讼法学研究的反省与自觉。2012 年《刑事诉讼法》引入排除合理怀疑，以解释、界定证据确实、充分，形成证据确实、充分为体，排除合理怀疑为用的中体西用立法模式。然而，立法策略的成功无法遮蔽中体西用在体系、逻辑方面的瑕疵以及司法适用中的难遂人意，刑事证明标准再改革中"两个基本"复归、客观性复兴的逆向而动倾向即为最佳注脚。制度设计者实用主义的立法策略是促成中体西用立法模式的直接诱因，但深层原因是对认识论的僵化理解及对刑事证明标准定位的失当。未来的改革应当厘清刑事证明标准的定位，明晰其可能的作用与限度；超越体用思维的束缚，尊重实践智慧，实现法律体系的融贯。排除合理怀疑被引入刑事诉讼法，体用的名分似乎早已决定了作为中体的证据确实、充分与作为西用的排除合理怀疑之间的关系。然而，中体西用刑事证明标准在刑事判决书中的客观表达，以及事实认定者对于证明标准的主观适用，已经对前述判断形成严重冲击。在实用主义思维模式下审视事实认定者在司法实践中对于刑事证明标准的认知与运用，可以获知，立法者所重视的、所纠结的中体与西用问题在司法实践层面不再重要；正是这样一种实用主义的思维模式，使得法官不再拘泥于刑事诉讼法关于刑事证明标准的确定性表达，综合利用排除合理怀疑、内心确信这些异质的表达方式，使得合意式刑事诉讼中事实上适用与现行刑事诉讼法相异的刑事证明标准；正是在这样一种实用主义的思维模式之下，作为法律移植产物的排除合理怀疑，以及事实上发挥作用的内心确信都只能服务于事实认定者的思想框架。（李训虎撰稿）

9.《证据审查规则与分析方法：原理·规范·实例》（刘静坤著，法律出版社 2018 年版）

本书从证据风险这一独特视角，对证据裁判、非法证据排除、疑罪从无等法律原则进行了理论阐释，对证据审查判断、证据排除规则、司法证明和证据分析等实践主题进行了细致的系统剖析，并对中国证据制度改革发展进行了前景展望。本书核心观点包括：诉讼证据具有特殊属性，应当厘清原始证据、证据材料、诉讼证据和定案根据的关系；证据风险是审查判断证据和构建证据规则的逻辑基础；证据风险与冤假错案风险存在紧密关联，唯有有效控制证据风险，才能切实防范冤假错案；各类证据具有差异化的证明价值和内在风险，应当坚持分类审查判断方法，确立合理的证据排除规则；司法证明应当以证据风险为导向，坚持证实和证伪并行的模式，兼顾指引性规则和禁止性规则；证据分析应当坚持科学的方法指引，综合运用关联分析、印证分析、系统分析等方法，准确识别证据的价值和风险，最大限度基于在案证据重建案件事实；坚持疑罪从无，应当明确疑罪认定标准，总结疑罪的常见类型，并注意死刑案件的特殊性；证据制度改革应当以证据风险为主线，并契合推进"以审判为中心"的刑事诉讼制度改革的内在要求。本书对创新证据法学研究、完善证据制度、指导司法办案具有重要参考价值。（刘静坤撰稿）

10.《证据法的理论面孔》（吴洪淇著，法律出版社2018年版）

本书的基本立场是往返在证据制度实践与理论丛林之间，实现司法经验与证据理论之间的对接，对中国的证据法制度建构与司法实践作出审慎的理论阐释。本书分为上下两编，共10章。上编刑事证据制度的本土建构，是对中国刑事证据制度近20年改革的一些思考，分别从发展历史、基本框架、职业主体多个视角呈现我国刑事证据法变革的宏观环境与规范架构，并通过非法证据排除规则和证据辩护的个案来展现刑事证据制度在微观层面的实际运作。本书尝试对我国刑事证据法改革进行理论阐释，如对我国刑事证据制度变革基本逻辑的提炼（第一章），对证据准入—证据评估（第二章）、证据把关—证据排除（第四章）等的总结，对证据排除规范解释的管辖权冲突（第三章）、证据辩护与证据规则的互动关系进行理论上的阐释。下编证据法的理论传统与学科流变，一方面对西方证据法学知识传统特别是英美证据法主流学术思想进行解读，另一方面分别从跨学科视角和学科流变两个角度对证据法学在中国当下的基本格局进行了讨论。本书对西方证据理论代表人物的证据法思想和证据法学科流变进行了较为系统的梳理，并尝试将这些思想与我国制度变革进行相应勾连，将学科流变与我国证据法学科发展对接。在研究方法上，本书采用了历史研究、比较研究、实证研究、人物思想深描等多种方法。从叙事方法来看，采取了点面结合、宏观概括与微观叙事相结合的方法，这使得本书兼顾了理论深度和文本的可读性。如第一、二章着重从历史和比较的宏大视野对我国刑事证据制度改革进行描述，第三、四章则分别从非法证据的解释和审查起诉阶段的非法证据排除两个微观视角展现出刑事司法系统中不同主体的微妙立场。（吴洪淇撰稿）

11.《证据法要义》（［美］阿维娃·奥伦斯坦著，汪诸豪、黄燕妮译，中国政法大学出版社 2018 年版）

美国《联邦证据规则》作为一部以规制法庭审理中证据采纳或排除为主要内容的成文证据法典，不仅概述了诉讼程序规则，同时也表达了一种关于证据的价值观，即什么样的证据为公正的和相关的，以及什么样的证据为不公正的或混淆视听的。可预测的、公平和高效的庭审程序是法治的一个重要方面。尊重当事人双方——尤其是刑事被告——提出证据和质询证人的权利，是美国诉讼制度的一个显著标志。奥伦斯坦（Aviva Orenstein）教授所著《证据法要义》（Acing Evidence），在简短的篇幅中对美国《联邦证据规则》的几乎所有关键内容进行了论述。可以说，化繁为简是本书最大的特色。美国《联邦证据规则》不仅仅是规制法庭程序和证据的程序性规则，它所反映的是数百年普通法传统，而非逻辑、心理学或者效率。与此同时，证据规则还有许多独特之处。首先，最值得注意的是，其预设了外行陪审团事实认定者的存在。许多证据规则，特别是那些规制品性证据和传闻的规则，旨在将其与陪审团成员相隔离，因为陪审团成员可能会误解或高估这些证据。其次，《联邦证据规则》的运行还基于这样的假设，即受美国宪法保护的终身任期审判法官们训练有素，且是从全国范围内最受人尊敬的律师中脱颖而出的佼佼者，面对极为复杂的规则时不会有任何困难。再次，联邦法官掌握着惩戒藐视法庭者的巨大权力，意味着证人要出庭且必须作证，除非其援引有效的特免权条款。最后，尽管绝大多数州在《联邦证据规则》的基础上制定了类似的州内规则，但每个州实际上都有自己的证据规则，且针对这些规则的解释可能会不同于其他州或联邦政府。此外，美国宪法还对证据作了限制，尤其是在刑事案件中使用对被告不利的庭外陈述时。本书在体例安排上，除了对规则条文的讲解外，还引入许多现实案件或虚拟案例加深读者对规则的理解，并在每章节末尾通过"阐释性问题"及"记忆要点"总结的方式，对每一章节的重点进行总结。本书的最大特点是简短易读、直击重点。（汪诸豪撰稿）

12.《证据评价论——证据法的一个阐释框架》（樊传明著，中国政法大学出版社 2018 年版）

证据评价是指事实认定者在法庭审判程序中，为了认定待证要件事实而对证据证明力进行审查判断的过程。对证据评价可以作出"规范陈述"和"实证陈述"。规范陈述是指，"在符合理性主义传统的司法审判程序中，证据评价应当追求事实认定的准确性。"实证陈述是指,"证据评价信息的非优化、证据评价过程的非理性、证据评价结果的主观概率性,这些变量都会降低事实认定的准确性。"规范陈述表达了我们对证据评价的理想要求,实证陈述表达了我们对证据评价的现实假设,它们分别为证据法提供了预设前提和规范追求。

证据法是以可采性、证明力和证明标准等规范为主体性规范,以实施"法庭认识论"和维护"政治道德"为基本功能的法律规范体系。属于法庭认识论范畴的证据法,以规制证据评价为核心;它基于对证据评价的实证陈述而建立,并致力于实现对证据评价的规范陈述。因此,可以将证据评价作为证据法的一个阐释框架。上述对证据评价的实证陈述包含三个变量:证据评价信息的非优化,证据评价过程的非理性,证据评价结果的主观概率性。它们都会降低事实认定的准确性。证据法的各类规范,正是针对这三个变量而建立起来的。其一,采纳相关证据的原则和证据排除规则,促进了证据评价信息的最优化。具有逻辑相关性的证据是对待证事实认定有价值的信息,因此,证据法应当以采纳所有相关证据为原则。但是,某些证据是具有被高估证明力或引发偏见的风险的"危险证据",某些证据是对发现真相而言的"最佳证据"。危险证据进入或最佳证据流失,都会降低事实认定的准确性。因此,应当通过排除规则阻隔危险证据、激励最佳证据。其二,自由证据评价原则和证明力规则,保障了证据评价过程的合理性。事实认定者的证据评价过程可以概括为"依赖故事的推论"模式。虽然一般假定事实认定者具有理性的认知能力,但证据评价中的"故事"和"推论"都可能带有危险性,从而使证据评价不可避免地包含某些非理性因素。因此,自由证据评价原则在认识论上具有限定性,而合理设置的裁量性证明力规则有助于控制证据评价的非理性倾向。其三,证明标准规则及其运行程序,旨在使证据评价的结果追求"可接受的准确性"。证据评价的直接结果是事实认定者对待证事实所形成的内心信念,它既具有概率性也具有主观性。证明标准规则首先是对信念概率性的回应,要求证据评价结果达到某种"道德确定性"。另外,通过分析证明标准的运行程序可以发现,证明标准也是对信念主观性的一种回应,要求证据评价符合"人际理性化"标准。证明科学的发展会修改对证据评价的实证陈述:可能证成、证伪或局部修正某些旧的假设,也可能生成一些新的假设。这将推动以证据评价实证陈述为预设前提的证据法转型:从基于经

验常识的证据法渐变为基于证明科学的证据法。（樊传明撰稿）

（二）证据法学论文选介

1.《事实、证据与事实认定》（张保生著，载《中国社会科学》2017 年第 8 期）

证据裁判原则旨在防止司法的任意性，确保在事实前提和判决结论之间具有某种确证关系，这是司法公信力的基础。然而，人们在阐释这一原则时往往忽视事实之于证据的本源性或之于证据法的逻辑起点作用，因而难以把握证据法的真谛。本文创新之处和理论贡献在于：其一，从法庭认识论角度，区分了认识主体介入事实与证据之间关系的三种模式，并运用"证据之镜"原理，分析了前两种模式下现在时主客体关系中的事实发现与第三种模式中事实认定的区别，即"有的放矢"意义上的实事求是，在审判语境中会因其"矢"所放之"的"乃证据，而演变为"实证求是"。其二，对"客观事实说"及证据客观性理论作了系统批判。其三，事实认定的逻辑形式是归纳推理，这是一个运用证据的经验推论过程。证据的不完全性、非结论性、模糊性和不完美的可信性等，决定了事实认定的可错性和证明标准的盖然性。其四，本文考察了西方司法证明理论从概率论走向似真性理论的发展趋势，并探讨了其对我国司法改革和证据法学研究的借鉴意义。按照似真性理论，最佳解释推论是一种整体解释方法，它不局限于单个具体证据，而是关注由证据拼合出完整的案情、故事或证据之镜。（张保生撰稿）

2.《非法证据排除程序的理论展开》（陈瑞华著，载《比较法研究》2018 年第 1 期）

自 2010 年以来，我国法律逐步确立了一套非法证据排除规则的适用程序，形成一种以程序性争议问题为诉讼标的的司法裁判机制，即程序性裁判。以往对程序性裁判的研究，过多受制于英美法学界的研究框架，而随着非法证据排除规则的快速发展，诸多理论上的挑战应运而生。在程序性裁判的理论背景下，非法证据排除程序需要得到理论上的解读和评论。在审判前阶段，检察机关通过侦查监督、核查、审查逮捕和审查起诉主导着非法证据排除程序。在审判阶段，围绕非法证据的排除，存在诉权启动与职权启动两种方式，但在程序上受到一定的限制。与实体性裁判不同，非法证据排除程序具备程序性裁判的相对独立性，确立了程序性审查前置、先行调查以及当庭裁决等原则。现行规范将非法证据排除程序划分为初步审查和正式调查两个环节。

初步审查是正式调查的前置程序，庭前会议在其中发挥重要的诉讼功能。正式调查，作为一种"审判之中的审判"，存在完整的程序构造，具备法庭审理的诉讼形态。针对一审阶段的非法证据排除活动，现有法律赋予二审法院以两种救济方式，分别为程序性制裁，即撤销原判、发回原审法院重审，以及排除非法证据。非法证据排除程序的有效实施，取决于一系列制度的保障，其中，检察机关的主导地位、律师辩护权的有效保障、法院自由裁量权的限制以及法院审判独立性和权威性的加强，属于其中最为重要的制约因素。（王瑞剑撰稿）

3.《"直接证据"真的不存在吗？与纪格非教授商榷》（李浩著，载《中外法学》2017 年第 1 期）

证据与待证的主要事实之间的联系有直接也有间接，这构成了区分直接证据与间接证据的客观基础。只要这一基础存在，把证据区分为直接证据和间接证据就是合理的、科学的。待证的主要事实是与法律要件相当的具体的生活事实，而不是法律要件，判断、检验是否存在直接证据的标准和依据在于是否存在可以直接证明主要事实的证据。在民事诉讼实务中，一些证据可以用来直接证明主要事实，甚至一个直接证据可以单独证明主要事实的存在与否，因而直接证据是真实存在的。在论证直接证据可以单独证明案件主要事实时，有两个问题需要进一步澄清：其一，当我们说直接证据能够单独证明主要事实时，是指该证据的客观性已经得到确认，是在这一前提下说它可以单独证明主要事实。其二，直接证据能否单独证明主要事实与司法实务中是否存在仅仅根据一个直接证据认定主要事实是不同性质的问题。关于直接证据可以单独证明待证事实，只是对这类证据特征的理论阐述，并不是要说明在司法实务中直接证据一定优于间接证据，更不是说事实认定者只需要一个直接证据就可以认定案例事实。区分直接与间接证据时，宜采用单一的分类标准，即只是把能否直接证明主要事实作为区分这两种证据的标准，不必再附加单独性这一特征。（李浩撰稿）

4.《证据链与结构主义》（栗峥著，载《中国法学》2017 年第 2 期）

就性质而言，证据链属于"非必要的但充分的条件中一个不充分但必要"的链条，具有"偶然中的必然""基于认知的证成"等属性。通过"有助益的支撑"的似真推理，可以搭建证据之间最大可能性的支持链接，它没有拒绝其他可能性的存在，只是强调目前所能接受的最好方式。建立证据链的功能在于：其一，推进证据分类，以拓扑结构图的形式实现分类证据的可视化；其二，以"涌现"的方式代替因果逻辑，使对整体证据的涌现性认知超越对个别证据的纠结，同时完成不同证据种类或类型组合的有效聚合；其三，通过以复杂学科理论支撑代替人为主观设计、以"点"的聚合简化证据分类、以最大概率为起点避免陷入链接还是不链接的二元困境，实现对威格莫尔图表法的突破与超越。基于证据链对司法证明展开的逻辑分析属结构主义路径，相比于证据的实质性意义，结构主义更注重证据的关系性意义，它认为只有在证据的相互解释与相互界定的结构之中，证明才有价值。在结构主义看来，真实是被结构生产出来的，它要揭示证明本身的结构，并通过这一结构揭示发现真相的过程与依据。（栗峥撰稿）

5.《刑事裁判中的自由心证——论中国刑事证明体系的变革》（施鹏鹏著，载《政法论坛》2018年第4期）

本文是对自由心证理论的追本溯源之作，试图为中国刑事证明体系的改革之路提供新的选择。当下我国刑事证据理论基本是"英美法中心主义"，使司法实践中的证据运用面临多重纠结。在此背景之下，本文回到职权主义惯有立场，从历史生成角度出发，提出自由心证是探索事实真相的直觉感知模式，法官通过证据自由评价实现从客观确信至判决责任伦理的跨越。以欧陆国家典型案例和法律条文为例，自由心证的制度体系以证据自由、证据自由评价以及法官的判决责任伦理为基础，立足法官对证据的理性智识评价以及审慎认知，最终达至案件真相。本文从证据自由、证明力自由评价和判决责任伦理三大方面，论证了欧陆的自由心证制度与中国时下的客观"印证"制度之间的根本区别，提出中国应引入自由心证证明体系并创造性地构建证据自由原则、证据自由评价和心证责任伦理在中国刑事司法实践中的具体运用方式，对时下中国刑事证明体系走出制度困境具有理论价值和实践意义。（施鹏鹏撰稿）

6.《技术侦查证据使用问题研究》（程雷著，载《法学研究》2018年第5期）

2012年《刑事诉讼法》第152条规定的技术侦查证据使用条款在实践中面临法律适用难题。本文对中国裁判文书网2013—2016年73例样本案件的分析揭示了主要司法困境：技侦证据使用效果欠佳，一方面表现为指控犯罪不力导致部分指控作无罪认定或者由重罪降格为轻罪处理；另一方面表现为上诉率大幅攀升，技侦证据的使用并未实现有力指控犯罪的效果。要实现平衡技术侦查权效能与公民权利保障的目标，需完善一系列基本技侦证据使用制度：应当坚持最后使用原则；技侦材料用作证据的，必须事先告知辩方并经辩方质证方可作为定案根据；技侦证据的形式应当是原始的实物证据，对传来证据应当适用实物证据鉴真规则；法官可以对技侦证据进行庭外核实，但仍应保障辩方的质证权。为保护技侦措施的方法与过程、国家秘密、公民的人身安全，允许在技侦证据使用过程中设置若干变通措施，比如使用证据的替代品、衍生品；对技侦证据的来源予以保密；设立特定律师代理制度，由特定律师而非被告人本人对技侦证据进行质证。（程雷撰稿）

7.《制度角色与制度能力：论刑事证明标准的降格适用》（陈虎著，载《中国法学》2018 年第 4 期）

本文以"刑事证明标准在司法实践中被降格适用"为研究对象，试图阐述这一问题背后的深层原因。法官之所以在某些刑事案件中降格适用法定的刑事证明标准，是因为法官制度角色与制度能力之间的错位。本文从以下几个方面进行了阐述：其一，法官制度角色。立法对法官的角色期待是：防止无辜者被错误定罪，发挥人权保障作用；而司法对法官的角色期待是：打击犯罪，维护社会稳定。两种不同的角色期待造成严格刑事证明标准与实际操作标准的差距。其二，法官制度能力。立法对法官制度角色的定位往往在实践中落空，因为从刑事证明对象、证明模式、证明方法层面来看，法官不具备满足这一角色期待的制度能力。其三，从角色和能力的角度评析证明标准的改革方案。一味提高证明标准的改革意见未能顾及法官制度角色与制度能力的冲突，降低证明标准而提高量刑标准措施颠倒了角色与能力的逻辑关系。其四，解决法官制度角色与制度能力冲突的措施。英美国家通过审前程序过滤来防止冤假错案的发生，排除合理怀疑的证明标准为情理推断和经验证明的证明方法打开出口，再配以一致同意的表决规则。制度角色与制度能力的研究脉络回答了为何刑事证明标准在司法实践中被降格适用的问题，也为分析程序失灵问题提供了新的研究思路。（陈虎撰稿）

8.《刑事证据审查的基本制度结构》（吴洪淇著，载《中国法学》2017年第 6 期）

本文主要从比较证据法（横向）和司法证明历史发展（纵向）对证据审查的基本制度结构进行审视，在此基础上对我国刑事证据审查的基本制度结构进行梳理和理论总结。现代刑事证据审查体系是以"证据准入—证据评估相分离"为核心特征，由术语范畴、审查主体、审查标准与程序保障等多个维度构成的一个立体制度结构体系。多层次的立体制度结构体系有利于保障证据准入与证据评估的相对分离，从而确保刑事证据规则的有效实施。我国最新刑事证据立法已通过"材料—证据—定案根据"这三个基本概念确立起证据准入的两道审查门槛，通过证据审查规范与相关审查范畴的对接彰显了新形势下对刑事证据审查的进一步强化。我国证据审查制度还仅仅是一种相对扁平化的线性制度构建，审查范畴上的区分缺乏来自主体分离、程序设置和适用标准层面的支撑与保障。随着以审判为中心的诉讼制度改革的推进，我国刑事证据审查的制度体系也需要作出相应调适。（吴洪淇撰稿）

9.《"排除合理怀疑"适用效果的实证研究——以〈刑事诉讼法〉修改前后共 40 件案件为样本》（纵博著，载《法学家》2018 年第 3 期）

2012 年《刑事诉讼法》将"排除合理怀疑"作为"证据确实、充分"的解释性要件之一，但对如何具体适用"排除合理怀疑"未作具体规定，所以有必要通过实证研究去发现"排除合理怀疑"的适用状况。从司法实践中法官对"排除合理怀疑"的理解和适用情况可以发现，"排除合理怀疑"的纳入给证明标准的实践运作带来一些积极变化，使法官对证据的主观分析和判断"可以言说"甚至是"必须言说"；除了要求法官从正面进行事实建构之外，还要从反面进行解构，更有利于防止错案；在运行良好的情况下，"排除合理怀疑"既能最大限度地防范冤假错案，又能尽可能地避免放纵犯罪。但同时也发现，部分法官对"排除合理怀疑"的理解有偏差，且在适用中有随意化、形式化的倾向。为了保障该规定的实效，首先，应以法律解释方法将"排除合理怀疑"具体化，"怀疑"包括客观性怀疑与主观性怀疑、单个证据的怀疑与全案证据的怀疑、逻辑性怀疑与经验性怀疑；从反面来看，"合理怀疑"不是毫无根据、凭空想象、纯粹臆测的怀疑，从正面来看，"合理怀疑"是指那些有证据支持、有合理线索、符合生活经验和逻辑规则的怀疑；除了可以通过证据证明外，还可通过逻辑推理、经验判断方式排除合理怀疑，但控方对证据疑点进行的随意解释，不能视为对合理怀疑的"排除"。其次，要提高法官证据推理的水平，并加强对证据说理的要求。最后，在庭审实质化改革中，要对举证、质证方式进行改革；对当庭裁判作出更严格的要求；保障法官的独立裁判权。（纵博撰稿）

10.《电子证据真实性的三个层面——以刑事诉讼为例的分析》(褚福民著，载《法学研究》2018 年第 4 期)

根据我国的法律规定和司法实践案例，可以总结出电子证据真实性的三个层面：电子证据载体的真实性、电子数据的真实性以及电子证据内容的真实性。这三个层面具有不同的内涵，在侦查取证和法庭审查的对象、方式等方面存在差异。与其他证据的真实性相比，电子证据的真实性问题有一定特殊性，其真实性的三个层面既有关联，又相互区别；同一性、原始性、完整性是电子证据真实性的体现和保障，但与真实性并非一一对应的关系。以电子证据真实性三个层面的理论作为分析工具，可以发现我国有关电子证据真实性的规则存在四个基本问题：真实性审查规则没有区分三个层面以及三个层面之间的审查顺序；对电子证据真实性各层面的审查规则缺乏系统、明确的规定；对不同层面电子证据真实性的同类问题的规则没有作出区分；电子证据真实性的具体保障和审查方式亟须完善。未来电子证据真实性规则的完善，应当从以下四个方面进行重构：区分电子证据真实性的三个层面，并明确审查顺序；针对不同层面的电子证据真实性，建立系统、明确的审查规则；明确区分针对不同层面电子证据真实性的同类问题的规则；实现技术规则与程序规则的有效配置与衔接，并确保电子证据庭审方式的直接言词化。(褚福民撰稿)

11.《论非法证据排除规则和印证证明模式的冲突及弥合路径》(牟绿叶著，载《中外法学》2017 年第 4 期)

本文紧扣我国刑事司法改革中的两大热点和难点，即非法证据排除规则和印证证明模式，观察和分析它们之间的冲突现象。在简要梳理西方国家在证据评价中的"原子主义"和"整体主义"后，突出论证了我国法官在评价非法证据时遵循的是"整体主义"思维方式，描述并解释了"整体主义"的制度成因，并且结合典型案例来剖析其在实务中的问题。"整体主义"会导致实体事实影响法官准确认定非法证据，也会致使印证证明模式在一定程度上架空排除规则。在制度建构层面，围绕当前"以审判为中心"的改革，弥合这些冲突的思路，既有改革的理想目标和长期规划，也有适合当前国情的温和疗疗，一条最低限度的改革要求是，不能以"相互印证"来处理证据的合法性问题。从刑事程序和证据制度的交叉互动来看，非法证据排除规则中的问题需要还原到整个诉讼程序之中加以解决。(牟绿叶撰稿)

12.《证据排除规则的发展动因：制度史解释》（樊传明著，载《中外法学》2018 年第 3 期）

落实证据裁判和完善证据制度是中国司法改革在技术层面的重要议题，其中包括对证据排除规则体系的建构。从比较法和制度史角度观之，排除规则体系主要是英国司法制度变革的产物。18 世纪至 19 世纪初的一些诉讼程序变动，为以排除规则筛选庭审证据这种管控方式提供了发展动因。首先，陪审团的转型造就了二元管控结构和处于信息弱势地位的事实认定者，这为排除规则的发展确立了制度空间；其次，证据成为危险性信息源，产生了排除规则立法的实践需求；最后，激励对抗式举证和支撑言词论辩式庭审的需要，成为排除规则得以长远发展的程序驱动。对这些发展动因的制度史解释，能够为反思当代中国排除规则立法的可行性和必要性提供参照。（樊传明撰稿）

13.《普通法系证据法的五个基本谬误》（［英］保罗·罗伯茨著，阳平译，张保生校，载《证据科学》2018 年第 1 期）

本文对普通法系流行的关于证据法的五个基本概念进行了全面批判。普通法律师眼中的证据法具有的"统一性、认知性、证据性、辅助性、对称性"五个特征都是谬误。本文反对跨实体法证据法，提出刑民证据法应予以分离的观点；主张以规范融贯性取代统一性原则；主张策略性整合证据和程序，反对盲目的审判中心主义；阐述了"辅助性法律"多方面的优势，矫正了"辅助性法律"的边缘化；指出在刑事裁判语境下，体系化的制度性不对称，表明证据法平等对待双方"当事人"不过是一个辞藻华丽的虚假承诺。文章指出，尽管上述某些观点专门适用于或最有力地适用于英格兰和威尔士，但作为驳斥证据法普通法模式的一个一般性理论依据，其对每一普通法司法辖区都具有重要意义。文章同时强调，即便人们认为其学术观点具有说服力，但其试图表达的观点仍需在具体司法语境中予以理解和适用。在拥有现代证据法典的司法辖区，主张刑民证据法分离以及规范融贯性的观点，难以向法院、执业律师和法学教师兜售，理由是他们或许已经在职业和文化上适应了普通法的正统观念，而且无论如何，都必须接受当地的主流学说。但是，在英格兰和威尔士，由于没有统一的证据法或联邦证据法典，对普通法存在的上述谬误的批判与英格兰和威尔士的立法改革方向和司法实践完全并行不悖。基于前述论证，文章最后认为，不论中国将来制定什么样的证据法，都将是一部具有中国特色的证据法。（阳平撰稿）

（三）法庭科学著作选介

1. 《法医病理学医疗损害责任司法鉴定实务》（张建华、邹冬华主编，上海科学技术文献出版社 2017 年版）

本书阐述了法医病理学医疗损害责任纠纷鉴定的相关问题，如医疗损害责任纠纷的概念、法医病理学医疗损害责任纠纷案件的特点、法医病理学医疗损害责任纠纷案件的鉴定程序等，详细介绍了法医病理学医疗损害责任纠纷案件的处理方法和医疗损害责任纠纷鉴定的原则、法医病理医疗损害责任纠纷鉴定的常见问题（按照普外科、胸心外科等门类的法医病理学医疗损害及鉴定分类介绍）。全书共 18 章，主要内容包括：法医病理学医疗损害责任纠纷概论、法医病理学医疗损害责任纠纷鉴定内容及死因分析、医疗损害责任纠纷鉴定的原则、法医病理学医疗损害责任纠纷鉴定的常见问题、普外科法医病理学医疗损害及鉴定、胸心外科法医病理学医疗损害及鉴定、神经外科法医病理学医疗损害及鉴定、泌尿外科法医病理学医疗损害及鉴定、耳鼻喉头颈外科法医病理学医疗损害及鉴定、妇产科法医病理学医疗纠纷及鉴定、儿科法医病理学医疗损害及鉴定、心内科法医病理学医疗损害及鉴定、神经内科法医病理学医疗损害及鉴定、肾内科法医病理学医疗损害及鉴定、消化内科法医病理学医疗损害及鉴定、骨科法医病理学医疗纠纷及鉴定、其他科室法医病理学医疗损害及鉴定、非法行医的法医病理学鉴定等。

2. 《脊柱损伤法医临床鉴定实务》（顾晓峰主编，东南大学出版社 2017 年版）

近年来，因脊柱损伤引发的纠纷与诉讼逐渐增多，而脊柱退变、损伤常互为因果、相互作用，导致脊柱外伤后的法医学鉴定往往涉及多因一果的复杂逻辑关系，增加了脊柱损伤法医学鉴定的复杂性。作者结合 20 余年实践经验，荟萃骨科学与脊柱外科学相关理论与技术，针对各类脊柱损伤的病理生理特点，对与此相关的人体损伤程度、伤残等级鉴定以及伤病关系分析等进行了颇为全面的总结。全书共 8 章，主要内容包括：脊柱解剖结构、脊柱生物力学与运动学、脊柱的法医临床学检验、脊柱影像学检查、脊柱损伤、脊柱损伤程度鉴定、脊柱伤残程度鉴定、脊柱损伤与疾病的因果关系鉴定等。

3. 《医疗损害鉴定与防范新进展（2017）》（蔡继峰、闫杰主编，人民卫生出版社 2017 年版）

虽然我国医疗损害责任制度在不断调整及完善，但医疗纠纷的处理模式并未统一，医疗损害鉴定相关的理论体系并不完善，医疗纠纷相关重要概念及调解机制亦未得到普及，和谐医患关系的构建依然任重道远。与 2016 年版相比，《医疗损害鉴定与防范新进展（2017）》主要关注非诉讼调解机制、鉴定人出庭及专家辅助人制度、医疗保险制度等制度在医疗纠纷中的作用，同时也纳入多个典型案例，通过对实践案例的具体分析，进一步对医疗损害的相关概念及理论进行延伸和细化。全书共 4 章，主要内容包括：现状及发展、鉴定理论、案例报道（21 案）、案例分析（14 案）等。

4. 《法医 DNA 证据研究》（袁丽著，法律出版社 2017 年版）

本书对 DNA 检验和 DNA 证据的法庭应用进行了新的阐述和剖析，试图从 DNA 遗传标记的作用和限制，DNA 鉴定档案记录，生物检材的证据链、结果解释与分析，DNA 实验室标准化的要求，DNA 实验室认证认可，DNA 证据的质证、审查和认证等技术和司法的全景视角，审视 DNA 证据形成的科学性，梳理 DNA 科学证据制度发展的脉络，归纳 DNA 证据科学研究的成果，总结审查 DNA 证据的理论成果和司法的实践经验；同时，也为我国 DNA 检验和法律实务界进一步开展证据科学研究，做一些基础性、资料性和评价性的工作。全书共 8 章，主要内容包括：DNA 鉴定基础、DNA 遗传标记、法医物证检验、DNA 检验记录及结果分析、DNA 鉴定的标准化、DNA 实验室认证认可及质量要求、DNA 鉴定意见的质证、DNA 证据的审查与认定等。

5. 《文书物证司法鉴定理论与实务》（贾晓光主编，中国人民公安大学出版社 2017 年版）

本书坚持理论与实践相结合，注重应用性，充分反映了文书物证司法鉴定理论和技术方法的新成果。从科学、法律、鉴定技术的角度，阐明了文书物证司法鉴定各主要项目类别的科学原理、鉴定程序方法与条件、鉴定标准与技术规范；并注意总结近年来解决文书物证鉴定疑难鉴定事项的科学思路和技术方法，力求反映相关法律、规章和规范性文件的新规定，并适当介绍了受到国内外本专业认同度较高的新技术、新方法和成熟经验等。全书共 19 章，主要内容包括：文书物证司法鉴定概论、文书物证司法鉴定的科学基础、笔迹鉴定的依据与程序方法、伪装笔迹鉴定、摹仿笔迹鉴定、书写条件变化笔迹鉴定、签名笔迹鉴定、特殊文字符号笔迹鉴定、印章印文鉴定、朱墨时序鉴定、专业制版印刷文书鉴定、办公机具印制文书鉴定、货币票据鉴定、证件证书鉴定、篡改变造文书鉴定、损毁文书鉴定、文书制成时间鉴定、文书物质材料及书写工具鉴定、中国书画司法鉴定等。

6.《文书物质材料鉴定及常规仪器分析》(许爱东、沈臻懿主编,法律出版社2017年版)

文书物质材料是指制作文书所用的各种材料,其中包括墨水、圆珠笔油、印刷油墨、印泥、印油、复印墨粉、打印色带和油墨以及纸张、黏合剂、装订材料等。随着社会经济的发展,涉及伪造文书的案件日趋多样化。在检案中,常需要对文书物质材料的种类、成分、性质进行检验与鉴定,从而为案件裁判提供可靠证据。当前,文书物质材料的理化检验方法已从过去单一、简单的物理、化学方法逐步发展为多类型、综合性仪器分析方法,其检验的可靠性也大大提高,这些进步与发展除了依靠分析方法的不断创新、分析仪器性能的不断提高外,还与文书物质材料的鉴定技术水平分不开。为此,本书在梳理、吸收我国文书物质材料鉴定理论与实务研究成果的同时,将常规仪器进行整合,从仪器分析的基础原理、技术方法以及实务应用等多角度进行全方位深入诠释,以期对提高我国文书物质材料鉴定及常规仪器分析的理论和实务水平有所裨益。全书共21章,主要内容包括:书写工具文书物质材料,打印、复印文书物质材料诠释与鉴定,印泥、印油文书物质材料,常见文书司法鉴定仪器分析技术,体视显微镜,比较显微镜,荧光显微镜,多波段光源,超景深三维显微系统,文件检验仪,静电压痕仪,显微拉曼光谱法,红外光谱仪,气相色谱仪,高效液相色谱仪,紫外可见分光光度法,薄层色谱扫描仪,X射线荧光光谱仪,显微分光光度计,扫描电子显微镜,纸张检验系统等。

7.《笔迹鉴定视域中的同一认定研究》(沈臻懿著,法律出版社2017年版)

笔迹鉴定作为一项专门研究领域,旨在探求某一笔迹系何人所书写这一问题,其核心是借助笔迹这一特征反映体来实现对书写人的同一认定。借此,本书即聚焦于笔迹鉴定乃至整个司法鉴定领域内的核心基础——同一认定,在对其理论予以积极探索、释解的基础上,亦注重对其鉴定实践的梳理以及问题意识的考量。本书以笔迹鉴定领域为研究视角,分别从学理定位、论证基础、实务探析、证据应用以及质量保障等角度,对前述领域内涉及的同一认定予以深入且系统的研究。全书共5章,主要内容包括:笔迹鉴定视域中的同一认定学理定位、笔迹鉴定视域中的同一认定论证基础、笔迹鉴定视域中的同一认定实务探析、笔迹鉴定视域中的同一认定证据应用、笔迹鉴定视域中的同一认定保障基石等。

8.《笔迹鉴定质量监控研究》（关颖雄著，法律出版社 2017 年版）

在司法鉴定学科中，笔迹鉴定属于文书司法鉴定领域内一个较为传统的鉴定项目。由于笔迹鉴定高度依赖鉴定人专业知识和技能，为保证鉴定意见的客观公正科学，须开展鉴定质量控制和监督。本书围绕笔迹鉴定专业实践的特点，以司法鉴定质量监控总体理论框架为学理依据，对笔迹鉴定质量监控的概念、内容、目标、手段以及制度基础等基本理论问题进行分析，并从笔迹鉴定人的岗位授权与能力监控、笔迹鉴定方法的管理、笔迹鉴定实施过程的监控三个关键方面，提出了具体的鉴定质量监控措施和方法。全书共 5 章，主要内容包括：笔迹鉴定概述、笔迹鉴定质量监控的理论依据、笔迹鉴定人的岗位授权与能力监控、笔迹鉴定方法及其确认、笔迹鉴定实施过程的监控等。

9.《道路交通事故车体痕迹鉴定》（李丽莉编著，科学出版社 2017 年版）

道路交通事故技术鉴定涉及的所有项目，基本都是建立在事故形态分析基础之上的。事故形态分析的基础，是道路交通事故现场勘验和车体痕迹检验鉴定。本书从鉴定工作的实际出发，就道路交通事故车体痕迹鉴定过程中遇到的一些疑难复杂和典型案例进行分析，并提出了解决方案，对需要注意的一些方面进行了详尽说明。同时，结合相关鉴定依据和法律法规，就道路交通事故车辆属性鉴定、车辆轮胎鉴定以及事故当事人事发时的交通行为方式鉴定等内容在专门的章节进行详细的分析和解读。全书共 5 章，主要内容包括：痕迹学、道路交通事故技术鉴定、道路交通事故车体痕迹鉴定、道路交通事故现场勘验与车体痕迹鉴定、道路交通事故司法鉴定项目等。

10.《电子数据审查判断与司法应用》（潘申明等著，中国检察出版社 2017 年版）

电子数据是信息技术发展的必然产物，记录了人们在计算机信息系统中的活动轨迹。通过这些"数据基因"，我们可以勾勒出一个人或者一起事件的基本情况。在刑事司法领域，电子数据是查明事实、指控犯罪的一种关键证据，在现代司法证明过程中起着日益重要的作用。本书精心设置六块内容，就司法实务尤其是检察业务领域专门研究电子数据实务操作问题和司法实战技能等进行了专门论述。全书共 6 章，主要内容包括：电子数据的基本理论与立法综述、职务犯罪案件中电子数据的收集提取与运用、电子数据审查判断一般规则、案件事实认定中电子数据的审查运用、常见罪名案件中电子数据的审查运用、庭审中电子数据的运用等。

11.《司法语音检验》（王华朋主编，东北大学出版社 2017 年版）

语音证据的检验主要包括话者画像、语音增强、语音同一性检验、语音真实性（完整性）检验、文本转写等。本书重点对语音同一性检验和语音真实性（完整性）检验进行了阐述，包括进行上述检验所需要的听觉系统基础知识、语音学基础知识和声学基础知识，同时对语音增强和自动说话人识别进行了较为简略的描述，以期读者在掌握"声纹鉴定"相关知识的基础上，开拓在说话人自动识别领域的视野。随着语音数据的大量增加，自动识别正在成为新的法庭语音研究的热点，也是大数据背景下信息化合成化作战的有效信息来源，因此本书也对此方面进行了专门介绍。全书共 9 章，主要内容包括：法庭语音学概述、法庭语音检验技术概述、声音的听觉感知基础、语音学基础、声学基础、语音同一性检验、录音真实性（完整性）检验、音频取证技术、法庭自动话者识别等。

12.《中国法医科学发展战略》（中国工程院编，高等教育出版社 2018 年版）

法医学是将医学和其他自然科学的理论和技术应用于刑事侦查、司法鉴定及立法的一门应用学科。建立有中国特色的法医科学体系，研究立法、司法及社会管理中的法医学理论及技术应用，从而提出战略性的科学研究规划，是我国法医科学发展所面临的紧迫任务。为此，中国工程院第 220 场中国工程科技论坛以"中国法医科学发展战略研究"为主题，结合我国法医学发展的现状及国际发展趋势，凝练和提出了我国在法医学基础性科学研究领域急需关注和解决的重要前沿科学问题，并提出了对法医学"十三五"期间基础科学研究的建议。本书精选了十多位法医学界知名专家在该论坛上做的报告，分为综述和主题报告两部分。主题报告包括：中国法医科学发展战略研究、"十三五"规划法医学科建议、死亡时间推断研究进展与未来策略、代谢组学在死亡时间推断的应用、依法治国背景下的法医病理鉴定问题、损伤时间推断研究进展、"转化法医学"——食品货架期预测在法医死亡时间推断中的研究、法医毒物学领域研究热点及展望、精神损伤机制研究与司法鉴定、多模态理论在法医活体鉴定中的应用及展望、系统生物学和大数据视角下的创伤后分子网络扰动等。

13.《溺死法医诊断学》（刘超主编，中山大学出版社 2018 年版）

对于溺死诊断，过去主要采用法医病理学尸检与传统硅藻检验等方法综合分析判断，缺乏有力的支持溺死证据。作者近年来在硅藻的富集方法、消解提取、定性定量等关键技术及设备方面取得了一系列突破性研究成果，并将相关成果在法医病理学实践中稳定应用多年。本书即是对上述基于膜富集的法医学硅藻检验方法的总结与介绍，目的是为法医病理学、法医物证学从业人员以及刑事侦查人员等相关专业人员提供实践指导。全书共 12 章，主要内容包括：溺死的机制及过程、水中尸体现场勘验、尸体检验、特殊类型水中尸体的检验、溺死案件分析、溺死诊断的实验室方法、基于膜富集的硅藻检验方法、硅藻检验在法医学实践中的应用、硅藻检验的实验室操作程序及方法、溺死相关浮游生物 DNA 检测、水中尸体相关微量物证、我国水域常见的硅藻类型等。

14.《法医影像学》（邓振华主编，人民卫生出版社 2018 年版）

法医影像学是近十余年融合发展起来的一门新兴交叉学科，其总体学科框架是整合临床影像学技术对尸体、活体、人类骨骼等的研究成果和检验实务，逐渐形成专属理论和技术方法为提供科学公正的医学证据提供理论与技术支撑。近年来国内虽然在该学科局部领域已有一定的探索和理论积累，但到目前尚未出现涵盖全领域的系统性著作。本书针对法医学鉴定与理论中涉及相关影像学知识进行了系统性诠释，重点包括法医影像学概述、影像资料同一认定、虚拟解剖、年龄影像学评估、虚拟人类学（包含身高、性别、种族）、创伤影像学（包含成伤机制、时序规律）等，均属现代法医学发展前沿和热点问题。全书共 15 章，主要内容包括：绪论、影像资料同一认定、年龄的影像学评估、虚拟人类学、虚拟解剖、活体损伤影像学检查、头颈损伤影像学检查、胸部损伤影像学检查、脊柱骨盆损伤影像学检查、四肢手足损伤影像学检查、关节损伤影像学检查、创伤影像与成伤机制重建、腹部与盆部损伤的影像学诊断、创伤的超声检查、创伤影像与死亡损伤时间推断等。

15.《法医 DNA 分型专论：证据解释》（John M. Butler 著，侯一平、李成涛、严江伟主译，科学出版社 2018 年版）

布尔特尔（John Marshall Butler）博士发表过 150 多篇关于法医 DNA 检测的论文，是该领域最多产而活跃的作者之一。本书全面系统地介绍了分析和解释法医 DNA 分型结果的方法和最新进展，对法医 DNA 分型中常遇到的杂合子均衡性、伪峰、突变与随机效应、等位基因缺失、低模板 DNA、混合斑等现象及如何依据分型结果来合理解释进行了深入细致的讨论。全书共 16 章，主要内容包括：数据解释综述，数据、模型、临界值，STR 等位基因和扩增伪峰，STR 基因分型，复合基因座谱型，DNA 混合斑，微量 DNA 与复杂混合物，数据收集疑难解答，统计学解释概述，STR 群体数据分析，DNA 图谱频率估计及匹配概率，混合 DNA 的统计学分析方法，处理潜在丢失的等位基因，亲缘关系鉴定：亲缘统计，连锁遗传标记的统计，实验报告：交流结果和结论等。附录还包括美国群体 STR 基因座等位基因频率、NRCI 与 NRC Ⅱ 建议、DAB 关于统计学的建议、混合检材实例等。

16.《现场物证论》（沈臻懿著，法律出版社 2018 年版）

现场物证为案件侦破或调查提供重要线索，一方面，遗留在现场的各类物证可直接对案件待证事实予以证明；另一方面，现场物证作为"无言的证据"，其自身蕴含的案件信息有时难以直接获取，需借助于现代科学才可得以解读。本书以现场物证为研究对象，分别从现场物证的理论界说、研究原理、勘验取证、保全管理、诉讼证明、现场物证鉴定及其意见审核等视角，对其进行较为深入、系统的研究，力图能进一步凸显现场物证在司法证明中的重要价值。全书共 6 章，主要内容包括：现场物证理论与界说、现场物证研究的原理、现场物证勘验与取证、现场物证保全与管理、现场物证与诉讼证明、物证鉴定及意见审核等。

17.《司法笔迹鉴定》（陈晓红主编，科学出版社 2018 年版）

本书在将传统司法笔迹鉴定理论和实践与前沿的司法笔迹鉴定量化研究相结合的基础上，全面介绍了国内外司法笔迹鉴定发展史，详细阐述了司法笔迹鉴定所涉及的相关问题和关键技术。全书共 10 章，主要内容包括：绪论、司法笔迹鉴定的依据和程序方法、伪装笔迹鉴定、摹仿笔迹鉴定、书写条件变化笔迹鉴定、签名笔迹鉴定、特殊文字符号笔迹鉴定、笔迹鉴定量化研究的概述、在线签名笔迹鉴定的量化研究、离线签名笔迹鉴定的量化研究等。

18.《可疑文件的科学检验（第 2 版）》（［美］简·西曼·凯利、［美］布赖恩·S. 林德布洛姆主编，李震、胡祖平译，法律出版社 2018 年版）

本书被美国法庭科学文件检验界称为法庭科学文件检验的"圣经"。新版反映了美国法庭科学文件检验的发展新状况及面临的新问题。随着科学技术日新月异，人类社会出现了书面交流新途径，伴随电脑和打印机的普及出现了形形色色的文件制成方法，这两个因素极大影响了文件检验的性质和所使用的方法。本书探讨了由于这些发展所导致的检验鉴定工作的复杂性，并通过介绍各种文件和案例研究来帮助读者理解法庭科学文件检验的鉴定原理和科学方法。讨论的主要内容涉及各种可疑笔迹的检验、文件检验中使用的计算机软硬件，以及创新的图表制作技术。新增章节涵盖了电脑打印机技术、传真机、检测数字化伪造文件和静电复印技术，以及用于鉴定报告的结论和使用先进检测技术的美国测试与材料协会标准。与第 1 版相比，更新的章节包括对静电检测设备和其他分析工具、文件制成时间、现代印章制作技术等方面的扩展讨论。全书共 12 部分，主要内容包括：引言、文件检验案件、科学笔迹检验和法庭、笔迹检验与比较、机械和电子印迹的检验和比较、传统印刷和纸张检验、书写压痕、变造文件、文件的制成时间、数字摄影及增强、美国测试与材料协会对法庭科学文件检验的指导方针、准备法庭证言等。

19.《足迹鉴定技术理论与实务研究》（许爱东、糜忠良主编，法律出版社 2018 年版）

足迹鉴定作为司法鉴定的有机组成部分之一，是一项利用人体运动力学、人体生理学、人体形态学、物理学以及化学等学科的科学原理和技术方法，对与案件有关的足迹予以分析，并对人身、鞋、袜进行鉴别的专门科学技术。当前，足迹检验与鉴定在刑事诉讼中的作用已愈加凸显。通过足迹检验与鉴定，不仅可以为案件性质的判明、侦查线索的发现、犯罪嫌疑人的锁定提供重要依据，更可在案件审判中为法庭提供关键证据。本书对足迹鉴定技术的理论与实务进行了深入探索，在梳理、总结现有足迹鉴定领域内的优秀研究成果的同时，亦将关注的目光聚焦于足迹鉴定领域的新动态。全书共 10 章，主要内容包括：足迹鉴定技术诠释、足迹鉴定技术源起与流变、赤足结构特征、鞋袜痕迹特征、行走运动形态特征、足迹变化的因素、现场足迹提取的方法、足迹分析、足迹鉴定、足迹自动识别系统工作原理与系统建设等。

20.《计算机取证与司法鉴定（第 3 版）》（麦永浩等主编，清华大学出版社 2018 年版）

计算机取证与司法鉴定是法学和计算机科学的交叉学科，本书在学术理论上具有交叉性、前沿性和创新性，在实践应用中注重可操作性和实用性。

从技术层面上，介绍了计算机取证技术和有效的工具，查找、收集、提取、固定、处理计算机和网络中存在的电子数据的标准和规范；从法学层面上，利用法学知识分析和推理了电子数据的法律性质、类型、效力及取证规则，以及作为法院进行立案和审判的依据。本书介绍了计算机取证与司法鉴定的国内外研究概况和发展趋势，分析了计算机取证与司法鉴定的证据效力和法律地位，指出了计算机取证与司法鉴定的特点和业务类型，阐述了计算机取证与司法鉴定的原则和过程模型，论述了计算机取证与司法鉴定的实施过程，介绍了常用的几种计算机取证与司法鉴定设备和分析工具，讨论了 Windows 和 UNIX/Linux 系统的取证理论与方法，探讨了网络取证、QQ 取证、木马取证、手机取证、伪基站取证和专业电子设备取证等特定取证类型的分析方法，最后列举了作者所带领的团队完成的 7 个典型案例。全书共 9 章，主要内容包括：计算机取证与司法鉴定概论、计算机取证与司法鉴定的相关法学问题、计算机取证与司法鉴定基础知识、Windows 系统的取证与分析、UNIX/Linux 系统的取证与分析、网络取证、木马的取证、手机取证、计算机取证与司法鉴定案例等。

附录 1

证据科学期刊论文目录

附录 1.1　中文证据法学期刊论文目录（2017—2018）

附录 1.1.1　中文证据法学期刊论文目录（2017）

文 章 名 称	作　者	刊　　物	期　次
非法证据排除规则的立法表述与意义空间——《刑事诉讼法》第 54 条第 1 款的法教义学分析	易延友	当代法学	第 1 期
民事检察监督证据的运用规则	胡思博	当代法学	第 1 期
证明责任"规范说"理论重述	胡学军	法学家	第 1 期
论刑事证据规则的规范目的	纵　博	法学论坛	第 1 期
证人调查：民事庭外作证的立法向度	李　峰	法律科学	第 1 期
被害人出庭作证的实证分析和制度构建	王小光　李　琴	法律适用	第 1 期
民事诉讼专家辅助人制度适用问题研究	沈明磊　董蕾蕾	法律适用	第 1 期
证据证明力评价的似然率模型	杜文静	华东政法大学学报	第 1 期
比例原则视域下电子侦查取证程序性规则构建	裴　炜	环球法律评论	第 1 期
循证社区矫正中最佳证据研究	刘立霞　孙建荣	河北法学	第 1 期
非法证据排除规则的虚化与实化	宋远升	证据科学	第 1 期
即时通讯记录作为证据的司法认定研究	陈　浩	证据科学	第 1 期
交叉询问制度合理性反思	戴晓东	证据科学	第 1 期
美国精神卫生法庭及对我国的借鉴	李钢琴	证据科学	第 1 期
争议中运用的社会科学证据	梁　坤	证据科学	第 1 期
"直接证据"真的不存在吗？与纪格非教授商榷	李　浩	中外法学	第 1 期

续表

文 章 名 称	作 者	刊 物	期 次
电子证据的鉴真问题：基于快播案的反思	刘品新	中外法学	第 1 期
论刑事辨认笔录的证据能力	宋维彬	当代法学	第 2 期
指供及其证据排除问题	纵　博	当代法学	第 2 期
我国刑事诉讼证明标准适用观念之思考——从增强可操作性到增强操作过程的规范性	徐　阳	法商研究	第 2 期
我国共同遇难死亡顺序推定规则之反思与重构	唐　雯	法律科学	第 2 期
预决事实无需证明的法理基础与适用规则	吴英姿	法律科学	第 2 期
论经济分析意见及其可采性规则——以反垄断诉讼为视域	杨文明	法学论坛	第 2 期
刑事速裁程序证明标准研究	高　通	法学论坛	第 2 期
刑事印证证明新探	龙宗智	法学研究	第 2 期
刑事司法解释中的证明简化对控辩平等原则的冲击——兼论司法解释制度的完善及其与案例指导制度的功能划分与衔接	马　勇	法制与社会发展	第 2 期
为"非法证据排除规则"正名	王景龙	甘肃政法学院学报	第 2 期
大陆法系民事诉讼鉴定人的法律定位及相关问题研析	杜　闻	证据科学	第 2 期
第三层次有罪判决证明标准的技术性构建	周洪波	证据科学	第 2 期
符号学场域中的刑事证据问题研究论纲	武晓慧	证据科学	第 2 期
缉毒犬嗅查发现的证据适用排除法则	张玮心	证据科学	第 2 期

文 章 名 称	作　者	刊　　物	期　次
南非宪法规制下的非法证据排除规则	郑　曦	证据科学	第 2 期
试论我国民事审前证据交换制度例外规则的完善	丁朋超	证据科学	第 2 期
无诉讼能力的未成年当事人能否作出自认之检讨	鄢　焱	证据科学	第 2 期
行政法上"无效"证照之证据能力及证明力探析	田勇军	证据科学	第 2 期
证据链与结构主义	栗　峥	中国法学	第 2 期
口供的自由、自愿原则研究——法国模式及评价	施鹏鹏	比较法研究	第 3 期
刑事速裁案件中的证明模式	高　通	法学	第 3 期
审判中心下印证证明模式之反思	杨　波	法律科学	第 3 期
伪证罪对证言真实性的规制——基于美国联邦立法与司法适用的分析	郑　曦	法律适用	第 3 期
"需求侧"改革：刑事证人出庭作证实证分析	黄伯青　伍天翼	法律适用	第 3 期
现代法治条件下"亲亲相隐"制度之构建——从历史、比较研究和现实思考出发	陆建红　杨　华	法律适用	第 3 期
论司法证明实质化——以侦查人员出庭作证为切入点	刘静坤	法律适用	第 3 期
论刑事证明标准之实质递进性——"以审判为中心"语境下的分析	谢　澍	法商研究	第 3 期
审判中心视域下量刑证据相关问题探析	马运立	法学论坛	第 3 期
劳动争议证明责任理论思考和制度重构	侯玲玲	法学评论	第 3 期

续表

文 章 名 称	作 者	刊 物	期 次
"谁主张谁举证"规则的历史变迁与现代运用	胡东海	法学研究	第 3 期
劳动争议证明责任倒置说之批判	袁中华	环球法律评论	第 3 期
事实认定模式与我国刑事防错机制的完善	尚 华	环球法律评论	第 3 期
民事证据调查令制度的运行检视与完善路径	陈维君	河北法学	第 3 期
论证明责任作为民事裁判的基本方法——兼就"人狗猫大战"案裁判与杨立新教授商榷	胡学军	政法论坛	第 3 期
论贿赂犯罪证据的客观化审查机制	龙宗智	政法论坛	第 3 期
被害人陈述的证据能力与证明力规则	卫跃宁	证据科学	第 3 期
后真相时代的司法	郭 薇	证据科学	第 3 期
美国无罪证据开示制度研究	王新清	证据科学	第 3 期
行政诉讼举证责任分配的逻辑及其制度构建	邓刚宏	政治与法律	第 3 期
论刑事证明标准的"层次化"误区	孙 皓	当代法学	第 4 期
"拒不认罪、从重处罚"的证据裁判主义审视	封安波	法律科学	第 4 期
我国瑕疵证据补正证明的实证分析与理论再构	吕泽华	法学论坛	第 4 期
论直接言词原则与我国刑事诉讼——兼论审判中心主义的实现路径	刘 玫	法学杂志	第 4 期
再论我国客观证明责任：制度回归与适用考察	曹建军	甘肃政法学院	第 4 期
印证与概率：电子证据的客观化采信	刘品新	环球法律评论	第 4 期

文 章 名 称	作　者	刊　物	期　次
自由心证原则的再认识：制约与保障	张卫平	政法论丛	第4期
完善证人出庭制度的若干问题探析——基于实证试点和调研的研究	陈光中　郑　曦　谢丽珍	政法论坛	第4期
多维度与差异化：认罪认罚案件的证明标准探析	闫丰锦	证据科学	第4期
鉴定意见撤销问题研究	樊崇义	证据科学	第4期
论品性证据在我国量刑中的适用	林艺芳	证据科学	第4期
论推定的概念及其规则运用	阮堂辉	证据科学	第4期
死因鉴定意见审查判断规则之反思与重塑	王星译	证据科学	第4期
无证据概念的个案导入：以聂树斌案为例	陆而启	证据科学	第4期
庭审实质化背景下刑事二审证人出庭必要性审查研究	陈有为	证据科学	第4期
专家机器人：利用人工智能协助法官采纳科学性专家证言	Pamela S. Katz　邓　桐　刘　鑫	证据科学	第4期
对《严格排除非法证据规定》的几点个人理解	陈光中	中国刑事法杂志	第4期
非法证据排除与侦查办案人员出庭作证规则	张保生	中国刑事法杂志	第4期
何为非法，如何排除？——评关于办理刑事案件严格排除非法证据若干问题的规定	万　毅	中国刑事法杂志	第4期
检察机关在非法证据排除中的多重角色	熊秋红	中国刑事法杂志	第4期
排除非法证据的价值预期与制度分析	张建伟	中国刑事法杂志	第4期

续表

文 章 名 称	作 者	刊 物	期 次
审判中心背景下非法证据排除规则的完善	汪海燕	中国刑事法杂志	第 4 期
我国非法证据排除规则的新发展	卞建林	中国刑事法杂志	第 4 期
刑事案件非法证据排除规则的发展——关于办理刑事案件严格排除非法证据若干问题的规定新亮点	万　春　高翼飞	中国刑事法杂志	第 4 期
《严格排除非法证据规定》下的检察发展新机遇	陈卫东	中国刑事法杂志	第 4 期
被害人陈述法庭质证程序反思——以完善对质制度为视角的分析	赵珊珊	中国政法大学学报	第 4 期
论我国审判阶段非法证据排除规则的理论基础	林志毅	中外法学	第 4 期
论非法证据排除规则和印证证明模式的冲突及弥合路径	牟绿叶	中外法学	第 4 期
证明责任的概念——实务与理论的背离	李　浩	当代法学	第 5 期
作为裁判规范的证明责任	许尚豪	当代法学	第 5 期
论消极事实的举证证明责任——以《民诉法解释》第 91 条为中心	陈贤贵	当代法学	第 5 期
论中国"现代"证明责任问题——兼评德国理论新进展	任　重	当代法学	第 5 期
变迁中的英美补强规则	李训虎	环球法律评论	第 5 期
印证与最佳解释推理——刑事证明模式的多元发展	罗维鹏	法学家	第 5 期
审判中心论的话语体系分歧及其解决	樊传明	法学研究	第 5 期
绝对的消极被动抑或适度的积极主动	李章仙	证据科学	第 5 期
论我国刑事诉讼鉴定意见质证的完善	杜鸣晓	证据科学	第 5 期

续表

文　章　名　称	作　者	刊　物	期　次
认罪认罚从宽制度若干证据问题研究	吕　瑶	证据科学	第 5 期
生态环境执法与刑事司法衔接中的证据问题及解决	赵旭光	证据科学	第 5 期
直接证据与间接证据是否可分	陈　盛	证据科学	第 5 期
中国证据法改革者面临的选择	［美］Edward J. Imwinkelried 著　王进喜 刘孟尧 译	证据科学	第 5 期
民间借贷诉讼中的证明责任问题	吴泽勇	中国法学	第 5 期
庭审实质化：一种证据调查方式的逻辑转变——以成都地区改革试点为样本的经验总结	马静华	中国刑事法杂志	第 5 期
捕后羁押必要性审查之证明规则研究——以依申请启动下的羁押必要性审查为视角	张　琳	中国刑事法杂志	第 5 期
《周礼》所确立的诉讼证明制度考论	程政举	中外法学	第 5 期
"大证据学"的证明原理研究	杨继文	证据科学	第 6 期
刑事问题列表制度研究——以完善人民陪审员事实认定机制为切入点	施鹏鹏	北方法学	第 6 期
论证据裁判主义与自由心证的衡平	马贵翔	北方法学	第 6 期
"法官释法"：陪审员认定事实的制度保障	唐　力	比较法研究	第 6 期
电子证据的形成与真实性认定	汪闽燕	法学	第 6 期
证据裁判视角下刑事错案的生成与防治	陈　敏	法学家	第 6 期
刑事电子证据认定规范之研究	周　新	法学评论	第 6 期
刑事被告人答辩制度之构建	欧卫安	法学研究	第 6 期
论庭审模式与查明案件事实真相	陈光中　李章仙	法学杂志	第 6 期

续表

文 章 名 称	作 者	刊 物	期 次
庭审实质化背景下证人庭前证言的运用及其限制	史立梅	环球法律评论	第 6 期
美国法庭聘请专家证人的实践与启示	陈邦达	证据科学	第 6 期
我国非法证据排除规则的发展与隐忧	郭　旭	证据科学	第 6 期
"印证"证明与事实认定——以印证规则与程序机制的互动结构为视角	向　燕	政法论坛	第 6 期
自认的审判排除效	占善刚　徐　莹	证据科学	第 6 期
2015—2016 年中国证据法治前进步伐	张保生　王　旭	证据科学	第 6 期
刑事证据审查的基本制度结构	吴洪淇	中国法学	第 6 期
网络犯罪证明简化论	刘品新	中国刑事法杂志	第 6 期
搜查、扣押笔录的证据能力研究——以美国法为借镜	宋维彬	中国刑事法杂志	第 6 期
刑事司法协助所获证据的可采性审查：原则与方法	冯俊伟	中国刑事法杂志	第 6 期
论庭审过程中法官的心证公开	毕玉谦	法律适用	第 7 期
民事诉讼证据收集制度的演进与发展——兼评环境公益诉讼证明困境的克服	吴伟华　李素娟	河北法学	第 7 期
鉴定人出庭的认识误区与规制路径——以刑事诉讼为主要视角	陈海锋	法学	第 8 期
我国刑事证明标准印证化之批判	杨　波	法学	第 8 期
事实、证据与事实认定	张保生	中国社会科学	第 8 期
死刑案件证明标准探析	徐建新	法律适用	第 9 期
我国非法证据排除规则的特点与完善	杨宇冠	法学杂志	第 9 期

文章名称	作者	刊物	期次
仅有转账凭证的民间借贷诉讼举证规则——对民间借贷司法解释第 17 条的分析	刘英明	政治与法律	第 9 期
非法证据排除的司法困境及对策研究	宋建国　彭　辉	河北法学	第 11 期
作为证据的族谱——兼谈私文书的实质证明力	姚　澍	河北法学	第 11 期
技侦证据在刑事审判中的适用及完善建议	张素莲	法律适用	第 11 期
刑事司法精神鉴定中的矛盾分析及程序应对	崔　凯　魏建文	法学杂志	第 11 期
刑事推定辨正	窦　璐	政治与法律	第 11 期
电子数据证据评价问题研究	罗文华　孙道宁　赵　力	河北法学	第 12 期
专家证据运用的程序公正标准——欧洲人权法院的立场及与各国的比较	高一飞　王金建	河北法学	第 12 期
特别没收程序证明问题的多元化分析	谢丽珍　朱若苏	法律适用	第 13 期
规范说视野下法律要件分类研究	李　浩	法律适用	第 15 期
举证证明责任的内部分立与制度协调	胡学军	法律适用	第 15 期
罗森贝克证明责任论的再认识——兼论《民诉法解释》第 90 条、第 91 条和第 108 条	任　重	法律适用	第 15 期
民事举证责任规则适用难题及其规制	于四伟	法律适用	第 15 期
论《继承法》中的证据方法规范	王　雷	法律适用	第 21 期
鉴定人出庭制度的实务研究——以庭审实质化为视角的分析	余　净　王庆刚	法律适用	第 21 期
追诉机关违反证据保存义务的法律后果——以有利于被控方的证据为中心	冯俊伟	法学杂志	第 12 期

文 章 名 称	作　者	刊　物	期　次
污染环境犯罪因果关系的证明	杨继文	政治与法律	第 12 期

　　说明：①本统计表中所列期刊论文目录，只限于以下期刊：《北方法学》《比较法研究》《当代法学》《法律科学》《法律适用》《法商研究》《法学》《法学家》《法学论坛》《法学评论》《法学研究》《法学杂志》《法制与社会发展》《甘肃政法学院学报》《河北法学》《华东政法大学学报》《环球法律评论》《清华法学》《现代法学》《行政法学研究》《政法论丛》《政法论坛》《证据科学》《政治与法律》《知识产权》《中国法学》《中国社会科学》《中国刑事法杂志》《中国政法大学学报》《中外法学》。②本统计表中论文的排列：第一顺序为期次，第二顺序为刊物名称。

附录 1.1.2　中文证据法学期刊论文目录（2018）

文 章 名 称	作　者	刊　物	期　次
非法证据排除程序的理论展开	陈瑞华	比较法研究	第 1 期
刑事庭审人证调查规则的完善	龙宗智	当代法学	第 1 期
论实物证据的鉴真规则	白　冰	当代法学	第 1 期
重复性供述排除规则之规范解读	董　坤	华东政法大学学报	第 1 期
刑事证人出庭作证与庭审实质化	尹泠然	华东政法大学学报	第 1 期
电子数据的取证主体：合法性与合技术性之间	谢登科	环球法律评论	第 1 期
庭审实质化与交叉询问制度——以《人民法院办理刑事案件第一审普通程序法庭调查规程（试行）》为视角	顾永忠	法律适用	第 1 期
非法证据排除制度的新发展及重点问题研究	戴长林	法律适用	第 1 期
刑事案件法庭调查的基本原则和程序设计	刘静坤	法律适用	第 1 期
认罪认罚案件的证明标准	孙长永	法学研究	第 1 期
正当防卫证明问题的法律经济学分析	兰荣杰	法治与社会发展	第 1 期

续表

文　章　名　称	作　　者	刊　　物	期　　次
功能主义视角下专家辅助人诉讼地位再认识	李永泉	现代法学	第 1 期
"公知常识"一种来自实践的免证事实规则	马连龙	证据科学	第 1 期
审查逮捕环节排除非法证据问题研究	张　萍	证据科学	第 1 期
我国民事诉讼证明妨碍研究	周　庆 等	证据科学	第 1 期
行贿人证言的证据法分析及使用规制	钟朝阳 等	证据科学	第 1 期
普通法系证据法的五个基本谬误	保罗·罗伯茨 著 阳　平 译 张保生 校	证据科学	第 1 期
量刑证明：从形式到实质	张月满	政法论丛	第 1 期
以证据为根据还是以事实为根据？	舒国滢　宋旭光	政法论丛	第 1 期
民事诉讼法适用中的证明责任	李　浩	中国法学	第 1 期
非法证据排除规则的解释学检视	汪海燕	中国刑事法杂志	第 1 期
事后知情型受贿的证成和认定	孙国祥	中国刑事法杂志	第 1 期
行政执法证据准入问题新论——从卷宗笔录式审判到审判中心主义	孙　远	中国刑事法杂志	第 1 期
构建实效性的刑事证据保全制度——以审判中心主义为视角	拜荣静	中国政法大学学报	第 1 期
刑事证据制度变革的基本逻辑	吴洪淇	中外法学	第 1 期
监察体制改革中的证据制度问题探讨	纵　博	法学	第 2 期
论笔录证据的功能	王景龙	法学家	第 2 期
法官对专家辅助人意见的采信与心证形成的路径分析	窦淑霞	法学杂志	第 2 期
为"事实真伪不明"命题辩护	胡学军	法商研究	第 2 期

续表

文 章 名 称	作 者	刊 物	期 次
刑事案件中的积极辩护事由及其司法证明——"于欢案"的证据法视角	王天民	现代法学	第 2 期
工伤认定案件中的优势证据标准研究	杨 杰	证据科学	第 2 期
勘验笔录证明力的认证规则探讨	李明等	证据科学	第 2 期
刑事扣押的"相当理由"证明标准及其规制路径	谭秀云	证据科学	第 2 期
刑事诉讼证据使用禁止的放射效力、继续效力与溯及效力	Peter Kasiske 著 陈真楠 施鹏鹏 译	证据科学	第 2 期
论"以审判为中心"对侦查取证的指引作用	张鹏莉 等	证据科学	第 2 期
侦查取证工作规范化的本土路径研究	许静文	证据科学	第 2 期
中国证据法 40 年	张保生　冯俊伟 朱盛文	证据科学	第 2 期
以审判程序为中心，以证据为依据，以法律为准绳	陈 波	政法论丛	第 2 期
中国化证据排除规则的范性梳理与反思	董 坤	政法论坛	第 2 期
违法所得没收程序证明问题研究	吴光升　南 漪	中国刑事法杂志	第 2 期
事实认定过程中的证据叙事分析	尹洪阳	中国政法大学学报	第 2 期
代替考试罪司法证明困境及路径探析——从实体法与程序法的双重约束下谈起	王吉春	河北法学	第 3 期
非法证据排除的共通性宪法权利基础及其启示	王秀哲	河北法学	第 3 期
印证的功能扩张与理论解析	吴洪淇	当代法学	第 3 期
论电子数据的双重鉴真	刘译矾	当代法学	第 3 期

文　章　名　称	作　　　者	刊　　物	期　　次
诊疗损害责任纠纷举证证明责任研究——对《最高人民法院关于审理医疗损害责任纠纷案件适用法律若干问题的解释》第4条的解读	吴兆祥	法律适用	第3期
知识产权诉讼中电子证据的审查与判断	苏志甫	法律适用	第3期
"排除合理怀疑"适用效果的实证研究——以《刑事诉讼法》修改前后共40件案件为样本	纵　博	法学家	第3期
陪审员参与民事案件事实认定程序构建论	高　翔	现代法学	第3期
笔迹鉴定意见采信实证研究	贾治辉 等	证据科学	第3期
论司法鉴定管理与使用的衔接机制	陈如超	证据科学	第3期
美国刑事诉讼中的间接禁止反言规则	胡　萌	证据科学	第3期
司法鉴定意见科学可靠性审查	赵　杰	证据科学	第3期
行政诉讼证明责任分配：从被告举证到多元主体分担	李大勇	证据科学	第3期
质疑还是挑战：Daubert 规则下的笔迹鉴定	李　念　李　冰	证据科学	第3期
自白法则的日本模式及其评价	董林涛	中国刑事法杂志	第3期
证据排除规则的发展动因：制度史解释	樊传明	中外法学	第3期
印证：经验法则、证据规则与证明模式	汪海燕	当代法学	第4期
刑事庭审实质化视野中的印证证明	周洪波	当代法学	第4期
民事证明责任本质的再认识——以民事诉讼法第112条为分析对象	李　浩	法律科学	第4期

续表

文 章 名 称	作 者	刊 物	期 次
刑事司法证明中的专门知识：权力支配与认知偏差	谢 澍	法律科学	第4期
案件事实认定中法官前见偏差的修正及控制	资 琳	法商研究	第4期
论电子证据的理性真实观	刘品新	法商研究	第4期
我国当事人陈述制度的规则审视——以裁判文书为分析样本	郝晶晶	法商研究	第4期
电子证据真实性的三个层面——以刑事诉讼为例的分析	褚福民	法学研究	第4期
探讨"审判之前的审判"模式——以庭前会议中的非法证据排除为切入点	马明亮　张彭皓	甘肃政法学院学报	第4期
集中审理模式下证据失权制度重构	杨会新	现代法学	第4期
行政诉讼非法证据排除规则适用的困境与出路——以218份裁判文书为样本	张 硕	行政法学研究	第4期
论非法证据排除规则有效适用的三个要素——以侦查追诉阶段排除非法证据为视角	孙 远	政治与法律	第4期
独特性之后：法庭科学意见的演进	William C. Thompson 等著 汪诸豪 译	证据科学	第4期
监察程序中非法证据的法解释学分析	高 通	证据科学	第4期
《监察法》实施中的证据合法性问题研究	刘 昂	证据科学	第4期
论非法证据排除规则对监察委办理案件的适用	郑 曦	证据科学	第4期
日本刑事证据开示制度发展动向评析及启示	马方等	证据科学	第4期

文　章　名　称	作　　者	刊　　物	期　次
我国监察证据规则的构造解析	陆而启	证据科学	第 4 期
人权何以成为人权：证明方式、内在逻辑及理据	侯　健	政法论丛	第 4 期
刑事裁判中的自由心证——论中国刑事证明体系的变革	施鹏鹏	政法论坛	第 4 期
制度角色与制度能力：论刑事证明标准的降格适用	陈　虎	中国法学	第 4 期
再论辩护律师向犯罪嫌疑人、被告人核实证据	朱孝清	中国法学	第 4 期
刑事非法证据"柔性排除"研究	闫召华	中外法学	第 4 期
法庭质证的内在结构与理论剖析——兼评"三项规程"的相关规定	李文军	北方法学	第 5 期
认罪认罚从宽案件证明标准研究	汪海燕	比较法研究	第 5 期
论视听传输技术作证的规范化——基于民事裁判文书的分析	李　峰	华东政法大学学报	第 5 期
陪审员是好的事实认定者吗？——对《人民陪审员法》中职能设定的反思与推进	樊传明	华东政法大学学报	第 5 期
民事诉讼测谎意见证据地位的实证考察与理论反思——以北大法宝 188 份民事判决书为分析样本	栗　明	河北法学	第 5 期
论否定事实的诉讼证明——以不当得利"没有法律根据"的要件事实为例	郑金玉	法学	第 5 期
讯问录音录像的功能定位：从自律工具到最佳证据	秦宗文	法学家	第 5 期
论刑事被告人的证明责任及其履行——以积极辩护为中心	欧卫安	法学评论	第 5 期

续表

文　章　名　称	作　者	刊　物	期　次
技术侦查证据使用问题研究	程　雷	法学研究	第 5 期
"印证理论"的表象与实质——以事实认定为视角	王星译	环球法律评论	第 5 期
大数据背景下电子数据行刑衔接机制研究	柳　永	行政法学研究	第 5 期
不负证明责任当事人的事案解明义务	吴泽勇	中外法学	第 5 期
毒品犯罪主观明知推定规则之实证检讨	梁　坤	证据科学	第 5 期
关于专家辅助人角色规定的变化	张保生	证据科学	第 5 期
技术侦查证据使用问题研究	艾　明	证据科学	第 5 期
京沪穗深津渝六市法院声纹鉴定证据应用的实证研究	曹洪林等	证据科学	第 5 期
口供证据能力再检讨	姜振业	证据科学	第 5 期
科学证据理性思维复合型法学人才实务培养	袁　丽	证据科学	第 5 期
日本民事诉讼证据制度及对中国的启示	赵　清	河北法学	第 5 期
三项规程对证人出庭制度的完善	毛立新	证据科学	第 5 期
三项规程的进步与局限	施鹏鹏	证据科学	第 5 期
"三项规程"对非法证据排除规则的推进	熊秋红	证据科学	第 5 期
庭前会议、非法证据排除、法庭调查等三项规程的基本思路	戴长林	证据科学	第 5 期
刑事证据制度改革的未决问题与建议	刘静坤	证据科学	第 5 期
影响讯问笔录客观真实性的语言转写问题	张　彦	证据科学	第 5 期

续表

文 章 名 称	作 者	刊 物	期 次
侦查取证程序规范研究	李尧等	证据科学	第 5 期
审判阶段非法证据排除规则适用的实证考察及困境突破	任素贤	政治与法律	第 5 期
刑事诉讼中的专家辅助人：制度变革与优化路径	吴洪淇	中国刑事法杂志	第 5 期
美国陪审团事实认知机制研究	高 通	比较法研究	第 6 期
专家辅助人立场定位中的紧张关系及其消解——以知识产权审判为视角	李盛荣　张 璇	法律适用	第 6 期
《民法总则》中证据规范的解释与适用	王 雷	法学家	第 6 期
中国式举证责任制度的内在逻辑——以最高人民法院指导案例为中心的分析	胡学军	法学家	第 6 期
为作为证明方法的"印证"辩护	薛爱昌	法学研究	第 6 期
刑民交叉案件中的事实认定与证据使用	龙宗智	法学研究	第 6 期
行政认定的证据能力——以刑事庭审实质化为视角	刘 玫　胡逸恬	甘肃政法学院学报	第 6 期
刑事诉讼法下证据的内涵及性质再论	刘婉婷　杨瑗华	河北法学	第 6 期
警察诱供：风险因素与防范建议	Saul M. Kassin 等著　刘 超　高 原译	证据科学	第 6 期
论我国刑事诉讼中直接言词原则的实现	包献荣	中国政法大学学报	第 6 期
论监察证据在刑事诉讼中使用	兰跃军	证据科学	第 6 期
论虚假供述的诱发及遏制	孟 婕	证据科学	第 6 期
美国刑事错案的警察伪证实证研究	黄蔚菁	证据科学	第 6 期

续表

文　章　名　称	作　者	刊　物	期　次
刑事专家辅助人的制度再造	涂　舜	证据科学	第 6 期
讯问录像推动"以审判为中心"改革之潜力发挥路径研究	朱奎彬	证据科学	第 6 期
互联网金融案件中电子证据制度的适用	王　畅　范志勇	法律适用	第 7 期
论专利侵权损害赔偿数额认定的证明责任分配	何培育　蒋启蒙	知识产权	第 7 期
论公共证人及其质证规则	孔凡洲	河北法学	第 8 期
逻辑与司法：监察程序中证据规则的解构与建构	马　方　吴　桐	河北法学	第 9 期
论行政非法取证行为程序性制裁——兼评《行政诉讼法》第 43 条第 3 款	张　硕	河北法学	第 9 期
证明责任视角下民间借贷诉讼中的借款单据鉴定问题研究	吴泽勇	法律适用	第 9 期
犯罪论体系的证明责任分配功能辨析	李会彬	政治与法律	第 9 期
事实证明之一般原理在知识产权司法审判中的适用——以《红色娘子军》著作权案为例	陈界融	知识产权	第 11 期
家事诉讼证据规则的反思与重构	张海燕	政治与法律	第 11 期
证据合法性证明与程序性证据法理论	彭海青	法学杂志	第 12 期
以审判为中心诉讼制度改革背景下科学证据审查的困境及出路	朱晋峰	法律适用	第 13 期
检视与突破：庭审实质化改革中瑕疵证据裁判规则缺失形成的制度漏洞与完善路径——以全国涉及瑕疵证据的 94 份判决书为样本进行分析	谢　纲　熊心党　　　睿	法律适用	第 19 期

文 章 名 称	作　　者	刊　　物	期　　次
鉴定人、有专门知识的人出庭制度构建——以天津市法院系统实践探索为基础	张　勇　钱　岩	法律适用	第 19 期
我国出庭作证证人的特殊保护问题——由泸州李波案引发的反思	彭海青	法律适用	第 19 期
警察出庭作证的规则与边界	李玉华	法律适用	第 21 期

　　说明：①本统计表中所列期刊论文目录，只限于以下期刊：《北方法学》《比较法研究》《当代法学》《法律科学》《法律适用》《法商研究》《法学》《法学家》《法学论坛》《法学评论》《法学研究》《法学杂志》《法制与社会发展》《甘肃政法学院学报》《河北法学》《华东政法大学学报》《环球法律评论》《清华法学》《现代法学》《行政法学研究》《政法论丛》《政法论坛》《证据科学》《政治与法律》《知识产权》《中国法学》《中国社会科学》《中国刑事法杂志》《中国政法大学学报》《中外法学》。②本统计表中论文的排列：第一顺序为期次，第二顺序为刊物名称。

附录 1.2　中文法庭科学期刊论文目录（2017—2018）

附录 1.2.1　中文法庭科学期刊论文目录（2017）

文 章 名 称	作　　者	刊　　物	期　　次
不同高度钝力打击致大鼠皮肤与骨骼肌挫伤的对比	百茹峰　吕小娇　鄂晓霏　于天水　刘　冉　张海东	法医学杂志	第 1 期
冠心病合并甲基苯丙胺滥用者外伤后自发性心脏破裂 1 例	曹　江　薛爱民	法医学杂志	第 1 期
缺氧相关 microRNA 在窒息死亡原因推断中的意义	曾　颜　马剑龙　陈　龙	法医学杂志	第 1 期
亲子鉴定中 21-三体综合征 1 例	陈　芳　章红星　徐恩萍	法医学杂志	第 1 期

续表

文　章　名　称	作　　者	刊　　物	期　次
道路交通事故死亡案例驾驶员损伤特征分析	杜以良　张维利	法医学杂志	第 1 期
金属硫蛋白 1A 和 2A 的 mRNA 时序性表达（英文）	范浩亮　刘淑芳 孙俊红　王英元	法医学杂志	第 1 期
人体损伤程度鉴定中手功能评定方法浅述	高建勋　俞定羊 张　斌	法医学杂志	第 1 期
MOAS 在住院精神障碍患者暴力风险评估中的应用	何建锋　洪　武 邵　阳　韩慧琴 谢　斌	法医学杂志	第 1 期
法医学专业课程整合的构想	雷　刚　赖江华 李生斌　党永辉	法医学杂志	第 1 期
磷化氢中毒死亡 1 例	李浩然　周小伟 王云云　刘　良	法医学杂志	第 1 期
醉酒女遭轮奸致吸入性窒息死亡 1 例	李　怀	法医学杂志	第 1 期
产后出血合并席汉综合征医疗损害鉴定 1 例	李菊萍　王　锋 刘　丹　陈　腾	法医学杂志	第 1 期
水中高度腐败无头尸体 DNA 检验 1 例	刘　洋　朱　敏	法医学杂志	第 1 期
皮肤侮辱性图文瘢痕鉴定 1 例	卢　惇　杨成宗 陈教志　邵黎明	法医学杂志	第 1 期
CT 测量骨骼在法医人类学研究中的应用进展	苗春雨　徐　磊 王　宁　张　敏 李玉珊　吕金星	法医学杂志	第 1 期
精神分裂症者凶杀行为特征与其刑事责任能力相关性	孙志伟　史天涛 付培鑫	法医学杂志	第 1 期
血液中乙醇检验全自动体系的建立	田琳琳　沈　磊 薛锦锋　刘明明 梁丽军	法医学杂志	第 1 期

续表

文章名称	作者	刊物	期次
胰岛素中毒法医学研究进展	童昉　梁悦　石青　张琳　李文鹤　周亦武	法医学杂志	第 1 期
眼损伤图形刺激对比度视诱发电位	王萌　俞晓英　陈捷敏　刘瑞珏　夏文涛	法医学杂志	第 1 期
山东地区汉族人群 34 个 Y-STR 基因座的遗传多态性	王新杰　高智伟　黄磊　许欣	法医学杂志	第 1 期
误食鱼刺致食管主动脉瘘医疗损害 2 例	魏华　蔡伟耀　周晓蓉　朱广友	法医学杂志	第 1 期
心肌缺血-致命性心动过缓血清代谢特征分析	吴嘉燕　王典　孔璟　王星星　于晓军	法医学杂志	第 1 期
夜间不明原因猝死综合征和阻塞性睡眠呼吸暂停低通气综合征关系的研究进展	吴业达　张立勇　成建定	法医学杂志	第 1 期
大鼠死后肌肉电导率与腐败程度的关系	夏志远　翟仙敦　刘蓓蓓　郑哲　赵琳琳　莫耀南	法医学杂志	第 1 期
火烧后炭化尸体个体识别 1 例	杨媚杰　朱敏	法医学杂志	第 1 期
双眼视力障碍且伤病并存伤残评定 1 例	姚伟　陈东水　赵秀锦	法医学杂志	第 1 期
小心脏综合征猝死法医学鉴定 3 例	叶可　张志湘	法医学杂志	第 1 期
气枪钢珠弹致心、肺损伤死亡 1 例	易善勇　王贺　赵国婷　李占军　刘东旭　李英敏	法医学杂志	第 1 期
胫腓骨骨折术后肺栓塞猝死医疗损害 1 例	张海林	法医学杂志	第 1 期

续表

文 章 名 称	作 者	刊 物	期 次
脱落细胞 DNA 的提取和检验 2 例	张 辉 高林林 王 波	法医学杂志	第 1 期
《人体损伤致残程度分级》中四肢手足残疾相关问题的探讨	张 奎 范 飞 邓振华	法医学杂志	第 1 期
溺死诊断的研究进展	张 巍 郑吉龙	法医学杂志	第 1 期
精神病患者治疗期间突发哽死 1 例	赵益花 余家树	法医学杂志	第 1 期
红花注射液致急性过敏性休克死亡 1 例	朱泽磊 吴 旭 赵 锐 王洪波 于 浩 王晓龙 张楚楠 李 博 高 越 张国华	法医学杂志	第 1 期
核酸适配体识别技术在法医毒物分析中的应用（英文）	曾 玲 蔡能斌 PAWLOWSKA Natalia 蔡伟思 糜忠良 郝红霞	刑事技术	第 1 期
铂纳米簇的制备及在汗潜指印显现中应用	黄 锐 刘 睿	刑事技术	第 1 期
非制式枪支散件认定的顺向原则	李 刚	刑事技术	第 1 期
酸性黄显现油脂手印研究	李 浩 左 琦	刑事技术	第 1 期
超高效液相色谱-串联质谱法测定唾液中氯胺酮	李 进 李继印 张福军 周艳娟 刘洪敏 李 虹 谢彦明 黄 垒	刑事技术	第 1 期
一起解救人质隔窗狙击事件的现场勘验	李轶昳 石 仁 马新和	刑事技术	第 1 期
氯氮平中毒溺死案件中的硅藻检验	刘萌妍 陈昌灿 李长荣	刑事技术	第 1 期

文　章　名　称	作　　　者	刊　　　物	期　　次
运用系统分析法判定文件制成时间	欧阳国亮　崔　岚 王　虹　李　彪 王世全	刑事技术	第 1 期
近红外光谱成像技术在现场物证搜索中的应用研究	齐敏珺　　陈奕桦 王新全　于翠荣 戚君仪	刑事技术	第 1 期
高效液相色谱-蒸发光散射法分析植物油物证种属特征	乔　杰　丁肇炜 陈　欢　赵鹏程	刑事技术	第 1 期
立体足迹分析检验系统的应用	孙亚军　潘　楠 刘　益　韩均良	刑事技术	第 1 期
基于现勘与指纹识别系统对现场指纹的统计分析	汤凤梅	刑事技术	第 1 期
用于中国人群个体识别的 InDel 多重 PCR 系统的构建	王　玮　赵　蕾 江　丽　刘　京 黄美莎　李冉冉 刘佳佳　马　泉 王英元　李彩霞	刑事技术	第 1 期
骨骼取样设备的研发及试用	徐曲毅　林端瑜 朱凌云　李　越 刘　超　刘　宏 杨　电　韩雅莉	刑事技术	第 1 期
激光捕获显微切割技术在强奸案中的检验研究	俞卫东　连昌舟 孙大鹏	刑事技术	第 1 期
Kingfisher FLEX 自动工作站在批量提取脱落细胞检材 DNA 中的应用	袁家龙　袁　红	刑事技术	第 1 期
高效液相色谱检验"神仙水"的方法研究	张春水　翟晚枫	刑事技术	第 1 期
通过人体损伤和车内痕迹判断驾乘关系	张　杰　张建军 孙振文	刑事技术	第 1 期

文 章 名 称	作 者	刊 物	期 次
陈旧与新鲜鼻骨骨折的法医学比较研究	张 敏 万 雷 钱 辉 陈 芳 应充亮	刑事技术	第1期
混合DNA样本的组分数分析	周 密 汪 军	刑事技术	第1期
即时通讯记录作为证据的司法认定研究	陈 浩	证据科学	第1期
签名笔迹案例"宏、中、微"各层次特征数量规律统计研究	戴超兰 王相臣	证据科学	第1期
美国精神卫生法庭及对我国的借鉴	李钢琴 宋 辉 胡泽卿	证据科学	第1期
争议中运用的社会科学证据——评《科学证据与法律的平等保护》	梁 坤	证据科学	第1期
清代洗冤用书及技术发展研究之补阙	茆 巍	证据科学	第1期
《永久性残损评定指南》与美国工伤赔偿	杨天潼 向思阳	证据科学	第1期
环境损害司法鉴定若干问题探索——基于环境损害责任纠纷实践的分析	朱晋峰	证据科学	第1期
致伤工具推断确定案件性质1例分析	卜文博 白 峰 林志刚	中国法医学杂志	第1期
半月瓣真菌性内膜炎并瓣膜大部分断离致死1例	曾凡荣 周 晋	中国法医学杂志	第1期
EZ-TAPE分段提取绳索上脱落细胞1例	陈丽伟 刘 宏 杨 电 李中红	中国法医学杂志	第1期
CO中毒死亡非典型尸检表现分析1例	陈 巍 李元进 徐文登	中国法医学杂志	第1期
误服甲醛致中毒死亡法医学鉴定1例	陈文镇 张宏生	中国法医学杂志	第1期

文 章 名 称	作 者	刊 物	期 次
小儿髓母细胞瘤死亡 1 例	杜 傲　李海林 朱宝利　李如波 沈瑞鹏　丁润涛 李延柠　董志斌 杨顺成　吴 旭	中国法医学杂志	第 1 期
火车撞击致死法医学鉴定分析 1 例	杜顺军　刘 威 吴 旭	中国法医学杂志	第 1 期
磁珠法自动化纯化现场检材 DNA 方法研究	韩海军　伊 海 杨 敏　李文江 秦海燕　张 浩 张玉红　贾东涛 杨耕野	中国法医学杂志	第 1 期
东北沦陷时期遇难矿工颅骨骨折鉴定分析 1 例	韩 涛　张 群 张全超　张继宗	中国法医学杂志	第 1 期
皮下注射混合农药中毒死亡的 GC-MS 检验 1 例	何宗剑　黄琦彬 韦 善　马艳梅 周 雄　黄克建	中国法医学杂志	第 1 期
肩袖损伤法医学鉴定 1 例	黄效宇　李 强 宋祥和　丁劲峰	中国法医学杂志	第 1 期
STR 遗传多态性调查中样本量和采样方式选择初探	江 丽　张 建 刘 京　莫晓婷 白 雪　马温华 杨 帆　孙启凡 李彩霞　赵兴春	中国法医学杂志	第 1 期
MiniFiler 及 Yfiler 试剂盒无创产前亲子鉴定的可能性探究	蒋浩君　尹 路 穆豪放　陈 芳 何农跃　杜 舟	中国法医学杂志	第 1 期
健康成年人身高全基因组关联及遗传性缺失研究进展	焦会永　赵雯婷 李彩霞　黄艳梅 叶 健	中国法医学杂志	第 1 期

续表

文 章 名 称	作 者	刊 物	期 次
杀人后以多种方式自杀法医学分析1例	柯曾水　蓬丹平　王　强　刘子涵	中国法医学杂志	第1期
癫痫猝死法医学鉴定1例	李　怀　李昌湖　邓　宏	中国法医学杂志	第1期
腹主动脉夹层压迫致急性肾功能衰竭死亡1例	李久林	中国法医学杂志	第1期
UPLC-MS/MS检测人血中18种有机磷及氨基甲酸酯类农药	李　鹏　柏泽新　夏侯秋锦　国　菲　毕文姬	中国法医学杂志	第1期
751具浮尸俯仰姿势观察分析	李　旭　龚茂华　林　彬	中国法医学杂志	第1期
应用螺旋CT扫描成像推断颅内异物及致伤物1例	李耀芳　王永青　李嘉浩	中国法医学杂志	第1期
非免疫性胎儿水肿死亡尸检1例	梁　悦　童　昉　张　琳　李文鹤　石　青　周亦武	中国法医学杂志	第1期
骨折术后发生脂肪栓塞综合征导致脑梗死1例	林　威　王必鲜　邱明洁　董红梅	中国法医学杂志	第1期
海洛因戒断并发急性胃扩张死亡1例	林宇新　汤晓蕙　茆怀海	中国法医学杂志	第1期
以审判为中心的庭审模式对法医出庭质证的挑战	刘　鑫　焦艳芳	中国法医学杂志	第1期
利用PrepFiler Express™提取粪便DNA1例	刘宇轩　邱晓明　程萍萍　黄代新	中国法医学杂志	第1期
心脏性猝死心肌组织N-Cadherin、Bax表达变化及评价	马永学　云玉丹　杨占君	中国法医学杂志	第1期

续表

文章名称	作者	刊物	期次
四川泸州汉族人群 21 个 Y-STR 基因座遗传多态性	莫晓婷　江　丽 白　雪　张　建 孙启凡　马温华 王　斌　张黎明 姚伊人　赵兴春	中国法医学杂志	第 1 期
阿维菌素在急性中毒死家兔体内的再分布研究	穆　彪　喻洪江 卢延旭	中国法医学杂志	第 1 期
两种骨骼及牙齿纯化方法的比较分析	任文彦　沈　伟 吴微微　郝宏蕾 苏艳佳	中国法医学杂志	第 1 期
《司法精神医学》教学体会与改进构想	孙大明　诸伊凡	中国法医学杂志	第 1 期
膈肌非全层破裂法医学分析 1 例	孙立欣　张　鑫 张殿元	中国法医学杂志	第 1 期
视觉刺激事件相关电位及其研究进展	谭嘉宁　罗方亮 张馨元　刘技辉	中国法医学杂志	第 1 期
甘南藏族人群 17 个 Y-STR 基因座遗传多态性	陶晓岚　雷　亮 郝思静　王　涛 臧丽丽　刘贤海	中国法医学杂志	第 1 期
109 例外伤性视损害的法医学分析	汪　岚　宰　超	中国法医学杂志	第 1 期
现场勘查运用脱落细胞吸附仪提取检材 1 例	王　琴　王东京 张明亚	中国法医学杂志	第 1 期
交通事故面部皮肤撕脱伤形成方式法医学分析 2 例	王玉辉	中国法医学杂志	第 1 期
中国汉族人群 41 个 STR 基因座突变情况的观察分析	吴微微　刘　冰 王彦斌　郝宏蕾 苏艳佳　任文彦 王怀锋　吕德坚	中国法医学杂志	第 1 期

文 章 名 称	作　　者	刊　　物	期　次
新乡地区夏季常见嗜尸性昆虫群落演替规律初步研究	武红艳　杨柳青 王　波　袁皓月 翟英杰	中国法医学杂志	第 1 期
LC-MS/MS 法快速测定全血中 25 种精神药物的研究	徐　琛　唐　磊 蒋惠娣	中国法医学杂志	第 1 期
机械性窒息致外耳道出血 1 例	闫　伟	中国法医学杂志	第 1 期
福昕阅读器图像分析计算软组织挫伤面积	袁阳刚　张　军	中国法医学杂志	第 1 期
闭合性腹部损伤致小肠破裂死亡 2 例	张开乔　窦国宴 刘丽娟　周　兰 施建松　周盛斌	中国法医学杂志	第 1 期
河南汉族群体 20 个常用 STR 基因座突变分析	张　林　王克杰 武红艳　樊爱英 孙许朋　朱振东	中国法医学杂志	第 1 期
25 例冻死案例法医学分析	张书韬	中国法医学杂志	第 1 期
二代测序技术在法医学中的应用	张　雯　程宝文 许冰莹	中国法医学杂志	第 1 期
STR 基因座单倍型的推断方法初探	张胤鸣　余丹媛 王　瑛　杨　阳 李　燃　洪　玲 万志波　孙宏钰	中国法医学杂志	第 1 期
习惯与冲动障碍凶杀案的司法精神病学鉴定 1 例	张迎锋　孙大明	中国法医学杂志	第 1 期
中国壮、蒙、哈萨克族群体 30 个 In-Dels 的遗传多态性	赵　蕾　孙启凡 欧　元　孙　敬 魏以梁　赵兴春 李彩霞	中国法医学杂志	第 1 期

文　章　名　称	作　　者	刊　　物	期　次
临夏回族人群 15 个 STR 多态性及与其他回族人群遗传关系初探	赵　鹏　丁延云 张瑞智　陈　蓉 孙小明　罗春学	中国法医学杂志	第 1 期
基于化学计量法的 FTIR 鉴别心源性猝死	郑　娜　唐　谷 刘蓬佐　牛憨笨 刘　杰　范新民	中国法医学杂志	第 1 期
永州湘江水域溺死案件 42 例法医学分析	周　勇　龚兰剑 谭旭文　唐　成	中国法医学杂志	第 1 期
规范气枪威力测试条件研究	陈六一	中国人民公安大学学报（自然科学版）	第 1 期
郑州市 Y-STR DNA 数据库建设及应用的调查研究	陈振乾　黄书琴	中国人民公安大学学报（自然科学版）	第 1 期
事件相关电位（ERP）在侦查实践中的应用初探	顾红梅	中国人民公安大学学报（自然科学版）	第 1 期
基于颜色数字化特征的朱墨时序判断研究	衡　磊　孟朝阳	中国人民公安大学学报（自然科学版）	第 1 期
新型 YVO4：Eu 纳米荧光材料显现指纹技术对脱落细胞 DNA 提取的影响	梁克伟　李　明 王　猛	中国人民公安大学学报（自然科学版）	第 1 期
脑认知犯罪相关信息的测谎与反测谎分析	刘洪广　刘秦伊	中国人民公安大学学报（自然科学版）	第 1 期
荧光检验法判定激光打印文件朱墨时序	陶　玉　武立志 谢　朋	中国人民公安大学学报（自然科学版）	第 1 期
视频查验刑案嫌疑人步行交通行为研究	王彦学	中国人民公安大学学报（自然科学版）	第 1 期
无标准品时新精神活性物质甲卡西酮的定性定量检验	魏万里　窦　莉 张绍雨　刘景宁	中国人民公安大学学报（自然科学版）	第 1 期

续表

文　章　名　称	作　者	刊　物	期　次
论法庭证据评估及鉴定意见表述	张翠玲	中国人民公安大学学报（自然科学版）	第1期
Lorenz 曲线在毒品情报分析中的应用研究	朱　琳　黄一洲	中国人民公安大学学报（自然科学版）	第1期
浅谈司法鉴定机构的法律地位——1例当事人起诉司法鉴定机构案件引发的思考	陈　军　郭兆明	中国司法鉴定	第1期
手术后出现癔症性瘫痪引发医疗纠纷1例	高　鹏　洪仕君 杜　绮　官莉娜 胡云波　赵丽萍	中国司法鉴定	第1期
全国高等院校和科研院所法医学科竞争力分析和对策——基于国家自然科学基金委 2010—2016 年资助情况	何晓丹　沈　敏	中国司法鉴定	第1期
干式茚三酮法显现纸张上手印的初步研究	李　浩　李　瑾	中国司法鉴定	第1期
住宅户内埋地采暖管道漏水原因分析2例	李真真　刘亚坤 左勇志　邹林亥 鲁巧稚　李博天	中国司法鉴定	第1期
. NET 平台软件知识产权司法鉴定中的跨语言鉴定方法研究	刘玉琴　桂　婕 雷孝平	中国司法鉴定	第1期
胸椎骨折后相邻椎体骨折法医学鉴定1例	潘娟娟　杨　蕾 沈雪洪	中国司法鉴定	第1期
发挥优秀司法鉴定文书示范作用，全面提高行业文书质量——第二届"宋慈杯"优秀司法鉴定文书评选总结研讨活动顺利举办	阮隽峰	中国司法鉴定	第1期
玻璃体液在法医毒物学实践中的价值评析	沈　敏　向　平	中国司法鉴定	第1期

文 章 名 称	作 者	刊 物	期 次
αII-Spectrin 的研究进展及法医学应用	王　明　孙宏杰　吴　旭	中国司法鉴定	第 1 期
面向科学计量分析的司法鉴定学科知识图谱构建与应用研究	王雅兰　朱尚明	中国司法鉴定	第 1 期
异声同韵音节共振峰特性的可比性探究	杨俊杰　贾丽文　陈红艳	中国司法鉴定	第 1 期
知识产权司法鉴定之价值评估	张华松	中国司法鉴定	第 1 期
舟山群岛汉族人群 20 个 STR 基因座遗传多态性	张　辉　王　波	中国司法鉴定	第 1 期
法治在路上 司法鉴定当前行	张新宝	中国司法鉴定	第 1 期
甲基苯丙胺急性中毒诱发冠心病死亡及医疗纠纷法医鉴定 1 例	张玉向　梁　峰　高宏宇　阎春霞	中国司法鉴定	第 1 期
意大利"技术顾问"制度及其对我国的启示	章礼明	中国司法鉴定	第 1 期
检察机关会计司法鉴定质量管理体系相关对策研究	朱　红　候新霞　刘　洋　王秋平	中国司法鉴定	第 1 期
健全统一司法鉴定管理体制研究	邹明理	中国司法鉴定	第 1 期
基于 SQLite3 结构解析的短信恢复方法研究	高　杨　孙道宁	中国刑警学院学报	第 1 期
AGCU-Y24-STR 和 Yfiler™-STR 试剂盒的比较研究	马沁雅　申君毅	中国刑警学院学报	第 1 期
伪热点窃取他人信息的实现及其侦查取证方法	秦玉海　秦　浩　李　杨	中国刑警学院学报	第 1 期
气相色谱法测定压敏复写纸字迹的形成时间	谢　朋　任宇波　秦　静　赵彦军	中国刑警学院学报	第 1 期

续表

文 章 名 称	作 者	刊 物	期 次
基于 360 杀毒软件的用户行为取证分析	杨仕海	中国刑警学院学报	第 1 期
手印纳米显现技术中客体背景荧光干扰的研究	姚丽娟	中国刑警学院学报	第 1 期
耳语特征变异分析	张红兵	中国刑警学院学报	第 1 期
道路交通事故死者脊柱损伤的法医学分析	张 巍　耿广军	中国刑警学院学报	第 1 期
红外辐射法在手印程序化显现方法中的地位	张晓梅　张 琦 徐海龙　焦彩洋 于 丹	中国刑警学院学报	第 1 期
辽宁三地杨树木屑提取物中所含天然产物的差异性研究	赵鹏程	中国刑警学院学报	第 1 期
虐待儿童致胸腺萎缩 2 例	曹志鹏　刘 鑫 廉泽林　田美慧 张 圆　雒心怡 肖 莹　薛嘉嘉 张国华　朱宝利	法医学杂志	第 2 期
联合服用"伟哥"和硝苯地平缓释片猝死 1 例	陈天敬　罗博浩 谢云辉　张 桓	法医学杂志	第 2 期
交通事故致肘关节恐怖三联征法医学鉴定 1 例	杜广玲	法医学杂志	第 2 期
婴儿肥厚性心肌病致心源性猝死 1 例	符晓亮　龙玲玲 邹 鹰　蔡继峰 闫 杰	法医学杂志	第 2 期
LC-MS/MS 法同时检测生物检材中钩吻素子、钩吻素甲和钩吻素己	姬圣洁　刘 伟	法医学杂志	第 2 期
颅脑损伤后器质性人格障碍的司法精神病学分析	李晨虎　黄莉娜 张明昌　贺 盟	法医学杂志	第 2 期

文　章　名　称	作　　者	刊　　物	期　次
IBS 评分法鉴定全同胞关系及其临界值查询表的构建	李　燃　　李成涛 赵书民　　李海霞 李　莉　　乌日嘎 张楚楚　　孙宏钰	法医学杂志	第 2 期
利用自制摔炮杀人 1 例	梁　鑫　　项光刚	法医学杂志	第 2 期
大鼠肌肉挥发性有机化合物变化规律与死亡时间的关系	刘蓓蓓　　夏志远 马锦琦　　李　朴 吕　坪　　周海梅	法医学杂志	第 2 期
家庭暴力致骨折损伤机制分析 1 例（英文）	刘冬梅　　高　东 夏文涛　　李正东 周　姝　　彭书雅	法医学杂志	第 2 期
法医牙科学研究进展	刘　飞　　党永辉	法医学杂志	第 2 期
异烟肼等抗结核药物致周围神经病医疗损害 1 例	刘青青　　清春雷 官丽娜　　杜　琦 胡云波　　赵丽萍	法医学杂志	第 2 期
生物样品的色谱-质谱定性确认指标	刘少丹　　张大明 张　炜　　张文芳	法医学杂志	第 2 期
白内障术后发生角膜内皮功能失代偿医疗损害 1 例	罗　亚　　王　萌 夏文涛	法医学杂志	第 2 期
颅脑外伤后溺水死亡案件定性 1 例	罗郁风　　陆东方 张延波　　郑伟明	法医学杂志	第 2 期
不同注意状态对视敏度 ERP 检测的影响	孟欢欢　　罗　斌 特拉提·赛依提 季萌萌　　陈溪萍 史格非　　陶陆阳	法医学杂志	第 2 期
食用鹅膏菌中毒致死 1 例	牛　鑫　　周美新	法医学杂志	第 2 期

续表

文 章 名 称	作 者	刊 物	期 次
死后 CT 血管造影对冠状动脉粥样硬化的诊断价值	钱　辉　　邵　煜 李正东　　邹冬华 秦志强　　万　雷 陈忆九	法医学杂志	第 2 期
硫化氢中毒案件中血液硫离子的测定	强火生　　陈　航 沈保华　　沈　敏 向　平	法医学杂志	第 2 期
MPure-12 全自动核酸纯化仪与 Chel-ex-100 法的比较	盛　翔　　李　敏 王亚丽　　陈玉玲 林　源　　赵珍敏 阙庭志	法医学杂志	第 2 期
肱骨外髁撕脱性骨折损伤程度鉴定 1 例	石聿树	法医学杂志	第 2 期
心肌梗死和心脏传导系统病变在心源性猝死中的作用	宋如莹　　丁润涛 崔　文	法医学杂志	第 2 期
限制性体位引起肺动脉血栓栓塞 2 例	田美慧　　廉泽林 刘　鑫　　张国华 赵　锐　　曹志鹏 雒心怡　　薛嘉嘉 肖　莹　　朱宝利	法医学杂志	第 2 期
精神伤残鉴定者图片填充试验合作程度的眼动特征	王俊杰　　刘　超 刘　露　　张盛宇 李豪喆　　蔡伟雄	法医学杂志	第 2 期
口服普萘洛尔中毒死亡 1 例	王晓龙　　张国华 吴　旭　　朱宝利 刘俊亭　　王洪波 张楚楠　　高　越 李　博	法医学杂志	第 2 期
华夏™ 白金 PCR 扩增试剂盒的法医学应用评估	王亚丽　　盛　翔 李　敏　　陈玉玲 林　源　　陈丽琴	法医学杂志	第 2 期

续表

文　章　名　称	作　　者	刊　　物	期　次
植绒棉签在案件检验中的应用 3 例	王颖希　李　甫 薛卢艳　霍振义 张庆霞　焦章平 唐　晖	法医学杂志	第 2 期
窖蛋白基因变异及多态性与不明原因猝死的相关性	午方宇　唐新华 盖连磊　孔小平 郝　博　黄二文 石　河　盛立会 权　力　刘水平 罗　斌	法医学杂志	第 2 期
运用耻骨联合面多元回归方程推断年龄 1 例	徐康兴　何建伟	法医学杂志	第 2 期
强气压经肛门注入体内致死 1 例	杨　杰　马红杜 梁　泓	法医学杂志	第 2 期
酶消化联合强酸消化法的硅藻检验	姚　建　阚卫军	法医学杂志	第 2 期
湖南平江地区汉族人群（客家人）20 个 STR 基因座的遗传多态性	张金国　王　峰 胡金伟　付　永 赵　霖　汪林木 何伶芳	法医学杂志	第 2 期
牛角成伤机制和损伤特征分析	张维利　杜以良	法医学杂志	第 2 期
涉及"独头弹"枪案的枪弹检验	蔡纯良　唐　永 马晓雪	刑事技术	第 2 期
TFD-2 与茚三酮显现纸张上汗潜手印效果的比较研究	曹　辉　葛　辉 杨尚明　崔　斌 徐　杰	刑事技术	第 2 期
弹药定性中"气枪弹"与"气枪铅弹"的名称之争	陈六一	刑事技术	第 2 期
一种远程提取支付宝交易记录的方法	崔鹤群　刘俊华	刑事技术	第 2 期

续表

文 章 名 称	作 者	刊 物	期 次
法庭科学中泥土物证的热重分析方法研究	丁敏菊　沈雯怡 杨茜璐　刘贤萍	刑事技术	第2期
通过现场指印检验判断女性犯罪嫌疑人	董学新	刑事技术	第2期
新型手印提取胶片的制备及其在潜手印显现中的应用研究	高　峰　徐　晓 隋吉辉　吴　浩 陈子龙　薛　静 李孝君　刘　寰	刑事技术	第2期
TATP 和 DADP 的安全性能研究	郭亚婷　徐旭冉 潘　峰　钱　华 李万明	刑事技术	第2期
中远距离枪击钢化玻璃弹孔特征研究	梁　帅	刑事技术	第2期
物理显影液温度对手印显现效果的影响研究	刘　田　王明超	刑事技术	第2期
实时直接分析-飞行时间质谱新技术在微量物证检验中的应用	刘占芳　周　红 孙振文　朱　军 张冠男　乔　婷 赵彦彪　徐建中	刑事技术	第2期
DNATyper™ Y24 试剂盒技术指标测试及应用研究	莫晓婷　冯　震 张　建　张思思 马温华　赵兴春 李万水	刑事技术	第2期
基于二维相关度的嫌疑人社交网络分析方法研究	上官梦轩　康艳荣 范　玮　张国臣 赵　露	刑事技术	第2期
超高效液相色谱-串联质谱法检测全血中的东莨菪碱和阿托品	佘彩蒙　杜鸿雁 王芳琳　何洪源 王小宝	刑事技术	第2期
二组分混合样本重叠等位基因拆分研究	苏艳佳　吴微微 郝宏蕾　任文彦	刑事技术	第2期

续表

文 章 名 称	作　者	刊　物	期　次
固相萃取结合超高效液相色谱质谱方法同时测定尿中的 6 种苯丙胺类毒品（英文）	王朝虹　张　琳 赵　蒙　李　虹 刘　帅	刑事技术	第 2 期
云计算环境下的电子取证：挑战及对策	许兰川　卢建明 王新宇　许　桃	刑事技术	第 2 期
气相色谱-三重四极杆串联质谱检测尿样中芥子气代谢产物硫二甘醇亚砜	杨　旸　周世坤 张兰波　袁　铃 李晓森　刘石磊	刑事技术	第 2 期
离子色谱法测定正常人血液中的氰化物含量	姚焕焕　唐　磊	刑事技术	第 2 期
基于理化检验的纸张物证的比对和分类研究	尹宝华　郭洪玲 林雷祥　齐凤亮 李世峰　赵彦彪	刑事技术	第 2 期
红外和拉曼光谱快速检验技术在气体爆炸现场的应用	张冀峰　潘炎辉 孙玉友	刑事技术	第 2 期
鉴定纠纷及其解决机制——基于民事司法鉴定的实践逻辑	陈如超	证据科学	第 2 期
缉毒犬嗅查发现的证据适用排除法则	张玮心	证据科学	第 2 期
常染色体 InDel 基因座判定疑难单亲鉴定 1 例	陈　芳　姜晓宇 章红星　陈建红	中国法医学杂志	第 2 期
ERCC1 和 XPF 基因在法医学年龄推断中的初步研究	邓小冬　张　伟 张　波　马　英 木尔扎尔　章丽霞 谢　英　刘　云	中国法医学杂志	第 2 期
新疆克州维吾尔族 15 个常染色体 STR 和 10 个 Y-STR 遗传多态性	迪力夏提·塔什 高　静　王邦超 王水泉	中国法医学杂志	第 2 期

续表

文 章 名 称	作 者	刊 物	期 次
持续跪压胸部致肋骨弯曲骨折损伤程度鉴定分析	董黄勇	中国法医学杂志	第2期
拳击致甲状软骨、舌骨骨折1例	杜 巍 徐小龙 方金火 钟国梅 谌利华 胡火梅	中国法医学杂志	第2期
二联体鉴定出现2个基因座不符分析3例	段 莹 陈 玫 肖 南 于卫建	中国法医学杂志	第2期
华夏白金系统用于血斑直扩检验效果的评价	郭 微 董 雷	中国法医学杂志	第2期
人体损伤程度鉴定标准中面部创口及瘢痕适用条款初探	胡旭峰 耿 聪	中国法医学杂志	第2期
疑似造作伤鉴定分析1例	黄 波 卫修祥	中国法医学杂志	第2期
引物3′端第二个碱基SNP变异的长度多态性遗传标记检测	黄 健 汤美云 蔡金洪	中国法医学杂志	第2期
大鼠溺死后肺组织与血清IL-1β、IL-13mRNA表达变化	姜美玲 郭文平 赵晋芳 芦俊峰 梅 泽 刘佳佳 梁新华	中国法医学杂志	第2期
基于高通量测序进行无创产前亲子鉴定的可行性	蒋浩君 穆豪放 尹 路 陈 芳 杜 舟 何农跃	中国法医学杂志	第2期
创伤性脑损伤后生物分子标志物的研究进展	李文鹤 童 昉 梁 悦 张 琳 周亦武	中国法医学杂志	第2期
中国汉族成人肱骨近端CR片特征与年龄的相关性	李彦明 王 力 张继宗	中国法医学杂志	第2期
南京地区汉族人群21个STR基因座遗传多态性	连昌舟 孙大鹏 陈 旭 俞卫东	中国法医学杂志	第2期

续表

文　章　名　称	作　　者	刊　　物	期　　次
贵州遵义地区侗族人群 15 个 STR 基因座遗传多态性	梁　芹　　龙　飞 罗　佳　　张方顺 张　艺	中国法医学杂志	第 2 期
弥漫性轴索损伤继发 ARDS 死亡 1 例	梁　悦　　童　昉 张　琳　　李文鹤 石　青　　周亦武	中国法医学杂志	第 2 期
松果体区肿瘤内出血死亡鉴定 1 例	林　威　　王必鲜 邱明洁　　吕　斌 董红梅	中国法医学杂志	第 2 期
SPE-HPLC/MS/MS 检验体液中赛拉嗪及 DMA	刘文文　　李　婧 许江萍　　郑　经 王俊伟	中国法医学杂志	第 2 期
上颌中切牙牙根直径及根管管径与年龄的关系	刘　鑫	中国法医学杂志	第 2 期
法医学鉴定实践中的伦理考量	刘　鑫　　闫　璐 孔凡翠	中国法医学杂志	第 2 期
纵火案现场重建 1 例	麻林广　　汤世勇	中国法医学杂志	第 2 期
云南汉族 NR3C1 基因多态性与暴力攻击行为相关性	聂爱婷　　胡利平 陈　阳　　付　华 张秀峰　　饶　旼 宋文凯　　聂胜洁	中国法医学杂志	第 2 期
全基因组扩增在微量检材 DNA 分型中的应用	聂同钢　　马　妍 徐晓宁　　王　斌 宋炳轲　　匡金枝	中国法医学杂志	第 2 期
骑跨腹部致单纯肠系膜破裂死亡 1 例	牛　鑫　　程昱翰 周美新　　李振洲	中国法医学杂志	第 2 期

续表

文 章 名 称	作　　者	刊　　物	期　次
氨酚待因等多种镇痛药致中毒死亡1例	沈瑞鹏　石　立 官大威　李如波 丁润涛　杜　傲 李延柠　董志斌 吴　旭	中国法医学杂志	第2期
开发高灵敏度血痕发光试剂用于法医现场检测	史月群　刘未斌 秦　瑛　张丽艳 李　震	中国法医学杂志	第2期
广西京族和仫佬族12个X-STR的遗传多态性	唐剑频　叶乾素 莫　甜　蒋卓玲 蒋丰慧　林汉光	中国法医学杂志	第2期
运用超轻粘土塑形计算耳廓缺损	唐立冈　高　婷 张　伟　宋　婷 于海婷	中国法医学杂志	第2期
基于下一代测序的全解析度STR分型研究进展与展望	王　乐　季安全 叶　健	中国法医学杂志	第2期
高坠致颅脑损伤死亡法医学分析1例	王　松　郑　佳	中国法医学杂志	第2期
大鼠局灶性脑挫伤后Cdk5的表达变化	王正印　李如波 马诗雨　王福远 梁红霞　王汉志 郭晓冲	中国法医学杂志	第2期
外伤性复视损伤程度鉴定1例	卫东风	中国法医学杂志	第2期
性反转综合征染色体和DNA分析1例	翁玮霞　刘彩虹 刘　超　陈　玲	中国法医学杂志	第2期
基于重组质粒制备STR分型阳性参照物	武　波　王　乐 郭　磊　王　峰 陈　曼　刘毅成 白　雪　莫晓婷 叶　健　梁景青	中国法医学杂志	第2期

续表

文 章 名 称	作　者	刊　物	期　次
应用数字图像识别系统研究正畸治疗前后腭皱形态变化	武秀萍　韩建宁 潘　菲　王玉瑾 李　冰	中国法医学杂志	第 2 期
d-SPE-GC/MS 法分析阿米替林及氧阿米替林	阎仁信　李　强 朱国玉　石建忠	中国法医学杂志	第 2 期
心内膜弹力纤维增生症法医学鉴定 1 例	杨　岳　云会新	中国法医学杂志	第 2 期
冠状动脉肌桥致心源性猝死 1 例	于天水　李　明 张海东　百茹峰 鄂晓霏　刘　冉 梁德明　殷辰吉	中国法医学杂志	第 2 期
改制射钉枪致腹腔积血死亡法医鉴定 1 例	袁阳刚	中国法医学杂志	第 2 期
传销组织成员死亡法医学鉴定分析 1 例	张宏生　魏伟坤	中国法医学杂志	第 2 期
河南汉族人群 9 个 Y-STR 基因座遗传多态性	张秀华　范雪晖 付笑笑　白可可 晋孟宇	中国法医学杂志	第 2 期
法医学研究中的伦理审查建设	赵兴春　尚　蕾 彭斯璐	中国法医学杂志	第 2 期
提取 CO Ⅰ 基因片段鉴定嗜尸性蝇类	郑　武　杨　堃 郭燕红　刘　丹 黄和鸣　肖　顺	中国法医学杂志	第 2 期
新生儿肝破裂法医学鉴定 2 例	朱凌云　岳　霞	中国法医学杂志	第 2 期
智能人脸模拟画像技术的进展	卜凡亮　袁梦琪 尚垚睿	中国法医学杂志	第 2 期
长时平均功率谱在声纹鉴定中的应用研究	陈维娜　李　同 张肖肖	中国法医学杂志	第 2 期
金纳米簇高效绿色制备及其对汗潜指印的显现	黄　锐　陈虹宇	中国法医学杂志	第 2 期

续表

文 章 名 称	作 者	刊 物	期 次
棍棒类工具致伤颅骨的分析与研究	马 竞	中国法医学杂志	第 2 期
基于步幅与体质特征推断年龄的研究	史洪飞 许宏福	中国法医学杂志	第 2 期
弹性客体上砍切痕迹特征的实验研究	谭铁君	中国法医学杂志	第 2 期
基于 Android 系统教师用超级课程表 APP 的研究与设计	肖 军 李 涛	中国法医学杂志	第 2 期
凹陷工具痕迹比对检验条件的理论探讨	杨 敏 牟 丽	中国法医学杂志	第 2 期
基于声表面波气相色谱仪的 2，4，6-三硝基甲苯现场快速检测	朱宏伟 邵剑瑛 陆艳艳 胡学山 蔡立公 何世堂	中国法医学杂志	第 2 期
羊水栓塞死亡医疗损害司法鉴定 10 例分析	陈莉坚 李丽增 宋健文 王 尧 谭晓辉 龙 玲 王慧君 李冬日	中国司法鉴定	第 2 期
改制射钉器定性检验研究	陈六一	中国司法鉴定	第 2 期
DTI 和 DKI 在轻型创伤性脑损伤诊断中的若干问题研究进展	高 鑫 张 涛 高 省 张 桓 于建云 任 康	中国司法鉴定	第 2 期
颅脑外伤开颅术后再次外伤伤残评定 1 例	江丽娇 陈燕嫦	中国司法鉴定	第 2 期
司法鉴定人制度相关问题研究——以法医学司法鉴定人为例	雷 刚 魏晓萍 党永辉	中国司法鉴定	第 2 期
"两元制"专家格局：专家辅助人制度在我国刑事诉讼中的构建与完善	李思远	中国司法鉴定	第 2 期
DNA IQ™ System 试剂盒用于水中尸体的精斑检验	梁翠芬 崔晓光 向 轲	中国司法鉴定	第 2 期
可擦笔字迹色痕的鉴定研究	林如意 吕荫妮	中国司法鉴定	第 2 期

续表

文　章　名　称	作　　者	刊　　物	期　　次
工程勘探技术在灰土垫层地基施工质量司法鉴定中的应用	马月坤　刘育民　左勇志　莒运奇　孙　迪	中国司法鉴定	第 2 期
专家辅助人制度适用迷思与建构——以法学与社会学为视角	宋远升	中国司法鉴定	第 2 期
弹性客体砍切痕迹的实验研究	谭铁君	中国司法鉴定	第 2 期
非典型青少年性窒息死亡 1 例	童　昉　杨　怡　段祎杰　邢景军　张　琳　李文鹤　梁　悦　周亦武	中国司法鉴定	第 2 期
论鉴定纠纷的特征、类型与防控机制——以民事当事人与社会鉴定机构及其鉴定人的纠纷为视角	涂　舜　陈如超	中国司法鉴定	第 2 期
道路交通事故处理现状及加强规范化建设的几点思考	王　进　杨晶玉　赵　鹏	中国司法鉴定	第 2 期
ML-超微量磁珠法和 Chelex-100 法提取脱落细胞的比较研究	王　珂　苏晓伟　潘　澄　唐　柯　李兴业　彭　诚　姚　雪　尚雷鹏	中国司法鉴定	第 2 期
LA-ICP-MS 技术研究进展	徐渭聪　马　栋　骆如欣　张素静	中国司法鉴定	第 2 期
利用荧光染料修饰改性的氧化铝纳米颗粒悬浮液的显现技术研究	张丽梅　张冬冬　张忠良　姜雨彤	中国司法鉴定	第 2 期
偶然因果关系事件的参与度鉴定	张四平　朱书敏　张译露	中国司法鉴定	第 2 期
交通事故鉴定中痕迹的特征性探究	张志勇　冯　浩　李丽莉　潘少猷	中国司法鉴定	第 2 期
司法鉴定人出庭保障问题研究——以司法鉴定机构为视角	赵　杰	中国司法鉴定	第 2 期

续表

文　章　名　称	作　　者	刊　　物	期　次
超景深显微镜判定非连笔交叉笔画先后顺序初探	崔宗兰	中国刑警学院学报	第2期
利用便携式雾化器寻找发现现场潜在手印的实验研究	冯永平　刘春松	中国刑警学院学报	第2期
美国电子数据之私人搜查与公民隐私权保护	高荣林	中国刑警学院学报	第2期
侦查讯问录音录像制度的社会评估：技术、过程与问题导向	胡志风	中国刑警学院学报	第2期
监控场景中遗留物检测与报警系统开发	郎宇博　孙　鹏 于德水　曹　阳 李愈鹏　陈彦伶	中国刑警学院学报	第2期
Android 系统手机网盘客户端的取证	李　杨　谷学汇 贾英杰	中国刑警学院学报	第2期
茚三酮掺杂对指纹凝胶的补强作用	刘　丽　朱勋格	中国刑警学院学报	第2期
《刑事电子数据规定》侦查取证维度的分析	刘　铭	中国刑警学院学报	第2期
地板革上灰尘足迹提取的新方法——全波段 CCD 物证照相系统显现技术	邵　营	中国刑警学院学报	第2期
基于 photoshop 的足迹特征动态重叠比对检验	史力民　张　朕 张万松	中国刑警学院学报	第2期
HPLC-MS/MS 法快速检测人血中钩吻毒素	宋　蕊　武继锋 刘海燕　栾玉静	中国刑警学院学报	第2期
分光光度法测定手枪射击时间——以六四式手枪为例	滕汉飞　丁　斌 刘维和	中国刑警学院学报	第2期
STR 分型的民族推断	王　禹　毛坤云 陈嘉佳　郝兴龙 贾　润	中国刑警学院学报	第2期
电子数据的关联性实证研究	魏　勇	中国刑警学院学报	第2期

续表

文 章 名 称	作 者	刊 物	期 次
论视频人像综合性检验	张大治　郭　勇	中国刑警学院学报	第2期
表面修饰的二硫化钼悬浮液在手印显现中的应用	张丽梅　张冬冬 张忠良　唐耀坤 朱涵婷	中国刑警学院学报	第2期
小体积液液萃取–GC/MS/MS法检验血中非那西丁	朱　昱　杨　亮 宋　辉	中国刑警学院学报	第2期
20723例亲子鉴定中19个STR基因座的突变分析	毕　洁　畅晶晶 李妙霞　余纯应	法医学杂志	第3期
耳廓损伤法医学鉴定1例	蔡春祥	法医学杂志	第3期
头发中氯硝西泮的分段分析在药物辅助犯罪案件中的作用	陈　航　向　平 沈　敏	法医学杂志	第3期
北京地区尸食性蝇类调查	陈禄仕　朱光辉	法医学杂志	第3期
CBS在脑挫伤后损伤时间推断中的作用	褚　洋　韩国宪 王尧淇　单海燕 陈溪萍　陶陆阳 张明阳	法医学杂志	第3期
Goldeneye™ DNA身份鉴定系统22NC在回族人群的法医学调查	付　永　刘　浩	法医学杂志	第3期
拳击致单纯胸骨体骨折1例	胡光宇　徐跃灵君	法医学杂志	第3期
头面部遭钝性暴力致椎动脉外伤性破裂死亡3例	纪　平　徐伟杰	法医学杂志	第3期
杀人案中接触性DNA再次转移后检出1例	蒋艳伟　李永强 吴江涛　宋若冰	法医学杂志	第3期

文 章 名 称	作　者	刊　物	期　次
内蒙古鄂温克族人群 30 个 InDel 位点遗传多态性	靳小业　魏媛媛 贺永锋　郭瑜鑫 梅　婷　孟昊天 张玉党　孔婷婷 朱波峰	法医学杂志	第 3 期
门静脉系统血栓形成致出血性肠坏死死亡 1 例	李炳讓　黄　金 王林林　李如波 官大威　朱宝利 赵　锐	法医学杂志	第 3 期
利用 Y-STR 家系排查外来暂住人口破获杀人案 1 例	林锦锋　胡森杰	法医学杂志	第 3 期
宫角妊娠漏诊继发子宫破裂出血医疗损害 1 例	刘士琦　周淑清	法医学杂志	第 3 期
小肠破裂继发弥漫性腹膜炎死亡致医疗损害 1 例	柳鸿麒　张建华	法医学杂志	第 3 期
事件相关电位客观评估视敏度的法医学应用	罗　斌　季萌萌 孟欢欢　陈溪萍 陶陆阳	法医学杂志	第 3 期
脊柱损伤伤残鉴定新旧标准对比	缪斌君　刘　丽 戴佳丽　崔国兴	法医学杂志	第 3 期
DNA 甲基化检测方法及其法医学应用研究进展	聂燕钗　俞丽娟 管　桦　赵　颖 荣海博　姜伯玮 张　涛	法医学杂志	第 3 期
X 连锁淋巴细胞异常增生症死亡 1 例	丘劲华　程丛林 张蓓蕾	法医学杂志	第 3 期
主动脉夹层破入肺组织死亡 1 例	史洁茹　岳维平 郭相杰　高彩荣	法医学杂志	第 3 期

续表

文　章　名　称	作　　者	刊　物	期　次
MALDI-TOF-MS 对 Y 染色体上 66 个二等位基因的检测	宋雨桐　李　莉 张立男　朱如心 柳　燕　林　源	法医学杂志	第 3 期
电击头面部他杀 1 例	童　昉　张　健 梁　悦　李文鹤 杨　怡　张　琳 周亦武	法医学杂志	第 3 期
腰椎峡部崩裂法医学鉴定 32 例分析	涂丽芳　陈倚平 张四平	法医学杂志	第 3 期
直接扩增法用于重大灾难事故中软骨的个体识别	王传海　徐　程 李湘秦　吴　勇 杜　舟	法医学杂志	第 3 期
具有凶杀行为的抑郁症与精神分裂症患者的作案特征对比	王　靖　付培鑫 高燕丽　朱明霞 史天涛	法医学杂志	第 3 期
血液乙醇浓度检测中丙酮干扰 2 例	文　迪　于　峰 董　玫　秦晓欣 向　平　马春玲	法医学杂志	第 3 期
应用人体躯干段多参数推断成人身高	吴荣奇　王　涛 施　群　肖　碧 马开军　陈　新	法医学杂志	第 3 期
窖蛋白与不明原因心源性猝死的相关性研究进展	午方宇　盖连磊 孔小平　郝　博 黄二文　石　河 盛立会　权　力 刘水平　罗　斌	法医学杂志	第 3 期
氯氮平投毒未遂后勒死 1 例	武婷婷　韩　鹏 李　晖	法医学杂志	第 3 期
宿迁地区汉族人群 25 个 Y-STR 遗传标记的遗传多态性	许淑君　于海龙	法医学杂志	第 3 期

续表

文　章　名　称	作　　者	刊　　物	期　次
基于 HPLC-TOF-MS 代谢组学方法的溴鼠灵毒性作用评价	严　慧　卓先义 沈保华　向　平 沈　敏	法医学杂志	第 3 期
肺大泡破裂致自发性气胸法医学鉴定 1 例	杨洁妮　曾海宏	法医学杂志	第 3 期
TAR DNA 结合蛋白 43 的表达与脑损伤的相关性研究进展	叶　瑶　李如波 马诗雨　魏雪婷 徐　琪	法医学杂志	第 3 期
SNaPshot 技术应用于云南省部分人群 ABO 血型基因分型	于书欣　曾发明 金岩章　万洪静 翟　滇　邢豫明 程宝文	法医学杂志	第 3 期
格林-巴利综合征继发肺动脉栓塞致死 1 例	于天水　百茹峰 张海东　李　明 鄂晓霏　刘　冉 梁德明　殷辰吉	法医学杂志	第 3 期
HIF-1α、VEGF-A 在心律失常大鼠心肌组织中的变化	张　圆　曹志鹏 毛瑞明　杜仲波 米　丽　雒心怡 田美慧　朱宝利	法医学杂志	第 3 期
急性乙醇中毒基础上干性溺死 1 例	郅　毅　叶光华 陶陆阳　范琰琰 喻林升	法医学杂志	第 3 期
植物生长调节剂检测前处理方法研究进展	崔冠峰　苏日娜 宋　歌　任昕昕 侯小平	刑事技术	第 3 期
铁铬合金刀遗留金属颗粒成分的比较分析	郭柯利　王繁泷 赵春梅　刘全忠 陈昌灿　刘　力	刑事技术	第 3 期

续表

文 章 名 称	作　者	刊　物	期　次
乳突纹线的细节特征——"间断"在指纹检验中的应用研究	郭卫平	刑事技术	第 3 期
GPR 探测技术在法医现场调查中的应用	韩　涛　张　群　张全超　张继宗	刑事技术	第 3 期
天津地区伴人植物形态特征信息库的建立	江　勇　赵　阳　石福臣　陶　莹　王永青　南式亮　孟　杰　周　晨　张　芳　王汝娇　王海峰　高张莹	刑事技术	第 3 期
哌嗪类新精神活性物质的 LC–MS/MS 定性定量分析	李梦皎　常　颖　杨瑞琴	刑事技术	第 3 期
陈旧碎骨组织 DNA 检验	李永久　郭　磊　乔　婷　涂　政	刑事技术	第 3 期
犯罪现场三维建模技术研究进展	刘　晋　税午阳　任　镁	刑事技术	第 3 期
21 例强制戒毒人员吞服异物后影像学检查资料回顾性分析	刘黎明　周自明	刑事技术	第 3 期
现场分析综合信息利用与方法论试析	刘自超	刑事技术	第 3 期
日本法医司法解剖实例分析	罗良鸣　孙振文　崔冠峰　霍塞虎　任文彦	刑事技术	第 3 期
荧光适配体技术显现手印的初步研究	马荣梁　赵雯婷　薛　静　王子政　陈子龙	刑事技术	第 3 期
亲权鉴定中的特殊分型现象分析	任文彦　汪三存　吴微微　郝宏蕾　苏艳佳	刑事技术	第 3 期

续表

文 章 名 称	作 者	刊 物	期 次
录音资料真实性鉴定的频谱检验技术研究	申小虎　金恬 张长珍　万荣春	刑事技术	第 3 期
傅里叶变换红外光谱技术在法医学的研究应用	王福磊　李健 吕福东　赵聪 刘良	刑事技术	第 3 期
红外差谱技术在交通事故物证比对中的应用研究	王延　吕俊 唐晖　高亮	刑事技术	第 3 期
食用油中酰胺类除草剂乙草胺的快速提取与检验方法研究	杨艾岷　孙祥太 孙涛	刑事技术	第 3 期
甘孜藏族自治州彝族人群 18 个 STR 基因座的遗传多态性研究	张建　刘康武 张启福　齐迹 余政梁　杨帆 李万水　赵兴春 叶健	刑事技术	第 3 期
运用 Evofinder® 枪弹自动识别系统研究射击弹壳击针头痕迹的稳定性	张凯峰　罗亚平 糜忠良　王晓琳	刑事技术	第 3 期
新型毒品 N-甲基-N-异丙基-5-甲氧基色胺片剂的 GC/MS 检验方法研究	赵彦彪　郑晓雨 郑珲　高利生 尹宝华　刘占芳	刑事技术	第 3 期
自动化 Chelex-100 法在接触性检材 DNA 提取中的应用研究	周如华　孙溢华 孙元鹏　石云杰	刑事技术	第 3 期
我国医疗损害鉴定制度改革研究	陈婧雯　仇永贵	证据科学	第 3 期
听力减退及相关残疾标准比较研究	范飞　胥科 樊迪　邓振华	证据科学	第 3 期
残疾标准制定与实施中的基本问题研究——以《人体损伤致残程度分级》为例	刘鑫　赵彩飞	证据科学	第 3 期
人体损伤致残程度鉴定标准中晋级原则研究	王旭　周晶	证据科学	第 3 期

续表

文 章 名 称	作 者	刊 物	期 次
新形势下人民法院司法技术工作若干基础性问题研究	杨海云　杨　燕 李景民　王东耀	证据科学	第 3 期
GEPI 关于多项残损的复合计算溯源——兼谈《伤残分级》晋级问题	杨天潼　向思阳	证据科学	第 3 期
强制医疗程序整体构造成因论	元　轶	证据科学	第 3 期
膀胱功能障碍及相关残疾标准的比较研究	占梦军　邱丽蓉 吴　畏　李春琳 范　飞　崔井会 罗德毅　邓振华	证据科学	第 3 期
H-Y 抗原的法医学应用前展	安志远　李　敏 田　露　周怀谷	中国法医学杂志	第 3 期
野猪攻击致人死亡 1 例	蔡君成　李春香	中国法医学杂志	第 3 期
海南汉族人群 19 个 STR 基因座遗传多态性及其应用	陈春宝　苏　震 田　昕　吴汉花 王　洁	中国法医学杂志	第 3 期
垂体瘤围手术期糖皮质激素静脉注射后死亡 1 例分析	陈　杰　杨　梅 高宏宇　张玉向 梁　峰　阎春霞	中国法医学杂志	第 3 期
510 份指甲擦拭物结果分析	陈婷婷　徐海华	中国法医学杂志	第 3 期
人与动物性交猝死的法医学分析 1 例	崔万超　孙现锋	中国法医学杂志	第 3 期
18 岁年龄推断的法医影像学研究进展	范　飞　崔井会 戴鑫华　张　奎 邓振华	中国法医学杂志	第 3 期
"杀亲案件" 135 例法医学回顾分析	方俊杰　肖圣兵 秦　明　陈　林	中国法医学杂志	第 3 期
高压电场感应电电击死亡 1 例分析	傅文赫　崔　轶	中国法医学杂志	第 3 期

续表

文 章 名 称	作 者	刊 物	期 次
不同商品化试剂盒 STR 分型异常的 2 例分析	傅燕芳　吴微微 郝宏蕾　苏艳佳	中国法医学杂志	第 3 期
陕西渭南地区汉族人群 23 个 STR 基因座遗传多态性	顾章鸿　贺永锋 宋　振　宋三平 郭　伟　万轶飞	中国法医学杂志	第 3 期
TGF-β1 在 SCN5A 基因变异所致心源性猝死中调控作用	郝　博　宋纬平 午方宇　王小广 罗　斌	中国法医学杂志	第 3 期
X 线影像学在分析牙齿脱落伤病关系中的应用	胡　敏　莫迪威	中国法医学杂志	第 3 期
法医学不规范名词使用问题与对策	黄瑞亭	中国法医学杂志	第 3 期
多项免疫学指标在青霉素过敏死亡鉴定中的价值	解　勋　谢　海 卢延旭　王飞虎	中国法医学杂志	第 3 期
重建耻骨联合三维结构用于活体年龄推断的技术方法	赖小平　彭正峰 王青云　陈志唐 邹锐涛　钟权辉 杨欢谊　傅意玲 叶茎宇	中国法医学杂志	第 3 期
亲子鉴定检出染色体三倍体 1 例	兰菲菲　陈延冰 杜　丽　郭　莉 卢　建　吴　菁 尹爱华	中国法医学杂志	第 3 期
溴鼠灵少量多次投毒致死 1 例	雷　强　杨根梦 曾发明　李利华 曾晓锋	中国法医学杂志	第 3 期
交通事故驾乘关系推断的法医学鉴定 1 例	李　典　周　鑫 龙云椿　罗远权	中国法医学杂志	第 3 期
中国延边朝鲜族人群 12 个 X-STR 基因座遗传多态性	李书越　韩　月 范日旭　袁希建 文香云　张永吉	中国法医学杂志	第 3 期

续表

文 章 名 称	作　者	刊　物	期　次
应用 mtDNA COI 基因序列鉴别常见嗜尸性蝇类种属	李学博　丁春丽 赵　峰　李亮亮 王清山　巩　强 于晓军	中国法医学杂志	第 3 期
视盘 RNFL 厚度改变与视野缺损的关系	卢韦华琳　王　旭 项　剑　于丽丽	中国法医学杂志	第 3 期
固相萃取-液相色谱-质谱法检验人全血中的地塞米松	栾玉静　王瑞花 董　颖　张蕾萍 于忠山	中国法医学杂志	第 3 期
基于分子克隆方法制备标准分子量片段混合物	马温华　陈　曼 裴　雪　王邦义 王超群　赵兴春 王　乐	中国法医学杂志	第 3 期
氯氮平及其代谢物在人血液中的药代动力学研究	潘也飞　尉志文 谭晓辉　刘　耀 傅善林　马安德 负克明	中国法医学杂志	第 3 期
EV71 病毒型脑干脑炎死亡法医学鉴定 1 例	邱明洁　曹　楠 林　威　吕　斌 曾清源　董红梅	中国法医学杂志	第 3 期
扼颈与拳击咽喉部致环杓关节脱位法医学鉴定 1 例	石聿树	中国法医学杂志	第 3 期
大鼠百草枯中毒后体内的分布研究	王　炯　张云峰 赵　森	中国法医学杂志	第 3 期
27 个常染色体 AIM-SNP 的筛选和验证	魏　丽　魏以梁 刘　京　江　丽 孙启凡　王英元 李彩霞	中国法医学杂志	第 3 期

续表

文　章　名　称	作　　者	刊　　物	期　次
二联体亲权鉴定风险分析	吴　婕　　杨金龙 熊　新　　王梦蕾 杨树栋　　李建平 邓亚军	中国法医学杂志	第 3 期
眶壁骨折致眼球内陷法医学鉴定 1 例	项　剑　　王　旭 郭兆明	中国法医学杂志	第 3 期
福建汉族人群 25 个 Y-STR 基因座遗传多态性	杨　堃　　郑　武 詹翊宇　　黄和鸣 陈靖宇	中国法医学杂志	第 3 期
不同温度下兔玻璃体液 K^+ 浓度与死亡时间的关系研究	杨明真　　李辉军 杨天潼　　丁自娇 刘　茜	中国法医学杂志	第 3 期
《人体损伤程度鉴定标准》实践问题及对策	张继宗　　刘　鑫 刘鸿彬	中国法医学杂志	第 3 期
安徽汉族人群 21 个 STR 基因座遗传多态性	张黎黎　　赵莎莎 尹耕心　　翟　勇 夏明安　　翟　倩 杜华荣　　赵前峰	中国法医学杂志	第 3 期
陈旧接触性物证检出 1 例	张晓冬	中国法医学杂志	第 3 期
"特殊"外伤性脑梗死的鉴定 1 例	张兆国　　梁光极	中国法医学杂志	第 3 期
特殊窒息方式自杀分析 1 例	赵　彬　　孟炳辰	中国法医学杂志	第 3 期
溴敌隆及其代谢物-苄叉丙酮在犬体内的死后分布	赵丹玭　　杨泽国 尉志文　　傅善林 刘　良　　贠克明	中国法医学杂志	第 3 期
大鼠死后不同组织电导率与死亡时间关系的研究	郑　哲　　翟仙敦 夏志远　　赵琳琳 莫耀南	中国法医学杂志	第 3 期
当前笔迹鉴定样本存在的问题及其解决方案	陈如超	中国人民公安大学学报（自然科学版）	第 3 期

续表

文　章　名　称	作　　者	刊　　物	期　次
合成新型 $CuCr_2O_4$ 黑色纳米粉末快速显现潜手印研究	彭　迪　张阑馨 谢家玲	中国人民公安大学学报（自然科学版）	第 3 期
语音检材自动比对样本召回率初探	彭去桀　张智勇 骆建新　张　帅	中国人民公安大学学报（自然科学版）	第 3 期
酒驾血液乙醇含量测试最佳血储容器的选择探究	涂国章　张显强	中国人民公安大学学报（自然科学版）	第 3 期
常见国产制式手枪射击距离判断的一元线性回归分析	王宏伟　尹丽兰 季楷锋　杨　军	中国人民公安大学学报（自然科学版）	第 3 期
基于短波紫外反射照相技术显现热敏纸上潜在指印	王　涛　王彩玉 高树辉	中国人民公安大学学报（自然科学版）	第 3 期
植物叶片上汗潜指印显现方法研究	王文江　彭煌军	中国人民公安大学学报（自然科学版）	第 3 期
断线钳和液压钳剪切痕迹比较研究	魏育新　徐少辉 范　帅　施江涛	中国人民公安大学学报（自然科学版）	第 3 期
“伪基站”数据现场取证方法	徐　炼　王小强 金美顺　朱元栋	中国人民公安大学学报（自然科学版）	第 3 期
$PEI-FePEI-Fe_3O_4$ 磁性纳米颗粒的制备及其在潜指印显现中的应用	颜　磊　陈虹宇	中国人民公安大学学报（自然科学版）	第 3 期
应用微距背投光源检验透明塑料表面遗留潜在汗液指纹	杨玉柱	中国人民公安大学学报（自然科学版）	第 3 期
传感器在毒品检测中的应用研究	张凌燕　王凯莉	中国人民公安大学学报（自然科学版）	第 3 期
简化基因测序技术在植物检材个体认定中应用初探	庄　艳	中国人民公安大学学报（自然科学版）	第 3 期
以审判为中心视角下科学证据质证问题研究	陈邦达	中国司法鉴定	第 3 期
2016 年度全国司法鉴定情况统计分析	党凌云　郑振玉	中国司法鉴定	第 3 期

续表

文 章 名 称	作 者	刊 物	期 次
我国司法鉴定领域目前存在的主要问题及改革建议	杜志淳　孙大明	中国司法鉴定	第 3 期
指纹微观细节特征在指纹鉴定中的应用条件探究	韩　申　申　畅	中国司法鉴定	第 3 期
钩吻毒理学与检测方法的研究进展	姬圣洁　刘　伟	中国司法鉴定	第 3 期
涉及死亡的医疗损害法医病理学鉴定360 例分析	简俊祺　吴玉峰 张建华　陈忆九	中国司法鉴定	第 3 期
刑事诉讼中司法鉴定当事人权利保障的问题与对策	李　麒　李　英	中国司法鉴定	第 3 期
永久植入式人工假体损坏致残等级评定探讨——附 4 例案例分析	刘　丽　崔国兴 缪斌君　戴佳丽	中国司法鉴定	第 3 期
牙损伤法医学鉴定中伤病关系的鉴别	刘胜利　宋喜彬	中国司法鉴定	第 3 期
两大法系国家和地区庭审中对鉴定意见审查的现状及改革趋向	刘　烁	中国司法鉴定	第 3 期
某自卸汽车制动系统鉴定分析	罗智宁　李宏伟 许　伟	中国司法鉴定	第 3 期
Android 平台木马的检验鉴定	秦玉海　杨　嵩 候世恒	中国司法鉴定	第 3 期
2017 司法鉴定理论与实践研讨会在上海召开	阮隽峰　蔡莉萍	中国司法鉴定	第 3 期
易制毒化学品 α-溴代苯丙酮的检测及应用	施　妍　向　平 沈保华　沈　敏	中国司法鉴定	第 3 期
司法鉴定管理体制改革的瓶颈与突破	史凤林　李苏林	中国司法鉴定	第 3 期
眼外伤后视觉功能综合评价 1 例	檀思蕾　俞晓英 王　萌　夏文涛	中国司法鉴定	第 3 期
抢劫案伪装精神病司法鉴定 1 例	汤　涛　吴家声 管　唯　应充亮	中国司法鉴定	第 3 期

续表

文　章　名　称	作　　者	刊　　物	期　　次
法医学骨折愈合时间评估的研究进展	王龙龙　黎宇飞 蒲　涛　祝志伟 王　旭	中国司法鉴定	第 3 期
韩国人使用汉语的语音特点及分析时的注意事项	张　洁	中国司法鉴定	第 3 期
近红外光谱法鉴定签字笔字迹形成时间的化学计量学模型的建立	张　平　张振宇 吴志生	中国司法鉴定	第 3 期
民事诉讼中"鉴定意见"适用"新证据"的要件研究	张霄霄	中国司法鉴定	第 3 期
兔耻骨骨髓细胞核 DNA 降解规律季节差异的实验性研究	安　妮　荣辽江	中国刑警学院学报	第 3 期
荧光碳点在指纹显现中的应用	贾　辉　石璐珊 王周斌　陈　杰	中国刑警学院学报	第 3 期
Pre-IPO 期间利用职务便利低价入股行为特点及其入罪路径	李　巍　杨　勇	中国刑警学院学报	第 3 期
珂罗版复制品印迹特征的识别	林　红　陈　雷 孟庆博	中国刑警学院学报	第 3 期
Microsoft Office 文档数据隐藏与检测	刘晓丽　王燕燕 罗文华	中国刑警学院学报	第 3 期
Android 平台恶意 APP 的检验方法	秦玉海　候世恒 杨　嵩	中国刑警学院学报	第 3 期
固相萃取-气相色谱法同时检测全血中 4 种新型安眠药	舒翠霞　华炜婕 张蕾萍　赵璟悠	中国刑警学院学报	第 3 期
新型复合材料 Er^{3+}：$Y_{2.99}Al_5O_{12}$／$KNbO_3$ 声催化降解冰毒研究	魏春生　伊魁宇	中国刑警学院学报	第 3 期
平板玻璃上弹孔形态与射击方向的相关性检验	于遨洋　杨　通	中国刑警学院学报	第 3 期
新生儿猝死的法医学鉴定 1 例	章学保　贾儒林	中国刑警学院学报	第 3 期

续表

文 章 名 称	作 者	刊 物	期 次
练习摹仿签名笔迹及检验鉴定	周学文	中国刑警学院学报	第 3 期
基于 Ion Torrent PGM™ 测序系统的人 mtDNA 全测序分析	曹 禹　邹凯南 黄江平　马 克 平 原	法医学杂志	第 4 期
水电解质紊乱致脑死亡医疗损害鉴定 1 例	陈莉坚　赵铁岭 宋健文　岳 霞 王慧君　王 起	法医学杂志	第 4 期
应用 iTRAQ-LC-MS/MS 方法筛选大鼠 DAI 后脑组织差异表达蛋白质	陈 庆　白 洁 张文芳	法医学杂志	第 4 期
大鼠骨骼肌挫伤后 Fzd2 表达与损伤时间的关系	董塔娜　裴 明 李 娜　朱细燕 孙俊红	法医学杂志	第 4 期
命案现场血痕分析和应用 1 例	郭志铭　张瑞先	法医学杂志	第 4 期
高坠死亡现场重现 1 例	何永旺　曹啟文 熊祖学　鹿守传 周荣华　曾晓锋 李 桢	法医学杂志	第 4 期
骨囊肿合并骨折伤病关系分析 1 例	胡火梅　曾令华 张 波　鲍智峰 郭华军　蒋 师	法医学杂志	第 4 期
根据现场客观信息推断死亡时间	蒋艳伟　韩 鹏 杨 岳　杨振来	法医学杂志	第 4 期
利用 AutoMate Express™ 系统提取陈旧性骨骼 DNA	李 斌　吕 政	法医学杂志	第 4 期
磁敏感加权成像在出血性弥散性轴索损伤鉴定中的应用	李 伟	法医学杂志	第 4 期
颅内形成弹头"原位"反跳 1 例	罗良鸣	法医学杂志	第 4 期

文　章　名　称	作　　者	刊　　物	期　次
重特大液氨泄漏死亡事故的法医学分析	孟　航　　杜　猛 马开军　　沈忆文 薛爱民　　谢建辉	法医学杂志	第 4 期
孕产妇及新生儿溴敌隆中毒 2 例	乔　正　　严　慧	法医学杂志	第 4 期
血友病合并颅脑损伤死亡 1 例	邱明洁　　刘立志 林　威　　曾清源 吕　斌　　董红梅	法医学杂志	第 4 期
宏基因组学在法医学鉴定中的应用	萨日娜　　蔡令艺 武会娟　　严江伟 刘　旭　　胡　荣	法医学杂志	第 4 期
创伤性膈疝医疗损害鉴定 1 例	孙会艳	法医学杂志	第 4 期
眼球突出度测量方法的比较及其法医学意义	檀思蕾　　陈捷敏 俞晓英　　汪茂文 卓佩佩　　周　姝 夏文涛	法医学杂志	第 4 期
淮海战役士兵遗骸的 Y 染色体遗传类型鉴定	王迟早　　文少卿 石美森　　俞雪儿 万雪娇　　潘伊凌 张云飞　　李　辉 谭婧泽	法医学杂志	第 4 期
亲子鉴定中胚胎融合嵌合体 1 例	翁海松　　陈　芳	法医学杂志	第 4 期
《人体损伤致残程度分级》之手损伤条款的理解与应用	夏　晴　　夏文涛	法医学杂志	第 4 期
全外显子组测序对肥厚型心肌病猝死者的基因分析	许传超　　白云志 许心舒　　吕国丽 赖小平　　陈　锐 林汉光　　邝文健	法医学杂志	第 4 期
复杂眼外伤的法医学鉴定 1 例	杨丽萍　　王成毅	法医学杂志	第 4 期

续表

文　章　名　称	作　　者		刊　　物	期　次
南通汉族人群 17 个 Y-STR 基因座的遗传多态性	杨　敏　许思娴 秦海燕　张　浩 伊　海　韩海军 贾东涛　张玉红 李士林		法医学杂志	第 4 期
法医学领域的 SCI 收录期刊与国内期刊比较	于笑天　梁　璐 黄　平　史格非 黎世莹　刘宁国		法医学杂志	第 4 期
亲子鉴定中女性 Amelogenin 性别基因座异常 1 例	袁涛秀　陈　芳		法医学杂志	第 4 期
亲子鉴定中 STR 基因座可疑多步突变 2 例	张陈明　陶　胜		法医学杂志	第 4 期
德州地区汉族人群 27 个 Y-STR 基因座多态性分析	张家硕　仲建军 孙大鹏　乔　路 李成涛		法医学杂志	第 4 期
肝切除术中下腔静脉破裂出血致死医疗损害 1 例	张建华　李正东 邹冬华　秦志强		法医学杂志	第 4 期
外用雄黄致砷中毒死亡 1 例	张开乔　李学仲 马祥涛　窦国宴 周　兰　施建松		法医学杂志	第 4 期
亲子鉴定中 46, XX 性发育异常 1 例	张应爱　王顺兰 何浩伟　陈　扬 罗思琴　张淑芳 黄群生		法医学杂志	第 4 期
贵州汉族 19 个 STR 基因座多态性及法医学应用	赵勤松　任　峥 张红玲　戴佳琳 王　杰　喻　芳 黄　江		法医学杂志	第 4 期

续表

文　章　名　称	作　　者	刊　　物	期　次
54 例氯化琥珀胆碱中毒案件的法医学分析	赵元峰　赵丙清 马克兢　张　杰 陈方园	法医学杂志	第 4 期
Brugada 综合征猝死 1 例	郅　毅　叶光华 陶陆阳　范琰琰 喻林升	法医学杂志	第 4 期
标准三联体非父排除率计算公式的推导和验证	周　密　张韩秋 汪　军	法医学杂志	第 4 期
外伤性青光眼、白内障延误治疗致视力下降损伤程度鉴定 1 例	朱宏亮　张江涛 涂清源　张　艺 赵　鹏　张方顺	法医学杂志	第 4 期
IMA 和 H-FABP 在心源性猝死法医学诊断中的应用	朱泽磊　王　鹏 尤家斌　岳　强 王鹏飞　王晓龙 张楚楠　张国华	法医学杂志	第 4 期
多功能纳米铂复合体制备及其对汗潜指印显现研究	黄　锐　陈虹宇	刑事技术	第 4 期
数字影像证据真实性、原始性和完整性辨析	黎智辉　林　景 张　宁　李志刚 许小京	刑事技术	第 4 期
核磁共振技术及定量核磁共振技术在毒品分析中的应用（英文）	李　彭　赵　阳 赵彦彪　杨虹贤 高利生	刑事技术	第 4 期
DNA 面部分子画像技术应用研究	刘　京　乔　露 赵雯婷　江　丽 季安全　王桂强 叶　健　唐　鲲 李彩霞	刑事技术	第 4 期

续表

文 章 名 称	作　　者		刊　　物	期　次
人脸年龄估计和年龄面貌合成技术研究进展	潘思宇　赵雯婷 唐　鲲　马　新 叶　健　李彩霞		刑事技术	第 4 期
微单倍型遗传标记及其法医遗传学应用	饶　旼　李彩霞 赵　钊　胡　胜 赵　鹏　聂胜洁 王　乐		刑事技术	第 4 期
牙龄推断数学模型的建立	史格非　庞艳霞 刘瑞珏　仓　勇 李孝鹏　朱广友		刑事技术	第 4 期
King Fisher 法提取指纹 DNA 的法医学应用研究	孙　帅　张庆霞 胡玉龙　薛卢艳 刘金杰　唐　晖 刘　力		刑事技术	第 4 期
富士施乐彩色激光打印机跟踪代码研究	王　洁　周颂东 李　佳　张卫国		刑事技术	第 4 期
顶空气相色谱/质谱联用法测定人全血中的无机氰化物	魏春明　宋　歌 杜鸿雁　于忠山 常　靖　侯小平 马华成　陈建旭 张延春　王　炯		刑事技术	第 4 期
一起重型精神病人所致命案的反侦查行为分析	向　静		刑事技术	第 4 期
理化检验技术在假药分析中的应用研究	尹宝华　杨爱东 王蔚昕　于　健		刑事技术	第 4 期
电烤箱红外辐射法显现纸张表面汗潜手印	张晓梅　张　瑶 徐海龙　张　琦 焦彩洋　王鹏宇		刑事技术	第 4 期

续表

文 章 名 称	作 者	刊 物	期 次
法医 DNA 面部分子画像技术研究进展及展望	赵雯婷　江　丽　刘　京　赵　蕾　马　新　季安全　李彩霞	刑事技术	第 4 期
被害人信息在死亡方式判断中的应用	周　勇	刑事技术	第 4 期
专家机器人：利用人工智能协助法官采纳科学性专家证言	Pamela S. Katz　邓　桐　刘　鑫	证据科学	第 4 期
鉴定意见撤销问题研究——以对鉴定意见投诉解决为视角	樊崇义　阮　娜	证据科学	第 4 期
死因鉴定意见审查判断规则之反思与重塑	王星译	证据科学	第 4 期
SMCY 性别特异融合抗原的克隆表达及其抗体制备	安志远　田　露　王建霞　冯晓燕　唐建平　陈　新　陈荣华　毕　钢　肖　雄　邱志军　胡　寅　周文斌　周怀谷	中国法医学杂志	第 4 期
快速 PCR 仪与普通 PCR 仪扩增效果的比较研究	巴华杰　朱爱华　刘亚楠　林子清	中国法医学杂志	第 4 期
过敏性休克诊断的法医学研究进展	陈劲果　乔东访　岳　霞	中国法医学杂志	第 4 期
广西壮族人群 17 个 Y-STR 基因座遗传多态性	陈　琨　唐荣权　周　璐	中国法医学杂志	第 4 期
广东惠州客家人 23 个 Y-STR 基因座遗传多态性	陈雪梅　赵永兴　王　旭　唐剑频　林汉光	中国法医学杂志	第 4 期

文　章　名　称	作　　者	刊　　物	期　次
福尔马林固定组织 SNP 与 STR 检测的比较	邓佩佩　孙丽娟 白　梅　李淑瑾 王　茜　张晓静 付光平　付丽红 丛　斌	中国法医学杂志	第 4 期
DYS448 基因座分型缺失分析	郝宏蕾　吴微微 任文彦　苏艳佳 吕德坚	中国法医学杂志	第 4 期
磁珠直接吸附法对体态检材游离 DNA 的提取	郝晓明　孙进广 苟春宝　樊哲仁 刘安丽　赵武军 张　郑	中国法医学杂志	第 4 期
利用小蓬草生长规律推断死亡时间 1 例	胡云星　王　剑	中国法医学杂志	第 4 期
用"咖啡环"法估测 DNA 含量	李亚琴　赵贵森 詹　飞	中国法医学杂志	第 4 期
肾毒性药物致急性肾衰医疗纠纷责任分析 1 例	刘钦来　刘　霞 卢　征　熊　枫 孙文平	中国法医学杂志	第 4 期
刑事现场 188 份接触 DNA 检材法医学检验分析	罗　伟　范　钧	中国法医学杂志	第 4 期
机械性窒息他杀儿童 5 例法医病理分析	吕　斌　吕承亮 童　昉　梁　悦 罗桑旦增　黄伟胜 刘育洛　周亦武	中国法医学杂志	第 4 期
DART-MS/MS 快速检测人血中的 3 种合成大麻素	闵　涛　张　瑛 刘少丹　张大明	中国法医学杂志	第 4 期
论法医鉴定人出庭示证与质证——1 例故意杀人与正当防卫争议案件出庭体会	史　斌　张阳文 黄学华　马汝黑 李云辉	中国法医学杂志	第 4 期

续表

文 章 名 称	作 者	刊 物	期 次
妇科肿瘤和乳腺癌组织常染色体和 X 染色体 STR 的突变分析	孙丽娟　李淑瑾 付光平　白　梅 董春楠　杨　波 陈平忍　王占东 付丽红　丛　斌	中国法医学杂志	第 4 期
D1S1656 基因座三带型等位基因分析 1 例	孙溢华　赵　怡 陈　剑　周如华	中国法医学杂志	第 4 期
汽车爆炸案件的现场勘查及物证检验鉴定	孙振文　王　琥 孙玉友　刘占芳 乔　婷　张冠男	中国法医学杂志	第 4 期
强行注射 HIV 血液致他人感染的法医学鉴定分析 1 例	谭清斌　朱　虹 贺斌慷　朱　杰	中国法医学杂志	第 4 期
我国视损伤残疾评定标准问题研究	汪　岚	中国法医学杂志	第 4 期
应用 CT 三维重组技术判定胸骨性别的研究	王福磊　郑君尧 苗春雨　刘立志 张惠芹　庞闽厦 张继宗	中国法医学杂志	第 4 期
自行车运行方式法医学分析 1 例	王　剑　兰光辉 曹　睿	中国法医学杂志	第 4 期
Cx45、Cx40 及 TNF-α 在梗死心肌中表达及作用	王　祁　毛　俊 李连宏　侯震寰 张　俊　孙国超	中国法医学杂志	第 4 期
身高推断的法医人类学研究进展	吴　伟　管丽丽 夏　鹏　李红卫 万立华	中国法医学杂志	第 4 期
生物检材中乌头碱的 LC-MS/MS 快速分析	徐恩宇　袁慧雅 高利娜　刘俊亭	中国法医学杂志	第 4 期

续表

文　章　名　称	作　　者	刊　　物	期　次
应用锁骨薄层 CT 容积重建影像推算四川汉族身高	杨　明　范　飞 骆莹贞　李　涛 崔井会　庞　涛 张　奎　邓振华	中国法医学杂志	第 4 期
昆明市 103 例高坠死亡案件的坠落高度以及案件性质分析	杨伟栋　邢豫明	中国法医学杂志	第 4 期
建立检测制式长枪上 DNA 多态性的新方法	杨秀乔　苗　琳 谢洪良　黄　磊 苏世达　潘顺勇 曾发明　翟　滇 程宝文	中国法医学杂志	第 4 期
江西汉族人群 15 个常染色体 STR 位点的遗传多态性	姚　军　熊克扬 刑佳鑫　宣金锋 王保捷	中国法医学杂志	第 4 期
单侧全跟骨缺损的伤残等级评定 1 例	张志威　郦小平 李　荣　周济鹏 王建文	中国法医学杂志	第 4 期
湖南浏阳客家人 25 个 Y-STR 基因座遗传多态性	赵　霖　付　永 李　花　何海军 邵　俊　汪林木 黄笃厚	中国法医学杂志	第 4 期
DNA 条形码技术在法庭科学种属鉴定中的应用	朱晓旭　田庆花 赵　东	中国法医学杂志	第 4 期
"模块化教学"在公安法医教学中的实践探索——以中国刑事警察学院法医平台课教学为例	梁克伟　马伟康 刘永粤	中国人民公安大学学报（自然科学版）	第 4 期
我国常见涉案猛禽足趾形态特征量化的判别分析	刘昌景　周用武	中国人民公安大学学报（自然科学版）	第 4 期
气相色谱-质谱联用法检测新型毒品苄基哌嗪	苗翠英　余城圆 钱尊磊	中国人民公安大学学报（自然科学版）	第 4 期

文 章 名 称	作　者	刊　物	期　次
文检视域下对触屏手写电子签名若干问题的思考	欧阳国亮	中国人民公安大学学报（自然科学版）	第 4 期
仿生指纹膜印痕特征研究	潘自勤　郑传波	中国人民公安大学学报（自然科学版）	第 4 期
基于 3 种足弓参数的足弓与步幅特征的相关性研究	史洪飞	中国人民公安大学学报（自然科学版）	第 4 期
SIFT 动态对比度阈值算法	徐建鹏　卜凡亮	中国人民公安大学学报（自然科学版）	第 4 期
贝叶斯判别法在基于足底压力特征个体识别研究中的应用	张万松　姚　力　姬瑞军	中国人民公安大学学报（自然科学版）	第 4 期
检察技术信息化人员在司法改革中面临的问题与对策	陈玉林　冯宗美	中国司法鉴定	第 4 期
错误鉴定意见防范机制研究	崔　妍	中国司法鉴定	第 4 期
下肢骨折及其对关节运动活动的影响	高　娟　陆晓明　陈煜峰　沈　宇　曹　婧	中国司法鉴定	第 4 期
以审判为中心诉讼制度改革背景下完善鉴定人出庭的对策	李春燕	中国司法鉴定	第 4 期
全方位、多角度提升指纹查询比对效率的方法	李　康　许惠芬　吴　浩	中国司法鉴定	第 4 期
车辆属性鉴定的主要问题研究	李丽莉	中国司法鉴定	第 4 期
法医学司法鉴定意见的检察监督审查 3 例	李　民	中国司法鉴定	第 4 期
头发中无机元素的分析	骆如欣　张素静　卓先义　马　栋	中国司法鉴定	第 4 期
Identifier™ 和 GlobalFiler™ 试剂盒的比较研究	马沁雅　康贵荣	中国司法鉴定	第 4 期

续表

文 章 名 称	作 者	刊 物	期 次
规避法医类司法鉴定执业风险初探	石聿树	中国司法鉴定	第 4 期
专家辅助人的角色定位及制度完善	苏 青　张 涛	中国司法鉴定	第 4 期
价值、现状与重构：民事诉讼专家辅助人制度之探讨	王 栋　倪子昊　张 涛	中国司法鉴定	第 4 期
电化学检测器/离子色谱法检验血液中的氰离子	王力春　鲁蕴甜　马 健	中国司法鉴定	第 4 期
同源笔迹的可变性特征研究	王圣江	中国司法鉴定	第 4 期
我国环境损害司法鉴定的现状与展望	王元凤　王 旭　王灿发　郑振玉	中国司法鉴定	第 4 期
横纹肌溶解综合征损伤程度鉴定分析1 例	杨玉书　李 棣	中国司法鉴定	第 4 期
以审判为中心的证人、鉴定人出庭作证制度的实践思考	叶 青　徐明敏	中国司法鉴定	第 4 期
罕见的大量字摹仿笔迹鉴定分析 1 例	叶瑞仁　施少培　凌敬昆	中国司法鉴定	第 4 期
中国道路交通事故鉴定历史沿革与发展	俞春俊　李平凡　黄 钢　刘志刚	中国司法鉴定	第 4 期
特殊亲缘关系鉴定分析 2 例	张陈明	中国司法鉴定	第 4 期
218 例一氧化碳（CO）中毒死亡法医学分析	张 敏　丁 杨	中国司法鉴定	第 4 期
TNF-α 和 CTGF 在小鼠皮肤损伤修复过程中的表达及与损伤时间的关系	李静静	中国刑警学院学报	第 4 期
支持向量机的法医学应用	李 军　巢 雯　宫春妮	中国刑警学院学报	第 4 期
多层螺旋 CT 在隐匿性肋骨骨折法医学鉴定中的应用分析	李 伟	中国刑警学院学报	第 4 期

续表

文 章 名 称	作 者	刊 物	期 次
不同指印显现方法对指印中氨基酸尿素含量检测的影响	林子清　齐雪梅 张 茹　戎 辉 陈 卓	中国刑警学院学报	第 4 期
阳离子黄荧光试剂显现皮脂及血潜手印初探	刘 丽　张士强 朱勋格	中国刑警学院学报	第 4 期
固相萃取-液相色谱-质谱法检验人血浆中的地芬诺酯	栾玉静　郝广宾 金昌锋　王爱华 任昕昕	中国刑警学院学报	第 4 期
油脂种属鉴别法检验掺假植物油	乔 杰　丁肇炜 王晓卉　赵志东 徐金伦	中国刑警学院学报	第 4 期
图像超分辨率复原技术的公安应用现状与展望	沈郑燕	中国刑警学院学报	第 4 期
不同动物油中脂肪酸成分的全二维气相色谱-质谱法检验	时秋娜　刘占芳 田菲菲	中国刑警学院学报	第 4 期
基于 PSF 参数估计的运动模糊车牌图像复原方法	孙 鹏　郎宇博 木巴拉克·艾尼瓦尔 赵熙竹　于德水 王博文	中国刑警学院学报	第 4 期
聚集诱发发光材料在爆炸物检测中的应用	王 稳　朱倩倩 张旭毅　杨义科	中国刑警学院学报	第 4 期
犯罪现场微量油脂物证酸败老化特征分析	王 岩　黄浩博	中国刑警学院学报	第 4 期
强制性录音录像对任意性讯问的法律规制	王彦学	中国刑警学院学报	第 4 期
基于 HOOK 技术的"短信劫持"型手机木马取证	徐国天	中国刑警学院学报	第 4 期
以 LSI-R 为量具的缓刑犯违规风险评估实证研究	杨学锋　张金武	中国刑警学院学报	第 4 期

续表

文 章 名 称	作　　者	刊　　物	期　次
电子触控笔签名与正常签名笔迹特征比较的实验研究	于　彬　杜英杰 班智慧	中国刑警学院学报	第 4 期
基于广义回归神经网络的炸药量推算	张龙年　张彦春 陈立宏　张洪国	中国刑警学院学报	第 4 期
外伤后阿米巴病死亡 1 例	白　茹	法医学杂志	第 5 期
proBNP 和 NT-proBNP 在冠心病猝死者体内的表达	曾　强　孙润峰 李　泽　翟利琴 刘明哲　郭相杰 高彩荣	法医学杂志	第 5 期
重症冠心病、肥厚型心肌病及心肌桥猝死 1 例	陈正莲　郑小菊 杨晨光　陈新山	法医学杂志	第 5 期
外伤致头臂干内膜损伤后闭塞合并脑梗死鉴定 1 例	程荷英　李春晓 黄建松　吴荣波	法医学杂志	第 5 期
远达性视网膜病变法医学鉴定 1 例	崔　彦　金光泽 金龙男	法医学杂志	第 5 期
PrepFiler Express BTA™ 裂解液联合硅珠法快速提取骨骼 DNA	丁少成　张怀才 高林林	法医学杂志	第 5 期
肝硬化并发脑出血死亡 1 例	董志斌　孙景有 朱宝利　官大威 杜　傲　李延柠 任兴华　温歌华 姚　辉　吴　旭	法医学杂志	第 5 期
RT-qPCR 技术在法医病理学研究中的应用	杜思昊　李冬日 王慧君　王　起	法医学杂志	第 5 期
姨与外甥亲缘关系鉴定 1 例	付光平　白　雪 张晓静　付丽红 王　茜　李淑瑾	法医学杂志	第 5 期

续表

文 章 名 称	作　者	刊　物	期　次
SiFa™ 23 Plex 试剂盒（提取测试版）在汉族人群中的法医学调查	巩五虎　薛少华 张　岩　朱如心 赵珍敏	法医学杂志	第 5 期
椎动脉狭窄并大脑后动脉畸形致闭锁综合征伤病关系鉴定 1 例	何文新	法医学杂志	第 5 期
云南不明原因猝死研究进展	何永旺　赵祥月 贾彭林　周一卿 李　桢　曾晓锋 李　立	法医学杂志	第 5 期
第 5 掌骨劈裂性骨折损伤程度鉴定 1 例	胡火梅　方金火 徐小龙　钟国梅 程元庆　程亦斌	法医学杂志	第 5 期
百草枯肌肉注射后迟发性死亡 1 例	吉子炎	法医学杂志	第 5 期
泥土污染胶带上脱落细胞 DNA 检验 1 例	季炳均　陈馨扬	法医学杂志	第 5 期
外伤与冠状动脉夹层合并心肌梗死的伤病关系鉴定 1 例	李　强　邹梦影 黄效宇　秦志东	法医学杂志	第 5 期
GC-MS 分析尿液中甲卡西酮	刘冬娴　赵明明	法医学杂志	第 5 期
四种穿刺法抽取尸体血液的比较分析	刘建军　于艳华 宗　刚	法医学杂志	第 5 期
《法医医疗损害鉴定欧洲指南》简介	刘兢晟　董大安 王　江	法医学杂志	第 5 期
冠状动脉扩张合并室间隔膜部瘤和卵圆孔未闭猝死 1 例	罗良鸣　舒琦舵	法医学杂志	第 5 期
MALDI-TOF-IMS 在生物医学中的研究进展及法医学应用展望	任冠恒　翁榕花 施　妍　黄　平 李正东　邵　煜 邓恺飞　刘宁国 陈忆九	法医学杂志	第 5 期

续表

文 章 名 称	作 者	刊 物	期 次
嗅觉事件相关电位研究进展及法医学应用展望	孙 婧 范利华 刘 霞 陈 芳	法医学杂志	第 5 期
脑电图在轻度精神伤残评定中的运用价值	汪建君 李豪喆 樊慧雨 陈 琛 张盛宇 刘 超 王俊杰 蔡伟雄 张钦廷	法医学杂志	第 5 期
缺血修饰白蛋白在急性缺血性心脏病中的法医学应用	王 鹏 朱泽磊 朱 宁 于 浩 岳 强 王晓龙 冯春梅 王昌亮 张国华	法医学杂志	第 5 期
根据颅骨特征推断中国东北地区汉族成年男性眼外形	徐光勇 田 露 张建华	法医学杂志	第 5 期
擦拭直扩法和粘取磁珠法检测衣物脱落细胞 DNA 的比较	杨 电 陈俊璋 李 越	法医学杂志	第 5 期
白骨化尸体肝区泥土经 GC-MS 检出氯氰菊酯 1 例	杨发震 鲁志强 陈 康 柴育芳	法医学杂志	第 5 期
63 例监管场所非暴力性死亡的法医学分析	杨嵩民 程亦斌	法医学杂志	第 5 期
房室结区间皮瘤 4 例	叶伟权 谢剑捷 郑 大 罗 斌 成建定	法医学杂志	第 5 期
从理论到实践：法医病理学心脏性猝死研究新动态	殷 坤 郑 大 成建定	法医学杂志	第 5 期
6 例甲状腺功能亢进性心脏病猝死法医学分析	张孟周 李炳讓 赵 锐 官大威 张国华 吴 旭 朱宝利 李如波	法医学杂志	第 5 期

续表

文　章　名　称	作　　　者	刊　　物	期　次
DNA 检案中混合拭子提取方法的优化	张子阳　聂世昌 马奇兴	法医学杂志	第 5 期
儿童精索扭转致伤方式重新鉴定 1 例	章红星　许成武 余家树　汪振华	法医学杂志	第 5 期
水中尸体硅藻检验污染 1 例	赵　建　马雁兵 石　河　刘　超 胡孙林　温锦锋 何树文　郑冬云	法医学杂志	第 5 期
心脏性猝死的法医学研究进展	郑　大　殷　坤 郑晶晶　周　南 刘　洋　付　翔 成建定	法医学杂志	第 5 期
钳、剪工具刃口形态及其剪切痕迹形态特征	付　伟　王明超 胡祁斐　张　寅 谈炜佳	刑事技术	第 5 期
新型 $SrAl_2O_4$：Eu^{2+},Dy^{3+} 长余辉指纹显现粉末研制	高　峰　赵　越 王子政　薛　静 刘　寰　张绍雨	刑事技术	第 5 期
SEM/EDS 法和 XRD 法检测磷化铝	胡　灿　朱　军 郭洪玲　梅宏成 陶克明　权养科	刑事技术	第 5 期
数据库恢复在"伪基站"取证中的应用	胡　颖	刑事技术	第 5 期
浅析安卓手机木马取证技术	姜　军　刘大勇 尹良凯	刑事技术	第 5 期
HPLC/MS/MS 同时检测血中啶虫脒和哒螨灵	康　伟　周　拓 陈　愉　贺纪明 刘　俊　吴开封	刑事技术	第 5 期

文　章　名　称	作　　者	刊　　物	期　次
弥漫性轴索损伤相关研究及其法医学应用	李　健　王福磊 杨俊波　刘建全 石　拓　刘　良	刑事技术	第 5 期
同体积不同材质 BB 弹枪口比动能大小的比较研究	李彦雷	刑事技术	第 5 期
UPLC-MS/MS 法检测氯麻黄碱	刘洪敏　黄　垒 廖炫栋　赵文嵩 李树华　李绍鹏 方　平　刘青青 刘　帅　李　虹	刑事技术	第 5 期
荧光钙血迹蓝钠试剂显现潜在灰尘、尿渍和血足迹	刘　晋　田亚杰 王　跃　崔　佳 王明直　刘伟平 胡书良	刑事技术	第 5 期
利用侦查实验分析作案工具	田　蕊	刑事技术	第 5 期
IDenticoat500 真空镀膜仪显现潜在手印优化条件研究	王　聪　罗亚平 王礼迅　鲁　林	刑事技术	第 5 期
案件书面言语量化辅助分析系统	王　虹　朱靖波	刑事技术	第 5 期
GC/MS 法测定全血中的甲苯噻嗪	王瑞花　栾玉静 刘　瑞　董　颖 杜鸿雁　常　靖	刑事技术	第 5 期
一起伤害案中的先天性嵌合体法医学分析	王　祥　黄　雯 李上勋　王　锟 张　毅　彭皓明	刑事技术	第 5 期
非意外性 CO 中毒致死案件法医学分析	王余兵　王云国 丁训高　董曦哲	刑事技术	第 5 期
三种提取前处理方法对金属检材 DNA 分型的影响	徐海军　叶志鹏 钱利峰　徐姚力 宓晓峰　张金燕 李　丽	刑事技术	第 5 期

续表

文 章 名 称	作　　者	刊　　物	期　次
大数据背景下的命案现场分析	杨超朋　王　婷	刑事技术	第 5 期
指纹自动识别系统多种算法互补能力研究	姚越武　丁　宏 马继雄　王　刚 罗昌英	刑事技术	第 5 期
快速突变 Y-STR 基因座的法医学研究进展	张广峰　涂　政 刘开会	刑事技术	第 5 期
粤东地区暴力犯罪现状分析与科技对策	庄斌雄　庄健鸿 崔冠峰　孙振文 刘慧念	刑事技术	第 5 期
测谎鉴定意见的应用现状及证据效力研究	孙振玉　曹若辰 尹　璐　顾　艳	证据科学	第 5 期
生殖系统损害及相关残疾标准的比较研究	占梦军　邓振华	证据科学	第 5 期
外周血 DNA 甲基化谱与吸烟的关系	毕　钢　曹　禹 胡　伟　沈玮玮 周怀谷　刘　赟	中国法医学杂志	第 5 期
遗传标记微单倍型在法医学中的研究进展	陈　鹏　朱　镜 姜又菁　陈　丹 王　惠　毛　炯 梁伟波　张　林	中国法医学杂志	第 5 期
欺骗医务人员协助注射丙泊酚和维库溴铵自杀 1 例	陈　雨　宋　涛	中国法医学杂志	第 5 期
应用膝关节 MRI T_2 加权脂肪抑制像推断活体年龄	范　飞　崔井会 张　奎　彭　钊 邓振华	中国法医学杂志	第 5 期
隐匿性 CO 中毒死亡分析 1 例	高云贵　崔　瑶 汪　君　陈　璟	中国法医学杂志	第 5 期

文　章　名　称	作　　者	刊　　物	期　次
应用常染色体 STR 预测近亲关系调查案件 3 例	黄书琴　陈　芳 谢　华　顾丁莉 谢　晨　申成斌	中国法医学杂志	第 5 期
Y 染色体 OSU49 基因座遗传多态性分析	李　茜　孟　娟 黄艳梅　徐艳芹 郭利伟　张　倩	中国法医学杂志	第 5 期
涉及法医学因素的刑事错案 65 例分析	李学博　张建中 丁春丽　孟　浩 于晓军	中国法医学杂志	第 5 期
载脂蛋白 J 与脑损伤的研究进展	梁　悦　童　昉 黄伟胜　刘育洛 罗桑旦增　石　青 周亦武	中国法医学杂志	第 5 期
二代测序技术在法医遗传学中的应用研究进展（2011—2016）	刘宝年　张雅琪 邵诚臣　周月琴 谢建辉	中国法医学杂志	第 5 期
耳廓的同一认定研究	刘玉勇　穆日磊	中国法医学杂志	第 5 期
大鼠死后管家基因 mRNA 稳定性及其时序性降解与 PMI 相关性研究	刘志杰　董祖鑫 路　健　王英元 梁新华	中国法医学杂志	第 5 期
MicroRNAs 法医学应用的可能性和局限性	秦娟娟　路志勇 崔雪萍　王万恒 郝　明　唐　晖	中国法医学杂志	第 5 期
HPLC-MS/MS 法快速检测人体血液中的夹竹桃毒素	宋　蕊　武继锋 刘海燕　栾玉静	中国法医学杂志	第 5 期
布料上掌纹的真空镀膜显现及 DNA 检验的研究	孙　帅　贾子庶 张庆霞　胡玉龙 薛卢艳　刘金杰 刘　力　唐　晖	中国法医学杂志	第 5 期

文 章 名 称	作　　者	刊　　物	期　　次
闭合性肾损伤行超选择性肾动脉栓塞术损伤程度鉴定	汤家全　吴家馨 周莉红	中国法医学杂志	第 5 期
脑钠尿肽的表达调控机制及其法医学应用	田美慧　曹志鹏 雒心怡　薛嘉嘉 肖　莹　贾宇晴 朱宝利	中国法医学杂志	第 5 期
人格责任论对于刑事司法精神病鉴定的应用价值	铁常乐　张　琳 黄　青	中国法医学杂志	第 5 期
mRNA 荧光复合扩增系统鉴别正常和异常精液初探	王　冲　赵禾苗 林清峦　胡　兰 畅晶晶　涂　政	中国法医学杂志	第 5 期
固相萃取-气相色谱-质谱法检验人血浆中的右美托咪定	王瑞花　刘　锐 栾玉静　董　颖 任昕昕	中国法医学杂志	第 5 期
正畸治疗前后腭皱的法医同一认定研究	武秀萍　韩建宁 潘　菲　贾　宇 王玉瑾　李　冰	中国法医学杂志	第 5 期
《损伤程度》与《致残分级》关于脊柱四肢评定条款的比较	向思阳　于丽丽 王　旭　项　剑 尤　萌　姜竹青 杨天潼	中国法医学杂志	第 5 期
胫骨 Pilon 骨折致伤方式推断 1 例	项　剑　狄胜利 黄效宇　王　旭 朱海标	中国法医学杂志	第 5 期
MicroRNA 在心血管疾病方面的研究现状及应用前景	薛嘉嘉　高亚彪 程志奇　田美慧 肖　莹　贾宇晴 曹志鹏　朱宝利	中国法医学杂志	第 5 期
应用 HID Ion S5™ XL System 排除可疑母女关系 1 例	薛天羽　林锦锋 汤文文　孙宏钰	中国法医学杂志	第 5 期

续表

文　章　名　称	作　　者	刊　　物	期　次
钢筋头撞击额部致眶上壁骨折的成伤机制分析1例	余延和　雷丽婷	中国法医学杂志	第5期
洛阳地区5种嗜尸性麻蝇分子鉴定研究	翟仙敦　赵琳琳 郑　哲　张　振 吕　宙　夏志远 莫耀南	中国法医学杂志	第5期
应用Miseq FGx平台检测降解骨骼样本效果初探	张幼芳　王　琴	中国法医学杂志	第5期
面颅的种族差异性研究	张志敏　华　海 张继宗	中国法医学杂志	第5期
伪造交通事故死亡的法医学分析	赵小林　尹文宁 王　帅	中国法医学杂志	第5期
冻死56例分析	照日格图	中国法医学杂志	第5期
汽车火灾原因的鉴定方法研究	柴智勇　张　元 席　明	中国司法鉴定	第5期
食品安全犯罪侦查中的检验鉴定问题剖析	陈　涛	中国司法鉴定	第5期
健全统一司法鉴定管理体制的实施意见的历程及解读	郭　华	中国司法鉴定	第5期
浅析枪击钢化玻璃矩形碎块特征	梁　帅　包　清	中国司法鉴定	第5期
通过非原始数据复制方式固定电子数据的证据审查	廖根为	中国司法鉴定	第5期
急性心肌梗死PCI术后心脏破裂医疗纠纷1例	林　敏　王宝泉	中国司法鉴定	第5期
MSCT多平面重组技术与四肢长骨骨折法医鉴定	刘建锋　汤家全	中国司法鉴定	第5期
基于OOXML的演示文稿溯源及编辑过程恢复方法研究	罗文华　王燕燕 刘晓丽	中国司法鉴定	第5期

续表

文 章 名 称	作 者	刊 物	期 次
刑事诉讼中鉴定人出庭制度研究——以破坏环境资源刑事案件为视角	门植渊　盛伟庆	中国司法鉴定	第 5 期
医疗损害责任纠纷重复鉴定 4 例	宁　超　王　蓉　李　森　袁　婷　苏天照	中国司法鉴定	第 5 期
麻黄碱、伪麻黄碱及（1S，2S）-β-氯代甲基苯丙胺、（1R，2S）-β-氯代甲基苯丙胺的分析方法研究	钱振华　李　静　花镇东	中国司法鉴定	第 5 期
伤残鉴定中的摄影探讨	舒　恬　高运申	中国司法鉴定	第 5 期
肾血管平滑肌脂肪瘤破裂出血因果关系分析 1 例	孙　婧　沈寒坚　范利华	中国司法鉴定	第 5 期
起脚方式与趾长类型相关性初探	田亚杰　胡书良　刘　晋　林　敏　叶方坚　王明直	中国司法鉴定	第 5 期
惠普等一类彩色激光打印机暗记特征研究	王　洁　周颂东　李　佳　张卫国	中国司法鉴定	第 5 期
强制医疗相关问题分析	王育鹏　魏煜军	中国司法鉴定	第 5 期
毒性弥漫性甲状腺肿患者猝死法医学鉴定 1 例	颜峰平　陈圆圆	中国司法鉴定	第 5 期
环境损害鉴定评估技术研究综述	於　方　张衍燊　赵　丹　徐伟攀　齐　霁　刘　静	中国司法鉴定	第 5 期
咖啡因的中毒、检测及其应用研究进展	翟金晓　崔　文　朱　军	中国司法鉴定	第 5 期
我国司法鉴定启动机制的改革与完善——以刑事诉讼为视角	张淑媛	中国司法鉴定	第 5 期
两轮与三轮电动车参数检测与属性判定探究	张志勇　潘少猷　冯　浩　李平飞	中国司法鉴定	第 5 期

续表

文 章 名 称	作 者	刊 物	期 次
IL-23 和 MMP-9 在非急性硬膜下血肿形成时间推断中的法医学研究	杜 宇　单 迪 贾儒林　郑吉龙	中国刑警学院学报	第 5 期
隐藏信息测试法假阴性分析	范 刚　张 敏 余 军	中国刑警学院学报	第 5 期
胸部锐器伤合并肺大疱破裂损伤程度评定 1 例	胡火梅　钟国梅 黄东明　徐小龙	中国刑警学院学报	第 5 期
苯基衍生化气相色谱-质谱联用测定尿样中氰离子	李 想　朱 昱 夏鑫鑫　宋 辉 伊魁宇	中国刑警学院学报	第 5 期
基于粒子群聚类的 KNN 微博舆情分类研究	林 伟	中国刑警学院学报	第 5 期
车部笔顺的类化	申泽波	中国刑警学院学报	第 5 期
高效液相色谱-三重四极杆质谱联用法检测血清中合成大麻素 JWH-203	徐秀明	中国刑警学院学报	第 5 期
DNA 技术在合成作战中的应用回顾	张金国　付 永 赵 霖　黄笃厚 李 琼　谭卓毅 赵兴春	中国刑警学院学报	第 5 期
外伤性成人呼吸窘迫综合征法医学鉴定 1 例	章学保　孙长勇	中国刑警学院学报	第 5 期
2 组分混合样本系统效能分析的实验性研究	周 密　汪 军	中国刑警学院学报	第 5 期
498 例海口市道路交通事故死亡案例的法医学分析	白 茹　陈 明	法医学杂志	第 6 期
子宫肌瘤射频消融术后辅以米非司酮致闭经医疗损害 1 例	陈宝生	法医学杂志	第 6 期

续表

文 章 名 称	作　　者	刊　　物	期　次
海南地区汉族人群 15 个 STR 基因座的遗传多态性	陈春宝　苏　震 田　昕　吴汉花 王　洁	法医学杂志	第 6 期
输电线打击颈部继发血栓形成致脑梗死 1 例	付　华　欧俊兴 聂爱婷　杨启琨 瞿勇强　雷普平	法医学杂志	第 6 期
《人体损伤致残程度分级》之四肢周围神经损伤条款的理解与应用	高　东　程亦斌 夏文涛　范利华	法医学杂志	第 6 期
D18S51 及其侧翼区 3 个 SNP 组成的 SNP-STR 在亲子鉴定中的应用	高泾尚　叶　懿 侯一平	法医学杂志	第 6 期
GC-MS 法测定血中 1-甲基海因含量及其法医学应用	高利娜　袁慧雅 徐恩宇　刘俊亭	法医学杂志	第 6 期
双亲皆疑亲子鉴定父权指数的计算方法	高林林　任　贺	法医学杂志	第 6 期
铁路交通事故损伤检验中的衣物检验	郭志铭	法医学杂志	第 6 期
使用"除痣灵"清除文身致苯酚中毒死亡 1 例	何永旺　周一卿 黄　俭　李树华 李　桢　曾晓锋	法医学杂志	第 6 期
深度学习在图像识别及骨龄评估中的优势及应用前景	胡婷鸿　万　雷 刘太昂　汪茂文 陈　腾　王亚辉	法医学杂志	第 6 期
摔跌后脑动静脉畸形破裂出血合并硬脑膜下血肿死亡 1 例	吉子炎	法医学杂志	第 6 期
审查书证材料分析交通事故致伤方式 1 例	季炳均　郑　宏	法医学杂志	第 6 期
应用 InnoTyper® 21 试剂盒进行毛干检验	李　甫　张　敏 王颖希　水晶晶 彦　萌　靳小攀 朱晓君	法医学杂志	第 6 期

续表

文　章　名　称	作　　者	刊　　物	期　次
肩峰下撞击综合征重新鉴定 1 例	李　惟　徐　宏	法医学杂志	第 6 期
颈-眼动脉瘤误诊为球后视神经炎医疗损害 1 例	刘胜利	法医学杂志	第 6 期
糖类检材上脱落细胞采集方法的比较	陆永佳　张　辉 高林林	法医学杂志	第 6 期
脑钠肽在心脏性猝死与非心脏性猝死心肌组织中的表达	雒心怡　薛嘉嘉 张　圆　曹志鹏 田美慧　肖　莹 朱宝利	法医学杂志	第 6 期
江苏汉族人群 30 个插入/缺失位点的遗传多态性	潘　猛　居晓斌 刘燕婷　崔　鹤 顾　民　周惠英	法医学杂志	第 6 期
Taussig-Bing 综合征婴儿尸体检验 1 例	邵　煜　张建华 秦志强	法医学杂志	第 6 期
肌原纤维小片化指数与人体死亡时间的相关性	申　立　袁瑞忠 卞　杰　贺　盟 赵子琴	法医学杂志	第 6 期
应用虚拟解剖技术鉴定汽车安全气囊致人死亡 1 例	石　昆　李　迎 陈　旭　任嘉诚	法医学杂志	第 6 期
生物样品中佐匹克隆检测分析进展	舒翠霞　龚　丹 张蕾萍　赵嘉祥	法医学杂志	第 6 期
1997—2016 年法医学领域获国家自然科学基金资助情况分析	苏红亮　负克明	法医学杂志	第 6 期
基于 3D 激光扫描、多刚体重建和遗传算法优化的车-人碰撞事故再现模拟与损伤分析	孙　杰　王　涛 李正东　邵　煜 张志勇　冯　浩 邹冬华　陈忆九	法医学杂志	第 6 期
"东方之星"客轮翻沉事件中肋软骨的检测	孙　婧　杨　罕 刘翠兰	法医学杂志	第 6 期

续表

文　章　名　称	作　　者	刊　　物	期　次
IVF-ET 术后稽留流产致孕妇死亡医疗损害 1 例	童　昉　黄泉源 杨　怡　张　琳 梁　悦　李文鹤 周亦武	法医学杂志	第 6 期
拳击面部致寰椎侧块骨折 1 例	王　宾　吕书鹏 刘四海	法医学杂志	第 6 期
大鼠撞击性肝挫伤后 MMP-2 和 MMP-9 蛋白时序性表达	王昌亮　夏志秀 张国华　尤家斌 于　浩　王林林 张孟周　杨洪波 谷建平　靳彦奎	法医学杂志	第 6 期
全阴茎体皮肤撕脱伤植皮术后勃起功能鉴定 1 例	王飞翔　沈寒坚 夏文涛　沈　彦 朱　琨	法医学杂志	第 6 期
颈内动脉系钝性损伤法医学鉴定现状	吴雪梅　张　更 王　琪　倪自翔 刘　敏　云利兵 易旭夫	法医学杂志	第 6 期
三维动态标记下髋关节活动度与下肢功能权重	夏　晴　张　敏 高　东　夏文涛	法医学杂志	第 6 期
甲基苯丙胺滥用与司来吉兰服用的区分：尿液中甲基苯丙胺和苯丙胺的手性分析	向　平　卜　俊 乔　正　卓先义 吴何坚　沈　敏	法医学杂志	第 6 期
祖孙亲缘关系鉴定 1 例	徐春燕　余纯应 霍家润	法医学杂志	第 6 期
CT 扫描在交通事故尸体检验中的应用	姚恒江	法医学杂志	第 6 期
辽宁汉族 27 个 Y-STR 基因座的遗传多态性	姚　军　王立铭 贵　靖　邢佳鑫 宣金锋　王保捷	法医学杂志	第 6 期

续表

文 章 名 称	作 者	刊 物	期 次
全国 16 个省份足迹自动识别系统应用情况分析	金益锋　白艳平 刘　寰	刑事技术	第 6 期
三联体常染色体 STR 三带型基因座父权指数计算	刘　芳　任　贺 陈　冲　石　妍 刘　莹	刑事技术	第 6 期
基于三维激光扫描技术的犯罪现场重建	刘　晋　禹　鹏 白隽瑄　傅焕章 潘俊君	刑事技术	第 6 期
热裂解气相色谱-质谱联用技术检验激光打印黑色墨迹	刘奕霏　廉　哲 王蔚昕　尹宝华 邹积鑫　李杏茹	刑事技术	第 6 期
箕型纹中心及三角区域相似异源现象研究	刘　哲　王永灿 刘　田　罗亚平	刑事技术	第 6 期
太赫兹光谱与成像技术在炸药检测中的研究进展	潘炎辉　张冀峰 申振宇　孙玉友 樊武龙　赵晓辉	刑事技术	第 6 期
酒驾乙醇检测血液样本保存时效研究	涂国章　张显强 先德鑫	刑事技术	第 6 期
骨骼及牙齿 DNA 快速提取方法在 DVI 中的应用	王传海　李湘秦 吴　勇　徐　程 杜　舟	刑事技术	第 6 期
物证鉴定错误问题研析	王桂强	刑事技术	第 6 期
"伪基站"功能性检验系统研究	王即墨　金美顺 刘　栗　计超豪 王洪庆　周祥鹏 朱元栋　裴洪卿	刑事技术	第 6 期
指纹自动识别与人工识别的差异及人机配合策略	王　勇　吕　楠 赵　彤	刑事技术	第 6 期

文　章　名　称	作　　者	刊　　物	期　次
外衣兜内接触性 DNA 的检验	夏　雷　　段紫英 陈立彰　富渭鑫	刑事技术	第 6 期
生物样品中抗凝血杀鼠剂的色谱法分析萃取技术研究进展	阎仁信　　朱　昱 朱国玉　石建忠 吴卫兵	刑事技术	第 6 期
光学信息隐藏在出入境证件防伪中的应用研究	张　梅　　王雪姣 徐剑澜	刑事技术	第 6 期
SCODA 技术和磁珠法对法医生物检材抑制物去除效果比较	张　敏　　李　甫 彦　萌　靳小攀 焦章平	刑事技术	第 6 期
中国法医遗传学支撑技术发展与展望	赵兴春　　尚　蕾 叶　健	刑事技术	第 6 期
太赫兹技术在毒品检验中的研究进展	郑晓雨　　赵彦彪 杨虹贤　李　江 赵剑衡　高利生 郑　珲	刑事技术	第 6 期
凹陷痕迹检验鉴定的有关问题分析	钟少童	刑事技术	第 6 期
基于高光谱技术的复杂背景下血指纹图像分割方法研究	朱鲁文　蔡　竞	刑事技术	第 6 期
鉴定人了解案情的合理性分析——以庭审中的物证鉴定意见为视角	贾治辉　薛　楠	证据科学	第 6 期
美国法庭科学加强之路回顾（2009—2017）——以"科学证据在诉讼中的采纳"为对象	王星译	证据科学	第 6 期
酒精相关颅脑损伤研究进展	曹　楠　　张国忠 陈　庆	中国法医学杂志	第 6 期

续表

文　章　名　称	作　　者	刊　　物	期　次
不同保存条件下呋喃丹及其代谢物在血液中的稳定性研究	范爱爱　申亚男 郑　锋　尉志文 刘　耀　傅善林 贠克明	中国法医学杂志	第6期
女性性窒息尸体外表检查1例	高正义　张磊磊 黄晓亮　刘道德 王晓溪	中国法医学杂志	第6期
TE-MAGS磁珠法提取效率定量研究	韩海军　苏　勇 贾东涛　张玉红 朱奇慧　马　腾	中国法医学杂志	第6期
高原适应基因中藏族祖先信息位点的研究	黄美莎　马　泉 王　玲　马　新 李彩霞　江　丽	中国法医学杂志	第6期
林几学术思想及其当代价值——纪念林几诞辰120周年	黄瑞亭	中国法医学杂志	第6期
心理生理测试技术在鉴定模拟造作伤诈病中的应用研究	黄新凤　何松国 陈凯丽　郑可芳 谢步高	中国法医学杂志	第6期
潮州汉族与其他汉族人群的遗传关系分析	贾晓杰　杨思思 陈卫镇　张钰勤 郭　炜　邓炼侃	中国法医学杂志	第6期
磷化氢急性中毒死亡3例	梁　悦　田松平 胡锋钱　黄伟胜 罗桑旦增　刘育洛 石　青　童　昉 周亦武	中国法医学杂志	第6期
隐匿性肋骨骨折多层螺旋CT检查的最佳时间窗	林园园　杜运智 崔虹飞　段　峰 张传玉　郝大鹏	中国法医学杂志	第6期

续表

文 章 名 称	作 者	刊 物	期 次
NUP155 与房颤及原发性心律失常性猝死关系的研究进展	任 涵　成建定　黄二文	中国法医学杂志	第 6 期
汗液指纹遗留时间推断的实验性研究	戎 辉　林子清　陈禹冰　张 茹　齐雪梅	中国法医学杂志	第 6 期
生物样品中去痛片 4 种成分及其 8 种代谢物的 GC-MS/MS 法检测	申亚男　贾 娟　郑 锋　范爱爱　尉志文　刘 耀　傅善林　负克明	中国法医学杂志	第 6 期
北方汉族男性人群身高特征的遗传学研究	孙亚男　赵雯婷　江 丽　刘 京　马 新　高行健　刘 凡　叶 健　李彩霞	中国法医学杂志	第 6 期
保存温度对血液酒精含量检测的影响	涂国章　张显强	中国法医学杂志	第 6 期
MiSeq FGx™ 系统进行基因突变亲权鉴定 1 例	王 鑫　张 健　李景辉　周如华	中国法医学杂志	第 6 期
无比对样本的 STR 混合分型分析策略	王 禹　毛坤云　陈嘉佳　郝兴龙　贾 润	中国法医学杂志	第 6 期
上颌尖牙髓腔体积与牙体积比值在个体性别判定中的应用	魏秋菊　武秀萍　岳晓雁　李 冰　上官宏　负克明	中国法医学杂志	第 6 期
外伤性癫痫致痫灶 α-螺旋结构蛋白质的 FTIR-mapping 研究	向思阳　姜竹青　李江涛　尤 萌　张海东　王 旭　刘鸿霞　杨天潼	中国法医学杂志	第 6 期
小体积液相萃取-GC/MS 法检验尿液中的 MDPV	阎仁信　朱国玉　石建忠　吴卫兵	中国法医学杂志	第 6 期

续表

文 章 名 称	作 者	刊 物	期 次
DNATyper19™ 与 Identifiler™Plus 试剂盒对疑难检材检验比较	杨 乐　李 然 丛 欣　王 典 李新明　马温华 王海崑	中国法医学杂志	第 6 期
《永久性残损评定指南》下肢残损评定原则	杨天潼　于丽丽 项 剑　向思阳 狄胜利　郭兆明 王 旭	中国法医学杂志	第 6 期
线粒体二代全测序在陈旧检材亲缘鉴定中应用 1 例	杨幸怡　李中红 刘 超	中国法医学杂志	第 6 期
针灸诱发脑动静脉畸形破裂死亡 1 例	姚 辉　任立国 任兴华　董志斌 杜 傲　李延柠 温歌华　官大威 朱宝利　吴 旭	中国法医学杂志	第 6 期
基于国产遗传分析仪的毛细管电泳筛分介质的制备	俞丽娟　聂燕钗 姜伯玮　赵 颖 张 涛　金 川	中国法医学杂志	第 6 期
四类遗传标记的检测用于混合精斑的个人识别	张 璐　丁 梅 庞 灏　范 淼 姚 军　张 锐 邢佳鑫　宣金锋 林子清　王保捷	中国法医学杂志	第 6 期
DNA 一次和二次接触转移现象试验研究	张 松　焦章平 闫 璐　孔凡翠 刘 琳　李 鑫 唐 晖　刘 鑫	中国法医学杂志	第 6 期
长度多态与序列多态 STR 模型法庭科学参数比较	赵 鹏　张广峰 刘 京　余政梁 徐 珍　叶 健 季安全　王 乐	中国法医学杂志	第 6 期

文 章 名 称	作 者	刊 物	期 次
氯氰菊酯及其代谢物在犬胆汁中的代谢动力学研究	郑 锋　申亚男 范爱爱　贾 娟 尉志文　刘 耀 丛 斌　贠克明	中国法医学杂志	第 6 期
2010—2015 年辽宁省雷击死案件法医流行病学分析	郑吉龙　章 彪 倪首涛　何冠英	中国法医学杂志	第 6 期
祖孙双单亲鉴定的系统效能分析	周 密　章 俊 汪 军	中国法医学杂志	第 6 期
HTR1A 基因与相应精神疾病的关联及法医学意义	周 雪　丁春丽 王保捷　丁 梅 庞 灏	中国法医学杂志	第 6 期
骨质疏松者椎体压缩性骨折法医学鉴定 1 例	朱海标　狄胜利	中国法医学杂志	第 6 期
"据学理事实，公正平允，真实不虚"——浅析林几教授的鉴定承诺	陈忆九　王飞翔	中国司法鉴定	第 6 期
乙醇生物标志物的研究及应用进展	冯雪伊　沈 敏	中国司法鉴定	第 6 期
1936 年以前林几论文著作的综览	黄瑞亭	中国司法鉴定	第 6 期
坚持以审判为中心 进一步健全鉴定人出庭作证制度的探索与思考	霍宪丹	中国司法鉴定	第 6 期
基于车路耦合方法的车辆制动失效影响分析	李平凡　黄 钢 宋耀鑫　郝会龙	中国司法鉴定	第 6 期
科研道德的几点认识——以现代法医学奠基人林几教授为例	马 栋	中国司法鉴定	第 6 期
下浆木木材材积鉴定方法研究 1 例	唐 毅	中国司法鉴定	第 6 期
论林几法医学教育思想的形成和价值	田振洪	中国司法鉴定	第 6 期
鼻区骨折 MSCT 图像后处理显示与诊断探讨	汪茂文　檀思蕾 刘 霞　万 雷	中国司法鉴定	第 6 期
机动车火灾事故鉴定分析 1 例	王立芬	中国司法鉴定	第 6 期

续表

文 章 名 称	作 者	刊 物	期 次
寰枢关节脱位合并枕颈部畸形法医学鉴定 1 例	王浏浏　邱云亮 薛　杨	中国司法鉴定	第 6 期
敞开式离子化质谱在法庭科学中的应用	王　霄　刘　艳 曹艳萍　郝红霞	中国司法鉴定	第 6 期
大数据背景下电子数据的审查与认定	王玉薇	中国司法鉴定	第 6 期
基于实时直接分析串联高分辨质谱的红色印泥油种类鉴别	王　悦　张清华 朱仲良　杨　旭	中国司法鉴定	第 6 期
从"绿大地案"看会计司法鉴定制度的完善	熊玉莲	中国司法鉴定	第 6 期
光敏印章印文盖印变化研究	杨进友　吕梦婷	中国司法鉴定	第 6 期
文件检验鉴定中国书画的理论基础及鉴定方法研究	袁友方　朱旭峰 陈　寰　杨　安 赵　剑　李　旭	中国司法鉴定	第 6 期
带状疱疹后遗神经痛行阿霉素毁损术医疗纠纷 1 例	张华文　魏　春 周云环　王和斌	中国司法鉴定	第 6 期
犯罪现场勘查原则的反思与重构	贾永生	中国刑警学院学报	第 6 期
"伪基站"动态监测系统研究	金美顺　周祥鹏 计超豪　叶方卿 王洪庆	中国刑警学院学报	第 6 期
暗记特征检验技术研究现状及发展趋势	李江春	中国刑警学院学报	第 6 期
寻找指纹比对过程中细节特征的最佳相对密度	李　康　蒋永毅 孟天卓　李金龙	中国刑警学院学报	第 6 期
新疆维吾尔族人群稀有基因型分析	林子清　张　茹 张　健　齐雪梅 白　雪　李万水	中国刑警学院学报	第 6 期
橡胶印章印面微结构特征的形成机理与应用	刘敬杰　林　红 沈青青	中国刑警学院学报	第 6 期

续表

文 章 名 称	作　　者	刊　　物	期　次
足迹不同部位测量值与身高之间的相关性	史力民　朱玉婷　班茂森	中国刑警学院学报	第 6 期
一种基于骨架算法的人体动态特征曲线提取算法	杨洪臣　刘　松　陈虹宇　白笙学	中国刑警学院学报	第 6 期
《笔迹特征比对表》特征标示符号的使用原则刍议	邹明理	中国刑警学院学报	第 6 期
金属过敏法医学鉴定 1 例	白　洁　陈　庆　杨俊波	中国法医学杂志	第 S1 期
内固定钢板断裂引发医疗纠纷 1 例	包乌仁吐亚　吴海荣　邵　丹　李冯锐	中国法医学杂志	第 S1 期
吸毒产生幻觉致冻死法医学分析 1 例	曹文凯	中国法医学杂志	第 S1 期
髋臼上缘永存骨骺误诊为撕脱骨折 1 例法医学分析	冯建军　赵如泉	中国法医学杂志	第 S1 期
一种牙齿 DNA 的提取方法	高林林　陈　烁　张　耀　昌德斌　厉　九	中国法医学杂志	第 S1 期
尸表损伤检验识别嫌疑人未如实供述 1 例	葛鲁邹　刘　贺　何　珊	中国法医学杂志	第 S1 期
家用液化石油气自焚法医学检验分析 1 例	古今平　周品涛	中国法医学杂志	第 S1 期
静脉滴注大量氯丙嗪和异丙嗪药物杀人 1 例	郝志国　王卫新	中国法医学杂志	第 S1 期
临床资料在损伤程度鉴定中的客观分析 1 例	胡传瑞　李兆义　曹志华	中国法医学杂志	第 S1 期
肝硬化患者外伤后致死 1 例分析	黄恩泽　张　荆　陈　济	中国法医学杂志	第 S1 期

续表

文 章 名 称	作 者	刊 物	期 次
利用叔侄关系排查法侦破刑事案件 1 例分析	黄书琴　吴文静　谢　晨　刘小静　张颖颖　顾丁莉	中国法医学杂志	第 S1 期
回族地区解剖室建设之建议	李东东　高利宁	中国法医学杂志	第 S1 期
试谈混沌理论在法医学中的运用	李少华　唐俊亮	中国法医学杂志	第 S1 期
掩埋方式自杀法医学鉴定 1 例	李友友　李　明	中国法医学杂志	第 S1 期
临界创口长度的法医学鉴定	李兆义　胡传瑞　曹志华	中国法医学杂志	第 S1 期
高压电击伤损伤程度鉴定新标准的分析 2 例	刘娜娜　周芬芬　童海景	中国法医学杂志	第 S1 期
颅骨骨折在法医学鉴定中的作用	刘于跃	中国法医学杂志	第 S1 期
74 例自杀死亡案例分析	吕文渊	中国法医学杂志	第 S1 期
利用手榴弹自杀法医学分析 1 例	牟宏书　张　昊	中国法医学杂志	第 S1 期
外伤性大网膜出血损伤程度评定 1 例	秦伟玲　廖瑶耀　刘宇轩　张太勇　宋　平	中国法医学杂志	第 S1 期
动静脉瘘与外伤因果关系法医学鉴定 1 例	沈　靓　陈　芳　朱　茵	中国法医学杂志	第 S1 期
家系排查在"Y-STR"DNA 数据库建设中的作用	苏志强	中国法医学杂志	第 S1 期
利用接触性 DNA 认定车辆驾驶人初探	孙宏杰　高鹤铭	中国法医学杂志	第 S1 期
开水烫伤并发鼓膜穿孔法医学鉴定 1 例	谭清斌　黄　琨　张燕妮	中国法医学杂志	第 S1 期
死者生前司法精神病鉴定 22 例分析	铁常乐　张　琳　黄　青	中国法医学杂志	第 S1 期
一氧化碳杀人法医学分析 2 例	汪　锋　黄晓敏　凌　跃　阚卫军	中国法医学杂志	第 S1 期

续表

文 章 名 称	作 者	刊 物	期 次
5 例女性杀子案件的法医学分析	王 辉　张鹏旭　康亚蒙	中国法医学杂志	第 S1 期
采用扫描电镜/能谱和离子色谱联合分析方法检验氢氟酸中毒	王力春　鲁蕴甜　马 健　罗敬锋　刘文文	中国法医学杂志	第 S1 期
氯氮平中毒抢救过程中致牙齿损伤医疗纠纷 1 例	王立广	中国法医学杂志	第 S1 期
他杀伪装意外事故现场法医学分析 1 例	王声铨　郑南晋　胡庆峰	中国法医学杂志	第 S1 期
阴囊血肿形成原因分析 1 例	王 勇　张铭俊　常红发　王小伟　封 宇　吴 伟	中国法医学杂志	第 S1 期
伸展创的概念与定义的探讨	魏海朋	中国法医学杂志	第 S1 期
X 和 Y-STR 遗传标记在破获特大杀人案中的应用	魏金叶　高智伟　罗莉静　许 欣　王新杰	中国法医学杂志	第 S1 期
亲属间杀人后自杀案件 3 例分析	向 莉	中国法医学杂志	第 S1 期
右手拇指末节部分缺损法医学鉴定 1 例	徐传宝　徐 霞	中国法医学杂志	第 S1 期
高坠误鉴定为交通事故致死抛尸 1 例分析	徐方礼　王国亚　徐珊珊　安 妮	中国法医学杂志	第 S1 期
手套印痕迹物证的发现与提取	徐海军　叶志鹏　钱利峰　丁美满　李淑霞	中国法医学杂志	第 S1 期
利用薄膜拓印法计算体表损伤面积的方法探析	徐海涛	中国法医学杂志	第 S1 期
肩袖损伤的法医学鉴定 1 例分析	宣树卿　裴 波	中国法医学杂志	第 S1 期
过早出现尸斑现象 1 例分析	闫 伟	中国法医学杂志	第 S1 期

续表

文 章 名 称	作 者	刊 物	期 次
肝包膜下迟发性血肿破裂手术漏诊1例	杨文芳　胡火梅　庄娟如　王建伟	中国法医学杂志	第 S1 期
指骨线性骨折并掌骨不完全性骨折损伤程度鉴定分析1例	杨裕鹤　洪仕君　陈家栋	中国法医学杂志	第 S1 期
浅谈法医检验与现场勘查相结合的重要性（附1例分析）	袁启勇	中国法医学杂志	第 S1 期
靶场枪弹损伤死亡1例	张军雷　张晶锐	中国法医学杂志	第 S1 期
1092 例法医活体损伤分析和鉴定标准探讨	张良宾　邱　宇　孔德山	中国法医学杂志	第 S1 期
217 例电动自行车交通肇事故死亡分析	张志敏　江　洋	中国法医学杂志	第 S1 期
机械性窒息死亡法医学分析1例	张宗清	中国法医学杂志	第 S1 期
多部位同类损伤法医学鉴定1例分析	赵　丹	中国法医学杂志	第 S1 期
PSA 试验在精斑检验中的应用探讨	赵　怡　李梦媛　刘　莹　路志勇　张庆霞　焦章平	中国法医学杂志	第 S1 期
非典型缢死1例分析	照日格图	中国法医学杂志	第 S1 期
使用滑轮工具性窒息死亡1例分析	郑冬律	中国法医学杂志	第 S1 期
纵火杀人案致两人死亡现场法医学分析2例	仲琦峰　韦　磊　吕振东　蒋伍省　卢延旭	中国法医学杂志	第 S1 期
急性会厌炎伴会厌脓肿致死1例	周　翔　施安庆	中国法医学杂志	第 S1 期

说明：①本统计表中所列期刊论文目录，只限于以下期刊：《法医学杂志》《刑事技术》《证据科学》《中国法医学杂志》《中国人民公安大学学报（自然科学版）》《中国司法鉴定》和《中国刑警学院学报》；②本统计表中论文的排列：第一顺序为期次，第二顺序为刊物名称。

附录 1.2.2 中文法庭科学期刊论文目录（2018）

文 章 名 称	作 者	刊 物	期 次
皮肤切创愈合过程中 FoxO1 表达与损伤时间关系	陈 扬　季心怡 范琰琰　喻林升	法医学杂志	第 1 期
基于全脊柱 X 线摄影的四川汉族女性身高推断	崔井会　骆莹贞 范 飞　彭 钊 邓莉萍　张 奎 邓振华	法医学杂志	第 1 期
面部闭合圆形线状瘢痕的损伤程度鉴定 1 例	崔 彦	法医学杂志	第 1 期
玻璃体液检测技术在法医学死亡时间推断中的研究进展	段伟成　兰玲梅 郭亚东 扎拉嘎白乙拉 闫 杰　丁艳君 蔡继峰	法医学杂志	第 1 期
双侧腹股沟疝损伤程度鉴定 1 例	方俊杰　刘晓虎	法医学杂志	第 1 期
汽车防冻液中毒致死 1 例	冯雪松　叶 星 薛爱民　李立亮	法医学杂志	第 1 期
D12S391 基因座检出四等位基因 1 例	付 颖　黄 琼 张 帅　陈 俭 徐恩萍	法医学杂志	第 1 期
婴儿外伤性硬脑膜下血肿损伤程度鉴定 1 例	胡火梅	法医学杂志	第 1 期
基于深度学习实现维吾尔族青少年左手腕关节骨龄自动化评估	胡婷鸿　火 忠 刘太昂　王 飞 万 雷　汪茂文 陈 腾　王亚辉	法医学杂志	第 1 期
高压气体致肠破裂死亡 1 例	李 娜　郭建军 梁 正　张 勇 杜秋香　孙俊红	法医学杂志	第 1 期
精索扭转误诊医疗损害 2 例	李 秦　佘晓欣	法医学杂志	第 1 期

续表

文 章 名 称	作 者	刊 物	期 次
血液和尿液中砷形态化合物的 HPLC-ICP-MS 分析	林 琳　张素静　徐渭聪　骆如欣　马 栋　沈 敏	法医学杂志	第 1 期
胸部闭合性损伤致上腔静脉破裂延迟性死亡 1 例	林 威　陈晓威　邱明洁　吕 斌　董红梅	法医学杂志	第 1 期
日常生活活动量表在轻度精神伤残评定中的应用	刘 露　李豪喆　陈 琛　刘 超　蔡伟雄	法医学杂志	第 1 期
示指与接触物菌群 ERIC-PCR 指纹图谱比对	刘耘汀　孙大明　施少培　杨 旭	法医学杂志	第 1 期
外伤性癫痫损伤程度鉴定 1 例	穆 彪　卢延旭	法医学杂志	第 1 期
冠状动脉痉挛发病机制的研究进展及法医学应用	阙春杏　虞逸静　陈 晗　史 程　薛爱民	法医学杂志	第 1 期
腹部外伤致先天性胆总管囊肿破裂伤病关系 1 例	宋孝飞　陈 敏　张德雨	法医学杂志	第 1 期
交通事故致颈内动脉海绵窦瘘损伤程度鉴定 1 例	孙宏杰　张烨雯	法医学杂志	第 1 期
单眼视功能损害对双眼视影响的研究进展	檀思蕾　陈捷敏　王 萌　周 姝　夏文涛	法医学杂志	第 1 期
circRNA 研究进展及其法医学应用展望	涂春艳　金恺迪　邵诚臣　刘宝年　张雅琪　谢建辉　沈忆文	法医学杂志	第 1 期

续表

文　章　名　称	作　者	刊　物	期　次
FTIR 光谱结合数据挖掘方法构建死亡时间推断数学模型	王　磊　秦新潮 林汉成　邓恺飞 罗仪文　孙其然 杜秋香　王振原 托　娅　孙俊红	法医学杂志	第 1 期
脊髓血管畸形破裂出血伤病关系分析 1 例	王立广	法医学杂志	第 1 期
摩托车交通事故致闭合性胸主动脉断裂 1 例	杨根梦　何亚超 孙　威　曾晓锋	法医学杂志	第 1 期
变异型刺创的损伤过程分析 1 例	杨　恒	法医学杂志	第 1 期
混合效应模型在玻璃体液推断死亡时间中的应用	杨明真　李辉军 张天叶　丁自娇 吴士凡　邱鑫罡 刘　茜	法医学杂志	第 1 期
腰椎后路减压融合固定术致左髂总动脉破裂医疗损害 1 例	于天水	法医学杂志	第 1 期
Nrf2 蛋白在骨骼肌损伤修复中的时序性表达及作用	张小红　刘　季 李　娜　杜秋香 王英元　孙俊红	法医学杂志	第 1 期
根据损伤形态推断致伤工具 1 例	赵　峰　陈蓬波	法医学杂志	第 1 期
溺死地点推断的研究进展	赵　建　徐伦武 康晓东　石　河 刘　超　胡孙林 杨幸怡　徐曲毅 成建定　艾　梅	法医学杂志	第 1 期
湖南长沙汉族人群 25 个 Y-STR 基因座的遗传多态性	赵　霖　李晓明 付　永　张金国 邵　俊　李　花 黄笃厚	法医学杂志	第 1 期

文　章　名　称	作　　者	刊　　物	期　次
DNA 混合基因分型与图像侦查的结合应用	邓少云　王瑞娟　王怀玉	刑事技术	第 1 期
15 个常染色体和 18 个 Y 染色体 STR 基因座复合扩增检测体系及法医学应用	顾丽华　杨　帆　梅兴林　周怀谷	刑事技术	第 1 期
行为分析在命案现场重建中的应用	皇　英　王治民	刑事技术	第 1 期
基于体液斑痕中特征成分检验刻画供体特征的研究进展	李昕潼　张云峰　杨　煜　权养科　黄　健　王　炯　常　靖　于忠山	刑事技术	第 1 期
图像旋转操作对 JPEG 数码照片 Exif 信息的修改	刘　涛　杨　鸣	刑事技术	第 1 期
显微分光光度法检验蓝黑墨水字迹形成时间的适用性研究	吕荫妮　贾　铠　赵鹏程　张海鹏	刑事技术	第 1 期
科学、技术与社会（STS）视野下的刑事技术初探	孟庆振	刑事技术	第 1 期
非处方咪唑啉类药物的法医毒物分析研究进展	任昕昕　崔冠峰　王爱华　黄　健　宋　歌　王瑞花	刑事技术	第 1 期
气枪弹膛线痕迹变化影响因素	沈　笛　殷克华　马继雄	刑事技术	第 1 期
两种提取骨骼、牙齿 DNA 的方法	宋　振　宋三平　涂　政　赵　杰　贺永锋	刑事技术	第 1 期
应用分子生物学技术鉴定体液斑迹组织来源的研究进展	孙启凡　李冉冉　胡　胜　李彩霞　叶　健　季安全	刑事技术	第 1 期
无滴落过滤板结合超高效液相色谱质谱分析血中 5 种吩噻嗪类抗精神病药物（英文）	王朝虹　赵　蒙　褚建新　蒋文慧　李　虹　刘　勇	刑事技术	第 1 期

续表

文 章 名 称	作　者		刊　物	期　次
物证鉴定错误减少对策研究	王桂强		刑事技术	第 1 期
巧用扫描仪和 Photoshop 无损提取镜面手印	王明广　夏军锋 王　正		刑事技术	第 1 期
PM-CT 在法医病理学中的应用现状与前景	肖　莹　田美慧 薛嘉嘉　贾宇晴 程志奇　曹志鹏 朱宝利		刑事技术	第 1 期
Excel 2003 文件碎片检验方法研究	徐国天		刑事技术	第 1 期
智能手表电子物证取证方法研究	赵　露　康艳荣 郭丽莉　龙　源		刑事技术	第 1 期
破坏工业控制系统案件的电子数据取证研究	朱燕军　郭陈阳		刑事技术	第 1 期
气枪弹模具鉴定的必要性与可行性讨论	鲍立垠　金益锋 张　雷　周志飞 崔　斌		证据科学	第 1 期
抗人 SMCY 抗原胶体金试纸条的研制	安志远　周怀谷 王建霞　冯晓燕 赵　东		中国法医学杂志	第 1 期
饿死 1 例分析	曹志鹏　官大威 李如波　田美慧 薛嘉嘉　肖　莹 贾宇晴　王天琦 朱宝利		中国法医学杂志	第 1 期
左主干冠状动脉瘤继发血栓栓塞猝死 1 例	邓燕飞　任　亮 梁　曼　王荣帅 周小伟　黄锶哲 张骏超　孟小楷 刘　良		中国法医学杂志	第 1 期

续表

文　章　名　称	作　　者	刊　物	期　次
宁波甬江水域夏冬季节溺死兔内脏硅藻 16SrDNA 的鉴定	傅润熹　应　捷 邢景军　蒋雯雯 林　荣　余荣军 庞宏兵　韦登明	中国法医学杂志	第 1 期
分段富集法在 2 例接触 DNA 检验中的应用及分析	高林林　常　莹	中国法医学杂志	第 1 期
致死性心脏压塞 38 例法医病理学分析	龚道银　陈雪凌 曹甲甲　曹　玥 陈　鲜　马跃荣	中国法医学杂志	第 1 期
环氧乙烷消杀 DNA 污染效果初探	韩海军　张玉红 贾东涛　杨　敏 伊　海　秦海燕 张　浩　朱奇慧	中国法医学杂志	第 1 期
死后伤软组织出血成因分析	胡云星　汤捷衡 林文录	中国法医学杂志	第 1 期
人体内血醇浓度变化及其影响因素分析	金　君　戴家佳 杜彦斌　张　艳	中国法医学杂志	第 1 期
PowerPlex® 21 体系基因座等位基因丢失 2 例	兰菲菲　陈延冰 丁红珂　梁　杰 尹爱华	中国法医学杂志	第 1 期
体液法医学鉴定 miRNA 检测方法的建立与应用	李冉冉　马　星 李亚琳　孙迎迎 季安全　唐　晖 李彩霞　孙启凡	中国法医学杂志	第 1 期
河豚毒素中毒死亡法医学鉴定 1 例	李学闻　张翔宇	中国法医学杂志	第 1 期
医疗损害鉴定面临的挑战与对策	刘　鑫　马千惠	中国法医学杂志	第 1 期
性交致小脑动静脉畸形破裂死亡 1 例	刘育洛　黄　雯 黄伟胜　罗桑旦增 周亦武	中国法医学杂志	第 1 期

续表

文 章 名 称	作 者	刊 物	期 次
颅脑损伤致无感知型尿失禁鉴定 2 例	卢秋莹 刘立志 刘子龙 陈晓瑞	中国法医学杂志	第 1 期
利用体视数码显微镜观察分离型舌骨 1 例	牛 鑫 杨鹏飞 王志丽 向禄先	中国法医学杂志	第 1 期
基于二代测序的混合检材精细化分型研究	饶 旼 赵 鹏 张 驰 武 波 孙启凡 庞敬博 季安全 王 乐 聂胜洁	中国法医学杂志	第 1 期
拳击致颅骨凹陷骨折生物力学分析 1 例	佘晓欣 陈昌灿 李 秦 赵春梅	中国法医学杂志	第 1 期
联合应用常染色体、X 染色体亲权鉴定完全性葡萄胎 1 例	陶晓岚 刘贤海 雷 亮 聂笑联	中国法医学杂志	第 1 期
混合斑的研究进展	韦 甜 黄代新	中国法医学杂志	第 1 期
30 个中低突变 Y-STR 基因座复合扩增体系的建立	吴微微 郝宏蕾 王怀锋 刘 冰 梅兴林 周 翔 苏艳佳 任文彦 傅燕芳 郑小婷 吕德坚	中国法医学杂志	第 1 期
多种判定方法在半同胞姐妹关系鉴定中的综合应用	武红艳 张 林 王克杰 樊爱英	中国法医学杂志	第 1 期
特发性肺动脉高压尸检 1 例	项 明 何一泓 韩志杰	中国法医学杂志	第 1 期
《永久性残损评定指南》下肢关节活动度评定原则	杨天潼 于丽丽 项 剑 向思阳 狄胜利 郭兆明 王 旭	中国法医学杂志	第 1 期

续表

文 章 名 称	作 者	刊 物	期 次
从被移动尸体上提取检验嫌疑人 DNA 的方法探讨	伊　海　李呈核	中国法医学杂志	第 1 期
理疗减肥仪漏电电击死亡 2 例	尤家斌　李如波 朱宝利　王鹏飞 王昌亮　徐国辉 王晓龙　冯春梅 于　浩　张国华	中国法医学杂志	第 1 期
现场生物斑迹遗留时间推断研究进展	张　瑾　高　珊 畅晶晶　张　颖 杨雪莹　刘开会	中国法医学杂志	第 1 期
利用 PrepFiler Express™ 提取石蜡包埋组织 DNA 1 例	张　宪　沈效平 胡　韬　王　峰	中国法医学杂志	第 1 期
交通肇事逃逸与高坠致死案件的鉴别	张　玉	中国法医学杂志	第 1 期
超高效液相色谱-质谱联用法测定生物检材中乌头碱	张　园　陈　波 张美玲　赵海芹 林　琳　林　丹 王贤亲	中国法医学杂志	第 1 期
随机模拟法进行混合样本拆分分析	章　俊　周　密	中国法医学杂志	第 1 期
基于特征轮廓线的三维颅骨配准方法	赵夫群　耿国华	中国法医学杂志	第 1 期
circRNA 应用于体液斑鉴定的技术可行性研究	赵禾苗　林清峦 陈　静　李万水 王　冲	中国法医学杂志	第 1 期
生物信息学在法医学中的应用与展望	赵　晶　唐　晖 严江伟	中国法医学杂志	第 1 期
UPLC-MS/MS 测定唾液中的 3 种毒品成分	赵　蒙　王朝虹 刘　帅　张文竞 李　虹	中国法医学杂志	第 1 期

文 章 名 称	作 者	刊 物	期 次
唾液、尿液中甲基苯丙胺浓度分布及初筛情况分析	仲利静　林　宽　张蕾萍　蒋雪梅　乔　婷　马纪强　卢　亮　宋朝锦　张大明	中国法医学杂志	第 1 期
Voronoi 图混合栅格算法改进研究	沙俊淞　王秋实　张学军　王斌君	中国人民公安大学学报（自然科学版）	第 1 期
法庭语音证据评价的新范式	张翠玲	中国人民公安大学学报（自然科学版）	第 1 期
枪支主要零部件的属性研究	陈六一	中国人民公安大学学报（自然科学版）	第 1 期
手机相机在现场照相中的应用研究	孟　利　刘康康　许小京	中国人民公安大学学报（自然科学版）	第 1 期
基于卷积神经网络分析滴状血迹形态图像的实验研究	周保宇　高树辉	中国人民公安大学学报（自然科学版）	第 1 期
运用多元回归分析法估算残缺赤足迹的身高	高　毅　王　彪　马　越	中国人民公安大学学报（自然科学版）	第 1 期
斧、锤类工具致伤颅骨的痕迹分析与研究	马　竞　李　爽	中国人民公安大学学报（自然科学版）	第 1 期
铂纳米颗粒的微波制备及其对汗潜指印的分子识别显现	黄　锐	中国人民公安大学学报（自然科学版）	第 1 期
印文油墨的扩散过程研究	李开开	中国人民公安大学学报（自然科学版）	第 1 期
我国司法鉴定行业管理刍议——以行业协会为视角	陈维娜	中国司法鉴定	第 1 期
孤眼外伤致盲伤残评定 1 例	高晨飞　高运申	中国司法鉴定	第 1 期
MRS 在法医学中的研究及应用	高　省　张　涛　倪春明　刘　燕　李　斌　于建云	中国司法鉴定	第 1 期

续表

文 章 名 称	作 者	刊 物	期 次
"司法部司法鉴定科学技术研究所"更名为司法鉴定科学技术研究院	管 唯　卞新伟	中国司法鉴定	第1期
司法鉴定标准化管理的路径探讨	何晓丹　沈 敏	中国司法鉴定	第1期
司法鉴定/法庭科学领域能力验证标准化现状与建议	贾汝静　葛曼丽 曹 实　王腊梅 孙玉澄　王彦斌	中国司法鉴定	第1期
卷首语	李 浩	中国司法鉴定	第1期
司法鉴定过程的法律规制研究——以"其他类"司法鉴定为视角	刘克毅	中国司法鉴定	第1期
法医毒物鉴定专业标准体系构建	刘 伟　沈 敏 陈 航　严 慧	中国司法鉴定	第1期
精神障碍医学鉴定的不可行性分析	刘 鑫　赵彩飞 马长锁	中国司法鉴定	第1期
新时代司法鉴定工作的改革发展	刘振宇	中国司法鉴定	第1期
裂解气相色谱-质谱法检测常见塑料制品高聚物	吴国萍　周亚红	中国司法鉴定	第1期
扫描电镜/能谱法鉴别香烟灰的初探	吴清华　李 军 张振宇	中国司法鉴定	第1期
Goldeneye 25A 身份识别系统在回族人群的法医遗传学多态性	杨 俊　胡如芳	中国司法鉴定	第1期
法庭科学领域中泥土物证的发展综述	于颖超　王元凤	中国司法鉴定	第1期
瓦特镀镍技术显现金属铜表面油潜手印工艺探析	张晓顺　田 巍	中国司法鉴定	第1期
基于视频图像的道路交通事故信号灯状态鉴定	张泽枫　冯 浩 潘少猷　张志勇 邹冬华	中国司法鉴定	第1期

续表

文　章　名　称	作　　者	刊　　物	期　次
交通事故中胫腓骨多段骨折并发骨髓炎的评残 1 例	钟增平	中国司法鉴定	第 1 期
司法鉴定标准化法制机制建设研究	朱晋峰　沈　敏	中国司法鉴定	第 1 期
中国古代司法检验制度研究	朱姗姗	中国司法鉴定	第 1 期
医疗纠纷法医学死因分析鉴定 1 例	孙长勇　章学保	中国刑警学院学报	第 1 期
月经血鉴别方法的法医学研究进展	李　军　宫春妮 巢　雯	中国刑警学院学报	第 1 期
热敏磁票纸上的潜在手印显现技术	王　跃　马　铮 庄京伟	中国刑警学院学报	第 1 期
单钩工具技术开启梅花锁的痕迹特征分析	孙　凯　蒋燚琦	中国刑警学院学报	第 1 期
笔迹与混沌理论关系的再思考	李志荣	中国刑警学院学报	第 1 期
摇头丸类隐语的形成规律及其应用价值	欧阳国亮　王　虹 王长亮　丁锦玉	中国刑警学院学报	第 1 期
练习摹仿少量笔画签名笔迹检验的实验研究	李　震	中国刑警学院学报	第 1 期
基于听觉模型的法庭语音证据特征量化	王华朋	中国刑警学院学报	第 1 期
抑郁症母亲弑婴犯罪行为与心理个案分析	向　静	中国刑警学院学报	第 1 期
基于 Box-Behnken 法的靶向指纹 MoS_2 微粒悬浮液	张忠良　穆安冬 张丽梅　于超越	中国刑警学院学报	第 1 期
PF 文件智能取证分析工具的设计与实现	罗文华　龙立名	中国刑警学院学报	第 1 期
低信噪比下语音端点检测算法改进设计	姜　囡　谢俊仪	中国刑警学院学报	第 1 期
SiFaSTR™ 23plex DNA 身份鉴定系统在华东汉族人群中的法医学应用	包　云　盛　翔 张家硕　李　敏 李亚男　徐倩南 李成涛　陈丽琴	法医学杂志	第 2 期

续表

文 章 名 称	作 者	刊 物	期 次
EX16+10Y 试剂盒检测新疆维吾尔族人群的效能	毕 钢　张 晨　董 研　焦海涛　董 雷　周怀谷	法医学杂志	第 2 期
肋骨骨折法医临床学鉴定的初步认识	曹甲甲　张 阳　卞士中　张志湘　万 雷	法医学杂志	第 2 期
苯甲酸中毒死亡法医学鉴定 1 例	陈 旭　石 昆　任嘉诚	法医学杂志	第 2 期
高压电流损伤合并低位坠落死亡 2 例	陈 逊　李利华	法医学杂志	第 2 期
阑尾、胆囊切除术后并发胆瘘死亡医疗损害 1 例	陈燕嫦　邹冬华　张建华	法医学杂志	第 2 期
利用耻骨 MSCT 三维重组技术推断成人活体年龄	方俊杰　秦 明　肖圣兵　陈 林　刘 斌	法医学杂志	第 2 期
外伤性胸导管损伤致迟发性乳糜胸法医学鉴定 1 例	胡火梅　徐小龙　周伟杰　温涌溪　喻清萍	法医学杂志	第 2 期
淡水溺死大鼠肺组织与血清中 IL-1α、IL-1β 和 IL-13mRNA 表达	姜美玲　刘志杰　潘 静　路 健　梁新华	法医学杂志	第 2 期
张口受限法医学鉴定 1 例	蒋大卫　陈艳茜	法医学杂志	第 2 期
基于 SNP 位点的身高预测模型的评估	焦会永　孙亚男　景晓溪　刘 京　江 丽　李彩霞　叶 健　刘 凡　黄艳梅　赵雯婷	法医学杂志	第 2 期
联苯胺试验对血痕 DNA 检验的影响	金 明　巴华杰　朱爱华　马 骏　石津玮　刘亚楠　林子清	法医学杂志	第 2 期

续表

文 章 名 称	作 者	刊 物	期 次
医疗损害鉴定中超说明书用药问题的研究现状	冷冰凝 王 旭	法医学杂志	第 2 期
植物类物证 DNA 遗传标记鉴定系统的建立	李 辉 夏 攀 王 创 汪 远 赵雪莹 马 克 戴 维 曹 禹 周怀谷 刘文斌	法医学杂志	第 2 期
眶壁骨折损伤程度鉴定分歧现状及探讨	李学博 丁春丽	法医学杂志	第 2 期
43 个 SNP 遗传标记复合检验体系的建立及其法医学应用	李亚男 李 敏 姜 磊 栾晓辉 梁 娜 徐倩男 张家硕 唐铭池 边英男 陈丽琴	法医学杂志	第 2 期
外伤致原发性肝癌破裂死亡 1 例	吕 斌 宋玉成 杜金芳 邱明洁 林 威 董红梅	法医学杂志	第 2 期
Amicon® Ultra-0.5 超滤离心管在脱落细胞 DNA 提取中的应用	马 庆 童梦洁 夏冬景	法医学杂志	第 2 期
RapidHIT™ 200 系统在法医学中的应用	孙 帅 田雨苗 汤继明 张庆霞 胡玉龙 王鹏飞 薛卢艳 刘 力 唐 晖	法医学杂志	第 2 期
子宫胎盘植入致产后大出血死亡医疗损害 1 例	田志岭 王若琳 邵 煜 丁润涛 张建华	法医学杂志	第 2 期
罕见自家消化致胃、膈肌穿孔 1 例	童 昉 张 健 石 青 梁 悦 罗桑旦增 黄伟胜 刘育洛 周亦武	法医学杂志	第 2 期

续表

文　章　名　称	作　者	刊　　物	期　次
关于设立产前超声诊断相关医疗损害鉴定规范的探讨	徐　辉	法医学杂志	第 2 期
虐待儿童致颅脑损伤死亡法医学鉴定 1 例	杨根梦　何亚超 薛凤麟　李利华 曾晓锋	法医学杂志	第 2 期
玻璃体液推断死亡时间的研究进展	杨明真　张天叶 李辉军　杨天潼 丁自娇　刘　茜	法医学杂志	第 2 期
基因多态性、饮酒种类与乙醇代谢的相关性	叶　懿　陈　帆 卢　翔　吴　昊 卢　颀　施　蕾 颜有仪　杨　林 廖林川	法医学杂志	第 2 期
高浓度散装白酒敷银屑病患处致乙醇中毒死亡 1 例	尤家斌　王兴昆 赵　锐　朱宝利 王鹏飞　张喜轩 张国华	法医学杂志	第 2 期
下肢残损功能评价标准和方法研究进展	张　敏　范利华 冉　聘　夏　晴	法医学杂志	第 2 期
73 例儿科医疗损害的法医病理学鉴定	张志威　郑紫雨 李　荣　周世一 唐　伟　周济鹏 王　彪	法医学杂志	第 2 期
基于 28SrRNA 基因序列对洛阳地区嗜尸性蝇类的分子鉴定	赵琳琳　翟仙敦 张　振　吕　宙 夏志远　莫耀南	法医学杂志	第 2 期
一次雷击造成 3 人死亡的法医学鉴定	郑冬律	法医学杂志	第 2 期
精索扭转误诊为睾丸炎医疗损害 1 例	种书亚　项　明 石修业	法医学杂志	第 2 期

续表

文 章 名 称	作　者	刊　物	期　次
Early Access STR Kit v1 对 24 个常染色体 STR 基因座和 Ame-logenin 基因座的法医学检测	朱　敏　杨媚杰	法医学杂志	第 2 期
自杀未遂后被他杀损伤机制分析	曹啟文　徐翠兰 唐文虎	刑事技术	第 2 期
基于相似内核的 Android 手机动态内存提取技术研究	康艳荣　范　玮 赵　露　刘　亚	刑事技术	第 2 期
暗记点阵形态特征鉴别彩色激光印刷文件的可行性研究	李江春	刑事技术	第 2 期
基于 Lab 模式的复杂背景上指纹的分离技术研究	李雄伟　王秋云	刑事技术	第 2 期
废品回收个体户的被害风险分析	刘东明　苑增贤	刑事技术	第 2 期
法医常用 STR 基因座三带型模式的分析	刘振平　杨　扬 童继军　翟仙敦	刑事技术	第 2 期
海洛因对腹腔巨噬细胞分泌白细胞介素-1 的影响	牛　勇　李　洋 卢延旭	刑事技术	第 2 期
荧光探针检测 2，4，6-三硝基苯酚研究进展	任翼飞　郝红霞 杨瑞琴	刑事技术	第 2 期
多拷贝 Y-STR 基因座在法庭科学领域的研究	尚　蕾　莫晓婷 杨　帆　张　建 余政梁　马　新 赵兴春　李万水	刑事技术	第 2 期
应用聚类分析方法串并案件的距离计算问题研究	唐　宇	刑事技术	第 2 期
中毒判定辅助软件的研发与应用	王　炯　魏春明 赵　森　张云峰 常　靖　王芳琳	刑事技术	第 2 期

续表

文　章　名　称	作　　者	刊　　物	期　　次
矿物物证检验技术研究进展	王　萍　郭洪玲 朱　军　梅宏成 权养科	刑事技术	第2期
接触性检材的 DNA 自动化提取	王颖希　张庆霞 薛卢艳　李　程 杜　娟　霍振义 焦章平	刑事技术	第2期
敌敌畏在血液中的分解动力学研究	夏侯秋锦　李　鹏 毕文姬　柏泽新 国　菲	刑事技术	第2期
精神障碍者暴力犯罪后否认犯罪事件的问题研究	向　静	刑事技术	第2期
Y-STR 单倍型在大家系中的差异研究	张广峰　高　珊 畅晶晶　徐小玉 郝金萍　杨雪莹 朱　典　张　颖 张　瑾　涂　政 刘开会	刑事技术	第2期
4 例疑似他杀的自杀案件的法医学分析	张书韬	刑事技术	第2期
刑事技术"十三五"科研发展研究	赵兴春　孟庆振 牛　勇　季安全 刘慧念　马　新 叶　健	刑事技术	第2期
勘验笔录证明力的认证规则探讨	李　明　孙连钟	证据科学	第2期
手术遗留异物法院判例研究	邱丽蓉　邓振华	证据科学	第2期
打印文件量化检验鉴定方法的研究	于　彬　曾苗苗 姚朋华	证据科学	第2期
心理测试技术在日本的研究与应用现状	余　军　范　刚 杜佳燕　罗　岑 彭伟林	证据科学	第2期

续表

文 章 名 称	作 者	刊 物	期 次
肩袖损伤的法医学鉴定	白 洁 陈 庆	中国法医学杂志	第 2 期
应用 Pixel 法测量平面内非直线长度的法医学研究	曹 磊 马文静 张玲莉 陈新山	中国法医学杂志	第 2 期
新生儿先天性心脏病-完全型肺静脉异位引流死亡 1 例	邓燕飞 佟小亮 任 亮 梁 曼 马静红 周小伟 黄锶哲 张骏超 刘 良	中国法医学杂志	第 2 期
一例车内自焚骗保案件的分析	丁 将	中国法医学杂志	第 2 期
被褥捂压口鼻自杀法医分析 1 例	何 峰 张 镭 令狐昌勇 张万能	中国法医学杂志	第 2 期
利用彩超技术检测创道长度损伤程度分析一例	胡火梅	中国法医学杂志	第 2 期
小儿先天性肠系膜裂孔疝致死法医鉴定 1 例	黄庆万 岳 霞	中国法医学杂志	第 2 期
黄韧带骨化症患者外伤后下肢瘫痪伤病关系分析	黄瑞润 倪维成	中国法医学杂志	第 2 期
盗窃案件现场检材提取与 DNA 检测结果的统计分析	霍塞虎 叶志鹏 徐海军 钱利峰	中国法医学杂志	第 2 期
高分辨率熔解曲线分析技术及其在法医学中的应用	姜恩珠 庞 灏	中国法医学杂志	第 2 期
非高血压主动脉夹层破裂猝死 8 例法医病理学分析	李 楷 杜思昊 肖 宁 徐 祥 王 斌 余彦耿 张 付 李冬日	中国法医学杂志	第 2 期
马和人股骨碎片组织形态学结构特征及其鉴别	李征辉 章翰韬 林子清	中国法医学杂志	第 2 期

续表

文　章　名　称	作　　者	刊　　物	期　次
26 例心脏传导系统发育异常猝死的病理学分析	廖信彪　张　付 宋一璇　姚青松 曾浩天	中国法医学杂志	第 2 期
行人被撞与客车坠车尸体损伤鉴别研究	刘　钢　葛忠伟 席焕久	中国法医学杂志	第 2 期
实时荧光定量 PCR 检测硅藻 UPA 基因在溺死诊断中的研究	刘向东　刘　超 徐曲毅　彭　帆 胡孙林　麦柏盛 刘　宏　李　越 胡慧英　徐际超 张书睿　韩雅莉 谭竹钧	中国法医学杂志	第 2 期
《标准化法》修改及对司法鉴定的影响	刘　鑫　马千惠	中国法医学杂志	第 2 期
针刺风府穴操作不当致蛛网膜下腔出血死亡 1 例	罗谢添　李　健 杨玉洁　李　凡 马书玲	中国法医学杂志	第 2 期
肾门区动静脉血管畸形急性破裂死亡 1 例	秦志云　郑　剑	中国法医学杂志	第 2 期
23 例电击死尸检取材和法医鉴定方法研究	苏锐冰　徐广涛 吕俊耀　李嘉敏 王　典　邓　韵 于晓军	中国法医学杂志	第 2 期
广东珠江水域硅藻种类调查	王会品　李栋栋 孙世珺　王慧君	中国法医学杂志	第 2 期
匹拉米洞与联苯胺在血痕预实验中的灵敏性及 DNA 损伤检测研究	王清山　范英南 宁淑华　喻永敏	中国法医学杂志	第 2 期
香豆素类抗凝血杀鼠剂投毒法医学鉴定分析	王小伟　夏　鹏 李红卫	中国法医学杂志	第 2 期

续表

文 章 名 称	作　　者	刊　物	期　次
面部创致腮腺导管损伤法医学鉴定 1 例	韦　磊　蒋伍省 王军威　仲琦峰 吴保民　卢延旭	中国法医学杂志	第 2 期
D19S433 稀有等位基因的确认和判读 2 例	武红艳　张　林 陈　璐　樊爱英 王克杰	中国法医学杂志	第 2 期
尿液中 DNA 的提取与检验	徐小玉　畅晶晶 张广峰　高　珊 刘开会　刘兴朋	中国法医学杂志	第 2 期
亲子鉴定中 D8S1179 基因座等位基因丢失分析 1 例	易　敏　徐攀平 赵丽娟　游武顺	中国法医学杂志	第 2 期
分子生物学在年龄推断中的研究进展	袁超群　王　妹 邓小冬	中国法医学杂志	第 2 期
样品成份对"咖啡环"法 DNA 检测的影响	詹　飞　赵贵森 李亚琴　陈　炯 郭　琬	中国法医学杂志	第 2 期
自身捆绑四肢并缚重物溺水自杀 1 例	张钰勤　陈少杰 周伟志　郭　炜	中国法医学杂志	第 2 期
利用带消音器自制枪自杀的损伤特点分析	赵　彬　张晶锐	中国法医学杂志	第 2 期
云南省 44 例主动脉夹层破裂死亡法医学分析	周一卿　曾晓锋 何永旺　王一航 薛凤麟　刘明辉 李利华	中国法医学杂志	第 2 期
基于核酸适配体的非标记荧光检测技术发展研究	张天源　杨瑞琴 郝红霞	中国人民公安大学学报（自然科学版）	第 2 期
气相色谱-质谱法同时检验合成大麻素 JWH-018 和 JWH-073	苗翠英　卢程皓	中国人民公安大学学报（自然科学版）	第 2 期

续表

文 章 名 称	作 者	刊 物	期 次
高真空镀膜与"502"熏显组合方法显现手印研究	陈振乾　王琳琭	中国人民公安大学学报（自然科学版）	第 2 期
现场潜血痕迹发现记录仪的应用	吴家聪　杨玉柱	中国人民公安大学学报（自然科学版）	第 2 期
DNA 证据的质证要点	牛青山　崔国文 潘永峰　臧悦含	中国人民公安大学学报（自然科学版）	第 2 期
基于 AHP-SWOT 方法的新疆反恐维稳战略研究	曾庆华　陈成鑫 刘　蔚	中国人民公安大学学报（自然科学版）	第 2 期
基于 SIFT 和 RGB 特征的同图复制篡改检测算法	王梦思　王任华	中国人民公安大学学报（自然科学版）	第 2 期
茚二酮显现手印最佳配方研究	韩国强　张俊豪 罗亚平　薛璐璐	中国人民公安大学学报（自然科学版）	第 2 期
《复杂亲缘关系鉴定技术研究》课题研究进展	边英男　侯一平 张素华　徐友春 庄　斌	中国司法鉴定	第 2 期
法医学司法鉴定体制的现状及改革建议	陈新山	中国司法鉴定	第 2 期
《司法鉴定能力控制技术研究与示范》课题研究进展	何晓丹　沈　敏	中国司法鉴定	第 2 期
论民事诉讼中司法鉴定公信力的提升与完善	洪冬英　孙茹兴	中国司法鉴定	第 2 期
电化学腐蚀法与"502"胶显现发射过弹壳表面手印的比较研究	姬忠远　慕玉玲 干少城	中国司法鉴定	第 2 期
《诈伤诈病法医学鉴定技术》课题研究进展	李豪喆　陈捷敏 刘　霞　王飞翔 夏　晴　夏文涛 蔡伟雄	中国司法鉴定	第 2 期
建设工程司法鉴定无效投诉的理性认识和改进	李　瑾　李廷芥	中国司法鉴定	第 2 期

续表

文 章 名 称	作 者	刊 物	期 次
车辆痕迹鉴定常见差异非本质属性的探讨	沈鸿斌	中国司法鉴定	第2期
《未知毒物系统筛选分析技术研究》课题研究进展	施 妍 向 平 马 栋 马春玲 郭寅龙 卓先义	中国司法鉴定	第2期
《文件材料及文件形成时间鉴定技术研究》课题研究进展	孙其然 杨 旭	中国司法鉴定	第2期
环境因素对黑色中性笔墨迹中PEG低聚物降解的影响研究	孙其然 张清华 王雅晨 杨 旭	中国司法鉴定	第2期
ERCP术中穿孔引起弥漫性腹膜炎死亡的医疗损害司法鉴定	王 彪 张建华 邵 煜 刘宁国	中国司法鉴定	第2期
环境损害司法鉴定:制度框架、现实困境与破解思路	王 江	中国司法鉴定	第2期
基于GC-MS方法的可卡因毒品中的杂质分析	吴艳红 崔雪子 倪春芳 吴忠平 汪 蓉 梁 晨 张玉荣	中国司法鉴定	第2期
阈值及其在法医毒物学领域的应用探讨	向 平 卓先义 吴何坚 沈 敏	中国司法鉴定	第2期
人体腹部皮肤咬痕法医学鉴定1例	徐 杰 辛 然 郭 威 杨尚明	中国司法鉴定	第2期
"一带一路"背景下司法鉴定行业风险防控——以新疆司法鉴定为例	远丽辉	中国司法鉴定	第2期
专家辅助人法律地位问题研究	张纯兵	中国司法鉴定	第2期
"纸龄"鉴别中常见禾草类纤维和韧皮类纤维的历史性研究	张建洲 梁鲁宁	中国司法鉴定	第2期
外伤性脑梗死法医学分析1例	张骏超 屈国强 陈晓瑞 任 亮	中国司法鉴定	第2期

续表

文 章 名 称	作 者	刊 物	期 次
汾城人普通话口音特征的听辨研究	赵擎华　杨俊杰　陈　浩	中国司法鉴定	第2期
建筑工程质量司法鉴定2例	赵守义　胡　超　李传瑞	中国司法鉴定	第2期
《司法鉴定意见证据评价系统研究》课题研究进展	朱晋峰　郭　华	中国司法鉴定	第2期
《数字化法医学鉴定技术研究》课题研究进展	邹冬华　孙　杰　陈忆九	中国司法鉴定	第2期
现场测量摄影中透视关系的修正研究	杨洪臣　张　凡	中国刑警学院学报	第2期
特异性免疫指标在豚鼠头孢哌酮过敏死亡中的诊断价值	卢延旭　王飞虎　王　鹏　解　勋　王军威	中国刑警学院学报	第2期
头部CT个人识别研究进展	依伟力　杨成文	中国刑警学院学报	第2期
道路交通事故二次损伤致死案例损伤鉴定分析	巩京慧　王金换　犹　念　黄绍虎	中国刑警学院学报	第2期
云南省红河州汉族、彝族人群指纹纹型对比分析	甘建骏　刘显康　杨　瑞　朱可迪	中国刑警学院学报	第2期
反射变换成像技术显现喷墨打印机星形轮齿痕个体特征	林　红　裴　雷　刘　宁　倪茹涵	中国刑警学院学报	第2期
新型可擦写中性笔FRIXION消褪字迹检验方法	刘心来	中国刑警学院学报	第2期
汽车机油ATR中红外指纹区相关系数比对分析	吴国萍　任　博	中国刑警学院学报	第2期
假声伪装语音同一认定的可行性分析	申小虎　金　恬　张长珍　万荣春	中国刑警学院学报	第2期
基于PageRank和最短路径的用户影响力评估	张俊豪	中国刑警学院学报	第2期

续表

文　章　名　称	作　　者	刊　　物	期　次
一种面向人脸表情识别的局部线性嵌入改进算法	贺国庆　王　炜	中国刑警学院学报	第 2 期
视频伪造篡改类型及时域模型	孙　鹏　王方明 郎宇博　刘　磊 单大国	中国刑警学院学报	第 2 期
基于模式识别方法研究深静脉血栓形成大鼠尿液代谢物谱	曹　洁　吕晓革 李　宇　靳茜茜 储晓云　王英元 孙俊红	法医学杂志	第 3 期
杀人后自杀未遂被他杀现场重建 1 例	曹啟文　黄志兰 李　亮　洪仕君	法医学杂志	第 3 期
争议父与生父存在近亲血缘关系 1 例	陈　芳　顾玉娣 余家树　常彩琴 严品华　徐恩萍	法医学杂志	第 3 期
雌性大鼠小肠内容物迁移距离与餐后存活时间的关系	陈　林　方俊杰 孟　刚　肖圣兵 秦　明　万　阳	法医学杂志	第 3 期
基于牙本质-牙髓复合体增龄性变化推断年龄的研究进展	储　光　张智勇 周　洪　阎春霞 陈　腾　郭昱成	法医学杂志	第 3 期
婴儿胶质母细胞瘤死亡 1 例	杜思昊　王　悦 谭晓辉　李冬日	法医学杂志	第 3 期
法医学犯罪现场勘验若干问题探讨	冯　雪	法医学杂志	第 3 期
昆明市五华区 124 例自杀案例分析	付　华　代卫卫 贾彭林　黄　坤 孟　惠　杨启琨 瞿勇强　雷普平	法医学杂志	第 3 期

文　章　名　称	作　　者	刊　　物	期　次
基于 PC-Crash 软件的道路交通事故再现技术研究进展	何永旺　曾晓锋 闫　文　李　彦 宋天周　黄　俭 段腾龙　李　立 李　桢	法医学杂志	第 3 期
高龄患者输尿管结石术后死亡医疗损害 1 例	胡忠良　王　红 王　梅　赵晨迪 黄　江　吴敬杰	法医学杂志	第 3 期
婴儿胃壁淋巴管瘤并发急性胃破裂死亡 1 例	李　兵　郭思云	法医学杂志	第 3 期
24 个 Y-STR 基因座的法医学应用评估	李　敏　黄　磊 王新杰　陈玉玲 盛　翔　李亚男 包　云　姜　磊 朱如心　徐倩南 张家硕　李成涛 边英男	法医学杂志	第 3 期
利用影像学图像推断四肢长骨骨折损伤机制 2 例	李志艳　吴绍鉴 谢银霞　陈燕嫦 谢剑捷　罗　斌	法医学杂志	第 3 期
阴茎离断伤作案动机分析 5 例	刘建锋　汤家全	法医学杂志	第 3 期
27 个 Y-STR 基因座在甘肃东乡族人群的遗传多态性	刘亚举　郭利红 李　瑾　岳俊涛 石美森	法医学杂志	第 3 期
接触 DNA 在侦查实践中的应用	卢　璇　徐　珍 牛青山　涂　政	法医学杂志	第 3 期
骨盆及股骨干骨折术后股骨头坏死的因果关系鉴定 1 例	盛银雅　王立新 戚莉群	法医学杂志	第 3 期
法医族源推断的分子生物学进展	孙　宽　侯一平	法医学杂志	第 3 期

续表

文章名称	作者	刊物	期次
高等医学院校非法医学专业课程教学法的应用探讨	托娅 胡茜 吕叶辉 钱能 杨智昉	法医学杂志	第 3 期
温度对死后大鼠肾组织 FTIR 光谱特征的影响	王磊 王琪 林汉成 黄平 邓恺飞 罗仪文 孙其然 张清华 王振原 孙俊红 托娅	法医学杂志	第 3 期
致伤凶器上血迹 DNA 鉴定 1 例	王禹	法医学杂志	第 3 期
产后出血医疗损害法医学鉴定 2 例	吴莹莹 彭先伟 黄欣	法医学杂志	第 3 期
气胸肺压缩程度测量软件的研制及其法医学应用	吴永波 武斌 李阳 胡晓飞 司东雷	法医学杂志	第 3 期
药物辅助性犯罪案件中新型苯二氮幕卓类策划药 2-氯地西泮的鉴定	向平 沈保华 严慧 施妍 刘伟 沈敏 吴何坚 卓先义	法医学杂志	第 3 期
深静脉血栓形成评价量表在法医学伤病关系鉴定中的应用	于会永 李惟 徐宏	法医学杂志	第 3 期
广东为主汉族人群 19 个 STR 基因座遗传多态性	詹益鑫 翁惠文 燕启江 胡朝晖 詹丽平 钟慧 何雪葵	法医学杂志	第 3 期
女性青年性窒息死亡法医学鉴定 2 例	张磊磊 李春生 高正义	法医学杂志	第 3 期
甲状腺切除术后窒息死亡医疗损害 2 例	张柳星 殷丽平 缪湧	法医学杂志	第 3 期

文章名称	作者		刊物	期次
19个STR基因座在山东三个文化区人群中的遗传多态性	张珊珊　唐玉秋 张茂修　高洪梅 王　昌　汪运山 韩淑毅		法医学杂志	第3期
二代测序试剂盒SNP位点遗传学参数和对比	周　密　张　科 汪　军		法医学杂志	第3期
31例Bennett骨折与Rolando骨折的致伤方式分析	周晓蓉　冉　聃		法医学杂志	第3期
造作性砸鼻2例	朱世峰　张广仁 刘晓辉		法医学杂志	第3期
法医护士：美国法医临床学的特殊角色	卓　荦		法医学杂志	第3期
广西6个民族24个Y-STR基因座遗传多态性及群体遗传结构分析	邓　盼　江　丽 马　泉　赵　慧 莫晓婷　程宝文 李彩霞		刑事技术	第3期
移动实验室在公共活动食品安保工作中的应用	董　颖　栾玉静 王瑞花		刑事技术	第3期
全二维气相色谱在法庭科学物证鉴定中的应用（英文）	郭亚坤　高艳梅 朱　军　张冠男 孙振文　杨瑞琴 刘占芳　周重阳		刑事技术	第3期
SureID® PanGlobal试剂盒的法医学验证	韩文明　张庆霞 王顺霞　刘金杰 赵　怡		刑事技术	第3期
年轮特征在整体分离痕迹检验中的应用	金益锋　陈　瑞 鲍立垠　林　敏 叶方坚　鲁玺龙		刑事技术	第3期
2017年司法语音及声学研究	康锦涛　王　莉 王晓笛　盛　卉 李敬阳　黄文林		刑事技术	第3期

文 章 名 称	作　　者	刊　　物	期　次
基于微信聊天记录时间信息的人物关系刻画技术研究	康艳荣　赵　露 范　玮　张紫华	刑事技术	第 3 期
92 式手枪与警用转轮手枪射击颅骨模型的入出口形态比较	李　浩　李　瑾 徐在华　时　楠 王亚飞	刑事技术	第 3 期
疑难笔迹鉴定的成因及对策	李志荣　张　彦	刑事技术	第 3 期
实时直接分析-质谱在法医毒物分析中的应用	连　茹　吕小宝 倪春芳　汪　蓉 张玉荣	刑事技术	第 3 期
用超敏 DNA 提取试剂盒提取牙齿 DNA	刘　峰　尹　路 陈爱萍　黄泳森	刑事技术	第 3 期
基于马氏距离算法区分玻璃样品的研究	刘慧娟　姜　华 王　璐	刑事技术	第 3 期
微循环固相微萃取技术检测甲基苯丙胺合成过程中的特征物质	刘　帅　张文竞 李　虹　赵海清 谢颜明	刑事技术	第 3 期
"十三五"国家科技计划管理改革解读	马　新　刘慧念 叶　健　赵兴春	刑事技术	第 3 期
亚洲法庭科学学会（AFSN）及我国法庭科学国际化	孟庆振　黄　星 高艳梅　傅焕章 陈　松	刑事技术	第 3 期
不同盖印压力下光敏印章印文直径变化规律研究	王　宁　郝红光 王晓光	刑事技术	第 3 期
基于块特征的移动-复制篡改检测算法研究	王云峰　韩　常	刑事技术	第 3 期
顶空固相微萃取-气相色谱串联质谱法检测石油样品中的痕量多环芳烃	薛锦锋　田琳琳 沈　磊　梁丽军	刑事技术	第 3 期

续表

文 章 名 称	作 者	刊 物	期 次
甲基苯丙胺胶体金试剂条质量关键性指标的考察	仲利静　张蕾萍 蒋雪梅　马纪强 卢　亮　乔　婷 宋朝锦　张大明	刑事技术	第 3 期
笔迹鉴定意见采信实证研究	贾治辉　官胜男	证据科学	第 3 期
质疑还是挑战：Daubert 规则下的笔迹鉴定	李　念　李　冰	证据科学	第 3 期
足部残疾标准比较研究	施　蕾　罗宇鹏 邓振华	证据科学	第 3 期
人体损伤程度鉴定标准比较研究	王书剑　胡泽卿	证据科学	第 3 期
Y 染色体多拷贝短串联重复序列及其法医学应用研究进展	安雷雷　黄艳梅 张小莉	中国法医学杂志	第 3 期
基于 GC-MS 检测机械性窒息死大鼠脾组织代谢物时序性变化推断死亡时间	蔡山青　苏锐冰 汤　畅　李嘉敏 吕俊耀　徐小虎 于晓军	中国法医学杂志	第 3 期
特殊气胸法医学损伤程度分析 1 例	陈　巍　潘国鹏	中国法医学杂志	第 3 期
氯胺酮合并多物质滥用的毒性损害作用相关研究进展	丁润涛　甄　博 王庆尧　李国良 于　浩　刘增甲 吴　旭	中国法医学杂志	第 3 期
l-四氢巴马汀对氯胺酮依赖大鼠海马 GFAP 及伏隔核 ERK 磷酸化蛋白表达的影响	杜　艳　王浩江 苏红亮　曹　洁 王玉瑾	中国法医学杂志	第 3 期
同卵双生子外周血 miRNA 表达差异初步研究	方　晨　赵　晶 张小莉　于春蕊 刘　旭　张京晶 曹云旺　武会娟 严江伟	中国法医学杂志	第 3 期

续表

文 章 名 称	作　　者	刊　　物	期　次
滇池水域硅藻 DNA 多态性检验引物的筛选	胡　蝶　程宝文 邢豫明　皮之云	中国法医学杂志	第 3 期
鼻腔解剖在火场尸体检验中的应用	胡云星　汤捷衡	中国法医学杂志	第 3 期
新型连锁遗传标记的法医学研究进展	刘　聪　肖　超 黄钰洁　黄代新	中国法医学杂志	第 3 期
气质联用法快速分析"咔哇潮饮"中 γ-羟基丁酸	刘　缙　杨洪国 蔡红新　胡立峰 张　东　江　强	中国法医学杂志	第 3 期
医疗过错认定的基本原则和要求	刘　鑫　鲍冠一	中国法医学杂志	第 3 期
腐蚀性酸混合物中毒死亡法医学鉴定 1 例	刘尊忠　陈轶群 郭兵兵　阮宏斌 王荣帅	中国法医学杂志	第 3 期
贵州遵义布依族人群 15 个 STR 基因座遗传多态性	罗　佳　梁　芹 陈俊颖　何　宇 龙　飞	中国法医学杂志	第 3 期
常染色体遗传标记直系亲缘关系指数的统一算法	马冠车　李淑瑾 丛　斌	中国法医学杂志	第 3 期
内蒙古鄂尔多斯地区蒙古族人群 20 个 STR 基因座遗传多态性	思　洋　苏　磊 王　祥　郝永峰 乔　瑞　唐　萍 刘世杰	中国法医学杂志	第 3 期
急性药物过敏死亡医疗损害鉴定 10 例分析	宋健文　陈莉坚 李丽增　李冬日	中国法医学杂志	第 3 期
宝塔红在过敏性猝死尸检中的应用初探	谭晓辉　陈　娜 罗宝英　曾嘉敏 李　佳　王慧君	中国法医学杂志	第 3 期

续表

文 章 名 称	作 者	刊 物	期 次
罂粟分子遗传标记研究现状及开发前景	王白石　高　珊 宋炳柯　聂　昊 张广峰　杨雪莹 刘开会　周　易 裴　黎	中国法医学杂志	第 3 期
趋化因子 CCL2、CCL7 和 CCR2 在淡水溺死后大鼠肺组织及血清中的表达	王莉晓　刘志杰 王　男　路　健 梁新华	中国法医学杂志	第 3 期
药酒中乌头碱、次乌头碱、新乌头碱的 LC/MS/MS 分析	魏晓晓　马博凯 黄雯雯　胡铁靖 刘伟丽	中国法医学杂志	第 3 期
混合痔术后膀胱憩室导尿后猝死 1 例分析	吴　双　孟祥志 何方刚	中国法医学杂志	第 3 期
2 对同卵双生子 microRNAs 表达谱差异分析	肖　超　何华钰 刘尔亮　刘宇轩 潘　超　易少华 黄代新	中国法医学杂志	第 3 期
藏族、白族 18 个面部相关 SNPs 位点多态性及群体差异性研究	肖　月　邓　盼 曾发明　李彩霞 李维丽　程宝文	中国法医学杂志	第 3 期
GC-MS 法分析 4-MePPP 1 例	阎仁信　范　妍 朱国玉　石建忠 吴卫兵	中国法医学杂志	第 3 期
中毒 29 天后血液中检出溴鼠灵 1 例	杨伦昆　冉　常 邓青青　蔡　金 向　海	中国法医学杂志	第 3 期
三维动态标记下踝关节权重系数的定量研究	张　敏　夏　晴 冉　聃　高　东	中国法医学杂志	第 3 期

续表

文 章 名 称	作　者	刊　物	期　次
非特异性腰椎感染漏诊引发医疗纠纷 1 例	赵　丽　王　拴 周巧霞　严　赫 章青波　张　奎 黄飞骏	中国法医学杂志	第 3 期
医学本科生对法医学课程的认知调查	郑　剑　许小明 李艳红　刘　珊 伍雅静	中国法医学杂志	第 3 期
指印阶段性特征及其在形成时间鉴定应用中的统计学研究	张凌燕　周　欢	中国人民公安大学学报（自然科学版）	第 3 期
指纹三级特征的组织学基础、影响因素与实用性价值分析	王有民	中国人民公安大学学报（自然科学版）	第 3 期
3 种新型纳米粉末显现对潜指印中 DNA 分型的影响	喻彦林　王旭东 颜　磊	中国人民公安大学学报（自然科学版）	第 3 期
影响指纹鉴定人员点取特征正确性实证研究	仝　潇　柳菁莹 刘　哲	中国人民公安大学学报（自然科学版）	第 3 期
黑色签字笔字迹色痕相对形成时间的实验分析	魏显峰　王静雯 胡祖平	中国人民公安大学学报（自然科学版）	第 3 期
基于 Healthme 采集分析系统的吸毒者脉搏波特征研究	顾海艳　林祝发	中国人民公安大学学报（自然科学版）	第 3 期
法庭说话人识别新范式实证研究	张翠玲 Geoffrey Stewart Morrison Ewald Enzinger	中国人民公安大学学报（自然科学版）	第 3 期
基于混合核函数支持向量机的智能运维管理研究	彭建新　万腾辉 赵　熙	中国人民公安大学学报（自然科学版）	第 3 期
道路交通事故重建技术综述	张新海	中国人民公安大学学报（自然科学版）	第 3 期
公安院校电子证据课程教学改革探讨及实践	胡晓光	中国人民公安大学学报（自然科学版）	第 3 期

续表

文 章 名 称	作 者	刊 物	期 次
SD 大鼠死后心血中大肠杆菌 DNA 含量与早期死亡时间相关性的研究	安志远　赵攀峰 李　聃　周怀谷 郭育林	中国司法鉴定	第 3 期
建设工程质量司法鉴定管理探讨	曹　安　武文宽	中国司法鉴定	第 3 期
2017 年度全国司法鉴定情况统计分析	党凌云　张效礼	中国司法鉴定	第 3 期
护理人数的法医学鉴定问题探讨	顾晓峰　仇永贵 费成平	中国司法鉴定	第 3 期
论美国专家证言的采信规则	金雷霆　李　红	中国司法鉴定	第 3 期
新型毒品 THJ-018 的体外代谢物及代谢途径	李　静　花镇东 王优美	中国司法鉴定	第 3 期
八种弹头遗留金属颗粒的成分分析	刘全忠　赵春梅 佘晓欣　刘　力	中国司法鉴定	第 3 期
高血压病暂予监外执行的评定	吕　凌　林越坚	中国司法鉴定	第 3 期
吸烟致 CO 中毒促发心源性猝死 1 例	祁　翼　刘　宇	中国司法鉴定	第 3 期
法律共同体下司法鉴定的关联性因素——附三例报告	施晓玲	中国司法鉴定	第 3 期
利用三维立体显微镜判断笔画交叉时序探究	宋朝阳　白晓峰	中国司法鉴定	第 3 期
司法鉴定执业风险识别与防控	孙大明　诸宇杰	中国司法鉴定	第 3 期
精神分裂症患者杀人案重新鉴定 1 例	汤　涛　张盛宇	中国司法鉴定	第 3 期
民事司法鉴定意见的评价机制论纲	汤维建　徐枭雄	中国司法鉴定	第 3 期
利用行人衣物上的轮胎印痕认定交通事故肇事逃逸车辆 1 例	王淳浩	中国司法鉴定	第 3 期
庭审中心主义架构下专家辅助人制度实证研究——以医疗损害责任案件为切入点	杨小利	中国司法鉴定	第 3 期

续表

文 章 名 称	作　者	刊　物	期　次
老年人交通伤法医临床学鉴定	张德雨　张纯兵 宋孝飞　雷　兵 张双双　吴　军	中国司法鉴定	第 3 期
毒品所致精神障碍者刑事责任能力评定存在问题及对策	张钦廷　李豪喆 陈　琛　刘　超	中国司法鉴定	第 3 期
我国嗜尸性蝇类分子鉴定的研究现状与分析	赵琳琳　翟仙敦 郑　哲　李永林 莫耀南	中国司法鉴定	第 3 期
黑色鞋带纤维种类的分析鉴别	周　娟　吕荫妮 熊甜丽　史晓凡	中国司法鉴定	第 3 期
拉曼光谱技术在毒品检测应用中的研究进展	赵璟悠　王　勇 张冠男	中国刑警学院学报	第 3 期
鼻骨骨折的法医学鉴定分析	依伟力　王梓成	中国刑警学院学报	第 3 期
甲胺磷在人血中的分解动力学研究	李　鹏　王皓玉 毕文姬　夏侯秋锦 柏泽新　国　菲	中国刑警学院学报	第 3 期
犯罪心理画像在犯罪预防中的应用	康　杰　庞菁菁	中国刑警学院学报	第 3 期
基于均匀试验法的靶向指纹铝微粒悬浮液	张忠良　于超越 张丽梅　穆安冬	中国刑警学院学报	第 3 期
真空金属镀膜技术在手印检验领域的应用	张晓梅　焦彩洋 张　琦　于　丹	中国刑警学院学报	第 3 期
气相色谱-质谱法测定土壤中的异丙隆	舒翠霞　赵嘉祥 董　颖　华炜婕 龚　丹	中国刑警学院学报	第 3 期
美国警察电子数据取证之"一览无余"原则述评	高荣林	中国刑警学院学报	第 3 期
基于深度学习的赤足迹性别自动分析研究	史力民　李　硕 赵悦岑	中国刑警学院学报	第 3 期

续表

文 章 名 称	作 者	刊 物	期 次
穿增高鞋垫后的足底动力形态特征分析	俞 文　马晓赟	中国刑警学院学报	第3期
改进的完美反射法及其在视频偏色校正中的应用	孙 鹏　刘 磊 李 海　王方明 郭 勇　单大国	中国刑警学院学报	第3期
基于动态足底压力的步态识别	薛 傲　韩成顺 张俊豪	中国刑警学院学报	第3期
镜下单片状头屑 DNA 提取分型法与 EZ-tape 法的比较	白小刚　蹇 慧 王 惠　毛 炯 夏 昱　冯 涛 陈 丹　李庆庆 朱 镜　梁伟波	法医学杂志	第4期
疑似 Amelogenin 等位基因丢失的检测与分析12例	毕 洁　畅晶晶 余纯应	法医学杂志	第4期
24例外伤后鼓膜穿孔法医学鉴定的回顾性分析	陈 芳　杨小萍 刘 霞　董大安 周晓蓉　范利华	法医学杂志	第4期
膝关节损伤的伤残等级评定与分析	陈莉娟　毛峥嵘 马丽琴	法医学杂志	第4期
多套试剂盒在亲权鉴定特殊案例中的应用	高洪梅　王 昌 张珊珊　肖东杰 孙善会　汪运山 张茂修	法医学杂志	第4期
瘢痕子宫阴道试产并发子宫破裂医疗损害1例	高玉洁　刘 会	法医学杂志	第4期
基因突变和稀有等位基因共存影响亲子关系分析1例	郝世诚　刘 岩 鲁 涤　刘革新 袁 丽	法医学杂志	第4期

续表

文 章 名 称	作 者	刊 物	期 次
虚拟解剖结合尸体解剖判定非免疫性胎儿水肿致死 1 例	金　馨　季心怡 喻林升　李兴彪 叶光华　范琰琰 黄定品　夏能志 朱融和　万　雷	法医学杂志	第 4 期
放置不同时间果核微量生物物证的提取	孔小平	法医学杂志	第 4 期
尸体烧伤与煤矿爆炸中心的相关性	李明杰　庞　陈 何　峰　令狐昌勇 李树华　张万能	法医学杂志	第 4 期
利用 CT 三维重建鉴别头面部造作伤 2 例	李　旭　张　磊	法医学杂志	第 4 期
遗忘作案过程的法医精神病鉴定 1 例	刘　超　张钦廷	法医学杂志	第 4 期
52 例心脏性死亡相关医疗损害的法医学分析	鲁　佳　张运楼 罗　林	法医学杂志	第 4 期
HMGB1 在创伤引起大鼠肺组织内质网应激中的作用	陆建锋　张庆婕 李雪豪　刘国庆 刘夷嫦　谷振勇	法医学杂志	第 4 期
尼龙膜套管分离技术对混合斑中精子细胞 DNA 的提取	马　骏　童　奇 高良弼　朱　川 江志强	法医学杂志	第 4 期
LC-MS/MS 法快速测定头发中可卡因及其代谢物苯甲酰爱康宁	潘美如　强火生 沈保华　严　慧 向　平	法医学杂志	第 4 期
新疆维吾尔族男性三维人脸图像的年龄估计与年龄面貌重构	潘思宇　陈诗婷 唐　鲲　李彩霞 刘　京　叶　健 赵雯婷	法医学杂志	第 4 期
神经纤维瘤病伴发胸腔内节细胞神经瘤破裂出血 1 例	彭先伟　李　波 黄　欣　章青波	法医学杂志	第 4 期

续表

文 章 名 称	作 者	刊 物	期 次
InDel 遗传标记在法医学领域的研究进展	盛 翔　包 云 张家硕　李 敏 李亚男　徐倩男 张素华　李成涛	法医学杂志	第 4 期
云南 363 例猝死案例的法医病理学分析	孙仲春　杨启琨 贾彭林　熊 鑫 瞿鹏飞　瞿勇强 雷普平	法医学杂志	第 4 期
30 个 Y-STR 基因座在中国汉族人群中的多态性与突变	吴微微　苏艳佳 梅兴林　吕德坚 周 翔　郝宏蕾 任文彦　刘 冰	法医学杂志	第 4 期
耳郭部分缺损法医学鉴定 1 例	徐传宝	法医学杂志	第 4 期
交通事故致降主动脉破裂存活伤残等级评定 1 例	徐 聪	法医学杂志	第 4 期
血栓形成时间的推断	杨琛腾　左 敏 王松军　刘 霞 马如飞　齐 倩 毕海涛　李英敏 张国忠	法医学杂志	第 4 期
GC-MS/MS 法检测生物样品中硫丹含量	张 帆　乔君元 禹明筠　贾 娟 曹 洁　张 潮 崔海燕　负克明 尉志文	法医学杂志	第 4 期
一种法医解剖缝合辅助器的介绍	张以刚　张 超 吕剑锐　孙彦辉 袁明俊	法医学杂志	第 4 期
推导 IBS 评分在无关个体对人群中概率分布的计算公式	赵焕东　赵书民 陈玉祥　李成涛	法医学杂志	第 4 期

续表

文 章 名 称	作　　者	刊　　物	期　次
$L_{1～2}$ 椎体压缩性骨折后原有高度的评估	卓佩佩　汪茂文　俞晓英　万　雷　檀思蕾　陈捷敏　夏文涛	法医学杂志	第 4 期
基于傅里叶展开图像处理算法的激光打印机具识别	包　清　王世全　吕　晨	刑事技术	第 4 期
电子签名笔迹量化检验的可行性探究	陈维娜	刑事技术	第 4 期
盗窃车内财物案件破窗方式的判别	丁　轩　王劲松　张　杰	刑事技术	第 4 期
土壤中农药成分典型特征刻画技术在法庭科学中的应用	董　颖　韦　娇　黄和楷　舒翠霞　汪　荀　王爱华	刑事技术	第 4 期
基于稀疏编码与反向索引的鞋印图像比对算法	李大湘　邱　鑫　刘　颖	刑事技术	第 4 期
DNA 快速检验在法庭科学中的研究进展	李　甫　王颖希　焦章平	刑事技术	第 4 期
常用指纹细节特征标注方法的比较研究	李　康　尹津引　吴　浩	刑事技术	第 4 期
液质联用法分析甲草胺和乙草胺同分异构体	宋丽娟	刑事技术	第 4 期
杀人现场被害人的时空状态在现场分析中的应用	孙海平　倪伟勇	刑事技术	第 4 期
UPLC-MS/MS 检测血液中的东莨菪碱和右美托咪定	王瑞花　栾玉静　董　颖　杜鸿雁　王爱华	刑事技术	第 4 期

续表

文 章 名 称	作 者	刊 物	期 次
视频侦查模拟实验在案件侦破中的应用	许 磊　黎智辉 李志刚　班茂森 王富强　黄 威 郭晶晶　谢兰迟 张 宁　晏于文	刑事技术	第 4 期
硬质渗透性载体表面接触 DNA 的检验	严安心　王 冲 涂 政　徐秀兰 徐 珍　陈 静 李永久	刑事技术	第 4 期
纳米材料在指印残留物分析中的应用	颜 磊　喻彦林	刑事技术	第 4 期
UFLC-MS/MS 法检测羊肉汤中罂粟成分	杨崇俊　曲筱静 李 强　高中勇	刑事技术	第 4 期
国产 DNATyper19™ 试剂盒对常见生物检材的适用性研究	杨 乐　刘宏伟 龚 政　王大伟 刘 磊　齐朝阳 张 建	刑事技术	第 4 期
基于贝叶斯统计推理的法庭证据评价	张翠玲　谭铁君	刑事技术	第 4 期
大数据环境下电子证据采集：一个二维采集框架	张玉强　顾 辰	刑事技术	第 4 期
仿 2005 版百元面额假人民币光学无损检验	邹积鑫　孙雪纯 齐凤亮　于 健 李世峰　戚新远	刑事技术	第 4 期
内爆铸铁水暖管件破片研究	邹 涛　张彦春 张洪国　陈立宏 乔胜男	刑事技术	第 4 期
独特性之后：法庭科学意见的演进	William C. Thompson Joelle Vuille Franco Taroni Alex Biedermann 汪诸豪	证据科学	第 4 期

续表

文 章 名 称	作 者	刊 物	期 次
医疗纠纷证据保管链制度研究	高鹏志	证据科学	第 4 期
医疗纠纷处理新规背景下病历真实性的保障与认定	刘　鑫　赵彩飞	证据科学	第 4 期
论我国医疗损害鉴定的基本原则	刘炫麟	证据科学	第 4 期
与基本医疗相适应的医疗损害赔偿制度及政策研究	马　辉	证据科学	第 4 期
统一医疗损害鉴定的共识及对策研究——以三部门颁发文件的问题为视角	肖柳珍	证据科学	第 4 期
法医病理解剖鉴定文书质量分析	陈新山　何新爱　雷金水　霍家润	中国法医学杂志	第 4 期
经额部注射玻尿酸致眼盲的法医学鉴定 1 例	方　强　秦志云	中国法医学杂志	第 4 期
利用 DNA 条形码技术鉴定木材种属 1 例	高　珊　王白石　聂　昊　张广峰　张　瑾　朱　典　杨雪莹　周　毅　刘开会	中国法医学杂志	第 4 期
自淫性窒息法医学鉴定研究进展	郭兵兵　王荣帅　刘尊忠　陈轶群　阮宏斌　李亚琴　刘　良	中国法医学杂志	第 4 期
颅内巨大型蛛网膜囊肿法医学鉴定 1 例	胡火梅　庄娟如　徐小龙	中国法医学杂志	第 4 期
父母基因型重构在复杂同胞亲缘关系鉴定中的应用	黄　健　蔡金洪　吴　华	中国法医学杂志	第 4 期
高效液相色谱质谱联用法检测血中喹硫平	康　伟　陈　愉　周　拓　贺纪明　吴开封　刘　俊	中国法医学杂志	第 4 期

续表

文　章　名　称	作　　者	刊　　物	期　次
头部外伤后蛛网膜下腔出血伤病关系分析1例	李林峰　柳丹凤 代　号　刘　敏	中国法医学杂志	第4期
"502"胶熏显指印后5种脱落细胞转移方法对STR分型影响观察	李忠杰　曹　辉 葛　辉　徐　杰 殷　杰　杨尚明 黄　伟	中国法医学杂志	第4期
《侵权责任法》实施后医疗纠纷的特点——附719例医疗纠纷案例分析	林　伟　李雪榕 柳丹凤　李林峰 刘　敏	中国法医学杂志	第4期
开启医疗损害鉴定的新篇章——《医疗纠纷预防和处理条例》医疗损害鉴定模式	刘　鑫　单靖雯	中国法医学杂志	第4期
新精神活性物质滥用制品"尖叫龟粮"的定性检验方法研究	钱振华　陈月猛 高利生　郑　珲 刘翠梅	中国法医学杂志	第4期
介质液液萃取-气相色谱/串联质谱法测定血液中4种吩噻嗪类药物	时巧翠　谢伟宏	中国法医学杂志	第4期
精神病司法鉴定的退鉴情况分析	铁常乐　张　琳 黄　青	中国法医学杂志	第4期
锁骨胸骨端CT扫描的法医学年龄推断	王　迪　李　鹏 杜运智　段　峰 张传玉　郝大鹏	中国法医学杂志	第4期
衣物类生物检材DNA检验的研究	王凤宽　马　佳 黄振刚　尹　路 王传海　李湘秦 王伟妮　徐泽芳 郝　婷　杜　舟	中国法医学杂志	第4期

续表

文 章 名 称	作　　者	刊　　物	期　　次
巨大阔韧带肌瘤术后死亡医疗纠纷 1 例	王　梅　　周　鑫 王　红　　赵晨迪 胡忠良　　吴敬杰 黄　江	中国法医学杂志	第 4 期
人毛发中吗啡类毒品的色谱检测方法文献分析	王　伟　　徐唯哲 李清艳	中国法医学杂志	第 4 期
外伤性黄斑裂孔的法医学鉴定	王元兴　　徐进宝 刘　健　　陈智会	中国法医学杂志	第 4 期
左手拇指远节外伤离断再植术后法医鉴定 1 例	吴　华　　唐　群	中国法医学杂志	第 4 期
HTR1B 基因多态性与精神疾病的相关性及法医学意义	夏　哲　　丁　梅 姚　军　　宣金锋 邢佳鑫　　庞　灏 王保捷	中国法医学杂志	第 4 期
早期死亡时间研究进展	夏志远　　丛　斌	中国法医学杂志	第 4 期
《人体损伤致残程度分级》和 GEPI 关于髋关节评定比较研究	向思阳　　于丽丽 项　剑　　狄胜利 郭兆明　　王　旭 刘鸿霞　　杨天潼	中国法医学杂志	第 4 期
法医学视野客观评定范式研究——以视网膜、视神经及高位视路损伤致视野缺损为例	项　剑　　王　旭 于丽丽　　杨英恺 卢韦华琳　朱海标	中国法医学杂志	第 4 期
医疗过错行为参与膝关节损伤程度鉴定 1 例	谢剑捷　　叶伟权 成建定	中国法医学杂志	第 4 期
甲基苯丙胺亚急性中毒大鼠血清和尿液代谢组学研究	闫　娟　　曹卫东 何　丹　　刘　云 朱　江　　张　波	中国法医学杂志	第 4 期
长链非编码 RNA、微小 RNA、环状 RNA 在心脏性猝死疾病中的研究进展	杨彦华　　刘德衍 汪　岚　　赵　鹏 李　鹏　　孙　纯	中国法医学杂志	第 4 期

续表

文 章 名 称	作　者	刊　物	期　次
Pulmo 软件在外伤性胸腔积液法医鉴定中的价值	杨玉洁　罗谢添 李　健　马书玲 李　凡	中国法医学杂志	第 4 期
外伤性主动脉夹层迟发性破裂死亡 1 例	尤家斌　赵　锐 吴　旭　王昌亮 王鹏飞　于　浩 王晓龙　张国华	中国法医学杂志	第 4 期
氨基磺酸除垢剂致硫化氢中毒的法医化学探讨	袁慧雅　刘俊亭 徐恩宇　高利娜 张国华	中国法医学杂志	第 4 期
Y 染色体 STR 家系排查中基因突变鉴别 1 例分析	张　强　邹家琦 唐金晶　杜　鸿	中国法医学杂志	第 4 期
大鼠慢性心衰致死的代谢特征与标记物研究	张咏萍　孔　璟 吴嘉燕　吕俊耀 王　典	中国法医学杂志	第 4 期
完全性肺静脉异位引流并左心房狭小 1 例分析	周一卿　薛凤麟 何永旺　杨根梦 曾晓锋	中国法医学杂志	第 4 期
潮湿棉毛裤上提取接触性 DNA 破获命案 1 例	邹家琦　张　强 肖　泉　陈海英 徐秀兰	中国法医学杂志	第 4 期
数字手写签名的认证功能分析及应用建议	周桂雪　潘自勤	中国人民公安大学学报（自然科学版）	第 4 期
似然比在笔迹定量检验中的应用性研究	俞　文　马晓瓒	中国人民公安大学学报（自然科学版）	第 4 期
论签名笔迹伪装性实验样本的应对措施	陈如超	中国人民公安大学学报（自然科学版）	第 4 期
不同录音环境对语音特征的影响研究	陈维娜　曾庆发	中国人民公安大学学报（自然科学版）	第 4 期

续表

文 章 名 称	作　者	刊　物	期　次
几种新型毒品在急性中毒大鼠体内死后再分布情况的探索	代　勇　李华云 周晓英　龚　冶 蔡玉刚	中国人民公安大学学报（自然科学版）	第 4 期
常见乌头类生物碱涉案检材及前处理技术	钟世豪　任昕昕 于忠山	中国人民公安大学学报（自然科学版）	第 4 期
基于 3D 光学测量技术的弹壳击针头痕迹分析	谭铁君　卫　科 祝春玲	中国人民公安大学学报（自然科学版）	第 4 期
茚二酮、DFO 显现纸张上血潜指印的比较研究	陈虹宇　刘　丽	中国人民公安大学学报（自然科学版）	第 4 期
MicroRNA 在法庭科学鉴定中的最新应用研究	刘　卓　贾振军	中国人民公安大学学报（自然科学版）	第 4 期
直接线性变换法在车载式视频图像车速测算中的应用	何烈云	中国人民公安大学学报（自然科学版）	第 4 期
基于运动姿态采集的车辆交通事故数据分析与应用	王立颖　李亚辉	中国人民公安大学学报（自然科学版）	第 4 期
法院视角下的医疗损害司法鉴定	白　松	中国司法鉴定	第 4 期
嗅觉功能障碍的法医学检验与评定	曹甲甲　张　阳 万　雷　卞士中 张志湘	中国司法鉴定	第 4 期
依法治国背景下侦查取证措施面临的挑战及对策——以"鉴定"取证为例	程军伟	中国司法鉴定	第 4 期
《司法鉴定程序通则》执行中争议问题的探讨	戴羚霞	中国司法鉴定	第 4 期
联合 X 染色体多类遗传标记应用于同父姐妹亲缘关系鉴定实例	巩五虎　薛少华 张　岩　林　源	中国司法鉴定	第 4 期
宋慈祖籍考	黄瑞亭	中国司法鉴定	第 4 期
专家辅助人制度的司法困境与完善路径	金园园　江奥立	中国司法鉴定	第 4 期

续表

文　章　名　称	作　　者	刊　　物	期　次
涉案枪支发射药特征残留物的 TSP - GC/MS 检测方法的分析研究	李　阳　张成功 夏　攀　张玉荣	中国司法鉴定	第 4 期
肩锁关节脱位因果关系鉴定 1 例	林丹丹　蒋兆飞	中国司法鉴定	第 4 期
软件源代码非公知性司法鉴定方法探析	刘玉琴　桂　婕	中国司法鉴定	第 4 期
司法鉴定若干问题的实践与思考——以浙江省为视角	潘广俊　余晓辉	中国司法鉴定	第 4 期
关于文件上可见指印连续捺印鉴定方法研究	孙年峰　钱煌贵 卞新伟　王　楠 叶瑞仁	中国司法鉴定	第 4 期
肾缺失医疗纠纷法医学鉴定 3 例	汪茂文　万　雷 沈寒坚　程亦斌 刘　霞	中国司法鉴定	第 4 期
牙齿损伤国内外残疾标准比较	王　亮　胡海琨 范　飞　邓振华	中国司法鉴定	第 4 期
偏振光显微镜判断激光打印文件朱墨时序实验初探	魏　松　刘　烁 陈维娜　吕俊岗 张　逸　郭　凯 申梦桐	中国司法鉴定	第 4 期
皖北某戒毒所 434 名男性戒毒人员心理健康状况调查	吴　维　崔　明 赵婷婷　吴延海 张　俊　王立金 郑倩男　凌　强 程晓东　焦东亮	中国司法鉴定	第 4 期
当前医疗损害鉴定意见书常见问题剖析	夏文涛　檀思蕾 夏　晴	中国司法鉴定	第 4 期
浮法玻璃材料的 LA-ICP-MS 定量分析方法研究	徐渭聪　马　栋 骆如欣　吴书凡 马安德	中国司法鉴定	第 4 期

续表

文　章　名　称	作　　者	刊　　物	期　　次
医疗损害责任纠纷原因分析——以医院、患者及社会为视角	杨　立　　常云峰 蔡继峰　　蔡芳洁	中国司法鉴定	第4期
新时代司法鉴定机构在法医学人才培养中的战略意义	云利兵　　诸　虹 吴智文　　丛　斌 侯一平	中国司法鉴定	第4期
胃癌根治术后并发吻合口瘘死亡致医疗损害鉴定1例	张　涵　　宛照明	中国司法鉴定	第4期
三维动态标记下膝关节权重系数的定量研究	张　敏　　夏　晴 高　东　　冉聃	中国司法鉴定	第4期
轿车类车辆发动机舱盖常见痕迹明晰	张培锋　　张　辉 李丽莉	中国司法鉴定	第4期
本色木上汗潜手印显现提取方法研究	张治国　　杨洪平 陈启明　　顾世翔 陈　迎	中国刑警学院学报	第4期
EOS试剂与蓝星试剂显现血手印的比较	高文渊　　林　翔 潘杰财	中国刑警学院学报	第4期
残缺变形指印的分析与检验	应松松　　许明良 赵向欣	中国刑警学院学报	第4期
基于生物力学的踏痕形成与特点研究	汤澄清　　和焕胤 佟苏洋　　高　鹏 李佳宁	中国刑警学院学报	第4期
犯罪现场中防盗保险箱破坏成因分析	王　震　　王　震 叶　超	中国刑警学院学报	第4期
2′-氯地西泮鉴定方法研究	徐仿敏　　姜兆林 刘凌云　　魏万里	中国刑警学院学报	第4期
BadUSB攻击的实验与防范	秦玉海　　李懿攀 斯嘉懿	中国刑警学院学报	第4期

文 章 名 称	作 者	刊 物	期 次
误接种"精白破二联疫苗"医疗损害法医学鉴定1例	程亦斌	法医学杂志	第5期
妊娠期急性脂肪肝并肝坏死1例	丁自娇　王云云 朱少华　刘　茜	法医学杂志	第5期
不同功能基因mRNA推断损伤时间的指标同质性	杜秋香　朱细燕 董塔娜　杨璨羽 孙俊红	法医学杂志	第5期
颅脑损伤伴胼胝体病变的因果关系鉴定1例	范礼英　陈铭子 罗　玮　陈云波 庞艳霞	法医学杂志	第5期
运用电度表运行变化推断案发时间2例	方俊杰　杨建华 王　兵	法医学杂志	第5期
高通量测序在尸体微生物及死亡时间推断中的应用	符晓亮　郭娟娟 刘卓鹰　沈　肖 蔡继峰	法医学杂志	第5期
老年人性窒息死亡1例	高　勤　吴　蒙	法医学杂志	第5期
2号染色体父系单亲二倍体遗传亲子鉴定1例	何汝雯　张小川 何仕雯　温小莲 童大跃　莫秋华 张兹钧	法医学杂志	第5期
Lauge-Hansen分型推断踝关节骨折成伤机制	洪　翔　包朝胜 郑卫龙	法医学杂志	第5期
溴敌隆、溴鼠灵亚急性中毒死亡1例	黄　芳　马祥涛 童　昉　梁　悦 王　晶　周亦武	法医学杂志	第5期
儿童股骨头骨骺缺血性坏死的伤残评定	靳　建　唐　谷 徐　宏　李　波	法医学杂志	第5期

续表

文 章 名 称	作　者	刊　物	期　次
大鼠死后肠道菌群演替规律	李　欢　刘睿娜 张思若　袁　璐 徐纪茹	法医学杂志	第 5 期
运用"1+X"模式推断命案发生时间 1 例	柳　峻　宣妙根	法医学杂志	第 5 期
急性出血性白质脑炎死亡原因鉴定 3 例	佘晓欣　李　秦 鄢　荣　李彩霞	法医学杂志	第 5 期
重复尿道行手术治疗后阴茎坏死医疗损害 1 例	沈寒坚	法医学杂志	第 5 期
16S rRNA 基因测序在法医学中的研究进展	宋国庆　曹　禹 李　辉　马　克 赵雪莹　邹凯南 周怀谷	法医学杂志	第 5 期
长沙汉族 18 个常染色体 STR 基因座的遗传多态性	孙佳胜　田庆花 赵　霖　王俊方 毕　洁　石美森	法医学杂志	第 5 期
利用视频监控确定致死性损伤发生时间 1 例	唐　晋　吉　驰	法医学杂志	第 5 期
传统方法与现代技术手段结合推断死亡时间 1 例	唐立冈　刘　哲 王晓溪　张磊磊 魏　东　李　旭 赵英朴　赵　鹏	法医学杂志	第 5 期
心脏震荡的法医病理学鉴定及鉴别	田美慧　高卫民 贾宇晴　薛嘉嘉 肖　莹　曹志鹏 朱宝利	法医学杂志	第 5 期
外伤性鼓膜穿孔愈合后再次穿孔法医学鉴定 1 例	王　辉　张鹏旭	法医学杂志	第 5 期
视觉功能障碍伤病关系分析及损伤程度鉴定 1 例	王　萌　陈捷敏 俞晓英　夏文涛	法医学杂志	第 5 期

文 章 名 称	作　　者	刊　　物	期　次
死亡时间推断最新研究与展望	王　琪　　林汉成 徐纪茹　　黄　平 王振原	法医学杂志	第 5 期
miniSTR 基因座及其检测系统在降解检材中的法医学应用	王　鑫　　陈维忠 张　健　　李景辉 孙元鹏　　石云杰 张　雷　　陈林丽 周　翔　　周如华	法医学杂志	第 5 期
法医昆虫学标准化应用及我国主要嗜尸性昆虫应用数据	王　禹　　王江峰	法医学杂志	第 5 期
命案发生时间推断面临的机遇与挑战	王振原	法医学杂志	第 5 期
鼻骨线形骨折合并鼻颌缝分离法医学鉴定 1 例	徐海涛	法医学杂志	第 5 期
根据衣着、气象资料确定水中蜡化尸体死亡时间上限 2 例	杨　亮　　张　垒 秦　彧　　韩　伟	法医学杂志	第 5 期
49 例产前检查相关医疗损害法医学鉴定分析	杨小萍　　陈　芳 刘　霞　　周晓蓉	法医学杂志	第 5 期
基于 Ion Torrent PGM™ 测序平台的 CSF1PO 和 D18S51 基因座分析	杨仪尊　　平　原	法医学杂志	第 5 期
利用 MSCT 估算正常人群肺体积	杨玉洁　　尚　敏 李彦伟　　罗谢添 李　健　　马书玲 李　凡	法医学杂志	第 5 期
藻类 rDNA 特异性片段长度多态性在溺死鉴定中的应用	袁文勇　　汤晓蕙 周顺平　　俞卫东	法医学杂志	第 5 期
大鼠死后肝、脾、肾电导率与早期死亡时间的关系	郑　哲　　翟仙敦 夏志远　　赵琳琳 李永林　　莫耀南	法医学杂志	第 5 期

文　章　名　称	作　　者	刊　　物	期　次
罕见造作性肋骨骨折 2 例	朱世峰　刘晓辉 申　迪	法医学杂志	第 5 期
骨密度测定及其法医学应用	白　洁　马文静 冯维博　刘　敏 李彩霞	刑事技术	第 5 期
骨骼 DNA 快速检验方法	陈国林　王学为 李　芳	刑事技术	第 5 期
倾斜角度射击与玻璃破碎痕迹分析	董必强　刘　轩 于小勇　白　帆	刑事技术	第 5 期
视频侦查技术在爆炸案件中的应用	郭晶晶　许　磊 谢兰迟　张　宁 晏于文　李志刚 刘慧念	刑事技术	第 5 期
浸泡 55 天全身体表尸蜡形成原因的探讨	何永旺　曹啟文 刘环归	刑事技术	第 5 期
黑龙江绥化地区汉族人群 20 个 STR 基因座的遗传多态性	李天光　王铁军 翁国江　宋　婧 崔雨佳	刑事技术	第 5 期
运用 Evofinder® 枪弹自动识别系统对建档手枪弹头数字化建档的研究	李岳松　罗亚平	刑事技术	第 5 期
502 胶简易加热熏显法	林大波　谢国深 郑哲崇　赵勇兴	刑事技术	第 5 期
我国法庭科学领域科技成果转化现状分析与对策研究	刘慧念　彭斯璐 杨全民　王新淮 赵兴春	刑事技术	第 5 期
植物证据在刑事案件侦破中的应用	吕　宙　杨　桔 唐泽英　万立华	刑事技术	第 5 期
新型蓝色纳米粉末的制备及其在潜手印显现中的应用	彭　迪　张子欣	刑事技术	第 5 期

续表

文 章 名 称	作　　者	刊　　物	期　　次
一例扼死伪装成自勒死案的法医学鉴定	亓　冰　　冯　涛 石学志　　李　龙 庾聪聪　　李　健	刑事技术	第 5 期
现场重建与人物刻画在疑似命案中的运用	沈　靓　　单兴尧 钱高枫	刑事技术	第 5 期
直接扩增技术在法医 DNA 检验中的研究进展	沈　伟　　马　骏 潘豪杰　　邓明明 李　翘　　任文彦	刑事技术	第 5 期
密闭室内烧木炭致 CO 中毒死亡的法医学研究	汤家全　　刘建锋	刑事技术	第 5 期
油红 O 在纸张上潜在手印序列显现中的应用	王丹华　　王明超 郝晓明	刑事技术	第 5 期
时空轨迹信息在视频侦查办案中的应用	翟金良　　杨洪臣 蔡能斌　　王华朋 党　京	刑事技术	第 5 期
建筑物爆炸噪声被阻断与衰减效应研究	张冀峰　　孙玉友 樊武龙　　潘炎辉	刑事技术	第 5 期
基于材料表面修饰技术的二硫化钼微粒悬浮液显现胶带粘面上手印	张丽梅　　朱涵婷 唐耀坤　　姜瑶筝 王彦淞　　张忠良	刑事技术	第 5 期
京沪穗深津渝六市法院声纹鉴定证据应用的实证研究	曹洪林　　丁铁珍	证据科学	第 5 期
论我国物证鉴定文化的建设——以中德物证鉴定文化比较研究为视角	朱　兰　　吴　欣	证据科学	第 5 期
基于二代测序技术分析多拷贝 DYF404S1 基因座遗传多态性初步研究	安雷雷　　郭利伟 钱嘉林　　于春蕊 赵　晶　　严江伟 焦会永　　黄艳梅	中国法医学杂志	第 5 期

续表

文 章 名 称	作 者	刊 物	期 次
浅析颈部锐器损伤的法医学鉴定	陈 銮　余延和	中国法医学杂志	第 5 期
血清中硫氰酸盐含量的离子色谱电导法测定及其在太原市健康人群中的参考范围研究	储晓云　郭田甜 冯永铭　尉志文 王锐利　张 潮 马红娟　负克明	中国法医学杂志	第 5 期
高分辨 MRI 在唇部创道鉴定中的应用价值	高培培　王亚琦 田国强　张 磊 曲珊珊　王锡臻 孙西河	中国法医学杂志	第 5 期
罕见成人 Dandy-walker 畸形尸检 1 例	龚道银　屈 波 朱柯霓　孙雪英 杨天林　陈 鲜	中国法医学杂志	第 5 期
泪小管断裂损伤程度评定 1 例	胡火梅	中国法医学杂志	第 5 期
41 例掌骨骨折致伤方式分析	姜琼璇　王 耀	中国法医学杂志	第 5 期
P300 在脑震荡后综合征诊断中的价值	李豪喆　刘 露 张盛宇　陈 琛 刘 超　樊慧雨 邢 燕　蔡伟雄 张钦廷	中国法医学杂志	第 5 期
基于 PC-Crash 软件的道路交通事故再现技术研究	李 立　段腾龙 王尚文　李 彦 宋天周　李 桢 闫 文	中国法医学杂志	第 5 期
大鼠脑震荡伤后外周器官 HSP70、TNF-α 表达比值与损伤时间关系研究	李雪榕　林 伟 李林峰　柳丹凤 刘 敏	中国法医学杂志	第 5 期
光滑非渗透性客体磁粉刷显法对汗潜指印 STR 分型影响	李忠杰　廖长青 吴海军	中国法医学杂志	第 5 期
两种提取系统对牙齿 DNA 检验效果比较	刘光仁	中国法医学杂志	第 5 期

文　章　名　称	作　　者	刊　　物	期　次
隆鼻术致盲、腔隙性脑梗塞医疗纠纷法医学鉴定 1 例	刘　夏　　郑吉龙 霍德民　　赵开放	中国法医学杂志	第 5 期
两种试剂盒中 D5S2500 和 D6S474 基因座分型不一致 1 例	刘艳芳　　孙淑乐 杨泽登　　文　丹 谢平丽　　兰玲梅 扎拉嘎白乙拉	中国法医学杂志	第 5 期
主动脉二叶瓣畸形猝死 1 例	麻　婧　　吴星辉 吕　斌　　邱明洁 董红梅	中国法医学杂志	第 5 期
族群来源推断自动分析系统的应用研究	马　咪　　刘　京 张　涛　　江　丽 赵　蕾　　周　浩 冯保强　　刘海渤 李彩霞	中国法医学杂志	第 5 期
气动吹尘枪致损伤 1 例分析	毛文栋　　马祥涛 沈从达　　吴　毅	中国法医学杂志	第 5 期
日本法医鉴定体制现状与借鉴	任文彦　　陈德良 龚　群　　沈　宇 霍塞虎　　施　峥	中国法医学杂志	第 5 期
Y-STR 位点数和允许错配数对 Y-STR 数据库排查的影响	任子林　　刘　海 王升启　　杨雅冉 吴　可　　伯晓晨 倪　铭　　严江伟	中国法医学杂志	第 5 期
火车门窗钥匙致面部损伤 1 例	沈　肖 旦增晋美	中国法医学杂志	第 5 期
肝组织中四种新型安眠药的固相萃取-气相色谱检测法	舒翠霞　　邓　轲 张蕾萍　　董　颖 华炜婕　　赵璟悠	中国法医学杂志	第 5 期
检验 diclazepam 及其代谢产物二例	宋爱英	中国法医学杂志	第 5 期

续表

文 章 名 称	作 者	刊 物	期 次
恶性肿瘤组织的常染色体、X 和 Y 染色体 STR 突变分析	孙丽娟　李淑瑾 付光平　张晓静 王占东　付丽红 丛　斌	中国法医学杂志	第 5 期
交通事故损伤死亡部分器官捐献后死因鉴定 1 例	王鹏飞　吴　旭 赵　锐　尤家斌 于　浩　王晓龙 张国华	中国法医学杂志	第 5 期
3 种常见 PCR 扩增试剂盒对陈旧口腔拭子检验效率比较	王　琴　李佑英 王丹萍	中国法医学杂志	第 5 期
法医评定肺压缩比率 MDCT 方法研究	杨　斐　高海兴 张　超　李基臣 赵　英　姚永杰 厉　帆　战立祥	中国法医学杂志	第 5 期
13 例不排除电流损伤死亡案例分析	杨启琨　瞿　巍 孙仲春　熊　鑫 瞿勇强　雷普平 李玉华	中国法医学杂志	第 5 期
阅读视力、双眼及单眼视力关系的实验性研究	宰　超　李莉莉 胡中豪　汪　岚	中国法医学杂志	第 5 期
脊柱损伤相关残疾标准的比较研究	占梦军　邱丽蓉 邓振华	中国法医学杂志	第 5 期
工业废渣中硫醚类物质的 HS-GC/MS 检验 1 例	张　云　李　良 马钳钳	中国法医学杂志	第 5 期
大鼠死后不同组织 pH 值与晚期死亡时间的关系	郑　哲　李永林 孙　凯　赵琳琳 莫耀南	中国法医学杂志	第 5 期
鼻内镜手术致相邻组织损伤医疗损害鉴定 4 例	宗东盼　剪宏伟 侯安山	中国法医学杂志	第 5 期

续表

文　章　名　称	作　　者	刊　　物	期　　次
疑似"诉讼妄想"的"被精神病"司法鉴定1例	陈晓冰　蔡伟雄	中国司法鉴定	第5期
意大利技术顾问制度及其对我国专家辅助人制度的启示	谷望舒　包建明	中国司法鉴定	第5期
司法鉴定制度改革与司法鉴定立法之推进关系	郭　华	中国司法鉴定	第5期
我国医疗纠纷技术鉴定制度发展和新挑战	何颂跃	中国司法鉴定	第5期
技术性证据审查的实践路径——以浙江省检察机关为视角	洪　翔　褚建新 包朝胜　陈　静	中国司法鉴定	第5期
胆汁在法医毒物学中的应用研究进展	纪佼佼　严　慧 沈　敏	中国司法鉴定	第5期
虚拟现实与3D动画应用于犯罪现场重建之初探	李承龙　方　圆	中国司法鉴定	第5期
轿车与轿车前部碰撞驾驶员和前排乘车人员损伤特征的比较研究	李国良　丁润涛	中国司法鉴定	第5期
分散液液微萃取-气质联用法分析尿液中的曲马多	刘凌云　徐仿敏	中国司法鉴定	第5期
基于视频图像的车辆行驶速度及交通信号灯状态鉴定1例	谭　惠　全小林	中国司法鉴定	第5期
分离性障碍者伤害案重新鉴定1例	汤　涛　吴家声	中国司法鉴定	第5期
法医病理学鉴定与医疗损害责任纠纷鉴定	王代鑫　朱英芝 周小伟　屈国强 王荣帅　任　亮 刘　良	中国司法鉴定	第5期
投毒案件现场毒物快速检验方法的研究进展	王　楠　刘满祥	中国司法鉴定	第5期

续表

文 章 名 称	作 者	刊 物	期 次
机会丧失理论在医疗损害诉讼中的应用探讨	张长全 杨 振 郭亚东 闫 杰 常云峰 蔡继峰	中国司法鉴定	第5期
基于关键证据综合判断汽车驾驶人	赵明辉 冯 浩	中国司法鉴定	第5期
高仿真光敏印章的伪造方法与检验鉴定研究	周光磊 王长亮 杨 旭 施少培 卞新伟 陈晓红 钱煌贵 孙维龙	中国司法鉴定	第5期
毒品称量取样记录模板在办理毒品案件中的应用	张宏杰 何天宇	中国刑警学院学报	第5期
PPT理论：关于心理测试机制的讨论与研究	范 刚 王永红 吴 倩	中国刑警学院学报	第5期
视频人像鉴定相关概念、特点及其科学性	张大治 郭 勇	中国刑警学院学报	第5期
足迹证据文书的法律构造	戴恒山 沈 笛 丁祥军	中国刑警学院学报	第5期
关键痕迹在车辆碰撞形态分析中的物理学应用	覃 峰 黄丹菊	中国刑警学院学报	第5期
气相色谱-质谱联用法对5F-AMB、PX-2、FUB-PB-22定性定量分析	崔明伟 吴 波 曹 煜	中国刑警学院学报	第5期
暗网案件的爬虫取证技术研究	汤艳君 安俊霖	中国刑警学院学报	第5期
基于机器学习的犯罪人惯犯身份预测分析和识别	陈 鹏 曾昭龙 胡啸峰 张学军	中国刑警学院学报	第5期
电子签名笔迹中电子数据的Excel表格分析法	涂 舜	中国刑警学院学报	第5期
基于"关键函数"断点设置木马的逆向取证方法	徐国天	中国刑警学院学报	第5期

续表

文 章 名 称	作　　者	刊　　物	期　次
大鼠视神经挫伤致视网膜硫化氢合成酶表达变化	曾铭伟　王　涛 费成平　邹彩霞 刘夷嫦　谷振勇	法医学杂志	第 6 期
外伤性主动脉夹层伤残等级评定 1 例	曾琼峰　黄　安	法医学杂志	第 6 期
服用新型混合毒品中毒死亡 1 例	陈建华　张　鹏 曲一泓　李文慧 龙　仁　梁安文 宋　涛　范浩亮 邓建强	法医学杂志	第 6 期
外伤后发声、构音障碍及失语的法医学鉴定 5 例	陈捷敏　王　萌 刘瑞珏	法医学杂志	第 6 期
瘀点性出血高温作用后的病理形态变化	陈　庆　陈昌灿 白　洁	法医学杂志	第 6 期
石块打击致对冲性脑损伤 1 例	陈　巍　高永超 陈　超	法医学杂志	第 6 期
新型策划药甲卡西酮的法医毒理学研究现状	邓燕飞　刘　良 杨智曦　梁　曼	法医学杂志	第 6 期
杀婴的行为特征及法医学鉴定	丁　杨　鲁　琴 汪春果　胡　寅	法医学杂志	第 6 期
基于机器学习算法研究不同电压所致猪皮肤电流损伤红外光谱特征	董贺文　李　伟 黎世莹　邓恺飞 曹　楠　罗仪文 孙其然　林汉成 黄景锋　刘宁国 黄　平	法医学杂志	第 6 期
脑外伤后情绪障碍者面孔表情 ERP 晚期正成分分析	董日霞　杜向东 杨建功　王晓龙 吴天诚　徐晓文 朱宏亮	法医学杂志	第 6 期

续表

文 章 名 称	作　者	刊　物	期　次
高频超声定位神经损伤医疗损害鉴定 1 例	高　东　叶　钻 程亦斌	法医学杂志	第 6 期
二轮摩托车驾乘关系认定方法	何永旺　黄　俭 段腾龙　刘　柳 李媛媛　李　桢 曾晓锋　李　立	法医学杂志	第 6 期
肝损害为主要表现的职业环境镉中毒死亡 1 例	李冬日　肖　宁 王　斌　翟创彦 王慧君	法医学杂志	第 6 期
不同输液量救治失血性休克的肝组织相关代谢机制	李梦妮　胡智媚 庞　源　吴思浔 张　巧　苏锐冰 李纤纤　吴嘉燕 王　典　于晓军	法医学杂志	第 6 期
氧化乐果在血液中的分解动力学	李　鹏　王皓玉 毕文姬　夏侯秋锦 柏泽新　国　菲	法医学杂志	第 6 期
HID-Ion AmpliSeq™ SNP-124 个体识别试剂盒在降解检材中的应用	刘　浩　郑洁莹	法医学杂志	第 6 期
垂体后叶素治疗后渗透性脱髓鞘综合征医疗损害鉴定 1 例	刘瑞珏　周　姝	法医学杂志	第 6 期
4 种常见毒（药）物 GC-MS 定性分析的保留时间	刘少丹　闵　涛 王　玫　张大明	法医学杂志	第 6 期
27 重 SNP 复合扩增技术推断犯罪嫌疑人族群 1 例	马　咪　刘　京 江　丽　赵　蕾 王博超　虎建华 张　涛　周　浩 冯保强　刘海渤 李彩霞	法医学杂志	第 6 期

文 章 名 称	作 者	刊 物	期 次
江苏汉族人群 19 个常染色体 STR 基因座基因多态性及遗传距离分析	潘　猛　崔　鹤 居晓斌　刘燕婷 叶　琴　陈子庆 丁小健　陈　奇 周　蓉　顾　民 周惠英	法医学杂志	第 6 期
原发性中枢神经系统血管炎致病理性脑出血猝死 1 例	邵　煜　郑瓯翔 张建华　秦志强	法医学杂志	第 6 期
肠梗阻手术后发生韦尼克脑病医疗损害鉴定 2 例	沈寒坚	法医学杂志	第 6 期
骨盆骨折致暴发型肺脂肪栓塞重新鉴定 1 例	石　昆　陈　旭 任嘉诚	法医学杂志	第 6 期
棍棒打击致月骨粉碎性骨折并坏死法医学鉴定 1 例	石聿树	法医学杂志	第 6 期
"犯罪现场重建"在法医精神病学教学中的应用	时燕薇　赵　虎	法医学杂志	第 6 期
微量生物检材定量及分型	宋　立　刘　松 吴　卉　方少平 傅燕芳	法医学杂志	第 6 期
石脑油吸入致死 1 例	唐俊亮　王　维 方丛行　方俊杰	法医学杂志	第 6 期
冠心病介入治疗后植物生存状态医疗损害鉴定 1 例	田　甜	法医学杂志	第 6 期
酒后非正常死亡案例分析 13 例	王成毅　杨丽萍	法医学杂志	第 6 期
人体尿液中卡西酮类毒品的 SPE-GC-MS 定性定量分析	王　平　刘晓云 刘　遥　罗叶锋 王　震	法医学杂志	第 6 期
延边地区朝鲜族 15 个常染色体 STR 基因座的遗传多态性	文香云　徐　强 张永吉	法医学杂志	第 6 期

续表

文 章 名 称	作　　者	刊　　物	期　次
由《法医学杂志》探讨法医毒物学的发展	向　平	法医学杂志	第 6 期
同卵双生子甄别研究进展	徐倩南　李成涛 刘希玲	法医学杂志	第 6 期
柔术"断头锁"致扼死 1 例	杨　恒	法医学杂志	第 6 期
血液中常见除草剂的 UPLC – HRMS 分析	杨　杨　张晓光 于　峰　施　妍 秦晓欣　苗鑫刚 董　玫　文　迪 马春玲	法医学杂志	第 6 期
24 例长期服用精神类药物致猝死的法医学分析	叶　星　史　程 沈忆文　赵子琴 姜　宴　李立亮	法医学杂志	第 6 期
汕头大学医学院法医学教研室的发展历程	于晓军　王　典 朱光辉　吕俊耀 苏锐冰	法医学杂志	第 6 期
LC–MS/MS 测定血液、肝组织中的欧夹竹桃苷	翟金晓　严　慧 沈　敏　沈保华 刘　伟	法医学杂志	第 6 期
微束 X 射线荧光光谱法鉴定"电猫"致死 1 例	张晓宇　康亚蒙 张建华　张炜霞	法医学杂志	第 6 期
儿童躯体虐待致死 1 例	周一卿　何永旺 杨根梦　赵声斌 李利华　曾晓锋	法医学杂志	第 6 期
面部皮肤造作伤并骨形态变异 1 例	朱世峰　郭秋丽 申　迪	法医学杂志	第 6 期
肌肉功能评估方法进展及其法医学应用前景	卓佩佩　高　东 冉　聃　夏　晴 檀思蕾　夏文涛	法医学杂志	第 6 期

续表

文 章 名 称	作 者	刊 物	期 次
称重计数法计算气枪弹检材数量	鲍立垠　李轶昳 张　雯　崔　斌 金益锋　马新和	刑事技术	第6期
大姿态人像转正技术在视频人像比对中的应用	陈景洲　林继煌 张　宁　谢兰迟 黎智辉　李志刚	刑事技术	第6期
新型手印提取胶片对不同遗留时间重叠手印的分离	高　峰　张加敏 徐　晓　王子政 刘　寰	刑事技术	第6期
二次添加打印文件检验现状	韩星周　韩元利 秦　达　郝红光	刑事技术	第6期
浙江汉族人群19个X-STR基因座的遗传多态性统计分析	郝宏蕾　吴微微 任文彦　苏艳佳 吕德坚　陈林丽	刑事技术	第6期
藏族高原适应性相关研究及法医学应用展望	黄美莎　江　丽 刘　京　唐光峰 许　杰　王　玲 赵　慧　李彩霞	刑事技术	第6期
非root条件下获取安卓手机物理镜像	计超豪　王即墨 裴洪卿	刑事技术	第6期
全国公安机关鞋样本数据库应用系统的应用与优化	金益锋　白艳平 石　峰　鲁玺龙 林　敏　刘伟平	刑事技术	第6期
家系排查中Y-STR突变分析	李鸿雷　张　旭 孙　辉　王占洪 张二伟　李万水 莫晓婷	刑事技术	第6期

续表

文 章 名 称	作 者	刊 物	期 次
不同 RNA 提取方法的效能比较	李冉冉　王　兵 胡　胜　李　洋 翟永杰　李彩霞 孙启凡　季安全	刑事技术	第 6 期
磷化氢中毒死亡的法医学鉴定	李心强　方俊杰	刑事技术	第 6 期
DNA 检验技术在厦门"6·7"公交车纵火案中的应用	林玉才　唐玮玮 张志宏	刑事技术	第 6 期
酒后驾驶认定中血液样品检测时间对乙醇含量的影响	刘冬娴　陈志伟 贺江南	刑事技术	第 6 期
视频中目标快速检测算法	刘　松　王紫一文 魏　东　杨洪臣	刑事技术	第 6 期
无人机在案事件现场勘查中的应用	鲁玺龙　刘冠华 晏于文　石　屹 赵晓辉　孙振文 李志刚　刘　晋 王明直	刑事技术	第 6 期
"东方之星"号客轮翻沉事件遇难者个体识别	王海生　田雪梅 王　锟　朱传红 李上勋　闵建雄	刑事技术	第 6 期
儿童嗜酸粒细胞性心肌炎合并生前溺水死亡法医学检验	王　晶　李嘉宁 梁　悦　李廉杰 陈建一　周亦武	刑事技术	第 6 期
技术开锁类入室盗窃案件 DNA 的发现和提取	王　志　金益锋 林　祥	刑事技术	第 6 期
刑事案件事实认定的人工智能方法	魏　斌　郑志峰	刑事技术	第 6 期
司法孢粉学在司法鉴定中的应用	张　琪　陆开清 李金锋　夏晓飞 王　萍　胡　灿 朱　军　王宇飞 姚轶锋	刑事技术	第 6 期

续表

文 章 名 称	作 者	刊 物	期 次
云南边境缉获甲基苯丙胺样本合成模式识别	张文竞　廖泫栋 徐曼曼　李　虹 赵海清　谢颜明	刑事技术	第6期
认知偏见与盲测：法证科学检验人员全球调查	Jeff Kukucka 等著 王进喜 译	证据科学	第6期
刑事专家辅助人的制度再造——基于检察机关的研究视角	涂　舜	证据科学	第6期
论法医精神病鉴定中的证据意识	陈　军　马长锁	中国法医学杂志	第6期
慢性髓性白血病继发多器官化脓性感染、脑出血猝死1例	陈雪冰　徐　祥 孟运乐　张曼婷 杜思昊　王慧君 李冬日	中国法医学杂志	第6期
《人体损伤致残程度分级》与GEPI对足踝伤残评定的比较	代滨滨　于丽丽 向思阳　项　剑 狄胜利　王　旭 杨天潼	中国法医学杂志	第6期
应用枕骨大孔面积判定性别的研究进展	邓　爽　程芸芸 米丛波	中国法医学杂志	第6期
宫颈上皮内瘤变（CIN）医疗纠纷法医学鉴定1例	高洪涛	中国法医学杂志	第6期
骨折经过时间推断的研究现状与展望	龚　威　王彦涛	中国法医学杂志	第6期
水井中干性溺死法医学分析1例	古今平　周品涛	中国法医学杂志	第6期
交通事故后强直性脊柱炎颈椎延迟骨折1例	顾晓峰	中国法医学杂志	第6期
鼓膜钙化合并穿孔伤病关系分析1例	胡火梅	中国法医学杂志	第6期
冠心病及结核性心包炎伴心包腔闭锁致死1例	蒋大卫　周　灿	中国法医学杂志	第6期

续表

文 章 名 称	作 者	刊 物	期 次
组织切片 DNA 提取的探讨	孔小超　谢素梅 殷才湧　冀　强	中国法医学杂志	第 6 期
肺结核经支气管镜活检致大出血死亡 1 例	李嘉宁　周小伟 庞毅轩　王　晶 张骏超　孟小楷 邓燕飞　任　亮 刘　良	中国法医学杂志	第 6 期
室外温度与室内恒温下 EC 随死后经历时间的变化	李永林　郑　哲 孙　凯　赵琳琳 莫耀南	中国法医学杂志	第 6 期
血痕特异性 mRNA 标记研究	林清峦　赵禾苗 陈　静　夏寨青 严安心　姚　岚 胡　兰　王　冲	中国法医学杂志	第 6 期
燃煤污染型氟中毒病区儿童智力调查及法医学意义	骆　艳　马荣荣 刘子龙　官志忠 楼迪栋　郑　丹	中国法医学杂志	第 6 期
家系基因型重建法在单亲祖孙关系鉴定中的应用研究	马冠车　付丽红 杜情情　张晓静 王　茜　付光平 李淑瑾　丛　斌	中国法医学杂志	第 6 期
液相色谱-串联质谱法检测生物样品中百草枯及其代谢物	马红娟　曹　洁 王　颖　贾　娟 路玉平　储晓云 傅善林　刘　耀 丛　斌　尉志文 贠克明	中国法医学杂志	第 6 期
保存 90 年牙 DNA 成功检验 1 例	秦海燕　梁玲琳 张　浩	中国法医学杂志	第 6 期

文 章 名 称	作 者	刊 物	期 次
D2S1338 基因座引物结合区突变致等位基因丢失一例	任静妮　赵珍敏 喻　芳　张倍铭 朱　江　辛丽梅	中国法医学杂志	第 6 期
固相微萃取在苯丙胺类毒品分析中的应用	宋爱英　康明星 杨　晶　石恩林 王　炜	中国法医学杂志	第 6 期
QuEChERS 方法在法医毒物分析领域的研究进展	万超超　任昕昕 何洪源	中国法医学杂志	第 6 期
环境污水毒品检测技术在禁毒情报中的应用	王　波　杜　然 王传凯　王元凤	中国法医学杂志	第 6 期
外伤性迟发性小肠断裂致腹腔内失血死亡 1 例	王鹏飞　吴　旭 李如波　尤家斌 王晓龙　于　浩 张喜轩　张国华	中国法医学杂志	第 6 期
幼儿川崎病伴冠状动脉瘤死亡 1 例	魏露观　李伊诺 韩　冰	中国法医学杂志	第 6 期
外伤性癫痫灶 β-折叠蛋白的 FTIR-mapping 研究	向思阳　姜竹青 李江涛　尤　萌 张海东　王　旭 杨天潼	中国法医学杂志	第 6 期
血友病患者外伤后异常出血法医学鉴定 2 例	项　剑　李　峰 狄胜利　郭兆明 王　旭　于丽丽 朱海标	中国法医学杂志	第 6 期
应用 Y-STR 遗传标记进行家系排查侦破案件 1 例	徐志成　裘　羽 杨晓波　陈新星	中国法医学杂志	第 6 期
基于 GC-MS 的溴鼠灵毒性代谢组学研究	严　慧　沈保华 向　平　乔　正 吴何坚　沈　敏	中国法医学杂志	第 6 期

续表

文　章　名　称	作　　者	刊　　物	期　次
GC/MS 法检测苯二氮䓬类策划药——2′-氯-地西泮	晏晓军　刘立涛 高　泪　尹坚英	中国法医学杂志	第 6 期
扼颈致迟发性死亡尸检 2 例	赵枢泉　梁　悦 邓伟年　黄伟胜 刘育洛　朱龙龙 周亦武	中国法医学杂志	第 6 期
致伤物推断确定案件性质及案发现场 1 例	赵志东　杨忠丽 曹啟文　何永旺	中国法医学杂志	第 6 期
急性乌头碱中毒死亡 1 例	郑冬律	中国法医学杂志	第 6 期
造作性鼓膜穿孔鉴别确认方法的研究	朱世峰　李守英 吕孟杰　李　锋 马明峰　郭秋丽 刘晓辉	中国法医学杂志	第 6 期
法庭科学/司法鉴定标准化建设工作的探索与思考	陈　军　王　旭	中国司法鉴定	第 6 期
公安政法院校司法鉴定机构现状对策研究	陈君武　姚舒文	中国司法鉴定	第 6 期
截肠缩胃术并发症司法鉴定 2 例	陈晓雷　徐　岩 徐　克	中国司法鉴定	第 6 期
山西运城汉族群体 23 个 STR 基因座遗传多态性研究	陈亚明　王雪琴 高红艳　白慧茹 贾富全	中国司法鉴定	第 6 期
胫骨结节牵引术后神经损伤的伤残等级和医疗纠纷鉴定 1 例	程亦斌　高　东	中国司法鉴定	第 6 期
道路交通事故鉴定标准体系构建的探索	冯　浩　沈　敏 陈建国　潘少猷	中国司法鉴定	第 6 期
赤足足迹在不同承痕客体上的误差分析研究	高　毅　马　越 王　彪	中国司法鉴定	第 6 期

续表

文　章　名　称	作　　者	刊　　物	期　次
额颞叶颅脑损伤患者智能损害及执行功能的相关研究	韩丽娟　贾　刚 张晓莉　罗湖萍 郑立谦	中国司法鉴定	第6期
基于微观点迹特征鉴别印章印文形成方式研究	韩　伟	中国司法鉴定	第6期
法医物证鉴定专业标准体系构建	何晓丹　李成涛	中国司法鉴定	第6期
钩吻素己在大鼠体内的毒物动力学和组织分布研究	姬圣洁　沈保华 刘　伟	中国司法鉴定	第6期
常见两轮车与其他典型车辆发生碰撞特征性痕迹研究	李丽莉	中国司法鉴定	第6期
浅析司法鉴定行业投诉原因及处理技巧	李天标　李　金	中国司法鉴定	第6期
专家辅助人制度理解误区及完善路径	刘建华　董光裕	中国司法鉴定	第6期
专家辅助人制度运行状况的评析与建议	栾时春	中国司法鉴定	第6期
美国生态损害评估的司法审查及启示	翁孙哲	中国司法鉴定	第6期
典型碰撞形态下的两轮摩托车驾乘关系司法鉴定1例	吴锐良　何华章 苏忠海　孙　岩	中国司法鉴定	第6期
基于痕迹物证动态分析的交通事故驾驶人识别研究	谢华为　江　涛	中国司法鉴定	第6期
产前检查医疗纠纷的司法鉴定现状分析	杨小萍　陈　芳 刘　霞	中国司法鉴定	第6期
基于交叉比法估算视频中直线行驶车辆的速度	代雪晶　肖　露 孙　婧	中国刑警学院学报	第6期
基于非特征点的指纹自动识别方法研究进展	袁　颖	中国刑警学院学报	第6期
中性笔字迹色度差值递变规律初探	赵鹏程　柳　林 贾　铠　吕荫妮	中国刑警学院学报	第6期

续表

文 章 名 称	作　者	刊　物	期　次
微波辅助荧光碳量子点制备及其在防伪墨水中应用	颜　磊　喻彦林	中国刑警学院学报	第 6 期
面向视频侦查应用的跨摄像头车辆比对方法	孙　鹏　牛宇豪 田正方　刘满良 单大国　王新宇	中国刑警学院学报	第 6 期
新型可擦写中性笔的种类区分	刘心来	中国刑警学院学报	第 6 期
文件检验专业方向的发展困境与出路	李　莉　杜　龙	中国刑警学院学报	第 6 期
视频中目标运动轨迹提取算法	刘　松　杨洪臣 蔡能斌	中国刑警学院学报	第 6 期

　　说明：①本统计表中所列期刊论文目录，只限于以下期刊：《法医学杂志》《刑事技术》《证据科学》《中国法医学杂志》《中国人民公安大学学报（自然科学版）》《中国司法鉴定》和《中国刑警学院学报》；②本统计表中论文的排列：第一顺序为期次，第二顺序为刊物名称。

附录 1.3　英文法庭科学期刊论文目录（2017—2018）

附录 1.3.1　法庭科学期刊论文目录（2017）

文 章 名 称	作　者	刊　物	卷号/期次/页码
Violent offences of methamphetamine users and dilemmas of forensic psychiatric assessment	Yi Liu, Bo Hao, Yanwei Shi, Li Xue, Xiaoguang Wang, Yefei Chen & Hu Zhao	Forensic Sciences Research	2017 Feb 16; 2(1):11−17
Massively parallel sequencing of 231 autosomal SNPs with a custom panel: A SNP typing assay developed for human identification with Ion Torrent PGM	Suhua Zhang, Yingnan Bian, Anqi Chen, Hancheng Zheng, Yuzhen Gao, Yiping Hou & Chengtao Li	Forensic Sciences Research	2017 Feb 14; 2(1):26−33

文　章　名　称	作　　者	刊　　物	卷号/期次/页码
Multiple regression analysis of the craniofacial region of Chinese Han people using linear and angular measurements based on MRI	Chengzhi Li, Wei Wu, Bo Zhu, Xuefeng Liu, Ping Huang, Zhenyuan Wang, Ya Tuo & Fu Ren	Forensic Sciences Research	2017 Mar 30; 2(1):34-39
Determination of five endosulfan pesticides in the fish pond water by dispersive liquid-liquid microextraction combined with GC-MS	Fangmin Xu, Lingyun Liu, Wanli Wei & Ruolun Xu	Forensic Sciences Research	2017, 2(1):40-45
Intramedullary schwannoma of the upper cervical spinal cord: a case study of identification in pathologic autopsy	Xianxian Li, Guangtao Xu, Ruibing Su, Junyao Lv, Xiaoping Lai & Xiaojun Yu	Forensic Sciences Research	2017, 2(1):46-49
State of the art in post-mortem forensic imaging in China	Yijiu Chen	Forensic Sciences Research	2017 Jun 19; 2(2):75-84
Diagnosis of coronary artery disease using targeted post-mortem computed tomography coronary angiography: a case report	Lei Wan, Yu Shao, Donghua Zou, Ping Huang, Zhengdong Li, Maowen Wang & Yijiu Chen	Forensic Sciences Research	2017 Jun 5; 2(2):107-111
Brugada syndrome: a fatal disease with complex genetic etiologies - still a long way to go	Yeda Wu, Mei Ai, Adham Sameer A. Bardeesi, Lunwu Xu, Jingjing Zheng, Da Zheng, Kun Yin, Qiuping Wu, Liyong Zhang, Lei Huang & Jianding Cheng	Forensic Sciences Research	2017 Jul 5; 2(3):115-125
Metabolic risk factors associated with sudden cardiac death (SCD) during acute myocardial ischemia	Dian Wang, Xingxing Wang, Jiayan Wu, Ruibing Su, Jing Kong & Xiaojun Yu	Forensic Sciences Research	2017 Jul 6; 2(3):126-131

续表

文 章 名 称	作 者	刊 物	卷号/期次/页码
Astrocytic clasmatodendrosis in the cerebral cortex of methamphetamine abusers	Zhiyong Zhang, Qingjin Gong, Xueying Feng, Dongchuan Zhang & Li Quan	Forensic Sciences Research	2017 Jan 31; 2(3):139-144
Influence of functional polymorphism in MIF promoter on sudden cardiac death in Chinese populations	Zhixia Yin, Qing Zhang, Wei Zhou, Shouyu Wang, Chaoqun Wang, Yan He, Lijuan Li & Yuzhen Gao	Forensic Sciences Research	2017 May 22; 2(3):152-157
Assessment of cognitive dysfunction in traumatic brain injury patients: a review	Huiyan Sun, Chengliang Luo, Xiping Chen & Luyang Tao	Forensic Sciences Research	2017 Nov 14; 2(4):174-179
Screening for volatile sulphur compounds in a fatal accident case	Ping Xiang, Huosheng Qiang, Baohua Shen & Min Shen	Forensic Sciences Research	2017 Jun 7; 2(4):192-197
Accuracy and reliability of feature selection by Chinese fingerprint examiners	Shiquan Liu, Zhongliang Mi, Glenn M. Langenburg & Jian Wu	Forensic Sciences Research	2017 Sep 20; 2(4):203-209
Development of Chrysomya megacephala at constant temperatures within its colony range in Yangtze River Delta region of China	Yingna Zhang, Yu Wang, Lijun Yang, Luyang Tao & Jiangfeng Wang	Forensic Sciences Research	2017 Dec 21; 3(1):74-82.
Estimation of Postmortem Interval Using the Radiological Tech-niques, Computed Tomography: A Pilot Study	Jiulin Wang, Jilong Zheng, Jiaxin Zhang, Shoutao Ni, Biao Zhang	Journal of Forensic Science and Medicine	2017 Issue 1
Identification of Metallic Trace Particles of Injuring Fe - Mn Steel Hammer from Body Trauma	Chunmei Zhao, Jing Wang, Qing Chen, Fanlong Wang, Hua Feng, Liu Mengyan, Xiaobin Zhu, Li Liu	Journal of Forensic Science and Medicine	2017 Issue 1

续表

文 章 名 称	作 者	刊 物	卷号/期次/页码
Analysis of Milk Tea as a New Mixed Drug Substance in China	Binling Zhu, Liang Meng, Kefang Zheng	Journal of Forensic Science and Medicine	2017 Issue 1
Determination of Chlorpyrifos in Human Blood by Gas Chromatography – Mass Spectrometry	Xinhua Dai, Fei Fan, Yi Ye, Fan Chen, Zhigui Wu, Xiang Lu, Qingtao Wei, Jianxia Chen, Youyi Yan, Linchuan Liao	Journal of Forensic Science and Medicine	2017 Issue 1
A Super–resolution Reconstruction Algorithm for Surveillance Video	Jian Shao, Feng Chao, Mian Luo, Jing Cheng Lin	Journal of Forensic Science and Medicine	2017 Issue 1
Influence of Software on the Features of Laser–printed Characters	Yuanli Han, Xingzhou Han	Journal of Forensic Science and Medicine	2017 Issue 1
A Comparison of the Identifying Features of Imitated Handwriting and Elderly Handwriting	Jing Wang	Journal of Forensic Science and Medicine	2017 Issue 1
Development of quality control system for fingerprint comparison processes	Shiquan Liu, Zhongliang Mi, Francisco Valente Gonçalves, Jian Wu, Kelly Ayers	Journal of Forensic Science and Medicine	2017 Issue 2
Comparison of vacuum metal deposition and 1, 2 – indandione/ninhydrin reagent method for the development of fingerprints on renminbi	Cong Wang, Zunlei Qian, Wei Li, Yaping Luo	Journal of Forensic Science and Medicine	2017 Issue 2

续表

文 章 名 称	作　者	刊　物	卷号/期次/页码
Discrimination of handlebar grip samples by fourier transform infrared microspectroscopy analysis and statistics	Zeyu Lin, Bing Li, Ran Du, Ziwei Wei, Yuanfeng Wang	Journal of Forensic Science and Medicine	2017 Issue 2
Study on the relationship of continuous laser printing and the distance of trace on the OPC	Xingzhou Han, Yuanli Han, Xiaoguang Wang	Journal of Forensic Science and Medicine	2017 Issue 2
The rational thinking of expert opinion and communicating in courtroom	Bing Li, Yuanfeng Wang	Journal of Forensic Science and Medicine	2017 Issue 2
Mandatory appearances of forensic examiner for cross－examination in court and related systemic improvement under china's criminal procedure	Jianye Qu, Min Guo	Journal of Forensic Science and Medicine	2017 Issue 2
Research and realization of ten－print data quality control techniques for imperial scale automated fingerprint identification system	Qian Wang, Wei Wang, Wei Zhang, Tong Zhao, Guangnv Jin	Journal of Forensic Science and Medicine	2017 Issue 2
Determining the electrical conductivity of rat cadaveric liver, spleen, and kidney to estimate early postmortem interval	Zhe Zheng, Xiandun Zhai, Zhiyuan Xia, Yaonan Mo	Journal of Forensic Science and Medicine	2017 Issue 3
Cytochrome c oxidase subunit 1－based human RNA quantification to enhance mRNA profiling in forensic biology	Dong Zhao, Xi Chen, Zhiyuan An, Erin Hanson, Jack Ballantyne	Journal of Forensic Science and Medicine	2017 Issue 3

续表

文 章 名 称	作 者	刊 物	卷号/期次/页码
Analysis of errors in forensic science	Mingxiao Du	Journal of Forensic Science and Medicine	2017 Issue 3
Study of the system of the witness appearing in court: From the perspective of criminal proceedings	Shanshan Zhao	Journal of Forensic Science and Medicine	2017 Issue 3
How to ensure children's credibility of testimony in sexual abuse cases	Wei-Hsin Chang	Journal of Forensic Science and Medicine	2017 Issue 3
Analysis of contested narratives in Cui Yingjie case	Luping Zhang	Journal of Forensic Science and Medicine	2017 Issue 3
Case of fatal air embolism during double-jureteral stent placement	Peng Zhang, Chen Qing, Jianbo Li, Shisheng Zhu	Journal of Forensic Science and Medicine	2017 Issue 3
A novel analytical method of 1-(3-trifluoromethylphenyl) piperazine and 1-(3-chlorophenyl) piperazine in fluids of drug addicts using liquid-liquid extraction-gas chromatographic/nitrogen-phosphorous detection	Jing Chang, Bin Hao, Junyi Du, Hong Zhou, Hongxia Hao	Journal of Forensic Science and Medicine	2017 Issue 4
Determination of periplocymarin in human blood and urine by high-performance liquid chromatography-mass spectrometr	Chen Jian Xia, Wei Qing Tao, Chen Fan, Wu Hao, Fu Ying Qing, Wu Zhi Gui, Dai Xin Hua, Ye Yi, Yan You Yi, Liao Lin Chuan	Journal of Forensic Science and Medicine	2017 Issue 4

文 章 名 称	作 者	刊 物	卷号/期次/页码
Analysis on applicability evaluation of forensic science standards in China	Hejuan Jiao, Xiaoyu Zheng, Yanbiao Zhao, Feng Hua, Hui Zheng	Journal of Forensic Science and Medicine	2017 Issue 4
Hyperspectral imaging technology for revealing the original handwritings covered by the same inks	Yuanyuan Lian, Luning Liang, Bing Li	Journal of Forensic Science and Medicine	2017 Issue 4
Fundamental frequency statistics for young male speakers of mandarin	Honglin Cao, Yingjing Lei	Journal of Forensic Science and Medicine	2017 Issue 4
Proposition on improving environmental forensic system in China	Huilei Wang, Yuanfeng Wang	Journal of Forensic Science and Medicine	2017 Issue 4
Analysis of indirect evidence in hit-and-run cases	Zhefeng Xu, Chunhao Wang	Journal of Forensic Science and Medicine	2017 Issue 4
An insertion/deletion polymorphism within 3'UTR of RYR2 modulates sudden unexplained death risk in Chinese populations	Shouyu Wang, Zhixiang Zhang, Ya Yang, Chaoqun Wang, … Yuzhen Gao	Forensic Science International	2017 Jan; 270:165-172
GJA1 gene variations in sudden unexplained nocturnal death syndrome in the Chinese Han population	Qiuping Wu, Yeda Wu, Liyong Zhang, Jinxiang Zheng, … Jianding Cheng	Forensic Science International	2017 Jan; 270:178-182
Methods for analyzing the uncertainty of a reconstructed result in a traffic accident with interval and probabilistic traces	Tiefang Zou, Xulong Peng, Wenguang Wu, Ming Cai	Forensic Science International	2017 Jan; 270:200-210

文 章 名 称	作　者	刊　物	卷号/期次/页码
Insect succession on remains of human and animals in Shenzhen,China	Yu Wang,Meng-yun Ma, Xin-yu Jiang,Jiang-feng Wang,... Lu-yang Tao	Forensic Science International	2017 Feb; 271:75-86
Demographic,clinical and pathological features of sudden deaths due to myocarditis: Results from a state-wide population-based autopsy study	Liliang Li, Yang Zhang, Allen Burke, Aimin Xue, ... Ling Li	Forensic Science International	2017 Mar; 272:81-86
An "up,no change,or down" system: Time-dependent expression of mRNAs in contused skeletal muscle of rats used for wound age estimation	Jun-hong Sun,Xi-yan Zhu, Ta-na Dong, Xiao-hong Zhang,... Qiu-xiang Du	Forensic Science International	2017 Mar; 272:104-110
Identification of aged bloodstains through mRNA profiling: Experiments results on selected markers of 30- and 50-year-old samples	Hemiao Zhao,Chong Wang, Lan Yao, Qingluan Lin, ... Wanshui Li	Forensic Science International	2017 Mar; 272:e1-e6
Ion channelopathies associated genetic variants as the culprit for sudden unexplained death	Shouyu Wang, Lijuan Li, Ruiyang Tao, Yuzhen Gao	Forensic Science International	2017 Jun; 275:128-137
Remodelling of myocardial intercalated disc protein connexin 43 causes increased susceptibility to malignant arrhythmias in ARVC/D patients	Xiao Chen, Liang Chen, Zhenglian Chen, Xinshan Chen,Jiangping Song	Forensic Science International	2017 Jun; 275:14-22
The occurrence of alcohol/drugs by toxicological examination of selected drivers in Hong Kong	Wing-Chi Cheng, Kwok-Leung Dao	Forensic Science International	2017 Jun; 275:242-253

续表

文 章 名 称	作 者	刊 物	卷号/期次/页码
Profiling of illicit cocaine seized in China by ICP-MS analysis of inorganic elements	Cuimei Liu, Zhendong Hua, Xin Meng	Forensic Science International	2017 Jul; 276:77-84
Forensic applications of direct analysis in real time (DART) coupled to Q-orbitrap tandem mass spectrometry for the in situ analysis of pigments from paint evidence	Tai-Hung Chen, Shu-Pao Wu	Forensic Science International	2017 Aug; 277:179-187
Analysis of PEG oligomers in black gel inks: Discrimination and ink dating	Qiran Sun, Yiwen Luo, Ping Xiang, Xu Yang, Min Shen	Forensic Science International	2017 Aug; 277:1-9
Forensic aspects of homicides by insulin overdose	Fang Tong, Rongqi Wu, Wen Huang, Yi Yang,... Yiwu Zhou	Forensic Science International	2017 Sep; 278:9-15
Reproducibility of characteristic marks on fired cartridge cases from five Chinese Norinco QSZ-92 9 × 19 mm pistols	Kaifeng Zhang, Yaping Luo, Peng Zhou	Forensic Science International	2017 Sep; 278:78-86
Sudden infant death from neonate carnitine palmitoyl transferase II deficiency	Si-Hao Du, Fu Zhang, Yan-Geng Yu, Chuan-Xiang Chen,... Dong-Ri Li	Forensic Science International	2017 Sep; 278:e41-e44
Rapid screening of abused drugs by direct analysis in real time (DART) coupled to time-of-flight mass spectrometry (TOF-MS) combined with ion mobility spectrometry (IMS)	Ru Lian, Zhongping Wu, Xiaobao Lv, Yulan Rao,... Yurong Zhang	Forensic Science International	2017 Oct; 279:268-280

续表

文 章 名 称	作 者	刊 物	卷号/期次/页码
A convergence algorithm for correlation of breech face images based on the congruent matching cells（CMC）method	Zhe Chen，John Song，Wei Chu，Johannes A. Soons，Xuezeng Zhao	Forensic Science International	2017 Nov；280：213－223
Estimation of the late postmortem interval using FTIR spectroscopy and chemometrics in human skeletal remains	Qi Wang，Yinming Zhang，Hancheng Lin，Shuai Zha，... Zhenyuan Wang	Forensic Science International	2017 Dec；281：113－120
The effectiveness and practicality of using simultaneous superglue & iodine fuming method for fingermark development on "low yield" leather surfaces：A feasibility study	Xiaochun Zheng，Kang Li，Jingyang Xu，Zhen Lin	Forensic Science International	2017 Dec；281：152－160
SEQ Mapper：A DNA sequence searching tool for massively parallel sequencing data	James Chun－I Lee，Bill Tseng，Liang－Kai Chang，Adrian Linacre	Forensic Science International：Genetics	2017 Jan；26：66－69
Population genetic data for 12 X－STR loci in the Northern Han Chinese and StatsX package as tools for population statistics on X－STR	Fei Guo	Forensic Science International：Genetics	2017 Jan；26：e1－e8
Developmental validation of a custom panel including 273 SNPs for forensic application using Ion Torrent PGM	Suhua Zhang，Yingnan Bian，Anqi Chen，Hancheng Zheng，Yuzhen Gao，Yiping Hou，Chengtao Li	Forensic Science International：Genetics	2017 Mar；27：50－57
Validation of the Microreader™ 23sp ID system：A new STR 23－plex system for forensic application	Jienan Li，Haibo Luo，Feng Song，Lushun Zhang，Chuncao Deng，Zailiang Yu，Tianzhen Gao，Miao Liao，Yiping Hou	Forensic Science International：Genetics	2017 Mar；27：67－73

续表

文 章 名 称	作 者	刊 物	卷号/期次/页码
Validation study of a 15-plex rapid STR amplification system for human identification	Junping Han, Jing Sun, Lei Zhao, Wenting Zhao, Yao Liu, Caixia Li	Forensic Science International: Genetics	2017 May; 28:71-81
Genome-wide screening for highly discriminative SNPs for personal identification and their assessment in world populations	Liming Li, Yi Wang, Shuping Yang, Mingying Xia, Yajun Yang, Jiucun Wang, Daru Lu, Xingwei Pan, Teng Ma, Pei Jiang, Ge Yu, Ziqin Zhao, Yuan Ping, Huaigu Zhou, Xueying Zhao, Hui Sun, Bing Liu, Dongtao Jia, Chengtao Li, Rile Hu, Hongzhou Lu, Xiaoyang Liu, Wenqing Chen, Qin Mi, Fuzhong Xue, Yongdong Su, Li Jin, Shilin Li	Forensic Science International: Genetics	2017 May; 28:118-127
Online only microhaplotype identified and performed in genetic investigation using PCR-SSCP	Peng Chen, Jing Zhu, Yan Pu, Youjing Jiang, Dan Chen, Hui Wang, Jiong Mao, Bin Zhou, Linbo Gao, Peng Bai, Weibo liang, Lin Zhang	Forensic Science International: Genetics	2017 May; 28:e1-e7
Population structure of Han nationality in Central-Southern China	Qiu-Ling Liu, Ye-Fei Chen, Xin He, Yan-Wei Shi, Wei-Wei Wu, Hu Zhao, De-Jian Lu	Forensic Science International: Genetics	2017 Jul; 29:e1-e3
Forensic characteristics and phylogenetic analysis of Hubei Han population in central China using 17 Y-STR loci	Zheng Wang, Weian Du, Guanglin He, Jing Liu, Yiping Hou	Forensic Science International: Genetics	2017 Jul; 29:e4-e8

续表

文 章 名 称	作 者	刊 物	卷号/期次/页码
Screening and confirmation of microRNA markers for distinguishing between menstrual and peripheral blood	Zhilong Li, Peng Bai, Duo Peng, Hui Wang, Yadong Guo, Youjing Jiang, Wang He, Huan Tian, Yu Yang, Yuan Huang, Bing Long, Weibo Liang, Lin Zhang	Forensic Science International: Genetics	2017 Sep; 30:24-33
A selection guide for the new generation 6-dye DNA profiling systems	Sze-wah Lin, Christina Li, Stephen C. Y. Ip	Forensic Science International: Genetics	2017 Sep; 30:34-42
Investigation of length heteroplasmy in mitochondrial DNA control region by massively parallel sequencing	Chun-Yen Lin, Li-Chin Tsai, Hsing-Mei Hsieh, Chia-Hung Huang, Yu-Jen Yu, Bill Tseng, Adrian Linacre, James Chun-I Lee	Forensic Science International: Genetics	2017 Sep; 30:127-133
mtDNA sequence diversity of Hazara ethnic group from Pakistan	Allah Rakha, Fatima, Min-Sheng Peng, Atif Adan, Rui Bi, Memona Yasmin, Yong-Gang Yao	Forensic Science International: Genetics	2017 Sep; 30:e1-e5
Massively parallel sequencing of 32 forensic markers using the Precision ID GlobalFiler™ NGS STR Panel and the Ion PGM™ System	Zheng Wang, Di Zhou, Hui Wang, Zhenjun Jia, Jing Liu, Xiaoqin Qian, Chengtao Li, Yiping Hou	Forensic Science International: Genetics	2017 Nov; 31:126-134.
Massively parallel sequencing of forensic STRs and SNPs using the Illumina® ForenSeq™ DNA Signature Prep Kit on the MiSeq FGx™ Forensic Genomics System	Fei Guo, Jiao Yu, Lu Zhang, Jun Li	Forensic Science International: Genetics	2017 Nov; 31:135-148

续表

文 章 名 称	作　者	刊　物	卷号/期次/页码
An investigation of a set of DIP－STR markers to detect unbalanced DNA mixtures among the southwest Chinese Han population	Yu Tan, Li Wang, Hui Wang, Huan Tian, Zhilong Li, Qian Wang, Hui Jian, Shuqiang Cao, Weibo Liang, Lin Zhang	Forensic Science International: Genetics	2017 Nov; 31:34－39
Applying massively parallel sequencing to paternity testing on the Ion Torrent Personal Genome Machine	Hui Li, Xueying Zhao, Ke Ma, Yu Cao, Huaigu Zhou, Yuan Ping, Chengchen Shao, Jianhui Xie, Wenbin Liu	Forensic Science International: Genetics	2017 Nov; 31:155－159
Forensic characteristics and phylogenetic analysis of two Han populations from the southern coastal regions of China using 27 Y-STR loci	Mengge Wang, Zheng Wang, Yaqing Zhang, Guanglin He, Jing Liu, Yiping Hou	Forensic Science International: Genetics	2017 Nov; 31:e17－e23
A 1204－single nucleotide polymorphism and insertion－deletion polymorphism panel for massively parallel sequencing analysis of DNA mixtures	Hsiao－Lin Hwa, Wan－Chia Chung, Pei－Lung Chen, Chih－Peng Lin, Huei－Ying Li, Hsiang－I Yin, James Chun-I Lee	Forensic Science International: Genetics	2018 Jan; 32:94－101
Association of common and rare variants of SCN10A gene with sudden unexplained nocturnal death syndrome in Chinese Han population	Liyong Zhang, Feng Zhou, Lei Huang, Qiuping Wu, Jinxiang Zheng, Yeda Wu, Kun Yin, Jianding Cheng	International Journal of Legal Medicine	2017 Jan; 131(1):53－60
Deposition of diazepam and its metabolites in hair following a single dose of diazepam	Wang, Xin; Johansen, Sys Stybe; Zhang, Yurong; Jia, Jingying; Rao, Yulan; Jiang, Fengli; Linnet, Kristian	International Journal of Legal Medicine	2017 Jan; 131(1): 131－141

续表

文 章 名 称	作 者	刊 物	卷号/期次/页码
Compatibility of DNA IQ™, QIAamp® DNA Investigator, and QIAsymphony® DNA Investigator® with various fingerprint treatments	Sze-wah Lin, Stephen C. Y. Ip, Tze - tsun Lam, Tung-fai Tan, Wai-lung Yeung, Wai-ming Tam	International Journal of Legal Medicine	2017 Mar; 131(2): 293-301
Multiplex assay development and mutation rate analysis for 13 RM Y-STRs in Chinese Han population	Wenqiong Zhang, Chao Xiao, Jin Yu, Tian Wei, Fei Liao, Wei Wei, Daixin Huang	International Journal of Legal Medicine	2017 Mar; 131(2): 345-350
Anterior wrist and medial malleolus: the optimal sites for tissue selection in electric death through hand-to-foot circuit pathway	Guangtao Xu, Ruibing Su, Junyao Lv, Xiaoping Lai, Xianxian Li, Jiayan Wu, Bo Hu, Long Xu, Ruilin Shen, Jiang Gu, Xiaojun Yu	International Journal of Legal Medicine	2017 Mar; 131(2): 433-439
Serum atrial natriuretic peptide (ANP) as an objective indicator for the diagnosis of neurogenic shock: animal experiment and human case report	Min-Zhu Zhao, Yong-Guo Li, Peng Zhang, Jin-Cheng Xiong, Shi-Sheng Zhu, Xuan Xiao, Jian-Bo Li	International Journal of Legal Medicine	2017 Mar; 131(2): 473-478
Developmental validation of the HomyGene19+14Y System	Weian Du, Ling Chen, Hong Liu, Pingming Qiu, Fayuan Li, Jing Gao, Yu Zhou, Bangchao Wang, Chao Liu	International Journal of Legal Medicine	2017 May; 131(3): 605-620
Molecular pathological study on LRRC10 in sudden unexplained nocturnal death syndrome in the Chinese Han population	Lei Huang, Shuangbo Tang, Yili Chen, Liyong Zhang, Kun Yin, Yeda Wu, Jinxiang Zheng, Qiuping Wu, Jonathan C. Makielski, Jianding Cheng	International Journal of Legal Medicine	2017 May; 131(3): 621-628

续表

文 章 名 称	作 者	刊 物	卷号/期次/页码
Population data for 22 autosomal STR loci in the Uygur ethnic minority	Feng Song, Jienan Li, Lushun Zhang, Haibo Luo	International Journal of Legal Medicine	2017 May; 131(3): 651-652
Population data and mutation rates of 19 STR loci in seven provinces from China based on Goldeneye™ DNA ID System 20A	Qiu-Ling Liu, Ye-Fei Chen, Xiao-Ling Huang, Kai-Yan Liu, Hu Zhao, De-Jian Lu	International Journal of Legal Medicine	2017 May; 131(3): 653-656
Genetic polymorphism investigation of the Chinese Yi minority using PowerPlex® Y23 STR amplification system	Guanglin He, Pengyu Chen, Xing Zou, Xu Chen, Feng Song, Jing Yan, Yiping Hou	International Journal of Legal Medicine	2017 May; 131(3): 663-666
The effect of sodium fluoride, formaldehyde, and storage temperature on the stability of methamidophos in post-mortem blood and liver	Zhiwen Wei, Qing Niu, Fan Zhang, Kun Xiao, Ling Liu, Yujin Wang, Juan Jia, Jie Cao, Shanlin Fu, Keming Yun	International Journal of Legal Medicine	2017 May; 131(3): 667-675
Anterior wrist and medial malleolus as the novel sites of tissue selection: a retrospective study on electric shock death through the hand-to-foot circuit pathway	Guangtao Xu, Ruibing Su, Junyao Lv, Bo Hu, Huan Gu, Xianxian Li, Jiang Gu, Xiaojun Yu	International Journal of Legal Medicine	2017 May; 131(3): 677-683
Detection of RAGE expression and its application to diabetic wound age estimation	Xin-Yi Ji, Yang Chen, Guang-Hua Ye, Miao-Wu Dong, Ke-Zhi Lin, Jun-Ge Han, Xiang-Ping Feng, Xing-Biao Li, Lin-Sheng Yu, Yan-Yan Fan	International Journal of Legal Medicine	2017 May; 131(3): 691-698

续表

文 章 名 称	作 者	刊 物	卷号/期次/页码
Predictable weathering of puparial hydrocarbons of necrophagous flies for determining the postmortem interval: a field experiment using Chrysomya rufifacies	Guang-Hui Zhu, Zheng-Jun Jia, Xiao-Jun Yu, Ku-Sheng Wu, Lu-Shi Chen, Jun-Yao Lv, M. Eric Benbow	International Journal of Legal Medicine	2017 May; 131(3): 885-894
Genetic polymorphisms of 17 Y-chromosomal STRs in the Chengdu Han population of China	Hui Wang, Jiong Mao, Yu Xia, Xiaogang Bai, Wenqing Zhu, Duo Peng, Weibo Liang	International Journal of Legal Medicine	2017 Jul; 131(4): 967-968
Forensic parameters of 19 X-STR polymorphisms in two Chinese populations	Chuncao Deng, Feng Song, Jienan Li, Yi Ye, Lushun Zhang, Weibo Liang, Haibo Luo, Yingbi Li	International Journal of Legal Medicine	2017 Jul; 131(4): 975-977
Diagnosis of aluminum phosphide poisoning using a new analytical approach: forensic application to a lethal intoxication	Hui Yan, Ping Xiang, Sujing Zhang, Baohua Shen, Min Shen	International Journal of Legal Medicine	2017 Jul; 131(4): 1001-1007
Genetic polymorphisms of 24 Y-STR loci in Hani ethnic minority from Yunnan Province, Southwest China	Liping Hu, Tao Gu, Xiaodong Fan, Xiaokun Yuan, Min Rao, Jingbo Pang, Aiting Nie, DuXiu Lei, Feng Zhang, Shengjie Nie	International Journal of Legal Medicine	2017 Sep; 131(5): 1235-1237
Forensic characteristics and phylogenetic analyses of the Chinese Yi population via 19 X-chromosomal STR loci	Guanglin He, Ye Li, Xing Zou, Ping Li, Pengyu Chen, Feng Song, Tianzhen Gao, Miao Liao, Jing Yan, Jin Wu	International Journal of Legal Medicine	2017 Sep; 131(5): 1243-1246

续表

文 章 名 称	作　者	刊　物	卷号/期次/页码
Allele frequencies of 17 autosomal STR loci in the Va ethnic minority from Yunnan Province, Southwest China	Fei Guo	International Journal of Legal Medicine	2017 Sep; 131(5): 1251-1252
Genetic variation of 17 autosomal STR loci in the Dong ethnic minority from Guangxi Zhuang Autonomous Region, South China	Fei Guo	International Journal of Legal Medicine	2017 Nov; 131(6): 1537-1538
Genetic polymorphisms for 19 autosomal STR loci of Chongqing Han ethnicity and phylogenetic structure exploration among 28 Chinese populations	Xing Zou, Yongguo Li, Ping Li, Qianyun Nie, Ting Wang, Yue Hu, Ying Zhu, Jianbo Li, Renkuan Tang	International Journal of Legal Medicine	2017 Nov; 131(6): 1539-1542
Loss of heterozygosity detected at three short tandem repeat locus commonly used for human DNA identification in a case of paternity testing	Shiyuan Zhou, Haili Wang, Qing K. Wang, Pengyun Wang,... Chengqi Xu	Legal Medicine	2017 Jan; 24:7-11
Non-ionic iodinated contrast media related immediate reactions A mechanism study of 27 patients	Liqin Zhai, Xiangjie Guo, Haoyue Zhang, Qianqian Jin,... Cairong Gao	Legal Medicine	2017 Jan; 24:56-62.
Study of autosomal STR loci with IBS method in full sibling identification	Li Yuan, Xu Xu, Dong Zhao, He Ren,... Lin Zhang	Legal Medicine	2017 May; 26:14-17
Population genetic analysis of Xiamen Han population on 21 short tandem repeat loci	Lili Wu, Bin Pei, Peng Ran, Xiuyu Song	Legal Medicine	2017 May; 26:41-44

续表

文 章 名 称	作 者	刊 物	卷号/期次/页码
Haplotype diversity of 17 Y-chromosome STR loci in Han population from different areas of Sichuan Province, Southwest China	Guangyao Fan, Wei Li, Yi Ye, Xuebo Li, … Bing Long	Legal Medicine	2017 May; 26:73-75
Genetic polymorphisms of 12 X STR loci in Shaanxi Han population from China	Mao Sun, Yuntao Zhang, Xiaonan Zhang, Shanmin Fu, Yuanming Wu	Legal Medicine	2017 May; 26:76-78
A finding in genetic polymorphism analysis study: A case of non-mosaic 47,XXX without manifestations	Xingyi Yang, Zilan Ye, Xiaofang Zhang, Huijun Wang, Chao Liu	Legal Medicine	2017 Jul; 27:38-42
Association between an indel polymorphism in the 3'UTR of COL1A2 and the risk of sudden cardiac death in Chinese populations	Zhixia Yin, Yadong Guo, Jianhua Zhang, Qing Zhang, … Yuzhen Gao	Legal Medicine	2017 Sep; 28:22-26
Establishment of an alternative efficiently genotyping strategy for human ABO gene	Enzhu Jiang, Peifu Yu, Siyi Zhang, Chunmei Li, … Hao Pang	Legal Medicine	2017 Nov; 29:72-76
Genetic polymorphisms for 19 X-STR loci of Sichuan Han ethnicity and its comparison with Chinese populations	Guanglin He, Ye Li, Xing Zou, Mengge Wang, … Jin Wu	Legal Medicine	2017 Nov; 29:6-12
Computational Study of Fracture Characteristics in Infant Skulls Using a Simplified Finite Element Model	Binhui Jiang Ph. D., Feng Zhu Ph. D., Libo Cao Ph. D., Barbara R. Presley M. S., Ming Shen M. S., King H. Yang Ph. D.	Journal of Forensic Sciences	2017 Jan; 62(1):39-49

文 章 名 称	作　　者	刊　　物	卷号/期次/页码
Comparison of Rehydration Techniques for Fingerprinting the Deceased after Mummification	Chun-Chieh Chen M. S. , Chao-Kai Yang Ph. D. , Chun-Yu Chen M. S. , Henry C. Lee Ph. D. , Sheng-Meng Wang Ph. D.	Journal of Forensic Sciences	2017 Jan; 62(1): 205-208
Inherent Fluorescence Detection of Latent Fingermarks by Homemade Shortwave Ultraviolet Laser	Nengbin Cai B. S. , Yun Zou Ph. D. , Joseph Almog Ph. D. , Guiqiang Wang M. S. , Zhongliang Mi B. S.	Journal of Forensic Sciences	2017 Jan; 62(1): 209-212
Sibship Analysis Based on Parental Genotype Reconstruction from Any Number of Reference Siblings	Jian Huang Ph. D. , Yusong Huang B. S.	Journal of Forensic Sciences	2017 Jan; 62(1): 233-238
An Examination of the Sequence of Intersecting Seal and Laser Printing Toner Line	Biao Li M. Sc. , Guoliang Ouyang M. Sc.	Journal of Forensic Sciences	2017 Mar; 62(2): 476-482
Changes in Attenuated Total Reflection Fourier Transform Infrared Spectra as Blood Dries Out	Yinming Zhang M. M. , Qi Wang M. B. , Bing Li M. B. , Zhijun Wang M. B. , Chengzhi Li M. M. , Yao Yao M. M. , Ping Huang Ph. D. , Zhenyuan Wang M. D. , Ph. D.	Journal of Forensic Sciences	2017 May; 62(3): 761-767
A Modified Electrostatic Adsorption Apparatus for Latent Fingerprint Development on Unfired Cartridge Cases	Jingyang Xu Ph. D. , Ziyuan Zhang B. Eng. , Xiaochun Z-heng B. Eng. , John W. B-ond O. B. E. , D. Phil.	Journal of Forensic Sciences	2017 May; 62(3): 776-781
A Novel Pixel-Based Method to Estimate the Instantaneous Velocity of a Vehicle from CCTV Images	Shengxiong Liu Ph. D. , Xiu-Ju Yang B. S. , Jianguo Cui Ph. D. , Zhiyong Yin Ph. D.	Journal of Forensic Sciences	2017 Jul; 62(4): 1071-1074

续表

文 章 名 称	作 　 者	刊 　 物	卷号/期次/页码
Forensic Identification of Bipartite Patella Misdiagnosed as Patella Fracture	Jingyuan Ma Ph. D. , Fang Shi M. D. , Chongya Huang Ph. D. , Shanzhi Gu Ph. D.	Journal of Forensic Sciences	2017 Jul; 62(4): 1089-1091
Evaluation of Acute Alcohol Intoxication as the Primary Cause of Death: A Diagnostic Challenge for Forensic Pathologists	Rong Li M. D. , Li Hu M. D. , Lingli Hu M. D. , Xiang Zhang M. D. , Rebecca Phipps Ph. D. , David R. Fowler M. D. , Feng Chen M. D. , Ling Li M. D.	Journal of Forensic Sciences	2017 Sep; 62(5): 1213-1219
Temperature - dependent Development of Parasarcophaga similis (Meade 1876) and its Significance in Estimating Postmortem Interval	Lijun Yang M. S. , Yu Wang M. S. , Liangliang Li M. S. , Jiangfeng Wang Ph. D. , Min Wang Ph. D. , Yingna Zhang M. S. , Jun Chu M. S. , Kun Liu M. S. , Yiding Hou M. S. , Luyang Tao M. D.	Journal of Forensic Sciences	2017 Sep; 62(5): 1234-1243
Postmortem Serum Tryptase Levels with Special Regard to Acute Cardiac Deaths	Ning Xiao M. M. , Dong - Ri Li M. D. , Qi Wang M. D. , Fu Zhang M. D. , Yan - Geng Yu M. D. , Hui - Jun Wang M. D.	Journal of Forensic Sciences	2017 Sep; 62(5): 1336-1338
Application of MALDI - TOF MS for Estimating the Postmortem Interval in Rat Muscle Samples	Chengzhi Li Ph. D. , Dong Ma Ph. D. , Kaifei Deng B. Sc. , Yijiu Chen M. Sc. , Ping Huang Ph. D. , Zhenyuan W-ang Ph. D.	Journal of Forensic Sciences	2017 Sep; 62(5): 1345-1350
A Preliminary Study on Sources of Banding Artifacts for the Identification of Monochromatic Laser Printers	Ning Liu B. Sc. , M. A. Lichao Zhang B. Sc. , Chuntao Chen M. Sc.	Journal of Forensic Sciences	2017 Nov; 62(6): 1542-1553

文 章 名 称	作 者	刊 物	卷号/期次/页码
The Optimization of Electrophoresis on a Glass Microfluidic Chip and its Application in Forensic Science	Jun P. Han Ph. D. , Jing Sun Ph. D. , Le Wang Ph. D. , Peng Liu Ph. D. , Bin Zhuang Ph. D. , Lei Zhao M. S. , Yao Liu Ph. D. , Cai X. Li Ph. D.	Journal of Forensic Sciences	2017 Nov; 62(6): 1603−1612
The Diagnostic Value of Quantitative Assessment of Diatom Test for Drowning: An Analysis of 128 Water−related Death Cases using Microwave Digestion−Vacuum Filtration−Automated Scanning Electron Microscopy	Jian Zhao B. D. , Chao Liu M. D. Ph. D. , Adham Sameer A. Bardeesi M. D. , Yeda Wu M. D. , Yanbing Ma M. D. , Sunlin Hu Ph. D. , He Shi B. D. , Jianding Cheng M. D. Ph. D.	Journal of Forensic Sciences	2017 Nov; 62(6): 1638−1642
Estimation of the human postmortem interval using an established rat mathematical model and multi−RNA markers	Ye − Hui Lv, Jian − Long Ma, Hui Pan, Yan Zeng, Li Tao, Heng Zhang, Wen − Can Li, Kai − Jun Ma, Long Chen	Forensic Science, Medicine, and Pathology	2017 Mar; 13(1):20−27
A panel of 130 autosomal single−nucleotide polymorphisms for ancestry assignment in five Asian populations and in Caucasians	Hsiao − Lin Hwa, Chih − Peng Lin, Tsun−Ying Huang, Po−Hsiu Kuo, Wei−Hsin Hsieh, Chun − Yen Lin, Hsiang − I Yin, Li − Hui Tseng, James Chun−I Lee	Forensic Science, Medicine, and Pathology	2017 Jun; 13(2): 177−187
Retrospective analysis of 769 cases of sudden cardiac death from 2006 to 2015: a forensic experience in China	Zijiao Ding, Mingzhen Yang, Yunyun Wang, Shifan Wu, Xingang Qiu, Qian Liu	Forensic Science, Medicine, and Pathology	2017 Sep; 13(3): 336−341

续表

文 章 名 称	作 者	刊 物	卷号/期次/页码
Methamphetamine－induced toxic leukoencephalopathy: clinical, radiological and autopsy findings	Jiao Mu, Meiyu Li, Ying Guo, Bin Lv, Mingjie Qiu, Hongmei Dong	Forensic Science, Medicine, and Pathology	2017 Sep; 13(3): 362-366
Molecular pathology of cerebral TNF－α, IL－1β, iNOS and Nrf2 in forensic autopsy cases with special regard to deaths due to environmental hazards and intoxication	Si－Hao Du, Xiao－Hui Tan, Rui Zhao, Dong Zhao, Ye Xue, Hui－Jun Wang, Xiao-Li Xie, Qi Wang	Forensic Science, Medicine, and Pathology	2017 Dec; 13(4): 409-416
Sudden death due to malignant hyperthermia with a mutation of RYR1: autopsy, morphology and genetic analysis	Wenhe Li, Lin Zhang, Yue Liang, Fang Tong, Yiwu Zhou	Forensic Science, Medicine, and Pathology	2017 Dec; 13(4): 444-449
Potential accumulation of protopanaxadiol － type ginsenosides in six-months toxicokinetic study of SHENMAI injection in dogs	Jian Yu, Li－qiang Gu, Yan－fei Xin, Yun－sheng Bai,... Yao－xian Xuan	Regulatory Toxicology and Pharmacology	2017 Feb; 83:5-12
The chronic hepatotoxicity assessment of the herbal formula Zishen Yutai pill	Xiaoyan Xing, Xuehong Deng, Jinjin Shi, Meishuang Zhang,... Xiaobo Sun	Regulatory Toxicology and Pharmacology	2017 Feb; 83:81-88
Safety assessment of xylan by a 90-day feeding study in rats	Guangqiu Qin, Pingjing Wen, Yanwu Wang, Lujuan Zhang,... Peng Zhao	Regulatory Toxicology and Pharmacology	2017 Apr; 85:1-6
A 90 － day toxicity study of GmTMT transgenic maize in Sprague-Dawley rats	Jin Fang, Yongquan Feng, Yuan Zhi, Lan Zhang,... Xudong Jia	Regulatory Toxicology and Pharmacology	2017 Apr; 85:48-54

续表

文 章 名 称	作 　者	刊 　物	卷号/期次/页码
Acute toxicity, twenty – eight days repeated dose toxicity and genotoxicity of vanadyl trehalose in kunming mice	Pingzhe Jiang, Zaizhong Ni, Bin Wang, Baicheng Ma,… Minggang Li	Regulatory Toxicology and Pharmacology	2017 Apr; 85:86-97
Evaluation of the sub–chronic toxicity of a standardized flavonoid extract of safflower in rats	Zhilin Zhang, Runzhe Liu, Xiaoping Pu, Yi Sun, Xin Zhao	Regulatory Toxicology and Pharmacology	2017 Apr; 85:98-107
Effect of doxorubicin–induced ovarian toxicity on mouse ovarian granulosa cells	Ting Zhang, Wan Hong He, Ling Lin Feng, Hao Guang Huang	Regulatory Toxicology and Pharmacology	2017 Jun; 86:1-10
Safety assessment of medium– and long–chain triacylglycerols containing 30% (w/w) medium–chain fatty acids in mice and rats	Shengmin Zhou, Yueqiang Wang, Yuanrong Jiang, Liangli (Lucy) Yu	Regulatory Toxicology and Pharmacology	2017 Jun; 86:42-48
Safety assessment of vitacoxib: Acute and 90–day sub–chronic oral toxicity studies	Jianzhong Wang, Feifei Sun, Shusheng Tang, Suxia Zhang, … Xingyuan Cao	Regulatory Toxicology and Pharmacology	2017 Jun; 86:49-58
Influence of measurement uncertainty on the world health organization recommended regulation for mainstream cigarette smoke constituents	Huimin Deng, Zhonghao Li, Zhaoyang Bian, Fei Yang,… Gangling Tang	Regulatory Toxicology and Pharmacology	2017 Jun; 86:231-240
Toxicological evaluation of ethanolic extract from Stevia rebaudiana Bertoni leaves: Genotoxicity and subchronic oral toxicity	Qiannan Zhang, Hui Yang, Yongning Li, Haibo Liu, Xudong Jia	Regulatory Toxicology and Pharmacology	2017 Jun; 86:253-259

续表

文 章 名 称	作 者	刊 物	卷号/期次/页码
Lipid-soluble green tea extract: Genotoxicity and subchronic toxicity studies	Zheng Liu, Dongying Liu, Jianguo Cheng, Song Mei, ... Barry S. Lynch	Regulatory Toxicology and Pharmacology	2017 Jun; 86:366-373
Genotoxicity testing of sodium formononetin-3'-sulphonate (Sul-F) by assessing bacterial reverse mutation, chromosomal aberrations and micronucleus tests	Chunmei Li, Yonglin Gao, Yunzhi Wang, Guisheng Li, ... Jun Tao	Regulatory Toxicology and Pharmacology	2017 Jun; 86:374-378
Repeated sub-chronic oral toxicity study of xylooligosaccharides (XOS) in dogs	Yonglin Gao, Yunzhi Wang, Yanshen Li, Rui Han, ... Albert W. Lee	Regulatory Toxicology and Pharmacology	2017 Jun; 86:379-385
A two-year dietary carcinogenicity study of cyadox in Sprague-Dawley rats	Qianying Liu, Zhixin Lei, Luqing Cui, Jianwu Zhang, ... Zonghui Yuan	Regulatory Toxicology and Pharmacology	2017 Jul; 87:9-22
Inhibition of autophagy aggravated 4-nitrophenol-induced oxidative stress and apoptosis in NHPrE1 human normal prostate epithelial progenitor cells	Yonghui Zhang, Chong Zhang, Fulu Dong, Miaomiao Chen, ... Ming Jiang	Regulatory Toxicology and Pharmacology	2017 Jul; 87:88-94
Safety assessment of astaxanthin derived from engineered Escherichia coli K-12 using a 13-week repeated dose oral toxicity study and a prenatal developmental toxicity study in rats	Yin-Ju Lin, Jian-Yu Lin, Di-Sheng Wang, Chien-Hao Chen, Ming-Hsi Chiou	Regulatory Toxicology and Pharmacology	2017 Jul; 87:95-105
Dietary safety assessment of genetically modified rice EH rich in β-carotene	Yangyang Wu, Yan Xu, Yanan Du, Xiao Zhao, ... Kai Zhao	Regulatory Toxicology and Pharmacology	2017 Aug; 88:66-71

续表

文 章 名 称	作 者	刊 物	卷号/期次/页码
Evaluation of toxicity studies of flavonoid fraction of Lithocarpus polystachyus Rehd in rodents	Jian Liang, Shu－xian Chen, Song Huang, Ya－yun Wu,... Xiao－ping Lai	Regulatory Toxicology and Pharmacology	2017 Aug；88:283－290
Toxicologic evaluations of recombinant liver－targeting interferon IFN－CSP: Genotoxicity and tegenicratoity	Wenting Zeng, Chunxu Wu, Jie Wang, Lingjie Cao,... Xuemei Lu	Regulatory Toxicology and Pharmacology	2017 Oct；89:13－19
Exogenous administration of mitochondrial DNA promotes ischemia reperfusion injury via TLR9－p38 MAPK pathway	Liang Xie, Shuyu Liu, Jinghua Cheng, Lijun Wang,... Jianbin Gong	Regulatory Toxicology and Pharmacology	2017 Oct；89:148－154
Subchronic toxicity study of yttrium nitrate by 90－day repeated oral exposure in rats	Yi－Mei Wang, Zhou Yu, Zeng－Ming Zhao, Li Jia,... Shuang－Qing Peng	Regulatory Toxicology and Pharmacology	2017 Nov；90:116－125
Acute toxicity, 28－day repeated－dose toxicity and toxicokinetic study of timosaponin BII in rats	Ni Lin, Baofeng Liu, Jie Zhang, Yongpeng Long,... Baiping Ma	Regulatory Toxicology and Pharmacology	2017 Nov；90:244－257
Acute and subchronic toxicity studies of seabuckthorn (Hippophae rhamnoides L.) oil in rodents	Peng Zhao, Shaolong Wang, Chuan Liang, Yanwu Wang,... Guangqiu Qin	Regulatory Toxicology and Pharmacology	2017 Dec；91:50－57
Safety investigation on total steroid saponins extracts from Dioscorea zingiberensis C. H. Wright: Sub－acute and chronic toxicity studies on dogs	Xinxin Zhang, Ming Jin, Nigatu Tadesse, Liang Xian,... Yoichiro Ito	Regulatory Toxicology and Pharmacology	2017 Dec；91:58－67

续表

文 章 名 称	作 者	刊 物	卷号/期次/页码
Acute and a 28-day repeated-dose toxicity study of total flavonoids from Clinopodium chinense (Benth.) O. Ktze in mice and rats	Yonglin Gao, Yunzhi Wang, Kezhou Wang, Jing Zhu, ... Chenghua Guo	Regulatory Toxicology and Pharmacology	2017 Dec; 91:117-123
A new approach for risk assessment of aggregate dermal exposure to banned azo dyes in textiles	Xuezhang Chen, Qixi Deng, Shubao Lin, Chao Du, ... Jianjian Han	Regulatory Toxicology and Pharmacology	2017 Dec; 91:173-178
Safety assessment of transgenic canola RF3 with bar and barstar gene on Sprague-Dawley(SD)rats by 90-day feeding test	Tianqi Lang, Shiying Zou, Kunlun Huang, Mingzhang Guo, ... Xiaoyun He	Regulatory Toxicology and Pharmacology	2017 Dec; 91:226-234

附录 1.3.2　法庭科学期刊论文目录（2018）

文 章 名 称	作 者	刊 物	卷号/期次/页码
A brief review of forensically important flesh flies (Diptera: Sarcophagidae)	Lipin Ren, Yanjie Shang, Wei Chen, Fanming Meng, Jifeng Cai, Guanghui Zhu, Lushi Chen, Yong Wang, Jianqiang Deng & Yadong Guo	Forensic Sciences Research	2018 Mar 22; 3(1):16-26
Thanatomicrobiome composition profiling as a tool for forensic investigation	Wei Zhou & Yingnan Bian	Forensic Sciences Research	2018 May 31; 3(2):105-110

续表

文　章　名　称	作　　者	刊　　物	卷号/期次/页码
Polymorphism study of nine SNPs associated with subjective response to alcohol in Chinese Han, Hui, Tibetan, Mongolian and Uygur populations	Qingtao Wei, Yi Ye, Fan Chen, Jienan Li, Hao Wu, Yingqiang Fu, Youyi Yan & Linchuan Liao	Forensic Sciences Research	2018 Jun 12; 3(2):124－129
Forensic investigation of 23 autosomal STRs and application in Han and Mongolia ethnic groups	Xiang Sheng, Yali Wang, Jiashuo Zhang, Liqin Chen, Yuan Lin, Zhenmin Zhao, Chengtao Li & Suhua Zhang	Forensic Sciences Research	2018 Apr 2; 3(2):138－144
Genetic and structural characterization of 20 autosomal short tandem repeats in the Chinese Qinghai Han population and its genetic relationships and interpopulation differentiations with other reference populations	Zhanhai Wang, Bin Lu, Xiaoye Jin, Jiangwei Yan, Haotian Meng & Bofeng Zhu	Forensic Sciences Research	2018 Jul 18; 3(2):145－152
RNA-seq profiling reveals differentially expressed genes as potential markers for vital reaction in skin contusion: a pilot study	Jingtao Xu, Rui Zhao, Ye Xue, Huanqin Xiao, Yanliang Sheng, Dong Zhao, Jietao He, Hongyan Huang, Qi Wang & Huijun Wang	Forensic Sciences Research	2017 Jul 18; 3(2):153－160
Review of the accreditation of digital forensics in China	Hong Guo & Junlei Hou	Forensic Sciences Research	2018 Oct 4; 3(3):194－201
Narrative study on witnesses' involvement in their statements	Wen Guan, Luping Zhang	Journal of Forensic Science and Medicine	2018 Issue 1

文　章　名　称	作　　者	刊　　物	卷号/期次/页码
Confrontation clause after Crawford and its impact on the admissibility of forensic evidence：A comparative study on the United States and China	Xingyi Wang	Journal of Forensic Science and Medicine	2018 Issue 1
Study on problems in forensic DNA identification standardization in China and countermeasures for the same	Li Yuan	Journal of Forensic Science and Medicine	2018 Issue 1
Development of China's forensic science in statistics：2005-2016	Xu Wang，He-Juan Jiao，Hai-Biao Zhu，He Yuan	Journal of Forensic Science and Medicine	2018 Issue 1
The application of next-generation sequencing to validate D12S391 microvariation	Qingxia Zhang，Jinjie Liu，He Ren，Shuai Sun，Yi Zhao，Chong Chen，Li Jia，Yacheng Liu，Jiangwei Yan	Journal of Forensic Science and Medicine	2018 Issue 2
Vitreous humor：A review of biochemical constituents in postmortem interval estimation	Weichen Li，Yunfeng Chang，Zijia Cheng，Jiang Ling，Leiming Han，Xingmei Li，Yanjun Ding	Journal of Forensic Science and Medicine	2018 Issue 2
Epileptic seizure-induced cardiac injury as a cause of sudden unexpected death in epilepsy：Evidence from pathological analyses	Tao Song，Shisheng Zhu，Jianbo Li	Journal of Forensic Science and Medicine	2018 Issue 2
Genetic diversities of 23 Y-Chromosome short tandem repeat loci in a han population in the Beijing Region	Shicheng Hao，Xuan Zhang，Yan Liu，Di Lu	Journal of Forensic Science and Medicine	2018 Issue 2

续表

文 章 名 称	作 者	刊 物	卷号/期次/页码
The evaluation of insertion and deletion polymorphism in population and personal identification amidst Chinese populations	Hui Sun, Caiyong Yin, Lei Shang, Chong Wang, Kaiyuan Su, Wanshui Li, Feng Chen, Shilin Li	Journal of Forensic Science and Medicine	2018 Issue 3
The validation of Goldeneye™ DNA ID 22NC kit and the genetic polymorphism of 21 short tandem repeat loci in the Chinese Hunan Han population	Xiaoliang Fu, Shule Sun, Yanfang Liu, Jing He, Jifeng Cai, Zha Lagabayila	Journal of Forensic Science and Medicine	2018 Issue 3
Differentially expressed micr-oRNAs as potential markers for vital reaction of burned skin	Hao-Pin Lyu, Ming Cheng, Jin-Cen Liu, Ming-Yuan Ye, Di Xu, Jie-Tao He, Xiao-Li Xie, Qi Wang	Journal of Forensic Science and Medicine	2018 Issue 3
An empirical study of exploring nonphonetic forensic speaker recognition features	Xin Guan	Journal of Forensic Science and Medicine	2018 Issue 3
Handwriting identification: Challenges and solutions	Liu Xiaohong, Lian Yuanyuan	Journal of Forensic Science and Medicine	2018 Issue 3
Deaths due to electrocution: An evaluation of death scene investigations and autopsy findings	Brittani K. Massey, Mohammed A. Sait, William L. A. Johnson, Mary Ripple, David R. Fowler, Ling Li	Journal of Forensic Science and Medicine	2018 Issue 4
Research on subjective bias cognition effect in handwriting identification	Bing Li, Tiantian Ma	Journal of Forensic Science and Medicine	2018 Issue 4
On trends of the role transition from expert assistant to expert witness	Baosheng Zhang, Shuai Dong, Ping Yang	Journal of Forensic Science and Medicine	2018 Issue 4
Forensic investigation of atypical asphysia	Zhe Cao, Zhiyuan An, Xiaoning Hou, Dong Zhao	Journal of Forensic Science and Medicine	2018 Issue 4

续表

文 章 名 称	作 者	刊 物	卷号/期次/页码
Assessment of signature handwriting evidence via score – based likelihood ratio based on comparative measurement of relevant dynamic features	Xiao–hong Chen, Christophe Champod, Xu Yang, Shao – pei Shi, … Qi – meng Lu	Forensic Science International	2018 Jan; 282:101–110
Simultaneous drug identification in urine of sexual assault victims by using liquid chromatography tandem mass spectrometry	Hei Hwa Lee, Suen Chi Chen, Jong Feng Lee, Hsin Yu Lin, Bai Hsiun Chen	Forensic Science International	2018 Jan; 282:35–40
Slight variations of breech face marks and firing pin impressions over 3070 consecutive firings evaluated by Evofinder®	Kaifeng Zhang, Yaping Luo	Forensic Science International	2018 Feb; 283:85–93
Sensitive and rapid determination of glyphosate, glufosinate, bialaphos and metabolites by UPLC–MS/MS using a modified Quick Polar Pesticides Extraction method	Hao Guo, Huijun Wang, Jing Zheng, Wenwen Liu, … Qingbiao Zhao	Forensic Science International	2018 Feb; 283:111–117
Disappearance of R/S – methamphetamine and R/S – amphetamine from human scalp hair after discontinuation of methamphetamine abuse	Ting Wang, Baohua Shen, Hejian Wu, Jingying Hu, … Ping Xiang	Forensic Science International	2018 Mar; 284:153–160
Development of Musca domestica at constant temperatures and the first case report of its application for estimating the minimum postmortem interval	Yu Wang, Lijun Yang, Yingna Zhang, Luyang Tao, Jiangfeng Wang	Forensic Science International	2018 Apr; 285:172–180

续表

文 章 名 称	作 者	刊 物	卷号/期次/页码
Visual and oxide analysis for identification of electrical fire scene	Dongbai Xie, Wen Wang, Shilei Lv, Shi Deng	Forensic Science International	2018 Apr; 285:e21-e24
Evaluation of three rapid oral fluid test devices on the screening of multiple drugs of abuse including ketamine	Magdalene H. Y. Tang, C. K. Ching, Simon Poon, Suzanne S. S. Chan, ... Tony W. L. Mak	Forensic Science International	2018 May; 286:113-120
Pilot study of feature-based algorithm for breech face comparison	Hao Zhang, Jialiang Gu, Jin Chen, Fuzhong Sun, Hua Wang	Forensic Science International	2018 May; 286:148-154
Estimating the age of Lucilia illustris during the intrapuparial period using two approaches: Morphological changes and differential gene expression	Yu Wang, Zhi-ya Gu, Shui-xiu Xia, Jiang-feng Wang, ... Lu-yang Tao	Forensic Science International	2018 Jun; 287:1-11
Detection of latent fingerprint hidden beneath adhesive tape by optical coherence tomography	Ning Zhang, Chengming Wang, Zhenwen Sun, Zhigang Li, ... Xiaojing Xu	Forensic Science International	2018 Jun; 287:81-87
Exposing splicing forgery based on color temperature estimation	Peng Sun, Yubo Lang, Shu Fan, Zhe Shen, ... Silong Peng	Forensic Science International	2018 Aug; 289:1-11
Alcohol consumption or contamination: A preliminary study on the determination of the ethanol origin by stable carbon isotope analysis	Hang Chen, Baohua Shen, Sujing Zhang, Ping Xiang, ... Min Shen	Forensic Science International	2018 Aug; 289:374-380
Sex determination of Han adults in Northeast China using cone beam computer tomography	Jilong Zheng, Shoutao Ni, Yunxin Wang, Biao Zhang, ... Shuo Jiang	Forensic Science International	2018 Aug; 289:450. e1-450. e7

续表

文 章 名 称	作 者	刊 物	卷号/期次/页码
Rapid qualitative and quantitative analysis of methamphetamine, ketamine, heroin, and cocaine by near-infrared spectroscopy	Cui-mei Liu, Yu Han, Shun-geng Min, Wei Jia, ... Pei-pei Liu	Forensic Science International	2018 Sep; 290:162-168
Developing a MtSNP-based genotyping system for genetic identification of forensically important flesh flies (Diptera: Sarcophagidae)	Wei Chen, Yanjie Shang, Lipin Ren, Kai Xie, ... Yadong Guo	Forensic Science International	2018 Sep; 290:178-188
Cluster of acute poisonings associated with an emerging ketamine analogue, 2-oxo-PCE	Magdalene H. Y. Tang, Y. K. Chong, Candace Y. Chan, C. K. Ching, ... Tony W. L. Mak	Forensic Science International	2018 Sep; 290:238-243
Determining the initial impact of rear-end collisions by trace evidence left on the vehicle from tires: A case report	T. Hugh Woo, Chun Liang Wu	Forensic Science International	2018 Oct; 291:17-22
Genetic polymorphism analysis of 40 Y-chromosomal STR loci in seven populations from South China	Changhui Liu, Xiaolong Han, Yunbing Min, Hong Liu, ... Chao Liu	Forensic Science International	2018 Oct; 291:109-114
Methods for describing different results obtained from different methods in accident reconstruction	Tiefang Zou, Fenglin He, Ming Cai, Yuelin Li	Forensic Science International	2018 Oct; 291:253-259
Sensitive determination of nine anticoagulant rodenticides in blood byhigh resolution mass spectrometry with supported liquid extraction pretreatment	Xue Gao, Hongge Li, Hui Li, Shuai Dong, ... Qingbiao Zhao	Forensic Science International	2018 Nov; 292:39-44

文 章 名 称	作 者	刊 物	卷号/期次/页码
Application of the injury scales in homicides	Feng Li, Sihai Liu, Xuesong Lu, Ying Ou, Paul S. F. Yip	Forensic Science International	2018 Nov; 292:83-89
Applicability and accuracy of Demirjian and Willems methods in a population of Eastern Chinese subadults	Jian Wang, Xuebing Bai, Miaochen Wang, Zijie Zhou,... Jiang Tao	Forensic Science International	2018 Nov; 292:90-96
A virtual reality method for digitally reconstructing traffic accidents from videos or still images	Peifeng Jiao, Qifeng Miao, Meichao Zhang, Weidong Zhao	Forensic Science International	2018 Nov; 292:176-180
Massive parallel sequencing of mitochondrial DNA genomes from mother-child pairs using the ion torrent personal genome machine (PGM)	Ke Ma, Xueying Zhao, Hui Li, Yu Cao, Wei Li, Jian Ouyang, Lu Xie, Wenbin Liu	Forensic Science International:Genetics	2018 Jan; 32:88-93
Genetic analysis of 29 Y-STR loci in the Chinese Han population from Shanghai	Yuxiang Zhou, Chengchen Shao, Liming Li, Yaqi Zhang, Baonian Liu, Qinrui Yang, Qiqun Tang, Shilin Li, Jianhui Xie	Forensic Science International:Genetics	2018 Jan; 32:e1-e4
DNA methylation markers in combination with skeletal and dental ages to improve age estimation in children	Lei Shi, Fan Jiang, Fengxiu Ouyang, Jun Zhang, Zhimin Wang, Xiaoming Shen	Forensic Science International:Genetics	2018 Mar; 33:1-9
Inferring Chinese surnames with Y-STR profiles	Cheng-Min Shi, Changzhen Li, Liang Ma, Lianjiang Chi, Jing Zhao, Wuzhou Yuan, Zhendiao Zhou, Jiang-Wei Yan, Hua Chen	Forensic Science International:Genetics	2018 Mar; 33:66-71

文 章 名 称	作 者	刊 物	卷号/期次/页码
A performance study on three qPCR quantification kits and their compatibilities with the 6-dye DNA profiling systems	Sze-wah Lin, Christina Li, Stephen C. Y. Ip	Forensic Science International; Genetics	2018 Mar; 33:72-83
Semen-specific miRNAs: Suitable for the distinction of infertile semen in the body fluid identification?	Huan Tian, Meili Lv, Zhilong Li, Duo Peng, Yu Tan, Hui Wang, Qingqing Li, Fuping Li, Weibo Liang	Forensic Science International; Genetics	2018 Mar; 33:161-167
Forensic genetic informativeness of an SNP panel consisting of 19 multi-allelic SNPs	Zehua Gao, Xiaogang Chen, Yuancun Zhao, Xiaohong Zhao, Shu Zhang, Yiwen Yang, Yufang Wang, Ji Zhang	Forensic Science International; Genetics	2018 May; 34:49-56
Construction and forensic genetic characterization of 11 autosomal haplotypes consisting of 22 tri-allelic indels	Xiaohong Zhao, Xiaogang Chen, Yuancun Zhao, Shu Zhang, Zehua Gao, Yiwen Yang, Yufang Wang, Ji Zhang	Forensic Science International; Genetics	2018 May; 34:71-80
Evaluation of parentage testing accuracy of child trafficking cases: Combining the exclusion probability and likelihood ratio approaches	Kexin Yu, Wing Kam Fung	Forensic Science International; Genetics	2018 May; 34:81-87
A 472-SNP panel for pairwise kinship testing of second-degree relatives	Shao-Kang Mo, Zi-Lin Ren, Ya-Ran Yang, Ya-Cheng Liu, Jing-Jing Zhang, Hui-Juan Wu, Zhen Li, Xiao-Chen Bo, Sheng-Qi Wang, Jiang-Wei Yan, Ming Ni	Forensic Science International; Genetics	2018 May; 34:178-185

文 章 名 称	作 者	刊 物	卷号/期次/页码
Massively parallel sequencing of 165 ancestry informative SNPs in two Chinese Tibetan-Burmese minority ethnicities	Zheng Wang, Guanglin He, Tao Luo, Xueying Zhao, Jing Liu, Mengge Wang, Di Zhou, Xu Chen, Chengtao Li, Yiping Hou	Forensic Science International:Genetics	2018 May; 34:141-147
Systematic feature selection improves accuracy of methylation-based forensic age estimation in Han Chinese males	Lei Feng, Fuduan Peng, Shanfei Li, Li Jiang, Hui Sun, Anquan Ji, Changqing Zeng, Caixia Li, Fan Liu	Forensic Science International:Genetics	2018 Jul; 35:38-45
Evaluation of the Microhaplotypes panel for DNA mixture analyses	Peng Chen, Caiyong Yin, Zheng Li, Yan Pu, Youjia Yu, Peng Zhao, Dexin Chen, Weibo Liang, Lin Zhang, Feng Chen	Forensic Science International:Genetics	2018 Jul; 35:149-155
A set of autosomal multiple InDel markers for forensic application and population genetic analysis in the Chinese Xinjiang Hui group	Tong Xie, Yuxin Guo, Ling Chen, Yating Fang, Yunchun Tai, Yongsong Zhou, Pingming Qiu, Bofeng Zhu	Forensic Science International:Genetics	2018 Jul; 35:1-8
Massively parallel sequencing of 124 SNPs included in the precision ID identity panel in three East Asian minority ethnicities	Jing Liu, Zheng Wang, Guanglin He, Xueying Zhao, Mengge Wang, Tao Luo, Chengtao Li, Yiping Hou	Forensic Science International:Genetics	2018 Jul; 35:141-148
Two-person DNA mixture interpretation based on a novel set of SNP-STR markers	Yu Tan, Peng Bai, Li Wang, Hui Wang, Huan Tian, Hui Jian, Ranran Zhang, Yuqing Liu, Weibo Liang, Lin Zhang	Forensic Science International:Genetics	2018 Nov; 37:37-45

续表

文　章　名　称	作　　者	刊　物	卷号/期次/页码
The evaluation of forensic characteristics and the phylogenetic analysis of the Ong Be language-speaking population based on Y-STR	Haoliang Fan, Xiao Wang, Haixiang Chen, Ren Long, Anwen Liang, Wenhui Li, Jianhua Chen, Weihuan Wang, Yihong Qu, Tao Song, Peng Zhang, Jianqiang Deng	Forensic Science International: Genetics	2018 Nov; 37:e6-e11
Evaluation of the inclusion of circular RNAs in mRNA profiling in forensic body fluid identification	Yaqi Zhang, Baonian Liu, Chengchen Shao, Hongmei Xu, Aimin Xue, Ziqin Zhao, Yiwen Shen, Qiqun Tang, Jianhui Xie	International Journal of Legal Medicine	2018 Jan; 132(1): 43-52
Population data of 23 autosomal STR loci in the Chinese Han population from Guangdong Province in southern China	Luyu Yang, Xiufeng Zhang, Lijuan Zhao, Yanan Sun, Jiajue Li, Renwu Huang, Liping Hu, Shengjie Nie	International Journal of Legal Medicine	2018 Jan; 132(1): 133-135
Population genetic analysis of the Globalfiler STR loci in 3032 individuals from the Altay Han population of Xinjiang in northwest China	XueBo Li, Liangliang Li, Qingshan Wang, Jianzhong Zhang, Wendong Ge, Rufeng Bai, Xiaojun Yu, Meisen Shi	International Journal of Legal Medicine	2018 Jan; 132(1): 141-143
Population data and forensic efficiency of 21 autosomal STR loci included in AGCU EX22 amplification system in the Wanzhou Han population	Xing Zou, Yongguo Li, Zehong Wei, Ting Wang, Yue Hu, Ying Zhu, Jianbo Li, Renkuan Tang	International Journal of Legal Medicine	2018 Jan; 132(1): 153-155

文 章 名 称	作 者	刊 物	卷号/期次/页码
Evaluation of specific neural marker GAP-43 and TH combined with Masson-trichrome staining for forensic autopsy cases with old myocardial infarction	Tian-Shui Yu, Xu Wang, Hai-Dong Zhang, Ru-Feng Bai, Rui Zhao, Da-Wei Guan	International Journal of Legal Medicine	2018 Jan; 132(1): 187-195
Developmental validation of a 6-dye STR kit with 27 loci	Shuanglin Li, Ling Chen, Yanfang Wang, Quyi Xu, Hong Liu, Yue Li, Chao Liu	International Journal of Legal Medicine	2018 Mar; 132(2): 335-342
An SNP panel for the analysis of paternally inherited alleles in maternal plasma using ion Torrent PGM	Donggui Yang, Hao Liang, Shaobin Lin, Qing Li, Xiaoyan Ma, Jun Gao, Hongyu Sun, Qingqing Chen, Ji-anzhu Wu, Xueling Ou	International Journal of Legal Medicine	2018 Mar; 132(2): 343-352
X-chromosomal STR-based genetic structure of Sichuan Tibetan minority ethnicity group and its relationships to various groups	Guanglin He, Ye Li, Xing Zou, Ying Zhang, Hepei Li, Mengge Wang, Jin Wu	International Journal of Legal Medicine	2018 Mar; 132(2): 409-413
Serum lipid feature and potential biomarkers of lethal ventricular tachyarrhythmia (LVTA) induced by myocardial ion channel diseases: a rat model study	Jiayan Wu, Qian Wu, WenTao Dai, Jing Kong, Junyao Lv, Xiaojun Yu, Xingxing Wang, Dian Wang	International Journal of Legal Medicine	2018 Mar; 132(2): 439-448
Identification of pulmonary edema in forensic autopsy cases of fatal anaphylactic shock using Fourier transform infrared microspectroscopy	Hancheng Lin, Yiwen Luo, Lei Wang, Kaifei Deng, Qiran Sun, Ruoxi Fang, Xin Wei, Shuai Zha, Zhenyuan Wang, Ping Huang	International Journal of Legal Medicine	2018 Mar; 132(2): 477-486

续表

文 章 名 称	作 者	刊 物	卷号/期次/页码
Studies on the radiographic visibility of the periodontal ligament in lower third molars: can the Olze method be used in the Chinese population?	Yu-cheng Guo, Mu-jia Li, Andreas Olze, Sven Schmidt, Ronald Schulz, Hong Zhou, Heidi Pfeiffer, Teng Chen, Andreas Schmeling	International Journal of Legal Medicine	2018 Mar; 132(2): 617-622
DUSP1 and KCNJ2 mRNA up-regulation can serve as a biomarker of mechanical asphyxia-induced death in cardiac tissue	Yan Zeng, Li Tao, Jianlong Ma, Liujun Han, Yehui Lv, Pan Hui, Heng Zhang, Kaijun Ma, Bi Xiao, Qun Shi, Hongmei Xu, Long Chen	International Journal of Legal Medicine	2018 May; 132(3): 655-665
Species identification of bloodstains by ATR-FTIR spectroscopy: the effects of bloodstain age and the deposition environment	Hancheng Lin, Yinming Zhang, Qi Wang, Bing Li, Shuanliang Fan, Zhenyuan Wang	International Journal of Legal Medicine	2018 May; 132(3): 667-674
Comparison of different methods for repairing damaged DNA from buffered and unbuffered formalin-fixed tissues	Yuxuan Liu, Huayu He, Shaohua Yi, Qingqing Hu, Wenqiong Zhang, Daixin Huang	International Journal of Legal Medicine	2018 May; 132(3): 675-681
The role of multislice computed tomography of the costal cartilage in adult age estimation	Kui Zhang, Fei Fan, Meng Tu, Jing-hui Cui, Jing-song Li, Zhao Peng, Zhen-hua Deng	International Journal of Legal Medicine	2018 May; 132(3): 791-798
Age estimation of Chinese children based on second molar maturity	Yu-cheng Guo, Guang Chu, Andreas Olze, Sven Schmidt, Ronald Schulz, Christian Ottow, Heidi Pfeiffer, Teng Chen, Andreas Schmeling	International Journal of Legal Medicine	2018 May; 132(3): 807-813

文 章 名 称	作 者	刊 物	卷号/期次/页码
Application of age assessment based on the radiographic visibility of the root pulp of lower third molars in a northern Chinese population	Yu‐cheng Guo, Guang Chu, Andreas Olze, Sven Schmidt, Ronald Schulz, Christian Ottow, Heidi Pfeiffer, Teng Chen, Andreas Schmeling	International Journal of Legal Medicine	2018 May; 132(3): 825-829
Genetic characteristics of 19 STRs in Chinese Uzbek ethnic and its phylogenetic relationships with other 24 populations	Xiaoye Jin, Wei Cui, Yuanyuan Wei, Yuling Mu, Qian Dong, Chong Chen, Yuxin Guo, Tingting Kong, Bofeng Zhu, Jiangang Chen	International Journal of Legal Medicine	2018 May; 132(3): 729-731
Genetic polymorphisms in 18 autosomal STR loci in the Tibetan population living in Tibet Chamdo, Southwest China	Zhenghui Li, Jian Zhang, Hantao Zhang, Ziqing Lin, Jian Ye	International Journal of Legal Medicine	2018 May; 132(3): 733-734
Establishment of 11 linked X‐STR loci within 1.1 Mb to assist with kinship testing	James Chun‐I Lee, Chun‐Yen Lin, Li‐Chin Tsai, Yu‐Jen Yu, Keng‐Hsien Liao, Adrian Linacre, Hsing‐Mei Hsieh	International Journal of Legal Medicine	2018 Jul; 132(4): 967-973
SNP typing using the HID‐Ion AmpliSeq™ Identity Panel in a southern Chinese population	Ran Li, Chuchu Zhang, Haiyan Li, Riga Wu, Haixia Li, Zhenya Tang, Chenhao Zhen, Jianye Ge, Dan Peng, Ying Wang, Hongying Chen, Hongyu Sun	International Journal of Legal Medicine	2018 Jul; 132(4): 997-1006

续表

文 章 名 称	作 者	刊 物	卷号/期次/页码
Inconsistent genotyping call at DYS389 locus and implications for interpretation	Zhiyong Liu, Dongtao Jia, Jingjing Zhang, Chen Li, Xi Zhang, Yaran Yang, Meng Yang, Man Chen, Zailiang Yu, Yan Wang, Jiangwei Yan	International Journal of Legal Medicine	2018 Jul; 132(4): 1043-1048
Forensic features and phylogenetic analyses of Sichuan Han population via 23 autosomal STR loci included in the Huaxia Platinum System	Guanglin He, Mengge Wang, Jing Liu, Yiping Hou, Zheng Wang	International Journal of Legal Medicine	2018 Jul; 132(4): 1079-1082
Population data and mutation rates of 20 autosomal STR loci in a Chinese Han population from Yunnan Province, Southwest China	Xiufeng Zhang, Linlin Liu, Runfang Xie, Guiyi Wang, Yuan Shi, Tao Gu, Liping Hu, Shengjie Nie	International Journal of Legal Medicine	2018 Jul; 132(4): 1083-1085
Genetic diversity and phylogenetic study of the Chinese Gelao ethnic minority via 23 Y-STR loci	Pengyu Chen, Yanyan Han, Guanglin He, Haibo Luo, Tianzhen Gao, Feng Song, Dengfu Wan, Jian Yu, Yiping Hou	International Journal of Legal Medicine	2018 Jul; 132(4): 1093-1096
Genetic variation and forensic characterization of highland Tibetan ethnicity reveled by autosomal STR markers	Guanglin He, Zheng Wang, Yongdong Su, Xing Zou, Mengge Wang, Jing Liu, Yiping Hou	International Journal of Legal Medicine	2018 Jul; 132(4): 1097-1102
Separation/extraction, detection, and interpretation of DNA mixtures in forensic science (review)	Ruiyang Tao, Shouyu Wang, Jiashuo Zhang, Jingyi Zhang, Zihao Yang, Xiang Sheng, Yiping Hou, Suhua Zhang, Chengtao Li	International Journal of Legal Medicine	2018 Sep; 132(5): 1247-1261

续表

文 章 名 称	作 者	刊 物	卷号/期次/页码
Genetic diagnosis of acute aortic dissection in South China Han population using next-generation sequencing	Jinxiang Zheng, Jian Guo, Lei Huang, Qiuping Wu, Kun Yin, Lin Wang, Tongda Zhang, Li Quan, Qianhao Zhao, Jianding Cheng	International Journal of Legal Medicine	2018 Sep; 132(5): 1273-1280
The forensic value of X-linked markers in mixed-male DNA analysis	HaiJun He, Lagabaiyila Zha, JinHong Cai, Jian Huang	International Journal of Legal Medicine	2018 Sep; 132(5): 1281-1285
Mutability analysis towards 21 STR loci included in the AGCU 21+1 kit in Chinese Han population	Qiong Lan, Hongdan Wang, Chunmei Shen, Yuxin Guo, Caiyong Yin, Tong Xie, Yating Fang, Yongsong Zhou, Bofeng Zhu	International Journal of Legal Medicine	2018 Sep; 132(5): 1287-1291
Forensic molecular genetic diversity analysis of Chinese Hui ethnic group based on a novel STR panel	Yating Fang, Yuxin Guo, Tong Xie, Xiaoye Jin, Qiong Lan, Yongsong Zhou, Bofeng Zhu	International Journal of Legal Medicine	2018 Sep; 132(5): 1297-1299
Population data and phylogenetic structure of Han population from Jiangsu province of China on GlobalFiler STR loci	Atif Adnan, Xiaoni Zhan, Kadirya Kasim, Allah Rakha, Xing Jia Xin	International Journal of Legal Medicine	2018 Sep; 132(5): 1301-1304
Genetic analysis of 17 Y-STR loci from 1026 individuals of Han populations in Jilin Province, Northeast China	Wen-Qing Chen, Zhen Feng, Wei Jin, Yi-Jun Zhang, Qiang Wang, Pei Li, Shi-Lin Li, Lan-Hai Wei, Gang Liu	International Journal of Legal Medicine	2018 Sep; 132(5): 1309-1311
Mutation rates at 42 Y chromosomal short tandem repeats in Chinese Han population in Eastern China	Weiwei Wu, Wenyan Ren, Honglei Hao, Hailun Nan, Xin He, Qiuling Liu, Dejian Lu	International Journal of Legal Medicine	2018 Sep; 132(5): 1317-1319

续表

文 章 名 称	作 者	刊 物	卷号/期次/页码
Third molar mineralization in relation to chronologic age estimation of the Han in central southern China	Ying Liu, Kun Geng, Yanhao Chu, Mindi Xu, Lagabaiyila Zha	International Journal of Legal Medicine	2018 Sep; 132(5): 1427-1435
Differentiation analysis for estimating individual ancestry from the Tibetan Plateau by an archaic altitude adaptation EPAS1 haplotype among East Asian populations	Li Jiang, Jianxiong Peng, Meisha Huang, Jing Liu, Ling Wang, Quan Ma, Hui Zhao, Xin Yang, Anquan Ji, Caixia Li	International Journal of Legal Medicine	2018 Nov; 132(6): 1527-1535
Analysis of COMT Val158Met polymorphisms and methylation in Chinese male schizophrenia patients with homicidal behavior	Yikai Hu, Chenghu Li, Yangfan Wang, Qinhan Li, Yidong Liu, Shengde Liao, Peiqing Cao, Hongmei Xu	International Journal of Legal Medicine	2018 Nov; 132(6): 1537-1544
Potential forensic biogeographic application of diatom colony consistency analysis employing pyrosequencing profiles of the 18S rDNA V7 region	Yuancun Zhao, Xiaogang Chen, Yiwen Yang, Xiaohong Zhao, Shu Zhang, Zehua Gao, Ting Fang, Yufang Wang, Ji Zhang	International Journal of Legal Medicine	2018 Nov; 132(6): 1611-1620
Genetic polymorphisms of 21 autosomal STR loci in Chinese Uygur ethnic population	Xingbo Song, Haimei Gou, Huiyu Zhong, Zhaoxia Zhang, Liang Wang, Minjin Wang, Juan Zhou, Yi Zhou, Xiaojun Lu, Jun Wang, Binwu Ying	International Journal of Legal Medicine	2018 Nov; 132(6): 1637-1639
Third molar maturity index (I3-M) for assessing age of majority in northern Chinese population	Guang Chu, Ya-hui Wang, Mu-jia Li, Meng-qi Han, Zhi-yong Zhang, Teng Chen, Hong Zhou, Yu-cheng Guo	International Journal of Legal Medicine	2018 Nov; 132(6): 1759-1768

续表

文 章 名 称	作 者	刊 物	卷号/期次/页码
Forensic evaluation of STR typing reliability in lung cancer	Peng Zhang, Ying Zhu, Yongguo Li, Shisheng Zhu, ... Jianbo Li	Legal Medicine	2018 Jan; 30:38-41
Null alleles and sequence variations at primer binding sites of STR loci within multiplex typing systems	Yining Yao, Qinrui Yang, Chengchen Shao, Baonian Liu, ... Jianhui Xie	Legal Medicine	2018 Jan; 30:10-13
Tri-allelic patterns of STRs and partially homologous non-sister chromatid crossover observed in a parentage test	Huiyong Jiao, He Ren, Yaran Yang, Bin Ni, ... Jiangwei Yan	Legal Medicine	2018 Jan; 30:34-37
Estimation of early postmortem interval in rats by GC-MS-based metabolomics	Zhigui Wu, Xiang Lu, Fan Chen, Xinhua Dai, ... Linchuan Liao	Legal Medicine	2018 Mar; 31:42-48
The genetic diversity and applicability assessment of autosomal STRs among Chinese populations by a novel Fixation Index and Nei's index	Caiyong Yin, Chuwei Deng, Xiaoqin Qian, Huijie Huang, ... Feng Chen	Legal Medicine	2018 Mar; 31:49-58
Genetic polymorphism of 21 non-CODIS STR loci in Chengdu Han population and its interpopulationanalysis between 25 populations in China	Ye Li, Hepei Li, Guanglin He, Weibo Liang, ... Jin Wu	Legal Medicine	2018 Mar; 31:14-16
Mutation analysis of 19 commonly used short tandem repeat loci in a Guangdong Han population	Cheng Xiao, Zhiyong Peng, Feilong Chen, Hui Yan, ... Ling Chen	Legal Medicine	2018 May; 32:92-97

续表

文　章　名　称	作　　者	刊　　物	卷号/期次/页码
Concordance of mitochondrial DNA sequencing methods on bloodstains using Ion PGM™	Lan Yao, Zhen Xu, Hemiao Zhao, Zheng Tu, ... Lihua Wan	Legal Medicine	2018 May; 32:27-30
Non－invasive prenatal paternity testing using cell－free fetal DNA from maternal plasma: DNA isolation and genetic marker studies	Shanshan Zhang, Shuyi Han, Maoxiu Zhang, Yunshan Wang	Legal Medicine	2018 May; 32:98-103
Estimation of stature and sex from sacrum and coccyx measurements by multidetector computed tomography in Chinese	Meng-jun Zhan, Fei Fan, Li-rong Qiu, Zhao Peng, ... Zhen-hua Deng	Legal Medicine	2018 Sep; 34:21-26
Trimethylamine in postmortem tissues as a predictor of postmortem interval estimation using the GC method	Weichen Li, Yunfeng Chang, Leiming Han, Xiaochen Liu, ... Yanjun Ding	Legal Medicine	2018 Nov; 35:80-85
Early postmortem interval estimation based on Cdc25b mRNA in rat cardiac tissue	Li Tao, Jianlong Ma, Liujun Han, Hongmei Xu, ... Long Chen	Legal Medicine	2018 Nov; 35:18-24
Two loci concurrent mutations in non－exclusion parentage cases using 19 STR profiles	Qiu－Ling Liu, Ye－Fei Chen, Yu Zang, Kai－Yan Liu, ... De－Jian Lu	Legal Medicine	2018 Nov; 35:73-76
A Prototype of Mathematical Treatment of Pen Pressure Data for Signature Verification	Chi－Keung Li Ph. D. , Siu－Kay Wong Ph. D. , Lai－Chu Joyce Chim Ph. D.	Journal of Forensic Sciences	2018 Jan; 63(1): 275-284
Two-stage Keypoint Detection Scheme for Region Duplication Forgery Detection in Digital Images	Mahmoud Emam M. Sc. , Qi Han Ph. D. , Hongli Z-hang Ph. D.	Journal of Forensic Sciences	2018 Jan; 63(1): 102-111

续表

文 章 名 称	作 者	刊 物	卷号/期次/页码
A Simple and Effective Physical Characteristic Profiling Method for Methamphetamine Tablet Seized in China	Tao Li M. S. , Zhendong Hua Ph. D. ,Xin Meng Ph. D. ,Cuimei Liu Ph. D.	Journal of Forensic Sciences	2018 Mar; 63(2): 541-547
Preliminary Study on Determining the Sequence of Intersecting Lines by Fluorescence Technique	Biao Li M. Sc. ,Guo liang Ouyang M. Sc. ,Peng nan Zhao M. Sc.	Journal of Forensic Sciences	2018 Mar; 63(2): 577-582
A Study on the Estimation of Postmortem Interval Based on Environmental Temperature and Concentrations of Substance in Vitreous Humor	Mingzhen Yang M. D. ,Huijun Li M. D. , Tiantong Yang M. D. , Zijiao Ding M. D. , Shifan Wu M. D. , Xingang Qiu M. D. , Qian Liu M. D.	Journal of Forensic Sciences	2018 May; 63(3): 745-751
Simultaneous Determination of 13 Anticoagulant Rodenticidesin Human Blood by Liquid Chromatography-Tandem Mass Spectrometry and its Application in Three Poisoning Cases	Zheng Qiao M. Sc. , Ping Xiang Ph. D. ,Baohua Shen M. Sc. , Min Shen M. Sc. , Hui Yan Ph. D.	Journal of Forensic Sciences	2018 May; 63(3): 784-792
A Simple and Efficient Method of Extracting DNA from Aged Bones and Teeth	Qiqi Liu Ph. D. , Liyan Liu B. S. , Minli Zhang B. S. , Qingzhen Zhang B. S. , Qiong Wang B. S. , Xiaoran Ding Ph. D. , Liting Shao B. S. ,Zhe Zhou Ph. D. ,Shengqi Wang Ph. D.	Journal of Forensic Sciences	2018 May; 63(3): 824-828
Rare Death Via Histamine Poisoning Following Crab Consumption: A Case Report	Yang Yu M. D. ,Ping Wang M. M. , Ligong Bian M. D. ,Shijun Hong M. D.	Journal of Forensic Sciences	2018 May; 63(3): 980-982

续表

文 章 名 称	作 者	刊 物	卷号/期次/页码
Carbon and Nitrogen Stable Isotope Analyses of Ephedra Plant and Ephedrine Samples and Their Application For Methamphetamine Profiling	Cuimei Liu Ph. D. , Peipei Liu M. S. , Wei Jia M. S. , Yingfeng Fan M. S.	Journal of Forensic Sciences	2018 Jul; 63(4): 1053-1058
Authentication of Surveillance Videos: Detecting Frame Duplication Based on Residual Frame	Sondos M. Fadl M. Sc. , Qi Han Ph. D. , Qiong Li Ph. D.	Journal of Forensic Sciences	2018 Jul; 63(4): 1099-1109
The Pharmacokinetics of Morphine and Codeine in Human Plasma and Urine after Oral Administration of Qiangli Pipa Syrup	Bin-bin Guo M. S. , Yuqiao Zhang M. S. , Shengfeng Wang Ph. D. , Jinsong Ding Ph. D. , Wenhu Zhou Ph. D.	Journal of Forensic Sciences	2018 Jul; 63(4): 1221-1228
Discrimination of Geographical Origin of Asian Garlic Using Isotopic and Chemical Datasets under Stepwise Principal Component Analysis	Tsang-Sen Liu Ph. D. , Jhen-Nan Lin M. S. , Tsung-Ren Peng Ph. D.	Journal of Forensic Sciences	2018 Sep; 63(5): 1366-1373
Study on the Method Used to Display Self-fading Lines and Erasable Lines	Biao Li M. Sc. , Guoliang Ouyang M. Sc. , Lijuan Yao M. Sc.	Journal of Forensic Sciences	2018 Sep; 63(5): 1545-1555
Organizing a Proficiency Testing Program on Stamp Impressions Examination in Accordance with ISO/IEC 17043 Requirements	Chi-keung Li Ph. D. , Janesse Wing-sze Hui Ph. D. , Chi-Ming Pang Ph. D.	Journal of Forensic Sciences	2018 Sep; 63(5): 1556-1560

续表

文 章 名 称	作　　者	刊　　物	卷号/期次/ 页码
Massively Parallel Sequencing of Forensic STRs Using the Ion Chef™ and the Ion S5™ XL Systems	Le Wang Ph. D. ,Man Chen B. S. ,Bo Wu M. S. , Yi-Cheng Liu B. S. ,Guang-Feng Zhang M. S. ,Li Jiang Ph. D. ,Xiu-Lan Xu B. S. , Xing-Chun Zhao M. S. , An-Quan Ji M. S. , Jian Ye Ph. D.	Journal of Forensic Sciences	2018 Nov; 63(6): 1692-1703
CXCL1 and CXCR2 as potential markers for vital reactions in skin contusions	Jie-Tao He, Hong-Yan Huang,Dong Qu, Ye Xue, Kai-kai Zhang, Xiao-Li Xie,Qi Wang	Forensic Science, Medicine and Pathology	2018 Jun; 14(2): 174-179
Diagnostic role of serum tryptase in anaphylactic deaths in forensic medicine: A systematic review and meta-analysis	Kai-Jian Sun, Jie-Tao He,Hong-Yan Huang,Ye Xue,Xiao-Li Xie,Qi W-ang	Forensic Science, Medicine and Pathology	2018 Jun; 14(2): 209-215
Fatal unexpected death due to familial hemophagocytic lymphohistiocytosis type 3	Jiao Mu, Chunting Jin, Zhenglian Chen, Jianfeng Li,Bin Lv,Hongmei Dong	Forensic Science, Medicine and Pathology	2018 Sep; 14(3): 372-376
Rhabdomyolysis observed at forensic autopsy: A series of 52 cases	Hsuan-Yun Hu, Shyh-Yuh Wei,Chih-Hsin Pan	Forensic Science, Medicine and Pathology	2018 Dec; 14(4): 424-431
The detection and identification of saliva in forensic samples by RT-LAMP	Li-Chin Tsai,Chih-Wen Su, James Chun-I Lee, Yu-Sheng Lu, Hsuan-Chen Chen,Yu-Chih Lin, Adrian Linacre, Hsing-Mei Hsieh	Forensic Science, Medicine and Pathology	2018 Dec; 14(4): 469-477

续表

文 章 名 称	作 者	刊 物	卷号/期次/页码
TDCPP protects cardiomyocytes from hypoxia‐reoxygenation injury induced apoptosis through mitigating calcium overload and promotion GSK‐3β phosphorylation	Xiju He, Shoutian Li, Xiaoxia Fang, Yanhong Liao	Regulatory Toxicology and Pharmacology	2018 Feb; 92:39‐45
Genotoxicity and 28‐day oral toxicity studies of a functional food mixture containing maltodextrin, white kidney bean extract, mulberry leaf extract, and niacin‐bound chromium complex	Cheng‐Tien Wu, Chen‐Yuan Chiu, Chun‐Fa Huang, Fu‐Chuo Peng, Shing‐Hwa Liu	Regulatory Toxicology and Pharmacology	2018 Feb; 92:67‐74
Subchronic bisphenol S exposure affects liver function in mice involving oxidative damage	Zhen Zhang, Lihua Lin, Yating Gai, Ying Hong, ... Luna Weng	Regulatory Toxicology and Pharmacology	2018 Feb; 92:138‐144
Acute and sub‐chronic toxicological studies of the iridoid glycosides extract of Lamiophlomis rotata（Benth.）Kudo in rats	Quanlong Zhang, Zhujun Mao, Qiaoyan Zhang, Jianguo Qiu, ... Luping Qin	Regulatory Toxicology and Pharmacology	2018 Feb; 92:315‐323
Treatment of β‐thujaplicin counteracts di（2‐ethylhexyl）phthalate（DEHP）‐exposed vascular smooth muscle activation, inflammation and atherosclerosis progression	Mei Fen Shih, Kuang‐Hung Pan, Chia‐Chyuan Liu, Chia‐Rui Shen, Jong Yuh Cherng	Regulatory Toxicology and Pharmacology	2018 Feb; 92:333‐337
Primary study on the toxic mechanism of vanadyl trehalose in Kunming mice	Pingzhe Jiang, Qiqi Liu, Zaizhong Ni, Qian Wei, ... Minggang Li	Regulatory Toxicology and Pharmacology	2018 Apr; 94:1‐7

文 章 名 称	作　者	刊　物	卷号/期次/页码
Toxicity assessment of the extractables from multi - layer coextrusion poly ethylene bags exposed to pH = 5 solution containing 4% benzyl alcohol and 0.1 M sodium acetate	Jingcong Zhuang, Xuebin Xing, Di Wang, Zhenxia Du, … Sajid Hussain Siyal	Regulatory Toxicology and Pharmacology	2018 Apr; 94:47-56
Antinociception of the spirocyclopiperazinium salt compound LXM-15 via activating α7 nAChR and M4 mAChR and inhibiting CaMKIIα/cAMP/CREB/CGRP signalling pathway in mice	Hua Yang, Qi Sun, Yingying Liang, Yimin Jiang, … Jia Ye	Regulatory Toxicology and Pharmacology	2018 Apr; 94:108-114
Developmental immunotoxicity is not associated with the consumption of transgenic Bt rice TT51 in rats	Jing Hu, Chunlai Liang, Xiaopeng Zhang, Qiannan Zhang,… Zhou Yu	Regulatory Toxicology and Pharmacology	2018 Apr; 94:197-202
Mechanism - informed read - across assessment of skin sensitizers based on SkinSensDB	Chun - Wei Tung, Chia - Chi Wang, Shan-Shan Wang	Regulatory Toxicology and Pharmacology	2018 Apr; 94:276-282
No subchronic toxicity of multiple herbicide - resistant soybean FG72 in Sprague-Dawley rats by 90-days feeding study	Zixin Xie, Shiying Zou, Wentao Xu, Xu Liu,… Xiaoyun He	Regulatory Toxicology and Pharmacology	2018 Apr; 94:299-305
The antithrombotic, anticoagulant activity and toxicity research of ambinine, an alkaloid from the tuber of Corydalis ambigua var. amurensis	Sheng Chang, Zhiyou Yang, Na Han, Zhihui Liu, Jun Yin	Regulatory Toxicology and Pharmacology	2018 Jun; 95:175-181

文 章 名 称	作 者	刊 物	卷号/期次/页码
A pre-clinical safety study of PEGylated recombinant human endostatin (M2ES) in Sprague Dawley rats	Xingchao Geng, Lifang Guo, Li Liu, Chao Wang, ... Bo Li	Regulatory Toxicology and Pharmacology	2018 Jun; 95:190-197
Safety evaluation of mulberry leaf extract: Acute, subacute toxicity and genotoxicity studies	Yuzhe Li, Xiaopeng Zhang, Chunlai Liang, Jing Hu, Zhou Yu	Regulatory Toxicology and Pharmacology	2018 Jun; 95:220-226
Safety assessment of vitacoxib: 180-day chronic oral toxicity studies	Jianzhong Wang, Tingting Zhao, Shusheng Tang, Suxia Zhang, ... Xingyuan Cao	Regulatory Toxicology and Pharmacology	2018 Jun; 95:244-249
Residue behavior and dietary intake risk assessment of carbosulfan and its metabolites in cucumber	Wencheng Song, Chunhong Jia, Junjie Jing, Ercheng Zhao, ... Pingzhong Yu	Regulatory Toxicology and Pharmacology	2018 Jun; 95:250-253
Acute and subchronic toxicities in dogs and genotoxicity of honokiol microemulsion	Xiujun Qin, Jingjing Yin, Wei Zhang, Jianguo Li, ... Shizhong Chen	Regulatory Toxicology and Pharmacology	2018 Jun; 95:362-370
Exposure to beta-cypermethrin impairs the reproductive function of female mice	Yong-jiang Zhou, Xiao-dan Wang, Sha Xiao, De-E Yu, ... Hui-quan Zhu	Regulatory Toxicology and Pharmacology	2018 Jun; 95:385-394
The safety of green tea and green tea extract consumption in adults-Results of a systematic review	Jiang Hu, Donna Webster, Joyce Cao, Andrew Shao	Regulatory Toxicology and Pharmacology	2018 Jun; 95:412-433
Toxicological evaluation of 6'-sialyllactose (6'-SL) sodium salt	Rit Bahadur Gurung, Dae Hee Kim, Lila Kim, Albert W. Lee, ... Yonglin Gao	Regulatory Toxicology and Pharmacology	2018 Jun; 95:182-189

续表

文　章　名　称	作　　者	刊　物	卷号/期次/页码
Subchronic toxicity study in rats evaluating genetically modified DAS-81419-2 soybean	Zhi-Yong Qian, Shu-Jing Zhang, Li Zhang, Jing Zhang, … Shu-Fei Li	Regulatory Toxicology and Pharmacology	2018 Jul; 96:48-56
Cantharides poisoning: A retrospective analysis from 1996 to 2016 in China	Youyou Zhang, Xiaowei Zhou, Jie Zhang, Chuhuai Guan, Liang Liu	Regulatory Toxicology and Pharmacology	2018 Jul; 96:142-145
Safety evaluation of genetically modified DAS-40278-9 maize in a subchronic rodent feeding study	Shiying Zou, Tianqi Lang, Xu Liu, Kunlun Huang, Xiaoyun He	Regulatory Toxicology and Pharmacology	2018 Jul; 96:146-152
Pesticide exposure and risk of Parkinson's disease: Dose-response meta-analysis of observational studies	Dandan Yan, Yunjian Zhang, Liegang Liu, Nian Shi, Hong Yan	Regulatory Toxicology and Pharmacology	2018 Jul; 96:57-63
Benchmark dose analysis of multiple thyroid toxicity endpoints in ovariectomized rats exposed to propylthiouracil	Hao Chen, Xiaopeng Zhang, Xudong Jia, Zhaoping Liu	Regulatory Toxicology and Pharmacology	2018 Aug; 97:120-126
The food safety of DP-356 Ø43 soybeans on SD rats reflected by physiological variables and fecal microbiota during a 90-day feeding study	Shiying Zou, Jiao Lu, Yunbo Luo, Xiaozhe Qi, … Xiaoyun He	Regulatory Toxicology and Pharmacology	2018 Aug; 97:144-151
A monitoring survey and dietary risk assessment for pesticide residues on peaches in China	Zhixia Li, Jiyun Nie, Zhen Yan, Yang Cheng, … An Li	Regulatory Toxicology and Pharmacology	2018 Aug; 97:152-162
Investigation on the relationship between critical body residue and bioconcentration in zebrafish based on bio-uptake kinetics for five nitro-aromatics	Yi Yang, Tiantian Li, Lichen Yan, Yang Yu, … Yuanhui Zhao	Regulatory Toxicology and Pharmacology	2018 Oct; 98:18-23

续表

文 章 名 称	作 者	刊 物	卷号/期次/页码
Determination of chidamide in rat plasma and cerebrospinal fluid	Haiyan Yang, Cong Li, Zhongjian Chen, Hanzhou Mou, Liqiang Gu	Regulatory Toxicology and Pharmacology	2018 Oct; 98:24-30
Parental transfer of perfluorooctane sulfonate and ZnO nanoparticles chronic co-exposure and inhibition of growth in F1 offspring	Jia Du, Junhong Tang, Shaodan Xu, Jingyuan Ge, … Meiqing Jin	Regulatory Toxicology and Pharmacology	2018 Oct; 98:41-49
Ginsenoside Rg1 protects against acetaminophen-induced liver injury via activating Nrf2 signaling pathway in vivo and in vitro	Chenqing Ning, Xiaoguang Gao, Changyuan Wang, Yulong Kong, … Kexin Liu	Regulatory Toxicology and Pharmacology	2018 Oct; 98:58-68
Acute, subchronic oral toxicity, and genotoxicity evaluations of LPM570065, a new potent triple reuptake inhibitor	Chunmei Li, Wanglin Jiang, Yonglin Gao, Fei Lin, … Jingwei Tian	Regulatory Toxicology and Pharmacology	2018 Oct; 98:129-139
Beta-cypermethrin exposure affects female reproduction by enhancing oxidative stress in mice uterine tissue	Yong-jiang Zhou, Hairong Huang, Jing Zhou, Li-qing Wang	Regulatory Toxicology and Pharmacology	2018 Oct; 98:284-290
A 28-day subchronic feeding study of chicken injected by genetically modified DNA-vaccine of avian influenzas in Sprague-Dawley rats	Yuan Cao, Xiaoyun He, Wentao Xu, Kunlun Huang	Regulatory Toxicology and Pharmacology	2018 Oct; 98:245-249
A review on silver nanoparticles-induced ecotoxicity and the underlying toxicity mechanisms	Jia Du, Junhong Tang, Shaodan Xu, Jingyuan Ge, … Meiqing Jin	Regulatory Toxicology and Pharmacology	2018 Oct; 98:231-239

续表

文 章 名 称	作 者	刊 物	卷号/期次/页码
A review on arsenic carcinogenesis: Epidemiology, metabolism, genotoxicity and epigenetic changes	Qing Zhou, Shuhua Xi	Regulatory Toxicology and Pharmacology	2018 Nov; 99:78-88
Toxicity effects of a novel potent triple reuptake inhibitor, LPM570065, on the fertility and early embryonic development in Sprague-Dawley rats	Wei Guo, Yonglin Gao, Wanglin Jiang, Chunmei Li, … Jingwei Tian	Regulatory Toxicology and Pharmacology	2018 Dec; 100:45-51
Residues, dissipation kinetics, and dietary intake risk assessment of two fungicides in grape and soil	Shouyi Wang, Qingtao Zhang, Yurong Yu, Ya Chen, … Deyu Hu	Regulatory Toxicology and Pharmacology	2018 Dec; 100:72-79

附录 2

证据科学研究生学位论文目录

附录 2.1 证据法学研究生学位论文目录(2017—2018)

附录 2.1.1 证据法学研究生学位论文目录(2017)

论 文 题 目	作 者	指导老师	学位	学位授予单位
反垄断法宽恕制度中的证据问题研究	郑雨晴	毕金平	硕士	安徽大学
论我国民事诉讼举证时限制度的完善	张慧君	王亚军	硕士	安徽大学
论刑事证据裁判原则的适用	颜 娟	余经林	硕士	安徽大学
事实认定中的法官裁量研究	张雅红	胡小红	硕士	安徽大学
消费者维权案件举证责任倒置制度研究	操丹丹	焦海涛	硕士	安徽大学
职务犯罪案件言词证据研究	王 胤	郭志远	硕士	安徽大学
WTO 争端解决中的举证责任问题研究	王 蓉	张卫彬	硕士	安徽财经大学
论环境侵权因果关系证明责任	闫秋菊	唐启光	硕士	安徽财经大学
我国涉外商事仲裁证据采纳规则研究	袁 琦	刘永伟	硕士	安徽财经大学
我国拥有黄岩岛主权的地图证据证明力研究	王 璇	张卫彬	硕士	安徽财经大学
排除合理怀疑证明标准研究——陈传钧案评析	赵 菁	余 亮	硕士	北京工商大学
民间借贷纠纷中的举证责任问题研究	宋 薇	侯德斌	硕士	长春理工大学
儿童证人制度研究	罗 伟	蔡维力	硕士	重庆大学
论法律问题与事实问题的区分——我国非法证据排除规则的困境与出路	王 胜	侣化强	硕士	重庆大学
证据法视角下的"审判中心主义"研究	万 力	侣化强	硕士	重庆大学
电子数据取证、保全、还原制度完善	李应骞	熊志海	硕士	重庆邮电大学
电子数据搜查程序研究	毕 悦	汪振林	硕士	重庆邮电大学
电子数据原件问题研究	田 雨	熊志海	硕士	重庆邮电大学
交通行政诉讼电子数据证据效力研究	李春来	韩 兵	硕士	重庆邮电大学

续表

论 文 题 目	作 者	指导老师	学位	学位授予单位
论电子合同的保全及其证据运用	孙　薇	熊志海	硕士	重庆邮电大学
论电子证据最佳证据规则	杨　青	黄　文 汪振林	硕士	重庆邮电大学
论知识产权诉讼诉前证据保全制度——以专利侵权诉讼为对象	王登鹏	何晓行	硕士	重庆邮电大学
我国证据保全理论的反思与完善——以民事证据为研究对象	陈凯玮	熊志海	硕士	重庆邮电大学
刑事电子数据的合法性问题研究	柴　静	汪振林	硕士	重庆邮电大学
刑事电子证据监督链基本问题研究	胡　娅	汪振林	硕士	重庆邮电大学
刑事诉讼中的实物证据保管链研究	邢茜茜	王志刚	硕士	重庆邮电大学
刑事诉讼中的直接言词原则研究——基于对"案卷笔录中心主义"的分析	张彬彬	陈纯柱	硕士	重庆邮电大学
刑事证据裁判原则适用问题研究	甘运丽	黄　文 汪振林	硕士	重庆邮电大学
医疗诉讼中的举证问题研究——以医生信息告知为视角	李　婷	朱　涛	硕士	重庆邮电大学
我国刑事非法证据排除规则的适用与完善	张　民	蒋跃川	硕士	大连海事大学
医疗侵权举证责任问题研究	沈　桥	王　勇 于正文	硕士	大连海事大学
《子不语》中司法官员的鬼神观对其裁判案件的影响研究	陈可可	张姗姗	硕士	东北师范大学
审判中心主义视角下我国刑事证据制度立法完善研究	赵连聪	贾国发	硕士	东北师范大学
检察机关在非法证据排除规则实施中的职权研究	王瑞涛	汪进元	硕士	东南大学
"证据不足"时无罪判决难的原因及破解	赵　旺	郜占川	硕士	甘肃政法学院

续表

论 文 题 目	作　者	指导老师	学位	学位授予单位
非法言词证据疑难问题研究	李少波	王宏璎	硕士	甘肃政法学院
论基层公安刑事案件侦查中证人证言的收集与审查	邹玉振	王宏璎	硕士	甘肃政法学院
论我国民事诉讼法中的电子数据——以电子数据的收集为视角	舒　静	马永伟	硕士	甘肃政法学院
民事诉讼举证时限制度分析	蒋　倩	马永伟	硕士	甘肃政法学院
网络诽谤罪的证据收集	朱祥祥	祁亚平	硕士	甘肃政法学院
我国刑事诉讼中亲属拒证权研究	姜国治	严　军	硕士	甘肃政法学院
刑事诉讼中电子数据证据能力及证明力研究	徐浩森	焦盛荣	硕士	甘肃政法学院
论网络犯罪案件电子证据的可采性	邵志华	邓立军	硕士	广东财经大学
论我国民事诉讼专家辅助人制度的完善	李漫漫	房文翠	硕士	广东财经大学
民事证据契约制度研究	黄佩华	罗筱琦	硕士	广东财经大学
我国民事诉讼证据交换的实践障碍与克服	赵伊宁	张晋红	硕士	广东财经大学
我国知识产权诉前证据保全问题研究	曾　丹	刘　平	硕士	广东财经大学
民事非法证据排除规则研究	杨玉娟	杨　帆 吴自力	硕士	广东外语 外贸大学
民事诉讼间接证据运用的案例研究——以逻辑推理与经验法则为视角	赵祥贵	黄俊阳	硕士	广西大学
民事诉讼中电子截屏证据的审查判断研究	周优菊	吴小英	硕士	广西大学
司法鉴定人民事法律责任的研究	宁　倩	孟勤国	硕士	广西大学
未成年人刑事诉讼中的品格证据适用研究	郭　强	伍光红	硕士	广西民族大学
我国刑事诉讼证人的人身保护制度研究	王惠敏	伍光红	硕士	广西民族大学
法院家事证据调查制度研究	张璐玲	蒋红彬	硕士	广西师范大学

续表

论文题目	作者	指导老师	学位	学位授予单位
公诉视角下毒品犯罪案件证据审查之若干问题研究	罗华英	胡余嘉	硕士	广西师范大学
纪检监察证据转化刑事证据研究	曾　之	付　健	硕士	广西师范大学
技术侦查证据运用问题研究	蒋振宇	蒋人文	硕士	广西师范大学
社交软件聊天记录证据在民事诉讼中的适用研究	申　雷	胡　辉	硕士	广西师范大学
我国非法言词证据排除规则研究	杨维春	曾小平	硕士	广西师范大学
我国民事诉讼自认制度研究	黄继湘	胡余嘉	硕士	广西师范大学
刑事证明标准层次性研究	杨凡玉	蒋人文	硕士	广西师范大学
刑事对质权研究	饶萍萍	李　明	硕士	广州大学
刑事证据能力审查程序的构建	林玥君	章礼明	硕士	广州大学
两岸刑事司法互助调查取证问题研究	张　兰	余贵忠	硕士	贵州大学
人民法院职权调查取证制度研究	王　梦	李卫国	硕士	贵州大学
我国电子数据证明力研究	廖嘉莉	余贵忠	硕士	贵州大学
刑事辨认制度研究	陈阿龙	余贵忠	硕士	贵州大学
刑事瑕疵证据补正问题研究——以166份刑事诉讼文书为研究样本	董　云	李卫国	硕士	贵州大学
刑事证人出庭作证调研报告——以贵阳市中级人民法院（2010—2015）为视角	罗珠玉	杨　军 徐晓光	硕士	贵州民族大学
疑罪从无的理论与实践——从三个典型案例的证据角度分析	凌　册	姚知兵 李小红	硕士	贵州民族大学
我国刑事交叉询问制度改革重构	张　妍	宋健强	硕士	哈尔滨工业大学
刑事诉讼中专家辅助人的诉讼地位研究	胡伟宪	吕维刚	硕士	哈尔滨商业大学
我国民事庭审笔录规范化研究	赵红杰	宋　强	硕士	海南大学

续表

论 文 题 目	作 者	指导老师	学位	学位授予单位
环境侵权责任纠纷案件的证据问题研究	孙 媛	柯阳友 宋瑞良	硕士	河北大学
强制刑事证人出庭作证制度研究	郝文刚	陈玉忠 朱良酷	硕士	河北大学
审查起诉环节证据审查问题研究——基于以审判为中心的分析	王 峰	何秉群 陈玉忠	硕士	河北大学
我国刑事质证制度研究	回子斌	冯 军	硕士	河北大学
刑事诉讼中专家辅助人制度研究	李 筱	姜保忠	硕士	河南财经 政法大学
"陈满案"的证据问题研究	张甜甜	韩 红	硕士	黑龙江大学
非法证据排除规则的法理学分析	孔 磊	杨昌宇	硕士	黑龙江大学
非法证据排除规则在审判阶段的适用	王中冠	韩 红	硕士	黑龙江大学
控制下交付证据制度研究	朱敬忠	陈 文	硕士	黑龙江大学
论民事诉讼中的重新鉴定	张 宇	哈书菊	硕士	黑龙江大学
论民事诉讼中法官释明权	袁 野	哈书菊	硕士	黑龙江大学
论民事诉讼自认制度	李禄禄	于 锐	硕士	黑龙江大学
论刑事瑕疵证据的补救	张 爽	韩 红	硕士	黑龙江大学
论刑事一审中非法证据排除程序	尤晓宇	孙 记	硕士	黑龙江大学
论重复自白的证据能力	郑彩玲	孙 记	硕士	黑龙江大学
审判中心主义背景下的刑事证据裁判原则	艾金鑫	李 欣	硕士	黑龙江大学
污点证人作证豁免制度研究	孟 芹	韩 红	硕士	黑龙江大学
刑事被害人不当陈述引发错案研究	李永艳	孙 记	硕士	黑龙江大学
刑事错案中的鉴定问题及对策	支亚亚	董 凯	硕士	黑龙江大学
刑事诉讼中重复鉴定的法律规制	张建美	孙 记	硕士	黑龙江大学
刑事证言审查判断中的错案防范	黄丽慧	孙 记	硕士	黑龙江大学

续表

论 文 题 目	作 者	指导老师	学位	学位授予单位
诱惑侦查中证据的可采性分析	姜海峰	孙 记	硕士	黑龙江大学
非法证据排除规则适用的实证分析——以新刑诉法实施 3 年来的裁判文书为分析样本	杨万浓	黄 捷	硕士	湖南师范大学
论我国民事诉讼证人证言制度的完善	孟思雨	刘宇晖	硕士	华北电力大学
手机短信证据在刑事诉讼中的提取与出示	陈 曦	赵旭光	硕士	华北电力大学
非法口供排除研究	廖世归	靳学仁 黄新民	硕士	华侨大学
家事诉讼示范证据运用问题研究	王飓微	陈慰星	硕士	华侨大学
民事诉讼专家辅助人问题研究	傅艳艳	许少波 邱仲华	硕士	华侨大学
民事瑕疵证据的司法判定研究	张虎翼	陈慰星 吴灿辉	硕士	华侨大学
知识产权诉讼科学证据规则研究	诸国忠	陈慰星 吴灿辉	硕士	华侨大学
知识产权诉讼证据保全制度研究	纪淑璐	陈慰星	硕士	华侨大学
论刑事案件中的"隐形证据"	冯振峰	彭真明	硕士	华中师范大学
论中国特色近亲属拒证权制度之构建	李 平	高宏贵	硕士	华中师范大学
刑事电子数据取证中的个人信息保护	袁金胜	黄新民	硕士	华中师范大学
检察机关审前适用非法证据排除规则研究	任 俊	王凤昌	硕士	吉林财经大学
民事诉讼电子证据相关问题研究	张亚恒	齐 盍	硕士	吉林财经大学
劳动争议举证责任研究	刘博研	冯彦君	硕士	吉林大学
论行政执法证据在刑事诉讼中的使用	孙 伟	谢登科	硕士	吉林大学
论我国民事诉讼证明妨碍制度	皇甫凤	霍海红	硕士	吉林大学
庭前会议中非法证据排除问题研究	尹 曼	杨 波	硕士	吉林大学

续表

论　文　题　目	作　者	指导老师	学位	学位授予单位
我国非法实物证据排除规则适用问题的研究	宋　涵	杨　波	硕士	吉林大学
我国离婚诉讼中虚假证据上升问题及其解决	王　欢	李洪祥	硕士	吉林大学
刑事简易程序证明标准差异性研究	傅珊珊	杨　波	硕士	吉林大学
刑事鉴定意见认证制度研究	李丰东	鲁鹏宇	硕士	吉林大学
刑事诉讼中纪检监察证据转化机制研究	鲁冰婉	李立丰	硕士	吉林大学
刑事证据资格研究	孙　锐	闵春雷	博士	吉林大学
职务犯罪侦查中非法证据排除问题研究	布启伟	李海滢	硕士	吉林大学
论我国非法证据排除规则	刘　洋	高长富	硕士	吉首大学
民间借贷纠纷举证责任研究	杨妮亚	吴文平	硕士	吉首大学
我国死刑案件定案证据标准研究	杨　阳	汤自军	硕士	吉首大学
我国非法证据排除规则问题研究	黄　程	刘同君	硕士	江苏大学
犯罪主观构成要件证明问题研究	蔡　旋	程小白	硕士	江西财经大学
论司法鉴定中的外来专业意见——以法医学鉴定为视角	袁世东	李忠民	硕士	江西财经大学
审判阶段非法言词证据排除疑难问题研究——以中国裁判文书网随机查阅的 100 篇相关裁判文书为视角	周寿林	胡嘉金	硕士	江西财经大学
我国贿赂案件污点证人豁免制度探究——以 134 例行贿案件为样本	刘　强	郭晓红	硕士	江西财经大学
刑事诉讼律师拒证权探究	钟　超	易　虹	硕士	江西财经大学
医疗纠纷举证责任分配问题研究——以江西省某地区 2012—2014 年医疗诉讼案件为分析样本	何全伟	唐健飞	硕士	江西财经大学

续表

论 文 题 目	作 者	指导老师	学位	学位授予单位
以审判为中心背景下证人出庭制度的完善	王　磊	姜红仁	硕士	江西财经大学
证据存疑的无罪判决研究	廖妍荔	李忠民	硕士	江西财经大学
民事诉讼中法院调查取证研究	黄　婷	罗金寿	硕士	江西师范大学
环境民事公益诉讼中的证明责任合理分配研究	陈加玲	王嘎利 况继明	硕士	昆明理工大学
口供补强证据规则研究	许华超	何永军	硕士	昆明理工大学
刑事专家辅助人制度研究	郝雅月	何永军	硕士	昆明理工大学
非法证据排除规则视域中的有效辩护问题研究	张文强	拜荣静	硕士	兰州大学
论民事诉讼虚假证据及其防范	玄月玲	刘志坚	硕士	兰州大学
论我国民事诉讼证明妨碍制度的完善	张小青	陈国文 张耀泽	硕士	兰州大学
从张氏叔侄案看刑事证据印证规则的运用	王斯惠	张云鹏	硕士	辽宁大学
当事人真实陈述义务研究	程子恩	姜　群	硕士	辽宁大学
国际刑事法院证据规则研究	任嘉琦	葛壮志	硕士	辽宁大学
论人民检察院对非法证据的排除	张　弦	杨　明	硕士	辽宁大学
论我国民事诉讼中当事人的真实义务	刘小雷	姜　群	硕士	辽宁大学
论我国民事专家辅助人制度的完善	杨立伟	李丽峰	硕士	辽宁大学
论污点证人制度在我国的构建	刘亚平	徐　阳	硕士	辽宁大学
论刑事科学证据的运用失范及规制——以相关案例为视角的分析	陈　森	张云鹏	硕士	辽宁大学
民事诉讼法官依职权收集证据制度实务分析与立法构建	滕　蕾	李丽峰	硕士	辽宁大学
我国刑事证据印证规则运用研究	王　远	张云鹏	硕士	辽宁大学
我国刑事证人隐蔽作证制度研究	张凤梅	侯德福	硕士	辽宁大学

续表

论 文 题 目	作　者	指导老师	学位	学位授予单位
刑事审判中法官的证据调查权研究	李小曼	侯德福	硕士	辽宁大学
刑事诉讼非法证据排除规则的适用——以S市法院为视角	郝云鹤	侯德福	硕士	辽宁大学
刑事诉讼中证据转化规则研究	徐丹阳	徐　阳	硕士	辽宁大学
共同被告人作证问题研究	程金波	毛淑玲	硕士	辽宁师范大学
司法判例及机制研究——以刑事证据法为视角	李　一	毛淑玲	硕士	辽宁师范大学
刑事诉讼举证责任分配问题研究	杨惠文	毛淑玲	硕士	辽宁师范大学
刑事证据裁判原则研究	王全河	王瑞恒	硕士	辽宁师范大学
自白任意性规则研究	肖　晶	王瑞恒	硕士	辽宁师范大学
产品质量纠纷中证明责任分配规则研究	胡传超	胡学军	硕士	南昌大学
论非法证据排除规则的适用问题	张贵杨	刘本燕	硕士	南昌大学
刑事程序性司法审查机制研究——以非法证据审查程序为例	孔令南	刘本燕	硕士	南昌大学
医疗技术损害责任因果关系证明的现实困境与破解之道	亢居阁	胡学军	硕士	南昌大学
民事诉讼证明妨碍制度研究	徐天权	杨　军	硕士	南京财经大学
非法证据排除规则在侦查阶段的实施	郑　巍	李建明	硕士	南京师范大学
近亲属拒证权研究	丁益锋	赵　杰	硕士	南京师范大学
论DNA证据的司法认定	张家维	秦　策	硕士	南京师范大学
论刑事诉讼中的严格证明	王若楠	程德明	硕士	南京师范大学
民事诉讼非法证据排除的实践运用——以2012年至2016年裁判文书为主	金冰柔	李　浩	硕士	南京师范大学
民事诉讼证明妨碍制度研究	郑润龙	刘　敏	硕士	南京师范大学
排除合理怀疑标准的适用问题研究	徐　欢	赵　杰	硕士	南京师范大学

续表

论　文　题　目	作　者	指导老师	学位	学位授予单位
庭审实质化视角下的刑事被告人对质权研究	曹　倩	汤　尧	硕士	南京师范大学
我国民事诉讼电子证据研究	陈　浩	汪汉斌	硕士	南京师范大学
我国民事诉讼专家辅助人制度研究	凌柳婷	陈爱武	硕士	南京师范大学
刑事瑕疵证据补正规则研究	张　敏	赵　杰	硕士	南京师范大学
法院民事证据保全制度反思	韩红艳	付冬梅	硕士	内蒙古大学
构建我国污点证人作证豁免制度的思考	包永鑫	邢　娜	硕士	内蒙古大学
论刑事证据保管制度	张俊杰	邢　娜	硕士	内蒙古大学
民事电子数据证据制度研究	贺　莉	付冬梅	硕士	内蒙古大学
民事诉讼电子数据认证规则研究	王　卉	高芙蓉	硕士	内蒙古大学
民事诉讼悬赏取证法律问题研究	史伟坤	高芙蓉 贺亚丽	硕士	内蒙古大学
民事诉讼专家辅助人制度研究	鲍迎然	付冬梅	硕士	内蒙古大学
亲子确认之诉证明妨碍研究	李　艳	高芙蓉	硕士	内蒙古大学
刑事二审证据审查若干问题研究——在"以审判为中心"视角下审视	张　雷	李卫东	硕士	内蒙古大学
真伪不明问题研究	王海月	刘桂琴	硕士	内蒙古大学
毒品犯罪案件证据收集研究	黄　凯	蒋　帅	硕士	宁波大学
贿赂犯罪证据制度的完善	姚红霞	蒋　帅	硕士	宁波大学
论非法证据排除规则在检察实务中的适用	李　莹	何跃军	硕士	宁波大学
论外国法查明中的专家意见	张　健	尹　力	硕士	宁波大学
论我国刑事诉讼中的证人出庭制度	楼亮亮	尹　力 张利兆	硕士	宁波大学
论我国侦查人员出庭制度的完善	何吉明	李学兰	硕士	宁波大学

论　文　题　目	作　者	指导老师	学位	学位授予单位
审判中心主义下刑事证人强制出庭制度研究	姚央迪	李　娜	硕士	宁波大学
试论刑事非法证据排除规则	林　岚	刘秀臣 吕益军	硕士	宁波大学
法治视角下刑事冤假错案防范机制研究	于晓磊	袁有信	硕士	青岛大学
家庭暴力案件之品格证据制度研究	张镇麒	汪　岚	硕士	青岛大学
论我国刑事诉讼中证人保护制度的完善	吴　青	谭庆德	硕士	青岛大学
刑事瑕疵证据适用规则研究	张欣峰	谭庆德	硕士	青岛大学
论消防行政执法证据的收集与运用	陈滢百	孙　莉	硕士	青岛大学
论刑事诉讼非法证据排除规则	何丕猛	朴成日	硕士	青岛大学
我国刑事诉讼指纹鉴定意见研究	张忠枝	汪　岚	硕士	青岛大学
刑事诉讼中电子数据证据研究	吴泽友	袁有信	硕士	青岛大学
以审判为中心视野下刑事证人出庭作证制度研究	张希胜	唐伟华	硕士	青岛大学
《折狱龟鉴》中的证据制度研究	冯　诺	马建红	硕士	山东大学
从稀土案看 WTO 争端解决机制中证据规则的不合理之处以及中国应对策略	胡　爽	姜作利	硕士	山东大学
非法证据排除规则的实证研究——以 S 省 H 市 K 区法院为例	李　斌	齐延平	硕士	山东大学
论审查起诉阶段的非法证据排除	傅春涛	罗文波	硕士	山东大学
论我国民事诉讼专家辅助人制度	陈昌威	张海燕	硕士	山东大学
论我国刑事非法证据排除制度之完善	田　宁	姜　峰	硕士	山东大学
论职务犯罪侦查中的电子数据	张　浩	丁　杰	硕士	山东大学
论职务犯罪侦查中欺骗讯问的合理界限	武　装	黄士元	硕士	山东大学
我国刑事证人出庭作证制度研究	张　瑜	黄士元	硕士	山东大学

续表

论文题目	作者	指导老师	学位	学位授予单位
论刑事侦查中电子数据的提取与固定	柴　敏	冯俊伟	硕士	山东大学
美国专家证据可采性规则研究	张萌萌	冯俊伟	硕士	山东大学
品格证据规则研究	刘俣迪	丁　杰　柳忠卫	硕士	山东大学
人民法院依申请调查取证制度内在矛盾研究	张珊珊	毛映红	硕士	山东大学
私人蜜罐取证的证据能力研究——以刑事诉讼为视角	姚　帅	周长军	硕士	山东大学
庭审翻供问题研究	冯丽萍	周长军	硕士	山东大学
网络证据保全公证问题研究	邵佳宁	王笑冰	硕士	山东大学
我国劳动争议案件证明责任分配研究	张　琳	张海燕	硕士	山东大学
刑事诉讼中法官庭外取证权研究	刘广芳	康　娜	硕士	山东大学
医疗损害鉴定制度"一元化"改革设计	解　伟	满洪杰	硕士	山东大学
侦探小说的推理模式与证据运用——以《福尔摩斯探案全集》为例	陈　曦	丁　杰　柳忠卫	硕士	山东大学
证据不足不起诉制度的实证研究	崔秀娟	肖金明	硕士	山东大学
非法证据排除程序中侦查人员出庭作证制度研究	王　莉	朱玉玲	硕士	山东科技大学
环境污染侵权中原告因果关系初步证明责任研究	孔　跃	李宗录	硕士	山东科技大学
民事证据失权的经济分析	魏　敏	王德新	硕士	山东师范大学
污染型环境犯罪案件证据制度完善研究	王泽众	张　锋	硕士	山东师范大学
庭审实质化视角下刑事交叉询问制度研究	叶　页	申世涛	硕士	山东政法学院
刑事诉讼中电子数据可采性研究	康　宏	魏中礼	硕士	山东政法学院

续表

论 文 题 目	作　者	指导老师	学位	学位授予单位
论民事电子数据的证据能力	武加文	马爱萍 阎默彧	硕士	山西大学
论医疗诉讼中抗辩的证明责任分配	刘　涛	马爱萍 郭　鸿	硕士	山西大学
论刑事诉讼未成年证人证言的司法认定	张　艺	董映霞 仇拉锁	硕士	山西大学
行政证据法制化研究	章　颖	徐静琳	硕士	上海大学
"排除合理怀疑"在行政诉讼中的适用	董晓喆	石文龙	硕士	上海师范大学
检察机关排除非法证据研究	张天佑	胡廷松	硕士	上海师范大学
目击证人辨认错误的原因及制度防范	朱蒙佳	胡廷松	硕士	上海师范大学
刑事电子数据收集	潮丹丹	胡廷松	硕士	上海师范大学
律师调查取证权研究	刘婷婷	杨　剑	硕士	深圳大学
刑事裁判证明体系解构	董仲淮	左德起	硕士	深圳大学
知识产权司法鉴定主体问题研究	张　丹	玄凤女	硕士	沈阳工业大学
精神疾病司法鉴定问题研究	王　兰	单晓华	硕士	沈阳师范大学
我国民事诉讼专家辅助人制度	王　晖	王　晓	硕士	沈阳师范大学
我国刑事证据开示制度研究	曲文娟	董　琳	硕士	沈阳师范大学
基层法院刑事证据裁判规则适用问题研究——以 C 市 C 区法院为例	郝　玥	韩　旭 罗登亮	硕士	四川省 社会科学院
技侦材料在毒品犯罪案件审判中作为证据使用问题实证研究	万　力	韩　旭 薛　培	硕士	四川省 社会科学院
我国刑事诉讼"交叉询问"构建研究	周学贞	李文汇	硕士	四川师范大学
激活当事人陈述的证据效力之初探——以民事诉讼实践为视角	倪　华	许小亮	硕士	苏州大学
论我国刑事诉讼法上的非法证据排除规则	陈　仕	陈立虎	硕士	苏州大学

续表

论 文 题 目	作 者	指导老师	学位	学位授予单位
刑事"审前会议"阶段非法证据排除规则的适用研究	陈 皓	刘 磊	硕士	苏州大学
刑事诉讼中私人取证之证据能力研究	金富文	张成敏	硕士	苏州大学
刑事庭前会议非法证据排除研究	季 婧	卜 璐	硕士	苏州大学
职务犯罪侦查运用同步录音录像研究	孙铭栋	刘 文	硕士	苏州大学
专家辅助人的意见效力及其定位	晏飞翔	孙 莉	硕士	苏州大学
医疗侵权诉讼证明责任分配研究	高 寒	郭相宏	硕士	太原科技大学
证明力判断中的法官自由裁量权	武俊琪	郭相宏	硕士	太原科技大学
构建我国贿赂犯罪污点证人制度研究	陶元申	纪荣泰	硕士	天津财经大学
电子数据证据在刑事诉讼中的运用问题研究	张兴丽	阮大强 康建茂	硕士	天津师范大学
民事诉讼中电子数据的审查判断问题研究	张 俊	郭小冬 康建茂	硕士	天津师范大学
我国反垄断民事诉讼中的举证责任研究	李鹿鸣	朱沛智 裴 然	硕士	天津师范大学
我国检察机关公诉环节对鉴定意见审查认定的研究	王晓路	马泓波	硕士	西北大学
我国刑事诉讼证人保护制度调研	王 琛	代水平	硕士	西北大学
基于逻辑视角的法律事实研究	石 玮	唐晓嘉	硕士	西南大学
论司法改革视角下的法官心证公开	童飞霜	黄 毅	硕士	西南大学
司法裁判中事实认定的法理分析	钱 奎	孙道进	硕士	西南大学
我国医疗损害司法鉴定法律问题研究	邓雨薇	李旭东	硕士	西南大学
帮近亲属毁灭犯罪证据行为的定性研究——以林某某帮助毁灭证据案为例	吴正刚	袁 林	硕士	西南政法大学
辩方证据开示制度研究	蒋洪川	纪 虎	硕士	西南政法大学

论 文 题 目	作　者	指导老师	学位	学位授予单位
表见证明规则研究——基于对事实推定的反思	玄子云	马登科	硕士	西南政法大学
房地产开发合同纠纷诉讼中证明妨碍问题研究	赵旸凯	李　龙	硕士	西南政法大学
夫妻共同债务纠纷的证明责任分配	兰　希	李　龙	硕士	西南政法大学
公诉人履行举证责任保障机制研究	杨　幸	向　燕	硕士	西南政法大学
共同危险行为侵权诉讼之证明责任分配研究	靳　颖	黄　宣	硕士	西南政法大学
行政执法证据在刑事诉讼中使用情况调查报告	田　昆	颜　飞	硕士	西南政法大学
环境民事公益诉讼中证明标准问题研究	王永祥	杜健勋	硕士	西南政法大学
计算机远程收集证据证明力研究——以美国磊若软件公司诉深圳市朗科科技股份有限公司为例	文　姝	黄　宣	硕士	西南政法大学
交通事故认定书在刑事诉讼中的证据定性与效力分析——以孟某交通肇事案为例	冷超超	薛颖文	硕士	西南政法大学
论检察机关对证据合法性的证明方法	钟明亮	孙长永	硕士	西南政法大学
讯问笔录的证据能力研究	刘　昌	孙长永	硕士	西南政法大学
论民事诉讼中的证据调查协力义务	沈　鸿	段文波	硕士	西南政法大学
论我国民事诉前证据收集制度	曾　琳	段文波	硕士	西南政法大学
论专家辅助人意见的证据能力及证明力	管珈琪	黄　宣	硕士	西南政法大学
民事诉讼非法证据排除规则研究	陈苹苹	李祖军	硕士	西南政法大学
民事诉讼中电子数据证据资格研究	吕　鹏	王杏飞	硕士	西南政法大学
欧洲人权法院判例中的刑事证人作证制度及其对我国的启示	郝万爽	张吉喜	硕士	西南政法大学
陪审员参与民事案件事实认定研究	高　翔	唐　力	硕士	西南政法大学

续表

论 文 题 目	作 者	指导老师	学位	学位授予单位
亲子关系诉讼中的证明妨碍研究	李 曼	廖中洪	硕士	西南政法大学
诉讼证据规则对完善审计证据准则的借鉴与启示	杨 凤	范伟红	硕士	西南政法大学
图尔敏论证模式与法庭质	任 倩	金承光	硕士	西南政法大学
违法所得没收特别程序证明问题研究	陈 丹	高 峰	硕士	西南政法大学
刑事判决作为新证据启动民事再审的研究——以方某与吴某某等民间借贷纠纷一案为例	史曼姝	马登科	硕士	西南政法大学
刑事诉讼中间接证据定案规则研究	韩雨良	张 虹	硕士	西南政法大学
刑事证据印证规则在适用中存在的问题及其克服	夏 晗	李昌林	硕士	西南政法大学
引诱所得供述的证据能力研究	徐玉竹	李昌盛	硕士	西南政法大学
当事人申请法院调查取证制度研析	李树训	李喜莲	硕士	湘潭大学
论我国腐败案件污点证人制度之构建	唐志宇	吴建雄	硕士	湘潭大学
事实推定在知识产权案中侵权主体认定适用的问题及对策	韩梦晴	刘友华	硕士	湘潭大学
税务行政诉讼中的证明标准适用问题研究	刘 珊	王 霞	硕士	湘潭大学
我国知识产权救济程序中已决事实预决效力研究	蒋 貌	胡军辉	硕士	湘潭大学
侦查人员出庭作证制度的研究	朱虹湛	程 波	硕士	湘潭大学
知识产权民事诉讼中公证证据瑕疵问题研究	朱 蕾	陈小珍 刘友华	硕士	湘潭大学
专家辅助人制度研究	刘昱琬	禹华初	硕士	湘潭大学
专利侵权抗辩证据获取与运用研究	王江英	唐少华	硕士	湘潭大学
论民事电子证据的法律效力	邵丹桂	王晓峰	硕士	新疆大学
电子证据检验在检察工作中的运用研究	臧进京	程朝阳	硕士	烟台大学

续表

论 文 题 目	作 者	指导老师	学位	学位授予单位
论民事诉讼中的证明责任分配	李 凯	王洪平	硕士	烟台大学
论我国刑事诉讼中的规则化证明模式	王瑞豪	宋振武	硕士	烟台大学
论已决事实的效力	李文龙	宋振武	硕士	烟台大学
我国刑事证据开示制度研究	陈栋栋	宋振武	硕士	烟台大学
民事诉讼电子数据证据效力研究	林亮亮	刘经靖	硕士	烟台大学
民事诉讼证人出庭作证制度研究	孙玮琳	张洪波	硕士	烟台大学
司法适用中的实质推理探究	李川宁	汤 唯	硕士	烟台大学
我国典型刑事错案发生的原因和防范机制	陈康丰	王加卫	硕士	烟台大学
我国刑事证人出庭作证制度探析	姜增堃	黄伟明	硕士	烟台大学
论民事诉讼自认制度	逄 勃	徐炳煊	硕士	延边大学
刑事诉讼中电子证据取证研究	李 爽	姜 南	硕士	燕山大学
非典型强奸案的证据审查模式研究	王 硕	邱爱民 浦志强	硕士	扬州大学
家庭暴力事实认定中的证据问题研究——以《反家庭暴力法》为分析视角	代丽琴	曲昇霞	硕士	扬州大学
论刑事诉讼中过程证据适用的完善	庄 磊	邱爱民 袁江华	硕士	扬州大学
民事证明责任裁判的运用	郭 雯	邱爱民	硕士	扬州大学
我国医疗损害司法鉴定法律规制研究	谷 穗	佴 澎	硕士	云南财经大学
事实真伪不明与裁判正当性研究	吴旨印	翁晓斌	硕士	浙江大学
辩护律师的调查取证权研究——基于侦查程序的研究	林梦佳	杨杰辉	硕士	浙江工业大学
刑事诉讼关键证人出庭作证制度研究	赵晓康	杨杰辉	硕士	浙江工业大学
审判中心主义改革视野下的直接言词审理原则问题研究	杨 帆	何邦武	硕士	浙江理工大学

续表

论文题目	作者	指导老师	学位	学位授予单位
论行政诉讼原告举证责任	王 哲	宋炉安	硕士	郑州大学
民事诉讼证明妨碍制度研究	赵 云	张嘉军	硕士	郑州大学
民事诉讼中的证人保证书问题研究	刘遵国	靳建丽	硕士	郑州大学
民事诉讼专家辅助人制度研究	阮崇翔	张嘉军	硕士	郑州大学
诉讼案件中的医疗损害司法鉴定分析研究	陈 琼	闫红涛	硕士	郑州大学
我国非法证据排除规则问题分析	杨素芳	张玫瑰	硕士	郑州大学
我国刑事庭前证据展示制度之研究	张英哲	卢少锋	硕士	郑州大学
"海量证据"现象研究	龙 洋	程 捷	硕士	中国青年政治学院
产品责任诉讼中的证明责任研究	朱启业	李 静	硕士	中国青年政治学院
民事诉讼中已决事实效力研究	李 露	李 静	硕士	中国青年政治学院
论审前阶段辩护律师的申请调查取证权	赵秋影	孙 远	硕士	中国青年政治学院
我国刑事侦查阶段辩护律师调查取证权问题研究	徐玉杰	门金玲	硕士	中国青年政治学院
"情况说明"的刑事证据属性及适用	罗芙蓉	周 欣	硕士	中国人民公安大学
辩护律师向犯罪嫌疑人、被告人核实证据研究	宋小盟	张小玲	硕士	中国人民公安大学
论"毒树之果"规则在我国刑事诉讼中的建构	杨 磊	马明亮	硕士	中国人民公安大学
论推定在刑事诉讼中的适用	张指铭	马明亮	硕士	中国人民公安大学

续表

论　文　题　目	作　者	指导老师	学位	学位授予单位
论行政诉讼被告对行政合理性的证明	崔艳艳	刘亚妮	硕士	中国人民公安大学
论确立我国刑事诉讼的传闻证据规则	郭安然	白俊华	硕士	中国人民公安大学
论我国刑事诉讼中专家辅助人的法律地位	许安港	刘万奇	硕士	中国人民公安大学
论刑事诉讼中人身危险性的证明	乔光耀	刘万奇	硕士	中国人民公安大学
命案侦查取证的难点及对策——以近年来全国命案卷宗评比为蓝本	王永杰	杨郁娟	硕士	中国人民公安大学
命案侦查取证中的问题研究	柳　林	刘　涛	硕士	中国人民公安大学
审查逮捕阶段非法证据排除问题研究	马玉芳	周　欣	硕士	中国人民公安大学
审查起诉阶段非法证据排除程序问题研究	王志栋	周　欣	硕士	中国人民公安大学
网络犯罪电子数据收集与固定	李　钊	白俊华	硕士	中国人民公安大学
我国行政复议举证责任分配制度研究	王铁巍	沈国琴	硕士	中国人民公安大学
刑事笔录类证据规则研究	王双国	樊学勇	硕士	中国人民公安大学
刑事法定鉴定制度研究	程　帆	樊学勇	硕士	中国人民公安大学
刑事诉讼中有毒有害食品鉴定制度研究	王若雨	樊学勇	硕士	中国人民公安大学

续表

论 文 题 目	作 者	指导老师	学位	学位授予单位
刑事诉讼专家辅助人制度研究	王博冉	李玉华	硕士	中国人民 公安大学
刍议纪检监察证据与刑事证据衔接机制 及其拓展	李晓刚	王敏远	硕士	中国社会科学院 研究生院
公安机关鉴定人出庭问题研究	王晶晶	熊秋红	硕士	中国社会科学院 研究生院
纪检监察部门证据机制研究——以刑事 证据转化为视角	张雨茂	邓子滨	硕士	中国社会科学院 研究生院
我国非法证据排除规则实施问题研究	刘茂非	张绍彦	硕士	中国社会科学院 研究生院
"印证"理论与运用——以"一对一"受贿 案运用困境为视角	李史密特	吴洪淇	硕士	中国政法大学
边沁证据理论及其启示	于晓琳	吴洪淇	硕士	中国政法大学
保密文件在国际商事仲裁中的开示问题 研究	谢南希	张丽英	硕士	中国政法大学
贝叶斯定理在正常笔迹鉴定中应用的初 步探索	赵 丽	郝红光	硕士	中国政法大学
辩护律师调查取证权实证研究	郝亚妮	吴宏耀	硕士	中国政法大学
共犯口供的若干证据法问题	赵芳慧	吴宏耀	硕士	中国政法大学
美国被害人出庭作证制度研究——兼论 对我国的影响	王靖雅	吴宏耀	硕士	中国政法大学
电子证据的鉴真规则研究	莫天新	樊崇义	硕士	中国政法大学
对待科学证据的两种态度：尊从模式还是 教育模式？	董 帅	张保生	硕士	中国政法大学
律师伪证罪——逻辑批判与法律规制	郑雪溪	张保生	硕士	中国政法大学
受暴妇女杀夫案专家证言研究——以"受 虐妇女综合症"为例	郑派虹	张保生	硕士	中国政法大学

续表

论 文 题 目	作 者	指导老师	学位	学位授予单位
对我国司法鉴定收费标准的初探	荣 煜	刘建伟	硕士	中国政法大学
法庭对当事人陈述调查询问制度研究	马晴鸽	毕玉谦	硕士	中国政法大学
反对强迫自证其罪原则研究	李宇颖	汪海燕	硕士	中国政法大学
"排除合理怀疑"的"中国化"实践：一种实证的路径	丁怡菲	栗 峥	硕士	中国政法大学
电子证据认证情况分析——以 321 份刑事判决书为视角	汪青玲	栗 峥	硕士	中国政法大学
非法实物证据排除规则研究	李 青	栗 峥	硕士	中国政法大学
非法言词证据排除规则与刑讯逼供的遏制	朱晓伟	栗 峥	硕士	中国政法大学
论"排除合理怀疑"证明标准在我国的适用	程 思	栗 峥	硕士	中国政法大学
论非法证据排除规则中的证明	曲国玲	栗 峥	硕士	中国政法大学
论刑事诉讼中被告人对质权的保障——基于庭审记录的经验分析	杨小寒	栗 峥	硕士	中国政法大学
浅议非法证据排除在我国的移植	赵 颖	栗 峥	硕士	中国政法大学
共犯口供的三阶段构想	何荣圣	吴丹红	硕士	中国政法大学
共犯口供的证明力研究	孙 菡	刘 玫	硕士	中国政法大学
供述自愿性原则探析——以英国法、美国法为参鉴	王明珠	林 林	硕士	中国政法大学
家庭暴力犯罪证据制度问题与对策	闫彦彦	林 林	硕士	中国政法大学
海事执法电子证据获取规则研究	李 剑	薛刚凌	硕士	中国政法大学
行政执法证据在刑事司法中的应用问题研究	赵晓宙	许兰亭	硕士	中国政法大学
互联网仲裁质证制度研究	李华川	韩 波	硕士	中国政法大学
检察机关适用非法证据排除规则研究	陈 宏	汪海燕	硕士	中国政法大学
警察出庭作证问题研究	王 洲	顾永忠	硕士	中国政法大学

续表

论　文　题　目	作　者	指导老师	学位	学位授予单位
论我国污点证人制度的构建	蒋宏敏	顾永忠	硕士	中国政法大学
论辩护人、诉讼代理人毁灭证据、伪造证据、妨害作证罪	王连飞	赵天红	硕士	中国政法大学
论法官庭外调查权	陈绮雯	张　中	硕士	中国政法大学
论美国加州证人弹劾规则——以与美国《联邦证据规则》的比较研究为核心	刘孟尧	王进喜	硕士	中国政法大学
论民事诉讼特殊的证明标准——以民诉法解释第 109 条为视角	陈博闻	宋朝武	硕士	中国政法大学
论民事诉讼特殊证明标准	王保国	谭秋桂	硕士	中国政法大学
论民事诉讼中案件事实认定的原则——以自由心证为视角	王钦林	张　弘	硕士	中国政法大学
论民事诉讼中的证明责任分配——以合同不当履行为视角	李志栋	张　弘	硕士	中国政法大学
论民事诉讼中逾期举证的法律后果	杜　超	刘金华	硕士	中国政法大学
论排除合理怀疑的证明标准	李鑫河	杨宇冠	硕士	中国政法大学
论侵权案件中过失之举证责任分配	陈培蓉	孙邦清	硕士	中国政法大学
论侵权诉讼因果关系之证明	李　湉	孙邦清	硕士	中国政法大学
论网络证据保全公证	相京辰	马宏俊	硕士	中国政法大学
论我国污点证人刑事责任豁免制度的构建	常　璐	许兰亭	硕士	中国政法大学
论我国刑事定罪证明标准的问题与完善	陈　阵	房保国	硕士	中国政法大学
论我国刑事司法鉴定制度的改革和完善	崔　力	林　林	硕士	中国政法大学
论我国刑事司法中的推定——以司法解释中的推定规范为分析视角	李梦乐	于志刚	硕士	中国政法大学
论我国意见证据排除规则及其未来发展——以英美法为视角的研究	孙　晨	纪格非	硕士	中国政法大学
民事诉讼法中专家辅助人出庭制度研究	关蕾丝	纪格非	硕士	中国政法大学

续表

论　文　题　目	作　者	指导老师	学位	学位授予单位
民事诉讼证明妨碍制度	裴雪燕	乔　欣	硕士	中国政法大学
民事诉讼证明妨碍制度研究	刘立群	宋朝武	硕士	中国政法大学
强制医疗程序的证明标准	夏　莹	李训虎	硕士	中国政法大学
强制医疗证明标准研究	钟健玲	张　中	硕士	中国政法大学
庭前证言笔录的使用及其限制	范淑婷	张　中	硕士	中国政法大学
认罪案件证明模式的转型及其限度	王宇坤	杨宇冠	硕士	中国政法大学
审判中心视域中的侦查取证研究	李　尧	张鹏莉	硕士	中国政法大学
食药监管中的电子证据研究	段林昊	薛刚凌	硕士	中国政法大学
司法鉴定机构等级评估标准初探	李春梅	常　林	硕士	中国政法大学
司法鉴定人执业过程中职业道德问题研究——以道德内化理论为视角	张乐超	常　林	硕士	中国政法大学
司法鉴定亲历性研究——以法医学鉴定为例	李　昂	鲁　涤	硕士	中国政法大学
司法鉴定协会制度研究	付启坤	刘建伟	硕士	中国政法大学
庭审实质化背景下证据相互印证规则研究	谢思宜	元　轶	硕士	中国政法大学
庭审实质化视角下法官心证研究	多美琪	元　轶	硕士	中国政法大学
庭审质证权利研究——以辩护人为视角的阐释	吴红娜	杨宇冠	硕士	中国政法大学
完善我国交叉询问制度之研究	孙清华	房保国	硕士	中国政法大学
网络存证平台中的电子数据证明规则研究——以"存证云"为例	田菲儿	毕玉谦	硕士	中国政法大学
违法所得没收程序的证明责任问题研究	牛　哲	陈国庆	硕士	中国政法大学
问题与对策:印证规则的中国范式	董贞贞	栗　峥	硕士	中国政法大学
我国口供补强问题研究	刘　蕊	吴宏耀	硕士	中国政法大学

论 文 题 目	作 者	指导老师	学位	学位授予单位
我国民事环境污染侵权诉讼证明责任分配研究	苑晨桃	张 弘	硕士	中国政法大学
我国民事诉讼当事人取证制度研究	德庆白珍	毕玉谦	硕士	中国政法大学
我国民事诉讼中证人证言问题研究	贺 萍	邱星美	硕士	中国政法大学
我国刑事非法证据排除的实践与逻辑	田娜西	王进喜	硕士	中国政法大学
我国刑事审判中交叉询问制度研究	刘 珂	元 轶	硕士	中国政法大学
我国刑事证人出庭问题研究	李翠红	许兰亭	硕士	中国政法大学
我国印证证明模式研究——基于刑事错案的思考	柴 玲	汪海燕 屈 新	硕士	中国政法大学
我国侦查程序中强制措施证明标准的研究——以美国法为参考	林 感	林 林	硕士	中国政法大学
刑事被告人对质权研究	任李晶	汪海燕	硕士	中国政法大学
刑事出庭证人保护制度研究	张雯冰	洪道德	硕士	中国政法大学
刑事电子数据取证与隐私权保护	陈佳葆	郑永流	硕士	中国政法大学
刑事公诉案件被害人私人调查取证问题研究	丁慧媛	汪海燕	硕士	中国政法大学
刑事司法证明模式:原子分析与整体认知的耦合	谢 澍	卞建林	硕士	中国政法大学
刑事诉讼出庭证人权利保障问题探究	程欢欢	吴宏耀 鲁 杨	硕士	中国政法大学
刑事诉讼中的电子数据真实性审查研究	索南才让	褚福民	硕士	中国政法大学
刑事诉讼中的相互印证	郝亚萍	栗 峥	硕士	中国政法大学
刑事诉讼中亲属免证权制度研究	李 格	顾永忠	硕士	中国政法大学
刑事诉讼中专家辅助人角色分析	樊思慧	郑 旭	硕士	中国政法大学

续表

论 文 题 目	作　者	指导老师	学位	学位授予单位
刑事推定研究	魏超越	卞建林	硕士	中国政法大学
刑事瑕疵证据的可采性研究	曾　娟	屈　新	硕士	中国政法大学
刑事印证方式分析	王云阳	栗　峥	硕士	中国政法大学
刑事证据规则中的配偶免证权——以美国刑事诉讼制度为借鉴	付　娆	吴宏耀	硕士	中国政法大学
刑事证人保护制度研究	拉巴普赤	卫跃宁	硕士	中国政法大学
印证证明模式论	储继波	洪道德	硕士	中国政法大学
侦查环节实物证据保管研究	柳兴豹	郭金霞	硕士	中国政法大学
侦查机关内设鉴定机构改革之探究	从　欣	郭志媛	硕士	中国政法大学
侦查阶段律师调查取证权的实现困境	黄亚鸽	满运龙	硕士	中国政法大学
侦查人员出庭作证制度研究	王思琪	顾永忠	硕士	中国政法大学
侦查讯问中的虚假供述问题研究	夏小烜	郭金霞	硕士	中国政法大学
知识产权技术意见证据的相关问题研究	陈奎良	常　林	硕士	中国政法大学
知识产权诉讼中的证据交换制度研究	陈　霞	纪格非	硕士	中国政法大学
专家辅助人管理制度研究	梁德明	张海东	硕士	中国政法大学
德国证据禁止规则研究——法典与判例的有效融合	张　袁	顾永忠	博士	中国政法大学
电子数据运用问题研究	刘　波	常　林	博士	中国政法大学
国际商事仲裁中的证据出示问题研究	钟慧文	宣增益	博士	中国政法大学
解释性证据理论研究	巩寒冰	张保生	博士	中国政法大学
论事实认定的准确性	刘洪波	张保生	博士	中国政法大学
证人弹劾与正誉	强　卉	张保生	博士	中国政法大学
口供中心主义研究——以职务犯罪侦查实践为主要视角	张自超	樊崇义	博士	中国政法大学

论　文　题　目	作　者	指导老师	学位	学位授予单位
人体损伤重新鉴定问题研究	李江涛	丛　斌	博士	中国政法大学
司法鉴定管理制度改革的路径探讨	曾　玲	刘　耀	博士	中国政法大学
庭审质证权与质证规则研究	李思远	樊崇义	博士	中国政法大学
刑事庭审证据调查程序研究	张　杰	陈光中	博士	中国政法大学
证据法的符号学分析	戴晓东	王进喜	博士	中国政法大学
非法证据排除规则在刑事诉讼中的立法研究	葛若米	胡美灵	硕士	中南林业科技大学

　　说明：本统计表中学位论文的排列：第一顺序为学位授予单位名称，第二顺序为学位类型。

附录2.1.2　证据法学研究生学位论文目录（2018）

论　文　题　目	作　者	指导老师	学位	学位授予单位
论法官自由心证的规范化——以民事诉讼证据认证为视角	张　璐	王亚军	硕士	安徽大学
反垄断法公共执行结论在后继民事诉讼中的证明效力研究	王少杰	李胜利	硕士	安徽大学
检察机关提起行政公益诉讼举证责任分配问题研究	丁　震	张卫彬蒋辉宇	硕士	安徽财经大学
论侦查讯问录音录像资料的诉讼运用	雷　盼	蒋鹏飞	硕士	安徽财经大学
辩护律师调查取证权保障问题研究	刘宁宁	刘　宇	硕士	安徽财经大学
WTO"法庭之友"陈述证据可采性规则研究	方　媛	张卫彬	硕士	安徽财经大学
证据视角下刑事错案的防范研究——以聂树斌案为例	余丹丹	彭凤莲	硕士	安徽师范大学
我国近亲属证人免证制度研究	张小露	吴俊明	硕士	安徽师范大学

论 文 题 目	作 者	指导老师	学位	学位授予单 位
巨额财产来源不明罪中举证责任倒置和刑罚配置探究	孟　仝	宋宏飞 侯国武	硕士	渤海大学
"排除合理怀疑"证明标准的司法适用问题研究	张　娣	杜　磊 苏智才	硕士	渤海大学
注册商标不使用撤销制度中的证据有效性分析	张　颖	丛立先	硕士	北京 外国语大学
环境民事诉讼证明标准分层研究	任凌慧	吴如巧	硕士	重庆大学
环境民事公益诉讼举证责任分配研究	何　浏	宋宗宇	硕士	重庆大学
刑事证人证言可靠性研究	郭　伟	贾焕银	硕士	重庆大学
民事诉讼证据契约研究	夏帮银	吴如巧	硕士	重庆大学
我国现行举证时限制度的再反思	林　愿	吴如巧	硕士	重庆大学
环境司法中的专家辅助人制度研究	刘航琦	唐绍均	硕士	重庆大学
论我国专利充分公开制度中的证据问题	贺　喜	齐爱民	硕士	重庆大学
论我国民事证据失权制度之完善	郑东明	王　勇 王国林	硕士	大连海事大学
船舶碰撞诉讼中证据的认定与证明责任	崔鸿鸣	蒋跃川 姜凤武	硕士	大连海事大学
论我国夫妻共同债务认定中的举证责任分配与证明标准	赵　耀	裴　桦	硕士	大连海事大学
我国非法证据排除规则的立法完善研究	曹格嫚	贾国发	硕士	东北师范大学
刑事被告人的相对证明责任研究	赵小双	郜占川	硕士	甘肃政法学院
我国协商性司法视角下的证明标准研究	王孝臣	黄荣昌	硕士	甘肃政法学院
辩护律师核实证据权研究	李英楠	郜占川	硕士	甘肃政法学院
毒品案件中特情侦查所获证据运用研究	齐　飞	祁亚平	硕士	甘肃政法学院
检察机关适用非法证据排除规则研究	郭晨晨	焦盛荣	硕士	甘肃政法学院

续表

论文题目	作者	指导老师	学位	学位授予单位
庭审实质化视角下的质证问题研究	周旭圆	黄荣昌	硕士	甘肃政法学院
环境民事公益诉讼举证责任分配制度研究	刘环宇	史玉成	硕士	甘肃政法学院
医疗纠纷诉讼中专家辅助人制度分析	吉嫚婷	石恩林	硕士	甘肃政法学院
刑辩律师的调查取证权保障研究	姚新方	焦盛荣	硕士	甘肃政法学院
刑事诉讼近亲属拒证特权问题研究	朱婷	焦盛荣	硕士	甘肃政法学院
内地与港澳进行域外调查取证的比较研究	李晶	袁泉 王小莉	硕士	广东外语外贸大学
行政诉讼第三人补证制度研究——以《行政诉讼法》第三十四条第二款为视角	姚珊	余睿	硕士	广西大学
刑事诉讼庭审实质化背景下的证人出庭制度研究	李盛梅	黄俊阳	硕士	广西大学
我国民事诉讼中当事人逾期举证规制研究	谢晓瑜	吴小英	硕士	广西大学
国际商事仲裁证据披露中的律师——当事人特权制度	陈烨	房沫	硕士	广西大学
论网络游戏著作权侵权诉讼中的证明标准	刘汉林	齐爱民	硕士	广西民族大学
新闻侵害名誉权诉讼中真实性抗辩及其证明标准	黄龙	李立景	硕士	广西民族大学
行政诉讼原告举证责任研究	苏香菊	谢尚果	硕士	广西民族大学
大数据时代电子数据证明力判断规则研究	李维波	齐爱民	硕士	广西民族大学
论翻供权	周哲威	申君贵	硕士	广西民族大学
论新闻侵权诉讼的证明对象	徐明娟	李立景	硕士	广西民族大学
言词证据在民事诉讼中的应用研究	陈柄臣	蒋慧	硕士	广西民族大学
民事诉讼中适用司法鉴定意见若干问题之实证研究	姚泽凯	莫凌侠	硕士	广西师范大学

续表

论 文 题 目	作 者	指导老师	学位	学位授予单 位
"以审判为中心"视野下的刑事诉讼证人出庭作证制度研究	王 晨	蒋人文	硕士	广西师范大学
论民事诉讼举证时限制度	董 松	胡余嘉	硕士	广西师范大学
检察机关非法证据排除制度研究	朱 妤	秦建荣	硕士	广西师范大学
民事伪证行为的规制	文丽玲	章礼明	硕士	广州大学
刑事诉讼中证人出庭作证制度研究	张 强	彭 俊	硕士	桂林电子科技大学
民国时期刑事证人制度研究	成思亮	田莉姝	硕士	贵州大学
我国反垄断诉讼专家辅助人问题研究——以锐邦公司诉强生公司垄断协议等三个案例为视角	司达显	林 淳 白 敏	硕士	贵州民族大学
论行政执法证据在刑事司法中的适用	董玉慧	宋 强 付 璇	硕士	贵州民族大学
审判中心主义下的公诉证明标准研究	肖 润	李运才	硕士	贵州师范大学
律师伪证罪适用问题研究	张剑超	秦亚东 孟繁旭	硕士	哈尔滨理工大学
司法鉴定意见可采性研究	吴长安	唐茂林	硕士	海南大学
知识产权诉讼证明妨碍的规制	李娇娇	王 琦	硕士	海南大学
电子数据的收集审查判断探析	王世煜	王洪宇	硕士	海南大学
刑事诉讼亲属拒证权研究	王晨晖	陈玉忠 朱良酷	硕士	河北大学
证明妨碍制度研析——以医疗诉讼为对象	蒋 楠	柯阳友 王越飞	硕士	河北大学
刑事诉讼专家辅助人制度研究	杜苗苗	陈玉忠 何秉群	硕士	河北大学

续表

论 文 题 目	作 者	指导老师	学位	学位授予单 位
检察机关审前程序非法证据排除问题研究	魏 星	陈玉忠 朱良酷	硕士	河北大学
民事证据法中武器平等原则的原理与适用	张佳薇	柯阳友	硕士	河北大学
论民事诉讼私录证据的法律适用	王洋洋	吕中行	硕士	河北经贸大学
论环境公益诉讼举证责任分配	闫志亮	吕中行	硕士	河北经贸大学
审判中心主义视角下辩护律师调查取证权	高 扬	雷 堂	硕士	河北师范大学
刑事诉讼中瑕疵证据的转化	孙小鸽	梁 静 李保甫	硕士	河南财经 政法大学
"以审判为中心"视角下警察出庭作证制度研究	丁月洁	梁 静 郭保振	硕士	河南财经 政法大学
论民事诉讼"排除合理怀疑"证明标准——以《民诉法解释》第109条为根据	任品杰	郑金玉	硕士	河南大学
民事诉讼电子数据认证规则研究	侣 齐	许红霞	硕士	河南大学
刑事瑕疵证据补正规则研究	许晏铭	姚显森	硕士	河南大学
论刑事证明标准	蒋荣荣	董 凯	硕士	黑龙江大学
论幽灵抗辩	王 嘉	韩 红	硕士	黑龙江大学
民事非法证据排除规则研究	郭威威	于 锐 高 权	硕士	黑龙江大学
论刑事审判监督程序中"新证据"的审查认定	马丽莎	陈 文 工连祥	硕士	黑龙江大学
论刑事庭审中电子数据的审查判断	乔 婷	孙 记 李 锋	硕士	黑龙江大学
枪支鉴定法定标准研究	冯丹妮	董 凯	硕士	黑龙江大学
论口供补强	赵宇鑫	董 凯 宋铮铮	硕士	黑龙江大学

续表

论 文 题 目	作　者	指导老师	学位	学位授予单　位
从个案切入析我国刑事证人出庭作证制度的完善	雷　蕾	陈　果	硕士	湖南大学
自白任意性规则研究	刘普军	谢佑平	硕士	湖南大学
刑讯逼供及防范对策研究	李　冷	陈　雄	硕士	湖南工业大学
民事电子证据收集问题研究	王占东	肖　晗	硕士	湖南师范大学
论我国讯问同步录音录像制度的完善	刘　萍	肖　晗	硕士	湖南师范大学
知识产权诉讼中悬赏取证问题研究	张　欣	陈慰星	硕士	华侨大学
庭审中心主义背景下直接言词原则的几个问题	赵陇波	朱　勇 王翠玲	硕士	华北理工大学
滥用市场支配地位民事诉讼的举证责任研究	王　琪	熊　琼	硕士	华东师范大学
指纹三级特征在指印鉴定中的应用研究	贺晨鸽	许爱东	硕士	华东政法大学
刑事案件证据链类型化构建研究	郭夏菁	王　戬	硕士	华东政法大学
行政赔偿诉讼原告举证困境司法化解路径研究	周念琪	王月明 吴偕林	硕士	华东政法大学
论经验法则的适用——以机动车交通事故责任诉讼为例	刘正川	谢文哲	硕士	华东政法大学
民事诉讼域外证据领事认证的法律问题研究	魏文博	袁发强	硕士	华东政法大学
论我国非法证据排除规则的立法缺陷和完善	戚晓云	屈文生	硕士	华东政法大学
CISG 下损害赔偿的证明标准问题研究	李昕慧	于　南	硕士	华东政法大学
检察机关视角下非法证据排除问题研究	陈诗瑶	白　冬	硕士	华东政法大学
论医疗技术损害中过错的举证责任分配	吴　婷	邓继好	硕士	华东政法大学

续表

论文题目	作者	指导老师	学位	学位授予单位
实物证据鉴真规则研究——以证据保管链机制的若干现存问题为切入	孔祥伟	叶青 邓晓霞	硕士	华东政法大学
电子诉讼中证据真实性的程序保障	邱丽琴	邵军	硕士	华东政法大学
刑事证据推理的逻辑分析	王佳莹	杜文静	硕士	华东政法大学
我国刑事交叉询问制度的构建	牛国庆	白冬	硕士	华东政法大学
域外判决在我国民事诉讼中作为证据的问题研究	胡锐锋	李晶	硕士	华东政法大学
知识产权侵权诉讼举证责任分配及解决路径研究	水天鲲	唐春	硕士	华东政法大学
"孤证不能定案"规则体系研究	施陈继	邵军	硕士	华东政法大学
庭审实质化视野下鉴定意见有效质证问题研究	陈家宁	许建丽	硕士	华东政法大学
基于Rootkit技术的电子数据取证研究	吕凡	王弈 刘琴	硕士	华东政法大学
非新产品的制造方法专利之侵权诉讼举证责任研究	王津	张晓东	硕士	华东理工大学
滥用市场支配地位诉讼举证责任研究	孟丽	殷继国	硕士	华南理工大学
认罪案件证明标准研究	刘敏	曾友祥	硕士	华南理工大学
行政诉讼中的优势证据规则适用研究	胡梦盈	陈绪刚	硕士	华中科技大学
行政执法证据在刑事诉讼中的适用问题研究	张梦杰	王桂芳	硕士	华中科技大学
我国刑事非法实物证据排除规则研究	李亚静	王桂芳	硕士	华中科技大学
论我国刑事诉讼中证人保护制度的完善	邓丹丹	梁木生	硕士	华中科技大学
贿赂犯罪口供依赖困局的实证研究——法律语言学视角	王超	赵楚文	硕士	华中科技大学

续表

论　文　题　目	作　者	指导老师	学位	学位授予单位
我国同步录音录像制度研究	张雪玲	王桂芳	硕士	华中科技大学
医疗侵权诉讼举证责任研究	陈珍萍	唐永忠	硕士	华中科技大学
我国职务犯罪调查讯问制度研究	闫　超	王清军	硕士	华中师范大学
论电子数据在民事诉讼中的运用	饶　艳	石先钰	硕士	华中师范大学
我国刑事非法证据独立审查程序构建研究	刘佩瑜	刘元璋	硕士	华中师范大学
我国辩护律师拒证权制度构建研究	周　妍	黄新民	硕士	华中师范大学
我国医疗侵权诉讼举证责任分配研究	刁　瑞	范振国	硕士	吉林财经大学
讯问同步录音录像审查与运用研究	莫文超	王　喆	硕士	吉林财经大学
论交通事故认定书在民事诉讼中的证据效力	王雪松	张洪飞	硕士	吉林财经大学
民事举证责任理论研究——以我国相关法律制度为视角	石　毅	齐　盉	硕士	吉林财经大学
我国刑事电子数据认证问题研究	王　阳	王　喆	硕士	吉林财经大学
赵春华案件鉴定疑难问题研究	陈　雷	闵春雷	硕士	吉林大学
税务执法证据认定规则研究	于喜静	彭贵才	硕士	吉林大学
非法证据排除规则研究	杜亚辉	李洪祥	硕士	吉林大学
电子化证据问题研究	谢文静	霍海红	硕士	吉林大学
仅有转账凭证的民间借贷案件证明责任规则研究——对《民间借贷规定》第十七条之反思与修正	王　琪	霍海红	硕士	吉林大学
审判为中心下公诉证据标准研究	冀　翼	杨　波	硕士	吉林大学
刑事诉讼私人取证之证据能力研究	李　雪	闵春雷	硕士	吉林大学
非法实物证据排除规则适用条件研究	刘　晓	杨　波	硕士	吉林大学
电子数据问题研究	王　洋	车传波	硕士	吉林大学

论文题目	作者	指导老师	学位	学位授予单位
行政诉讼非法证据排除规则研究	高樱芙	于立深	硕士	吉林大学
拒绝亲子鉴定的证明妨碍问题研究	赵 琪	苏文卿	硕士	暨南大学
我国工程造价司法鉴定制度与专家证人制度对比研究	何建宏	王 军	硕士	江苏大学
民事证明责任分配中的利益衡量研究	崔晓立	易 虹	硕士	江西财经大学
检察机关讯问全程同步录音录像制度实证研究	杨宝兵	刘 国	硕士	江西财经大学
侦查阶段引入污点证人豁免制度研究——以贿赂案件为例	杨震武	徐聪颖	硕士	江西财经大学
中国语境下民事诉讼排除合理怀疑证明标准的解读——基于裁判者的视角	陈 晨	徐聪颖	硕士	江西财经大学
贿赂案件犯罪嫌疑人翻供的成因及对策研究	罗 错	喻晓玲	硕士	江西财经大学
论民事诉讼中重新鉴定率高的原因及解决途径	姜祖伟	王 辉	硕士	江西财经大学
论口供补强规则	管宝云	赖玉中	硕士	江西理工大学
论民事诉讼中电子数据证据保全制度及其完善	欧阳君	王晓云	硕士	江西师范大学
犯罪现场物证的采集和审查	凌子翔	沈桥林	硕士	江西师范大学
民事诉讼中电子数据证据认定研究——以××民间借贷案为例	施跃波	王嘎利	硕士	昆明理工大学
刑讯逼供的法社会学研究	熊国宏	施蔚然 周 云	硕士	昆明理工大学
电子数据搜查扣押中的隐私权保护研究	刘双琪	曾 娜 吴燕怡	硕士	昆明理工大学

续表

论 文 题 目	作 者	指导老师	学位	学位授予单 位
刑事非法证据排除的困境及其出路	杨颐嘉	何永军 张薇薇	硕士	昆明理工大学
公安机关侦查讯问录音录像制度的有效运行研究	李二娟	拜荣静	硕士	兰州大学
证据开示制度在专利侵权诉讼中的适用研究	李志栋	刘斌斌	硕士	兰州大学
我国刑事诉讼中近亲属作证特免权制度研究	王 坤	蔡秉坤	硕士	兰州大学
确立适合我国国情的沉默权的思考	乔耀林	贾登勋	硕士	兰州大学
法医临床重复鉴定法律问题研究——以朱某刑事申诉案为例	李 蓉	马明贤	硕士	兰州大学
环境民事诉讼中专家辅助人参诉问题研究	刘一楠	王 渊	硕士	兰州大学
"零口供"案件的证据收集与认定研究	谭 妮	刘斌斌	硕士	兰州大学
移动电话轨迹图作为刑事证据的可行性分析	常新义	邓小兵	硕士	兰州大学
职务犯罪侦查中电子数据的运用研究	侯杰方	王 渊	硕士	兰州大学
民间借贷证明责任法律问题研究——以汪某诉朱某案为例	董志浩	马明贤	硕士	兰州大学
技侦证据的采信问题研究——以王某、魏某运输毒品案为例	张 超	马明贤	硕士	兰州大学
刑事案件电子数据取证规范化研究——以"快播案"为重点	马 锐	陈 航	硕士	兰州大学
排除合理怀疑在司法实践中的适用研究	岳祯雄	刘斌斌	硕士	兰州大学
给付型不当得利诉讼举证责任分配研究——以瑞宁制冷公司诉新春洋暖通公司不当得利案为例	马 晖	吴双全	硕士	兰州大学

续表

论文题目	作者	指导老师	学位	学位授予单位
检察机关提起环境类行政公益诉讼举证问题研究	裴育	迟方旭	硕士	兰州大学
《洗冤集录》"验尸"问题研究	顾百灵	祖伟	硕士	辽宁大学
民事非法证据排除规则的研究	李天赐	姜群	硕士	辽宁大学
论刑事瑕疵证据的补正	丁佳琪	侯德福	硕士	辽宁大学
论我国被告人品格证据规则的构建	叶友宫	张云鹏	硕士	辽宁大学
民事诉讼当事人取证制度研究	张春雨	姜群	硕士	辽宁大学
论民事诉讼中电子数据的认证规则	岳玉苹	姜群	硕士	辽宁大学
我国刑事非法证据排除规则研究	刘璐	张云鹏	硕士	辽宁大学
论非法口供派生证据排除	严媛媛	徐阳	硕士	辽宁大学
侦查中电子证据取证的规范化研究	丁启孟	侯德福	硕士	辽宁大学
刑事瑕疵证据可采性研究	寇维	侯德福	硕士	辽宁大学
行政执法证据转化问题研究	常学良	侯德福	硕士	辽宁大学
民事证据保全制度研究	田凤华	李丽峰	硕士	辽宁大学
民事诉讼证据交换制度研究	张月	李丽峰	硕士	辽宁大学
电子警察执法证据采信问题研究	张宇	康健	硕士	辽宁大学
民事举证时限制度研究	刘娇娇	姜群	硕士	辽宁大学
我国刑事鉴定意见适用问题研究	王玲	毛淑玲	硕士	辽宁师范大学
我国司法鉴定人违法责任研究	徐利鹏	王瑞恒	硕士	辽宁师范大学
测谎结论的正当性及其证据化问题研究——以刑事诉讼为视角	关天天	毛淑玲	硕士	辽宁师范大学
完善我国民事诉讼证据交换制度研究	卜豫	王瑞恒	硕士	辽宁师范大学
我国民事诉讼证人出庭作证问题研究	李梦娇	王瑞恒	硕士	辽宁师范大学
民事诉讼举证责任分配理论与规则研究	李雨谌	毛淑玲	硕士	辽宁师范大学

续表

论 文 题 目	作　者	指导老师	学位	学位授予单位
证明标准理论的新范式——功能视角下审判实务证明标准的路径完善	王娱瑗	胡学军	硕士	南昌大学
我国非法证据排除规则适用研究	游高华	刘本燕	硕士	南昌大学
刑事诉讼制度改革背景下公安侦查取证工作研究	吴集智	吴晓玲	硕士	南昌大学
论刑事被告人对质权及其完善	张来凤	刘本燕	硕士	南昌大学
医疗损害证明责任分配研究	石长城	黄娅琴	硕士	南昌大学
民间借贷纠纷中证明责任问题研究	黎金涛	刘冬京	硕士	南昌大学
论医疗技术损害责任中过错的证明	顾文娟	胡学军	硕士	南昌大学
案件事实"真伪不明"认知的理性分析	钟鸣雁	胡学军	硕士	南昌大学
论诱空型虚假陈述因果关系认定规则的完善	鄢宇楠	杨　峰	硕士	南昌大学
试论刑事诉讼中的非法言词证据排除规则之完善	曾　琦	涂书田	硕士	南昌大学
以引诱、欺骗方法获取口供的排除标准研究	何　琴	狄小华	硕士	南京大学
刑事主观事实认定的困境及其出路	韩玉洁	秦宗文	硕士	南京大学
论正当防卫的证明责任——以犯罪构成三要件体系为基础	孟　妍	杨辉忠	硕士	南京大学
行政公益诉讼举证责任研究	戴明鑫	夏清瑕	硕士	南京财经大学
我国反垄断民事诉讼证据制度研究	方玉梅	李　煜	硕士	南京财经大学
刑事诉讼证明责任研究	赵　杰	周宝峰	硕士	内蒙古大学
论宋慈《洗冤集录》中的刑事诉讼证据制度	孙　琪	金　山 赵俊平	硕士	内蒙古大学

续表

论 文 题 目	作 者	指导老师	学位	学位授予单位
刑事被告人质证权保障研究	刘 畅	周宝峰 王丽英	硕士	内蒙古大学
民事排除合理怀疑证明标准适用研究	马 斌	刘桂琴 徐玉蓉	硕士	内蒙古大学
刑事司法精神障碍鉴定若干问题思考	韩 磊	邢 娜 梁建武	硕士	内蒙古大学
民事补强证据规则研究	何 欢	高芙蓉	硕士	内蒙古大学
民事诉讼证人保证书制度研究	张雨婷	高芙蓉 苏治平	硕士	内蒙古大学
民事诉讼非法证据排除规则研究	韩 琛	刘桂琴	硕士	内蒙古大学
民事诉讼间接证据适用研究	王世艳	高芙蓉	硕士	内蒙古大学
民事诉讼法院调查取证制度研究	张 雪	高芙蓉	硕士	内蒙古大学
夫妻共同债务认定中的举证责任问题研究	张 川	李永林	硕士	内蒙古 科技大学
刑事诉讼中法官庭外调查取证权的研究	张秀凯	谭庆德	硕士	青岛大学
刑事诉讼中证人保护制度研究	王柔月	姜瑞雪	硕士	青岛大学
我国鉴定人制度对专家证人制度的借鉴	王 楠	朴成日	硕士	青岛大学
刑事电子证据的认定	谭 阳	姜瑞雪	硕士	青岛大学
论医疗损害责任纠纷中举证责任缓和制度的建立与完善	边萌萌	蔡颖雯	硕士	青岛大学
环境损害司法鉴定问题研究	徐 贺	汪 岚	硕士	青岛大学
笔迹鉴定意见证明力研究	殷茜茜	汪 岚	硕士	青岛大学
民事诉讼自认制度研究	王亚利	赵信会	硕士	山东财经大学
日本刑事司法协助调查取证制度研究	明垣宜	冯俊伟	硕士	山东大学
论不当得利的类型化及其举证责任	张渝梓	秦 伟	硕士	山东大学

续表

论 文 题 目	作　者	指导老师	学位	学位授予单 位
论我国行政复议证据制度的完善	李国印	葛明珍	硕士	山东大学
海事行政执法中的电子证据研究	李　辉	冯　威	硕士	山东大学
民事诉讼证明标准实证分析——从基层法院判决视角出发	林忠良	丁　杰	硕士	山东大学
刑事审判中会计师意见运用问题研究	张　犀	冯俊伟	硕士	山东大学
刑事诉讼中鉴定意见的真实性问题研究	刘梦雪	黄士元	硕士	山东大学
民事诉讼当事人陈述的实证分析	付子豪	张海燕	硕士	山东大学
控制下交付的证据问题研究	唐　瑶	周长军	硕士	山东大学
民间借贷纠纷举证责任分配研究	秦　迅	李洪武	硕士	山东大学
我国公安机关非法证据排除规则的问题与对策研究	许　琳	柳砚涛	硕士	山东大学
我国非法证据排除规则适用难问题研究	司晓旺	李道军	硕士	山东大学
劳动争议案件证明责任问题研究	李　洁	王德新	硕士	山东师范大学
我国环境侵权诉讼中科学证据采信规则研究	陈贵萍	王　宏	硕士	山东师范大学
环境民事公益诉讼原告举证责任问题的探究	彭　震	李菊明	硕士	山东政法学院
审判机关主导的非法证据排除程序问题研究	赵丽媛	吴春香	硕士	山西财经大学
预防刑事错案视角下侦查取证规范化研究	史安娜	张天虹	硕士	山西大学
我国公安机关鉴定人出庭作证问题及对策建议	张逸轩	王子昀	硕士	山西大学
论行政执法证据在刑事诉讼中的适用	吴登俊	马秀娟	硕士	山西大学
我国医疗事故鉴定制度的困境与出路	曹玲玲	王　宏	硕士	上海师范大学

续表

论文题目	作者	指导老师	学位	学位授予单位
环境民事公益诉讼当事人收集证据制度研究	杨亚男	方堃	硕士	上海师范大学
审判中心视域下刑事庭审质证问题研究	王晓雪	郑显文	硕士	上海师范大学
经济犯罪中的会计证据问题研究	葛天池	孙文红	硕士	沈阳工业大学
庭审中心主义视角下直接言词原则研究	孙镜淇	齐伟	硕士	沈阳工业大学
行政证据向刑事证据转换疑难问题研究	汪超凡	董琳	硕士	沈阳师范大学
环境民事公益诉讼证明责任分配研究	孟楠	王晓	硕士	沈阳师范大学
瑕疵证据补正规则研究	王丽诗	单晓华	硕士	沈阳师范大学
家庭暴力犯罪的证据适用	周映池	夏良田李军	硕士	四川省社会科学院
庭审实质化下的刑事质证问题研究	刘国楠	蓝冰白宗钊	硕士	四川省社会科学院
刑事专家辅助人制度研究	余依玲	蓝冰白宗钊	硕士	四川省社会科学院
刑事非法实物证据排除规则研究	梁琳坤	夏良田苏云	硕士	四川省社会科学院
刑事诉讼中电子数据的审查判断研究	武文丽	叶睿白宗钊	硕士	四川省社会科学院
刑事诉讼中的"情况说明"实证研究	谭蜜	夏良田李军	硕士	四川省社会科学院
试论司法实践中民间借贷案件的举证责任	张丽丽	方新军	硕士	苏州大学
重复供述的证据能力研究	李璐璐	刘磊	硕士	苏州大学
仲裁庭收集证据原理研究——与民事诉讼程序比较为视角	宋哲豪	张永泉	硕士	苏州大学
论刑事诉讼中的侦查人员证人	潘昀茜	张成敏	硕士	苏州大学

论 文 题 目	作　者	指导老师	学位	学位授予单　位
辩护律师调查取证实务研究	李思远	吴常青	硕士	天津商业大学
非内容性电子数据监控与基本权利保护研究	薛大政	吴常青	硕士	天津商业大学
刑事证人保护制度的完善研究	陈晓斐	阮大强 康建茂	硕士	天津师范大学
污点证人作证豁免制度的研究	王　含	阮大强 康建茂	硕士	天津师范大学
论我国刑事品格证据规则的构建	沈明俊	郭小冬 余　妍	硕士	天津师范大学
刑事诉讼未成年人言词证据补强问题研究	刘　璐	阮大强 康建茂	硕士	天津师范大学
民事诉讼中当事人真实义务研究	郑　博	郭小冬 康建茂	硕士	天津师范大学
国际法院证据处理规则研究	陆　晨	高秀东	硕士	外交学院
论中国古代证不言情罪的流变	牛　鹏	柳正权	硕士	武汉大学
我国环境损害司法鉴定制度研究	田　冰	杨粉米	硕士	西安建筑科技大学
工程造价鉴定实务与诉前专业调解研究	王　祎	西华大学	硕士	西华大学
西藏神示证据制度研究	陈俊伶	次仁片多	硕士	西藏大学
美国民事诉讼证人证言采信制度研究	吴　闪	覃斌武	硕士	湘潭大学
知识产权案件中法院对物证的处理问题研究	朱文文	陈小珍 刘友华	硕士	湘潭大学
我国刑事庭前会议证据展示研究	彭　婧	林艺芳	硕士	湘潭大学
刑事庭审远程视频作证制度研究	楚欢然	林艺芳	硕士	湘潭大学
正当防卫证明责任分配研究	周慧琳	穆远征	硕士	湘潭大学

续表

论 文 题 目	作 者	指导老师	学位	学位授予单位
专利无效宣告程序中使用公开的证明问题研究	瞿炼	邹琳	硕士	湘潭大学
国际体育仲裁中的虚假比赛案件证据研究	曾琰媚	郭树理	硕士	湘潭大学
民事诉讼事案解明义务研究	刘慧娟	覃斌武	硕士	湘潭大学
网页快照在外观设计专利诉讼中的证据问题研究	彭祯奇	邹琳	硕士	湘潭大学
我国反垄断民事诉讼举证责任分配研究	周波明	陈灿祁	硕士	湘潭大学
公安侦讯刑讯逼供行为情境成因及对策研究	顾思萍	谢勇	硕士	湘潭大学
知识产权民事诉讼专家证人制度研究	季任天	陈乃新	硕士	湘潭大学
禁反言规则在自认中的适用研究——以470份裁判文书为视界	张琼	禹华初	硕士	湘潭大学
医疗侵权诉讼证明责任研究	高艳菊	张芸	硕士	西北师范大学
民事诉讼中电子数据保全问题分析——以植之元公司与大智公司买卖合同纠纷等案为例	刘霜晨	张芸	硕士	西北师范大学
论消极确认之诉的证明责任	薛亚亚	张芸	硕士	西北师范大学
论民事诉讼中的非法证据排除规则	张明	阮友利	硕士	新疆大学
交通事故认定书刑事证据资格研究	齐如意	白京兰	硕士	新疆大学
论我国民事诉讼专家辅助人意见效力研究	努尔曼姑丽·沙木沙克	康锦解铭	硕士	新疆大学
交通事故认定书的性质和效力	王凌筱	关涛	硕士	烟台大学
论我国警察出庭作证制度的完善	胡剑	宋振武	硕士	烟台大学
职务犯罪侦查中的非法证据排除规则研究	魏婷	姜一春	硕士	烟台大学

论 文 题 目	作　者	指导老师	学位	学位授予单位
论测谎技术在刑事诉讼中的应用	孟令羽	宋振武	硕士	烟台大学
民事诉讼中域外书证证明效力的司法认定——以延吉市法院范某医疗损害赔偿案为例	李盛聪	徐炳煊	硕士	延边大学
强制刑事证人出庭的实证分析——以裁判文书为例	贾腾达	严海玉	硕士	延边大学
职务犯罪讯问同步录音录像制度实证研究——以 J 省 Y 州为视角	李　华	尹茂国	硕士	延边大学
亲属拒证特权法律问题研究	袁汝良	侯　纯	硕士	燕山大学
审查逮捕中社会危险性证明实证研究	陈肖莉	刘立霞	硕士	燕山大学
证据裁判原则对公安机关刑事侦查的影响及应对	郑　帅	胡　铭	硕士	浙江大学
温州地区警察出庭作证制度的实践考察和成效分析	陈秋晨	叶良芳	硕士	浙江大学
民事非法证据排除规则的重构	巫海波	翁晓斌	硕士	浙江大学
刑事庭审交叉询问制度研究	王　晟	林劲松	硕士	浙江大学
侦查讯问录音录像的庭审运用	汪宁越	林劲松	硕士	浙江大学
论网络诈骗案件中的电子取证	季　晨	胡　铭	硕士	浙江大学
论电子数据的搜查与扣押	周西兰	林劲松	硕士	浙江大学
夫妻共同债务纠纷中的举证责任分配研究	张　阅	周江洪	硕士	浙江大学
网络犯罪中被害人陈述抽样取证问题研究	宣　琴	高艳东	硕士	浙江大学
刑事电子数据的认证问题研究	李亚峰	魏　静	硕士	浙江理工大学
我国环境民事公益诉讼证明责任分配研究	余懿臻	马永双	硕士	浙江农林大学
刑事诉讼电子数据取证问题研究	黄永晨	贺恒扬	硕士	郑州大学
刑事证人出庭作证制度研究	徐珊珊	王长水	硕士	郑州大学

续表

论 文 题 目	作 者	指导老师	学位	学位授予单 位
辩护律师调查取证权研究	姚晓晓	马春娟	硕士	郑州大学
我国民事诉讼证明妨碍制度研究	李 蔚	周 庆	硕士	郑州大学
警察出庭作证制度研究	秦阁阁	马春娟	硕士	郑州大学
劳动争议案件证明标准实证研究	吕 强	曹明睿	硕士	郑州大学
论我国非法证据排除规则适用过程中的人权保障	刘静茹	侯 宇	硕士	郑州大学
刑事公诉案件证据审查问题研究——以审查起诉阶段为视角	李安民	贺恒扬	硕士	郑州大学
论我国刑事诉讼中的"定案根据"	杜 婧	褚福民	硕士	中国政法大学
侦查人员出庭作证制度研究	任如诗	张 中	硕士	中国政法大学
电子数据搜查法律规制	何光铭	田小穹	硕士	中央民族大学
民事诉讼当事人真实陈述义务研究	曾俊华	张艳蕊	硕士	中央民族大学
论侦查阶段非法证据排除	安 勇	田小穹	硕士	中央民族大学
书证的甄别	马 胜	张 中	硕士	中国政法大学
论我国刑事瑕疵证据的补正规则	春 丽	张 中	硕士	中国政法大学
论刑事瑕疵证据的可采性	张晓兰	张 中	硕士	中国政法大学
品格证据适用于审查逮捕案件的思考	赵 薇	房保国	硕士	中国政法大学
论民事诉讼中的证据挖掘机制	杨大勇	王进喜	硕士	中国政法大学
从书面证言谈刑事诉讼证人出庭作证制度的完善	李 磊	王进喜	硕士	中国政法大学
专家辅助人诉讼地位研究	刘 卓	王进喜	硕士	中国政法大学
审判为中心背景下警察出庭制度的探究与完善	白 阳	王进喜	硕士	中国政法大学
涉案财物价格认定的证据属性研究	王 晨	刘 鑫	硕士	中国政法大学

论 文 题 目	作　者	指导老师	学位	学位授予单位
审判视角下的刑事目击证人辨认制度	杨秋实	褚福民	硕士	中国政法大学
贿赂案件中污点证人作证制度的构建	王蓓蓓	李训虎	硕士	中国政法大学
刑事证人出庭制度实证研究——以克拉玛依市调研情况为样本	商羽情	吴洪淇	硕士	中国政法大学
非法实物证据排除的困境与出路	郑显梅	吴洪淇	硕士	中国政法大学
司法鉴定投诉相关问题的研究	杨　尚	刘　鑫	硕士	中国政法大学
民事再审新证据问题研究	张永飞	李训虎	硕士	中国政法大学
论我国民事诉讼举证实现制度存在的问题及研究对策	杨　佳	吴洪淇	硕士	中国政法大学
论民事诉讼举证证明责任的适用	田景阳	房保国	硕士	中国政法大学
电子数据取证在我国刑事侦查中的问题分析	孙兵杰	常　林	硕士	中国政法大学
关于法院对外委托司法鉴定相关问题的实证研究——以白云地区法院对外委托案件为例	杨佳蒴	吴丹红	硕士	中国政法大学
我国医生司法作证特免权制度研究	邓　桐	刘　鑫	硕士	中国政法大学
论知识产权鉴定资源不足之解决	方玉叶	刘　鑫	硕士	中国政法大学
网购民事案件中证明妨碍规则适用论	成柯舟	刘智慧	硕士	中国政法大学
中国沉默权制度建立问题的探析——以欧洲沉默权为借鉴	杨春玉	岳礼玲	硕士	中国政法大学
论明代刑事诉讼中的人证	王　林	张德美	硕士	中国政法大学
非法证据排除制度中的公民权利问题研究	王　燕	刘　杨	硕士	中国政法大学
未成年人社会调查报告的证据法分析	王　震	王进喜	硕士	中国政法大学
涉刑案件之司法精神病鉴定启动制度研究	乐　伟	刘革新	硕士	中国政法大学
论民事诉讼专家辅助人	斯陈洁	杜　闻	硕士	中国政法大学

续表

论 文 题 目	作　者	指导老师	学位	学位授予单 位
商事仲裁证据开示制度	曹　莹	史　飚	硕士	中国政法大学
违法所得没收特别程序证明制度研究	陈　晓	汪海燕	硕士	中国政法大学
论缺陷产品侵权诉讼中的证明责任分配	周晶晶	刘金华	硕士	中国政法大学
技术侦查证据运用研究	张思铭	卫跃宁	硕士	中国政法大学
浅谈技术与法律双重视野下的电子取证——以侦查机构与鉴定机构的关系为例	李帅康	王进喜	硕士	中国政法大学
法庭之友与专家证人的比较研究	张山山	张保生	硕士	中国政法大学
刑事诉讼中电子证据采信规则研究	景园坤	张保生	硕士	中国政法大学
论警察作为辨认鉴真证人出庭作证	王译晗	张保生	硕士	中国政法大学
认罪认罚具结书有罪供述撤回权研究	于春洋	张保生	硕士	中国政法大学
我国台湾地区刑事诉讼亲属拒证权研究	于美溪	张保生	硕士	中国政法大学
诉讼视角下浅析鉴定意见的证明力	陶欣芸	张鹏莉	硕士	中国政法大学
刑事诉讼鉴定人出庭问题研究	王　瑞	元　轶	硕士	中国政法大学
我国当事人真实陈述义务研究	邵　珊	杨秀清	硕士	中国政法大学
民事诉讼中律师调查取证权研究	贾文胜	刘芝祥	硕士	中国政法大学
司法鉴定市场化的危机与应对策略	邢　哲	吴丹红	硕士	中国政法大学
讯问同步录音录像证据问题研究	关玉凤	卫跃宁	硕士	中国政法大学
庭审实质化改革下的鉴定人出庭制度研究	柴　冬	卞建林	硕士	中国政法大学
商事仲裁中仲裁庭调查取证权的比较研究	孟凡钦	霍政欣	硕士	中国政法大学
庭审实质化背景下的交叉询问制度研究	曹倩文	元　轶	硕士	中国政法大学
贪污贿赂犯罪口供依赖问题研究	王华彬	房保国	硕士	中国政法大学
GPS 证据的运用规则研究	张　程	施鹏鹏	硕士	中国政法大学
被害人陈述的质证问题研究	王小菲	栗　峥	硕士	中国政法大学

续表

论 文 题 目	作 者	指导老师	学位	学位授予单 位
口供补强规则的研究——兼评《刑事诉讼法司法解释》第 106 条	廖思蕴	张　中	硕士	中国政法大学
论认罪认罚从宽制度的证明标准	葛晟楠	栗　峥	硕士	中国政法大学
大数据分析结果可采性研究	刘昕彤	房保国	硕士	中国政法大学
边沁功利主义下的证据思想及其现代影响	冯天驰	吴洪淇	硕士	中国政法大学
民事诉讼举证时限制度研究	王莎莎	王　娣	硕士	中国政法大学
论民事诉讼中的当事人陈述	苗亚男	王　娣	硕士	中国政法大学
我国"排除合理怀疑"的实证研究——基于 582 个盗窃罪案件的分析	李梦依	栗　峥	硕士	中国政法大学
论作为证据的当事人陈述	樊金鹏	纪格非	硕士	中国政法大学
当事人真实陈述义务的中国路径	杨婉冬	纪格非	硕士	中国政法大学
民事诉讼证据调查令制度的构建	尚红超	刘金华	硕士	中国政法大学
我国非法证据的范围及适用标准研究	赵颖华	樊崇义	硕士	中国政法大学
司法鉴定广告研究	胡佩佩	刘　鑫	硕士	中国政法大学
司法精神病学远程鉴定方式及其程序规范研究	杨　帆	常　林	硕士	中国政法大学
表见证明制度研究	叶林梅	肖建华	硕士	中国政法大学
论当事人真实陈述义务	孟津津	乔　欣	硕士	中国政法大学
以夫妻一方名义举债时夫妻共同债务的证明责任	李梅丽	孙邦清	硕士	中国政法大学
关于我国构建刑事证据保全制度的思考	李英彬	洪道德	硕士	中国政法大学
家事审判中法院依职权调查取证问题研究	金宏志	韩　波	硕士	中国政法大学
科学证据的法律规制研究	刘　悦	卫跃宁	硕士	中国政法大学
论我国的亲属拒证权制度及其完善	王昕月	王志华	硕士	中国政法大学

续表

论文题目	作者	指导老师	学位	学位授予单位
我国刑事诉讼中司法会计鉴定问题的研究	金　香	张苏彤	硕士	中国政法大学
国际商事仲裁中法院协助取证问题研究	左山山	杜新丽	硕士	中国政法大学
我国专家辅助人意见证据属性及采信规则探究	贾莉莉	林　林	硕士	中国政法大学
涉案财物处置程序及其司法证明规则研究	郭佳音	房保国	硕士	中国政法大学
司法鉴定登记管理之地方法规研究	苑　冲	刘　鑫	硕士	中国政法大学
法医鉴定废弃物处理实证研究	王俊方	刘　鑫	硕士	中国政法大学
非法口供排除规则适用情形实证研究	邓雅文	褚福民	硕士	中国政法大学
口供补强规则研究	梁文强	李训虎	硕士	中国政法大学
刑事电子数据鉴真规则研究	马瑞丰	吴洪淇	硕士	中国政法大学
自由证明原则的理论框架及其应用	李　明	吴洪淇	硕士	中国政法大学
论刑事诉讼中的重复自白	刘　俊	吴丹红	硕士	中国政法大学
刑事错案防范视角下的非法证据排除规则研究	刘　玄	卞建林	硕士	中国政法大学
笔迹鉴定意见可靠性审查规则探析	李　念	李　冰	硕士	中国政法大学
关于笔迹鉴定的主观偏向性研究	马恬恬	李　冰	硕士	中国政法大学
论民事诉讼中当事人对证据的调查收集	张　义	王　娣	硕士	中国政法大学
论作为证据的当事人陈述	王晓丽	纪格非	硕士	中国政法大学
民事推理对法官自由心证之作用研究	郭金金	宋朝武	硕士	中国政法大学
瑕疵鉴定意见的界定	杨荐能	鲁　涤	硕士	中国政法大学
我国民事诉讼证明标准的层次化研究	孙　言	邱星美	硕士	中国政法大学
电子证据鉴真问题研究	王胜男	孔　红	硕士	中国政法大学
刑事判决书中定案证据概念及其表述——以一审刑事判决书为例	郑玲玲	邹玉华	硕士	中国政法大学

论　文　题　目	作　者	指导老师	学位	学位授予单　位
论我国善意取得制度中"善意"的认定——基于案例类型化与证据理论相结合的视角	秦　威	易　军	硕士	中国政法大学
专利侵权诉讼的证据规则重构	韩婷婷	冯晓青	硕士	中国政法大学
非法证据排除规则适用中的疑难问题研究	吴凯鹏	洪道德	硕士	中国政法大学
专利侵权损害赔偿的证据规则研究	滕建芳	张　南	硕士	中国政法大学
税务行政复议举证责任研究	姜园园	翟继光	硕士	中国政法大学
论我国税务行政程序举证责任制度的完善	李　慧	翟继光	硕士	中国政法大学
论我国庭前证言笔录之可采性——以前南斯拉夫问题国际刑事法庭和国际刑事法院书面证言规则为借鉴	黄燕妮	汪诸豪	硕士	中国政法大学
我国民商事案件域外取证制度研究	普　畅	李　响	硕士	中国政法大学
论行政诉讼举证责任的分配	祁　菲	刘　莘	博士	中国政法大学
公诉证明标准研究	韩　东	张保生	博士	中国政法大学
证言可信性研究	张　伟	张保生	博士	中国政法大学
证据推理的性质与方法研究	柴　鹏	张保生	博士	中国政法大学
刑事诉讼法庭质证研究	刘曹祯	杨宇冠	博士	中国政法大学
论量刑事实的证明	单子洪	陈光中	博士	中国政法大学
论习惯法与证据	马连龙	刘　良	博士	中国政法大学
DNA 数据库证据在刑事诉讼中的运用与规制	刘雁军	刘　良	博士	中国政法大学
专家偏见的法律与技术控制	杜鸣晓	刘　良王进喜	博士	中国政法大学
刑事鉴定程序研究	阮　娜	樊崇义	博士	中国政法大学

续表

论 文 题 目	作 者	指导老师	学位	学位授予单位
职务犯罪案件证据收集与认定问题研究——基于以审判为中心的诉讼制度改革	曾宪桂	段海风	硕士	广西师范大学
审判中心主义下自白任意性规则研究	李健妮	李 燕	硕士	广西师范大学
论电子证据审查制度的完善	叶杰聪	刘训智	硕士	广西师范大学
家庭暴力民事案件证据规则的研究——以柳州市城区为对象的考察	黄焕玲	胡余嘉	硕士	广西师范大学
非法证据排除问题研究	牛若男	于逸生	硕士	黑龙江大学
刑事电子数据审查评断研究	张宏赡	孙 记	硕士	黑龙江大学
刑事诉讼中价格鉴定问题研究	林若枫	董 凯	硕士	黑龙江大学
论亲属拒证权在我国刑事诉讼中的引入	刘 杨	韩 红	硕士	黑龙江大学
我国警察出庭作证制度的透析与前瞻	臧 艳	张洪涛	硕士	东南大学
医疗损害鉴定实证研究	唐昌勇	欧运祥	硕士	东南大学
我国检察机关刑事鉴定意见审查制度研究	钱豪奕	钱小平	硕士	东南大学
论我国民商事仲裁中证据收集制度的缺失及建议	袁诗吟	施建辉	硕士	东南大学
公安机关鉴定体制问题研究	许炜炜	孟 红	硕士	东南大学
专利侵权诉前证据保全探究	朱净园	马鸽昌	硕士	太原科技大学
论民事诉讼中的盖然性证明标准	范颖华	翟瑞卿	硕士	太原科技大学
论我国刑事证据开示制度	孟学婷	姚宪弟	硕士	太原科技大学
"审判中心主义"下非法证据排除规则的适用	牛文风	翟瑞卿	硕士	太原科技大学
民事证明责任类型化研究	李承荣	周洪波	硕士	西南民族大学
"以审判为中心"视角下传闻证据规则探究	马 筱	白俊华	硕士	中国人民公安大学

续表

论 文 题 目	作 者	指导老师	学位	学位授予单位
论刑事被告人质证权	张笑宇	李玉华	硕士	中国人民公安大学
技术侦查所获材料的证据能力研究	王竹君	徐伟红	硕士	中国人民公安大学
行政诉讼非法证据排除规则的完善研究	何 鑫	沈国琴	硕士	中国人民公安大学
海上毒品犯罪证据研究	刘雷元	张品泽	硕士	中国人民公安大学
刑事诉讼视野下的儿童证人作证研究	张松涛	樊学勇	硕士	中国人民公安大学
"以审判为中心"背景下刑事见证人出庭问题研究	王春姣	白俊华	硕士	中国人民公安大学
实物证据保管链制度研究	李朗爽	白俊华 樊学勇 李玉华	硕士	中国人民公安大学
刑事诉讼中电子数据鉴定	黄 锦	樊学勇	硕士	中国人民公安大学
论刑事电子数据的有效性	曾宇翀	樊学勇	硕士	中国人民公安大学
我国民事诉讼财产保全制度研究	罗嘉佳	张晋红	硕士	广东财经大学
论我国行政诉讼非法证据排除规则的适用——以广东省法院为视角	吴光华	朱孔武	硕士	广东财经大学
论我国刑事非法证据排除规则之立法完善	郑平沅	王学沛	硕士	广东财经大学

说明:本统计表中学位论文的排列:第一顺序为学位授予单位名称,第二顺序为学位类型。

附录 2.2 法庭科学研究生学位论文目录（2017—2018）

附录 2.2.1 法庭科学研究生学位论文目录（2017）

论 文 题 目	作 者	指导教师	学位	学位授予单位
我国植物新品种权的司法保护问题研究	王 倩	刘 宇	硕士	安徽财经大学
刑事强制医疗程序研究	夏 溯	陈结淼	硕士	安徽大学
民事诉讼专家辅助人制度研究	陈 哲	胡小红	硕士	安徽大学
基于表面增强拉曼光谱技术对人体体液中毒品的快速检测	孟 娟	张 莉 杨良保	硕士	安徽大学
基于证据图技术的网络取证方法研究与实现	常成月	何泾沙	硕士	北京工业大学
Openstack 云平台多租户网络隔离证据收集研究与分析	王 霞	沈昌祥	硕士	北京工业大学
医疗整容事故民事责任研究	马凯丽	王利民 姚晓君	硕士	大连海事大学
我国刑事司法精神病鉴定问题研究	甘振龙	王 赞	硕士	大连海事大学
X 市医患纠纷第三方调解机制完善研究	王 琦	李 鹏	硕士	大连理工大学
电子取证综合服务系统的设计	张亦非	刘乃琦	硕士	电子科技大学
稀土上转换荧光纳米棒在血潜指纹显现中的应用研究	李白玉	王春刚	硕士	东北师范大学
近似镜像网页去重方法研究	陈 剑	史有群	硕士	东华大学
电喷雾萃取电离质谱技术在毒物快速筛查中的应用研究	周 鹏	陈焕文	硕士	东华理工大学
针对云存储用户端的数字取证关键技术研究	陈 阳	陈立全 夏小忠	硕士	东南大学
建筑工程质量争议的形成与处理	郑志鹏	沈 杰 余湘乐	硕士	东南大学

续表

论 文 题 目	作 者	指导教师	学位	学位授予单位
医疗损害因果关系之司法鉴定	李国林	陈玉玲 邱云亮	硕士	东南大学
基于 Identifiler™ 检测体系对于厦门汉族人群的遗传学分析及其应用于人群遗传关系的研究	吴莉莉	宋秀宇	硕士	福建医科大学
数据恢复技术在电子证据鉴定中的应用研究	万 超	江 洪	硕士	福州大学
医疗损害司法鉴定主体资格研究	袁艳丹	陈 胜	硕士	福州大学
签名笔迹鉴定意见采信及错鉴评析	李润之	沙万中	硕士	甘肃政法学院
刑事诉讼中电子数据证据能力及证明力研究	徐浩森	焦盛荣	硕士	甘肃政法学院
论我国民事诉讼法中的电子数据	舒 静	马永伟	硕士	甘肃政法学院
宋代法医制度研究	崔佳明	侯文昌	硕士	甘肃政法学院
痕迹鉴定意见庭审认证问题研究	赵品涵	付晓海	硕士	甘肃政法学院
论网络犯罪案件电子证据的可采性	邵志华	邓立军	硕士	广东财经大学
论我国网络犯罪电子证据取证制度的完善	谭智勇	李爱荣 张 成	硕士	广东财经大学
我国医疗损害鉴定的实践问题与对策	尹就平	张晋红	硕士	广东财经大学
论我国民事诉讼专家辅助人制度的完善	李漫漫	房文翠	硕士	广东财经大学
民事诉讼中电子截屏证据的审查判断研究	周优菊	吴小英	硕士	广西大学
司法鉴定人民事法律责任的研究	宁 倩	孟勤国	硕士	广西大学
论刑事诉讼中司法鉴定人出庭制度	王晓雯	申君贵	硕士	广西民族大学
论我国医疗损害鉴定制度的困境与出路	胡 浩	李 潇	硕士	广西师范大学
我国电子数据证明力研究	廖嘉莉	余贵忠	硕士	贵州大学

续表

论文题目	作　者	指导教师	学位	学位授予单位
基于嵌入式法医鉴定测量分析系统的研究与设计	袁　鑫	谢本亮	硕士	贵州大学
长沙《大公报》视野中的禁烟禁毒问题宣传研究（1917—1924）	张朝觐	周石峰 李元鹏	硕士	贵州师范大学
诉讼视角下环境损害鉴定评估机制研究	贾纪立	文永辉	硕士	贵州师范大学
贵州水族遗传标记多态性调查及族源探究	季晶焱	温小军 黄　江	硕士	贵州医科大学
贵阳常见嗜尸性蝇类生活史和蛹期转录组学研究	周　昊	黄　江	硕士	贵州医科大学
贵州汉族人群22个STR多态性的调查及11个SNPs复合检测体系的构建	杨美庆	黄　江	硕士	贵州医科大学
基于Android恶意行为分析的移动终端取证研究	吕烨鑫	武俊鹏	硕士	哈尔滨工程大学
移动智能终端隐私数据取证系统的设计与实现	李佳婷	马春光 王希忠	硕士	哈尔滨工程大学
基于笔迹的性别识别方法研究	刘维达	邬向前	硕士	哈尔滨工业大学
刑事诉讼中专家辅助人的诉讼地位研究	胡伟宪	吕维刚	硕士	哈尔滨商业大学
我国司法精神病鉴定启动机制研究	马　羚	宋　强 陈启明	硕士	海南大学
建设工程施工合同诉讼中司法鉴定问题研究	陈　钰	张　卫 吴晓锋	硕士	海南大学
环境损害鉴定评估制度研究	侯雪璟	孟庆瑜 时清霜	硕士	河北大学
缺陷出生的法律问题研究	聂武超	宋忠胜	硕士	河北经贸大学
下一代测序技术在混合DNA分析中的应用研究	刘　奇	丛　斌	硕士	河北医科大学

续表

论 文 题 目	作 者	指导教师	学位	学位授予单 位
DYZ1 阵列区分男性同卵双生子的初步探索	陈 璐	李淑瑾	硕士	河北医科大学
生态损害赔偿额司法确定问题研究	史升伟	陈晓景	硕士	河南财经政法大学
刑事诉讼中专家辅助人制度研究	李 筱	姜保忠	硕士	河南财经政法大学
司法会计鉴定中货币资金流问题探究	王紫扬	张晓玲	硕士	河南财经政法大学
刑事错案中的鉴定问题及对策	支亚亚	董 凯	硕士	黑龙江大学
刑事诉讼中重复鉴定的法律规制	张建美	孙 记	硕士	黑龙江大学
论民事诉讼中的重新鉴定	张 宇	哈书菊	硕士	黑龙江大学
指纹自动分类算法的研究	徐建国	万 方 贾 琳	硕士	湖北工业大学
论职务犯罪侦查中电子数据的取证与运用	黄子皿	彭辅顺	硕士	湖南大学
对象级的图像修复取证研究	申林川	杨高波	硕士	湖南大学
刑事诉讼中电子数据适用研究	牛志丽	张兆凯	硕士	湖南工业大学
手机短信证据在刑事诉讼中的提取与出示	陈 曦	赵旭光	硕士	华北电力大学（北京）
低质量指纹识别中若干关键技术研究	刘书炘	杨宗源	博士	华东师范大学
仿真签名鉴定实证研究	张淑媛	杜志淳 许爱东	硕士	华东政法大学
单字结构特征自然变化范围的量化与统计初探	左吉园	许爱东	硕士	华东政法大学
录音录像资料证据在民事诉讼中的适用研究	张思宇	姚 远	硕士	华东政法大学
刑事诉讼中电子证据审查判断探究	刘东晓	叶 青	硕士	华东政法大学

论 文 题 目	作 者	指导教师	学位	学位授予单位
知识产权侵权纠纷诉讼中的证据审查认定	毛小利	沈国权 谢文哲	硕士	华东政法大学
刑事诉讼中电子数据的真实性保障研究	陈贵峰	王永全	硕士	华东政法大学
我国电子证据相关联主体法律责任认定研究	赵 帅	杜志淳 王学光	硕士	华东政法大学
云计算环境中我国电子数据取证相关法律问题完善	邢华蓉	杜志淳 王 弈	硕士	华东政法大学
S市电子物证领域第三方司法鉴定机构管理优化研究	杜 娟	满 永	硕士	华东政法大学
电子邮件证据相关法律问题研究	王 震	杜志淳 王永全	硕士	华东政法大学
电子数据取证中强制侦查措施适用问题研究	陈志阳	王 戬	硕士	华东政法大学
Y染色体SNP标记的分型及其法医学应用	宋雨桐	杜志淳 李 莉	硕士	华东政法大学
正常人嗅觉诱发电位研究	孙 婧	范利华 杜志淳	硕士	华东政法大学
精神科医疗损害司法鉴定基础问题研究	诸伊凡	闵银龙 孙大明	硕士	华东政法大学
检察机关对强制医疗程序监督问题的研究	秦 彤	王 戬	硕士	华东政法大学
我国知识产权诉讼领域专家辅助人制度的完善	黄爱云	黄武双	硕士	华东政法大学
我国保险公估人法律制度的完善研究	林煜轩	孙宏涛	硕士	华东政法大学
刑事涉案财物保管机制研究	郑 瑶	张 栋	硕士	华东政法大学
用于音频篡改检测的数字音频取证技术	梁富文	胡永健	硕士	华南理工大学
医疗纠纷中精神损害赔偿法律问题研究	蓝 蓉	官欣荣	硕士	华南理工大学

续表

论　文　题　目	作　者	指导教师	学位	学位授予单位
基于 RFID 的物证仓储信息管理系统开发与实现	卢宇帅	李向阳 张新政	硕士	华南理工大学
我国网络犯罪的电子证据合法性审查研究	吴慧敏	吴永辉 温振伟	硕士	华侨大学
民事诉讼专家辅助人问题研究	傅艳艳	许少波 邱仲华	硕士	华侨大学
利用环境温度及玻璃体液中物质浓度来推断死亡时间的研究	杨明真	刘　茜	硕士	华中科技大学
刑事电子数据取证中的个人信息保护	袁金胜	黄新民	硕士	华中师范大学
丢失的电子证据信息再现路径优化研究	孔明蕙	段尧清	硕士	华中师范大学
南京国民政府时期司法检验人员的新陈代谢研究（1929—1945）	郭俊美	付海晏	硕士	华中师范大学
精神病罪犯管理机制的完善	毛忠杰	杨　涛	硕士	华中师范大学
我国狱内罪犯死亡处理法律机制研究	黄晓倩	程亚萍	硕士	华中师范大学
民事诉讼电子证据相关问题研究	张亚恒	齐　盉	硕士	吉林财经大学
基于扫描成像原理的室内现场足迹提取技术	陈祥文	张　涛	硕士	吉林大学
亲子鉴定程序现状及相关法律问题研究	吴　昪	杨淑娟	硕士	吉林大学
精神病人刑事责任能力认定问题研究	杨　西	王军明	硕士	吉林大学
医疗纠纷诉讼中专家辅助人制度研究	孙晓琦	宋显忠	硕士	吉林大学
刑事鉴定意见认证制度研究	李丰东	鲁鹏宇	硕士	吉林大学
审查起诉阶段的非法实物证据排除研究	曾泓玥	陈　晖	硕士	暨南大学
荧光探针在显影潜指纹方面的应用	周静丹	宋启军	硕士	江南大学
医疗技术过失问题研究	吴宸昊	夏　民	硕士	江苏大学
论司法鉴定中的外来专业意见	袁世东	李忠民	硕士	江西财经大学

论 文 题 目	作者	指导教师	学位	学位授予单位
医疗纠纷举证责任分配问题研究	何全伟	唐健飞	硕士	江西财经大学
云计算取证模型及其关键技术研究	高元照	李炳龙	硕士	解放军信息工程大学
网络环境下被动式主机识别技术研究	张凯翔	刘琰	硕士	解放军信息工程大学
剪切痕迹激光检测信号自适应匹配算法研究	杨敬树	潘楠	硕士	昆明理工大学
刑事专家辅助人制度研究	郝雅月	何永军	硕士	昆明理工大学
甲基苯丙胺对大鼠肾脏损伤研究	余新龙	申吉泓	硕士	昆明医科大学
三个民族 27 个 Y-STR 基因座遗传多态性研究	雷强	曾发明	硕士	昆明医科大学
日常生活能力和社会功能量表在精神伤残评定应用中的初步研究	刘青青	赵丽萍	硕士	昆明医科大学
云南地区不明原因猝死相关基因突变检测	付华	瞿勇强 雷普平	硕士	昆明医科大学
精神病强制医疗程序的救济机制研究	王伟	拜荣静	硕士	兰州大学
我国强制医疗程序现状及对策研究	黄润燕	杨三正	硕士	兰州大学
论刑事诉讼中电子数据的收集与运用	胡博	侯德福	硕士	辽宁大学
论对不负刑事责任的精神病人的刑事程序保护	刘昆明	徐阳	硕士	辽宁大学
论刑事科学证据的运用失范及规制	陈森	张云鹏	硕士	辽宁大学
JX 司法鉴定中心发展战略研究	李兵	陈斐	硕士	南昌大学
33 个基因座复合扩增体系的构建及其法医学应用研究	杜蔚安	刘超	博士	南方医科大学
24 个 Y-STR 检测体系的法医学验证及多态性调查	刘长晖	马文丽 刘超	博士	南方医科大学

续表

论 文 题 目	作　者	指导教师	学位	学位授予单位
指纹分类及基于分类的指纹方向场重建	周　红	陈忠泽	硕士	南华大学
环境公益诉讼鉴定评估机制研究	方　晴	刘小冰	硕士	南京工业大学
刑事电子数据取证规范性研究	严　蓉	赵　杰	硕士	南京师范大学
电子数据证明力研究	张　明	黄步根	硕士	南京师范大学
电子数据证据的适用研究	宗爱萍	陈爱武	硕士	南京师范大学
我国民事诉讼电子证据研究	陈　浩	汪汉斌	硕士	南京师范大学
论 DNA 证据的司法认定	张家维	秦　策	硕士	南京师范大学
宋代司法检验制度研究	王亚杰	李玉生	硕士	南京师范大学
我国民事诉讼专家辅助人制度研究	凌柳婷	陈爱武	硕士	南京师范大学
公安机关鉴定人出庭作证的现状及问题	蔡　哲	李　力	硕士	南京师范大学
刑事诉讼中 DNA 证据质证制度研究	刘　飞	秦　策	硕士	南京师范大学
指纹分类特征提取方法研究	朱之丹	马廷淮 梅　园	硕士	南京信息 工程大学
基于纹理特征的指纹活性检测方法研究	吕　锐	孙星明 夏志华	硕士	南京信息 工程大学
我国急性中毒流行病学概况分析	刘圣娣	张劲松	硕士	南京医科大学
票据中的笔迹自动鉴定技术研究	刘德阳	徐小龙	硕士	南京邮电大学
基于原数据的可信电子证据固定方法	杨　宇	孙国梓	硕士	南京邮电大学
民事电子数据证据制度研究	贺　莉	付冬梅	硕士	内蒙古大学
民事诉讼电子数据认证规则研究	王　卉	高芙蓉	硕士	内蒙古大学
呼和浩特地区汉族和蒙古族人群 19 个 STR 基因座法医用遗传多态性	朱永强	莫日根	硕士	内蒙古大学
精神病人刑事强制医疗程序研究	王文琼	陈晓青	硕士	内蒙古大学
论刑事证据保管制度	张俊杰	邢　娜	硕士	内蒙古大学

续表

论　文　题　目	作　者	指导教师	学位	学位授予单位
华夏™白金 PCR 扩增试剂盒的法医学验证及评估	王亚丽	陈丽琴 李成涛	硕士	内蒙古医科大学
对象级数字视频被动取证技术研究	王斌	王让定	硕士	宁波大学
刑事诉讼中电子数据证据研究	吴泽友	袁有信	硕士	青岛大学
我国刑事诉讼指纹鉴定意见研究	张忠枝	汪岚	硕士	青岛大学
磁共振成像在损伤后腰椎间盘突出法医学鉴定中的应用价值研究	王静	郝大鹏	硕士	青岛大学
《人体损伤程度鉴定标准》法律问题研究	李带	汪岚	硕士	青岛大学
大鼠脑、肝组织 RNA 相对表达量与死亡时间的关系	董智杰	吴岳 陈亮	硕士	青海大学
我国电子数据保全公证及其认定研究	刘晓清	吴旭阳	硕士	厦门大学
从司法实践看强制医疗程序	王碧祥	陆而启	硕士	厦门大学
民事诉讼中专家辅助人性质研究	于放之	齐树洁	硕士	厦门大学
论刑事侦查中电子数据的提取与固定	柴敏	冯俊伟	硕士	山东大学
网络证据保全公证问题研究	邵佳宁	王笑冰	硕士	山东大学
论科学技术在刑事侦查中的应用	张敏	柳忠卫	硕士	山东大学
医疗损害鉴定制度"一元化"改革设计	解伟	满洪杰	硕士	山东大学
论我国民事诉讼专家辅助人制度	陈昌威	张海燕	硕士	山东大学
指纹质量评估及匹配算法研究	王一鸣	杨静	硕士	山东大学
过度医疗侵权责任研究	曲瑞琦	赵利民	硕士	山西财经大学
我国政府购买公共法律服务问题研究	郭瑾剑	吴春香	硕士	山西财经大学
有机磷农药中毒生物标志物的法医毒物动力学研究	尉志文	贠克明 傅善林	博士	山西医科大学

续表

论文题目	作　者	指导教师	学位	学位授予单位
法医毒物分析中有机磷农药及安定类药物 GC-MS 定性分析结果评判技术研究	刘少丹	张大明	硕士	山西医科大学
氯氰菊酯及其代谢物在犬体内的毒物动力学研究	郑　锋	贠克明	硕士	山西医科大学
锥形束 CT 技术在口腔法医学个体性别及年龄推断中的应用	岳晓雁	罗晓晋 李　冰	硕士	山西医科大学
proBNP、NTproBNP 及 sST2 在冠心病猝死者体内的表达	曾　强	高彩荣	硕士	山西医科大学
InDel 用于中国人群个体识别的法医学研究	王　玮	李彩霞 赵　蕾	硕士	山西医科大学
刑事电子数据收集	潮丹丹	胡廷松	硕士	上海师范大学
知识产权司法鉴定主体问题研究	张　丹	玄凤女	硕士	沈阳工业大学
耕地破坏程度鉴定实践中的瓶颈探析与解决途径	朱志坚	王秋兵	硕士	沈阳农业大学
精神疾病司法鉴定问题研究	王　兰	单晓华	硕士	沈阳师范大学
我国民事诉讼专家辅助人制度	王　晖	王　晓	硕士	沈阳师范大学
精神障碍者刑事责任能力的判断标准之新尝试	庄　颖	张光云	硕士	四川师范大学
长三角地区昆虫在尸体上的演替及发育规律用于死亡时间推断的研究	杨利军	陶陆阳	博士	苏州大学
关于执法过程中公民死亡的死因调查制度研究	张若男	张成敏	硕士	苏州大学
聚对亚苯基亚乙烯荧光纳米粒子在指纹显影中的应用研究	陈　红	范丽娟	硕士	苏州大学
Y 染色体 STR 基因座在回族群体间的遗传学研究及法医学应用初探	赵　琪	李成涛 边英男	硕士	苏州大学

续表

论 文 题 目	作 者	指导教师	学位	学位授予单位
专家辅助人的意见效力及其定位	严飞翔	孙 莉	硕士	苏州大学
基于可见近红外光谱的非接触血液种属鉴别的研究	张林娜	李 刚	博士	天津大学
车辆司法鉴定管理系统设计与实现	李啸晨	路文焕 刘长明	硕士	天津大学
刑事技术实验室管理信息系统设计与实现	王建旭	张亚平 张晓戈	硕士	天津大学
电子数据证据在刑事诉讼中的运用问题研究	张兴丽	阮大强 康建茂	硕士	天津师范大学
民事诉讼中电子数据的审查判断问题研究	张 俊	郭小冬 康建茂	硕士	天津师范大学
2,4-二氯苯氧乙酸在大鼠体内的毒物代谢动力学研究	陈 晓	张红菱	硕士	武汉轻工大学
我国民事司法鉴定制度的实践问题研究	马玉萍	赵海怡	硕士	西北大学
我国检察机关公诉环节对鉴定意见审查认定的研究	王晓路	马泓波	硕士	西北大学
刑事强制医疗解除问题研究	范晓波	尉 琳	硕士	西北大学
我国医疗损害司法鉴定法律问题研究	邓雨薇	李旭东	硕士	西南大学
基于区块链的云取证系统研究与实现	徐 蕾	黄晓芳 李洪敏	硕士	西南科技大学
民国时期中医医事纠纷的法律调整1912—1949	彭 博	胡仁智	博士	西南政法大学
基于书写速度正常变化笔迹的特征表现规律研究	郝光春	贾治辉	硕士	西南政法大学
民事诉讼中电子数据证据资格研究	吕 鹏	王杏飞	硕士	西南政法大学

续表

论　文　题　目	作　者	指导教师	学位	学位授予单位
计算机远程收集证据证明力研究	文　姝	黄　宣 杜　丹	硕士	西南政法大学
电子数据在交通行政执法中的运用	李冬冬	谭宗泽	硕士	西南政法大学
当前 DNA 数据库在并案侦查中的问题与对策	李琨宇	王旭东	硕士	西南政法大学
商业秘密司法鉴定问题探究	贾晓晨	曾德国	硕士	西南政法大学
YG 区国有企业项目投资政府审计调查的取证研究	陈雅彬	陈司谨 周立明	硕士	西南政法大学
我国高校司法鉴定机构现状及改革方向研究	衡　珊	王　勇	硕士	西南政法大学
食品安全犯罪涉案食品检验和鉴定问题研究	王凯莉	张凌燕	硕士	西南政法大学
视频侦查视野下人身同一认定鉴定研究	马祖存	朱　兰	硕士	西南政法大学
“闹鉴”问题及其解决对策研究	赵　杰	何　恬	硕士	西南政法大学
终止鉴定的实证研究	宋利利	贾治辉	硕士	西南政法大学
专利司法鉴定中技术特征等同认定标准研究	陈　慧	曾德国	硕士	西南政法大学
专利司法鉴定中的技术特征分解研究	罗　璇	曾德国	硕士	西南政法大学
民国时期的刑事鉴定制度及其启示	解鹏达	陈如超	硕士	西南政法大学
专家辅助人出庭制度研究	郭　锐	袁锦凡	硕士	西南政法大学
论专家辅助人意见的证据能力及证明力	管珈琪	黄　宣	硕士	西南政法大学
公诉部门调查取证难问题研究	陈　炼	薛颖文	硕士	西南政法大学
刑事诉讼重新鉴定问题研究	胡泽斐	易　旻	硕士	西南政法大学

续表

论文题目	作者	指导教师	学位	学位授予单位
刑事鉴定人出庭作证实证研究	姜敬华	高　峰 徐建新	硕士	西南政法大学
司法会计鉴定运用研究	王树森	潘自勤	硕士	西南政法大学
技术调查官制度研究	马　圆	王　斌 郭保振	硕士	西南政法大学
机会损失赔偿诉讼的问题研究	马秋艳	王杏飞 陈　斯	硕士	西南政法大学
论刑事强制医疗的法律规制	谭　婧	王利荣	硕士	西南政法大学
现场物证取证及诉讼运用规范化研究	孙　瑞	潘自勤	硕士	西南政法大学
指纹信息的民法保护研究	高完成	张建文	硕士	西南政法大学
一种基于DTW的动态笔迹识别算法研究	雷海武	刘任任	硕士	湘潭大学
民事纠纷中电子数据证据保全	陈群儿	王国征	硕士	湘潭大学
专利侵权抗辩证据获取与运用研究	王江英	唐少华	硕士	湘潭大学
专家辅助人制度研究	刘昱琬	禹华初	硕士	湘潭大学
论民事电子证据的法律效力	邵丹桂	王晓峰	硕士	新疆大学
陕南汉族15个常染色体STR及10个Y-STR基因座多样性研究	刘遥顺	张丽萍	硕士	新疆医科大学
额窦指数与额窦面积在新疆汉族正常成人性别推断中的应用	罗惠方	米丛波	硕士	新疆医科大学
下颌升支高度推断新疆汉族青少年年龄的研究	戴玉婷	米丛波	硕士	新疆医科大学
新疆维吾尔族常染色体30个InDel位点遗传结构与群体遗传关系研究	梅　婷	张丽萍	硕士	新疆医科大学
电子证据检验在检察工作中的运用研究	臧进京	程朝阳	硕士	烟台大学
民事诉讼电子数据证据效力研究	林亮亮	刘经靖	硕士	烟台大学

续表

论 文 题 目	作　者	指导教师	学位	学位授予单位
职务侵占案司法会计鉴定若干问题研究	李　翡	于永芹	硕士	烟台大学
医疗损害赔偿中的后续治疗费用问题	唐　洁	张平华	硕士	烟台大学
植入类医疗器械侵权责任形态研究	崔智军	张平华	硕士	烟台大学
我国刑事司法精神病鉴定制度探析	孙丽雁	汤　唯	硕士	烟台大学
论我国现场勘查制度的完善	郭晓坤	毕可志	硕士	烟台大学
中国朝鲜族和汉族人群的 6 个 Y 染色体 STR 基因座的遗传多态性分析	李书越	张永吉	硕士	延边大学
吉林延边朝鲜族人群 16 个 Y 染色体 STR 基因座的遗传多态性研究	袁希建	张永吉	硕士	延边大学
刑事诉讼中电子证据取证研究	李　爽	姜　南	硕士	燕山大学
秦皇岛市医疗纠纷人民调解发展与对策研究	王美东	刘邦凡 董宝军	硕士	燕山大学
我国医疗损害司法鉴定法律规制研究	谷　穗	佴　澎	硕士	云南财经大学
法务会计服务在我国经济纠纷中的应用研究	史倩倩	刘晓善	硕士	云南财经大学
会计师事务所司法会计鉴定业务风险防范研究	管明松	赵如兰	硕士	云南财经大学
论医疗损害中侵权责任与违约责任的竞合	韩　颖	冯忠明	硕士	云南财经大学
论刑事诉讼中法医鉴定意见的证据效力	汤光仁	彭　荣	硕士	云南大学
车辆事故现场信息参数化重构系统开发	武文科	魏　朗	硕士	长安大学
基于不确定度理论的汽车与行人碰撞车速计算研究	刘丽冉	李宪民	硕士	长安大学
我国医疗损害责任研究	崔鹏坤	刘竹君	硕士	长春工业大学
车—车碰撞事故深度调查技术研究	尹若愚	邹　铁 方陈强	硕士	长沙理工大学

续表

论 文 题 目	作 者	指导教师	学位	学位授予单 位
基于酶联免疫技术的古代蛋白类文物微痕鉴定研究	刘 意	胡智文	硕士	浙江理工大学
汉字笔迹特征及其与人格关系的研究	陈艺萍	王宇中	硕士	郑州大学
汉字笔迹特征及其与心理健康关系的研究	申权威	王宇中	硕士	郑州大学
溺死鉴定中硅藻检验问题的探讨	尹双利	郑旭东	硕士	郑州大学
医疗损害无过错赔偿制度要素体系构建	连祎晓	孙长青	硕士	郑州大学
诉讼案件中的医疗损害司法鉴定分析研究	陈 琼	闫红涛	硕士	郑州大学
H省检察机关司法鉴定管理问题研究	陈镜如	余兴龙	硕士	郑州大学
枪弹痕三维可视化算法研究	马 鑫	魏仲慧	硕士	中国科学院长春光学精密机械与物理研究所
论诉讼中"专门性问题"的认定及解决思路	梁 贺	王 新	硕士	中国青年政治学院
庭审阶段的重新鉴定申请及其裁决	易君宇	孙 远	硕士	中国青年政治学院
中空纤维液相微萃取在检测阿片类毒品中的应用研究	王 丹	孟品佳	博士	中国人民公安大学
基于光谱法和色谱法对蓝色圆珠笔墨迹添改文件的模式识别新方法研究	牛 凡	黄建同	博士	中国人民公安大学
成人练字前后笔迹特征的实验研究	胡 萍	郝红光	硕士	中国人民公安大学
多光谱成像技术辨别添改字迹的实验研究	李俊军	高树辉蔡能斌	硕士	中国人民公安大学
基于Hadoop的电子证据保全平台的研究与实现	陈希林	马 丁	硕士	中国人民公安大学

续表

论 文 题 目	作　者	指导教师	学位	学位授予单位
侦查中关键网络设施的取证规则与技术研究	任英杰	刘　涛	硕士	中国人民公安大学
网络犯罪电子数据收集与固定	李　钊	白俊华	硕士	中国人民公安大学
侦查中电子数据的应用研究	孙鑫磊	刘为军	硕士	中国人民公安大学
八种哌嗪类新精神活性物质的液相色谱和液质联用分析方法建立	李梦皎	杨瑞琴　常　颖	硕士	中国人民公安大学
百万级数据库中箕型纹相似异源问题研究	刘　哲	罗亚平	硕士	中国人民公安大学
涉案古陶瓷老化痕迹检验方法研究	王云飞	蒋占卿	硕士	中国人民公安大学
刑事诉讼中有毒有害食品鉴定制度研究	王若雨	樊学勇	硕士	中国人民公安大学
刑事法定鉴定制度研究	程　帆	樊学勇	硕士	中国人民公安大学
刑事诉讼专家辅助人制度研究	王博冉	李玉华	硕士	中国人民公安大学
衣物上粘附微藻的脂肪酸和色素分析	徐　欣	刘　兆	硕士	中国人民公安大学
基于光学相干层析技术检验汽车车身油漆的实验研究	刘宁宁	许小京　俞　涛　张　宁	硕士	中国人民公安大学
基于 LED 发现现场人体体液固有荧光的光谱响应研究	柳　超	郭　威	硕士	中国人民公安大学
当前公安机关侦查与刑事技术脱节问题研究	李　博	翟金鹏	硕士	中国人民公安大学

续表

论 文 题 目	作　者	指导教师	学位	学位授予单位
刑事笔录类证据规则研究	王双国	樊学勇	硕士	中国人民公安大学
命案侦查取证中的问题研究	柳　林	刘　涛	硕士	中国人民公安大学
命案侦查取证的难点及对策	王永杰	杨郁娟	硕士	中国人民公安大学
热致荧光技术显现纸张汗潜手印及反应机理研究	李波	陈蕊丽	硕士	中国人民公安大学
71 例抗凝血杀鼠剂中毒的临床研究	董建光	邱泽武	硕士	中国人民解放军军事医学科学院
医疗事故鉴定现状的实证分析	乔　联	谢鸿飞	硕士	中国社会科学院研究生院
公安机关鉴定人出庭问题研究	王晶晶	熊秋红	硕士	中国社会科学院研究生院
我国医疗损害责任归责原则研究	夏葆杰	田国兴	硕士	中国石油大学（华东）
蒙文左手伪装笔迹特征的实验研究	海英英	刘建伟	硕士	中国政法大学
刑事诉讼中的电子数据真实性审查研究	索南才让	褚福民	硕士	中国政法大学
司法鉴定协会制度研究	付启坤	刘建伟	硕士	中国政法大学
法庭科学教育比较研究	张童瑶	常　林	硕士	中国政法大学
甘肃临夏地区回族、东乡族 27 个 Y-STR 单倍型调查及遗传关系分析	田庆花	石美森	硕士	中国政法大学
联合多种检查方法客观评定视野缺损的法医学研究	卢韦华琳	王　旭	硕士	中国政法大学
人类 RNA 定量的方法学建立及其法医学体液斑鉴定的应用研究	朱晓旭	赵　东	硕士	中国政法大学

续表

论文题目	作者	指导教师	学位	学位授予单位
扫描电子显微镜/能谱分析在交通事故微量物证鉴定中的应用	柴莹洁	梅冰松	硕士	中国政法大学
知识产权技术意见证据的相关问题研究	陈奎良	常　林	硕士	中国政法大学
专家辅助人管理制度研究	梁德明	张海东	硕士	中国政法大学
拉曼光谱法检验激光打印文字与印文朱墨时序问题研究	孙康玉	刘建伟	硕士	中国政法大学
我国知识产权法院技术事实查明制度研究	周叶进	胡潇潇	硕士	中南林业科技大学
庭审为中心视野下的现场勘查制度研究	杨孝桐	王　琪	硕士	中央民族大学
新型荧光粉体材料及其在潜手印显现中的应用研究	彭　迪	刘仁龙	博士	重庆大学
法医鉴定在刑事诉讼中的运用	陈宣亦	张晓蓓	硕士	重庆大学
低质量残缺指纹的快速识别方法研究	邱　潇	周尚波	硕士	重庆大学
斑蝥素中毒的毒理学初步研究	肖　翾	李剑波 李红卫	硕士	重庆医科大学
SD大鼠血清心肌损伤标志物的死后变化及法医学应用	高　军	李剑波 李红卫	硕士	重庆医科大学
重庆市部分三甲医院医疗纠纷诉讼现状、问题及对策启示	李　仪	钱矛锐	硕士	重庆医科大学
交通行政诉讼电子数据证据效力研究	李春来	韩　兵	硕士	重庆邮电大学
论电子合同的保全及其证据运用	孙　薇	熊志海	硕士	重庆邮电大学
基于操作复杂度模型的电子证据可信性度量方法研究	王　也	陈　龙	硕士	重庆邮电大学
电子数据取证、保全、还原制度完善	李应骞	熊志海	硕士	重庆邮电大学

续表

论 文 题 目	作 者	指导教师	学位	学位授予单位
论电子证据最佳证据规则	杨 青	黄 文 汪振林	硕士	重庆邮电大学
电子数据搜查程序研究	毕 悦	汪振林	硕士	重庆邮电大学
电子数据原件问题研究	田 雨	熊志海	硕士	重庆邮电大学
刑事电子证据监督链基本问题研究	胡 娅	汪振林	硕士	重庆邮电大学
面向 Android 手机远程取证分析的研究与应用	常亚翠	杜 江	硕士	重庆邮电大学
Android 手机取证分析方法研究	毛 跃	陈 龙	硕士	重庆邮电大学
刑事诉讼中的实物证据保管链研究	邢茜茜	王志刚	硕士	重庆邮电大学

说明：本统计表中学位论文的排列：第一顺序为学位授予单位名称，第二顺序为学位类型。

附录 2.2.2　法庭科学研究生学位论文目录（2018）

论 文 题 目	作 者	指导教师	学位	学位授予单位
基于贵金属纳米棒 SERS 基底的调控及用于毒品检测模块研究	陈 诚	黄方志 唐祥虎	硕士	安徽大学
电子证据监管链的研究与实现	廖志钢	何泾沙	硕士	北京工业大学
潜指纹的显现及电化学成像新方法研究	魏千惠	张学记 张美芹	博士	北京科技大学
基于太赫兹时域光谱技术的毒品识别平台的建立与使用	张平鹤	徐 坤	硕士	北京邮电大学
面向溯源取证的网络攻击工具痕迹分析技术与实现	何尾风	方滨兴	硕士	北京邮电大学
高分辨率指纹图像的汗孔检测方法	李玉生	苏 菲	硕士	北京邮电大学
基于高分辨率指纹图像的配准算法	马国勇	苏 菲	硕士	北京邮电大学

续表

论 文 题 目	作 者	指导教师	学位	学位授予单位
医疗器械损害责任的司法案例研究	刘 黎	王梅红	硕士	北京中医药大学
基于^{1}H NMR 的甲基苯丙胺急性中毒致死和亚急性中毒的大鼠血清、尿液代谢组学研究	闫 娟	张 波	硕士	川北医学院
船舶碰撞诉讼中证据的认定与证明责任	崔鸿鸣	蒋跃川 姜凤武	硕士	大连海事大学
匿名网络追踪溯源关键技术研究	卓中流	张景中	博士	电子科技大学
19 世纪英国对鸦片认识的转变	王 效	唐 科	硕士	东北师范大学
高效液相色谱串联质谱法同时检测吸毒人群头发中的激素和毒品	段彩灵	邓慧华	硕士	东南大学
基于成像控制的车辆违法行为取证技术研究	潘城屹	路小波	硕士	东南大学
公安机关鉴定体制问题研究	许炜炜	孟 红	硕士	东南大学
医疗损害鉴定实证研究	唐昌勇	欧运祥	硕士	东南大学
人身损害案件中后续治疗费及康复费认定研究	陈晓华	戴庆康	硕士	东南大学
笔迹鉴定与笔迹心理分析比较研究	贾涛涛	沙万忠	硕士	甘肃政法学院
笔迹心理分析技术的应用研究	崔 昊	沙万忠	硕士	甘肃政法学院
网络犯罪案件的电子数据取证技术分析与应用研究	李自龙	李重阳	硕士	甘肃政法学院
不同检测方法在伪聋法医学鉴定中的应用研究	康晓旭	石恩林	硕士	甘肃政法学院
伪造指纹识别方法理论分析	赵 阳	傅晓海	硕士	甘肃政法学院
论认知综合测试法在侦查中的应用及完善	朱丹妮	贺小军	硕士	甘肃政法学院
溺死相关浮游生物 DNA 检测技术研究	徐曲毅	韩雅莉	博士	广东工业大学

续表

论　文　题　目	作　者	指导教师	学位	学位授予单位
线条工具痕迹的定量化检验鉴定研究	付一鸣	江秀娟 杨　敏	硕士	广东工业大学
在线固相萃取/液相色谱—三重串联四级杆质谱法在三类药物中的应用研究	莫　静	罗　轩 黄克建	硕士	广西大学
大数据时代电子数据证明力判断规则研究	李维波	齐爱民	硕士	广西民族大学
论电子证据审查制度的完善	叶杰聪	刘训智	硕士	广西师范大学
民事诉讼中适用司法鉴定意见若干问题之实证研究	姚泽凯	莫凌侠	硕士	广西师范大学
民事诉讼司法鉴定启动程序研究	陈志深	蒋红彬	硕士	广西师范大学
过度医疗损害赔偿纠纷问题研究	翟丽君	祖章琼	硕士	贵州民族大学
多光谱物证分析仪的研究与实现	胡　斯	王国富	硕士	桂林电子科技大学
电子数据的收集审查判断探析	王世煜	王洪宇	硕士	海南大学
司法鉴定意见可采性研究	吴长安	唐茂林	硕士	海南大学
刑侦痕迹纹理特征提取与比对技术研究	吴　健	张　辉	硕士	合肥工业大学
刑事诉讼专家辅助人制度研究	杜苗苗	陈玉忠 何秉群	硕士	河北大学
血栓形成相关基因 SNP 的法医病理学研究	李端瑞	丛　斌	硕士	河北医科大学
基于下一代测序技术的同卵双生子线粒体基因组差异研究	谭　璐	李淑瑾	硕士	河北医科大学
民事诉讼电子数据认证规则研究	佀　齐	许红霞	硕士	河南大学
我国电子商务立法问题研究	张豪程	杨振宏	硕士	黑龙江大学
论刑事庭审中电子数据的审查判断	乔　婷	孙　记 李　锋	硕士	黑龙江大学

续表

论 文 题 目	作 者	指导教师	学位	学位授予单位
刑事电子数据审查评断研究	张宏赡	孙 记	硕士	黑龙江大学
论刑事强制医疗程序的适用	曹秋爽	韩 红	硕士	黑龙江大学
大数据中若干安全和隐私保护问题研究	姚 鑫	林亚平	博士	湖南大学
"艾华"等案窃取签名笔迹鉴定方法研究	何海洋	姜志刚	硕士	湖南大学
iOS 智能终端取证系统的设计与实现	周泰源	汤 澹 周志忠	硕士	湖南大学
民事电子证据收集问题研究	王占东	肖 晗	硕士	湖南师范大学
中国四个少数民族 14 个 STR 位点的遗传多态性和遗传关系的研究	马昊源	宋旭东 董丽儒	硕士	华北理工大学
基于边缘共生特征与字对辅助的文本无关书写人识别	熊玉洁	吕 岳	博士	华东师范大学
电子签名鉴定研究	朱 裴	许爱东	硕士	华东政法大学
RTI 在笔迹三维特征检验中的应用初探	梁 适	杜志淳 许爱东	硕士	华东政法大学
纸张折痕与写印字迹的先后顺序实验研究	许 子	施少培	硕士	华东政法大学
笔迹鉴定中制作实验样本的对策研究	刘 赟	杨 旭	硕士	华东政法大学
高位执笔悬腕书写笔迹鉴定实证研究	李进喜	施少培	硕士	华东政法大学
基于 Rootkit 技术的电子数据取证研究	吕 凡	王 弈 刘 琴	硕士	华东政法大学
实物证据鉴真规则研究	孔祥伟	叶 青 邓晓霞	硕士	华东政法大学
电子诉讼中证据真实性的程序保障	邱丽琴	邵 军	硕士	华东政法大学
指纹三级特征在指印鉴定中的应用研究	贺晨鸽	许爱东	硕士	华东政法大学
个人信息非法交易案件中数据提取方法研究	徐元威	王永全	硕士	华东政法大学

续表

论 文 题 目	作 者	指导教师	学位	学位授予单位
常见复印设备迭代复印件特征变化实验研究	俞嘉琦	杜志淳 许爱东	硕士	华东政法大学
时域视频篡改的取证理论与方法研究	王宇飞	胡永健	博士	华南理工大学
电动车火灾调查与物证检测技术研究	李 君	马小明 陈智平	硕士	华南理工大学
外伤性癫痫的分子生物学证据研究	周小伟	刘 良	博士	华中科技大学
基于胎儿特异性 mRNA-SNP 标记进行无创性产前亲权鉴定的探索研究	王耀武	黄代新	硕士	华中科技大学
体液特异性 DNA 甲基化标记的独立验证和分析	程娟博	易少华	硕士	华中科技大学
人血中随龄变化 circRNA 的筛选与鉴定	龙 飞	易少华	硕士	华中科技大学
刑事被害人逃避法医鉴定行为研究	梁为华	张建军	硕士	华中科技大学
我国刑事非法实物证据排除规则研究	李亚静	王桂芳	硕士	华中科技大学
基于计算机视觉的原笔迹提取与汉字识别研究	余佳航	李志扬	硕士	华中师范大学
论电子数据在民事诉讼中的运用	饶 艳	石先钰	硕士	华中师范大学
我国刑事电子数据认证问题研究	王 阳	王 喆	硕士	吉林财经大学
手形与指节纹双模态手部特征识别算法研究	李温温	刘 富	博士	吉林大学
电子化证据问题研究	谢文静	霍海红	硕士	吉林大学
电子数据问题研究	王 洋	车传波	硕士	吉林大学
电子数据质证规则研究	曾宇迪	谢登科	硕士	吉林大学
人像复原技术在考古学中的应用	熊叶洲	张全超	硕士	吉林大学
四平市区 2014—2017 年故意伤害案中人体损伤鉴定的现状分析及对策建议	那丹龙	王 伟	硕士	吉林大学

论 文 题 目	作　者	指导教师	学位	学位授予单　位
赵春华案件鉴定疑难问题研究	陈　雷	闵春雷	硕士	吉林大学
论生产、销售有毒、有害食品罪中"有毒、有害食品"的认定标准	杨霏霏	王　充	硕士	吉林大学
非法实物证据排除规则适用条件研究	刘　晓	杨　波	硕士	吉林大学
我国工程造价司法鉴定制度与专家证人制度对比研究	何建宏	王　军	硕士	江苏大学
论民事诉讼中重新鉴定率高的原因及解决途径	姜祖伟	王　辉	硕士	江西财经大学
基于质谱的临床干血斑中化学毒物快速检测新方法研究	王怡君	谢剑炜	硕士	军事科学院
二代抗凝血杀鼠剂二次中毒的研究	张程程	邱泽武	硕士	军事科学院
47 例急性铊中毒患者的临床研究	赵骏秀	邱泽武	硕士	军事科学院
用于亲缘关系鉴定的 SNP 遗传标记位点筛选和 Y-STR 位点对家系排查的影响	任子林	伯晓晨	硕士	军事科学院
电子数据搜查扣押中的隐私权保护研究	刘双琪	曾　娜 吴燕怡	硕士	昆明理工大学
民事诉讼中电子数据证据认定研究	施跃波	王嘎利	硕士	昆明理工大学
工具线形痕迹单点激光检测特征自适应匹配技术研究	阚立峰	潘　楠	硕士	昆明理工大学
快速筛查尿液中的 61 种毒品及滥用药物的 UPLC-MS/MS 法	刘　帅	李　虹	硕士	昆明医科大学
移动电话轨迹图作为刑事证据的可行性分析	常新义	邓小兵	硕士	兰州大学
刑事案件电子数据取证规范化研究	马　锐	陈　航	硕士	兰州大学
法医临床重复鉴定法律问题研究	李　蓉	马明贤	硕士	兰州大学
技术调查官技术审查意见研究	曹锐涛	王　渊	硕士	兰州大学

续表

论　文　题　目	作　者	指导教师	学位	学位授予单　位
论我国精神病人刑事强制医疗程序立法缺陷及完善	李　帅	胡　珀	硕士	兰州大学
精神病人临时保护性约束措施的制度完善研究	蔡新朋	拜荣静	硕士	兰州大学
基于图像感知哈希的场景分类	张洪帅	屈志毅	硕士	兰州大学
几种新型半导体声催化剂的制备及常见毒品的超声催化降解	魏春生	王　君	博士	辽宁大学
论民事诉讼中电子数据的认证规则	岳玉苹	姜　群	硕士	辽宁大学
侦查中电子证据取证的规范化研究	丁启孟	侯德福	硕士	辽宁大学
我国刑事鉴定意见适用问题研究	王　玲	毛淑玲	硕士	辽宁师范大学
我国司法鉴定人违法责任研究	徐利鹏	王瑞恒	硕士	辽宁师范大学
医疗损害过错推定责任原则研究	李　成	艾尔肯	硕士	辽宁师范大学
测谎结论的正当性及其证据化问题研究	关天天	毛淑玲	硕士	辽宁师范大学
电子卷宗手写体与印刷体分割的关键技术研究	王　贺	白小明邱桃荣	硕士	南昌大学
公安机关办理轻伤案件疑难问题研究	刘延强	何军兵	硕士	南昌大学
刑事诉讼制度改革背景下公安侦查取证工作研究	吴集智	吴晓玲	硕士	南昌大学
用于五个洲际人群区分的 SNP 体系研究	郝伟琪	王慧君	硕士	南方医科大学
19 个 X-STR 荧光检测体系的法医学验证及其多态性调查	张晓芳	刘　超	硕士	南方医科大学
刑清狱平——和氏父子与《疑狱集》研究	李　霏	邹劲风	硕士	南京大学
指纹增强及分类算法研究	张夏苗	梅　园	硕士	南京信息工程大学

续表

论 文 题 目	作 者	指导教师	学位	学位授予单位
STIM1 激活在百草枯所致急性肺损伤中的作用及其机制研究	范涵婷	陈　峰	硕士	南京医科大学
人类 DNA 二态性遗传标记的法医学及疾病相关研究	殷才湧	陈　峰	硕士	南京医科大学
刑事司法精神障碍鉴定若干问题思考	韩　磊	邢　娜 梁建武	硕士	内蒙古大学
1801 例宁夏医科大学总医院急性中毒流行病学分析	孙自国	杨立山	硕士	宁夏医科大学
笔迹鉴定意见证明力研究	殷茜茜	汪　岚	硕士	青岛大学
刑事电子证据的认定	谭　阳	姜瑞雪	硕士	青岛大学
多层螺旋 CT 在肋骨骨折法医学鉴定中的应用	林园园	郝大鹏	硕士	青岛大学
环境损害司法鉴定问题研究	徐　贺	汪　岚	硕士	青岛大学
我国保外就医制度问题研究	孟　颜	汪　岚	硕士	青岛大学
保外就医制度研究	张明波	汪　岚	硕士	青岛大学
我国刑事诉讼精神障碍者受审能力问题研究	李欣欣	朴成日	硕士	青岛大学
我国鉴定人制度对专家证人制度的借鉴	王　楠	朴成日	硕士	青岛大学
生物特征识别若干关键问题研究	李徐周	尹义龙	博士	山东大学
海事行政执法中的电子证据研究	李　辉	冯　威	硕士	山东大学
刑事诉讼中鉴定意见的真实性问题研究	刘梦雪	黄士元	硕士	山东大学
基于高光谱成像技术的字迹鉴定检测算法和实验研究	王伟利	赵曰峰	硕士	山东师范大学
我国环境侵权诉讼中科学证据采信规则研究	陈贵萍	王　宏	硕士	山东师范大学

论文题目	作者	指导教师	学位	学位授予单位
法务会计对上市公司舞弊的防控效果研究	李唤儿	王玉兰	硕士	山西财经大学
法医毒物分析中 LC-MS/MS 定性分析结果的判定指标研究	闵涛	张大明	硕士	山西医科大学
乙醇及其代谢物在家兔体内的死后分布及动态分布研究	冯永铭	贠克明	硕士	山西医科大学
丙泊酚及其代谢物的死后分布和死后再分布研究	张帆	尉志文	硕士	山西医科大学
不同程度挫伤对大鼠骨骼肌修复过程的影响及法医学应用	刘起清	王英元	硕士	山西医科大学
MicroRNA 在法医学体液鉴定中的应用研究	李冉冉	李彩霞 孙启凡	硕士	山西医科大学
藏族祖先信息 SNPs 位点筛选与法医 DNA 族群地域推断	黄美莎	李彩霞 江丽	硕士	山西医科大学
宁夏回族人群 15 个 STR 基因座的遗传多态性及应用	马秀梓	孙润广	博士	陕西师范大学
基于高通量方法的环境毒理检测技术	高金红	李剑超	硕士	陕西师范大学
我国环境民事公益诉讼损害赔偿标准问题研究	刘玲玉	方堃	硕士	上海师范大学
我国医疗事故鉴定制度的困境与出路	曹玲玲	王宏	硕士	上海师范大学
技术事实查明机制研究	范怀斌	李峰	硕士	上海师范大学
澳大利亚毒品法庭制度之探析	唐彦	朱兆敏	硕士	上海外国语大学
经济犯罪中的会计证据问题研究	葛天池	孙文红	硕士	沈阳工业大学
刑事诉讼中电子数据的审查判断研究	武文丽	叶睿 白宗钊	硕士	四川省社会科学院
表面增强拉曼光谱在指纹识别中的应用研究	林洁茹	姚建林	硕士	苏州大学

续表

论 文 题 目	作 者	指导教师	学位	学位授予单 位
电子商务企业审计风险及应对研究	赵 琪	胡国强	硕士	天津财经大学
我国环境损害司法鉴定制度研究	田 冰	杨粉米	硕士	西安建筑科技大学
民事诉讼中电子数据保全问题分析	刘霜晨	张 芸毛胜利	硕士	西北师范大学
工程造价鉴定实务与诉前专业调解研究	王 祎	陶学明	硕士	西华大学
数字图像复制—粘贴篡改被动取证技术研究	王 欢	王宏霞	博士	西南交通大学
基于块填充目标移除的图像被动取证算法研究	代 鑫	陈 帆	硕士	西南交通大学
知识产权案件中法院对物证的处理问题研究	朱文文	陈小珍刘友华	硕士	湘潭大学
SNP 用于新疆绵羊亲子鉴定的生物信息学方法研究	王 悦	覃锡忠	硕士	新疆大学
论我国民事诉讼专家辅助人意见效力研究	努尔曼姑丽·沙木沙克	康 锦解 铭	硕士	新疆大学
CBCT 三维测量上颌窦推断新疆汉族及维吾尔族性别的研究	蒋 馨	米丛波	硕士	新疆医科大学
下颌第一恒磨牙指数推断新疆维吾尔族性别的研究	韦利影	米丛波	硕士	新疆医科大学
Camerier 法在新疆维吾尔族青少年年龄推断中的应用	卢 潮	米丛波	硕士	新疆医科大学
腭皱在牙科法医学同一认定中的应用	娜孜娜·马达力	米丛波	硕士	新疆医科大学
急性有机磷农药中毒致急性肾损伤的临床资料分析	张苏丽	胡 峰	硕士	新乡医学院

续表

论 文 题 目	作 者	指导教师	学位	学位授予单 位
二代测序技术用于 3 个短串联重复序列分型的初步研究	安雷雷	黄艳梅	硕士	新乡医学院
吉林延边朝鲜族人群 Y 染色体 STR 基因座的遗传多态性研究	文香云	张永吉	硕士	延边大学
公安电子物证云存储平台设计与实现	高 枫	李贤善 王 辉	硕士	燕山大学
P2P 网贷犯罪案司法会计鉴定技术与方法的研究	罗娅楠	刘晓善	硕士	云南财经大学
P2P 网贷犯罪司法会计鉴定证据研究	吴巧红	刘晓善	硕士	云南财经大学
P2P 借贷行业非法集资犯罪案件的司法会计鉴定研究	李 倩	赵如兰	硕士	云南财经大学
司法会计鉴定方法在非法集资刑事案件中的选择与应用研究	李粲宸	陈旭东	硕士	云南财经大学
大脑生理物理特性参数的快速定量磁共振成像方法研究	廖聪裕	钟健晖	博士	浙江大学
网络犯罪侦查中的身份同一性认定研究	陈雅冰	林劲松	硕士	浙江大学
论网络诈骗案件中的电子取证	季 晨	胡 铭	硕士	浙江大学
网络犯罪中被害人陈述抽样取证问题研究	宣 琴	高艳东	硕士	浙江大学
论犯罪心理画像技术在侦查中的应用	张凯琳	翁 里	硕士	浙江大学
大数据视阈下网络犯罪侦查的困境与出路	任永哲	孙红卫	硕士	浙江工商大学
基于手写签批的移动办公系统的设计与实现	朱伟杰	高 飞	硕士	浙江工业大学
刑事电子数据的认证问题研究	李亚峰	魏 静	硕士	浙江理工大学
刑事诉讼电子数据取证问题研究	黄永晨	贺恒扬	硕士	郑州大学
24 个 SNP 位点在河南汉族人群中的分布及颅内动脉瘤相关基因的查找	王美莹	朱运良	硕士	郑州大学

续表

论 文 题 目	作　者	指导教师	学位	学位授予单　位
369 例冠心病猝死的法医学回顾性研究	张　慧	郑旭东 闫红涛	硕士	郑州大学
大鼠颅脑损伤后 GFAP、S100B 的表达与损伤时间的相关性研究	别玫莹	张广政	硕士	郑州大学
我国刑事强制医疗程序研究	孟晨晨	马春娟	硕士	郑州大学
不同体系下毒品的 SERS 解析方法研究	于博荣	杨良保	博士	中国科学技术大学
低反差条件下毒品原植物的识别与毁伤机理研究	工　浩	侯再红	博士	中国科学技术大学
贵金属纳米单元液液界面自组装结构用于 SERS 检测研究	毛　姝	刘锦淮 唐祥虎	硕士	中国科学技术大学
基于傅里叶变换红外光谱的生物毒性测试方法及咪唑类离子液体毒性作用机制研究	胡立新	应光国	博士	中国科学院大学(中国科学院广州地球化学研究所)
指纹图像方向场提取及增强算法研究	卞维新	丁世飞	博士	中国矿业大学
利用奥博 8000 笔迹量化检验仪对签名笔迹笔画凹痕深度的量化研究	郭名利	郝红光	硕士	中国人民公安大学
论刑事电子数据的有效性	曾宇翀	樊学勇	硕士	中国人民公安大学
刑事诉讼中电子数据鉴定	黄　锦	樊学勇	硕士	中国人民公安大学
论电子证据在公安行政执法中的搜集和运用	程禹乔	陈慧君	硕士	中国人民公安大学
光学相干层析技术在电工胶带检验中的实验研究	刘康康	许小京 张　宁	硕士	中国人民公安大学

续表

论　文　题　目	作　者	指导教师	学位	学位授予单　位
QSZ92 式 9mm 手枪射击弹壳痕迹稳定性与差异性研究	张凯峰	罗亚平	硕士	中国人民公安大学
涤纶纤维的检验方法研究	何　林	姜　红 石慧霞 李海燕	硕士	中国人民公安大学
不同视标与不同颜色刺激的事件相关电位特征及其法医学应用价值研究	贾富全	刘技辉	博士	中国医科大学
X-STR 及侧翼序列 SNPs 的遗传多态性并在特殊亲缘关系及混合斑鉴定中的意义	邢佳鑫	王保捷	博士	中国医科大学
常用心肌损伤、心功能的生化学及分子生物学指标在心源性猝死案例死因鉴定中的意义	薛嘉嘉	朱宝利	硕士	中国医科大学
重组人卵膜糖蛋白 3 的表达、抗体制备及与精子体外结合的研究	朱文清	庞　灏	硕士	中国医科大学
人卵膜糖蛋白 4 的表达、抗体的制备及与精子体外结合的研究	于裴夫	庞　灏	硕士	中国医科大学
不同刺激野的视觉事件相关电位特征及其法医学应用价值的研究	熊妍荷	刘技辉	硕士	中国医科大学
司法会计鉴定问题研究	章梦飞	徐永涛 李朝鸿	硕士	中南财经政法大学
斜带石斑鱼 SSR 亲子鉴定标记开发及其在放流中的应用	花茜茜	林浩然	硕士	中山大学
电子数据搜查法律规制	何光铭	田小穹	硕士	中央民族大学
超声技术在交通事故无创尸检中的应用研究	门颖群	陈忠敏 尹志勇	硕士	重庆理工大学
基于生物传感器的 microRNA 检测及其在法医学体液鉴定中的应用	赵敏珠	李剑波	博士	重庆医科大学

续表

论 文 题 目	作　者	指导教师	学位	学位授予 单　位
重庆主城区涉命案件大数据分析及其法 医学应用	徐吕子	万立华	博士	重庆医科大学
重庆地区汉族群体 STR 基因座遗传多态 性及群体遗传结构探究	邹　星	唐任宽	硕士	重庆医科大学
贵州土家族人群 15 个 STR 基因座遗传多 态性研究	时永胜	余丽梅	硕士	遵义医学院

　　说明:本统计表中学位论文的排列:第一顺序为学位授予单位名称,第二顺序为学位类型。

附录 3

证据科学学术著作目录

附录 3.1　证据法学学术著作目录（2017—2018）

附录 3.1.1　证据法学学术著作目录（2017）

书　　名	作　　者	出版社
法学原理与案例讲堂——证据法（第2版）	郭　华	北京师范大学出版社
诉讼证据法学	廖永安 主编	高等教育出版社
刑事诉讼法视野中的犯罪构成要件研究	赖早兴	法律出版社
最新中华人民共和国民事诉讼法配套解读与实例	单丽雪	法律出版社
最新中华人民共和国刑事诉讼法配套解读与实例	夏　红	法律出版社
2017 中华人民共和国伤残鉴定与赔偿法规全书（含鉴定标准）	法律出版社法规中心 编	法律出版社
刑事审判参考（总第 106 集）	最高人民法院刑事审判一至五庭主办	法律出版社
民事证据法	张卫平	法律出版社
证据法学（第 6 版）	樊崇义 主编	法律出版社
刑事审判参考（总第 107 集）	最高人民法院刑事审判一至五庭主办	法律出版社
刑事证据审查三步法则	李　勇	法律出版社
中国非法证据排除制度：原理·案例·适用（修订版）	戴长林　罗国良　刘静坤	法律出版社
证据法学：原则 规则 案例	易延友	法律出版社
陪审团制度：价值与构建	张志伟	法律出版社
非法证据排除规则实务研究	吴国章	法律出版社
刑事诉讼中的鉴定意见质证制度研究	王　跃	法律出版社

续表

书　名	作　者	出版社
刑事被告人对质权研究：以证人出庭作证为视角	詹俊辉	吉林大学出版社
法治理念下的行政程序证据制度研究	陈　峰　张　杰	经济管理出版社
证据推理、置信规则库与复杂系统建模	周志杰　陈玉旺　胡昌华 等	科学出版社
证据推理理论、方法及其在决策评估中的应用	朱卫东　吴　勇	科学出版社
文书司法鉴定技术规范及操作规程	杨　旭　施少培　徐　彻 主编	科学出版社
当事人平等视角下民事证据制度研究	张　芸	科学出版社
证据法学	周章金	科学出版社
审计证据（理论与实务）	邹子霖	立信会计出版社
民事传闻证据规则研究	吕中伟	辽宁人民出版社
证据法原理与案例教程	吴高庆 主编	清华大学出版社
以疯狂之名：英美精神异常抗辩史	杨添围	群言出版社
民事审判指导与参考（总第68辑）	杜万华主编，最高人民法院民事审判第一庭 编	人民法院出版社
民事审判指导与参考（总第69辑）	杜万华 主编最高人民法院民事审判第一庭 编	人民法院出版社
刑事证据判断	任卫华	人民法院出版社
民事审判指导与参考（总第70辑）	杜万华 主编最高人民法院民事审判第一庭 编	人民法院出版社

续表

书　名	作　者	出版社
民事审判指导与参考（总第71辑）	杜万华 主编 最高人民法院 民事审判第一庭 编	人民法院出版社
交通运输行政执法的证据、程序和文书制作实务	杨继勇　曹永胜	人民交通出版社
举证责任与证明度	姜世明	厦门大学出版社
证据评价论	姜世明	厦门大学出版社
新民事证据法论	姜世明	厦门大学出版社
举证责任与真实义务	姜世明	厦门大学出版社
刑事诉讼证据那道坎	邵卫锋	云南人民出版社
图解立案证据定罪量刑标准与法律适用（第11版）·第1分册	《最新执法办案实务丛书》编写组 编	中国法制出版社
图解立案证据定罪量刑标准与法律适用（第11版）·第2分册	《最新执法办案实务丛书》编写组 编	中国法制出版社
图解立案证据定罪量刑标准与法律适用（第11版）·第3分册	《最新执法办案实务丛书》编写组 编	中国法制出版社
图解立案证据定罪量刑标准与法律适用（第11版）·第4分册	《最新执法办案实务丛书》编写组 编	中国法制出版社
图解立案证据定罪量刑标准与法律适用（第11版）·第5分册	刘灿华　杨建军	中国法制出版社
证据辩护理论、制度与实践	朱梦妮	中国法制出版社
胜辩——尚权无罪辩护案例选析	毛立新	中国法制出版社
完美证据：常见纠纷取证关键与操作技巧	余　斌　张　芳 顾先平	中国法制出版社
警察取证行为实证研究	杨宗辉　付　凤	中国检察出版社

续表

书　名	作　者	出版社
刑事复审程序中的证据规则：以问题和案例为中心	郑未媚	中国检察出版社
刑事证据制度：外国刑事诉讼法有关规定（全2册）	卞建林 主编	中国检察出版社
公诉技能传习录（阅卷·提讯·证据审查技能提升要诀）	桑　涛	中国检察出版社
证据·刑辩散思集（第1集）	潘金贵 主编	中国检察出版社
证据法学论丛（第6卷）	潘金贵 主编	中国检察出版社
进退之间：证据不足不起诉实务研究	侯晓焱	中国检察出版社
民事诉讼证据运用与实务技巧	王新平	中国民主法制出版社
证据鉴识理论与实践（第3卷）	曲伶俐 主编	中国人民公安大学出版社
公安机关办理行政案件证据规范指南	裴兆斌　吴华清　杨　悦	中国人民公安大学出版社
作为正当程序的非法证据排除规则	马明亮	中国政法大学出版社
行政调查中的诱惑取证研究	吴　亮	中国政法大学出版社
证据法学专题研究	李玉华 主编	中国政法大学出版社
民事诉讼证据调查研究	占善刚	中国政法大学出版社
传闻证据规则的理论与实践	刘　玫	中国政法大学出版社
明清刑事证据制度研究	杨晓秋	中国政法大学出版社
刑事证人作证论	叶　扬	中国政法大学出版社
司法证明的逻辑研究	魏　斌	中国政法大学出版社
事实认定的逻辑解构	张南宁	中国人民大学出版社
中国传统证据文化研究	郑牧民	中南大学出版社

说明：本统计表以出版社名称排序。

附录 3.1.2 证据法学学术著作目录 (2018)

书　名	作　者	出版社
刑事证据法（第 3 版）	陈瑞华	北京大学出版社
诉讼证明过程分析：民事诉讼真实与事实发现	肖建华 主编	北京大学出版社
证明责任的法理与技术	霍海红	北京大学出版社
多重证据法的运用与深化——中国音乐史学史证范式研究	肖　艳	北京师范大学出版社
贿赂案件非法言词证据排除实务研究	胡嘉金	法律出版社
司法证明方法与推定规则	何家弘	法律出版社
行政证据在刑事诉讼中使用问题研究	程　龙	法律出版社
诉讼事实与纠纷事实的关系：基于证据学思想发展脉络的分析	刘　铭	法律出版社
法庭风云：民商事案件代理策略与庭辩技巧	胡祥甫	法律出版社
性侵害未成年人案件证据的运用	岳慧青	法律出版社
非法证据排除程序适用指南（第 2 版）	裴显鼎	法律出版社
刑事证据法的理论问题（第 2 版）	陈瑞华	法律出版社
排除合理怀疑的中国叙事	李训虎	法律出版社
宋代证据制度研究	栾时春	法律出版社
证据法一本通	张卫平	法律出版社
非法证据排除规定与规程理解与适用	戴长林 主编	法律出版社
证据审查规则与分析方法：原理·规范·实例	刘静坤	法律出版社
刑事电子数据证据规则研究	赵长江	法律出版社
证据法的理论面孔	吴洪淇	法律出版社
视频证据的证明力	程　勇	吉林大学出版社

续表

书　　名	作　者	出版社
基于证据理论的不确定性量化方法与应用	闫　英　锁　斌	科学出版社
刑事证据制度热点问题研究	孙彩虹	立信会计出版社
刑事证据开示制度研究	柴晓宇	人民出版社
新刑事诉讼法司法适用解答	杨万明	人民法院出版社
金融犯罪证据规格	刘宪权　高扬捷	上海人民出版社
证据法学	郑金玉	郑州大学出版社
知识产权民事审判证据实务研究：以智慧的方式善待智慧	秦善奎	知识产权出版社
网络知识产权诉讼中的证据问题研究	李　慧	知识产权出版社
打官司就是打证据：合同纠纷证据指引	李克才	中国法制出版社
打官司就是打证据：婚姻家庭纠纷证据指引	李林强	中国法制出版社
打官司就是打证据：劳动纠纷证据指引	白星晖　史　震	中国法制出版社
打官司就是打证据：医疗纠纷证据指引	陈晓东	中国法制出版社
中国法院 2018 年度案例：刑事案例一（犯罪、刑罚的具体运用、证据、程序及其他）	曹士兵 主编 国家法官学院案例开发研究中心 编	中国法制出版社
打官司就是打证据：道路交通纠纷证据指引	罗世华	中国法制出版社
证明责任论（第 5 版）	［德］莱奥·罗森贝克 著 庄敬华 译	中国法制出版社
图解立案证据定罪量刑标准与法律适用（第 12 版）（共 5 册）	《最新执法办案实务丛书》编写组 编	中国法制出版社

续表

书 名	作 者	出版社
监察机关调查职务犯罪案件证据收集与运用——以《中华人民共和国监察法》为视角	本书编写组 编	中国方正出版社
职务犯罪证据收集与运用实用法规	本书编写组 编	中国方正出版社
检察机关排除非法证据问题研究	董 坤	中国检察出版社
刑事证据关联性研究	赵培显	中国检察出版社
意见证据制度研究	李学军 朱梦妮 等	中国人民大学出版社
证据与探究——对认识论的实用主义重构（修订版）	［英］苏珊·哈克 著 刘叶涛 张力锋 译	中国人民大学出版社
证据法的根基	［美］亚历克斯·斯坦 著 樊传明 郑 飞 译	中国人民大学出版社
道路交通事故车速鉴定与仿真再现技术	何烈云	中国人民公安大学出版社
刑事证据调查行为研究：以行为科学为视角	刘为军	中国人民公安大学出版社
证据法基本范畴研究	高家伟	中国人民公安大学出版社
常见刑事案件取证指引	吴照美	中国人民公安大学出版社
死刑证据控制的理论与实践	吕泽华	中国社会科学出版社
比较刑事诉讼：案例教科书	［美］史蒂芬·沙曼 著 施鹏鹏 译	中国政法大学出版社
交叉询问的方法与技巧——张耀良大律师演讲录	张耀良	中国政法大学出版社
证据法原理与实务	缪伟君	中国政法大学出版社
举证责任新论——控制者自证其当原则	龚大春	中国政法大学出版社

续表

书　名	作　者	出版社
神探李昌钰破案实录 1（世纪奇案）	［美］李昌钰 ［美］杰瑞·拉比欧拉 著 罗芳芳 译	中国政法大学出版社
神探李昌钰破案实录 2（血液吐真言）	［美］李昌钰 ［美］托马斯·W. 奥尼尔 著 陈　琴 译	中国政法大学出版社
神探李昌钰破案实录 3（让证据说话）	［美］李昌钰 ［美］杰瑞·拉比欧拉 著 吴丹红 译	中国政法大学出版社
神探李昌钰破案实录 4（重返犯罪现场）	［美］李昌钰 ［美］杰瑞·拉比欧拉 著 廖　明 译	中国政法大学出版社
神探李昌钰破案实录 5（神秘血手印）	［美］李昌钰 ［美］托马斯·W. 奥尼尔 著 刘为军 译	中国政法大学出版社
神探李昌钰破案实录 6（犯罪密码）	［美］李昌钰 ［美］伊莱恩·M. 帕格利亚诺 ［美］凯瑟琳·瑞姆丝兰 著 李　鑫　郑　曦 译	中国政法大学出版社
神探李昌钰破案实录 7（完美谋杀）	［美］李昌钰 ［美］杰瑞·拉比欧拉 著 季美君 译	中国政法大学出版社
事实与证据首届国际研讨会论文集：哲学与法学的对话	张保生　童世骏 主编	中国政法大学出版社
证据法学（第 3 版）	张保生 主编	中国政法大学出版社
中国证据法治发展报告（2015—2016）	张保生　王　旭 主编	中国政法大学出版社
英美法系专家证人与专家证据研究	刘　慧	中国政法大学出版社

续表

书 名	作 者	出版社
证据法要义	［美］阿维娃·奥伦斯坦 著 汪诸豪　黄燕妮 译	中国政法大学出版社
证据评价论	樊传明	中国政法大学出版社
基于实证观察的我国非法证据排除规则研究	胡忠惠 等	中国政法大学出版社
未成年人刑事证据问题研究	高 欣	中国政法大学出版社

说明：本统计表以出版社名称排序。

附录 3.2　法庭科学学术著作目录（2017—2018）

附录 3.2.1　法庭科学学术著作目录（2017）

书 名	作 者	出版社
电子数据取证与 Python 方法	［美］Chet Hosmer 著 张 俊 译	电子工业出版社
法庭科学原理之碰撞与坍塌	托马斯·L. 伯恩 著 刘 丽 等译	东北大学出版社
司法语音检验	王华朋 主编	东北大学出版社
脊柱损伤法医临床鉴定实务	顾晓峰 主编	东南大学出版社
澳门医疗事故法研究：兼论非财产损害赔偿	林位强	法律出版社
笔迹鉴定视域中的同一认定研究	沈臻懿	法律出版社
笔迹鉴定质量监控研究	关颖雄	法律出版社
法医 DNA 证据研究	袁 丽	法律出版社
国家司法鉴定人和司法鉴定机构名册2015—2016 年度	司法部司法鉴定管理局 编	法律出版社
鉴定意见证据评价实践考察	朱晋峰 等	法律出版社

续表

书　名	作　者	出版社
人身损害鉴定与赔偿	张纯兵 编著	法律出版社
司法鉴定论丛（2017年卷）/上海市司法鉴定理论研究会会议论文集	杜志淳 主编	法律出版社
司法鉴定收费管理文件汇编	司法部司法鉴定管理局 编	法律出版社
司法鉴定统一管理机制研究	霍宪丹 主编	法律出版社
文书物质材料鉴定及常规仪器分析	许爱东　沈臻懿 主编	法律出版社
物证技术实验教程	敖日其冷 编著	法律出版社
刑事科学技术实验室管理	李　伟 编著	法律出版社
医疗事故与刑法	［日］甲斐克则 著 谢佳君 译	法律出版社
医疗损害赔偿典型、疑难案件裁判规则与依据（第2版）	本书编写组 编著	法律出版社
医疗损害责任纠纷（第3版）	余明永 主编	法律出版社
与骸骨交谈：我希望每一个案件都有答案	［美］美普斯 麦克·C. 布朗宁 著 尚晓蕾 译	法律出版社
法医说案	黄瑞亭	福建科学技术出版社
人身伤害的法医学鉴定	沈忆文 主编	复旦大学出版社
道路交通事故检验鉴定实践与探索	石晓玲 主编	贵州大学出版社
司法会计检验鉴定案例与评析	蒙远鹰 主编	海南出版社
法庭科学实验指导教程	郝树勇 主编	河北大学出版社
常见塑料物证的鉴定与综合识别系统的研究	周亚红　吴国萍	江苏凤凰科学技术出版社

书　名	作　者	出版社
实用劳动能力鉴定体检手册	王加林　朱建非 成业东　汪春晖 郭建斌 主编	江苏凤凰科学技术出版社
微量物证分析：更多无目击证人案例	［美］马科斯·M. 霍克 著 张绍雨 译	江苏凤凰科学技术出版社
2016 司法鉴定能力验证鉴定文书评析	司法部司法鉴定科学技术研究所（上海法医学重点实验室）编著	科学出版社
道路交通事故车体痕迹鉴定	李丽莉 编著	科学出版社
法医病理学鉴定实用图谱	雷普平　瞿勇强 主编	科学出版社
法医病理学学习笔记	雷普平 主编	科学出版社
危险化学品分类鉴定理论与操作实务	万旺军 主编	科学技术文献出版社
毒物分析与毒物动力学	宋爱英　魏琳琳	兰州大学出版社
审计证据：理论与实务	邹子霖 编著	立信会计出版社
火场物证检验原理与应用	王景翰　谢冬柏 主编	辽宁科学技术出版社
DNA 数据库建设应用成果与展望Ⅴ：第五届全国公安机关 DNA 数据库建设应用研讨会论文选	葛百川 主编	群众出版社
司法鉴定人助理职业技能测试题库	柯昌林	群众出版社
一名基层痕迹技术员的工作手记（修订本）	崔　峰	群众出版社
毒品犯罪案件证据认定的理论与实务	林金文 主编	人民法院出版社
完善诉讼中司法鉴定制度研究	朱旭光　郭　华 主编	人民法院出版社
实用化学药品检验检测技术指南	张启明　陈桂良 宁保明　韩　鹏 主编	人民卫生出版社
医疗损害鉴定与防范新进展（2017）	蔡继峰　闫　杰 主编	人民卫生出版社

续表

书　名	作　者	出版社
医事证据法	邓世雄 主编	人民卫生出版社
公安司法鉴定机构法医从业指南	张磊磊　李　伟 张　亮　刘　杰 主编	山东人民出版社
交通事故案例精析	黄　萍 编著	上海交通大学出版社
精神病学史：从收容院到百忧解	［美］爱德华·肖特 著 韩健平　胡颖翀 李亚明 译	上海科技教育出版社
第二届"宋慈杯"获奖鉴定文书选编	邓甲明　陈忆九 主编	上海科学技术文献 出版社
法医病理学医疗损害责任司法鉴定实务	张建华　邹冬华 主编	上海科学技术文献 出版社
社会学视野下的新型毒品	夏国美　杨秀石 等	上海社会科学院 出版社
中国毒品史	苏智良	上海社会科学院 出版社
可疑文书的科学检验	［美］奥登威·希尔顿 著 翁　里　但彦铮 译	社会科学文献出版社
法医物证 DNA 检验技术的探索性研究	李　民 主编	苏州大学出版社
法医植物学：实践指南	［美］戴维·W. 霍尔 杰森·H. 伯德 主编 吕　宙译	西安交通大学出版社
医疗事故处理基础理论与实务	张海燕　黄　钰 相国庆 主编	西北大学出版社
让一部分人先法医起来	果壳 Guokr.com	浙江大学出版社
会计鉴定意见民事司法适用实证研究	白岱恩	知识产权出版社

续表

书　名	作　者	出版社
刑事技术学的原则与实践：法庭科学专业知识	［美］凯斯·茵曼 ［美］诺拉·卢丁 著 郝红霞 译	知识产权出版社
司法精神病学鉴定实践	郑瞻培	知识产权出版社 有限责任公司
精神病房里的正常人：35 个改变历史的心理学研究	李娟娟	中国法制出版社
鸦片在中国：1750—1950（全景插图版）	［法］包利威 著 袁俊生 译	中国画报出版社
电子数据审查判断与司法应用	潘申明　万世界 陈鹿林　童庆庆	中国检察出版社
强制医疗程序适用与检察监督	胡剑锋	中国检察出版社
司法会计原理与实务：我的司法会计观	庞建兵	中国检察出版社
高级二手车鉴定评估师，国家职业资格三级	鲁植雄 主编	中国劳动社会保障出版社
《人体损伤致残程度分级》操作手册	左芷津 主编	中国民主法制出版社
交通事故赔偿纠纷法律适用指南	陈百顺　罗　卉 主编	中国民主法制出版社
医疗事故赔偿纠纷法律适用指南	艾其来　杨　文 主编	中国民主法制出版社
2016 年全国公安机关刑事技术实验室能力验证结果评析（笔迹鉴定、印文鉴定）	公安部刑事侦查局 编	中国人民公安大学出版社
笔迹检验理论与实务探究	王圣江	中国人民公安大学出版社
第七届全国痕迹检验技术建设发展与实战应用研讨会论文集	葛百川 主编	中国人民公安大学出版社
审讯与测谎实验指导	刘国旌　付　翠 主编	中国人民公安大学出版社

续表

书　名	作　者	出版社
微量物证与毒物毒品分析	吴玉红　喻洪江 主编	中国人民公安大学出版社
文书物证司法鉴定理论与实务	贾晓光 主编	中国人民公安大学出版社
刑事科学技术专业实战技能综合训练指导教程	袁　鸿　贾硕果 主编	中国人民公安大学出版社
重庆刑事技术理论与实践进展	李红卫 主编	中国人民公安大学出版社
特殊痕迹检验（第2版）	戴　林 主编	中国人民公安大学出版社/群众出版社
刑事图像技术	郭海涛　柏家鸿　张文达	中国人民公安大学出版社
语音检验	王华朋　张红兵 编著	中国人民公安大学出版社
医学检验法学概论	明德松	中国原子能出版社
司法会计简明教程	白岱恩　于　朝 主编	中国政法大学出版社
司法鉴定与诉讼公正：本土经验与国际视野	徐　卉	中国政法大学出版社
医疗损害纠纷与计算标准	焦朝岩	中国政法大学出版社
检验检测机构技术负责人/授权签字人通用培训教材	中国认证认可协会编著	中国质检出版社/中国标准出版社
检验检测机构内审员通用培训教材	中国认证认可协会编著	中国质检出版社/中国标准出版社
检验检测机构人员通用基础知识培训教材	中国认证认可协会编著	中国质检出版社/中国标准出版社

续表

书　　名	作　　者	出版社
检验检测机构资质认定文件及标准汇编	《检验检测机构资质认定文件及标准汇编》编写组 编	中国质检出版社/中国标准出版社
司法鉴定/法庭科学机构认可理论与实践论文集	中国合格评定国家认可委员会 主编	中国质检出版社/中国标准出版社
交通事故与保险赔偿一本通	张公谨　张树森 主编	重庆出版社
法医物证概率统计学原理	周　密　汪　军 主编	重庆大学出版社

说明：本统计表以出版社名称排序。

附录3.2.2　法庭科学学术著作目录（2018）

书　　名	作　　者	出版社
司法鉴定法宝：法律指引与实务	孙大明 编著	北京大学出版社
司法鉴定学（第2版）	霍宪丹 主编	北京大学出版社
法医宋慈	纨　纸	北京联合出版公司
可疑文件的科学检验（第2版）	［美］简·西曼·凯利 ［美］布赖恩·S. 林德布洛姆 主编 李　震　胡祖平 译	法律出版社
电子物证检验实训指导	庄海燕 主编	法律出版社
公安技术实验教程	许爱东 主编	法律出版社
京城验尸官：警察与亡者20年生死对话	卢　龙	法律出版社
司法鉴定概论（第3版）	杜志淳 主编	法律出版社
司法鉴定工作统计报告汇编（2003—2017年度）	司法部公共法律服务管理局 编	法律出版社
物证技术学简明教程	敖日其冷 编著	法律出版社
现场物证论	沈臻懿	法律出版社

续表

书　名	作　者	出版社
中华人民共和国伤残鉴定与赔偿法规全书 2018	法律出版社 法规中心 编	法律出版社
足迹鉴定技术理论与实务研究	许爱东　糜忠良 主编	法律出版社
最高人民法院审理医疗损害责任纠纷司法解释规则精释与案例指导	杜万华　郭　锋 吴兆祥　陈龙业 等编著	法律出版社
中国法医科学发展战略	中国工程院 编著	高等教育出版社
刑事技术实验实训指导	奚居仁　袁　玲 主编	合肥工业大学出版社
职工劳动能力鉴定指南	王永勃 主编	河北科学技术出版社
检验检测机构资质认定内部审核工作指南	冷元宝　张步新 主编	河南人民出版社
理化检验不确定度评定统计基础及应用实例	黄文耀　郑朝晖 唐　琳　秦　俊 主编	湖北科学技术出版社
检验检测机构试验数据处理方法	滕　葳　李　倩 柳　琪 等编著	化学工业出版社
矿产资源破坏价值鉴定技术	南怀方 主编	黄河水利出版社
动植物中毒的法医学鉴定	李树华　张瑞林	吉林大学出版社
视频证据的证明力	程　勇	吉林大学出版社
司法会计鉴定理论与实务问题研究	陈筱薇	吉林大学出版社
化学性物证多角度分析	吴国萍　邓海山	江苏凤凰科学技术出版社
精神病理学	喻东山　余　琳 张　智 主编	江苏凤凰科学技术出版社
《江苏省司法鉴定管理条例》释义	柳玉祥 主编	江苏人民出版社
2017 司法鉴定能力验证鉴定文书评析	司法部司法鉴定管理局 司法鉴定科学研究院 主编	科学出版社

续表

书　名	作　者	出版社
法医 DNA 分型专论：证据解释	John M. Butler 著 侯一平　李成涛 严江伟 主译	科学出版社
司法笔迹鉴定	陈晓红 主编	科学出版社
司法鉴定经典案例（第 1 辑）	霍家润　陈新山 主编	科学出版社
有机化合物结构鉴定与有机波谱学	宁永成 编著	科学出版社
荧光探针技术在法庭科学中的应用	李宏达	辽宁大学出版社 有限责任公司
涉毒案件实务指南	顾　猛 主编	宁波出版社
司法改革背景下司法鉴定法庭科学制度 探索与实践	《司法改革背景下司法 鉴定法庭科学制度探 索与实践》编委会 编	青海民族出版社
计算机取证与司法鉴定（第 3 版）	麦永浩　邹锦沛 许榕生　戴士剑 主编	清华大学出版社
2017 刑事科学技术国际研讨会论文集	糜忠良　蒋占卿 主编	群众出版社
Y-STR DNA 数据库侦查技战法	杨玉章　邹荣合	群众出版社
第六届全国指纹检验技术建设发展与实 战应用研讨会论文选	公安部物证鉴定 中心 编	群众出版社
第七届全国公安基层技术革新奖获奖项 目汇编	公安部科技信息 化局 编	群众出版社
法医 DNA 概率统计学软件设计与应用	周　密　刘思彤 刘　锋 主编	群众出版社
公安技术导论	刘玉增　蒋和平 主编	群众出版社
中国首席大法医陈世贤解案	张泽民	群众出版社
司法鉴定 300 个实用问题与真实案例	福建天泽司法 鉴定所 编	人民法院出版社

续表

书　名	作　者	出版社
医疗损害责任法律规范指引	《医疗损害责任法律规范指引》编写组 编	人民法院出版社
医疗损害责任纠纷司法观点与办案规范	人民法院出版社法信编辑部 编	人民法院出版社
医疗损害责任司法解释导读与典型案例指导：司法解释条文·导读·相关法条·典型案例	吴兆祥　陈龙业 编著	人民法院出版社
最高人民法院医疗损害责任司法观点精编	凌　巍 编著	人民法院出版社
最高人民法院医疗损害责任司法解释理解与适用	沈德咏　杜万华 主编	人民法院出版社
法医影像学	邓振华 主编	人民卫生出版社
循证医学证据检索与评估	杨克虎　田金徽 主编	人民卫生出版社
法医：破解五十桩"完美"谋杀案	［美］斯蒂芬·柯勒［英］彼得·摩尔［英］大卫·欧文 著王祖哲 译	商务印书馆
Step by Step 教你学会循证医学中的证据质量评价	马　瑜　嵇承栋 主编	上海科技教育出版社
鸦片罂粟通史：欲望、利益与正义的战争	连　东	上海社会科学院出版社
澳门道路交通事故民事责任研究	吕冬娟	社会科学文献出版社
我国刑事强制医疗程序研究	王君炜	社会科学文献出版社社会政法分社
职业中毒检验与临床应用	匡兴亚　贾晓东 主编	同济大学出版社
司法鉴定能力训练题集	何方刚 主编	武汉理工大学出版社
精神病学家	［美］卡勒·卡尔 著黄洁芳 译	现代出版社

书 名	作 者	出版社
人人都该懂的法庭科学	[美]杰伊·西格尔 著 孟 超 任鹏宇 王刘承 译	浙江人民出版社
软件知识产权司法鉴定技术与方法	刘玉琴	知识产权出版社
网络知识产权诉讼中的证据问题研究	李 慧	知识产权出版社
侦查中电子数据取证	李双其 林 伟	知识产权出版社
检验检测机构资质认定案例分析	计量和检验机构资质 认定评审中心 编著	中国标准出版社
最高人民法院关于医疗损害责任纠纷案件司法解释理解运用与案例解读	杨立新 主编	中国法制出版社
最高人民法院关于医疗损害责任纠纷司法解释条文释义与实务指南	郭 锋 吴兆祥 陈龙业	中国法制出版社
生态环境损害核心要点100问及环境损害司法鉴定文件导读	中国环境保护产业协会环境影响评价行业分会 吉林中实司法鉴定中心 主编	中国环境出版集团
检察机关法医技术性证据审查论文集	赵志刚 主编	中国检察出版社
工程造价司法鉴定实务解读	宋艳菊 主编	中国建筑工业出版社
基本医疗背景下医疗损害责任研究	马 辉	中国人民大学出版社
2018法庭科学国际研讨会暨第十二届全国公安院校刑事科学技术教育论坛论文集	伊良忠 主编	中国人民公安大学出版社
2018年湖南刑事技术理论与实践论文集	陈东明 主编	中国人民公安大学出版社
道路交通事故车速鉴定与仿真再现技术	何烈云	中国人民公安大学出版社

续表

书　名	作　者	出版社
第一届全国公安机关重点司法鉴定专业实验室（山东）科研创新学术交流会论文选	德州市公安局物证鉴定研究中心 编	中国人民公安大学出版社
法庭科学印章印文鉴定理论与新技术	韩　伟	中国人民公安大学出版社
火灾物证技术鉴定	刘　玲 主编	中国人民公安大学出版社
心理病·案	武伯欣 主编	中国人民公安大学出版社
刑事证据调查行为研究：以行为科学为视角	刘为军	中国人民公安大学出版社
爆炸现场勘验原理及实践	高光斗　顾红梅　张　勇	中国人民公安大学出版社/群众出版社
刑事科学技术智能化建设应用研究——第一届刑事科学技术智能化建设应用研讨会论文集	郑根贤　糜忠良　蒋占卿 主编	中国人民公安大学出版社/群众出版社
新视野下的物证技术研究	尼　玛	中国原子能出版社
《人体损伤致残程度分级》解读：与《道标》比较	周晓蓉　郭兆明　朱广友 主编	中国政法大学出版社
法庭科学文化论丛（第3辑）	张保生 主编	中国政法大学出版社
物证技术实务	李亚可　王　亮 主编	中国政法大学出版社
医疗事故责任与救济：英法比较研究	［法］西蒙·泰勒 著　唐　超 译	中国政法大学出版社
印章印文图谱与鉴定技术精要	刘敬杰　付　琳	中国政法大学出版社
英美法系专家证人与专家证据研究：以刑事诉讼为视角	刘　慧	中国政法大学出版社

书　名	作　者	出版社
ISO/IEC17020：2012《合格评定-各类检验机构的运作要求》标准理解与百问百答	ISO/CASCO/WG31 国内对口工作组 编著	中国质检出版社/中国标准出版社
检验检测机构资质认定评审员教程	国家认证认可监督管理委员会 主编	中国质检出版社/中国标准出版社
法医病理学应用创新	刘　超　刘卫国 杜　舟　余彦耿 主编	中山大学出版社
溺死法医诊断学	刘　超 主编	中山大学出版社

说明：本统计表以出版社名称排序。

附录 4

证据科学学术会议一览表
（2017—2018）

会议名称	时间地点	会议主办单位	会议主题
中国首届建设工程司法鉴定学术研讨会	2017 年 5 月 6 日至 7 日陕西西安	西安建筑科技大学、陕西省司法鉴定协会等主办	对建设工程司法鉴定中出现的诸多问题进行深度探讨和分析，在制度和操作方面提出相应方法与思路，签署《建设工程司法行业业务交流长效机制倡议书》
"以审判为中心的刑事诉讼制度改革"司法改革高端论坛	2017 年 5 月 9 日浙江衢州	衢州市中级人民法院	"刑事诉讼制度改革的双重展开——以审判为中心与认罪认罚从宽"、"以审判为中心与证明标准"
以审判为中心的刑事诉讼制度改革座谈会	2017 年 5 月 11 日浙江宁波	宁波市中级人民法院	非法证据排除规则、庭前会议制度、关键证人及侦查人员出庭作证制度、辩护律师参与情况与辩护效果、认罪认罚从宽制度等
"以审判为中心的诉讼制度改革"司法改革高端论坛	2017 年 5 月 12 日浙江宁波	宁波市中级人民法院、市人民检察院、市公安局及市律师协会	刑事诉讼制度改革的双重展开——以审判为中心与认罪认罚从宽，以审判为中心与证明标准
2017 司法鉴定理论与实践研讨会	2017 年 5 月 25 日上海	司法部司法鉴定科学技术研究所、上海市法医学重点实验室主办	促进司法鉴定理论和技术交流，推动司法鉴定学科发展和技术进步，在全球范围内评选 2015—2016 司法鉴定优秀论文奖
诉讼法改革热点问题研讨会	2017 年 5 月 27 日河北保定	司法文明协同创新中心、中国政法大学诉讼法学研究院主办，中国政法大学刑事法律研究中心协办，河北省保定市检察院承办	刑事诉讼专题研讨——非法证据排除规则的司法适用、民事诉讼专题研讨——民事诉讼的转型、行政诉讼专题研讨——检察机关提起行政公益诉讼制度相关问题

续表

会议名称	时间地点	会议主办单位	会议主题
2017 年度中国刑事诉讼法治与司法改革高端论坛	2017 年 6 月 24 日重庆	中国刑事诉讼法学研究会主办，西南政法大学诉讼法与司法改革研究中心承办	完善刑事诉讼法中认罪认罚从宽制度，如"认罪认罚相关证据制度的完善"等
"理论与实践：以审判为中心的诉讼制度改革"研讨会	2017 年 7 月 15 日至 16 日宁夏石嘴山市	司法文明协同创新中心、中国政法大学诉讼法学研究院主办、宁夏回族自治区石嘴山市人民检察院承办	以审判为中心的诉讼制度改革为主题，深入重点探讨庭前会议的运行，证人、鉴定人及侦查人员出庭作证，非法证据排除、认罪认罚从宽程序、辩护律师参与情况、政法机关相互配合制约等
首届法庭科学标准体系建设研讨会	2017 年 7 月 25 日北京	司法文明协同创新中心、中国政法大学证据科学研究院主办	探讨建立和优化法庭科学标准体系
第六届证据理论与科学国际研讨会	2017 年 8 月 14 日至 16 日美国巴尔的摩	中国政法大学证据科学研究院、国际证据科学协会主办、美国马里兰州法医局承办	证据法学与法庭科学的关系
2017 年度司法鉴定能力验证专家评审会	2017 年 8 月 15 日上海	司法部司法鉴定管理局、中国合格评定国家认可委员会(CNAS)主办、司法部司法鉴定科学技术研究所承办	对 2017 年度司法鉴定能力验证反馈结果进行评价，并对 2018 年度能力验证项目方案进行评审
中国法医学会五届二次法医精神病学学术交流会	2017 年 8 月 26 日至 27 日广东广州	中国法医学会法医精神病学专业委员会主办，中山大学法医鉴定中心承办	毒品所致精神障碍与刑事责任能力、精神伤残鉴定、《人体损伤致残程度分级》、生前（既往）民事行为能力的评定、以"现场重建"为导向的法医精神病鉴定检查策略、伪装精神障碍的评估与策略、精神病人危险性评估技术进展等

续表

会议名称	时间地点	会议主办单位	会议主题
第十一届全国公安院校刑事科学技术研讨会暨刑事科学技术教育论坛	2017 年 8 月 27 日至 29 日 内蒙古呼和浩特	内蒙古警察职业学院主办	刑事科学技术学科建设与教学改革、痕迹检验、法化学、文件检验、刑事图像技术、法医学和现场勘查等
2017 年四川省中美法医物证 DNA 技术交流会	2017 年 8 月 29 日四川成都	四川省司法鉴定协会、成都市司法鉴定协会主办，四川基因格司法鉴定所协办	了解国外法医物证鉴定的最新技术和发展动态，共同研讨法医物证鉴定疑难案例和 DNA 鉴定技术的应用方向
中德刑事诉讼法学高端论坛	2017 年 9 月 13 日至 14 日北京	司法文明协同创新中心主办、中国政法大学诉讼法学研究院协办	公正审判与认罪协商，如"审判公正与证人出庭问题""以审判为中心背景下的直接言词原则""认罪认罚从宽制度中的证据适用问题"等
2017 年侦查学与法庭科学国际学术研讨会	2017 年 10 月 14 日至 15 日辽宁沈阳	中国刑事警察学院主办	大数据发展对侦查工作的影响、大数据背景下侦查模式转型与重构、法庭科学技术大数据应用、社会稳定风险管理与公共安全治理、网络舆情大数据分析等
2017 年法庭科学新技术应用高峰论坛	2017 年 10 月 31 日至 11 月 5 日四川成都	中国刑事科学技术协会	介绍国际国内最新技术、探讨法庭科学实际需求的发展方向
第二届国际司法鉴识和教育研讨会	2017 年 11 月 1 日江苏如皋	美国纽黑文大学、江苏省人民政府侨务办公室及南通大学主办，南通市人民政府外事侨务办公室、如皋市人民政府承办	积极适应司法鉴识教育国际化趋势，推动国内外学术交流与科研合作
"一带一路"法庭科学国际学术研讨会（一）	2017 年 11 月 3 日上海	华东政法大学刑事司法学院、司法鉴定中心主办	"一带一路"法庭科学国际学术研讨会

续表

会议名称	时间地点	会议主办单位	会议主题
"一带一路"法庭科学国际学术研讨会（三）	2017 年 11 月 4 日上海	华东政法大学刑事司法学院、司法鉴定中心主办	"一带一路"法庭科学国际学术研讨会
第二届丝路法医联盟大会暨法医科学前沿国际学术研讨会	2017 年 11 月 6 日陕西西安	陕西省外国专家局、西咸新区沣东新城管委会、西安交通大学、华大基因集团主办，西安统筹科技资源改革示范基地管理办公室、丝路法医联盟、西安交通大学法医学院承办	"法医科学的研究与应用"，含"法医现场调查""法医 DNA 应用""法医法学与教育""法医科学与标准"四个议题
第十七届世界诉讼法学大会	2017 年 11 月 8 日至 10 日天津	国际诉讼法学会、中国法学会联合主办，中国民事诉讼法学研究会、天津大学联合承办	"比较视野下的司法管理"，包括"诉讼案件管理""审判机制管理""法院组织结构""事实认定与法律推理"等议题
2017 刑事科学技术国际研讨会	2017 年 11 月 15 日至 17 日北京	中国人民公安大学刑事科学技术学院联合上海市现场物证重点实验室、北京瑞源文德科技有限公司主办	图像处理、视频鉴真、视频人像特征分析、电子数据检验、毒物毒品检验新技术等
中国刑事诉讼法学研究会 2017 年年会	2017 年 11 月 18 日至 19 日福建厦门	中国刑事诉讼法学研究会主办，厦门大学法学院承办	司法改革背景下刑事诉讼制度的完善，"认罪认罚从宽制度的证明标准"等问题
中国政法大学第五届法律与精神医学论坛	2017 年 12 月 2 日北京	司法文明协同创新中心主办、中国政法大学法律与精神医学研究中心承办	《精神病司法鉴定程序实施细则（建议稿）》（草案）深入研讨

续表

会议名称	时间地点	会议主办单位	会议主题
吉林省法学会刑事诉讼法学研究会2017年年会暨"深入贯彻十九大精神,完善刑事诉讼制度"学术研讨会	2017年12月9日吉林长春	省法学会刑事诉讼法研究会、吉林大学法学院诉讼理论与司法改革研究所主办	"庭审实质化改革的推进与完善""监察委员会的设置与《刑事诉讼法》的衔接",庭审实质化的内涵与要求、对证据立法的影响以及国家监察法的内容等
第五届"全国司法文明博士生、博士后论坛"	2017年12月16至17日浙江杭州	司法文明协同创新中心主办,浙江大学光华法学院承办,《法制与社会发展》杂志协办	人权的司法保障,人权司法保障与非法证据排除等
"'微法院'在中国的法理与实践问题"研讨会	2018年1月18日浙江宁波	司法文明协同创新中心支持,浙江大学互联网法律研究中心主办,余姚市人民法院承办	"微法院"在中国的法理与实践问题,研讨线上送达、线上身份认证及电子签名效力、"微法院"视频开庭、在线证据交换等问题
"破坏网络实名制行为的法律规制"研讨会	2018年4月13日江苏南京	司法文明协同创新中心、浙江大学光华法学院互联网法律研究中心（"大数据+互联网法律"创新团队）主办,南京审计大学诉讼法研究中心承办	破坏网络实名制行为的法律规制,含:破坏网络实名制行为的法律规制问题、出售网络店铺的网络电商交易平台的法律责任问题、利用网络侵犯公民个人信息罪的理解和法律适用、互联网制售假货案件中的取证问题、互联网制售假货案中电子数据的认定和适用问题等议题
大数据情报分析发展新趋势——从人工智能到智慧高峰论坛	2018年4月17日陕西西安	中国刑事科学技术协会	推进公安工作信息化法治化现代化建设,不断提升公安工作智能化水平

续表

会议名称	时间地点	会议主办单位	会议主题
第 1 期民事证据理论青年工作坊	2018 年 4 月 27 日吉林长春	中国民事诉讼法学研究会证据理论专业委员会（筹）主办、吉林大学法学院民事司法研究中心承办	民事司法鉴定证据的生成、审查与运用
第 2 期民事证据理论青年工作坊	2018 年 4 月 28 日吉林长春	中国民事诉讼法学研究会证据理论专业委员会（筹）主办、吉林大学法学院民事司法研究中心承办	公文书证明力评价模式二元论
第二届法庭科学标准建设研讨会	2018 年 5 月 8 日北京	中国政法大学证据科学研究院、司法文明协同创新中心	法庭科学标准化战略研讨、法庭科学技术标准实践研讨
庭审实质化模拟审判暨高峰论坛	2018 年 5 月 16 日北京	中国人民大学诉讼制度与司法改革研究中心、中国政法大学刑事法律援助研究中心与东卫刑事辩护与司法改革研究基地	"三项规程"背景下的庭审实质化，含：庭审实质化、庭前会议、非法证据排除、证人出庭作证、法庭调查
"最高人民法院三项规程中的证据制度"理论研讨会	2018 年 5 月 20 日北京	司法文明协同创新中心、证据科学研究院以及《证据科学》杂志社联合主办	研讨最高人民法院三项规程中的证据制度
互联网法律论坛第 12 期暨"网络空间治理难题及对策"研讨会	2018 年 5 月 25 日浙江杭州	司法文明协同创新中心、浙江大学光华法学院互联网法律研究中心主办，"大数据+互联网法律"创新团队承办	数字经济时代公民个人信息权利和边界问题，公民个人信息的权利属性与法律保护机制，网络电信刑事疑难案件证明问题，刑事案件网络电子证据的可采性，互联网时代传统罪名的扩张解释等

续表

会议名称	时间地点	会议主办单位	会议主题
第三届中瑞证据科学国际研讨会	2018 年 6 月 25 日至 27 日浙江杭州	司法文明协同创新中心·中瑞证据科学研究中心主办，中国政法大学证据科学研究院承办，浙江大学光华法学院协办	不同视角下的真相探求（Pursue of Truth from Different Perspectives）
"中瑞证据科学创新之夜"（Sino-Swiss Evidence Science Innovation Night）	2018 年 6 月 28 日上海	中国政法大学证据科学研究院和瑞士洛桑大学法学、刑事科学与公共行政学院主办，瑞士联邦政府科技文化中心等机构共同承办	通过证据科学领域的国际合作路径促进两国司法文明创新的成果展示
第一届中国司法鉴定人教育体制创新暨来华留学生"法医学"全英文教学高峰论坛	2018 年 6 月 29 日至 30 日上海	司法文明协同创新中心、复旦大学基础医学院、杭州医学院、浙江大学司法鉴定中心共同举办	围绕中国司法鉴定人教育培训的机制、体制进行讨论，分析国内法医学鉴定人教育的现状，对中美司法鉴定人培养体系进行比较，探讨开展法医学精英式教育的必要性
中日韩"以审判为中心的诉讼制度改革"学术研讨会	2018 年 7 月 28 日至 29 日北京	中国政法大学诉讼法学研究院、中国刑事诉讼法学研究会、中国政法大学刑事司法学院主办	审判中心主义、辩护制度、非法证据排除制度、刑事速裁程序与认罪认罚从宽制度、刑事司法中的热点问题
中国法医临床学高峰论坛暨第二十一届全国法医临床学学术研讨会	2018 年 8 月 6 日至 9 日贵州贵阳	中国法医学会法医临床专业委员会主办、中国法医临床学高峰论坛组委会和贵州医科大学法医学院承办	探讨和交流医疗损害鉴定、标准适用、鉴定人出庭作证、司法鉴定质量控制等热点问题

续表

会议名称	时间地点	会议主办单位	会议主题
2018年第三届齐鲁法医学高峰论坛暨第二届微山湖法医学高峰论坛	2018年10月13日至1日山东日照	山东省司法鉴定协会、济宁市司法鉴定人协会和济宁医学院联合主办	围绕法庭科学领域的新技术、新方法、新理念、新思路等前沿问题和热点问题进行探讨和交流
第十九届中西南地区公安政法院校侦查学术研讨会暨法庭科学湖北省重点实验室（2018）专家论坛、电子取证及可信应用湖北省协同创新中心（2018）高峰论坛	2018年11月9日至11日湖北武汉	中西南地区公安政法院校侦查学研究会主办、湖北警官学院承办	研讨痕迹检验技术、法医理化检验技术、文件检验技术、视听资料检验技术、电子取证技术等专题，研讨电子数据取证和网络安全等理论与实务问题
2018年度刑事诉讼法治与司法改革研究方阵高端论坛	2018年11月10日广东广州	中国刑事诉讼法学研究会主办，中国政法大学诉讼法学研究院承办，广州大学法学院协办	监察委员会的设置与刑事诉讼法的衔接问题，"监察法与刑诉法相衔接的基础理论问题""监察机关、公安机关、检察机关管辖竞合问题""留置措施与刑事强制措施的衔接问题""监察机关调查证据的使用与排除问题"等具体议题

续表

会议名称	时间地点	会议主办单位	会议主题
2018 互联网法律大会·国际论坛	2018 年 11 月 24 日至 25 日浙江杭州	浙江大学、浙江省检察院、阿里巴巴集团、蚂蚁金服集团共同主办，北京大学（法律人工智能实验室）、浙江省高院、省公安厅支持，司法文明协同创新中心、浙江大学立法研究院、光华法学院互联网法律研究中心共同承办，浙江靖霖律师事务所协办	网络空间综合治理、大数据与电子证据、数字经济知识产权和人工智能法学四个专题
2018 互联网法律大会·检察论坛	2018 年 11 月 25 日浙江杭州	浙江省检察院、浙江大学、阿里巴巴集团共同主办，杭州市余杭区检察院承办，杭州良渚新城管理委员会协办	互联网犯罪的法律问题、互联网技术下刑事证据制度、大数据时代"枫桥经验"与检察实践三个专题
2018 互联网法律大会·侦查论坛（首届全国大数据侦查学论坛）	2018 年 11 月 25 日浙江杭州	浙江警察学院、浙江大学光华法学院、阿里巴巴集团	大数据时代的侦查模式变革与理论创新，大数据时代侦查思维变革与创新、大数据时代侦查方法更新与应用、大数据时代侦查取证技术与规则、大数据时代犯罪防控形势与对策四个议题
中国政法大学第六届法律与精神医学论坛	2018 年 12 月 1 日北京	司法文明协同创新中心主办、中国政法大学法律与精神医学研究中心承办	深化精神病司法鉴定改革

会议名称	时间地点	会议主办单位	会议主题
"从司法鉴定角度探讨网络存证技术"交流会	2018年12月21日 北京	中国政法大学证据科学研究院、北京交通大学、北京数字认证股份有限公司联合举办	加深对网络存证技术的认知、理解和使用，探讨网络存证的理论和实务

附录 5

证据科学研究项目一览表

附录5.1   国家社会科学基金证据科学研究课题立项一览表（2017—2018）

项目名称	项目类别	项目批准号	立项时间	项目负责人
中国特色刑事证据理论体系研究	重大项目	18ZDA139	2018-10-23	闵春雷
庭审实质化改革实证研究	重点项目	18AFX008	2018-06-21	左卫民
公安执法规范化建设对侦查取证机制影响之实证研究	一般项目	18BFX072	2018-06-21	贺小军
讯问/询问取证方法的国际发展及其在我国的本土化应用研究	一般项目	18BFX075	2018-06-21	刘涛
法庭科学视阈下刑事科学证据采信标准研究	一般项目	18BFX076	2018-06-21	王丽婷
基于认知科学的事实认定模型研究	一般项目	18BFX077	2018-06-21	封利强
人工智能在刑事证据判断中的运用及其界限研究	一般项目	18BFX079	2018-06-21	纵博
认知科学视野下的司法鉴定错误研究	一般项目	18BFX080	2018-06-21	杨立云
司法鉴定标准化研究	一般项目	18BFX082	2018-06-21	杜志淳
网络强国战略下人工智能数据的证据法问题研究	一般项目	18BFX083	2018-06-21	高波
刑事错案治理视野中的印证规则研究	一般项目	18BFX084	2018-06-21	周洪波
刑事庭审证明实质化视野下的取证规范化研究	一般项目	18BFX085	2018-06-21	邓陕峡
意见裁判主义研究	一般项目	18BFX086	2018-06-21	陆而启
法律认知科学的方法论基础研究	青年项目	18CFX001	2018-06-21	袁小玉
庭审实质化语境下法官认知风格的测验及其改善研究	青年项目	18CFX004	2018-06-21	韩振文

续表

项目名称	项目类别	项目批准号	立项时间	项目负责人
职务犯罪案件监察调查与审查起诉衔接机制研究	青年项目	18CFX035	2018-06-21	吕晓刚
大数据证据研究	青年项目	18CFX036	2018-06-21	王 燃
人民陪审员参审事实问题的证据裁判规则研究	青年项目	18CFX037	2018-06-21	樊传明
审判中心主义视角下侦查案卷的证据效力及其运用规则研究	一般项目	17BFX185	2017-06-30	林劲松
基于统计分析的无罪判决证据适用问题实证研究	一般项目	17BFX183	2017-06-30	郑 飞
审判中心主义视域下被追诉人取证能力强化机制研究	一般项目	17BFX181	2017-06-30	陈在上
大数据时代查办腐败案件侦查模式研究	一般项目	17BFX180	2017-06-30	郭 哲
刑事证明标准层次性理论之适用问题研究	一般项目	17BFX065	2017-06-30	孙 远
庭审实质化语境下法官认知力研究	一般项目	17BFX064	2017-06-30	元 轶
司法鉴定意见可采性问题实证研究	一般项目	17BFX063	2017-06-30	陈邦达
认罪认罚从宽制度实施中的证据问题研究	一般项目	17BFX062	2017-06-30	李训虎
我国刑事判决在民事诉讼中预决效力的规则设计研究	一般项目	17BFX054	2017-06-30	纪格非
刑事错案中的科学证据问题实证研究	青年项目	17CFX066	2017-06-30	谢步高
环境损害司法鉴定意见可采性问题研究	青年项目	17CFX038	2017-06-30	田亦尧
侵权责任法中举证规则立法研究	青年项目	17CFX025	2017-06-30	胡东海

续表

项目名称	项目类别	项目批准号	立项时间	项目负责人
以民商事涉外案件为视角的域外证据分类及采信标准研究	青年项目	17CFX018	2017-06-30	汪诸豪

注：以上信息来源于"国家社科基金项目数据库"，载 http：//fz.people.com.cn/skygb/sk/index.php/Index/seach.

附录5.2　教育部人文社会科学研究项目证据科学研究课题立项一览表（2017—2018）

项目名称	项目类别	项目编号	负责人	所在单位
大数据侦查的程序规制研究	规划基金项目	18YJA820032	钟明曦	福建警察学院
数字时代警察电子搜查的宪法隐私权限制研究	规划基金项目	18YJA820003	高荣林	湖北警官学院
"互联网+"时代电子取证法律适应性关键问题研究	规划基金项目	18YJA820035	朱节中	南京信息工程大学
科学标准在医疗损害赔偿鉴定中的应用研究	规划基金项目	18YJA820018	王　旭	中国政法大学
易经中的证据法思想研究	青年基金项目	18YJC820003	曹艳琼	山西大学商务学院
刑事错案中的科学证据问题研究	青年基金项目	18YJC820066	吴洪淇	中国政法大学
民事诉讼证据规则重点问题研究	重点研究基地重大项目	17JJD820008	肖建华	中国政法大学
技术侦查证据审查制度研究	规划基金项目	17YJA820010	李慧英	山东工商学院
刑事陪审员事实认知方式研究：以认知心理学为视角	青年基金项目	17YJC820010	高　通	南开大学

续表

项目名称	项目类别	项目编号	负责人	所在单位
法官认知风格差异对审判影响的实证研究	青年基金项目	17YJC820009	高礼杰	西南政法大学
笔录证据的证据规则研究	青年基金项目	17YJC820043	宋维彬	中国人民公安大学

注：以上信息来源于"中国高校人文社会科学信息网"，载 https：//www. sinoss. net/index. html.

附录 5.3　司法部国家法治与法学理论研究项目立项课题（2017—2018）

项目名称	项目类别	项目编号	负责人	所在单位
行政公益诉讼举证规则研究	一般课题	18SFB2009	练育强	华东政法大学
国家监察体制改革中的证据制度完善研究	一般课题	18SFB2023	艾　明	西南政法大学
统一司法鉴定标准化研究	一般课题	18SFB2025	吴何坚	司法鉴定科学研究院
侦查机关调取非内容性电子数据规制研究	一般课题	18SFB2030	吴常青	天津商业大学
从静态准入到动态监管的司法鉴定质量重塑研究	中青年课题	18SFB3021	沈臻懿	华东政法大学
民商事案件司法鉴定公信力研究	一般课题	17SFB2027	潘　溪	南京师范大学
技术侦查措施实证研究	一般课题	17SFB2029	邓立军	广东财经大学
侦查取证规范化研究	一般课题	17SFB2030	廖　明	北京师范大学

续表

项目名称	项目类别	项目编号	负责人	所在单位
中美域外取证的法律冲突与博弈	一般课题	17SFB2044	朱　磊	武汉大学
性侵未成年人犯罪证明疑难问题研究	中青年课题	17SFB3023	向　燕	西南政法大学
民事诉讼中当事人虚假陈述的规制研究	中青年课题	17SFB3026	刘　丹	武汉学院

　　注：以上信息来源于"中华人民共和国司法部 中国政府法制信息网"，载 http：//www. moj. gov. cn/government_ public/node_ gggs. html.

附录 5.4　最高人民检察院实证项目证据科学研究课题立项一览表（2017—2018）

项目名称	项目类别	项目编号	负责人	所在单位
检察环节刑事涉案物品鉴定实务研究	一般课题	GJ2018C36	陈邦达	华东政法大学法律学院
云环境下电子证据的鉴真问题研究	自筹经费课题	GJ2018D56	秦　策	南京师范大学法学院
网络犯罪证据的审查与运用	自筹经费课题	GJ2018D57	陈贤木	浙江省温州市瓯海区检察院
以证据为核心的刑事指控体系构建	重点课题	GJ2017B02	田　丰 左卫民	四川省自贡市检察院　四川大学法学院
刑事案件中电子证据的审查判断	重点课题	GJ2017B11	占善刚	武汉大学法学院
刑事案件中电子证据的审查判断	一般课题	GJ2017C05	潘申明	宁波大学法学院

续表

项目名称	项目类别	项目编号	负责人	所在单位
重大案件侦查终结前讯问合法性核查制度构建	一般课题	GJ2017C20	毕惜茜	中国人民公安大学
起诉标准与定罪标准关系研究	一般课题	GJ2017C23	楼伯坤	浙江工商大学法学院
刑事案件中电子证据的审查判断	自筹经费课题	GJ2017D04	崔磊	天津商业大学法学院
起诉标准与定罪标准关系研究	自筹经费课题	GJ2017D11	何素红 秦宗文	江苏省东海县检察院　南京大学法学院
起诉标准与定罪标准关系研究	自筹经费课题	GJ2017D22	张扣华 杨宇冠	江苏省东台市检察院　中国政法大学
重大案件侦查终结前讯问合法性核查制度构建	自筹经费课题	GJ2017D25	田力男 谢佳	中国人民公安大学　最高人民检察院刑事执行检察厅

　　注：以上信息来源于"检察日报"（2017），载 http：//newspaper. jcrb. com/2017/201708 31/20170831_003/20170831_003_5. htm；"腾讯网"（2018），载 https：//mp. weixin. qq. com/ s?＿＿biz＝MzAxODM0MjQxNw％3D％3D&idx＝1&mid＝2660753677&sn＝92a15f12567421 ae03225802d705816c.

附录 5.5　中国法学会部级法学研究课题立项（2017—2018）

项目名称	项目类别	项目编号	负责人	所在单位
民事电子证据规则研究	一般课题	CLS（2018）C23	刘哲玮	北京大学法学院
印证证明模式运行样态实证研究	青年调研项目	CLS（2018）Y14	谢澍	中国政法大学刑事司法学院

续表

项目名称	项目类别	项目编号	负责人	所在单位
检察机关提起行政公益诉讼的证明责任问题研究	自选课题	CLS（2018）D38	黄旭东	华南理工大学法学院
刑事程序多元化背景下的证据理论跟进和证据制度完善	自选课题	CLS（2018）D105	张吉喜	西南政法大学法学院
刑事证明的实质化研究	一般课题	CLS（2017）C27	李昌盛	西南政法大学诉讼法与司法改革研究中心
侦查活动中的见证人制度研究	一般课题	CLS（2017）C28	胡宇清	湘潭大学法学院
警察现场执法录音录像实证研究	青年调研项目	CLS（2017）Y11	姜　峰	中国人民公安大学治安学院
侦查人员出庭作证制度研究	自选课题	CLS（2017）D117	戴　萍	重庆市北碚区人民检察院
纪检监察程序中的证据调查规则研究	自选课题	CLS（2017）D118	梁　坤	西南政法大学刑事侦查学院
基于学科维度的鉴定意见采信问题研究	自选课题	CLS（2017）D119	刘道前	中国刑事警察学院法律教学研究部
刑事案件电子证据规则实证研究	自选课题	CLS（2017）D131	侯东亮	河南财经政法大学刑事司法学院
民事司法鉴定公信力研究	自选课题	CLS（2017）D138	潘　溪	南京师范大学法学院

注：以上信息来源于"中国法学会"，载 https：//www.chinalaw.org.cn/Column/Column_Template6.aspx？ColumnID=895.

附录 6

法庭科学标准

附录 6.1 发布公安部相关部门提出并归口的司法鉴定国家标准

标准编号	标准名称	发布日期	实施日期
GB/T 34919-2017	法庭科学打印文件检验技术规程	2017-12-29	2018-02-01
GB/T 35048-2018	法庭科学语音及音频检验术语	2018-05-14	2018-12-01
GB/T 37226-2018	法庭科学人类荧光标记 STR 复合扩增检测试剂质量基本要求	2018-12-28	2018-12-28

附录 6.2 公告 2016 年新版公共安全行业标准

标准编号	标准名称	发布日期	实施日期
GA 1301-2016	火灾原因认定规则	2016-06-07	2016-08-01
GA/T 1310-2016	法庭科学笔迹鉴定意见规范	2016-06-27	2016-06-27
GA/T 1315-2016	法庭科学笔迹特征的分类规范	2016-06-27	2016-06-27
GA/T 1312-2016	法庭科学添改文件检验技术规程	2016-06-27	2016-06-27
GA/T 1311-2016	法庭科学印章印文鉴定意见规范	2016-06-27	2016-06-27
GA/T 1313-2016	法庭科学正常笔迹检验技术规程	2016-06-27	2016-06-27
GA/T 1314-2016	法庭科学纸张纤维组成的检验规范	2016-06-27	2016-06-27
GA/T 1316-2016	法庭科学毛发、血液中氯胺酮气相色谱和气相色谱-质谱检验方法	2016-06-30	2016-06-30
GA/T 1321-2016	法庭科学生物体液中哌替啶及其代谢物气相色谱和气相色谱-质谱检验方法	2016-07-08	2016-07-08

续表

标准编号	标准名称	发布日期	实施日期
GA/T 1319-2016	法庭科学吸毒人员尿液中苯丙胺等四种苯丙胺类毒品气相色谱和气相色谱-质谱检验方法	2016-07-08	2016-07-08
GA/T 1318-2016	法庭科学吸毒人员尿液中吗啡和单乙酰吗啡气相色谱和气相色谱-质谱检验方法	2016-07-08	2016-07-08
GA/T 1320-2016	法庭科学血液、尿液中氟离子气相色谱-质谱检验方法	2016-07-08	2016-07-08
GA/T 1322-2016	法庭科学血液中地西泮等十种苯骈二氮杂？类药物气相色谱-质谱检验方法	2016-07-08	2016-07-08
GA/T 1330-2016	法庭科学吸毒人员尿液中四氢大麻酚和四氢大麻酸气相色谱-质谱检验方法	2016-09-14	2016-09-14
GA/T 1329-2016	法庭科学吸毒人员尿液中氯胺酮气相色谱和气相色谱-质谱检验方法	2016-09-14	2016-09-14
GA/T 1332-2016	法庭科学血液中甲草胺等五种酰胺类除草剂气相色谱-质谱检验方法	2016-09-14	2016-09-14
GA/T 1327-2016	法庭科学生物检材中唑吡坦气相色谱、气相色谱-质谱和液相色谱-串联质谱检验方法	2016-09-14	2016-09-14
GA/T 1331-2016	法庭科学血液中阿维菌素 B1a 液相色谱-串联质谱检验方法	2016-9-14	2016-09-14
GA/T 1328-2016	法庭科学生物检材中卡马西平气相色谱和气相色谱-质谱检验方法	2016-09-14	2016-09-14

附录 6.3　公告发布 2017 版公共安全行业标准

标准编号	标准名称	发布日期	实施日期
GA 1333-2017	车辆驾驶人员体内毒品含量阈值与检验	2017-05-18	2017-05-18
GA/T 1427-2017	建筑火灾荷载调查与统计分析方法	2017-09-07	2017-10-01
GA/T 1417-2017	法庭科学玻璃物证的元素成分检验 波长色散 X 射线荧光光谱法	2017-09-18	2017-09-18
GA/T 1418-2017	法庭科学玻璃物证的元素成分检验 扫描电镜/能谱法	2017-09-18	2017-09-18
GA/T 1419-2017	法庭科学玻璃微粒折射率测定 油浸法	2017-09-18	2017-09-18
GA/T 1420-2017	法庭科学爆炸残留物中常见无机离子检验 毛细管电泳法	2017-09-18	2017-09-18
GA/T 1421-2017	法庭科学爆炸残留物中常见无机离子检验 离子色谱法	2017-09-18	2017-09-18
GA/T 1422-2017	法庭科学常见火炸药组分检验 X 射线衍射法	2017-08-25	2017-08-25
GA/T 1423-2017	法庭科学塑料物证检验 红外光谱法	2017-08-21	2017-08-21
GA/T 1424-2017	法庭科学合成纤维物证检验 红外光谱法	2017-10-11	2017-10-11
GA/T 1425-2017	法庭科学煤油、柴油检验 溶剂提取-气相色谱质谱法	2017-08-25	2017-08-25
GA/T 1430-2017	法庭科学录音的真实性检验技术规范	2017-09-07	2017-09-07
GA/T 1431-2017	法庭科学降噪及语音增强技术规范	2017-09-22	2017-09-22
GA/T 1432-2017	法庭科学语音人身分析技术规范	2017-09-22	2017-09-22

续表

标准编号	标准名称	发布日期	实施日期
GA/T 1433-2017	法庭科学语音同一认定技术规范	2017-09-22	2017-09-22
GA/T 1436-2017	法庭科学刑事案件现场图示符号规范	2017-09-25	2017-09-25
GA/T 1437-2017	法庭科学平面鞋印形象特征检验技术规范	2017-10-02	2017-10-02
GA/T 1438-2017	法庭科学荧光粉末显现手印技术规范	2017-11-20	2017-11-20
GA/T 1439-2017	法庭科学复印文件检验技术规程	2017-09-25	2017-09-25
GA/T 1440-2017	法庭科学印刷方法鉴定意见规范	2017-09-25	2017-09-25
GA/T 1441-2017	法庭科学同版印刷鉴定意见规范	2017-10-02	2017-10-02
GA/T 1442-2017	法庭科学摹仿笔迹检验技术规程	2017-10-02	2017-10-02
GA/T 1443-2017	法庭科学笔迹特征比对表制作规范	2017-10-02	2017-10-02
GA/T 1444-2017	法庭科学笔迹检验样本提取规范	2017-11-20	2017-11-20
GA/T 1445-2017	法庭科学压痕字迹的静电显现技术规范	2017-10-02	2017-10-02
GA/T 1446-2017	法庭科学纸张定量测定技术规范	2017-10-02	2017-10-02
GA/T 1447-2017	法庭科学变造文件的紫外光致发光检验技术规范	2017-10-05	2017-10-05
GA/T 1448-2017	法庭科学淀粉浆糊的显色反应检验规范	2017-10-05	2017-10-05
GA/T 1449-2017	法庭科学印章印文检验技术规程	2017-10-31	2017-10-31
GA/T 1450-2017	法庭科学车体痕迹检验规范	2017-10-31	2017-10-31
GA/T 1451-2017	法庭科学赤足足迹特征分类规范	2017-10-31	2017-10-31
GA/T 1452-2017	法庭科学线形痕迹硅橡胶提取方法	2017-10-31	2017-10-31
GA/T 1460.2-2017	法庭科学文件检验术语 第2部分：笔迹检验	2017-11-20	2017-11-20

标准编号	标准名称	发布日期	实施日期
GA/T 1456-2017	唾液毒品检测装置通用技术要求	2017-11-27	2017-11-27

附录 6.4　废止的公共安全行业标准

标准号	标准名称
GA471-2004	抗 A、抗 B 血清试剂
GA472-2004	抗人血红蛋白血清试剂
GA473-2004	抗人精液血清试剂
GA474-2004	抗猪、羊等常见动物血清试剂
GA475-2004	抗人血清试剂
GA655-2006	人毛发 ABO 血型检测　解离法
GA656-2006	人血液（痕）ABO 血型检测　凝集法、解离法
GA657-2006	人体液斑 ABO 血型检测　凝集抑制试验
GA/T101-1995	中毒检材中有机磷农药的定性定量分析方法
GA/T104-1995	鸦片毒品中吗啡、可待因、蒂巴因、罂粟碱、那可汀的定性分析及吗啡、可待因的定量分析方法
GA/T117-2005	现场照相、录像要求规则
GA/T118-2005	刑事照相制卷质量要求
GA/T146-1996	人体轻微伤的鉴定
GA/T169-1997	法医学物证检材的提取、保存与送检
GA/T188-1998	中毒检材中安定、利眠宁的定性及定量分析法
GA/T191-1998	毒物分析鉴定书编写规程
GA/T192-1998	毒物分析检验记录内容及格式
GA/T195-1998	中毒检材中甲胺磷的定性及定量分析方法

续表

标准号	标准名称
GA/T196-1998	涉毒案件检材中海洛因的定性及定量分析方法
GA/T197-1998	涉毒案件检材中可卡因的定性及定量分析方法
GA/T205-1999	中毒案件检材中毒鼠强的气相色谱定性及定量分析方法
GA/T206-1999	涉毒案件检材中大麻的定性及定量分析方法
GA/T221-1999	物证检验照相要求规则
GA/T521-2004	人身损害受伤人员误工损失日评定准则
GA/T592-2006	刑事数字影像技术规则
GA/T800-2008	人身损害护理依赖程度评定
GA/T966-2011	物证的封装要求
GA/T643-2006	典型交通事故形态车辆行驶速度技术鉴定

附录 6.5　首次发布司法部提出并归口的司法鉴定国家标准

标准编号	标准名称	发布日期	实施日期
GB/T 37223-2018	亲权鉴定技术规范	2018-12-28	2019-04-01
GB/T 37231-2018	印章印文鉴定技术规范	2018-12-28	2019-04-01
GB/T 37232-2018	印刷文件鉴定技术规范	2018-12-28	2019-04-01
GB/T 37233-2018	文件制作时间鉴定技术规范	2018-12-28	2019-04-01
GB/T 37234-2018	文件鉴定通用规范	2018-12-28	2019-04-01
GB/T 37235-2018	文件材料鉴定技术规范	2018-12-28	2019-04-01
GB/T 37236-2018	特种文件鉴定技术规范	2018-12-28	2019-04-01
GB/T 37237-2018	男性性功能障碍法医学鉴定	2018-12-28	2019-04-01
GB/T 37238-2018	篡改（污损）文件鉴定技术规范	2018-12-28	2019-04-01

标准编号	标准名称	发布日期	实施日期
GB/T 37239-2018	笔迹鉴定技术规范	2018-12-28	2019-04-01
GB/T 37272-2018	尿液中△9-四氢大麻酸的测定 液相色谱-串联质谱法	2018-12-28	2019-04-01

附录6.6 司法部颁布的司法鉴定技术规范

技术规范编号	技术规范名称	颁布日期	实施日期
SF/Z JD0103009-2018	人体前庭、平衡功能检查评定规范	2018-11-08	2019-01-01
SF/Z JD0103010-2018	法医临床学视觉电生理检查规范	2018-11-08	2019-01-01
SF/Z JD0103011-2018	男性生育功能障碍法医学鉴定	2018-11-08	2019-01-01
SF/Z JD0103012-2018	嗅觉障碍的法医学评定	2018-11-08	2019-01-01
SF/Z JD0104004-2018	精神障碍者民事行为能力评定指南	2018-11-08	2019-01-01
SF/Z JD0104005-2018	精神障碍者受审能力评定指南	2018-11-08	2019-01-01
SF/Z JD0105006-2018	法医物证鉴定 X-STR 检验规范	2018-11-08	2019-01-01
SF/Z JD0105007-2018	法医物证鉴定 Y-STR 检验规范	2018-11-08	2019-01-01
SF/Z JD0105008-2018	法医物证鉴定线粒体 DNA 检验规范	2018-11-08	2019-01-01
SF/Z JD0105009-2018	法医物证鉴定线粒体 DNA 检验规范	2018-11-08	2019-01-01
SF/Z JD0105010-2018	常染色体 STR 基因座的法医学参数计算规范	2018-11-08	2019-01-01
SF/Z JD0105011-2018	法医学 STR 基因座命名规范	2018-11-08	2019-01-01
SF/Z JD0105012-2018	个体识别技术规范	2018-11-08	2019-01-01
SF/Z JD0107018-2018	血液中溴敌隆等13种抗凝血类杀鼠药的液相色谱-串联质谱检验方法	2018-11-08	2019-01-01
SF/Z JD0107019-2018	法医毒物有机质谱定性分析通则	2018-11-08	2019-01-01

技术规范编号	技术规范名称	颁布日期	实施日期
SF/Z JD0107020-2018	血液中磷化氢及其代谢物的顶空气相色谱-质谱检验方法	2018-11-08	2019-01-01
SF/Z JD0107021-2018	生物检材中钩吻素子、钩吻素甲和钩吻素己的液相色谱-串联质谱检验方法	2018-11-08	2019-01-01
SF/Z JD0107022-2018	毛发中△9-四氢大麻酚、大麻二酚和大麻酚的液相色谱-串联质谱检验方法	2018-11-08	2019-01-01
SF/Z JD0107023-2018	生物检材中雷公藤甲素和雷公藤酯甲的液相色谱-串联质谱检验方法	2018-11-08	2019-01-01
SF/Z JD0107024-2018	尿液、毛发中 S（+）-甲基苯丙胺、R（-）-甲基苯丙胺、S（+）-苯丙胺和 R（-）-苯丙胺的液相色谱-串联质谱检验方法	2018-11-08	2019-01-01
SF/Z JD0107025-2018	毛发中 15 种毒品及代谢物的液相色谱-串联质谱检验方法	2018-11-08	2019-01-01
SF/Z JD0203003-2018	红外光谱法检验墨粉	2018-11-08	2019-01-01
SF/Z JD0203004-2018	书写墨迹中 9 种挥发性溶剂的检测气相色谱-高分辨质谱法	2018-11-08	2019-01-01
SF/Z JD0203005-2018	书写墨迹中 9 种染料的检测液相色谱-高分辨质谱法	2018-11-08	2019-01-01
SF/Z JD0203006-2018	微量物证鉴定通用规范	2018-11-08	2019-01-01
SF/Z JD0203007-2018	纤维物证鉴定规范	2018-11-08	2019-01-01
SF/Z JD0203008-2018	玻璃物证鉴定规范	2018-11-08	2019-01-01
SF/Z JD0302003-2018	数字图像修复技术规范	2018-11-08	2019-01-01
SF/Z JD0304002-2018	录像设备鉴定技术规范	2018-11-08	2019-01-01
SF/Z JD0300002-2018	数字声像资料提取与固定技术规范	2018-11-08	2019-01-01

续表

技术规范编号	技术规范名称	颁布日期	实施日期
SF/Z JD0303001-2018	照相设备鉴定技术规范	2018-11-08	2019-01-01
SF/Z JD0402004-2018	电子文档真实性鉴定技术规范	2018-11-08	2019-01-01
SF/Z JD0403004-2018	软件功能鉴定技术规范	2018-11-08	2019-01-01
SF/Z JD0404001-2018	伪基站检验操作规范	2018-11-08	2019-01-01
SF/Z JD0606001-2018	农业环境污染损害司法鉴定操作技术规范	2018-11-08	2019-01-01
SF/Z JD0606002-2018	农作物污染司法鉴定调查技术规范	2018-11-08	2019-01-01

附录6.7 司法部废止的司法鉴定技术规范（2018）

技术规范编号	技术规范名称	颁布日期	废止日期
SF/Z JD050001-2014	建设工程司法鉴定程序规范	2014-03-17	2018-11-08
SF/Z JD0107001-2016	血液中乙醇的测定 顶空气相色谱法	2016-09-22	2018-11-08

后 记
Postscript

　　《中国证据法治发展报告2017—2018》是第二部双年卷集体研究成果，它凝聚了"双一流计划"司法文明协同创新中心、中国政法大学证据科学教育部重点实验室和协同单位研究人员的共同努力和心血。衷心感谢编写组全体成员为本书出版所做的贡献！

　　具体分工如下：

　　张保生、王旭：全书统稿；序言：2017—2018年中国证据法治前进的步伐。

　　张中：第一篇第一部分"证据立法进展综述"之"（一）法律"和"（二）司法解释"。

　　简乐伟：第一篇第一部分"证据立法进展综述"之"（三）行政法规与部门规章"。

　　房保国：第一篇第一部分"证据立法进展综述"之"（四）地方性证据规定"；第一篇第二部分"证据司法实践发展综述"之"（三）公安机关证据制度建设"。

　　冯俊伟：第一篇第一部分"证据立法进展综述"之"（五）国际条约"；第二篇第二部分"证据法学研究进展"之"（一）证据法理论基础和体系"。

　　郑飞：第一篇第二部分"证据司法实践发展综述"之"（一）人民法院证据制度建设"。

　　李训虎：第一篇第二部分"证据司法实践发展综述"之"（二）人民检察院证据制度建设"和"（四）监察机关证据制度建设"。

　　王世凡：第一篇第三部分"司法鉴定制度建设综述"；第二篇第五部分"证据科学研究成果选介"之"（三）法庭科学著作选介"；附录1.2，附录2.2，附录3.2，附录5.1和附录6。

　　樊传明：第一篇第四部分"司法实践中的证据制度建设"。

　　张伟：第二篇第一部分"证据科学研究进展"。

　　黄石：第二篇第二部分"证据法学研究进展"之"（二）证据属性与事实认定"。

　　张洪铭：第二篇第二部分"证据法学研究进展"之"（三）证据开示"；附录5.2~5.5。

　　谢步高：第二篇第二部分"证据法学研究进展"之"（四）科学证据与司法鉴定"。

　　吴丹红：第二篇第二部分"证据法学研究进展"之"（五）言词证据"。

　　吴洪淇：第二篇第二部分"证据法学研究进展"之"（六）证据排除规则"；第二篇第四部分"证据科学教育进展"之"（一）证据科学研究项目"。

　　戴锐：第二篇第二部分"证据法学研究进展"之"（七）证明责任与证明标准"。

　　施鹏鹏：第二篇第二部分"证据法学研究进展"之"（八）法院取证与证据保全"。

　　尚华：第二篇第二部分"证据法学研究进展"之"（九）质证与认证"；第二篇第四部分"证据科学教育进展"之"（二）证据科学学科建设和人才培养"和"（三）证据科学课程建设和教材建设"。

　　褚福民：第二篇第二部分"证据法学研究进展"之"（十）推定与司法认知"；附录1.1，附录2.1，附录3.1和附录4。

　　于天水：第二篇第三部分"法庭科学研究进展"之"（一）法医病理学"。

　　王旭、朱海标：第二篇第三部分"法庭科学研究进展"之"（二）法医临床学"。

　　马长锁：第二篇第三部分"法庭科学研究进展"之"（三）法医精神病学"。

　　袁丽：第二篇第三部分"法庭科学研究进展"之"（四）法医生物学"。

　　李冰：第二篇第三部分"法庭科学研究进展"之"（五）文件检验学"。

　　郝红霞：第二篇第三部分"法庭科学研究进展"之"（六）毒物毒品检验学"。

　　王元凤：第二篇第三部分"法庭科学研究进展"之"（七）微量物证检验学"。

　　刘晋、曾令华、刘一文、于洋：第二篇第三部分"法庭科学研究进展"之"（八）痕迹检验学"。

　　袁泉：第二篇第三部分"法庭科学研究进展"之"（九）交通事故鉴

定"。

　　盛卉、郭晶晶：第二篇第三部分"法庭科学研究进展"之"（十）声像资料鉴定"。

　　许晓东：第二篇第三部分"法庭科学研究进展"之"（十一）电子数据检验学"。

　　王旭：第二篇第三部分"法庭科学研究进展"之"（十二）医疗损害司法鉴定"。

　　袁赫：附录1.3。

　　证据法学部分副主编：褚福民

　　法庭科学部分副主编：袁丽

张保生　王　旭

2020 年 2 月

图书在版编目（ＣＩＰ）数据

中国证据法治发展报告.2017—2018/张保生，王旭主编.—北京：中国政法大学出版社，2022.4

　ISBN 978-7-5764-0414-2

　Ⅰ.①中⋯　Ⅱ.①张⋯　②王⋯　Ⅲ.①证据－法律－研究报告－中国－2017-2018

Ⅳ.①D925.013.4

　中国版本图书馆CIP数据核字(2022)第056140号

出　版　者　　中国政法大学出版社

地　　　址　　北京市海淀区西土城路 25 号

邮寄地址　　北京 100088 信箱 8034 分箱　　邮编 100088

网　　　址　　http://www.cuplpress.com (网络实名：中国政法大学出版社)

电　　　话　　010-58908289(编辑部) 58908334(邮购部)

承　　　印　　固安华明印业有限公司

开　　　本　　720mm×960mm　1/16

印　　　张　　53.5

字　　　数　　910 千字

版　　　次　　2022 年 4 月第 1 版

印　　　次　　2022 年 4 月第 1 次印刷

定　　　价　　149.00 元